2025
백광훈 통합
형법총론

백광훈 편저

_____ 형법 기본서

메가 공무원 × 경단기

박영story

백광훈 형법총론 제17판

올해에도 2025년 시험 대비 형법총론 기본서 개정 제17판을 출간하게 되었다.

제17판의 개정사항을 정리하면 아래와 같다.

① 최근까지 개정된 법령을 반영하였다. 대표적으로는, 형법이 2023. 8. 8. 일부 개정되어 2024. 2. 9.부터 시행 중이다(법률 제19582호). 이 개정법에서는 사회적 약자인 영아를 범죄로부터 두텁게 보호하기 위하여 영아살해죄 및 영아유기죄를 폐지하고, 형 집행의 공백을 방지하기 위하여 형의 시효가 완성되면 집행이 면제되는 형에서 사형을 제외하는 등의 내용을 담고 있다.

② 2024년 1월 12일까지 판시된 대법원 판례들을 비롯한 최신 판례의 내용을 반영하였다.

③ 그동안 발견된 오탈자를 바로잡았다.

④ 이외에는 초판의 집필원칙을 준수하였다.

끝으로, 전판에 이어 개정 제17판의 출간을 맡아주시고 최고의 편집과 전문적인 교정 작업에 임해주신 도서출판 박영사의 임직원님들에게 지면을 빌려 심심한 사의를 표하는 바이다.

2024년 4월
백광훈

학습문의 http://cafe.daum.net/jplpexam (백광훈공무원수험연구소)

PREFACE

백광훈 형법총론 제16판

제15판에 대한 독자 여러분의 과분한 호응에 힘입어 올해에도 2024년 시험 대비 개정 제16판을 출간하게 되었다.

제16판의 개정사항을 정리하면 아래와 같다.

① 이번 개정의 기회를 빌려 기존의 이론·판례 정리 부분을 총체적으로 재검토하였다. 즉, 독자들의 학습에 굳이 필요치 않다고 여겨지는 부분은 줄이고, 학습에 필요하다 생각되는 부분은 추가하여 수험 공부를 위한 실질적인 기본서 및 판례집의 역할을 다할 수 있도록 한 것이다.
② 2023년 1월 31일까지 판시된 대법원 판례들을 비롯한 최신 판례의 내용을 반영하였다.
③ 그동안 발견된 오탈자를 바로잡았다.
④ 이외에는 초판의 집필원칙을 준수하였다.

끝으로, 전판에 이어 개정 제16판의 출간을 기꺼이 허락해주시고 편집과 교정 작업에 헌신적인 노력을 해주신 도서출판 박영사의 임직원님들에게 깊은 감사를 드린다.

2023년 4월
백광훈

학습문의 http://cafe.daum.net/jplpexam (백광훈공무원수험연구소)

백광훈 형법총론 제15판

제14판에 대한 독자 제현의 호응에 힘입어 올해에도 2023년 시험 대비 개정 제15판을 출간하게 되었다.

제15판의 특징을 요약하면 아래와 같다.

① 2022년 2월 11일까지 판시된 대법원 판례들을 비롯한 최신 판례와 개정법령의 내용을 반영하였다.
② 2022년 3월 형법총론 핵지총 OX 교재가 출간됨에 따라 이 책에 들어 있던 OX 문제들을 모두 뺌으로써 기본서의 분량을 조절하였다.
③ 그동안 발견된 오탈자를 바로잡았다.
④ 그동안 사용하던 LOGOS 형법총론이라는 도서명 대신에 백광훈 형법총론이라는 이름을 쓰기로 하였다.
⑤ 이외에는 초판의 집필원칙을 준수하였다.

끝으로, 전판에 이어 제15판의 출간을 맡아 주신 도서출판 박영사의 임직원님들의 노고에 깊은 감사를 드린다.

2022년 4월
백 광 훈

학습문의 http://cafe.daum.net/jplpexam (백광훈공무원수험연구소)

PREFACE
| 머리말 |

LOGOS 형법총론 제14판

제13판에 대한 독자 여러분의 과분한 호응 덕분에 2022년 시험 대비 개정 제14판을 출간하게 되었다.

이번 제14판의 특징은 다음과 같다.
① 2020년 10월 20일 개정형법(법률 제17511호, 시행 2020.10.20.)과 2020년 12월 8일 개정형법(법률 제17571호, 시행 2021.12.9.)을 반영하였다.
　㉠ 2020년 10월 개정형법은 형법불소급원칙에 따라 헌법재판소에서 위헌판결을 받은 노역장유치 관련 기존 부칙을 정비함으로써 개정 법률의 적용례를 명확히 하려는 내용이다.
　㉡ 2020년 12월에는 우리말에 맞게 순화한 형법 개정이 이루어져 상당수 조문의 내용이 변경되었다. 이는 1953년 제정되어 시행된 현행 형법에 계속 남아있는 제정 당시의 어려운 한자어, 일본식 표현, 어법에 맞지 않는 문장, 일상적인 언어 사용 규범에도 맞지 않는 내용을 일반 국민들이 그 내용을 쉽게 이해할 수 있도록 함에 그 이유가 있다고 한다. 필자의 강의에서는 이 개정형법을 '우리말 순화 개정 형법'이라 부르고 있다. 2020년 12월 우리말 순화 개정 형법의 시행은 2021년 12월 9일부터이다. 하지만 독자들의 응시 일정을 고려하여 완벽하게 반영하고자 하였다. 다만, '우리말 순화 개정 형법'의 내용을 들여다보면 동일한 표현을 사용한 조문에 대해서 일부는 개정되고 일부는 개정되지 않았거나 다소 무리한 개정으로 보이는 부분도 없지 않다. 법률을 지도하는 입장에서 아쉬운 부분이 아닐 수 없다.
② 이외에 형법 관련 법령들의 개정내용을 반영하였다.
③ 2020년 11월 19일까지 판시된 대법원 판례들을 반영하였다. 이후 판시된 대법원 판례들은 예년과 다름없이 추후 최신판례특강 등의 강의를 통해서 보충할 계획이다.
④ 그동안 발견된 오탈자 등을 바로잡았다.
⑤ 이외에는 초판의 집필원칙을 준수하였다.

끝으로, 전판에 이어 제14판의 출간도 도맡아주신 도서출판 박영사의 임직원님들의 노고에 깊은 감사를 드린다.

2021년 4월
백 광 훈

학습문의 http://cafe.daum.net/jplpexam (백광훈공무원수험연구소)

LOGOS 형법총론 제13판

제12판에 대한 독자 여러분의 지속적인 호응에 힘입어 2021년 시험 대비판이라 할 수 있는 제13판 개정판을 내놓게 되었다.

제13판의 특징은 다음과 같이 요약된다.

① 최근까지의 개정된 법령과 판시된 판례의 내용을 반영하였다. 최신판례는 2019년 11월까지 판시된 판례들을 반영하였다.

② 종래 본문 옆 좌우 날개에 수록되었던 OX문제의 위치를 각 장의 끝에 배치하는 것으로 편집 체제를 바꿈으로써 OX 풀이의 강화를 도모하였다. 이외에는 전판의 집필원칙을 준수하였다.

전판에 이어 제13판의 출간에도 많은 도움을 주신 도서출판 박영사의 임직원님들에게 심심한 감사를 전한다.

2020년 3월
백 광 훈

학습문의 http://cafe.daum.net/jplpexam (백광훈공무원수험연구소)

PREFACE

| 머리말 |

LOGOS 형법총론 제12판

제11판에 대한 독자 여러분의 과분한 호응에 힘입어 2020년 시험 대비판이라 할 수 있는 제12판 개정판을 1년 만에 내어놓는다.

제12판의 특징은 다음과 같이 요약된다.

① 최근 개정법령의 내용을 반영하였다. 즉, 업무상 위력 등에 의한 간음죄 등의 법정형을 상향 조정한 2018.10.16. 개정형법(법률 제15793호)과 심신미약자에 대한 필요적 감경규정을 임의적 감경규정으로 개정한 2018.12.18. 개정형법(법률 제15982호)을 반영하였으며, 관련되는 형사특별법의 개정사항도 반영하였다.
② 2018년 11월 1일까지 판시된 대법원의 최신 판례들을 수록하였다.
③ 2018년 실시된 각종 국가시험의 최근 기출문제들을 반영하였다. 이외에는 종전의 집필원칙을 준수하고자 하였다.

끝으로 전판에 이어 제12판 개정판의 출간에 많이 도움을 주신 도서출판 박영사의 임직원님들에게 심심한 감사를 드린다.

2019년 4월
법검단기 총괄대표
법검단기 · 공단기 형법 · 형사소송법 대표교수 백 광 훈
백광훈공무원수험연구소 www.logoslaw.net

LOGOS 형법총론 제11판

본서는 각종 공무원 채용시험·승진시험 및 변호사시험을 준비하는 분들을 위한 전문수험서이자, 로스쿨이나 법학과에서 형법을 공부하는 법학도를 위한 법학 기본서로서, 2017년 1월에 출간된 제10판을 수정하여 내어놓는 LOGOS 형법총론 제11판 개정판이다.

제11판에서는 ① 2017.12.12. 개정형법(법률 제15163호) 등 최근 개정법령의 내용을 반영하고, ② 2017년 9월 7일까지 판시된 대법원 판례들을 수록하였으며, ③ 2017년 실시된 각종 시험의 최근 기출문제들을 본문의 양 날개에 OX 문제로 삽입하였다. 또한 새로운 출판사에서 개정 작업이 이루어짐에 따라 ④ 종래의 편집체제에 다소 수정을 가하여 보다 보기 편한 형법총론 기본서가 되도록 노력하였다.

끝으로 제11판 개정판의 출간에 많은 도움을 주신 도서출판 박영사의 임직원님들에게 지면을 빌려 심심한 감사의 마음을 전하는 바이다.

2018년 4월
법검단기 · 공단기 백 광 훈
백광훈공무원수험연구소 www.logoslaw.net

PREFACE

| 머리말 |

LOGOS 형법총론 제10판
(개정증보판 머리말)

본서는 각종 공무원 채용시험과 변호사시험 및 내부 승진시험을 준비하는 분들을 위한 전문 수험서이자, 로스쿨이나 법학과에서 형법을 공부하는 법학도들을 위한 법학 기본서로서, 2015년 2월에 출간한 제9판 혁신판에 뒤이어 1년 10개월만에 내놓는 LOGOS 형법총론 제10판 개정증보판이다.

LOGOS 형법은 이전 판인 제9판에서 완전히 다른 책으로 탈바꿈하였다. 본 제10판에서는 ①2016.1.6. 개정 형법(법률 제13719호), 2016.5.29. 개정형법(법률 제14178호), 2016.12.20. 개정형법(법률 제14415호) 및 관련 형사특별법의 개정내용을 반영하였고, ② 2016년 9월까지 판시된 최신판례를 꼼꼼하게 수록하였으며, ③ 본문 내용과 판례정리 내용에 최신기출문제의 출처표시를 삽입하고 양 날개의 기출문제 OX에도 최신기출문제를 수록하였고, ④ 독자들의 요청을 수용하여 종래 보충자료집에 수록하였던 각주, 사항색인, 판례색인의 내용을 모두 한 권에 담아 별도의 보충자료집 없이도 통일적으로 책을 읽을 수 있도록 하였다. 이외 사항은 제9판의 구성과 디자인 등의 원칙을 고스란히 유지하였다.

아무쪼록 본서가 여러분의 합격에 조금이나마 이바지하기를 바라는 마음이다.

제9판에 이어 제10판의 출간에도 많은 도움을 주신 더채움의 박원준 사장님, 임완기 편집장님을 비롯한 임직원님들에게 심심한 감사의 말씀을 전한다.

2017년 1월
노량진 연구실에서 백 광 훈
백광훈공무원수험연구소 www.logoslaw.net

LOGOS 형법총론 제9판
(혁신판 머리말)

본서는 법원·법원행시·검찰 5/7/9급·경찰·경찰간부 공무원 채용시험과 변호사시험을 준비하는 수험생과 법원주사보·법원사무관·검찰5/7급·경찰 내부 승진시험을 준비하는 현직 공무원들을 위한 전문수험서이자, 로스쿨이나 법학과에서 형법을 공부하는 법학도들을 위한 법학 기본서로서, 2013년 10월에 출간하여 쇄를 거듭한 제7판에 뒤이어 1년 4개월만에 내놓는 LOGOS 형법총론 제9판 혁신판이다.

2015년을 맞이하여 필자는 그동안 몸담은 노량진 윌비스고시학원을 떠나 노량진 공단기·법검단기학원에 출강을 하게 되었다. 이에 따라 필자는 강의교재 전체시리즈를 혁신적으로 개정하는 작업을 오랫동안 준비하여, LOGOS 형법총론과 각론 기본서, 법원직 형법총론, 형마총(종합문제집), 법원직 기출문제집, 검찰7/9급 기출문제집, 형법OX, 형사법전, 필기노트, 요약집, 마무리문제집 등의 강의교재 시리즈를 모두 새롭게 다시 만들었다.

LOGOS 형법총론 혁신판(Renovatio)을 쓰면서도 종전 LOGOS 형법의 장점은 유지하되, 책을 처음 쓸 때의 마음으로 돌아가 그동안 강의를 하면서 현장에서 느낀 점을 최대한 반영하였다.
그리하여 전통적 법서의 천편일률적인 외양을 탈피하고, 내용적으로는 알차고 읽기 편하되 외관상으로는 역동적이고 입체적인 기본서를 만들고자 하였다.

오랜 기간에 걸쳐 준비한 본서의 특징을 소개하자면 다음과 같다.

① 콤팩트한 내용과 분량이다. 종래 총론 제8판의 분량은 그 이전 7판의 909페이지의 분량을 대폭 축소한 710페이지였는데, 이번 제9판 혁신판에서는 방대한 기출문제 OX를 추가하고 최신판례를 수록하였음에도 불구하고 분량을 다시 축소하여 본교재의 페이지 수를 699페이지로 줄였다. 이는 이전 판의 본문 내용 중 수험에서는 참고로 해도 좋을 사항을 꼼꼼히 검토하여 추려내고, 각주의 내용과 사항색인과 판례색인을 별책으로 빼내어 이를 보충자료집을 발간함으로써 가능하게 된 것이다. 따라서 독자들은 수험 목적을 위해서 본교재 중심으로 공부하면 충분하며, 추가적인 궁금증을 풀거나 심화학습을 할 때에만 보충자료집을 활용하면 충분하다.

PREFACE
| 머리말 |

② 최신 개정법령을 충실하게 반영하였다. 즉 성폭력 범죄에 대하여 친고죄를 폐지하는 등의 내용을 담고 있는 2012년 12월 개정형법(2012.12.18. 개정, 법률 제11574호, 시행 2013.6.19.)과 국제연합 국제조직범 죄방지협약의 이행을 위하여 인신매매의 죄를 신설하는 등의 내용을 담고 있는 2013년 4월 개정형법 (2013.4.5. 개정, 법률 제11731호, 시행 2013.6.19.), 소위 황제노역을 방지하고 국외 도피기간 동안 형의 시효를 정지시키는 내용을 담은 2014년 5월 개정형법 (2014.5.14. 개정, 법률 제12575호, 시행 2014.5. 14.), 장애인에 대한 사회적 인식 개선을 위하여 "심신 장애자"라는 표현을 "심신 장애인"으로 순화하고, 헌법재판소 위헌결정의 취지에 따라 판결선고 전 구금일수가 형기에 전부 산입됨을 명백히 하며, 무죄판 결을 선고받은 피고인의 명예회복을 위하여 무죄판결 공시 취지의 선고를 의무화하는 내용을 담은 2014 년 12월 개정형법(2014.12.30. 개정, 법률 제12898호, 시행 2014.12.30.)과 같은 형법의 최근 개정내용과 성폭력 범죄의 처벌 등에 관한 특례법 등 관련 형사 특별법의 개정내용을 모두 반영하였다.

③ 2014년 9월 말까지 판시된 최신 판례를 꼼꼼하게 수록하였다. 최신판례를 모두 업데이트하였을 뿐만 아 니라 기존의 판례정리도 고치고 다듬어 판례집을 따로 볼 필요 없는 '판례집 겸용 기본서'라는 LOGOS 형법의 장점을 그대로 유지하고자 하였다. 특히 판례를 집중적으로 출제하는 형법 각론의 출제경향을 십 분 고려하여 완벽한 판례 정리에 만전을 기하였음은 두말할 필요가 없다.

④ 완벽한 기출표시와 기출 OX 문제를 수록하여 기본서와 기출문제의 불가분적 단권화를 시도하였다. 현장 에서 제자들을 지도하면서 기출문제 학습을 마무리과정에서만 하는 경우를 종종 보게 된다. 하지만 발상 을 전환하여 기출문제의 흐름 파악을 기본서 학습 단계에서 할 수 있다면 그 효과는 이루 말할 수 없다. 생각건대 기출문제는 수험의 시작과 끝이다. 이에 본 혁신판에서는 기본서와 기출문제의 불가분적 단권 화를 목표로 삼아, 본문 내용과 판례정리 내용에 관련 기출문제의 출처 표시를 꼼꼼히 하였고 양 날개에 기출문제 OX 문제를 넣어 기본서를 읽으면서도 기출문제의 경향을 쉽게 파악할 수 있도록 하였다. 기출 문제는 법원직 9급 10개년(2005~2014), 법원승진 5개년(2010~2014), 법원행시 10개년(2005~2014), 검 찰직 9급 4개년(2011~2014), 검찰직 7급 8개년(2007~2014), 경찰채용 5개년(2010~2014), 경찰승진 5개 년(2010~2014), 경찰간부 4개년(2011~2014), 사법시험 5개년(2010~2014), 변호사시험 3개년 (2012~ 2014) 등 형법이 포함된 주요 시험의 모든 지문이 철저히 분석되어 반영되었음을 확인해둔다. 이는 기본 서 학습에 이어 문제풀이 학습을 하는 수험생들의 연착륙(soft landing)을 돕는 기능을 할 것이다.

⑤ 수험의 핵심포인트와 최근 5년간 기출문제 출제 경향을 한 눈에 볼 수 있는 각 장별 개관을 만들어 넣었 다. 수험의 핵심포인트에서는 학습개요, 중요개념, 중요지문을 정리하였고, 기출문제 출제경향에서는 법 원직, 검찰7급, 검찰9급, 경찰, 경찰간부, 변호사시험의 6개 시험을 제시하였다. 이를 통해 독자들은 각 장별 학습에 앞서 숲 전체를 볼 수 있는 거시적 관점을 확보할 수 있을 것으로 생각한다.

⑥ 보다 읽기 편한 LOGOS 형법이 되도록 편집체제와 디자인의 획기적 변화를 시도하였다. 이전 판과 본 혁신판 Renovatio는 마치 서로 다른 책처럼 느껴질 만큼 LOGOS 형법의 외의 변화는 말 그대로 혁신적인 것이며(renovatio는 다시 태어남을 뜻함), 이는 전적으로 독자들의 가독성을 증대시키기 위함에 있다. 이에 본서는 법서 최초의 4색도 편집을 채택하여 책의 내용이 눈에 잘 들어올 수 있도록 하였고, 양 날개를 신설하여 본문과 연결되는 기출지문을 OX 문제로 수록함으로써 입체적인 내용구성이 되도록 하였으며, 표지와 본문에는 정의의 여신상을 모티브로 사용하고 이를 일관하는 통일성을 기함으로써, 디자인이 살아 있는 수험서, 진화된 법서의 외양을 갖추고자 노력하였다.

이제 필자의 위와 같은 혁신적 시도에 대한 평가는 현명하신 독자 여러분의 몫으로 남겨놓고자 한다. 아무쪼록 본서가 여러분의 합격에 조금이나마 이바지하기를 바라는 마음이다.

끝으로 필자의 공단기·법검단기 법원·검찰직 교수팀의 선·후배 교수님들과 출간의 기쁨을 나누고자 하며, 본서의 출판을 흔쾌히 허락해주신 도서출판 더채움의 박원준 사장님과 기출문제 정리와 교정작업에 열성을 다해 참여한 이승환, 장호영, 하영삼, 하지훈, 정기철님께 고개 숙여 심심한 감사의 말씀을 전하고자 한다.

2015년 1월
노량진 연구실에서 백 광 훈
백광훈공무원수험연구소 http://cafe.daum.net/jplpexam

STRUCTURE
구성과 특징

1 학습의 강약조절을 위한 자료제시

수험의 핵심포인트

목 차		난 도	출제율	대표 지문
제1장 형법의 기본개념	01 형법의 의의	下	★	• 의사결정규범 – 형법이 무가치하다고 평가한 불법을 일 반 국민이 결의하지 않도록 한다. (○)
	02 형법의 성격	下	★	
	03 형법의 기능	下	★	
제2장 죄형법정주의	01 죄형법정주의의 의의	下	★	• 성문법률주의란 범죄와 형법은 성문의 법률로 규정되 어야 한다는 원칙을 말하며 여기서의 법률은 형식적 의미의 법률을 의미한다. (○) • 독일에서 거주하다가 대한민국 국적을 상실한 사람이 국적 상실을 전후하여 북한을 방문한 사안에서, 대한민 국 국적을 상실하기 전과 국적 상실 후의 모든 방문행 위는 국가보안법 제6조 제2항이 탈출에 해당한다. (×)
	02 죄형법정주의의 연혁과 사상적 기초	下	–	• 사고피해자를 유기한 도주차량 운전자에게 살인죄보 다 무거운 법정형을 규정하였다 하여 그것만으로 적 정성의 원칙에 반한다고 할 수 없다. (×) • 보안처분 중 신상정보공개명령, 위치추적전자장치부 착명령에는 소급처벌금지의 원칙이 적용된다. (×)
	03 죄형법정주의의 내용	中	★★★	• 형법이나 국가보안법의 '자수'에는 범행이 발각되고 지명수배된 후의 자진출두도 포함되는 것으로 해석 하고 있으므로 공직선거법의 '자수'를 '범행발각 전에 자수한 경우'로 한정하는 해석은 유추해석금지의 원 칙에 위반된다. (○)

콘텐츠(Contents)의 충실화뿐만 아니라 가독성의 극대화를 도모하고자, 각 편·장별로 최근 6개년 기출문제의 분석표 및 난도·중요도 등을 수록하여 학습의 포인트를 제시하고, 강약조절이 가능한 학습을 유도하고자 하였습니다.

2 콤팩트(Compact)한 출제경향 분석

최근 6개년 출제경향 분석

구 분	국가7급						국가9급						법원9급						경찰간부					
	18	19	20	21	22	23	19	20	21	22	23	24	18	19	20	21	22	23	18	19	20	21	22	23
제1장 형법의 기본개념																								
제2장 죄형법정주의	1			1	1			1	1	1	1			1						1	2	1	1	2
제3장 형법의 적용범위	1	1		1		1							1			1	1		1				1	
제4장 형법이론																								
출제빈도수			6/130						6/120						3/150						10/228			

국가직 7·9급, 법원직 9급, 경찰간부 및 경찰채용, 법원행시, 변호사시험 등 형법이 포함된 주요 시험의 모든 지문 및 판례를 철저히 분석하여 반영하였습니다.

3 퍼펙트(Perfect)한 기출표시

(2) 종범의 고의
① 방조의 고의 : 과실에 의한 방조는 불가벌이다. 국가9급 07 / 국가7급 09 / 사시 10 / 사시 11 / 경찰간부 16
② 정범의 고의 : 방조범이 성립하려면 −교사범과 마찬가지로− 정범의 실행을 방조한다는 방조의 고의뿐만 아니라 정범의 구성요건적 실행행위에 대한 인식과 의사인 정범의 고의가 있어야 한다. 법원행시 09
／ 국가7급 14 / 법원9급 15 / 사시 16 / 경찰채용 22 1차

해당 이론이 출제된 각종 시험의 종류와 기출연도를 최대한 빠짐없이 반영하였습니다. 기출표시를 바탕으로 학습의 긴장감 유지와 함께 강약조절이 가능하도록 구성하였습니다.

4 최신 개정법령 및 판례 반영

> ### 2. 원칙 - 행위시법주의
>
> 제1조【범죄의 성립과 처벌】① 범죄의 성립과 처벌은 행위시의 법률에 따른다. 〈개정 2020.12.8.〉 법원9급 08
>
> **(1) 의의**
>
> 형법은 그 법이 제정된 이후의 행위에 대하여 적용되는 것이다. 즉 어떤 행위를 처벌하기 위해서는 그 행위가 행해지던 시점에 미리 법이 존재하고 있어야 하며(행위시법주의, 대법원 2006.4.27, 2004도1078) 그 행위 이후 제정된 법률이 소급하여 적용되는 것은 행위자의 신뢰보호를 위해서 금지되어야 한다[소급효금지원칙(Rückwirkungsverbot)]. 이를 형법 제1조 제1항이 규정하고 있는 것이다.

2021년 12월 9일 개정형법을 포함한 최근 개정형법과 관련 형사특별법의 개정내용을 모두 반영하였습니다. 동시에 2023년 1월까지 판시된 최신 판례를 꼼꼼하게 수록함으로써 판례집을 따로 볼 필요 없는 '판례집 겸용 기본서'라는 백광훈 형법 고유의 특징을 그대로 유지하였습니다.

5 풍부한 판례연구

> ### 3. 대법원 2024.1.4, 2021도5723
> 휴대전화 몰수가 비례의 원칙에 위반된다고 본 사례
> (제1심 법원은 피고인이 대마 관련 범행 시 문자메시지를 몇 차례 주고받고 필로폰 관련 범행 시 통화를 1회 할 때 사용한 휴대전화를 '범죄행위에 제공된 물건'에 해당된다고 보아 몰수를 명하였는데, 이러한 몰수는 적법하지 않다는 사례) 구 형법 제48조 제1항 제1호의 '범죄행위에 제공된 물건'은 범죄의 실행행위 자체에 사용한 물건만 의미하는 것이 아니라 실행행위 착수 전 또는 실행행위 종료 후 행위에 사용한 물건 중 범죄행위의 수행에 실질적으로 기여하였다고 인정되는 물건까지도 포함한다(대법원 2006.9.14, 2006도4075 등). …… 전자기록은 일정한 저장매체에 전자방식이나 자기방식에 의하여 저장된 기록으로서 저장매체를 매개로 존재하는 물건이므로 위 조항에 정한 사유가 있는 때에는 이를 몰수할 수 있는바, 가령 휴대전화의 동영상 촬영기능을 이용하여 피해자를 촬영한 행위 자체가 범죄에 해당하는 경우, 휴대전화는 '범죄행위에 제공된 물건', 촬영되어 저장된 동영상은 휴대전화에 저장된 전자기록으로서 '범죄행위로 인하여 생긴 물건'에 각각 해당하고 이러한 경우 법원이 휴대전화를 몰수하지 않고 동영상만을 몰수하는 것도 가능하다(대법원 2017.10.23, 2017도5905).

형법 최신 중요판례를 관련 이론 바로 하단에 배치함으로써 학습의 흐름을 이어가며 판례학습과 이론암기를 동시에 진행할 수 있도록 하였습니다.

6 다양한 학습자료

표정리·그림정리, 사례연구 및 참고하기 등 반드시 짚고 넘어가야 할 필수 학습요소를 도표로 정리하여 본문 곳곳에 수록함으로써 학습의 편의성과 암기의 효율성을 높였습니다.

CONTENTS
| 차 례 |

CONTENTS
| 차 례 |

CONTENTS
| 차 례 |

APPENDIX 부록

백광훈
통합
형법총론

PART

01

형법의 일반이론

	목 차	난 도	출제율	대표 지문
제1장 형법의 기본개념	01 형법의 의의	下	★	• 의사결정규범 – 형법이 무가치하다고 평가한 불법을 일 반 국민이 결의하지 않도록 한다. (○)
	02 형법의 성격	下	★	
	03 형법의 기능	下	★	
제2장 죄형법정주의	01 죄형법정주의의 의의	下	★	• 성문법률주의란 범죄와 형벌은 성문의 법률로 규정되 어야 한다는 원칙을 말하며 여기서의 법률은 형식적 의미의 법률을 의미한다. (○) • 독일에서 거주하다가 대한민국 국적을 상실한 사람이 국적 상실을 전후하여 북한을 방문한 사안에서, 대한민 국 국적을 상실하기 전과 국적 상실 후의 모든 방문행 위는 국가보안법 제6조 제2항의 탈출에 해당한다. (×)
	02 죄형법정주의의 연혁과 사상적 기초	下	–	• 사고피해자를 유기한 도주차량 운전자에게 살인죄보 다 무거운 법정형을 규정하였다 하여 그것만으로 적 정성의 원칙에 반한다고 할 수 없다. (×) • 보안처분 중 신상정보공개명령, 위치추적전자장치부 착명령에는 소급처벌금지의 원칙이 적용된다. (×)
	03 죄형법정주의의 내용	中	★★★	• 형법이나 국가보안법의 '자수'에는 범행이 발각되고 지명수배된 후의 자진출두도 포함되는 것으로 해석 하고 있으므로 공직선거법의 '자수'를 '범행발각 전에 자수한 경우'로 한정하는 해석은 유추해석금지의 원 칙에 위반된다. (○)
제3장 형법의 적용범위	01 시간적 적용범위	中	★★★	• 범죄의 성립과 처벌은 행위시의 법률에 따른다고 할 때의 '행위시'라 함은 범죄행위의 종료시를 의미한다. (○) • 형법 제1조 제2항을 적용함에 있어 형의 경중의 비교 는 원칙적으로 법정형을 표준으로 할 것이고 처단형 이나 선고형에 의할 것이 아니다. (○)
	02 장소적 적용범위	中	★★★	
	03 인적 적용범위	中	★★	
제4장 형법이론	01 형벌이론	中	★	• 형벌을 과거의 범죄행위에 대한 책임의 상쇄로 이해 하는 응보형주의는 인간의 자기결정능력을 신뢰하는 자유주의 사상의 산물로서 국가형벌권 행사를 확대 하는 데 기여하고 있다. (×) • 장래의 범죄를 예방하는 데 형벌의 목적이 있다고 이 해하는 일반예방주의는 심리강제설의 영향을 받고 있다. (○)
	02 범죄이론	中	★	

구 분	국가7급						국가9급						법원9급						경찰간부					
	18	19	20	21	22	23	19	20	21	22	23	24	18	19	20	21	22	23	18	19	20	21	22	23
제1장 형법의 기본개념																								
제2장 죄형법정주의	1			1	1		1	1	1	1	1			1					1	2	1	1	1	2
제3장 형법의 적용범위		1	1		1		1						1			1	1		1				1	
제4장 형법이론																								
출제빈도수	6/130						6/120						3/150						10/228					

01

형법의 일반이론

경찰채용						법원행시						변호사					
19	20	21	22	23	24	19	20	21	22	23	24	19	20	21	22	23	24
				1													
1	1	1	2	2	1	1	2	5	1	3				1			
2	1	1	1	1	1	1	1		1	1		1		1		1	1
16/264						16/240						5/120					

CHAPTER

01 형법의 기본개념

01   형법의 의의

1. 형법의 개념

범죄(crime)라고 하는 행위는 대체로 반사회성을 가진 유해한 행위를 말하는데, 형법은 바로 이러한 범죄가 무엇인가를 규정하고 이에 대하여 어떠한 제재를 내리는가를 정하는 법이다. 즉 형법(刑法)(영어로는 Criminal Law, 독일어로는 Strafrecht, 프랑스어로는 Droit Pénal)이라 함은 어떠한 행위가 범죄이고 이에 대한 법적 효과로서 어떠한 형벌과 보안처분을 과할 것인가를 규정하는 법규범의 총체를 말한다.

2. 협의의 형법과 광의의 형법

(1) 협의의 형법

'형법'이라는 이름이 붙여진 형법전(刑法典)만을 의미한다(제정 1953.9.18. 법률 제293호, 개정 1975.3.25. 법률 제2745호, 개정 1988.12.31. 법률 제4040호, 개정 1995.12.29. 법률 제5057호, 개정 1997.12.13. 법률 제5454호, 개정 2001.12.29. 법률 제6543호, 개정 2004.1.20. 법률 제7077호, 개정 2005.7.29. 법률 제7623호, 개정 2010.4.15. 법률 제10259호, 개정 2012.12.18. 법률 제11574호, 개정 2013.4.5. 법률 제11731호, 개정 2014.5.14. 법률 제12575호, 개정 2014.12.30. 법률 제12898호, 개정 2016.1.6. 법률 제13719호, 개정 2016.5.29. 법률 제14178호, 개정 2016.12.20. 법률 제14415호, 개정 2017.12.12. 제15163호, 개정 2018.10.16. 제15793호, 개정 2018.12.18. 제15982호, 개정 2020.10.20. 제17511호, 개정 2020.12.8. 제17571호 – 소위 '우리말 순화 개정형법', 개정 2024.2.9. 제19582호).

> **참고하기** 우리말 순화 개정형법
>
> 최근 2020.12.8. 개정형법(2021.12.9. 시행)은 법무부의 형법개정안에 의한 것이다. 그 개정이유는 1953년 제정된 형법에 사용된 일본식 표현이나 어려운 한자어 등 개정이 시급한 대표적인 법률용어들을 국민의 눈높이에 맞추어 알기 쉬운 우리말로 변경하고, 법률문장의 내용을 정확히 전달할 수 있도록 어순구조를 재배열하는 등 알기 쉬운 법률 문장으로 개정함으로써 형법에 대한 국민의 접근성 및 신뢰성을 높이려는 것이라고 한다(이러한 개정이유는 형사소송법도 다르지 않다). 이에 본서에서는 2020.12.8. 개정형법을 '우리말 순화 개정형법'이라 한다.
> 그런데, 위와 같은 이유에서 개정된 우리말 순화 개정형법은 곳곳에서 문제점을 노정하고 있다. 예컨대, 정당방위를 규정한 형법 제21조 제1항은 과거의 "자기 또는 타인의 법익에 대한 현재의 부당한 침해를 방위하기 위한 행위" 조문을 "현재의 부당한 침해로부터 자기 또는 타인의 법익(法益)을 방위하기 위하여 한 행위"라는 우리말로 순화한 표현으로 개정되었다. 그런데 긴급피난을 규정한 형법 제22조 제1항의 "자기 또는 타인의 법익에 대한 현재의 위난을 피하기 위한 행위"라는 표현은 그대로 존치되었다. 즉, 어떤 조문은 고치고 어떤 조문은 고치지 않은 것이다.
> 한편, 다소 무리인 것으로 보이는 개정도 보인다. 예컨대, 형법 제192조 제1항의 죄명이 과거에는 "음용수사용방해"였는데 우리말 순화 개정형법에 의해 "먹는 물의 사용방해"로 바뀌었다. 죄명이 "먹는물사용방해죄"가 된 것이다.
> 이외에도 의문이 있는 부분은 곳곳에서 나온다. 다만, 본서의 수험서적 특징을 고려할 때 더 이상의 입법론적 비판은 자제하기로 하겠다. 본서에서는 위와 같은 2020.12.8. 우리말 순화 개정형법을 모두 반영하였음을 밝혀둔다.

이를 협의의 형법 내지 형식적 의미의 형법이라고 한다. 이러한 형법전은 제1조부터 제372조까지의 본문과 부칙으로 되어 있으며, 그중 제1조부터 제86조까지를 형법총칙이라 하고, 제87조부터 제372조까지를 형법각칙이라 한다. 형법총칙은 그중에서도 다시 제1조부터 제40조까지의 범죄에 관한 규정들과 제41조부터 제86조까지 형벌에 관한 규정들로 규정되어 있다(단, 제35조와 제36조는 누범에 관한 규정으로서 형벌에 관한 규정이다.).

이러한 형법총칙은 비단 형법각칙뿐만 아니라 다른 법령(후술하는 형사특별법과 행정형법)에 정한 모든 범죄와 형벌에 적용되는 것을 원칙으로 삼고 있으나(제8조 본문), 다만 그 법령에 형법총칙을 배제하는 규정을 두고 있는 때에는 소위 '특별법 우선의 원칙'에 의하여 그 법령이 적용되고 형법총칙은 적용되지 않게 된다. 또한 제8조의 법리는 형법과 형사특별법 간의 관계에서만 적용되는 것이 아니라, 형법총칙과 형법각칙 간의 관계에서도 적용된다. 예를 들어 상호 공동의 의사 없이 범죄를 행한 동시범(同時犯)을 규율하는 법조문은 제19조와 제263조가 있지만, 제263조는 각칙상의 규정이기 때문에 상해죄의 동시범의 경우에는 총칙(제19조)을 배제하고 우선 적용되게 되는 것이다(자세한 것은 후술함).

여하튼 형법총칙은 형법에 공통적으로 적용되는 요소들의 개념과 요건을 정한 것으로서 이에 대한 해석론을 형법총론이라 한다. 이에 비해 형법각칙은 각 개별적인 범죄의 구성요건유형과 이에 대한 법정형 등을 정한 것으로서 이에 대한 해석론을 형법각론이라 하는 것이다. 형법각론은 개별적인 범죄처벌규정들이 보호하고자 하는 법익(法益)을 기준으로 개인적 법익에 대한 죄, 사회적 법익에 대한 죄, 그리고 국가적 법익에 대한 죄로 나누어 설명하는 것이 보통이다.

그런데 이러한 형식적 의미의 형법 속에는 범죄와 형벌의 실체(實體)뿐만 아니라 친고죄(예를 들어, 제306조)나 반의사불벌죄(예를 들어, 제260조 제3항)와 같이 공소제기를 위한 조건을 정한 소추조건(訴追條件)과 같은 규정들도 들어 있다. 이는 엄밀히 말하여 형사절차에 관한 형사소송법적 규정들이다. 따라서 형식적 의미의 형법에는 실질적 의미의 형법에 속하지 않는 사항들도 규정되어 있는 것이다.

(2) 광의의 형법

범죄와 형벌을 정한 규범은 형법전(刑法典)만 있는 것이 아니다. 오히려 우리나라에는 여러 형사특별법(刑事特別法)과 수백 개에 이르는 행정형법(行政刑法)이 존재하고 있다. 이렇게 그 법률의 명칭 여하를 불문하고 범죄와 그 법률효과로서 형벌 내지 보안처분을 규정하고 있는 모든 법규범을 바로 광의의 형법 내지 실질적 의미의 형법이라고 하는 것이다.

대체로 형사특별법들은 형법각칙상의 범죄행위와 유사한 범죄이지만 그보다 더 무거운 행위불법[1]을 가지고 있는 범죄와 형벌을 규정하고 있다. 물론 형법각칙에 규정되어 있지 않은 범죄들을 새로이 규정한 형사특별법도 적지 않은 것도 사실이다. 이에 비해 행정형법은 일정한 행정법적 의무를 설정한 후 그 위반행위들을 범죄로 규정하여 대체로 벌칙이라고 되어 있는 장에서 이에 대한 형사처벌규정을 정하고 있는 법률들을 말한다.

이러한 실질적 의미의 형법은 후술하는 죄형법정주의의 "법률 없으면 범죄도 없고 형벌도 없다."는 원칙의 '법률'을 뜻하기도 한다. 즉 여기서의 '법률'이란 형식적으로는 국회에서 제정한 '형식적 의의의 법률'이자 내용적으로 범죄와 형벌을 담고 있는 '실질적 의미의 형법'이다. 이러한 법률은 실체형법을 의미한다.

   ➲ 형사특별법의 예 : 국가보안법, 폭력행위 등 처벌에 관한 법률(이하 '폭처법'), 특정범죄 가중처벌 등에 관한 법률(이하 '특가법'), 특정강력범죄의 처벌에 관한 특례법(이하 '특강법'), 특정경제범죄 가중처벌 등에 관한 법률(이하 '특경법'), 성폭력범죄의 처벌 등에 관한 특례법(이하 '성폭법'), 아동·청소년의 성보호에 관한 법률(이하 '아청법'), 보건범죄단속에 관한 특별조치법(이하 '보건범죄법'), 환경범죄의 처벌에 관한 특별조치법(이하 '환경범죄법'), 부정수표단속법, 소년

---

1 행위불법에 대해서는 총론 제2편 범죄론 제2장 구성요건 중 제2절 행위반가치와 결과반가치에서 후술한다.

법, 형의 실효 등에 관한 법률(이하 '형실효법'), 특정 성폭력범죄자에 대한 위치추적 전자장치 부착에 관한 법률(이하 '성폭력 전자장치법')(소년법, 형실효법, 성폭력 전자장치법은 절차법에 가까우나 처벌규정도 있음) 등

⊃ 행정형법의 예 : 건설산업기본법(이하 '건산법'), 게임산업진흥에 관한 법률(이하 '게임산업법'), 농수산물유통 및 가격안정에 관한 법률(이하 '농안법'), 도로교통법, 도시 및 주거환경정비법(이하 '도시정비법'), 독점규제 및 공정거래에 관한 법률(이하 '공정거래법'), 음반·비디오물 및 게임물에 관한 법률(이하 '음비법'), 정보통신망이용촉진 및 정보보호등에 관한 법률(이하 '정보통신망법'), 집회 및 시위에 관한 법률(이하 '집시법'), 풍속영업의 규제에 관한 법률(이하 '풍속법') 등

3. 형사법

형사실체법(형법), 형사절차법(형사소송법), 형집행법(행형법, 소년법) 등을 총칭한다.

---

02   형법의 성격

1. 형법의 법체계적 지위

형법은 공법, 사법법 그리고 실체법으로서의 성격을 가진다.

2. 형법의 규범적 성격

(1) 가설적 규범(hypothetische Norm)

"어떠한 행위를 하면, 어떠한 형으로 처벌하게 된다."는 식으로 규정되어 있다.

(2) 행위규범(Verhaltensnorm)인 동시에 재판규범(Entscheidungsnorm)

일반인들의 행위의 기준이자, 법관으로 하여금 자의적 판결을 내리지 못하게 하는 등 재판의 기준으로 사용된다.

(3) 의사결정규범(Bestimmungsnorm)인 동시에 평가규범(Bewertungsnorm)

일반인들의 의사를 결정해주고, 행위를 평가해준다. 국가9급 08

---

03   형법의 기능

1. 보호적 기능

(1) 법익의 보호

법익(法益)이라 함은 사람이 생활을 함에 있어서 보호해야 할 이익 중에서도 특히 법률이 보호하는 이익을 말한다. 형법은 바로 이러한 생명, 신체, 재산, 명예, 공공의 안전 등의 법익(法益)을 보호(Rechtsgüterschutz)하는 기능을 한다. 그러므로 법익 침해 없는 범죄는 있을 수 없다.

예 살인죄의 '생명', 상해죄의 '신체의 건강', 체포·감금죄의 '잠재적 신체활동의 자유', 미성년자약취·유인죄의 '미성년자의 자유권 및 보호자의 감호권', 명예훼손죄의 '외적 명예(평판)', 주거침입죄의 '사생활의 평온(내지 주거권)', 절도죄의 '소유권(및 점유)', 강도죄의 '재산권과 의사결정의 자유', 문서위조죄의 '문서에 대한 공공의 신용', 위증죄의 '국가의 사법(司法 : 진실발견)기능', 무고죄의 '국가의 적정한 징계·심판기능 및 피무고자의 개인적인 법적 안정성' 등

(2) 사회윤리적 행위가치의 보호

사회윤리적 행위가치(sozialethische Handlungswerte)의 보호기능이라 함은 행위의 측면에서 보호하여야 할 행위가치를 보호하는 기능을 말한다. → 살인죄의 '살인하지 말라'라는 행위명령을 어긴 자를 살인(미수)죄로 처벌한다.

구 분	법익의 본질	불법의 본질	형법의 성격
법익보호기능	법익침해	결과불법	평가규범
행위가치보호기능	의무위반	행위불법	의사결정규범

(3) 형법의 보충성의 원칙 : 법익보호기능의 구체화

형법의 보충성(補充性)은 형법이 모든 법익을 보호하는 것이 아니라, 형법 이외의 다른 수단에 의하여 법익을 보호하는 것이 불가능한 경우에만 최후의 수단으로써 적용되어야 한다는 원칙이다. 이는 형법이 규정하는 형사제재(criminal sanction)가 매우 심각하고 가혹하다는 점에 기인하는 원칙이며, 헌법 제10조의 인간의 존엄과 가치규정과 헌법 제37조 제2항의 기본권 제한에 있어서의 과잉금지(過剩禁止)의 원칙에서도 그 법적 근거를 찾을 수 있다.

형법에서 '다른 분쟁해결의 수단이 존재할 때에는 적용되어서는 안 된다'라는 보충성(최후수단성·겸억성·단편성)의 원칙은 반드시 지켜져야 하므로, '명확한 피해자가 존재하지 않는 범죄'라든가 '매우 경미한 범죄'를 처벌하는 규정은 형법에서 삭제되어야 한다. 이 경우 경범죄처벌법 등으로 처리하는 대안적 조치를 생각해 볼 수 있다. → 非범죄화이론(Decriminalization theory)과 연결된다.

2. 보장적 기능

(1) 의 의

형법의 (인권)보장적 기능(또는 마그나 카르타적 기능)이라 함은 형법이 국가 형벌권의 한계를 명확하게 함으로써 자의적인 형벌로부터 국민의 자유와 권리를 보장하는 기능을 말한다. 보장적 기능에 입각하여 형법의 성격을 파악하면 형법전은 시민을 처벌하기 위한 도구가 아니라 '시민을 처벌하지 않기 위한' 도구라고 보아야 한다. 특히 민주주의국가에서는 형법의 소극적(보장적) 기능이 적극적(보호·규제적) 기능에 우선하며, 후술할 헌법상 죄형법정주의원칙은 바로 이러한 보장적 기능을 구체화하고 실현하는 중요한 기능을 하게 된다. 보호적 기능과 보장적 기능이 상호 비례관계라기보다는 긴장·반비례관계로 설명되는 이유가 여기에 있다.

(2) 효 과

① 일반국민에 대한 효과 : 형법상의 범죄 이외에는 어떤 행동을 하더라도 처벌되지 않는다는 원칙이다 (일반인에 대한 보장적 기능). '선량한 국민의 Magna Charta'로서의 기능이다.

> **예** 과실로 타인의 재물을 손괴한 행위 : 민법상 손해배상책임은 별론으로 하고 형법상 형사책임은 지지 않는다. 형법전에 처벌규정을 두고 있지 않기 때문이다.

② 범죄인에 대한 효과 : 아무리 범죄를 저지른 자라 하더라도 그에 대해서는 형법에 정해진 형벌의 범위 내에서만 처벌받게 하여야 한다(범죄인에 대한 보장적 기능). 이러한 의미에서 형법은 '범죄인의 Magna Charta'라고도 부르게 되는 것이다(v. Liszt).

> **예** 상습으로 도박한 행위 : 형법 제246조 제2항에 의하여 상습도박자라 하여도 -다른 가중사유가 없는 한- 징역 3년을 초과하는 형벌을 선고할 수 없다.

3. 사회보호적 기능

범죄에 대하여 사회질서를 보호·유지하는 기능이 사회보호적 기능(Schutz der Gesellschaft)이다.

4. 규제적 기능

일정한 범죄에 대하여 일정한 형벌을 과할 것을 예고함으로써 당해 범죄에 대한 국가의 규범적 평가를 밝히는 작용을 의미한다. 즉 범죄대응적 관점에서의 범죄투쟁적 기능을 말한다.

02 죄형법정주의

01 죄형법정주의의 의의

1. 개 념

국가형벌권의 자의적(恣意的)인 행사로부터 개인의 자유와 권리를 보호하기 위하여 죄와 형을 법률로 정할 것이 요구되는바, 죄형법정주의는 바로 '법률이 없으면 범죄도 없고 형벌도 없다'는 원칙이다(nullum crimen, nulla poena sine lege).

2. 법적 근거

헌법 제12조 제1항 및 제13조 제1항,[2] 형법 제1조 제1항에서 죄형법정주의의 실정법적 근거가 있다는 점에서, 죄형법정주의는 단지 사상적으로만 인정되는 원칙이 아니다.

02 죄형법정주의의 연혁과 사상적 기초

1. 기원 및 연혁(역사적 발전과정)

1215년 영국의 Magna Charta(존왕의 대헌장)에서 유래되어, 1776년 버지니아주 권리장전 제8조, 1788년 미국헌법 제1조 제9항, 1789년 프랑스 세계인권선언 제8조, 1810년 나폴레옹형법 등을 거쳐 우리나라에 계수되었다.

2. 사상적 기초

삼권분립설(Montesquieu), 심리강제설 내지 일반예방주의(Feuerbach), 자유주의운동, 계몽주의, 성문법주의운동(법치주의), 공리주의 등의 사상적 배경 하에서 죄형법정주의는 나타났고 발전했다. 다만 법적 안정성을 중시하는 죄형법정주의와 범죄인의 재사회화라는 합목적성을 우선시하는 특별예방주의는 서로 직접적 관련이 없다.

---

2 헌법 제12조 ① 모든 국민은 신체의 자유를 가진다. 누구든지 법률에 의하지 아니하고는 체포·구속·압수·수색 또는 심문을 받지 아니하며, **법률**과 적법한 절차에 의하지 아니하고는 **처벌**·보안처분 또는 강제노역을 받지 아니한다. 헌법 제13조 ① 모든 국민은 행위시의 **법률**에 의하여 **범죄**를 구성하지 아니하는 행위로 소추되지 아니하며, 동일한 범죄에 대하여 거듭 처벌받지 아니한다.

1. 법률주의

(1) 의 의

법률주의(Gesetzlichkeitsprinzip)라 함은 범죄와 형벌은 성문의 법률에 규정되어야 하고, 법률이 아닌 명령·규칙·조례에 의하여 범죄와 형벌을 규정할 수는 없으며(포괄위임입법금지원칙), 법률이 아닌 관습법에 의하여 가벌성을 인정하거나 형을 가중하여서는 안 된다는 원칙(관습형법금지원칙)을 말한다. 경찰채용 14 2차

(2) 내 용

① 포괄위임입법금지의 원칙

㉠ 위임입법의 의의와 요건 : 법률주의에 의해 범죄와 형벌은 국회에서 제정한 법률에 의해서만 정해져야 하고 법률이 아닌 명령이나 규칙에 의해 범죄와 형벌을 정하는 것은 원칙적으로 허용되지 않는다. 다만, 법률에서 모든 사항을 규정하는 것은 현실적으로 불가능하므로, '법률(위임법률·수권법률·모법·백지형법)에서 범죄와 형벌의 대강을 규정'하고 있다면 구성요건의 '세부적' 사항은 명령(시행령)·규칙(시행규칙) 등(보충규범)에 위임할 수는 있는데[3] 이를 위임입법(委任立法)이라 한다. 이러한 위임입법을 할 때에도 특히 긴급한 필요가 있거나 미리 법률로써 자세히 정할 수 없는 부득이한 사정이 있는 경우에 한하여 '위임법률(모법)이 구성요건에서 처벌대상이 어떠한 유형의 행위인가를 구체적으로 규정하고 형벌에 대하여는 형벌의 종류 및 그 상한과 폭을 명확히 규정하는 것을 전제'로 명령·규칙으로의 위임입법이 허용되는 것이다(구체적·세부적 위임입법 허용). 경찰채용 14 2차 / 경찰승진 14 / 국가7급 16 / 국가9급 20

㉡ 포괄위임입법금지원칙 : 일반적으로 법률의 시행령은 모법인 법률에 의하여 위임받은 사항이나, 법률이 규정한 범위 내에서 법률을 현실적으로 집행하는 데 필요한 세부적인 사항만을 규정할 수 있을 뿐, 법률의 위임 없이 법률이 규정한 개인의 권리·의무에 관한 내용을 변경·보충하거나 법률에서 규정하지 아니한 새로운 내용을 규정할 수 없다. 특히 법률의 시행령이 형사처벌에 관한 사항을 규정하면서 법률의 명시적인 위임 범위를 벗어나 그 처벌의 대상을 확장하는 것은 헌법 제12조 제1항과 제13조 제1항에서 천명하고 있는 죄형법정주의의 원칙에도 어긋나는 것으로 결코 허용될 수 없다(대법원 1999.2.11, 98도2816 전원합의체). 국가9급 18 / 국가9급 20 요컨대, 전면적·포괄적 위임입법은 허용될 수 없다.

⚖ 판례연구 포괄위임입법금지원칙에 위반된다는 판례

1. 대법원 1998.6.18, 97도2231

외국환관리규정의 '도박 기타 범죄 등 선량한 풍속 및 사회질서에 반하는 행위' 사례

외국환관리규정(재정경제원 고시 제1996−13호) 제6−15조의4 제2호 나목 소정의 '도박 기타 범죄 등 선량한 풍속 및 사회질서에 반하는 행위'라는 요건은, 이를 한정할 합리적인 기준이 없다면, 형벌법규의 구성요건요소로서는 지나치게 광범위하고 불명확하므로 죄형법정주의가 요구하는 형벌법규의 명확성의 원칙에 반하고 외국환관리법 및 동법시행령과 같은 모법의 위임범위를 벗어난 것이라고 보지 않을 수 없다. 경찰승진 12 / 경찰간부 21

---

3 **보충** 백지형법(白地刑法)에 대해서는 형법의 시간적 적용범위에서 후술할 것이다. 위임입법의 헌법적 근거는 다음과 같다. **헌법 제75조** 대통령은 법률에 구체적으로 범위를 정하여 위임받은 사항과 법률을 집행하기 위하여 필요한 사항에 관하여 대통령령을 발할 수 있다. **헌법 제95조** 국무총리 또는 행정각부의 장은 소관사무에 관하여 법률이나 대통령령의 위임 또는 직권으로 총리령 또는 부령을 발할 수 있다.

2. 대법원 1998.10.15, 98도1759 전원합의체

청산기일연장을 제한한 근로기준법 시행령

구 근로기준법 제30조 단서에서 임금·퇴직금 청산기일의 연장합의의 한도에 관하여 아무런 제한을 두고 있지 아니함에도 불구하고, 같은 법 시행령 제12조에 의하여 같은 법 제30조 단서에 따른 기일연장을 3월 이내로 제한한 것은 죄형법정주의의 원칙에 위배되고 위임입법의 한계를 벗어난 것으로서 무효이다. 경찰채용 1차 23

3. 대법원 1999.2.11, 98도2816 전원합의체

총포의 부품까지 규정한 총포 등 단속법 시행령

총포·도검·화약류 등 단속법 제2조 제1항은 총포에 관하여 규정하고 있는데, 여기서 말하는 총은 적어도 금속성 탄알 등을 발사하는 성능을 가지고 있는 것을 가리키는 것이므로, 같은 법 시행령 제3조 제1항에서 모법의 위임 범위를 벗어나 총의 부품까지 총포에 속하는 것으로 규정한 것은 위임입법의 한계를 벗어나고 죄형법정주의 원칙에 위배된 것으로 무효라고 하지 않을 수 없다.

4. 헌법재판소 2000.7.20, 99헌가15

약국관리에 필요한 사항을 포괄적으로 위임한 사례

약사법 제19조 제4항은 "약국을 관리하는 약사 또는 한약사는 보건복지부령으로 정하는 약국관리에 필요한 사항을 준수하여야 한다."고 규정하고 위반자를 200만 원 이하의 벌금에 처하고 있는데, '약국관리에 필요한 사항'을 모두 하위 법령인 보건복지부령에 포괄적으로 위임한 것은 헌법상 포괄위임입법금지 원칙 및 죄형법정주의의 명확성 원칙에 위반된다고 보아야 한다.

5. 대법원 2017.2.16, 2015도16014 전원합의체

의료법에 없는 당직의료인의 인원수를 규정한 의료법 시행령은 위헌·무효라는 사례

법률의 시행령은 모법인 법률의 위임 없이 법률이 규정한 개인의 권리·의무에 관한 내용을 변경·보충하거나 법률에서 규정하지 아니한 새로운 내용을 규정할 수 없고, 특히 법률의 시행령이 형사처벌에 관한 사항을 규정하면서 법률의 명시적인 위임 범위를 벗어나 처벌의 대상을 확장하는 것은 죄형법정주의의 원칙에도 어긋나는 것이므로, 그러한 시행령은 위임입법의 한계를 벗어난 것으로서 무효이다. 의료법 제41조는 각종 병원에 응급환자와 입원환자의 진료 등에 필요한 당직의료인을 두어야 한다고만 규정하고 있을 뿐, 각종 병원에 두어야 하는 당직의료인의 수와 자격에 아무런 제한을 두고 있지 않고 이를 하위 법령에 위임하고 있지도 않다. 의료법 제41조가 "환자의 진료 등에 필요한 당직의료인을 두어야 한다."라고 규정하고 있을 뿐인데도 시행령 조항은 당직의료인의 수와 자격 등 배치기준을 규정하고 이를 위반하면 의료법 제90조에 의한 처벌의 대상이 되도록 함으로써 형사처벌의 대상을 신설 또는 확장하였다. 그러므로 시행령 조항은 위임입법의 한계를 벗어난 것으로서 무효이다. 국가7급 18

🔨 판례연구 포괄위임입법금지원칙에 위반되지 않는다는 판례

1. 헌법재판소 2000.6.29, 99헌가16

청소년보호위원회의 청소년유해매체물 결정 사례

청소년보호법에서 직접 청소년유해매체물의 범위를 확정하지 아니하고 행정기관(청소년보호위원회 등)에 위임하여 그 행정기관으로 하여금 청소년유해매체물을 확정하도록 하는 것은 부득이하다고 할 것이다.

2. 대법원 2000.10.27, 2000도4187

유해화학물질관리법 시행령상 환각물질 규정 사례

유해화학물질관리법 제35조 제1항에서 금지하는 환각물질을 구체적으로 명확하게 규정하지 아니하고 같은 법 시행령 제22조에서 이를 구체적으로 규정하게 한 취지는 과학 기술의 급격한 발전으로 말미암아 흥분·환각 또는 마취의 작용을 일으키는 유해화학물질이 수시로 생겨나기 때문에 이에 신속하게 대처하려는 데에 있으므로, 위임의 한계를 벗어난 것으로 볼 수 없다.

3. 대법원 2005.1.13, 2004도7360

설치가 허용되는 간판의 규격을 정한 선관위 규칙

공직선거 및 선거부정방지법(현 공직선거법, 이하 '공직선거법')에서 제90조 전문은 선거일 전 180일부터 선거에

영향을 미치게 하기 위하여 법정의 방법 이외의 방법으로 시설물설치 등을 하는 것을 금지한 규정으로서, 설치가 허용되는 간판의 규격과 같은 세부적이고 기술적인 사항을 중앙선거관리위원회 규칙에서 정하도록 위임하였다 하여 이를 죄형법정주의와 포괄위임금지의 원칙에 어긋난다고 볼 수도 없다.

4. 대법원 2007.2.22, 2006도9234

학교환경위생정화구역 안에서 이른바 피시(PC)방 시설을 금지한 학교보건법 시행령 사례

학교보건법 제6조 제1항 제15호 및 구 학교보건법 시행령의 각 규정에 의하면, 학교환경위생정화구역 안에서 폐지 전 음비법 제2조 제10호의 규정에 의한 멀티미디어문화콘텐츠설비 제공업 시설을 하는 것은 원칙적으로 금지되어 있는 바, 이는 죄형법정주의 및 포괄위임금지의 원칙을 위반하는 등 헌법의 규정에 위반된다고 할 수는 없다.

5. 대법원 2007.11.30, 2007도6556

농업협동조합을 특가법상 정부관리기업체로 정한 특가법 시행령 사례

농업협동조합중앙회는 특정범죄 가중처벌 등에 관한 법률 제4조 제1항 제2호 소정의 정부관리기업체에 해당한다고 보기에 충분하므로, 특가법 제4조 제1항의 위임을 받은 특가법 시행령 제2조 제48호가 농업협동조합중앙회를 '정부관리기업체'의 하나로 규정한 것이 위임입법의 한계를 벗어난 것으로서 위헌·위법이라고 할 수 없다.[4] 경찰채용 14 2차

6. 대법원 2009.3.26, 2007도9182; 헌법재판소 2008.11.27, 2005헌마161

사행성간주게임물의 개념 및 이에 해당하는 경우 경품제공을 금지한 문광부고시 사례

구 음비법 제32조 제3호는 게임제공업자에 대하여 문화관광부고시에서 정한 경품의 종류와 경품제공방법을 위반하여 사행성을 조장하거나 청소년에게 해로운 영향을 미칠 수 있는 경품제공행위의 금지를 규정하고 있다. … 따라서 그에 기한 '경품제공업소에서의 경품취급기준' 고시(문화관광부) 중 사행성간주게임물의 개념을 설정하고 이에 해당하는 경우 경품제공 등을 금지하는 규정은 음비법 제32조 제3호의 위임범위 내에 속하고 그 위임범위를 일탈하였다고 할 수 없다.

7. 대법원 2009.4.23, 2008도11017

게임머니 및 이에 유사한 것을 게임산업진흥법 시행령에서 정하도록 한 사례

게임산업법 제32조 제1항 제7호가 '환전, 환전 알선, 재매입 영업행위를 금지하는 게임머니 및 이와 유사한 것'을 대통령령이 정하도록 위임하고, 같은 법 시행령 제18조의3 각 호에 규정된 '게임머니 및 이에 유사한 것'은 게임산업법 제32조 제1항 제7호에 규정된 '게임물의 이용을 통하여 획득한 유·무형의 결과물'에 해당한다고 보이므로, 게임산업법 제32조 제1항 제7호, 같은 법 시행령 제18조의3은 형벌법규의 포괄위임입법금지 원칙이나 죄형법정주의에 위배되지 않는다. 경찰채용 11 1차 / 경찰채용 12 1차

유사판례 사행성간주게임물에 대하여 경품제공을 금지하고 있는 문화관광부의 경품취급기준에 관한 고시는 1시간당 총 이용금액이 90,000원을 초과하는 게임물, 최고당첨액이나 경품누적액이 경품한도액을 초과하는 게임물 등에 대하여 경품 제공을 금지하고 있는데, 이는 구 음비법 제32조 제3호의 위임 한계를 일탈하거나 죄형법정주의 등에 위배되지 않는다(대법원 2008.12.11, 2006도7642).

8. 대법원 2010.4.29, 2009도8537

새마을금고법이 새마을금고 여유자금의 운용에 관하여 시행령에 위임한 사례

구 새마을금고법이 새마을금고의 여유자금의 운용에 관하여 구체적 방법을 정하지 아니한 채 시행령에 위임하였다거나, 위 시행령이 여유자금의 운용방법으로 국채, 지방채의 매입과 더불어 '연합회장이 정하는 유가증권의 매입'이라고 규정하였다 하더라도 죄형법정주의에 위반되거나 위임입법의 한계를 일탈한 것으로는 볼 수 없다.

9. 대법원 2013.3.28, 2012도16383

고래포획금지고시와 바다로 돌아가게 된 돌고래 사건

구 수산업법 시행령 제41조는 구 수산업법 제61조 제1항 제5호에서 규정한 내용 중 일부를 좀 더 세부적으로 규정하면서 위임받은 사항에 관하여 대강을 정하고 그중의 특정사항을 범위를 정해 농림수산식품부장관에게 재

---

4 유사판례 수산업협동조합중앙회와 그 회원조합을 정부관리기업체로 규정한 것도 위임입법의 한계를 벗어나지 않았다는 판례는 대법원 2007.4.27, 2007도1038 참조.

위임하여 고래포획금지에 관한 고시(농림수산식품부 고시)가 발령되었는데, 이는 포괄위임입법금지 원칙 내지 죄형법정주의에 위반되지 아니한다.

10. 대법원 2013.6.13, 2013도1685

한국수력원자력의 직원을 공무원으로 의제한 공공기관운영법 시행령 및 기획재정부 고시 사건

공공기관의 운영에 관한 법률의 입법목적과 경제상황이나 정책상 목적에 따라 공공기관의 사업 내용이나 범위 등이 계속적으로 변동할 수밖에 없는 현실 등을 감안할 때 공무원 의제규정의 적용을 받는 공기업 등의 정의규정을 법률이 아닌 시행령이나 고시 등 그 하위규범에서 정하는 것에 부득이한 측면이 있는 것이므로, 구체적인 공기업의 지정에 관하여는 그 하위규범인 기획재정부장관의 고시에 의하도록 규정하였다 하더라도 죄형법정주의에 위반한 것으로 볼 수 없다. 법원행시 13 / 경찰채용 14 1차 / 경찰승진 14

11. 대법원 2014.5.16, 2012도12867

정치적 행위의 한계를 국가공무원복무규정에 위임한 사례

국가공무원법의 위임을 받아 제정된 국가공무원복무규정 제27조[5] 제2항 제4호는 "정당 기타 정치단체의 표지로 사용되는 기·완장·복식 등을 제작 또는 배부하거나 이를 착용·착용권유 또는 착용을 방해하는 행위 등 기타 명목 여하를 불문하고 금전 또는 물질로 특정정당 또는 정치단체를 지지 또는 반대하는 것"을 정치적 행위의 한계로 규정하고 있는데, 위 규정은 모법인 국가공무원법의 위임범위를 벗어난 것이라 할 수 없다.[6] 경찰간부 16

12. 대법원 2019.7.25, 2018도7989

결혼중개업의 신상정보의 제공 시기를 만남 이전으로 정한 결혼중개업법 시행령 사례

결혼중개업법 제26조 제2항 제4호는 '제10조의2 제1항을 위반하여 신상정보를 제공하지 아니한 자는 3년 이하의 징역 또는 2천만 원 이하의 벌금에 처한다.'라고 규정하고, …… 그 위임에 따른 결혼중개업법 시행령 제3조의2 제3항은 '국제결혼중개업자는 신상정보를 이용자와 상대방이 각각 이해할 수 있는 언어로 번역·제공한 후 이용자와 상대방이 모두 만남에 서면 동의한 경우에 만남을 주선하여야 한다.'라고 규정하여 국제결혼중개업자에게 '이용자와 상대방의 만남 이전'에 신상정보를 제공할 의무를 부과하고 있다. …… 결혼중개업법 시행령 제3조의2 제3항은 결혼중개업법 제10조의2 제4항에서 위임한 범위를 일탈하여 위임입법의 한계를 벗어났다고 볼 수 없다.

② 관습형법금지(Verbot des Gewohnheitsrechts)의 원칙 : 성문법이 아닌 관습법은 형법의 (직접적) 법원(法源)이 될 수 없다. 관습법이란 국회에서 제정한 법률이 아니라 사회의 일정한 관행이 법적 확신을 얻게

---

5 제27조(정치적 행위) ② 제1항에 규정된 정치적 행위의 한계는 제1항의 규정에 의한 정치적 목적을 가지고 다음 각 호의 1에 해당하는 행위를 함을 말한다. <개정 1972.5.4, 1977.4.22. >
  1. 시위운동을 기획·조직·지휘하거나 이에 참가 또는 원조하는 것
  2. 정당 기타 정치단체의 기관지인 신문 및 간행물을 발행·편집·배부하거나 이와 같은 행위를 원조하거나 방해하는 것
  3. 특정정당 또는 정치단체를 지지 또는 반대하거나 공직선거에 있어서 특정후보자를 지지 또는 반대하는 의견을 집회 기타 다수인이 모인 장소에서 발표하거나 문서·도서·신문 기타의 간행물에 게재하는 것
  4. 정당 기타 정치단체의 표지로 사용되는 기·완장·복식 등을 제작 또는 배부하거나 이를 착용·착용권유 또는 착용을 방해하는 행위 등 기타 명목 여하를 불문하고 금전 또는 물질로 특정정당 또는 정치단체를 지지 또는 반대하는 것
6 판례 구 국가공무원법 제65조 제4항의 위임을 받아 제정된 구 국가공무원복무규정 제27조 제2항 제4호도 모법이 금지하는 행위를 고려하여 제한적으로 해석하여야 하는 점, 구 국가공무원복무규정 제27조 제2항 본문은 "제1항의 규정에 의한 정치적 목적을 가지고 다음 각 호의 1에 해당하는 행위를 함을 말한다."고 규정하고 있으므로, 위 규정 동조 동항 제1호부터 제3호의 행위도 목적이 없는 행위는 여기에 해당하지 않는 점 등에 비추어 보면, 구 국가공무원복무규정 제27조 제2항 제4호는 특정 정당 또는 정치단체에 대한 일체의 금전적 또는 물질적 후원행위를 금지한다는 것이 아니고, 금전 또는 물질의 이름이나 구실 또는 이유에 구애되지는 않지만 정당활동이나 선거와 직접적으로 관련되거나 특정 정당과의 밀접한 연계성을 인정할 수 있는 경우 등 공무원의 정치적 중립성을 훼손할 가능성이 큰 행위로서 특정 정당 또는 정치단체를 지지 또는 반대하는 것이라는 요소가 있는 행위만을 금지하는 것이라고 해석하여야 하며, 그러한 해석 하에서 보면 구 국가공무원복무규정 제27조 제2항 제4호가 명확성의 원칙에 위배되었거나 모법인 국가공무원법 제65조 제4항의 위임범위를 벗어났다고 할 수 없다(대법원 2014.5.16, 2012도12867). 보충 - 또 다른 논점 구 정당법 제53조, 제22조 제1항에서 규정하는 공무원이나 사립학교의 교원이 정당의 당원이 된 죄와 구 국가공무원법 제84조, 제65조 제1항에서 규정하는 공무원이 정당 그 밖의 정치단체에 가입한 죄는 공무원이나 사립학교의 교원 등이 정당 등에 가입함으로써 즉시 성립하고 그와 동시에 완성되는 즉시범이므로 그 범죄성립과 동시에 공소시효가 진행한다.

된 것을 말하기 때문이다. 따라서 관습법에 의하여 범죄를 성립시키거나 형벌을 가중시키는 것은 허용되지 아니한다. 다만, ㉠ 관습법에 의하여 범죄의 성립을 조각시키는 것은 가능하다. 피고인에게 유리한 효과가 인정되기 때문이다.

> **예** 민법(성문법)상 친권자가 아니라 하더라도 타인의 자녀인 연소자에 대하여 사회의 연장자로서 행한 교육목적에 의한 경미한 징계행위는 형법 제20조의 '사회상규'에 위배되지 아니하는 정당행위로서 정당화되어 무죄가 된다. 또한 새신랑을 매달고 발바닥을 때린 동네 친구들의 행위[7]는 특수폭행죄(제261조)의 구성요건에는 해당이 되지만 그 지역사회의 관습법(내지 관습)을 고려할 때 사회상규에 반하지 않는다는 해석이 가능하다.

또한 ㉡ 성문의 형법규정의 의미를 보다 구체화하고 명확하게 하기 위하여 관습(법)이 활용되는 것도 허용될 수 있다. 즉 성문의 형법을 해석하는 보충자료로써 관습법을 사용하는 것까지 금지되는 것은 아니다. 이러한 의미에서 보충적 관습법 내지 간접적 법원으로서의 관습법은 인정된다. 국가7급 07

> **예** 수리방해죄(제184조)의 수리권의 근거나 부진정부작위범(제18조)의 작위의무의 발생근거는 관습법(조리)에서 구할 수 있다.

2. 소급효금지의 원칙

(1) 의 의

소급효금지의 원칙(Rückwirkungsverbot)이란 형법의 효력을 그 형법이 제정되기 이전의 행위에 소급하여 적용시켜서는 안 된다는 원칙을 말한다(헌법 제13조 제1항, 형법 제1조 제1항)(행위시법주의, 형벌불소급원칙).

(2) 적용범위

① 소급입법 및 법률의 소급적용의 금지 : 행위시에 법률에 근거가 없었던 실체법상 형벌이 재판시에 신설되었다고 하여 이것이 과거(행위시)로 거슬러 올라가서 처벌의 근거로 원용될 수 없다. 따라서 소급입법 및 법률(실체형법)의 소급적용은 모두 금지된다. 국가9급 07 / 경찰승진 12 소급효 금지원칙이 적용되는 형벌은 자유형이든 벌금형(대법원 1960.11.16, 4293형상445)이든 주형이든 부가형이든 묻지 아니한다.

> 🔨 **판례연구** 소급효금지원칙에 위반되지 않는다는 판례
>
> 대법원 2012.11.29, 2012도10269
> 음주운전 전과와 3진아웃제에 관한 형벌불소급의 원칙
> 도로교통법 제148조의2 제1항 제1호는 도로교통법 제44조 제1항(음주운전금지)을 2회 이상 위반한 사람으로서 다시 같은 조 제1항을 위반하여 술에 취한 상태에서 자동차 등을 운전한 사람에 대해 1년 이상 3년 이하의 징역이나 500만 원 이상 1,000만 원 이하의 벌금에 처하도록 규정하고 있는 바, 도로교통법 제148조의2 제1항 제1호의 '도로교통법 제44조 제1항을 2회 이상 위반한' 것에 '구' 도로교통법 제44조 제1항 위반 음주운전 전과도 포함된다고 해석하는 것은 형벌불소급원칙이나 일사부재리원칙 또는 비례원칙에 위배된다고 할 수 없다.
> **유사판례** 도로교통법(2018.12.24. 개정) 제148조의2 제1항의 '도로교통법 제44조 제1항 또는 제2항을 2회 이상 위반한 사람'에 개정된 도로교통법이 시행된 2019.6.25. 이전 위반 전과가 포함되는 것으로 해석하는 것은 형벌불소급의 원칙에 위반되지 아니한다(대법원 2020.8.20, 2020도7154).

---

7 오영근, 49면.

판례연구 소급효금지원칙에 위반된다는 판례

1. 대법원 2009.4.23, 2008도11017

게임머니 환전행위에 대한 소급효금지원칙 적용 사례

게임산업법 시행령의 시행일 이전에 위 시행령 조항 각 호에 규정된 게임머니를 환전, 환전 알선, 재매입한 영업행위를 처벌하는 것은 형벌법규의 소급효금지 원칙에 위배된다. 국가9급 10

2. 대법원 2009.1.15, 2004도7111

형벌조항에 대한 헌법불합치결정의 효력과 소급효금지원칙 사례

헌법불합치결정의 전면적인 소급효가 미치는 형사사건에서 법원은 헌법에 합치되지 않는다고 선언된 법률조항을 더 이상 피고인에 대한 처벌법규로 적용할 수 없기 때문에,[8] 유치원 인근의 극장영업행위에 대하여 구 학교보건법 제6조 제1항 본문 제2호, 제19조를 적용하여 공소제기하였으나 당해 법률조항이 헌법불합치결정된 경우, 헌법불합치결정에 따라 개정된 학교보건법 조항을 소급적용하여 피고인을 처벌하는 것은 헌법에 위배된다.

3. 대법원 2010.6.10, 2010도4416

전자금융거래법상 접근매체 양도·양수 알선죄 입법 이전의 알선행위 사례

전자금융거래법 시행일 이전의 법 제6조 제3항 제1호에 규정된 접근매체 양도·양수의 알선행위를 처벌하는 것은 형벌법규의 소급효금지 원칙에 위배된다.

4. 대법원 2020.10.15, 2020도7307

법무사 등록증을 빌려주거나 빌린 법무사법위반 사건

2017.12.12. 법률 제15151호로 일부 개정된 법무사법(이하 '개정된 법무사법')에는 제72조 제2항이 신설되어 등록증을 다른 사람에게 빌려준 법무사, 법무사의 등록증을 빌린 사람 등이 취득한 금품이나 그 밖의 이익은 몰수하고 이를 몰수할 수 없을 때에는 그 가액을 추징한다고 규정하고 있고, 부칙 제2조는 "제72조 제2항의 개정규정은 이 법 시행 후 최초로 법무사 등록증을 다른 사람에게 빌려준 경우부터 적용한다."라고 규정하고 있다. 위와 같이 개정된 법무사법 제72조 제2항, 부칙 제2조, 헌법 제13조 제1항 전단과 형법 제1조 제1항에서 정한 형벌법규의 소급효 금지 원칙에 비추어 보면, 법무사가 등록증을 다른 사람에게 빌려주거나 법무사의 등록증을 빌린 행위가 개정된 법무사법 시행 이전부터 계속되어 온 경우에는 개정된 법무사법이 시행된 이후의 행위로 취득한 금품 그 밖의 이익만이 개정된 법무사법 제72조 제2항에 따른 몰수나 추징의 대상이 된다고 보아야 한다.

② 행위자에게 유리한 경우 : 소급효금지원칙에도 불구하고, 피고인에게 유리한 신법의 소급효는 허용된다. 형법에서도 경한 신법 우선의 원칙(재판시법주의)에 의하여 피고인에게 유리한 법률변경의 경우에는 소급효금지의 원칙은 적용되지 않는다고 규정하고 있다(2020.12.8. 우리말 순화 개정법 제1조 제2항·제3항). 국가9급 07 **헌법재판소**에 의하여 위헌결정을 받은 형벌법규는 소급하여 효력을 상실하므로(헌법재판소법 제47조 제2항) 위헌결정 이전에 당해 법률에 근거하여 기소된 피고사건을 위헌결정 이후에는 무죄로 판결해야 하는 이유도 바로 여기에 있다.

③ 보안처분의 소급효

㉠ 보호관찰처분의 소급효 : ⓐ 통설은 보안처분도 범죄에 대한 제재이며 피고인에게 불리하다는 점에서 형벌과 같은 효과를 가지므로 형벌불소급의 원칙의 적용대상이라고 한다.[9] 그러나 ⓑ 판례는 '보

---

8 법원이 헌법 제107조 제1항 등에 근거하여 법률의 위헌 여부의 심판제청을 하는 것은 그 전제가 된 당해 사건에서 위헌으로 결정된 법률조항을 적용하지 않으려는 데 그 목적이 있다는 점과 헌법재판소법 제45조, 제47조의 규정 취지에 비추어 볼 때, 당해 사건에 적용되는 법률조항에 대한 헌법재판소의 헌법불합치결정은 위헌결정에 해당한다. 또한 형벌에 관한 법률조항에 대하여 위헌결정이 선고되는 경우 그 법률조항의 효력이 소급하여 상실되고, 당해 사건뿐만 아니라 위헌으로 선언된 형벌조항에 근거한 기존의 모든 유죄확정판결에 대해서까지 전면적으로 재심이 허용된다(헌법재판소법 제47조 제2항, 제3항, 제4항)(헌법재판소 1989.7.14, 89헌가5; 1996.2.16, 96헌가2 등 참조).

9 보안처분과 집행유예시 보호관찰의 성격에 대해서 자세한 것은 제3편 형벌론, 보안처분 참조.

호관찰' 등의 보안처분에는 소급효금지의 원칙이 적용되지 않고 재판시법주의가 적용된다고 판시하고 있다(대법원 1997.6.13, 97도703).[10] 국가9급 07 / 국가9급 08 / 법원9급 08 / 법원행시 08 / 국가7급 10 / 경찰채용 13 1차 / 경찰승진 13 / 법원승진 13 / 경찰승진 15 / 경찰승진 16 / 국가9급 22

ⓛ 사회봉사명령의 소급효 : 사회봉사명령은 형사처벌 대신 부과되는 것으로서, 범죄를 범한 자에게 의무적 노동을 부과하고 여가시간을 박탈하여 실질적으로는 신체적 자유를 제한하게 되므로, 이에 대하여는 원칙적으로 형벌불소급의 원칙에 따라 행위시법을 적용함이 상당하다. **판례도 같은 입장이다**(대법원 2008.7.24, 2008어4).[11] 경찰승진 10 / 경찰채용 11 1차 / 법원9급 11 / 경찰채용 12 1차 / 변호사 12 / 법원9급 15 / 사시 16 / 국가9급 18 / 국가9급 24

ⓒ 전자감시장치부착명령의 소급효 : ⓐ **판례**는 전자감시제도가 형벌과는 다른 보안처분이므로 소급효금지원칙이 적용되지 않는다고 보고 있다(대법원 2010.12.23, 2010도11996).[12] 사시 12 다만 ⓑ 전자장치부착명령에 관하여 피고인에게 실질적 불이익을 추가하는 전자장치 부착명령기간 하한가중규정은 그 소급효를 부정하는 판례도 있다(대법원 2013.7.25, 2013도6181).[13] 법원행시 15

ⓓ 신상정보 공개명령 · 고지명령의 소급효 : ⓐ **판례**는 신상정보 공개명령 · 고지명령의 본질이 범죄행위를 한 자에 대한 응보 등을 목적으로 그 책임을 추궁하는 사후적 처분인 형벌과는 다르다고 보기 때문에, 아청법상 공개명령 제도가 시행된 2010.1.1. 이전에 범한 범죄에 대하여도 공개명령 제도를 적용하도록 한 것이 소급입법금지 원칙에 반하지 않으며(대법원 2011.3.24, 2010도14393, 2010전도120), 사시 14 성폭법상 등록대상 성폭력범죄를 범한 자에 대해서 성폭법 시행 전에 범죄를 범하고 그에 대해 공소제기가 이루어졌더라도 성폭법상 공개명령 · 고지명령의 대상이 된다고 보고 있다(대법원 2011.9.29, 2011도9253, 2011전도152). 다만, ⓑ **판례**는 신상정보 고지명령에 관해서는 소급효를 부정하고(대법원 2012.11.15, 2012도10410, 2012전도189),[14] 이미 유죄판결이 확정된 아동 · 청소년 대상 성폭력범죄의 경우에도 성폭법(법률 제11556호) 부칙 제7조에 따른 소급적인 공개명령 및 고지명령의 대상은 되지 않는다(대법원 2014.10.31, 2014모1166)는 입장이다.

---

10 판례 : 보호관찰처분의 소급효 인정 1997년 1월 1일부터 시행된 개정 형법 제62조의2에서 말하는 **보호관찰**은 형벌이 아니라 보안처분의 성격을 갖는 것으로서, 과거의 불법에 대한 책임에 기초하고 있는 제재가 아니라 장래의 위험성으로부터 행위자를 보호하고 사회를 방위하기 위한 합목적적인 조치이므로, 그에 관하여 반드시 행위 이전에 규정되어 있어야 하는 것은 아니며, 재판시의 규정에 의하여 **보호관찰**을 받을 것을 명할 수 있다고 보아야 할 것이고, 이와 같은 해석이 형벌불소급의 원칙 내지 죄형법정주의에 위배되는 것은 아니다(대법원 1997.6.13, 97도703). 법원9급 08

11 판례 : 사회봉사명령의 소급효 부정 가정폭력범죄의 처벌 등에 관한 특례법상 사회봉사명령을 부과하면서, **행위시법상 사회봉사명령 부과시간의 상한인 100시간을 초과하여 상한을 200시간으로 올린 신법을 적용한 것은 위법하다**(대법원 2008.7.24, 2008어4). 경찰승진 10 / 국가7급 10 / 경찰채용 11 1차 / 국가7급 11 / 법원9급 11 / 변호사 12 / 국가7급 14 / 경찰채용 16 1차

12 판례 : 전자감시장치부착명령의 소급효 인정 특정 범죄자에 대한 위치추적 전자장치 부착 등에 관한 법률에 의한 전자감시제도는 일종의 보안처분으로서, 전자감시제도는 범죄행위를 한 자에 대한 응보를 주된 목적으로 그 책임을 추궁하는 사후적 처분인 형벌과 구별되어 그 본질을 달리하는 것으로서 형벌에 관한 소급입법금지의 원칙이 그대로 적용되지 않으므로, 위 법률이 개정되어 부착명령 기간을 연장하도록 규정하고 있더라도 그것이 소급입법금지의 원칙에 반한다고 볼 수 없다(대법원 2010.12.23, 2010도11996). 사시 12 / 국가7급 17

13 판례 : 전자장치 부착명령기간 하한가중규정의 소급효 부정 특정 범죄자에 대한 보호관찰 및 전자장치 부착 등에 관한 법률은 제9조 제1항 단서에서 '19세 미만의 사람에 대하여 특정범죄를 저지른 경우에는 부착기간 하한을 같은 항 각 호에 따른 부착기간 하한의 2배로 한다.'고 규정하여 구 특정 범죄자에 대한 위치추적 전자장치 부착 등에 관한 법률보다 부착명령청구 요건 및 부착기간 하한가중 요건을 완화·확대하였음에도, 위 법 부칙은 −다른 조항에 대해서는 소급효를 규정하면서도− 위 법 제9조 제1항 단서에 대하여는 그 소급적용에 관한 명확한 경과규정을 두지 않았으므로, 전자장치 부착명령에 관하여 피고인에게 실질적인 불이익을 추가하는 내용의 법 개정이 있고, 그 규정의 소급적용에 관한 명확한 경과규정이 없는 한 그 규정의 소급적용은 이를 부정하는 것이 피고인의 권익 보장이나, 위 법 부칙에서 일부 조항을 특정하여 그 소급적용에 관한 경과규정을 둔 입법자의 의사에 부합한다고 할 것이다(대법원 2013.7.25, 2013도6181). 법원행시 15

14 비교판례 아동·청소년 대상 성폭력범죄의 경우, '법률 제10260호 아동성보호법' 제38조의2 규정이 시행된 2011.1.1. 이후에 범죄를 저지른 자에 대하여만 **고지명령**을 선고할 수 있다(대법원 2012.11.15, 2012도10410, 2012전도189). 경찰간부 16

38 PART 01 형법의 일반이론

ⓜ 수강명령의 소급효 : 판례는 2011.4.7. 개정된 성폭법에 의하여 실형 선고시 병과하는 수강명령은 위 법이 시행된 2011.10.8. 이전에 성폭력범죄를 범한 사람에 대해서는 내릴 수 없다고 보아 소급효를 부정하고 있다(대법원 2013.4.11, 2013도1525).[15]

④ 공소시효 연장 등 소송법규정의 소급효

　㉠ 소급효금지원칙의 소송법에 대한 적용 여부 : 소급효금지원칙(형벌불소급원칙)은 형법과 같은 실체법에 적용되는 원칙이고, 형사소송법 등의 절차법에는 적용되지 않고 입법정책에 맡겨져 있다. 즉, 소급효금지원칙은 행위시의 실체법에 없었던 재판시의 형벌이 소급하지는 않을 것이라는 신뢰(信賴)를 보호하는 것에 불과하지, '일정 기간 동안 소추되고 그 이후에는 소추되지 않을 것'이라는 신뢰까지 보호하는 것은 아니다(헌법재판소 1996.2.16, 96헌가2, 96헌바7·13).[16] 따라서 소급효금지원칙은 공소시효의 변경과 같은 소송법규정의 변경에 대하여는 적용되지 않는다고 보아야 한다. 법원9급

08 / 국가7급 11 / 변호사 12 / 경찰승진 16

　㉡ 공소시효의 사후적 연장의 허용 여부

　　ⓐ 부진정소급입법(부진정소급효) : 공소시효가 아직 완성되지 않은 시점에서 단지 진행 중인 공소시효를 연장하는 것을 말한다. 부진정소급입법은 공소시효제도에 근거한 개인의 신뢰와 공소시효의 연장을 통하여 달성하려는 공익을 비교형량하여 공익이 개인의 신뢰보호이익에 우선하는 경우 정당화될 수 있다. 판례도 경우에 따라 부진정소급효를 인정하거나 부정하는 입장을 취하고 있다.

🔨 판례연구 부진정소급입법 관련판례

1. 대법원 2015.5.2, 2015도1362, 2015전도19

부진정소급효 부정례 : 공소시효를 정지·연장·배제하는 내용의 특례조항을 신설하면서 소급적용에 관한 명시적인 경과규정을 두지 아니한 경우, 그 조항을 소급하여 적용할 것인지 판단할 때 고려할 사항

공소시효를 정지·연장·배제하는 내용의 특례조항을 신설하면서 소급적용에 관한 명시적인 경과규정을 두지 아니한 경우에 그 조항을 소급하여 적용할 수 있다고 볼 것인지에 관하여는 이를 해결할 보편타당한 일반원칙이 존재할 수 없는 터이므로 적법절차원칙과 소급금지원칙을 천명한 헌법 제12조 제1항과 제13조 제1항의 정신을 바탕으로 하여 법적 안정성과 신뢰보호원칙을 포함한 법치주의 이념을 훼손하지 아니하도록 신중히 판단하여야 한다.

▶ 판례는 구 성폭법 제20조 제3항(공소시효정지·연장·배제조항, 현재는 제21조 제3항)에서 13세 미만의 사람 및 신체적·정신적 장애가 있는 사람에 대한 강간·준강간 등 죄를 범한 경우에는 형사소송법 등 규정의 공소시효를 적용하지 아니한다는 공소시효 배제조항을 신설하면서 명시적 경과규정을 두지 아니한 경우에는(2011.11.17. 법률 제11088호), 법적 안정성과 신뢰보호원칙을 포함한 법치주의 이념에 따라 피고인에게 유리한 종전 규정을 적용하여 공소시효 완성을 이유로 면소판결을 한 것이다.

---

15 판례 : 성폭법상 수강명령의 소급효 부정 2011.4.7. 법률 제10567호로 개정된 성폭법 제16조 제2항은 "법원이 성폭력범죄를 범한 사람에 대하여 유죄판결(선고유예는 제외한다)을 선고하는 경우에는 300시간의 범위에서 재범예방에 필요한 수강명령 또는 성폭력 치료프로그램의 이수명령을 병과할 수 있다."라고 정하였는데, 부칙(2011.4.7.) 제1항은 "이 법은 공포 후 6개월이 경과한 날부터 시행한다."라고 규정하고, 제2항은 "제16조의 개정규정은 이 법 시행 후 최초로 성폭력범죄를 범한 사람부터 적용한다."라고 규정하였으므로, 법원으로서는 위 개정 특례법이 시행된 2011.10.8. 이후에 성폭력범죄를 범한 사람에 대하여만 실형을 선고하는 경우에도 수강명령을 병과할 수 있다(대법원 2013.4.11, 2013도1525).

16 판례 형벌불소급의 원칙은 "행위의 가벌성" 즉 형사소추가 "언제부터 어떠한 조건하에서" 가능한가의 문제에 관한 것이고, "얼마동안" 가능한가의 문제에 관한 것은 아니므로, 과거에 이미 행한 범죄에 대하여 공소시효를 정지시키는 법률이라 하더라도 그 사유만으로 헌법 제12조 제1항 및 제13조 제1항에 규정한 죄형법정주의의 파생원칙인 형벌불소급의 원칙에 언제나 위배되는 것으로 단정할 수는 없다(헌법재판소 1996.2.16, 96헌가2, 96헌바7·13). 경찰승진 10

2. 대법원 2016.9.28, 2016도7273

부진정소급효 긍정례 : 아동학대처벌법 시행일 당시 범죄행위가 종료되었으나 아직 공소시효가 완성되지 아니한 아동학대범죄에 대하여 같은 법 제34조 제1항이 적용되는지 여부(적극)

아동학대처벌법(2014.1.28. 법률 제12341호 제정, 2014.9.29. 시행)(구 아동복지법) 제2조 제4호 (타)목은 아동복지법 제71조 제1항 제2호, 제17조 제3호에서 정한 '아동의 신체에 손상을 주거나 신체의 건강 및 발달을 해치는 신체적 학대행위'를 아동학대범죄의 하나로 규정하고, 나아가 제34조는 '공소시효의 정지와 효력'이라는 표제 밑에 제1항에서 "아동학대범죄의 공소시효는 형사소송법 제252조에도 불구하고 해당 아동학대범죄의 피해아동이 성년에 달한 날부터 진행한다."라고 규정하며, 부칙은 "이 법은 공포 후 8개월이 경과한 날부터 시행한다."라고 규정하고 있다. … 아동학대처벌법의 입법 목적 및 같은 법 제34조의 취지를 공소시효를 정지하는 특례조항의 신설·소급에 관한 법리에 비추어 보면, 비록 아동학대처벌법이 제34조 제1항의 소급적용 등에 관하여 명시적인 경과규정을 두고 있지는 아니하나, 위 규정은 완성되지 아니한 공소시효의 진행을 일정한 요건 아래에서 장래를 향하여 정지시키는 것으로서, 시행일인 2014.9.29. 당시 범죄행위가 종료되었으나 아직 공소시효가 완성되지 아니한 아동학대범죄에 대하여도 적용된다.

ⓑ 진정소급입법(진정소급효) : 이미 공소시효가 완성되었음에도 그 이후 다시 공소시효를 연장하여 소급처벌하는 것을 말한다. 이러한 진정소급입법은 법적 안정성과 신뢰보호를 깨뜨릴 수 있다는 점에서 원칙적으로 허용될 수 없다. 또한 신법 시행 이전에 고소기간이 만료되었다거나 공소시효가 완성된 경우에는 소급효금지원칙이 적용되어 처벌할 수 없다는 것이 다수설(제한적 소급효 인정설)[17]·**판례**이다(헌법재판소 1996.2.16, 96헌가2, 96헌바7·13; 1999.7.22, 97헌바76, 98헌바50·51·52·54·55).[18] 다만 일반적으로 국민이 소급입법을 예상할 수 있었거나 법적 상태가 불확실하고 혼란스러워 보호할 만한 신뢰이익이 적은 경우, 소급입법에 의한 당사자의 손실이 없거나 아주 경미한 경우, 그리고 '신뢰보호의 요청에 우선하는 심히 중대한 공익상의 사유가 소급입법을 정당화하는 경우' 등에는 진정소급입법이 허용된다(헌법재판소 1996.2.16, 96헌가2, 96헌바7·13; 1999.7.22, 97헌바76, 98헌바50·51·52·54·55).[19] 국가9급 10 / 국가7급 11 / 경찰간부 14

---

17 제한적 소급효 인정설 : 김성천 / 김형준, 35면; 김일수 / 서보학, 61면; 박상기, 31면; 배종대, 72면; 신동운, 30면; 이재상, §2-21. 다만 절차법인 형사소송법의 변경에 대해서는 전면적으로 소급효를 긍정해야 한다는 학설은 과거의 다수설 및 임웅, 22면 참조. 반면 형사소송법에도 전면적으로 소급효금지원칙이 적용되어야 한다는 견해는 오영근, 60면 참조.

18 판례 : 5·18특별법 합헌 결정 (공소시효의 완성 여부 및 그 시점에 대해서는 법원이 담당해야 하기 때문에 법원이 내릴 두 가지 판단의 경우에 따라서) ① 공소시효가 아직 완성되지 않은 경우 위 법률조항은 단지 진행 중인 공소시효를 연장하는 법률로서 이른바 **부진정소급효**를 갖게 되나, 공소시효제도에 근거한 개인의 신뢰와 공소시효의 연장을 통하여 달성하려는 공익을 비교형량하여 공익이 개인의 신뢰보호이익에 우선하는 경우에는 소급효를 갖는 법률도 헌법상 정당화될 수 있다. ② 공소시효가 이미 완성되어 **진정소급입법**으로 보는 경우라 하더라도 기존의 법을 변경하여야 할 공익적 필요는 심히 중대한 반면에 그 법적 지위에 대한 개인의 신뢰를 보호하여야 할 필요가 상대적으로 적어 개인의 신뢰이익을 관철하는 것이 객관적으로 정당화될 수 없는 경우에는 예외적으로 허용될 수 있다. 진정소급입법이 허용되는 예외적인 경우로는 일반적으로, 국민이 소급입법을 예상할 수 있었거나, 법적 상태가 불확실하고 혼란스러웠거나 하여 보호할 만한 신뢰의 이익이 적은 경우와 소급입법에 의한 당사자의 손실이 없거나 아주 경미한 경우, 그리고 **신뢰보호의 요청에 우선하는 심히 중대한 공익상의 사유가 소급입법을 정당화**하는 경우를 들 수 있다. 국가7급 13 … 이 법률조항은 위 행위자들의 신뢰이익이나 법적 안정성을 물리치고도 남을 만큼 월등히 중대한 공익을 추구하고 있다고 평가할 수 있어, 공소시효가 완성된 뒤에 시행된 사후적 소급입법이라고 하더라도 위에서 살펴본 바와 같이 죄형법정주의에 반하지 않음은 물론, 법치국가의 원리, 평등원칙, 적법절차의 원리에도 반하지 아니하고, 따라서 헌법에 위반되지 아니한다(참고로, 재판관 김용준, 김문희, 황도연, 고중석, 신창언의 한정위헌 의견도 있었으나 위헌결정 정족수 미달이므로 합헌결정할 수밖에 없다)(헌법재판소 1996.2.16, 96헌가2, 96헌바7·13).

19 예컨대, 이를 입법해 놓은 특별법으로는 헌정질서파괴범죄의 공소시효 등에 관한 특례법이 있는데, 동법에서는 헌정질서파괴범죄(형법상 내란·외환죄와 군형법상 반란·이적죄) 등에 대한 공소시효의 적용을 배제하고 있다. 또한 5·18민주화운동 등에 관한 특별법은 12·12사건과 5·18사건에 대하여 1993년 2월 24일까지 공소시효의 진행이 정지된 것으로 간주하고 있다. 그리고 헌법재판소는 위 5·18 특별법 제2조에 대하여 기술한 바와 같이 합헌결정을 내리고 있다(헌법재판소 1996.2.16, 96헌가2, 96헌바7·13 병합).

⑤ 판례의 변경과 소급효 : 학계에서는 견해가 대립하나,[20] 판례는 법원(法源)이 아니기 때문에 판례에 대해서는 소급효금지의 원칙이 적용되지 않는다는 것이 **대법원의 입장**이다(대법원 1999.7.15, 95도2870 전원합의체; 1999.9.17, 97도3349[21]). 법원9급 05 / 법원행시 05 / 국가9급 07 / 국가9급 08 / 법원9급 08 / 법원행시 08 / 국가9급 09 / 국가9급 10 / 법원행시 10 / 경찰채용 11 1차 / 경찰간부 11 / 법원9급 11 / 국가7급 11 / 법원행시 11 / 국가7급 12 / 변호사 12 / 경찰승진 13 / 국가7급 13 / 법원승진 13 / 경찰간부 14 / 경찰승진 15 / 경찰승진 16 / 경찰간부 23 이 경우 행위 당시의 판례의 입장을 진지하게 조회해보고 행위한 선량한 행위자의 경우에는, 법률의 착오(제16조)의 정당한 이유를 인정하여 행위자의 책임을 조각시켜줌으로써 무죄로 처리하면 될 것이다.

3. 명확성의 원칙

(1) 의 의

명확성의 원칙(Bestimmtheitsgrundsatz)이란 구성요건(구성요건의 명확성)과 그 법적 결과(형사제재의 명확성)를 명확하게 규정해야 한다는 원칙을 말한다. 즉 명확성의 원칙은 법률이 처벌하고자 하는 행위가 무엇이며 그에 대한 형벌이 어떠한 것인지를 누구나 예견할 수 있고, 그에 따라 자신의 행위를 결정할 수 있도록 구성요건을 명확하게 규정하는 것을 의미한다. 따라서 법률의 명확성 요구는 형법의 적극적 일반예방기능[22]에도 이바지할 수 있다.

그러나 처벌법규의 구성요건이 명확하여야 한다고 하여 모든 구성요건을 단순한 서술적 개념(기술적 구성요건요소)으로 규정하여야 하는 것은 아니고, 다소 광범위하게 규정함으로써 법관의 보충적인 해석을 필요로 하는 개념(규범적 구성요건요소)을 사용하였다고 하더라도 통상의 해석방법에 의하여 건전한 상식과 통상적인 법감정을 가진 사람(일반인)이면 당해 처벌법규의 보호법익과 금지된 행위 및 처벌의 종류와 정도를 알 수 있도록 규정하였다면 명확성원칙에 배치되지 아니한다(대법원 2006.5.11, 2006도920 등). 국가7급 12 / 경찰간부 16 / 국가9급 20 즉, 명확성의 원칙이란 기본적으로 최대한이 아닌 최소한의 명확성을 요구하는 것으로서(헌법재판소 1998.4.30, 95헌가16) 경찰채용 22 1차, 어떠한 법규범이 명확한가는 예측가능성 및 자의적 법집행 배제가 확보되는지 여부에 따라 판단된다.[23]

(2) 내 용

① 구성요건의 명확성 : 형벌구성요건의 입법에 있어서는 가능한 한 명백하고 확장할 수 없는 개념을 사용하여야 하며 사물의 변별능력을 제대로 갖춘 일반인의 이해와 판단에 의하여 해당 법률에 의하여 금지된 행위가 무엇인가를 알 수 있어야 한다(대법원 2003.4.11, 2003도451). 예를 들어, 이러한 의미에

---

20 ① 소급효부정설은 배종대, 94면; 신동운, 44면; 이정원, 34면; 이형국, 25면; 정성근 / 박광민, 18면; 정영일, 51면; 진계호 / 이존걸, 81면, ② 법창조적 판례는 소급효 부정, 법해석적 판례는 소급효를 인정하자는 구분설은 김일수, 74면, ③ 소급효긍정설은 김성천, 23면; 김일수 / 서보학, 65면; 박상기, 32면; 손동권, 35면; 안동준, 19면; 이재상, §2−21; 임웅, 24면 참조.

21 판례 : 행위 당시의 판례에 의하면 처벌대상이 아니었던 행위를 판례의 변경에 따라 처벌하는 것이 평등의 원칙과 형벌불소급의 원칙에 반하는지 여부 형사처벌의 근거가 되는 것은 법률이지 판례가 아니고, 형법 조항에 관한 판례의 변경은 그 법률조항의 내용을 확인하는 것에 지나지 아니하여 이로써 그 법률조항 자체가 변경된 것이라고 볼 수는 없으므로, 행위 당시의 판례에 의하면 처벌대상이 되지 아니하는 것으로 해석되었던 행위를 판례의 변경에 따라 확인된 내용의 형법 조항에 근거하여 처벌한다고 하여 그것이 헌법상 평등의 원칙과 형벌불소급의 원칙에 반한다고 할 수는 없다(대법원 1999.9.17, 97도3349). 경찰채용 18 1차

22 적극적 일반예방주의에 대해서는 제1편 제4장 형법이론 중 형벌이론에서 후술할 것이다.

23 보충 어떠한 법규범이 명확한지 여부는 그 법규범이 수범자에게 법규의 의미내용을 알 수 있도록 공정한 고지를 하여 예측가능성을 주고 있는지 여부 및 그 법규범이 법을 해석 · 집행하는 기관에게 충분한 의미내용을 규율하여 자의적인 법해석이나 법집행이 배제되는지 여부, 다시 말하면 예측가능성 및 자의적 법집행 배제가 확보되는지 여부에 따라 이를 판단할 수 있다. 그런데 법규범의 의미내용은 그 문언뿐만 아니라 입법 목적이나 입법 취지, 입법 연혁, 그리고 법규범의 체계적 구조 등을 종합적으로 고려하는 해석방법에 의하여 구체화하게 되므로, 결국 법규범이 명확성원칙에 위반되는지 여부는 위와 같은 해석방법에 의하여 그 의미내용을 합리적으로 파악할 수 있는 해석기준을 얻을 수 있는지 여부에 달려 있다(대법원 2014.1.29, 2013도12939).

서 외국환관리규정 소정의 '도박 기타 범죄 등 선량한 풍속 및 사회질서에 반하는 행위'라는 요건은 형벌법규의 구성요건요소로서는 지나치게 광범위하고 불명확하므로 위헌으로서 무효이다(대법원 1998.6.18, 97도2231). 경찰승진 12 다만, 규범적 개념을 사용하는 것이 불가피한 점도 인정하지 않을 수 없다. 예컨대, 음화반포죄(제243조)의 '음란' 개념은 평가적·규범적 판단을 요하는 규범적 구성요건요소이고, 일반 보통인의 성욕을 자극하여 성적 흥분을 유발하고 정상적인 성적 수치심을 해하여 성적 도의관념에 반하는 것이라고 풀이된다는 점에서 이를 불명확하다고는 볼 수 없다(대법원 1995.6.16, 94도2413). 법원행시 07 / 법원행시 10

★ 판례연구 명확성원칙에 위반된다는 판례

1. 헌법재판소 1995.9.28, 93헌바50
'정부관리기업체'는 명확성 결여
특가법 제4조 제1항의 '정부관리기업체'라는 용어는 전체로서의 구성요건의 명확성을 결여한 것으로 죄형법정주의에 위배되고 위임입법의 한계를 일탈한 것으로서 위헌이다.

2. 대법원 1998.6.18, 97도2231
외국환관리규정 소정의 '도박 기타 범죄 등 선량한 풍속 및 사회질서에 반하는 행위'라는 요건은 형벌법규의 구성요건요소로서는 지나치게 광범위하고 불명확하므로 위헌으로서 무효이다. 경찰승진 12

3. 헌법재판소 1998.10.15, 98헌마168
'가정의례의 참뜻에 비추어 합리적인 범위 안'은 명확성 결여
하객들에 대한 음식접대에 있어서 "가정의례의 참뜻"이란 개념은 그 대강의 범위를 예측하여 이를 행동의 준칙으로 삼기에 부적절하고, "합리적인 범위 안"이란 개념도 주류 및 음식물을 어떻게 어느 만큼 접대하는 것이 합리적인 범위인지를 일반국민이 판단하기란 어려울 뿐 아니라 그 대강을 예측하기도 어렵다.

4. 헌법재판소 2002.2.28, 99헌가8
'잔인성을 조장할 우려가 있거나 범죄의 충동을 일으키게 하는' 불량만화
미성년자보호법 조항의 불량만화에 대한 정의 중 "음란성 또는 잔인성을 조장할 우려"라는 표현을 보면, '음란성'은 법관의 보충적인 해석을 통하여 그 규범내용이 확정될 수 있는 개념이라고 할 수 있으나, 한편 '잔인성'에 대하여는 아직 판례상 개념규정이 확립되지 않은 상태이고 그 처벌범위도 너무 광범위해지고, 다음으로 불량만화에 대한 정의 중 후단 부분의 "범죄의 충동을 일으킬 수 있게"라는 표현은 그 규범내용이 확정될 수 없는 것이다.

5. 헌법재판소 2002.6.27, 99헌마480
'공공의 안녕질서 또는 미풍양속을 해하는' 불온통신은 명확성 결여
전기통신사업법 제53조는 '공공의 안녕질서 또는 미풍양속을 해하는'이라는 불온통신의 개념을 전제로 하여 규제를 가하는 것으로서 불온통신 개념의 모호성, 추상성, 포괄성으로 말미암아 필연적으로 규제되지 않아야 할 표현까지 다함께 규제하게 되어 과잉금지원칙에 어긋난다. 국가7급 16

6. 대법원 2010.12.23, 2008도4233
산자부고시상 수출제한지역인 '국제평화와 지역안전을 저해할 우려가 있는 지역' 부분은 명확성 결여
전략물자수출입공고(산업자원부 고시) 제48조는 '수출제한지역'이라는 제목 하에 '국제평화와 지역안전을 저해할 우려가 있는 지역에 대하여는 전략물자의 수출을 제한할 수 있다'고 규정하고 있는데 이는 지나치게 광범위하고 불명확하다고 할 것이다.

7. 대법원 2012.6.14, 2010도14409
지방공무원법상 특수경력직공무원에게 경력직 공무원에 대한 처벌조항 적용 부정
특수경력직공무원의 구 지방공무원법 위반행위에 대한 형사처벌과 관련하여서는 아무런 적용 근거조항을 두지 않고 있는 점 등 구 지방공무원법의 체계와 관련 조항의 내용과 아울러 형벌 조항은 구체적이고 명확하여야 한다는 죄형법정주의의 원칙 등을 종합해 보면, 특수경력직공무원에 대하여는 공무 외의 집단행위를 금지하는 구

지방공무원법 제58조 제1항은 적용되나 그 위반행위에 대한 형사처벌 조항인 구 지방공무원법 제82조는 적용되지 않는다.

★ 판례연구 명확성원칙에 위반되지 않는다는 판례

1. 대법원 1994.1.14, 93도2579

주택건설촉진법상 '사위 기타 부정한 방법'은 명확성 인정

구 주택건설촉진법에 의하여 처벌되는 "사위 기타 부정한 방법으로 주택을 공급받거나 공급받게 하는" 행위란 위 법에 의하여 공급되는 주택을 공급받을 자격이 없는 자가 그 자격이 있는 것으로 가장하는 등 정당성이 결여된 부정한 방법으로 주택을 공급받는 행위 등을 의미하므로 위 규정이 죄형법정주의에 위반된다고 볼 수 없다.

2. 대법원 1995.6.16, 94도2413

음화반포죄(제243조)의 '음란' 개념은 평가적·규범적 판단을 요하는 규범적 구성요건요소이고, 일반 보통인의 성욕을 자극하여 성적 흥분을 유발하고 정상적인 성적 수치심을 해하여 성적 도의관념에 반하는 것이라고 풀이된다는 점에서 이를 불명확하다고는 볼 수 없다. 법원행시 07·10

3. 대법원 2000.10.27, 2000도1007

'전래적인 식생활이나 통념상 식용이 아니거나 식품원료로서 안전성·건전성이 입증되지 아니한 것'

식품위생법에 의한 보건복지부장관의 고시인 구 식품공전(보건복지부장관 고시)에서는 "일반인들의 전래적인 식생활이나 통념상 식용으로 하지 아니하는 것, 식품원료로서 안전성 및 건전성이 입증되지 아니한 것"을 식품의 제조·가공·조리용으로 사용할 수 없도록 하고 있는 바, 위 규정은 어떤 행위가 이에 해당하는지 의심을 가질 정도로 명확성을 결한 것이라고는 할 수 없다.

4. 대법원 2003.4.11, 2003도451

주택건설촉진법상 '주택 관리업무'는 명확성 인정

주택건설촉진법상 금지규정에 규정된 '주택관리사 등의 자격이 없는 자가 수행한 관리업무'의 유형, 범위 등을 한정할 합리적 해석 기준이 분명하여 처벌규정으로서의 명확성을 지니는 것이어서 헌법 제12조의 죄형법정주의에 위반되지 아니한다.

5. 대법원 2003.4.25, 2002도1722

향군법상 '소집통지서 수령의무자'는 명확성 인정

향토예비군설치법 제15조(벌칙) 제9항 후문은 '소집통지서를 수령할 의무가 있는 자'를 그 범죄행위의 주체로 규정하면서도 당해 조문에 '소집통지서를 수령할 의무가 있는 자'의 의미나 범위에 관하여 아무런 규정도 두지 않았지만, 법 소정의 훈련소집 대상 예비군대원 본인이 소집통지서의 수령의무자가 된다는 점은 일반인의 이해와 판단으로서도 충분히 알 수 있다고 할 것이다.

6. 대법원 2003.12.26, 2003도5980

청소년보호법상 '풍기 문란' 영업행위죄는 명확성 인정

청소년보호법상 "풍기를 문란하게 하는 영업행위를 하거나 그를 목적으로 장소를 제공하는 행위"는 그 구체적인 예가 "청소년에 대하여 이성혼숙을 하게 하거나 그를 목적으로 장소를 제공하는 행위" 등이라고 보이는바, 위 법률조항은 명확성의 원칙에 반하지 아니하여 실질적 죄형법정주의에도 반하지 아니한다. 경찰채용 12 3차

7. 헌법재판소 2004.12.16, 2002헌바57; 대법원 2005.4.15, 2002도3453

노노법상 '간여'는 명확성 인정

노동조합 및 노동관계조정법(노노법)에서 '간여'의 의미는 자의를 허용하지 않는 통상의 해석방법에 의하여 누구나 파악할 수 있으므로, 위 법률조항이 죄형법정주의가 요구하는 처벌법규의 명확성원칙에 위반되어 헌법에 위반된다고 할 수 없다.

8. 대법원 2005.1.28, 2002도6931

수질환경보전법 시행규칙 중 '구리(동) 및 그 화합물'은 명확성 인정

수질환경보전법 시행규칙의 특정수질유해물질 중의 한 종류로서 법관의 보충적 해석도 거의 필요가 없는 서술적 개념인 '구리(동) 및 그 화합물'을 규정하고 있는 바, 위 규정 내용 자체는 사물의 변별능력을 제대로 갖춘 일반인의 이해와 판단으로서 그 의미를 명확하게 파악할 수 있는 것이어서 수범자인 국민의 예측가능성이 충분히 보장된 규정일 뿐만 아니라 법집행자의 자의적 집행 가능성도 거의 없다고 봄이 상당하므로 명확성의 원칙에 반하는 규정이라고 볼 수 없다.[24]

9. 대법원 2005.12.8, 2004도5529
대기환경보전법상 '소량'은 명확성 인정
(대기환경보전법상 '첨가제'라 함은 탄소와 수소만으로 구성된 물질을 제외한 화학물질로서 자동차의 연료에 소량을 첨가함으로써 자동차의 성능을 향상시키거나 자동차 배출물질을 저감시키는 화학물질로서 환경부령이 정하는 것을 말한다고 규정하고 있고,) 위 조항의 '소량'의 의미는 휘발유를 대체하여 자동차의 연료로 사용될 수 없는 정도로서 '자동차 연료의 용량에 비해 극히 적은 분량'을 의미하는 것으로 봄이 상당하므로, 죄형법정주의 등에 위반되는 것이라고 볼 수 없다.

10. 대법원 2006.5.11, 2006도920
당해 거주자와 비거주자 간 '채권발생에 관한 거래와 관련이 없는 지급'은 명확성 인정
구 외국환관리규정(재정경제원 고시)의 '당해 거주자와 비거주자 간 채권의 발생 등에 관한 거래와 관련이 없는 지급'은 경상적 거래나 자본거래 등 일반적으로 외국환의 지급 등의 원인행위가 되는 거래를 수반하지 않는 외국환의 지급을 뜻하는 것으로 새기는 것이 타당하므로, 위 규정은 그 의미가 불명확하다고 할 수 없으므로 명확성의 원칙에 위배되는 것이라고 할 수 없다.[25]

11. 대법원 2006.5.11, 2006도631
폐기물의 특성에 따라 사업장폐기물배출자의 신고시기를 달리 정한 폐기물관리법 시행규칙 사례
폐기물관리법 시행규칙 제10조 제1항 제1호 내지 제3호, 제5호에 해당하는 사업장폐기물배출자와 같은 항 제4호에 해당하는 사업장폐기물배출자는 폐기물 배출의 유형이 크게 다르다고 할 것이므로 신고시기에 신고대상이 되는 기준 폐기물 배출량을 명확히 규정하고 있는 이상 법 시행규칙 제10조 제2항 제2호가 죄형법정주의의 요청인 명확성의 원칙에 반한다고 할 수 없다.

12. 대법원 2006.5.12, 2005도6525
'불건전 전화서비스 등'은 명확성 인정
피고인의 광고 내용인 화상채팅 서비스는 화상대화방 서비스 제공자의 물적 시설 이용이라는 공간적 개념의 차이 외에는 화상대화방 서비스와도 별다른 차이가 없다고 보이므로 화상채팅 서비스는 폰팅 및 화상대화방 서비스와 동일시 할 수 있을 정도의 것으로서 이 사건 고시의 '불건전 전화 서비스 등'에 포함된다고 보는 것이 상당하며, 이러한 해석이 형벌법규의 명확성의 원칙에 반하는 것이거나 금지되는 확장해석이나 유추해석에 해당한다고 할 수도 없다.

13. 대법원 2006.12.22, 2006도1623
정치자금법위반죄의 '이 법에 의하지 아니한 방법'은 명확성 인정
구 정치자금에 관한 법률 제2조 제1항의 "이 법에 의하지 아니한 방법"이라는 것은 '위 법률의 각 개별조항에서 구체적으로 정한 방법 이외의 모든 방법'을 의미하는 것임이 문언적으로 명백하고, 나아가 위 법률에 정해진 방법이 아닌 방법으로 정치자금을 수수하면 처벌된다는 점 또한 명백히 알 수 있으므로, 헌법상 명확성의 원칙이나 죄형법정주의의 원칙 등에 위반된다고 할 수 없다.

14. 대법원 2008.5.29, 2008도1857
폭처법상 범죄단체 구성원으로서의 '활동'은 명확성 인정

---

24 또 다른 논점 : 포괄위임입법금지원칙 위반 X 위 시행규칙이 특정수질유해물질 중 하나로서 구리(동) 및 그 화합물을 규정하면서 그 기준수치를 정하지 않은 것은 모법의 기본적인 입법목적, 폐수배출시설설치의 허가제도에 담긴 취지 등에 부합하는 것으로서, 이를 두고 모법의 위임범위에 벗어났다고는 할 수 없다.
25 판례의 또 다른 논점 '채권의 발생 등에 관한 거래와 관련이 없는 지급'을 한국은행 총재의 허가사항으로 정한 구 외국환관리규정은 구 외국환관리법 또는 동시행령의 위임의 범위를 벗어난 것으로 볼 수 없다.

폭력행위 등 처벌에 관한 법률 제4조 제1항에서 규정하고 있는 범죄단체 구성원으로서의 "활동"의 개념이 다소 추상적이고 포괄적인 측면이 있지만, 어떠한 행위가 위 "활동"에 해당할 수 있는지는 법관의 합리적인 해석과 조리에 의하여 보충될 수 있는 점 등을 종합적으로 판단하면, 이 사건 법률조항 중 "활동" 부분은 죄형법정주의의 명확성의 원칙에 위배된다고 할 수 없다. 사시 10 / 경찰채용 15 1차

15. 대법원 2008.12.24, 2008도9581

소위 사이버스토킹죄의 구성요건 중 '불안감'은 명확성 인정

구 정보통신망 이용촉진 및 정보보호 등에 관한 법률 제65조 제1항 제3호에서 규정하는 "불안감"은 평가적·정서적 판단을 요하는 규범적 구성요건요소이고, "불안감"이란 개념이 사전적으로 "마음이 편하지 아니하고 조마조마한 느낌"이라고 풀이되고 있어 이를 불명확하다고 볼 수는 없으므로, 위 규정 자체가 죄형법정주의 및 여기에서 파생된 명확성의 원칙에 반한다고 볼 수 없다. 경찰간부 15 / 경찰채용 23 1차

16. 대법원 2009.4.23, 2008도11017

'게임머니환전·환전알선·재매입영업죄'는 명확성 인정

게임산업법 제32조 제1항 제7호에서 "누구든지 게임물의 이용을 통하여 획득한 유·무형의 결과물을 환전 또는 환전 알선하거나 재매입을 업으로 하는 행위를 하여서는 아니 된다."고 규정하고, 같은 법 시행령에서 "대통령령이 정하는 게임머니 및 대통령령이 정하는 이와 유사한 것"을 규정하고 있는바, 이는 죄형법정주의의 명확성의 원칙에 위배되지 않는다.

17. 대법원 2009.5.14, 2008도11040

공선법상 정당의 후보자 추천 관련 금품수수에 대한 처벌규정은 명확성 인정

공직선거법 제47조의2 제1항에 규정된 '후보자로 추천하는 일과 관련하여'란 금품 또는 재산상 이익의 제공이 후보자 추천의 대가 또는 사례에 해당하거나, 그렇지 않다 하더라도 후보자 추천에 있어서 정치자금의 제공이 어떠한 형태로든 영향을 미칠 수 있는 경우를 의미하므로, 위 규정은 죄형법정주의의 명확성의 원칙에 위배된다고 할 수 없다.

18. 헌법재판소 2009.5.28, 2006헌바24

'유사석유제품'은 명확성 인정

구 석유사업법상 '유사석유제품'은 "석유제품에 다른 석유제품 또는 석유화학제품을 혼합하거나 석유화학제품에 다른 석유화학제품을 혼합하는 등의 방법으로 제조된 것으로서 대통령령이 정하는 제품"이라고 정의되어 통상 "석유제품에 유사한 것" 따라서 "정품이 아닌 가짜 석유제품"으로 넉넉히 파악될 수 있으므로 죄형법정주의의 명확성의 원칙을 위반하였다고 볼 수 없다.

19. 대법원 2009.9.24, 2007도6185

건산법상 배임수재죄의 주체로 규정된 이해관계인은 명확성 인정

건설산업기본법의 입법 목적, 같은 법 제38조의2의 문언, 규정체계 등을 종합하여 볼 때, 같은 법 제38조의2의 '이해관계인'이란 건설공사를 도급 또는 하도급을 받을 목적으로 도급계약을 체결하기 위하여 경쟁하는 자로서 도급계약의 체결 여부에 직접적이고 법률적인 이해관계를 가진 자를 의미하고, 이러한 의미를 가진 '이해관계인' 규정이 죄형법정주의의 명확성의 원칙에 위배된다고 할 수 없다. 법원승진 10 / 사시 11 / 경찰간부 12

20. 대법원 2009.10.29, 2009도5945

교육감 선거에 관하여 공직선거법의 시·도지사선거에 관한 규정을 준용하는 경우

지방교육자치에 관한 법률에서 "교육감 선거에 관하여 이 법에 정한 것을 제외하고는 그 성질에 반하지 않는 범위 안에서 공직선거법의 시·도지사선거에 관한 규정을 준용한다."고 정한 것은 죄형법정주의가 요구하는 명확성의 원칙에 위반된다고 볼 수 없다.

21. 대법원 2009.10.29, 2009도7569

특가법 시행령에서 한국방송공사의 '임원'을 공무원으로 보도록 규정한 것은 명확성 인정

특가법상 뇌물죄의 적용에 있어서 정부관리기업체의 간부직원을 공무원으로 의제하도록 하면서 동법 시행령 조항에서 정한 한국방송공사의 '임원'에 해당하기 위해서는 간부직원 중 '과장대리급 이상의 직원'과 구별되는 중요한 의사결정권자이어야 할 것이므로, 한국방송공사의 '임원'의 의미를 이에 따라 해석하고 부사장과 본부장이

그에 포함된다는 결론을 도출할 수 있으므로, 특가법 시행령 조항의 위 '임원' 부분이 명확성의 원칙에 위배된다고 할 수 없다.

22. 대법원 2012.2.23, 2010도8981 ; 헌법재판소 2011.4.28, 2009헌바90

정비사업시행관련서류 등 열람·등사요청거부죄의 명확성원칙 위반 여부

정비사업 시행에 관한 서류와 관련 자료에 대한 열람·등사 요청에 즉시 응할 의무를 규정하고 이를 위반하는 행위를 처벌하는 구 도시 및 주거환경정비법 제86조 제6호, 제81조 제1항은 죄형법정주의의 명확성원칙에 위배되지 아니한다.

23. 대법원 2012.9.27, 2012도4637

곽노현 서울시교육감 사례

공직선거법 제232조 제1항 제2호는 "후보자가 되고자 하는 것을 중지하거나 후보자를 사퇴한 데 대한 대가(代價)를 목적으로 후보자가 되고자 하였던 자나 후보자이었던 자에게 금전 등을 제공하는 등 행위를 한 자 또는 그 이익이나 직의 제공을 받거나 제공의 의사표시를 승낙한 자"를 처벌하고 있는데, 위 규정은 그 처벌 대상을 후보자를 사퇴한 데 대한 대가를 목적으로 '후보자이었던 사람에게 재산상의 이익이나 공사의 직을 제공하는 행위' 및 '후보자이었던 사람이 이를 수수하는 행위'에 한정하고 있으므로 죄형법정주의의 명확성원직 능에 위배된다고 볼 수 없다.[26]

24. 대법원 2012.10.11, 2012도7455

형소법 제122조 단서의 급속을 요하는 때의 규정

피의자 또는 변호인은 압수·수색영장의 집행에 참여할 수 있고(형소법 제219조, 제121조), 압수·수색영장을 집행함에는 원칙적으로 미리 집행의 일시와 장소를 피의자 등에게 통지하여야 하나(형소법 제122조 본문), '급속을 요하는 때'에는 위와 같은 통지를 생략할 수 있다(동조 단서). 여기서 급속을 요하는 때라고 함은 압수·수색영장 집행 사실을 미리 알려주면 증거물을 은닉할 염려 등이 있어 압수·수색의 실효를 거두기 어려울 경우라는 합리적 해석이 가능하므로 형사소송법 제122조 단서가 명확성의 원칙 등에 반하여 위헌이라고 볼 수 없다.

25. 대법원 2013.7.26, 2013도2511

국가보안법 중 반국가단체목적수행(간첩)죄와 명확성원칙 : 왕재산간첩단 사건

국가보안법 제4조 제1항 제2호 나목에 규정된 '국가기밀'은 공지의 사실이 아닌 실질적 기밀개념으로 제한된다고 해석되고, 위 규정이 그 행위주체를 '반국가단체의 구성원 또는 그 지령을 받은 자'로 한정하고 있을 뿐 아니라 그 행위가 '반국가단체의 목적수행을 위한 행위'일 것을 그 구성요건으로 하고 있어, 그 행위주체와 행위태양의 면에서 제한을 하고 있는 점 등에 비추어 보면, 위 규정이 헌법에 위반된다고 할 정도로 죄형법정주의가 요구하는 명확성의 원칙에 반한다고 할 수 없다. 경찰채용 16 1차

26. 대법원 2013.11.28, 2013도9003

공무원 의제규정과 명확성원칙

건설기술관리법 제45조 제1호에서 지방위원회 위원 중 공무원이 아닌 위원을 형법 제129조 내지 제132조까지의 규정을 적용함에 있어서 공무원으로 의제하는 규정을 둔 취지와 그 내용 등에 비추어 보면, 위 조항이 형벌법규의 명확성의 원칙에 반한다거나 과잉금지원칙 또는 평등원칙을 침해하는 것이라고 볼 수 없다.

27. 대법원 2014.1.29, 2013도12939

사업자등록번호·통관고유부호를 물품수입시 신고사항으로 정하고 있는 관세법 시행령 사례

관세법 시행령에서 '사업자등록번호·통관고유부호'를 물품 수입시 신고사항으로 정하고 있는 것은 납세의무자의 특정을 위한 것이므로, 처벌법규의 명확성의 원칙에 반한다거나 자의적으로 처벌 범위를 넓히는 해석이라고 할 수 없다.[27]

---

26 또 다른 논점 위 규정은 과잉금지원칙이나 책임과 형벌의 비례원칙 등에도 위배되지 않는다.
27 보충 관세법 시행령 제246조 제1항 제5호가 '사업자등록번호·통관고유부호'를 물품 수입시의 신고사항으로 정하고 있는 것은 대체로 수입신고명의의 대여 등으로 인하여 물품의 수입신고명의인과 실제로 납세의무를 부담하는 이가 상이한 경우에 있어서 관세의 부과·징수 및 수입물품의 통관을 적정하게 하고 관세수입을 확보하려는 의도에서 형식상의 신고명의인과는 별도로 실제로 물품을 수입한 자, 즉 화주인 납세의무자에 관한 신고의무를 정하였다고 봄이 상당하다. 그리하여 위 시행령 규정은 이러한 납세의무자에

> **28. 대법원 2019.9.25, 2016도1306**
>
> 관리처분계획의 수립과 주요 부분의 실질적 변경
>
> 구 도시 및 주거환경정비법 제69조 제1항 제6호에서 정한 "관리처분계획의 수립"에는 경미한 사항이 아닌 관리
> 처분계획의 주요 부분을 실질적으로 변경하는 것이 포함된다고 해석함이 타당하고, 이러한 해석이 죄형법정주의
> 내지 형벌법규 명확성의 원칙을 위반하였다고 보기 어렵다.

② (형사)제재의 명확성

　　㉠ 의의 : 형법은 범죄에 대하여 어떤 형벌 또는 보안처분을 과할 것인가를 명확하게 규정하여야 한다.
　　　예 '~한 자는 징역에 처한다'(절대적 부정기형) : 위 원칙에 위배된다.

　　㉡ 부정기형의 문제 : 부정기형이 금지된다는 것은 어디까지나 절대적 부정기형을 금지한다는 것을 의
　　　미한다. 따라서 상대적 부정기형을 법률에서 규정한다거나(법정형) 법원에서 선고하는 것(선고형)은
　　　죄형법정주의원칙과의 충돌 없이 허용될 수 있다. 국가7급 12

　　　예를 들어, 현행 소년법은 소년범에 대하여 형의 단기와 장기를 정하여 선고하는 상대적 부정기형
　　　(소년법 제60조 제1항)을 인정하고 있다. 절대적 부정기형은 금지되고, 상대적 부정기형은 허용되는
　　　것이 우리 법의 태도인 까닭이 바로 여기에 있다. 나아가 장차 성인에 대한 상대적 부정기형제도의
　　　도입을 고려해보는 것은 가능하고 필요하다.

　　㉢ 보안처분 : 보안처분도 명확성원칙의 적용을 받는다. 예컨대, ⓐ **판례**는 구 사회보호법상 '보호감호
　　　처분'에 관한 규정(동법 제5조 제1항 제1호)이 보호감호처분의 요건사실과 그 제재내용인 보호감호처
　　　분의 기간을 특정하여 규정하고 있으므로 죄형법정주의 원칙에 위반되지 않는다고 보고 있으며(대
　　　법원 1982.7.13, 82감도262), ⓑ 2005년 신설된 치료감호법에서도 종래의 사회보호법상 치료감호의
　　　기간이 부정기적 처분이었던 것을 개정하여 '치료감호기간의 상한'을 명시하고 있는데,[28] 이는 모두
　　　명확성원칙을 적용한 것이다.

4. 유추해석금지의 원칙

(1) 의 의

　　유추해석금지(Analogieverbot)의 원칙이란 법률에 규정이 없음에도 그것과 유사한 성질을 가지는 사항에 관
한 법률을 적용하는 것을 금지하는 원칙을 말한다.

　　사실 형법의 해석방법으로는 문언의 있는 그대로의 의미대로 해석하는 문리해석(문언해석, gramatische
Auslegung)이 주된 방법이지만, 그 문언이 해석의 여지가 있을 때에는 법률의 전체적인 체계적 관련성을 고려
하는 체계적 해석(논리해석, logisch-systematische Auslegung),[29] 법률의 현재의 객관적인 의미와 목적을 고려
하는 객관적·목적론적 해석(합목적적 해석, objektiv- teleologische Auslegung), 법원9급 11 그리고 법률의 입법 연
혁이나 입법자의 목적을 고려하는 주관적·역사적 해석(주관적·목적론적 해석, subjektiv-historische Auslegung)[30]

　　관한 신고의무를 전제로 그 납세의무자의 구체적인 특정을 위하여 그의 사업자등록번호 등을 신고하도록 정한 것으로 보아야
　　할 것이다. 그리고 이러한 해석은 통상의 해석방법에 의하여 그 의미내용을 합리적으로 파악할 수 있는 것으로서, 처벌법규의
　　명확성의 원칙에 반한다거나 자의적으로 처벌 범위를 넓히는 해석이라고 할 수 없다(대법원 2014.1.29, 2013도12939).

28 자세한 것은 총론 제3편 형벌론 제7장 보안처분에서 후술할 것이다.

29 **판례** 형벌법규는 문언에 따라 엄격하게 해석·적용하여야 하고 피고인에게 불리한 방향으로 지나치게 확장해석하거나 유추해석
　　하여서는 아니 되나, 형벌법규의 해석에 있어서도 가능한 문언의 의미 내에서 당해 규정의 입법 취지와 목적 등을 고려한 법률체
　　계적 연관성에 따라 그 문언의 논리적 의미를 분명히 밝히는 체계적·논리적 해석방법은 그 규정의 본질적 내용에 가장 접근한
　　해석을 위한 것으로서 죄형법정주의의 원칙에 부합한다(대법원 2003.1.10, 2002도2363; 2007.6.14, 2007도2162; 2011.10.13,
　　2011도6287). 국가9급 12

30 **판례** 형벌법규의 해석에서도 법률문언의 통상적인 의미를 벗어나지 않는 한 그 법률의 입법취지와 목적, 입법연혁 등을 고려한

등이 종합적으로 사용될 수 있다.[31] 다만 '문언(언어; 어의)의 가능한 의미(der mögliche Wortsinn)'를 넘어서는 해석은 '해석이 아니라 법관에 의한 법형성 내지 법창조'[32]이므로 허용될 수 없다.

(2) 내 용

유추해석금지원칙은 모든 형벌법규의 구성요건과 가벌성에 관한 규정에 적용된다.[33] 국가9급 12 유추해석금지원칙에 의하여 피고인에게 불리한 유추해석은 금지되므로, 피고인에게 불리한 규정에 대한 확장해석과 피고인에게 유리한 규정에 대한 축소해석이 모두 금지된다. 법원9급 11 다만 피고인에게 유리한 유추해석까지 금지되는 것은 아니다.

① 피고인에게 불리한 규정의 확장 금지(확장적 유추 금지) : 피고인에게 불리한 규정을 확장·유추하는 것은 금지된다. 법원9급 11 예컨대 ㉠ 사실혼상의 배우자를 존속살해죄(제250조 제2항)의 '배우자'로 해석하거나, ㉡ 전화를 통하여 통화하는 것을 상관면전모욕죄(군형법 제64조 제1항)의 '면전에서 모욕하는 것'으로 해석하는 것은 허용되지 않는다(대법원 2002.12.27, 2002도2539). 사시 11 / 경찰간부 12 / 경찰채용 14 1차 / 경찰채용 15 2차 / 경찰승진 16

② 피고인에게 유리한 규정의 축소 금지(제한적 유추 금지) : 위법성(조각사유) 및 책임의 조각사유나 소추조건 또는 처벌조각사유인 형면제사유(이상 '피고인에게 유리한 규정')에 관하여 그 범위를 '제한'하게 되면(또는 '제한적으로 유추적용하게 되면' : 판례의 표현) 행위자의 가벌성의 범위는 '확대'되어 행위자에게 불리하게 되는데, 이는 '가능한 문언의 의미'를 넘어 범죄구성요건을 '유추적용'하는 것과 같은 결과가 된다. 따라서 피고인에게 유리한 규정을 축소해석하는 것은 금지된다. 국가9급 12 / 국가7급 12 / 사시 12 / 경찰승진 14 / 국가7급 14 / 법원9급 15 / 법원행시 15 / 경찰채용 16 1차 / 경찰간부 16 예컨대, 공직선거법 제262조의 '자수'를 '범행발각 전에 자수한 경우'로 한정하는 것은 그 처벌범위를 확대한 것이 되므로 유추해석금지의 원칙에 위반하게 된다(대법원 1997.3.20, 96도1167). 국가7급 08 / 경찰채용 10 1차 / 경찰승진 15 / 경찰간부 17 / 국가7급 17 / 경찰채용 18 1차

③ 피고인에게 유리한 유추해석 허용 및 예외 : ㉠ 죄형법정주의의 이념을 존중할 때 유추해석금지원칙은 피고인에게 불리한 유추해석만 금지하는 것이지 피고인에게 유리한 유추해석까지 금지시키는 것은 아니다. 예컨대, 강요된 행위(제12조)는 책임조각사유이므로 그 '친족' 개념에 법률상 친족뿐만 아니라 사실상의 친족을 포함시키는 해석이 허용된다. 다만, ㉡ '피고인에게 유리한 해석임에도 불구하고 그 어의(語義)의 한계 내에서 해석해야 한다고 보아 축소해석이 행해질 때'도 있다(대법원

목적론적 해석이 배제되는 것은 아니다(대법원 2002.2.21, 2001도2819 전원합의체; 2010.6.24, 2010도3358; 2011.4.14, 2011도 453, 2011전도12 등). 법원9급 20

31 보충 : 확장해석과 유추해석에 대한 구별설과 불구별설 주관적·목적론적 해석도 고려할 필요가 있으나 중요한 것은 현 시점에서의 법률의 의미와 목적을 고려하는 객관적·목적론적 해석이다. 객관적·목적론적 해석이 가능하고 중요하다는 점에서, 형법규정의 해석에 있어서 '확장해석'은 허용되고 '유추해석'은 금지된다는 견해가 전통적인 입장이나(제1설 : 구별설, 다수설), 확장과 유추의 구별이 명확한 것은 아니므로 '문언의 가능한 의미를 넘는 법해석은 금지'되어야 한다는 견해(제2설 : 불구별설)도 있다. 판례는 '피고인에게 불리한 방향으로 지나치게 확장해석하거나 유추해석하는 것은 허용되지 않는다'고 하여(예컨대 대법원 2007.6.29, 2006도4582 등) 확장해석과 유추해석을 엄밀하게 구별하지는 않고 있다. 다만, 제1설에서도 문언의 의미를 넘는 해석으로서 피고인에게 불리한 해석은 확장해석이 아니라 유추해석이고 이는 금지된다고 설명된다는 점에서, 구별의 실익이 큰 논쟁으로 볼 수는 없다.

32 보충 : 법형성과 법창조 본서에서는 판례의 용어사용법을 따랐다. 즉 판례는 법형성과 법창조를 구별하지 않는다. 대법원 1994.12.20, 94모32 전원합의체 판례의 다수의견 참조. 그러나 이에 대해서는 "'법문의 가능한 의미'의 확정은 법의 해석을 통해서 비로소 형성되는 것이므로, 법형성과 법창조행위를 동일시하는 다수의견의 개념사용법은 타당하지 않다는 비판"(김영환, "형법해석의 한계", 형사판례연구 4, 14면)도 있다.

33 또한 이러한 법해석의 원리는 그 형벌법규의 적용대상이 행정법규가 규정한 사항을 내용으로 하고 있는 경우에 그 행정법규의 규정을 해석하는 데에도 마찬가지로 적용된다(대법원 2007.6.29, 2006도4582).

2004.11.11, 2004도4049).[34] 예컨대 ⓐ 범인은닉죄와 증거인멸죄의 친족 간의 특례(제151조 제2항 및 제155조 제4항)는 책임조각사유임에도 불구하고 그 '친족'에 법률혼상의 배우자만 포함되고 사실혼상의 배우자는 포함되지 않는다는 것이 판례의 입장(대법원 2003.12.12, 2003도4533)이고,[35] ⓑ 재산죄의 친족상도례(제328조)의 배우자에도 사실혼 관계의 배우자는 포함되지 않는다는 것이 다수설이다. 사시 14

🔎 판례연구 형법의 해석방법과 유추해석금지원칙

1. 대법원 2003.1.10, 2002도2363; 2007.6.14, 2007도2162; 2011.10.13, 2011도6287
형벌법규는 문언에 따라 엄격하게 해석·적용하여야 하고 피고인에게 불리한 방향으로 지나치게 확장해석하거나 유추해석하여서는 아니 되나, 형벌법규의 해석에 있어서도 가능한 문언의 의미 내에서 당해 규정의 입법 취지와 목적 등을 고려한 법률체계적 연관성에 따라 그 문언의 논리적 의미를 분명히 밝히는 체계적·논리적 해석방법은 그 규정의 본질적 내용에 가장 접근한 해석을 위한 것으로서 죄형법정주의의 원칙에 부합한다. 국가9급 12

2. 대법원 2002.2.21, 2001도2819 전원합의체; 2010.6.24, 2010도3358; 2011.4.14, 2011도453,2011전도12 등
형벌법규의 해석에서도 법률문언의 통상적인 의미를 벗어나지 않는 한 그 법률의 입법취지와 목적, 입법연혁 등을 고려한 목적론적 해석이 배제되는 것은 아니다. 법원9급 20

3. 대법원 2004.11.11, 2004도4049
형벌법규의 해석에 있어서 유추해석이나 확장해석도 피고인에게 유리한 경우에는 가능한 것이나, 문리를 넘어서는 이러한 해석은 그렇게 해석하지 아니하면 그 결과가 현저히 형평과 정의에 반하거나 심각한 불합리가 초래되는 경우에 한하여야 할 것이고, 그렇지 아니하는 한 입법자가 그 나름대로의 근거와 합리성을 가지고 입법한 경우에는 입법자의 재량을 존중하여야 하는 것이다.

🔎 판례연구 유추해석금지원칙에 위반된다는 판례

1. 대법원 1977.9.28, 77도405
염소와 양은 다르다는 사례
죄형법정주의의 정신에 비추어 형벌법규인 축산물가공처리법 소정의 "수축" 중의 하나인 "양"의 개념 속에 "염소"가 당연히 포함되는 것으로 해석할 수 없다.

2. 대법원 1995.7.28, 94도3325
법인을 처벌하는 양벌규정이 법인격 없는 사단이나 구성원 개개인에게 적용될 수는 없다는 사례
자동차운수사업법은 허가를 받지 아니하고 자가용자동차를 유상으로 운송용에 제공하거나 임대한 자를 처벌하고, 같은 법 제74조는 이른바 양벌규정으로서 법인격 없는 사단에 대하여서도 위 양벌규정을 적용할 것인가에 관하여는 아무런 명문의 규정을 두고 있지 아니하므로, 죄형법정주의의 원칙상 법인격 없는 사단에 대하여는 같은 법 제74조에 의하여 처벌할 수 없다. 국가7급 12 / 경찰채용 15 1차

3. 대법원 1996.3.26, 95도3073
시중은행의 세금수납영수증은 공문서에 해당하지 않는다는 사례
형법 제225조의 공문서변조나 위조죄의 객체인 공문서는 공무원 또는 공무소가 그 직무에 관하여 작성하는 문서이므로 계약 등에 의하여 공무와 관련되는 업무를 일부 대행하는 경우가 있다 하더라도 공무원 또는 공무소가

---

34 판례 형벌법규의 해석에 있어서 유추해석이나 확장해석도 피고인에게 유리한 경우에는 가능한 것이나, 문리를 넘어서는 이러한 해석은 그렇게 해석하지 아니하면 그 결과가 현저히 형평과 정의에 반하거나 심각한 불합리가 초래되는 경우에 한하여야 할 것이고, 그렇지 아니하는 한 입법자가 그 나름대로의 근거와 합리성을 가지고 입법한 경우에는 입법자의 재량을 존중하여야 하는 것이다(대법원 2004.11.11, 2004도4049).
35 반면 통설은 포함시켜야 한다는 입장이며, 타당하다고 생각된다. 각론 제3편 국가적 법익에 대한 죄 중 각각 해당 부분에서 후술하기로 한다.

될 수는 없다. 경찰채용 11 1차 / 경찰승진 12 / 법원행시 13 / 경찰채용 20 1차

4. 대법원 1997.3.20, 96도1167

자수는 범행발각 전에 한정되지 않는다는 사례

공직선거법 제262조의 '자수'를 '범행발각 전에 자수한 경우'로 한정하는 것은 '자수'라는 단어가 통상 관용적으로 사용되는 용례에서 갖는 개념 외에 '범행발각 전'이라는 또 다른 개념을 추가하는 것으로서 결국은 '언어의 가능한 의미'를 넘어 공직선거법의 '자수'의 범위를 그 문언보다 제한함으로써 그 처벌범위를 확대한 것이 되므로 유추해석금지의 원칙에 위반하게 된다. 국가7급 08 / 경찰채용 10 1차 / 경찰승진 15 / 경찰간부 17 / 경찰채용 18 1차 / 경찰채용 22 2차

5. 대법원 1998.4.10, 97도3392

성폭법상 신체장애에 정신장애가 포함되지 않는다는 사례

구 성폭법 제8조는, 신체장애로 항거불능인 상태에 있음을 이용하여 여자를 간음하거나 사람에 대하여 추행한 자는 형법 제297조(강간) 또는 제298조(강제추행)에 정한 형으로 처벌한다고 규정하고 있는바, '신체장애'에 정신박약 등으로 인한 정신장애도 포함된다고 해석하기는 어렵다.

6. 대법원 1999.3.26, 97도1769

저작권법상 복제죄에는 '배포'가 포함되지 않는다는 사례

저작권법 제98조 제1호는 저작재산권 그 밖의 저작권법에 의하여 보호되는 재산적 권리를 복제·공연·방송·전시 등의 방법으로 침해한 자를 처벌한다고 규정하고 있는바, 처벌규정에 명시적으로 규정되어 있지 아니한 '배포'행위를 복제행위 등과 별도로 처벌하는 것은 허용되지 않는다.

7. 대법원 1999.7.9, 98도1719

군용물분실죄에는 편취당한 것은 포함되지 않는다는 사례

군형법상 군용물분실죄는 소위 과실범을 말하고 이는 행위자의 의사에 기해 재산적 처분행위를 하여 재물의 점유를 상실함으로써 편취당한 것과는 구별된다고 할 것이다. 사시 16

8. 대법원 2002.2.8, 2001도5410

문화재보호법 위반행위의 대상이 되는 천연기념물에 죽은 것(소쩍새)이 포함되지 않는다는 사례

구 문화재보호법 제89조 제1항 제2호는 허가 없이 지정문화재 또는 가지정문화재의 현상을 변경하거나 기타 그 관리·보존에 영향을 미치는 행위를 한 자를 처벌하도록 규정하고 있는데, 위 조항의 위반행위의 대상이 되는 천연기념물은 살아 있는 것만이 그에 해당한다.

9. 대법원 2002.3.26, 2001도6503

공정증서원본에는 공정증서정본이 포함되지 않는다는 사례

형법 제229조, 제228조 제1항의 위 각 조항에서 규정한 '공정증서원본'에는 공정증서의 정본이 포함된다고 볼 수 없으므로 부실의 사실이 기재된 공정증서의 정본을 그 정을 모르는 법원 직원에게 교부한 행위는 형법 제229조의 부실기재공정증서원본행사죄에 해당하지 아니한다. 법원9급 07(상) / 경찰승진 10 / 경찰승진 14 / 사시 16 / 변호사 20

10. 대법원 2002.12.27, 2002도2539

전화로 모욕하는 것은 면전모욕이 아니라는 사례

군형법 제64조 제1항의 상관면전모욕죄의 구성요건은 '상관을 그 면전에서 모욕하는' 것인데, 여기에서 '면전에서'라 함은 얼굴을 마주 대한 상태를 의미하는 것임이 분명하므로, 전화를 통하여 통화하는 것을 면전에서의 대화라고는 할 수 없다. 경찰채용 14 1차 / 경찰채용 15 2차 / 경찰간부 12 / 경찰승진 16 / 사시 11

11. 대법원 2003.7.22, 2003도2297

선거일 공고일 전의 금품제공행위가 농협법상 선거인에 대한 금품제공에 해당하지 않는다는 사례

농업협동조합의 경우 농업협동조합법 제50조 제1항 제1호의 '선거인'인지의 여부가 임원선거규약의 규정에 따라 선거일 공고일에 이르러 비로소 확정된다면 같은 법 위반죄는 선거일 공고일 이후의 금품 제공 등의 경우에만 성립하고, 그 전의 행위는 선거인에 대한 금품제공이라고 볼 수 없다.

12. 대법원 2003.12.12, 2003도4533

범인은닉·증거인멸죄의 친족 간 특례의 친족의 범위

범인은닉죄와 증거인멸죄의 친족 간의 특례(제151조 제2항 및 제155조 제4항)는 그 '친족'에 법률혼상의 배우자만 포함되고 사실혼상의 배우자는 포함되지 않는다.

13. 대법원 2004.2.27, 2003도6535

타인에 의하여 이미 생성된 주민등록번호를 단순히 사용한 행위는 허위생성·사용이 아니라는 사례

주민등록법 제21조 제2항 제3호는 같은 법 제7조 제4항의 규정에 의한 주민등록번호 부여 방법으로 허위의 주민등록번호를 생성하여 자기 또는 다른 사람의 재물이나 재산상의 이익을 위하여 이를 사용한 자를 처벌한다고 규정하고 있으므로, 타인에 의하여 이미 생성된 주민등록번호를 단순히 사용한 것에 불과하다면 위 법조 소정의 구성요건을 충족시켰다고 할 수 없다. 경찰간부 17

14. 대법원 2004.4.9, 2004도606

공직선거법의 분리재판규정을 농협법상 선거범 재판절차에 유추적용할 수 없다는 사례

공직선거법 제18조 제3항에서 선거범과 다른 죄의 경합범은 이를 분리 심리하여 따로 선고한다고 규정한 것은 어디까지나 경합범의 처리에 관한 일반 규정인 형법 제38조에 대한 예외규정이므로 그 적용 범위를 대통령선거·국회의원선거 등 선거에 국한하고 있는 공직선거법 제18조 제3항을 농업협동조합 임원의 선거범 재판절차에 유추적용할 수는 없다.

15. 대법원 2004.5.14, 2003도3487

외국에서 통용할 것이라고 오인할 가능성이 있는 지폐는 통용하는 지폐가 아니라는 사례

외국에서 통용하지 아니하는 즉, 강제통용력을 가지지 아니하는 지폐는 그것이 비록 일반인의 관점에서 통용할 것이라고 오인할 가능성이 있다고 하더라도 위 형법 제207조 제3항에서 정한 외국에서 통용하는 외국의 지폐에 해당한다고 할 수 없다. 국가7급 07 / 경찰채용 10 1차 / 경찰간부 11 / 국가9급 12

16. 대법원 2005.2.18, 2003도4158

가지정문화재와 국가지정문화재는 구별해야 한다는 사례

구 문화재보호법 제90조 제1항 제1호에서 규정한 경우는 '문화재청장 등이 국가지정문화재의 소유자 등에 대하여 하는 국가지정문화재의 관리·보호상 필요한 조치에 위반한 행위' 등인데, 이러한 행위들 이외에 가지정문화재의 소유자 등에 대하여 하는 조치에 위반한 행위까지 같은 법에 의하여 처벌된다고 해석하는 것은 죄형법정주의의 원칙상 허용될 수 없다.

17. 대법원 2005.4.15, 2004도7977

향토예비군설치법상 '소집통지서를 수령할 의무가 있는 자'에는 전달의무자가 포함되지 않는다는 사례

'소집통지서를 수령할 의무가 있는 자'는 향토예비군 대원 본인을 말하므로 그 외에 '그와 동일 세대 내의 세대주나 가족 중 성년자 또는 그의 고용주'와 같은 전달의무자에게 수령의무를 부과한 것으로 해석하는 것은 허용되지 아니한다. 경찰채용 12 2차

18. 대법원 2005.11.24, 2002도4758

의료인이 진료기록부를 허위로 작성한 행위는 상세히 기록하지 않은 죄에는 해당하지 않는다는 사례

구 의료법 제21조 제1항은 "의료인은 각각 진료기록부·조산기록부 또는 간호기록부를 비치하여 그 의료행위에 관한 사항과 소견을 상세히 기록하고 서명하여야 한다."라고 하고 있으므로, 의료인이 진료기록부를 허위로 작성한 경우에는 면허정지사유에 해당함은 별론으로 하고 그것이 형사처벌 규정인 제69조 소정의 제21조 제1항의 규정에 위반한 경우에 해당한다고 해석할 수는 없다.

19. 대법원 2006.6.2, 2006도265

경품구매대장을 보관하지 않은 행위는 음비법상 불법경품제공행위로 볼 수 없다는 사례

음비법 제32조 제3호에 따라 문화관광부장관이 고시한 '게임제공업소의 경품취급기준(문화관광부 고시)'의 규정은 문화관광부장관이 게임제공업자에게 경품구매대장을 1년 이상 보관할 것을 요구하는 내용일 뿐이므로, 경품구매대장을 보관하지 아니한 행위를 음비법 제32조 제3호에 위반한 경우에 해당한다고 보는 것은 죄형법정주의의 원칙에 어긋나는 것으로서 허용될 수 없다.

20. 대법원 2006.8.24, 2006도3039

업무상 횡령이 기수에 이르지 아니한 상태의 재산은 범죄수익에 해당하지 않는다는 사례

범죄수익은닉의 규제 및 처벌 등에 관한 법률 제3조에 규정된 범죄수익 등의 은닉·가장죄의 객체가 되는 '범죄수익'에는 횡령범행이 기수에 이르지 아니한 상태에서 그에 의하여 생긴 재산은 포함되지 아니한다.

21. 대법원 2006.8.25, 2006도2621
성폭력특별법상 특수강도강제추행죄의 행위주체에 준강도가 포함되지 않는다는 사례
성폭법 제5조 제2항에 정하는 특수강도강제추행죄의 주체는 형법의 제334조 소정의 특수강도범 및 특수강도미수범의 신분을 가진 자에 한정되는 것으로 보아야 하고, 형법 제335조, 제342조에서 규정하고 있는 준강도범 내지 준강도미수범은 성폭법 제5조 제2항의 행위주체가 될 수 없다. 법원행시 07 / 경찰승진 10

22. 대법원 2006.9.22, 2006도4842; 2011.5.13, 2010도16970
무등록으로 부동산 거래를 중개하면서 수수료를 약속·요구한 행위는 처벌할 수 없다는 사례
중개대상물의 거래당사자들로부터 수수료를 현실적으로 받지 아니하고 단지 수수료를 받을 것을 약속하거나 거래당사자들에게 수수료를 요구하는 데 그친 경우 위와 같은 수수료 약속·요구행위를 별도로 처벌하는 규정 또는 부동산중개업법 위반죄의 미수범을 처벌하는 규정도 존재하지 않으므로, 이를 구 부동산중개업법 위반죄로 처벌할 수는 없다.

23. 대법원 2006.10.19, 2004도7773 전원합의체
지방세법상 도축세 특별징수의무자에 대해 조세범처벌법의 규정을 적용할 수 없다는 사례
지방세법상의 범칙행위 처벌과 관련하여 도축세 특별징수의무자를 원천징수의무자로 간주하는 등의 별도의 규정이 없는 이상, 지방세법 제84조 제1항의 일괄적 준용규정만으로 원천징수의무자에 대한 처벌규정인 조세범처벌법 제11조를 지방세법상 도축세 특별징수의무자에 대하여 그대로 적용하는 것은 수범자인 일반인의 입장에서 이를 쉽게 예견하기 어려운 점에 비추어 형벌법규의 명확성의 원칙이나 유추해석금지원칙에 반하는 것으로서 허용될 수 없다. 경찰승진 10

24. 대법원 2006.10.26, 2006도5147
수표발행인이 허위의 사고신고를 하여 수표가 지급거절된 경우 부도수표발행에 해당하지 않는다는 사례
부정수표단속법 제2조 제2항은 수표를 발행하거나 작성한 자가 수표를 발행한 후에 예금부족·거래정지처분이나 수표계약의 해제 또는 해지로 인하여 제시기일에 지급되지 아니하게 하는 행위를 처벌하는 것으로 위 부도사유는 제한적으로 열거된 것이라고 보아야 하므로, 수표발행인이 허위의 사고신고를 하여 지급거절되었다 하여도 부정수표단속법 위반죄가 성립된다고는 할 수 없다.

25. 대법원 2006.10.26, 2005도4331
특수경력직 공무원은 국가공무원법상 공무원의 집단행위 금지규정의 적용대상이 아니라는 사례
국가공무원법의 체계와 관련 조항의 내용에 형벌 조항은 구체적이고 명확하여야 한다는 죄형법정주의의 원칙 등을 종합해 보면, 국가공무원법상 공무원의 집단행위 금지규정 위반행위에 대한 형사 처벌조항인 국가공무원법 제84조는 경력직공무원에 대하여만 적용되고 특수경력직공무원(의문사진상규명위원회의 임기 2년의 비상임위원)에 대하여는 적용되지 않는다.

26. 대법원 2006.11.16, 2006도4549 전원합의체
한국수자원공사 사장은 변호사법상 법령에 의하여 공무원으로 보는 자에 해당하지 않는다는 사례
정부투자기관관리기본법의 공무원 의제조항만으로는 정부투자기관의 임원인 한국수자원공사 사장이 변호사법 제111조의 '법령에 의하여 공무원으로 보는 자'에 해당한다고 볼 수 없다.

유사판례 앞서 명확성원칙에서는 한국방송공사의 부사장·본부장이 뇌물죄의 공무원인 정부관리기업체의 임원에 해당되었는데, 여기서는 수자원공사 사장이 변호사법상 알선수재죄의 공무원에 해당되지 않고 있다. 뇌물죄인가 아닌가에 따라 공무원 해당 여부가 정해지는 것이다.

27. 대법원 2007.2.9, 2006도8797
보건범죄단속법상 소매가격은 진정한 의약품의 소매가격은 아니라는 사례
보건범죄단속에 관한 특별조치법 제3조 제1항 제2호, 제2항에 정한 '소매가격'이라 함은, 죄형법정주의에 따른 엄격해석의 원칙 등을 고려할 때, 위 법 규정에 해당하는 의약품 그 자체의 소매가격을 가리키는 것으로 보아야 할 것이지 그 의약품에 대응하는 허가된 의약품 또는 위·변조의 대상이 된 제품의 소매가격을 의미하는 것으로 볼 것은 아니다. 경찰승진 10

28. 대법원 2007.4.26, 2005도9259

인터넷상 공개된 전화번호는 정보통신망법상 비밀에 해당하지 않는다는 사례

정보통신망법 제22조에서 말하는 '타인의 비밀'이란 일반적으로 알려져 있지 않은 사실로서 이를 다른 사람에게 알리지 않는 것이 본인에게 이익이 있는 것을 의미하므로, 인터넷을 통해 공개되는 전화가입자들의 전화번호에 관한 정보를 '타인의 비밀'로 볼 수 없다.

29. 대법원 2007.6.28, 2007도873

제공된 경품을 재매입하는 행위는 음비법상 불법경품제공죄에 해당하지 않는다는 사례

제공된 경품을 재매입하는 행위는 음비법 제32조 제3호, 제50조 제3호에서 금지하는 '문화관광부장관이 정하여 고시하는 방법에 의하지 아니하고 경품을 제공하는 행위'에 해당하지 않는다.

30. 대법원 2007.6.29, 2006도4582

대기환경보전법의 모페드형 이륜자동차에는 50cc 미만 이륜자동차는 포함되지 않는다는 사례

대기환경보전법 시행규칙에서 "엔진배기량이 50cc 미만인 이륜자동차는 모페드형에 한한다"고 하였다면, 모페드형을 '50cc 미만의 경량 오토바이'까지 포괄하는 의미로 해석하는 것은 형벌규정을 피고인에게 불리한 방향으로 지나치게 확장해석하거나 유추해석하는 것으로서 허용될 수 없다.

31. 대법원 2007.8.23, 2005도4401

게임 결과와는 상관없는 경품제공 사례

음비법 및 게임제공업소의 경품취급기준(문화관광부 고시)에서 규제하는 경품제공행위는 게임제공업자가 게임제공업소에서 게임물을 이용한 '게임의 결과에 따라' 경품을 제공하는 행위에 한정되고, 게임제공업자가 '게임의 결과와 상관없이' 경품을 제공하는 행위는 해당하지 아니한다.

32. 대법원 2007.10.12, 2007도6519

'단독주택 20호, 공동주택 20세대'의 규정을 '합하여 20호'로 해석할 수 없다는 사례

주택법 제9조 제1항, 제97조 제1호는 '연간 대통령령이 정하는 호수 이상의 주택건설사업을 시행하고자 하는 자'가 건설부장관에게 등록하지 않고 사업을 하는 경우를 처벌하도록 규정하고 있고, 구 주택법 시행령 제10조 제1항은 위 '대통령령이 정하는 호수'를 '단독주택의 경우에는 20호, 공동주택의 경우에는 20세대'를 말한다고 규정하고 있다면, 단독주택과 공동주택에 대한 위 각 기준에는 미달하지만 단독주택과 공동주택을 '합하여' 20호(또는 세대) 이상의 주택건설사업을 시행하고자 하는 자의 경우에까지 위 규정을 적용하는 것은 죄형법정주의 원칙상 허용될 수 없다.

33. 대법원 2008.3.27, 2007도7561

지방세법상 조세범처벌법령에 특가법이 포함될 수 없다는 사례

지방세법에서는 "지방세에 관한 범칙행위에 대하여는 조세범처벌법령을 준용한다."고 규정하고 있는 바, '조세범처벌법령'은 조세범처벌법과 그 부속 하위법령을 의미한다고 할 것이므로, 지방세법 제84조 제1항의 '조세범처벌법령'에 특정범죄 가중처벌 등에 관한 법률도 포함된다고 해석하는 것은 명확성의 원칙에 위배되는 것이거나 유추해석금지원칙에 위반되어 허용되지 않는다. 사시 11 / 경찰간부 17

34. 대법원 2008.4.17, 2004도4899 전원합의체

외국인이 외국에서 북한으로 들어가는 것은 국가보안법상 탈출에 해당하지 않는다는 사례

국가보안법 제6조 제1항, 제2항의 탈출(脫出)이란 대한민국의 통치권 또는 지배력으로부터 벗어나는 행위를 뜻한다고 볼 것이므로, 대한민국 국민이 아닌 사람이 외국에 거주하다가 그곳을 떠나 반국가단체의 지배하에 있는 지역으로 들어가는 행위는, 대한민국의 영역에 대한 통치권이 실지로 미치는 지역을 떠나는 행위 또는 대한민국의 국민에 대한 통치권으로부터 벗어나는 행위 어디에도 해당하지 않으므로, 국가보안법상 탈출 개념에 포함되지 않는 것이다. 경찰승진 10 / 사시 11 / 변호사 15 / 경찰채용 20 1차

35. 대법원 2008.5.8, 2008도533

타인 명의로 허가받아 운영하는 자는 액화석유가스충전사업자에 포함되지 않는다는 사례

액화석유가스 안전관리사업법에서 정한 액화석유가스충전사업자는 같은 법에서 정의하고 있는 '법 제3조의 규정에 의하여 액화석유가스충전사업의 허가를 받은 자'라고 해석하여야 하므로, 타인 명의로 허가받아 액화석유가

스충전사업을 운영하는 자는 같은 법 위반죄로 처벌할 수 없다.

36. 대법원 2008.6.26, 2008도3014
집회 예정장소 인근에 잠시 머문 것은 집회에 해당하지 않는다는 사례
집시법이 보장 및 규제의 대상으로 삼고 있는 집회란 '특정 또는 불특정 다수인이 공동의 의견을 형성하여 이를 대외적으로 표명할 목적 아래 일시적으로 일정한 장소에 모이는 것'을 말하므로, 적법한 신고 없이 집회를 개최하려던 사회단체 회원 등이 집회 예정장소가 사전봉쇄되자 인근 교회에 잠시 머문 것은 집시법상 해산명령의 대상인 '집회'에 해당하지 않는다.

37. 대법원 2008.7.24, 2008도3211
유흥주점 운영자가 술을 주문받은 즉시 미성년자인지 의심하고 신분증 제시를 요구한 사례
유흥주점 운영자가 업소에 들어온 미성년자의 신분을 의심하여 주문받은 술을 들고 룸에 들어가 신분증의 제시를 요구하고 밖으로 데리고 나온 경우, 미성년자가 실제 주류를 마시거나 마실 수 있는 상태에 이르지 않았으므로 술값의 선불지급 여부 등과 무관하게 주류판매에 관한 청소년보호법 위반죄가 성립하지 않는다.

38. 대법원 2009.8.20, 2009도4590
'등급분류를 받지 않은' 게임물을 관할 관청의 허가 없이 공중의 이용에 제공한 행위
게임산업법은 '일반게임제공업'을 "제21조의 규정에 따라 등급분류된 게임물을 설치하여 공중의 이용에 제공하는 영업"으로 정의하고 있으므로, 등급분류를 받지 아니한 게임물을 공중의 이용에 제공하는 것은 위 법률 제2조에 규정된 일반게임제공업에 해당하지 않으므로, 그러한 영업을 관할 관청의 허가 없이 하였다고 하더라도 이를 위 법률에 의하여 처벌할 수는 없다.

39. 대법원 2009.9.10, 2008도10177
줄빠따를 맞고 입단속을 잘 하라는 지시를 받은 행위는 범죄단체활동에 해당하지 않는다는 사례
범죄단체의 상위 구성원들로부터 조직의 위계질서를 잘 지키라는 지시를 받으며 속칭 '줄빠따'를 맞고 그에 관하여 입단속을 잘하라는 지시를 받은 피고인들의 행위는, 상위 구성원들로부터 소극적으로 지시나 명령을 받고 폭행을 당한 것에 불과할 뿐 범죄단체의 존속·유지에 기여하기 위한 행위를 한 것이라고 볼 수 없어, 폭처법상 범죄단체 구성원으로서의 '활동'에 해당하지 않는다.

40. 대법원 2009.12.10, 2009도3053
선박용 연료유를 공급하는 사업은 선박의 운항을 위한 용도로 사용되는 연료유로 제한된다는 사례
항만운송사업법 시행령에서 규정하는 '선박용 연료유를 공급하는 사업'이라 함은 '선박의 운항을 위한 용도로 사용되는 연료유를 선박에 공급하는 사업'이라고 해석함이 상당하고, 나아가 선박의 운항을 위한 용도와는 무관하게 단지 '선박에 연료유를 공급하는 사업'으로 해석하거나 '단순한 보관 목적에서 육상용 기계의 운행을 위한 용도로 사용되는 연료유를 선박에 공급하는 사업'에까지 확장하여 해석하는 것은 죄형법정주의의 원칙에 어긋나는 것으로서 허용될 수 없다. 법원승진 10

41. 대법원 2009.12.10, 2008도1191
사기업체의 대표이사가 아닌 실제 경영자는 병역법상 고용주에 해당하지 않는다는 사례
병역법 제2조 제1항 제5호는 산업기능요원 편입 관련 부정행위로 인한 병역법위반죄 등의 범행주체인 '고용주'를 "병역의무자를 고용하는 근로기준법의 적용을 받는 공·사기업체나 공·사단체의 장을 말한다"고 규정하고 있는 바, 여기서 '사기업체의 장'에 사기업체의 대표이사가 아닌 실제 경영자를 병역법에서 규정한 '고용주'에 해당하는 것으로 해석하는 것은 형벌법규를 피고인에게 불리한 방향으로 지나치게 유추하거나 확장해석하는 것으로서 허용될 수 없다.

42. 대법원 2010.1.28, 2009도11666; 2010.1.28, 2009도12650; 2010.2.11, 2009도13169
'사행성게임물'을 공중의 이용에 제공하는 영업을 관할 관청의 허가 없이 한 사례
등급분류를 받지 아니한 게임물을 공중의 이용에 제공하는 것은 게임산업법 제2조 제6호의2 (나)목에 규정된 일반게임제공업에 해당하지 않으므로(대법원 2009.8.20, 2009도4590), 게임물이 아닌 '사행성 게임물'을 공중의 이용에 제공하는 영업을 하는 경우에도 일반게임제공업에 해당하지 아니한다고 할 것이고, 그러한 영업을 관할 관청의 허가 없이 하였다고 하더라도 이를 게임산업법 제45조 제2호, 제26조 제1항에 의하여 처벌할 수는 없다.

43. 대법원 2010.4.29, 2009도13435

게임산업법상 영상물의 이용을 주된 목적으로 하여 제작되지 않는 기기·장치 사례

게임산업법 제2조 제1호 본문에 규정된 영상물의 이용에 활용될 수 있지만 이를 주된 목적으로 하여 제작되었다고 할 수 없는 기기 및 장치는 게임산업법 제2조 제1호 본문의 '게임물'이 아니어서, 게임산업법 제44조 제2항을 근거로 이러한 기기·장치를 몰수할 수 없다고 봄이 상당하다.

44. 대법원 2010.5.13, 2007도2666

농안법상 처벌 대상 행위인 도매시장법인의 '도매시장 외의 장소에서의 농수산물 판매업무'

농안법 제35조 제1항은 "도매시장법인은 도매시장 외의 장소에서 농수산물의 판매업무를 하지 못한다"고 규정하고 있는 바, 도매시장에 반입·상장되어 행해지는 판매행위 중 '경매 또는 입찰' 등 같은 법 제32조 소정의 방법에 의하지 아니한 판매행위까지 명문의 근거도 없이 위 규정에 의한 처벌의 대상이 된다고 확장해석 할 수는 없다.

45. 대법원 2010.7.22, 2010도63

정보통신망법 제48조 제1항의 '정당한 접근권한'에 관한 판단 기준

인터넷온라인 게임인 '리니지'의 이용자이자 계정 개설자 겸 명의자가 자신의 계정을 양도한 이후 그 계정을 현재 사용 중인 전전양수인이 설정해 둔 비밀번호를 변경하여 접속을 불가능하게 한 경우, 유추해석금지원칙에 의해 위 계정에 대한 정보통신망법상 정당한 접근권한자가 누구인지를 밝혀 같은 법 제49조의 위반 여부를 판단하였어야 한다(계정개설자 겸 명의자 : 무죄).

46. 대법원 2010.9.9, 2007도3681

특경법상 재산국외도피죄의 객체인 '국내에 반입하여야 할 재산'의 의미

특경법 제4조 제1항 후단의 국외에서의 은닉 또는 처분에 의한 재산국외도피죄는 법령에 의하여 국내로 반입하여야 할 재산을 이에 위반하여 은닉 또는 처분시킨 때에 성립하므로, '국내에 반입하여야 할 재산'을 법령상 국내로의 반입의무 유무와 상관없이 국내로의 반입이 예정된 재산을 의미하는 것으로 확장하여 해석하는 것은 허용될 수 없다.

47. 대법원 2010.9.30, 2008도4762

공정거래법상 소추조건인 공정거래위원회의 '고발'에 '고소불가분의 원칙'의 유추적용은 불가함

친고죄에 관한 고소의 주관적 불가분원칙을 규정하고 있는 형사소송법 제233조가 공정거래법 제71조에 의한 공정거래위원회의 고발에도 유추적용된다고 해석한다면 이는 공정거래위원회의 고발이 없는 행위자에 대해서까지 형사처벌의 범위를 확장하는 것으로서, 결국 피고인에게 불리하게 형벌법규의 문언을 유추해석한 경우에 해당하므로 죄형법정주의에 반하여 허용될 수 없다. 경찰간부 17

48. 대법원 2010.12.23, 2008도2182

용제생산업체가 용제수급상황기록부를 작성·보고를 하였으나 보고내용 중에 허위 내용이 포함된 경우

산업자원부장관이 발령한 용제수급조정명령에는 '용제생산업체는 용제수급상황기록부를 작성하여 산업자원부에 보고하여야 한다.'라고 규정하고 있을 뿐 보고의 진실성 여부에 대하여는 어떠한 명시적인 요구도 하고 있지 않으므로, 용제생산업체가 산업자원부장관의 용제수급조정명령에 따라 용제수급상황기록부를 작성하여 보고를 한 이상 그 보고내용 중에 허위의 내용이 포함되어 있다고 하더라도, 이러한 행위를 들어 위 법상 '명령 위반'에 해당한다고 해석할 수는 없다.

49. 대법원 2011.3.10, 2010도16942

어떤 단체가 특정 후보자를 지지·추천하는지 여부와 공선법상 허위사실공표죄의 '경력 등'에 관한 사실

공직선거법 제250조 제1항에 규정한 허위사실공표죄에서 '경력 등'이란 후보자의 '경력·학력·학위·상벌'을 말하고, 그중 '경력'은 후보자의 행동이나 사적(事跡) 등과 같이 후보자의 실적과 능력으로 인식되어 선거인의 공정한 판단에 영향을 미치는 사항을 말하므로, 어떤 단체가 특정 후보자를 지지·추천하는지 여부는 후보자의 행동이나 사적 등에 관한 사항이라고 볼 수 없어 위에서 말하는 '경력'에 관한 사실에 포함되지 아니한다.

50. 대법원 2011.7.14, 2011도2471; 2016.6.23, 2014도7170

가축분뇨법상 '신고대상자'에 '배출시설을 설치하고자 하는 자'가 포함되는가의 사례

가축분뇨법에서 정한 신고대상자는 '대통령령이 정하는 규모 이상의 배출시설을 설치하고자 하는 자…'를 말하

고, 배출시설을 설치한 자가 설치 당시에 신고대상자가 아니었다면 그 후 법령의 개정에 따라 그 시설이 신고대상에 해당하게 되었더라도, 유추해석금지원칙상 위 규정상 신고대상자인 '배출시설을 설치하고자 하는 자'에 해당한다고 볼 수 없다.

> **유사판례** 이 사건 법률조항의 '그 배출시설을 이용하여 가축을 사육한 자'는 '법 제11조 제3항의 신고대상자가 신고를 하지 아니하고 설치한 배출시설을 이용하여 가축을 사육한 자'만을 의미하는 것으로 한정적으로 해석하여야 하고, 그렇다면 배출시설을 설치할 당시에는 신고대상 시설이 아니었지만 그 후 법령의 개정에 따라 그 시설이 신고대상에 해당하게 된 경우 그 배출시설을 이용하여 가축을 사육한 자는 여기에 포함되지 아니한다고 할 것이다(대법원 2015.7.23, 2014도15510). 경찰채용 15 1차

51. 대법원 2011.8.25, 2011도7725

원동기장치자전거의 '운전면허를 받지 아니하고'와 '운전면허의 효력이 정지된 경우'

자동차 무면허운전과는 달리, 원동기장치자전거 무면허운전죄는 도로교통법 제154조 제2호에서 "원동기장치자전거면허를 받지 아니하고 원동기장치자전거를 운전한 사람"을 정하고 있을 뿐, 운전면허의 효력이 정지된 상태에서 원동기장치자전거를 운전한 경우에 대하여는 아무런 언급이 없으므로, 유추해석금지원칙상 '운전면허를 받지 아니하고'라는 법률문언의 통상적인 의미에 '운전면허를 받았으나 그 후 운전면허의 효력이 정지된 경우'가 당연히 포함된다고는 해석할 수 없다. 경찰간부 14 / 경찰채용 15 3차 / 사시 16 / 변호사 17

52. 대법원 2012.1.27, 2010도8336

블로그 운영자의 타인의 글 방치와 국가보안법상 이적표현물소지죄의 성부

'블로그', '미니 홈페이지', '카페' 등의 이름으로 개설된 사적(私的) 인터넷 게시공간의 운영자가 그 사적 인터넷 게시공간에 게시된 타인의 글을 삭제할 권한이 있음에도 이를 삭제하지 아니하고 그대로 두었다고 하더라도, 그 사정만으로 사적 인터넷 게시공간의 운영자가 그 타인의 글을 국가보안법 제7조 제5항에서 규정하는 바와 같이 '소지'하였다고 볼 수는 없다. 경찰간부 14 / 사시 14 / 경찰채용 15 3차 / 국가7급 16

53. 대법원 2012.3.22, 2011도15057, 2011전도249 전원합의체

전자장치 부착명령의 요건과 소년보호처분을 받은 전력

특정 범죄자에 대한 위치추적 전자장치 부착 등에 관한 법률 제5조 제1항 제3호에서 부착명령청구 요건으로 정한 '성폭력범죄를 2회 이상 범하여(유죄의 확정판결을 받은 경우를 포함한다)'에는 소년법에 의한 보호처분('소년보호처분')이 포함되지 아니한다. 경찰채용 13 1차 / 사시 14 / 법원9급 15 / 경찰채용 16 2차 / 경찰간부 16

54. 대법원 2012.3.29, 2011도15137

공범 중 1인에 대한 정식재판청구권회복결정과 다른 공범자에 대한 공소시효 진행 정지 여부

형사소송법이 공범 중 1인에 대한 공소의 제기로 다른 공범자에 대하여도 공소시효가 정지되도록 한 것(형소법 제253조 제2항)은 공소제기 효력의 인적 범위를 확장하는 예외를 마련하여 놓은 것이므로, 이는 엄격하게 해석하여야 하고 피고인에게 불리한 방향으로 확장하거나 축소하여 해석해서는 아니 된다는 점에서, 공범 중 1인에 대해 약식명령이 확정된 후 그에 대한 정식재판청구권회복결정이 있었다고 하더라도 그 사이의 기간 동안에는, 특별한 사정이 없는 한, 다른 공범자에 대한 공소시효는 정지함이 없이 계속 진행한다고 보아야 할 것이다.

55. 대법원 2012.6.28, 2011도15097

일반음식점 영업자의 술과 안주 판매행위에 대한 주류만을 판매하는 죄의 해석

일반음식점 영업자가 주로 술과 안주를 판매하는 행위는 '주류만을 판매하는 행위'를 금지한 식품위생법상 준수사항을 위반한 것으로 볼 수 없다. 경찰채용 15 2차

56. 대법원 2012.7.5, 2011도16167

접근매체를 빌려주는 행위에 대한 전자금융거래법상 접근매체 양도죄의 해석

일반적으로 양도라고 하면 권리나 물건 등을 남에게 넘겨주는 행위를 지칭하는데, 형벌법규의 해석은 엄격하여야 하므로, 전자금융거래법에서 말하는 '양도'에는 단순히 접근매체를 빌려 주거나 일시적으로 사용하게 하는 행위는 포함되지 아니한다고 보아야 한다.

57. 대법원 2012.10.11, 2012도7455

적법한 북한 방문 후 돌아오는 행위에 대한 국가보안법상 잠입죄의 해석

통일부장관이 발급한 북한방문증명서에 의한 북한 방문행위를 국가보안법상 탈출행위로 처벌할 수 없는 경우 남한으로 다시 돌아오는 행위 또한 국가보안법상 잠입행위로 처벌할 수 없다.

58. 대법원 2012.10.25, 2012도3575

횡성한우 사례

농산물품질관리법에서는 '원산지 표시를 허위로 하는 행위' 등을 처벌하는 바, 국내에서 출생한 소가 출생지 외의 지역에서 사육되다가 도축된 경우 해당 소가 어느 정도의 기간 동안 사육되면 비로소 사육지 등을 원산지로 표시할 수 있는지에 관하여 관계 법령에 아무런 규정이 없다면 특정 지역에서 단기간이라도 일정 기간 사육된 소의 경우 쇠고기에 해당 지역을 원산지로 표시하여 판매하였다고 하더라도 원산지 표시 규정 위반행위에 해당한다고 단정할 수는 없다. 법원행시 13

유사판례 국내 특정 지역의 수삼과 다른 지역의 수삼으로 만든 홍삼을 주원료로 하여 특정 지역에서 제조한 홍삼절편의 제품명이나 제조·판매자명에 특정 지역의 명칭을 사용하였다고 하더라도 이를 곧바로 원산지를 혼동하게 할 우려가 있는 표시를 하는 행위라고 보기는 어렵다(대법원 2015.4.9, 2014도14191). 경찰채용 15 3차

59. 대법원 2012.10.25, 2010도6527; 2012.9.13, 2010도1763

의료법위반죄인 환자 유인행위와 의료광고행위

의료광고행위는 그것이 의료법 제27조 제3항 본문에서 명문으로 금지하는 환자 유인행위의 개별적 행위유형에 준하는 것으로 평가될 수 있거나 또는 의료시장의 질서를 현저하게 해치는 것인 등의 특별한 사정이 없는 한 의료법위반행위인 환자의 '유인'에 해당하지 아니하고, 그러한 광고행위가 의료인의 직원 또는 의료인의 부탁을 받은 제3자를 통하여 행하여졌다고 하더라도 이를 환자의 '소개·알선' 또는 그 '사주'에 해당하지 아니한다고 봄이 상당하다.

60. 대법원 2012.12.13, 2010도10576

정보통신망법상 '정보통신망에 의하여 처리·보관 또는 전송되는 타인의 비밀 누설'의 의미

정보통신망법 제49조에 규정된 '정보통신망에 의하여 처리·보관 또는 전송되는 타인의 비밀 누설'이란 타인의 비밀에 관한 일체의 누설행위를 의미하는 것이 아니라, 정보통신망에 의하여 처리·보관 또는 전송되는 타인의 비밀을 정보통신망에 침입하는 등 부정한 수단 또는 방법으로 취득한 사람이나, 그 비밀이 위와 같은 방법으로 취득된 것을 알고 있는 사람이 그 비밀을 아직 알지 못하는 타인에게 이를 알려주는 행위만을 의미하는 것으로 제한하여 해석함이 타당하다.

61. 대법원 2012.12.27, 2012도8421

후원회지정권자가 직접 기부받은 후원금을 적법하게 후원회 회계책임자에게 전달한 사례

후원회지정권자가 직접 기부받은 후원금을 정치자금법 제10조 제3항에서 정한 방식으로 후원회 회계책임자에게 전달한 이상 동법 제10조 제3항의 조치를 다한 후원회지정권자를 동법 제45조 제1항 위반죄로 처벌할 수는 없다.

62. 대법원 2013.4.11, 2010도1388

전화진료가 무조건 의료법위반은 아니라는 사례

의사가 환자를 진찰하는 방법에는 시진, 청진, 촉진, 타진 기타 여러 가지 방법이 있다 할 것인데, 의료법상 '자신이 진찰한 의사'만이 처방전 등을 발급할 수 있다고 한 것에서 '자신이' 진찰하였다는 문언을 두고 그 중 대면진찰을 한 경우만을 의미한다는 등 진찰의 내용이나 진찰 방법을 규제하는 것이라고 새길 것은 아니다. 경찰채용 16 2차

63. 대법원 2013.6.27, 2013도4279; 2018.3.15, 2017도21656; 2018.8.30, 2017도3443

여중생 알몸화상채팅 영상 재촬영 사건

성폭력범죄의 처벌 등에 관한 특례법상 카메라이용촬영죄의 촬영의 대상은 "성적 욕망 또는 수치심을 유발할 수 있는 다른 사람의 신체"라고 보아야 함이 문언상 명백하므로 위 규정의 처벌대상은 '다른 사람의 신체 그 자체'를 카메라 등 기계장치를 이용해서 '직접' 촬영하는 경우에 한정된다고 해석함이 타당하다는 점에서, 다른 사람의 신체 이미지가 담긴 영상이 위 규정의 "다른 사람의 신체"에 포함된다고 해석하는 것은 죄형법정주의의 원칙상 허용될 수 없다. 경찰간부 14 / 경찰채용 15 1차

64. 대법원 2013.7.25, 2011도14687

기업구매전용카드에 대한 여신전문금융업법 적용 부정 사건

여신전문금융업법 제70조 제2항 제2호 '가'목은 "물품의 판매 또는 용역의 제공 등을 가장하거나 실제 매출금액을 초과하여 신용카드에 의한 거래를 하거나 이를 대행하게 하는 행위"를 통하여 "자금을 융통하여 준 자"는 3년 이하의 징역 등에 처하도록 하고 있는 바, 기업구매전용카드에 의한 거래를 위 '신용카드에 의한 거래'에 해당한다고 보기는 어렵다. 경찰간부 14

65. 대법원 2013.9.12, 2013도502; 2014.9.24, 2013도4503[36]

아청법상 '아동·청소년이용음란물'에 해당하기 위한 요건

아동·청소년이용음란물은 '아동·청소년'이나 '아동·청소년 또는 아동·청소년으로 인식될 수 있는 사람이나 표현물'이 등장하여 그 아동·청소년 등이 아청법 제2조 제4호 각 목의 행위나 그 밖의 성적 행위를 하거나 하는 것과 같다고 평가될 수 있는 내용을 표현하는 것이어야 한다.[37]

66. 대법원 2013.11.14, 2013도2190

선거운동 인터넷 카페 사조직 부정 사건

인터넷 공간에서의 선거활동을 목적으로 하여 인터넷 카페 등을 개설하고 인터넷 회원 등을 모집하여 일정한 모임의 틀을 갖추어 이를 운영하는 경우에, 이러한 인터넷상의 활동은 정보통신망을 통한 선거운동의 하나로서 허용되어야 할 것이며,[38] 이를 두고 공직선거법상 사조직에 해당한다고 보기 어렵다.[39]

67. 대법원 2013.11.28, 2010도12244

시청공무원 시장 선거운동 방안 보고는 선거운동 기획 참여로 볼 수 없다는 사례

공직선거법 제86조 제1항 제2호의 '선거운동의 기획에 참여하는 행위'라 함은 당선되게 하거나 되지 못하게 하기 위한 선거운동에는 이르지 아니한 것으로서, 선거운동의 효율적 수행을 위한 일체의 계획 수립에 참여하는 행위를 말하는 것으로 해석하여야 하고, 반드시 구체적인 선거운동을 염두에 두고 선거운동을 할 목적으로 그에 대한 기획에 참여하는 행위만을 의미하는 것으로 볼 수는 없으나(대법원 2007.10.25, 2007도4069 등), 공무원이 선거운동의 기획에 '참여'하였다고 하기 위해서는 그러한 선거운동방안 제시 등으로 후보자의 선거운동 계획 수립에 직접적·간접적으로 관여하였음이 증명되어야 할 것이고, 단지 공무원이 개인적으로 후보자를 위한 선거운동에 관한 의견을 표명하였다는 사정만으로 선거운동의 효율적 수행을 위한 일체의 계획수립에 참여하였다고 단

---

36 판례 : 아청법상 아동·청소년으로 인식될 수 있는 사람이 등장하는 아동·청소년이용음란물의 해석 2012.12.18. 법률 제11572호로 구 아청법을 개정하면서 '명백하게'라는 문구를 추가하여 '아동·청소년으로 명백하게 인식될 수 있는 사람이나 표현물'이라고 규정한 점 등 구 아청법의 입법 목적과 개정 연혁, 그리고 법 규범의 체계적 구조 등에 비추어 보면, 구 아청법 제2조 제5호의 '아동·청소년으로 인식될 수 있는 사람이 등장하는 아동·청소년이용음란물'이라고 하기 위해서는 주된 내용이 아동·청소년의 성교행위 등을 표현하는 것이어야 할 뿐만 아니라, 등장인물의 외모나 신체발육 상태, 영상물의 출처나 제작 경위, 등장인물의 신원 등에 대하여 주어진 여러 정보 등을 종합적으로 고려하여 사회 평균인의 시각에서 객관적으로 관찰할 때 외관상 의심의 여지 없이 명백하게 아동·청소년으로 인식되는 경우라야 하고, 등장인물이 다소 어려 보인다는 사정만으로 쉽사리 '아동·청소년으로 인식될 수 있는 사람이 등장하는 아동·청소년이용음란물'이라고 단정해서는 아니 된다(대법원 2014.9.24, 2013도4503).

37 보충 원심이 같은 취지에서 피고인이 제작한 필름 또는 동영상이 위 법률들에서 정한 '아동·청소년이용음란물'에 해당하지 아니한다고 판단하여 이 사건 공소사실 중 피고인이 아동·청소년의 성보호에 관한 법률 위반(음란물제작·배포 등)죄를 저질렀다는 점에 대하여 무죄를 선고한 것은 정당하고, 거기에 상고이유의 주장과 같이 '아동·청소년이용음란물'에 관한 법리를 오해한 위법이 없다.

38 보충 공직선거법 제87조 제2항은 누구든지 선거에서 후보자(후보자가 되고자 하는 자를 포함한다)의 선거운동을 위하여 그 명칭이나 표방하는 목적 여하를 불문하고 사조직 기타 단체를 설립하거나 설치할 수 없도록 금지하고 있다. 다만 공직선거법에서 정한 다른 선거운동과 달리 인터넷 홈페이지 또는 그 게시판·대화방 등에 선거운동을 위한 내용의 글이나 동영상 등 정보를 게시하거나 전자우편을 전송하는 방법을 통한 정보통신망을 이용한 선거운동은 선거운동기간 뿐 아니라 선거운동기간 전에도 허용된다(공직선거법 제82조의4 및 헌법재판소 2011.12.29, 2007헌마1001 등 참조). 따라서 정보통신망을 통한 선거운동과 그 밖의 선거운동은 구분되어야 하며, 정보통신망을 통한 선거운동과 관련한 공직선거법의 규정들은 이러한 정보통신망을 통한 선거운동의 특성 및 이를 폭넓게 허용한 입법취지 등을 고려하여 해석될 필요가 있다.

39 보충 나아가 위와 같은 인터넷 카페 개설을 위하여 별도로 준비 모임을 갖거나 카페 개설 후 일부 회원들이 오프라인에서 모임을 개최하였다 하더라도, 그러한 모임이 인터넷 카페 개설 및 그 활동을 전제로 하면서 그에 수반되는 일시적이고 임시적인 성격을 갖는 것에 그친다면 역시 공직선거법상 사조직에 해당한다고 단정할 수 없을 것이고, 이를 넘어서서 인터넷상의 카페 활동과 구별되는 별도의 조직적인 활동으로서 공직선거법상 사조직을 갖춘 것으로 볼 수 있는지 여부는 해당 인터넷 카페의 개설 경위와 시기, 구성원 및 온라인 및 오프라인상의 활동 내용 등 제반 사정들을 종합하여 판단하여야 한다. 그리고 이와 같은 해석은 특정 선거와 관련하여 후보자 또는 후보자가 되고자 하는 자를 위하여 인터넷상에 카페를 개설하는 경우에도 마찬가지라 할 것이다.

정할 수는 없다.[40]

68. 대법원 2013.12.12, 2011도9538

의료인은 의료법상 개인정보 변조행위의 주체가 될 수 없다는 사례

환자를 진료한 당해 의료인은 의무기록 작성권자로서 보다 정확하고 상세한 기재를 위하여 사후에 자신이 작성한 의무기록을 가필·정정할 권한이 있다고 보이는 점, 2011.4.7. 법률 제10565호로 의료법을 개정하면서 허위작성 금지규정(제22조 제3항)을 신설함에 따라 의료인이 고의로 사실과 다르게 자신이 작성한 진료기록부 등을 추가기재·수정하는 행위가 금지되었는데, 이때의 진료기록부 등은 의무기록을 가리키는 것으로 봄이 타당한 점, 문서변조죄에 있어서 통상적인 변조의 개념 등을 종합하여 보면, 전자의무기록을 작성한 당해 의료인이 그 전자의무기록에 기재된 의료내용 중 일부를 추가·수정하였다 하더라도 그 의료인은 의료법 제23조 제3항에서 정한 변조행위의 주체가 될 수 없다고 보아야 한다.

69. 대법원 2014.1.23, 2013도9690

주식회사의 임원으로 등기되지 아니한 실질적 경영자는 임원에 해당하지 아니한다는 사례

도시정비법에서 정하는 '정비사업전문관리업자'가 주식회사인 경우 같은 법 제84조에 의하여 공무원으로 의제되는 '임원'은 형법 제129조 내지 제132조에 해당하는 수뢰행위 당시 상업등기부에 대표이사, 이사, 감사로 등기된 사람에 한정된다고 보아야 하며,[41] 설령 실질적 경영자라고 하더라도 해당 주식회사의 임원으로 등기되지 아니한 사람까지 도시정비법 제84조에 의하여 공무원으로 의제되는 정비사업전문관리업자의 '임원'에 해당한다고 해석하는 것은 형벌법규를 피고인에게 불리한 방향으로 지나치게 유추하거나 확장해석하는 것으로서 죄형법정주의의 원칙에 어긋나는 것이어서 허용될 수 없다.

70. 대법원 2015.2.12, 2012도4842

공범 중 1인에 대한 공소제기로 인한 공소시효정지규정의 공범과 필요적 공범

형사소송법은 공범 사이의 처벌에 형평을 기하기 위하여 공범 중 1인에 대한 공소의 제기로 다른 공범자에 대하여도 공소시효가 정지되도록 규정하고 있는데, 이는 공소제기 효력의 인적 범위를 확장하는 예외를 마련하여 놓은 것이므로 원칙적으로 엄격하게 해석하여야 하고 피고인에게 불리한 방향으로 확장하여 해석해서는 아니 된다. … 형사소송법 제253조 제2항에서 말하는 '공범'에는 뇌물공여죄와 뇌물수수죄 사이와 같은 대향범 관계에 있는 자는 포함되지 않는다.

71. 대법원 2015.2.26, 2015도354

대가를 '약속받고'와 '받고'의 차이

'대가를 약속받고 접근매체를 대여하는 행위'를 처벌할 필요성이 있다고 하여도, 유추해석금지원칙에 의할 때 이를 전자금융거래법상 '대가를 받고 접근매체를 대여'하는 죄로 처벌할 수는 없다.

72. 대법원 2015.9.10, 2014도12275

성매매처벌법상 '영업으로 성매매를 알선한다'는 것의 의미

일정액의 보수를 지급받는 종업원은 해당 사업의 경제적 효과가 자신에게 귀속되게 할 목적으로 해당 사업을 관리하고 운영하는 자의 지위에 있지 아니하므로 성매매특별법상 영업 성매매알선행위의 단독범이 될 수 없다.

73. 대법원 2015.9.10, 2015도9307

식품위생법에서 정한 '진열'의 의미

구 식품위생법 제4조 제6호는 누구든지 수입신고를 하지 아니하고 수입한 식품을 판매할 목적으로 진열하여서는 아니 된다고 규정하고 있다. 여기서 진열이란 사람들에게 보이기 위하여 식품을 벌여 놓는 것을 의미한다. … 음식점의 주방 싱크대 밑에 편이양념과 껌, 라이터 등을 넣어 두는 행위는 위 진열행위에 해당하지 않는다.

---

40 보충 별다른 지시가 없었음에도 불구하고 시장에게 일방적으로 시장의 선거운동 방안을 보고한 행위가 공직선거법 제86조 제1항 제2호에 정하는 '선거운동의 기획에 참여'한 것에 해당하지 않는다는 취지의 판례이다.

41 보충 '임원'에 해당하는지 여부는 민법, 상법, 기타의 실체법에 의하여 결정하여야 할 것인데, 그중 주식회사의 법률관계를 규율하고 있는 상법 제312조는 '임원의 선임'이라는 표제하에 "창립총회에서는 이사와 감사를 선임하여야 한다."고 하면서, 구 상법 제317조 제2항은 주식회사의 설립에 있어 등기하여야 할 사항으로 "이사와 감사의 성명 및 주민등록번호"(제8호), "회사를 대표할 이사의 성명·주민등록번호 및 주소"(제9호) 등을 규정하고 있다(위 판례).

74. 대법원 2015.10.15, 2015도9569
사회복지법인의 기본재산 임대행위의 임대의 의미
사회복지사업법 제23조 제3항 제1호에서 보건복지부장관의 허가사항으로 정하고 있는 '사회복지법인의 기본재산 임대행위'는 차임을 지급받기로 하고 사회복지법인의 기본재산을 사용, 수익하게 하는 것을 의미하고, 차임의 지급 약정 없이 무상으로 기본재산을 사용, 수익하게 하는 경우는 이에 포함되지 않는다.

75. 대법원 2015.12.24, 2013도8481
경찰공무원의 1차 음주측정에 불응하였고 곧이어 이어진 2차 측정에 응한 사례
도로교통법 제148조의2 제1항 제2호에서 말하는 '경찰공무원의 측정에 응하지 아니한 경우'란 전체적인 사건의 경과에 비추어 술에 취한 상태에 있다고 인정할 만한 상당한 이유가 있는 운전자가 음주측정에 응할 의사가 없음이 객관적으로 명백하다고 인정되는 때를 의미하고, 운전자가 경찰공무원의 1차 측정에만 불응하였을 뿐 곧이어 이어진 2차 측정에 응한 경우와 같이 측정거부가 일시적인 것에 불과한 경우까지 음주측정불응죄가 성립한다고 볼 것은 아니다.

76. 대법원 2016.1.14, 2015도9133
선박안전법상 대행검사기관인 공단의 임직원과 공무원
선박안전법 제82조가 대행검사기관인 공단의 임직원을 형법 제129조 내지 제132조의 적용에 있어 공무원으로 의제하는 것으로 규정한다고 하여 이들이 공문서위조죄나 허위공문서작성죄에서의 공무원으로도 될 수 있다고 보는 것은 형벌법규를 피고인에게 불리하게 지나치게 확장해석하거나 유추해석하는 것이어서 죄형법정주의 원칙에 반한다. 따라서 공단이 해양수산부장관을 대행하여 이사장 명의로 발급하는 선박검사증서는 공무원 또는 공무소가 작성하는 문서라고 볼 수 없으므로 공문서위조죄나 허위공문서작성죄에서의 공문서에 해당하지 아니한다.

77. 대법원 2016.2.19, 2015도15101 전원합의체
사기이용계좌 송금액 인출 사례
전기통신금융사기 피해 방지 및 피해금 환급에 관한 특별법(통신사기피해환급법) 제15조의2 제1항에서 처벌하는 전기통신금융사기를 목적으로 하는 정보 · 명령 입력행위는 정보 또는 명령의 입력으로 자금이 사기이용계좌로 송금 · 이체되면 전기통신금융사기 행위는 종료되고 처벌조항 위반죄는 이미 기수에 이른 것이므로, 그 후에 사기이용계좌에서 현금을 인출하거나 다시 송금하는 행위는 범인들 내부 영역에서 그들이 관리하는 계좌를 이용하여 이루어지는 행위이어서, 이를 두고 새로 전기통신금융사기를 목적으로 하는 행위라고 할 수 없다. … 전기통신금융사기로 인하여 피해자의 자금이 사기이용계좌로 송금 · 이체된 후 계좌에서 현금을 인출하기 위하여 정보처리장치에 사기이용계좌 명의인의 정보 등을 입력한 행위는 위 구성요건에 해당하지 않는다.

78. 대법원 2016.3.10, 2015도17847
통신매체이용음란죄의 '일반적으로 통신매체라고 인식되는 수단을 이용하여'의 의미
성폭법 제13조는 자기 또는 다른 사람의 성적 욕망을 유발하는 등의 목적으로 '전화, 우편, 컴퓨터나 그 밖에 일반적으로 통신매체라고 인식되는 수단을 이용하여' 성적 수치심 등을 일으키는 말, 글, 물건 등을 상대방에게 전달하는 행위를 처벌하고자 하는 것임이 문언상 명백하므로, 위와 같은 통신매체를 이용하지 아니한 채 '직접' 상대방에게 말, 글, 물건 등을 도달하게 하는 행위까지 포함하여 위 규정으로 처벌할 수 있다고 보는 것은 법문의 가능한 의미의 범위를 벗어난 해석으로서 실정법 이상으로 그 처벌 범위를 확대하는 것이라 하지 않을 수 없다.
국가9급 18 / 경찰채용 20 2차

79. 대법원 2016.6.9, 2013도8503
자동차관리법상 '자동차를 양수한 자'의 의미
자동차관리법 제12조 제3항에서 말하는 '자동차를 양수한 자'란 매매나 증여를 비롯한 법률행위 등에 의하여 자동차의 소유권을 이전받는 자를 뜻한다. 채권자가 채무자로부터 그 소유의 자동차를 인도받았다 하더라도 소유권 이전의 합의 없이 단순히 채권의 담보로 인도받은 것에 불과하거나 또는 채권의 변제에 충당하기 위하여 자동차를 대신 처분할 수 있는 권한만을 위임받은 것이라면, 그러한 채권자는 자동차관리법 제12조 제3항의 자동차를 양수한 자라고 할 수 없다.

80. 대법원 2016.6.23, 2014도16577

거짓 약력서 의원 내 게시는 거짓 의료광고에 해당하지 않는다는 사례

의료법 제56조 제3항의 거짓 의료광고에서 '의료광고'라 함은 의료법인·의료기관 또는 의료인이 그 업무 및 기능, 경력, 시설, 진료방법 등 의료기술과 의료행위 등에 관한 정보를 신문·인터넷신문, 정기간행물, 방송, 전기통신 등의 매체나 수단을 이용하여 널리 알리는 행위를 의미한다. 피고인이 거짓 경력이 포함된 약력서를 의원 내에 게시한 행위가 표시·광고의 공정화에 관한 법률 제3조 제1항의 거짓 표시행위에 해당함은 별론으로 하고, 의료법 제56조 제3항의 거짓 의료광고에 해당한다고는 볼 수 없다.

유사판례 1 의료법은 제33조 제2항에서 의료인이나 의료법인 기타 비영리법인 등이 아닌 자의 의료기관 개설을 원칙적으로 금지하고 있는 바, 의료기관을 개설할 자격이 있는 의료인이 비영리법인 등 의료법에 따라 의료기관을 개설할 자격이 있는 자로부터 명의를 빌려 의료기관을 개설하는 행위는 의료법 제33조 제2항에 위배되지 아니한다(대법원 2014.9.25, 2014도7217).

유사판례 2 환자의 안면부인 눈가와 미간에 보톡스를 시술한 피고인의 행위가 치과의사에게 면허된 것 이외의 의료행위라고 볼 수 없고, 시술이 미용 목적이라 하여 달리 볼 것은 아니라고 해야 한다(대법원 2016.7.21, 2013도850 전원합의체).

81. 대법원 2016.10.27, 2016도5083

사냥개, 전파수신기, 수렵용 칼은 야생동물포획도구에 포함되지 아니한다는 사례

야생생물법 제70조 제3호 및 제10조에 규정되어 있는 '그 밖에 야생동물을 포획할 수 있는 도구'란 그 도구의 형상, 재질, 구조와 기능 등을 종합하여 볼 때 덫, 창애, 올무와 유사한 방법으로 야생동물을 포획할 용도로 만들어진 도구를 의미한다고 할 것이다. 그런데도 원심은 그 판시와 같은 이유로 피고인이 소지하였던 '전파발신기를 부착한 사냥개와 전파수신기, 수렵용 칼'이 야생생물법 제10조가 정한 '그 밖에 야생동물을 포획할 수 있는 도구'에 해당한다고 보아, 이 사건 공소사실을 유죄로 판단하였다. 이러한 원심 판단에는 형벌법규의 해석에 관한 법리를 오해함으로써 판결에 영향을 미친 잘못이 있다.

82. 대법원 2016.11.24, 2015도18765

동물보호법 시행규칙상 소비자에는 동물판매업자 등 반려동물을 구매하여 다른 사람에게 판매하는 영업을 하는 자가 이에 포함되지 아니한다는 사례

동물보호법 시행규칙 제36조 제2호에 규정한 '소비자'는 반려동물을 구매하여 가정에서 반려 목적으로 기르는 사람을 의미한다. 여기서의 '소비자'에 동물판매업자 등 반려동물을 구매하여 다른 사람에게 판매하는 영업을 하는 자도 포함된다고 보는 것은 '소비자'의 의미를 (동물판매업자인지가 문제되는 사건의) 피고인에게 불리한 방향으로 지나치게 확장해석하거나 유추해석하는 것으로서 죄형법정주의에 어긋나므로 허용되지 아니한다.

83. 대법원 2016.12.15, 2014도8908

대기환경보전법상 시설조치의무자는 최초수급인에 한한다는 사례

대기환경보전법의 시행령과 시행규칙은, 건설업을 도급에 의하여 시행하는 경우에는 '발주자로부터 최초로 공사를 도급받은 자'('최초수급인')가 비산먼지 발생 사업 신고를 하여야 하고, 신고를 할 때는 (비산먼지 발생 억제 시설을 설치하거나 필요한 조치를 할 의무인) 시설조치의무의 이행을 위한 사항까지 포함하여 신고하도록 규정하고 있다. … 건설공사 하도급의 경우 대기환경보전법 제43조 제1항에 의한 시설조치의무자는 최초수급인인데, 최초수급인으로부터 도급을 받은 하수급인 등은 위 법 제43조 제1항의 시설조치의무자가 아니므로 (시설조치의무위반행위를 처벌하는) 그 적용대상에 해당하지 않는다. 이렇게 해석하는 것이 형벌법규는 엄격하게 해석하여야 한다는 기본 원칙에도 맞다.

84. 대법원 2017.5.31, 2013도8389

외국환거래법이 범인이 해당 행위로 인하여 취득한 외국환 기타 지급수단 등을 몰수·추징의 대상으로 규정하는 취지 및 여기서 '취득'의 의미

외국환거래법 제30조가 규정하는 몰수·추징의 대상은 범인이 해당 행위로 인하여 취득한 외국환 기타 지급수단 등을 뜻하고, 이는 범인이 외국환거래법에서 규제하는 행위로 인하여 취득한 외국환 등이 있을 때 이를 몰수하거나 추징한다는 취지로서, 여기서 취득이란 해당 범죄행위로 인하여 결과적으로 이를 취득한 때를 말한다고 제한적으로 해석함이 타당하다.

甲 재단법인의 이사 겸 사무총장으로서 자금관리 업무를 총괄하는 피고인이, 거주자인 甲 재단법인이 비거주자인 乙 회사로부
터 원화자금 및 외화자금을 차입하는 자본거래를 할 때 신고의무를 위반하였다는 내용으로 외국환거래법 위반죄가 인정된 사안
에서, 금전대차계약의 차용 당사자는 甲 재단법인으로서, 피고인이 위 계약에 의하여 결과적으로 외국환거래법에서 규제하는 차
입금을 취득하였다고 인정하기 어려워 피고인으로부터 차입금을 몰수하거나 그 가액을 추징할 수 없다고 한 사례이다.

85. 대법원 2017.9.21, 2017도7687

폭처법상 우범자규정의 흉기휴대죄는 폭처법위반 범죄에 공용될 우려가 있는 흉기이어야 한다는 사례

폭력행위 등 처벌에 관한 법률(이하 폭력행위처벌법) 제7조는 "정당한 이유 없이 이 법에 규정된 범죄에 공용될
우려가 있는 흉기나 그 밖의 위험한 물건을 휴대하거나 제공 또는 알선한 사람은 3년 이하의 징역 또는 300만
원 이하의 벌금에 처한다."라고 규정하고 있는데, 폭력행위처벌법 제7조에서 말하는 '이 법에 규정된 범죄'란 '폭
력행위처벌법에 규정된 범죄'만을 의미한다고 해석함이 타당하다. … 정당한 이유 없이 폭력행위처벌법에 규정
된 범죄에 공용될 우려가 있는 흉기를 휴대하고 있었다면 다른 구체적인 범죄행위가 없더라도 그 휴대행위 자
체에 의하여 폭력행위처벌법위반(우범자)죄의 구성요건을 충족하는 것이지만, 흉기나 그 밖의 위험한 물건을 소
지하고 있다는 사실만으로 폭력행위처벌법에 규정된 범죄에 공용될 우려가 있는 것으로 추정된다고 볼 수는 없
다. 국가7급 18

86. 대법원 2017.11.14, 2017도13421

단순 누락은 허위 제공에 포함될 수 없다는 사례

자동차관리법 제80조 제7호의2는 "제58조 제3항을 위반하여 자동차 이력 및 판매자정보를 허위로 제공한 자"를
처벌하고 있는데, 이는 보다 구체적·한정적으로 '자동차 이력 및 판매자정보를 허위로 제공한 자'만을 처벌하는
것으로 규정하고 있음이 그 문언상 명백하다. 따라서 자동차관리법 제80조 제7호의2의 '허위 제공'의 의미를 '단
순 누락'의 경우도 포함하는 것으로 해석하는 것은 형벌법규의 의미를 피고인에게 불리한 방향으로 지나치게 확
장하거나 유추하여 해석하는 것으로 죄형법정주의 원칙에 어긋나서 허용되지 않는다.

87. 대법원 2017.12.21, 2015도8335 전원합의체

항공기 탑승구 복귀 사건(소위 땅콩회항 사건)

법률을 해석할 때 입법 취지와 목적, 제·개정 연혁, 법질서 전체와의 조화, 다른 법령과의 관계 등을 고려하는
체계적·논리적 해석 방법을 사용할 수 있으나, 문언 자체가 비교적 명확한 개념으로 구성되어 있다면 원칙적으
로 이러한 해석 방법은 활용할 필요가 없거나 제한될 수밖에 없다. 죄형법정주의 원칙이 적용되는 형벌법규의
해석에서는 더욱 그러하다. …… 항공보안법 제42조는 "위계 또는 위력으로써 운항 중인 항공기의 항로를 변경하
게 하여 정상 운항을 방해한 사람은 1년 이상 10년 이하의 징역에 처한다."라고 규정하고 있다. 지상의 항공기가 이
동할 때 '운항 중'이 된다는 이유만으로 그때 다니는 지상의 길까지 '항로'로 해석하는 것은 문언의 가능한 의미
를 벗어난다. 경찰채용 18 1차

甲 항공사 부사장인 피고인이 외국 공항에서 국내로 출발 예정인 자사 여객기에 탑승하였다가, 담당 승무원의 객실서비스 방식
에 화가 나 폭언하면서 승무원을 비행기에서 내리도록 하기 위해, 기장으로 하여금 계류장의 탑승교에서 분리되어 푸시백
(Pushback, 계류장의 항공기를 차량으로 밀어 유도로까지 옮기는 것) 중이던 비행기를 다시 탑승구 쪽으로 돌아가게 함으로써
위력으로 운항 중인 항공기의 항로를 변경하게 하였다고 하여 항공보안법 위반으로 기소된 경우, 피고인이 푸시백 중이던 비행
기를 탑승구로 돌아가게 한 행위는 항공기의 항로를 변경하게 한 것에 해당하지 않는다고 보아야 한다. 다만, 위 다수의견에
대해서는, 승객이 탑승한 후 항공기의 모든 문이 닫힌 때부터 내리기 위하여 문을 열 때까지 항공기가 지상에서 이동하는 경로
는 항공보안법 제42조의 '항로'에 포함된다고 해석하여야 한다는 대법관 박보영, 대법관 조희대, 대법관 박상옥의 반대의견이
있었다.

88. 대법원 2017.12.28, 2017도17762

운전면허 없이 아파트 단지 내 지하주차장에서 차량을 운전한 행위가 무면허운전에 해당하는지가 문제된 사례

도로교통법 제2조 제26호가 '술이 취한 상태에서의 운전' 등 일정한 경우에 한하여 예외적으로 도로 외의 곳에
서 운전한 경우를 운전에 포함한다고 명시하고 있는 반면, 무면허운전에 관해서는 이러한 예외를 정하고 있지
않다. 따라서 …… 도로가 아닌 곳에서 운전면허 없이 운전한 경우에는 무면허운전에 해당하지 않는다. 도로에
서 운전하지 않았는데도 무면허운전으로 처벌하는 것은 유추해석이나 확장해석에 해당하여 죄형법정주의에 비추
어 허용되지 않는다. 따라서 운전면허 없이 자동차 등을 운전한 곳이 위와 같이 일반교통경찰권이 미치는 공공성

이 있는 장소가 아니라 특정인이나 그와 관련된 용건이 있는 사람만 사용할 수 있고 자체적으로 관리되는 곳이라면 도로교통법에서 정한 '도로에서 운전'한 것이 아니므로 무면허운전으로 처벌할 수 없다. …… 이 사건의 아파트 단지 내 지하주차장이 아파트 주민이나 그와 관련된 용건이 있는 사람만 이용할 수 있고 경비원 등이 자체적으로 관리하는 곳이라면 도로에 해당하지 않을 수 있으므로 …… 피고인의 자동차 운전행위가 도로교통법에서 금지하는 무면허운전에 해당하지 않는다고 볼 여지가 있다. 국가9급 22

89. 대법원 2018.1.24, 2017도18230

저작권법상 '공표'의 한 유형인 '발행'에 관한 정의규정인 저작권법 제2조 제24호에서 말하는 '복제 · 배포'의 의미

저작권법 제137조 제1항 제1호는 '저작자 아닌 자를 저작자로 하여 실명 · 이명을 표시하여 저작물을 공표한 자를 형사처벌한다'고 정하고 있고, 저작권법 제2조 제25호는 '공표'의 의미에 관해 "저작물을 공연, 공중송신 또는 전시 그 밖의 방법으로 공중에게 공개하는 것과 저작물을 발행하는 것을 말한다."라고 정하고 있다. 공표의 한 유형인 저작물의 '발행'에 관하여 2006.12.28. 법률 제8101호로 전부 개정된 저작권법은 "발행은 저작물 또는 음반을 공중의 수요를 충족시키기 위하여 복제 · 배포하는 것을 말한다."(제2조 제24호)라고 정하였으며, 현행 저작권법도 이와 같다. '공표'는 사전적으로 '여러 사람에게 널리 드러내어 알리는 것'을 의미하고, 저작물의 '발행'은 저작권법상 '공표'의 한 유형에 해당한다. 단순히 저작물을 복제하였다고 해서 공표라고 볼 수 없다. 그리고 가운뎃점(·)은 단어 사이에 사용할 때 일반적으로 '와 / 과'의 의미를 가지는 문장부호이다. 따라서 위 조항에서 말하는 '복제 · 배포'는 그 문언상 '복제하여 배포하는 행위'라고 해석할 수 있다. …… 죄형법정주의의 원칙상 형벌법규는 문언에 따라 해석 · 적용하여야 하고 피고인에게 불리한 방향으로 지나치게 확장해석하거나 유추해석해서는 안 된다. 이러한 견지에서 '복제 · 배포'의 의미를 엄격하게 해석하여야 한다. 결국 저작물을 '복제하여 배포하는 행위'가 있어야 저작물의 발행이라고 볼 수 있고, 저작물을 복제한 것만으로는 저작물의 발행이라고 볼 수 없다.

90. 대법원 2018.4.12, 2017도20241, 2017전도132

특가법상 무고죄를 범하였다고 허위로 신고한 자에게 특가법상 무고죄가 성립하는지 여부

특정범죄 가중처벌 등에 관한 법률(이하 '특가법') 제14조는 "이 법에 규정된 죄에 대하여 형법 제156조에 규정된 죄를 범한 사람은 3년 이상의 유기징역에 처한다."라고 규정하고 있다. 이는 특가법 제2조 이하에서 특정범죄를 중하게 처벌하는 데 상응하여, 그에 대한 무고행위 또한 가중하여 처벌함으로써 위 법이 정한 특정범죄에 대한 무고행위를 억제하고, 이를 통해 보다 적정하고 효과적으로 입법 목적을 구현하고자 하는 규정이다. …… 형벌법규의 해석은 엄격하여야 하고, 명문의 형벌법규의 의미를 피고인에게 불리한 방향으로 지나치게 확장해석하거나 유추해석하는 것은 죄형법정주의의 원칙에 어긋나는 것으로서 허용되지 아니하는 점 등을 종합하여 보면, 특가법 제14조의 '이 법에 규정된 죄'에 특정범죄가중법 제14조 자체를 위반한 죄는 포함되지 않는다고 해석함이 타당하다.

91. 대법원 2018.7.24, 2018도3443

특수폭행치상에 적용될 법정형은 상해인가 특수상해인가의 사례

특수폭행치상죄의 해당 규정인 형법 제262조, 제261조는 형법 제정 당시부터 존재하였는데, 형법 제258조의2 특수상해죄의 신설 이전에는 형법 제262조의 "전 2조의 죄를 범하여 사람을 사상에 이르게 한 때에는 제257조 내지 제259조의 예에 의한다."라는 규정 중 "제257조 내지 제259조의 예에 의한다"의 의미는 형법 제260조(폭행, 존속폭행) 또는 제261조(특수폭행)의 죄를 범하여 상해, 중상해, 사망의 결과가 발생한 경우, 그 결과에 따라 상해의 경우에는 형법 제257조, 중상해의 경우에는 형법 제258조, 사망의 경우에는 형법 제259조의 예에 준하여 처벌하는 것으로 해석 · 적용되어 왔고, 따라서 특수폭행치상죄의 경우 법정형은 형법 제257조 제1항에 의하여 "7년 이하의 징역, 10년 이하의 자격정지 또는 1천만 원 이하의 벌금"이었다. 그런데 2016.1.6. 형법 개정으로 특수상해죄가 형법 제258조의2로 신설됨에 따라 문언상으로 형법 제262조의 "제257조 내지 제259조의 예에 의한다"는 규정에 형법 제258조의2가 포함되어 특수폭행치상의 경우 특수상해인 형법 제258조의2 제1항의 예에 의하여 처벌하여야 하는 것으로 해석될 여지가 생기게 되었다. …… 그러나 형벌규정 해석에 관한 법리와 폭력행위 등 처벌에 관한 법률의 개정 경과 및 형법 제258조의2의 신설 경위와 내용, 그 목적, 형법 제262조의 연혁, 문언과 체계 등을 고려할 때, 특수폭행치상의 경우 형법 제258조의2의 신설에도 불구하고 종전과 같이 형법 제257조 제1항의 예에 의하여 처벌하는 것으로 해석함이 타당하다. 경찰채용 22 1차

92. 대법원 2018.8.1, 2018도1481

수치심을 유발할 수 있는 피해자의 신체를 의사에 반하여 촬영한 후 피해자 본인에게 전송한 사건

성폭력범죄의 처벌 등에 관한 특례법(이하 '성폭력처벌법'이라 한다) 제14조 제1항에서는 '카메라나 그 밖에 이와 유사한 기능을 갖춘 기계장치를 이용하여 성적 욕망 또는 수치심을 유발할 수 있는 다른 사람의 신체를 그 의사에 반하여 촬영하거나 그 촬영물을 반포·판매·임대·제공 또는 공공연하게 전시·상영'하는 행위를 처벌하고 있다. …… '반포'와 별도로 열거된 '제공'은, '반포'에 이르지 아니하는 무상 교부행위로서 '반포'할 의사 없이 '특정한 1인 또는 소수의 사람'에게 무상으로 교부하는 것을 의미하는데, 성폭력처벌법 제14조 제1항에서 촬영행위뿐만 아니라 촬영물을 반포·판매·임대·제공 또는 공공연하게 전시·상영하는 행위까지 처벌하는 것이 촬영물의 유포행위를 방지함으로써 피해자를 보호하기 위한 것임에 비추어 볼 때, 촬영의 대상이 된 피해자 본인은 성폭력처벌법 제14조 제1항에서 말하는 '제공'의 상대방인 '특정한 1인 또는 소수의 사람'에 포함되지 않는다고 봄이 타당하다. 따라서 피해자 본인에게 촬영물을 교부하는 행위는 다른 특별한 사정이 없는 한 성폭력처벌법 제14조 제1항의 '제공'에 해당한다고 할 수 없다. 변호사 21

93. 대법원 2018.10.25, 2018도7041

청탁금지법상 공직자에 대한 금품 등 제공 사건

부정청탁 및 금품 등 수수의 금지에 관한 법률(이하 '청탁금지법'이라고 한다) 제8조는 '금품 등의 수수 금지'라는 제목 아래 제1항에서 "공직자 등은 직무 관련 여부 및 기부·후원·증여 등 그 명목에 관계없이 동일인으로부터 1회에 100만 원 또는 매 회계연도에 300만 원을 초과하는 금품 등을 받거나 요구 또는 약속해서는 아니 된다."라고 규정하고, …… 그 제3항 각 호에서는 위와 같이 수수를 금지하는 금품 등에 해당하지 않는 경우를 열거하면서 제1호에서 "공공기관이 소속 공직자 등이나 파견 공직자 등에게 지급하거나 상급 공직자 등이 위로·격려·포상 등의 목적으로 하급 공직자 등에게 제공하는 금품 등"을 규정하고 있다. …… 처벌규정의 소극적 구성요건을 문언의 가능한 의미를 벗어나 지나치게 좁게 해석하게 되면 피고인에 대한 가벌성의 범위를 넓히게 되어 죄형법정주의의 파생원칙인 유추해석금지원칙에 어긋날 우려가 있으므로 법률문언의 통상적인 의미를 벗어나지 않는 범위 내에서 합리적으로 해석할 필요가 있다. 청탁금지법의 위와 같은 입법목적, 금품 등 수수 금지 및 그 처벌규정의 내용과 체계, 처벌규정의 소극적 구성요건에 관한 제8조 제3항 제1호의 규정 내용 등을 종합하여 보면, 제8조 제3항 제1호에서 정한 '상급 공직자 등'이란 금품 등 제공의 상대방보다 높은 직급이나 계급의 사람으로서 금품 등 제공 상대방과 직무상 상하관계에 있고 그 상하관계에 기초하여 사회통념상 위로·격려·포상 등을 할 수 있는 지위에 있는 사람을 말하고, 금품 등 제공자와 그 상대방이 직무상 명령·복종이나 지휘·감독관계에 있어야만 이에 해당하는 것은 아니다.

94. 대법원 2019.9.26, 2018도7682

대부업법상 금전의 대부와 물품의 매입은 다르다는 사례

대부업법 제2조 제1호가 규정하는 '금전의 대부'는 그 개념요소로서 거래의 수단이나 방법 여하를 불문하고 적어도 기간을 두고 장래에 일정한 액수의 금전을 돌려받을 것을 전제로 금전을 교부함으로써 신용을 제공하는 행위를 필수적으로 포함하고 있어야 한다고 보는 것이 타당하다. 따라서 재화 또는 용역을 할인하여 매입하는 거래를 통해 금전을 교부하는 경우, 해당 사안에서 문제 되는 금전 교부에 관한 구체적 거래 관계와 경위, 당사자의 의사, 그 밖에 이와 관련된 구체적·개별적 제반 사정을 종합하여 합리적으로 평가할 때, 금전의 교부에 관해 위와 같은 대부의 개념요소를 인정하기 어려운 경우까지 이를 대부업법상 금전의 대부로 보는 것은, 대부업법 제2조 제1호 등 조항의 문언의 가능한 의미를 벗어나 피고인에게 불리한 방향으로 지나치게 확장해석하거나 유추해석하는 것이 되어 죄형법정주의의 원칙에 위반된다.

> **보충** 피고인이 의뢰인들에게 일정한 할인료를 공제한 금전을 교부하고 이와 상환하여 교부받은 상품권은 소지자가 발행자 또는 발행자가 지정하는 일정한 자에게 이를 제시 또는 교부하는 등의 방법으로 사용함으로써 권면금액에 상응하는 물품 또는 용역을 제공받을 수 있는 청구권이 화체된 유가증권의 일종인 점, 피고인과 의뢰인들 간의 상품권 할인 매입은 매매에 해당하고, 피고인과 의뢰인들 간의 관계는 피고인이 의뢰인들로부터 상품권 핀 번호를 넘겨받고 상품권 할인 매입 대금을 지급함으로써 모두 종료되는 점 등의 여러 사정을 종합하면, 피고인이 의뢰인들로부터 상품권을 할인 매입하면서 그 대금으로 금전을 교부한 것은 대부의 개념요소를 갖추었다고 보기 어렵다.

> **유사판례** 대출의뢰자들로부터 휴대전화 단말기의 매입을 가장한 것이 아니라 실제로 휴대전화 단말기를 매입하

는 등 피고인들과 대출의뢰자들 간의 계약은 매매계약에 해당하고, 피고인들은 이를 통해 유통이윤을 얻은 것에 불과하므로, 이를 금전의 대부로 볼 수 없다(대법원 2019.9.25, 2019도4368).

95. 대법원 2019.11.28, 2019도12022
수표의 배서를 위조·변조한 행위는 부수법상 수표위조·변조에 해당하지 않는다는 사례
수표위조·변조죄에 관한 구 부정수표 단속법 제5조는 "수표를 위조 또는 변조한 자는 1년 이상의 유기징역과 수표금액의 10배 이하의 벌금에 처한다."라고 정하여 수표의 강한 유통성과 거래수단으로서의 중요성을 감안하여 유가증권 중 수표의 위조·변조행위에 관하여는 범죄성립요건을 완화하여 초과주관적 구성요건인 '행사할 목적'을 요구하지 않는 한편, 형법 제214조 제1항 위반에 해당하는 다른 유가증권위조·변조행위보다 그 형을 가중하여 처벌하려는 규정이다. 형법 제214조에서 발행에 관한 위조·변조는 대상을 '유가증권'으로, 배서 등에 관한 위조·변조는 대상을 '유가증권의 권리의무에 관한 기재'로 구분하여 표현하고 있는데, 구 부정수표 단속법 제5조는 위조·변조 대상을 '수표'라고만 표현하고 있다. 구 부정수표 단속법 제5조는 유가증권에 관한 형법 제214조 제1항 위반행위를 가중처벌하려는 규정이므로, 그 처벌범위가 지나치게 넓어지지 않도록 제한적으로 해석할 필요가 있다. 따라서 구 부정수표 단속법 제5조에서 처벌하는 행위는 수표의 발행에 관한 위조·변조를 말하고, 수표의 배서를 위조·변조한 경우에는 수표의 권리의무에 관한 기재를 위조·변조한 것으로서, 형법 제214조 제2항에 해당하는지 여부는 별론으로 하고 구 부정수표 단속법 제5조에는 해당하지 않는다.

96. 대법원 2020.3.12, 2016도19170
공전자기록위작·변작에 규정된 '공무원', '공무소', '공무원 또는 공무소의 전자기록'의 의미
형법 제227조의2(공전자기록위작·변작)는 "사무처리를 그르치게 할 목적으로 공무원 또는 공무소의 전자기록 등 특수매체기록을 위작 또는 변작한 자는 10년 이하의 징역에 처한다."라고 규정하고 있다. 여기에서 …… 그 행위주체가 공무원과 공무소가 아닌 경우에는 형법 또는 특별법에 의하여 공무원 등으로 의제되는 경우를 제외하고는 계약 등에 의하여 공무와 관련되는 업무를 일부 대행하는 경우가 있더라도 공무원 또는 공무소가 될 수 없다. 형벌법규의 구성요건인 공무원 또는 공무소를 법률의 규정도 없이 확장해석하거나 유추해석하는 것은 죄형법정주의 원칙에 반하기 때문이다. …… 한국환경공단이 환경부장관의 위탁을 받아 건설폐기물 인계·인수에 관한 내용 등의 전산처리를 위한 전자정보처리프로그램인 올바로시스템을 구축·운영하고 있는 경우, 그 업무를 수행하는 한국환경공단 임직원을 공전자기록의 작성권한자인 공무원으로 보거나 한국환경공단을 공무소로 볼 수 없다.

97. 대법원 2020.5.14, 2018도3690
출입국관리법이 규정한 외국인 근로자 '고용'의 의미
출입국관리법 제94조 제9호, 제18조 제3항의 '고용'의 의미는 취업활동을 할 수 있는 체류자격을 가지지 않은 외국인으로부터 노무를 제공 받고 이에 대하여 보수를 지급하는 행위를 말한다고 봄이 타당하다. 따라서 사용사업주가 근로자파견계약 또는 이에 준하는 계약을 체결하고 파견사업주로부터 그에게 고용된 외국인을 파견받아 자신을 위한 근로에 종사하게 하였다고 하더라도 이를 출입국관리법 제94조 제9호, 제18조 제3항이 금지하는 고용이라고 볼 수 없다.

98. 대법원 2020.12.30, 2020도9994
자동차의 시동을 걸지 못한 상태에서 운전 의도로 제동장치를 조작하여 차량이 뒤로 진행된 사례
도로교통법 제2조 제26호는 '운전'이란 차마 또는 노면전차를 본래의 사용방법에 따라 사용하는 것을 말한다고 정하고 있다. 그중 자동차를 본래의 사용방법에 따라 사용했다고 하기 위해서는 엔진을 걸고 발진조작을 해야 한다(대법원 1999.11.12, 98다30834; 2009.5.28, 2009다9294,9300 참조). 피고인이 이 사건 차량에 장착된 STOP &GO 기능 조작 미숙으로 시동을 걸지 못한 상태에서 제동장치를 조작하다 차량이 뒤로 밀려 추돌사고를 야기한 경우, 피고인이 운전하려는 의사로 제동장치를 조작했어도 시동을 걸지 못한 이상 발진조작을 했다고 볼 수 없으므로, 자동차를 본래의 사용방법에 따라 사용했다고 보기 어렵다.

99. 대법원 2021.1.14, 2016도7104
대통령에 대한 보고절차에 사용한 원본 문서가 아니라 컴퓨터에 저장된 문서파일을 이용하여 별도로 출력하거나 사본한 문건을 유출한 사례
대통령기록물법 제30조 제2항 제1호, 제14조에 의해 유출이 금지되는 대통령기록물에 원본 문서나 전자파일 이

외에 그 사본이나 추가 출력물까지 포함된다고 해석하는 것은 죄형법정주의 원칙상 허용되지 아니한다(대통령기록물의 사본 등은 대통령기록물로 볼 수 없음).

100. 대법원 2021.4.15, 2020도16468
대출금·이자를 상환하기 위해 필요하다는 기망에 속아 접근매체를 교부한 사례
전자금융거래법 제6조 제3항 제2호에서 정한 '접근매체의 대여'란 대가를 수수·요구 또는 약속하면서 일시적으로 다른 사람으로 하여금 접근매체 이용자의 관리·감독 없이 접근매체를 사용해서 전자금융거래를 할 수 있도록 접근매체를 빌려주는 행위를 말하고(대법원 2017.8.18, 2016도8957), 여기에서 '대가'란 접근매체의 대여에 대응하는 관계에 있는 경제적 이익을 말한다(대법원 2019.6.27, 2017도16946). 이때 접근매체를 대여하는 자는 접근매체 대여에 대응하는 경제적 이익을 수수·요구 또는 약속하면서 접근매체를 대여한다는 인식을 가져야 한다(기망에 속아 교부한 행위는 접근매체 대여에 해당하지 않음).

101. 대법원 2018.7.12, 2017도1589; 헌법재판소 2019.11.28, 2017헌가23 등; 대법원 2021.6.24, 2019도110
분리형 캠퍼를 화물자동차 적재함에 설치한 것은 자동차관리법상 승인이 필요한 자동차의 튜닝에 해당하지 않는다는 사례
자동차관리법 제2조 제11호는 "자동차의 튜닝"을 "자동차의 구조·장치의 일부를 변경하거나 자동차에 부착물을 추가하는 것"으로 정의하고 있고, 제81조 제19호는 시장·군수·구청장의 승인을 받지 않고 자동차에 튜닝을 한 자에 대하여 1년 이하의 징역 또는 1,000만 원 이하의 벌금에 처하도록 규정하고 있다. 형벌법규의 명확성이나 그 엄격해석을 요구하는 죄형법정주의 원칙에 비추어, 자동차관리법상 승인이 필요한 '자동차의 튜닝'은 '자동차의 안전운행에 필요한 성능과 기준이 설정되어 있는 자동차의 구조·장치가 일부 변경되거나 자동차에 부착물을 추가함으로써 그러한 자동차 구조·장치의 일부 변경에 이르게 된 경우'를 의미한다고 해석함이 타당하다.

102. 대법원 2021.6.24, 2019도13687
공직선거법상 '왜곡된 여론조사결과의 공표 금지'의 의미
공직선거법 제96조 제1항의 행위태양인 '공표'는 불특정 또는 다수인에게 왜곡된 여론조사결과를 널리 드러내어 알리는 것을 말하는데, 전파가능성을 이유로 개별적으로 한 사람에게 알리는 행위가 '왜곡된 여론조사결과의 공표' 행위에 해당한다고 하기 위해서는 그 한 사람을 통하여 '왜곡된 여론조사결과'로 인정될 수 있을 정도의 구체성이 있는 정보가 불특정 또는 다수인에게 전파될 가능성이 있다는 점이 인정되어야 한다.

103. 대법원 1979.9.25, 79도1309; 2021.7.21, 2020도10970
형법 제48조 소정의 "취득"의 의미
형법 제48조가 규정하는 몰수·추징의 대상은 범인이 범죄행위로 인하여 취득한 물건을 뜻하고, 여기서 '취득'이란 해당 범죄행위로 인하여 결과적으로 이를 취득한 때를 말한다고 제한적으로 해석함이 타당하다.

104. 대법원 2021.9.30, 2017도13182
'농업기계'는 무면허운전 처벌규정의 적용대상인 '자동차'에 해당하지 않는다는 사례
구 도로교통법 제152조 제1호, 제43조의 무면허운전 처벌규정의 적용대상인 구 도로교통법 제2조 제18호에서 정한 자동차는 구 자동차관리법 제2조 제1호에서 정한 자동차로서 같은 법 제3조에서 정한 각종 자동차에 해당하는 것에 한정된다고 보아야 한다(대법원 1993.2.23, 92도3126). …… 한편 구 자동차관리법 제2조 제1호는 '자동차란 원동기에 의하여 육상에서 이동할 목적으로 제작한 용구 또는 이에 견인되어 육상을 이동할 목적으로 제작한 용구를 말한다. 다만 대통령령으로 정하는 것은 제외한다.'고정하고 있고, 자동차관리법 시행령 제2조 제2호는 구 자동차관리법 제2조 제1호 단서의 위임에 따라 자동차에서 제외되는 것 중 하나로 '농업기계화 촉진법에 따른 농업기계'를 정하고 있다. 위에서 본 규정을 체계적·종합적으로 살펴보면, …… 피고인이 운전한 차량은 농업기계화법에 따른 농업기계로서 구 자동차관리법 제2조 제1호에서 정한 자동차나 이를 전제로 하는 구 자동차관리법 제3조에서 정한 각종 자동차에 해당하지 않으므로 무면허운전 처벌규정의 적용대상인 구 도로교통법 제2조 제18호에 정한 자동차에도 해당하지 않는다.

105. 대법원 2022.4.28, 2022도1013
특가법상 운전자폭행 등 죄의 자동차에 원동기장치자전거가 포함되는가의 문제
특가법 제5조의10 제1항은 "운행 중인 자동차의 운전자를 폭행하거나 협박한 사람은 5년 이하의 징역 또는 2천

만 원 이하의 벌금에 처한다.", 제2항은 "제1항의 죄를 범하여 사람을 상해에 이르게 한 경우에는 3년 이상의 유기징역에 처하고, 사망에 이르게 한 경우에는 무기 또는 5년 이상의 징역에 처한다."라고 규정하여 운행 중인 자동차의 운전자를 폭행·협박하거나 이로 인하여 상해 또는 사망에 이르게 한 경우를 가중처벌하고 있는바, 이 사건 규정의 '자동차'는 도로교통법상의 자동차를 의미하고 도로교통법상 원동기장치자전거는 '자동차'에 포함되지 않는다.

106. 대법원 2022.12.1, 2021도6860

어린이집 설치인가를 받지 않은 운영과 변경인가를 받지 않은 운영의 구별

영유아보육법 제54조 제4항 제1호는 "설치인가를 받지 아니하고 어린이집의 명칭을 사용하거나 사실상 어린이집의 형태로 운영한 자"를 처벌한다고 규정하여 설치인가를 받지 않은 경우에 대해서만 명시적인 처벌 조항을 두고 있을 뿐, 변경인가를 받지 않은 경우에 대해서는 따로 처벌 조항을 두고 있지 않다. 따라서 어린이집 대표자를 변경하고도 변경인가를 받지 않은 채 어린이집을 운영한 행위에 대하여 설치인가를 받지 않고 사실상 어린이집의 형태로 운영한 행위 등을 처벌하는 규정인 영유아보육법 제54조 제4항 제1호 위반죄에 해당한다고 본 것은 죄형법정주의에서 파생된 유추해석금지의 원칙을 위반한다. 경찰채용 24 1차

107. 대법원 2023.1.12, 2019도16782

담배가공을 위한 일정한 작업을 수행하지 않은 자의 행위를 무허가 담배제조로 볼 수 있는가의 문제

죄형법정주의는 국가형벌권의 자의적인 행사로부터 개인의 자유와 권리를 보호하기 위하여 범죄와 형벌을 법률로 정하도록 요구한다. 그러한 취지에 비추어 보면 형벌법규의 해석은 엄격하여야 하고, 문언의 가능한 의미를 벗어나 피고인에게 불리한 방향으로 해석하는 것은 죄형법정주의의 내용인 확장해석금지에 따라 허용되지 않는다. 담배사업법 제2조 제1호는, "담배"란 연초의 잎을 원료의 전부 또는 일부로 하여 피우거나, 빨거나, 증기로 흡입하거나, 씹거나, 냄새 맡기에 적합한 상태로 제조한 것을 말한다고 규정한다. 담배사업법 제11조에 규정된 '담배의 제조'는 일정한 작업으로 담배사업법 제2조의 '담배'에 해당하는 것을 만들어 내는 것을 말한다. '담배의 제조'는 담배가공을 위한 일정한 작업의 수행을 전제하므로, 그러한 작업을 수행하지 않은 자의 행위를 무허가 담배제조로 인한 담배사업법 제27조 제1항 제1호, 제11조 위반죄로 의율하는 것은 특별한 사정이 없는 한 문언의 가능한 의미를 벗어나 피고인에게 불리한 방향으로 해석한 것이어서 죄형법정주의의 내용인 확장해석금지 원칙에 어긋난다.[42]

108. 대법원 2023.6.29, 2022도6278

아청법상 아동·청소년이용음란물 '소지'에 해당하지 않는다는 사례

구 아청법 제11조 제5항은 "아동·청소년이용음란물임을 알면서 이를 소지한 자는 1년 이하의 징역 또는 2천만 원 이하의 벌금에 처한다."라고 규정하고 있다.[43] 여기서 '소지'란 아동·청소년이용음란물을 자기가 지배할 수 있는 상태에 두고 지배관계를 지속시키는 행위를 말하고(대법원 2023.3.16, 2022도15319), 인터넷 주소(URL)는 인터넷에서 링크하고자 하는 웹페이지나 웹사이트 등의 서버에 저장된 개개의 영상물 등의 웹 위치 정보 또는 경로를 나타낸 것에 불과하다(대법원 2021.9.9, 2017도19025 전원합의체). 따라서 아동·청소년이용음란물 파일을 구입하여 시청할 수 있는 상태 또는 접근할 수 있는 상태만으로 곧바로 이를 소지로 보는 것은 소지에 대한 문언 해석의 한계를 넘어서는 것이어서 허용될 수 없으므로, 피고인이 자신이 지배하지 않는 서버 등에 저장된 아동·청소년이용음란물에 접근하여 다운로드받을 수 있는 인터넷 주소 등을 제공받은 것에 그친다면 특별한 사정이 없는 한 아동·청소년이용음란물을 '소지'한 것으로 평가하기는 어렵다.[44]

---

42 보충 피고인이 불특정 다수의 손님들에게 연초 잎, 담배 필터, 담뱃갑을 제공하여 손님으로 하여금 담배제조기계를 조작하게 하거나 자신이 직접 그 기계를 조작하는 방법으로 담배를 제조하고, 손님에게 담배를 판매함으로써 담배제조업 허가 및 담배소매인 지정을 받지 아니하고 담배를 제조·판매하였다는 이유로 담배사업법 위반으로 기소된 경우, 피고인이 담배를 제조하였다거나 제조된 담배를 소비자에게 판매하였다고 볼 수 없다는 사례이다.

43 참고 현행 아청법 제11조(아동·청소년성착취물의 제작·배포 등) ⑤ 아동·청소년성착취물을 구입하거나 아동·청소년성착취물임을 알면서 이를 소지·시청한 자는 1년 이상의 징역에 처한다.

44 보충 한편, 2020.6.2. 개정 아청법 제11조 제5항은 아동·청소년성착취물을 구입하거나 시청한 사람을 처벌하는 규정을 신설하였고, 2020.5.19. 개정 성폭력처벌법 제14조 제4항은 카메라 등을 이용하여 성적 욕망 또는 수치심을 유발할 수 있는 사람의 신체를 촬영대상자의 의사에 반하여 촬영한 촬영물 또는 복제물을 소지·구입·저장 또는 시청한 사람을 처벌하는 규정을 신설하였다. 따라서 아동·청소년성착취물 등을 구입한 다음 직접 다운로드받을 수 있는 인터넷 주소를 제공받았다면 위 규정에

109. 대법원 2023.10.12, 2023도5757

아동·청소년성착취물의 배포와 소지의 의미[45]

① 텔레그램 대화방 운영자의 성착취물 링크 사건 : 아청법 제11조 제3항은 "아동·청소년성착취물을 배포·제공하거나 이를 목적으로 광고·소개하거나 공연히 전시 또는 상영한 자는 3년 이상의 징역에 처한다."라고 규정하고 있다. 여기서 아동·청소년성착취물의 '배포'란 아동·청소년성착취물을 불특정 또는 다수인에게 교부하는 것을 의미하고, '공연히 전시'하는 행위란 불특정 또는 다수인이 실제로 아동·청소년성착취물을 인식할 수 있는 상태에 두는 것을 의미한다(대법원 2009.5.14, 2008도10914). …… 링크의 게시를 포함한 일련의 행위가 불특정 또는 다수인에게 다른 웹사이트 등을 단순히 소개·연결하는 정도를 넘어 링크를 이용하여 별다른 제한 없이 아동·청소년성착취물에 바로 접할 수 있는 상태를 실제로 조성한다면, 이는 아동·청소년성착취물을 직접 '배포'하거나 '공연히 전시'한 것과 실질적으로 다를 바 없다고 평가할 수 있으므로, 위와 같은 행위는 전체적으로 보아 아동·청소년성착취물을 배포하거나 공연히 전시한다는 구성요건을 충족한다.

② 텔레그램 대화방에 단지 접속한 사건 : 아청법 제11조 제5항은 "아동·청소년성착취물을 구입하거나 아동·청소년성착취물임을 알면서 이를 소지·시청한 자는 1년 이상의 징역에 처한다."라고 규정하고 있다. 여기서 '소지'란 아동·청소년성착취물을 자기가 지배할 수 있는 상태에 두고 지배관계를 지속시키는 행위를 말한다(대법원 2023.3.16, 2022도15319). 아동·청소년성착취물 파일을 구입하여 시청할 수 있는 상태 또는 접근할 수 있는 상태만으로 곧바로 이를 소지로 보는 것은 소지에 대한 문언 해석의 한계를 넘어서는 것이어서 허용될 수 없으므로, 피고인이 자신이 지배하지 않는 서버 등에 저장된 아동·청소년성착취물에 접근하였지만 위 성착취물을 다운로드 하는 등 실제로 지배할 수 있는 상태로 나아가지는 않았다면 특별한 사정이 없는 한 아동·청소년성착취물을 '소지'한 것으로 평가하기는 어렵다.

110. 대법원 2023.7.17, 2017도1807 전원합의체

비의료인이 개설자격을 위반하여 의료법인 명의 의료기관을 개설·운영하였는지 여부가 문제된 사건

의료법인 명의로 개설된 의료기관의 경우, 비의료인의 주도적 출연 내지 주도적 관여만을 근거로 비의료인이 의료기관을 개설·운영한 것으로 평가하기 어렵다.[46] 의료법인 명의로 개설된 의료기관을 실질적으로 비의료인이 개설·운영하였다고 판단하려면, 비의료인이 의료법인 명의 의료기관의 개설·운영에 주도적으로 관여하였다는 점을 기본으로 하여, 비의료인이 외형상 형태만을 갖추고 있는 의료법인을 탈법적인 수단으로 악용하여 적법한 의료기관 개설·운영으로 가장하였다는 사정이 인정되어야 한다. 국가9급 24

보충 이러한 사정은 다음 두 가지 사항 중 어느 하나에 해당되면 인정될 수 있다. 첫째는 비의료인이 실질적으로 재산출연이 이루어지지 않아 실체가 인정되지 아니하는 의료법인을 의료기관 개설·운영을 위한 수단으로 악용한 경우이고, 둘째는 의료법인의 재산을 부당하게 유출하여 의료법인의 공공성·비영리성을 일탈한 경우이다. 전자는 의료법인 중 '법인'에 관한 사항이고, 후자는 의료법인 중 '의료'에 관한 사항이다.

따라 처벌되므로 처벌공백의 문제도 더 이상 발생하지 않는다(위 판례).

45 참조조문 아동·청소년의 성보호에 관한 법률 제11조(아동·청소년성착취물의 제작·배포 등) ③ 아동·청소년성착취물을 배포·제공하거나 이를 목적으로 광고·소개하거나 공연히 전시 또는 상영한 자는 3년 이상의 유기징역에 처한다.
  ⑤ 아동·청소년성착취물을 구입하거나 아동·청소년성착취물임을 알면서 이를 소지·시청한 자는 1년 이상의 유기징역에 처한다.

46 참조조문 의료법 제33조(개설 등) ② 다음 각 호의 어느 하나에 해당하는 자가 아니면 의료기관을 개설할 수 없다. 이 경우 의사는 종합병원·병원·요양병원·정신병원 또는 의원을, 치과의사는 치과병원 또는 치과의원을, 한의사는 한방병원·요양병원 또는 한의원을, 조산사는 조산원만을 개설할 수 있다.
  1. 의사, 치과의사, 한의사 또는 조산사
  2. 국가나 지방자치단체
  3. 의료업을 목적으로 설립된 법인(이하 "의료법인"이라 한다)
  4. 「민법」이나 특별법에 따라 설립된 비영리법인
  5. 「공공기관의 운영에 관한 법률」에 따른 준정부기관, 「지방의료원의 설립 및 운영에 관한 법률」에 따른 지방의료원, 「한국보훈복지의료공단법」에 따른 한국보훈복지의료공단

판례연구 유추해석금지원칙에 위반되지 않는다는 판례

1. 대법원 1994.12.20, 94모32

실화죄의 '자기의 소유에 속하는 제166조 또는 제167조에 기재한 물건'에 대한 해석

형법 제170조 제2항에서 말하는 '자기의 소유에 속하는 제166조 또는 제167조에 기재한 물건'이라 함은 '자기의 소유에 속하는 제166조에 기재한 물건 또는 자기의 소유에 속하든, 타인의 소유에 속하든 불문하고 제167조에 기재한 물건'을 의미하는 것이라고 해석하여야 하며, 이렇게 해석한다고 하더라도 그것이 법규정의 가능한 의미를 벗어나 법형성·법창조행위에 이른 것이라고는 할 수 없어 죄형법정주의의 원칙상 금지되는 유추해석·확장해석에 해당한다고 볼 수는 없다.[47]

2. 대법원 1998.5.21, 95도2002 전원합의체

외국환관리법상의 추징은 일반 형사법과는 달리 관세법상 추징처럼 징벌적 공동연대추징 법리 적용

외국환관리법상의 몰수와 추징은 범죄사실에 대한 징벌적 제재의 성격을 띠고 있다고 할 것이므로, 여러 사람이 공모하여 범칙행위를 한 경우 몰수대상인 외국환 등을 몰수할 수 없을 때에는 각 범칙자 전원에 대하여 그 취득한 외국환 등의 가액 전부의 추징을 명하여야 하고, 그중 한 사람이 추징금 전액을 납부하였을 때에는 다른 사람은 추징의 집행을 면할 것이나, 그 일부라도 납부되지 아니하였을 때에는 그 범위 내에서 각 범칙자는 추징의 집행을 면할 수 없다.

3. 대법원 2002.2.21, 2001도2819 전원합의체

후보자의 배우자와 선거사무원 사이의 금품 수수도 공직선거법상 기부행위에 해당한다는 사례

후보자의 배우자와 선거사무원 사이의 현금 수수는 후보자의 배우자가 특정의 선거인에게 전달하기 위하여 선거사무원에게 단순히 보관시키거나 돈 심부름을 시킨 것이 아니라 그로 하여금 불특정 다수의 선거인들을 매수하여 지지표를 확보하는 등의 부정한 선거운동에 사용하도록 제공한 것으로서 공직선거법 제112조 제1항 소정의 '기부행위'에 해당한다 할 것이고, 이를 들어 기부행위를 실행하기 위한 준비 내지 예비 행위에 불과하다고 할 수는 없다.

4. 대법원 2003.7.8, 2001도1335

음란부호 링크는 음란부호 전시와 다를 바 없다는 사례

음란한 부호 등으로 링크(link)를 해 놓는 행위와 관련하여, 그 실질에 있어서 음란한 부호 등을 직접 전시하는 것과 다를 바 없다고 평가되고, 이에 따라 불특정·다수인이 이러한 링크를 이용하여 별다른 제한 없이 음란한 부호 등에 바로 접할 수 있는 상태가 실제로 조성되었다면, 그러한 행위는 전체로 보아 음란한 부호 등을 공연히 전시한다는 구성요건을 충족한다고 봄이 상당하며, 이러한 해석은 죄형법정주의에 반하는 것이 아니다.[48] 사시 11 / 경찰채용 13 2차

5. 대법원 2005.11.25, 2005도870

이용자가 자신의 아이디와 비밀번호를 알려주며 사용을 승낙한 경우에도 해킹이 가능하다는 사례

피고인이 업무상 알게 된 직속상관의 아이디와 비밀번호를 이용하여 직속상관이 모르는 사이에 군 내부전산망 등에 접속하여 직속상관의 명의로 군사령관에게 이메일을 보낸 경우, 정보통신망 이용촉진 및 정보보호 등에 관한 법률 제48조 제1항에 규정한 정당한 접근권한 없이 정보통신망에 침입하는 행위에 해당한다.

---

[47] 판례에 대한 평석 이 판례에 대해서는 유추해석금지원칙 위반이라고 하여 비판하는 견해도 있고(예를 들어, 김영환, 전게논문, 15면 등), 법전편찬상의 과오에 대해서 체계적 해석방법에 의한 판시를 내리고 있는 것으로 보아 수긍하는 견해(예를 들어, 신동운, 28면; 신동운, "형벌법규의 흠결과 해석에 의한 보정의 한계", 판례월보, 1995.3, 21면 이하)도 있다.

[48] 판례에 대한 평석 초기화면에서의 링크행위를 정보통신망법 제65조 제1항 제2호의 음란부호공연전시행위로 볼 수 없다는 반대견해도 없지 않지만, 판례는 링크를 포함한 일련의 행위 및 범의가 다른 웹사이트 등을 단순히 소개·연결할 뿐이거나 또는 다른 웹사이트 운영자의 실행행위를 방조하는 정도를 넘어, 이미 음란한 부호 등이 불특정·다수인에 의하여 인식될 수 있는 상태에 놓여 있는 다른 웹사이트를 링크의 수법으로 사실상 지배·이용하였다는 점에 주목하고 있다. 생각건대, 이러한 판례의 **객관적·목적론적 해석**은 링크기술의 활용과 효과를 극대화하는 초고속정보통신망 제도를 전제로 하여 신설된 정보통신망법 제65조 제1항 제2호(구 전기통신기본법 제48조의2) 규정의 입법 취지에 부합하는 것으로서, 문언의 가능한 의미를 벗어나지 않은 것으로 평가된다.

6. 대법원 2006.2.24, 2005도9114

노래연습장에서 손님이 직접 부른 '티켓걸'을 용인한 행위가 유흥주점영업에 해당한다는 사례

특정다방에 대기하는 이른바 '티켓걸'이 노래연습장에 티켓영업을 나가 시간당 정해진 보수를 받고 그 손님과 함께 춤을 추고 노래를 불러 유흥을 돋우게 한 경우, 손님이 직접 전화로 '티켓걸'을 부르고 그 티켓비를 손님이 직접 지급하였더라도 업소주인이 이러한 사정을 알고서 이를 용인하였다면 관련 식품위생법령의 입법 취지에 비추어 유흥종사자를 둔 경우에 해당한다.

7. 대법원 2007.3.15, 2006도9453

미성년자의제강간 · 의제강제추행죄에도 미수범 처벌규정이 적용된다는 사례

형법 제305조가 "13세 미만의 부녀를 간음하거나 13세 미만의 사람에게 추행을 한 자는 제297조, 제298조, 제301조 또는 제301조의2의 예에 의한다."로 되어 있는데, 제297조와 제298조의 '예에 의한다'는 의미는 미성년자 의제강간 · 강제추행죄의 처벌에 있어 그 법정형뿐만 아니라 미수범에 관하여도 강간죄와 강제추행죄의 예에 따른다는 취지로 해석된다. 사시 11

8. 대법원 2007.6.14, 2007도2162

정보통신망법상 비밀침해죄의 비밀의 주체에 사망한 자도 포함된다는 사례

정보통신망에 의하여 처리 · 보관 또는 전송되는 타인의 정보를 훼손하거나 타인의 비밀을 침해 · 도용 또는 누설하는 행위를 금지 · 처벌하는 규정인 정보통신망 이용촉진 및 정보보호 등에 관한 법률 제49조 및 제62조 제6호 소정의 '타인'에는 생존하는 개인뿐만 아니라 이미 사망한 자도 포함된다고 해석하는 것은 유추해석금지원칙에 위배되지 않는다. 경찰승진 10 / 사시 11 / 경찰간부 14 / 경찰채용 15 3차

9. 대법원 2008.2.1, 2007도8286

음란웹사이트 바로가기 아이콘 설치행위는 정보통신망이용 음란영상공연전시죄에 해당한다는 사례

피고인(PC방 운영자)이 자신의 PC방 컴퓨터의 바탕화면 중앙에 음란한 영상을 전문적으로 제공하는 웹사이트로 연결되는 바로가기 아이콘을 설치하고 접속에 필요한 성인인증까지 미리 받아둠으로써 불특정 · 다수인이 아무런 제한 없이 음란한 영상을 접할 수 있는 상태를 조성한 경우, 이는 그 실질에 있어 위 웹사이트의 음란한 영상을 피고인이 직접 전시한 것과 다를 바 없다.

10. 대법원 2008.4.17, 2003도758

북한 방문증명서를 발급받아 북한을 방문한 기간 동안 반국가단체 구성원과 회합한 사례

통일부장관의 북한 방문증명서를 발급받아 북한을 방문하였다고 하더라도 그 기회에 이루어진 반국가단체 구성원 등과의 회합행위 등이 남북교류와 협력을 목적으로 하는 행위로서 정당하다고 인정되는 범위 내에 있다고 볼 수 없고, 오히려 대한민국의 존립 · 안전이나 자유민주적 기본질서에 실질적 해악을 끼칠 명백한 위험성이 인정되는 경우에는 그로 인한 죄책을 면할 수 없다.

11. 대법원 2008.4.24, 2006도8644

이메일 출력물이 정보통신망상 비밀의 내용에 해당한다는 사례

자신의 뇌물수수 혐의에 대한 결백을 주장하기 위하여 제3자로부터 사건 관련자들이 주고받은 이메일 출력물을 교부받아 징계위원회에 제출한 경우, 이메일 출력물 그 자체는 정보통신망 이용촉진 및 정보보호 등에 관한 법률에서 말하는 '정보통신망에 의하여 처리 · 보관 또는 전송되는' 타인의 비밀에 해당하지 않지만, 이를 징계위원회에 제출하는 행위는 '정보통신망에 의하여 처리 · 보관 또는 전송되는 타인의 비밀'인 이메일의 내용을 '누설하는 행위'에 해당한다. 경찰간부 11 / 경찰채용 12 3차 / 경찰채용 14 1차 / 경찰채용 15 2차 / 경찰간부 15

12. 대법원 2008.8.21, 2008도3975

동영상 파일 재생 기계장치에 저장된 음란 동영상이 풍속법상 비디오물에 해당한다는 사례

풍속영업소인 모텔에서 그 내부 하드디스크에 저장된 수많은 디빅(DivX : Digital Internet Video Express) 형식의 동영상 파일을 TV수상기를 통하여 재생시켜 볼 수 있는 기계장치인 디빅 플레이어(DivX Player)를 설치하여 투숙객으로 하여금 디빅 플레이어에 저장된 음란 동영상을 관람하게 한 행위는 풍속법 제3조 제2호가 정하는 음란한 비디오물을 관람하게 한 행위에 해당한다.

13. 대법원 2008.9.25, 2008도7007

치마 밑으로 드러난 허벅다리 부분도 성적 욕망 또는 수치심을 유발할 수 있는 신체라는 사례

야간에 버스 안에서 휴대폰 카메라로 옆 좌석에 앉은 여성(18세)의 치마 밑으로 드러난 허벅다리 부분을 촬영한 경우, 그 촬영 부위는 성폭법상의 '성적 욕망 또는 수치심을 유발할 수 있는 타인의 신체'에 해당하므로 성폭법 위반죄(소위 몰래카메라이용촬영죄)의 성립이 인정된다.

14. 대법원 2010.1.28, 2009도9484
범죄단체 활동죄의 해당 여부
① '범죄단체의 간부급 조직원들이 조직생활의 자부심을 심어 주고, 조직 결속력 강화 및 조직 이탈을 방지하기 위하여 개최한 회식에 참석한 행위' 및 '다른 폭력조직의 조직원의 장례식, 결혼식 등 각종 행사에 참석하여 하부 조직원들이 행사장에 도열하여 상부 조직원들이 도착할 때와 나갈 때 90°로 인사하는 이른바 병풍 역할을 하여 조직의 위세를 과시한 행위'는 폭력행위 등 처벌에 관한 법률 제4조 제1항의 '활동'에 해당하지 않지만, ② '다른 폭력조직과의 싸움에 대비하고 조직의 위세를 과시하기 위하여 비상연락체계에 따라 다른 조직원들과 함께 집결하여 대기한 일련의 행위'는 '활동'에 해당한다.

15. 대법원 2010.2.25, 2008도4844; 2010.3.25, 2008도4228
게임제공업자가 경품을 제공한 다음 바로 현금으로 환전해 준 행위와 음비법상 현금 경품제공죄
게임제공업자가 처음부터 게임장 영업을 하는 방법으로 게임장 이용자들이 게임물을 통하여 취득한 경품을 현금으로 교환해 주기로 약속하고 경품을 제공한 다음 바로 환전하여 준 경우에는 결국 환전을 통해 게임장 이용자들에게 지급된 현금을 게임제공업자가 제공한 경품으로 봄이 상당하다 할 것인 바, 이는 음비법 및 경품취급기준에서 처벌되는 현금 경품제공에 해당된다.

16. 대법원 2010.4.8, 2009도13542
신용정보법의 적용대상에 신용정보업자 이외의 자도 포함된다는 사례
신용정보업자 등이 아닌 자의 경우에도 개인신용정보를 신용정보보호법 제24조 제1항 소정의 목적 외로 사용한다면 해당 정보가 오용, 남용되어 사생활의 비밀 등이 침해될 우려가 높다는 점 등을 종합하면, 같은 법의 적용대상에는 '신용정보업자등 이외의 자'도 포함된다고 보는 것이 체계적이고도 논리적인 해석이라 할 것이고, 그와 같은 해석이 죄형법정주의에 위배된다고 볼 수는 없다.

17. 대법원 2010.5.13, 2009도13332
꽃불류의 설치행위도 꽃불류의 사용에 포함된다는 사례
총포·도검·화약류 등 단속법 시행령 제23조 제2항에서의 '사용'에는 쏘아 올리는 꽃불류의 '설치행위'도 포함되는 것으로 해석되고, 이러한 해석이 형벌법규의 명확성의 원칙에 반하는 것이거나 죄형법정주의에 의하여 금지되는 확장해석이나 유추해석에 해당하는 것으로 볼 수는 없다. 경찰채용 12 2차

18. 대법원 2010.7.15, 2009도4545
외국의 음란한 위성방송프로그램이 풍속법상 음란한 물건에 해당한다는 사례
풍속영업소인 숙박업소에서 음란한 외국의 위성방송프로그램을 수신하여 투숙객 등으로 하여금 시청하게 하는 행위는, 구 풍속영업의 규제에 관한 법률 제3조 제2호에 규정된 '음란한 물건'을 관람하게 하는 행위에 해당한다.

19. 대법원 2010.7.29, 2009도10487
기립불능의 젖소와 축산물가공처리법상 '병원성 미생물에 의하여 오염의 우려가 있다'는 것의 의미
기립불능의 젖소 41마리를 다른 소에 대한 브루셀라병검사증명서를 제출하여 도축하게 한 후 그 식육을 경매의 방법으로 판매하도록 한 경우, 위 행위는 구 축산물가공처리법상 금지되는 병원성 미생물에 의하여 오염되었을 우려가 있는 축산물을 '판매할 목적으로 처리'한 경우에 해당한다.

20. 대법원 2010.11.11, 2010도8265
범죄경력자료 불법취득죄의 성립범위 사례
형실효법 제6조 제3항은 누구든지 위 법에서 정하는 경우 외의 용도에 사용할 목적으로 범죄경력자료 등을 취득하여서는 아니 된다고 규정하고 있는 바, 위 법 제6조 제3항에서 말하는 '범죄경력자료 등의 취득'은 수사자료표를 관리하는 사람이나 직무상 수사자료표에 의한 범죄경력조회를 하는 사람으로부터 직접 취득하는 경우에 한정된다고 볼 수는 없다.

21. 대법원 2010.12.23, 2010도9110; 2005.2.18, 2004도6795; 2005.9.15, 2005도2246; 2006.6.27, 2006도2370; 헌법재판소 2002.4.25, 2001헌바26

공직선거법상 '선거운동과 관련하여'의 의미

공직선거법 제135조 제3항 위반죄는 선거운동과 관련하여 금품 기타 이익의 제공 또는 그 제공의 의사를 표시하거나 그 제공을 약속하는 행위를 처벌대상으로 하는 것으로서, 여기서 '선거운동과 관련하여'는 '선거운동에 즈음하여, 선거운동에 관한 사항을 동기로 하여'라는 의미로서 '선거운동을 위하여'보다 광범위하고, ⋯ 반드시 금품제공이 선거운동의 대가일 필요는 없다.

22. 대법원 2011.4.14, 2008도6693

화물자동차 운수사업법상 '자가용화물자동차를 유상으로 화물운송용에 제공하거나 임대하는 행위'의 의미

구 화물자동차 운수사업법 제48조 제4호는 '법에 위반하여 자가용화물자동차를 유상으로 화물운송용에 제공하거나 임대한 자'를 처벌하도록 규정하고 있는데, 이는 자가용화물자동차를 '유상으로 화물운송용에 제공하는 행위'와 '임대하는 행위'를 의미한다고 보아야 한다(甲 등은 乙에게 자가용화물자동차를 유상으로 임대하였다고 하여 위 법 위반으로 기소되었는 바, 乙이 위 화물자동차를 가지고 화물운송용에 사용한 것은 아니었고, 甲 등도 화물운송용으로 임대한 것은 아니었다 하더라도 甲 등의 행위는 위 법 위반죄에 해당한다는 사례). 경찰채용 12 1차

23. 대법원 2011.11.10, 2011도3934

이미 성매매의사를 가지고 있는 청소년에게 성을 팔도록 권유하는 행위

아청법 제10조 제2항은 '아동·청소년의 성을 사기 위하여 아동·청소년을 유인하거나 성을 팔도록 권유한 자'를 처벌하도록 규정하고 있는데, 위 법률조항의 문언 및 체계, 입법 취지 등에 비추어, 아동·청소년이 이미 성매매 의사를 가지고 있었던 경우에도 그러한 아동·청소년에게 성을 팔도록 권유하는 행위도 '성을 팔도록 권유하는 행위'에 포함된다고 보아야 한다.

24. 대법원 2012.2.23, 2010도8981

도시정비법상 의사록관련자료에 관한 유추해석금지원칙 관련 사례

도시 및 주거환경정비법 제81조 제1항 제3호에서 정한 열람·등사요청에 응해야 하는 의사록 관련 자료에 참석자명부와 서면결의서가 포함된다고 보는 것은 체계적이고 논리적인 해석이라 할 것이고, 그와 같은 해석이 죄형법정주의에 위배된다고 볼 수는 없다.

25. 대법원 2012.5.24, 2010도11381

집시법상 집회의 의미와 2인이 모인 집회

집회 및 시위에 관한 법률에 의하여 보장 및 규제의 대상이 되는 집회란 '특정 또는 불특정 다수인이 공동의 의견을 형성하여 이를 대외적으로 표명할 목적 아래 일시적으로 일정한 장소에 모이는 것'을 말하고, 모이는 장소나 사람의 다과에 제한이 있을 수 없으므로, 2인이 모인 집회도 위 법의 규제 대상이 된다고 보아야 한다.

26. 대법원 2012.8.17, 2012도5862

위치추적 전자장치의 구성부분에 대한 분실신고를 하지 않은 행위와 그 효용을 해하는 행위의 해석

특정 범죄자에 대한 위치추적 전자장치 부착 등에 관한 법률 제38조에서 정한 '그 효용을 해하는 행위'에는 위치추적 전자장치 자체의 기능을 직접적으로 해하는 행위뿐만 아니라 부작위라도 고의적으로 그 효용이 정상적으로 발휘될 수 없도록 한 경우도 포함된다(위치추적 전자장치의 구성부분을 피부착자가 분실하고 분실신고를 하지 않고 일정기간 돌아다니는 행위도 처벌됨). 경찰채용 22 2차

27. 대법원 2012.12.13, 2012도11505

게임산업법상 게임머니환전의 의미와 게임결과물을 교부하고 돈을 수령하는 행위

게임산업법 제32조 제1항 제7호의 '환전'에는 '게임결과물을 수령하고 돈을 교부하는 행위'뿐만 아니라 게임결과물을 교부하고 돈을 수령하는 행위도 포함되는 것으로 해석함이 상당하고, 이를 지나친 확장해석이나 유추해석이라고 할 수 없다.

28. 대법원 2013.3.28, 2011도2393

플래시 몹이 그 목적·내용에 따라서 집시법상 사전신고대상인 집회에 해당될 수도 있다는 사례

플래시 몹이 행위예술의 한 형태인 퍼포먼스 형식으로 진행되었다 하더라도, 정부의 청년실업 문제 정책을 규탄

하는 등 그 주장하고자 하는 정치·사회적 구호를 대외적으로 널리 알리려는 의도 하에 개최된 경우, 집시법의 신고대상에서 제외되는 오락·예술 등에 관한 집회라고 볼 수 없다.

29. 대법원 2013.8.23, 2013도4004

은행통장 양도·양수 사건

전자금융거래법상 처벌대상인 '접근매체의 양수'는 양도인의 의사에 기하여 접근매체의 소유권 내지 처분권을 확정적으로 이전받는 것을 의미하고, 단지 대여받거나 일시적인 사용을 위한 위임을 받는 행위는 이에 포함되지 않는다고 봄이 상당한데, 같은 법 제6조 제3항 제1호는 접근매체의 양도, 양수행위의 주체에 제한을 두지 않고 있으므로 반드시 접근매체의 명의자가 양도하거나 명의자로부터 양수한 경우에만 처벌대상이 된다고 볼 수 없다.[49]

30. 대법원 2013.12.12, 2013도4555

군형법상 상관모욕죄의 객체인 '상관'에 대통령이 포함된다는 사례

군형법상 상관모욕죄는 상관에 대한 사회적 평가, 즉 외부적 명예 외에 군 조직의 질서 및 통수체계 유지 역시 보호법익으로 하는 점, 상관모욕죄의 입법 취지, 군형법·헌법·국군조직법 등의 체계적 구조 등을 종합하면, 상관모욕죄의 '상관'에 대통령이 포함된다고 보아야 한다.

31. 대법원 2015.6.25, 2014도17252 전원합의체

소송촉진법상 1심판결에 대한 재심규정을 항소심판결에 적용할 수 있다는 사례

소촉법 제23조(사형, 무기 또는 장기 10년이 넘는 징역·금고에 해당하지 아니하는 사건에 대하여는 피고인에 대한 송달불능보고서가 접수된 때부터 6개월이 지나도록 피고인의 소재를 확인할 수 없는 경우에는 대법원규칙으로 정하는 바에 따라 피고인의 진술 없이 재판할 수 있음)에 따라 유죄판결을 받고 그 판결이 확정된 피고인이 책임을 질 수 없는 사유로 공판절차에 출석할 수 없었던 경우에는, 피고인 등이 소촉법 제23조의2 제1항에 의하여 그 판결이 있었던 사실을 안 날부터 14일 이내에 제1심 법원에 재심을 청구할 수 있는데, 소촉법 제23조에 따라 진행된 제1심의 불출석 재판에 대하여 검사만 항소하고 항소심도 불출석 재판으로 진행한 후에 제1심 판결을 파기하고 새로 또는 다시 유죄판결을 선고하여 유죄판결이 확정된 경우, 위 제23조의2 제1항을 유추 적용하여 항소심 법원에 재심을 청구할 수 있다. … 이때 피고인이 상고권회복에 의한 상고를 제기하여 위 사유를 상고이유로 주장하는 경우, 형소법 제383조 제3호에서 상고이유로 정한 원심판결에 '재심청구의 사유가 있는 때'에 해당한다.

> **보충** 위 사유로 파기되는 사건을 환송받아 다시 항소심 절차를 진행하는 원심으로서는 피고인의 귀책사유 없이 특례 규정에 의하여 제1심이 진행되었다는 파기환송 판결 취지에 따라, 제1심판결에 형사소송법 제361조의5 제13호의 항소이유에 해당하는 재심 규정에 의한 재심청구의 사유가 있어 직권 파기 사유에 해당한다고 보고, **다시 공소장 부본 등을 송달하는 등 새로 소송절차를 진행한 다음 새로운 심리 결과에 따라 다시 판결을** 하여야 한다.

32. 대법원 2015.12.23, 2015도13488

아동의 정신건강 및 발달에 해를 끼치는 정서적 학대행위의 의미

구 아동복지법 제17조 제5호 "아동의 정신건강 및 발달에 해를 끼치는 정서적 학대행위"는 유형력 행사를 동반하지 아니한 정서적 학대행위나 유형력을 행사하였으나 신체의 손상에까지 이르지는 않고 정서적 학대에 해당하는 행위를 가리킨다고 보아야 한다. 여기에서 "아동의 정신건강 및 발달에 해를 끼치는 정서적 학대행위"라 함은 현실적으로 아동의 정신건강과 그 정상적인 발달을 저해한 경우뿐만 아니라 그러한 결과를 초래할 위험 또는 가능성이 발생한 경우도 포함되며, 반드시 아동에 대한 정서적 학대의 목적이나 의도가 있어야만 인정되는 것은 아니고 자기의 행위로 인하여 아동의 정신건강 및 발달을 저해하는 결과가 발생할 위험 또는 가능성이 있음을 미필적으로 인식하면 충분하다고 할 것이다.

33. 대법원 2016.2.18, 2015도1185

성매매처벌법 제2조 제1항 제1호의 '불특정인을 상대로'의 의미

성매매알선 등 행위의 처벌에 관한 법률 제2조 제1항 제1호는 '성매매'를 불특정인을 상대로 금품이나 그 밖의

---

49 보충 이 판례는 대포통장 명의자로부터 통장을 넘겨받은 모집책뿐만 아니라 중간거래상들에게도 전자금융거래법 위반죄를 적용할 수 있다는 사례이다. 즉 주로 보이스피싱(전화금융사기)에 사용되는 다른 사람 명의의 예금통장이나 현금카드를 제3자(보이스피싱조직)에게 넘겨주는 행위도 전자금융거래법 위반죄로 처벌할 수 있다는 것이다.

재산상의 이익을 수수하거나 수수하기로 약속하고 성교행위나 유사 성교행위를 하거나 그 상대방이 되는 것을 말한다고 규정하고 있는데, 여기서 '불특정인을 상대로'라는 것은 행위 당시에 상대방이 특정되지 않았다는 의미가 아니라, 그 행위의 대가인 금품 기타 재산상의 이익에 주목적을 두고 상대방의 특정성을 중시하지 않는다는 의미라고 보아야 한다.

34. 대법원 2016.5.12, 2015도6781

아동복지법상 "아동의 신체에 손상을 주는 학대행위"의 의미

구 아동복지법 제17조 제3호는 "아동의 신체에 손상을 주는 학대행위"를 금지행위의 하나로 규정하고 있는데, 여기에서 '신체에 손상을 준다'란 아동의 신체에 대한 유형력의 행사로 신체의 완전성을 훼손하거나 생리적 기능에 장애를 초래하는 '상해'의 정도에까지는 이르지 않더라도 그에 준하는 정도로 신체에 부정적인 변화를 가져오는 것을 의미한다.

35. 대법원 2016.5.24, 2015도10254

총검단속법상 '사용'의 의미

구 총검단속법 제17조 제2항에서 정한 총포 등의 '사용'이란 총포 등의 본래의 목적이나 기능에 따른 사용으로서 공공의 안전에 위험과 재해를 일으킬 수 있는 행위를 말하므로, 총포 등의 사용이 본래의 목적이나 기능과는 전혀 상관이 없거나 그 행위로 인하여 인명이나 신체에 위해가 발생할 위험이 없다면 이를 위 규정에서 정한 '사용'이라고 할 수는 없으나, 반드시 탄알·가스 등의 격발에 의한 발사에까지 이르지 아니하였더라도 그와 밀접한 관련이 있는 행위로서 그로 인하여 인명이나 신체에 대하여 위해가 발생할 위험이 초래된다면 이는 총포 등의 본래의 목적이나 기능에 따른 사용으로서 위 규정에서 정한 '사용'에 해당한다.

36. 대법원 2016.6.23, 2014도8514

마약류관리법상 '업무 외의 목적을 위하여'의 의미

구 마약류 관리에 관한 법률 제5조 제1항 및 제61조 제1항 제7호에서 '업무 외의 목적을 위하여'라는 전제 아래 그에 정한 행위를 금지하고 처벌하는 것은 고의 외에 위법요소로서 '업무 외의 목적'을 범죄성립요건으로 규정한 것으로서, … 마약류취급자인 의사가 의학적인 판단에 따라 질병에 대한 치료 기타 의료 목적으로 그에 필요한 범위 내에서 마약 또는 향정신성의약품을 투약하는 것은 허용되지만, 질병에 대한 치료 기타 의료 목적을 위하여 통상적으로 필요한 범위를 넘어서서 의료행위 등을 빙자하여 마약 등을 투약하는 행위는 '업무 외의 목적'을 위하여 마약 등을 투약하는 경우에 해당한다.

37. 대법원 2016.7.22, 2016도5399

여신전문금융업법에서 금지하는 신용카드 매출채권 양수행위 사례

구 여신전문금융업법 제20조 제1항은 "신용카드에 의한 거래에 의하여 발생한 매출채권은 이를 신용카드업자 외의 자에게 양도하여서는 아니 되며, 신용카드업자 외의 자는 이를 양수하여서는 아니 된다."라고 규정하고 있고, 구 여신전문금융업법 제20조 제1항은 "신용카드가맹점은 신용카드에 따른 거래로 생긴 채권(신용카드업자에게 가지는 매출채권을 포함한다)을 신용카드업자 외의 자에게 양도하여서는 아니 되고, 신용카드업자 외의 자는 이를 양수하여서는 아니 된다."라고 규정하고 있다. … 위 각 규정의 후단은 신용카드업자 외의 자가 '신용카드에 의한 거래로 생긴 채권'을 양수하는 행위를 금지하는 것이고, 양수행위의 상대방이 신용카드가맹점으로 제한된다고 해석할 것은 아니다.

38. 대법원 2016.12.15, 2016도8070

실외에 설치된 것도 유흥주점에 포함된다는 사례

식품위생법령상 유흥시설을 설치한 유흥주점은 주로 주류를 조리·판매하는 곳으로 춤을 출 수 있도록 무도장을 설치한 장소를 가리킨다. 설치장소가 실내로 제한되는 것은 아니고 실외에 설치된 것도 유흥주점에 포함된다.

39. 대법원 2018.9.13, 2017도16732

전기 쇠꼬챙이로 개를 감전시켜 도살한 사건

구 동물보호법(2017. 3. 21. 법률 제14651호로 개정되기 전의 것, 이하 '구 동물보호법'이라고 한다) 제8조 제1항은 "누구든지 동물에 대하여 다음 각호의 행위를 하여서는 아니 된다."라고 규정하면서 그 제1호에서 "목을 매다는 등의 잔인한 방법으로 죽이는 행위"를 들고 있고, 구 동물보호법 제46조 제1항은 같은 법 제8조 제1항 제1호를 위반한 사람을 처벌하도록 규정하고 있다. …… 형사처벌의 구성요건인 구 동물보호법 제8조 제1항 제1호에

서 금지하는 잔인한 방법인지 여부는 특정인이나 집단의 주관적 입장에서가 아니라 사회 평균인의 입장에서 그 시대의 사회통념에 따라 객관적이고 규범적으로 판단하여야 한다.

> **보충** 개 농장을 운영하는 甲은 농장 도축시설에서 개를 묶은 상태에서 전기가 흐르는 쇠꼬챙이를 개의 주둥이에 대어 감전시키는 방법으로 개를 도살하였다. 이는 위 구 동물보호법에 규정된 잔인한 방법으로 죽이는 행위에 해당할 수 있다.

40. 대법원 2018.5.11, 2018도2844

의료법상 사망한 자의 비밀도 보호되는지 여부에 관한 사건

구 의료법 제19조는 "의료인은 이 법이나 다른 법령에 특별히 규정된 경우 외에는 의료·조산 또는 간호를 하면서 알게 된 다른 사람의 비밀을 누설하거나 발표하지 못한다."라고 정하고, 제88조는 "제19조를 위반한 자"를 3년 이하의 징역이나 1천만 원 이하의 벌금에 처하도록 정하고 있다. 이렇게 의료인의 비밀누설 금지의무를 규정한 구 의료법 제19조에서 정한 '다른 사람'에는 생존하는 개인 이외에 이미 사망한 사람도 포함된다.

41. 대법원 2018.11.15, 2018도11378; 2018.12.27, 2018도6870

음주운전 3진 아웃의 위반 횟수

도로교통법 제44조 제1항은 술에 취한 상태에서 자동차 등의 운전을 금지하고, 동법 제148조의2 제1항 제1호는 '제44조 제1항을 2회 이상 위반한 사람'으로서 다시 같은 조 제1항을 위반하여 술에 취한 상태에서 자동차 등을 운전한 사람을 1년 이상 3년 이하의 징역이나 500만 원 이상 1천만 원 이하의 벌금에 처한다고 정하고 있다. …… 위 조항 중 '제44조 제1항을 2회 이상 위반한 사람'은 문언 그대로 2회 이상 음주운전 금지규정을 위반하여 음주운전을 하였던 사실이 인정되는 사람으로 해석해야 하고, 그에 대한 형의 선고나 유죄의 확정판결 등이 있어야만 하는 것은 아니다. 동법 제148조의2 제1항 제1호를 적용할 때 위와 같은 음주운전 금지규정 위반자의 위반 전력 유무와 그 횟수는 법원이 관련 증거를 토대로 자유심증에 따라 심리·판단해야 한다. 다만 이는 공소가 제기된 범죄의 구성요건을 이루는 사실이므로, 그 증명책임은 검사에게 있다.

42. 대법원 2018.11.15, 2018도14610

정보통신망법상 '공포심이나 불안감을 유발하는 문언을 반복적으로 상대방에게 도달하게 하는 행위'의 의미

정보통신망 이용촉진 및 정보보호 등에 관한 법률 제74조 제1항 제3호, 제44조의7 제1항 제3호는 정보통신망을 통하여 공포심이나 불안감을 유발하는 부호·문언·음향·화상 또는 영상을 반복적으로 상대방에게 도달하게 하는 행위를 처벌하고 있다. …… '도달하게 한다'는 것은 '상대방이 공포심이나 불안감을 유발하는 문언 등을 직접 접하는 경우뿐만 아니라 상대방이 객관적으로 이를 인식할 수 있는 상태에 두는 것'을 의미한다. 따라서 피고인이 상대방의 휴대전화로 공포심이나 불안감을 유발하는 문자메시지를 전송함으로써 상대방이 별다른 제한 없이 문자메시지를 바로 접할 수 있는 상태에 이르렀다면, 그러한 행위는 공포심이나 불안감을 유발하는 문언을 상대방에게 도달하게 한다는 구성요건을 충족한다고 보아야 하고, 상대방이 실제로 문자메시지를 확인하였는지 여부와는 상관없다.

43. 대법원 2018.12.27, 2017도15226

직장 동료의 사내 메신저 대화를 열람·복사한 사건

정보통신망법 제49조는 "누구든지 정보통신망에 의하여 처리·보관 또는 전송되는 타인의 정보를 훼손하거나 타인의 비밀을 침해·도용 또는 누설하여서는 아니 된다."라고 정하고, 제71조 제1항 제11호는 이를 위반한 자는 5년 이하의 징역 또는 5천만 원 이하의 벌금에 처한다.'고 정하고 있다. …… 정보통신망법 제49조 위반행위의 객체인 '정보통신망에 의해 처리·보관 또는 전송되는 타인의 비밀'에는 …… 정보통신망으로 처리·전송이 완료된 다음 사용자의 개인용 컴퓨터(PC)에 저장·보관되어 있더라도, 그 처리·전송과 저장·보관이 서로 밀접하게 연계됨으로써 정보통신망과 관련된 컴퓨터 프로그램을 활용해서만 열람·검색이 가능한 경우 등 정보통신체제 내에서 저장·보관 중인 것으로 볼 수 있는 비밀도 여기서 말하는 '타인의 비밀'에 포함된다고 보아야 한다. 또한 …… 정보통신망법 제49조의 '타인의 비밀 침해 또는 누설'에서 요구되는 '정보통신망에 침입하는 등 부정한 수단 또는 방법'은 부정하게 취득한 타인의 식별부호(아이디와 비밀번호)를 직접 입력하거나 보호조치에 따른 제한을 면할 수 있게 하는 부정한 명령을 입력하는 등의 행위에 한정되지 않는다. 이러한 행위가 없더라도 사용자가 식별부호를 입력하여 정보통신망에 접속된 상태에 있는 것을 기화로 정당한 접근권한 없는 사람이 사용자 몰래 정보통신망의 장치나 기능을 이용하는 등의 방법으로 타인의 비밀을 취득·누설하는 행위도 포함된다.

44. 대법원 2019.7.25, 2019도5283

토렌트 사이트 사건

음란물 영상을 공유하기 위해 생성된 정보이자 토렌트를 통해 그 음란물 영상을 전송받는 데에 필요한 정보인 해당 음란물 영상의 토렌트 파일은, 정보통신망법 제44조의7 제1항 제1호에서 정보통신망을 통한 유통을 금지한 '음란한 영상을 배포하거나 공공연하게 전시하는 내용의 정보'에 해당한다. 따라서 음란물 영상의 토렌트 파일을 웹사이트 등에 게시하여 불특정 또는 다수인에게 무상으로 다운로드 받게 하는 행위 또는 그 토렌트 파일을 이용하여 별다른 제한 없이 해당 음란물 영상에 바로 접할 수 있는 상태를 실제로 조성한 행위는 정보통신망법 제74조 제1항 제2호에서 처벌 대상으로 삼고 있는 '같은 법 제44조의7 제1항 제1호를 위반하여 음란한 영상을 배포하거나 공공연하게 전시'한다는 구성요건을 충족한다.

45. 대법원 2019.11.14, 2019도9269

납세의무자를 대리하여 세무신고를 하는 자의 의미

조세범 처벌법 제9조 제1항(이하 '처벌조항')은 '납세의무자를 대리하여 세무신고를 하는 자'가 조세의 부과 또는 징수를 면하게 하기 위하여 타인의 조세에 관하여 거짓으로 신고를 하였을 때 2년 이하의 징역 또는 2천만 원 이하의 벌금에 처한다고 정하고 있다. 처벌조항은 행위주체를 단순히 '납세의무자를 대리하여 세무신고를 하는 자'로 정하고 있을 뿐, 세무사법 등의 법령에 따라 세무대리를 할 수 있는 자격과 요건을 갖춘 자 등으로 한정하고 있지 않다. 또한 처벌조항은 납세의무자를 대리하여 거짓으로 세무신고를 하는 경우 그 자체로 조세포탈의 결과가 발생할 위험이 매우 크다는 점 등을 고려하여 조세포탈행위와 별도로 그 수단이자 전 단계인 거짓신고 행위를 처벌하는 것으로 볼 수 있다. 위와 같은 처벌조항의 문언 내용과 입법 취지 등을 종합하여 보면, 처벌조항 중 '납세의무자를 대리하여 세무신고를 하는 자'에는 세무사 자격이 없더라도 납세의무자의 위임을 받아 대여받은 세무사 명의로 납세의무자를 대리하여 세무신고를 하는 자도 포함된다.

46. 대법원 2020.11.5, 2015도13830

의료인이 전화 등을 통해 원격지에 있는 환자에게 행하는 의료행위 사건

의료법 제33조 제1항은 "의료인은 이 법에 따른 의료기관을 개설하지 아니하고는 의료업을 할 수 없으며, 다음 각 호의 어느 하나에 해당하는 경우 외에는 그 의료기관 내에서 의료업을 하여야 한다."라고 규정하고 있다. 아울러 의료법 제34조 제1항은 "의료인은 제33조 제1항에도 불구하고 컴퓨터·화상통신 등 정보통신기술을 활용하여 먼 곳에 있는 의료인에게 의료지식이나 기술을 지원하는 원격의료를 할 수 있다."라고 규정하여 의료인이 원격지에서 행하는 의료행위를 의료법 제33조 제1항의 예외로 보는 한편, 이를 의료인 대 의료인의 행위로 제한적으로만 허용하고 있다. 이와 같은 사정 등을 종합하면 의료인이 전화 등을 통해 원격지에 있는 환자에게 행하는 의료행위는 특별한 사정이 없는 한 의료법 제33조 제1항에 위반되는 행위로 봄이 타당하다.

> **보충 1** 위 판례는 피고인이 환자의 요청이 있다 하여 전화로 환자를 진료한 것은 의료법 제33조 제1항을 위반한 행위라고 본 사안이다. 이에 비하여, **의사가 환자와 대면하지 아니하고 전화나 화상 등을 이용하여 환자의 용태를 스스로 듣고 판단하여 처방전 등을 발급한 행위는 의료법에서 정한 '직접 진찰한 의사'(구 의료법 제17조 제1항, 현 의료법 제17조의2 제1항) 아닌 자가 처방전 등을 발급한 경우에 해당하지 않는다**는 판례가 있다(대법원 2013.4.11, 2010도1388). 이는 위 조항이 스스로 진찰을 하지 않고 처방전을 발급하는 행위를 금지하는 규정일 뿐 대면진찰을 하지 않았거나 충분한 진찰을 하지 않은 상태에서 처방전을 발급하는 행위 일반을 금지하는 조항이 아니라는 점에서, 유추해석금지의 원칙상 **전화 진찰을 하였다는 사정만으로 '자신이 진찰'하거나 '직접 진찰'을 한 것이 아니라고 볼 수는 없다**는 취지의 판례이다.

> **보충 2** 진찰의 개념 및 진찰이 치료에 선행하는 행위인 점, 진단서와 처방전 등의 객관성과 정확성을 담보하고자 하는 이 사건 조항의 목적 등을 고려하면, 현대 의학 측면에서 보아 신뢰할만한 환자의 상태를 토대로 특정 진단이나 처방 등을 내릴 수 있을 정도의 행위가 있어야 '진찰'이 이루어졌다고 볼 수 있고, 그러한 행위가 **전화 통화만으로 이루어지는 경우에는 최소한 그 이전에 의사가 환자를 대면하고 진찰하여 환자의 특성이나 상태 등에 대해 이미 알고 있다는 사정 등이 전제되어야 한다**(대법원 2020.5.14, 2014도9607).

47. 대법원 2021.2.4, 2020도13899

의사가 존재하지 않는 허무인(虛無人)에 대한 처방전을 작성하여 제3자에게 교부한 사건

구 의료법 제17조 제1항은 '의료업에 종사하고 직접 진찰하거나 검안한 의사, 치과의사, 한의사(이하 '의사 등')가 아니면 진단서·검안서·증명서 또는 처방전(전자처방전을 포함한다)을 작성하여 환자(환자가 사망한 경우에는 배우자, 직계존비속 또는 배우자의 직계존속을 말한다) 또는 형사소송법 제222조 제1항에 따라 검시를 하는 지방검찰청 검사(검안서에 한한다)에게 교부하거나 발송(전자처방전에 한한다)하지 못한다'고 규정하고, 같은 법 제89조는 제17조 제1항을 위반한 자를 처벌하고 있다. …… 따라서 의사 등이 구 의료법 제17조 제1항에 따라 직접 진찰하여야 할 환자를 진찰하지 않은 채 그 환자를 대상자로 표시하여 진단서 · 증명서 또는 처방전을 작성 · 교부하였다면 구 의료법 제17조 제1항을 위반한 것으로 보아야 하고, 이는 환자가 실제 존재하지 않는 허무인(虛無人)인 경우에도 마찬가지이다.

48. 대법원 2021.3.11, 2018도12270

병사인 분대장도 상관모욕죄의 상관에 해당한다는 사례

군형법 제64조 제1항은 "상관을 그 면전에서 모욕한 사람은 2년 이하의 징역이나 금고에 처한다."라고 규정하고, 제2조 제1호는 "'상관'이란 명령복종 관계에서 명령권을 가진 사람을 말한다. 명령복종 관계가 없는 경우의 상위 계급자와 상위 서열자는 상관에 준한다."라고 규정하고 있다. …… 부대지휘 및 관리, 병영생활에 있어 분대장과 분대원은 명령복종 관계로서 분대장은 분대원에 대해 명령권을 가진 사람 즉 상관에 해당하고, 이는 분대장과 분대원이 모두 병(兵)이라 하더라도 달리 볼 수 없다.

49. 대법원 2005.11.25, 2005도870 등; 2021.6.24, 2020도17860

정보통신망의 접근권한은 서비스제공자가 부여한 접근권한이 기준이 된다는 사건

구 정보통신망법 제48조 제1항은 '정당한 접근권한 없이 또는 허용된 접근권한을 초과하여 정보통신망에 침입'하는 행위를 금지하고 있으므로, 정보통신망법은 그 보호조치에 대한 침해나 훼손이 수반되지 않더라도 부정한 방법으로 타인의 식별부호(아이디와 비밀번호)를 이용하거나 보호조치에 따른 제한을 면할 수 있게 하는 부정한 명령을 입력하는 등의 방법으로 침입하는 행위도 금지한다고 보아야 한다. 위 규정은 정보통신망 자체의 안정성과 그 정보의 신뢰성을 보호하기 위한 것이므로, 위 규정에서 접근권한을 부여하거나 허용되는 범위를 설정하는 주체는 서비스제공자이고 따라서 서비스제공자로부터 권한을 부여받은 이용자가 아닌 제3자가 정보통신망에 접속한 경우 그에게 접근권한이 있는지 여부는 서비스제공자가 부여한 접근권한을 기준으로 판단하여야 한다(토플 모의고사 프로그램 가맹계약 중개 역할을 하는 피고인이 가맹학원의 관리자 ID로 접속한 것은 정보통신망 침입에 해당함).

50. 대법원 2021.7.21, 2020도16062

경상남도 도지사 컴퓨터장애업무방해 및 공직선거법 위반 사건

공직선거법 제230조 제1항 제4호, 제135조 제3항 위반죄는 선거운동과 관련하여 금품 기타 이익의 제공 또는 그 제공의 의사를 표시하거나 그 제공을 약속하는 행위를 처벌대상으로 하는 것으로서, 그 처벌대상은 위 법이 정한 선거운동기간 중의 금품제공 등에 한정되지 않는다(대법원 2010.12.23, 2010도9110; 2017.12.5, 2017도13458 등). …… 위와 같은 공직선거법 관련 법리 및 규정에 비추어 보면, 공직선거법 제230조 제1항 제4호, 제135조 제3항 위반죄는 금품 기타 이익의 제공, 그 제공의 의사표시 및 약속이 특정 선거에서의 선거운동과 관련되어 있음이 인정되면 충분하다고 할 것이므로, 장래에 있을 선거에서의 선거운동과 관련하여 이익의 제공 등을 할 당시 선거운동의 대상인 후보자가 특정되어 있지 않더라도 장차 특정될 후보자를 위한 선거운동과 관련하여 이익의 제공 등을 한 경우에는 위 공직선거법 제230조 제1항 제4호, 제135조 제3항 위반죄가 성립한다고 보아야 하고, 이익의 제공 등을 할 당시 반드시 특정 후보자가 존재하고 있어야 한다고 볼 수 없다.[50]

51. 대법원 2021.7.29, 2021도6092

약사 또는 한약사가 아닌 자에 의한 약국 개설 사건

약사법 제20조 제1항은 "약사 또는 한약사가 아니면 약국을 개설할 수 없다."라고 정하고 있다. …… 약사 등이 아닌 사람이 이미 개설된 약국의 시설과 인력을 인수하고 그 운영을 지배 · 관리하는 등 종전 개설자의 약국 개설 · 운영행위와 단절되는 새로운 개설 · 운영행위를 한 것으로 볼 수 있는 경우에도 약사법에서 금지하는 약사

---

50 보충 피고인은 드루킹 등과 공모해 2016년 12월부터 2018년 4월까지 네이버와 다음, 네이트 기사 7만 6,000여 개에 달린 댓글 118만 8,000여 개에 총 8,840만여회의 공감 · 비공감(추천 · 반대) 클릭신호를 보내 댓글순위 산정업무를 방해한 혐의(컴퓨터등장애업무방해)와 자신이 경남지사로 출마하는 6 · 13지방선거를 도와주는 대가로 드루킹의 측근 도모 변호사를 일본 센다이 총영사직에 제안한 혐의(공직선거법 위반)로 기소되었는데, 대법원은 공직선거법 위반 혐의는 무죄, 컴퓨터 등 장애업무방해 등의 혐의는 유죄로 인정해 징역 2년을 선고한 원심을 확정했다.

등이 아닌 사람의 약국 개설행위에 해당한다(대법원 2011.10.27, 2009도2629 등).

52. 대법원 2021.8.26, 2020도12017
법정소동죄 등을 규정한 형법 제138조에서의 '법원의 재판'과 '헌법재판소의 심판'
법정소동죄 등을 규정한 형법 제138조에서의 '법원의 재판'에 헌법재판소의 심판이 포함된다고 해석하는 것은 문언의 논리적 의미를 밝히는 체계적 해석에 해당할 뿐, 피고인에게 불리한 확장해석임과 동시에 유추해석이 아니다.[51] 경찰간부 2022

53. 대법원 2023.5.18, 2022도12037
휴대전화 벨소리 울림, 부재중 전화 문구의 표시, 통화 당시 아무런 말을 하지 않은 행위 등의 스토킹행위 해당 여부
「스토킹범죄의 처벌 등에 관한 법률」(이하 '스토킹처벌법') 제2조 제1호는 "'스토킹행위'란 상대방의 의사에 반하여 정당한 이유 없이 상대방 또는 그의 동거인, 가족에 대하여 다음 각 목의 어느 하나에 해당하는 행위를 하여 상대방에게 불안감 또는 공포심을 일으키는 것을 말한다."라고 규정하면서, 그 다목(이하 '쟁점 조항'이라 한다)에서 "우편·전화·팩스 또는 「정보통신망 이용 촉진 및 정보보호 등에 관한 법률」(이하 '정보통신망법'이라 한다) 제2조 제1항 제1호의 정보통신망을 이용하여 물건이나 글·말·부호·음향·그림·영상·화상(이하 '물건등'이라 한다)을 도달하게 하는 행위"를 스토킹행위 중 하나로 규정한다. 스토킹처벌법 제2조 제2호는 "'스토킹범죄'란 지속적 또는 반복적으로 스토킹행위를 하는 것을 말한다."라고 규정한다. 스토킹처벌법의 문언, 입법목적 등을 종합하면, ① 피고인이 전화를 걸어 피해자의 휴대전화에 벨소리가 울리게 하거나 부재중 전화 문구 등이 표시되도록 하여 상대방에게 불안감이나 공포심을 일으키는 행위는 실제 전화통화가 이루어졌는지 여부와 상관없이 쟁점 조항이 정한 스토킹행위에 해당한다고 볼 수 있다. 아울러, ② 피고인이 피해자의 의사에 반하여 정당한 이유 없이 전화를 걸어 피해자와 전화통화를 하여 말을 도달하게 한 행위는, 그 전화통화 내용이 불안감 또는 공포심을 일으키는 것이었음이 밝혀지지 않는다고 하더라도, 피고인과 피해자의 관계, 지위, 성향, 행위 전후의 여러 사정을 종합하여 그 전화통화 행위가 피해자의 불안감 또는 공포심을 일으키는 것으로 평가되면, 쟁점 조항의 스토킹행위에 해당하게 된다. ③ 설령 피고인이 피해자와의 전화통화 당시 아무런 말을 하지 않아 '말을 도달하게 하는 행위'에 해당하지 않는다고 하더라도 피해자의 수신 전 전화 벨소리가 울리게 하거나 발신자 전화번호가 표시되도록 한 것까지 포함하여 피해자에게 불안감이나 공포심을 일으킨 것으로 평가된다면 '음향, 글 등을 도달하게 하는 행위'에 해당하므로 마찬가지로 쟁점 조항의 스토킹행위에 해당한다고 볼 수 있다.[52]

54. 대법원 2023.6.1, 2020도5233
가정폭력처벌법상 '가정폭력행위자'의 의미
甲은 가정폭력행위를 저질렀다는 이유로 피해자보호명령을 받았음에도 이를 이행하지 아니하여 보호명령 불이행죄로 기소되었다.[53] 이후 甲은 피해자보호명령의 전제가 된 가정폭력행위에 대하여 형사재판에서 무죄판결을 선고받아 확정되었다. 피해자보호명령 제도의 내용과 입법취지 등에 비추어 보면, 가정폭력처벌법 제63조 제1항

---

51 보충 형법 제138조의 '법정'의 개념도 재판의 필요에 따라 법원 외의 장소에서 이루어지는 재판의 공간이 이에 해당하는 것과 같이(법원조직법 제56조 제2항) 법원의 사법권 행사에 해당하는 재판작용이 이루어지는 상대적, 기능적 공간 개념을 의미하는 것으로 이해할 수 있으므로, 헌법재판소의 헌법재판이 법정이 아닌 심판정에서 이루어진다는 이유만으로 이에 해당하지 않는다고 볼 수 없다. 오히려 헌법재판소법에서 심판정을 '법정'이라고 부르기도 하고, 다른 절차에 대해서는 자체적으로 규정하고 있으면서도 심판정에서의 심판 및 질서유지에 관해서는 법원조직법의 규정을 준용하는 것은(헌법재판소법 제35조) 법원의 법정에서의 재판작용 수행과 헌법재판소의 심판정에서의 헌법재판작용 수행 사이에는 본질적인 차이가 없음을 나타내는 것으로 볼 수 있다. 결국, 본조에서의 법원의 재판에 헌법재판소의 심판이 포함된다고 보는 해석론은 문언이 가지는 가능한 의미의 범위 안에서 그 입법 취지와 목적 등을 고려하여 문언의 논리적 의미를 분명히 밝히는 체계적 해석에 해당할 뿐, 피고인에게 불리한 확장해석이나 유추해석이 아니라고 볼 수 있다(위 판례).

52 참고판례(스토킹처벌법 접근금지 잠정조치 재청구 허용 사건) 접근금지 잠정조치 결정에서 정한 기간이 만료된 이후 해당 잠정조치 기간을 연장하는 결정을 할 수 없으나, 검사는 기간이 만료된 접근금지 잠정조치를 청구했을 때와 동일한 스토킹범죄사실과 스토킹범죄 재발 우려를 이유로 스토킹처벌법 제8조 제1항에 의하여 다시 새로운 잠정조치를 청구할 수 있다(대법원 2023.2.23, 2022모2092; 2023.5.18, 2022모1830).

53 참조조문 가정폭력처벌법 제63조(보호처분 등의 불이행죄) ① 다음 각 호의 어느 하나에 해당하는 가정폭력행위자는 2년 이하의 징역 또는 2천만원 이하의 벌금 또는 구류(拘留)에 처한다.
2. 제55조의2에 따른 피해자보호명령 또는 제55조의4에 따른 임시보호명령을 받고 이를 이행하지 아니한 가정폭력행위자

제2호가 정한 '피해자보호명령을 받고 이를 이행하지 아니한 가정폭력행위자'란 피해자의 청구에 따라 가정폭력 행위자로 인정되어 피해자보호명령을 받았음에도 이행하지 않은 사람을 말한다. 피해자보호명령의 제도적 의의 나 취지에 비추어 볼 때 피고인이 피해자보호명령을 받았음에도 이를 이행하지 아니한 이상 보호명령 불이행죄 로 처벌할 수 있다.[54]

55. 대법원 2023.11.16, 2021도4265

고등학교 여학생들의 옷을 갈아입는 등 일상생활을 몰래 촬영한 동영상과 아동 · 청소년이용음란물

아동 · 청소년 등이 일상적인 생활을 하면서 신체를 노출한 것일 뿐 적극적인 성적 행위를 한 것이 아니더라도 이 를 몰래 촬영하는 방식 등으로 성적 대상화하였다면 이와 같은 행위를 표현한 영상 등은 구 「아동 · 청소년의 성 보호에 관한 법률」 제11조 제5항에서 규정하는 아동 · 청소년이용음란물에 해당한다.

56. 대법원 2023.12.14, 2023도10313

수개월에 걸친 천장 '쿵쿵' 소리 사건

(빌라 아래층에 살던 甲이 수개월간 불상의 도구로 여러 차례 벽 또는 천장을 두드려 '쿵쿵' 소리를 내어 이를 위층에 살던 乙의 의사에 반하여 피해자에게 도달하게 한 행위가 스토킹처벌법상 스토킹행위에 해당하는지 여 부)[55] 이웃 간 소음 등으로 인한 분쟁과정에서 위와 같은 행위가 발생하였다고 하여 곧바로 정당한 이유 없이 객관적 · 일반적으로 불안감 또는 공포심을 일으키는 '스토킹행위'에 해당한다고 단정할 수는 없다. 그러나 피고인 은 층간소음 기타 주변의 생활소음에 불만을 표시하며 수개월에 걸쳐 이웃들이 잠드는 시각인 늦은 밤부터 새벽 사이에 반복하여 도구로 벽을 치거나 음향기기를 트는 등으로 피해자를 비롯한 주변 이웃들에게 큰 소리가 전달 되게 하였고, 피고인의 반복되는 행위로 다수의 이웃들은 수개월 내에 이사를 갈 수밖에 없었으며, 피고인은 이 웃의 112 신고에 의하여 출동한 경찰관으로부터 주거지문을 열어 줄 것을 요청받고도 '영장 들고 왔냐'고 하면 서 대화 및 출입을 거부하였을 뿐만 아니라 주변 이웃들의 대화 시도를 거부하고 오히려 대화를 시도한 이웃을 스토킹혐의로 고소하는 등 이웃 간의 분쟁을 합리적으로 해결하려 하기보다 이웃을 괴롭힐 의도로 위 행위를 한 것으로 보이는 점 등 피고인과 피해자의 관계, 구체적 행위태양 및 경위, 피고인의 언동, 행위 전후의 여러 사정들에 비추어 보면, 피고인의 위 행위는 층간소음의 원인 확인이나 해결방안 모색 등을 위한 사회통념상 합 리적 범위 내의 정당한 이유 있는 행위에 해당한다고 볼 수 없고 객관적 · 일반적으로 상대방에게 불안감 내지 공 포심을 일으키기에 충분하다고 보이며, 나아가 위와 같은 일련의 행위가 지속되거나 반복되었으므로 '스토킹범 죄'를 구성한다.

5. 적정성의 원칙

(1) 의 의

근대의 문명사회에서 죄형법정주의가 널리 수용된 이후에도, 죄형법정주의는 "법률(형식적 근거로서의 법률) 만 있으면 범죄도 있고 형벌도 있다."는 형식적 · 근대적 의미로서만 기능하고 있었다. 그러나 우리 인류는 20세기 초 · 중반 두 차례의 세계대전과 2차 대전 당시 독일 나치의 유대인 대학살 등과 같은 인간의 광기를 경험하고 목격하면서, 단지 법률이 존재한다고 하여 그 정당성을 무조건 인정해서는 안 되겠다는 자각과 자

---

54 보충 가정폭력처벌법 제63조 제1항은 제55조의2에 따른 피해자보호명령을 받고 이행하지 아니한 가정폭력행위자에 대해 2년 이하의 징역 또는 2천만 원 이하의 벌금 또는 구류에 처한다고 규정한다. 한편 "가정폭력범죄"란 가정구성원 사이의 신체적, 정신적 또는 재산상 피해를 수반하는 행위로 가정폭력처벌법 제2조 제3호의 각 목의 어느 하나에 해당하는 죄를 말하고(제2조 제1, 3호), "가정폭력행위자"란 가정폭력범죄를 범한 사람 및 가정구성원인 공범을 말한다(제2조 제4호). 가정폭력처벌법상 피 해자보호명령은 판사가 가정폭력범죄 피해자의 보호를 위하여 필요하다고 인정하는 때에 피해자 등의 청구에 따라 결정으로 가정폭력행위자에게 피해자의 주거지 등에서의 퇴거 등을 명하는 제도로서(제55조의2 제1항), 피해자가 스스로 안전과 보호를 위한 방책을 마련하여 직접 법원에 청구할 수 있도록 하여 신속하게 피해자를 보호하려는 취지를 가지고 신설되었다.

55 참조조문 스토킹범죄의 처벌 등에 관한 법률 제2조(정의) 이 법에서 사용하는 용어의 뜻은 다음과 같다.
1. "스토킹행위"란 상대방의 의사에 반(反)하여 정당한 이유 없이 다음 각 목의 어느 하나에 해당하는 행위를 하여 상대방에게 불안감 또는 공포심을 일으키는 것을 말한다.
   라. 상대방등에게 직접 또는 제3자를 통하여 물건등을 도달하게 하거나 주거등 또는 그 부근에 물건등을 두는 행위
2. "스토킹범죄"란 지속적 또는 반복적으로 스토킹행위를 하는 것을 말한다.

성을 하게 된다. 오늘날의 현대적 죄형법정주의가 "실질적 정의에 부합하는 법률 내지 적정한 법률(내용적으로 정의로운 법률)이 있어야만 비로소 범죄도 있고 형벌도 있다."는 적정성원칙을 가지게 되는 배경은 바로 여기에 있다(현대적 의미의 죄형법정주의＝실질적 의미의 죄형법정주의＝적정성원칙).

(2) 내 용

죄형법정주의의 현대적 의의인 적정성원칙은 그 내용으로서, ① 형사처벌법규 자체가 입법 자체의 정당성을 갖추고 있어야 할 것과, 입법 자체의 정당성을 갖추고 있다고 하더라도 나아가 ② 법률에 규정된 범죄와 형벌 간의 균형성이 지켜질 것(비례성의 원칙 내지 과잉금지의 원칙, 죄형균형의 원칙, 책임주의)을 요구하게 된다. 다만, 어떤 범죄를 어떻게 처벌할 것인가 하는 문제, 즉 법정형의 종류와 범위의 선택은 광범위한 입법재량이 인정되어야 할 사항이므로, 어떠한 법정형에 대하여 그것이 헌법에 위반된다고 쉽사리 단정하여서는 아니 된다.

★ 판례연구 적정성원칙에 위반된다는 판례

1. 헌법재판소 1992.4.28, 90헌바24

특가법 제5조의 3(도주차량운전자의 가중처벌) 제2항 제1호에 대한 헌법소원사건 : 위헌

과실로 사람을 치상하게 한 자가 구호행위를 하지 아니하고 도주하거나 고의로 유기함으로써 치사의 결과에 이르게 한 경우에 살인죄와 비교하여 그 법정형을 더 무겁게 한 것은 형벌체계상의 정당성과 균형을 상실한 것으로서 헌법 제10조의 인간으로서의 존엄과 가치를 보장한 국가의 의무와 헌법 제11조의 평등의 원칙 및 헌법 제37조 제2항의 과잉입법금지원칙에 반한다. 경찰승진 14

2. 헌법재판소 2007.11.29, 2006헌가13

군형법상 상관살해죄의 절대적 법정형인 사형 규정 : 위헌

상관을 살해한 경우 사형만을 유일한 법정형으로 규정하고 있는 군형법 제53조 제1항은 형벌과 책임 간의 비례원칙에 위배되는 것이다.

3. 헌법재판소 2015.2.26, 2014헌가16 · 19 · 23(병합)

특가법상 상습절도 · 상습장물취득죄의 법정형의 적정성 부정

형법상의 범죄와 똑같은 구성요건을 규정하면서 법정형만 상향 조정(무기 또는 3년 이상의 징역)한 구 특가법 제5조의4 제1항 중 형법 제329조에 관한 부분, 같은 법률 제5조의4 제1항 중 형법 제329조의 미수죄에 관한 부분, 같은 법률 제5조의4 제4항 중 형법 제363조 가운데 형법 제362조 제1항의 '취득'에 관한 부분과 같은 심판대상조항은 별도의 가중적 구성요건표지를 규정하지 않은 채 형법 조항과 똑같은 구성요건을 규정하면서 법정형만 상향 조정하여 어느 조항으로 기소하는지에 따라 벌금형의 선고 여부가 결정되고, 선고형에 있어서도 심각한 형의 불균형을 초래하게 함으로써 형사특별법으로서 갖추어야 할 형벌체계상의 정당성과 균형을 잃어 인간의 존엄성과 가치를 보장하는 헌법의 기본원리에 위배될 뿐만 아니라 그 내용에 있어서도 평등원칙에 위반되어 위헌이다.

4. 헌법재판소 2015.9.24, 2014헌바154 · 398, 2015헌가3 · 9 · 14 · 18 · 20 · 21 · 25(병합)

구 폭처법 제3조 제1항의 흉기휴대 폭행 · 협박 · 손괴죄의 법정형은 적정성 부정

심판대상조항은 형법 제261조(특수폭행), 제284조(특수협박), 제369조(특수손괴)(이하 모두 합하여 '형법조항들')와 똑같은 내용의 구성요건을 규정하면서 징역형의 하한을 1년으로 올리고, 벌금형을 제외하고 있다. 그런데 심판대상조항과 위 형법조항들은 징역형의 하한을 기준으로 최대 6배에 이르는 심각한 형의 불균형이 발생한다(예컨대, 폭처법상 흉기휴대폭행은 1년 이상의 징역, 형법상 특수폭행은 5년 이하의 징역 또는 1천만 원 이하의 벌금). 따라서 심판대상조항은 형벌체계상의 정당성과 균형을 잃은 것이 명백하므로, 인간의 존엄성과 가치를 보장하는 헌법의 기본원리에 위배될 뿐만 아니라 그 내용에 있어서도 평등원칙에 위배된다.

보충 폭처법 중 특수폭행죄 가중처벌 등 일부규정에 대한 헌법재판소가 위헌결정을 내림에 따라, 2016년 1월 개정형법에서는, 존속 중상해죄의 법정형을 정비하고(제258조 제3항), 특수상해죄를 신설하며(제258조의2 신설), 이에 대한 상습범과 자격정지의 병과 규정을 정비하고(제264조 및 제265조), 특수강요죄 및 특수공갈죄를 신설(제324조 제2항 및 제350조의2 신설)하였다(2016.1.6. 개정, 법률 제13719호).

5. 헌법재판소 2021.11.25, 2019헌바446, 2020헌가17-병합-, 2021헌바77-병합-

음주운전 2회 이상 가중처벌규정은 위헌

구 도로교통법 제148조의2(벌칙) 제1항은 "제44조 제1항 또는 제2항을 2회 이상 위반한 사람(자동차등 또는 노면전차를 운전한 사람으로 한정한다)은 2년 이상 5년 이하의 징역이나 1천만 원 이상 2천만 원 이하의 벌금에 처한다."고 규정하고 있다. 심판대상조항은 음주운전 금지규정 위반 전력을 가중요건으로 삼으면서 해당 전력과 관련하여 형의 선고나 유죄의 확정판결을 받을 것을 요구하지 않는데다 아무런 시간적 제한도 두지 않은 채 재범에 해당하는 음주운전행위를 가중처벌하도록 하고 있어, 예컨대 10년 이상의 세월이 지난 과거 위반행위를 근거로 재범으로 분류되는 음주운전 행위자에 대해서는 책임에 비해 과도한 형벌을 규정하고 있다고 하지 않을 수 없다. ⋯⋯ 따라서 심판대상조항이 구성요건과 관련하여 아무런 제한도 두지 않은 채 법정형의 하한을 징역 2년, 벌금 1천만 원으로 정한 것은, 음주운전 금지의무 위반 전력이나 혈중알코올농도 수준 등을 고려할 때 비난가능성이 상대적으로 낮은 음주운전 재범행위까지 가중처벌 대상으로 하면서 법정형의 하한을 과도하게 높게 책정하여 죄질이 비교적 가벼운 행위까지 지나치게 엄히 처벌하도록 한 것이므로, 책임과 형벌 사이의 비례성을 인정하기 어렵다. ⋯⋯ 그러므로 심판대상조항은 책임과 형벌 간의 비례원칙에 위반된다.

6. 헌법재판소 2023.2.23, 2021헌가9 등

성폭력처벌법상 주거침입강제추행 및 주거침입준강제추행의 법정형의 적정성

성폭력범죄의 처벌 등에 관한 특례법(2020. 5. 19. 법률 제17264호로 개정된 것) 제3조 제1항 중 '형법 제319조 제1항(주거침입)의 죄를 범한 사람이 같은 법 제298조(강제추행), 제299조(준강제추행) 가운데 제298조의 예에 의하는 부분의 죄를 범한 경우에는 무기징역 또는 7년 이상의 징역에 처한다.'는 부분은 헌법에 위반된다.

🔨 판례연구 적정성원칙에 위반되지 않는다는 판례

1. 헌법재판소 1998.3.26, 97헌바83

교통사고로 치상케 한 후 도주한 사고운전자에 대한 법정형이 1년 이상의 징역인 것은 적정성 인정

특가법 제5조의3 제1항 제2호는 입법자가 교통현실과 동 조항의 입법목적, 보호법익, 죄질 등을 고려하여 입법정책적 차원에서 상해죄나 중상해죄보다 법정형을 무겁게 정한 것으로 형벌체계상의 정당성이나 균형 등을 상실하였다고 할 수 없다.

2. 대법원 2002.2.5, 2001초632

특가법상 마약류관리에 관한 법률 위반행위의 가중처벌규정은 -단순매수·소지 외에는- 적정성 인정

특가법이 마약류관리에 관한 법률 중 마약에 관련된 죄를 범한 자에 대한 법정형을 사형·무기 또는 10년 이상의 징역으로 가중한 것은 마약과 향정신성 의약품의 규제에 관한 우리나라의 국민 일반의 가치관 내지 법감정 등을 고려한다면 헌법에 위반된다고 볼 수 없다.

▶ 단, 헌재(헌법재판소 2003.11.27, 2002헌바24)는 '단순매수 및 소지'에 대하여는 위헌으로 본다.

3. 대법원 2007.2.8, 2006도7882

특수강도강간죄와 특수강도강제추행죄의 법정형을 동일하게 규정한 성폭법은 적정성 인정

성폭법 제5조 제2항이 특수강도죄를 범한 자가 강간죄를 범한 경우와 강제추행죄를 범한 경우를 구별하지 않고 법정형을 동일하게 규정하고 있다고 하여도, 위 규정이 특수강도죄를 범하고 강간죄를 범한 자와 강제추행죄를 범한 자를 합리적 이유 없이 차별하는 것이라고 볼 수 없다.

4. 대법원 2007.8.23, 2007도4818

청소년성보호법상 위계·위력에 의한 청소년간음죄의 형량이 청소년강간죄와 동일한 사례

청소년성보호법 제10조 제4항이 위계 또는 위력을 사용하여 여자 청소년을 간음한 자에 대한 법정형을 여자 청소년을 강간한 자에 대한 법정형과 동일하게 정하였다고 하여 형벌체계상의 균형을 잃은 입법이라고 할 수는 없다.

5. 대법원 2008.6.26, 2007도6188

특수공무방해치상죄의 형량이 3년 이상의 유기징역인 것은 적정하다는 사례

형법 제144조 제2항 전단의 "단체 또는 다중의 위력을 보이거나 위험한 물건을 휴대하여 형법 제136조(공무집

행방해)의 죄를 범하여 공무원을 상해에 이르게 한 자는 3년 이상의 유기징역에 처한다"는 부분과 폭력행위 등 처벌에 관한 법률 제3조 제1항 중 "단체나 다중의 위력으로써 또는 흉기 기타 위험한 물건을 휴대하여 형법 제257조 제1항(상해)의 죄를 범한 자는 3년 이상의 유기징역에 처한다"는 부분이 책임과 형벌의 비례성의 원칙에 위배된다고 할 수 없다.

6. 대법원 2009.5.14, 2009도1947, 2009전도5

특강법 중 특정강력범죄로 형 집행 종료·면제 후 3년 내 성폭력범죄를 범한 경우의 가중처벌

특강법 제3조 중 "특정강력범죄로 형을 받아 그 집행을 종료하거나 면제받은 후 3년 이내에 다시 성폭법 제9조 제1항, 제6조 제1항, 형법 제297조 소정의 죄를 범한 때에는 그 죄에 정한 형의 장기 및 단기의 2배까지 가중한다"라는 부분이 위 입법 목적에 비하여 비례의 원칙에 반할 정도로 합리적인 입법재량의 범위를 일탈하였다고 볼 수는 없다.

7. 대법원 2009.9.10, 2009도6061, 2009전도13

성폭력 전자장치법상 전자감시는 보안처분이고 합헌이라는 사례

특정 성폭력범죄자에 대한 위치추적 전자장치 부착에 관한 법률에 의한 전자감시제도는, … 일종의 보안처분이므로, 형벌에 관한 일사부재리의 원칙이 그대로 적용되지 않으므로 위 법률이 형 집행의 종료 후에 부착명령을 집행하도록 규정하고 있다 하더라도 그것이 일사부재리의 원칙에 반한다고 볼 수 없고, … 오로지 형기를 마친 성폭력범죄자의 감시를 위한 방편으로만 이용함으로써 피부착자의 기본권을 과도하게 제한하는 과잉입법에 해당한다고 볼 수도 없다.

8. 대법원 2009.11.12, 2009도9249

특가법상 소위 누범절도 규정은 적정성 인정

특가법 제5조의4 제5항은, 형법 제329조 내지 제331조와 제333조 내지 제336조, 제340조, 제362조의 죄 또는 그 미수죄로 3회 이상 징역형을 받은 자로서 다시 이들 죄를 범하여 누범으로 처벌할 경우도 제1항 내지 제4항과 같다고 규정하고 있는 바, 이 규정의 취지는 같은 항 해당의 경우에는 상습성이 인정되지 않는 경우에도 상습범에 관한 제1항 내지 제4항 소정의 법정형으로 처벌한다는 뜻으로서(대법원 1982.10.12, 82도1865, 82감도383), 헌법에 위배된다고 할 수 없다. 법원행시 11

9. 대법원 2011.10.13, 2011도9584; 2004.2.13, 2003도3090; 헌법재판소 1998.11.26, 97헌바67

공직선거법상 선출직 공직자의 재임 중 뇌물 관련 범죄와 나머지 죄의 분리선고는 적정성 인정

동시적 경합범의 가중 방법은 입법자의 재량에 맡겨진 사항이라고 할 것이고, 공직선거법은 대통령, 국회의원, 지방자치단체장 등 선출직 공직자가 재임 중 뇌물 관련 죄를 범하는 경우 선거범과 마찬가지로 선거권 및 피선거권이 제한되므로 다른 죄가 재임 중 뇌물 관련 죄의 양형에 영향을 미치는 것을 최소화하기 위하여 형법상 경합범 처벌례에 관한 조항의 적용을 배제하고 분리하여 형을 따로 선고하도록 한 것으로서 입법 목적의 정당성이 인정되고, 위 법률조항이 형법상 경합범 처벌례를 규정한 조항과 비교하여 불합리하게 차별하는 자의적인 입법이라고 단정할 수 없다.

10. 헌법재판소 2016.10.27, 2016헌바31

형법상 상습절도 가중처벌조항 위헌소원 사건 : 합헌

형법 제332조 중 절도죄(제329조)에 관한 부분(상습절도)은 죄형법정주의의 명확성원칙에 위반된다고 볼 수 없고 형벌에 관한 입법재량이나 형성의 자유를 현저히 일탈하여 책임과 형벌의 비례원칙에 위반된다고 할 수도 없다.

03 형법의 적용범위

01 시간적 적용범위

1. 의 의

시간적 적용범위(Zeitlicher Geltungsbereich)란 어느 때의 형법을 기준으로 하여 적용되는가의 문제를 말한다(소위 시제형법의 문제). 우리 형법은 행위시의 법을 적용하는 행위시법주의를 원칙으로 하고, 행위시법보다 재판시법이 피고인에게 보다 유리한 때에는 재판시법의 소급적용을 인정함으로써 재판시법주의를 예외적으로 채택하고 있다.

2. 원칙 – 행위시법주의

제1조【범죄의 성립과 처벌】 ① 범죄의 성립과 처벌은 행위시의 법률에 따른다. 〈개정 2020.12.8.〉 법원9급 08

(1) 의 의

형법은 그 법이 제정된 이후의 행위에 대하여 적용되는 것이다. 즉 어떤 행위를 처벌하기 위해서는 그 행위가 행해지던 시점에 미리 법이 존재하고 있어야 하며(행위시법주의, 대법원 2006.4.27, 2004도1078) 그 행위 이후 제정된 법률이 소급하여 적용되는 것은 행위자의 신뢰보호를 위해서 금지되어야 한다[소급효금지원칙(Rückwirkungsverbot)]. 이를 형법 제1조 제1항이 규정하고 있는 것이다.

(2) 내 용

① '행위시'의 의의 : '행위시'란 '범죄행위의 종료시'를 말한다. 국가9급 07 / 국가7급 08 / 법원9급 11 / 사시 13 / 경찰승진 15 / 경찰승진 16 결과범에서도 결과발생시가 아니라 행위종료시를 말하며, 계속범에서는 기수시가 아니라 종료시를 말한다. 국가7급 09 / 법원행시 13

> ★ 판례연구 행위시법주의의 '행위시'의 의미
>
> **1. 대법원 1994.5.10, 94도963**
> 일반인의 법률사건에 관한 화해관여행위를 처벌하는 변호사법의 개정 전에 착수된 행위라도 관여행위가 법률개정 이후에 종료된 것이라면 (개정된) 변호사법 위반죄에 해당한다. 국가7급 09
>
> **2. 대법원 2023.3.16, 2022도15319**
> 청소년성보호법상 성착취물소지죄와 계속범에 있어서의 적용법률
> 피고인은 2019. 5.경부터 2020. 8. 11.경까지 아동·청소년성착취물을 소지하였는데, 소지 행위가 계속되던 중인 2020. 6. 2.「아동·청소년의 성보호에 관한 법률」(이하 '청소년성보호법')이 개정되어 법정형이 구법상 1년 이하의 징역형 또는 2,000만 원 이하의 벌금형에서 개정법상 1년 이상의 징역형으로 상향되었고, 피고인의 위 행위에 관하여 위와 같이 개정된 청소년성보호법위반(성착취물소지) 공소사실로 기소되었다. 청소년성보호법 제11조 제5항에서 정한 소지란 아동·청소년성착취물을 자기가 지배할 수 있는 상태에 두고 지배관계를 지속시키는 행위를 말하므로, 청소년성보호법위반(성착취물소지)죄는 아동·청소년성착취물임을 알면서 소지를 개시한 때부터

지배관계가 종료한 때까지 하나의 죄로 평가되는 이른바 계속범이다. 원칙적으로 계속범에 대해서는 실행행위가 종료되는 시점의 법률이 적용된다(개정법 적용).

② 포괄일죄에의 적용

　　㉠ 원칙 : 행위 종료 이전에 법률이 시행된 경우 그 법률을 적용하는 것은 행위시법주의에 따른 것으로서 당연하다. 따라서 어떠한 행위가 포괄일죄의 관계로 처벌되는 경우라면 그 사이에 법률의 변경이 있어서 신법의 법정형이 무거워졌다 하더라도 '신법'에 의한다(대법원 1986.7.22, 86도1012 전원합의체; 1998.2.24, 97도183; 2009.9.10, 2009도5075[56]). 법원9급 05 / 법원행시 05 / 법원행시 06 / 경찰승진 10 / 법원행시 11 / 경찰채용 12 2차 / 법원행시 12 / 경찰간부 13 / 경찰승진 13 / 사시 13 / 경찰채용 14 2차 / 경찰승진 14 / 국가9급 14 / 사시 14 / 사시 15 / 변호사 15

> **대법원 2009.4.9, 2009도321**
> 일정기간 동안 등급분류를 받은 게임물과 다른 내용의 것을 이용에 제공한 게임산업법위반의 포괄일죄가 있는 경우 이러한 기간 동안의 전체 행위에 대하여 행위의 종료시에 시행중인 게임산업법이 적용되고 그 기간 동안에 발생한 전체의 범죄수익을 위 법률에 따라 추징해야 한다. 경찰채용 18 3차

　　㉡ 예외 : 죄가 되지 아니하던 행위를 구성요건 신설로 포괄일죄의 처벌대상으로 삼는 경우, 신설된 포괄일죄 처벌법규가 시행되기 이전의 행위에 대하여 신설된 법규를 적용하여 처벌할 수 없다(대법원 2016.1.28, 2015도15669).

⚒ 판례연구 행위시법상 죄가 아니면 재판시법상 죄와 포괄일죄가 될 수 없다는 사례

1. 대법원 2016.1.28, 2015도15669
구성요건이 신설된 상습강제추행죄가 시행되기 이전의 범행을 상습강제추행죄로 처벌할 수 없다는 사례
포괄일죄에 관한 기존 처벌법규에 대하여 그 표현이나 형량과 관련한 개정을 하는 경우가 아니라 애초에 죄가 되지 아니하던 행위를 구성요건의 신설로 포괄일죄의 처벌대상으로 삼는 경우에는 신설된 포괄일죄 처벌법규가 시행되기 이전의 행위에 대하여는 신설된 법규를 적용하여 처벌할 수 없다(제1조 제1항). 이는 신설된 처벌법규가 상습범을 처벌하는 구성요건인 경우에도 마찬가지이어서, 구성요건이 신설된 상습강제추행죄(제305조의2)가 시행되기 이전의 범행은 상습강제추행죄로는 처벌할 수 없고 행위시법에 기초하여 강제추행죄로 처벌할 수 있을 뿐이다. 그 소추요건도 상습강제추행죄에 관한 것이 아니라 강제추행죄(구 형법상 친고죄)에 관한 것이 구비되어야 한다. 경찰간부 20

2. 대법원 2011.6.10, 2011도4260
수뢰액의 2배 이상 5배 이하의 벌금형 병과 규정이 신설된 개정 특가법 제2조 제2항의 시행 전후에 걸쳐 포괄일죄인 뇌물수수 범행이 행하여진 경우, 위 조항에 규정된 벌금형 산정 기준이 되는 수뢰액의 범위는 위 규정이 신설된 이후에 수수한 금액으로 한정된다. 법원행시 12 / 사시 14

3. 대법원 2016.10.13, 2016도8347
사기개인회생죄의 포괄일죄 자체를 구성하지 아니한다는 사례
채무자회생법의 시행 전에는 구 개인채무자회생법 제48조에서 정한 개인회생절차의 개시를 신청할 자격이 없던 개인채무자가 채무자회생법의 시행 전후에 걸쳐서 각각 구 개인채무자회생법 제87조 각 호의 사기개인회생죄

---

[56] 판례 : 포괄일죄인데, 종전 규정을 적용한다는 부칙이 있는 경우 개정된 방문판매 등에 관한 법률 제23조 제2항이 시행된 이후에도 포괄일죄인 위 법률 위반 범행이 계속된 경우 그 범죄실행 종료시의 법이라고 할 수 있는 신법을 적용하여 포괄일죄로 처단하여야 하고, 또한 "이 법 시행 전의 행위에 대한 벌칙의 적용에 있어서는 종전의 규정에 따른다."는 방문판매 등에 관한 법률 부칙 제3조가 적용될 수도 없다(대법원 2009.9.10, 2009도5075).

및 구 채무자회생법 제643조 제1항 각 호의 사기회생죄에서 정한 행위를 하고 구 채무자회생법의 시행 후에 그 채무자에 대하여 회생절차개시의 결정이 확정되었더라도, 그 시행 전의 행위는 행위 시의 법률인 구 개인채무자회생법에서 정한 사기개인회생죄의 주체가 될 수 없는 사람의 행위로서 범죄를 구성할 수 없으므로, 구 개인채무자회생법에서 정한 사기개인회생죄나 구 채무자회생법에서 정한 사기회생죄의 어느 것으로도 처벌할 수 없고, 그 행위가 범죄행위 자체에 해당하지 아니하는 이상 채무자회생법 시행 후의 행위와 포괄하여 일죄를 구성할 여지도 없다.

③ 행위시법과 재판시법의 형의 경중에 차이가 없는 경우 : 이 경우 정당하게 적용되어야 할 법은 행위시법이다. 국가9급 08 / 국가7급 08 / 변호사 15

대법원 2002.4.12, 2000도3350
법원이 인정하는 범죄사실이 공소사실과 차이가 없이 동일한 경우에는 비록 검사가 재판시법인 개정 후 신법의 적용을 구하였더라도 그 범행에 대한 형의 경중의 차이가 없으면 피고인의 방어권 행사에 실질적으로 불이익을 초래할 우려도 없어 공소장 변경절차를 거치지 않고도 정당하게 적용되어야 할 행위시법인 구법을 적용할 수 있다.

3. 예외 – 재판시법주의(경한 신법 우선의 원칙)

제1조【범죄의 성립과 처벌】② 범죄 후 법률이 변경되어 그 행위가 범죄를 구성하지 아니하게 되거나 형이 구법(舊法)보다 가벼워진 경우에는 신법(新法)에 따른다. 〈개정 2020.12.8.〉 국가9급 07 / 법원9급 08 / 법원9급 11 / 법원행시 11 / 경찰승진 15
③ 재판이 확정된 후 법률이 변경되어 그 행위가 범죄를 구성하지 아니하게 된 경우에는 형의 집행을 면제한다. 〈개정 2020.12.8.〉 법원9급 05 / 국가9급 07 / 국가7급 08 / 법원9급 08 / 경찰간부 11 / 국가7급 13 / 법원행시 14 / 경찰승진 15

(1) 의 의

형법 제1조 제1항이 행위시법주의의 원칙을 규정하고 있지만, 이는 어디까지나 행위시에 존재하지 않았던 재판시의 법률에 의하여 행위자를 처벌한다거나 행위시법보다 가중된 재판시의 법률에 의하여 행위자를 가중처벌하여서는 안 된다는 소급효금지의 원칙을 정한 데 불과하다. 따라서 행위시의 법률이 재판시에 폐지되었다거나 그 형이 가벼워진 경우 그리고 재판확정 후 폐지된 경우에는 재판시의 법률에 의하여 처리하는 것(재판시법주의)이 옳은 것이고, 이를 형법 제1조 제2·3항이 규정하고 있는 것이다[경한 신법 우선의 원칙(Vorrang des mildesten Gesetzes)].

(2) 재판시법주의의 요건 · 효과

① 범죄 후(제1조 제2항) : 여기에서의 범죄란 '범죄종료시'를 기준으로 판단한다. 따라서 범죄 종료 후에 법률의 변경이 있는 경우에만 구법과 신법 간의 형의 경중을 판단해보는 것이며, 이와 달리 실행행위의 도중에 법률의 변경이 있는 경우에는 실행행위는 신법 시행시에 행해진 것이므로 행위시법인 신법을 적용하게 된다(대법원 1986.7.22, 86도1012 전원합의체[57]; 1992.12.8, 92도407[58]; 2005.3.24, 2004도8651[59]).

---

57 판례 : 포괄일죄의 경우 종료시를 기준으로 신법 적용 상습으로 사기의 범죄행위를 되풀이한 경우에 특정경제범죄 가중처벌 등에 관한 법률 시행 이후의 범행으로 인하여 취득한 재물의 가액이 같은 법 제3조 제1항 제3호의 구성요건을 충족하는 때에는 그 중 나머지 행위를 포괄시켜 특정경제범죄 가중처벌 등에 관한 법률 위반죄로 처단하여야 한다(대법원 1986.7.22, 86도1012 전원합의체). 법원승진 12 / 사시 13 / 사시 14

58 판례 : 페놀방류행위 종료시의 법이 행위시법 수질환경보전법이 시행된 1991년 2월 1일 전후에 걸쳐 계속되다가 1991년 3월 10일에 종료된 수질오염물 배출행위에 대해 그 행위가 종료된 때에 시행되고 있는 수질환경보전법을 적용한 것은 행위시법주의·법률불소급 원칙에 반하지 아니한다(대법원 1992.12.8, 92도407).

59 판례 : 포괄일죄인 시세조종행위가 개정 증권거래법 시행 전후에 걸쳐 있는데 개정법 시행 이후의 범행이 개정법의 요건을 충족하

② 법률의 변경(제1조 제2항) : 형벌에 영향을 미치는 총체적 법률상태가 고려된다. 국가7급 09 따라서 백지형법에 영향을 미치는 보충규범의 변경도 법률이 변경된 경우로 보아야 한다(다수설).

③ 범죄를 구성하지 아니하게 된 경우(제1조 제2항)

　㉠ 면소판결 : 범죄 후의 법령개폐로 형이 폐지되었을 경우 면소판결을 해야 한다(형소법 제326조 제4호, 대법원 1961.12.7, 4292형상705; 1969.12.30, 69도2018 등). 법원9급 08 / 법원행시 11 / 법원행시 14 이 경우 무죄로서의 실체적 재판을 하는 것은 위법하므로 파기를 면할 수 없다(대법원 2010.7.15, 2007도7523).

★ 판례연구 형법 제1조 제2항의 범죄를 구성하지 아니하게 된 사례

1. 대법원 1991.2.26, 91도37
유죄의 항소심 판결선고 후 구법이 폐지되고 신법에서는 피고인의 행위가 처벌대상에서 제외된 경우 항소심 판결은 법률적용을 그르친 것이 된다는 사례
당국의 허가 없이 종업원 7명, 면적 약 50평의 공장을 운행하였다는 이유로 구 공업배치법을 적용하여 유죄의 1심 판결을 유지한 항소심판결 선고 후인 신법에 의하여 구 공업배치법은 폐지되었는바, (신법에서는 공장건축면적 200제곱미터 이상 또는 상시 사용하는 종업원의 수가 16인 이상인 공장을 신설하는 행위 등에 한하여 처벌하므로) 피고인의 위 행위는 처벌대상에서 제외되었으므로 형법 제1조 제2항의 규정에 따라 행위시법인 구 공업배치법의 규정에 의하여 처벌할 수 없게 되었으니 결국 항소심판결이 법률적용을 그르친 결과가 되어 유지될 수 없다.

2. 대법원 2010.7.15, 2007도7523
범죄 후 법령개폐로 형이 폐지된 경우 면소판결을 해야 한다는 사례
범죄 후 법령의 개폐로 그 형이 폐지되었을 경우에는 형사소송법 제326조에 의하여 실체적 재판을 하기에 앞서 면소판결을 하여야 할 것이므로, 원심이 이에 관하여 무죄로서의 실체적 재판을 한 것은 위법하여 파기를 면할 수 없다.

　비교 대법원 1991.8.13, 91감도72
사회보호법에 규정된 보호감호처분은 형이 아니므로 형사소송법 제326조 제4호의 적용대상이 되지 않는 것이고, 또 개정된 사회보호법 부칙 제2조 제1항의 규정내용에 비추어 보더라도, 개정되기 전의 사회보호법에 의하여 보호감호의 판결을 받은 자에 대하여 법령개폐를 이유로 면소의 판결을 선고하거나 보호감호의 집행을 면제할 수는 없다.

　비교 대법원 2002.11.8, 2002도4597; 2008.1.31, 2007도9220
운전면허취소처분 철회 또는 취소 시의 무면허운전에 대한 판단 : 무죄판결
특정범죄 가중처벌 등에 관한 법률 위반(도주차량)으로 운전면허취소처분을 받은 자가 자동차를 운전한 경우, 그 후 위 피의사실에 대하여 무혐의 처분을 받고 이를 근거로 행정청이 운전면허 취소처분을 철회하였다면, 이 경우 운전면허 취소처분은 행정쟁송절차에 의하여 취소된 경우와 마찬가지로 그 처분시에 소급하여 효력을 잃게 되므로, 무면허운전죄는 성립하지 아니하는 것이다. 법원행시 12

지 못하는 경우의 적용법률은 구법 구 증권거래법은 위반행위로 얻은 이익액의 3배에 해당하는 금액이 2천만 원을 초과하는 때에는 그 이익액의 3배에 해당하는 금원 이하의 벌금에 처한다고 규정하고 있음에 반하여, 개정 증권거래법에서는 위반행위로 얻은 이익 또는 회피한 손실액이 5억 원 이상 50억 원 미만인 경우와 50억 원 이상인 때를 구분하여 가중처벌하는 규정을 두고 있는바, 포괄일죄인 시세조종행위가 개정법 시행 전후에 걸쳐 있는 경우 개정법 시행 이후의 범행으로 인하여 얻은 이익액이 개정법 소정의 구성요건을 충족하는 때에는 개정법을 적용하여 처벌할 수 있으나, 그렇지 않은 경우에는 법률불소급의 원칙상 구법을 적용하여 처벌하여야 한다(대법원 2005.3.24, 2004도8651).

> **판례연구** 형법 제1조 제2항의 범죄를 구성하지 아니하게 된 경우에 해당하지 않는 사례
>
> **대법원 1994.1.14, 93도2579**
> 종전 법률이 처벌하던 행위를 법률의 개정으로 처벌대상에서 제외하였으나 개정 법률이 시행되기 전에 다시 법률이 개정되어 그 행위가 처벌대상에 포함된 사례
> 구 주택건설촉진법이 1992.12.8. 법률 제4530호로 개정되어(시행일은 1993.3.1.) 개정 전의 법률이 처벌대상으로 삼았던 "사위 기타 부정한 방법으로 위 법에 의하여 건설, 공급되는 주택을 공급받거나 공급받게 하는" 행위를 처벌대상에서 제외하였으나, 위 개정법률은 시행되기 전인 1993.2.24. 법률 제4540호로 다시 개정되어(시행일은 1993.3.1.) "사위 기타 부정한 방법으로 위 법에 의하여 건설, 공급되는 주택을 공급받거나 공급받게 하는" 행위를 다시 처벌대상에 포함시켰으므로 피고인이 부정한 방법으로 주택을 공급받았다는 범죄사실은 범죄 후 법령이 변경된 경우에 해당된다고 볼 수 없다.

    ⓒ 위헌결정이 있는 때 : **헌법재판소의 위헌결정**으로 인하여 형벌에 관한 법률규정이 소급하여 그 효력을 상실한 경우에는 당해 피고사건은 소급하여 범죄로 되지 아니하는 때에 해당하므로(헌법재판소법 제47조 제2항) 결국 무죄가 된다(형소법 제325조, 대법원 1992.5.8, 91도2825; 1999.12.24, 99도3003; 2009. 9.10, 2008도7537; 2010.12.16, 2010도5986 전원합의체; 2011.5.13, 2009도9949[60]; 2011.6.23, 2008도7562 전원합의체). 경찰승진 10 / 법원행시 10 / 사시 12 / 경찰승진 13 / 법원승진 13 / 법원행시 14

> **판례연구** 헌법재판소의 위헌결정에 의해 무죄판결이 내려져야 하는 사례
>
> **1. 대법원 2011.6.23, 2008도7562 전원합의체**
> 집시법 중 야간옥외집회금지규정에 대한 헌법불합치결정은 위헌결정이므로 소급하여 무효가 된다는 사례
> 헌법재판소의 위헌결정은 헌법과 헌법재판소법이 규정하고 있지 않은 변형된 형태이지만 법률조항에 대한 위헌결정에 해당하므로 당해 조항을 적용하여 공소가 제기된 피고사건은 범죄로 되지 아니한 때에 해당하고, 법원은 형소법 제325조 전단에 따라 무죄를 선고하여야 한다.[61] 국가7급 14 / 사시 14
>
> **유사판례** 헌법재판소는 국회의사당 경계 지점으로부터 100미터 이내의 장소에서의 집회를 금지한 집시법 제11조 제1호에 대하여 헌법불합치 결정을 선고하였는데[헌법재판소 2018.5.31, 2013헌바322, 2016헌바354, 2017헌바360·398·471, 2018헌가3·4·9(병합)], 위 헌법불합치결정은 형벌에 관한 법률조항에 대한 위헌결정이라 할 것이고, 헌법재판소법 제47조 제3항 본문에 따라 형벌에 관한 법률조항에 대하여 위헌결정이 선고된 경우 그 조항은 소급하여 효력을 상실하므로, 법원은 당해 조항이 적용되어 공소가 제기된 피고사건에 대하여 형사소송법 제325조 전단에 따라 무죄를 선고하여야 한다(대법원 2020.5.28, 2019도8453; 2020.6.4, 2018도17454 등). 또한 관할경찰서장이 '국회의사당'이 집시법 제11조 제1호에 정해진 시위금지장소라는 이유로 같은 법 제20조 제1항 제1호에 의하여 해산명령을 하고 집회참가자가 이에 따르지 않았다는 내용의 해산명령불응죄(집시법 제24조 제5호, 제20조 제2항)의 경우, 집시법 제20조 제2항, 제1항과 결합하여 앞서 본 바와 같이 헌법불합치결정으로 소급하여 효력을 상실한 집시법 제11조 제1호를 구성요건으로 하므로 해산명령불응 부분 피고사건 역시 범죄가 되지 아니한 때에 해당한다(대법원 2020.7.9, 2019도2757; 2020.11.26, 2019도9694).
>
> **2. 대법원 2011.4.14, 2010도5605**
> 동일한 형벌조항에 대하여 헌법재판소가 합헌결정을 하였으나 사정변경을 이유로 위헌결정을 한 경우

---

60 판례 이러한 법리는 그 형벌에 관한 **법률 또는 법률조항이 대통령령에 형벌법규를 위임한 경우** 그 대통령령의 위임 근거인 법률 또는 법률조항이 위헌결정으로 인하여 소급하여 효력을 상실하고, 대통령령에 규정된 형벌법규 또한 소급하여 그 효력을 상실한 때에도 마찬가지로 적용된다(대법원 2011.5.13, 2009도9949).

61 보충 헌법재판소가 이 사건 헌법불합치결정의 주문에서 이 사건 법률조항이 개정될 때까지 계속 적용되고, 이유 중 결론에서 개정시한까지 개선입법이 이루어지지 않는 경우 그 다음날부터 효력을 상실하도록 하였더라도, 이 사건 **헌법불합치결정을 위헌결정으로 보는 이상** 이와 달리 해석할 여지가 없다. 국가7급 14

형벌조항에 대한 위헌결정의 경우, 죄형법정주의 등 헌법과 형사법하에서 형벌이 가지는 특수성에 비추어 위헌결정의 소급효와 그에 따른 재심청구권을 명시적으로 규정한 법률의 문언에 반하여 해석으로 소급효 및 피고인의 재심에 관한 권리를 제한하는 것은 허용되기 어렵고, 그에 따른 현저한 불합리는 결국 입법으로 해결할 수밖에 없다.[62] 그에 앞서 합헌으로 선언된 바 있다거나, 위 위헌결정이 위 합헌결정 이후에 발생한 관련 법률의 개정 등 외부 사정변경을 이유로 한 법원의 위헌법률심판제청에 따른 것이더라도 법률상 달리 볼 수 없다. 사시 12

3. 대법원 2013.5.16, 2011도2631 전원합의체; 2011.6.23, 2008도7562 전원합의체; 2011.5.13, 2009도9949; 2010.12.16, 2010도5986 전원합의체; 2004.9.24, 2004도3532; 1964.4.7, 64도57 등

폐지된 형벌 관련 법령이 당초부터 위헌인 경우의 효과 : 면소판결과 무죄판결의 구별

형벌에 관한 법령이 헌법재판소의 위헌결정으로 인하여 소급하여 그 효력을 상실하였거나 법원에서 위헌·무효로 선언된 경우, 형소법 제325조에 따라 무죄를 선고해야 하고, 나아가 재심이 개시된 사건에서 형벌에 관한 법령이 재심판결 당시 폐지되었다 하더라도 그 폐지가 당초부터 헌법에 위반되어 효력이 없는 법령에 대한 것이었다면 형소법 제325조의 무죄사유에 해당하는 것이지, 형소법 제326조 제4호의 면소사유에 해당한다고 할 수 없다(면소판결에 대하여 무죄판결인 실체판결을 주장하면서 상고할 수 없음이 원칙이나, 위 경우에는 면소판결에 대하여 상고가 가능함). 법원행시 15

★ 판례연구 법률조항의 개정과 위헌결정의 효력에 관한 사례

대법원 2020.2.21, 2015모2204
① 어느 법률조항의 개정이 자구만 형식적으로 변경된 데 불과하여 개정 전후 법률조항들 자체의 의미내용에 아무런 변동이 없고, 개정 법률조항이 해당 법률의 다른 조항이나 관련 다른 법률과의 체계적 해석에서도 개정 전 법률조항과 다른 의미로 해석될 여지가 없어 양자의 동일성이 그대로 유지되고 있는 경우에는 '개정 전 법률조항'에 대한 위헌결정의 효력은 그 주문에 개정 법률조항이 표시되어 있지 아니하더라도 '개정 법률조항'에 대하여도 미친다. 그러나 ② 이와 달리 '개정 법률조항'에 대한 위헌결정이 있는 경우에는, 비록 그 법률조항의 개정이 자구만 형식적으로 변경된 것에 불과하여 개정 전후 법률조항들 사이에 실질적 동일성이 인정된다 하더라도, '개정 법률조항'에 대한 위헌결정의 효력이 '개정 전 법률조항'에까지 그대로 미친다고 할 수는 없다.

④ 형이 구법보다 가벼워진 때(2020.12.8. 우리말 순화 개정법 제1조 제2항)

　　㉠ 형이 구법보다 가벼워진 때 : 신법의 형이 구법의 형보다 경(輕)하게 된 것인가에 관련한 형의 경중은 형법 제50조에 따라 결정하며, 제1조 제2항의 형(刑)은 법정형을 의미한다. 경찰채용 11 2차 / 법원9급 11 / 국가9급 23 이러한 형의 경중의 판단은 종합적·전체적 판단을 통해서 행해져야 할 것이다.

　　　　ⓐ 법정형 중 병과형 또는 선택형이 있을 때에는 가장 무거운 형을 기준으로 형의 경중을 정하고(대법원 1983.11.8, 83도2499[63]; 1992.11.13, 92도2194) 경찰승진 10 / 경찰승진 11 / 국가9급 11 가장 무거운 형이 같을 때에는 벌금형·부가형도 비교해야 한다(다수설). 사시 14

　　　　ⓑ 형을 가중·감경할 때에는 형의 가중 또는 감경을 한 후에 비교해야 한다(대법원 1960.9.6, 4293형상296).[64]

ⓒ 범죄 후 여러 차례 법률이 변경되어 행위시법과 재판시법 사이에 중간시법이 있는 경우에는 그 가운데 가장 경한 법률이 적용된다(대법원 1962.5.17, 61형상76; 1968.12.17, 68도1324). 경찰승진 10 / 경찰채용 12 2차

ⓓ (ⅰ) 구법에서 징역형만 규정하고 있다가 법이 개정되어 신법에서 징역 또는 벌금에 처하도록 된 경우라든가(대법원 1996.7.26, 96도1158), 경찰채용 12 2차 / 경찰간부 15 (ⅱ) 사후적 경합범의 요건(제37조 후단) 및 처리(제39조 제1항)에 관한 규정이 개정된 경우(대법원 2004.1.27, 2001도3178 경찰간부 17; 2005.11.25, 2005도6457[65]), (ⅲ) 구법에 의할 때 반의사불벌죄가 아닌 죄가 신법에 의할 때 반의사불벌죄로 변경된 경우(대법원 2005.10.28, 2005도4462)에는 모두 '구법보다 신법이 가벼워진 때'의 경우로 보아 재판시법이 소급적용된다.

★ 판례연구 형법 제1조 제2항의 형이 구법보다 가벼워진 때에 해당한다는 사례

1. 대법원 1996.7.26, 96도1158

형법의 개정으로 인하여 형이 가볍게 변경되었다는 이유로 원심판결을 파기한 사례

1995.12.29. 법률 제5057호로 개정되어 1996.7.1.부터 시행되는 형법 제231조, 제234조에 의하면 구 형법의 같은 조항의 법정형이 "5년 이하의 징역"이었던 것이 "5년 이하의 징역 또는 1천만 원 이하의 벌금"이 되어 벌금형이 추가됨으로써 원심판결 후에 형이 가볍게 변경되었음이 분명하므로, 원심판결 중 사문서위조 및 동행사죄에 관한 부분은 그대로 유지될 수 없다고 하면서 위 죄들과 형법 제37조 전단의 경합범 관계에 있는 사기죄에 대하여 단일한 형을 선고한 원심판결 전부를 파기한다. 경찰채용 12 2차 / 경찰간부 15

2. 유사 대법원 1992.11.13, 92도2194

형의 경중 비교시의 기준형(=법정형) 및 병과형 또는 선택형이 있는 경우 법정형의 경중 비교방법

형의 경중의 비교는 원칙적으로 법정형을 표준으로 할 것이고 처단형이나 선고 형에 의할 것이 아니며, 법정형의 경중을 비교함에 있어서 법정형 중 병과형 또는 선택형이 있을 때에는 이 중 가장 중한 형을 기준으로 하여 다른 형과 경중을 정하는 것이 원칙이다. 원심이 적용한 구 외국환관리법(외환밀반출)은 그 법정형이 10년 이하의 징역 또는 천만 원 이하의 벌금에 처하는 등으로 규정되어 있음에 비하여, 신법인 개정 후의 외국환관리법 제31조 제1항의 법정형은 3년 이하의 징역 또는 2천만 원 이하의 벌금으로 규정되어 있는바, 신법인 개정 후 외국환관리법의 형이 구법의 형보다 경하다고 할 것이다. 따라서 피고인의 위 범죄사실에 대하여는 경한 법인 신법이 적용되어야 할 것이므로 위 범죄사실에 대하여 구법을 적용한 원심판결은 형사소송법 제383조 제2호에 의하여 유지될 수 없다. 논지는 이유 있다. 또한 위 범죄사실과 경합범으로 처벌할 무인가환전상업무죄에 경합범 가중한 형은 오히려 신법이 더 중하게 된다 하더라도, 형의 경중의 비교는 원칙적으로 법정형을 표준으로 할 것이고, 처단형이나 선고형에 의할 것이 아니다(법정형을 기준으로 할 때 여전히 신법이 경함).

3. 유사 대법원 1996.2.13, 95도2843

개정법에 의하여 벌금형의 하한이 없어진 경우 직권으로 구법을 적용한 원심판결을 파기한 사례

원심은 군의회 의원선거에서 최종학력에 관하여 허위사실을 공표하게 한 범죄사실에 대하여 당시 시행 중인 공직선거법 제250조 제1항을 적용하였는데, 위 법이 상고심 계속 중 개정되었고 개정된 법 제250조 제1항에 의하면 개정 전의 '3년 이하의 징역 또는 200만 원 이상 1천만 원 이하의 벌금'이 '3년 이하의 징역 또는 1천만 원 이하의 벌금'으로 되어 형법 제1조 제2항에 따라 개정된 법률에 의하여 처벌하여야 할 것이므로 개정 전의 법조를 적용한 원심판결은 결과적으로 법률적용이 잘못된 것이므로 직권으로 파기한다.

4. 대법원 2004.1.27, 2001도3178

2004.1.20. 법률 제7077호로 개정된 형법 제37조 후단 경합범의 요건의 소급적용

2004.1.20. 법률 제7077호로 공포, 시행된 형법 중 개정법률에 의해 형법 제37조 후단의 "판결이 확정된 죄"가

판결에 영향을 미치는 경우에 해당한다 할 것이다(대법원 1960.9.6, 4293형상296).

65 판례 2005.7.29. 개정형법 제39조 제1항(사후적 경합범의 처리)도 경한 신법 소급의 원칙에 의해 소급한다(대법원 2005.11.25, 2005도6457). 이에 대해 자세한 것은 제2편 범죄론 제8장 죄수론에서 후술한다.

"금고 이상의 형에 처한 판결이 확정된 죄"로 개정되었는바, 위 개정법률은 특별한 경과규정을 두고 있지 않으나, 형법 제37조는 경합범의 처벌에 관하여 형을 가중하는 규정으로서 일반적으로 두 개의 형을 선고하는 것보다는 하나의 형을 선고하는 것이 피고인에게 유리하므로 위 개정법률을 적용하는 것이 오히려 피고인에게 불리하게 되는 등의 특별한 사정이 없는 한 형법 제1조 제2항을 유추적용하여 위 개정법률 시행 당시 법원에 계속 중인 사건 중 위 개정법률 전에 벌금형에 처한 판결이 확정된 경우에도 적용되는 것으로 보아야 한다. 경찰간부 17

5. 유사 대법원 2005.10.28, 2005도6088

원심판결 선고 후 형법 제39조 제1항이 개정되어 '판결 후 형의 변경이 있는 때'에 해당하는 사유가 있게 되었다고 보아 원심판결을 파기한 사례

원심판결이 선고된 뒤인 2005.7.29. 법률 제7623호로 형법 제39조 제1항이 개정되어 경합범 중 판결을 받지 아니한 죄가 있는 때에는 그 죄와 판결이 확정된 죄를 동시에 판결할 경우와 형평을 고려하여 그 죄에 대하여 형을 선고하되, 이 경우 그 형을 감경 또는 면제할 수 있게 되었고, 부칙에서는 종전의 규정을 적용하는 것이 행위자에게 유리한 경우를 제외하고 원칙적으로 개정법률을 그 시행 전에 행하여진 죄에 대하여도 적용하도록 규정하고 있다. 따라서 종전의 규정을 적용하는 것이 피고인에게 유리한 경우에 해당하지 않는 이 사건에 있어서 종전 판결의 확정 전에 범한 피고인 3의 판시 제9의 죄 부분에 대하여 개정법률이 적용되게 되었으므로, 원심판결 중 이 부분 범죄사실에 관하여는 형사소송법 제383조 제2호 소정의 "판결 후 형의 변경이 있는 때"에 해당하는 사유가 있다고 보아야 할 것이고, 이 점에서 원심판결 중 피고인 3의 판시 제9의 죄에 대한 부분은 더 이상 유지될 수 없다.

6. 대법원 2005.10.28, 2005도4462

원심판결 선고 후에 근로기준법이 개정되어 반의사불벌죄로 개정된 사례

이른바 반의사불벌죄에 있어서 처벌불원의 의사표시의 부존재는 소극적 소송조건으로서 직권조사사항이라 할 것이고(대법원 2002.3.15, 2002도158 참조), 2005.3.31. 법률 제7465호로 개정되어 2005.7.1.부터 시행된 근로기준법 제112조 제2항에 의하면, 종전에는 피해자의 의사에 상관없이 처벌할 수 있었던 근로기준법 제112조 제1항, 제36조 위반죄가 반의사불벌죄로 개정되었고, 부칙에는 그 적용과 관련한 경과규정이 없지만 개정법률이 피고인에게 더 유리할 것이므로 형법 제1조 제2항에 의하여 피고인에 대하여는 개정법률이 적용되어야 할 것인바, 처벌을 원하지 아니한다고 진술한 위 피해자들에 대한 부분에 있어서는 개정법률에 따라 형사소송법 제327조 제2호에 따라 공소제기의 절차가 법률의 규정에 위반된다고 하여 공소기각의 판결을 선고하여야 할 것임에도, 이에 대하여 종전의 규정을 적용한 원심판결에는 결국 형사소송법 제383조 제2호 소정의 "판결 후 형의 변경이 있는 때"에 준하는 사유가 있다고 보아야 할 것이어서 파기를 면할 수 없다.

7. 대법원 2010.10.28, 2010도7997

단순강간상해죄가 특정강력범죄에 해당하지 않게 된 경우

2010.3.31. 법률 제10209호로 개정된 특강법 제2조 제1항 제3호의 개정취지 등을 고려하면 '흉기나 그 밖의 위험한 물건을 휴대하거나 2인 이상이 합동하여 범한'이라는 요건은 개정 전 특강법에서의 해석과 달리 형법 제301조에도 요구되는 것으로 보는 것이 합리적이므로 이는 피고인에게 유리하게 이루어진 것으로 형법 제1조 제2항에 규정된 범죄 후 법률의 변경에 해당한다.

8. 대법원 2012.9.13, 2012도7760

단순강간 등 상해·치상죄가 특강범죄이었다가 삭제된 후 다시 포함된 경우의 적용법률

특정강력범죄의 처벌에 관한 특례법이 2010.3.31. 개정되기 전에 단순 강간행위에 의한 강간 등 상해·치상죄가 이루어진 경우, 위 죄가 위와 같이 개정된 같은 법 제2조 제1항 제3호에 규정된 '특정강력범죄'에 해당하지 않게 되었다가, 다시 위 규정이 2011.3.7. 개정되면서 2010.3.31. 개정 전과 같은 내용이 된 경우, 범죄행위 시와 재판 시 사이에 여러 차례 법령이 개정되어 형의 변경이 있는 경우에는 이 점에 관한 당사자의 주장이 없더라도 형법 제1조 제2항에 의하여 직권으로 그 전부의 법령을 비교하여 그 중 가장 형이 가벼운 법령을 적용하여야 하므로, 법률 제10209호 특강법 개정 전에 이루어진 단순 강간행위에 의한 상해·치상의 죄는 2011.3.7.의 개정에도 불구하고 여전히 특정강력범죄에 해당하지 않는다. 경찰승진 15 / 변호사 15 / 경찰승진 16

9. 대법원 2011.3.24, 2009도7230; 2010.12.9, 2010도12069

양벌규정이 개정되면서 사업주에 대한 면책규정이 추가된 경우

구 주택법 제100조의 양벌규정은 2009년 개정되면서 사업주인 법인이 그 위반행위를 방지하기 위하여 해당 업무에 관하여 상당한 주의와 감독을 게을리하지 아니한 경우에는 양벌규정에 의하여 처벌하지 않는다는 내용의 단서 규정이 추가되었는 바, 이는 범죄 후 법률의 변경에 의하여 그 행위가 범죄를 구성하지 아니하거나 형이 구법보다 경한 경우에 해당한다고 할 것이다. 변호사 13

ⓛ 신법에 따른다 : 경한 신법의 형으로 처벌형이 구법보다 경하게 된 때로 판단되는 경우에는 경한 신법에 의하여 처벌된다.

🔨 **판례연구** 형법 제1조 제2항의 '신법에 따른다'의 의미

1. 대법원 1991.1.8, 90도2485
특가법 적용 기준 뇌물액수가 증액된 경우 신법적용
구 특가법 제2조 제1항 제1호가 항소심판결선고 후에 개정되어 피고인의 행위가 동법상 범죄구성요건을 충족할 수 없게 된 경우(특가법상 가중처벌되는 뇌물액수의 증액이 있게 된 경우) 위 특가법이 적용될 수 없으므로 경한 신법(일반형법)이 적용되어야 한다.

유사판례 특경법상 가중처벌되는 사기죄의 액수가 증액된 경우 : 경한 신법 적용 : 특(경법)
피고인이 사기죄로 인하여 취득하거나 제3자로 하여금 취득하게 한 재산상 이익의 가액이 1억 원 이상 10억 원 미만인 때에 해당한다는 이유로 구 특경법 제3조 제1항 제3호를 적용하여 가중처벌하는 항소심판결이 선고된 뒤인 법률이 개정되어 위의 이득액이 5억 원 이상인 때에만 그 죄를 범한 자를 가중 처벌할 수 있도록 개정되었다면 형소법 제383조 제2호 소정의 "판결 후 형의 변경이 있는 때"에 해당하는 사유가 있다고 보아야 한다(대법원 1991.1.25, 90도2560). 경찰채용 21 1차

2. 대법원 1987.12.22, 87도84; 2008.12.11, 2008도4376
법정형이 가벼워진 경우 공소시효기간도 경한 신법 기준
범죄 후 법률의 개정에 의하여 법정형이 가벼워진 경우에는 형법 제1조 제2항에 의하여 당해 범죄사실에 적용될 가벼운 법정형(신법의 법정형)이 공소시효기간의 기준이 된다. 경찰채용 14 2차 / 경찰간부 11·13 / 경찰승진 16·22 / 국가9급 20 / 국가7급 10·12 / 법원승진 12 / 사시 13

3. 대법원 2021.9.9, 2019도5371
공소시효 특례 규정이 더 중해진 경우 개정법의 적용범위는 개정 후 행위에 한한다는 사례
구 군형법 제94조는 '정치관여'라는 표제 아래 "정치단체에 가입하거나 연설, 문서 또는 그 밖의 방법으로 정치적 의견을 공표하거나 그 밖의 정치운동을 한 자는 2년 이하의 금고에 처한다."라고 규정하였다. 그런데 2014.1.14. 법률 제12232호로 개정된 군형법 제94조는 '정치관여'라는 표제 아래 제1항에서는 처벌대상이 되는 정치관여 행위를 제1 내지 제6의 각호로 열거하면서 각호의 어느 하나에 해당하는 행위를 한 사람은 5년 이하의 징역과 5년 이하의 자격정지에 처한다고 규정하고, 제2항에서는 "제1항에 규정된 죄에 대한 공소시효의 기간은 군사법원법 제291조 제1항에도 불구하고 10년으로 한다."라고 규정하였다. 위와 같은 법률 개정 전후의 문언에 따르면, 군형법상 정치관여죄는 2014.1.14.자 법률 개정을 통해 구성요건이 세분화되고 법정형이 높아짐으로써 그 실질이 달라졌다고 평가할 수 있고, 공소시효 기간에 관한 특례 규정인 개정 군형법 제94조 제2항은 개정 군형법상의 정치관여죄에 대하여 규정하고 있음이 분명하다. 따라서 개정 군형법 제94조 제2항에 따른 10년의 공소시효 기간은 개정 군형법 시행 후에 행해진 정치관여 범죄에만 적용된다.[66]

---

66 보충 원심은 위 법리와 같은 취지에서 구 군형법 시행 당시에 행해진 공소사실에 대하여 개정 군형법 제94조 제2항이 아닌 군사법원법 제291조 제1항에서 정한 공소시효 기간(5년)에 따라 그 공소시효가 완성되었다고 보아 이유에서 면소로 판단하였고, 대법원은 원심의 위와 같은 판단을 수긍한 사례이다.

ⓒ 특별법에 무거운 구법을 적용한다는 부칙 등을 둔 경우 : 형을 종전보다 가볍게 형벌법규를 개정하면서 그 부칙으로 개정 전 범죄에 대하여는 종전의 형벌법규를 적용하도록 규정한다 하여 죄형법정주의에 반하거나 범죄 후 형의 변경이 있는 경우라 할 수 없으므로 제1조 제2항의 신법우선주의가 적용될 여지가 없다(대법원 1995.1.24, 94도2787).[67] _{법원9급 05 / 법원행시 05 / 법원행시 06 / 국가7급 07 / 법원9급 08}

_{/ 법원행시 08 / 국가9급 09 / 법원행시 10 / 국가9급 11 / 법원9급 11 / 법원행시 11 / 국가7급 13 / 법원행시 13 / 사시 13 / 경찰채용 14}

_{2차 / 국가9급 14 / 사시 14 / 경찰승진 15 / 사시 15}

⑤ 재판이 확정된 후 법률이 변경되어 범죄를 구성하지 않게 된 경우(2020.12.8. 우리말 순화 개정법 제1조 제3항)

ⓐ 형집행면제 : 제1조 제3항은 행위시법에 의하여 판결이 확정되었더라도 형집행에 있어서 행위시법(구법)이 폐지된 경우에는 형의 집행을 면제한다고 밝히고 있다. 이러한 경우까지 형집행을 강제하는 것은 무의미하기 때문이다.

ⓑ 재판이 확정된 후 형이 가벼워진 경우 : 재판이 확정된 후 형이 구법보다 가볍게 개정된 경우에 대해서는 아무런 규정을 두고 있지 않으므로 무거운 구법에 의하여 확정된 형을 그대로 집행해야 한다. _{국가7급 09} 행위시법주의를 원칙으로 정한 우리 형법에 있어서 재판시법이 적용되는 예외에 해당하지 않는다면 행위시법을 따를 수밖에 없기 때문이다.

표정리 시간적 적용범위 개관

원 칙	제1조 제1항의 행위시법주의	
예 외	범죄 후-재판확정 전(제1조 제2항)	재판확정 후(제1조 제3항)
면소 등	신법 소급 적용 ⇨ 면소판결	신법 소급 적용 ⇨ 형집행면제(유죄판결, 전과 남음)
경한 형으로 변경	신법 소급 적용 ⇨ 경한 형 적용	규정 無 ⇨ 구법(중한 형) 적용

(3) 형법 제1조 제2항의 적용의 요건에 관한 최근 판례의 정리

① 의의 : 범죄 후 피고인에게 유리한 법률변경(범죄를 구성하지 않거나 법정형이 감경된 경우)이 있으면 기술한 바와 같이 형법 제1조 제2항의 재판시법주의(형사소송법에서는 제326조 제4호)를 적용해야 함에도 불구하고, 종래 판례는 법률변경의 동기가 '종전의 조치가 부당하다는 데에서 나온 반성적 조치', 즉 법률이념의 변경에서 우러나온 것일 때 비로소 형법 제1조 제2항을 적용할 수 있다는 제한적인 입장을 오랜 기간 취하여 왔고, 이렇게 법령의 변경에 관한 입법자의 동기를 고려하는 판례의 입장을 통상 '동기설'이라 명명해왔다. 그러다가 대법원은 최근 전원합의체 판결을 내려 종래의 동기설을 폐지하고 형법 제1조 제2항의 적용의 요건에 관한 새로운 해석론을 제시하였다(대법원 2022.12.22, 2020도16420 전원합의체, 이하 '동기설 폐지 판례'로 부름).

② 원칙 : 범죄 후 법률이 변경되어 그 행위가 범죄를 구성하지 아니하게 되거나 형이 구법보다 가벼워진 경우에는 신법에 따라야 한다(형법 제1조 제2항, 또한 범죄 후의 법령 개폐로 형이 폐지되었을 때는 판결로써 면소의 선고를 하여야 한다. 형사소송법 제326조 제4호). 이러한 형법 제1조 제2항(과 형사소송법 제326조 제4호)의 규정은 입법자가 법령의 변경 이후에도 종전 법령 위반행위에 대한 형사처벌을 유지한다는

---

67 유의할 판례 : 시기별로 적용법률을 특정해야 한다고 한 사례 일반적으로 **계속범**의 경우 실행행위가 종료되는 시점에서의 법률이 적용되어야 할 것이나, 법률이 개정되면서 그 부칙에서 '개정된 법 시행 전의 행위에 대한 벌칙의 적용에 있어서는 종전의 규정에 의한다'는 경과규정을 두고 있는 경우 개정된 법이 시행되기 전의 행위에 대해서는 개정 전의 법을, 그 이후의 행위에 대해서는 개정된 법을 각각 적용하여야 한다(계속범의 성질을 갖는 건축법상 무단 용도변경·사용에 대하여 시기별로 각각의 독립된 행위로 평가하여 적용 법률을 특정하고 그에 따라 유·무죄의 판단을 달리하여야 한다고 본 사례)(대법원 2001.9.25, 2001도3990).

내용의 경과규정을 따로 두지 않는 한 그대로 적용되어야 한다. 따라서 범죄의 성립과 처벌에 관하여 규정한 형벌법규 자체 또는 그로부터 수권 내지 위임을 받은 법령의 변경에 따라 범죄를 구성하지 아니하게 되거나 형이 가벼워진 경우에는, 종전 법령이 범죄로 정하여 처벌한 것이 부당하였다거나 과형이 과중하였다는 반성적 고려에 따라 변경된 것인지 여부를 따지지 않고 원칙적으로 형법 제1조 제2항(과 형사소송법 제326조 제4호)이 적용된다.[68]

③ 형법 제1조 제2항의 법률의 변경에 해당하는 경우 : 형벌법규가 대통령령, 총리령, 부령과 같은 법규명령이 아닌 고시 등 행정규칙·행정명령, 조례 등(이하 '고시 등 규정')에 구성요건의 일부를 수권 내지 위임한 경우에도 이러한 고시 등 규정이 위임입법의 한계를 벗어나지 않는 한 형벌법규와 결합하여 법령을 보충하는 기능을 하는 것이므로, 그 변경에 따라 범죄를 구성하지 아니하게 되거나 형이 가벼워졌다면 마찬가지로 형법 제1조 제2항(과 형사소송법 제326조 제4호)이 적용된다.

④ 형법 제1조 제2항의 법률의 변경에 해당하지 않는 경우

  ㉠ 범죄의 성립 및 처벌과 직접적으로 관련되지 않는 법령의 변경 : 해당 형벌법규 자체 또는 그로부터 수권 내지 위임을 받은 법령이 아닌 다른 법령이 변경된 경우 형법 제1조 제2항(과 형사소송법 제326조 제4호)을 적용하려면, 해당 형벌법규에 따른 범죄의 성립 및 처벌과 직접적으로 관련된 형사법적 관점의 변화를 주된 근거로 하는 법령의 변경에 해당하여야 하므로, 이와 관련이 없는 법령의 변경으로 인하여 해당 형벌법규의 가벌성에 영향을 미치게 되는 경우에는 형법 제1조 제2항(과

---

[68] **보충1** 법령 변경의 동기가 반성적 고려에 따른 경우에만 형법 제1조 제2항과 형사소송법 제326조 제4호를 적용하는 해석론은 결국 법문에 없는 추가적인 적용 요건을 설정하는 것으로서 목적론적 축소해석에 해당한다고 볼 수 있다. 그러나 법문을 기초로 한 엄격해석의 원칙은 형사법 해석의 기본 원칙으로서 최대한 존중되어야 하고, 목적론적 해석도 문언의 통상적인 의미를 벗어나서는 아니 된다. 특히 형법 제1조 제2항과 형사소송법 제326조 제4호의 적용 여부는 개별 사건에서 해당 피고인에 대한 형사처벌 여부와 법정형을 곧바로 결정하는 중요한 문제이다. 피고인에게 유리한 형법 제1조 제2항과 형사소송법 제326조 제4호를 축소해석하는 것은 결국 처벌 범위의 확장으로 이어지게 되므로, 목적론적 관점에서 이를 제한적으로 해석하는 것에는 신중을 기하여야 한다. 나아가 이 사건의 쟁점은 형벌법규의 시적 적용 범위에 관한 것으로서 행위시법과 재판시법 사이에서 형사재판의 적용법조를 결정하는 문제이므로, 형사절차의 명확성과 안정성, 예측가능성을 담보하기 위하여 가장 기초가 되는 사항이다. 따라서 형사법의 체계상으로도 법문에 충실한 해석의 필요성이 무엇보다 큰 영역에 해당하므로, 형법 제1조 제2항과 형사소송법 제326조 제4호에 관한 목적론적 축소해석은 법률문언의 가능한 의미를 기초로 하여 불가피하고 합리적인 범위 내로 최대한 제한되어야 한다.

보충2 이와 달리 형법 제1조 제2항과 형사소송법 제326조 제4호는 형벌법규 제정의 이유가 된 법률이념의 변경에 따라 종래의 처벌 자체가 부당하였다거나 또는 과형이 과중하였다는 반성적 고려에서 법령을 변경하였을 경우에만 적용된다고 한 대법원판결들은 이 판결의 견해에 배치되는 범위 내에서 모두 변경하기로 한다.

보충3 피고인은 도로교통법위반(음주운전)죄로 4회 처벌받은 전력이 있음에도 2020. 1. 5. 혈중알코올농도 0.209%의 술에 취한 상태로 전동킥보드를 운전하였다. 원심은 구 도로교통법(2020. 6. 9. 법률 제17371호로 개정되어 2020. 12. 10. 시행되기 전의 것, 이하 같다) 제148조의2 제1항, 도로교통법 제44조 제1항을 적용하여 이 부분 공소사실을 유죄로 판단하였다. **구 도로교통법**이 2020. 6. 9. **법률 제17371호**로 개정되어 원심판결 선고 후인 2020. 12. 10. 개정 도로교통법이 시행되면서 제2조 제19호의2 및 제21호의2에서 이 사건 전동킥보드와 같은 '개인형 이동장치'와 이를 포함하는 '자전거등'에 관한 정의규정을 신설하였다. 이에 따라 개인형 이동장치는 자전거등에 해당하게 되었으므로, 자동차등 음주운전 행위를 처벌하는 제148조의2의 적용 대상에서 개인형 이동장치를 운전하는 경우를 제외하는 한편, 개인형 이동장치 음주운전 행위에 대하여 자전거등 음주운전 행위를 처벌하는 제156조 제11호를 적용하도록 규정하였다(이하 '이 사건 법률 개정'이라고 한다). 그 결과 이 부분 공소사실과 같이 도로교통법 제44조 제1항 위반 전력이 있는 사람이 다시 술에 취한 상태로 전동킥보드를 운전한 행위에 대하여, 이 사건 법률 개정 전에는 구 도로교통법 제148조의2 제1항을 적용하여 2년 이상 5년 이하의 징역이나 1천만 원 이상 2천만 원 이하의 벌금으로 처벌하였으나, **이 사건 법률 개정 후에는 도로교통법 제156조 제11호**를 적용하여 20만 원 이하의 벌금이나 구류 또는 과료로 처벌하게 되었다. 이 사건 법률 개정은 이러한 내용의 신법 시행 전에 이루어진 구 도로교통법 제148조의2 제1항 위반행위에 대하여 종전 법령을 그대로 적용할 것인지에 관하여 **별도의 경과규정**을 두고 있지 아니하다. …… 이러한 이 사건 법률 개정은 구성요건을 규정한 형벌법규 자체의 개정에 따라 형이 가벼워진 경우에 해당함이 명백하므로, 종전 법령이 반성적 고려에 따라 변경된 것인지 여부를 따지지 않고 형법 제1조 제2항을 적용하여야 한다. 결국 이 부분 공소사실 기재 행위는 형법 제1조 제2항에 따라 행위시법인 구 도로교통법 제148조의2 제1항, 도로교통법 제44조 제1항으로 처벌할 수 없고, 원심판결 후 시행된 이 사건 법률 개정을 반영하여 신법인 도로교통법 제156조 제11호, 제44조 제1항으로 처벌할 수 있을 뿐이므로, 원심판결 중 이 부분 공소사실에 관한 부분은 형사소송법 제383조 제2호의 "판결 후 형의 변경이 있는 때"에 해당하여 더 이상 유지될 수 없다.

형사소송법 제326조 제4호)이 적용되지 않는다. 따라서 해당 형벌법규와 수권 내지 위임관계에 있지 않고 보호목적과 입법취지를 달리하는 민사적·행정적 규율의 변경이나, 형사처벌에 관한 규범적 가치판단의 요소가 배제된 극히 기술적인 규율의 변경 등에 따라 간접적인 영향을 받는 것에 불과한 경우는 형법 제1조 제2항(과 형사소송법 제326조 제4호)에서 말하는 법령의 변경에 해당한다고 볼 수 없다.[69]

ⓒ 한시법의 유효기간의 경과 : 법령이 개정 내지 폐지된 경우가 아니라, 스스로 유효기간을 구체적인 일자나 기간으로 특정하여 효력의 상실을 예정하고 있던 법령이 그 유효기간을 경과함으로써 더 이상 효력을 갖지 않게 된 경우도 형법 제1조 제2항(과 형사소송법 제326조 제4호)에서 말하는 법령의 변경에 해당한다고 볼 수 없다.[70]

🔨 **판례연구** 동기설 폐지 판례에 따른 판례들

1. 대법원 2023.2.23, 2022도6434
해당 형벌법규 자체 또는 그로부터 수권 내지 위임을 받은 법령이 아닌 다른 법령의 변경으로 인한 형법 제1조 제2항의 적용 여부
법무사 甲은 개인회생·파산사건 관련 법률사무를 위임받아 취급하여 변호사법 제109조 제1호 위반으로 기소되었는데 그 후 개인회생·파산사건 신청대리업무를 법무사의 업무로 추가하는 법무사법 개정(2020.2.4. 개정 법무사법 제2조 제1항 제6호)[71]이 이루어진 경우, …… 해당 형벌법규 자체 또는 그로부터 수권 내지 위임을 받은 법

---

69 **보충** 해당 형벌법규 자체 또는 그로부터 수권 내지 위임을 받은 법령이 아닌 다른 법령이 변경되어 결과적으로 해당 형벌법규에 따른 범죄가 성립하지 아니하게 되거나 형이 가벼워진 경우에는, 문제된 법령의 변경이 해당 형벌법규에 따른 범죄의 성립 및 처벌과 직접적으로 관련된 형사법적 관점의 변화를 주된 근거로 하는 것인지 여부를 면밀히 따져 보아야 한다. 해당 형벌법규의 가벌성과 직접적으로 관련된 형사법적 관점의 변화가 있는지 여부는 종래 대법원판례가 기준으로 삼은 반성적 고려 유무와는 구별되는 것이다. 이는 입법자에게 과거의 처벌이 부당하였다는 반성적 고려가 있었는지 여부를 추단하는 것이 아니라, 법령의 변경이 향후 문제된 형사처벌을 더 이상 하지 않겠다는 취지의 규범적 가치판단을 기초로 한 것인지 여부를 판단하는 것이다. 이는 입법자의 내심의 동기를 탐지하는 것이 아니라, 객관적으로 드러난 사정을 기초로 한 법령해석을 의미한다. 즉 해당 형벌법규에 따른 범죄 성립의 요건과 구조, 형벌법규와 변경된 법령과의 관계, 법령 변경의 내용·경위·보호목적·입법취지 등을 종합적으로 고려하여, 법령의 변경이 해당 형벌법규에 따른 범죄의 성립 및 처벌과 직접적으로 관련된 형사법적 관점의 변화를 주된 근거로 한다고 해석할 수 있을 때 형법 제1조 제2항과 형사소송법 제326조 제4호를 적용할 수 있다.

70 **보충** 법령 제정 당시부터 또는 폐지 이전에 스스로 유효기간을 구체적인 일자나 기간으로 특정하여 효력의 상실을 예정하고 있던 법령이 그 유효기간을 경과함으로써 더 이상 효력을 갖지 않게 된 경우도 형법 제1조 제2항과 형사소송법 제326조 제4호의 적용 대상인 법령의 변경에 해당한다고 볼 수 없다. 이러한 법령 자체가 명시적으로 예정한 유효기간의 경과에 따른 효력 상실은 일반적인 법령의 개정이나 폐지 등과 같이 애초의 법령이 변경되었다고 보기 어렵고, 어떠한 형사법적 관점의 변화 내지 형사처벌에 관한 규범적 가치판단의 변경에 근거하였다고 볼 수도 없다. 유효기간을 명시한 입법자의 의사를 보더라도 유효기간 경과 후에 형사처벌 등의 제재가 유지되지 않는다면 유효기간 내에도 법령의 규범력과 실효성을 확보하기 어려울 것이므로, 특별한 사정이 없는 한 유효기간 경과 전의 법령 위반행위는 유효기간 경과 후에도 그대로 처벌하려는 취지라고 보는 것이 합리적이다.

71 **참조조문** 변호사법 제109조(벌칙) 다음 각 호의 어느 하나에 해당하는 자는 7년 이하의 징역 또는 5천만원 이하의 벌금에 처한다. 이 경우 벌금과 징역은 병과(併科)할 수 있다.
1. 변호사가 아니면서 금품·향응 또는 그 밖의 이익을 받거나 받을 것을 약속하고 또는 제3자에게 이를 공여하게 하거나 공여하게 할 것을 약속하고 다음 각 목의 사건에 관하여 감정·대리·중재·화해·청탁·법률상담 또는 법률 관계 문서 작성, 그 밖의 법률사무를 취급하거나 이러한 행위를 알선한 자
   가. 소송 사건, 비송 사건, 가사 조정 또는 심판 사건 (이하 생략)
법무사법 제2조(업무) ① 법무사의 업무는 다른 사람이 위임한 다음 각 호의 사무로 한다. <개정 2020.2.4.>
1. 법원과 검찰청에 제출하는 서류의 작성
2. 법원과 검찰청의 업무에 관련된 서류의 작성
3. 등기나 그 밖에 등록신청에 필요한 서류의 작성
4. 등기·공탁사건(供託事件) 신청의 대리(代理)
5. 「민사집행법」에 따른 경매사건과 「국세징수법」이나 그 밖의 법령에 따른 공매사건(公賣事件)에서의 재산취득에 관한 상담, 매수신청 또는 입찰신청의 대리

령이 아닌 다른 법령이 변경된 경우 형법 제1조 제2항과 형사소송법 제326조 제4호를 적용하려면, 해당 형벌법규에 따른 범죄의 성립 및 처벌과 직접적으로 관련된 형사법적 관점의 변화를 주된 근거로 하는 법령의 변경에 해당하여야 하므로, 이와 관련이 없는 법령의 변경으로 인하여 해당 형벌법규의 가벌성에 영향을 미치게 되는 경우에는 형법 제1조 제2항과 형사소송법 제326조 제4호가 적용되지 않는다. …… 이 사건 법률 개정으로 제6호의 내용이 추가된 법무사법 제2조는 이 부분 공소사실의 해당 형벌법규인 변호사법 제109조 제1호 또는 그로부터 수권 내지 위임을 받은 법령이 아닌 별개의 다른 법령에 불과하고, 법무사의 업무범위에 관한 규정으로서 기본적으로 형사법과 무관한 행정적 규율에 관한 내용이므로, 이는 타법에서의 비형사적 규율의 변경이 문제된 형벌법규의 가벌성에 간접적인 영향을 미치는 경우에 해당할 뿐이어서, 원칙적으로 형법 제1조 제2항과 형사소송법 제326조 제4호의 적용 대상인 형사법적 관점의 변화에 근거한 법령의 변경에 해당한다고 볼 수 없다. 또한 법무사법 제2조가 변호사법 제109조 제1호 위반죄와 불가분적으로 결합되어 그 보호목적과 입법취지 등을 같이 한다고 볼 만한 특별한 사정도 인정하기 어렵다. 형법 제1조 제2항과 형사소송법 제326조 제4호를 적용하지 아니하고 유죄로 인정하는 것이 타당하다. 국가9급 24

2. 대법원 2023.6.29, 2022도13430

특가법상 위험운전치사상죄에 대한 전동킥보드 등 개인형 이동장치의 해당 여부

피고인은, '2020.10.9. 음주의 영향으로 정상적인 운전이 곤란한 상태에서 전동킥보드를 운전하여 사람을 상해에 이르게 하였다'는 특정범죄 가중처벌 등에 관한 법률 위반(위험운전치상) 등의 공소사실로 기소되었다.[72] 피고인의 위 범행 이후인 (2020.6.9. 개정되어) 2020.12.10. 시행된 개정 도로교통법은 전동킥보드와 같은 '개인형 이동장치'에 관한 규정을 신설하면서, 이를 원동기장치자전거가 포함된 제2조 제21호의 '자동차 등'이 아닌 동조 제21호의2의 '자전거 등'으로 분류하였다. 이렇게 개정 도로교통법이 전동킥보드와 같은 '개인형 이동장치'를 '자동차 등'이 아닌 '자전거 등'으로 분류하였다고 하여도 이를 형법 제1조 제2항의 '범죄 후 법률이 변경되어 그 행위가 범죄를 구성하지 아니하게 된 경우'라고 볼 수는 없다.

비교판례 대법원 2022.12.22, 2020도16420 전원합의체

도로교통법상 음주운전죄에 관한 도로교통법상 자전거등 음주운전죄의 신설과 그 적용법률(소위 동기설 폐지 판례)

피고인은 도로교통법위반(음주운전)죄로 4회 처벌받은 전력이 있음에도 2020.1.5. 혈중알코올농도 0.209%의 술에 취한 상태로 전동킥보드를 운전하였다. 원심은 구 도로교통법(2020.6.9. 법률 제17371호로 개정되어 2020.12.10. 시행되기 전의 것, 이하 같다) 제148조의2 제1항, 도로교통법 제44조 제1항을 적용하여 이 부분 공소사실을 유죄로 판단하였는데(2년 이상 5년 이하의 징역이나 1천만 원 이상 2천만 원 이하의 벌금), 구 도로교통법이 2020.6.9. 법률 제17371호로 개정되어 원심판결 선고 후인 2020.12.10. 개정 도로교통법이 시행되면서 제2조 제19호의2 및 제21호의2에서 이 사건 전동킥보드와 같은 '개인형 이동장치'와 이를 포함하는 '자전거등'에 관한 정의규정을 신설하였고 이에 따라 개인형 이동장치는 자전거등에 해당하게 되었으므로, 자동차등 음주운전 행위를 처벌하는 제148조의2의 적용 대상에서 개인형 이동장치를 운전하는 경우를 제외하는 한편, 개인형 이동장치 음주운전 행위에 대하여 자전거등 음주운전 행위를 처벌하는 제156조 제11호를 적용하도록 규정하였다(20만 원 이하의 벌금이나 구류 또는 과료)(이하 '이 사건 법률 개정'). 이러한 이 사건 법률 개정은 구성요건을 규정한 형벌법규 자체의 개정에 따라 형이 가벼워진 경우에 해당함이 명백하므로, 종전 법령이 반성적 고려에 따라 변경된 것인지 여부를 따지지 않고 형법 제1조 제2항을 적용하여야 한다(형사소송법 제383조 제2호의 "판결 후 형의 변경이 있는 때"에 해당).

---

6. 「채무자 회생 및 파산에 관한 법률」에 따른 개인의 파산사건 및 개인회생사건 신청의 대리. 다만, 각종 기일에서의 진술의 대리는 제외한다.
7. 제1호부터 제3호까지의 규정에 따라 작성된 서류의 제출 대행(代行)
8. 제1호부터 제7호까지의 사무를 처리하기 위하여 필요한 상담·자문 등 부수되는 사무
② 법무사는 제1항 제1호부터 제3호까지의 서류라고 하더라도 다른 법률에 따라 제한되어 있는 것은 작성할 수 없다.
72 참조조문 구 특가법(2022.12.27. 법률 제19104호로 개정되기 전의 것) 제5조의11(위험운전 등 치사상) ① 음주 또는 약물의 영향으로 정상적인 운전이 곤란한 상태에서 **자동차(원동기장치자전거를 포함한다)**를 운전하여 사람을 상해에 이르게 한 사람은 1년 이상 15년 이하의 징역 또는 1천만원 이상 3천만원 이하의 벌금에 처하고, 사망에 이르게 한 사람은 무기 또는 3년 이상의 징역에 처한다.

4. 한시법과 추급효

(1) 의 의

유효기간을 정해 놓은 법률만이 한시법(Zeitgesetz)이다.

그림정리 한시법과 추급효 도해

(2) 한시법의 추급효

① 추급효 긍정설(소수설) : 명문규정이 없는 경우에도 유효기간의 경과 후에 유효기간 중의 위반행위를 처벌할 수 있다고 보는 견해이다(제1조 제1항의 구법주의 적용). 법의 실효성을 중시하는 입장이다.

② 추급효 부정설(다수설) : 우리 형법에 한시법의 추급효를 인정하는 명문규정이 없는 한, 유효기간이 경과함과 동시에 한시법은 실효되므로 형법 제1조 제2항에 의해 처벌할 수 없다는 견해이다(제1조 제2항의 신법주의 적용). 경찰간부 11

③ 판례 : 특별한 사정이 없는 한 유효기간 경과 전의 법령 위반행위는 유효기간 경과 후에도 그대로 처벌된다는 입장이다(대법원 2022.12.22, 2020도16420 전원합의체). 경찰채용 24 1차

(3) 관련문제 : 백지형법과 추급효

① 의의 : 백지형법(Blankettstrafgesetz)은 법률·명령(보충규범)으로 보충해야 할 공백(blank)을 가진 형벌법규를 말하는 바, 그 보충규범의 한시적 성격상 대체로 한시법적 성질을 띤다. 이러한 백지형법은 포괄적·전면적 위임입법이 아닌 한 허용된다.[73]

예 형법 제112조의 중립명령위반죄는 백지형법이고, 이 경우 중립에 관한 명령은 보충규범이다.

② 보충규범의 개폐는 법률의 변경(제1조 제2항)으로 볼 수 있는가 : 법률의 변경이란 총체적 법률상태를 기준으로 해야 하므로 법률의 변경으로 볼 수 있다(다수설). 사시 15

③ 백지형법과 추급효 : 한시법의 추급효의 문제와 마찬가지로 학설의 대립은 있으나, 보충규범이 한시법의 성격을 가진 경우라면 특별한 사정이 없는 한 그 유효기간 경과 전의 법령위반행위는 유효기간 경과 후에도 그대로 처벌된다는 것이 판례의 입장인 것으로 평가될 수 있다.

---

02   장소적 적용범위

1. 의 의

장소적 적용범위(räumliche Geltung)란 형법이 어느 장소에까지 효력을 미칠 수 있는가의 문제이다. 우리 형법은 속지주의를 원칙으로 하되, 여기에 속인주의를 가미하고, 예외적으로 보호주의를 채택하고 있으며,

---

73 판례 : 백지형법의 위임입법의 한계 -죄형법정주의의 법률주의와 관련- 법률의 위임은 반드시 구체적이고 개별적으로 한정된 사항에 대하여 행하여져야 하며, 특히 긴급한 필요가 있거나 미리 법률로써 자세히 정할 수 없는 부득이한 사정이 있는 경우에 한정되어야 하고 이러한 경우일지라도 법률에서 범죄의 구성요건은 처벌대상인 행위가 어떠한 것이라고 이를 예측할 수 있을 정도로 구체적으로 정하고 형벌의 종류 및 그 상한과 폭을 명백히 규정하여야 한다(헌법재판소 1991.7.8, 91헌가4).

최근 각칙에서 세계주의를 신설하였다.

2. 속지주의의 원칙

(1) 속지주의 – 영토주의(Territorialitätsprinzip)

제2조【국내범】본법은 대한민국 영역 내에서 죄를 범한 내국인과 외국인에게 적용한다. 법원9급 07(하)

① 의의 : 장소적 적용범위에 관한 우리 형법의 원칙은 속지주의(영토주의)이다. 법원행시 05
② 영역의 범위 : 영토·영해·영공을 말하며, 북한도 포함된다(판례).
③ 범죄지
  ㉠ 실행행위·결과발생 중 어느 것이라도 대한민국의 영역 안에서 발생했으면 충분하다. 따라서 부분 범행지가 국내이면 속지주의가 적용된다.
  ㉡ 판례는 공모공동정범에 있어서의 공모지도 범죄지로 보아(판례는 공동의사주체설·간접정범유사설 및 기능적 행위지배설에 의하여 공모공동정범을 긍정함) 공모한 지역이 대한민국 영역 내이면 속지주의를 적용하고 있다(대법원 1998.11.27, 98도2734). 법원행시 05 / 법원행시 08 / 법원승진 11 / 사시 11 / 사시 13 / 경찰간부 14 / 국가9급 15 / 사시 16 / 국가9급 18

✍ 판례연구 속지주의

1. 대법원 2000.4.21, 99도3403
부분범행지도 범죄지에 속한다는 사례
외국인이 대한민국 공무원에게 알선한다는 명목으로 금품을 수수하는 행위가 대한민국 영역 내에서 이루어진 이상, 비록 금품수수의 명목이 된 알선행위를 하는 장소가 대한민국 영역 외라 하더라도 대한민국 영역 내에서 죄를 범한 것이라고 하여야 할 것이므로, 형법 제2조에 의하여 대한민국의 형벌법규인 구 변호사법 제90조 제1호가 적용되어야 한다. 경찰채용 14·21 1차 / 경찰간부 14 / 국가9급 09·14·16 / 국가7급 08 / 법원행시 05·07

2. 대법원 1998.11.27, 98도2734
공모공동정범에 있어서의 공모지도 범죄지에 해당하므로, 공모한 지역이 대한민국 영역 내이면 우리 형법이 적용된다. 경찰간부 14 / 국가9급 15·18 / 법원승진 11 / 법원행시 05·08 / 사시 11·13·16

3. 대법원 2008.12.11, 2008도3656
속지주의에 따라 어떠한 범죄를 처벌하지 않는 외국 국가의 국적을 가진 외국인도 국내에서 일어난 해당 범죄에 대한 고소권을 가진다.

---

(2) 기국주의(Flaggenprinzip)

제4조【국외에 있는 내국선박 등에서 외국인이 범한 죄】본법은 대한민국 영역 외에 있는 대한민국의 선박 또는 항공기 내에서 죄를 범한 외국인에게 적용한다. 법원9급 07(하) / 국가9급 15

내국인의 경우에는 속인주의(제3조)에 의하므로, 기국주의는 '외국인'에 한해서 적용된다. 제2조의 속지주의 규정과의 차이점이다.

3. 속인주의의 가미 – 적극적 속인주의(Personalitätsprinzip), 국적주의

제3조【내국인의 국외범】본법은 대한민국 영역 외에서 죄를 범한 내국인에게 적용한다. 법원행시 05 / 법원9급 07(하)

(1) 취 지

속인주의에 의하여 속지주의를 보충한 것을 의미한다. 법원행시 05

(2) 내국인

대한민국의 국적을 가진 자를 말한다(범행 당시 대한민국 국민임을 要). 따라서 대한민국 영역 외에서 죄를 범한 자가 범행 당시 대한민국 국적을 가지고 있다면 속인주의가 적용된다.

★ 판례연구 속인주의 관련판례

1. 대법원 1986.6.24, 86도403
미국문화원에서 범죄한 국민에게도 속인주의 적용
국제협정이나 관행에 의하여 대한민국 내에 있는 미국문화원이 치외법권지역이고 그 곳을 미국영토의 연장으로 본다고 하더라도 그 곳에서 죄를 범한 대한민국 국민에 대하여 우리 법원에 먼저 공소가 제기되고 미국이 자국의 재판권을 주장하지 않고 있는 이상, 속인주의를 함께 채택하고 있는 우리나라의 재판권은 동인들에게도 당연히 미친다 할 것이며, 미국문화원측이 동인들에 대한 처벌을 바라지 않았다고 하여 그 재판권이 배제되는 것도 아니다. 법원행시 05 / 사시 11

2. 대법원 2001.9.25, 99도3337
필리핀국에서는 외국인에게 카지노출입이 허용되나 필리핀국에서 도박을 한 한국 국민의 경우에는 형법 제3조의 적용을 받는다. 경찰채용 14 1차 / 경찰채용 11 2차 / 법원9급 09 / 법원행시 09·12·15 / 사시 11·16

3. 대법원 2004.4.23, 2002도2518
형법 제3조는 "본법은 대한민국 영역 외에서 죄를 범한 내국인에게 적용한다."고 하여 형법의 적용 범위에 관한 속인주의를 규정하고 있고, 또한 국가 정책적 견지에서 도박죄의 보호법익보다 좀더 높은 국가이익을 위하여 예외적으로 내국인의 출입을 허용하는 폐광지역 개발지원에 관한 특별법 등에 따라 카지노에 출입하는 것은 법령에 의한 행위로 위법성이 조각된다고 할 것이나, 도박죄를 처벌하지 않는 외국 카지노에서의 도박(미국의 네바다주에 있는 미라지 호텔 카지노)이라는 사정만으로 그 위법성이 조각된다고 할 수 없다. 경찰간부 14 / 법원행시 05·07 / 사시 11 / 변호사시험 15

4. 대법원 2020.4.29, 2019도19130
의료법상 의료제도는 대한민국 영역 내에서 이루어지는 의료행위를 규율하기 위하여 체계화된 것으로 이해된다. 그렇다면 구 의료법 제87조 제1항 제2호, 제27조 제1항이 대한민국 영역 외에서 의료행위를 하려는 사람에게까지 보건복지부장관의 면허를 받을 의무를 부과하고 나아가 이를 위반한 자를 처벌하는 규정이라고 보기는 어렵다. 따라서 내국인이 대한민국 영역 외에서 의료행위를 하는 경우에는 구 의료법 제87조 제1항 제2호, 제27조 제1항의 구성요건해당성이 없다.

보충 속인주의가 적용될 수 없다는 점을 주의하여야 하는 판례이다.

---

4. 보호주의의 예외

제5조 【외국인의 국외범】 본법은 대한민국 영역 외에서 다음에 기재한 죄를 범한 외국인에게 적용한다. 경찰채용 11 2차 / 법원9급 14

　　1. 내란의 죄 법원행시 06
　　2. 외환의 죄 법원행시 06
　　3. 국기에 관한 죄 법원행시 06
　　4. 통화에 관한 죄 국가9급 10 / 사시 11
　　5. 유가증권, 우표와 인지에 관한 죄 법원행시 14
　　6. 문서에 관한 죄 중 제225조 내지 제230조 법원행시 06 / 사시 13 / 경찰채용 21 1차
　　7. 인장에 관한 죄 중 제238조

제6조【대한민국과 대한민국 국민에 대한 국외범】 본법은 대한민국 영역 외에서 대한민국 또는 대한민국 국민에 대하여 전조에 기재한 이외의 죄를 범한 외국인에게 적용한다. 단, 행위지의 법률에 의하여 범죄를 구성하지 아니하거나 소추 또는 형의 집행을 면제할 경우에는 예외로 한다.

(1) 의 의

외국인의 국외범은 속지주의와 속인주의에 모두 해당되지 않으므로 원칙적으로 처벌할 수 없으나, 대한민국이나 대한민국 국민에 대한 범죄인 경우에는 형법이 이를 '보호'해야 한다는 점에서 '예외'적으로 처벌할 수 있다. 법원행시 05 이것이 바로 보호주의(Schutzprinzip)이다. 이에 형법 제5조와 제6조 본문에서는 국가보호주의를, 제6조 본문에서 개인보호주의 내지 소극적 속인주의를, 제6조 단서에서는 상호주의를 규정하고 있다.

(2) 제5조의 보호주의 : 국가보호주의

제5조는 국가보호주의를 채택하고 있는 바, 제5조에 규정된 범죄들에 대해서는 외국인의 국외범이라 하더라도 우리나라의 재판권이 존재하게 된다.

제5조 중 제4호의 통화에 관한 죄나 제5호의 유가증권, 우표와 인지에 관한 죄에 관한 죄는 외국의 통화·유가증권·우표·인지도 위조·변조죄의 처벌대상이 되므로(제207조 제3항, 제214조 제1항, 제218조 제1항 등) 보호주의의 대상에 포함된다. 또한 제5조 제6호는 공문서에 대한 죄, 동조 제7호는 공인에 대한 죄를 규정하고 있으므로, 사문서나 사인에 대한 죄는 보호주의의 대상이 되지 않는다. 국가9급 15

(3) 제6조의 보호주의 : 국가보호주의·개인보호주의·상호주의

① 제6조의 의의 : 외국인이 외국에서 죄를 범한 경우에는 ㉠ 형법 제5조 제1호 내지 제7호에 열거된 죄를 범한 때와 ㉡ 제6조 본문에 의해 형법 제5조 제1호 내지 제7호에 열거된 죄 이외에 대한민국 또는 대한민국 국민에 대하여 죄를 범한 때에만 대한민국 형법이 적용되어 우리나라에 재판권이 있게 되는데, 제6조 본문에서는 국가보호주의를 규정하여 제5조를 보충하고 있으며 더불어 개인(국민)보호주의(소극적 속인주의, passives Personalitätsprinzip)도 규정하고 있다. 다만 제6조 단서에서는 행위지의 법률에 의하여 범죄를 구성하지 않는 경우 등에 있어서는 우리 형법이 적용되지 않음을 밝혀두어 해당 국가와의 상호주의(현실주의)를 규정하고 있다.

② 제6조 본문의 '대한민국 또는 대한민국 국민'에 대하여 범한 죄 : '대한민국 또는 대한민국 국민에 대하여 죄를 범한 때'란 대한민국 또는 대한민국 국민의 법익이 직접적으로 침해되는 결과를 야기하는 죄를 범한 경우를 말하며, 이는 곧 우리나라의 국가적 법익이나 우리나라 국민의 개인적 법익에 대한 죄를 의미한다. 따라서 사문서나 사인에 관한 죄와 같이 사회적 법익에 대한 죄는 여기에 해당되지 않는다.

③ 제6조 단서의 상호주의 : 형법 제6조 본문에 의하여 외국인이 대한민국 영역 외에서 대한민국 국민에 대하여 범죄를 저지른 경우에도 우리 형법이 적용되지만, 같은 조 단서에 의하여 행위지의 법률에 의하여 범죄를 구성하지 아니하거나 소추 또는 형의 집행을 면제할 경우에는 우리 형법을 적용하여 처벌할 수 없다. 사시 13 / 국가7급 20

⚖ 판례연구 보호주의와 상호주의

1. 대법원 2002.11.26, 2002도4929
중국 국민이 중국에서 대한민국 국적 주식회사의 인장을 위조한 경우 사인위조죄(제239조 제1항)는 형법 제6조의 '대한민국 또는 대한민국 국민에 대하여 범한 죄'에 해당하지 아니하므로 우리나라의 재판권이 없다. 경찰채용
14 1차 / 국가9급 18 / 법원9급 09 / 법원승진 11 / 사시 13·16

2. 대법원 2006.9.22, 2006도5010

외국인이 중국 북경시에 소재한 대한민국 영사관 내에서 여권발급신청서를 위조한 경우 중국 북경시에 소재한 대한민국 영사관 내부는 중국의 영토에 속하고 우리의 영토가 아니고 사문서위조죄(제231조)도 형법 제6조의 '대한민국 또는 대한민국 국민에 대한 죄'에 해당하지 않아 재판권이 없다. 경찰채용 20 1차 / 법원승진 11 / 법원행시 07·09·15 / 사시 12·16 / 변호사시험 15

3. 대법원 2008.4.17, 2004도4899 전원합의체

독일인(독일 국적을 취득한 송두율 교수)이 독일 내에서 북한의 지령을 받아 베를린 주재 북한이익대표부를 방문하고 그 곳에서 북한공작원을 만났다면(국가보안법상 잠입·탈출죄나 회합·통신죄[74]) 위 각 구성요건상 범죄지는 모두 독일이므로 이는 외국인의 국외범에 해당하여, 형법 제5조와 제6조에서 정한 요건에 해당하지 않는 이상 위 각 조항을 적용하여 처벌할 수 없다. 국가9급 16 / 사시 11

4. 대법원 2008.7.24, 2008도4085

한국인이 뉴질랜드 시민권을 취득한 후 뉴질랜드에서 대한민국 국민에 대하여 사기행위를 한 경우, 사기행위에 관하여 뉴질랜드법률에 의하여 범죄를 구성하는지 여부 및 소추 또는 형의 집행이 면제되는지 여부를 엄격한 증명에 의하여 검사가 입증해야 한다.[75]

5. 대법원 2011.8.25, 2011도6507

형법 제5조, 제6조의 각 규정에 의하면, 외국인이 외국에서 죄를 범한 경우(캐나다 시민권자가 캐나다에서 위조사문서를 행사한 경우)에는 형법 제5조 제1호 내지 제7호에 열거된 죄를 범한 때와 형법 제5조 제1호 내지 제7호에 열거된 죄 이외에 대한민국 또는 대한민국 국민에 대하여 죄를 범한 때에만 대한민국 형법이 적용되어 우리나라에 재판권이 있게 되고, 여기서 '대한민국 또는 대한민국 국민에 대하여 죄를 범한 때'란 대한민국 또는 대한민국 국민의 법익이 직접적으로 침해되는 결과를 야기하는 죄를 범한 경우를 의미하는바, 위조사문서행사죄(제234조)를 형법 제6조의 '대한민국 또는 대한민국 국민의 법익을 직접적으로 침해하는 행위'라고 볼 수 없으므로 우리나라에 재판권이 없다. 경찰채용 14 1차 / 경찰간부 14 / 법원행시 17 / 법원9급 23

6. 대법원 2011.8.25, 2011도6507

캐나다 시민권자 A가 한국인 B 등을 기망하여 투자금 명목의 돈을 편취한 경우, A를 우리의 법으로 처벌하기 위해서는 행위지인 캐나다 법률에 의하여 범죄를 구성하는지 등에 관하여 엄격한 증명에 의하여 검사가 이를 증명하여야 한다.

7. 대법원 2017.3.22, 2016도17465

법인 소유의 자금에 대한 사실상 또는 법률상 지배·처분 권한을 가지고 있는 대표자 등은 법인에 대한 관계에서 자금의 보관자 지위에 있으므로, 법인이 특정 사업의 명목상의 주체로 특수목적법인을 설립하여 그 명의로 자금 집행 등 사업진행을 하면서도 자금의 관리·처분에 관하여는 실질적 사업주체인 법인이 의사결정권한을 행사하면서 특수목적법인 명의로 보유한 자금에 대하여 현실적 지배를 하고 있는 경우에는, 사업주체인 법인의 대표자 등이 특수목적법인의 보유 자금을 정해진 목적과 용도 외에 임의로 사용하면 위탁자인 법인에 대하여 횡령죄가 성립할 수 있다. 이는 법인의 대표자 등이 외국인인 경우에도 마찬가지이므로, 내국 법인의 대표자인 외국인이 내국 법인이 외국에 설립한 특수목적법인에 위탁해 둔 자금을 정해진 목적과 용도 외에 임의로 사용한 데

---

74 보충 : 국가보안법 제6조 제2항에서는 "반국가단체나 그 구성원의 지령을 받거나 받기 위하여 또는 그 목적수행을 협의하거나 협의하기 위하여 잠입하거나 탈출한 자"를, 같은 법 제8조 제1항에서는 "국가의 존립·안전이나 자유민주적 기본질서를 위태롭게 한다는 정을 알면서 반국가단체의 구성원 또는 그 지령을 받은 자와 회합·통신 기타의 방법으로 연락을 한 자"를 처벌하는 규정을 두고 있다.

75 보충 대한민국의 국민이 뉴질랜드의 시민권을 취득하면 국적법 제15조 제1항에 정한 '자진하여 외국 국적을 취득한 자'에 해당하여 우리나라의 국적을 상실하게 되는 것이지 대한민국과 뉴질랜드의 '이중국적자'가 되어 국적법 제14조 제1항의 규정에 따라 법무부장관에게 대한민국의 국적을 이탈한다는 뜻을 신고하여야 비로소 대한민국의 국적을 상실하게 되는 것은 아니며(대법원 1999.12.24, 99도3354 등), … 한편 따라서 원심으로서는 피해자 공소외 1에 대한 사기의 점에 관한 이 사건 공소사실이 행위지인 뉴질랜드법률에 의하여 범죄를 구성하는지 여부 및 소추 또는 형의 집행이 면제되는지 여부를 심리하여 이 부분 공소사실이 행위지의 법률에 의하여 범죄를 구성하고 그에 대한 소추나 형의 집행이 면제되지 않는 경우에 한하여 우리 형법을 적용하여 처벌하였어야 할 것인데, 이에 관하여 아무런 입증이 없음에도 원심이 이 부분 공소사실을 유죄로 인정한 것은 위법하다고 할 것이다(대법원 2008.7.24, 2008도4085).

따른 횡령죄의 피해자는 당해 금전을 위탁한 내국 법인이다. 따라서 그 행위가 외국에서 이루어진 경우에도 행위지의 법률에 의하여 범죄를 구성하지 아니하거나 소추 또는 형의 집행을 면제할 경우가 아니라면 그 외국인에 대해서도 우리 형법이 적용되어(형법 제6조 : '대한민국 국민에 대한 죄'), 우리 법원에 재판권이 있다.

5. 세계주의의 예외

세계주의란 외국인의 국외범이라 하더라도 인신매매, 인종학살, 항공기납치 등 인류의 공존을 해하는 범죄에 대해서는 자국의 형법을 적용한다는 원칙이다. 그러나 우리 형법은 총칙에서는 세계주의 원칙(Weltrechts grundsatz, Universalprinzip)을 채택하고 있지 않지만, 2013.4.5. 형법 개정에 의하여 각칙에서는 약취·유인 및 인신매매의 죄에 대해서 세계주의 규정이 신설되었다(제296조의2). 국가9급 16 또한 종래 판례는 소위 중국민항기 납치사건에서 항공기운항안전법, 토오쿄협약, 헤이그협약을 근거로 한 해석을 통하여 외국인의 국외범에 대하여도 재판관할권이 생긴다고 보고 있다(대법원 1984.5.22, 84도39).[76] 사시 12 더불어 외국통용 외국통화 위조·변조죄(제207조 제3항)에서도 부분적으로 세계주의가 나타나고 있다.

6. 외국에서 받은 형집행의 효력

> 제7조【외국에서 집행된 형의 산입】죄를 지어 외국에서 형의 전부 또는 일부가 집행된 사람에 대해서는 그 집행된 형의 전부 또는 일부를 선고하는 형에 산입한다. 〈개정 2016.12.20.〉 법원9급 07(하) / 경찰승진 11 / 법원9급 12 / 법원행시 12 / 사시 14

외국에서 처벌을 받은 경우 국내법으로 다시 처벌하더라도 위법이 아니다(대법원 1979.4.10, 78도831). 법원행시 15 이는 외국의 재판권과 우리나라의 재판권은 서로 달라 일사부재리의 원칙이 적용되지 않기 때문이다.

다만 행위자의 입장에서는 외국과 국내에서 이중처벌이 이루어지게 되어 지나치게 가혹할 수 있다. 이에 구형법 제7조에서는 임의적 감면의 규정을 두고 있었던 것이다(구형법 제7조 : "외국에서 형의 전부 또는 일부의 집행을 받은 자에 대하여는 그 형을 감경 또는 면제할 수 있다."). 판례도 외국에서 이미 몰수가 집행된 경우에는 우리나라에서는 추징이 불가하다고 판시한 바 있다. 국가7급 08

그런데, 2015년 헌법재판소에서는 구 형법 제7조에 대해 이중처벌금지원칙에 위배되지는 아니하나, 과잉금지원칙에 위배되어 신체의 자유를 침해한다고 보아 헌법불합치결정을 내렸다(헌법재판소 2015.5.28, 2013헌바129). 사시 15 이에 2016.12.20. 개정형법 제7조(법률 제14415호)에서는 위 헌재결정 취지에 따라 외국에서 집행된 형의 전부 또는 일부를 우리나라에서 선고하는 형에 반드시 산입하도록 한 것이다. 이는 형법 제7조가 종래의 임의적 감면규정에서 필요적 감면의 취지를 가지는 규정으로 변경된 것으로 볼 수 있다.

다만, 판례는 2016년 12월 개정형법 제7조에 대한 해석과 관련하여, 외국에서 '미결구금'되었다가 무죄판결을 받은 사람의 미결구금일수에 대해서는 형법 제7조가 유추적용되지 않으므로 그가 국내에서 같은 행위로 인하여 선고받는 형에 산입할 수 없다고 보고 있다. 국가7급 20 / 경찰채용 21 1차

> ⚖ **판례연구** 외국에서 받은 형의 집행과 관련된 판례 정리
>
> **1. 대법원 1979.4.10, 78도831**
> 외국에서 처벌받은 경우에는 이중처벌을 원칙적으로 허용
> 구형법 제7조의 규정은 그 취지가 범죄에 대하여 외국에서 형의 전부 또는 일부의 집행을 받은 자에 대하여는

---

[76] 다만 이 판례에 대해서는 항공기의 착륙국도 속지주의에 의해 관할권을 가지는 것으로 해석하여 우리나라의 재판권을 긍정한 것이라는 평석도 있다. 손동권, 59면. 물론 이 견해는 항공기운항안전법 제3조의 해석에 있어서 항공기납치에 대한 세계주의의 적용도 수긍하고 있다.

법원의 재량에 의하여 형을 감경 또는 면제할 수 있다는 것으로서 외국에서 형을 받은 자라고 해서 반드시 감경 또는 면제를 하지 않으면 안 된다는 것이 아니므로, 이 건에 있어서 피고인 등이 일본국에서 형의 집행을 받았다고 해서 피고인 등에게 형을 선고한 것이 (구)형법 제7조에 위배된다고 할 수 없다.

2. 대법원 1977.5.24, 77도629

'외국판결에 의해 몰수·추징의 선고가 있었던 경우'라도 관세법 제198조의 몰수할 수 없는 때에 해당한다 할 것이므로, 그 물품의 국내도매가격에 상당한 금액을 피고인으로부터 추징하여야 마땅하다.

3. 대법원 1979.4.10, 78도831

국내에 밀수입하려다가 외국에서 적발되어 물품이 몰수된 경우 추징은 불가

국내에 밀수입하여 관세포탈을 기도하다가 외국에서 적발되어 압수된 물품이 그 후 ① 몰수되지 아니하고 피고인의 소유 또는 점유로 환원되었으나 몰수할 수 없게 되었다면 관세법 제198조에 의하여 범칙 당시의 국내 도매가격에 상당한 금액을 추징하여야 할 것이나, ② 동 물품이 외국에서 몰수되어 그 소유가 박탈됨으로써 몰수할 수 없게 된 경우에는 위 법조에 의하여 추징할 수 없다.

4. 헌법재판소 2015.5.28, 2013헌바129

형법 제7조의 임의적 감면규정에 대한 헌법불합치결정 사례

형사판결은 국가주권의 일부분인 형벌권 행사에 기초한 것으로서, 외국의 형사판결은 원칙적으로 우리 법원을 기속하지 않으므로 동일한 범죄행위에 관하여 다수의 국가에서 재판 또는 처벌을 받는 것이 배제되지 않는다. 따라서 이중처벌금지원칙은 동일한 범죄에 대하여 대한민국 내에서 거듭 형벌권이 행사되어서는 안 된다는 뜻으로 새겨야 할 것이므로 이 사건 법률조항은 헌법 제13조 제1항의 이중처벌금지원칙에 위배되지 아니한다. … 입법자는 국가형벌권의 실현과 국민의 기본권 보장의 요구를 조화시키기 위하여 형을 필요적으로 감면하거나 외국에서 집행된 형의 전부 또는 일부를 필요적으로 산입하는 등의 방법을 선택하여 청구인의 신체의 자유를 덜 침해할 수 있음에도, 이 사건 법률조항과 같이 우리 형법에 의한 처벌 시 외국에서 받은 형의 집행을 전혀 반영하지 아니할 수도 있도록 한 것은 과잉금지원칙에 위배되어 신체의 자유를 침해한다.

5. 대법원 2017.8.24, 2017도5977 전원합의체

외국에서 집행된 형의 산입의 의미

형법 제7조는 "죄를 지어 외국에서 형의 전부 또는 일부가 집행된 사람에 대해서는 그 집행된 형의 전부 또는 일부를 선고하는 형에 산입한다."라고 규정하고 있다. 이 규정의 취지는, 형사판결은 국가주권의 일부분인 형벌권 행사에 기초한 것이어서 피고인이 외국에서 형사처벌을 과하는 확정판결을 받았더라도 그 외국 판결은 우리나라 법원을 기속할 수 없고 우리나라에서는 기판력도 없어 일사부재리의 원칙이 적용되지 않으므로, 피고인이 동일한 행위에 관하여 우리나라 형벌법규에 따라 다시 처벌받는 경우에 생길 수 있는 실질적인 불이익을 완화하려는 것이다. 그런데 여기서 '외국에서 형의 전부 또는 일부가 집행된 사람'이란 문언과 취지에 비추어 '외국 법원의 유죄판결에 의하여 자유형이나 벌금형 등 형의 전부 또는 일부가 실제로 집행된 사람'을 말한다고 해석하여야 한다. 따라서 형사사건으로 외국 법원에 기소되었다가 무죄판결을 받은 사람은, 설령 그가 무죄판결을 받기까지 상당 기간 미결구금되었더라도 이를 유죄판결에 의하여 형이 실제로 집행된 것으로 볼 수는 없으므로, '외국에서 형의 전부 또는 일부가 집행된 사람'에 해당한다고 볼 수 없고, 그 미결구금 기간은 형법 제7조에 의한 산입의 대상이 될 수 없다. 변호사 18 / 국가9급 18 / 국가7급 18 / 국가7급 20 / 경찰채용 20 1차

> 보충1 미결구금이 자유 박탈이라는 효과 면에서 형의 집행과 일부 유사하다는 점만을 근거로, 외국에서 형이 집행된 것이 아니라 단지 미결구금되었다가 무죄판결을 받은 사람의 미결구금일수를 형법 제7조의 유추적용에 의하여 그가 국내에서 같은 행위로 인하여 선고받는 형에 산입하여야 한다는 것은 허용되기 어렵다.

> 보충2 피고인이 필리핀에서 살인죄를 범하였다가 무죄 취지의 재판을 받고 석방된 후 국내에서 다시 기소되어 제1심에서 징역 10년을 선고받게 되자 자신이 필리핀에서 미결 상태로 구금된 5년여의 기간에 대하여도 '외국에서 집행된 형의 산입' 규정인 형법 제7조가 적용되어야 한다고 주장하며 항소한 사안에서, 피고인의 주장을 배척한 원심판단에 형법 제7조의 적용 대상 등에 관한 법리오해의 위법이 없다고 한 사례이다.

표정리 장소적 적용범위 개관

구 분	제2조 (속지주의)	제4조 (기국주의)	제3조 (속인주의)	제5조 (국가보호주의)	제6조 (국가·국민보호주의)
범죄지	내국	기국	외국	외국	외국
수범자	내·외국인	외국인	내국인	외국인	외국인
범 죄	모든 범죄	모든 범죄	모든 범죄	1. 내란의 죄 2. 외환의 죄 3. 국기에 관한 죄 4. 통화에 관한 죄 5. 유가증권, 우표와 인지에 관한 죄 6. 문서에 관한 죄 중 제225조 내지 제230조(공문서) 7. 인장에 관한 죄 중 제238조(공인) – 제6조의 단서와 같은 제한 無	제5조 각 호 이외의 죄 (단서 – 상호주의 : 양 국가에서 모두 범죄가 되어야 적용)

03   인적 적용범위

형법의 인적 적용범위(persönliche Geltung)에 있어서는 다음과 같은 예외들이 있다.

1. 국내법상의 예외

(1) 대통령 – 소추의 제한

대통령은 내란·외환의 죄를 범한 경우를 제외하고는 재직 중 형사상의 소추를 받지 아니한다(헌법 제84조). 이는 형소법상 공소시효 정지사유에 해당된다.

(2) 국회의원 – 면책특권(인적 처벌조각사유)

국회에서 직무상 행한 발언·표결에 관하여 국회 외에서 책임을 지지 않는다(헌법 제45조).

2. 국제법상의 예외

(1) 치외법권자 – 인적 처벌조각사유

외국의 원수, 외교관, 그 가족 및 내국인이 아닌 종자(수행원)에 대해서는 재판권을 행사하지 못한다(1961년 비엔나협약 제31조 제1항).

(2) 외국군대

대한민국과 협정이 체결되어 있는 외국군대를 말한다. 예컨대 대한민국에서의 미군의 지위에 관한 협정(SOFA – Status of Forces Agreement –, 1967.2.9. 조약 제232호)에 의하여 공무집행 중의 미군범죄에 대하여는 미국이 우선 재판권을 가지도록 한다. 다만, 한반도의 평시상태에서 대한민국에 통상적으로 거주하는 미합중국 군대의 군속에 대하여는 우리가 바로 형사재판권을 행사할 수 있다(이때에는 SOFA가 적용되지 않는다는 의미, 대법원 2006.5.11, 2005도798).[77] 법원행시 07 / 국가9급 16

---

77 **판결이유** 한반도의 평시상태에서 미합중국 군 당국은 미합중국 군대의 군속에 대하여 형사재판권을 가지지 않으므로, 미합중국 군대의 군속이 범한 범죄에 대하여 대한민국의 형사재판권과 미합중국 군 당국의 형사재판권이 경합하는 문제는 발생할 여지가 없고, 대한민국은 대한민국과 아메리카합중국 간의 상호방위조약 제4조에 의한 시설과 구역 및 대한민국에서의 합중국 군대의 지위에 관한 협정 제22조 제1항 (나)에 따라 미합중국 군대의 군속이 대한민국 영역 안에서 저지른 범죄로서 대한민국 법령에 의하여 처벌할 수 있는 범죄에 대한 형사재판권을 바로 행사할 수 있다.

CHAPTER

04 형법이론

01 형벌이론

1. 응보형주의 – 절대적 형벌이론

(1) 의 의

응보형주의(Vergeltungstheorie)라 함은 형벌의 본질은 범죄에 대한 응보(應報)에 있다고 보는 형벌이론이다. 이 이론은 형벌은 그 자체가 목적이고 오로지 범죄에 의해서만 결정되는 것이므로 다른 목적을 위한 수단으로 사용될 수 없다는 점을 강조한다. 왜냐하면 형벌이 다른 목적을 추구하기 위한 수단이 되면 그 형벌을 받는 인간이 인간으로서의 존중을 받지 못하고 도구로 전락하기 때문이다(목적형주의에 대한 비판). 국가9급 14

(2) 내 용

① Kant(정의설) : 형법은 어떠한 목적과도 관계없는 정의의 명령이므로 형벌은 오직 범죄가 있었기 때문에 당연히 내려져야 하는 것으로 이해하고 있다(섬의 비유).

② Hegel : 이성적(상대적) 응보론을 주장했는데(등가치응보론), 이는 범죄는 법을 부정한 것이고, 응보적인 형벌을 가하여 그 범죄를 다시 부정함으로써 법을 회복한다는 의미이다.

2. 목적형주의 – 상대적 형벌이론

목적형주의(präventive Theorie)에는 일반예방주의와 특별예방주의가 있다.

(1) 일반예방주의 변호사 13

① 의의 : 범죄예방의 대상을 사회 일반인에게 두고, 형벌에 의하여 일반인을 위하·경계함으로써 범죄예방의 효과를 얻으려는 사상이다. 이러한 일반예방주의(Generalpräventionstheorie)는 기술한 응보형주의와 함께 고전학파(古典學派)의 형벌관으로 분류된다.

② 내 용

㉠ Beccaria : 「범죄와 형벌」(1764)을 통하여 사회계약론·공리주의·합리주의에 근거하여 당시 형법의 문제점을 지적하고 그 개선방안을 제시하였고, 사형폐지론과 일반예방주의를 지지하고 주장하였다. '근대 형법의 아버지'라고 불리는 이유는 그의 사상이 프랑스형법(1791)을 비롯한 서구 여러 국가의 형법개정 등에 지대한 영향을 주었기 때문이다.

㉡ Bentham : 공리주의·인도주의를 근거로 영국 형벌의 잔인한 요소를 개선할 것을 주장하였다.

㉢ Feuerbach : 기본적으로 인간을 범죄를 저지르고자 하는 욕망을 가진 존재로 이해하고 이에 따라 형법이 미리 형벌을 예고함으로써 범죄자의 심리를 억제하자는 입장이다(심리강제설 내지 심리억제설, Theorie des psychologischen Zwangs). 즉 잠재적 범죄인에게 범죄로 인한 쾌락보다 형벌로 인한 고통이 더 크다는 것을 보여줌으로써(범죄로 인한 쾌락 < 형벌로 인한 고통) 범죄를 저지르지 않게끔 예방하는 데 형벌의 목적이 있다고 보는 것이다(일반예방주의). 국가9급 14

> **참고하기** 적극적 일반예방론
>
> 기존의 일반예방론을 소극적 일반예방론이라고 부르는 데 비하여, 현대에 주장된 적극적 일반예방론이라 함은 형벌을 통하여 '적극적으로 일반인의 규범의식을 강화하고 법규범에 대한 자발적인 복종을 가능하게 하는 기능'에서 찾는 견해를 말한다. 통합적 일반예방론이라고도 한다.

(2) 특별예방주의 변호사 13 / 국가9급 14

① 의의 : 특별예방주의(Spezialpräventionstheorie)란 범죄를 저지른 특정한 구체적인 범죄자 개인의 재범방지(사회복귀)를 목표로 삼고 이를 위해 형벌 내지 보안처분을 과함으로써 범죄자의 정상적인 사회인으로의 재사회화를 도모하는 데 형벌의 목적이 있다는 입장이다. 근대학파(近代學派)의 형벌관으로 분류된다.

② 내용

  ㉠ 이탈리아의 실증주의학파(범죄인류학파)

    ⓐ Lombroso ─ 근대학파의 선구자 :「범죄인론」(1876)
            └ 격세유전론, 생래적 범죄인론(신체적 특징에 주목)

    ⓑ Ferri ─ 범죄사회학적 연구의 필요성 강조 :「범죄사회학」(1884)
         ├ 범죄포화의 원칙 및 사회적 책임론 주장
         └ 1921년 이탈리아형법 초안작성

    ⓒ Garofalo ─ 자연범과 법정범을 구별
            └ 범죄심리학적 연구의 필요성 강조

  ㉡ Liszt의 목적형주의

    ⓐ 목적형주의 : 범죄란 범죄자의 성향과 주위환경의 산물이고 형벌의 목적은 개인의 재범방지 및 재사회화에 있다(형벌의 사회교육적 효과를 강조).

    ⓑ 행위자주의 : 주관주의와 성격책임론

    ⓒ 형벌의 개별화

  ㉢ 교육형주의 : Liepmann, Lanza, Saldana

  ㉣ 사회방위이론

    ⓐ Gramatica ⇨ 급진적 사회방위이론

    ⓑ Ancel ⇨ 신사회방위이론

(3) 결합설(합일적 형벌이론)

응보형주의, 일반예방주의, 특별예방주의의 모든 관점이 형벌의 목적으로 고려되어야 한다는 입장으로서 그 우선하는 관점에 따라 응보적 결합설과 예방적 결합설로 나눌 수 있다(통설).

표정리 응보형주의와 일반예방주의 총정리

학 자	주요내용
I. Kant	• 구파에 철학적 기초 부여 • 절대적 응보형주의 : 형벌 자체가 목적이다. • Talio 법칙(동해응보사상) • 자유의사론 • 사형존치론
F. Hegel	• 변증법적 형벌론 • 상대적 응보형론 • 이성적 응보론(Kant의 동해보복론이 아니라 동가치보복론 주장)
C. Beccaria	• 고전학파의 선구자, 객관주의 형법이론의 시조, 근대형법의 아버지 • 범죄와 형벌(Dei delitti e delle pene) : 죄형법정주의 주장 • 사회계약설에 의한 사형폐지론 • 일반예방주의 • 죄형균형론 • 계몽사상을 형벌에 도입 • 사형폐지론
A. v. Feuerbach	• 상대적 형벌이론 • 일반예방주의 • 심리강제설 • (심리강제를 위해 형벌을 법률에 미리 예고하기 위한) 죄형법정주의 • 근대형법학의 개조
K. Birkmeyer	• 복수기원설 • 형벌 · 보안처분 이원론 • 부정기형 · 형집행유예의 부정 • 공범종속성설 • 인과관계중단론
A. Merkel	응보형과 목적형론의 절충
Beling	범죄3원론(구성요건의 몰가치성 · 객관성)
M. E. Mayer	• 구성요건은 위법성의 인식근거 • 규범적 · 주관적 위법요소의 존재를 인정
Binding	균형론
Kohler	속죄형주의

02 범죄이론

표정리 형법학파의 대립

구 분		고전학파	근대학파
사상적 배경		계몽주의에 입각한 개인주의 · 자유주의에 따른 법치국가사상	범죄로부터 사회를 방위하려는 사회적 국가관
시 기		18세기~19세기 초	19세기 후반~현대
학 자		Feuerbach, Kant, Hegel, Beccaria, Binding, Birkmeyer, Merkel	Lombroso, Garofalo, Ferri, Liszt, Liepmann, Lanza, Saldana
기본적 범죄관		범죄란 자유의사에 의한 선택의 결과	인간의 자유의사 부정
범죄성립요건		외부에 나타난 행위·결과를 중시	행위자의 반사회적 성격을 중시
인간상		의사자유론 ⇨ 비결정론	의사결정론
범죄론	원 칙	객관주의	주관주의
	구성요건적 착오	구체적 부합설, 법정적 부합설	추상적 부합설
책임론	책임의 근거	도의적 책임론	사회적 책임론
	책임능력의 본질	범죄능력	형벌능력
	책임판단의 대상	행위책임	성격책임
미수론	미수와 기수	구별	불구별
	실행의 착수시기	객관설	주관설
	불능범과 불능미수의 구별	객관설, 구체적 위험설	주관설 ⇨ 불능범 부정
공범론	공동정범의 본질	범죄공동설	행위공동설
	공범의 종속성	공범종속성설 ⇨ 간접정범 인정	공범독립성설 ⇨ 간접정범 부정
죄수론	죄수결정의 기준	행위 / 법익 / 구성요건표준설	의사표준설
형벌론	목 적	응보형주의	목적형주의
	부정기형	부정	긍정
	기 능	일반예방주의	특별예방주의
형벌과 보안처분		이원론	일원론

⊃ 객관주의와 주관주의는 전반적으로 대립하고 있으나, 고의·목적과 같은 순수한 주관적 요소나 인과관계와 같은 순수한 객관적 요소에서는 그러한 대립이 일어나지 않는다.

⊃ 객관주의에 대해서는 형법의 사회방위적 기능이나 효과적인 범죄대응이 약화될 수 있다는 비판이 있고, 주관주의에 대해서는 책임주의가 무시됨으로써 개인의 자유와 권리가 위협받을 수 있다는 비판이 제기되고 있다.

⊃ 현대의 형법학은 객관주의와 주관주의의 목표를 모두 존중하고 이를 통합하며 새로운 분야의 연구성과를 도입하는 것에 관심을 가지고 있는 것이다.

백광훈
통합
형법총론

P A R T

02

범죄론

🗁 수험의 핵심포인트

목 차		난 도	출제율	대표 지문
제1절 범죄론의 기초	01 범죄의 의의	下	–	• 처벌조건에 대한 인식은 고의의 내용이 되지 않으므로 이에 대한 착오는 범죄의 성립에 영향을 미치지 아니한다. (○) • 구체적 위험범은 현실적 위험의 발생을 객관적 구성요건요소로 하지만 그 위험은 고의의 인식 대상이 아니다. (×) • 위조통화취득죄, 자격모용에 의한 유가증권 작성죄, 사전자기록위작·변작죄는 목적범에 해당한다. (○) • 부진정신분범은 신분이 범죄의 성립에 영향을 미치지 않지만 형의 경중에 영향을 미치는 범죄이다. (○)
	02 범죄론 체계	下	★	
	03 범죄의 성립조건·처벌조건·소추조건	中	★★	
	04 범죄의 종류	下	★★	
제2절 행위론	01 행위개념의 기능	下	★	• 자연적·인과적 행위론은 의사에 따라 수행되는 신체활동 또는 인간에 의해 야기된 외부세계의 인과적 변화를 행위로 보는데, 미수범, 부작위범을 잘 설명해 줄 수 있다는 평가를 받는다. (×) • 목적적 행위론은 고의·과실을 주관적 구성요건요소로 보게 되는데, 고의는 잘 설명할 수 있으나 과실을 잘 설명해주지 못한다는 평가를 받는다. (○)
	02 인과적 행위론	中	★	
	03 목적적 행위론	中	★	
	04 사회적 행위론	中	★	
	05 인격적 행위론	中	★	
제3절 행위의 주체와 객체	01 행위의 주체	中	★★	• 법인이 아닌 약국을 실질적으로 경영하는 약사가 다른 약사를 고용하여 그 고용된 약사를 명의상의 개설약사로 등록하게 해두고 약사 아닌 종업원을 직접 고용하여 영업하던 중 그 종업원이 약사법위반 행위를 한 경우에 형사책임은 그 실질적 경영자가 진다. (○)
	02 행위의 객체와 보호의 객체	下	★★	

🗁 최근 6개년 출제경향 분석

구 분	국가7급						국가9급						법원9급						경찰간부					
	18	19	20	21	22	23	19	20	21	22	23	24	18	19	20	21	22	23	18	19	20	21	22	23
제1절 범죄론의 기초		1						1	2					1								1		1
제2절 행위론																								
제3절 행위의 주체와 객체	1		1			1	1														1			
출제빈도수	4/130						4/120						1/150						3/228					

CHAPTER

01

범죄론의 일반이론

경찰채용						법원행시						변호사					
19	20	21	22	23	24	19	20	21	22	23	24	19	20	21	22	23	24
2				1				1			1	1	1				
			1			1	1	2	1					1			
4/264						7/240						3/120					

01 범죄론의 일반이론

제1절 | 범죄론의 기초

01 범죄의 의의

1. 범죄의 개념

(1) 형식적 범죄개념(der formale Verbrechensbegriff)

　범죄란 구성요건에 해당하고 위법하고 책임 있는 행위라는 것이다. 이는 원래 독일의 벨링(Beling)에 의한 개념이었다.

(2) 실질적 범죄개념(der materielle Verbrechensbegriff)

　범죄란 사회생활상의 보호이익을 침해·위협하는 반사회적 행위를 말한다는 것이다.

(3) 결론 – 양 개념의 관계

　형식적 범죄개념과 실질적 범죄개념은 상호보완적이다.

2. 범죄의 본질

(1) 내 용

　범죄의 본질에 대해서는 타인의 권리를 침해하는 행위라는 권리침해설(Feuerbach), 법질서에 의하여 자신에게 부여된 의무를 위반하는 행위라는 의무위반설(Kiel학파), 법률이 보호하는 이익을 침해하는 행위라는 법익침해설(Birnbaum), 법익침해와 의무위반의 양자의 결합이라는 결합설(통설) 등이 제시되어 왔다.

(2) 소 결

　형법의 법익보호기능 및 사회윤리적 행위가치 보호기능을 고려할 때, 범죄란 행위의 측면에서는 의무를 위반하는 것이고 결과의 측면에서는 법익을 침해한다고 보는 결합설이 타당하다.

표정리 범죄론 체계 개관

구 분	고전적 범죄체계	신고전적 범죄체계	목적적 범죄체계	합일태적 범죄체계
특 징	• 객관적 요소는 구성요건, 주관적 요소는 책임으로 이해 • Liszt, Beling	• 주관적 구성요건요소의 존재를 부분적으로 인정 • 기대가능성을 통하여 책임을 비난가능성으로 이해(규범적 책임개념)	고의를 비롯한 모든 주관적 불법요소들을 구성요건요소로 파악	• 신고전적 범죄체계와 목적적 범죄체계의 절충적 입장 • 고의·과실의 이중적 지위 인정
행 위	인과적 행위론⇨ 행위를 외적·자연적 과정으로 이해(자연적 행위개념)	인과적 행위론⇨ 행위의 의미·가치판단을 중시(가치개념)	목적적 행위론⇨ 목적적 의사조종인 행위가 범죄체계의 기초	사회적 행위론⇨ 사회적(형법적)으로 의미 있는 인간의 행태
구 성 요 건	• 객관적·기술적 요소 • 몰가치적·가치중립적 개념 • 주관적 요소는 책임, 규범적 요소는 위법성으로 이해	• 규범적 요소와 주관적 요소가 구성요건에도 있음을 발견 **예** 명예·불법영득의사·음란성·목적 • 불법구성요건	• 고의(및 과실)를 일반적인 주관적 구성요건요소로 파악 • 구성요건착오(고의 성부)와 금지착오(책임조각 여부)의 구분	고의를 일반적·주관적 구성요건요소로 파악한 목적적 행위론의 입장을 수용
위법성	• 전체 법질서의 기준에 의한 행위의 법적 평가(규범적 요소) ⇨ 객관적·형식적 평가 • 불법의 본질은 결과반가치	• 위법성을 실질적인 사회적 유해성으로 파악 • 불법의 본질을 결과반가치로 파악 • 방위의사 등을 주관적 위법요소로 파악	• 불법은 행위자와 관련된 인적 불법이므로, 불법의 본질은 행위반가치(인적 불법론) • 주관적 정당화요소 일반화	• 불법을 행위반가치와 결과반가치의 불가분적 연관 속에서 파악(이원적·인적 불법론) • 주관적 정당화 요소
책 임	• 책임능력은 책임조건, 고의·과실은 책임형식으로 파악 • 심리적 책임개념 채택(책임의 본질은 고의·과실이다)	• 책임능력은 책임조건, 고의·과실은 책임형식으로 파악 • 규범적 책임개념 도입(Frank. 책임의 본질은 비난가능성)	책임능력, 위법성인식, 기대가능성만을 책임의 내용으로 이해하는 순수한 규범적 책임개념 채택(고의·과실을 구성요건요소로만 이해)	책임의 내용으로서 책임능력, 위법성인식, 기대가능성 이외에도 고의·과실의 2중적 지위에 의해 책임형식으로서의 고의·과실도 인정

---

03 범죄의 성립조건 · 처벌조건 · 소추조건

1. 논의의 실익

범죄의 성립조건, 처벌조건 그리고 소추조건을 구별하는 실익에는 여러 가지가 있으나 그것들 중 고의의 대상인지 여부, 그것에 대한 정당방위 가능 여부, 그것을 이용한 간접정범 또는 공범의 성립 가능 여부 그리고 그것이 결여된 경우 해야 할 재판의 종류의 차이 등은 중요한 구별실익이라고 할 수 있다. 구별의 실익을 정리해보면 다음과 같다.

① 범죄의 성립요건 중 구성요건요소에서 객관적 구성요건요소인 범죄를 구성하는(외부적) 사실은 고의의 대상에 속하지만 범죄의 처벌조건과 소추조건들은 모두 고의의 대상이 되지 않는다. 국가9급 07

② 정당방위는 '부당'(위법)한 침해에 대하여만 가능하므로 범죄의 성립요건 중 위법성이 조각되는 행위에 대항해서는 정당방위를 할 수 없으나 —범죄는 성립하나— 처벌조건 내지 소추조건이 결여된 행위에 대하여는 얼마든지 정당방위가 가능하다. 국가9급 07

③ 범죄성립조건 중 어느 하나가 결여된 피이용자의 행위를 배후에서 이용하는 형태의 간접정범은 가능하지만 —범죄는 성립하나— 단지 처벌조건 내지 소추조건만 결여된 행위를 한 자를 이용하는 경우에는 도대체 의사지배가 인정될 수 없다는 점에서 간접정범이 성립할 수 없으며, 이 경우에는 교사범 내지 방조범 성립이 문제될 뿐이다. 국가9급 07

④ 법원이 해야 하는 재판의 종류에 있어서도 뚜렷한 차이가 있다. 범죄의 성립요건이 구비되면 유죄판결(형사소송법 제323조)을 하게 되고 범죄의 성립요건이 결여되면 무죄판결(동법 제325조)을 하게 되며, 범죄의 처벌조건이 결여되면 유죄판결이지만 형벌만을 면제해주는 형의 면제판결(동법 제322조)을 하게 되고, 범죄의 소추조건이 결여된 경우에는 공소기각 등의 형식재판(동법 제327조)을 하게 된다.

표정리 범죄의 성립조건 · 처벌조건 · 소추조건 비교

구 분	범죄의 성립	형벌권의 발생	소송상의 효과
성립조건 ×	×	×	무죄판결
처벌조건 ×	○	×	형면제판결
소추조건 ×	○	○	공소기각판결

2. 범죄의 성립조건

어떠한 행위에 대한 구성요건해당성(Tatbestandsmäßigkeit), 위법성(Rechtswidrigkeit), 책임(Schuld)이 범죄의 성립조건이다. 이러한 범죄는 고의에 의한 작위범, 고의에 의한 부작위범, 과실에 의한 작위범 그리고 과실에 의한 부작위범으로 분류해볼 수 있다.

3. 범죄의 처벌조건

(1) 의 의

범죄의 처벌조건(Strafbarkeitsbedingung)은 범죄가 성립한 후에도 다시 형벌권의 발생을 위하여 필요한 조건이다. 예를 들어, 절도죄의 객관적 구성요건은 '타인이 소유하고 점유하는 재물을 절취'(제329조 제1항)하는 것이다. 자신의 아버지도 위 구성요건의 '타인'임이 분명하다. 따라서 '아버지의 재물을 절취하는 행위'도 절도죄의 구성요건에 해당되는 행위이다. 다른 조건(위법성조각사유 · 책임조각사유)이 적시되어 있지 않다면, 위 행위에 대해서는 절도죄가 성립하게 된다(범죄성립=구성요건해당성+위법성+책임). 다만, 행위시에 행위자와 피해자 간에 직계혈족관계가 존재하므로 친족상도례(제344조에 의한 제328조 제1항의 준용)에 의하여 형을 면제한다. 이러한 의미에서 친족상도례는 인적 처벌조각사유이다. 결국 위 행위는 절도죄의 구성요건에 해당할 뿐만 아니라 나아가 절도죄가 성립하는 경우이며, 그 처벌조건과 관련하여 행위자에게 인적 처벌조각사유가 존재하므로 형만 면제되는 경우인 것이다.

(2) 종 류

① 객관적 처벌조건 : 범죄의 성부(成否)와 관계없이 형벌권의 발생을 좌우하는 외부적 · 객관적 사유이다.
  예 사전수뢰죄에 있어서 공무원 · 중재인이 된 사실(제129조 제2항), 파산범죄에 있어서 파산선고의 확정(파산법 제366조, 제367조)

② 인적 처벌조각사유(persönliche Strafausschliessungsgründe) : 이미 성립한 범죄에 관하여 행위자의 특별한 신분관계 또는 태도로 형벌권의 발생을 저지시키는 인적 사정(주관적 처벌조각조건)을 말한다. 구체적으로는, 범죄는 성립되나 행위 당시에 존재하는 특별한 신분관계로 가벌성이 배제되는 경우(예 친족상도례 – 제328조 제1항에 있어서 직계혈족 등의 신분, 인적 적용범위의 예외로서의 면책특권을 가진 국회의원·외교관이라는 신분) 내지 가벌적 행위 후에 발생한 행위자의 특별한 태도에 따라 이미 성립한 가벌성을 소급적으로 소멸시키는 경우(예 중지미수에 있어서의 형의 면제 – 제26조, 예비·음모단계에서 자수로 인한 형의 면제 – 제90조 제1항 단서 등)를 말한다. ⊃ 후자를 인적 처벌소멸사유라 부르기도 한다.

표정리 처벌조건 개관

종 류	내 용	예
객관적 처벌조건	일단 성립한 범죄의 가벌성만을 좌우하는 외부적·객관적 사유	• 파산죄 : 파산선고의 확정 • 사전수뢰죄 : 공무원 또는 중재인이 된 사실
인적 처벌 조각사유	행위자의 특수한 신분관계로 인하여 일단 성립한 범죄의 형벌권이 발생하지 않은 경우	• 친족상도례 • 국회의원의 면책특권 • 외교사절의 외교특권
인적 처벌 소멸사유	가벌적 행위 후 발생하여 이미 성립한 가벌성이 소급적으로 제거되는 경우	• 중지범에서의 형의 면제 • 내란예비·음모에서 자수로 인한 형의 면제

▶ 인적 처벌조각사유와 인적 처벌소멸사유를 구별할 실익은 크지 않다.

4. 범죄의 소추조건

(1) 의 의

범죄의 소추조건(Prozeßvoraussetzung)은 범죄가 성립하고 형벌권이 발생한 경우라도 그 범죄에 대하여 형사소송법상 소추를 하기 위하여 필요한 조건(소송조건)을 말한다.

(2) 친고죄

친고죄(親告罪, Antragsdelikte)는 공소제기를 위해서 피해자 기타 고소권자의 고소가 있을 것을 요하는 범죄이다(정지조건부 범죄). 친고죄에는 상대적 친고죄와 절대적 친고죄가 있다.[78]

① 상대적 친고죄란 범인과 피해자 사이에 일정한 신분관계가 있음으로써 비로소 친고죄로 되는 것을 말한다.

예 친족상도례 : 제328조 제2항, 제344조, 제354조, 제361조, 제365조 제1항

② 절대적 친고죄란 상대적 친고죄 이외의 친고죄를 말한다. 국가7급 14

예 사자명예훼손죄(제308조), 모욕죄(제311조), 비밀침해죄(제316조), 업무상 비밀누설죄(제317조)

▶ 성폭력범죄의 소추조건 폐지 : ① 2012년 12월 18일 개정형법에 의해 형법 제296조와 제306조의 친고죄 조항이 삭제되어 추행·간음·결혼목적 약취·유인·수수·은닉죄 등과 강간죄 등 성폭력범죄에 대한 친고죄 규정이 모두 삭제되었음(2013년 6월 19일 시행). ② 성폭법위반죄는 대부분 비친고죄이며, 종래 업무상위력추행·공중밀집장소추행·통신매체이용음란죄가 성인대상으로 범해졌을 때에는 친고죄이었으나, 2012년 12월 18일 성폭법 개정에 의해 친고죄 조항이 삭제되었으며, 이 중 공중밀집장소추행·통신매체이용음란죄가 아동·청소년대상으로 범해지면 종래 반의사불벌죄이었으나 역시 2012년 12월 18일 아청법 개정에 의해 반의사불벌죄 규정이 삭제됨(2013년 6월 19일 시행). ③ 조세범죄는 관계공무원의 고발이 있어야 공소를 제기할 수 있는 즉시고발사건으로서 친고죄와 같은 성격으로 분류됨[79]

---

78 조언 형법의 수험에 있어서는 절대적 친고죄와 상대적 친고죄를 구분해서 정리할 필요가 크지 않다. 단 형소법에서는 양자가 주관적 고소불가분의 원칙(형소법 제233조)의 적용 여부에 있어서 중요한 구별의 실익이 있다.

79 참고 "조세범처벌법의 규정에 의한 범칙행위는 국세청장·지방국세청장·세무서 또는 세무에 종사하는 공무원의 고발을 기다려

(3) 반의사불벌죄

반의사불벌죄(反意思不罰罪)는 피해자의 명시한 의사에 반하여 논할 수 없는(공소를 제기할 수 없는) 범죄를 말한다(해제조건부 범죄).

표정리 우리 형법상의 친고죄 및 반의사불벌죄의 규정들

구 분	해당 범죄
친고죄	• 범죄가 경미한 경우 : 사자명예훼손죄(제308조), 법원행시 07 / 경찰승진 11 비밀침해죄(제316조), 경찰승진 11 모욕죄(제311조), 업무상 비밀누설죄(제317조) 법원행시 07 / 경찰승진 11 / 법원행시 13 ⇨ 명예·비밀의 고려[비·누·모·사] • 친족상도례 중 비동거친족 간의 경우(제328조 제2항)[재(산죄의 비동거친족)]
반의사 불벌죄	• 외국원수·외국사절에 대한 폭행·협박·모욕죄(제107조·제108조) 경찰채용 10 1차 / 경찰승진 11 / 경찰간부 13 • 외국국기·국장모독죄(제109조) 법원승진 10 / 경찰간부 13 • 폭행·존속폭행죄(제260조) 법원9급 05 / 법원9급 06 / 법원행시 07 / 경찰승진 11 / 경찰승진 13 / 법원행시 14 / 법원행시 15 / 경찰간부 17 • 과실치상죄(제266조) 법원행시 07 / 법원행시 08 / 법원승진 10 / 경찰승진 11 / 법원행시 11 / 법원행시 15 • 협박·존속협박죄(제283조) 법원9급 05 / 법원9급 06 / 법원행시 07 / 법원행시 11 / 법원행시 15 / 경찰간부 17 • 명예훼손죄(제307조) 법원9급 06 / 법원승진 10 / 법원행시 15 / 법원9급 21 • 출판물 등에 의한 명예훼손죄(제309조) 법원9급 05 / 경찰승진 11 / 법원행시 11 / 법원행시 15 • ⇨ [폭·과·협·명·출] • 부정수표단속법 위반죄(동법 제2조 제2항, 제3항)
주의할 점	• ┌ 사자명예훼손죄·모욕죄 ⇨ 친고죄 법원9급 05 / 법원9급 06 / 경찰채용 10 2차 　└ 출판물에 의한 명예훼손죄·명예훼손죄 ⇨ 반의사불벌죄 법원9급 05 • ┌ 과실치상죄 ⇨ 반의사불벌죄 　└ 상해죄 및 과실치사죄 ⇨ 친고죄도 반의사불벌죄도 아니다. • 특수폭행, 특수협박,[80] 학대·존속학대, 업무상 과실·중과실치상죄 ⇨ 반의사불벌죄 아님 법원9급 05

🔍 판례연구 반의사불벌죄 관련 판례

1. 대법원 2001.6.15, 2001도1809; 2010.11.11, 2010도11550,2010전도83

반의사불벌죄에 있어서 피해자가 처벌을 희망하지 아니하는 의사표시나 처벌을 희망하는 의사표시의 철회를 하였다고 인정하기 위해서는 피해자의 진실한 의사가 명백하고 믿을 수 있는 방법으로 표현되어야 한다. 법원행시 08

2. 대법원 2007.9.6, 2007도3405

반의사불벌죄의 처벌불원의 의사는 한번 명시적으로 표시된 이후에는 다시 처벌을 희망하지 아니하는 의사표시를 철회하거나 처벌을 희망하는 의사를 표시할 수 없다.

3. 대법원 2020.3.12, 2019도15117

군형법 제60조의6에서 군사기지 및 군사시설 등에서 군인을 폭행한 경우에는 폭행죄에서의 반의사불벌죄 규정인 형법 제260조 제3항을 적용하지 않는 특례를 규정하고 있으므로, 이 사건 공소사실 중 폭행 부분의 공소를 기각할 수 없다.

유사판례 군인등이 대한민국의 국군이 군사작전을 수행하기 위한 근거지에서 군인등을 폭행했다면 그곳이 대

논한다(동법 제6조).″라고 규정되어 있다.

80 판례 형법 제284조에서 규정하는 단체 또는 다중의 위력을 보이거나 위험한 물건을 휴대한 특수협박죄의 경우에는 형법 제283조 제3항이 적용될 수 없으며, 이 사건 협박행위에 적용되는 폭처법 제3조 제1항에 있어서도 형법 제283조 제3항이 적용될 여지는 없다(대법원 2008.7.24, 2008도4658; 1998.5.8, 98도631).

한민국의 영토 내인지, 외국군의 군사기지(주한미군기지)인지 등과 관계없이 군형법 제60조의6 제1호에 따라 형법 제260조 제3항이 적용되지 않는다(대법원 2023.6.15, 2020도927).

04 범죄의 종류

1. 결과범과 거동범

(1) 결과범

결과범(Erfolgsdelikte)은 행위 이외에 결과의 발생이 있어야 기수가 되는 범죄이다(실질범).

예 살인죄, 상해죄, 강도죄, 손괴죄 등 대부분의 범죄

(2) 거동범

거동범(Tätigkeitsdelikte)은 결과발생을 요하지 않고 행위만으로 기수가 되는 범죄이다(형식범, Formaldelikt). 그러므로 미수범 성립이 불가능하고 인과관계의 판단이 필요하지 않다.

예 모욕죄, 명예훼손죄, 공연음란죄, 무고죄, 위증죄

▶ 미수범 처벌규정이 존재하는 경우도 있다. ⇨ 집합명령위반죄, 퇴거불응죄

표정리 결과범과 거동범의 구별실익

구 분	결과범	거동범
인과관계와 객관적 귀속	필요	불필요
미수의 성립 여부	성립 가능	성립 불가능

2. 침해범과 위험범

(1) 침해범

침해범(Verletzungsdelikt)이라 함은 범죄가 완성되기 위해서는 구성요건적 실행행위에 의하여 그 보호법익이 현실적으로 침해될 것을 요하는 범죄를 말한다.

예 살인죄, 상해죄, 체포·감금죄, 강간죄, 주거침입죄, 절도죄, 강도죄 등

▶ 협박죄(제283조 제1항)는 종래 해악을 고지하여 상대방으로 하여금 외포심(공포심)을 일으켜야만 기수가 된다고 하여 침해범으로 해석하는 것이 일반적이었으나(현재에도 통설), 판례는 "공포심을 일으키게 할 만한 해악을 고지함으로써 상대방이 그 의미를 인식한 이상 상대방이 현실적으로 공포심을 일으켰는지 여부와 관계없이 기수가 된다."고 하여 위험범으로 파악하고 있다(대법원 2007.9.28, 2007도606 전원합의체).[81]

(2) 위험범

① 의의 : 위험범(Gefährdungsdelikte. 위태범)이라 함은 그 보호법익이 침해될 필요는 없고 침해의 위험성만 있으면 성립되는 범죄이다.

② 종 류

㉠ 추상적 위험범(abstrakte Gefährdungsdelikte) : 법익에 대한 일반적 위험성만 있으면 가벌성이 인정되는 범죄이다. 추상적 위험범은 구성요건에 규정된 행위만 하여도 그 행위 안에 위험성이 내포되어

---

81 협박죄의 협박의 의미에 대해서는 통설과 판례의 대립이 있다. 각론, 협박죄에서 후술함.

있다고 보게 되므로 대체로 거동범적 성질을 가진다. 따라서 위험은 별도의 구성요건요소가 아니며 이에 고의의 인식대상도 되지 않게 된다.

예 위증죄(제152조), 무고죄(제156조), 장례식방해죄(제158조), 현주건조물방화죄(제164조), 공용건조물방화죄(제165조), 이상에 대한 실화죄(제170조 제1항), 타인소유일반건조물방화죄(제166조 제1항), 현주건조물 및 공용건조물에 대한 일수죄(제177조, 제178조), 교통방해죄(제185조), 통화위조죄(제207조), 낙태죄(제269조, 다수설), 유기죄(제271조), 명예훼손죄(제307조), 신용훼손죄(제313조), 업무방해죄(제314조), 비밀침해죄(제316조 제1항), 도로교통법상 약물운전죄(동법 제150조 제1호) 등

ⓛ 구체적 위험범(konkrete Gefährdungsdelikte) : 법익침해의 현실적 위험의 발생을 구성요건해당성의 요건으로 하는 범죄이다. 따라서 이 경우의 '위험'은 객관적 구성요건요소로서 고의의 인식대상이 된다.

국가9급 13 / 사시 12 / 경찰간부 17

예 자기소유일반건조물방화죄(제166조 제2항), 일반물건방화죄(제167조), 이상의 목적물에 대한 실화죄, 폭발성물건파열죄(제172조)와 폭발물사용죄(제119조), 가스·전기 등 방류죄(제172조의2), 가스·전기 등 공급방해죄(제173조 제1항), 자기소유일반건조물일수죄(제179조 제2항), 과실일수죄(제181조), 사시 12 중유기죄(제271조 제3항·제4항), 사시 12 배임(제355조 제2항) 등

▶ 자기소유~, 일반물건~, 폭발성물건~ / 폭발물사용, 가스·전기~, 중~, 직무유기, 배임

⚖ **판례연구** 위험범 관련 판례

1. 대법원 2010.12.23, 2010도11272
도로교통법상 약물운전죄는 이른바 위태범으로서 약물 등의 영향으로 인하여 '정상적으로 운전하지 못할 우려가 있는 상태'에서 운전을 하면 바로 성립하고, 현실적으로 '정상적으로 운전하지 못할 상태'에 이르러야만 하는 것은 아니다.

2. 대법원 2023.9.27, 2023도6411
스토킹범죄 처벌규정의 법익 보호의 정도
스토킹행위를 전제로 하는 스토킹범죄는 행위자의 어떠한 행위를 매개로 이를 인식한 상대방에게 불안감 또는 공포심을 일으킴으로써 그의 자유로운 의사결정의 자유 및 생활형성의 자유와 평온이 침해되는 것을 막고 이를 보호법익으로 하는 위험범이라고 볼 수 있으므로, 구 스토킹범죄의 처벌 등에 관한 법률(2023.7.11. 법률 제19518호로 개정되기 전의 것, 이하 '구 스토킹처벌법') 제2조 제1호 각 목의 행위가 객관적·일반적으로 볼 때 이를 인식한 상대방으로 하여금 불안감 또는 공포심을 일으키기에 충분한 정도라고 평가될 수 있다면 현실적으로 상대방이 불안감 내지 공포심을 갖게 되었는지 여부와 관계없이 '스토킹행위'에 해당하고, 나아가 그와 같은 일련의 스토킹행위가 지속되거나 반복되면 '스토킹범죄'가 성립한다. 이때 구 스토킹처벌법 제2조 제1호 각 목의 행위가 객관적·일반적으로 볼 때 상대방으로 하여금 불안감 또는 공포심을 일으키기에 충분한 정도인지는 행위자와 상대방의 관계·지위·성향, 행위에 이르게 된 경위, 행위 태양, 행위자와 상대방의 언동, 주변의 상황 등 행위 전후의 여러 사정을 종합하여 객관적으로 판단하여야 한다.

표정리 추상적 위험범과 구체적 위험범의 차이점

구 분	추상적 위험범	구체적 위험범
위험의 발생	구성요건요소가 아니다.	구성요건요소이다.
위험의 인식	고의의 내용이 아니다.	고의의 내용이다.
범죄의 성질	(대부분) 거동범	결과범
위험발생의 입증	불필요	필요

3. 즉시범 · 계속범 · 상태범

(1) 즉시범

실행행위에 의하여 일정한 법익의 침해 또는 침해의 위험성이 있으면 바로 완성되고 종료되는 범죄이다(기수시점=종료시점). 살인, 절도, 범죄단체조직, 도주, 방화 등 대부분의 범죄가 여기에 속한다.

판례연구 즉시범

대법원 1979.8.31, 79도622
도주죄는 도주상태가 계속되는 것이므로 도주 중에는 시효가 진행 안된다는 소론을 채용할 수 없다(도주죄는 계속범이 아니라 즉시범으로 본 것임).

대법원 1992.2.25, 91도3192
구 폭력행위등처벌에관한법률 제4조 소정의 단체 등의 조직죄는 같은 법에 규정된 범죄를 목적으로 한단체 또는 집단을 구성함으로써 즉시 성립하고 그와 동시에 완성되는 즉시범이지 계속범이 아니다.

(2) 계속범

계속범(Dauerdelikte)이라 함은 구성요건적 실행행위에 의하여 기수(구성요건충족상태)가 된 이후에도 위법한 상태가 계속 유지되다가 별도의 종료시점에 가서 종료하게 되는 범죄를 말한다(기수시점≠종료시점). 예를 들어, 감금죄의 경우 甲이 乙을 감금하고 일정한 시간적 계속이 이루어진 때 기수가 되고[82] 그 이후에도 감금된 상태가 계속되다가 감금상태가 해제된 때(석방 · 탈출시점) 종료가 되는 것이다. 계속범에는 체포 · 감금, 주거침입 · 퇴거불응(등 진정부작위범), 경찰채용 10 1차 약취 · 유인, 도박장소 · 공간개설, 직무유기, 교통방해(대법원 2018.1.24, 2017도11408; 2018.5.11, 2017도9146), 범인은닉죄, 청소년보호법상 청소년유해업소고용죄(대법원 2011.1.13, 2010도10029), 공유수면관리법상 무허가공유수면점용 · 사용죄(대법원 2010.9.30, 2008도7678) 등이 있다.

---

82 보충 : 감금죄는 침해범이면서 계속범이다. 감금죄에서 감금행위의 일정한 시간적 계속이 있어야 기수가 된다는 점을 계속범의 성질로 설명하는 경우가 있는데, 이는 계속범이 아니라 침해범의 성질에서 유래하는 것이다. 즉, 감금죄는 '잠재적 신체활동의 자유'를 그 보호법익으로 하고 감금상태는 어느 정도 유지되어야 '감금되었다' 즉 '법익이 침해되었다'고 볼 수 있으며, 이 시점에서 구성요건이 충족되는 기수가 된다.

🔨 판례연구 계속범

1. 대법원 2009.4.16, 2007도6703 전원합의체

즉시범과 계속범의 성질을 모두 가지고 있는 무허가농지전용죄

구 농지법 제2조 제9호에서 말하는 '농지의 전용'이 이루어지는 태양은, 첫째로 농지에 대하여 절토, 성토 또는 정지를 하거나 농지로서의 사용에 장해가 되는 유형물을 설치하는 등으로 농지의 형질을 외형상으로뿐만 아니라 사실상 변경시켜 원상회복이 어려운 상태로 만드는 경우가 있고, 둘째로 농지에 대하여 외부적 형상의 변경을 수반하지 않거나 외부적 형상의 변경을 수반하더라도 사회통념상 원상회복이 어려운 정도에 이르지 않은 상태에서 그 농지를 다른 목적에 사용하는 경우 등이 있을 수 있다. 전자의 경우는 그와 같은 행위가 종료됨으로써 즉시 성립하고 그와 동시에 완성되는 '즉시범'이라고 보아야 하지만, 후자의 경우와 같이 당해 토지를 농업생산 등 외의 다른 목적으로 사용하는 행위를 여전히 농지전용으로 볼 수 있는 때에는 허가 없이 그와 같이 농지를 전용하는 죄는 '계속범'으로 보아야 한다.

2. 대법원 2011.1.13, 2010도10029

청소년고용 금지의무 위반행위(청소년보호법상 청소년유해업소고용죄)는 일반적으로 고용이 노무의 제공이라는 계속적 상태를 요구한다는 점에서 계속범의 실질을 가지는 것으로서 청소년에 대한 고용을 중단하지 않는 한 가벌적 위법상태가 지속되므로, 그 위반죄의 성립 여부 및 범의는 청소년 고용이 지속된 기간을 전체적으로 고려하여 판단하여야 한다.

3. 대법원 2018.1.24, 2017도11408; 2018.5.11, 2017도9146

일반교통방해죄에서 교통방해 행위는 계속범의 성질을 가지는 것이어서 교통방해의 상태가 계속되는 한 위법상태는 계속 존재한다.

참고하기 계속범의 특징

1. 기수시기와 종료시기에 차이가 있다.
2. 기수 이후에도 공범의 성립이 인정된다(예 '승계적 방조'). 경찰채용 10 1차
3. 기수 이후 종료 이전에도 피해자의 정당방위가 가능하다. 경찰채용 10 1차
4. 종료시부터 형사소송법상 공소시효가 기산되게 된다. 경찰채용 10 1차

---

(3) 상태범

상태범(Zustandsdelikte)은 구성요건적 실행행위에 의하여 법익의 침해가 발생함으로써 기수가 되어 종료되지만(기수＝종료, 이 점에서는 즉시범＝상태범), 기수 이후에도 위법상태가 계속되는 범죄이다. 상태범의 특징은 예컨대, 타인의 재물을 절취한 후 그 재물을 손괴·소비·매각하여도 기존의 절도죄 이외에 별도의 범죄(손괴·횡령)를 구성하지 않는 불가벌적 사후행위의 경우에 나타난다.

예 절도죄, 횡령죄, 재물손괴죄 등 대부분의 재산범죄, 살인죄, 상해죄, 내란죄 등

(4) 계속범과 상태범의 구별실익

구 분	계속범	상태범(즉시범)
기수·종료의 시기	불일치	일치
공소시효의 기산점	종료시	기수시
공범의 성립시기	종료시까지 가능	기수시까지 가능
정당방위 가능시기	종료시까지 가능	기수시까지 가능

▶ 이외에도, 감금상태에서 재차 감금한 경우에는 포괄일죄(계속범)가 되지만, 절도상태 이후 손괴 등의 행위는 불가벌적 사후행위로서 법조경합관계로 처리된다는 점에서 죄수론상에서도 구별실익이 있다. 또한 '무허가농지전용죄'처럼 즉시범과 계속범의 성질을 모두 갖추고 있는 경우도 있다.

4. 일반범 · 신분범 · 자수범

(1) 일반범

일반범(Allgemeindelikte)은 누구나 범죄의 주체가 될 수 있는 범죄를 말한다.

(2) 신분범

① 의의 : 신분범(Sonderdelikte)이란 구성요건상 행위의 주체에 해당되기 위해서 일정한 신분을 요하는 범죄를 말한다. 여기에서 신분이란 범인의 인적 관계인 특수한 지위나 상태를 가리킨다(객관적 구성요건요소).

② 종 류

㉠ 진정신분범(echte Sonderdelikte) : 신분 있는 자만이 주체가 될 수 있는 범죄를 말한다.

> **예** 수뢰죄(공무원 · 중재인), 횡령죄(타인의 재물을 보관하는 자), 배임죄(타인의 사무를 처리하는 자), 위증죄(법률에 의하여 선서한 증인), 유기죄(요부조자를 보호할 법률상 · 계약상 의무 있는 자), 업무상 비밀누설죄(의사, 한의사 등), 직무유기죄(공무원), 허위진단서작성죄(의사, 한의사 등), 아동학대처벌법상 보호자아동학대치사상죄(공범과 신분에서 후술), 주거침입강간등죄(각론 강간과 추행의 죄에서 후술) 등 및 부진정부작위범(보증인적 지위에 있는 자) 법원행시 07

㉡ 부진정신분범(unechte Sonderdelikte) : 신분이 없어도 범죄가 성립하나, 신분이 있음으로 인해서 형이 가중되거나 감경되는 범죄를 말한다.

> **예** 직계 '존속'에 대한 범죄(존속살해 · 존속상해 등), '업무상' 범죄(업무상 횡령죄, 업무상 배임죄, 업무상 동의낙태죄, 업무상 과실치사상죄), 간수자도주원조죄, '상습'도박죄, 불법체포 · 감금(다수설) 등 ⊃ 판례는 모해위증죄의 모해 목적을 가중적 신분으로 파악하고 있는데(대법원 1994.12.23, 93도1002), 법원행시 05 / 법원행시 08 / 법원행시 09 / 사시 11 / 사시 12 / 사시 13 / 국가7급 14 / 법원행시 14 / 사시 14 / 변호사 14 통설은 반대입장이다.[83]

⚖ 판례연구 신분범

대법원 1994.12.23, 93도1002
모해위증죄는 부진정신분범이라는 판례
형법 제33조 소정의 이른바 신분관계라 함은 남녀의 성별, 내 · 외국인의 구별, 친족관계, 공무원인 자격과 같은 관계뿐만 아니라 널리 일정한 범죄행위에 관련된 범인의 인적관계인 특수한 지위 또는 상태를 지칭하는 것이다. 형법 제152조 제1항과 제2항은 위증을 한 범인이 형사사건의 피고인 등을 '모해할 목적'을 가지고 있었는가 아니면 그러한 목적이 없었는가 하는 범인의 특수한 상태의 차이에 따라 범인에게 과할 형의 경중을 구별하고 있으므로, 이는 바로 형법 제33조 단서 소정의 "신분관계로 인하여 형의 경중이 있는 경우"에 해당한다고 봄이 상당하다. 국가7급 14 / 법원행시 05 · 08 · 09 / 사시 11 · 12 · 13 · 14 / 변호사시험 14

참고하기 진정신분범과 부진정신분범에 있어서 주의할 규정들

1. 업무상 비밀누설죄, 업무상 과실장물죄, 업무상 위력에 의한 간음죄는 진정신분범이다.
2. 업무상 비밀누설죄는 신분범이나, 비밀침해죄는 신분범이 아니다.
3. 허위진단서작성죄 · 허위공문서작성죄는 신분범이나, 공정증서원본부실기재죄는 신분범이 아니다.
4. 도박죄는 신분범이 아니지만, 상습도박죄는 부진정신분범이다.

---

83 이론적으로 통설이 타당하나, 자세한 것은 제6장 정범과 공범론 중 제6절 공범과 신분에서 후술한다.

(3) 자수범

① 의의 : 자수범(自手犯; eigenhändige Delikte)이란 범인 스스로의 직접적인 범죄 실행을 요하기 때문에 타인을 이용해서는 저지를 수 없는 범죄를 말한다.

> 예 위증죄(제152조),[84] 피구금자간음죄(제303조 제2항), 업무상 비밀누설죄(제317조), 부정수표단속법상 허위신고죄(간접정범에서 후술) 등

대법원 1985.11.26. 85도711
위증죄는 자수범이라는 판례
위증죄의 행위자는 자기가 경험했거나 타인이 경험한 바를 전해 들어서 알게 된 사실을 직접 증언하는 자이므로, 타인을 통한 위증죄 성립이란 불가능하다.

---

② 자수범 인정시 효과 : 직접·단독정범만이 성립가능하고, 간접정범이나 자수적 실행 없는 공동정범의 성립은 불가능하다. 그러나 교사범·종범의 성립은 가능하다.

5. 목적범 · 경향범 · 표현범

(1) 목적범

① 의의 : 목적범(Absichtsdelikte)이란 객관적 구성요건요소에 대한 인식·의사인 고의의 범위를 초과하는 일정한 주관적 목적(초과주관적 구성요건요소)이 구성요건상 전제되어 있는 범죄이다. **판례**는 대체로 목적이 확정적 인식뿐만 아니라 미필적 인식으로도 충분하다는 입장이다(대법원 1992.3.31, 90도2033 전원합의체).[85] 사시 15 또한 **판례**는 입장을 변경하여 국가보안법상 이적표현물임을 인식하였다고 하여 이적행위를 할 목적이 있다고 추정해서는 안 된다고 판시한 바 있다(남북공동선언실천연대 사건 : 대법원 2010.7.23, 2010도1189 전원합의체).[86]

② 종 류

  ㉠ 진정목적범과 부진정목적범 : 목적의 성질에 따른 구별이다.

    ⓐ 진정목적범 : 목적의 존재가 범죄성립요건인 범죄를 말한다.

> 예 ① 각종 위조·변조죄(행사목적), 법원행시 05 / 법원9급 09 / 법원행시 10 ② 각종 자격모용작성죄(행사목적), ③ 각종 영득·이득죄(불법영득·이득의사), ④ 각종 예비죄(기본범죄목적), ⑤ 내란죄(제87조 : 국권배제·국헌문란목적), ⑥ 국기·국장모독죄(제105조), 법원행시 08 / 법원행시 10 국기·국장비방죄(제106조) : 대한민국을 모욕할 목적, ⑦ 외교상기밀탐지·수집죄(제113조 제2항 : 누설목적), ⑧ 범죄단체조직죄(제114조 : 범죄목적), 경찰채용 10 1차 ⑨ 다중불해산죄(제116조 : 폭행·협박·손괴목적), ⑩ 직무·사직강요죄(제136조 제2항 : 직무강요·저지·사직목적), ⑪ 법정·국회회의장모욕죄(제138조 : 법원재판·국회심의 방해·위협목적), ⑫ 무고죄(제156조 : 타인 형사처분·징계처분 목적), 법원행시 05 / 법원행시 10 / 법원9급 12 ⑬ 위조통화수입·수출죄(제207조 제4항), 위조유가증권수입·수출죄(제217조 제4항), 위조인지·우표수입·수출죄(제218조 제2항) : 행사목적, ⑭ 위조통화취득죄(제208조), 위조인지·우표취득죄(제219조) : 행사목적, 소인말소죄(제221조) : 행사목적, 법원행시 08 / 법원9급 09 ⑮ 통화유사물제조죄(제211조 제1항), 인지·우표유사물제조죄(제222조 제1항) : 판매목적,

---

84 판례 : 위증죄는 자수범 위증죄의 행위자는 자기가 경험했거나 타인이 경험한 바를 전해 들어서 알게 된 사실을 직접 증언하는 자이므로, 타인을 통한 위증죄 성립이란 불가능하다(대법원 1985.11.26, 85도711).

85 판례 : 목적범에 있어서 목적은 미필적 인식으로 족하는지 여부 — 새벽6호 사건 구 국가보안법 제7조 제5항 위반의 죄(이적표현물취득·소지 등)는 목적범임이 명백하므로 고의 외에 별도로 초과주관적 위법요소인 목적이 요구되는 것이고, 그 목적은 같은 법 제1항 내지 제4항의 행위에 대한 적극적 의욕이나 확정적 인식까지는 필요 없고 미필적 인식으로 족한 것이다(대법원 1992. 3.31, 90도2033 전원합의체). 경찰채용 22 2차

86 보충 다만 위 판례는 결론에 있어서 이적행위를 할 목적이 있음을 인정하였다.

법원9급 09 ⑯ 허위공문서작성죄(제227조 : 행사목적), 공·사전자기록위작·변작죄(제227조의2, 제232조의2 : 사무처리를 그르치게 할 목적), ⑰ 공·사인위조·부정사용죄(제238조 제1항, 제239조 제1항 : 행사목적), ⑱ 음행매개죄(제242조 : 영리목적), 법원행시 08 / 법원행시 10 ⑲ 음화제조·소지죄(제244조 : 음화반포·판매목적), ⑳ 도박개장죄(제247조 : 영리목적), 법원9급 12 / 경찰채용 10 1차 ㉑ 준점유강취죄(제325조 제2항) 및 준강도죄(제335조 : 재물탈환항거·체포면탈·범죄흔적인멸목적), 법원행시 05 / 법원행시 08 / 법원행시 10 ㉒ 강제집행면탈죄(제327조 : 강제집행을 면할 목적) 법원행시 10

ⓑ 부진정목적범 : 목적의 존재가 형의 가중·감경사유로 되어 있는 범죄를 말한다.

예 ① 내란목적살인죄(제88조 : 국권배제·국헌문란의 목적) : 살인죄에 비하여 불법가중, ② 모해위증죄(제152조 제2항), 모해증거인멸죄(제155조 제3항) : 모해목적, 법원9급 12 ③ 아편·아편흡식기판매목적소지죄(제198조, 제199조 : 판매의 목적) : 단순아편 등 소지죄(제205조)에 비하여 불법가중, ④ 촉탁승낙살인죄(제252조 제1항 : '본인을 위하여'는 기술되지 않은 구성요건요소) : 살인죄에 비하여 불법감경, ⑤ 추행·간음·결혼·영리목적(제288조 제1항, 제289조 제2항), 노동력착취·성매매·성적착취·장기적출목적(제288조 제2항, 제289조 제3항), 국외이송목적(제288조 제3항, 제289조 제4항) 약취·유인죄(제288조) 및 인신매매죄(제289조 제2·3·4항) : 약취·유인죄 및 인신매매죄에 비하여 불법가중, ⑥ 출판물명예훼손죄(제309조 : 비방목적) : 명예훼손죄에 비하여 불법가중 법원행시 05 / 경찰간부 17

정리의 맥

1. 모해위증죄, 모해증거인멸죄는 목적범이지만, '위증죄', '증거인멸죄'는 목적범이 아니다.
2. 출판물 등에 의한 명예훼손죄는 목적범이지만, '명예훼손죄', '신용훼손죄'는 목적범이 아니다.
3. 허위공문서작성죄는 목적범이지만, '허위진단서작성죄' 국가9급 12 와 '공정증서원본부실기재죄'는 목적범이 아니다.
4. 강제집행면탈죄(강제집행을 면할 목적)는 목적범이지만, '부동산강제집행효용침해죄'는 목적범이 아니다.
5. 문서부정행사죄는 목적범이 아니지만, 인장부정사용죄는 목적범이다.
6. 모든 '위조·변조죄', '자격모용작성죄', '취득죄', 국가9급 12 '전자기록위작·변작죄', 국가9급 12 '(유사물)제조죄(단 전시폭발물제조·소지, 아편소지는 아님)', '예비·음모죄', '모해목적범죄'는 목적범이다.

ⓛ 단절된 결과범과 단축된 2행위범 : 목적이 구성요건적 행위의 실행에 의해 어떻게 실현되는가에 따른 구별이다.

ⓐ 단절된 결과범 : 목적 실현이 행위자의 구성요건적 행위 자체에 의하여 직접 야기되며, 목적 실현을 위해 다른 별개의 행위를 필요로 하지 않는 목적범을 말한다. 단축된 결과범이라고도 한다.

예 내란죄(제87조 : 국권배제·국헌문란의 목적), 출판물에 의한 명예훼손죄(제309조 : 비방의 목적), 준강도죄(제335조 : 재물탈환항거·체포면탈·범죄흔적인멸의 목적) 등

ⓑ 단축된 이(二)행위범 : 목적실현이 행위자의 구성요건적 행위만으로는 야기될 수 없고, 행위자나 제3자의 별개의 행위를 통해서만 야기될 수 있는 목적범을 말한다. 예를 들어, 예비·음모죄는 '기본범죄를 범할 목적'을 초과주관적 구성요건요소로 삼고 있는바, 이는 예비·음모행위 이후에 별도의 기본범죄를 범함으로써 그 목적으로 달성할 수 있으므로 단축된 2행위범으로 분류될 수 있는 것이다(불완전한 2행위범이라고도 함).

예 무고죄(제156조 : 형사처분·징계처분을 받게 할 목적), 음행매개죄(제242조 : 영리의 목적), 약취·유인죄(제288조 : 영리의 목적), 각종 위조죄(제207조 등 : 행사의 목적), 각종 예비죄(제255조 등 : 기본범죄를 범할 목적) 등

ⓒ 구별실익 : 단절된 결과범에서는 목적에 대한 확정적 인식이 필요하나, 단축된 이행위범에서는 목적에 대한 미필적 인식으로 충분하다.[87]

---

87 주의 이것은 보통의 이론적 설명을 따른 것이다. 다만 판례는 이를 따른다는 실례(實例)는 없고, 단지 미필적 인식만으로 충분하다는 사례들만 보일 뿐이다.

(2) 경향범

행위자의 주관적인 행위경향이 초과구성요건요소로 인정되는 범죄유형을 말하며, 통설적으로 인정되는 개념이고, 대체로 성범죄들이 경향범인 경우가 많다. 경향범에 있어서 '행위자의 내적 경향'은 초과주관적 구성요건요소이기는 하나, 고의와 별도로 요구되는 것은 아니고 어디까지나 객관적 구성요건요소에 대한 강화된 내적 경향인 고의로서 요구된다.

예 학대죄(제273조)의 학대행위, 가혹행위죄(제125조)의 가혹행위, 공연음란죄(제245조)의 음란행위(성욕을 자극시키는 경향), 강제추행죄(제298조)의 추행(성적 흥분·만족을 얻으려는 경향) 등

다만 일부 견해 및 **판례**는 경향범 부정설을 취하는데, 이에 의하면 미성년자의제강제추행죄(제305조)에 있어서 추행을 한다는 고의만 있으면 되고 여기에서 더 나아가 성욕의 흥분 또는 만족이라는 성적 경향은 필요 없다고 보고 있으며(대법원 2006.1.13, 2005도6791), 이 점은 공연음란죄(제245조)에 있어서도 마찬가지이다(대법원 2000.12.22, 2000도4372).

(3) 표현범

행위자의 내면적인 지식상태의 굴절·모순과정을 표현해 주는 범죄이다. 예를 들어, 모욕죄(제311조)는 표현범이므로 단순히 무례한 언동만으로는 동죄가 성립하는 것은 아니다.

예 위증죄(제152조 : 자신이 알고 있는 것과 다르게 표현하려는 내심의 의사 – 주관설) 등

6. 망각범

'과실에 의한 부진정부작위범'이다. 즉 망각범이란 일정한 작위가 기대됨에도 불구하고 부주의로 그 작위의무를 인식하지 못하여 결과를 발생시키는 범죄를 말한다.

예 • 전철수가 잠이 들어 전철하지 않아 기차를 전복시킨 경우

 • 함께 술을 마신 후 만취한 친구의 발 옆 30cm 가량 떨어진 방바닥에 켜져 있는 촛불을 끄지 않고 그냥 나와 친구가 화재로 사망한 경우(대법원 1994.8.26, 94도1291) ➪ 과실치사죄 법원행시 14

 ▶ 현행 형법상 진정부작위범(전시군수계약불이행죄, 다중불해산죄, 전시공수계약불이행죄, 인권옹호직무명령불준수죄, 집합명령위반죄, 퇴거불응죄)에 대하여는 과실범 처벌규정을 두고 있지 않으므로 '과실의 진정부작위범'은 처벌할 수 없다 (상세한 것은 부작위범을 논하면서 후술함).

제2절 | 행위론

01   행위개념의 기능

무언가 문제되는 행위가 있어야 그 행위가 구성요건에 해당하는지, 위법한지 그리고 그 행위자에게 책임이 있는지를 살펴볼 수 있게 되므로, 범죄의 성립여부를 따지려면 우선 행위의 개념을 밝혀야 한다. 마이호퍼(W. Maihofer)는 이러한 행위개념을 정함으로써 다음과 같은 3가지 기능을 할 수 있다고 설명하였다(Maihofer의 행위론의 3가지 기능을 수용하는 것이 행위개념 긍정설을 취하는 학자들에게 있어서는 일반적인 설명방식이다).

우선 ① 행위의 개념을 정해야 이것이 하나의 상위개념이 되어 그 하위에 고의행위, 과실행위, 작위행위, 부작위행위를 배치시키고 이를 분류시킬 수 있는 기능을 할 수 있게 된다. 이를 행위론의 기본요소로서의 행위의 기능 또는 분류기능이라고 한다. 다음 ② 행위개념을 파악하게 되면 그러한 행위가 형법이 정한 (불법)

구성요건에 해당되고, 그 구성요건에 해당되는 행위가 위법성(전체적 가치질서에 반한다는 가치판단)이 있고, 이러한 불법한 행위를 한 행위자에게 비난가능성(책임)이 있다는 판단을 할 수 있게 된다. 이렇듯 행위개념은 3단계 범죄론체계를 서로 이어주는 연결기능을 한다. 마지막으로 ③ 행위개념을 확정하게 되면 행위와 소위 비(非)행위를 구별할 수 있다. 즉 인간의 행위가 아닌 동물이나 기계의 동작이나 자연현상 등은 행위가 아니고, 인간의 행위라 하더라도 간질발작 중의 행위라거나 수면 중의 무의식적 행동을 행위개념에서 배제시킬 수 있게 되는 것이다. 이를 행위론의 한계기능이라 부를 수 있다.

이러한 행위개념의 3대 기능을 수행하기 위해서 제시되어 온 주요 이론들은 다음과 같다.

02 　인과적 행위론

인과적 행위론(kausale Handlungslehre)은 행위란 인간의 유의적 거동(有意的 擧動)에 의한 외부세계의 변화(Liszt) 내지 의욕된 신체활동(Beling)이라는 입장이다. 이에 의하면 행위는 유의성과 거동성의 두 요소로 이루어져 있다.

　비판　1. 인식있는 과실은 행위로 포함되지만, 인식없는 과실은 유의성이 없기 때문에 행위개념에서 배제됨 법원9급 07(하)
　　　　2. 부작위에는 거동성이 없기 때문에 행위에서 배제됨 법원9급 07(하)
　　　　3. 미수범은 외부세계의 변화를 일으키지 못했다는 점에서 행위개념에 포함시킬 수 없음
　　　　4. 근본요소로서의 기능 내지 분류기능을 할 수 없음

　표정리　인과적 행위론 개관

행 위	구성요건	위법성	책 임
유의성 + 거동성	객관적 구성요건요소	객관적 구성요건요소에 대한 규범적 · 객관적 가치판단	심리적 책임론 • 책임능력 • 책임형식(책임조건) ┌ 고의 = 범죄사실의 인식, 위법성의 인식 └ 과실 = 결과발생, 주의의무위반

03 　목적적 행위론

목적적 행위론(finale Handlungslehre)은 한스 벨첼(Hans Welzel)에 의하여 주장된 이론으로서, 행위가 단순히 유의적 거동이라고 보는 인과적 행위론에 대한 비판적 관점에서 출발하면서, 행위란 단지 인과적 사건이 아니라 인간의 의사에 지배되는 목적지향적인 인간의 활동으로 파악한다. 즉 인간의 행위는 목적활동의 수행이므로, 목적성(Finalität)이 없는 행위란 있을 수 없으므로, 객관적 행위는 고의의 목적적 실현이며, 고의는 구성요건 실현을 위한 목적적 행위의사로서 행위의 요소가 된다는 것이다. 인과적 행위론이 의사의 존재만을 문제 삼았다면 목적적 행위론은 의사의 내용이나 방향성을 중시하여 이를 행위의 요소로 이해하고 있다.[88]

　비판　1. (목적적 행위론자들이 과실행위도 목적적 행위라고 설명을 시도하였음에도) 목적성이 없는 과실의 행위성 인정 곤란 법원9급 07(하)
　　　　2. (인과과정을 조종하지 못하였다는 점에서) 부작위의 행위성 인정 곤란
　　　　3. 의식적 조종의 요소가 없는 자동화된 행위나 격정적 행위 인정 곤란
　　　　4. 행위론의 근본기능 · 분류기능을 수행할 수 없음

---

88 따라서 목적적 행위론에 의하면 고의적인 미수범도 행위개념에 포함되게 된다.

표정리 목적적 행위론 개관

행 위	구성요건	위법성	책 임
유의성 + 거동성 + 목적성	• 객관적 구성요건요소 • 주관적 구성요건요소 　(고의, 과실) 법원9급 　07(하)	• 인적 불법론 • 행위반가치론 • 주관적 정당화요소 일반화	순수한 규범적 책임론 ┌ 책임능력 ├ 위법성인식 └ 기대가능성

▶ 목적적 행위개념은 많은 비판을 받지만, 목적적 범죄체계는 형법학에 지대한 공적을 남김

04 사회적 행위론

인과적 행위론이나 목적적 행위론과 같은 존재론적 행위개념이 행위개념의 근본기능을 다하지 못한다는 점에서, 규범적 요소에 의한 행위개념을 제시하는 입장이 나오게 되는데 이것이 사회적 행위론이다. 즉 행위란 사회적(형법적)으로 중요한(의미 있는) 인간의 행태라고 파악하는 입장이 사회적 행위론(soziale Handlungslehre)이다.[89] 이 이론은 행위를 하나의 사회적 현상 정도로 파악하여 사회적 의미성 내지 형법적 중요성의 판단기준에 의하여 행위개념을 파악하기 때문에, 고의행위·과실행위·작위·부작위의 상위개념을 제시할 수 있게 된다(다수설).

> **비판** 근본기능은 수행하지만, 이론적 통일성·일관성이 미비하다는 점에서 행위가 지나치게 확장되어 적절한 한계기능을 수행할 수 없다. 법원9급 07(하) 예를 들어 법인의 사회적 활동이나 인간의 간질발작 중의 행동도 사회적 중요성이 구비되는 한 행위로 볼 수 있게 되므로 행위개념의 한계를 정하기가 어려워진다.

표정리 사회적 행위론 개관

행 위	구성요건	위법성	책 임
• 사회적 의미성 • 의사지배가능성	• 객관적 구성요건요소 • 주관적 구성요건요소 　(의사방향결정요인)	이원적·인적 불법론 (행위불법+결과불법)	• 책임능력 • 심정반가치로서의 고의, 과실 • 위법성인식 • 기대가능성

05 인격적 행위론

인격적 행위론(personale Handlungslehre)은 인간의 행위가 동물의 행위와 다른 점은 인간의 인격이 나타난다는 것임을 중시하여, 행위를 인격의 표현(객관화 또는 발현)으로 파악하는 입장이다(의사에 의해 지배되거나 지배가능한 인과적 결과에 대한 책임 있고 의미 있는 행태).[90]

> **비판** 인격의 객관화는 사회생활에 있어서 객관적 의미내용에 따라 해석한다는 점에서 사회적 행위론에 포함된다.

▶ 이외에도 소극적 행위론(행위란 회피가능한 상황을 회피하지 않은 것)이나 행위개념 부정론(박상기, 오영근 등)도 있다. 자세한 설명은 본서의 특성상 생략한다.

---

89 사회적 행위론 내에서도 슈미트(E.Schmidt), 엥기쉬(Engisch), 예쉘(Jescheck), 베셀스(Wessels) 등의 행위개념이 서로 다른 각도에서 주장된 바 있으나, 본서의 특성상 이에 관한 논의는 생략한다.

90 예컨대 강구진, "형법상의 행위론", 고시계, 1984.5, 118면 이하; 김일수, 한국형법 I, 264면 이하 등. 독일에서는 Arthur Kaufmann나 Roxin의 입장이다. 자세한 논의는 생략한다.

제3절 | 행위의 주체와 객체

01 행위의 주체 : 법인의 형사책임

1. 문제의 소재

형법상 '행위의 주체'는 구성요건에 규정된 범죄의 주체가 될 수 있는가를 객관적으로 판단하는 문제로서, 객관적 구성요건요소에 해당하는가를 정하는 문제이다.[91] 자연인이 행위의 주체에 해당함은 자명하므로, 여기서는 법인도 여기에 해당될 수 있는지 살펴보아야 한다.

법인(法人)이라 함은 자연인이 아니면서 법에 의하여 권리능력이 부여되는 사단과 재단을 말한다. 자연인이 출생을 하면 가족관계등록부(구 호적부)에 출생신고가 되는 것처럼 법인도 설립이 되면 법인등기부에 설립등기가 되고, 자연인이 사망을 하면 호적부에 사망신고가 기재되는 것처럼 법인도 해산을 하면 법인등기부에 해산등기가 기재되게 된다. 자연인도 어떤 건물을 구입하고 소유할 수 있으며 법인도 재산을 소유할 수 있다. 자연인도 타인에게 민사상 손해를 입히면 불법행위책임을 질 수 있는 것처럼 법인도 불법행위책임을 져야 한다. 이렇듯 법인은 민법과 같은 사법(私法)의 영역에서는 자연인과 거의 비슷한 법적 취급을 받고 있다.

본서의 논의대상인 형법학에서는 자연인 이외에 법인도 행위(범죄)의 주체가 될 수 있는가의 문제 즉, 법인의 범죄능력에 관한 문제를 다루어야 한다. 예컨대, 살인죄의 "사람을 살해한 자"(형법 제250조 제1항)의 자(者)가 될 수 있는가의 문제이다.[92] 또한 법인을 형사처벌할 수 있는가, 즉 법인의 형벌능력(수형능력)의 문제가 제기될 수 있다. 현실적으로 형법 이외의 특별법(행정형법)에서 행위자와 법인을 함께 처벌하는 양벌규정을 두고 있기 때문이다. 또한 양벌규정에 의하여 법인이 처벌이 된다면 그 처벌의 근거는 어디에서 구할 것인가가 문제된다. 이러한 문제들이 바로 법인의 형사책임의 문제인 것이다.

2. 법인의 범죄능력

(1) 법인의 본질과 법인의 범죄능력의 논리적 관계

법인의 본질에 대해서는 ① 법인이 실제로 존재한다는 법인실재설(독일)과 ② 법인은 실제 존재하지 않으며 가상의 존재를 마치 실재하는 것처럼 의제하는 것에 불과하다는 법인의제설(영미)이 대립하는데, 이러한 법인의 본질에 관한 사법(私法)상의 논의는 형법상 법인의 범죄능력을 인정할 것인가 부정할 것인가와 논리적으로 일관되지 않는다. 법원행시 07 / 국가9급 10 법인의 범죄능력의 문제는 법인의 본질에 관한 사법상의 이론에 의한 것이 아니라 어디까지나 형법적·형사정책적 고려의 결과에 지나지 않기 때문이다. 이는 전통적으로 법인의제설을 취하는 영미법계(참고로 현재에는 법인실재설의 입장도 일부 수용)에서 오히려 법인의 형사책임을 쉽게 인정하고, 법인실재설의 대륙법계 국가에서 법인의 범죄능력을 부정하는 예가 종종 있음을 보면 이해할 수 있다.

---

[91] 따라서 체계적으로는 후술하는 제2편 구성요건론에서 검토하는 것이 타당할 것이다. 그러나 본서에서는, '행위의 주체로서 자연인뿐만 아니라 법인도 가능한가'의 문제는 보다 일반적인 차원에서 살펴본다는 의미에서 제1편 범죄론의 일반이론에서 다루고 있는 것이다.

[92] 참고 : 형사소송법상 법인의 당사자능력 형사소송법학에서는 법인이 형사소송의 당사자, 구체적으로는 피고인이 될 수 있는가의 문제가 법인의 당사자능력의 문제로 다루어지게 된다. 예를 들어, 법인을 살인죄로 기소한 경우, ① 당사자능력 긍정설에서는 실체재판(무죄판결)을 해야 할 것이고, ② 부정설에서는 공소기각결정을 하게 될 것이고, ③ 당사자능력은 긍정하되 당사자적격을 부정한다면 공소기각판결을 하게 될 것이다. 이는 형사소송법학에서 논의할 사항에 속한다.

(2) 법인의 범죄능력에 관한 학설 · 판례

① 의의 : 법인의 범죄능력의 문제는 법인이 범죄의 주체가 될 수 있는가의 문제이다. 이에 대해서 다음과 같은 학설의 대립이 있다.

② 부정설(다수설 · 판례) : 법인은 자연인과 다르므로 범죄능력이 없다는 입장이다. **판례**도 "법인은 배임죄의 주체가 될 수 없다(대법원 1984.10.10, 82도2595).[93]** 국가9급 09 / 국가9급 13 / 변호사 13 / 경찰채용 15 1차 **라든가** "법인격 없는 사단과 단체는 법인과 마찬가지로 법률에 명문의 규정이 없는 한 그 범죄능력은 없다(대법원 1997.1.24, 96도524)[94]", 경찰채용 11 2차 / 경찰승진 23 또는 "법인은 기관인 자연인을 통하여 행위를 하게 되는 것이기 때문에, 자연인이 법인의 기관으로서 범죄행위를 한 경우에도 행위자인 자연인이 범죄행위에 대한 형사책임을 지는 것이고, 다만 법률이 그 목적을 달성하기 위하여 특별히 규정하고 있는 경우에만 행위자를 벌하는 외에 법률효과가 귀속되는 법인에 대하여도 벌금형을 과할 수 있을 뿐(대법원 1994.2.8, 93도1483)"이라고 하여, 부정설의 입장을 취하고 있다. 법원행시 07 / 국가9급 13 / 국가7급 20

ㄱ) 논 거

ⓐ 법인에게는 자연인과 같은 의사와 육체가 없으므로 행위능력이 없다.

ⓑ 법인은 기관인 자연인을 통하여 행위하므로 자연인을 처벌하면 된다.

ⓒ 법인처벌의 효과가 실질적으로 법인의 구성원에게까지 미치게 되는데, 범죄와 무관한 법인의 구성원까지 처벌하는 것은 자기책임의 원칙에 반한다. 경찰채용 11 2차

ⓓ 법인에게는 형벌의 전제가 되는 윤리적 책임비난을 가할 수 없다.

ⓔ 범죄가 법인의 목적(정관)이 될 수 없으므로 법인의 범죄능력도 부정된다.

ⓕ 사형 · 자유형은 법인에게 집행할 수 없다.

ⓖ 법인의 범죄수익(收益)은 형벌이 아닌 다른 수단으로도 박탈이 가능하다.

ㄴ) 비판 : 각종 행정형법에 산재된 양벌규정의 규정취지를 설명하기 곤란하다. 경찰채용 11 2차

③ 긍정설(소수설)[95] : 현대에 들어와 기업범죄가 날로 증가함에 따라 법인의 범죄능력에 대해서도 이를 긍정할 필요가 있다는 입장이 나오게 되었다. 긍정설의 논거는 다음과 같다.

ㄱ) 논 거

ⓐ 법인실재설에 의하면 법인의 범죄능력을 인정할 수 있으며, 또한 이것이 논리적이다.

ⓑ 법인도 기관을 통하여 의사를 형성하고 행위할 수 있으므로, 행위능력이 있다.

ⓒ 법인에게는 신체가 없으므로 작위는 불가능하지만 부작위는 가능하다.

---

93 판례 : 법인은 배임죄의 범죄능력이 없다 형법 제355조 제2항의 배임죄에 있어서 타인의 사무를 처리할 의무의 주체가 법인이 되는 경우라도 법인은 다만 사법상의 의무주체가 될 뿐 범죄능력이 없는 것이며, 그 타인의 사무는 법인을 대표하는 자연인인 대표기관의 의사결정에 따른 대표행위에 의하여 실현될 수밖에 없어 그 대표기관은 마땅히 법인이 타인에 대하여 부담하고 있는 의무내용대로 사무를 처리할 임무가 있다 할 것이므로, 법인이 처리할 의무를 지는 타인의 사무에 관하여는 법인이 배임죄의 주체가 될 수 없고 그 법인을 대표하여 사무를 처리하는 자연인인 대표기관이 바로 타인의 사무를 처리하는 자, 즉 배임죄의 주체가 된다 (대법원 1984.10.10, 82도2595 전원합의체). 변호사 13

94 판례 : 법인격 없는 사단도 범죄능력이 없고 그 대표기관인 자연인이 범죄의 주체가 된다 법인격 없는 사단과 같은 단체는 법인과 마찬가지로 사법상의 권리 · 의무의 주체가 될 수 있음은 별론으로 하더라도 법률에 명문의 규정이 없는 한 그 범죄능력은 없고 그 단체의 업무는 단체를 대표하는 자연인인 대표기관의 의사결정에 따른 대표행위에 의하여 실현될 수밖에 없는 바, 구 건축법 제26조 제1항의 규정에 의하여 건축물의 유지 · 관리의무를 지는 '소유자 또는 관리자'가 법인격 없는 사단인 경우에는 자연인인 대표기관이 그 업무를 수행하는 것이므로, 같은 법 제79조 제4호에서 같은 법 제26조 제1항의 규정에 위반한 자라 함은 법인격 없는 사단의 '대표기관'인 자연인을 의미한다(대법원 1997.1.24, 96도524). 국가9급 10

보충 이처럼 '법인격 없는 사단'의 경우 '대표기관인 자연인'이 형사책임을 지나, 법인격 없는 사단의 구성원 개개인을 처벌할 수는 없다(대법원 1995.7.28, 94도3325). 국가7급 12

95 김일수 / 서보학, 137면; 정성근 / 박광민, 87면. 근래에 긍정설을 지지하는 논문들도 계속 발표되고 있다.

ⓓ 법인이 일단 설립된 이상 정관상 목적에 속하지 않더라도 사회적 존재로서의 행위는 할 수 있고, 따라서 위법행위도 할 수 있는 행위능력이 인정된다.

ⓔ 재산형과 자격정지, 몰수·추징을 과할 수 있으며, 생명형은 해산형으로, 자유형은 영업정지 등으로 대체가능하다. 경찰채용 11 2차

ⓕ 법인기관의 행위는 개인의 행위임과 동시에 법인의 행위이므로 이중처벌이 아니다.

ⓖ 책임능력을 형벌적응능력이라고 한다면, 이러한 능력은 법인에게도 있다.

ⓗ 현대사회에서는 법인(기업)의 활동이 중시되므로 법인의 범죄능력을 인정하는 것이 사회방위필 요성상 형사정책적으로 필요하다.

ⓛ 비판 : 법인을 처벌하는 것은 범죄와 무관한 법인의 다른 구성원들까지 처벌하는 연대책임을 인정 하는 결과가 되어 개인책임원칙에 반할 수 있다.

④ 부분적 긍정설(소수설)[96] : 형사범과 행정범을 구분하여 윤리적 요소가 약한 반면 합목적적 요소가 강 한 행정범의 경우에는 법인의 범죄능력을 인정하는 입장이다. 경찰채용 11 2차 / 경찰채용 15 1차 다만, 이에 대해서는 범죄능력의 주체성을 부여하는 기준이 모호하고, 법인처벌의 명문규정이 있는 경우 이를 해석으로 배제할 근거가 없다는 비판이 제기된다.

3. 법인의 형벌능력 및 처벌

(1) 법인의 형벌능력

범죄능력과 형벌능력은 서로 일치·상응해야 하며, 기술하였다시피 우리의 다수설·판례는 법인의 범죄능 력을 부정하는 입장이다. 그럼에도 불구하고 수많은 행정형법에서 직접 범죄를 범한 행위자뿐만 아니라 그 행위자가 속한 법인 등 업무주를 처벌하는 양벌규정을 두고 있다. 여기에서 법인이 형벌을 받을 수 있는가, 즉 형벌능력이 인정되는가의 문제가 발생한다.

① 법인의 범죄능력 긍정설 : 당연히 형벌능력을 긍정하게 된다.

② 법인의 범죄능력 부정설

㉠ 부정설 : 범죄능력을 부정한다면 형벌능력도 부정하는 것이 논리적이라는 점을 근거로 하는 입장이 지만, 사실상 주장하는 학자가 거의 없다.

㉡ 긍정설(다수설·판례) : 법인의 범죄능력은 부정되지만, 행정형법상 양벌규정이 존재하는 것을 전제 로 법인의 형벌능력은 인정된다는 입장이다. 법원행시 21 / 국가9급 08 행정형법은 윤리적 색채가 약하며, 또한 행정목적 달성을 위하여 필요하다는 것을 그 논거로 삼고 있다.

(2) 법인의 책임형식 − 법인 처벌규정의 방식

① 양벌규정의 입법형식과 위헌결정

㉠ 양벌규정의 입법형식 : 양벌규정은 행위자와 법인의 양자를 처벌하는 경우로서 우리의 주된 입법으로 서[97] "종업원이 위반행위를 한 때에는 행위자를 처벌하는 외에 법인 또는 개인에 대하여도 처벌한다." 고 규정하는 것이 보통이며, 이에 따라 행위자뿐 아니라 그 위반행위의 이익귀속주체인 '법인·개인 등 업무주'가 처벌받게 된다(대법원 1983.3.22, 81도2545; 1999.7.15, 95도2870 전원합의체; 2007.12.28, 2007 도8401).

---

96 신동운, 118면; 유기천, 98면; 임웅, 81면. 최근에 조금씩 지지자가 늘어가는 입장이기도 하다.

97 참고로, 법인의 종업원의 행위에 대하여 법인만이 책임을 지는 입법방식도 있을 수 있는데 이를 보통 '전가(轉嫁)규정'(대벌(代罰) 규정)이라고 한다.

ⓛ 위헌결정 이후의 입법형식 : 보건범죄단속에 관한 특별조치법 제6조의 양벌규정에 대한 **헌법재판소**의 2007년 11월 29일 2005헌가10 위헌결정이 내려진 이후부터는, 양벌규정의 단서 부분에 "다만, 법인 또는 개인이 그 위반행위를 방지하기 위하여 해당 업무에 관하여 상당한 주의와 감독을 게을리하지 아니한 때에는 그러하지 아니하다."라는 '업무주 면책규정'을 규정하는 것이 보편화되고 있다.[98] 법인처벌의 근거에서 후술하듯이, 이는 **헌법재판소**가 종래의 무과실책임적 양벌규정에 대하여 책임주의 위반을 이유로 위헌결정을 내림으로써, 최근의 입법형식이 과실책임을 명시한 결과이다.

② 양벌규정 적용의 전제로서 법규위반행위를 한 사용인 기타 종업원의 범위

ⓗ 지입차주(持入車主) : 지입제[99]에 있어 자동차가 지입회사의 소유로 등록되어 있고 지입회사만이 화물자동차운송사업면허를 가지고 있는 이상, 지입차주는 객관적 외형상으로 보아 그 차량의 소유자인 지입회사와의 위탁계약에 의하여 그 위임을 받아 운행·관리를 대행하는 지위에 있는 자로서 도로법상 양벌규정의 '대리인·사용인 기타의 종업원'에 해당한다(대법원 2003.9.2, 2003도3073; 2009.9.24, 2009도5302; 2010.4.15, 2009도9624).

ⓛ 다단계판매원 : 다단계판매원은 다단계판매업자의 통제·감독을 받으면서 다단계판매업자의 업무를 직접·간접으로 수행하는 자로서, 방문판매법의 양벌규정의 적용에 있어서는 다단계판매업자의 사용인의 지위에 있다(대법원 2006.2.24, 2003도4966).

ⓒ 업무보조자 : 도로법상 양벌규정에 정한 '사용인 기타의 종업원'이라 함은 법인 또는 개인과 정식으로 고용계약을 체결하고 근무하는 자뿐만 아니라 법인 또는 개인의 대리인, 사용인 등이 자기의 업무보조자로서 사용하면서 직접·간접으로 법인·개인의 통제·감독 아래에 있는 자도 포함된다(대법원 2007.8.23, 2007도3787).

ⓔ 토지의 임차인 : 토지의 소유자가 토지 임차인에 대하여 소유자로서의 권리를 행사할 수 있다는 이유만으로, 토지의 임차인을 도시계획법상 양벌규정에서 정한 토지 소유자의 '사용인 기타의 종업원'에 해당한다고 볼 수는 없다(대법원 2003.6.10, 2001도2573).

> **🔎 판례연구** 사용인 기타 종업원의 행위와 양벌규정의 적용범위
>
> **대법원 2023.12.14, 2023도3509**
> 구 부정경쟁방지 및 영업비밀보호에 관한 법률 제19조는 '법인의 대표자나 법인 또는 개인의 대리인, 사용인, 그 밖의 종업원(이하 '사용인 등')이 그 법인 또는 개인의 업무에 관하여 제18조 제1항부터 제4항까지의 어느 하나에 해당하는 위반행위를 하면 그 행위자를 벌하는 외에 그 법인 또는 개인에게도 해당 조문의 벌금형을 과한다.'고 규정한다. 이에 따르면 위 양벌규정은 사용인 등이 영업비밀의 취득 및 부정사용에 해당하는 제18조 제1항부터 제4항까지의 위반행위를 한 경우에 적용될 뿐이고, 사용인 등이 영업비밀의 부정사용에 대한 미수범을 처벌하는 제18조의2에 해당하는 위반행위를 한 경우에는 위 양벌규정이 적용될 수 없다.

---

[98] 양벌규정 입법방식의 변화 종래 양벌규정은 대체로 "법인의 대표자 또는 법인이나 개인의 대리인·사용인 기타 종업원이 그 법인 또는 개인의 업무에 관하여 해당 법률 제 몇 조의 위반행위를 한 때에는 행위자를 처벌하는 외에 법인 또는 개인에 대하여도 각 본조의 예에 따라 처벌한다."라는 형식이었다. 이는 법인 등 사업주의 처벌에 일체의 조건을 요구하지 않는 방식이어서 후술하는 무과실책임설과 통하는 입법형식이었다. 반면 07년 헌재 위헌결정 이후 채택되어가는 과실책임설적 양벌규정은 종래 공중위생법, 관세법, 하천법, 선원법 등에 규정되었던 양벌규정 형식으로서, 과거에는 소수의 입법에서나 볼 수 있었던 형태이었다.

[99] 보충 : 지입제의 의미 화물자동차운송사업면허를 가진 운송사업자와 실질적으로 자동차를 소유하고 있는 차주 간의 계약으로 외부적으로는 자동차를 운송사업자 명의로 등록하여 운송사업자에게 귀속시키고 내부적으로는 각 차주들이 독립된 관리 및 계산으로 영업을 하며 운송사업자에 대하여는 지입료를 지불하는 운송사업형태를 말한다(위 판례).

③ 양벌규정에 의하여 처벌받는 법인·개인 등 업무주의 범위

　㉠ 지방자치단체 : 지방자치단체가 양벌규정의 적용대상인 법인에 해당하는가에 있어서, ⓐ 국가가 본래 그의 사무의 일부를 지방자치단체의 장에게 위임하여 그 사무를 처리하게 하는 기관위임사무(대법원 2009.6.11, 2008도6530[100])의 경우에는 지방자치단체는 국가기관의 일부로 볼 수 있는 것이므로 공법인으로 볼 수 없으나, ⓑ 지방자치단체가 그 고유의 자치사무(대법원 2005.11.10, 2004도2657[101] 경찰채용 15 1차 / 경찰간부 15 / 경찰채용 18 3차 / 경찰승진 22 / 경찰승진 23)를 처리하는 경우에는 지방자치단체는 국가기관과는 별도의 독립한 공법인이므로 양벌규정의 적용대상이 된다. 법원행시 21 / 경찰채용 15 1차 / 경찰간부 15

　㉡ 명의자와 실질적 경영자 중 업무주 : 양벌규정에 의하여 처벌되는 업무주로 규정되어 있는 '법인 또는 개인'은 단지 형식상의 사업주가 아니라 자기의 계산으로 사업을 경영하는 실질적인 사업주를 말한다(대법원 2000.10.27, 2000도3570; 2010.7.8, 2009도6968). 경찰간부 14 예컨대, 약국을 실질적으로 경영하는 약사가 다른 약사를 고용하여 명의상의 개설약사로 등록해두고 약사 아닌 종업원을 직접 고용하여 그 종업원이 약사법위반죄를 범한 경우, 약사법상 양벌규정은 '실질적 경영자'에게 적용된다(대법원 2000.10.27, 2000도3570). 국가7급 12 이러한 법리는 수산업법(대법원 1992.11.10, 92도2034[102])이나 도로법(대법원 2007.8.23, 2007도3787[103]) 및 컴퓨터프로그램보호법상 양벌규정(대법원 2010.7.8, 2009도6968)에서도 동일하다.

　㉢ 합병으로 소멸한 경우 : 합병으로 인하여 소멸한 법인이 그 종업원 등의 위법행위에 대해 양벌규정에 따라 부담하던 형사책임은 그 성질상 이전을 허용하지 않는 것으로서 합병으로 인하여 존속하는 법인에 승계되지 않는다(대법원 2007.8.23, 2005도4471).[104] 국가9급 10 / 국가7급 12 / 변호사 13 / 경찰채용 16 2차 / 사시 16 / 경찰채용 18 3차 다만, 법인에 대하여 벌금·과료·몰수·추징, 소용비용·비용배상을 명한 경우 법인이 그 '재판확정 후 합병'에 의하여 소멸된 때에는 합병 후 존속한 법인 또는 합병에 의하여 설립된 법인에 대하여 집행할 수 있다(형소법 제479조).

　㉣ 법인격 없는 사단의 구성원 개개인 : 법인격 없는 사단에 고용된 사람이 위반행위를 하였더라도 법인격 없는 사단의 구성원 개개인은 양벌규정에서 정한 업무주인 '개인'의 지위에 있다 할 수 없다(대법원 2017.12.28, 2017도13982).

---

100 판례 : 지정항만순찰업무는 기관위임사무 지방자치단체 소속 공무원이 지정항만순찰 업무를 위해 관할관청의 승인 없이 개조한 승합차를 운행함으로써 자동차관리법을 위반한 경우, 위 항만순찰 등의 업무는 지방자치단체의 장이 국가로부터 위임받은 기관위임사무에 해당하여, 해당 지방자치단체는 자동차관리법의 양벌규정에 따른 처벌대상이 될 수 없다(대법원 2009.6.11, 2008도6530).

101 판례 : 청소차 과적운행으로 인한 도로법위반 사례 지방자치단체 소속 공무원이 지방자치단체 고유의 자치사무를 수행하던 중 도로법 위반행위를 한 경우에는 지방자치단체는 도로법 제86조의 양벌규정에 따라 처벌대상이 되는 법인에 해당한다고 할 것이다(대법원 2005.11.10, 2004도2657).

102 판례 : 수산업법상 양벌규정의 "법인 또는 개인"의 의미 구 수산업법 제94조에 의하면 " … 제88조 내지 제90조 또는 제93조의 규정에 해당하는 범칙행위를 하였을 때에는 행위자를 벌하는 외에 그 법인 또는 개인에 대하여도 각 해당 조의 벌금형을 과한다"고 규정되어 있는 바, 위 법조 소정의 법인 또는 개인이라 함은 자기의 계산에서 어업 또는 수산업을 경영하는 자를 가리킨다(대법원 1992.11.10, 92도2034).

103 판례 : 도로법상 양벌규정의 법인 또는 개인 단지 형식상의 명의자를 의미하는 것이 아니라 자기의 계산으로 사업을 경영하는 실질적 경영귀속주체를 말한다(대법원 2007.8.23, 2007도3787).

104 판결이유 양벌규정에 의한 법인의 처벌은 어디까지나 형벌의 일종으로서 행정적 제재처분이나 민사상 불법행위책임과는 성격을 달리하는 점, 형사소송법 제328조가 '피고인 법인이 존속하지 아니하게 되었을 때'를 공소기각결정의 사유로 규정하고 있는 것은 형사책임이 승계되지 않음을 전제로 한 것임을 고려해야 한다.

🔨 **판례연구** 양벌규정의 법인 또는 개인 등 업무주에 해당하지 않는 사례

1. 대법원 2017.12.28, 2017도13982

법인격 없는 사단에 고용된 사람이 위반행위를 한 경우 법인격 없는 사단의 구성원 개개인을 양벌규정의 업무주인 '개인'으로 볼 수 없다는 사례

건축법은 허가를 받지 아니하고 건축물을 건축한 건축주를 처벌한다고 규정하고(동법 제108조), 양벌규정으로서 "개인의 대리인, 사용인, 그 밖의 종업원이 그 개인의 업무에 관하여 제107조부터 제111조까지의 규정에 따른 위반행위를 하면 행위자를 벌할 뿐만 아니라 그 개인에게도 해당 조문의 벌금형을 과한다."라고 규정하고 있다. 그러나 법인격 없는 사단에 고용된 사람이 위반행위를 하였더라도 법인격 없는 사단의 구성원 개개인이 위 법 제112조에서 정한 '개인'의 지위에 있다 하여 그를 처벌할 수는 없다.[105]

2. 대법원 2021.10.28, 2020도1942

양벌규정상의 '법인'에 공공기관이 포함되지 않는다는 사례

구 개인정보 보호법 제71조 제2호는 같은 법 제18조 제1항을 위반하여 이용범위를 초과하여 개인정보를 이용한 개인정보처리자를 처벌하도록 규정하고 있고, 같은 법 제74조 제2항에서는 법인의 대표자나 법인 또는 개인의 대리인, 사용인, 그 밖의 종업원이 그 법인 또는 개인의 업무에 관하여 같은 법 제71조에 해당하는 위반행위를 하면 그 행위자를 벌하는 외에 그 법인 또는 개인에게도 해당 조문의 벌금형을 과하도록 하는 양벌규정을 두고 있다. …… 그러나, 구 「개인정보 보호법」은 제2조 제5호, 제6호에서 공공기관 중 법인격이 없는 '중앙행정기관 및 그 소속 기관' 등을 개인정보처리자 중 하나로 규정하고 있으면서도, 양벌규정에 의하여 처벌되는 개인정보처리자로는 같은 법 제74조 제2항에서 '법인 또는 개인'만을 규정하고 있을 뿐이고, 법인격 없는 공공기관에 대하여도 위 양벌규정을 적용할 것인지 여부에 대하여는 명문의 규정을 두고 있지 않으므로, 죄형법정주의의 원칙상 '법인격 없는 공공기관'을 위 양벌규정에 의하여 처벌할 수 없고, 그 경우 행위자 역시 위 양벌규정으로 처벌할 수 없다고 봄이 타당하다. 경찰채용 22 2차

🔨 **판례연구** 양벌규정의 법인과 공동정범

대법원 1983.3.22, 81도2545

법인이 공동정범으로 처벌된다고 본 사례

무역거래법 제34조의 양벌규정에 의하여 법인이 처벌받는 경우에 법인의 사용인들이 범죄행위(제습기 불법수입)를 공모한 후 일방법인의 사용인이 그 실행행위에 직접 가담하지 아니하고 다른 공모자인 타법인의 사용인만이 분담실행한 경우에도 그 법인은 공동정범의 죄책을 면할 수 없다.

---

④ 양벌규정에 의한 행위자로의 처벌대상 확대[106] : 양벌규정은 원래 '행위자를 처벌하는 외에 법인·개인 등 업무주도 처벌한다.'는 형식이어서, 주안점은 업무주를 처벌하는 데 있다. 그런데 ㉠ 판례는 양벌규정을 활용하여 처벌대상의 확대를 꾀하고 있다. 즉 사업자만 처벌하도록 하는 행정형법상 신분범 규정이 있다고 하여도, 양벌규정을 근거로 신분 없는 행위자도 처벌할 수 있다는 것이다. 국가7급 09 다시 말해, 판례는 양벌규정이 위반행위의 이익귀속주체인 업무주에 대한 처벌규정임과 동시에 비신분자인 행위자에 대한 처벌규정이기도 하다는 것이며, 이는 하나의 판례이론으로 확립되어 있다고 여겨진다(대법원 1995.5.26, 95도230; 2007.7.26, 2006도379; 2011.9.29, 2009도12515). 경찰채용 18 3차 그러나 ㉡

---

105 보충 甲 교회의 총회 건설부장인 피고인이 관할시청의 허가 없이 건물 옥상층에 창고시설을 건축하는 방법으로 건물을 불법 증축하여 건축법 위반으로 기소된 경우, 甲 교회는 乙을 대표자로 한 법인격 없는 사단이고, 피고인은 甲 교회에 고용된 사람이므로, 乙을 구 건축법 제112조 제4항 양벌규정의 '개인'의 지위에 있다고 보아 피고인을 같은 조항에 의하여 처벌할 수는 없다.

106 이를 양벌규정의 수범자 확대기능으로 표현한 문헌은 이재상, §7-15 참조.

이러한 판례이론에 대해서는, 실제 처벌규정이 없어 정범적격이 없는 자의 죄책이 인정된다면 죄형법정 주의의 보장적 기능에 위배될 수 있다는 비판이 많다.

🪓 판례연구 판례에 의한 양벌규정의 적용대상의 행위자로의 확대

1. 대법원 1980.12.9, 80도384
행정형법상 범죄주체가 한정된 때에도 양벌규정을 통한 확장이 가능하다는 사례
석유사업법 제24조, 제22조 위반죄의 범죄주체는 동법 소정의 석유판매업자 또는 석유정제업자나 석유수출입업자뿐만 아니라 그 종업원도 동 법조 위반죄의 범죄주체가 됨은 동법 제29조의 규정(양벌규정)에 비추어 명백하다 할 것이다.

2. 대법원 1995.5.26, 95도230; 2010.9.9, 2008도7834
산업안전보건법상 양벌규정에 의하여 사업자가 아닌 행위자도 벌칙규정의 적용대상이 되는지 여부
산업안전보건법 소정의 벌칙규정의 적용대상은 사업자임이 그 규정 자체에 의하여 명백하나, 한편 같은 법에서는 양벌규정을 두고 있고 그 취지는 같은 법의 위반행위를 사업자인 법인이나 개인이 직접 하지 않은 경우에는 그 행위자와 사업자 쌍방을 모두 처벌하려는 데에 있으므로, 이 양벌규정에 의하여 사업자가 아닌 행위자도 사업자에 대한 각 같은 법의 적용대상이 된다.

3. 대법원 1999.7.15, 95도2870 전원합의체; 2009.2.12, 2008도9476
행정형법상 범죄주체가 한정된 때에도 양벌규정을 통한 확장이 가능하다는 사례
건축법의 벌칙규정에서 그 적용대상자를 건축주, 공사감리자, 공사시공자 등 일정한 업무주로 한정한 경우에 있어서, 같은 법의 양벌규정은 업무주가 아니면서 당해 업무를 실제로 집행하는 자가 있는 때에 위 벌칙규정의 실효성을 확보하기 위하여 그 적용대상자를 당해 업무를 실제로 집행하는 자에게까지 확장하여 처벌할 수 있도록 한 행위자의 처벌규정임과 동시에 그 위반행위의 이익귀속주체인 업무주에 대한 처벌규정이라고 할 것이다. 경찰간부 18

4. 대법원 2005.11.25, 2005도6455
청소년유해업소의 업주로부터 위임을 받은 종업원이 업무와 관련하여 청소년을 고용한 사례
청소년보호법은 청소년을 고용한 청소년유해업소의 업주를 3년 이하의 징역 등에 처하도록 규정하고 있고, 같은 법의 양벌규정은 벌칙규정의 실효성을 확보하기 위하여 그 행위자와 업주 쌍방을 모두 처벌하려는 데에 그 취지가 있다고 할 것이므로, 청소년유해업소의 업주로부터 위임을 받은 종업원이 업무와 관련하여 청소년을 고용하였다면 그 종업원과 업주는 모두 처벌대상이 된다.

5. 대법원 2005.12.22, 2003도3984
건축법상 양벌규정에 의해 '실제 업무집행자인 민법상 조합의 대표자'를 처벌한 사례
건축법이 그 적용대상자를 건축주, 공사시공자 등 일정한 업무주로 한정한 경우, 같은 법의 양벌규정은 어떠한 자가 업무집행과 관련하여 위 벌칙규정의 위반행위를 한 경우 행위자의 처벌규정임과 동시에 그 위반행위의 이익귀속주체인 업무주에 대한 처벌규정이다.[107]

6. 대법원 2010.4.29, 2009도7017; 2010.4.29, 2009도13867
상호저축은행법상 벌칙규정의 적용대상자가 상호저축은행으로 변경되어도 행위자는 여전히 처벌대상
상호저축은행법상 양벌규정은 상호저축은행이 아니면서 당해 업무를 실제로 집행하는 자가 있는 때에 그러한 자가 당해 업무집행과 관련하여 위 벌칙규정의 위반행위를 한 경우 위 양벌규정에 의하여 처벌할 수 있도록 한 행위자의 처벌규정임과 동시에 그 위반행위의 귀속주체인 상호저축은행에 대한 처벌규정이고, 제1조 제2항이 적용되지 않으므로 행위자에 대한 가벌성은 유지된다.

---

107 보충 양벌규정에서 정한 '법인 또는 개인'의 '개인'에는 민법상 조합의 구성원인 조합원들도 포함되는 것이므로 '민법상 조합의 대표자'로서 조합의 업무와 관련하여 실제 위반행위를 한 자는 위 양벌규정에 의한 죄책을 면할 수 없는 것이다(대법원 1969.8.26, 69도1151 참조).

🔨 판례연구 양벌규정의 적용대상의 행위자로의 확대는 인정되나, 구성요건 자체에 해당하지 않는 경우

대법원 2009.5.28, 2009도988
발주자 등의 사용인이 배임수증재적 명목으로 재산 취득시 건산법상 양벌규정 적용 부정 사례
건설산업법상 처벌대상이 되는 행위는 발주자 등이 도급계약의 체결 또는 건설공사의 시공과 관련하여 스스로 영득하기로 하는 명목으로 재물 또는 재산상의 이익을 취득하거나 그와 같은 명목으로 이를 공여하는 행위에 한정되고, 그와 달리 발주자 등의 사용인 기타 종업원 등이 개인적으로 영득하기 위하여 배임수증재적 명목으로 재물 또는 재산상의 이익을 취득하거나 그와 같은 명목으로 이를 공여하는 행위는 위 조항에 의하여 처벌되는 행위에 포함되지 아니한다(구성요건해당성 자체가 없으므로 양벌규정에 의한 행위자 처벌 불가 – 필자 주).

(3) 법인처벌의 근거

① 문제의 소재

㉠ 법인의 범죄능력과 법인처벌의 근거의 관계 : 순수 논리상으로는, 법인의 범죄능력을 부정한다면 법인이 과실행위를 할 수 없어도 처벌된다는 무과실책임설을, 법인의 범죄능력을 긍정한다면 법인 자신의 과실이 인정될 때에만 처벌된다는 과실책임설을 취해야 한다. 그러나 학계에서는 "법인의 범죄능력을 부정하면서도 법인처벌의 근거에 있어서는 과실책임설"을 취하는 견해[108]도 있으며, **판례**도 이러한 입장을 취하고 있다.

㉡ 법인의 종업원의 행위와 대표자의 행위의 구별 : 기술하였듯이 무과실책임적 양벌규정에 대해서는 위헌이 선언되었는데, 구체적으로는 양벌규정 중 "법인 또는 개인의 대리인·사용인 기타의 종업원이 그 법인의 업무에 관하여 위반행위를 한 때에는 그 법인 등에 대하여도 해당 조의 벌금형을 과한다."는 부분에 대해서 위헌결정이 내려진 것이어서 아래에서도 이를 중심으로 법인 처벌의 근거를 검토할 것이다. 그런데, "법인의 대표자가 그 법인의 업무에 관하여 법규위반행위를 한 때에는 그 법인에 대하여도 해당 조의 벌금형을 과한다."는 부분에 대해서는 책임주의에 위반되지 않아 합헌으로 보는 것이 **헌법재판소**의 입장이다. 따라서 법인처벌의 근거를 살펴볼 때에는 행위자가 법인의 종업원인지 법인의 대표자인지에 따라 경우를 나누어 검토해야 한다.

② 법인의 종업원의 행위에 대한 법인처벌의 근거

㉠ 무과실책임설(종래의 일부 대법원 판례) : 법인은 범죄능력은 없지만 법인에 대한 처벌규정은 범죄주체와 형벌주체의 동일을 요구하는 '형법의 일반원칙(책임주의)에 대한 예외' 로서, 행정단속의 목적을 위하여 정책상 무과실책임을 인정한 것이라고 이해하는 견해이다.[109] 무과실책임설은 자연인의 행위에 대한 법인의 대위책임·전가책임을 인정하는 입장이다. 법원행시 07 과거의 일부 **대법원 판례**도 이러한 입장이었다.[110] 그러나 무과실책임설에 대해서는 형사책임을 물으려면 최소한 과실은 있어야 한다는 책임주의(責任主義)에 정면으로 반한다는 비판이 제기된다.

㉡ 과실책임설(다수설, 헌법재판소 판례, 대부분의 대법원 판례) : 과실책임설은 법인 자신의 과실(종업원의 업무위반행위에 대한 감시·방지의무의 태만)이 인정되거나, 행위자에 대한 법인의 부작위에 의한 선임·감독책임이 인정된 때에는 이를 근거로 법인이 처벌된다는 입장으로서,[111] 종래 **대법원 판례**의 대체

---

108 예컨대, 정영석, 80면; 조준현, 160면.
109 배종대, 172면; 손해목, 222면; 정영일, 84면; 황산덕, 78면. 다만 배종대 교수는 법인의 범죄능력은 부정되므로 이를 형사처벌하는 것은 잘못이므로 과태료 처분에 처하도록 해야 한다고 주장한다. 배종대, ibid.
110 판례 : 무과실책임설을 취한 일부 판례 도로교통법의 양벌규정은 도로교통법에 위반하는 행위자 외에 그 행위자와 위 법 소정의 관계에 있는 고용자 등을 아울러 처벌하는 이른바 질서벌의 성질을 갖는 규정이므로 비록 행위자에 대한 감독책임을 다하였다거나 행위자의 위반사실을 몰랐다고 하더라도 이의 적용이 배제된다고 할 수 없다(대법원 1982.9.14, 82도1439).

적인 입장이자 **헌법재판소 판례의 일관된 입장**이다. 경찰간부 14 즉 **헌법재판소**는 2007년 보건범죄단속에 관한 특별조치법 제6조 양벌규정의 위헌제청 사건에서 종업원 등의 무면허 의료행위에 대하여 개인 영업주를 곧바로 처벌하도록 규정한 양벌규정에 대하여 책임주의에 반한다는 이유로 위헌결정을 내린 이후(헌법재판소 2007.11.29, 2005헌가10)[112] **과실책임설의 입장을 일관**하고 있으며, 이에 따라 입법부에서도 양벌규정에 과실책임을 명시하는 법개정을 계속하고 있을 뿐 아니라,[113] **대법원 판례**도 헌법재판소의 위헌결정을 적극 수용하여 양벌규정상 '과실없는 법인 또는 개인에 대하여 무죄판결'을 선고함은 물론이고(대법원 2011.4.14, 2009도9576)[114] 심지어 양벌규정에 면책규정이 명시되어 있지 않더라도 법인처벌의 근거를 과실책임설에서 찾고 있다(대법원 2010.7.8, 2009도6968). 과실책임설의 장점은 책임주의를 준수한다는 점에 있다.

🔍 **판례연구** 과실책임설을 취한 헌법재판소와 대법원의 판례

1. 대법원 1969.8.26, 69도1151
양조장 공동 경영 중 공동업무집행자가 주세를 포탈한 경우 그를 방지하지 못한 과실책임이 있다는 사례
피고인들은 공동으로 약주제조 면허를 받고 공동으로 용건 양조장을 경영 중 그 공동업무집행자로 둔 공소외인이 부정한 방법으로 주세를 포탈하였다는 것이므로 피고인들이 그것을 전연 몰랐다 하여도 사업주로서 공소외인의 탈세행위를 막는 데 필요한 주의를 다하지 못한 선임·감독상의 과실책임을 면하지 못한다 할 것이고, ○○주조협회가 권리·의무의 주체성이 있다 할 수 없을 뿐더러 이 협회는 주세법상의 약주 제조면허 대상자이거나 약주 제조자이거나 납세의무자가 아니고 '내부적인 동업계약 관계'(민법상 조합과 같은 법리 적용 – 필자 주)에 불과하다 할 것이므로 이와 같은 견지에서 그 동업자인 피고인들 각자에게 본건 탈세 책임을 인정한 것은 정당하다.[115]

---

111 **과실책임설의 종류** 이러한 과실책임설은 다시 과실추정설(진계호 / 이존걸, 131면), 법인의 범죄능력은 부정하면서도 법인의 과실책임은 인정하는 과실책임설(이재상, §7-20; 정영석, 80면; 조준현, 160면), 무과실책임·과실책임 이원설(박상기, 72면; 손동권, 109면. 행위자가 법인의 기관인 경우에는 무과실책임설을 취하고 행위자가 단순한 종업원인 경우에는 과실책임설을 취하는 입장), 법인의 범죄능력을 긍정하거나 부분적으로 긍정함을 전제로 법인 자신의 과실행위에 대한 책임이 있을 때 처벌된다는 과실책임설 또는 부작위감독책임설(김일수 / 서보학, 141면; 신동운, 114면; 오영근, 148면; 임웅, 86면; 정성근 / 박광민, 89면 등)로 나뉜다. 종래 무과실책임설을 지지했던 이재상 교수도 헌법재판소의 위헌결정에 의하여 무과실책임설을 더이상 유지할 수 없게 되었으므로 과실책임설에 의할 수밖에 없다고 설명하고 있다. 이재상, §7-20 참조.

112 사실 헌법재판소는 이미 과실책임설의 입장을 판시한 바 있다. 즉 헌법재판소는 "행정형벌법규에서 양벌규정으로 사업주인 법인 또는 개인을 처벌하는 것은 위반행위를 한 피용자에 대한 **선임감독의 책임**을 물음으로써 행정규제의 목적을 달성하려는 것이므로 형벌체계상 합리적인 근거가 있다고 할 것이나, 과적차량의 운행을 지시·요구하지도 않고 과적차량을 운행한 자에 대한 선임감독의 **책임도 없는 화주 등을 과적차량을 운행한 자와 양벌규정으로 처벌하는 것은 형법상 책임주의 원칙에 반하므로 …**"(헌법재판소 2000.6.1, 99헌바73)라고 판시함으로써 과실책임설의 입장을 제시한 바 있다.

113 헌법재판소의 위헌결정에 따른 법률의 개정 2009년 7월 현재 약 390여 개의 양벌규정이 개별행정법규에 규정되어 있고, 헌법재판소의 2007년 11월 29일 2005헌가10 결정 이후 입법부에서는 약 70여 개의 양벌규정에 대하여 영업주가 종업원 등의 위반행위를 방지하기 위하여 상당한 관리·감독의무를 이행한 때에는 영업주의 형사책임을 면제하는 규정을 두는 것으로 개정하고 있다(헌법재판소 홈페이지, 헌법재판소 2009.7.30, 2008헌가10 결정의 의의 참조).

114 판례 : 헌법재판소의 무과실책임적 양벌규정에 대한 위헌결정에 따른 대법원의 무죄판결 선고 사례 피고인의 사용인인 간호조무사가 구 의료기사 등에 관한 법률 제30조 제1항 제1호, 제9조 본문을 위반하였으므로 피고인에게도 같은 법 제32조에 따라 그 위반죄가 성립한다는 공소사실에 대하여, 원심이 같은 법 제32조 중 '사용인 기타 종업원의 위반행위에 따른 법인에 대한 양벌조항'이 헌법재판소의 위헌결정으로 소급하여 효력을 상실하였다며 무죄를 선고한 사안에서, 헌법재판소의 위헌결정(헌법재판소 2009.7.30, 2008헌가24)이 '사용인 기타 종업원의 위반행위에 따른 개인에 대한 양벌조항' 부분에는 효력이 미치지 않음에도(헌법심판의 대상이 된 법률조항 중 일부에 한하여 위헌이 선언된 경우 같은 조항의 다른 부분은 효력을 그대로 유지하는 것이 원칙임 : 헌법재판소 1996.12.26, 94헌바1) 이와 달리 보아 무죄로 본 원심판단은 위법하나, 원심판결 선고 후 헌법재판소가 개인에 대한 양벌조항에 관하여도 위헌결정(헌법재판소 2010.9.30, 2009헌가23)을 함으로써 위 조항이 소급하여 효력을 상실하였으므로, 무죄를 선고한 원심판결은 결과에서 정당하다고 해야 한다(대법원 2011.4.14, 2009도9576).

115 보충 : 민법상 조합원이 업무주로서의 책임을 진다는 판례의 법리 판례는 기술하였다시피 건축법상 양벌규정에 의해 '실제 업무집행자인 민법상 조합의 대표자'를 처벌한 사례(대법원 2005.12.22, 2003도3984)에서 동 양벌규정의 업무주인 '법인 또는 개인'의 '개인'에 민법상 조합원이 포함된다고 판시한 바 있는데, 이는 위 69도1151 판례와 동일한 법리가 적용된 것이다.

2. 대법원 1987.11.10, 87도1213

미성년자보호법(현 청소년보호법)상 양벌규정에 의한 영업주의 책임은 과실책임이라는 사례

종업원의 동법 위반죄의 구성요건상 자격흠결과 양벌규정에 의한 영업주의 범죄성립 여부 : 양벌규정에 의한 영업주의 처벌은 금지위반행위자인 종업원의 처벌에 종속하는 것이 아니라 독립하여 그 자신의 종업원에 대한 선임감독상의 과실로 인하여 처벌되는 것이므로 영업주의 위 과실책임을 묻는 경우 금지위반행위자인 종업원에게 구성요건상의 자격이 없다고 하더라도 영업주의 범죄성립에는 아무런 지장이 없다. 또한 종업원의 행위가 객관적 외형상으로 영업주의 업무에 관한 행위이고 종업원이 그 영업주의 업무를 수행함에 있어서 위법행위를 한 것이라면 그 위법행위의 동기가 종업원 기타 제3자의 이익을 위한 것에 불과하고 영업주의 영업에 이로운 행위가 아니라 하여도 영업주는 그 감독해태에 대한 책임을 면할 수 없다.

3. 대법원 1992.8.18, 92도1395

공중위생법상 양벌규정에 의한 업무주의 책임에 대해 과실추정설을 취한 사례

공중위생법상 양벌규정에 의한 법인의 처벌은, 엄격한 무과실책임은 아니라 하더라도 그 과실의 추정을 강하게 하고, 그 입증책임도 법인에게 부과함으로써 양벌규정의 실효를 살리자는 데 그 목적이 있다고 할 것인 바, 이 사건에서 피고인 법인이 종업원들에게 소론과 같이 윤락행위알선을 하지 않도록 교육을 시키고, 또 입사시에 그 다짐을 받는 각서를 받는 등 '일반적이고 추상적인 감독'을 하는 것만으로는 위 법 제45조 단서의 면책사유에 해당할 수는 없는 것이다.

4. 대법원 2006.2.24, 2005도7673; 대법원 1987.11.10, 87도1213

여행사 홈페이지 저작권법 위반 사진 게재 사례

양벌규정에 의한 영업주의 처벌은 금지위반행위자인 종업원(여행사 종업원이 여행사 홈페이지에 타인의 저작물－사진－을 영리를 위하여 임의로 게시한 저작권 침해행위)의 처벌에 종속하는 것이 아니라 독립하여 그 자신의 종업원에 대한 선임감독상의 과실로 인하여 처벌되는 것이므로 종업원의 범죄성립이나 처벌이 영업주 처벌의 전제조건이 될 필요는 없다. 변호사 13 / 경찰간부 14 / 경찰채용 18 3차

5. 헌법재판소 2007.11.29, 2005헌가10

무과실책임적 양벌규정 위헌 사례 : 치과기공소 직원의 위반행위에 대한 업주의 책임 사례

보건범죄단속에 관한 특별조치법의 양벌규정은 개인이 고용한 종업원(대리인, 사용인 등)이 업무와 관련하여 위법을 위반한 범죄행위를 저지른 사실이 인정되면, 곧바로 그 종업원을 고용한 개인(영업주)도 종업원과 똑같이 처벌하도록 규정하고 있다.[116]…'책임 없는 자에게 형벌을 부과할 수 없다'는 형벌에 관한 책임주의는 형사법의 기본원리로서, 헌법상 법치국가의 원리에 내재하는 원리인 동시에, 헌법 제10조의 취지로부터 도출되는 원리이다. … 이 사건 법률조항은 영업주가 고용한 종업원이 그 업무와 관련하여 무면허의료행위를 한 경우에, 그와 같은 종업원의 범죄행위에 대해 영업주가 비난받을 만한 행위가 있었는지 여부, 가령 종업원의 범죄행위에 실질적으로 가담하였거나 지시 또는 도움을 주었는지, 아니면 영업주의 업무와 관련한 종업원의 행위를 지도하고 감독하는 노력을 게을리 하였는지 여부와는 전혀 관계없이 종업원의 범죄행위가 있으면 자동적으로 영업주도 처벌하도록 규정하고 있다. 이것은 형사법의 기본원리인 책임주의에 반하므로 결국 법치국가의 원리와 헌법 제10조의 취지에 위반하여 헌법에 위반된다.

6. 대법원 2007.11.29, 2007도7920

종업원의 무허가 유흥주점 영업 당시 식품영업주가 교통사고로 입원한 사례

식품위생법상 양벌규정은 식품영업주의 그 종업원 등에 대한 감독태만을 처벌하려는 규정인바(대법원 1977.5.24, 77도412), 피고인의 종업원인 공소외인이 이 사건 무허가 유흥주점 영업을 할 당시 피고인이 교통사고로

---

116 결정이유 중에서 이 사건 법률조항을 '영업주가 종업원에 대한 선임감독상의 주의의무를 위반한 과실이 있는 경우에만 처벌하도록 규정한 것'으로 해석함으로써 책임주의에 합치되도록 합헌적 법률해석(合憲的 法律解釋)을 할 수 있는지가 문제될 수 있다. 그러나 합헌적 법률해석은 어디까지나 법률조항의 문언과 목적에 비추어 가능한 범위 안에서의 해석을 전제로 하는 것이고, 법률조항의 문구 및 그로부터 추단되는 입법자의 명백한 의사에도 불구하고 문언상 가능한 해석의 범위를 넘어 다른 의미로 해석할 수는 없다(헌법재판소 1989.7.14, 88헌가5 등). 따라서 이 사건 법률조항을 그 문언상 명백한 의미와 달리 "종업원의 범죄행위에 대해 영업주의 선임감독상의 과실(기타 영업주의 귀책사유)이 인정되는 경우"라는 요건을 추가하여 해석하는 것은 문언상 가능한 범위를 넘어서는 해석으로서 허용되지 않는다고 보아야 한다.

입원하고 있었다는 사유만으로 위 양벌규정에 따른 식품영업주로서의 감독태만에 대한 책임을 면할 수는 없다고 할 것이다. 국가9급 09

7. 헌법재판소 2009.7.30, 2008헌가10

무과실책임적 양벌규정 위헌 사례 : 청소년보호법상 청소년에 대한 주류판매시 업주 책임 관련 사례

청소년보호법상 양벌규정은 영업주가 고용한 종업원 등이 그 업무와 관련하여 위반행위를 한 경우에, 그와 같은 종업원 등의 범죄행위에 대해 영업주가 비난받을 만한 행위가 있었는지 여부와는 전혀 관계없이 종업원 등의 범죄행위가 있으면 자동적으로 영업주도 처벌하도록 규정하고 있으므로 책임주의에 반하므로 헌법에 위반된다.[117]

8. 대법원 2010.2.25, 2009도5824; 2010.7.8, 2009도6968; 2010.9.9, 2008도7834; 2011.7.14, 2009도5516; 2011.7.14, 2010도1444; 2012.5.9, 2011도11264

행정형법상 '양벌조항'의 적용요건

형벌의 자기책임원칙에 비추어 보면 위반행위가 발생한 그 업무와 관련하여 법인이 상당한 주의 또는 관리감독 의무를 게을리 한 때에 한하여 위 양벌조항이 적용된다고 봄이 상당하다. 경찰간부 15 / 경찰채용 16 2차 / 사시 16

9. 대법원 2010.4.15, 2009도9624

도로법위반에 관한 지입차주와 지입회사의 형사책임

도로법상의 양벌규정에서 지입회사인 법인은 지입차주의 위반행위가 발생한 그 업무와 관련하여 상당한 주의 또는 관리감독 의무를 게을리 한 과실로 인하여 처벌되는 것이다.

10. 대법원 2011.3.10, 2009도13080

대외무역법상 양벌규정상 면책규정의 신설에 따른 적용법조와 과실책임설

법인 직원이 중대한 과실로 원산지를 거짓으로 표시한 의류를 수입한 데 대하여 구 대외무역법을 적용하여 유죄를 인정하면서 사업주인 법인에도 같은 법의 양벌규정을 적용하여 유죄를 인정한 경우, 범죄 후 위 규정이 개정되어 법인이 직원의 업무에 관한 관리감독의무를 게을리 하지 않은 경우 양벌규정에 의해 처벌하지 않는다는 내용의 단서가 추가되었음에도 개정 전 양벌규정을 그대로 적용한 것은 잘못이나,[118] 위 법인에 직원의 위반행위를 방지하기 위해 필요한 상당한 관리감독의무를 다하지 않은 과실이 인정되므로, 개정 후 양벌규정에 의하더라도 유죄라고 해야 한다.

11. 대법원 2011.7.14, 2009도5516

개발제한구역의 지정 및 관리에 관한 특별조치법의 양벌규정이 적용되기 위한 요건

甲 법인의 사용인인 피고인 乙이 공동피고인들과 공모하여 개발제한구역 내에서 무허가 비닐하우스를 신축하였다고 하여 구 개발제한구역의 지정 및 관리에 관한 특별조치법 위반으로 기소된 경우, 甲 법인의 주의의무 내용이나 그 위반 여부를 살피지 아니한 채 같은 법의 양벌규정을 적용하여 甲 법인을 처벌한 원심판결에는 위법이 있다.

12. 대법원 2011.7.14, 2010도1444

의료법상 양벌규정과 사업주인 의사의 처벌의 근거

의사가 환자를 전혀 진찰하지 않은 상태에서 간호조무사 단독으로 진료행위를 하는 것은 진료보조행위에 해당하지 않으므로, 의사인 피고인의 사용인 간호조무사 甲이 산통으로 내원한 임산부에 대하여 임의로 무통주사와 수액주사를 처치하고 내진을 하는 등 의료행위를 한 경우, 甲의 진료행위는 간호조무사가 할 수 있는 진료보조행위 범위를 벗어났으며, 피고인은 甲의 의료법 위반행위를 방지하기 위한 상당한 주의와 감독을 기울였다고 볼 수 없으므로 양벌규정을 적용하여야 한다.

13. 대법원 2012.5.9, 2011도11264

정보통신망법상 양벌규정의 적용요건인 법인의 과실

피고인 甲 신용정보 주식회사 소속 채권추심원들이 국민건강보험공단 사이트에 권한 없이 침입하여 정보통신망

---

117 판례 : 양벌규정에 대해 위헌결정이 내려진 경우 헌법재판소의 2008헌가10 위헌결정에 의하여 위 법률조항 부분은 소급하여 그 효력을 상실하였으므로, 당해 법조를 적용하여 기소한 피고 사건은 **범죄로 되지 아니한 때에 해당한다**(대법원 1992.5.8, 91도2825; 2005.4.15, 2004도9037; 2009.9.10, 2008도7537). 법원행시 08

118 기술한 형법의 시간적 적용범위 중 추급효에 관한 동기설 판례 정리 참조.

을 통하여 처리·보관되는 타인의 비밀을 침해하였다고 하여 구 정보통신망 이용촉진 및 정보보호 등에 관한 법률 위반으로 기소된 경우, 채권추심원들은 피고인 회사의 '사용인 또는 그 밖의 종업원'에 해당하고, 피고인 회사는 위반행위 방지에 필요한 상당한 주의 또는 관리·감독 의무를 제대로 이행하지 않았으므로 피고인 회사에 유죄를 인정한 원심판단은 정당하다.

14. 대법원 2018.8.1, 2015도10388
법인 설립 전 행위에 대해서는 법인에게 양벌규정을 적용할 수 없다는 사례
일반적으로 자연인이 법인의 기관으로서 범죄행위를 한 경우에도 행위자인 자연인이 그 범죄행위에 대한 형사책임을 지는 것이고, 다만 법률이 그 목적을 달성하기 위하여 특별히 규정하고 있는 경우에만 행위자를 벌하는 외에 법률효과가 귀속되는 법인에 대하여도 벌금형을 과할 수 있는 것인 만큼, 법인이 설립되기 이전에 어떤 자연인이 한 행위의 효과가 설립 후의 법인에게 당연히 귀속된다고 보기 어려울 뿐만 아니라, 양벌규정에 의하여 사용자인 법인을 처벌하는 것은 형벌의 자기책임원칙에 비추어 위반행위가 발생한 그 업무와 관련하여 사용자인 법인이 상당한 주의 또는 관리감독 의무를 게을리한 선임감독상의 과실을 이유로 하는 것인데, 법인이 설립되기 이전의 행위에 대하여는 법인에게 어떠한 선임감독상의 과실이 있다고 할 수 없으므로, 특별한 근거규정이 없는 한 법인이 설립되기 이전에 자연인이 한 행위에 대하여 양벌규정을 적용하여 법인을 처벌할 수는 없다고 봄이 타당하다. 경찰간부 20

③ 법인의 대표자의 행위에 대한 법인의 책임 : 법인의 대표자의 행위와 종업원 등의 행위는 달리 보아야 한다는 전제에서, 법인의 대표자가 행정형법상 법규를 위반한 경우 양벌규정에 의하여 법인의 책임을 물을 때에는 '직접책임'의 성질을 가진다는 것이 일관된 **헌법재판소 판례**의 입장이다. 즉, 법인 대표자의 법규위반행위에 대한 법인의 책임은 법인 자신의 법규위반행위로 평가될 수 있는 행위에 대한 법인의 직접책임으로서, 대표자의 고의에 의한 위반행위에 대하여는 법인 자신의 고의에 의한 책임을, 대표자의 과실에 의한 위반행위에 대하여는 법인 자신의 과실에 의한 책임을 지는 것이므로 (대법원 2010.9.30, 2009도3876), 법인 대표자의 행위에 대하여 법인의 처벌을 규정한 양벌조항은 설사 면책규정을 두지 않더라도 —법인의 종업원의 행위의 경우와는 달리— 책임주의원칙에 반하지 않으므로 違憲(위헌)이 아니라는 것이다[헌법재판소 2010.7.29, 2009헌가25·29·36, 2010헌가6·25(병합); 2011.10.25, 2010헌바307; 2011.11.24, 2011헌가34; 2011.12.29, 2010헌바117].

판례연구 양벌규정의 법인의 대표자와 법인

대법원 2022.11.17, 2021도701
양벌규정 중 '법인의 대표자' 관련 부분으로 법인을 처벌하기 위해서는 대표자의 책임을 요건으로 하나, 대표자의 처벌이 전제조건이 되는 것은 아니라는 사례
정보통신망 이용촉진 및 정보보호 등에 관한 법률 제75조 및 영화 및 비디오물의 진흥에 관한 법률 제97조는 법인의 대표자 등이 그 법인의 업무에 관하여 각 법규위반행위를 하면 그 행위자를 벌하는 외에 그 법인에도 해당 조문의 벌금을 과하는 양벌규정을 두고 있다. 위와 같이 양벌규정을 따로 둔 취지는, 법인은 기관을 통하여 행위하므로 법인의 대표자의 행위로 인한 법률효과와 이익은 법인에 귀속되어야 하고, 법인 대표자의 범죄행위에 대하여는 법인 자신이 책임을 져야 하는바, 법인 대표자의 법규위반행위에 대한 법인의 책임은 법인 자신의 법규위반행위로 평가될 수 있는 행위에 대한 법인의 직접책임이기 때문이다. 따라서 대표자의 고의에 의한 위반행위에 대하여는 법인 자신의 고의에 의한 책임을, 대표자의 과실에 의한 위반행위에 대하여는 법인 자신의 과실에 의한 책임을 져야 한다. 이처럼 양벌규정 중 법인의 대표자 관련 부분은 대표자의 책임을 요건으로 하여 법인을 처벌하는 것이지 그 대표자의 처벌까지 전제조건이 되는 것은 아니다. 경찰승진 24

(4) 여론(餘論)

① 양벌규정과 소추조건 : ㉠ 친고죄의 경우 행위자의 범죄에 대한 고소가 있으면, 저작권법상 양벌규정에 의해 처벌받는 업무주에 대해 별도의 고소를 요하지 않는다(친고죄의 고소에 대한 주관적 불가분 원칙은 적용, 대법원 1996.3.12, 94도2423). 법원행시 08 / 국가9급 09 / 국가7급 20 그러나 ㉡ 피고발인을 법인으로 명시한 다음, 법인의 등록번호와 대표자의 인적 사항을 기재한 고발장의 표시를 자연인인 개인까지를 피고발자로 표시한 것이라고 볼 수는 없다(대법원 2004.9.24, 2004도4066). 조세범처벌법상 고발에 있어서는 이른바 고소·고발 불가분의 원칙이 적용되지 아니하므로, 고발의 구비 여부는 양벌규정에 의하여 처벌받는 자연인인 행위자와 법인에 대하여 개별적으로 논하여야 하기 때문이다(대법원 1962.1.11, 4293형상883; 1973.9.25, 72도1610).

② 입법론 : 범죄능력 없는 법인에게 책임을 전제로 하는 형벌을 과하여 책임주의의 예외를 인정하는 것이 타당하지 않다는 견해도 있으며, 이러한 견해는 법인을 처벌한다면 범칙금 혹은 과태료에서 그쳐야 한다고 주장한다. 한편 반대로 법인의 범죄능력을 인정한다는 전제에서 당연히 벌금형 등의 형벌을 받아야 한다는 견해도 있다.

표정리 법인의 형사책임 개관

법인의 본질	범죄능력	형벌능력	법인처벌의 근거	입법론
법인실재설 (대륙법계, 우리나라)	부정설 (다수설·판례)	긍정 (행정형법의 양벌규정)	무과실책임설 (일부 판례)★ 과실책임설 (憲裁·판례)	범죄능력 불인정 ⇨ 형벌 ×, 범칙금 ○
법인의제설(영미)	긍정설(소수설) 국가9급 10			범죄능력 인정 ⇨ 형벌 ○

---

02 행위의 객체와 보호의 객체

행위의 객체(Handlungsobjekt)란 구성요건 중 행위의 대상으로 규정된 것으로서 객관적 구성요건요소이다. 그런데 구성요건 중에는 이러한 행위의 객체가 없는 범죄도 있다.

예 다중불해산죄(제116조), 도주죄(제145조 제1항), 공연음란죄(제245조), 퇴거불응죄(제319조 제2항) 등

그러나 보호의 객체(Schutzobjekt), 즉 보호법익이 없는 범죄는 있을 수 없다. 법익(法益, Rechtsgut; legal interest)이란 범죄처벌규정이 궁극적으로 보호하고자 하는 이념적·관념적 형상으로서, 바로 이러한 법익을 보호하기 위해 범죄처벌규정이 존재하기 때문이다.

표정리 행위의 객체와 보호의 객체의 비교

구 분	행위의 객체	보호의 객체(법익)
성 질	물질적·외형적	가치적·관념적
구성요건요소	법률에 규정 ⇨ 구성요건요소이다.	법률에 불규정이 원칙 ⇨ 구성요건요소가 아니다.
예	• 살인죄의 '사람' • 절도죄의 타인의 '재물'	• 살인죄의 사람의 '생명' • 절도죄의 타인의 '소유권'

	목 차	난 도	출제율	대표 지문
제1절 **구성요건이론**	01 구성요건의 의의	下	★	• 소극적 구성요건표지이론에 따르면 범죄의 성립단계는 총체적 불법구성요건(불법)과 책임으로 나누어지고, 위법성조각사유의 전제사실에 관한 착오는 구성요건착오가 되어 고의가 부정되고 과실범 성립의 문제만 남는다. (○)
	02 구성요건이론의 발전	中	★	
	03 구성요건과 위법성의 관계	中	★★	
	04 구성요건의 유형	中	★★	
	05 구성요건의 요소	中	★	
제2절 **결과반가치와 행위반가치**	01 형법상 불법의 개념과 의미	中	★	• 일원적 인적불법론에 의하면 구성요건적 행위는 주관적 정당화요소가 있는 경우에만 행위반가치가 탈락하여 정당화될 수 있다. (○)
	02 결과반가치론과 행위반가치론	中	★★	
제3절 **인과관계와 객관적 귀속**	01 인과관계와 객관적 귀속의 의의	中	★★	• 조건설은 결과발생과 논리적 조건관계가 있는 모든 행위를 동등하게 결과에 대한 원인으로 인정한다. (○) • 운전자가 시동을 끄고 시동열쇠는 꽂아 둔 채로 하차한 동안에 조수가 이를 운전하다가 사고를 낸 경우에 시동열쇠를 그대로 꽂아 둔 행위와 상해의 결과발생 사이에는 특별한 사정이 없는 한 인과관계가 없다. (○)
	02 인과관계에 대한 학설	中	★★	
	03 객관적 귀속이론	中	★★	
	04 형법 제17조의 해석	下	★	
제4절 **고 의**	01 고의의 의의	中	★	• 고의의 체계적 지위에 관한 학설 중 책임요소설은 불법의 무한정한 확대를 초래하고 고의범과 과실범이 구성요건단계에서는 구별되지 않는 불합리가 있다. (○) • 새로 목사로 부임한 자가 전임목사에 관한 교회 내의 불미스러운 소문의 진위를 확인하기 위하여 이를 교회집사들에게 물어본 경우 명예훼손에 대한 미필적 고의가 있다. (×)
	02 고의의 체계적 지위	中	★	
	03 고의의 본질	中	★	
	04 고의의 대상	中	★★★	
	05 고의의 종류	中	★★	
제5절 **구성요건적 착오**	01 서 설	中	★★	• 甲을 살해한다는 것이 비슷한 외모에 착오를 일으켜 丙을 甲으로 오인하여 살해한 경우에는 丙에 대한 살인기수의 책임을 진다(판례의 태도). (○) • 형수를 향하여 살의를 갖고 몽둥이로 힘껏 내리쳤으나 형수의 등에 업힌 조카의 머리부분에 맞아 조카가 현장에서 즉사한 경우, 조카에 대한 살인죄가 성립한다. (○)
	02 구성요건적 착오의 종류	中	★★	
	03 구성요건적 착오와 고의의 성부	上	★★★	
	04 인과관계의 착오	中	★★	

구 분	국가7급						국가9급						법원9급						경찰간부					
	18	19	20	21	22	23	19	20	21	22	23	24	18	19	20	21	22	23	18	19	20	21	22	23
제1장 구성요건이론															1									
제2장 결과반가치와 행위반가치			1																					
제3절 인과관계와 객관적 귀속	1			1	1			1	1		1				1				1			1	1	1
제4절 고 의		1		1		1		1		1	1	1							1	1	1	1		1
제5절 구성요건적 착오		1	1	1	1		2				1												1	
출제빈도수	11/130						10/120						1/150						11/228					

02

구성요건론

경찰채용						법원행시						변호사					
19	20	21	22	23	24	19	20	21	22	23	24	19	20	21	22	23	24
1						1		1	1	1					1	1	
		1	2		1				1			1			1	1	1
1		1		2								1					1
9/264						5/240						8/120					

02 구성요건론

제1절 | 구성요건이론

01 구성요건의 의의

구성요건(構成要件, Tatbestand)[119]이라 함은 반사회적 행위 중에서 특히 형법에 위배되는 불법한 행위를 선별하고 이를 정형화하여 추상적으로 기술해놓은 것을 말한다(불법유형). 오늘날에는 이를 불법구성요건(Unrechtstatbestand)이라 부르는 것이 보편화되어 있다. 죄형법정주의에 따를 때, 아무리 반사회적이고 유해한 행위처럼 보인다 하더라도 불법구성요건에 해당하지 않는 유형의 행위는 범죄로 취급받지 않게 된다(구성요건의 보장적 기능). 이러한 보장적 기능을 실현하기 위해 구성요건의 정형성(定型性)은 함부로 훼손되어서는 안 된다.

02 구성요건이론의 발전

1. Beling의 형식적 구성요건론

벨링은 1906년 그의 저서 「범죄론」(Lehre vom Verbrechen)에서 구성요건을 위법성과 분리시키고 "범죄는 구성요건에 해당하는 위법하고 유책한 행위"라는 3단계 범죄론의 기초를 다졌다. 벨링에 의할 때 구성요건은 철저히 가치중립적·몰가치적·객관적 요소로만 이루어져 있으며, 구성요건에 해당하는 경우 이는 위법성의 징표(인식근거)로 된다고 본다. 이는 고전적 범죄체계를 이루게 된다.

2. M. E. Mayer의 구성요건론

엠. 에. 마이어는 구성요건에 규범적 요소가 있음을 발견하였고, 구성요건은 위법성의 인식근거라고 주장하였다(연기와 불의 관계). 다만, 규범적 구성요건요소에 대하여는 구성요건은 위법성의 존재근거라고 보았다. 이는 신고전적 범죄체계를 이루게 된다.

---

119 구성요건 즉 Tatbestand라는 독일어는 1796년 독일의 학자 클라인(Klein)이 이탈리아의 죄체(罪體) 즉 corpus delicti라는 라틴어를 독일어로 번역한 것이다.

3. Mezger의 구성요건론

메츠거는 목적 등 주관적 요소가 구성요건요소임을 인정하였고, 구성요건은 위법성의 존재근거라고 주장하였다. ➡ 단, 주관적 불법요소의 일반화는 한스 벨첼(H. Welzel)의 목적적 행위론에 의하여 고의 · 과실을 주관적 구성요건요소로 인정하면서 이루어진다. 이는 목적적 범죄체계를 이루게 된다.[120]

---

03 구성요건과 위법성의 관계

1. 인식근거설

구성요건해당성을 판단함에 있어서는 일정한 주관적 요소나 규범적 요소에 대한 판단이 필요하므로 구성요건단계에서 일정한 가치판단이 이루어짐은 사실이지만, 구성요건해당성과 위법성의 판단은 별개의 독립적 단계에서 행해지는 것이다. 이러한 점에서 구성요건은 위법성의 인식근거(징표)이므로 구성요건해당성은 위법성을 추정하고(구성요건의 위법성 환기 · 경고기능), 예외적으로 위법성조각사유에 의해서 이 추정은 배제된다는 입장이다(통설).

예를 들어, 甲이 고의로 乙을 살해하는 행위를 하였다면 이는 살인죄의 구성요건(형법 제250조 제1항 : "사람을 살해한 자")에 해당되는 것이고, 그렇다면 甲의 행위는 우리 사회의 전체적 가치질서에 대체로 위반되는 성질, 즉 '정당하지 않다는 평가'를 받을 수 있게 된다. 이를 위법성이라고 한다. 즉 구성요건에 해당된다면

120 보충 : 현대 형법이론상의 구성요건론 종래 전통적인 구성요건의 개념이 순수하게 기술적이고 가치중립적(몰가치적)으로 이해되었던 것이(고전적 범죄론체계), 주관적 구성요건요소(예 목적) 또는 규범적 구성요건요소(예 절도죄에서 재물의 타인성, 문서위조죄의 문서)의 개념에 의하여 더 이상 유지될 수 없게 되었고(신고전적 범죄론체계), 고의 · 과실이 구성요건의 중심요소로 부상하게 되어 어떠한 의사에서 비롯된 행위인가가 구성요건의 중심적 의미를 차지하게 됨에 따라 구성요건이 기술적이라는 개념은 역사적인 의미밖에 가지지 못하게 되었으며(목적적 범죄론체계), 이상의 범죄체계론들의 공적을 대부분 수용하면서도 나아가 '고의나 과실의 이중적 작용' ─ 예를 들어 구성요건적 고의와 책임형식으로서의 고의의 이중적 기능 ─ 이 인정되고 '행위불법과 결과불법의 불가분적 관계' ─이원적 · 인적 불법론─ 가 인정되게 되었다(합일태적 범죄론체계 또는 신고전적 · 목적적 범죄론체계 : 통설). 최근 1970년대 이후에는 결과범에서의 객관적 구성요건에는 법적 평가를 지향하는 귀속론을, 책임에는 예방적 기능까지 도입한 합목적적(기능적) 범죄론체계도 제시되고 있다.

여하튼, 위와 같은 구성요건론의 역사적 발전과정과 결과는 현대의 구성요건론에서 수용되고 있다. 즉, 구성요건은 가벌성을 확정짓기 위한 기초가 되는데, 더욱 구체적으로 구성요건단계는 가벌적 행위와 불가벌적 행위의 구별기능을 가지게 된다. 따라서 구성요건은 형식적이고 몰가치적인 것이 아니라 우리 사회에서 법질서에 위반된다고 볼 수 있는 구체적 행위를 표본화하여 규정하고 있다는 점에서 소위 '불법구성요건'의 의미를 가지게 된다. 즉 초기의 Beling의 구성요건론이 범죄행위의 외부적 요소에 대한 몰가치적 기술이라고 하였던 것에 비하여, 현대의 구성요건론은 규범적 구성요건요소와 주관적 구성요건요소의 발견 및 정착에 의해 보다 불법의 내용을 담은 구성요건으로 이해하고 있는 것이며, 이에 '불법구성요건'(Unrechtstatbestand)이라는 개념을 인정하게 된 것이다(그러므로 불법구성요건에 해당된다는 것은 대체로 위법성 또한 인정되는 행위일 것임이 추정되는 것이며, 이에 위법성 판단은 위법성해당사유를 따지는 것이 아니라 혹시 위법성이 조각되는 것이 아닌가 여부를 따지는 소극적 판단을 하게 되는 것임).

또한, 죄형법정주의 내지 형법의 보장적 기능을 고려할 때, 아무리 반사회적이고 실질적으로 정의관념에 반하는 행위라 하여도 구성요건에 규정되어 있지 않은 이상 범죄로 볼 수 없으며 형벌도 내릴 수 없게 된다. 이러한 점에서 불법구성요건이 정하고 있는 고정적 틀을 갖추어야 비로소 범죄로 취급할 수 있게 된다는 '구성요건적 정형성(定型性)'은 포기할 수 없는 가치를 가지게 된다.

또한 죄형법정주의의 사상적 배경으로서는 일반예방주의가 제시되고 있는데, 이는 범죄와 형벌을 미리 형법에 규정함으로써 일반인에게 어떠한 행위를 선택함에 있어서 그 행위가 범죄행위일 경우에는 범죄로 인하여 얻을 수 있는 쾌락의 정도보다 그 범죄에 대한 대가인 형벌로 인하여 당하게 될 고통이 더욱 크다는 사실을 미리 주지시켜 범죄행위를 범하지 않도록 억제하고 예방하는 일반예방주의가 실현되기 위해서는 범죄와 형벌을 미리 형법에 규정하여야 한다는 죄형법정주의가 필요하기 때문이다. 즉, 불법구성요건이란 일정한 행위를 범죄로 볼 것인가 말 것인가를 선별하여 규정함으로써 범죄로서의 한계를 정하고 있다는 의미와 그러한 규정(구성요건)이 있음으로 해서 일반인에게 범죄를 범하지 않도록 선도하는 일반예방적 기능을 수행하고 있다는 의미를 가지면서, 구체적으로는 형법각칙과 개별 형사특별법상의 범죄처벌규정에서 현실적인 모습으로 나타나 그 '실천적인 형상'을 우리 사회에 제시하게 된다.

대체로 위법성은 있을 것임이 추정되는 것이다.[121] 다만 예외적으로 乙이 甲을 의도적으로 살해하려고 한데 대해 甲이 방어하기 위해 위와 같은 살인행위를 한 것이라면 이는 정당방위(형법 제21조 제1항)에 해당되어 위법성이 조각되어 정당한 행위로 평가받게 되는 것이다.

따라서 위법성판단은 위법성이 조각되는 예외적 사유에 해당하는가만 살펴보고 이에 해당하지 않는다면 위법하다는 소극적 판단으로 충분하게 되는 것이다. 이러한 판단의 방법이 오늘날의 통설이 취하고 있는 형법적인 사고방식이다.

2. 존재근거설

구성요건은 위법성의 존재근거이므로 구성요건에 해당하는 행위는 위법하다는 견해이다(Sauer, Mezger). 다만 위법성조각사유에 해당되면 존재하던 위법성이 없어지는 예외도 인정한다는 점에서, 존재근거설은 인식근거설과 큰 차이가 없다.

3. 소극적 구성요건표지이론

(1) 소극적 구성요건표지의 내용

소극적 구성요건표지이론(Lehre von den negativen Tatbestandsmerkmalen)은 위법성조각사유를 소극적 구성요건요소로 이해하기 때문에 위법성조각사유가 존재하면 행위의 구성요건해당성 자체를 조각하게 된다(Merkel, Frank).

예 살인죄의 구성요건 : "정당한 이유 없이 사람을 살해하지 말라."

(2) 총체적 불법구성요건

소극적 구성요건표지이론에 의한 구성요건개념은 위법성조각사유가 포함된 '총체적 불법구성요건(전체구성요건; Gesamttatbestand)'의 개념이다(총체적 불법구성요건＝적극적 구성요건요소＋소극적 구성요건요소). 국가9급 13 / 경찰간부 16

(3) 2단계 범죄론체계 - 구성요건해당성(불법) + 책임

여기에서는 범죄가 총체적 불법구성요건에 해당하고 유책한 행위라고 보게 된다. 따라서 소극적 구성요건표지이론에 의하면 위법성단계는 존재하지 않는다. 또한 구성요건해당성은 위법성의 존재근거가 되게 된다(구성요건해당성은 종국적·확정적 반가치 판단).

(4) 소극적 구성요건요소이론에 대한 비판 및 결론

소극적 구성요건요소이론에 대한 비판 중 가장 중요한 것은 위법성조각사유의 독자적 기능을 무시한다는 점[122] 사시 10 / 사시 14과 허용구성요건의 착오(**예** 오상방위)의 해결에 있어서 법효과제한적 책임설의 입장을 수용하지 못한다는 점[123] 경찰채용 11 2차으로 압축될 수 있다.

정리하자면, 소극적 구성요건요소이론과 그 반대의 입장인 전통적인 3단계 범죄체계론의 실질적 차이점은 궁극적으로 구성요건에 해당되지만 위법성이 조각되는 행위의 존재를 인정하느냐 여부에 달려 있다. 결론적

---

121 따라서 구성요건에 해당하는 행위를 하는 사람은 자신의 행위가 원칙적으로 위법하므로 그 행위를 정당화시킬 수 있는 근거가 있는가를 검토해야 한다. 이를 구성요건의 (위법성) 경고·환기기능이라고도 부른다. 예컨대, 오영근, 129면 참조.

122 Welzel은 "정당방위에 의하여 사람을 살해한 자를 모기를 죽인 자와 마찬가지의 행위를 했다고 평가할 수는 없다."라고 비판하고 있다(Welzel, Das Deutsche Strafrecht, 11. Aufl, 1969, S.81.). 이 점은 국내의 통설도 지적하는 비판이다.

123 위법성조각사유의 전제사실에 관한 착오에 대하여 법효과제한적 책임설은 구성요건적 고의를 인정하므로 공범 성립이 가능하다고 하지만, 소극적 구성요건표지이론에 의하면 구성요건적 고의 자체가 부정되므로 공범 성립이 불가능하게 된다.

으로 소극적 구성요건표지이론은 방법론상 가능하기는 하나 구성요건을 위법성의 징표로 보는 전통적 이론(3단계 범죄체계론)을 뒤엎기에는 설득력이 약하다는 것이 통설이다.

표정리 소극적 구성요건표지이론 : 2단계 범죄론체계 : 총체적 불법구성요건

총체적 불법구성요건 구성요건해당성 + 위법성		책 임
적극적 구성요건요소	소극적 구성요건요소	행위자에 대한 비난가능성
구성요건해당성 ○	위법성조각사유 ×	−

▶ 소극적 구성요건표지이론에 의하면 구성요건에 해당하면 위법성이 있다. 따라서 구성요건은 위법성의 존재근거이며, 경찰채용 11 2차 허용구성요건착오는 구성요건착오로서 구성요건적 고의가 조각된다.

04 　구성요건의 유형

　구성요건에는 불법구성요건, 총체적 불법구성요건, 범죄구성요건, 보장구성요건 등의 유형이 있으며, 봉쇄적 구성요건과 개방적 구성요건과 같은 개념도 있다.

표정리 불법구성요건 · 총체적 불법구성요건 · 범죄구성요건 · 보장구성요건의 비교

구 분	불법구성요건	총체적 불법구성요건	범죄구성요건	보장구성요건
내 용	협의의 구성요건 (형법상 불법유형) (일반적 의미의 구성요건)	구성요건해당성 (적극적 요소) + 위법성조각사유가 없을 것(소극적 요소)	광의의 구성요건[124] (불법표지 + 책임표지 + 객관적 처벌조건)	죄형법정주의에 입각한 '법적' 전제조건 전부[125] : 초법규적 사유[126]는 제외
도식화	불법구성요건 < 총체적 불법구성요건 < 범죄구성요건 < 보장구성요건			

▶ ① 총체적 구성요건[127]은 소추조건을 제외한 가벌성의 모든 전제조건으로서 초법규적 사유도 포함하고, ② 허용구성요건은 위법성조각사유의 객관적 전제조건(사실)이며, ③ 책임구성요건은 불법요소는 제외하고 특별히 행위자의 비난가능성만을 근거지우는 요소를 말한다. ④ 보장구성요건은 죄형법정주의와 형법의 보장적 기능을 중시하는 법치주의국가에서 어떤 사람에게 형사처벌을 내리는 데 있어서 최소한 거쳐야 하는 전체적인 법률적 전제조건을 총칭한다.[128]

---

124 범죄구성요건은 '위법성조각사유나 책임조각사유는 제외하고' 불법을 구성하는 요소나 책임을 구성하는 요소이다. 객관적 처벌조건이 포함되는가에 대해서는 견해의 대립이 있다. 또한 광의의 구성요건을 범죄구성요건과 동일한 개념으로 파악하는 입장(예컨대, 김일수, 127면)과 다소 다른 개념으로 이해하는 입장(예컨대, 오영근, 126면 이하)도 대립한다.

125 보장구성요건에는 중지미수의 필요적 감면, 자수의 임의적 감면과 같은 감면사유, 국회의원·치외법권자의 면책특권과 같은 인적 처벌조각사유, 대통령의 재직 중 형사소추제 등이 모두 포함된다.

126 예컨대, 초법규적 책임조각사유는 제외된다. 보장구성요건은 법적으로 규정되어 있어야 하기 때문이다.

127 학자에 따라서 범죄구성요건을 최광의의 구성요건이라 하기도 하고(예컨대, 김일수, 128면), 총체적 구성요건을 최광의의 구성요건이라 하기도 한다(예컨대, 오영근, 126면).

128 수험을 위한 조언 용어상 혼란이 있는 총체적 구성요건, 보장구성요건, 최광의의 구성요건, 광의의 구성요건, 범죄구성요건이라는 용어들은 사실상 널리 사용되지 않고 있으며, 국가시험에서도 거의 출제되지 않고 있다. 대신 불법구성요건(협의의 구성요건), 책임구성요건, 허용구성요건, 총체적 불법구성요건, 후술하는 기본적 구성요건, 가중적 구성요건, 감경적 구성요건에 대해서는 간명하게 그 개념을 익혀두어야 한다.

> **참고하기** 봉쇄적 구성요건과 개방적 구성요건

1. 봉쇄적 구성요건(Geschlossene Tatbestände)은 구성요건에 금지의 실질이 남김없이 규정된 경우이다. 따라서 구성요건에 해당하면 위법성을 징표하게 되어, 위법성단계에서는 위법성조각사유에 해당되지 않으면 위법하다는 '소극적 판단'만 필요하게 된다.

2. 벨첼에 의해 제시된 개방적 구성요건(Offene Tatbestände)은 구성요건표지의 일부만이 기술되고, 여타의 부분은 판례와 학설에 의한 보충·구체화를 필요로 하는 경우이다(예 과실범의 주의의무, 부진정부작위범의 보증인지위). 개방적 구성요건이론에 의하면 구성요건은 위법성을 징표하지 못하므로, 위법성단계에서 '적극적 판단'이 필요하게 된다.

▶ 불법유형의 내용을 결정짓는 모든 표지는 (봉쇄적인) 구성요건요소이어야 한다는 불법구성요건의 본질을 고려할 때, 법관에 의한 구성요건표지의 창조적 보충활동을 인정하는 개방적 구성요건의 개념은 죄형법정주의 원칙에 위반될 수 있으며, 따라서 구성요건은 완결된 것이어야 한다(통설).

05 구성요건의 요소

1. 기술적 구성요건요소와 규범적 구성요건요소

(1) 기술적 구성요건요소

기술적 구성요건요소(deskriptive Tatbestandsmerkmale)란 개별적인 경우에 사실확정에 의하여 그 의미를 인식할 수 있는 구성요건요소로서, 별도의 가치판단을 요하지 않는 구성요건요소를 말한다. 죄형법정주의의 명확성원칙의 요청상 구성요건은 원칙적으로 기술적(記述的)이어야 한다. 다만 입법기술상의 한계도 고려해야 하고, 구성요건에 법관의 보충적 해석이 필요한 개념이 포함되는 것이 불가피하기 때문에, 규범적 구성요건요소의 존재도 부정할 수 없다.

(2) 규범적 구성요건요소

규범적 구성요건요소(normative Tatbestandsmerkmale)란 규범적 평가와 가치판단에 의해서만 내용을 확정할 수 있는 구성요건요소이다. 즉 법관의 보충적 해석이 필요한 개념이다.[129]

예 구체적으로, 존속살해죄(제250조 제2항)의 행위객체로 규정되어 있는 '직계존속'은 민법 중 가족법에 의하여 평가될 수 있는 내용을 가진 규범적 구성요건요소이다. 예를 들어 혼인외 출생자의 생모는 당해 출생자의 직계존속이지만 생부는 인지 이전에는 직계존속이 아니어서 보통살인죄의 객체에 불과하다는 설명은 직계존속관계 존부에 관한 민법의 원칙에 의한 것이다. 따라서 직계존속은 법률적 평가를 받는 규범적 구성요건요소이다. 이외에도 '배우자'라든가 '재물의 타인성(타인의 소유에 속함)' 그리고 '공무원 또는 중재인', '유가증권', '문서' 등이 있다. 이에 비하여 사회적·경제적 평가를 받는 규범적 구성요건요소로는 명예훼손죄의 '명예'나 업무방해죄의 '업무', '신용', '음란', '추행' 등이 있다.

2. 객관적 구성요건요소와 주관적 구성요건요소

(1) 객관적 구성요건요소

객관적 구성요건요소(objektive Tatbestandsmerkmale)란 외부적으로 그 존재를 인식할 수 있는 구성요건요소를 말한다. 예 행위의 주체, 객체, 결과, 수단, 행위, 인과관계, 객관적 귀속, 행위상황 등

---

129 앞서 검토한 죄형법정주의의 명확성원칙과 연결되는 개념이다.

(2) 주관적 구성요건요소

주관적 구성요건요소(subjektive Tatbestandsmerkmale)란 행위자의 내심에 속하는 요소를 말한다. 대표적으로 고의는 객관적 구성요건요소에 대한 인식과 의사(죄의 성립요소인 사실에 대한 인식 : 제13조)를 말한다.

예 고의, 과실(이상 일반적·주관적 구성요건요소), 목적(초과주관적 구성요건요소), 불법영득의사(역시 초과주관적 구성요건요소로서 영득죄의 기술되지 않은 구성요건요소), 경향, 표현 등

★ 판례연구 양심적 병역거부와 병역법 제88조 제1항의 정당한 사유

1. 대법원 2018.11.1, 2016도10912 전원합의체

다수의견 병역법 제88조 제1항은 국방의 의무를 실현하기 위하여 현역입영 또는 소집통지서를 받고도 정당한 사유 없이 이에 응하지 않은 사람을 처벌함으로써 입영기피를 억제하고 병력구성을 확보하기 위한 규정이다. 위 조항에 따르면 정당한 사유가 있는 경우에는 피고인을 벌할 수 없는데, 여기에서 정당한 사유는 구성요건해당성을 조각하는 사유이다. 이는 형법상 위법성조각사유인 정당행위나 책임조각사유인 기대불가능성과는 구별된다. ...... 요컨대, 자신의 내면에 형성된 양심을 이유로 집총과 군사훈련을 수반하는 병역의무를 이행하지 않는 사람에게 형사처벌 등 제재를 해서는 안 된다. ...... 따라서 진정한 양심에 따른 병역거부라면, 이는 병역법 제88조 제1항의 '정당한 사유'에 해당한다. ...... 정당한 사유가 없다는 사실은 범죄구성요건이므로 검사가 증명하여야 한다. 다만 진정한 양심의 부존재를 증명한다는 것은 마치 특정되지 않은 기간과 공간에서 구체화되지 않은 사실의 부존재를 증명하는 것과 유사하다. 위와 같은 불명확한 사실의 부존재를 증명하는 것은 사회통념상 불가능한 반면 그 존재를 주장·증명하는 것이 좀 더 쉬우므로, 이러한 사정은 검사가 증명책임을 다하였는지를 판단할 때 고려하여야 한다. 따라서 양심적 병역거부를 주장하는 피고인은 자신의 병역거부가 그에 따라 행동하지 않고서는 인격적 존재가치가 파멸되고 말 것이라는 절박하고 구체적인 양심에 따른 것이며 그 양심이 깊고 확고하며 진실한 것이라는 사실의 존재를 수긍할 만한 소명자료를 제시하고, 검사는 제시된 자료의 신빙성을 탄핵하는 방법으로 진정한 양심의 부존재를 증명할 수 있다. 이때 병역거부자가 제시해야 할 소명자료는 적어도 검사가 그에 기초하여 정당한 사유가 없다는 것을 증명하는 것이 가능할 정도로 구체성을 갖추어야 한다.

2. 대법원 2021.2.25, 2019도18442

'인간에 대한 폭력과 살인 거부'라는 윤리적·도덕적·철학적 신념 등을 이유로 예비군훈련과 병력동원훈련소집에 따른 입영을 거부하였다는 이유로 예비군법위반죄 등으로 기소된 사건

양심에 따른 병역거부, 이른바 양심적 병역거부는 종교적·윤리적·도덕적·철학적 또는 이와 유사한 동기에서 형성된 양심상 결정을 이유로 집총이나 군사훈련을 수반하는 병역의무의 이행을 거부하는 행위를 말한다. 진정한 양심에 따른 병역거부라면, 이는 병역법 제88조 제1항의 '정당한 사유'에 해당한다고 보아야 한다. 이때 진정한 양심이란 그 신념이 깊고, 확고하며, 진실한 것을 말한다. ...... 예비군훈련과 병력동원훈련소집에 따른 입영도 집총이나 군사훈련을 수반하는 병역의무의 이행이라는 점에서 병역법 제88조 제1항에서 정한 '정당한 사유'에 관한 위 전원합의체 판결의 법리에 따라 이 사건 각 조항에서 정한 '정당한 사유'를 해석함이 타당하다. 따라서 진정한 양심에 따른 예비군훈련과 병력동원훈련소집에 따른 입영을 거부한 경우 이 사건 각 조항에서 정한 '정당한 사유'에 해당한다고 보아야 한다(대법원 2021.1.28, 2018도8716; 2021.2.4, 2016도10532 등).

3. 대법원 2023.3.16, 2020도15554

여호와의 증인 신도가 종교적 신념을 이유로 사회복무요원의 복무를 이탈한 사건

국가기관 등의 공익목적 수행에 필요한 사회복지, 보건·의료, 교육·문화, 환경·안전 등의 사회서비스업무 및 행정업무 등의 지원을 하는 사회복무요원으로 하여금 집총이나 군사훈련을 수반하지 않는 복무의 이행을 강제하더라도 그것이 양심의 자유에 대한 과도한 제한이 되거나 본질적 내용에 대한 위협이 된다고 볼 수 없으므로, 종교적 신념 등 양심의 자유를 이유로 사회복무요원의 복무를 거부하는 경우 특별한 사정이 없는 한 이 사건 조항이 정한 '정당한 사유'에 해당하지 않는다.

제2절 | 결과반가치와 행위반가치

01 형법상 불법의 개념과 의미

1. 불법의 개념

불법(不法; Unrecht)은 구성요건해당성과 위법성을 포함하는 개념으로서 위법한 행위나 그로 인한 결과를 의미한다. 예컨대, 甲이 乙을 살해하였다면 이러한 행위는 살인죄의 구성요건에 해당되고 나아가 정당행위나 정당방위 등의 위법성조각사유에 해당되지 않을 때에는 甲의 살인행위는 불법하다고 평가된다. 이렇듯 불법이란 구성요건에 해당되는 구체적인 행위가 위법성까지 조각되지 못한 경우(형법에 위반되는 구체적 행위와 결과)를 말한다.

따라서 불법이란 위법성과는 다르다. 위법성이란 전체적 법질서의 관점에서 정당하지 못하다는 평가 그 자체를 말하기 때문이다. 또한 불법은 그 질과 양과 수에 있어서 대소고저의 구별이 있을 수 있지만(살인죄의 不法 > 상해죄의 不法) 위법성이란 그 유무의 문제일 뿐 대소고저의 구별이 있을 수 없다(살인죄의 위법성＝상해죄의 위법성).

2. 불법과 책임

불법은 행위판단이고 책임은 행위자판단이므로 불법과 책임은 범죄행위의 요소가 된다. 또한 불법은 책임비난의 전제조건이 된다.

3. 불법의 요소

(1) 결과반가치(결과불법)과 행위반가치(행위불법)

① 결과불법 : 결과반가치는 법익보호의 관점에서 부정적으로 평가된 외적 상태인 '법익침해' 또는 '법익침해의 위험성'을 말한다. 법익침해는 기수범의 결과불법이요, 법익침해의 위험성은 미수범의 결과불법이다. 살인죄의 형이 상해죄의 형보다 무거운 이유는 살인죄의 결과불법이 더욱 무겁기 때문이다. 고전적 범죄체계나 신고전적 범죄체계에서는 불법의 본질이 바로 이러한 결과반가치에만 있다고 파악하는 순수한 결과반가치론(결과반가치 일원론)을 주장하였던 것이다.

② 행위불법 : 행위반가치는 행위자의 의무위반과 관련되는 ㉠ 주관적 불법요소(고의·과실·목적·경향·표현·불법영득의사 및 주관적 정당화요소)를 중심으로 ㉡ 객관적 행위자요소(신분)나 ㉢ 객관적 행위요소인 행위태양(사기·공갈·횡령·배임, 단체·다중의 위력을 보이거나 위험한 물건을 휴대하는 등의 태양)을 내용으로 하는 상태를 의미한다.[130] 예컨대, 똑같은 폭행이라 하여도 단순폭행(제260조 제1항)보다 특수폭행(제261조)의 형이 무거운 이유는 특수폭행의 행위불법이 더욱 무겁기 때문이다. 행위의 목적적 구조를 중시하는 목적적 행위론자들에 의하여 주장된 목적적 범죄체계에서는 바로 이러한 행위반가치론을 주장한 것이다.

---

130 이는 우리 학계의 통설적 입장이다. 참고로 독일에서는 주관적 불법요소만 행위반가치에 포함되고 객관적 행위태양이나 객관적 행위자요소는 배제된다는 견해도 주장되는바, 이는 행위반가치를 순수한 의도반가치(Intentionsunwert)로 파악하는 것이며, 독일에서도 소수설의 입장에 속한다.

③ 인적 불법론 : 목적적 행위론자의 설명에 의할 때, 법익침해는 오로지 인적 위법상태, 즉 행위반가치 내에서만 의미를 가지며 이러한 의미에서 행위반가치가 불법개념의 전면에 등장된다고 한다. 즉, 불법은 법익침해를 이루는 결과야기에 있기보다는 특정한 행위자의 의무위반적 요소로서의 행위인 점에서 인정되므로, 불법은 행위자와 관련된 인적인 행위불법이라는 것이다.[131] 이러한 (개)인적 불법론(personale Unrechtslehre)은 사회적 행위론자들에 의하여 주장된 합일태적 범죄체계에서도 널리 수용되고 있다. 여기에서 인적 불법은 행위반가치의 내용 중에서 주관적 불법요소와 객관적 행위자요소로 이루어진다.

④ 이원적·인적 불법론 : 불법은 행위불법과 결과불법의 양 측면으로 이루어지고 불법이 충족되어 기수범이 되기 위해서는 두 불법의 결합이 필요하다는 것이 통설이다(이원적·인적 불법개념).[132] 이에 의하면 미수범은 결과불법이 실현되지 못한 상태이다.[133]

참고하기 일원적·주관적·인적 불법론과 이원적·주관적·인적 불법론

결과반가치를 배제한 극단적인 행위반가치론에서는 결과는 구성요건요소가 아니라 객관적 처벌조건에 불과하다는 이론을 전개하게 되는데, 이를 일원적·주관적 불법론(monistisch −subjektive Unrechtslenre)이라 한다. 경찰승진 12 이에 대비되는 견해가 이원적·인적 불법론(통설)으로서, 불법은 결과반가치로서 법익의 침해 또는 위험을, 행위반가치로서 주관적·객관적 측면을 포섭하여 판단해야 하며, 결과반가치와 행위반가치는 동일한 서열에서 병존하는 불법요소라고 이해해야 한다는 것이다.

---

(2) 주관적 불법요소와 고의·과실의 이중기능

고의가 불법영역에 속한다는 것이 목적적 행위론자에 의하여 주장된 이래로 고의·과실은 구성요건적 고의·과실로 인정되어 행위불법의 중심개념으로 자리잡게 되었다. 다만, 사회적 행위론자들에 의하여 정립된 합일태적 범죄체계에서는 고의·과실은 주로 불법요소이면서도 심정반가치 측면에서는 책임에도 관련된다는 '고의·과실의 이중기능[134]'이 제시되고 있다.

▶ 특히 책임고의는 허용구성요건착오의 해결에 관한 법효과제한적 책임설의 주장에서 사용된다.

---

131 참고 : 목적적 행위론자들에 의한 주관적 불법요소의 일반화 목적적 행위론에서는 주관적 불법요소를 일반화하여 목적범이나 미수범에 대하여만 예외적으로 있는 것이 아니라 모든 구성요건에 존재하는 것이며, 고의범의 고의와 과실범의 과실 자체도 주관적 불법요소로서 구성요건요소에 해당한다고 주장하였다.

132 참고 : 거동범에도 결과불법은 있다 거동범의 경우 행위불법만 있으면 기수가 된다고 이해하면 안 된다. 이원적·인적 불법론은 일관되게 적용되기 때문에, 거동범의 경우에도 결과불법은 거동범의 행위만으로 그 행위불법과 함께 충족되는 것으로 이해되는 것이다.

133 우연적 방위의 해결 정당방위에 있어서 주관적 정당화요소는 없는데 객관적 정당화상황은 갖추고 있는 경우를 우연적 방위라 하는데, 행위반가치는 인정되나 결과반가치는 부정된다고 보아 불능미수로 해결하자는 것이 다수설이다. 자세한 것은 위법성론, 주관적 정당화요소에서 후술하겠다.

134 책임론, 위법성조각사유의 전제사실에 관한 착오 및 과실범, 과실의 체계적 지위에서 후술하겠다.

02　결과반가치론과 행위반가치론

표정리 결과반가치론과 행위반가치론 비교

구 분	결과반가치론	행위반가치론
불법의 본질	법익침해 또는 그 위험성	행위자의 행위(수범자의 의무위반)
불법의 내용	① 기수범 : 법익침해 ② 미수범 : 법익침해의 위험성	① 주관적 불법요소 : 고의·과실·목적·경향·표현·불법영득의사, 주관적 정당화요소 ② 객관적 행위자요소 : 신분 ③ 객관적 행위요소 : 행위태양
형법의 규범적 성격	평가규범적 성격 강조	의사결정규범적 성격 강조
형법의 기능	법익보호	사회윤리적 행위가치보호
고의·과실	책임요소	주관적 불법요소(구성요건요소)
위법성조각사유의 일반원리	법익형량설, 우월적 이익설	사회상당성설, 목적설
과실범의 불법	고의범과 불법의 경중에서 차이가 없음	고의범과 불법의 경중에서 차이 인정
불능범	객관설 ⇨ 불가벌	주관설 ⇨ 불능범 부정(위험한 주관이 있으므로)
비 판	법익침해결과만을 가지고는 살인, 과실치사, 무과실에 의한 사망을 구별 못함 국가7급 08	결과측면의 무시로 ① 미수와 기수를 동일하게 처벌, ② 과실치사와 과실치상도 동일하게 처벌
통설의 결론	결과반가치와 행위반가치(이원적·인적 불법론)	

제3절　인과관계와 객관적 귀속

제17조【인과관계】어떤 행위라도 죄의 요소되는 위험발생에 연결되지 아니한 때에는 그 결과로 인하여 벌하지 아니한다.
경찰채용 10 2차 / 경찰간부 12 / 경찰채용 15 1차

01　인과관계와 객관적 귀속의 의의

1. 인과관계의 의의

인과관계(因果關係; Kausalität)라 함은 원인행위가 있어야 결과가 있다는 원인과 결과의 관계를 말한다(행위 ⇨ 결과 : 행위가 원인제공을 한 결과, 사실적·존재론적 문제).

2. 객관적 귀속의 의의

객관적 귀속이론(客觀的 歸屬理論; Lehre von der objektiven Zurechnung)이란 인간의 행태를 통하여 초래된 불법한 결과는 그 행위자의 행위에 객관적으로 귀속되어야 기수책임을 물을 수 있다는 이론이다(결과 ⇨ 행위 : 행위의 탓으로 일어난 결과, 법적·규범적 문제).

3. 적용영역 – 결과범

결과범(실질범)에서만 문제되며, 거동범(형식범)에 있어서는 이를 거론할 필요가 없다. 형법 제17조에서도 "'어떤 행위라도' 죄의 요소되는 위험발생에 연결되지 아니하는 때에는 '그 결과'로 인하여 벌하지 아니한다." 고 규정함으로써, '행위'가 있고 '결과'가 있을 때에만 인과관계의 요소가 문제됨을 밝혀주고 있다.

4. 인과관계의 유형

(1) 기본적 인과관계

예 甲이 乙을 고의로 살해한 경우 乙의 죽음이 甲의 행위로 인한 점을 인식하기에 다른 장애요소가 전혀 없는 경우

(2) 가설적 인과관계(hypothetische Kausalität)

예 甲은 사무실 안에 있는 丙을 밖으로 불러내어 사살했으나, 그렇지 않더라도 丙은 乙이 미리 설치해 놓은 시한 폭탄에 의해 같은 시각에 사망했을 것이 틀림 없는 경우 ⇨ 乙의 예비적 원인과 丙의 사망 간에는 형법상 인과관계 ×

(3) 이중적 인과관계(택일적 인과관계; doppel Kausalität)

단독으로도 동일한 결과를 발생시키기에 충분한 여러 개의 조건들이 결합하여 결과를 발생시킨 경우를 말한다. 즉 각 행위가 각각 대안이 될 수 있는 경우로서,[135] 모든 행위가 원인이 되었다고 판명되면 모두 인과관계를 인정받을 수도 있다.

예 甲과 乙이 독립하여 丙이 먹는 음식에 각각 치사량의 독약을 넣어 丙을 살해한 경우, 특히 乙의 독약이 조금 더 먼저 작용하여 丙의 사망의 원인이 되었음이 재판에서 입증되었다고 할 때 乙의 행위와 丙의 사망 간의 인과관계는 −상식적으로(합법칙적 조건설 내지 상당인과관계설의 관점에서 보면)− 인정되는데, 이러한 인과관계를 택일적 인과관계 또는 이중적 인과관계라고 하는 것이다. 그런데 전통적 의미의 조건설 내지 등가설에 의하면 모든 조건은 동등하므로 乙의 행위가 없다 하더라도 丙의 사망은 일어나게 되어 있으므로 결국 절대적 제약관계의 공식 (conditio sine qua non)을 만족시킬 수 없어 乙의 행위와 丙의 사망 간에 인과관계가 부정되는 불합리한 결론에 이르게 된다. 이러한 점에서 전통적 조건설은 비판되고 있으며, 이 문제점을 해결하기 위하여 합법칙적 조건설 내지 상당인과관계설 등의 인과관계 판단이 요구되는 것이다.

(4) 중첩적 인과관계(누적적 인과관계; kumulative Kausalität)

각각 독자적으로는 결과를 발생시킬 수 없는 여러 조건들이 공동으로 작용함으로써 결과가 발생한 경우를 말한다. 이 경우 조건설에 의한 인과관계는 인정되나 객관적 귀속은 부정되어 결국 각각 미수가 된다.

예 甲과 乙이 단독으로는 치사량이 되지 못하는 독약을 丙에게 먹였는데, 전체량이 치사량에 미쳐 丙이 독살된 경우

(5) 추월적 인과관계

후의 조건이 기존의 조건을 추월하여 결과를 야기시킨 경우, 후의 조건과 발생된 결과 사이의 인과관계를 말한다. 이 경우 선행조건과 결과발생 간의 인과관계는 부정되고, 후행조건과 결과발생 간의 인과관계는 −

---

135 참고로, 이러한 택일적 원인들이 동시에 경합하는 경우를 경합적 인과관계라고 부를 수도 있다.

합법칙적 조건설 내지 상당인과관계설에 의할 때 – 인정되게 된다.

예 사형수가 처형받기 직전에 사형집행관을 밀어젖히고 사형집행기구의 단추를 눌러 사형수를 숨지게 한 경우 ⇨ 조건설에 의하면 인과관계 ×(이 부분에 대하여 조건설에 대한 비판이 있음), 합법칙적 조건설에 의하면 인과관계 ○

(6) 단절적 인과관계

제3의 독립행위가 개입하여 본래 진행 중인 제1의 원인행위를 단절시키고 그 효력이 나타나기 전에 결과를 발생시킨 경우를 말한다.

예 甲이 乙에게 독약을 먹였으나, 약효가 일어나기 전에 丙이 乙을 사살한 경우(甲의 행위와 乙의 사망 간의 인과관계) ⇨ 추월적 인과관계에 있어서 추월당한 원인과 결과의 인과관계라고 생각하면 된다. 즉, 단절적 인과관계란 추월적 인과관계의 이면에 존재하는 인정되지 못하는 인과관계 유형이다. 따라서 단절적 인과관계 내지 인과관계의 단절이론은 인과관계가 없다는 의미이다.

(7) 비유형적 인과관계

① 의의 : 일정한 행위가 결과에 대하여 원인이 되지만, 그 결과에 이르는 과정에 다른 원인이 기여하였거나, 피해자의 잘못 또는 특이체질이 결합한 경우를 말한다. 원인행위와 결과발생 사이에 불순물과 같은 이상한 원인, 즉 전형적이지 못한 원인이 개입된 경우의 원인과 결과 사이의 인과관계를 비유형적 인과관계(또는 비전형적 인과관계)라 하는 것이다.

> **예** 甲이 乙을 살해하려고 권총을 발사하였으나 가벼운 상처만 입혔는데, 乙이 특이체질(혈우병) 환자였기 때문에 사망한 경우(판례 : 인과관계 ○), 병원으로 가는 도중에 교통사고로 사망한 경우(인과관계 ×), 병원에서 의사의 과실로 사망한 경우(인과관계 ○), 병원에서 회복 중에 피해자 자신의 과실에 의한 합병증으로 사망한 경우(인과관계 ○) ⇨ 비유형성의 정도에 따라서 인과관계 여부 내지 객관적 귀속 여부를 판단하면 된다.

② 학 설

㉠ 상당인과관계설(판례) 경찰채용 11 2차 : 비유형성의 정도에 따라 '상당성' 판단이 이루어지고 그 결과에 의한 결과에 대한 미수·기수책임의 판단까지 행해지는 것이 상당인과관계설을 취하는 **판례**의 특징이다. 따라서 행위자 또는 일반인이 인식할 수 없었던 사정에 의해 결과가 발생하였다면, (주관적 또는 절충적 상당인과관계설에 의하여) 인과관계를 부정하게 된다.

㉡ 조건설 내지 수정적(합법칙적) 조건설(다수설) : 일단 인과관계가 인정된다고 보게 된다.[136] 국가9급 08 발생한 결과와 실제 구체적으로 관련되며 결과에 대하여 자연과학적으로 하나의 원인으로 작용하였음은 부정될 수 없기 때문이다. 따라서 위 例들은, 이왕 인과관계는 있으나 발생한 결과로부터 원인으로의 귀속을 고려할 때 귀속원칙(규범의 보호목적)상 객관적 귀속이 부정된다고 보게 된다.

---

[136] 수험을 위한 정리 비유형적 인과관계에 대해서는, (합법칙적) 조건설에 의하면 인과관계가 인정되고, 상당인과관계설에 의하면 인과관계가 부정된다고 정리하는 것이 보통 객관식 문제해결의 요령이다. 이는 조건설과 상당인과관계설의 차이점을 비교하는 지문으로 보면 된다. 다만, 실제에서는 상당인과관계설을 취하더라도 인과관계가 인정되는 경우도 있다. 여하튼, 다수설의 입장(합법칙적 조건설+객관적 귀속이론)과 소수설·판례의 입장(상당인과관계설)은 인과관계의 의미를 바라보는 관점 자체가 서로 다른 것이다.

1. 조건설

(1) 내 용

　조건설(條件說; Bedingungstheorie)에 의하면, 만일 행위(조건)가 없었더라면 그러한 결과도 없었으리라고 생각되는 경우에 그러한 모든 조건을 결과발생의 원인으로 본다. 이를 절대적 제약관계(conditio sine qua non)라 한다. 조건설은 절대적 제약관계에 해당하는 한, 조건의 중요성 여부를 묻지 않으므로 이를 등가설(Äquivalenztheorie)이라고도 한다. 국가9급 08 이는 자연과학에서 쓰이는 인과관계의 개념과 거의 유사한 것으로서, 조건설에 의하면 인과관계의 인정범위를 상당히 폭넓게 보게 된다. 현재 독일과 일본의 **판례**의 입장이기도 하다.

(2) 전통적 조건설의 문제점

　① 택일적(이중적) 인과관계의 경우 : 기술하였듯이 택일적 인과관계란 단독으로 결과발생이 가능한 두 개 이상의 조건(A와 B)이 경합하여 그중 하나(A)가 결과발생의 원인이 되는 경우를 말한다. 이 경우 A에 대하여는, 절대적 제약관계 원칙상 A의 조건이 없었더라도 −B의 조건에 의하여− 결과발생이 확실하므로, 결국 (전통적) 조건설에 의할 경우 (절대적 제약관계에 있지 아니하므로) 인과관계가 부정된다. 이는 타당하지 못한 결론이다.

　　이에 비해, 가정적 대치원인인 B의 행위를 제외하여 실제 발생한 결과와 관련된 원인행위(A)만을 조건으로 보아야 한다는 합법칙적 조건설의 입장에 의할 경우에는 인과관계가 인정된다. 참고로 중첩적(누적적) 인과관계는 위와 달리 절대적 제약관계가 인정되므로 전통적 조건설에 의하여도 인과관계가 인정되는 데 별 문제가 없다.

　② 추월적 인과관계의 경우 : 기술하였듯이 후의 조건이 이전의 조건에 앞서 결과를 발생시킨 경우, 후의 조건과 결과의 인과관계를 추월적 인과관계라 한다. 예를 들어, 甲이 피해자에게 독약을 먹였으나 약효가 일어나기 전에 乙이 피해자를 사살한 경우 乙의 행위와 피해자의 사망과의 관계가 추월적 인과관계의 유형에 해당되는데, 이 경우 전통적 조건설에 의하면 −상식적으로 인과관계를 인정해야 함에도 불구하고− 절대적 제약관계를 인정할 수 없어 이 역시 전통적 조건설의 단점으로 지적된다.

　　이에 비해, 합법칙적 조건설에 의할 때 구체적으로 결과발생과 관련된 행위만을 판단대상으로 삼으면 되므로 인과관계가 인정되어, 乙의 행위는 살인죄의 기수범이 된다(甲의 행위는 살인죄의 미수범). 또한 甲이 丙에게 독약을 먹였으나 약효가 일어나기 전에 乙이 丙을 사살한 경우, 甲의 행위 측면에서 보면 乙의 행위에 의해 丙의 사망과의 인과관계가 단절당한 것이라는 점에서 이를 단절적 인과관계라고 부를 수 있고,[137] 乙의 행위의 부분을 보면 선행한 甲의 행위를 乙의 행위가 추월하여 결과를 발생시켰다는 점에서 이를 추월적 인과관계라고 부를 수 있으므로 결과적으로 甲은 살인미수, 乙은 살인기수의 죄책을 진다.

　③ 인과관계의 무한한 확대(소위 논리적 인과관계) 국가7급 11 : 예를 들어, 甲이 살인의 고의로 총을 乙에게 쏘아 乙이 사망하였다면 甲에게 인과관계(내지 객관적 귀속)가 인정되어 살인기수가 된다는 것은 당연하며, 이를 소위 기본적 인과관계라고 한다. 그런데 전통적 조건설에 의하면, 甲의 어머니가 甲을 출산한 행위가 없었더라면 乙도 사망하지 않았을 것이라는 관계가 인정된다는 점에서 역시 甲의 어머

---

137 다만 단절적 인과관계 개념에 대해서는 비판하는 견해가 보통이다. 해당 부분에서 후술한다.

니의 출산행위와 乙의 사망 간에 인과관계를 인정하게 되는 기이한 결과가 생긴다.

이는 현실의 인과과정에 개입되지 않는 모든 조건들에도 동등한 조건이라는 점을 인정한 등가설적 특징에서 초래되는 불합리한 결과이다. 따라서 전통적 조건설은 수정되어야 하며, 그 이유로 여러 견해들이 인과관계의 판단기준을 제시하고자 노력해 온 것이다.

2. 원인설

조건설의 조건 중에서 특별히 결과발생에 중요한 영향을 준 원인과 단순한 조건을 구별하고, 원인에 해당하는 조건만이 결과발생에 대해 인과관계가 있다고 하는 학설이다.

예 甲, 乙, 丙이 각각 2g, 4g, 3g을 차례로 丁에게 먹여 丁이 사망한 경우 ⇨ 최종조건설에 의하면 丙만 살인기수, 甲과 乙은 살인미수이다. 그리고 최유력조건설 내지 결정적 조건설에 의하면 乙만 살인기수, 甲과 丙은 살인미수가 된다.

3. 인과관계중단론 및 소급금지론

인과관계중단론(Unterbrechung des Kausalzusammenhangs)이란 인과관계진행 중에 타인의 행위나 예기치 못한 우연한 사실이 개입한 경우 행위와 결과 간의 인과관계를 사후적으로 부정하는 이론을 말한다. 소급금지이론도 이와 유사한 내용을 가지고 있다. 그러나 단절적 인과관계라든가 소급금지이론이라는 것은 모두 통설에 의한 비판의 대상이다. 왜냐하면 인과관계는 있으면 있고 없으면 없다는 관계 그 자체이지 도대체 생명 있는 유기체처럼 그것이 진행되다가 단절된다거나 결과가 행위를 찾아 소급된다는 것은 적절치 못한 설명이기 때문이다.

4. 상당인과관계설

(1) 의의 · 내용

① 의의 : 상당인과관계설(相當因果關係說; Adäquanztheorie)이란 사회생활상의 일반적인 생활경험 내지 경험법칙에 비추어 그러한 행위로부터 그러한 결과가 발생하는 것이 상당하다고 인정될 때 그 행위와 결과 사이의 인과관계를 인정하는 견해(판례)이다. 즉, 인과관계의 단계에서 상당성[138] 판단으로 범위를 제한하려는 입장으로서, 인과관계를 원인과 결과 간의 관계로만 이해하지 않고 기수책임을 묻는 귀책(歸責)의 요건으로 이해하는 견해이다.[139]

② 비판 : 상당인과관계설은 **대법원** 판례가 전통적으로 고수하는 입장이지만, 상당성의 개념 자체가 모호하여 피해자의 두개골이 비정상적으로 얇고 뇌수종을 앓고 있어서 사망한 사례에서는 상당인과관계를 부정한 **판례**(대법원 1978.11.28, 78도1961) 국가9급 07 가 있는가 하면, 피해자의 고혈압이나 심장질환, 의사의 수술지연, 잘못된 치료, 지병 등의 경우에는 아래의 **판례** 정리에서 보여주듯이 상당인과관계를 인정하고 있기도 하다.[140] 이외에도 상당인과관계설에 대해서는 인과관계와 객관적 귀속의 문제를 혼동

---

138 상당성(相當性)이란 '고도의 가능성' 즉 '개연성(蓋然性)'을 의미하며, 이는 일정한 행위가 있으면 일정한 결과가 발생할 가능성(可能性; possibility)만 있는 경우에는 인과관계가 인정되지 않고 일정한 결과가 발생한 개연성(probability) 정도는 있어야 인과관계를 인정할 수 있다는 의미라는 해설은 오영근, 162면 참조.

139 우리말에 '인과응보(因果應報)'라는 말이 있다. 이는 종과득과(種瓜得瓜), 복인복과(福因福果), 선악지보(善惡之報), 선인선과(善因善果)라는 말과 같은 의미인데, 불교적으로는 전생에 지은 선악에 따라 현재의 행과 불행이 있고, 현세에서의 선악의 결과에 따라 내세에서 행과 불행이 있는 일이라는 의미이다. 이 말을 형법적으로 생각해보면, '인과'라는 것은 원인과 결과의 관계 즉, 어떤 결과에 대한 원인제공을 하였다면, '응보' 즉 그만한 대가 내지 책임을 받게 된다는 것인데, 기술한 조건설과 후술할 합법칙적 조건설에서는 '인과'를 인과관계의 문제로, '응보'를 객관적 귀속의 문제로 파악하는 데 비하여, 상당인과관계설에서는 '인과응보'를 인과관계의 문제로 이해하는 데 방법론상 차이가 있게 된다.

140 이 점을 지적한 견해로는 김일수 / 서보학, 195면; 손동권, 118면 등.

한 입장, _{국가9급 08} 법관에게 과도한 재량권을 부여하는 입장, 사회구성원에게 보다 예측가능한 판단기준을 제공하지 못하는 입장이라는 등의 비판이 제기되고 있다.

(2) 상당성 판단의 기준

① **주관적 상당인과관계설** : 행위 당시에 행위자가 인식하였거나 인식할 수 있었던 사정을 기초로 하여 상당성을 판단하는 견해이다. 이에 대해서는 상당성 판단의 기초를 행위자가 인식하였거나 인식할 수 있었던 사정에 국한시키면 인과관계가 너무 협소하게 된다는 비판이 있다.

② **객관적 상당인과관계설** : 행위 당시에 존재했던 모든 객관적 사정과 행위 당시에 일반적으로 예측할 수 있었던 모든 사정을 기초로 하여 법관이 상당성을 판단하는 견해이다. 이에 대해서는 모든 객관적 사정을 상당성 판단의 기초로 삼는다는 것은 결국 전통적 조건설과 마찬가지로 인과관계의 인정범위가 지나치게 넓어진다는 비판이 있다.

③ **절충적 상당인과관계설(종전의 다수설 및 현재까지의 판례)** : 행위 당시에 평균적인 일반인이 인식할 수 있었던 사정 및 일반인이 인식할 수 없었던 사정이라도 행위자가 특히 인식하고 있었던 사정을 기초로 하여 상당성을 판단하는 견해이다. 이에 대해서는 위 주관적 상당인과관계설과 마찬가지로 행위자의 인식사정을 가지고 상당성을 판단하면 인과관계가 너무 좁아지며, 주관적 인식에 의하여 객관적 인과관계 판단이 이루어지는 것은 부당하다는 비판이 있다.

(3) 상당인과관계설에 의한 판례 정리[141]

> 🔨 **판례연구** 상당인과관계가 인정된 판례들
>
> **1. 대법원 1966.6.28, 66도758**
> 무면허자를 화약류취급책임자로 선임한 과실 : 업무상 과실치사상죄
> 화약류취급면허 없는 자를 화약류취급책임자로 선임하여 그 책임자의 과실로 인하여 발파작업 중 사상의 사고가 발생한 경우 위 사상과 그 선임자의 과실 사이에는 인과관계가 있다.
>
> **2. 대법원 1982.12.28, 82도2525**
> 자상행위가 다른 원인과 결합하여 사망의 결과를 야기한 경우 인과관계 인정
> 피고인의 자상행위가 피해자를 사망하게 한 직접적 원인은 아니었다 하더라도 이로부터 발생된 다른 간접적 원인이 결합되어 사망의 결과를 발생하게 한 경우라도 그 행위와 사망 간에는 인과관계가 있다고 할 것인 바, 피해자가 부상한 후 1개월이 지난 후에 위 패혈증 등으로 사망하였다 하더라도 그 패혈증이 위 자창으로 인한 과다한 출혈과 상처의 감염 등에 연유한 것인 이상 자상행위와 사망과의 사이에 인과관계의 존재를 부정할 수 없다. _{국가7급 16}
>
> **3. 대법원 1988.11.8, 88도928**
> 피고인의 차량에 치어 반대차선에 넘어진 피해자가 다른 차량에 치어 사망한 경우 : 업무상 과실치사
> 피고인이 운행하던 자동차로 도로를 횡단하던 피해자를 충격하여 피해자로 하여금 반대차선의 1차선상에 넘어지게 하여 피해자가 반대차선을 운행하던 자동차에 역과되어 사망하게 하였다면 피고인은 그와 같은 사고를 충분히 예견할 수 있었고 또한 피고인의 과실과 피해자의 사망 사이에는 인과관계가 있다고 할 것이므로 피고인은 업무상과실치사죄의 죄책을 면할 수 없다. _{국가7급 13}

---

141 여기서는 고의범 및 과실범의 상당인과관계 판례들을 정리한다. 결과적 가중범의 상당인과관계에 대한 판례 정리는 제7장 범죄의 특수한 출현형태론 중 결과적 가중범 부분에서 이루어질 것이다.

4. 대법원 1990.5.22, 90도580

도로교통사고시 최초 과실행위자와 최종적인 사망 사이(인정) : 업무상 과실치사죄

피고인이 야간에 오토바이를 운전하다가 도로를 무단횡단하던 피해자를 충격하여 피해자로 하여금 위 도로상에 전도케 하고, 그로부터 약 40초 내지 60초 후에 다른 사람이 운전하던 타이탄트럭이 도로 위에 전도되어 있던 피해자를 역과하여 사망케 한 경우, 피고인의 과실행위는 피해자의 사망에 대한 직접적 원인을 이루는 것이어서 양자 간에는 상당인과관계가 있다. 국가9급 07 / 법원행시 07 / 경찰간부 14 / 사시 14 / 사시 15 / 국가7급 16

유사판례 선행차량에 이어 피고인 운전 차량이 피해자를 연속하여 역과하는 과정에서 피해자가 사망한 경우, 역과와 사망 사이의 인과관계가 인정된다(대법원 2001.12.11, 2001도5005). 법원행시 06 / 국가9급 10 / 경찰간부 11 / 국가9급 12 / 경찰승진 14 / 국가7급 14 / 경찰승진 15

비교판례 역과 판례 중 업무상 과실 부정 판례 : 중앙선을 넘어 반대차선에 떨어진 경우 ① 오토바이가 도로에 박힌 돌에 충돌하면서 운전자가 튕겨져 반대차선으로 넘어진 것을 반대차선 차량 운전자가 역과한 경우에는 업무상 과실치사죄가 성립하지 않는다(대법원 1984.7.10, 84도813). ② 중앙선상에 서 있던 자가 뒷걸음질치다가 차에 충격되어 갑자기 자신의 차량 앞으로 떨어진 자를 충격한 경우 업무상 과실이 부정된다(대법원 1987.9.22, 87도516).

5. 대법원 1990.12.13, 90도2106

헹가래 사례 : 과실치사죄의 공동정범

바다에 면한 위험한 곳에서 피해자와 같은 내무반원인 피고인 등 여러 사람이 곧 전역할 병사 甲을 손발을 붙잡아 헹가래를 쳐서 장난삼아 바다에 빠뜨리려고 하다가 그가 발버둥치자 동인의 발을 붙잡고 있던 피해자가 몸의 중심을 잃고 미끄러지면서 바다에 빠져 사망한 경우, 甲을 헹가래쳐서 바다에 빠뜨리려고 한 행위와 피해자가 바다에 빠져 사망한 결과와의 사이에는 인과관계가 있다고 할 것이고, 또 위와 같은 경우 결과발생에 관한 예견가능성도 있다.

6. 대법원 1991.2.12, 90도2547

병명을 가르쳐주지 않은 의사의 과실과 연탄가스 중독 : 업무상 과실치상죄

일산화탄소에 중독되어 병원에서 회복된 환자가 의사에게 자신의 병명을 물었으나 이에 응답하지 아니하고 아무런 요양방법을 지도하여 주지 아니하여 환자가 병명도 모른 채 중독된 방에서 다시 잠을 자다가 재차 중독되었다면 의사의 과실과 일산화탄소 중독 사이에는 인과관계가 인정된다. 국가9급 07 / 법원행시 09 / 국가9급 10 / 사시 15 / 경찰간부 18

7. 대법원 1994.3.22, 93도3612

자상(刺傷)피해자의 음식물(김밥·콜라)섭취에 의한 합병증(인정) : 살인기수죄

살인의 실행행위가 피해자의 사망이라는 결과를 발생하게 한 유일한 원인이거나 직접적인 원인이어야만 되는 것은 아니므로, 살인의 실행행위와 피해자의 사망 사이에 다른 사실이 개재되어 그 사실이 치사의 직접적인 원인이 되었다고 하더라도, 그와 같은 사실이 통상 예견할 수 있는 것에 지나지 않는다면 인과관계가 있는 것으로 보아야 한다. 법원행시 08 / 경찰채용 11 2차 / 법원행시 11 / 경찰간부 12 / 국가7급 13 / 법원9급 13 / 경찰승진 14 / 사시 15 / 변호사 18 / 경찰채용 18 2차

8. 대법원 1995.9.15, 95도906

현장감독 공무원의 감독의무 위반과 붕괴사고로 인한 치사상의 결과 사이 : 업무상 과실치사상죄

공사감독관이 건축공사가 불법하도급되어 무자격자에 의하여 시공되고 있는 점을 알고도 이를 묵인하였거나 그와 같은 사정을 쉽게 적발할 수가 있었음에도 직무상의 의무를 태만히 하여 무자격자로 하여금 공사를 계속하게 함으로써 붕괴사고 등의 재해가 발생한 경우, 공사감독관의 그와 같은 직무상의 의무 위반과 붕괴사고 등의 재해로 인한 치사상의 결과 사이에 상당인과관계가 있다.

9. 대법원 1996.9.24, 95도245

전원 전 진료담당의사의 과실의 인과관계 문제

일반외과 전문의인 피고인이 피해자의 후복막 전체에 형성된 혈종을 발견한 지 14일이 지나도록 전산화단층촬영 등 후복막 내의 장기 손상이나 농양 형성 여부를 확인하기에 적절한 진단방법을 시행하지 않았고, 피해자가 다른

병원으로 전원할 당시 이미 후복막에 농양이 광범위하게 형성되어 장기 등 조직의 괴사로 이미 회복하기 어려운 상태에 빠져 있었다면, 피해자가 다른 병원으로 전원하여 진료를 받던 중 사망하였다는 사실 때문에 인과관계가 단절된다고 볼 수는 없다.

10. 대법원 1996.12.20, 96도2030

미등과 차폭등을 켜지 않은 채 주차한 사례 : 업무상 과실치사죄

야간에 2차선의 굽은 도로 상에 미등과 차폭등을 켜지 않은 채 화물차를 주차시켜 놓음으로써 오토바이가 추돌하여 그 운전자가 사망한 경우, 주차행위와 사고발생 사이에 인과관계가 있다. 국가9급 07 / 국가7급 13 / 경찰채용 15 2차

11. 대법원 1997.1.24, 96도776

건설기술자 현장배치의무 위반과 가스폭발사고 사이 : 업무상 과실치사상죄 및 업무상 과실폭발물파열죄

건설업자가 건설업법 소정의 건설기술자를 현장에 배치할 의무를 위반하여 건설기술자조차 현장에 배치하지 아니한 과실은 공사현장 인접 소방도로의 지반침하 방지를 위한 그라우팅공사 과정에서 발생한 가스폭발사고와 상당한 인과관계가 있다.

12. 대법원 2001.6.1, 99도5086

가스설비의 휴즈 콕크의 제거와 가스폭발사고 사이의 상당인과관계 ○ : 과실폭발성물건파열죄

임차인이 자신의 비용으로 설치·사용하던 가스설비의 휴즈 콕크를 아무런 조치없이 제거하고 이사를 간 후 가스공급을 개별적으로 차단할 수 있는 주밸브가 열려져 가스가 유입되어 폭발사고가 발생한 경우, 주밸브가 열리는 경우 유입되는 가스를 막을 아무런 안전장치가 없어 가스 유출로 인한 대형사고의 가능성이 있다는 것은 평균인의 관점에서 객관적으로 볼 때 충분히 예견할 수 있기 때문에 임차인의 과실과 가스폭발사고 사이의 상당인과관계는 인정된다. 국가9급 12 / 사시 13 / 경찰채용 14 1차 / 경찰채용 15 2차 / 경찰간부 18

★ 판례연구 상당인과관계가 부정된 판례들

1. 대법원 1970.9.22, 70도1526

삼륜차의 한쪽 뒷바퀴를 구둣발로 찬 사례 : 중과실치상죄 부정 : 무죄

완전한 제동장치를 아니하고 화물(3톤)을 적재한 채 단지 양쪽 뒷바퀴에 받침돌만 괴어 경사진 포장도로상에 세워 둔 삼륜차의 한쪽 뒷바퀴를 구둣발로 찬 행위와 그 삼륜차의 후진으로 인한 사고발생 간에는 특별한 사정이 없는 한 인과관계를 인정할 수 없다.

2. 대법원 1971.9.28, 71도1082

운전사가 시동을 끄고 열쇠는 꽂아둔 채 하차한 동안 조수가 운전 : 업무상 과실치사상죄 부정 : 무죄

운전사가 시동을 끄고 시동열쇠는 꽂아둔 채로 하차한 동안에 조수가 이를 운전하다가 사고를 냈다면, 시동열쇠를 꽂아둔 행위와 조수의 운전으로 인한 사고 사이에는 인과관계가 없다. 법원행시 05 / 경찰간부 11 / 법원9급 13

비교판례 1단 기어를 넣고 시동열쇠를 끼워놓은 채 11세 남짓한 어린이를 두고 차에서 떠난 경우 : 운전자가 차를 세워 시동을 끄고 1단 기어가 들어가 있는 상태에서 시동열쇠를 끼워놓은 채 11세 남짓한 어린이를 조수석에 남겨두고 차에서 내려온 동안 동인이 시동열쇠를 돌리며 액셀러레이터 페달을 밟아 차량이 진행하여 사고가 발생한 경우, 사고를 미리 막을 수 있는 제반조치를 게을리 한 과실은 사고결과와 인과관계가 있다고 볼 수 있다(대법원 1986.7.8, 86도1048). 경찰승진 13 / 경찰채용 14 1차 / 사시 16

3. 대법원 1981.9.8, 81도53

화약고 열쇠를 맡긴 사례 : 형법상 무죄

탄광덕대인 피고인이 화약류취급책임자면허가 없는 甲에게 화약고 열쇠를 맡겼는데, 甲이 경찰관의 화약고검열에 대비하여 임의로 화약고에서 뇌관, 폭약 등을 꺼내어 노무자 숙소 아궁이에 감추었고, 이 사실을 모르는 자가 아궁이에 불을 때다 폭발물에 인화되어 폭발위력으로 사람을 사상에 이르게 한 경우, 피고인이 甲에게 열쇠를 보관시킨 행위와 사고발생 간에는 인과관계가 있다고 할 수 없다.

4. 대법원 1983.8.23, 82도3222

안전거리 미준수와 추돌사고 : 형법상 무죄

피고인 운전 택시가 정차하였음에도 뒤쫓아 오던 택시가 충돌하는 바람에 앞의 차를 추돌한 경우, 설사 피고인에게 안전거리를 준수하지 아니한 위법이 있어도 인과관계가 있다고 할 수 없다.

5. 대법원 1984.4.10, 83도3365

작업반장이 현장소장의 작업중단지시를 무시하고 작업을 지시함으로써 발생한 사고 사례

배관공사 작업공정의 일부인 터파기작업을 함에 있어 현장소장인 피고인이 구덩이의 흙벽이 마사이고 전날 밤의 비로 붕괴의 위험이 있음을 엿보고 현장기사를 시켜 작업반장에게 구덩이 안의 작업을 중단할 것을 지시까지 하였으나 작업반장이 피고인의 지시를 무시하고 피해자 등에게 작업을 지시한 결과, 작업하던 피해자가 흙벽이 붕괴되어 흙에 묻히는 사고가 발생하였다면 위 붕괴사고는 피고인의 과실에 인한 것이라고 볼 수 없다.

6. 대법원 1987.4.28, 87도297

하도급을 준 경우 도급인의 감독하지 않은 과실 : 산림실화죄 불성립

초지조성공사를 도급받은 수급인이 산불작업의 하도급을 준 이후 그 작업을 감독하지 않은 과실과 하수급인의 과실로 인한 산림실화 사이에는 상당인과관계가 없다. 법원행시 05 / 경찰간부 11 / 경찰채용 15 2차 / 국가7급 16 / 경찰채용 18 2차

7. 대법원 1990.12.11, 90도694

할로테인 마취 사례 : 무죄(합법적 대체행위 이론이 표현되고 있음)

혈청에 의한 간기능검사를 시행하지 않거나 이를 확인하지 않은 피고인들의 과실과 피해자의 사망 간에 인과관계가 있다고 하려면 피고인들이 수술 전에 피해자에 대한 간기능검사를 하였더라면 피해자가 사망하지 않았을 것임이 입증되어야 할 것이다(수술 전에 피해자에 대하여 혈청에 의한 간기능검사를 하였더라면 피해자의 간기능에 이상이 있었다는 검사결과가 나왔어야 함). 사시 10 / 국가9급 16

8. 대법원 1991.2.26, 90도2856

중앙선침범과 S자 사례

피고인 甲이 트럭을 도로의 중앙선 위에 왼쪽 바깥바퀴가 걸친 상태로 운행하던 중 피해자가 승용차를 운전하여 피고인이 진행하던 차선으로 달려오다가 급히 자기 차선으로 들어가면서 피고인이 운전하던 트럭과 교행할 무렵 다시 피고인의 차선으로 들어와 그 차량의 왼쪽 앞부분으로 트럭의 왼쪽 뒷바퀴 부분을 스치듯이 충돌하고 이어서 트럭을 바짝 뒤따라가던 차량을 들이받았다면, 설사 피고인이 중앙선 위를 달리지 아니하고 정상차선으로 달렸다 하더라도 사고는 피할 수 없다 할 것이므로 피고인이 트럭의 왼쪽 바퀴를 중앙선 위에 올려 놓은 상태에서 운전한 것만으로는 사고의 직접적인 원인이 되었다고 할 수 없다.

▶ 다수설에 의하면 '적법한 대체행위의 이론'에 의하여 객관적 귀속을 부정할 수 있다.

9. 대법원 1993.1.15, 92도2579

신뢰의 원칙 및 과속운전과 상대방의 중앙선침범에 의한 사고(삼거리 사례) : 형법상 무죄

신호등에 의하여 교통정리가 행하여지고 있는 'ㅏ'자형 삼거리의 교차로를 녹색등화에 따라 직진하는 차량의 운전자는 대향차선 위의 다른 차량이 신호를 위반하고 직진하는 자기 차량의 앞을 가로질러 좌회전할 경우까지 예상하여 그에 따른 사고발생을 미리 방지하기 위한 특별한 조치까지 강구하여야 할 업무상의 주의의무는 없고, 직진차량 운전자가 사고지점을 통과할 무렵 제한속도를 위반하여 과속운전한 잘못이 있었다 하더라도 상당인과관계가 있다고 볼 수 없다. 법원행시 06 / 법원9급 12 / 국가7급 16

10. 대법원 1996.11.8, 95도2710

농배양을 하지 않은 사례

치과의사인 피고인이 농배양을 하지 않은 과실이 피해자의 사망에 기여한 인과관계 있는 과실이 된다고 하려면, 농배양을 하였더라면 피고인이 투약해 온 항생제와 다른 어떤 항생제를 사용하게 되었을 것이라거나 어떤 다른 조치를 취할 수 있었을 것이고, 따라서 피해자가 사망하지 않았을 것이라는 점[142]을 심리·판단하여야 한다.

---

142 여기에서 후술하는 객관적 귀속의 기준인 주의의무위반관련성의 적법한 대체행위의 이론이 표현되고 있다.

11. 대법원 1998.9.22, 98도1854

2차선의 접속도로 운행차량이 갑자기 금지된 좌회전을 함으로써 발생한 교통사고 사례

운전자가 제한속도를 지키며 진행하였더라면 피해자가 좌회전하여 진입하는 것을 발견한 후에 충돌을 피할 수 있었다는 등의 사정이 없는 한 운전자가 제한속도를 초과하여 과속으로 진행한 잘못이 있다 하더라도 그러한 잘못과 교통사고의 발생 사이에 상당인과관계가 있다고 볼 수는 없다. 경찰간부 16

12. 대법원 2000.6.27, 2000도1155

차용인의 기망과 체계적 신용조사를 행하는 금융기관의 대출과의 인과관계를 부정한 사례

전문적으로 대출을 취급하면서 차용인에 대한 체계적인 신용조사를 행하는 금융기관이 금원을 대출한 경우에는 비록 대출 신청 당시 차용인에게 변제기 안에 대출금을 변제할 능력이 없었고, 자체 신용조사 결과에는 관계없이 "변제기 안에 대출금을 변제하겠다."는 취지의 차용인의 말만을 그대로 믿고 대출을 하였다 하더라도, 금융대출을 위한 차용인의 기망행위와 금융기관의 대출행위 사이에 인과관계를 인정할 수 없다. 변호사 18 / 경찰채용 18 2차

13. 대법원 2007.10.26, 2005도8822

선행 교통사고와 후행 교통사고 중 인과관계가 판명되지 않은 경우

선행 교통사고와 후행 교통사고 중 어느 쪽이 원인이 되어 피해자가 사망에 이르게 되었는지 밝혀지지 않은 경우 후행 교통사고를 일으킨 사람의 과실과 피해자의 사망 사이에 인과관계가 인정되기 위해서는 후행 교통사고를 일으킨 사람이 주의의무를 게을리하지 않았다면 피해자가 사망에 이르지 않았을 것이라는 사실이 증명되어야 하고, 그 증명책임은 검사에게 있다. 법원행시 08 / 경찰승진 13 / 경찰승진 14 / 법원9급 15

> **보충** 종래의 소위 역과시 상당인과관계를 인정한 판례들과는 달리, 후행 교통사고자의 과실과 피해자의 사망 사이에 인과관계를 인정하지 않았고, 과실범의 공동정범에 관한 행위공동설의 입장을 적용하지 않았으며, 과실범(업무상 과실치사죄)에 대하여 제263조의 동시범의 특례도 적용하지 않은 판례이다.

14. 대법원 2010.1.14, 2009도9812

110m 간격을 두고 고속도로 갓길에서 3차로로 진입한 사례

피고인(화물차 운전자)이 고속도로 3차로를 진행하던 중 갓길에 잠시 정차하였다가 다시 도로로 진입하게 되면서 110m 후방에서 진행 중인 피해자 차량이 피고인 차량을 충격하여 피해자가 복부장기손상 등으로 사망한 경우, 피해자 차량의 운전자로서는 제동장치 또는 조향장치를 적절히 조작하여 위와 같이 3차로로 진입하는 피고인 차량을 충분히 충격하지 않을 수 있을 것으로 보인다.

15. 대법원 2011.4.14, 2010도10104

한의사 봉침 사건 : 상당인과관계 부정례

한의사인 피고인이 피해자에게 문진하여 과거 봉침(蜂針)을 맞고도 별다른 이상반응이 없었다는 답변을 듣고 알레르기 반응검사를 생략한 채 환부에 봉침시술을 하였는데, 피해자가 위 시술 직후 쇼크반응을 나타내는 등 상해를 입은 경우, 피고인이 알레르기 반응검사를 하지 않은 과실과 피해자의 상해 사이에 상당인과관계를 인정하기 어렵다(또한 설명의무 위반과 상해 사이에도 상당인과관계가 인정되지 않는다). 경찰간부 12 / 경찰채용 13 1차 / 사시 13 / 국가9급 15

5. 중요설

중요설(重要說, Relevanztheorie)은 자연과학적 인과성과 법적 책임의 문제를 구별하여 인과적 관련성을 규명할 때에는 조건설에 의하고, 결과귀속에 있어서는 개개의 중요성에 따라 판단한다는 견해이다. 이에 관하여 인과관계에 대해서는 조건설에 대한 비판이, 결과귀속에 대해서는 구체적인 귀속기준이 제시되지 못하였다는 비판이 제기되고 있다.

6. 합법칙적 조건설

(1) 의 의

합법칙적 조건설(合法則的 條件說, Die Lehre Von der gesetzmässigen Bedingung)은 등가설적 조건설을 수정하여 행위와 합법칙적(gesetzmassig) 연관이 있는 결과만이 인과관계가 있다고 보는 견해이다(다수설). 즉 행위와 결과 사이에 일상적·자연적 경험법칙에 부합하는(관련되는) 조건만을 전제하고 이러한 행위가 실재하고 있었기 때문에 그러한 결과가 있었다는 관계를 인과관계의 기준으로 이해하는 입장이다. 이는 조건설의 등가설적 관점의 단점을 보완하는 견해로서 학계의 다수설로서, 전통적 조건설에 의할 때 인과관계가 지나치게 확장되는 점, 추월적·택일적 인과관계를 설명하지 못하는 점, 부작위범에 있어서 인과관계를 설명하는 데 드러나는 난점을 보완해낼 수 있다.

(2) 비 판

합법칙적 조건설에 대해서는 자연적 경험법칙적 연관성이라는 개념 자체도 역시 모호한 것이 아닌가라는 비판이 -주로 상당인과관계설에 의해- 제기되고 있다.

(3) 객관적 귀속이론과의 결합

(합법칙적) 조건설에 의할 때, 인과관계의 문제는 자연과학적 관점에서 행위로부터 결과가 발생하였는가를 판단하는 데 불과하므로, 이는 결과를 행위의 탓으로 돌리는 것이 옳은가라는 규범적 문제인 객관적 귀속의 판단을 위한 전제에 불과하다. 따라서 결과귀속에 의한 기수판단을 하기 위한 별도의 기준이 필요하게 되는데 이것이 바로 객관적 귀속이론이다.

---

03   객관적 귀속이론

1. 서 설

(1) 개 념

자연과학적 인과관계가 인정되는 결과를 행위자의 행위에 객관적으로 귀속시킬 수 있는가를 확정하는 이론이다. 예를 들어 합법칙적 조건설(합법칙적 조건 × ⇨ 결과 ×, 인과관계 ○)에 의하여 인과관계가 인정된 결과를 행위자의 행위의 탓으로 볼 수 있는가를 심사하여 구체적인 결과책임(기수)을 인정할 수 있는가(결과⇨ 행위의 탓)를 정하는 이론을 말한다(따라서 상당인과관계설에서는 객관적 귀속론을 굳이 필요로 하지 않게 된다). 경찰채용 11 2차 보다 실천적으로는 객관적 귀속론은 객관적 구성요건단계에서 행위자에의 법적인 결과귀속을 부인할 수 있는 근거를 도출해내는 데 목표가 있다. 국가9급 08

(2) 성 격

객관적 귀속이란 인과관계가 있는가라는 존재론적 문제가 아니라, 그 결과가 정당한 처벌이라는 관점에서 행위자에게 객관적으로 귀속될 수 있느냐라는 법적·규범적 문제에 속한다. 실체적으로 객관적 귀속관계가 존재하는 경우에는 기수가 되며, 객관적 귀속관계가 부존재하는 경우에는 무죄 또는 미수가 된다.

(3) 객관적 귀속의 기준(척도)

어느 행위가 객관적 귀속이 가능하기 위해서는 우선 구성요건상의 보호법익에 대한 위험을 창출하였어야 하며, 이러한 위험이 구성요건적 결과로서 실현되었어야 한다. 그러므로 객관적 귀속의 척도는 위험의 창출과 위험의 실현으로 나누어 볼 수 있다.

2. 위험의 창출

(1) 구성요건적 결과의 객관적 지배가능성(회피가능성)의 원칙

행위자가 객관적으로 지배가능한(Erreichbarkeit) 위험 또는 회피가능한(Abwendbarkeit) 위험만이 객관적으로 귀속된다.

예 고용주가 피고용인을 뇌우시에 밖에서 일하게 하여 피고용인이 고용인의 바람대로 낙뢰로 사망한 경우 ⇨ 무죄

(2) 위험감소의 원칙

위험의 정도를 감소시킨 위험의 감소는 객관적 귀속이 부정된다. 사시 12

예 타인의 머리 위에 치명적인 타격이 가해지는 급박한 순간 그를 밀쳐서 치명상은 면하게 했으나 어깨에 부상을 입게 한 경우 ⇨ 무죄(∵ 아예 상해행위로도 볼 수 없기 때문)

(3) 위험증대설

① 내용 : 위험증대설(Risikoerhöhungstheorie)이란 행위자의 행태가 위험의 증대를 야기한 경우에는 그 결과가 비록 합법적인(결함 없는) 행태 하에서라도 불가피하게 발생했을 것이라고 예상하는 경우라 할지라도 그 결과는 행위에 객관적으로 귀속된다는 견해이다(Roxin).

② 비판 : 위험증대설(위법행위로 인하여 위험이 증대된 점만 인정된다면 결과는 위법행위로 귀속될 수 있다는 이론)을 고수하는 경우에는 소위 적법한 대체행위의 이론(위법행위와 결과의 인과관계는 인정되나, 이를 적법행위로 대체한 경우에도 결과는 동일하게 발생할 것임이 증명되거나 의심되는 경우에는 이러한 결과는 위법행위로 귀속될 수 없다는 이론)의 결론과 상충하게 된다. 즉, 위험증대설은 '의심스러운 때에는 피고인의 이익으로(in dubio pro reo)'의 법리를 제한하고 침해범을 구체적 위험범으로 변질시킬 위험이 있다.

3. 위험의 실현

(1) 위험의 상당한 실현의 원칙

① 피해자의 특이체질로 인하여 결과가 발생한 경우 : 위험이 상당히 실현된 것으로 보아 객관적 귀속이 인정된다.

예 심장질환자를 '심하게 폭행'하여 사망 ⇨ 폭행치사죄

② 폭행의 정도가 객관적으로 사망의 결과를 예견할 수 없는 때 : 객관적 예견가능성이 없는 결과이기 때문에 귀속되지 아니한다.

예 고혈압환자인 줄 모르고 '경미한 폭행'을 하여 상해에 이른 경우 ⇨ 폭행죄(폭행치상죄 ×)

(2) 규범의 보호목적관련성

규범의 보호목적관련성(내지 규범의 보호목적범위이론 또는 규범의 보호목적)이라 함은 위험이 행위자가 주의의무를 위반한 결과에서 초래되어야 하고, 또한 위험실현의 결과가 침해된 당해 규범의 보호목적범위 내에 해당하여야 한다는 것을 말한다. 규범의 보호목적관련성에서 제시되는 귀속척도는 ① 고의적인 자손행위의 관여, ② 양해 있는 피해자에 대한 가해행위, ③ 타인의 책임영역에 속하는 행위(이러한 경우들에는 규범의 보호목적관련성 부정)로 정리될 수 있다. 구체적으로 결과적 가중범(제15조 제2항)의 성립요건 판단에 있어 고의의 기본범죄로 인하여 직접적으로 결과가 발생하였다는 요건(소위 직접성의 원칙)은 보통 규범의 보호목적관련성의 의미를 가진다고 이해된다.

예 살인미수로 부상당한 자가 병원에 옮겨져 치료를 받던 중 다른 병에 걸려 사망한 경우 ⇨ 그 사망의 결과가 행위를 통하여 침해되는 규범(살인죄)의 보호영역 밖에서 발생된 것이므로 객관적 귀속이 부정된다. 또한 전술한 삼거리 교차로 사례(대법원 1993.1.15, 92도2579)도 객관적 귀속이론 중 규범의 보호범위이론으로 설명될 수 있다.

(3) 주의의무위반관련성(적법한 대체행위)

주의의무를 다하여 행동하였더라도(합법적 대체행위가 있었더라도) 법익침해의 결과가 발생하였으리라고 예상될 때에는 주의의무위반관련성(Pflichtwidrigkeitszusammenhang)이 없다고 보아서 객관적 귀속이 부정된다는 객관적 귀속의 이론이다. 나아가, 주의의무를 준수하여 행위한 경우에는 결과가 발생할지 하지 않을지 확실치 않은 경우에도, '의심스러운 때에는 피고인의 이익으로'(in dubio pro reo)의 원칙에 의하여 객관적 귀속이 부정된다(위험증대설의 입장과 대립하는 이론이다).

예컨대, 중앙선 일부침범이 사고발생과 상당인과관계가 있는가에 대하여 **판례**는(한편 다수설은 주의의무위반관련성이 있는가를 심사할 것임), "피고인이 중앙선 위를 달리지 아니하고 정상차선으로 달렸다 하더라도"(주의의무위반이 없었다 하더라도 ; 적법한 행위로 대체된다 하더라도) 사고는 피할 수 없다 할 것이므로, 피고인이 트럭의 왼쪽 바퀴를 중앙선 위에 올려놓은 상태에서 운전한 것만으로는 사고의 직접적인 원인이 되었다고 할 수 없다고 판시하고 있다(대법원 1991.2.26, 90도2856).

04 　 형법 제17조의 해석

(1) 어떤 행위라도 죄의 요소되는 위험발생에 연결되지 아니한 때에는

객관적 귀속이 부정된다면(판례 : 일반인의 경험칙상 상당인과관계가 부정된다면)

(2) 어떤 행위라도 … 그 결과로 인하여

(합법칙적 조건설 내지 수정된 조건설에 의한) 인과관계가 인정된다고 하여도(판례 : 결과가 발생한 경우)

(3) 벌하지 아니한다

(기수범의) 객관적 구성요건해당성이 조각된다(미수 내지 무죄). 구체적으로 ㉠ 살인죄·상해죄와 같은 고의·기수범에 있어서는 고의·미수범이 되고, 국가7급 11 ㉡ 업무상 과실치사상죄와 같은 과실범에 있어서는 —과실범의 미수는 있을 수 없으므로— 무죄가 되며, 경찰승진 10 / 국가7급 11 / 경찰승진 13 ㉢ 상해치사죄·강간치사상죄와 같은 결과적 가중범에 있어서는 상해죄·강간죄와 같은 고의의 기본범죄만 성립하게 되는 것이다.

제4절 │ 고 의

제13조 【고 의】 죄의 성립요소인 사실을 인식하지 못한 행위는 벌하지 아니한다. 다만, 법률에 특별한 규정이 있는 경우에는 예외로 한다. 〈개정 2020.12.8.〉

01 고의의 의의

고의(故意)라 함은 객관적 구성요건요소에 관한 인식(구성요건실현에 관한 인식)과 구성요건실현을 위한 의사(의욕)를 의미한다(Wissen und Wollen der Tatbestandsver wirklichung. 제13조의 제명은 '범의'였으나 2020.12.8. 우리말 순화 개정으로 '고의'로 변경되었음, 이러한 제13조는 '인식'이라고만 규정하고 있는데 이는 '인식과 의사(의욕)'의 의미로 새겨야 함. 고의에 관한 규정은 제13조 및 제15조 제1항 참조). 고의가 인정되지 않은 경우 원칙적으로 처벌되지 않으며 형법 제13조 단서에 의하여 과실범처벌규정이 있는 경우 예외적으로 과실범으로 처벌될 수 있을 뿐이다.

▶ 형법은 고의책임을 원칙, 과실책임을 예외로 한다.

02 고의의 체계적 지위

표정리 고의의 체계적 지위에 관한 학설 비교

책임요소설 (고전적 범죄체계 인과적 행위론, 순수한 결과반가치론, 심리적 책임론)	벨링에 의한 고전적 범죄체계에 의하면, 구성요건은 철저히 형식적·가치중립적·객관적인 것이므로, 객관적인 것은 구성요건에서 주관적(심리적)인 것은 책임에서 다루게 되어, 구성요건에서는 결과의 발생 및 과실과 결과 간의 인과관계만 따지고, 고의는 다른 주관적 요소들과 함께 철저히 책임요소(책임형식 내지 책임조건)로 파악되었다.[143] 경찰승진 11
구성요건요소설 (목적적 범죄체계, 목적적 행위론, 인적 불법론, 순수한 규범적 책임론)	목적적 행위론의 행위반가치론에 의하면, 고의범의 본질은 결과가 아니라 바로 고의로 범죄를 행하였다는 행위의 방식에 있고, 행위자의 의무위반이 불법의 핵심요소라는 인적 불법론에 의해 고의는 불법요소 즉, 구성요건의 중심요소가 된다고 본다. 고의가 구성요건요소라는 것은 일단 타당하며 이는 목적적 범죄체계론의 공적이다.
이중기능설 (이중적 지위설, 합일태적 범죄체계, 사회적 행위론, 이원적·인적 불법론, 합일태적 책임론)	고의개념의 이중기능(Doppelfunktion)을 인정하는 것이 통설이다. 즉 고의는, '구성요건(내지 불법)'의 단계에서는 행위의 방향을 정하는 요소로서 행위자가 의무를 위반하여 범행을 한다는 의사를 가졌다는 '행위반가치' 및 인적 불법의 심사대상이 되고(구성요건적 고의), '책임'의 단계에서는 행위자에 대한 비난가능성을 정하는 요소로서 비난받을 만한 의사를 결정하였다는 '심정반가치'의 심사대상이 된다(책임고의).[144]

---

143 정영석, 175면.
144 보충 심정반가치로서의 책임고의에 대해서는 후술하는 제4장 책임론 중 제4절 법률의 착오의 위법성조각사유의 전제사실에 관한 착오에 대한 해결에 있어서 법효과제한적 책임설 참조.

03 | 고의의 본질

1. 인식설

인식설 또는 표상설(Vorstellungstheorie)은, 고의는 구성요건에 해당하는 객관적 사실에 대한 심리적 인식만 있으면 성립하고, 구성요건적 결과발생을 희망·의욕할 필요가 없다는 견해로서, 가능성설이나 개연성설이 여기에 속한다(고의의 知的 요소 강조).

> **비판** 인식 있는 과실이 고의에 포함된다. ⇨ 고의의 범위가 부당하게 확대

2. 의사설

의사설(Willenstheorie) 또는 희망설은 고의는 객관적 구성요건요소에 대한 인식만으로는 부족하고, 구성요건적 결과발생을 희망·의욕하는 의지적 요소가 있어야 한다는 견해이다(고의의 意志的 요소 강조).

> **비판** 결과발생을 의욕하지 아니한 미필적 고의를 고의의 범위에서 제외한다. ⇨ 고의의 범위가 부당하게 축소

3. **절충설**(인용설·무관심설·감수설)

고의가 인정되기 위해서는 객관적 구성요건요소에 대한 '인식'이 있어야 한다. 따라서 '인식' 자체가 없다면 고의는 인정될 수 없다.[145] 다만 인식만으로는 부족하다는 점에서 인식설을 따를 수 없고, 그렇다고 의욕이나 희망까지 요구되는 것은 아니라는 점에서 의사설을 취할 수도 없다. 따라서 행위자가 객관적 구성요건요소에 대한 인식을 가지고 있다는 전제에서, 결과가 발생해도 괜찮다고 받아들이는 인용(내지 할 수 없다고 생각하는 '감수'나 '무관심')이 있었던 경우에는 고의가 인정되고, 이것이 없는 경우에는 고의가 부정되어 과실에 불과하게 된다는 (인식설과 의사설의 중간 정도의) 절충설이 등장하게 된다(통설·판례[146]). 국가9급 11 / 경찰채용 16 1차 결론적으로 고의는 지적 요소와 의지적 요소의 통합으로 보아야 한다는 점에서 절충설이 타당하다.

04 | 고의의 대상

고의는 모든 객관적 구성요건요소에 대한 인식과 의사이다. 그러므로 객관적 구성요건요소(죄를 구성하는 사실)가 아닌 것은 고의의 대상이 아니다. 따라서 '피고인이 본가의 소유물로 오신하여 이를 절취'하였다 할지라도 그 오신은 형의 면제사유(친족상도례)에 관한 것으로서 이에 범죄의 구성요건 사실에 관한 형법 제15조

---

145 사례 : 버린 빵인 줄 알고 가져온 사례 甲은 평소 동네 乙의 S제과회사 대리점에서 부패되어 도로상에 쌓아두거나 쓰레기통에 버린 빵을 가져와 개먹이로 써왔는데, 어느날 밤 甲은 乙의 종업원들이 유통기간이 지난 빵을 바꿔오기 위하여 가게문 앞에 쌓아 놓았기에 버린 것인 줄 알고 가져왔다. 甲의 죄책은? 판례 자정 가까운 시간에 점포를 닫으면서 제조연월일이 오래된 빵을 별다른 감수조치를 취함이 없이 점포 밖에 방치하였다면 **외관상 피해자가 그 소유를 포기한 물품으로 오인될 수도 있고,** 이러한 경우에 그 빵을 가져간 행위는 절도의 犯意를 인정하기 어려운 경우가 있을 것이므로 원심으로서는 빵이 쌓여 있던 위치와 감수조치의 유무 및 종전에도 피해자가 부패된 빵을 점포 앞에 방치해 둔 사례가 있었는지 여부 등을 더 심리해 보아 부패하여 버린 빵으로 오인했다는 피고인 주장의 당부를 가렸어야 할 것이다(대법원 1984.12.11, 84도2002). 보충 타인의 재물을 절취한다는 인식조차 없는 경우이므로 절도죄의 고의가 부정된다. 과실절도는 처벌규정도 없다. 해결 무죄
유사판례 절도의 범의는 타인의 점유하에 있는 타인소유물을 그 의사에 반하여 자기 또는 제3자의 점유하에 이전하는 데에 대한 인식을 말하므로, 피고인(고물행상)이 타인(슈퍼마켓 주인)이 그 소유권을 포기하고 버린 물건(빈 두부상자)으로 오인하여 이를 취득하였다면 이와 같이 오인하는 데에 정당한 이유가 인정되는 한 절도의 범의를 인정할 수 없다(대법원 1989.1.17, 88도971).
146 판례 : 절충설 중 인용설 미필적 고의라 함은 결과의 발생이 불확실한 경우, 즉 행위자에 있어서 결과발생에 대한 확실한 예견은 없으나 그 가능성은 인정하는 것으로서, 이러한 미필적 고의가 있었다고 하려면 **결과발생의 가능성에 대한 인식이 있음은 물론 나아가 결과발생을 용인하는 내심의 의사가 있음을 요한다**(대법원 1987.2.10, 86도2338 등). 국가7급 07

제1항은 적용되지 않는 것이므로 그 오신은 범죄의 성립이나 처벌에 아무런 영향도 미치지 아니한다(대법원 1966.6.28, 66도104).[147] 경찰채용 10 1차

표정리 고의의 인식대상 여부

고의의 대상인 것	고의의 대상이 아닌 것
• 행위의 주체(신분범의 신분, 경찰간부 12 수뢰죄의 공무원 사시 13) 국가7급 12 • 행위의 객체(살인죄의 사람, 사시 10 절도죄의 타인의 재물 사시 11) • 행위의 방법(사기죄의 기망, 공갈죄의 공갈) • 행위의 상황(집합명령위반죄에서 다중의 집합) • 결과범에 있어서의 결과(살인죄의 사망, 상해죄의 상해)와 인과관계 : 다만 인과관계(인과과정)에 대한 인식은 세부적 과정을 인식하는 것까지 요하지 않는다. • 구체적 위험범에 있어서 위험의 발생 국가7급 12 • 가중적·감경적 구성요건요소(존속살해죄의 존속, 국가9급 10 / 사시 13 촉탁·승낙살인죄의 촉탁·승낙) 법원행시 05 • 규범적 구성요건요소(존속살해죄의 직계존속, 절도죄의 재물의 타인성[148])	• 주관적 구성요건요소(고의, 목적범의 목적) 사시 13 • 책임의 요소(책임능력, 사시 13 기대가능성) • 처벌조건 　- 객관적 처벌조건(사전수뢰죄의 공무원·중재인이 된 사실) 법원행시 05 / 국가7급 12 　- 인적 처벌조각사유(친족상도례의 친족) 법원행시 05 / 사시 10 / 경찰간부 12 / 사시 12 / 사시 13 / 경찰채용 22 1차 • 소추조건(친고죄의 고소, 반의사불벌죄의 피해자의 처벌을 원하지 않는 의사) • 결과적 가중범의 무거운 결과(단, 부진정결과적 가중범 : 과실 or 고의 ○) 법원행시 05 / 경찰간부 12 • 추상적 위험범에 있어서 위험 • 상습도박죄의 상습성(책임구성요건요소) 경찰간부 12 • 위법성의 인식(책임설 : 통설)

05 고의의 종류

1. 확정적 고의와 불확정적 고의

(1) 확정적 고의

확정적 고의(dolus determinatus)는 구성요건적 결과에 대한 인식·인용이 확정적인 경우를 말한다. 목적 (Absicht)과 직접고의(direkter Vorsatz)를 말한다.

(2) 불확정적 고의

불확정적 고의(dolus indeterminatus)는 구성요건적 결과에 대한 인식·인용이 불명확한 경우로서, 미필적 고의, 택일적 고의, 개괄적 고의 등이 이에 해당한다.

---

147 보충 친족상도례의 친족관계의 존부에 관한 인식은 범죄의 성립에 영향을 미치지 않는다. 예컨대 甲이 타인 乙의 재물을 절취하면서 자신의 아버지 丙의 소유인 것으로 생각하고 처벌받지 않는다고 오인하였다 하더라도, 객관적으로 피해자와의 친족관계가 존재하지 않으므로 절도죄로 그대로 처벌된다. 경찰채용 10 1차

148 보충 : 규범적 구성요건요소에 대한 인식과 착오 예를 들어, 절도죄의 '재물의 타인성'(재물이 타인의 소유에 속할 것)은 민법적 평가를 받아야 하는 규범적 구성요건요소이다. 이 또한 객관적 구성요건요소이니만큼 고의의 인식대상인 것은 분명하다. 따라서 재물이 타인의 소유임을 인식하지 못하고 자기의 소유로 오인하여 이를 가져왔다면 절도죄의 고의가 없는 것으로서 무죄가 된다. 그런데 위와 같이 규범적 구성요건요소의 대상을 잘못 생각한 것이 아니라, 규범적 구성요건요소의 개념을 잘못 생각하거나 평가한 경우에는 그 착오의 성격이 달라지게 된다. 예를 들어, 타인의 토지 위에 권원 없이 감나무를 심은 식재자가 감을 수확해오면서 '타인의 토지 위에 심은 감나무에 열린 감의 소유권은 나에게 있으므로 이는 절도죄로 포섭되지 않을 것'이라고 생각하였다면 이는 소위 포섭의 착오(Subsumtionsirrtum)로서 법률의 착오에 해당하게 된다. 따라서 그 오인에 정당한 이유가 없다면 책임비난을 면할 수 없어 절도죄가 성립하게 되는 것이다. 따라서 규범적 구성요건요소에 대한 착오는 사실의 착오로 단정해서는 안 되며 법률의 착오로 보아야 하는 경우도 있다는 것을 주의해야 한다.

사례연구 고의의 종류 : 확정적 고의와 불확정적 고의

甲은 자신의 유일한 혈육인 큰아버지 乙을 살해하여 乙의 막대한 재산을 상속받기로 결심하였다. 그리하여 새벽에 乙의 승용차에 폭탄을 장치하여 시동이 걸리는 순간 폭파되도록 조치해 놓았다. 그런데 乙의 승용차는 그의 자가용 운전사인 丙이 운전하게 되어 있었다. 또한 乙이 출근할 때에는 그와 동거 중인 丁(여)이 2~3일에 한번꼴로 전송을 나온다. 이러한 사실을 甲은 모두 계산에 넣고 있었다. 폭탄은 예정대로 시동이 걸리는 순간 터졌고 乙과 丙과 丁은 모두 사망하였다. 甲의 형사책임은?

[해결] 이 사례의 논점은 '고의의 종류'이므로 종류별로 설명할 것이 요구된다.

乙은 甲의 범행의 목표이다. 따라서 고의의 지적 요소로서는 그것이 확실성이건 개연성이건 혹은 진지한 가능성이건 가리지 않지만 적어도 고의의 의적(의욕적) 요소만큼은 최강도의 의욕적 의사를 내용으로 삼고 있음이 인정된다(목적, 제1급의 직접고의, 목표지향적 의사, 최강도의 고의). 乙에게는 甲의 (제1급의 직접고의에 의한) 고의의 살인죄가 인정된다.

丙에 대해서는 甲이 목표로 삼은 자는 아니지만 범행수행에 있어서 그 결과발생의 가능성을 甲이 확실히 인식하고 있었다는 점이 인정된다. 즉, 고의의 의적 요소로서 그것이 의욕적 의사이건 단순의사이건 감수의 사이건 불문하지만 적어도 고의의 지적 요소만큼은 최고도의 인식단계인 확실성을 내용으로 하는 직접고의가 인정된다(지정고의, 제2급의 직접고의). 따라서 丙에게는 甲의 (제2급의 직접고의에 의한) 고의의 살인죄가 인정된다.

丁에 대해서는 구성요건적 결과발생의 가능성은 낮게 인식하였을 것이지만, 丁의 사망의 결과가 일어나더라도 이를 甲이 인용 내지 감수하고 있었다는 점에서 미필적 고의가 인정된다. 즉, 丁의 사망의 결과발생을 목표삼고 이를 의도적으로 추구한다거나 —제1급— 丁이 확실히 죽을 것이라고 —제2급— 확실히 인식한 것은 아니지만, 丁의 사망의 결과발생의 가능성을 甲이 신뢰하고 이를 행위결정시 계산에 넣었다는 것은 발생가능한 법익침해의 방향으로 의사결정을 하였음이 인정되는 것이므로 (인용설 내지 감수설에 의한) 미필적 고의가 인정된다. 따라서 丁에 대한 (미필적) 고의의 살인죄가 인정된다.

2. 미필적 고의

미필적(未必的) 고의란 행위자가 구성요건적 결과의 발생을 확신하지는 않았지만, 그 가능성을 믿은 경우에 인정되는 고의를 말한다(Eventualvorsatz; dolus eventualis).

(1) 목적 및 직접고의와의 구별

① 미필적 고의와 목적의 구별 : 결과발생에 대한 의욕이 적다는 점에서 목적(1급 고의)과 구별된다.
② 미필적 고의와 직접고의의 구별 : 결과발생가능성에 대한 인식의 정도 내지 확신이 약하다는 점에서 직접고의(2급 고의)와 구별된다.

(2) 미필적 고의와 인식있는 과실의 구별 국가7급 11

형법에서 가장 구별의 실익이 큰 것은 고의와 과실의 경계선에 위치하는 미필적 고의와 인식있는 과실을 어떻게 구별할 것인가의 문제이다. 양자의 구별에 대해서는 개연성설, 사시 15 가능성설, 인용설(용인설), 무관심설, 회피설, 위험설, 위험차단설, 감수설(묵인설) 등이 국내외에 걸쳐 제시되고 있다. 우리 학계는 대체로 인용설이나 감수설을 지지하는 경향이다.

인용설(認容說, 다수설·판례)이라 함은, 미필적 고의와 인식 있는 과실이 구성요건적 결과발생의 가능성을 인식하였다는 점에서는 일치하지만, 고의의 의욕적 측면에서는 차이가 있다고 보는 입장이다. 즉, 결과발생의 가능성을 인식하고 동시에 이러한 결과발생을 내심으로 받아들이거나 수긍하는 용인(容認) 혹은 승낙(承諾)이 있을 경우에는 미필적 고의가 인정되지만, 이것이 없을 경우에는 인식 있는 과실에 불과하다는 것이다.[149]

---

149 참고 : 감수설 인용설에 대해서는 용인(容認)이라는 정서적·감정적 요소를 고려하는 것은 고의를 책임요소로 파악할 때 가능

(3) 미필적 고의와 관련된 판례 정리[150]

> **판례연구** 미필적 고의를 인정한 판례
>
> ### 1. 대법원 1982.11.23, 82도2024
> 인용설에 의한 판례 : 미성년자 유괴 후 부작위에 의한 살인 사례
> 피고인이 (유인하고 감금하여 탈진상태에 이른 미성년자인) 피해자의 얼굴에 모포를 덮어씌워 놓고 그냥 나오면서 피해자를 그대로 두면 죽을 것 같다는 생각이 들었다면, 결과발생의 가능성을 인정하고 있으면서도 사경에 이른 피해자를 그대로 방치한 소위에는 피해자가 사망하는 결과에 이르더라도 용인할 수밖에 없다는 내심의 의사, 즉 살인의 미필적 고의가 있었다고 할 것이다.[151] 법원행시 07 / 국가9급 10 / 경찰채용 11 2차 / 국가7급 11
>
> ### 2. 대법원 1987.1.20, 85도221
> 재물손괴에 관한 미필적 고의를 인정한 사례
> 피조개양식장까지의 거리가 약 30미터까지 근접하였음에도 닻줄을 50미터 더 늘여서 7샤클로 묘박하였다면 선박이 태풍에 밀려 피조개양식장을 침범하여 물적 손해를 입히리라는 것은 당연히 예상되는 것이고, 그럼에도 불구하고 선박의 닻줄을 7샤클로 늘여 놓았다면 이는 피조개양식장의 물적 피해를 인용한 것이라 할 것이어서 재물손괴의 점에 대한 미필적 고의를 인정할 수 있다.[152] 국가9급 20
>
> ### 3. 대법원 1994.12.22, 94도2511
> 피고인이 9세 여아를 목을 졸라 실신시킨 후 떠나버린 이상 살인의 범의가 있었다고 한 사례
> 피고인이 9세의 여자 어린이에 불과하여 항거를 쉽게 제압할 수 있는 피해자의 목을 감아서 졸라 실신시킨 후 그곳을 떠나버린 이상 그와 같은 자신의 가해행위로 인하여 피해자가 사망에 이를 수도 있다는 사실을 인식하지 못하였다고 볼 수 없다. 국가7급 11
>
> ### 4. 대법원 1995.11.21, 94도1598
> 증권회사 직원이 고객의 예탁금으로 주식을 무단 매수하였다가 주식시세의 하락으로 손해가 발생한 경우
> 증권회사의 직원으로서 고객과의 매매거래 계좌설정 계약에 따라 고객의 사무를 처리하는 지위에 있는 자가 고객의 동의를 얻지 않고 주식을 매입한 것이라면 주식의 시세의 하락으로 인하여 고객에게 손해가 발생될 염려가 있다는 인식이 미필적으로나마 있었다고 할 것이고, 그가 근무하는 증권회사가 주식의 매입으로 인하여 수수료를 취득한 이상, 그 직원에게 자기 또는 제3자가 재산상의 이익을 얻는다는 인식도 있었다고 보이므로 결국 업무상 배임죄의 고의가 있었다고 해야 한다.

한 이론이고, 고의를 주관적 불법요소이자 행위반가치의 핵심요소로 이해하는 입장에서는 받아들일 수 없다는 비판도 있다. 인용설에 대한 비판적 관점을 가지고 주장된 유력설이 바로 감수설이다. **감수설**(Abfindungstheorie)(묵인설; Hinnahmetheorie)이란 법익침해(결과발생)의 구체적 위험성을 진지하게 고려함으로써 이를 인식하고, 나아가 "구성요건실현의 위험성을 감수하겠다고 결정"했을 경우에는 고의를 인정하고, 결과가 발생하지 않는다고 신뢰할 때에는 인식 있는 과실이 된다는 견해이다. 결과에 대한 적극적 인용뿐만 아니라 결과발생에 대한 감수적·묵인적 의사(**메** '죽어도 할 수 없다')로도 고의가 인정되어야 한다는 점에서 감수설은 미필적 고의의 개념에 보다 접근하고 있다고 할 수 있다. 그러나 인용설의 용인의 개념도 '내심의 승낙이나 승인'뿐만 아니라 '발생가능한 법익침해방향의 의사결정(감수하겠다는 생각)'의 의미를 가지고 있다고 이해한다면, 양 설은 거의 동일한 결론이 된다.

150 조언 사실 미필적 고의 관련 판례들은 이외에도 상당히 많으며, 대부분은 각론의 각 구성요건별로 검토될 것이다. 아래에서는 몇 개의 판례만 예시해보도록 한다.

151 보충 : 위 판례의 또 다른 논점 사경에 처한 피해자를 병원에 데려가지 아니하는 부작위가 과연 살해와 동가치하다고 볼 수 있는가의 부진정부작위범의 동치성(구성요건해당성)이 문제되는데, 판례는 "자기 행위로 인하여 위험발생의 원인을 야기하였음에도 그 위험발생을 방지하지 아니한 피고인의 행위는 살인죄의 구성요건적 행위를 충족하는 부작위라고 평가하기에 충분하다."고 판시하여 이를 긍정하고 있다. 부작위범의 동치성은 범죄의 특수한 출현형태론 중 부진정부작위범의 특유한 구성요건에서 후술한다.

152 또 다른 논점 위급한 상황에서 선박과 선원들의 안전을 위하여 사회통념상 가장 적절하고 필요불가결하다고 인정되는 조치를 취하였다면 긴급피난으로서 위법성이 없어서 범죄가 성립되지 아니한다.

5. 대법원 1997.12.26, 97도2609

어음이 지급기일에 결제되지 않으리라는 점을 예견하였거나 지급기일에 지급될 수 있다는 확신이 없으면서도 이를 수취인에게 고지하지 아니하고 할인을 받았다면 사기죄가 성립한다고 할 것이다.

6. 대법원 1998.6.9, 98도980

가로 15㎝, 세로 16㎝, 길이 153㎝, 무게 7㎏의 각이 진 목재로 길바닥에 누워 있던 피해자의 머리를 때려 피해자가 외상성뇌지주막하출혈로 사망한 경우에 살인의 미필적 고의가 인정된다. 경찰승진 10

7. 대법원 2000.8.18, 2000도2231

인체의 급소를 잘 알고 있는 무술교관 출신의 피고인이 무술의 방법으로 피해자의 울대(聲帶)를 가격하여 사망케 한 행위에는 살인의 범의가 있다. 경찰승진 10

8. 대법원 2001.3.9, 2000도5590

건장한 체격의 군인이 왜소한 체격의 피해자를 폭행하고 특히 급소인 목을 설골이 부러질 정도로 세게 졸라 사망케 한 행위에는 살인의 범의가 있다. 국가9급 11 / 경찰승진 15 / 변호사 18

9. 대법원 2002.2.8, 2001도6425

강도가 베개로 피해자의 머리 부분을 약 3분간 누르던 중 피해자가 저항을 멈추고 사지가 늘어졌음에도 계속하여 누른 행위에는 살해의 고의가 있다. 국가9급 07 / 경찰승진 11 / 국가7급 14 / 국가9급 14 / 경찰채용 16 1차

10. 대법원 2005.4.29, 2005도741

체계적인 사업계획 없이 무리하게 상가 분양을 강행한 사례

쇼핑몰 상가 분양사업을 계획하면서 사채와 분양대금만으로 사업부지 매입 및 공사대금을 충당할 수 있다는 막연한 구상 외에 체계적인 사업계획 없이 무리하게 쇼핑몰 상가 분양을 강행한 경우 편취의 범의를 인정할 수 있다(이후 위 분양대금을 횡령하는 것은 별도의 횡령죄 성립). 사시 14

11. 대법원 2006.3.23, 2006도477

청소년고용금지업소의 업주가 주민등록증 확인 없이 청소년을 고용한 사례

차용증 또는 현금보관증상의 주민등록번호 기재를 그대로 믿었다거나, 성년자의 주민등록번호가 기재된 보건증을 확인하였다는 등의 사정만으로는 피고인들이 청소년유해업소 업주로서의 청소년연령확인에 관하여 필요한 조치를 다하였다고는 할 수 없고, 그렇다면 피고인들에게는 위 공소외 1등이 청소년임에도 이들을 고용한다는 점에 관하여 적어도 미필적 고의가 있었다고 볼 것이다.

12. 대법원 2006.4.28, 2006도941

마약류 수사에 협조하는 과정이지만 마약류 매매의 고의가 인정된 사례

피고인이 수사기관의 마약류 수사에 협조하기로 하고 마약류 매매행위의 알선에 착수하였다고 하더라도, 그 과정에서 수사기관에 매매의 일시, 장소, 매수인 등에 관한 구체적인 보고를 하지 아니한 채 수사기관의 지시나 위임의 범위를 벗어나 마약류 매매대금을 개인적으로 취득할 의도 하에 마약류 매매 행위를 하였다면, 피고인에게 마약류 매매 범행의 범의가 없었다고 할 수는 없다.

13. 대법원 2007.8.23, 2007도4171

퇴직금을 월급 등에 포함하여 지급하는 약정을 이유로 퇴직금지급을 거절한 사례

㉠ 임금지급의무의 존부 및 범위에 관하여 다툴 만한 근거가 있는 경우에는 사용자가 임금을 지급하지 아니한 데에 상당한 이유가 있다고 보아야 할 것이어서 근로기준법상 임금 등의 기일 내 지급의무 위반죄에 관한 고의가 있었다고 보기 어렵다(대법원 2006.4.28, 2006도941; 2011.10.27, 2010도14693). 그러나 ㉡ 사용자가 사법상의 효력이 없는 매월의 월급이나 매일의 일당 속에 퇴직금을 포함시켜 지급한다는 내용의 약정을 내세워 퇴직한 근로자에 대한 퇴직금의 지급을 거절하는 경우, 사용자가 퇴직금을 지급하지 아니한 데에 상당한 이유가 있는 경우라고 볼 수 없어 사용자에게 근로기준법상 임금 등의 기일 내 지급의무 위반죄에 관한 고의가 없다고 할 수는 없다.

14. 대법원 2007.11.16, 2007도7770; 2004.4.23, 2003도8039; 2014.7.10, 2014도5173[153]

청소년출입금지업소에서 연령확인조치를 취하지 아니한 사례

청소년출입금지업소의 업주 및 종사자는 객관적으로 보아 출입자를 청소년으로 의심하기 어려운 사정이 없는 한 청소년일 개연성이 있는 연령대의 출입자에 대하여 주민등록증이나 이에 유사한 정도로 연령에 관한 공적 증명력이 있는 증거에 의하여 대상자의 연령을 확인하여야 할 것이고(대법원 1994.1.14, 93도2914; 2002.6.28, 2002도2425), 연령확인의무에 위배하여 연령확인을 위한 아무런 조치를 취하지 아니하였다면 청소년보호법위반죄의 미필적 고의는 인정된다고 할 것이다. 국가7급 11 / 국가9급 14 / 사시 14 / 경찰채용 15 2차 / 법원행시 17 / 국가9급 17

15. 대법원 2014.4.10, 2012도8374

정기적성검사를 받지 않은 것에는 미필적 고의가 있다는 사례

제1종 운전면허 소지자인 피고인이 정기적성검사기간 내에 적성검사를 받지 아니하였다고 하여 구 도로교통법위반으로 기소된 경우,[154] 운전면허증 소지자가 운전면허증만 꺼내 보아도 쉽게 알 수 있는 정도의 노력조차 기울이지 않는 것은 적성검사기간 내에 적성검사를 받지 못하게 되는 결과에 대한 방임이나 용인의 의사가 존재한다고 봄이 타당한 점 등에 비추어 볼 때, 피고인이 적성검사기간 도래 여부에 관한 확인을 게을리 하여 기간이 도래하였음을 알지 못하였더라도 적성검사기간 내에 적성검사를 받지 않는 데 대한 미필적 고의는 있었다고 봄이 상당하다.[155] 경찰채용 15 2차

16. 대법원 2016.2.18, 2015도153664

아동·청소년 성매매 알선행위의 고의

아동·청소년의 성을 사는 행위를 알선하는 행위를 업으로 하여 청소년성보호법 제15조 제1항 제2호의 위반죄가 성립하기 위해서는 그러한 알선행위를 업으로 하는 사람이 아동·청소년을 알선의 대상으로 삼아 그 성을 사는 행위를 알선한다는 것을 인식하여야 하지만, 이에 더하여 위와 같은 알선행위로 아동·청소년의 성을 사는 행위를 한 사람이 그 행위의 상대방이 아동·청소년임을 인식하여야 한다고 볼 수는 없다. 변호사 18

17. 대법원 2022.5.26, 2022도2188

사용자가 근로자에 대하여 가지는 대출금이나 불법행위를 원인으로 한 채권으로써 근로자의 임금채권과 상계를 할 수 없으므로 임금미지급의 고의가 인정된다는 사례

임금 등 지급의무의 존부와 범위에 관하여 다툴 만한 근거가 있다면 사용자가 그 임금 등을 지급하지 않은 데에 상당한 이유가 있다고 보아야 하므로 사용자에게 근로기준법상 임금미지급죄의 고의가 있다고 볼 수 없으나, 다툴 만한 근거가 없다면 임금미지급죄의 고의가 있다고 보아야 한다. 경찰간부 23

✒ 판례연구 미필적 고의를 인정하지 않은 판례

1. 대법원 1975.1.28, 73도2207

어로저지선이나 군사분계선을 넘어가 어로작업을 하다가 북괴경비정에 납치된 사례

어부인 피고인들이 어로저지선을 넘어 어업을 하였다고 하더라도 북괴경비정이 출현하는 경우 납치되어 가더라도 좋다고 생각하면서 어로저지선을 넘어서 어로작업을 한 것이 아니라면 북괴집단의 구성원들과 회합이 있을 것이라는 미필적 고의가 있었다고 단정할 수 없다. 법원행시 07 / 경찰승진 12

---

153 판례 : 성매매 알선업자의 청소년 고용시 연령확인의무 성을 사는 행위를 알선하는 행위를 업으로 하는 자가 알선영업행위를 위하여 아동·청소년인 종업원을 고용하는 경우에도 청소년유해업소 업주의 종업원 고용시 연령확인의무와 동일한 법리가 적용된다(대법원 2014.7.10, 2014도5173).

154 보충 도로교통법령에 의하면 정기적성검사를 받지 않았다고 하여 곧바로 면허가 취소되는 것이 아니라 적성검사기간 경과 후 1년까지는 적성검사를 받아 운전면허증을 갱신할 수 있고, 그 동안에 운전면허조건부취소결정통지서 등을 적성검사 대상자에게 통지하도록 규정하고 있으며, 대상자는 단지 6만 원 이하 벌금 등의 불이익을 받을 뿐이다(도로교통법이 2010.7.23. 법률 제10382호로 개정되면서 적성검사를 받지 않는 사람에 대한 벌칙이 과태료로 변경되었다). 이와 같이 적성검사기간 내 적성검사를 받지 않는 경우에 구제절차가 마련되어 있다는 점 역시 적성검사기간 확인을 게을리 하게끔 하는 이유가 된다고 보인다(위 판례).

155 보충 원심이 거시한 2008.12.24, 2008도9900 판결은 정기적성검사를 받지 않아 면허가 취소되었음에도 운전한 행위가 도로교통법상의 무면허운전에 해당하는지 여부에 관한 사건으로 이 사건과 사안을 달리하여 원용하기에 적절하지 않다(위 판례).

2. 대법원 1985.5.28, 85도588

목사가 진위확인을 위하여 교회집사들에게 전임목사의 불미스런 소문에 관하여 물은 사례

새로 목사로서 부임한 피고인이 전임목사에 관한 교회 내의 불미스러운 소문의 진위를 확인하기 위하여 이를 교회집사들에게 물어보았다면 이는 경험칙상 충분히 있을 수 있는 일로서 명예훼손의 고의 없는 단순한 확인에 지나지 아니하여 사실의 적시라고 할 수 없다 할 것이므로 이 점에서 피고인에게 명예훼손의 고의 또는 미필적 고의가 있을 수 없다고 할 수 밖에 없다. 국가7급 11 / 경찰채용 15 2차 / 경찰승진 15 / 국가9급 17

3. 대법원 1987.2.10, 86도2338 ; 대법원 1985.6.25, 85도660

도미니카국 사례 : 인용설에 의한 고의 부정

미국 휴스턴의 회사에 취업하기 위해 피해자들과 피고인 등은 정식여권을 발급받고 피고인의 사촌처남의 의뢰를 받은 미국 뉴욕에 사는 교포라는 공소외 김모, 이모의 인솔 아래 미국에 입국할 의도 아래 도미니카국에 이르렀는데, 위 인솔자인 김모, 이모 등이 몰래 귀국하여 버리거나 잠적하여 버리고 미국에 입국할 수도 없어 도미니카국에 불법체류하다가 귀국하게 된 것이라면, 피고인에게 이 사건 기망과 편취의 고의가 있었다거나 미필적 고의가 있었다고 보기는 어렵다.

4. 대법원 1998.9.8, 98도1949

무고죄에 있어서 고소사실의 허위성에 대한 인식을 요한다는 사례

무고죄에서 허위사실의 신고라 함은 신고사실이 객관적 사실에 반한다는 것을 확정적이거나 미필적으로 인식하고 신고하는 것을 말하는 것으로서, 설령 고소사실이 객관적 사실에 반하는 허위의 것이라 할지라도 그 허위성에 대한 인식이 없을 때에는 무고에 대한 고의가 없다. 국가7급 14

5. 대법원 2000.11.28, 2000도1089

허위감정죄에 있어서 감정내용의 허위성에 대한 인식을 요한다는 사례

허위감정죄는 고의범이므로, 비록 감정내용이 객관적 사실에 반한다고 하더라도 감정인의 주관적 판단에 반하지 않는 이상 허위의 인식이 없어 허위감정죄로 처벌할 수 없다. 경찰채용 18 2차

6. 대법원 2001.10.9, 2001도4069; 2009.4.9, 2008도11282

청소년보호법상 '청소년에게 술을 판매하는 행위'에 해당하기 위한 요건

술을 내어 놓을 당시에는 성년자들만이 자리에 앉아서 그들끼리만 술을 마시다가 나중에 청소년이 들어와서 합석하게 된 경우에는 처음부터 음식점 운영자가 나중에 그렇게 청소년이 합석하리라는 것을 예견할 만한 사정이 있었거나, 청소년이 합석한 후에 이를 인식하면서 추가로 술을 내어 준 경우가 아닌 이상, 합석한 청소년이 상위에 남아 있던 소주를 일부 마셨다고 하더라도 음식점 운영자가 청소년에게 술을 판매하는 행위를 하였다고는 할 수 없다.

7. 대법원 2004.5.14, 2004도74

대구지하철화재 사고 현장을 수습하기 위한 청소 작업을 지시한 대구지하철공사 사장 사례

대구지하철화재 사고 현장을 수습하기 위한 청소 작업이 한참 진행되고 있는 시간 중에 실종자 유족들로부터 이의제기가 있었음에도 대구지하철공사 사장이 즉각 청소 작업을 중단하도록 지시하지 아니하였고 수사기관과 협의하거나 확인하지 아니하였다고 하여, 위 사장에게 증거인멸의 결과가 발생할 가능성을 용인하는 내심의 의사까지 있었다고 단정하기는 어렵다고 해야 한다. 국가9급 23

8. 대법원 2004.12.10, 2004도6480

무면허운전에 의한 도로교통법 위반죄에 있어서 범의를 부정한 예

도로교통법상 무면허운전죄는 고의범이므로, 정기적성검사 미필로 기존 운전면허가 취소된 상태에서 자동차를 운전하였더라도 운전자가 면허취소사실을 인식하지 못한 이상 이를 무면허운전죄에 해당한다고 볼 수 없고, 관할 경찰당국이 운전면허취소처분의 통지에 갈음하는 적법한 공고를 거쳤다 하더라도, 그것만으로 운전자가 면허가 취소된 사실을 알게 되었다고 단정할 수는 없다. 국가7급 07 / 법원행시 07 / 경찰채용 13 2차 / 법원행시 14

9. 대법원 2008.4.10, 2007도9689

바다이야기 사업자가 세무사의 상담으로 다른 게임장처럼 부가가치세 신고 · 납부한 사례

조세범처벌법상 조세포탈죄에 있어서 범의(犯意)가 있다고 함은 납세의무를 지는 사람이 자기의 행위가 사기 기

타 부정한 행위에 해당하는 것을 인식하고 그 행위로 인하여 조세포탈의 결과가 발생한다는 사실을 인식하면서 부정행위를 감행하거나 하려고 하는 것이다(대법원 1999.4.9, 98도667; 2006.6.29, 2004도817 등). 따라서 바다 이야기 게임장 사업자가 세무사의 상담을 받고 다른 게임장들과 동일한 방법으로 부가가치세를 신고·납부한 경우에는 조세포탈의 범의가 부정된다.

10. 대법원 2008.9.25, 2008도5618

분양대금 편취에 의한 사기죄와 관련하여 편취 범의의 판단 시점 및 판단 기준

사기죄의 성립여부는 그 행위 당시를 기준으로 판단하여야 하고, 그 행위 이후의 경제사정의 변화 등으로 인하여 피고인이 채무불이행 상태에 이르게 된다고 하여 이를 사기죄로 처벌할 수는 없다.

11. 대법원 2009.3.26, 2008도12065

심야시간에 찜질방에 청소년이 보호자와 동행한 것으로 오인하고 출입시킨 사례

객관적으로 성명불상남이 청소년들에 대하여 청소년보호법상 규정에서 말하는 보호자에 해당하지 않는다고 의심할 만한 사정을 찾아보기 어려운 이상 공소외 찜질방 종업원에게 이들의 관계를 확인할 의무가 있었다고 보기도 어려우며, 달리 공소외 3에게 성명불상남이 위 청소년들의 보호자가 아니라는 점에 대한 미필적 인식이 있었음을 인정할 만한 자료도 없다.

12. 대법원 2010.7.22, 2010도6960

도로법상 과적차량운행의 고의 부정 사례

덤프트럭 운전자인 피고인이 도로법상의 축 하중 제한기준 및 총 중량 제한기준을 초과하여 모래를 적재한 상태로 위 차량을 운행하다가 과적으로 단속된 경우, 출발 당시의 총 중량 계측결과, 축 중량 및 총 중량 초과 정도가 크지 않은 점 등의 사정을 종합할 때, 피고인이 제한기준 초과 상태로 운행한다는 인식을 가지고 있었다고 보기는 어렵다.

3. 택일적 고의

택일적 고의(dolus alternativus; alternativer Vorsatz)라 함은 누구라도 상관없다고 생각하고 여러 사람의 추격자를 향해서 사격을 한 경우처럼 다수의 행위객체에 대하여 고의를 가지는 경우로서 고의가 인정된다.

예 甲이 총알 1발이 들어 있는 권총을 가지고 있는데 눈앞에 2명의 원수 X와 Y가 나타난 경우 누구든지 맞아도 좋다는 생각으로(인용 내지 묵인이 있었다) 총을 쏘았는데 Y가 맞아 사망한 경우 甲에게는 (X에 대한 살인미수와) Y에 대한 살인기수(의 상상적 경합)가 인정되는데, 이때의 고의를 택일적 고의라 하는 것이다.

견해에 따라서는 2개의 행위객체에 대한 경우는 택일적 고의이지만, 3개 이상의 행위객체에 대한 고의는 개괄적 고의라고 주장하기도 하는데(이재상, §13-27), 행위객체가 몇 개이든지 간에 다수의 행위객체 중 누구에 대하여 결과가 발생하여도 이를 인용하겠다는 의사가 인정된다면 이는 모두 택일적 고의라고 보아야 할 것이다(통설).

4. 개괄적 고의 국가7급 08 / 국가7급 11 / 국가9급 14

(1) 의의 : 개괄적(槪括的) 고의(dolus generalis)란 행위자가 제1행위에 의하여 이미 결과가 발생했다고 믿었으나, 그의 생각과는 달리 실제로는 연속된 제2행위에 의해 결과가 야기된 경우를 말한다. 인과관계의 착오의 유형 중 가장 중요한 경우이다.

예 행위자가 피해자를 돌로 쳐 졸도하자, 죽은 줄 알고 시체(屍體)를 은닉하기 위해 모래 속에 파묻었는데, 실은 피해자는 모래 속에서 질식사 한 경우

(2) 학설·판례[156]

① **개괄적 고의설(판례)** 사시 14 : **판례는 중요하지 않은 인과과정상의 차이는 최초의 고의에 포함된다고 보아 '개괄적' 고의의 경우로 보자는 입장이다**(아래 판례 참조).[157] 즉 개괄적 고의설은 2개의 행위를 결국 하나의 단일한 행위로 보아 그 행위 전체에 하나의 개괄적 고의가 미친다고 보는 것이다.[158] 개괄적 고의설에 대해서는, 고의의 개념은 특정된 행위에 대한 것이어야 하므로 '개괄적' 고의의 개념을 인정하면 고의가 지나치게 확장되고, 서로 다른 두 개의 행위를 하나의 행위로 보는 것은 타당하지 않다는 비판이 있다.

② **미수설(소수설)** 사시 14 : 고의는 어디까지나 특정한 행위시에 있는 것만 인정되므로, '제1행위의 미수와 제2행위의 과실범의 실체적 경합'만 인정될 뿐이라는 입장이다.[159] 이에 대해서는 고의가 범행시에 존재해야 한다는 것은 결과발생시가 아니라 범행착수시를 의미하며, 객관적 귀속이 가능한 결과까지 미수범에 불과하다는 것은 타당하지 않다는 비판이 있다.[160]

③ **인과관계착오설(다수설[161])** 사시 14 : 행위자가 인식한 인과관계와 발생한 인과관계가 서로 일치하지 않는 경우이므로 '인과관계의 착오'로 보아 문제를 해결하자는 입장이다. 이 경우 인식한 인과관계와 발생한 인과관계 사이에 일반적인 생활경험법칙에 비추어 예견가능한 정도의 차이 정도만 존재하는 경우에는 '인과관계의 착오가 비본질적인 경우'로 보아 발생한 인과관계에 대한 고의를 인정할 수 있다는 것이다. 이에 대해서는 생활경험법칙상 예견가능한 정도의 개념이 모호하다는 비판도 있다.

🔎 판례연구 개괄적 고의를 인정한 판례

1. 대법원 1988.6.28, 88도650

살해의도 구타행위에 이은 죄적인멸 매장행위 : 개괄적 고의 인정 사례

(피고인측은 제1행위 부분은 살인미수이고 제2행위는 사체은닉의 불능미수와 과실치사의 상상적 경합에 해당한다고 주장하나) 사실관계가 위와 같이 피해자가 피고인들이 살해의 의도로 행한 구타행위에 의하여 직접 사망한 것이 아니라 죄적을 인멸할 목적으로 행한 매장행위에 의하여 사망하게 되었다 하더라도 전과정을 개괄적으로 보면 피해자의 살해라는 처음에 예견된 사실이 결국은 실현된 것으로서 피고인들은 살인죄의 죄책을 면할 수 없다 할 것이므로 … 원심은 정당하다. 국가9급 12 / 법원승진 12 / 사시 12 / 변호사 13 / 국가9급 14 / 국가9급 18 / 경찰채용 18 3차

2. 대법원 1994.11.4, 94도2361

낙산비치호텔 자살 위장 사례 : 상해치사죄(소위 개괄적 과실 또는 인과관계의 착오)

피고인이 피해자에게 우측 흉골골절 및 늑골골절상과 이로 인한 우측 심장벽좌상과 심낭내출혈 등의 상해를 가

---

156 참고 본서의 특성상 본문에서는 개괄적 고의설, 미수설, 인과관계착오설만 검토하고 있다. 참고로, 이외에도 고의의 문제가 아니라 객관적 귀속이 인정되면 고의기수가 된다는 **객관적 귀속설**(김일수 / 서보학, 205면 등)도 있다. 객관적 귀속설에 대해서는 객관적 귀속의 문제와 개괄적 고의 문제는 별개의 문제라는 비판이 있다. 또한 주관적 귀속의 차원에서 규범적 평가를 통해 고의의 귀속을 정하려는 **계획실현설**(김영환, "소위 '개괄적 고의'의 문제점", 고시계, 1998.9, 43면)도 주장된 바 있다.

157 참고 이에 대해서는 판례가 '개괄적 고의설'을 취하였다고 보는 입장이 있고, 명확하지는 않지만 '인과관계착오설'로 해석될 여지도 있다는 입장도 있다.

158 개괄적 고의설은 독일에서는 원래 v.Weber가 주장하였고, H. Welzel이 지지하였다.

159 오영근, 251면; 이용식, "소위 개괄적 고의의 형법적 취급", 형사판례연구 2, 34면. 단, 독일에서는 양자의 상상적 경합이 인정된다는 입장(Eser, Strafrecht Ⅰ, S. 172)도 있다.

160 또한 미수설에 대해서는, 제1행위로 사망하게 될 자를 방치해도 사망하게 될 것이라고 생각하고 방치하여 사망케 한 자는 살인기수를 인정하면서, 이와 마찬가지로 제1행위로 사망하게 될 자를 이미 사망했다고 오인하고 사체유기의 고의로 추가적인 매장행위를 하여 사망시기를 앞당겨 사망케 한 경우에는 살인미수와 과실치사로 보는 것은 타당하지 않다는 비판도 유력해 보인다. 행위를 보다 더 많이 한 자에게 오히려 미수범의 죄책을 인정하는 것은 균형에 맞지 않을 수 있다. 유사한 지적은 손동권, 154면 참조.

161 인과관계착오설로 보이지만, 행위가 1개로 포괄되는 경우로 보아 고의기수범을 인정할 수 있다는 다소 다른 입장은 손동권, 155면; 임웅; 176면 참조.

함으로써, 피해자가 바닥에 쓰러진 채 정신을 잃고 빈사상태에 빠지자, 피해자가 사망한 것으로 오인하고, 피고인의 행위를 은폐하고 피해자가 자살한 것처럼 가장하기 위하여 피해자를 베란다로 옮긴 후 베란다 밑 약 13m 아래의 바닥으로 떨어뜨려 피해자로 하여금 현장에서 좌측 측두부 분쇄함몰골절에 의한 뇌손상 및 뇌출혈 등으로 사망에 이르게 하였다면, 피고인의 행위는 포괄하여 단일의 상해치사죄에 해당한다. 경찰승진 10 / 국가7급 10 / 사시 10 / 사시 11 / 사시 12 / 변호사 13 / 경찰채용 14 2차 / 경찰승진 14 / 법원행시 14 / 변호사 14 / 경찰채용 16 1차 / 국가9급 22 / 국가7급 22/ 국가9급 23

5. 사전고의와 사후고의

고의는 언제나 구성요건요소에 대한 행위 당시의 인식을 전제로 하기 때문에 양자는 모두 형법적인 의미를 갖는 고의가 아니다. 국가7급 07

(1) 사전고의

사전고의(事前故意; dolus antecedens)는 행위자가 행위 이전에 실현의사를 가지고 있었으나 행위시에는 인식하지 못한 경우이다.

예
- 甲이 사냥의 기회에 그의 처 乙을 사고를 가장하여 사살하기로 결의하였으나, 전날 밤에 총을 정비하다가 오발로 乙을 사망케 한 경우 : 과실치사죄만 성립
- 甲이 乙을 살해하기 위해 총을 구입하여 손질하다가 오발사고로 乙이 사망한 경우 : 살인예비죄와 과실치사죄

(2) 사후고의

사후고의(事後故意; dolus subsequens)는 구성요건적 결과가 발생한 이후에 행위자가 비로소 사실에 대한 인식을 갖게 된 경우를 말한다.

예 실수로 항아리를 깼는데, 욕을 듣자 잘 깼다고 생각한 경우

제5절 | 구성요건적 착오

제13조 【고 의】 죄의 성립요소인 사실을 인식하지 못한 행위는 벌하지 아니한다. 다만, 법률에 특별한 규정이 있는 경우에는 예외로 한다. 〈개정 2020.12.8.〉

제15조 【사실의 착오】 ① 특별히 무거운 죄가 되는 사실을 인식하지 못한 행위는 무거운 죄로 벌하지 아니한다. 〈개정 2020.12.8.〉 사시 11

01   서 설

1. 의 의

(1) 개 념

행위자가 '주관적으로 인식·인용한 범죄사실과 현실적으로 발생한 객관적인 범죄사실이 일치하지 아니하는 경우', 즉 관념과 사실의 불일치를 말한다. 예를 들어, 甲이 乙의 개를 죽이려고 총을 쏘았는데 빗나가 그 뒤에 미처 甲이 인식하지 못했던 乙이 그 총알을 맞아 사망하였다면, 甲이 인식한 사실은 乙의 개에 대한

재물손괴이고 발생한 사실은 乙에 대한 살인이어서 인식한 사실과 발생한 사실 사이에 불일치가 발생하게 된다. 이를 바로 사실의 착오(Tatsachenirrtum) 내지 구성요건의 착오(Tatbestandsirrtum)라고 하는 것이다.[162] 따라서 구성요건(사실)의 착오에 있어서는 과연 행위자에게 발생한 사실에 대한 고의를 인정할 수 있는가가 문제의 핵심이 된다.

(2) 구성요건적 착오와 금지착오의 구별

① 구성요건적 착오 : 구성요건의 객관적 표지에 대한 착오로 고의가 조각된다(과실).

② 금지착오 : 위법성에 대한 착오로서 그 오인에 정당한 이유가 있으면 책임이 조각된다(제16조).

(3) 구성요건적 착오의 대상(=고의의 대상)

① 객관적 구성요건요소 : 인식의 대상인 객관적 구성요건요소는 착오의 대상이다.

② 객관적 구성요건요소가 아닌 사실 : 이에 대한 착오는 구성요건적 착오가 아니다.

> **예** 형벌의 종류, 가벌성, 처벌조건, 소추조건, 책임능력, 범행동기

2. 구성요건적 착오의 효과

고의는 모든 객관적 구성요건요소에 대한 인식을 요구한다. 따라서 기본적 구성요건요소에 속하는 사실뿐만 아니라 가중적 구성요건과 감경적 구성요건에 관한 요소에 대한 인식도 당연히 필요로 하게 된다.

(1) 기본적 구성요건의 착오

기본적 구성요건요소인 객관적 사실을 인식하지 못한 착오를 말한다. 이 경우 고의가 조각된다(제13조 본문). 다만, 과실범의 처벌규정이 있는 경우 과실범으로 처벌된다(제13조 단서).

예 멧돼지로 알고 총을 쏘았는데 사람이 맞아 죽은 경우[163] ⇨ 과실치사죄

그러나 과실범 처벌규정도 없다면 무죄가 될 뿐이다(대법원 1983.9.13, 83도1762).[164]

(2) 가중적 구성요건의 착오

① 특별히 무거운 죄가 되는 사실을 인식하지 못한 경우 : 형을 가중하는 사유를 인식하지 못한 경우를 말한다. ㉠ 직계존속임을 인식하지 못하고 살인을 한 경우 특별히 무거운 죄가 되는 사실을 인식하지 못한 경우로서 제15조 제1항에 의하여 보통살인죄에 해당하고(대법원 1960.10.31, 4293형상494), _{국가7급} 10 / 국가9급 12 / 국가9급 16 / 경찰간부 17 ㉡ "타인들에게 식도를 휘두르며 무차별 횡포를 부리던 중에 존속까

---

162 참고 : 구성요건착오의 의미 ① 구성요건착오를 좁은 의미로 이해하면(협의의 구성요건착오), 행위자가 인식한 사실도 구성요건에 속하고 발생한 사실도 구성요건에 속하나 양자가 일치하지 않는 경우를 말한다. 보통 구성요건착오라 하면 협의의 구성요건착오를 말하는 것이다. 한편 ② 구성요건착오를 넓은 의미로 이해하면(광의의 구성요건착오), 인식한 사실과 발생한 사실 간에 차이가 있는 경우를 총칭한다고 할 수 있다. 여기에는 협의의 구성요건착오뿐만 아니라 과실범, 결과적 가중범(제15조 제2항, 제15조의 제명이 '사실의 착오'임을 상기할 것)이나 미수범도 포함될 수 있다. 광의의 구성요건착오는 행위자가 인식한 사실과 발생한 사실 간에 차이가 있으면 되고, 인식한 사실이 구성요건요소에 속할 필요는 없다. 예컨대, 사냥을 하다가 전방에 산삼을 캐는 심마니가 있음에도 이를 멧돼지로 오인하고 총을 쏘아 사망케 한 경우가 여기에 속한다. 이 경우 발생한 사실에 대한 고의가 없으므로 과실범(과실치사죄)만 성립한다. 결론적으로, 여기에서 검토할 착오는 주로 ①의 **협의의 구성요건착오**를 말한다.

163 전술한 광의의 구성요건착오의 경우이다.

164 사례 : 닭집 고양이 사례 甲은 乙이 경영하는 ○○닭집 앞 노상에서 그 곳 평상 위에 있던 乙 소유의 고양이 1마리(시가 7,000원 상당)를 甲이 다른 데에서 빌려 가지고 있다가 잃어버린 고양이인 줄로 잘못 알고 가져가다가 주인 乙이 뒤쫓아와서 자기 것이라고 하여 돌려주었다. 甲의 형사책임은? 판례 절도죄에 있어서 **재물의 타인성을 오신하여 그 재물이 자기에게 취득(빌린 것)할 것이 허용된 동일한 물건으로 오인하고 가져온 경우에는 범죄사실에 대한 인식이 있다고 할 수 없으므로 범의를 조각하여 절도죄가 성립되지 아니한다**(대법원 1983.9.13, 83도1762). 법원9급 07(하) / 사시 10 / 국가9급 12 보충 甲에게는 절도죄의 고의가 부정되어 무죄가 된다. 즉, '타인의' 재물을 절취한다는 절도죄(제329조)의 객관적 구성요건요소에 대한 인식과 의사인 고의가 인정되지 않는다(절도죄의 재물의 타인성은 규범적 구성요건요소이면서 동죄의 객관적 구성요건요소임). 국가7급 07 또한 절도는 과실범 처벌규정도 없다. 해결 무죄

지 식도로 찌르게 된 결과 그를 사망에 이르게 한 경우"에도 '존속살해의 범의'를 인정하기 어렵다(대법원 1977.1.11, 76도3871). 경찰채용 18 3차 또한 ⓒ 점유이탈물횡령(제360조)의 고의로 절도죄를 범한 경우(사실은 타인 점유의 재물이었던 경우) 제15조 제1항에 따라 점유이탈물횡령죄만 성립할 뿐이다. 이렇듯 가벼운 구성요건만 인식하고 무거운 구성요건을 발생시킨 경우에는 제15조 제1항이 적용되어 가벼운 구성요건인 기본적 구성요건에 해당할 뿐이다.

② 특별히 무거운 죄가 되는 사실을 인식하였으나 가벼운 죄가 발생한 경우 : 존속살해의 고의로 보통살인의 결과를 발생시킨 경우와 같이 소위 반전된 제15조 제1항의 착오에 대해서는 제15조 제1항이 규정하고 있지 않으므로 학설이 대립한다. 이에 대해서는 후술한다.

(3) 감경적 구성요건의 착오

행위자가 형을 감경하는 사유가 있는 것으로 오인한 경우이다. 역시 무거운 죄가 되는 사실에 대한 고의가 없으므로 감경적 구성요건으로 처벌된다(제15조 제1항).

예 촉탁살인 고의로 보통살인죄를 범한 때 ⇨ 촉탁살인죄

3. 구성요건적 착오의 문제의 소재

협의의 구성요건착오 중에서 전술한 가중적 구성요건착오나 감경적 구성요건착오에 속하지 않는 착오의 유형이 있을 수 있다. 예컨대 甲이 乙을 총을 쏘아 살해하려 하였으나 총알이 빗나가 丙이 맞아 죽었다거나, 甲이 乙의 개를 죽이려고 총을 쏘았으나 총알이 빗나가 乙이 맞아 죽은 경우가 여기에 속한다. 이러한 경우들에 대해서는, 형법에서 이를 직접적으로 해결하는 규정을 두고 있지는 않고, 단지 제13조에서 고의가 없으면 과실범으로 처벌하고, 제15조 제1항에서 무거운 죄가 되는 사실을 인식하지 못하면 무거운 죄로 벌할 수 없다고 규정하고 있을 뿐이다. 또한 기술하였듯이 가중적 구성요건착오 중 반전된 제15조 제1항의 착오에 대해서도 직접적 규정이 없으며, 한 개의 행위로 2개 이상의 결과를 발생시킨 소위 병발사례의 경우에도 명시적 규정이 없다.[165] 따라서 이하에서는 문제되는 착오의 종류를 분류해보고, 각 유형별로 발생사실에 대한 고의가 인정될 것인지에 대해 학설·판례의 대립을 살펴보도록 한다.

02 **구성요건적 착오의 종류**

1. 구체적 사실의 착오

(1) 의 의

인식·인용한 사실과 발생한 사실의 내용이 구체적으로는 일치하지 아니하지만, 양 사실이 동일한 구성요건에 해당하는 경우의 착오를 말한다.

(2) 종 류

① 객체의 착오 : 객체의 동일성(identity)의 착오(혼동)를 말한다(목적의 착오). 국가7급 09 / 국가9급 12 / 경찰채용 16 1차 / 국가9급 16 / 경찰채용 21 1차

예 甲이라고 생각하고 사살하였는데, 실은 乙이었던 경우

---

165 다만 이러한 착오들을 해결하는 직접적 규정이 없을 뿐, 형법 제13조와 제15조 제1항을 적용해야 하는 것은 분명하다. 문제는 제13조의 "죄가 되는 사실을 인식"하였는지 또는 제15조 제1항의 "중한 죄가 되는 사실을 인식"하였는지를 판단하는 기준을, 후술하는 구체적 부합설이나 법정적 부합설이나 다른 절충적 입장 중 어디에서 구할 것인가에 있다.

② 방법(타격)의 착오 : 행위의 수단·방법이 잘못되어 의도한 객체 이외의 객체에 대하여 결과가 발생한 경우이다. 국가9급 09 / 국가7급 09 / 경찰채용 16 1차 / 경찰채용 21 1차

> **예** 甲을 향하여 총을 발사하였는데, 옆에 있던 乙에게 명중한 경우

2. 추상적 사실의 착오

(1) 의 의

인식·인용한 사실과 발생한 사실이 상이한 구성요건에 해당하는 경우의 착오를 말한다.

(2) 종 류

① 객체의 착오(甲의 개라고 오신하고 甲에게 투석하여 甲이 부상을 입은 경우)
② 방법의 착오(甲의 개를 향하여 발사하였는데, 옆에 있던 甲에게 명중한 경우) 경찰간부 17

---

03 구성요건적 착오와 고의의 성부

1. 구체적 부합설 사시 10

(1) 내 용

행위자가 인식한 사실과 현실적으로 발생한 사실이 구체적으로 부합하는 경우에만 발생사실에 대해 고의·기수범이 성립하고 그 외의 경우에는 고의가 조각된다는 견해이다. 우리나라의 다수설이고 독일에서는 통설·판례의 입장이다.

구 분	객체의 착오	방법의 착오
구체적 사실의 착오	발생사실에 대한 '고의·기수' 사시 11 / 사시 12	
추상적 사실의 착오	인식사실에 대한 '미수'와 발생사실에 대한 '과실'의 상상적 경합 국가9급 10 / 사시 11 / 사시 12 / 국가9급 16	

(2) 비 판

이론적으로는 우수하나, 고의의 인정범위가 협소하다는 비판도 있다.

2. 법정적 부합설 사시 10

(1) 내 용

행위자가 인식한 사실(범죄)과 현실적으로 발생한 사실(범죄)이 법률이 정한 범위 내에서 부합하면(즉 동일한 구성요건 또는 죄질에 속한 경우) 발생사실에 대한 고의·기수범이 성립하고 그 외의 경우에는 고의가 조각된다는 견해이다. 예를 들어, 甲이 X를 죽이려고 총을 쏘았는데 총알이 빗나가 甲이 미처 인식하지 못했던 Y에게 맞아 Y가 사망한 경우에 있어서도 甲은 살인을 의도하였고 발생한 사실도 사람의 사망이었다는 점에서 법률이 정한 범위에서 동일범위 안에 존재하므로 甲에게 Y에 대한 살인기수가 인정된다는 입장이다.[166] 국가7급 09 / 경찰채용 21 1차

---

166 보충 참고로 이 경우 X에 대한 살인미수는 인정되지 못한다. 그것은 X에 대한 살인의 고의가 Y에 대한 살인고의로 전용되고 있기 때문이다. 이 점에서 앞서 설명한 택일적 고의의 경우와는 구별해야 한다.

법정적 부합설은 과거의 다수설이 지지한 입장이다.[167] 판례도 "소위 타격의 착오가 있는 경우라 할지라도 행위자의 살인의 범의 성립에 방해가 되지 아니한다."(대법원 1984.1.24, 83도2813)[168]고 보아 법정적 부합설을 취하고 있다.[169] 법원행시 05 / 법원행시 07 / 국가9급 09 / 국가7급 10 / 경찰채용 11 2차 / 경찰채용 14 1차 / 법원9급 14 / 국가9급 16 / 경찰채용 18 2차 / 경찰채용 18 3차

구 분	객체의 착오	방법의 착오
구체적 사실의 착오	발생사실에 대한 '고의·기수' 법원9급 10 / 사시 11 / 사시 12	
추상적 사실의 착오	인식사실에 대한 '미수'와 발생사실에 대한 '과실'의 상상적 경합 법원9급 10 / 사시 11 / 사시 12	

(2) 법정적 부합설 내의 구성요건부합설과 죄질부합설

① 구성요건부합설 : 행위자가 인식한 사실과 발생한 사실이 같은 구성요건에 속하는 경우에만 발생한 사실에 대한 고의를 인정하는 견해이다.[170]

② 죄질부합설 : 상이한 구성요건 사이에서도 양자 사이에 구성요건이 동일한 경우에는 물론이고 심지어 죄질(罪質)이 동일한 경우에도 고의의 성립을 인정하는 견해로서 전통적인 법정적 부합설의 입장이다.[171] 여기에서 죄질이 부합한다는 것은, 구성요건이 서로 동일한 경우라든지 또는 구성요건은 서로 다르다 하더라도 보호법익이 동일하다는 것을 의미한다.

③ 구성요건부합설과 죄질부합설의 비교 : 두 학설은 甲이 A를 살해하려고 총을 쏘았는데 빗나가 B가 맞아 죽은 경우, B에 대한 살인기수죄를 인정한다는 점에서는 동일하다. 그러나 구성요건은 서로 다르나 죄질이 부합되는 부분이 있는 경우에는 그 해결책이 다르게 된다. 예를 들어, 甲이 사실은 乙이 소유하고 현재 乙이 점유 중인 재물을 점유이탈물로 잘못 알고 가져간 경우, ⊙ 구성요건부합설에 의하면 점유이탈물횡령죄와 절도죄는 동일한 구성요건은 아니기 때문에 인식사실의 미수와 발생사실의 과실의 상상적 경합으로 보아 '점유이탈물횡령미수와 과실절도의 상상적 경합'에 불과하다고 보게 된다. 그런데 형법에서는 둘 다 처벌규정이 없기 때문에 결국 '무죄'가 될 것이다. 한편 ⓒ 죄질부합설에 의하면 양죄 사이에 죄질의 동일성이 있는 부분이 점유이탈물횡령죄의 범위이기 때문에 이 범위 내에서 고의·기수책임을 인정하여 '점유이탈물횡령기수와 과실절도의 상상적 경합'으로서 결국 '점유이탈물횡령기수죄'로 보게 될 것이다. 이렇듯 죄질부합설은 구성요건부합설보다는 고의·기수책임을 인정할 수 있는 범위가 다소 넓어지는 효과가 있다.[172]

---

167 신동운, 이재상, 이태언, 임웅, 정성근·박광민, 진계호 교수 등이 법정적 부합설을 지지하고 있다.

168 판례 : 구체적 사실에 대한 타격(방법)의 착오 : 판례의 법정적 부합설 피고인이 먼저 피해자를 향하여 살의를 갖고 소나무 몽둥이를 양손에 집어들고 힘껏 후려친 가격으로 피를 흘리며 마당에 고꾸라진 피해자와 피해자의 등에 업힌 피해자의 子를 몽둥이로 머리 부분을 내리쳐 피해자의 子를 현장에서 두개골절 및 뇌좌상으로 사망케 한 소위를 살인죄로 의율한 원심조치는 정당하고, 소위 타격의 착오가 있는 경우라 할지라도 행위자의 살인의 범의 성립에 방해가 되지 아니한다(대법원 1984.1.24, 83도2813). 경찰채용 11 2차 / 경찰채용 14 1차 / 국가9급 23

169 사례 : 판례의 법정적 부합설 甲은 乙 등 3명을 상대로 싸움을 하다가 힘이 달리자 옆 포장마차로 달려가 길이 30cm의 식칼을 가지고 나와 이들 3명에게 휘두르다가, 이를 말리면서 식칼을 뺏으려던 丙의 귀를 찔러 상처를 입히고 말았다. 甲의 죄책은? 판례 甲에게 상해의 범의가 인정되며 피해를 입은 사람이 목적한 사람이 아닌 다른 사람이라 하여 과실상해죄에 해당한다고 할 수 없다(대법원 1987.10.26, 87도1745). 사시 10 / 경찰간부 12 / 법원승진 12 / 경찰채용 14 2차 / 경찰간부 17 / 경찰채용 18 2차 학설 구체적 부합설에 의하면 乙에 대한 상해미수죄와 丙에 대한 과실치상죄의 상상적 경합이 성립한다. 그러나 법정적 부합설과 추상적 부합설에 의하면 丙에 대한 상해죄가 성립한다. 판례는 법정적 부합설의 입장에서 甲에게 丙에 대한 상해죄의 성립을 인정하였다.

170 김종원, "구성요건적 착오", 법정, 1977 / 4, 55면.

171 이재상, §13−17; 임웅, 162면; 정성근 / 박광민, 185면.

172 참고 위 사안의 경우에는 형법 제15조 제1항의 명문의 규정에 의해 해결하면 충분하기 때문에 점유이탈물횡령기수죄의 성립을

(3) 병발사례의 해결

① 의의 : 원래 甲이 A를 향해 살인의 고의로 발사한 총알이 빗나가서 옆에 있던 B가 사망한 경우, 구체적 부합설에서는 살인미수와 과실치사죄의 상상적 경합을 인정하지만, 법정적 부합설에서는 A에 대한 살인미수를 인정하지 않고 B에 대한 살인죄의 기수범만 성립한다는 데 견해가 일치한다. 그런데 구성요건적 착오에 있어서 한 개의 행위가 한 개의 결과를 일으킨 데에서 그치지 않고, 행위자의 예상을 뛰어 넘어 두 개 이상의 결과를 발생시킨 경우를 소위 병발(倂發)사례라고 부른다. 병발사례에 대해서는 특히 법정적 부합설에 의한 해결이 문제된다.

② 병발사례 중 문제되는 경우 : 예컨대, 甲이 A를 살해하려고 총을 쏘았는데, 아래와 같은 3가지 결과가 발생하였다고 하자.

ㄱ A가 사망하고 그 총알이 그대로 관통하여 옆에 있던 B도 사망한 경우,

ㄴ A는 사망하고 그 총알이 그대로 관통하여 옆에 있던 B는 상해를 입은 경우,

ㄷ A에게 상해를 입히고 그 총알이 그대로 관통하여 옆에 있던 B를 사망케 한 경우.

③ 병발사례의 해결 : 우선 ㄱ의 경우에는 구체적 부합설과 법정적 부합설 모두 살인죄와 과실치사죄의 상상적 경합을 인정한다. A의 사망에 대하여 甲의 고의가 이미 실현된 것이 되어 A에 대한 살인죄가 성립하는 외에는, —심지어 법정적 부합설에 의하더라도— 옆에 있는 B에 대해서는 고의가 인정될 수 없으므로 과실치사죄에만 해당될 뿐이기 때문이다. 다음 ㄴ의 경우에는 구체적 부합설과 법정적 부합설 모두 살인죄와 과실치상죄의 상상적 경합을 인정한다. 위 ㄱ의 해결과 마찬가지의 법리가 적용되기 때문이다. 문제가 되는 것은 ㄷ이다. 마지막 ㄷ의 경우에는 구체적 부합설에 의하면 A에 대한 살인미수와 B에 대한 과실치사의 상상적 경합이 된다. 그러나 법정적 부합설에 의할 경우에는 견해가 대립되고 있다. 즉 법정적 부합설 내에서도 ⓐ A에 대한 살인미수와 B에 대한 살인기수의 상상적 경합이 된다는 견해, ⓑ A에 대한 과실치상과 B에 대한 살인기수의 상상적 경합이 된다는 견해, ⓒ A에 대한 살인미수와 B에 대한 과실치사의 상상적 경합이 된다는 견해 그리고 ⓓ A에 대한 살인미수는 B에 대한 살인기수죄에 흡수되어 B에 대한 살인기수죄만 성립한다는 견해(법정적 부합설 내에서는 다수견해)[173]가 대립하고 있는 것이다. 다만 ⓓ의 입장에 대해서는, A가 상해를 입은 부분에 대해 죄책을 묻지 않는 것이 과연 타당한가라는 의문이 있다.

(4) 비 판

법정적 부합설에 대하여는 구성요건실현의 가능성에 관한 인식뿐 아니라 구성요건실현에 대한 인용까지 요구되는 고의의 본질에 반한다는 비판이 있다.

3. 추상적 부합설 사시 10

(1) 내 용

행위자의 범죄의사에 기하여 범죄가 발생한 이상 인식사실과 발생사실이 추상적으로 일치하는 범위 내에서 고의·기수범을 인정한다는 입장이다. 즉 무거운 사실이 발생한다면 그러한 무거운 사실 내에 가벼운 사실의 발생도 있었다고 보는 것이고, 무거운 사실을 인식하였다면 그러한 무거운 사실의 인식 내에 가벼운 사실에 대한 인식도 있었다고 인정하는 입장이다.

인정하면 될 것이다. 제15조 제1항이 명시적으로 규정한 경우라면 명문의 규정에 의하여 해결하는 것이고, 명시적 규정이 없는 경우일 때 학설의 대립을 검토하면 된다.
173 이재상, §13-26; 임웅, 168면; 정성근 / 박광민, 189면.

예컨대, 甲이 X의 재물을 손괴하기 위하여 총을 쏘았는데 그 총알이 빗나가 甲이 미처 인식하지 못했던 X에게 명중하여 X가 사망한 경우에, X의 사망 내에는 X의 재물에 대한 손괴의 결과도 추상적으로 내재되어 있다고 보아 손괴기수와 과실치사죄의 상상적 경합을 인정하게 되며, 만일 甲이 X를 살해하려고 총을 쏘았는데 총알이 빗나가 X의 재물이 손괴된 경우에는 X에 대한 살인의 고의 내에 손괴의 고의도 들어 있었다고 인정하여 甲에 대하여 X에 대한 살인미수죄와 손괴기수죄의 상상적 경합을 인정하게 된다(다만 이 경우 가벼운 죄는 무거운 죄에 흡수되기 때문에 무거운 범죄의 미수인 살인미수죄만 성립한다고 보게 됨).

구 분	객체의 착오	방법의 착오
구체적 사실의 착오	발생사실에 대한 '고의·기수'	
추상적 사실의 착오	• 輕한 인식으로 重한 결과 발생의 경우 : 인식사실 '고의·기수'와 발생사실 '과실'의 상상적 경합 • 重한 인식으로 輕한 결과 발생의 경우 : 인식사실 '미수'와 발생사실 '고의·기수'의 상상적 경합(다만 무거운 죄의 미수로 흡수될 수 있음)	

(2) 비 판

추상적 부합설은 도대체 구성요건적 정형성에 부합될 수 없다는 비판을 면할 수 없을 것이다. 학계와 실무계에서 추상적 부합설은 전혀 지지를 못 받고 있는 입장으로서, 향후 교과서에서 추상적 부합설의 입장은 폐기될 것으로 예상된다(다만 수험에서는 학습은 필요함). 따라서 구성요건착오의 해결에 대해서 실질적으로 대립하는 학설은 구체적 부합설과 법정적 부합설이라고 할 수 있다.

4. 결 론

구체적인 유형과 관련하여 본다면 객체의 착오에 대한 고의의 성립범위에 관하여는 구체적 사실이건 추상적 사실이건 간에 구체적 부합설과 법정적 부합설의 결론에 차이가 없다. 즉 객체의 착오의 경우 구체적 사실의 착오에는 실현된 사실의 고의기수범, 추상적 사실의 경우에는 인식한 사실의 미수범과 실현된 결과의 과실범의 상상적 경합범이 인정된다고 보고 있다. 또한 방법의 착오의 경우에도 추상적 사실의 착오에는 인식사실의 미수와 실현사실의 과실범의 상상적 경합범이 성립한다는 데 구체적 부합설과 법정적 부합설 간의 차이가 없다.

그렇다면 논의의 중점은 방법의 착오 중 구체적 사실의 착오의 경우가 된다. 예를 들어, 甲이 A를 살해하려고 총을 쏘았으나 빗나가 甲이 생각하지 못한 B가 맞아 죽은 경우, 구체적 부합설에 의하면 A에 대한 살인미수와 B에 대한 과실치사의 상상적 경합을 인정할 것이고, 법정적 부합설에 의하면 B에 대한 살인기수를 인정할 것이다. 생각건대 甲이 미처 인식하지 못한 B의 죽음에 대해서 고의를 인정한다는 것은 고의의 본질에 어긋나는 것이므로 법정적 부합설의 입장은 타당하지 않다. 만약 B가 甲의 처(妻)나 아들·딸이었다고 해보면 문제는 더 분명해진다. 법정적 부합설에 의하면 甲에게 B에 대한 살인의 고의(인식과 '인용')를 인정하게 될 것인데, 이는 고의의 본질을 '지적 요소와 의지적 요소의 결합'으로 이해하고, 미필적 고의와 인식있는 과실을 '인용설'에 의해 구별한다는 고의의 법리에 비추어 볼 때 부당한 결론이 될 것이다. 따라서 A에 대한 살인미수죄와 B에 대한 과실치사죄의 상상적 경합으로 이해하는 구체적 부합설이 입장이 타당하다고 생각된다.[174]

---

174 보충 다만, 생명과 같은 일신전속적 법익이 아니라 비전속적 법익의 경우에는 평가가 달라질 수 있다. 예컨대 甲이 동물병원에서 절도의 고의를 乙의 개를 데리고 온다고 생각하였으나 사실은 개줄을 잘못 잡아 그 옆에 있는 丙의 개를 데리고 온 경우(구체적 사실에 관한 방법의 착오), 甲에게는 발생한 사실인 丙의 개를 가져온 절도죄의 기수책임을 물어도 무방할 것이다. 그러므로 이 범위에서는 구체적 부합설보다는 법정적 부합설이 타당성이 있다. 따라서 구체적 부합설과 법정적 부합설의 장점을 결합한 절충설의 주장도 가능한 것이나, 본서의 특성상 이에 관한 논의는 생략한다.

학 설 \ 유 형	구체적 사실의 착오		추상적 사실의 착오	
	객체의 착오	방법의 착오	객체의 착오	방법의 착오
구체적 부합설			인식사실의 미수+발생사실의 과실 (상상적 경합)	
법정적 부합설(판례)				
추상적 부합설	발생사실에 대한 고의기수		① 경죄 고의−중한 결과 발생⇨경죄 기수+ 과실(결과)(상·경) ② 중죄 고의−경한 결과 발생⇨중죄 미수+ 경죄 기수(상·경) : 중죄미수로 흡수	

5. 관련문제 : 반전된 제15조 제1항의 착오

(1) 문제의 소재 : 형법 제15조 제1항은 무거운 죄가 되는 사실을 인식하지 못한 경우만 규정하고 있지, 반대로 무거운 죄를 인식했는데 가벼운 죄가 발생한 경우는 규정하고 있지 않기 때문에 이에 대해서는 학설과 판례에 위임되어 있는데, 판례는 아직 명시적 입장이 없으므로 학설의 입장을 검토할 필요가 있다.

(2) 착오의 유형 : 반전된 제15조 제1항의 착오에는 객체의 착오와 방법의 착오가 있을 수 있다. 우선 객체의 착오는 예컨대, 甲이 B를 자기 아버지인 A라고 오인하고 총을 쏘아 살해한 경우이고, 나머지 방법의 착오는 甲이 자기 아버지 A를 살해할 고의로 총을 쏘았는데 총알이 빗나가 일반인 B가 맞아 사망한 경우이다. 학설에서는 우선 이러한 착오의 유형을 구체적 사실의 착오로 보는 견해도 있으나, 추상적 사실의 착오로 보는 것이 보통의 관점이다.[175]

(3) 반전된 제15조 제1항의 착오의 해결 : 추상적 사실의 착오의 경우에는 구체적 부합설이나 법정적 부합설에 의할 때 '인식사실의 미수와 발생사실의 과실의 상상적 경합'이 될 것이다. 구체적인 해결방법에 대해서 학설의 대립은 다음과 같다.

① 객체의 착오의 해결

㉠ 법정적 부합설

ⓐ 구성요건부합설 : 존속살해죄와 보통살인죄는 그 구성요건이 동일하지 않기 때문에 인식사실의 미수와 발생사실의 과실의 상상적 경합으로 해결하여, '존속살해의 미수와 보통살인의 기수의 상상적 경합'[176]을 인정하게 된다.[177]

ⓑ 죄질부합설 : ㉮ 보통살인기수죄만 된다는 입장[178]도 있고, ㉯ 존속살해미수와 보통살인기수의 상상적 경합이 인정된다는 입장[179]도 있다.

㉡ 구체적 부합설 : 추상적 사실의 착오의 경우이므로, 존속살해의 (불능)미수와 보통살인기수의 상상적 경합이 성립한다고 보게 된다.[180] 구체적 부합설에 의하더라도 甲이 B에 대해 일으킨 착오가 객체의 착오인 이상 B를 보통살인의 의도로 살해한 것은 인정되어야 하므로 B에 대한 보통살인기수죄의 죄책은 인정되어야 한다. 이 견해가 타당하다고 생각된다. 경찰채용 21 1차

---

175 이를 구체적 사실에 관한 착오와 추상적 사실에 관한 착오가 결합된 경우로 보아야 한다는 견해는 손동권, 143면 참조.
176 이해를 위한 조언 독자들은 '발생사실의 과실'이므로 과실치사죄로 생각할지 모르지만, 존속살해의 고의 내에 보통살인의 고의는 있었다고 인정되는 것이므로 '보통살인기수'가 되는 것이다.
177 김종원, 형법각론(上). 법문사, 1971, 41면.
178 이재상, 형법각론, §2−37; 정성근, 형법각론, 법지사, 1996, 62면; 황산덕, 형법각론, 방문사, 1983, 163면.
179 임웅, 171면.
180 김일수 / 서보학, 249면; 박상기, 형법각론, 29면; 손동권, 144면; 이형국, 연구 I , 30면.

② 방법의 착오의 해결

 ㉠ 법정적 부합설 : 존속살해의 장애미수와 보통살인기수의 상상적 경합을 인정한다.

 ㉡ 구체적 부합설 : 존속살해의 미수와 (일반인에 대한) 과실치사죄의 상상적 경합을 인정한다. 구체적 부합설에 의할 때 甲이 B에 대해 일으킨 착오는 방법의 착오라는 점에서 B가 사망한다는 구체적 사실에 대한 인식은 없었기 때문에 살인기수는 인정되지 않고 '과실치사죄'만 인정될 뿐이다. 역시 구체적 부합설의 결론이 타당하다고 생각된다.

04 인과관계의 착오

 인과관계의 착오라 함은 행위자가 행위와 결과 사이의 인과경과를 인식하지 못한 경우, 즉 인식한 사실과 발생한 사실은 일치하지만 그 결과에 이르는 인과과정이 행위자가 인식했던 인과과정과 다른 경우를 말한다. 인과관계의 착오 중에서 주로 문제가 되는 것은 행위자는 제1행위로 결과가 발생하였다고 생각했으나 사실은 제2행위로 인하여 결과가 발생한 경우로서, 기술한 개괄적 고의의 경우이다(자세한 검토는 기술한 개괄적 고의 참조).[181]

---

181 인과관계의 착오에는 이외에도 하나의 행위를 하였는데 생각한 인과과정과는 다른 인과과정에서 결과가 발생한 경우라든지 제1행위로 이미 결과가 발생하였는데 제2행위로 결과를 발생시킨다고 생각한 경우가 있다. 이러한 경우들은 대체로 기수범의 책임을 물을 수 있지만, 자세한 검토는 생략한다.

	목 차	난 도	출제율	대표 지문
제1절 위법성의 일반이론	01 위법성의 의의	下	★	• 위법성이 조각되기 위해서는 객관적 정당화상황과 더불어 주관적 정당화요소가 필요하다는 견해에 의하면 우연방위는 위법성이 조각되지 않는다. (○) • 순수한 결과반가치론에 의하면 위법성이 조각되기 위해서는 객관적 정당화상황만 있으면 족하고 주관적 정당화요소는 불필요하다고 보기 때문에 우연방위는 위법성이 조각된다. (○)
	02 위법성의 본질	中	★★	
	03 위법성의 평가방법	中	★★	
	04 위법성조각사유	下	★	
	05 주관적 정당화요소	中	★★★	
제2절 정당방위	01 서 설	下	★	• 고의에 의한 방위행위가 위법성이 조각되기 위해서는 정당방위 상황뿐 아니라 행위자에게 방위의사도 인정되어야 한다. (○) • 부작위나 과실에 의한 침해에도 정당방위가 가능하다. (○) • 위법성조각설에서는 생명과 생명의 법익이 충돌하는 경우와 같이 이익형량이 불가능한 경우의 불처벌 근거를 적법행위에 대한 기대불가능성에서 찾는다. (○)
	02 성립요건	中	★★★	
	03 정당방위의 (사회윤리적) 제한	中	★★	
	04 과잉방위와 오상방위	中	★★	
제3절 긴급피난	01 서 설	中	★	• 정당방위는 부당한 침해에 대한 방어행위인데 반해 긴급피난은 부당한 침해가 아닌 위난에 대해서도 가능하다. (○) • 임신의 지속이 모체의 건강을 해칠 우려가 현저할 뿐더러 기형아 내지 불구아를 출산할 가능성마저도 없지 않다는 판단 하에 부득이 취하게 된 산부인과 의사의 낙태수술행위는 긴급피난에 해당한다. (○) • 위난을 피하지 못할 책임 있는 자에 대한 긴급피난의 제한은 절대적인 것이 아니라 직무수행상 의무적으로 감수해야 할 범위 내에서 긴급피난을 인정하지 않는 것이다. (○)
	02 성립요건	中	★★★	
	03 긴급피난의 제한의 특칙	下	★	
	04 과잉피난과 면책적 과잉피난	下	★	
	05 의무의 충돌	中	★★	
제4절 자구행위	01 서 설	下	★	• 자구행위의 본질은 부정(不正) 대 정(正)의 관계에 있다는 점에서 정당방위와 동일하다. (○) • 길에서 우연히 만난 아내의 채무자를 붙잡아 집으로 데려온 행위는 자구행위에 해당한다. (×)
	02 성립요건	中	★★	
	03 과잉자구행위	中	★★	
제5절 피해자의 승낙	01 양해와 피해자의 승낙 및 추정적 승낙의 의의	下	★	• 형법 제24조는 '처분할 수 있는 자의 승낙에 의하여 그 법익을 훼손한 행위는 법률에 특별한 규정이 있는 경우에 한하여 벌하지 아니한다'라고 규정하고 있다. (×) • 형법상 승낙은 명시적으로 외부로 표시될 것을 요하며 묵시적 승낙은 유효한 승낙이 될 수 없다. (×)
	02 승낙과 양해의 구별	下	★	
	03 양 해	中	★★	
	04 피해자의 승낙	中	★★	
	05 추정적 승낙	中	★★	
제6절 정당행위	01 서 설	下	★	• 직장의 상사가 범법행위를 하는데 가담한 부하에게 직무상 지휘·복종관계에 있다 하여 범법행위에 가담하지 않을 기대가능성이 없다고 할 수 없다. (○)
	02 정당행위의 내용	中	★★★	

구 분	국가7급						국가9급						법원9급						경찰간부					
	18	19	20	21	22	23	19	20	21	22	23	24	18	19	20	21	22	23	18	19	20	21	22	23
제1절 위법성의 일반이론	1	2		1	1		2					1		1					2					
제2절 정당방위			1	1	1	1									1		1				1			1
제3절 긴급피난																								
제4절 자구행위									1			1												
제5절 피해자의 승낙			1			1	1	1	1										1	1	1			
제6절 정당행위				1			1	1			1				1	2	1				1	1		
출제빈도수			12/130						12/120						7/150						9/228			

CHAPTER

03

위법성론

• 객관적 위법성론과 주관적 위법성론	• 주관적 정당화요소	• 우연적 방위
• 자기 또는 타인의 법익 • 현재의 부당한 침해 • 상당한 이유	• 사회윤리적 제한 • 과잉방위 • 면책적 과잉방위	• 오상방위
• 긴급피난의 본질 • 자기 또는 타인의 법익	• 현재의 위난 • 보충성과 균형성	• 정당화적 의무충돌 • 면책적 의무충돌
• 법정절차에 의한 청구권 보전의 불가능	• 과잉자구행위	
• 승낙과 양해의 구별 • 처분할 수 있는 자의 승낙	• 승낙에 의한 행위의 상당성 • 법률에 특별한 규정이 없을 것	• 추정적 승낙의 법적 성질과 특유한 요건
• 법령에 의한 행위	• 업무로 인한 행위	• 사회상규에 위배되지 아니하는 행위

경찰채용						법원행시						변호사					
19	20	21	22	23	24	19	20	21	22	23	24	19	20	21	22	23	24
	3	1				1	2					1					
			1				1		1			1		1			
				1													
		1	1	1	1	1		1						1			
1		1	1	2	1				1	1					1		
16/264						9/240						5/120					

CHAPTER

03 위법성론

제1절 | 위법성의 일반이론

01 위법성의 의의

위법성(違法性; Rechtswidrigkeit)이라 함은 어떤 행위가 우리 사회의 전체적 법질서에 위반하는 것을 말한다. 따라서 위법성이라는 개념은 개별적 형법질서에만 반하는 것을 말하는 것이 아니라, 우리 사회 전체의 가치질서에 비추어 볼 때 정당하지 못하다는 성질을 말하는 것이다.

표정리 위법성과 불법(Unrecht)

구 분	위법성	불 법
개 념	행위가 법질서 전체의 명령(금지규범)에 충돌함[관계 개념, 형식적 개념]	구성요건에 해당하고 위법한 행위 그 자체[실체 개념, 실질적 개념]
성 질	• 보편성(전체 법질서영역과 관련) • 단일성·동일성	• 특수성(형법적 불법, 민법적 불법 등 세분화) • 양적·질적 상이성
판단방법	법질서 전체에 대한 충돌 여부로 일도 양단의 판단	충돌 정도에 따라 양적·질적으로 세분화된 개별적 판단

02 위법성의 본질

1. 형식적 위법성론 사시 10

형식적 위법성론(形式的 違法性論; formelle Rechtswidrigkeit)은 위법성 평가의 기준을 형식적인 **법률의 규정**(실정법) 그 자체에 두고, 이에 위반하면 위법이라고 하는 견해이다.

2. 실질적 위법성론 사시 10

실질적 위법성론(實質的 違法性論; materielle Rechtswidrigkeit)은 위법성 평가의 기준을 형식적인 법률의 바탕에 자리잡은 실질적 기준에 두고, 이에 위반하면 위법이라고 하는 견해이다. 현행 형법 제20조의 사회상규(社會常規)도 실질적 위법성론의 표현으로 이해된다.[182]

---

182 다만, 위법성은 평가 그 자체에 불과하고, 위법성의 내용(실질)을 따진다는 것은 결국 불법의 본질이 무엇인가의 문제와 통하게 되고, 불법이라는 것은 행위의 측면에서는 행위자의 행위반가치를, 결과의 측면에서는 법익침해 또는 그 위험성을 의미한다(이원적·인적 불법론)는 것은 이미 검토한 바 있다.

권리침해(Feuerbach), 법익침해(Birnbaum, v. Liszt, Jescheck), 문화규범위반(Binding, M.E.Mayer), 공서양속위반, 반사회적 윤리성(Nagler), 공동체질서에 대한 감내할 수 없는 침해(Jescheck)

3. 검토 및 소결

실질적 위법성론을 원칙으로 하지만 양 설은 상호보완적인 내용으로 보아야 한다.

03 위법성의 평가방법

1. 객관적 위법성론 사시 10

객관적 위법성론(客觀的 違法性論; objektive Rechtswidrigkeit)은 법규범을 그것에 의하여 행위의 위법성을 측정하는 평가규범으로 보고, 평가규범에 위반하는 것이 위법이라고 하는 견해이다(통설). 따라서 책임무능력자의 행위도 위법이라고 평가되는 한 위법성이 인정된다고 설명한다. ➡ 이에 대하여 정당방위 가능 사시 12

2. 주관적 위법성론 사시 10

주관적 위법성론(主觀的 違法性論; subjektive Rechtswidrigkeit)은 위법성은 개인의 의사에 직접 영향을 미치기 위한 명령의 형태로 나타나는 의사결정규범에 대한 위반을 의미한다는 견해이다. 이 견해는 책임무능력자는 규범의 수명자가 될 수 없어 위법하게 행위할 수 없다고 주장한다. ➡ 이에 대해 정당방위 불가, 사시 12 긴급피난 가능[183]

3. 검토 및 소결

위법성은 행위(행위·결과)에 대한 반가치판단이고, 책임은 행위자에 대한 반가치판단으로(위법성은 객관적으로,[184] 책임은 주관적으로) 파악해야 한다. 따라서 객관적 위법성론이 옳다.

---

[183] 주의 : 책임무능력자의 침해에 대한 정당방위의 사회윤리적 제한 다만 책임무능력자의 침해에 대한 정당방위행위는 **사회윤리적 제한**이 가해진다. 이는 **정당방위(권)의 (사회윤리적) 제한**에서 후술한다.

[184] 참고 : '위법성은 객관적으로'의 의미 주관적 불법요소의 발견과 구성요건적 고의의 개념이 보편화됨에 따라 객관적 위법성론도 변화하게 된다(행위반가치와 결과반가치 부분 참조). 예컨대 이제는 위법성조각을 위해서는 주관적 정당화요소도 필요하다는 것이 보편적 인식이다. 따라서 '위법성은 객관적으로, **책임은 주관적으로**'라는 원칙은 제한적으로 이해되어야 할 것이다. 즉 이는 위법성평가의 대상 내지 내용에 대한 원칙이라기보다는 위법성의 평가방법에 대한 원칙으로 고려되어야 하는 것이다. 여하튼 위법성은 객관적으로 판단하라는 명제는 아직도 유효하다. 위법성판단은 행위자 개개인의 주관적인 처지나 입장이 아니라 전체적·객관적 판단을 통하여 내려져야 하기 때문이다. 결국 위법성은 객관적이지만 그 위법성판단의 대상에는 주관적 요소도 포함되는 것으로 이해하면 된다.

04   위법성조각사유

1. 종 류

위법성조각사유는 형법상 총칙·각칙뿐만 아니라, 기타 형사소송법, 민법, 민사집행법 등에서 그 예를 찾을 수 있다.

표정리 위법성조각사유의 예

형법상의 위법성조각사유	총 칙	정당방위, 긴급피난, 자구행위, 피해자의 승낙, 정당행위
	각 칙	도박죄의 일시오락의 정도(제246조 제1항), 명예훼손죄에서 사실의 증명(제310조)
기타의 위법성조각사유	형사소송법	긴급체포권(제200조의3), 현행범체포행위(제212조)
	민 법	정당방위·긴급피난(제761조), 점유권자의 자력구제(제209조)
	민사집행법	집행관의 강제집행권(제43조)
	모자보건법	인공임신중절수술(제14조)

2. 위법성조각사유의 일반원리

이익교량설 또는 목적설 등의 일원론이 제시된 바 있으나, 위법성조각사유를 관통하는 기본근거를 일원론 (monistische Theorie)으로써 논하는 것은 타당하지 않다는 전제 아래, ① 피해자의 승낙·추정적 승낙에 의한 행위에 있어서는 이익흠결의 원칙이, ② 법익침해에 대해서는 우월적 이익의 원칙과 정당한 목적의 원칙이 기본적으로 타당한 위법성조각사유의 원리이고, 이러한 원리는 개개의 위법성조각사유에 대해서 개별적으로 작용하는 것이 아니고 상호 다양하게 결합되어 작용하게 된다는 다원론(pluralistische Theorie)(개별설)이 통설 이다.

05   주관적 정당화요소

1. 의의 및 내용

(1) 의의 및 요부

① 의의 : 주관적 정당화요소(subjektive Rechtfertigungselement)라 함은 객관적 정당화상황이 존재한다는 것과 이에 근거하여 행위한다는 행위자의 인식을 말한다(**예** 정당방위의 '방위하기 위한' 방위의사, 긴급피 난의 '피하기 위한' 피난의사, 의무의 충돌의 '의무충돌상황에서 고가치·동가치의 의무를 이행한다는' 의사, 자구 행위의 '피하기 위한' 자구의사, 피해자의 승낙의 '처분할 수 있는 자의 승낙에 의하여 그 법익을 훼손한다'는 의사, 추정적 승낙의 '현실적 승낙을 받을 수 없지만 객관적으로 승낙이 추정될 것'이라는 양심적 심사, 정당행위 의 '행위의 동기나 목적의 정당성').

② 요부 : 구성요건에 해당하는 행위가 위법성이 조각되려면 위법성조각사유의 객관적 상황이 있는 것만 으로는 부족하고 위법성조각상황을 인식할 것이 요구되는데, 이는 2원적·인적 불법론(통설)을 취하 는 전제 하에서는 논리적 귀결이다. 국가7급 08 / 국가9급 12 행위자의 행위불법을 조각시키기 위해서는 위법성이 조각되는 상황에 대한 행위자의 의사적 요소가 존재해야 하기 때문이다. 판례도 "정당행위

를 인정하려면 첫째, 그 행위의 동기나 목적의 정당성 … 등의 요건을 갖추어야 한다."(대법원 2000.4.25, 98도2389)고 판시하면서 그 필요성을 긍정하고 있다(대법원 1999.2.23, 98도1869; 1992.9.25, 92도1520; 2000.3.10, 99도4273). 국가7급 11

(2) 내 용

주관적 정당화요소가 인정되기 위하여는 ① 위법성조각적 상황에 대한 인식만으로도 충분하다는 견해[185] 와 ② 개별적 위법성조각사유별로 달리 논하여야 한다는 견해[186] 그리고 ③ 인식적 요소뿐만 아니라 의사적 요소도 구비되어야 한다는 견해(다수설) 등이 대립하고 있다. 판례는 제2설 내지 제3설의 입장이다(대법원 1997.4.17, 96도3376; 1980.5.20, 80도306). 국가7급 09

2. 주관적 정당화요소를 결한 경우의 효과 국가7급 14

객관적 정당화상황은 있으나 주관적 정당화요소가 없는 경우를 소위 우연적 방위, 우연적 피난, 우연적 자구행위라고 부른다. 그 법적 해결에 대해서는 아래와 같은 학설 대립이 있다.

예 • 우연적 방위의 예 : 상어파 보스 甲이 고래파 보스 乙을 죽이려고 총을 겨누고 있었는데 乙이 甲을 습격하여 甲을 살해한 경우 ⇨ 乙에게는 객관적으로는 정당방위의 상황이 있으나 정당방위의 의사가 없다.
  • 우연적 피난의 예 : 야간에 A의 집에 LP가스가 새어나와 실내에 가스가 가득 차 식구들 모두가 위험에 빠졌지만 절도범 甲이 베란다 문을 열고 침입하는 바람에 환기가 된 경우 ⇨ 甲에게는 긴급피난의 객관적 상황이 있으나 긴급피난의 의사가 없다.

| 표정리 | 주관적 정당화요소를 결한 경우의 효과 |

학 설	내 용
(순수한) **결과반가치론**[187] **주관적 정당화요소불요설** **위법성조각설** (무죄설)	결과반가치만 있으면 불법이 충족된다고 이해하므로 결과불법만 조각되어도 불법이 부정된다는 점에서, 객관적으로 존재하는 정당화상황을 행위자가 인식하지 못하고 행위한 경우에도 위법성이 조각된다는 견해이다.[188] 국가7급 09 / 경찰승진 12 / 국가9급 12 / 사시 12 / 사시 14 / 경찰간부 17 / 경찰채용 20 2차
기수범설	행위의 위법성이 인정되고 구성요건적 결과까지도 발생했으므로 결과반가치를 부정할 수 없다는 점에서 기수범이 된다는 견해이다.[189] 사시 12 / 사시 14
불능미수범설 (다수설)	(주관적 정당화요소가 없으므로) 행위반가치는 있으나 (객관적 정당화상황은 존재하므로) 결과반가치가 없는 경우이기 때문에 불능미수[190] 규정을 유추적용하자는 입장이다. 국가7급 09 / 경찰승진 12 / 국가9급 12 / 사시 14 / 경찰간부 17 객관적 정당화상황이 존재하지 않는 상황에서 행해진 행위와는 그 결과불법적 측면에서 구별되어야 한다는 점과 기수범설보다는 피고인에게 유리하다는 점에서 이 설이 타당하다고 생각된다.

---

185 박상기, 150면; 이형국, 131면.
186 손해목, 406면; 이재상, §16−26.
187 주의 반면 **순수한 행위반가치론**(일원적·인적 불법론)을 취하면 주관적 정당화요소가 결여된 경우에는 행위반가치가 있고, 행위반가치만 있으면 불법이 충족되므로 기수가 된다고 본다.
188 국내에서는 유일하게 차용석, 596면.
189 배종대, 298면; 이재상, §16−28.
190 보충 : 불능미수와 우연방위 불능미수라 함은 행위자는 불법이 충족되리라 믿고 행위를 하였으나 결과발생이 불가능한 경우를 말한다. **우연적 방위**도 행위자는 기수가 될 것이라고 믿고 행위를 하였으나 객관적 정당화상황이 존재하므로 처음부터 불법이 충족될 수 없었던 경우라는 점에서, 양자는 유사성이 있다. 국가7급 09

제2절 | 정당방위

01 서 설

제21조【정당방위】① 현재의 부당한 침해로부터 자기 또는 타인의 법익(法益)을 방위하기 위하여 한 행위는 상당한 이유가 있는 경우에는 벌하지 아니한다. 〈우리말 순화 개정 2020.12.8.〉 법원9급 07(상)

정당방위(正當防衛, Notwehr)는 부당한 침해를 방어하기 위한 행위이므로 '不正 대 正'의 관계에 있다. 경찰승진 13 정당방위의 이론적 근거로서는 '자기보호의 원리(Schutzprinzip)'와 '법수호의 원리(Rechtsbewährungs – prinzip)' 가 자리잡고 있다.

02 성립요건

정당방위가 인정되기 위해서는 자기 또는 타인의 법익에 대한 현재의 부당한 침해가 우선 존재해야 하며, 이를 정당방위의 객관적 전제조건 또는 객관적 정당화상황이라고 한다. 또한 이러한 부당한 침해에 대하여 방위하고자 하는 의사인 주관적 정당화요소와 이에 기한 행위가 있어야 한다. 변호사 12 그렇다면 이러한 상황과 방위의사에 기한 행위이면 모두 정당방위로 볼 수 있는가? 그렇지는 않을 것이다. 일정한 범위 내에서 정당방위는 행해져야 한다. 이를 상당성이라고 하며 조문에서는 상당한 이유가 있어야 한다고 표현되어 있다. 위와 같은 3가지 요건이 인정되어야 정당방위가 성립하여 위법성이 조각된다. 법원9급 06

1. 자기 또는 타인의 법익에 대한 현재의 부당한 침해

– 정당방위상황(Notwehrlage; 정당방위의 객관적 전제조건)

(1) 자기 또는 타인의 법익

① 법익의 범위 – 개인적 법익 : 법에 의하여 보호되는 모든 개인적 이익을 말한다.

> **판례연구** 보리밭 사례 : 개인적 법익을 위한 정당방위
>
> 대법원 1997.5.24, 76도3460
> 국유토지가 공개입찰에 의하여 매매되고 그 인도집행이 완료되었다 하더라도 그 토지의 종전 경작자인 피고인이 파종한 보리가 30센티 이상 성장하였다면 그 보리는 피고인의 소유로서 그가 수확할 권한이 있다 할 것이어서 토지매수자가 토지를 경작하기 위하여 소를 이용하여 쟁기질을 하고 성장한 보리를 갈아엎게 하는 행위는 피고인의 재산에 대한 현재의 부당한 침해라 할 것이므로 이를 막기 위하여 그 경작을 못 하도록 소 앞을 가로막고 쟁기를 잡아당기는 등의 피고인의 행위는 정당방위에 해당된다. 경찰채용 12 3차

② 국가적 법익 : 국가의 재산권과 같은 개인적 법익에 대한 침해가 있는 때에는 정당방위가 가능하지만(통설), '국가의 전체적 법질서를 보호하기 위한 정당방위가 가능한가'에 대해서 견해가 대립하고 있다. 여기에는 ㉠ 사인에게는 원칙적으로 국가적 정당방위가 허용되지 않고 국가가 스스로 방위수단을 취할 수 없는 예외적인 경우에만 허용될 수 있다는 견해(제한적 인정설[191])와 ㉡ 긴급피난이나 정당행

위 등의 다른 위법성조각사유가 거론될 수 있음은 별론으로 하되 정당방위는 인정될 수 없다는 견해 (부정설[192])가 대립하고 있다. **판례**는 이 부분에 관하여 명시적인 입장은 보여주고 있지 않다.

제한적 인정설은 예를 들어, 국가기밀을 가지고 월경(越境)하려는 간첩을 시민이 폭력적으로 저지하는 것은 정당방위가 된다고 주장하나, 위와 같은 상황은 우리 국가에 대한 '위난'의 개념으로 보아 긴급 피난으로 해결하거나 또는 현행범 체포 상황으로 보아 정당행위로 보는 것이 더욱 적절하다는 의미에서 부정설이 타당하다고 생각된다.

🔥 판례연구 국가적 법익을 위한 정당방위는 허용되지 않는다는 판례

대법원 1993.6.8, 93도766
서면화된 인사발령 없이 국군보안사령부 서빙고분실로 배치되어 이른바 "혁노맹"사건 수사에 협력하게 된 사정만으로 군무이탈행위에 군무기피목적이 없었다고 할 수 없고, 국군보안사령부의 민간인에 대한 정치사찰을 폭로한다는 명목으로 군무를 이탈한 행위는 정당방위나 정당행위에 해당하지 아니한다. 경찰채용 23 1차

---

③ 사회적 법익 : 사회적 법익에 대한 침해를 방위하기 위한 정당방위는 인정될 수 없다.

  예 포르노영화를 상영하는 극장에 최루탄을 던진 경우 내지 무면허운전자나 무허가노점상의 영업을 방해하는 행위는 정당방위일 수 없다. 사회의 건전한 성풍속이나 안전한 도로교통 및 건전한 영업질서와 같은 사회질서는 정당방위의 보호대상인 법익이 아닌 사회적 법익으로 보아야 하기 때문이다. 물론 무면허운전이나 음주운전으로 타인의 생명 등의 개인적 법익에 침해를 입힐 수 있는 상황은 정당방위가 가능한 경우가 된다.

④ 타인의 법익 : 자기의 법익뿐 아니라 타인의 법익에 대한 현재의 부당한 침해를 방위하기 위한 행위도 상당한 이유가 있으면 정당방위에 해당하여 위법성이 조각된다(대법원 2017.3.15, 2013도2168 : 위법체포에 항의한 변호사 사건[193]).

(2) 침해 – 인간에 의해 행해지는 법익에 대한 침해

① 사람의 침해(Angriff)

  ㉠ 행위로서의 성질 : 사람의 침해행위라면 고의적인 침해행위임이 보통이지만 경우에 따라서는 과실에 의한 침해행위의 경우에도 정당방위가 불가능한 것은 아니다. 법원9급 07(하) / 법원9급 08 / 국가7급 11

  ㉡ 동물 · 물건에 의한 침해 제외

    ⓐ 인간의 침해일 것이 요구되므로 동물의 공격이나 자연현상과 같은 것은 본조의 침해가 아니다.

    ⓑ 다만, 동물을 이용 · 사주한 사람의 침해에 대해서는 정당방위가 가능하다. 국가9급 07 또한 사육주의 과실에 의한 동물의 공격에 대해서도 정당방위가 가능하다.

② 침해의 종류 및 부작위에 의한 침해

  ㉠ 침해의 종류 : 작위 · 부작위 모두 가능하다. 국가7급 11 / 경찰간부 11

---

191 김성천 / 김형준, 321면; 신동운, 271면; 이재상, §17−16 등.
192 김일수 / 서보학, 303면; 박상기, 174면; 배종대, 339면; 손동권, 177면; 이정원, 167면; 오영근, 332면; 정성근 / 박광민, 227면 등.
193 보충 대법원은 2017.3.15. 지난 2009년 6월경 쌍용자동차 평택공장 점거농성 현장에서 발생한 민변 노동위원장인 피고인 권○○(변호사)에 대한 공무집행방해 등 사건에서 검사의 상고를 기각하여, 피고인이 위 현장에서 경찰의 노조원에 대한 불법체포를 목격하고 이를 항의하는 과정에서 유형력을 행사하였다고 하더라도 경찰의 노조원에 대한 체포행위가 적법한 공무집행이라 할 수 없는 이상 공무집행방해죄가 성립하지 아니하고, 그 과정에서 전투경찰대원들에게 가볍지 아니한 상해를 입게 하였다고 하더라도 피고인이 유형력을 행사한 경위와 동기, 상해 발생 경위, 상해 부위 등을 종합하여 볼 때 정당방위에 해당한다는 이유로, 피고인 권○○에 대하여 공무집행방해죄와 상해죄의 성립을 부정하고 모두 무죄를 선고한 원심판결을 확정하였다(대법원, 보도자료).

ⓛ 부작위에 의한 침해의 성립요건 _{국가7급 08}

ⓐ 부작위자가 행위를 해야 할 법적 의무가 있어야 한다.

ⓑ 그 의무의 불이행이 가벌적이어야 한다. 그러므로 단순한 채무불이행은 여기에 속하지 않는다.
_{경찰승진 11}

> **예** • 외판원 甲은 乙의 집에 허락을 받고 들어가 乙에게 상품을 소개하였는데 설명을 듣고 난 乙은 구입하지 않겠다고 하여 甲에게 퇴거를 요구하였으나 계속하여 甲은 이를 무시하고 가만히 있었다. 이에 乙은 甲의 팔을 붙잡아 문 밖으로 끌고 나가 대문을 잠갔다. ⇨ 정당방위이므로 체포죄 불성립
> • 임대차계약기간만료 이후 가옥을 명도하지 않은 임차인을 임대인이 집 밖으로 끌고 나갔다. ⇨ 단순한 채무불이행에 지나지 않으므로 정당방위의 (부작위의) 침해라고는 볼 수 없다. 정당방위가 인정되지 않아 체포죄 성립

♟ 판례연구 정당방위의 침해에 해당하지 않는 경우

1. 대법원 1957.5.10, 4290형상73
언어에 의한 명예훼손에 대한 정당방위 성부
노상에서 종놈, 개새끼 같은 놈이라는 욕설을 하는 것만으로는 현재의 급박·부당한 침해라 할 수 없으니 그 욕설을 한 자를 가래로 흉부를 1회 구타하여 상해를 입힌 것은 정당방위로 볼 수 없다.

2. 대법원 1971.6.22, 71도814
소송상 청구가 부당한 주장이었다 하여도 그것이 정당방위의 요건인 급박·부당한 법익의 침해행위에 해당한다고 볼 수 없다(이에 사문서위조·동행사로 대항한 것은 정당방위가 될 수 없음).

---

(3) 침해의 현재성 – 정당방위의 시간적 한계

① 의의 : '침해의 현재성'이라 함은 법익에 대한 침해가 급박한 상태 내지 발생 직후 또는 아직 계속되고 있는 것을 말하는데, 구체적으로는 침해행위가 형식적으로 기수에 이르렀는지에 따라 결정되는 것이 아니라 법익에 대한 침해상황이 종료되기 전까지를 의미한다(대법원 2023.4.27, 2020도6874). 이러한 현재의 침해에 대해서만 정당방위가 가능하다.

② 범 위

ⓖ 과거의 침해 : 정당방위는 불가하나 자구행위는 가능하다. _{국가7급 08}

> **예** 휴대폰을 절도당한 다음 날 그 휴대폰을 가지고 있는 자를 만나 이를 강제로 탈환한 경우 ⇨ 자구행위

ⓛ 장래의 침해

ⓐ 원칙 : 침해행위의 실행의 착수 이전에도 예방적 정당방위가 가능한가의 문제이다. 이 경우 현재의 침해를 인정할 수 없으므로 정당방위가 인정되지 않는다.

> **예** 甲이 乙을 일주일 후 암살하려고 한다는 정보를 입수하고 乙이 甲을 살해한 행위 ⇨ 정당방위가 아니라 살인죄가 성립한다.

ⓑ 예외 : 판례 중에는 방어를 지체함으로써 법익보호가 어려워지는 때에는 침해의 현재성을 인정하는 예가 존재한다(대법원 1992.12.22, 92도2540 : 소위 김모양 의붓아버지 살해 사례). _{사시 12} 이는 과거로부터 계속되어 온 의붓아버지의 성폭력이 장래에도 계속될 것이 확실시되는 매우 제한적 상황에서 그 침해의 현재성을 인정한 것으로 평가된다. 반면 통설에서는 이 경우 침해의 현재성을 부정하는 입장이다. 또한, 폭력행위 등 처벌에 관한 법률에서는 "이 법에 규정된 죄를 범한 사람이 흉기나 그 밖의 위험한 물건 등으로 사람에게 위해(危害)를 가하거나 가하려 할 때 이를

예방하거나 방위(防衛)하기 위하여 한 행위는 벌하지 아니한다(동법 제8조 제1항)."는 규정을 두어 예방적 정당방위를 인정하고 있다.

ⓒ 침해행위의 기수 이후 : 계속범의 경우에는 침해가 아직 계속 중인 한 현재성이 인정되므로 정당방위가 가능하며, 절취물을 가지고 눈앞에서 도망 중인 자에 대해서도 현재성이 인정된다(통설, 단 반대설은 자구행위 여부가 문제된다고 함). 국가9급 07

ⓔ 장래의 침해에 대비하여 설치해 둔 자동보안장치 : 이러한 자동보안장치는 장래의 침해에 대한 예방적 조치이기는 하나, 침해와 동시에 작동되므로 이는 소위 예방적 정당방위의 경우와는 달리 침해의 현재성이 인정된다. 국가7급 14 / 사시 15 다만, 단순한 방문객이 사고를 당한 경우 위법성이 조각되지 않으며, 생명을 침해할 위험성이 있는 장치는 허용되지 않는다.

> **예** 절도를 방지하기 위해 담벽 안에 도랑을 파두었는데 절도범이 담을 넘고 뛰어내리다가 도랑에 빠져 다리를 다친 경우 ⇨ 정당방위 성립이 가능하다. 다만, 이 경우에도 절도범이 죽었다거나 치명적인 상해를 입은 경우에는 과잉방위(제21조 제2항)가 성립될 수 있다.

③ 현재성이 없는 방어행위

ⓐ 정당방위의 객관적 전제조건이 흠결되어 정당방위가 성립할 수 없다. ⇨ 다만, 현재성이 있다고 오신한 경우에는 오상방위로서 책임고의가 조각되어 고의범이 성립되지 아니한다(다수설 : 법효과제한적 책임설).

ⓑ 반면에 엄격책임설(일부 판례)에 의하면 위법성의 인식에 대한 오인에 정당한 이유가 있었는가를 검토한다. 자세한 것은 책임론의 법률의 착오 부분에서 후술하기로 한다.

판례연구 정당방위의 침해의 현재성 판단 기준

대법원 2023.4.27, 2020도6874

(포장부에서 근속한 甲을 비롯한 다수의 근로자들을 영업부로 전환배치하는 회사의 조치에 따라 노사갈등이 격화되어 있던 중 사용자가 사무실에 출근하여 항의하는 근로자 중 1명의 어깨를 손으로 미는 과정에서 뒤엉켜 넘어져 근로자를 깔고 앉게 되었는데, 甲은 근로자를 깔고 있는 사용자의 어깨 쪽 옷을 잡고 사용자가 일으켜 세워진 이후에도 그 옷을 잡고 흔들었다. 甲의 행위의 정당방위 여부) ① 형법 제21조 제1항은 "현재의 부당한 침해로부터 자기 또는 타인의 법익을 방위하기 위하여 한 행위는 상당한 이유가 있는 경우에는 벌하지 아니한다"고 규정하여 정당방위를 위법성조각사유로 인정하고 있다. 이때 '침해의 현재성'이란 침해행위가 형식적으로 기수에 이르렀는지에 따라 결정되는 것이 아니라 자기 또는 타인의 법익에 대한 침해상황이 종료되기 전까지를 의미하는 것이므로 일련의 연속되는 행위로 인해 침해상황이 중단되지 아니하거나 일시 중단되더라도 추가 침해가 곧바로 발생할 객관적인 사유가 있는 경우에는 그중 일부 행위가 범죄의 기수에 이르렀더라도 전체적으로 침해상황이 종료되지 않은 것으로 볼 수 있다. ② 정당방위의 성립요건으로서의 방어행위에는 순수한 수비적 방어 뿐 아니라 적극적 반격을 포함하는 반격방어의 형태도 포함된다. …… 사용자가 이미 넘어진 후 피고인이 사용자의 옷을 잡았고 자리에서 일어난 이후에도 사용자의 어깨를 흔들었으므로 가해행위가 이미 종료되었다고 볼 여지도 없는 것은 아니다. 그러나 당시 사용자는 근로자들과 장기간 노사갈등으로 마찰이 격화된 상태에서 사무실 밖으로 나가기 위하여 좁은 공간에서 다수의 근로자들을 헤치거나 피하면서 앞 쪽으로 움직이던 중 출입구 직전에서 공소외 2와 엉켜 넘어졌으므로 근로자들 중 일부인 공소외 1에 대한 가해행위만을 두고 침해상황의 종료를 판단하는 데에는 한계가 있다. 정당방위에서 방위행위의 상당성은 침해행위에 의해 침해되는 법익의 종류와 정도, 침해의 방법, 침해행위의 완급, 방위행위에 의해 침해될 법익의 종류와 정도 등 일체의 구체적 사정을 참작하여 종합적으로 판단하여야 한다. 피고인은 좁은 공간으로 사람들이 몰려드는 어수선한 상황에서 바닥에 깔려 있는 공소외 2를 구하기 위해 사용자를 일으켜 세울 필요가 있어 '내 몸에 손대지 마'라고 소리를 지르며 신체 접촉에 강하게 거부감을 보이는 사용자를 직접 일으켜 세우는 대신 손이 닿는 대로 어깨 쪽 옷을 잡아 올림으로써 무게를 덜고 사용자가 일어서도록 한 것으로 볼 여지가 있다(정당방위 인정). 경찰간부 23 / 경찰채용 24 1차

(4) 침해의 부당 – 위법

① 의의 : '침해의 부당'이라 함은 침해행위가 객관적으로 법질서와 모순되는 성질(위법성)을 말한다 (통설[194]). 즉, 정당방위상황은 위법한 침해가 있을 것을 요하는 바, 위법하기만 하면 고의·과실·작위· 부작위 및 구성요건해당성 여부를 가리지 아니한다. 또한 여기서의 '위법성'은 형법상의 불법개념에 한정되지 않으므로 전체적 법질서에 어긋나는 성질이 있다면 역시 위법한 침해로 볼 수 있다.

② 적법한 침해

   ㉠ 적법한 침해에 대해서는 정당방위를 할 수 없다. 즉, 정당방위 · 긴급피난에 대한 정당방위는 불가능하다. 국가9급 08 / 국가7급 12

   ㉡ 그러나 정당방위 · 긴급피난에 대한 긴급피난은 가능하다. 국가9급 08 정당방위는 원인되는 침해가 위법할 것을 요하나(不正 대 正), 긴급피난은 원인되는 위난이 위법할 것을 요하지 않기 때문이다(正 대 正, 不正 대 正).

③ 싸움의 경우

   ㉠ 원칙 : 정당방위 불가(판례) ⇨ 상호의 공격을 도발하고 공격과 방어가 교차되기 때문에 부정 대 정의 관계가 아니다. 법원9급 06 / 법원9급 08 / 법원9급 14

   ㉡ 예외 : 당연히 예상되는 정도를 초과한 과격한 침해행위에 대해서는 정당방위성립이 가능하다 (판례).

      예 싸움 중에 갑자기 흉기로 공격하는 경우, 싸움이 중지된 후 갑자기 도발해오는 경우

④ 유책성은 불필요 : 위법성의 평가는 객관적 위법성론에 의하므로, 명정자, 정신병자, 유아의 침해, 강요된 행위(제12조)에 대해서도 정당방위 성립이 가능하다. 국가9급 08 / 경찰승진 11 다만 이 경우에도 정당방위의 상당성 판단에서 사회윤리적 제한은 심사해야 한다.

★ **판례연구** 위법한 침해임을 인정하여 정당방위를 인정한 판례

1. 대법원 1999.12.18, 98도138
임의동행요구에 거절하자 강제연행하려 한 사례
경찰관이 임의동행을 요구하며 손목을 잡고 뒤로 꺾어 올리는 등으로 제압하자 거기에서 벗어나려고 몸싸움을 하는 과정에서 경찰관에게 경미한 상해를 입힌 경우, 위법성이 조각된다. 국가7급 10 / 국가7급 13

2. 대법원 2006.9.8, 2006도148
검사의 위법한 긴급체포에 대항한 변호사 사례
① 검사나 사법경찰관이 수사기관에 자진출석한 사람을 긴급체포의 요건을 갖추지 못하였음에도 실력으로 체포하려고 하였다면 적법한 공무집행이라고 할 수 없으므로, 이를 거부하는 방법으로써 폭행을 하였다고 하여 공무집행방해죄가 성립하지 않고, 법원9급 08 ② 검사가 참고인 조사를 받는 줄 알고 검찰청에 자진출석한 변호사사무실 사무장을 합리적 근거 없이 긴급체포하자 그 변호사가 이를 제지하는 과정에서 위 검사에게 상해를 가한 것은 정당방위에 해당한다. 법원9급 08 / 경찰승진 11 / 경찰승진 13 / 경찰승진 14 / 국가9급 15 / 경찰승진 16 / 경찰간부 18

3. 대법원 2011.5.26, 2011도3682 ; 2002.5.10, 2001도300
현행범인이 경찰관의 불법한 체포를 면하려고 반항하는 과정에서 경찰관에게 상해를 가한 사례
피고인이 경찰관의 불심검문을 받아 운전면허증을 교부한 후 경찰관에게 큰 소리로 욕설을 하였는데, 경찰관이 모욕죄의 현행범으로 체포하겠다고 고지한 후 피고인의 오른쪽 어깨를 붙잡자 반항하면서 경찰관에게 상해를 가한 경우, (현행범체포의 요건이 구비되지 못한 경우이므로) 경찰관이 피고인을 체포한 행위는 적법한 공무집

---

194 부당(不當)은 위법(違法)보다 넓은 개념이므로 부당과 위법을 동일시하는 통설은 타당하지 않다고 하는 반대견해는 오영근, 321면 참조.

행이라고 볼 수 없고, 피고인이 체포를 면하려고 반항하는 과정에서 상해를 가한 것은 정당방위에 해당한다.

경찰채용 12 1차 / 국가7급 12 / 경찰간부 13 / 국가9급 13 / 법원9급 13 / 국가7급 14 / 경찰승진 15 / 국가9급 15 / 경찰채용 16 1차 / 경찰채용 16 2차 / 경찰간부 16 / 국가7급 18 / 국가9급 18 / 경찰채용 18 2차

✦ 판례연구 위법한 침해가 아니므로 정당방위를 인정하지 않은 판례

1. 대법원 1962.8.23, 62도93
적법한 강제집행에 대한 정당방위는 불가하다는 사례
채권자가 가옥명도강제집행에 의하여 적법하게 점유를 이전받아 점유하고 있는 방실에 채무자가 무단히 침입한 때에는 주거침입죄가 성립하고, 적법한 강제집행에 대한 정당방위나 자구행위는 인정될 수 없다.

2. 대법원 2006.4.27, 2003도4735
명예훼손의 내용이 들어있지 않은 아파트 게시판 공고문의 경우
아파트 게시판의 공고문은 입주자대표회의에서 발생한 여러 분쟁들을 아파트 주민들에게 알리려는 것에 불과하고, 거기에 피고인의 명예를 훼손하는 내용도 없기 때문에 이를 떼어간 피고인의 행위는 정당방위에 해당하지 않는다.

2. 방위하기 위한 의사에 기한 행위

(1) 주관적 정당화요소 : 정당방위가 성립하기 위하여는 그 주관적 정당화요소로서 방위의사(Verl-teidigungswille)가 필요하다(통설·판례). _{변호사 12} 만약 객관적 정당방위상황은 존재하나 주관적 정당방위의사가 존재하지 않는 경우라면 우연적 방위가 된다(다수설 : 불능미수).

✦ 판례연구 방위의사를 인정한 판례

대법원 1970.9.17, 70도1473
손톱깎이 줄칼 사례
절도범으로 오인 받은 자가 야간에 군중들로부터 무차별 구타를 당하자 이를 방위하기 위하여 소지하고 있던 손톱깎이 칼을 휘둘러 상해를 입힌 행위는 정당방위에 해당한다. _{법원9급 15 / 경찰승진 16}

✦ 판례연구 방위의사를 인정하지 않은 판례

1. 대법원 1968.12.24, 68도1229
피고인이 피해자로부터 뺨을 맞고 손톱깎이 칼에 찔려 약 1cm의 상처를 입었다 하여 약 20cm의 과도로 피해자의 복부를 찔렀다면 정당방위에 해당한다고 볼 수 없다. _{국가7급 13 / 경찰승진 15}

2. 대법원 1986.2.11, 85도2642
침해행위에서 벗어난 후 설분의 목적으로 행한 공격행위의 정당방위에의 해당 여부
피해자의 침해행위에 대하여 자기의 권리방위상 부득이한 것이 아니고 그 침해행위에서 벗어난 후에 설분의 목적에서 나온 공격행위는 정당방위에 해당한다고 할 수 없다.

3. 대법원 1989.12.12, 89도2049
피고인이 길이 26센티미터의 과도로 복부와 같은 인체의 중요한 부분을 3, 4회나 찔러 피해자에게 상해를 입힌 행위는 비록 그와 같은 행위가 피해자의 구타행위에 기인한 것이라 하여도 정당방위나 과잉방위에 해당한다고 볼 수 없다.

> **4. 대법원 1996.4.9, 96도241**
>
> 침해행위에서 벗어난 후에 분을 풀려는 목적에서 나온 공격행위(빠루 = 배척 사례)
>
> 피해자의 침해행위에 대하여 자기의 권리를 방위하기 위한 부득이한 행위가 아니고, 그 침해행위에서 벗어난 후 분을 풀려는 목적에서 나온 공격행위는 정당방위에 해당한다고 할 수 없다.[195] 사시 10 / 경찰승진 11 / 경찰채용 12 1차 / 경찰채용 12 3차 / 경찰채용 15 3차

(2) 방위행위 : 방위의사에 기한 방위행위란 급박한 침해를 사전에 방지하거나, 현재 계속중인 침해를 배제하기 위한 행위로서 수비적 방어(내지 보호방위, Schutzwehr)뿐만 아니라 적극적인 반격방어(내지 공격방위, Trotzwehr)도 포함되지만(대법원 1992.12.22, 92도2540),[196] 경찰승진 12 / 사시 12 / 변호사 12 / 경찰채용 15 1차 / 경찰간부 16 / 법원9급 20 침해자를 상대방으로 한 방위행위만이 정당방위에 의하여 정당화된다. 국가7급 12 이는 긴급피난이 위난과 무관한 제3자를 주로 피난행위의 상대방으로 삼는 것(공격적 긴급피난)과는 차이가 있다. 물론 긴급피난에서도 위난의 원인을 야기한 자에 대한 피난행위(방어적 긴급피난)가 이루어질 수는 있다.

3. 상당한 이유 – 필요성(적합성)·요구성(사회윤리적 제한)

정당방위가 성립하기 위해서는 방위행위에 상당(相當)한 이유(理由)가 있어야 한다. 이를 상당성(相當性)이라고도 한다. 구체적으로 정당방위행위는 방위행위가 필요하고 적절한 경우에는 허용되며(필요성 : 정당방위의 허용요건), 다만 일정한 경우에는 방위행위가 요구되는 범위 내로 제한된다(요구성 : 정당방위의 제한요건). 이러한 요건을 갖추고 있다면 그러한 방위행위는 '상당하다'고 평가할 수 있다.[197]

(1) 필요성 – 정당방위의 허용요건

① 의의 : 필요성(Erforderlichkeit)이란 방위행위가 법익을 방위하기 위하여 필요한 행위이어야 함을 말한다. 즉, 방위의 필요성이란 방위행위가 침해의 즉각적인 배제가 확실히 기대되고 위험의 제거가 보장되는 때 인정된다는 것을 의미한다.[198]

② 적합성 : 방위행위는 침해를 방어하기에 적합하여야 한다. 이는 침해를 제거하는 여러 수단 가운데 공격자에 대해 침해의 위험성이 가장 적은 방법을 방위행위로 택하여야 함을 의미한다(소위 수단제한의 원칙 내지 상대적 최소방위의 원칙). 예를 들어, 신발을 절취하는 행려에게 상해를 가한 행위는 정당방위가 아니며, 맨손으로 공격하는 상대방에 대하여 깨진 병으로 대항하는 행위(거동에 의한 협박이므로 제283조의 협박죄의 구성요건에 해당)는 상당성이 결여되므로 과잉방위에 불과하다.

---

195 사실관계 피고인은 집주인으로부터 계약기간이 지났으니 방을 비워 달라는 요구를 수회 받고서도 그때마다 행패를 부려 위 집주인이 무서워서 다른 집에 가서 잠을 자기도 하였는데 본건 범행 당일에도 위 공소외인이 방세를 돌려 줄 테니 방을 비워달라고 요구하자 방안에서 나오지도 아니하고 금 20,000,000원을 주어야 방을 비워준다고 억지를 쓰며 폭언을 하므로, 위 공소외인의 며느리가 화가 나 피고인 방의 창문을 쇠스랑으로 부수자, 이에 격분하여 배척(속칭 빠루)을 들고 나와 마당에서 이 장면을 구경하다 미처 피고인을 피하여 도망가지 못한 마을주민인 피해자 1, 2을 배척(속칭 빠루)으로 때려 각 상해를 가한 것이다.

196 다만 판례는 '소극적 방어행위'의 경우를 '사회상규에 위배되지 아니하는 정당행위'로 판시하고 있으며, 경우에 따라서는 '정당방위 또는 정당행위'라는 판단을 내리기도 한다. 이렇듯 판례의 입장은 그리 명확하지는 못하다. 따라서 판례의 입장을 정리하고자 하는 독자들은 "정당방위에는 반격방어뿐만 아니라 수비적 방어도 포함된다"고 정리하는 동시에, "소극적 방어행위의 경우에는 사회상규에 위배되지 않는 정당행위에 해당된다"고도 정리해두어야 한다.

197 참고 : 정당방위의 상당성의 내용 정당방위의 상당성 요소에는 방위의 필요성만을 의미한다는 입장(손해목, 454면; 이재상, §17-19; 이정원, 161면; 진계호, 354면)과 필요성과 요구성(사회윤리적 제한) 모두 고려해야 한다는 입장(김일수, 283면 이하; 박상기, 171면 이하; 손동권, 181면; 신동운, 260면; 이형국, 302면; 임웅, 200면)이 대립하고 있으나, 정당방위는 자기 또는 타인의 법익을 방위하는 데 필요한 행위이고, 또한 그러한 행위가 요구되어야 한다는 점에서 후자의 견해가 타당하다고 생각된다. 이 견해에 의하면 요구성이 결여되어도 과잉방위가 가능하게 된다.

198 다만 정당방위의 객관적 정당화상황이 구비된 경우에는 정당방위의 필요성 요건은 충족되는 것이어서, 상당성 판단에 있어서 필요성 판단은 별도로 요구되지 않는다는 견해는 오영근, 367면; 임웅, 217면 참조.

📚 **사례연구** 자식으로부터 폭언·폭행을 당한 아버지의 정당방위 사례

甲의 차남 乙(21세)은 평소 부모에게 행패를 부려오던 중, 어느날 술에 만취되어 집에 돌아와서 甲에게 "내 술 한잔 먹어라"하고 소주병을 甲의 입에 들어 부으면서 甲의 멱살을 잡아당기고 다시 식도를 들고 나와서 행패를 부리므로 甲은 이를 피하여 밖으로 나왔지만 乙이 따라나와 甲에게 달려들자, 甲은 이에 주먹으로 乙의 뒤통수를 1회 강타하였는데, 乙은 지면에 넘어져 두개골 파열상으로 사망하였다. 甲의 죄책은?

해결 타인이 보는 자리에서 자식으로부터 인륜상 용납할 수 없는 폭언과 함께 폭행을 가하려는 피해자를 1회 구타한 것이 지면에 넘어져서 머리부분에 상처를 입은 결과로 인하여 사망에 이르렀다 하여도 이는 아버지의 신체와 신분에 대한 현재의 부당한 침해를 방위하기 위한 행위로서 아버지로서는 아들에게 일격을 가하지 아니할 수 없는 상당한 이유가 있는 경우에 해당한다(대법원 1974.5.14, 73도2401). ⇨ 정당방위로서 무죄
법원행시 11 / 사시 15

📚 **사례연구** 의붓아버지 살해 사례

甲(여)은 12살 때부터 의붓아버지 乙에게 강간당한 이후 계속적으로 성관계를 강요받아왔다. 17세가 된 甲이 남자친구인 丙에게 위 사실을 이야기하자, 甲과 丙은 공모하여 강도로 위장하기로 하고 乙을 살해하기로 하였다. 乙이 잠든 틈에 甲이 열어 준 문을 통하여 乙의 집에 들어간 丙은 乙의 머리맡에서 식칼을 한손에 들어 乙을 겨누고 양 무릎으로 乙의 양팔을 눌러 꼼짝 못하게 한 후 乙을 깨워 乙이 제대로 반항할 수 없는 상태에서 더 이상 甲을 괴롭히지 말라는 몇 마디 말을 하다가 들고 있던 식칼로 乙의 심장을 1회 찔러 그 자리에서 乙을 살해하였다. 이후 丙은 도망을 가고 甲은 미리 계획했던 대로 경찰관서에 강도가 들었다고 허위신고하였다. 甲과 丙의 형사책임은?

해결 판례는 乙의 甲에 대한 신체나 자유 등에 대한 현재의 부당한 침해상태가 있었다고 볼 여지가 없는 것은 아니라고 보고 있다(현재성 인정). 그러나 정당방위가 성립하려면 침해행위에 의하여 침해되는 법익의 종류·정도, 침해의 방법, 침해행위의 완급과 방위행위에 의하여 침해될 법익의 종류·정도 등 일체의 구체적 사정들을 참작하여 방위행위가 사회적으로 상당한 것이었다고 인정할 수 있는 것이어야 한다. 위 행위는 법익을 보호하기 위해 적합한 수단이 될 수 없다는 점에서 정당방위가 될 수 없는 것이다(상당성 부정)(대법원 1992.12.22, 92도2540). 법원9급 06 / 국가9급 07 / 법원행시 11 / 사시 12 / 국가7급 22

▶ 살인죄의 위법성이 조각되지 아니한다. 더불어 판례는 과잉방위(제21조 제2항)도 부정하였다.

🪓 **판례연구** 방위행위의 상당성이 인정된 사례

1. 대법원 1981.8.25, 80도800
피고인 경영의 주점에서 甲 등 3인이 통금시간이 지나도록 외상술을 마시면서 접대부와 동침시켜 줄 것을 요구하고 이를 거절한 데 불만을 품고 내실까지 들어와 피고인의 처가 있는데서 소변까지 하므로 피고인이 항의하자 甲이 그 일행과 함께 피고인을 집단구타하므로 피고인이 甲을 업어치기식으로 넘어뜨려 그에게 전치 12일의 상해를 입힌 경우에는 피고인의 甲에 대한 위 폭행행위는 정당방위로 죄가 되지 아니한다.

2. 대법원 1986.10.14, 86도1091
父의 신체 등에 대한 위해를 방위하기 위한 정당방위로서 위법성이 조각된다고 본 사례
차량통행문제를 둘러싸고 피고인의 父와 다툼이 있던 피해자가 그 소유의 차량에 올라타 문 안으로 운전해 들어가려 하자 피고인의 父가 양팔을 벌리고 이를 제지하였으나 위 피해자가 이에 불응하고 그대로 그 차를 피고인의 父 앞쪽으로 약 3미터 가량 전진시키자, 위 차의 운전석 부근 옆에 서 있던 피고인이 위 차를 정지시키기 위하여 운전석 옆 창문을 통하여 피해자의 머리털을 잡아당겨 그의 흉부가 위 차의 창문틀에 부딪혀 약간의 상처를 입게 한 행위는 父의 생명, 신체에 대한 현재의 부당한 침해를 방위하기 위한 행위로서 정당방위에 해당한다.
경찰채용 12 3차 / 경찰간부 13 / 경찰승진 16

3. 대법원 1989.3.14, 87도3674

공사의 시공 및 공사현장의 점유를 방해하는 데 대하여 방위한 사례

甲회사가 乙이 점유하던 공사현장에 실력을 행사하여 들어와 현수막 및 간판을 설치하고 담장에 글씨를 쓴 행위는 乙의 시공 및 공사현장의 점유를 방해하는 것으로서 乙의 법익에 대한 현재의 부당한 침해라고 할 수 있으므로 乙이 그 현수막을 찢고 간판 및 담장에 쓰인 글씨를 지운 것은 그 침해를 방어하기 위한 행위로서 상당한 이유가 있다. 법원행시 06 / 법원행시 11

🔨 판례연구 방위행위의 상당성이 인정되지 않는 사례

1. 대법원 1984.6.12, 84도683

상관의 심한 기합에 격분하여 상관을 사살한 사례

전투경찰대원이 상관의 다소 심한 기합에 격분하여 상관을 사살한 행위는 자신의 신체에 대한 침해를 방위하기 위한 상당한 방법이었다고 볼 수 없다.

2. 대법원 2003.11.13, 2003도3606

공직선거 후보자 합동연설회장에서 다른 후보자의 연설을 물리적으로 방해한 사례

공직선거 후보자 합동연설회장에서 후보자 甲이 적시한 연설 내용이 다른 후보자 乙에 대한 명예훼손 또는 후보자비방의 요건에 해당하나 그 위법성이 조각되는 경우, 甲의 연설 도중에 乙이 마이크를 빼앗고 욕설을 하는 등 물리적으로 甲의 연설을 방해한 행위는 甲의 '위법하지 않은 정당한 침해'에 대하여 이루어진 것이며 '상당성'을 결여하여 정당방위의 요건을 갖추지 못한 것이다. 법원행시 08 / 법원행시 10 / 경찰승진 13

3. 대법원 2004.12.23, 2004도6184

피고인이 경찰관의 임의동행을 거부하는 과정에서 저항하는 정도를 벗어난 사례

나이트클럽에서의 폭행사건 신고를 받고 3명의 경찰관들이 현장에 도착하였을 때는 싸움은 이미 종결된 상태여서 비록 경찰관들의 임의동행 요구를 거부한 피고인에 대하여 물리력을 행사하여 연행하려고 한 시도가 부적법한 것으로서 이에 저항하기 위하여 ① 피고인이 경찰관들을 밀치고 몸싸움을 한 행위가 부당한 법익침해를 방위하기 위하여 상당한 이유가 있는 행위라고 하더라도, 여기에서 더 나아가 ② 피고인이 경찰관들의 모자를 벗겨 모자로 머리를 툭툭 치고 뺨을 때린 행위는 저항의 상당한 정도를 벗어나는 것이어서 부당한 법익침해를 방위하기 위하여 상당한 이유가 있는 행위라고 볼 수 없으므로 (폭행죄의 현행범에 해당하고) 결국 경찰관들이 피고인을 현행범으로 체포한 것은 적법하다고 할 것이고, 따라서 그 이후 ③ 피고인이 순찰차 뒷좌석에 누운 상태에서 경찰관들을 발로 차 상해를 가한 행위가 정당방위에 해당한다고 할 수 없을 것이다.

4. 대법원 2007.4.26, 2007도1794

말다툼 중 낫을 들고 반항하는 피해자의 낫을 빼앗아 살해한 사례

피고인이 피해자와 말다툼을 하다가 건초더미에 있던 낫을 들고 반항하는 피해자로부터 낫을 빼앗아 그 낫으로 피해자의 가슴, 배, 등, 뒤통수, 목, 왼쪽 허벅지 부위 등을 10여 차례 찔러 피해자로 하여금 다발성 자상에 의한 기흉 등으로 사망하게 한 경우, 피고인에게는 이 사건 범행 당시 적어도 살인의 미필적 고의는 있었다고 인정되고, 형법 제21조 소정의 정당방위가 성립하려면 침해행위에 의하여 침해되는 법익의 종류, 정도, 침해의 방법, 침해행위의 완급과 방위행위에 의하여 침해될 법익의 종류, 정도 등 일체의 구체적 사정들을 참작하여 방위행위가 사회적으로 상당한 것이어야 하지만, 이 경우 ① 침해를 예방하기 위한 행위로 상당한 이유가 있는 경우에 해당한다고 볼 수 없고, 또 ② 피고인의 이 사건 범행행위는 방위행위가 그 정도를 초과한 때에 해당하거나 정도를 초과한 방위행위가 야간 기타 불안스러운 상태 하에서 공포, 경악, 흥분 또는 당황으로 인한 때에 해당한다고 볼 수도 없기 때문에 살인죄의 기수가 인정된다. 사시 14

---

(2) 보충성과 균형성은 불요

① 보충성 불요 : 침해행위에 대하여 반격을 하지 않고 이를 피할 수 있는 다른 방법이 존재하더라도 반격을 통한 방위행위를 수행한 경우 그 행위의 정당성은 수긍되어야 할 것이다(법은 불법에 양보할 필

없다). 이러한 의미에서 정당방위의 상당성요건에 있어서 방위행위가 침해행위를 격퇴시키는 유일한 최후의 수단이어야 한다는 요건은 필요하지 않다. 따라서 —긴급피난에서 요구되는— 보충성원칙은 정당방위의 성립에 있어서 요구되지 않는다(통설·판례, 대법원 1966.3.5, 66도63).

② 균형성 불요 : 방위행위로 인하여 침해된 법익이 방위행위에 의하여 보호하려고 한 법익보다 다소 우월하다 하여도 그것이 부당한 방위행위라고 평가해서는 안 된다. 이러한 의미에서 —위법성조각사유로서 긴급피난에서 요구되는— 이익균형의 원칙(우월한 이익보호의 원칙)은 정당방위의 성립에서 문제삼을 필요가 없다(통설). 다만 법익균형성의 관점에서 다소 불균형이 있는 경우에는 정당방위가 인정되지만 현저하게 불균형이 있는 경우에는 정당방위의 상당성은 부정된다고 보아야 한다(사회윤리적 제한 부분 참조). 이러한 관점에서 완화된 형태로서의 균형성 판단은 정당방위에서도 일정부분 이루어져야 한다.

🔨 판례연구 혀 절단 사건 : 엄격한 균형성은 필요 없다는 사례

대법원 1989.8.8, 89도358

甲과 乙이 공동으로 인적이 드문 심야에 혼자 귀가 중인 丙(女)에게 뒤에서 느닷없이 달려들어 양팔을 붙잡고 어두운 골목길로 끌고 들어가 담벽에 쓰러뜨린 후 甲이 음부를 만지며 반항하는 丙(女)의 옆구리를 무릎으로 차고 억지로 키스를 하므로, 丙(女)이 정조와 신체를 지키려는 일념에서 엉겁결에 甲의 혀를 깨물어 설(혀)절단상을 입혔다면 丙의 범행은 자기의 신체에 대한 현재의 부당한 침해에서 벗어나려고 한 행위로서 그 행위에 이르게 된 경위와 그 목적 및 수단, 행위자의 의사 등 제반 사정에 비추어 위법성이 결여된 행위이다. 법원행시 11 / 경찰채용 12 3차 / 법원9급 13 / 경찰승진 15

---

(3) 요구성 - 정당방위의 제한요건

방위행위의 요구성(Gebotenheit)이란 자기보호와 법질서수호의 원칙에 의하여 방위행위자가 선택한 수단이 요구되는 상황이라고 판단되어야 함을 의미한다. 즉, 정당방위의 필요성이 인정된다 하더라도 사회윤리적 측면(법질서 전체의 입장)에서 보아 용인되지 않는 경우에는 정당방위의 범위가 제한 내지 금지되어야 한다는 것이다. 이는 정당방위의 허용 여부에 관련된 것이기 때문에 '정당방위권의 제한'의 문제로 별도로 정리해 보기로 하겠다.

---

03 정당방위의 (사회윤리적) 제한

1. 정당방위권 제한의 의의

(1) 정당방위권 제한의 의미

정당방위는 원칙적으로 허용되지 않는 개인에 의한 폭력의 행사를 법적으로 정당화시켜 주는 권리이자 제도이다. 따라서 정당방위권의 행사는 일반적인 '권리남용금지의 원칙' 내에서 행사되어야 할 뿐만 아니라 방위행위의 '요구성'이라는 규범적 요소에 의하여 제한을 받지 않을 수 없다(정당방위의 사회윤리적 제한; sozialethische Einschränkung). 정당방위란 한편으로는 자기수호의 원리에 의하여 뒷받침되지만, 다른 한편으로는 "법은 불법에 양보할 필요 없다"는 법수호의 원리에 의하여도 지지되는 것이기 때문에, 아무리 자기보호를 위해서라도 공동체이익을 현저히 훼손해서는 안 되기 때문이다. 다만 정당방위의 사회윤리적 제한이 정당방위를 과도하게 제약하는 장치로 활용되는 것은 경계해야 하므로, 사회윤리 또는 상당성을 단순한 도덕 또는 윤리에 의한 제한으로 확대해서는 안 된다.

(2) 정당방위권 제한의 근거

정당방위권의 제한의 근거는 민법상 권리남용금지의 원칙(민법 제2조 제2항)에서 찾을 수도 있고 정당방위의 원리인 자기보호의 원칙 또는 법질서수호의 원칙에서 찾을 수 있다.[199]

2. 정당방위권 제한이 문제되는 상황

(1) 행위불법이나 책임이 결여·감소된 침해행위

과실범이나 책임능력결함자의 침해를 받은 자의 경우, 자기보호의 이익은 물론 인정되겠지만 사회공동체의 이익을 추구하는 차원에서는 정당방위의 범위가 줄어들 수밖에 없다. 따라서 이러한 경우에는 방어적·수비적 방법에 의한 정당방위만 허용될 수 있다.

예 어린아이, 정신병자, 만취자 등 책임능력이 결여된 자로부터 공격을 받았거나 과실범의 공격을 받을 경우 ⇨ 방어행위로서의 살해나 중상해행위는 정당방위가 성립되지 않는다.

(2) 침해법익과 보호법익 간의 현저한 불균형

기본적으로 정당방위에서는 긴급피난과 같은 정도의 보호법익과 침해법익 간의 균형성은 요구되지 않지만, 침해되는 법익과 방어행위에 의하여 침해될 법익 —공격과 방어행위— 간에 현저한 불균형이 존재할 때에는 정당방위가 제한된다.

예 단순절도범을 흉기로 찔러 도품을 회수하는 경우 ⇨ 정당방위가 인정되지 않는다.

🔍 판례연구 침해법익과 보호법익 간의 현저한 불균형이 있는 사례

1. 대법원 1984.9.25, 84도1611

위법한 법익침해 행위가 있더라도 긴박성 또는 방위행위의 상당성이 결여된 경우

피고인은 자기 소유의 밤나무 단지에서 피해자 L이 밤 18개를 푸대에 주워 담는 것을 보고 푸대를 뺏으려다가 반항하는 그녀의 뺨과 팔목을 때려 상처를 입혔다는 것이므로, 피고인의 행위가 절취행위를 방지하기 위한 것이더라도 긴박성과 상당성을 결여하여 정당방위라고 볼 수 없다.[200] 국가9급 09 / 사시 11

2. 대법원 2001.5.15, 2001도1089

이혼소송 중인 남편의 변태적 성행위 강요에 대하여 칼로 찔러 즉사케 한 사례

피고인이 피해자로부터 먼저 변태적 성행위를 강요받으면서 폭행·협박을 당하다가 이를 피하기 위하여 피해자를 칼로 찔렀다고 하더라도, 피해자의 폭행·협박의 정도에 비추어 피고인이 칼로 피해자를 찔러 즉사하게 한 행위는 피해자의 폭력으로부터 자신을 보호하기 위한 방위행위로서의 한도를 넘어선 것이라고 하지 않을 수 없고, 이러한 방위행위는 사회통념상 용인될 수 없는 것이므로, 자기의 법익에 대한 현재의 부당한 침해를 방어하기 위한 행위로서 상당한 이유가 있는 경우라거나, 방위행위가 그 정도를 초과한 경우에 해당한다고 할 수 없어 정당방위나 과잉방위에 해당하지 아니한다. ⇨ 상해치사죄 성립 법원행시 11 / 경찰승진 13 / 법원9급 13 / 국가7급 14 / 경찰채용 15 1차 / 경찰승진 15 / 경찰채용 16 1차 / 경찰간부 16

---

199 정당방위권 제한의 근거에 대해서는 법질서수호의 원리에서만 찾는 견해(이재상, §17–23), 권리남용설(진계호, 366면), 자기보호원리·법수호원리설(박상기, 174면; 임웅, 222면), 권리남용설과 자기보호원리·법수호원리설의 결합설(김일수 / 서보학, 327면; 손동권, 181면)이 제시되고 있다. 한편 사회윤리적 제한의 근거에 대한 설명으로는 '우리 민법 제103조의 선량한 풍속 기타 사회질서'나 '우리 형법 제20조의 사회상규'와 같이 그 사회의 법질서와 본질적 불가분의 관계를 가지고 있는 윤리나 도덕, 즉 '법적' 윤리 또는 도덕으로 이해해야 한다는 견해로는 김태명, "정당방위의 상당성 요건에 대한 해석론", 刑事法硏究 제14호(2000.12), 한국형사법학회 참조. 이 견해는 정당방위에 대한 제한이 사회윤리에 의하여 과도하게 이루어져서는 안 된다는 점을 강조하고 있다.

200 보충 보호하려는 법익(재산권 내지 소유권)에 비하여 침해한 법익(신체의 완전성)이 지나치게 중하다고 보아 정당방위의 성립을 부정하고 있다.

(3) 방위행위자에게 상반된 보호의무가 인정되는 경우

일반인으로부터 침해를 받았다면 상당성이 인정되는 방위행위라 하더라도, 부부관계나 가까운 친족으로부터 동일한 침해를 받은 경우에는 방위행위의 폭이 제한되는 것을 말한다.

예 남편으로부터 심하게 폭행을 당하던 아내가 더 이상 맞지 않기 위해 부엌칼로 방어하다가 남편이 사망하게 된 경우에 아내의 행위는 이와 같은 이유로 정당화될 수 없다. 그러나 만일 아내가 임신 중이었다면 아내 자신뿐만 아니라 태아의 생명보호를 위하여 정당방위가 허용된다.

(4) 도발행위

① 의도적인 도발의 경우

㉠ 원칙 : 상대방을 해치기 위해 의도적으로 도발하고 상대방의 반격을 유발하고 이에 대응하는 것처럼 행한 침해행위는 정당방위로 인정될 수 없다(의도적 도발 내지 목적에 의한 도발; Absichtsprovokation).[201] 국가9급 08 "싸움이 언쟁과정에서 일어난 경우에는 상호간에 도발행위를 유발한 것이 되어 정당방위가 인정되지 않는다(대법원 1984.6.26, 83도3090)."거나 "피고인이 피해자를 살해하려고 먼저 가격한 이상 피해자의 반격이 있었더라도 피해자를 살해한 소위가 정당방위에 해당한다고 볼 수 없다(대법원 1983.9.13, 83도1467)."는 판례들은 이러한 의미로 이해될 수 있다. 즉, 판례는 싸움의 경우를 의도적 도발에 의한 경우로 판시하고 있는 것이다.

⚖ 판례연구 싸움이므로 정당방위가 인정되지 않는 사례

1. 대법원 1968.11.12, 68도912

도발행위에 의한 침해상황에서는 정당방위·과잉방위가 부정된다는 판례

피고인과 그의 형 甲은 시비를 따지기 위해 함께 피해자들을 찾아가서 그 집 문전에서 먼저 甲과 戊 사이에 싸움이 시작되자 피해자들이 뛰어나오는 것을 보고 피고인도 甲에게 가세하여 그들과 싸우게 되었던 것이고 싸움 중에 피해자 乙이 쥐고 있던 칼을 빼앗아 동인을 찌르고 다른 피해자들이 달려들므로 그들에 대하여도 그 칼을 휘두르며 공격하여 피해자들에게 그 판시와 같은 살상을 입히게 된 것이라면 피고인의 살인행위는 정당방위나 과잉방위에 해당한다고 할 수 없다.[202]

유사판례 피해자가 칼을 들고 피고인을 찌르자 '그 칼을 뺏어 그 칼로 반격'을 가한 결과 피해자에게 상해를 입게 하였다 하더라도, 피고인에 대한 현재의 부당한 침해를 방위하기 위한 행위로서 상당한 이유가 있는 경우에 해당한다고 할 수 없다(대법원 1984.1.24, 83도1873). 사시 11

2. 대법원 1996.9.6, 95도2945

싸움 중에 이루어진 구타행위와 정당방위의 성부(소극)

싸움과 같은 일련의 상호 투쟁 중에 이루어진 구타행위는 서로 상대방의 폭력행위를 유발한 것이므로 정당방위가 성립되지 않는다고 할 것인데, 피고인 甲은 피해자 L이 동생의 혼인길을 막는다면서 피고인에게 시비를 걸고 머리채를 잡아 흔들자 이에 대항하여 위 피해자의 오른손을 비틀면서 넘어뜨린 다음 발로 전신을 수회 찼다는 것인 바, 이는 피해자의 부당한 공격에서 벗어나거나 이를 방어하려고 한 행위였다고 볼 수는 없다. 법원행시 08

---

[201] 의도적 도발의 경우에는 '원인에 있어서 위법한 행위'(actio illicita in causa)(독일의 Dreher / Tröndle, Schönke / Schröder / Lenckner), 침해가 없다는 견해(유기천, 180면; 이형국, 297면), 법질서수호의 필요성이 없다는 견해(이재상, §17−29), 방위의사도 없고 법질서수호의 이익도 없다는 견해(임웅, 224면), 권리남용(Rechtmißbrauch)에 의해 자기보호의 이익 및 법질서수호의 이익이 결여되어 있다는 견해(손동권, 184면) 등이 제시되고 있다.

[202] 보충 위 판례의 피고인의 행위는 의도적 도발의 경우라기보다는 유책한 도발에 의한 침해상황의 경우로 볼 수 있다. 유책한 도발에 의한 침해의 경우에는 정당방위가 전혀 불가능한 것은 아니다. 그럼에도 불구하고, 위 사안에서는 이미 칼과 같은 흉기를 빼앗았음에도 상대방을 찌르는 공격행위로 나아갔다는 점에서 '방위행위'의 성질을 인정할 수 없었던 것으로 이해될 수 있다.

3. 대법원 1971.4.30, 71도527; 1993.8.24, 92도1329; 2000.3.28, 2000도228; 2021.6.10, 2021도4278
싸움 중에 이루어진 가해행위가 정당방위 또는 과잉방위행위에 해당할 수 있는지 여부(소극)
가해자의 행위가 피해자의 부당한 공격을 방위하기 위한 것이라기보다는 서로 공격할 의사로 싸우다가 먼저 공격을 받고 이에 대항하여 가해하게 된 것이라고 봄이 상당한 경우, 그 가해행위는 방어행위인 동시에 공격행위의 성격을 가지므로 정당방위 또는 과잉방위행위라고 볼 수 없다. 국가9급 07 / 경찰채용 12 1차 / 국가7급 13 / 법원9급 13 / 변호사 14 / 경찰채용 15 1차 / 경찰승진 16

ⓒ 예외 : 싸움 중이라 하더라도 ⓐ 맨손으로 격투 중에 당연히 예상할 수 있는 정도를 초과하여 흉기 등을 소지하고 갑자기 공격을 해오는 경우라든지(대법원 1968.5.7, 68도370 : 후술하는 빈 칼빈소총 사례) 경찰채용 12 1차 또는 ⓑ 싸움이 중지된 경우 갑자기 다시 도발해오는 경우(대법원 1957.3.8, 4290형상18[203]), ⓒ 외관상은 싸움(격투)으로 보일지 모르지만 실제로는 일방적으로 공격을 받고 이에 대항하는 경우[204] 사시 10 에는 그 행위가 새로운 적극적 공격이라고 평가되지 아니하는 한 정당방위가 인정될 수 있다.
다만, 특히 ⓒ의 경우 판례는 정당방위를 인정하기도 하고(아래 판례연구 참조), 정당행위를 적용하기도 하며(후술하는 사회상규에 위배되지 않는 행위 중 소극적 방어행위), 또한 정당방위와 정당행위 모두 적용가능하다고 판시하고 있어(아래 판례연구 참조), 일관되지 못한 태도를 보여주고 있다.[205] 생각건대, 사회상규에 위배되지 아니하는 행위의 보충성을 고려할 때 정당방위로 보는 것이 타당할 것이다.

📖 **사례연구** 외관상 격투라 하더라도 정당방위(또는 정당행위)의 성립을 인정한 사례

A(54세, 여)가 남편인 B(59세, 남)와 함께 1998년 5월 19일 10:00 피고인 甲(66세, 여)이 묵을 만드는 외딴 집에 찾아와 피고인이 A가 첩의 자식이라는 헛소문을 퍼뜨렸다며, 먼저 피고인의 멱살을 잡고 밀어 넘어뜨리고 배 위에 올라타 주먹으로 팔, 얼굴 등을 폭행하였다. 이에 B도 가세하여 피고인 甲의 얼굴에 침을 뱉으며 발로 밟아 폭행을 한 사실, 이에 연로한 탓에 힘에 부쳐 달리 피할 방법이 없던 피고인 甲은 이를 방어하기 위하여 A · B의 폭행에 대항하여 A의 팔을 잡아 비틀고, 다리를 무는 등으로 하여 A에게 오른쪽 팔목과 대퇴부 뒤쪽에 멍이 들게 하여 약 2주간의 치료를 요하는 상해를 가하였다. 甲의 죄책은?

해결 서로 격투를 하는 자 상호간에는 공격행위와 방어행위가 연속적으로 교차되고 방어행위는 동시에 공격행위가 되는 양면적 성격을 띠는 것이므로 어느 한쪽 당사자의 행위만을 가려내어 방어를 위한 정당행위라거나 또는 정당방위에 해당한다고 보기 어려운 것이 보통이나, 외관상 서로 격투를 하는 것처럼 보이는 경우라고 할지라도 실지로는 한쪽 당사자가 일방적으로 불법한 공격을 가하고 상대방은 이러한 불법한 공격으로부터 자신을 보호하고 이를 벗어나기 위한 저항수단으로 유형력을 행사한 경우라면, 그 행위가 적극적인 반격이 아니라 소극적인 방어의 한도를 벗어나지 않는 한 그 행위에 이르게 된 경위와 그 목적 · 수단 및 행위자의 의사 등 제반 사정에 비추어 볼 때 사회통념상 허용될 만한 상당성이 있는 행위로서 위법성이 조각된다고 보아야 할 것이다(대법원 1999.10.12, 99도3377). 사시 10 / 국가7급 13 / 법원9급 20

---

203 판례 : 싸움이 중지된 이후 갑자기 행해진 공격에 대한 방어행위는 정당방위 싸움이 중지된 후 다시 피해자들이 새로이 도발한 별개의 가해행위를 방어하기 위하여 단도로써 상대방의 복부에 자상을 입힌 행위는 정당방위에 해당된다(대법원 1957.3.8, 4290형상18).
204 판례 외관상 서로 격투를 하는 것처럼 보이는 경우라고 할지라도 한쪽 당사자가 일방적으로 불법한 공격을 가하고 상대방은 이러한 불법한 공격으로부터 자신을 보호하고 이로부터 벗어나기 위한 저항수단으로 유형력을 행사한 경우라면 그 행위가 적극적인 반격이 아니라 소극적인 방어의 한도를 벗어나지 않는 한 그 행위에 이르게 된 경위와 그 목적, 수단 및 행위자의 의사 등 제반사정에 비추어 사회통념상 허용될만한 상당성이 있는 행위로서 위법성이 조각된다(대법원 1984.9.11, 84도1440 등). 사시 10
205 참고 : 판례입장의 심화검토 판례의 입장을 자세히 들여다보면 약간의 차이는 있다. 즉, 판례는 ① 피해자의 공격이 신체 또는 물건을 사용해서 비교적 적극적으로 이루어진 경우에 이에 대항하는 피고인의 행위에 대해서는 정당방위(또는 정당방위와 정당행위 모두)를 적용하는 편이고, ② 피해자의 행위가 멱살이나 넥타이를 잡고 늘어진다거나 다소 행패를 부린다거나 괴롭히거나 길을 막는 등 다소 소극적 공격으로 이루어진 경우 이를 벗어나거나 피하기 위한 행위는 사회상규에 위배되지 않는 행위를 적용하는 편이다. 다만 모두 그런 것은 아니므로 이것이 판례의 규칙이라고 할 수는 없다.

소극적 방어행위에 대한 법적용의 혼란   위 판례는 그 적용법조에서 제20조의 정당행위와 제21조의 정당방위를 모두 적시함으로써 정당행위도 될 수 있고 정당방위도 될 수 있다고 판시하고 있다. 특히 '소극적 방어행위'의 경우에는 판례가 우선 정당행위 중 '사회상규에 위배되지 않는 행위'로 보고 있으며 경우에 따라 정당방위까지 덤으로 적용될 수도 있다는 식의 입장인 것이다.

⚡ 판례연구 외관상 격투라 하더라도 일방적 공격을 받고 이에 대항하는 행위로서 정당방위를 인정한 사례

1. 대법원 1989.10.10, 89도623 : 정당방위 적용례
피고인이 방안에서 피해자로부터 깨진 병으로 찔리고 이유 없이 폭행을 당하여 이를 피하여 방밖 홀로 도망쳐 나오자 피해자가 피고인을 쫓아 나와서까지 폭행을 하였다면 이때 피고인이 방안에서 피해자를 껴안거나 두 손으로 멱살부분을 잡아 흔든 일이 있고 홀 밖에서 서로 붙잡고 밀고 당긴 일이 있다고 하여도 특별한 사정이 없는 한 이는 피해자에 대항하여 폭행을 가한 것이라기보다는 피해자의 부당한 공격에서 벗어나거나 이를 방어하려고 한 행위였다고 보는 것이 상당하다.

2. 대법원 1996.12.23, 96도2745 : 정당방위 적용례
피고인 甲은 식당에서 제1심 공동피고인 乙과 함께 술을 마시던 중 乙은 甲이 자신에게 욕설을 하였다는 이유로 주먹으로 甲의 얼굴을 수회 때리고, 발로 甲의 가슴을 걷어 찬 후 甲이 식당 밖으로 피신하자 따라 나가 의자로 甲의 팔 부위를 수회 내리치는 바람에 甲이 약 4주간의 치료를 요하는 골절상을 입었고, 그 과정에서 甲은 폭행을 가하는 乙의 손과 멱살 등을 잡고 밀친 것이라면, 이는 상대방의 부당한 공격에서 벗어나거나 이를 방어하려고 한 행위였다고 봄이 상당하다.

3. 대법원 1999.6.11, 99도943 : 정당방위 적용례
피해자가 피고인 운전의 차량 앞에 뛰어 들어 함부로 타려고 하고 이에 항의하는 피고인의 바지춤을 잡아 당겨 찢고 피고인을 끌고 가려다가 넘어지자, 피고인이 피해자의 양 손목을 경찰관이 도착할 때까지 약 3분간 잡아 누른 경우, 정당방위에 해당한다. 사시 11 / 사시 15

4. 대법원 2010.2.11, 2009도12958
상대방들이 합세하여 구타하는 데에서 벗어나기 위해 손을 휘저으며 발버둥치는 과정에서 상대방들에게 상해를 가하게 된 사례 : 정당방위, 정당행위를 모두 적용한 예
甲과 자신의 남편과의 관계를 의심하게 된 상대방이 자신의 아들 등과 함께 甲의 아파트에 찾아가 현관문을 발로 차는 등 소란을 피우다가, 출입문을 열어주자 곧바로 甲을 밀치고 신발을 신은 채로 거실로 들어가 상대방 일행이 서로 합세하여 甲을 구타하기 시작하였고, 甲은 이를 벗어나기 위하여 손을 휘저으며 발버둥치는 과정에서 상대방 등에게 상해를 가하게 된 경우, 甲의 행위는 위법한 공격으로부터 자신을 보호하고 이를 벗어나기 위한 사회관념상 상당성 있는 방어행위이다. 사시 11 / 국가7급 12 / 변호사 14

---

② 과실행위나 미필적 고의로 정당방위상황을 초래한 경우(유책한 도발) : (상대방의 반격의 정도에 따라) 정당방위가 인정될 수 있다. 예를 들어 부당한 도발행위를 하여 상대방이 이에 대응하여 반격을 하였는데 이 반격이 과잉방위와 같은 정도의 행위라면 위법한 행위가 되므로 이에 대하여 도발행위자는 정당방위를 할 수 있는 것이다. 그러나 이 경우에도 유책한 도발행위라는 원인을 제공한 이상 정당방위에는 일정한 제한이 뒤따르게 되므로, 가능한 한 방어적 행위만을 하는 보호방위에 국한되며 경미한 침해는 감수하여야 한다.

다만 사회윤리적 제한을 받는 '유책한 도발'은 법적으로 위법한 도발행위로 한정되고, 단지 사회윤리적으로 반가치적인 행위는 여기에 포함되지 않는다. 따라서 위법한 도발이 아니라 단지 사회윤리에 다소 벗어나는 도발행위를 한 자는 정당방위를 별다른 제한 없이 할 수 있다(다수설).[206]

---

206 예컨대, 정치집회에서 상대방을 공격하는 집요한 발언에 의하여 상대방의 폭행이 유발된 경우에는, 위법하지 않고 사회윤리적

제21조【정당방위】② 방위행위가 그 정도를 초과한 경우에는 정황(情況)에 따라 그 형을 감경하거나 면제할 수 있다. 〈개정 2020.12.8.〉 법원9급 07(상) / 법원9급 07(하) / 경찰채용 10 1차

③ 제2항의 경우에 야간이나 그 밖의 불안한 상태에서 공포를 느끼거나 경악(驚愕)하거나 흥분하거나 당황하였기 때문에 그 행위를 하였을 때에는 벌하지 아니한다. 〈개정 2020.12.8.〉 국가9급 12 / 법원행시 16 / 경찰간부 17

1. 과잉방위

(1) 개 념

과잉방위(過剩防衛; Notwehrexzeß)라 함은 정당방위상황은 존재하나 침해행위에 대한 방위행위의 균형성이 상실되고 방어방법의 상당성이 결여된 경우를 의미한다.

예 • 자신의 아들의 장난감을 절취하는 자를 살해한 행위
  • 자신의 아내를 성적으로 희롱하는 자를 살해한 행위 등

(2) 법적 취급

① 제2항 : 책임감소·소멸사유라는 것이 다수설이다(임의적 감면).[207] 따라서, 과잉방위에 대해서도 무죄 판결이 가능하게 된다.

  ▶ 이에 비하여 후술하는 중지미수(제26조)의 경우에는 책임감소 내지 인적 처벌조각사유로 파악되므로 무죄판결이 불가능하다고 보아야 한다.

★ 판례연구 과잉방위에 해당하는 경우

1. 대법원 1985.9.10, 85도1370

곡괭이 자루 사례

집단구타에 대한 반격행위로서 곡괭이 자루를 마구 휘둘러 사상의 결과를 일으킨 것은 **과잉방어에 해당한다.** 국가 7급 08 / 경찰채용 11 1차

2. 대법원 1991.5.28, 91도30

깨진 병 사례

피고인이 피해자로부터 갑작스럽게 뺨을 맞는 등 폭행을 당하여 서로 멱살을 잡고 다투자 주위 사람들이 싸움을 제지하였으나 피해자에게 대항하기 위하여 깨진 병으로 피해자를 찌를 듯이 겨누어 협박한 경우, 피고인의 행위는 자기의 법익에 대한 현재의 부당한 침해를 방어하기 위한 것으로 볼 수 있으나, 맨손으로 공격하는 상대방에 대하여 위험한 물건인 깨진 병을 가지고 대항한다는 것은 사회통념상 그 정도를 초과한 방어행위로서 상당성이 결여된 것이고, 또 주위 사람들이 싸움을 제지하였다는 상황에 비추어 야간의 공포·당황으로 인한 것이었다고 보기 어렵다. 법원행시 08

➥ 협박죄의 위법성 및 책임이 모두 조각되지 않는다.

---

② 제3항(과잉방위의 원인이 방위행위자의 열악함에서 비롯됨) : 소위 면책적 과잉방위로서, 적법행위(상당성을 준수한 정당방위)의 기대가능성이 없기 때문에 **책임이 조각된다.** 사시 14

으로도 별 문제가 되지 않으므로 제한 없이 정당방위를 할 수 있다(손동권, 186면; 이재상, §17-31; 임웅, 225면; Wessels, Strafrecht, Allgemeiner Teil, 27.Aufl, 1997, Rn.346. 등 참조).

[207] 책임감소·소멸 이외에 불법감소도 고려해야 한다는 소수설은 손동권, 188면; 손해목, 463면; 정성근 / 박광민, 236면; 차용석, 605면 참조.

📚 **사례연구** 돌로 자신의 처를 때리려는 자를 발로 배를 차 사망에 이르게 한 사례

甲은 야간에 그의 처 乙(31세)과 함께 극장구경을 마치고 귀가하는 도중에 丙(19세)이 甲의 질녀 丁(14세)에게 음경을 내놓고 키스를 하자고 달려들자, 甲은 술에 취했으니 집에 돌아가라고 타일렀다. 그러나 丙은 도리어 돌을 들어 구타하려고 따라오므로 甲이 피하자, 丙은 甲의 처 乙을 땅에 넘어뜨려 깔고 앉아서 구타하였다. 이에 甲이 다시 丙을 제지하였지만 듣지 아니하고 돌로써 乙을 때리려는 순간 甲은 발로 丙의 복부를 한 차례 차서 그로 하여금 장파열로 사망에 이르게 하였다. 甲의 죄책은?

해결 피고인의 행위가 형법 제21조 제2항 소정의 과잉방위에 해당한다 할지라도 위 행위가 당시 야간에 술에 취한 피해자의 불의의 행패와 폭행으로 인한 불안스러운 상태에서의 공포, 경악, 흥분 또는 당황에 기인된 것이라면 형법 제21조 제3항이 적용되어 피고인은 무죄이다(대법원 1974.2.26, 73도2380).

▶ 정당방위로 보아야 한다는 지적(배종대)도 있다.

📚 **사례연구** 맥주병 이개절상 사례

甲(여성인 乙과 역시 여성인 丙과 동행하고 있는 남자)은 A, B, C, D, E, F로부터 폭행을 당하던 중에 그들의 공격으로부터 벗어나기 위하여 맥주병을 들고 나와서 위협을 하던 중 A가 甲을 덮쳐 甲을 뒤에서 끌어안은 채 함께 넘어져 뒹굴며 옥신각신 하는 과정에서 맥주병이 깨지게 되고 그 깨진 맥주병에 A가 이개절상 등의 상해를 입게 되었다. 甲의 죄책을 정확히 제시해보면?

해결 야간에 6명의 남자인 피해자 일행으로부터 별다른 이유 없이 갑자기 주먹으로 맞는 등 폭행을 당하고 특히 자신뿐만 아니라 자신의 처까지 위협을 당하던 중에 피해자 일행으로 하여금 더 이상 가해행위를 하지 못하도록 겁을 주려는 목적에서 근처에 있던 빈 맥주병을 들었음에도 피해자 일행이 물러서지 않고 피고인에게 달려들어 붙잡고 쓰러뜨린 후 폭행을 계속하는 상황 하에서 순간적으로 공포, 흥분 또는 당황 등으로 말미암아 위와 같은 행위에 이르게 되었다면 형법 제21조 제3항에 의하여 벌할 수 없는 경우에 해당한다(대법원 2005.7.8, 2005도2807).

정답 형법 제21조 제3항에 의하여 무죄(책임조각사유).

유사판례 평소 정신이상자처럼 행동하며 가족들에게 심하게 행패를 부려오던 피고인의 오빠가 피고인들을 모두 죽여버리겠다면서 어머니에 칼을 들이대다가 남동생의 목을 조르고 있는 위급한 상황에서, 피고인(여동생)이 순간적으로 남동생을 구하기 위하여 피해자에게 달려들어 그의 목을 조르면서 뒤로 넘어뜨린 행위는 어머니와 남동생의 생명, 신체에 대한 현재의 부당한 침해를 방위하기 위한 상당한 행위라 할 것이고, 피고인이 피해자의 몸 위에 타고 앉아 그의 목을 계속하여 졸라 누름으로써 결국 피해자로 하여금 질식하여 사망에 이르게 한 행위는 정당방위의 요건인 상당성을 결여한 행위라고 보아야 할 것이나(과잉방위), 당시 야간에 흉포한 성격에 술까지 취한 피해자가 식칼을 들고 피고인을 포함한 가족들의 생명, 신체를 위협하는 불의의 행패와 폭행을 하여 온 불안스러운 상태 하에서 공포, 경악, 흥분 또는 당황 등으로 말미암아 저질러진 것이라고 보아야 할 것이다(대법원 1986.11.11, 86도1862). 경찰채용 18 2차

⚖ **판례연구** 제1방위행위와 제2행위가 연속하여 행하여진 사례

대법원 1986.11.11, 86도1862
제1방위행위인 정당방위와 제2방위행위인 과잉방위가 극히 짧은 시간 내에 계속되어 이를 전체로서 하나의 과잉방위로 보아 형법 제21조 제3항에 의하여 무죄로 본 사례 : 정신이상 오빠 사건
평소 흉포한 성격인데다가 술까지 몹시 취한 피해자(남, 33세)가 심하게 행패를 부리던 끝에 피고인들을 모두 죽여버리겠다면서 식칼을 들고 어머니 공소외 1에게 달려들어 찌를듯이 면전에 칼을 들이대다가 남동생 공소외 2로부터 제지를 받자, 다시 공소외 2의 목을 손으로 졸라 숨쉬기를 어렵게 한 위급한 상황에서 여동생인 피고인이 순간적으로 공소외 2를 구하기 위하여 피해자에게 달려들어 그의 목을 조르면서 뒤로 넘어뜨린 행위는 공소외 1, 2의 생명, 신체에 대한 현재의 부당한 침해를 방위하기 위한 상당한 행위라 할 것이고, 나아가 위 사건 당

PART 02 범죄론

시 피해자가 피고인의 위와 같은 방위행위로 말미암아 뒤로 넘어져 피고인의 몸아래 깔려 더 이상 침해행위를 계속하는 것이 불가능하거나 또는 적어도 현저히 곤란한 상태에 빠졌음에도 피고인이 피해자의 몸 위에 타고앉아 그의 목을 계속하여 졸라 누름으로써 결국 피해자로 하여금 질식하여 사망에 이르게 한 행위는 정당방위의 요건인 상당성을 결여한 행위라고 보아야 할 것이나, 극히 짧은 시간 내에 계속하여 행하여진 피고인의 위와 같은 일련의 행위는 이를 전체로서 하나의 행위로 보아야 할 것이므로, 방위의사에서 비롯된 피고인의 위와 같이 연속된 전후행위는 하나로서 형법 제21조 제2항 소정의 과잉방위에 해당한다 할 것이고, 당시 야간에 흉포한 성격에 술까지 취한 피해자가 식칼을 들고 피고인을 포함한 가족들의 생명, 신체를 위협하는 불의의 행패와 폭행을 하여 온 불안스러운 상태 하에서 공포, 경악, 흥분 또는 당황 등으로 말미암아 저질러진 것이라고 보아야 할 것이다(형법 제21조 제3항이 적용되어 무죄). 경찰채용 18 2차 / 경찰채용 22 2차

[비교] 대법원 2016.5.12, 2016도2794
제1방위행위는 정당방위이나 이어진 제2행위는 방위의사를 인정할 수 없어 전체가 정당방위 · 과잉방위에 해당하지 않는다는 사례 : 도둑 뇌사 사건
정당방위나 과잉방위는 모두 침해상황이 있고 이를 방어하려는 의사(방위의사)가 인정되어야 하는바, 피고인이 도둑의 주거침입과 물건을 훔치려는 행위를 막기 위해 한 최초 폭행과 달리 이어진 2차 폭행은 단지 도망치지 못하게 하려는 의사만 있을 뿐이어서 침해상황과 방위의사를 인정할 수 없어 정당방위 및 과잉방위에 해당하지 않는다(상해치사죄 성립).[208]

2. 오상방위

(1) 의 의

오상방위(誤想防衛; Putativnotwehr)라 함은 객관적으로 정당방위의 요건이 구비되지 않았음에도 불구하고 이것이 있는 것으로 오신하고 방위행위를 한 경우를 말한다(위법성조각사유의 전제조건에 관한 착오 내지 허용구성요건의 착오).

[예] • 우체부를 도둑으로 오인하고 몽둥이로 가격한 행위
• 아파트 주차장에서 뒤따라오는 이웃을 강간범으로 오인하여 가스총을 발사한 행위 등

📚 **사례연구** 빈 칼빈소총 사례 : 오상방위와 엄격책임설

甲(상병)이 乙(상병)과 교대시간이 늦었다는 이유로 언쟁을 하다가 甲이 乙을 구타하자 乙이 소지하고 있던 칼빈소총으로 甲의 등 뒤를 겨누며 실탄을 장전하는 등 발사할 듯이 위협을 하자, 甲은 乙을 사살하지 않으면 위험하다고 느끼고 뒤로 돌아서면서 소지하고 있던 칼빈소총으로 乙의 복부를 향하여 발사하여 乙이 사망하였다. 甲의 형사책임은?

[해결] ① 싸움을 함에 있어서 격투를 하는 자 중의 한 사람의 공격이 그 격투에서 당연히 예상할 수 있는 정도를 초과하여 살인의 흉기 등을 사용하여 온 경우에는 이를 '부당한 침해'라고 아니할 수 없으므로 이에 대하여는 정당방위를 허용하여야 한다. 즉 싸움을 하는 중이라도 싸움 중에 가해지는 공격이 당초의 예상을 벗어나는 경우 정당방위가 성립할 여지가 있다. 또한 ② 피해자에게 피고인을 살해할 의사가 없고 객관적으로 급박하고 부당한 침해가 없었다고 가정하더라도, 피고인으로서는 현재의 급박하고도 부당한 침해가 있을 것이라고 오인하는 데 대한 정당한 사유가 있는 경우에 해당한다(대법원 1968.5.7, 68도370).[209] 경찰채용 12 1차 / 국가9급 12 즉 대법원은 정당방위 내지 오상방위로서 무죄가 된다고 본 것이다.

---

208 보충 강원도 원주시에 사는 A씨는 2014년 3월 친구들과 술을 마시다 새벽 3시가 넘어 귀가했다가 자신의 집 거실에서 서랍장을 뒤지던 도둑 B(당시 55세)씨를 발견하고 주먹으로 얼굴을 수차례 때려 넘어뜨렸다. A씨는 B씨가 넘어진 상태에서 도망치려 하자 B씨의 뒤통수를 수차례 발로 걷어 찼고, 빨래 건조대와 차고 있던 벨트를 풀어 B씨의 등을 수 차례 때렸다. A씨의 폭행으로 B씨는 의식불명 상태에 빠졌고 같은해 12월 치료를 받던 중 폐렴으로 사망했다(법률신문, 2016.5.12.).
209 이 판례에 대해서는 '오상방위'와 관련하여 '정당한 사유' 여부를 검토하는 자세를 취하여 허용구성요건의 착오에 관한 엄격책임설의 입장을 따르고 있음을 보여준다는 평석도 있다. 신동운, 「판례백선 형법총론」, 210면 참조.

(2) 법적 취급

법효과제한적 책임설(다수설)에 의하면 구성요건적 고의는 인정하되 책임고의는 조각된다고 보아 고의범은 성립되지 않지만, 과실범처벌규정이 있는 경우 이에 따라 처벌하며, 고의범의 불법은 인정되므로 공범 성립도 가능하다고 보게 된다(자세한 것은 책임론에서 후술).

3. 오상과잉방위

오상과잉방위(誤想過剩防衛, Putativnotwehrexzeß)라 함은 현재의 부당한 침해가 없음에도 불구하고 있다고 잘못 생각하여 방위행위를 하였는데(오상방위), 방위행위의 정도가 상당성을 상실한 경우(과잉방위)를 말한다. 예를 들어, 지하철에서 甲의 뒤에 乙이 다가왔는데 甲은 乙이 자기의 지갑을 훔치고 있다고 오인하고 다짜고짜 乙의 얼굴을 주먹으로 가격하여 乙의 코뼈가 부러진 경우를 말하는바, 이에 대해서는 ① 과잉방위로 보자는 견해와 ② 오상방위의 해결처럼 처리하자는 견해(다수설) 등이 제시되어 있다. 국가7급 08

표정리 위법성조각사유의 요소와 결여시 효과(정당방위를 예로 듦)

객관적 정당화상황	주관적 정당화요소	상당성	해 결
○	○	×	과잉방위 ⇨ 임의적 감면(책임감소·소멸사유)
○	×	○	우연적 방위 ⇨ 불능미수(다수설)
×	○	○	오상방위 ⇨ 엄격책임설, 제한적 책임설(다수설)

표정리 정당방위의 성립요건 개관(긴급피난·자구행위도 동일목차로 구성 가능)

구 분	객관적 전제조건 (자기 또는 타인의)	법익에 대한	현재의 (과거)	현재의 (현재)	현재의 (장래)	부당한	침해	주관적 정당화요소	상당한 이유
요 건	자기 또는 타인의	법익에 대한	현재의			부당한	침해	방위하기 위한 의사	• 필요성·적합성 • 사회윤리적 제한
내 용	• 긴급피난과 동일 • 자구행위 : 자기	개인적 법익	× 현재계속 중이면 정당방위	○	× 목전에 임박하면 정당행위	위법, 정당방위 또는 긴급피난에 대한 정당방위 : ×	• 인간의 침해 • 동물·자연현상 : × • 부작위 : ○	필요설(통설) 없으면 우연적 방위 : 불능미수(또는 기수)	• 사회윤리적 제한 ├ 책임이 현저히 감소 내지 없는 자 ├ 상호보호의무 ├ 법익간의 현저한 불균형 └ 도발행위
과잉방위 (제21조 제2항)	○							○	×
우연적 방위	○							×	○
오상방위	× (○ : 오인)							○	○
오상 과잉방위	× (○ : 오인)							○	×

01 서 설

제22조【긴급피난】① 자기 또는 타인의 법익에 대한 현재의 위난을 피하기 위한 행위는 상당한 이유가 있는 때에는 벌하지 아니한다. 법원9급 07(상)

1. 의 의

긴급피난(緊急避難; Notstand)이라 함은 자기 또는 타인의 법익에 대한 현재의 위난을 피하기 위한 상당한 이유 있는 행위를 말한다(제22조 제1항). 이러한 긴급피난행위는 그 피난행위의 상대방이 아무런 잘못(법익침해행위)을 하지 않았음에도 긴급피난을 당하는 경우가 많기 때문에, 특히 피난행위에 상당한 이유가 있었는가를 엄격한 기준에 의하여 심사해야 한다. 즉 긴급피난은 상당성 판단기준으로서 보충성·균형성·적합성이 요구되는 바 이것이 긴급피난의 중요한 특징이라고 할 수 있다.

긴급피난이 정당화되는 이유 내지 근거에 대해서는 종래 이익교량설(Interessenabwä gungsgrundsatz : 보다 큰 이익을 보호하기 위해 작은 이익을 희생시키는 것은 정당하다는 입장)과 목적설(Zwecktheorie : 정당한 목적으로 위한 상당한 수단은 정당하다는 입장)이 제시되어 왔다.[210]

표정리 정당방위와 긴급피난 비교

구 분		정당방위	긴급피난
본질적 차이		不正 對 正	正 對 正(or 不正 對 正)
위법성조각 가능한 법익의 범위		개인적 법익	개인적 법익·국가적 법익·사회적 법익
피난행위로 인정 근거		자기보호의 원리·법수호의 원리	이익교량의 원칙·목적설
상당성	최소침해성	○	○
	보충성	×	○
	균형성	×	○
	적합성	○	○
침해의 원인		사람의 행위	행위성 不要
피난행위의 대상		침해자	제3자(예외 : 침해자)
피난주체의 제한		無	有(제22조 제2항)
손해배상 유무(참고)		×(손해배상책임 없음)	민법상 손해배상책임을 지는 경우 있음
효 과		위법성조각	통설은 위법성조각, 소수설은 二分說

---

210 이익교량설(이익형량설)과 목적설에 관한 상세한 내용은 이형국, "긴급피난이론으로서의 이익형량설과 목적설", 법철학과 형법(황산덕박사화갑기념논문집), 1979. 참조. 또한, 이형국, "Interessenabwä gung und Angemessenheitsprüfung im rechtfertigenden Notstand des § 34 StGB", 1978년(하이델베르그대학 박사학위논문). 참조. 원래 필자는 모교인 연세대 법대에서 이형국 교수님에게서 형법총론을, 박상기 교수님에게서 형법각론과 형사소송법 그리고 형사정책을 배웠고, 이후 대학원석·박사과정에서도 위 두 분에게서 큰 學恩을 입었다. 이는 필자가 대학 강단에 설 때나 한국형사정책연구원에 근무했을 때, 그리고 학원에서 공직자가 되기 위해 시험을 준비하는 제자님들을 지도할 때 가장 중요한 밑거름이 되어 왔다.

예 • 홍수로 밀려드는 강물을 피하려고 고지대의 타인의 주거로 침입한 행위 : 주거침입죄의 구성요건에 해당하나 긴급피난으로서 위법성이 조각되어 무죄
  • 자신을 쫓아오는 강도를 피하려고 인근의 구멍가게로 들어가려다가 구멍가게의 출입문을 부순 행위 : 손괴죄의 구성요건에 해당하나 긴급피난으로서 위법성이 조각되어 무죄

2. 본질(법적 성질)

(1) 일원설

① 책임조각사유설 : 긴급피난은 위난과는 무관한 제3자의 이익을 침해하는 행위이므로 그 위법성은 인정되고, 다만 적법행위의 기대가능성이 없으므로 책임이 조각된다는 입장이다. 책임조각사유설에 의하면 긴급피난에 대한 정당방위도 가능하게 된다. 이 설에 대해서는 형법 제22조 제1항에 의하면 타인을 위한 긴급피난도 가능한데 이는 기대가능성과는 무관하다는 비판이 있다.

② 위법성조각사유설(다수설·판례) : 피난행위로 인하여 보호받는 이익과 침해된 이익을 형량하여 보호받는 이익의 우월성이 인정되는 경우에는 당해 피난행위는 위법성이 조각된다는 견해이다. 판례도 동지(同旨)이다(대법원 1987.1.20, 85도221). 이 견해의 장점은 무엇보다도 우리 형법의 체계와 맞는다는 점에 있다. 왜냐하면 우리 형법상 긴급피난(제22조 제1항)은 그 위치상 정당방위(제21조 제1항)와 자구행위(제23조 제1항)의 사이에 배치되어 있다는 점에서, 이를 위법성조각사유로 파악하는 것이 자연스럽기 때문이다. 위법성조각사유설에 의할 때, 소위 면책적 긴급피난의 경우는 초법규적 책임조각사유로 보게 된다.[211]

(2) 이원설 – 위법성조각사유 및 책임조각사유설

이원설은 독일 형법에서 긴급피난을 제34조의 정당화적 긴급피난(rechtfertigender Notstand)과 제35조의 면책적 긴급피난(entschuldigender Notstand)으로 나누는 것처럼, 우리 형법 제22조 제1항의 긴급피난도 이익형량을 하여 우월적 이익을 보호하기 위한 피난행위는 위법성조각적 긴급피난으로, 양 법익이 동가치이면 면책적 긴급피난으로 이분해서 파악하자는 견해이다. 국가7급 17

PART 02 범죄론

---

02 **성립요건**

1. 자기 또는 타인의 법익에 대한 현재의 위난

(1) 자기 또는 타인의 법익 경찰간부 11 / 경찰승진 11 / 경찰승진 15

① 법률에 의하여 보호되는 모든 이익을 말한다.
② 모든 개인적 법익(생명, 신체, 자유, 명예, 재산 등), 사회적 법익, 국가적 법익이 포함된다.

(2) 현재의 위난

위난(危難)이란 법익에 대한 침해의 위험이 있는 상황 내지 상태를 말하며 계속적 위난(Dauergefahr)도 포함된다. 따라서 '현재의 위난'에 관하여 긴급피난의 위난의 현재성은 정당방위의 침해의 현재성보다 보다 넓은 개념이라고 하는 견해가 다수설이다.[212]

① 위난의 원인
  ㉠ 행위성 불요 : 사람의 행위에 의한 것임을 요하지 않는다. 국가9급 08
    예 자연현상, 동물도 모두 포함

---

211 다만 입법론적으로는 면책적 긴급피난을 규정하는 것이 바람직하다는 견해는 이형국, 187면; 임웅, 239면.
212 예컨대, 정당방위에서 검토했던 '김 모양 의붓아버지 살해 사례'에서 정당방위의 침해의 현재성은 부정된다 하더라도 긴급피난의 '위난의 현재성'은 인정될 수 있게 된다. 다만 긴급피난은 정당방위보다 더 엄격하게 해석해야 하기 때문에 긴급피난의 위난의 현재성을 정당방위의 침해의 현재성보다 넓게 해석해서는 안 된다는 입장은 오영근, 347면 참조.

ⓛ 위법성 불요 : 따라서 적법한 긴급피난에 대한 긴급피난도 가능하다. 경찰간부 11 / 국가9급 13 / 사시 15

② 자초위난

　ⓐ 위난이 유책한 사유로 발생한 자초위난의 경우 : 상당성이 인정되는 한 긴급피난은 가능하다(통설). 또한 후술하는 '피조개양식장' 판례(대법원 1987.1.20, 85도221)도 유책한 자초위난의 경우 긴급피난이 성립한 예로 볼 수 있다.[213] 변호사 14

　　例 실수로 타인의 개의 꼬리를 밟아 개가 덤벼들자, 개를 사살한 경우 ⇨ 긴급피난 ○

　ⓑ 목적 또는 고의에 의한 자초위난에 대하여 : 긴급피난이 허용되지 아니한다.

　　例 타인의 개를 죽일 목적으로 개를 놀려, 덤벼드는 것을 사살한 경우 ⇨ 긴급피난 ×

> ⚖ **판례연구** 강간범에 대한 자초위난 사례 : 강간치상죄 성립
>
> **대법원 1995.1.12, 94도2781**
> 스스로 야기한 강간범행의 외중에서 피해자기 피고인의 손가락을 깨물며 반항히지, 물린 손가락을 비틀며 잡아 뽑다가 피해자에게 치아결손의 상해를 입힌 경우를 가리켜 법에 의하여 용인되는 피난행위라 할 수 없다. 국가9급 10 / 국가7급 12 / 국가9급 13 / 국가7급 14 / 경찰승진 15 / 법원9급 15 / 경찰채용 18 3차

---

2. 위난을 피하기 위한 의사에 의한 행위

피난의사(Rettungswille)가 요구된다(이원적·인적 불법론). 즉 피난의사가 있는 피난행위만 정당화되는데, 이러한 피난행위는 위난의 원인을 야기한 자에 대한 **방어적 긴급피난**과 위난과는 무관한 제3자의 법익을 희생시키는 **공격적 긴급피난**으로 나눌 수 있다. 후자의 공격적 긴급피난행위가 보다 일반적인 유형일 것이다. 아무튼 긴급피난의 상황은 있었으나 막상 피난의사가 없었다면 이는 우연피난에 불과하게 된다(기술한 주관적 정당화요소 부분 참조).

3. 상당한 이유

피난행위에 상당한 이유가 인정되기 위해서는 보충성, 균형성, 적합성 및 상대적 최소피난성이 인정되어야 한다.[214]

(1) 보충성 – 최후수단성의 원칙 국가9급 13

보충성(Subsidiarität)이란 긴급피난이 아니라도 달리 피할 방법이 있는 상황에서는 인정되지 않음을 뜻한다.

> ⚖ **판례연구** 긴급피난에 해당되지 않는 판례
>
> **1. 대법원 1969.6.10, 69도690**
> 피고인의 모(母)가 갑자기 기절을 하여 이를 치료하기 위하여 군무를 이탈한 행위는 긴급피난이 될 수 없다.
> 법원9급 14 / 경찰간부 17
>
> **2. 대법원 1990.8.14, 90도870**
> 신고된 대학교에서의 집회가 경찰관들에 의하여 저지되자, 신고 없이 타대학교로 옮겨 집회를 한 사례

---

213 동지 : 오영근, 352면.
214 판례 긴급피난행위가 '상당한 이유 있는 행위'에 해당하려면, 첫째 피난행위는 위난에 처한 법익을 보호하기 위한 **유일한 수단**이어야 하고(보충성), 둘째 피해자에게 **가장 경미한 손해를 주는 방법**을 택하여야 하며(상대적 최소피난성), 셋째 피난행위에 의하여 보전되는 이익은 이로 인하여 **침해되는 이익보다 우월**해야 하고(균형성), 넷째 피난행위는 그 자체가 사회윤리나 법질서 전체의 정신에 비추어 **적합한 수단**일 것(적합성)을 요하는 등의 요건을 갖추어야 한다(대법원 2006.4.13, 2005도9396).

집회장소 사용 승낙을 하지 않은 甲대학교 측의 집회 저지 협조요청에 따라 경찰관들이 甲대학교 출입문에서 신고된 甲대학교에서의 집회에 참가하려는 자의 출입을 저지한 것은 경찰관직무집행법 제6조의 주거침입행위에 대한 사전 제지조치로 볼 수 있고, 그 때문에 소정의 신고 없이 乙대학교로 장소를 옮겨서 집회를 한 행위는 긴급피난에 해당한다고도 할 수 없다. 국가9급 10 / 사시 11 / 법원9급 14 / 경찰승진 15 / 경찰승진 16

3. 대법원 2016.1.28, 2014도2477

로트와일러 전기톱 살해 사건[215]

피고인으로서는 자신의 진돗개를 보호하기 위하여 몽둥이나 기계톱 등을 휘둘러 피해자의 개들을 쫓아버리는 방법으로 자신의 재물을 보호할 수 있었을 것이므로 피해견을 기계톱으로 내리쳐 등 부분을 절개한 것은 피난행위의 상당성을 넘은 행위로서 형법 제22조 제1항에서 정한 긴급피난의 요건을 갖춘 행위로 보기 어려울 뿐 아니라, 그 당시 피해견이 피고인을 공격하지도 않았고 피해견이 평소 공격적인 성향을 가지고 있었다고 볼 자료도 없는 이상 형법 제22조 제3항에서 정한 책임조각적 과잉피난에도 해당하지 아니한다(공소사실 중 재물손괴의 점을 무죄로 판단한 제1심판결을 파기하고 이 부분 공소사실을 유죄로 인정한 것은 정당함). … (또한) 동물보호법 제8조 제1항 제1호에서 규정하는 '잔인한 방법으로 죽이는 행위'는 같은 항 제4호의 경우와는 달리 정당한 사유를 구성요건 요소로 규정하고 있지 아니하여 행위를 하는 것 자체로 구성요건을 충족하고, 행위를 정당화할 만한 사정 또는 행위자의 책임으로 돌릴 수 없는 사정이 있다 하더라도, 이로 인해 위법성이나 책임이 조각될 수 있는지는 별론으로 하고 구성요건 해당성이 조각되는 것은 아니다. 경찰간부 18

(2) 균형성 : 이익형량의 원칙(우월한 이익의 보호)

긴급피난은 우리 형법상 위법성조각사유로서 보다 큰 이익을 보호하기 위해 작은 이익을 희생시키는 행위만이 정당화된다.

① 우월한 이익 보호의 원칙 : 보다 큰 이익(wesentliche überwiegend)이란 형법적으로 보호해야 할 가치가 더 큰 이익을 말하며, 보통 형법에 규정된 법정형이 그 기준이 된다. 예컨대, 생명을 보호하기 위해 타인의 신체를 침해하는 행위 또는 신체나 자유를 보호하기 위해 타인의 재산을 침해하는 행위는 상당성을 갖추고 있다. 다만 법정형만으로 충분한 기준이 될 수 없는 것도 사실이므로, 개별적인 상황에서의 이익의 비교는 어디까지나 구체적인 이익보호의 필요 내지 긴박함에 의해 판단되어야 한다. 따라서 아주 높은 재산적 침해를 피하기 위해 타인의 신체나 명예를 가볍게 침해하는 행위라면 균형성이 긍정될 수도 있다.

📚 **사례연구** 피조개양식장 사례 : 긴급피난 인정

甲이 乙의 피조개양식장 앞의 해상에 허가 없이 甲(선장)의 선박을 정박시켜 놓은 바, 乙은 위 선박을 이동시키도록 요구하였다. 그런데 갑자기 태풍이 내습하게 되자, 甲은 당시 7, 8명의 선원이 승선해 있었던 자신의 선박이 전복되는 것을 막기 위하여 닻줄을 늘여 놓았다. 심한 풍랑이 이는 과정에서 위 선박의 늘어진 닻줄이 乙의 양식장 바다밑을 휩쓸고 지나가면서 피조개양식장에 중대한 피해가 발생하였다. 甲의 형사책임은?

해결 선박의 이동에도 새로운 공유수면점용허가가 있어야 하고 휴지선을 이동하는 데는 예인선이 따로 필요한 관계로 비용이 많이 들어 다른 해상으로 이동을 하지 못하고 있는 사이(이 점이 유책한 자초위난에 해당될 수 있음 – 필자 주)에 태풍을 만나게 되고 그와 같은 위급한 상황에서 선박과 선원들의 안전을 위하여 사회

---

215 **보충** 지난 2013년, 김 모 씨는 **이웃집에서 키우던 3살 된 로트와일러에 자신의 진돗개를 공격했다며 전기톱으로 죽여 기소되었는데**, 1심 재판에서 김씨는 동물보호법 위반과 재물손괴 혐의로 넘겨졌으나 재판부는 공격성이 강한 맹견인데도 목줄과 입마개 등 안전 조치가 없었고 김 씨가 자신의 개와 함께 공격당할 수 있는 매우 위급한 상황이었다는 점을 고려해 무죄를 선고받았다. 이어 2심에서는 동물보호법 위반은 여전히 무죄지만 몽둥이를 휘두르는 등 다른 방법으로 상황을 피할 수 있었던 만큼 재물손괴죄를 인정해 벌금 30만 원의 선고를 유예했다. 이에 대법원은 김모(53)씨에게 동물보호법위반죄를 적용해야 한다는 요지로서 재물손괴 혐의만을 적용해 벌금 30만 원 선고를 유예한 원심판결을 파기한 후 사건을 수원지방법원으로 환송한 것이다. 이에 대해 대법원 관계자는 "동물의 생명과 안전을 보호하고 존중하는 동물보호법의 입법취지를 최대한 존중해야 한다는 해석을 제시한 판결"이라고 설명했다.

통념상 가장 적절하고 필요불가결하다고 인정되는 조치를 취하였다면 형법상 긴급피난으로서 위법성이 조각된다고 보아야 하고, 미리 선박을 이동시켜 놓아야 할 책임을 다하지 아니함으로써 위와 같은 긴급한 위난을 당하였다는 점만으로는 긴급피난을 인정하는 데 아무런 방해가 되지 아니한다(대법원 1987.1.20, 85도221). 국가7급 12 / 변호사 14 / 경찰승진 16 / 경찰간부 17 / 국가9급 20

② 동등한 법익 간에 긴급피난이 인정되는가 : 동등한 법익에 대한 동등한 침해 정도의 경우에는 상당성이 결여되므로 위법성조각사유인 긴급피난이 인정될 수 없다. 다만 이 경우에는 소위 면책적 긴급피난으로서 초법규적 책임조각사유가 적용될 수 있을 뿐이다.[216]

③ 법익의 가치

　ⓣ 생명에 관하여 : 생명은 교량할 수 있는 법익이 아니므로 아무리 자기 또는 타인의 생명을 보호하려 했다 하여도 긴급피난에 의해 사람을 살해하는 것은 우월한 이익을 보호한 것으로 볼 수 없으므로 위법성이 조각되지 않는다(절대적 생명보호의 원칙).

　ⓛ 태아의 생명 : 임부의 생명이나 신체의 위험을 보호하기 위한 낙태는 긴급피난이 인정된다(대법원 1976.7.13, 75도1205). 국가9급 10 / 경찰승진 12 / 경찰승진 16 / 경찰간부 17

📚 사례연구 긴급피난의 균형성 : 사람의 생명 > 태아의 생명

산부인과 전문의 甲은 임신의 지속이 모체의 건강을 해칠 우려가 현저할 뿐더러 기형아 내지는 불구아를 출산할 가능성마저도 없지 않다고 판단하여 임부 乙녀의 승낙을 받아 부득이 낙태수술을 하였다. 甲의 죄책은?

해결 　임신의 지속이 '모체의 건강을 해칠 우려'가 현저할 뿐더러 '기형아 내지 불구아를 출산할 가능성'마저도 없지 않다는 판단하에 부득이 취하게 된 산부인과 의사의 낙태수술행위는 정당행위 내지 긴급피난에 해당되어 위법성이 없는 경우에 해당된다(대법원 1976.7.13, 75도1205). 법원행시 06 / 국가9급 10 / 국가7급 12 / 법원9급 14

---

(3) 적합성 및 상대적 최소피난의 원칙

① 긴급피난의 적합성 원칙은 정당한 목적을 위한 '상당한 수단' 즉, 사회상규에 어긋나지 않는 적합한 수단이어야 한다는 원칙으로서, 정당방위의 적합성보다 엄격한 의미의 것이다. 따라서 아무리 타인의 생명을 보호하기 위한 경우라 하더라도, 또 다른 타인에 대한 고문이나 강제채혈[217] 그리고 강제적 장기적출·이식 행위는 긴급피난이 될 수 없다. 이는 인격의 존엄성을 현저히 훼손하는 것이므로 적합한 피난수단으로 평가될 수 없기 때문이다. 또한 ② 긴급피난에는 상대적 최소피난원칙을 준수해야 하므로, 행위자가 부득이 피난을 하는 경우에도 여러 방법이 가능하다면 가장 경미한 피해를 주는 것을 선택하여야 한다.

03 　긴급피난의 제한의 특칙

제22조 【긴급피난】 ② 위난을 피하지 못할 책임이 있는 자에 대하여는 전항의 규정을 적용하지 아니한다. 법원9급 07(상)

군인, 경찰관, 소방관, 의사 등과 같이 직무를 수행하는 과정에서 직무내용의 속성상 일정한 위험을 감수하여야 할 의무가 있는 자를 말한다. 이러한 자들에게는 긴급피난이 제한된다. 다만, 완전히 금지되는 것은 아니다. 경찰간부 11

---

216 참고 면책적 긴급피난의 예로써 강학상 주로 언급되는 것은 카르네아데스(Karneades)의 판자 사례와 미뇨네트(Mignonette)호 사례이다.
217 참고 이와 관련하여 강학상 주로 언급되는 것은 갈라스(Gallas)의 강제채혈사례이다.

제22조【긴급피난】③ 전조 제2항과 제3항의 규정은 본조에 준용한다.

1. 과잉피난

과잉피난(過剩避難; Notstandsexzeß)은 과잉방위(제21조 제2항)처럼 책임감소 · 소멸사유이다(다수설).

2. 면책적 과잉피난

적법행위로의 기대가능성이 없는 경우를 규정한 것으로서 (제21조 제3항처럼) 책임조각사유이다.

| 05 | 의무의 충돌 |

1. 서 설

(1) 의의 및 법적 성질

① 의의 : 의무의 충돌(義務의 衝突; Pflichtenkollision)이란 의무자에게 동시에 이행하여야 할 둘 또는 그 이상의 법적 의무가 서로 충돌하여 의무자가 그중 어느 한 의무를 이행하고 다른 의무를 이행하지 못한 것이 형벌법규에 저촉되는 경우를 말한다. 예를 들어, 자신의 두 아들 A와 B를 데리고 바닷가에 해수욕을 간 아버지 甲의 경우를 들어보자. 만일 A와 B가 동시에 익사의 위험에 처했고 甲은 두 아들 중 한 아들을 구조하면 나머지 한 아들은 구할 수 없는 상황이었고, 이에 甲은 A를 구하고 B를 구하지 못하여 B가 사망하였다고 하자.

이 경우 甲의 B에 대한 형사책임을 따질 때, 甲의 행위는 (살인의 고의가 있음을 전제할 때 이는 부작위에 의한) 살인죄(제250조 제1항)의 구성요건에 해당되지만(부작위범의 구성요건에 해당하는 경우), 그 위법성조각사유로서 정당방위(현재의 부당한 침해가 없음)나 긴급피난(우월한 이익보호의 원칙에 어긋남)에는 해당될 수 없다. 이때 아버지 甲의 행위의 위법성을 조각시키는 사유로서 문제되는 것이 바로 의무의 충돌인 것이다.

② 법적 성질 : 의무충돌은 경우에 따라 위법성조각사유로서 기능하는 경우와 책임조각사유로서 기능하는 경우로 나누어 볼 수 있다(책임조각사유가 되는 의무의 충돌의 경우라 함은 의무충돌상황에서 불가피하게 낮은 가치의 의무를 이행하는 경우를 말하는데 이때에는 초법규적 책임조각사유로 이해하는 것이 다수설이다). 위법성조각사유로서의 의무충돌에 관해서 그 위법성조각의 근거에 대해서는 ㉠ 긴급피난의 일종 내지 특수한 경우이므로 위법성이 조각된다는 학설(다수설), ㉡ 사회상규에 위배되지 않는 정당행위로 보는 학설 등이 대립하고 있다.

(2) 성립범위

① 부작위의무와 부작위의무의 충돌(작위범과 작위범 사이의 의무충돌) : 둘 이상의 부작위의무를 동시에 이행할 수 있으므로(소위 실질적 충돌이 결여되어), 의무의 충돌이라고 할 수 없다. 예를 들어, 甲의 눈앞에 그의 원수 A와 B가 동시에 나타났다고 하자. 이 경우 甲은 A도 살해해서는 안 되며(부작위의무) B도 살해해서는 안 된다(부작위의무). 그런데 이때에는 살해행위를 하지 않음으로써(부작위로써) 2개의 의무를 모두 이행할 수 있다. 따라서 이는 의무의 충돌의 경우가 아닌 것이다.

② 작위의무와 부작위의무의 충돌(부작위범과 작위범 사이의 의무충돌)

㉠ 인정설 : 법적 의무인 한, 작위의무에 국한시킬 필요가 없다고 보는 입장이다(소수설).

ⓛ 부정설 : 긴급피난의 한 형태에 불과하므로 의무충돌에서는 제외된다는 입장이다(다수설). 다수설은 의무의 충돌은 어디까지나 긴급피난의 '특수한' 경우에 불과하므로 긴급피난으로 설명될 수 있는 경우에는 의무충돌이 인정되어서는 안 된다는 것을 논거로 삼고 있다.[218]

📚 **사례연구** 혼수상태의 아들을 살리기 위한 교통법규위반 사례

甲은 고열로 인해 혼수상태에 빠진 자기 아들을 병원으로 데려가기 위해 교통신호를 무시하고 과속으로 차를 몰았다. 甲의 행위와 관련되는 것은?

[해결] 의무의 충돌이 문제되는 경우는 작위의무가 충돌하는 경우 어느 하나의 작위의무를 이행하지 아니한 부작위가 구성요건에 해당될 때 그 부작위범의 위법성조각사유로서 문제가 된다. 위 사례의 경우에는 아들의 생명 · 신체에 대한 중대한 위험을 피하기 위하여 도로교통에 대한 사회적 법익을 침해한 '작위'가 이익형량의 심사대상이 되므로, 의무의 충돌이 아니라 '긴급피난'이 인정될 수 있다(후술하는 긴급피난과 의무의 충돌의 비교 참조).

[참고] 만일 위 사안에서 부작위의무를 이행하기 위해 작위의무를 이행하지 않았다면 작위범이 아니라 부작위범의 문제가 생기게 된다. 자기 아들을 구조하지 않았다는 의미이기 때문이다.

---

③ 작위의무와 작위의무의 충돌(부작위범과 부작위범 사이의 의무충돌) : 의무의 충돌의 중점은 작위의무와 작위의무가 충돌하는 경우에 있기 때문에 이러한 유형만이 의무의 충돌이라고 보아야 한다.

　　예 자신의 두 아들 乙과 丙이 물에 빠져 있는데 아버지 甲은 한 아이밖에 구할 수 없는 상황이다. 다른 구조방법은 없다. 이 경우의 아버지 甲의 乙에 대한 구조의무와 丙에 대한 구조의무 간의 의무의 충돌

　　⇨ 동일한 가치의 의무가 충돌하는 경우 법질서는 의무자에게 한 의무 또는 다른 의무 중 어느 하나를 선택하도록 강요한다는 점에서 이는 위법성조각사유가 된다(다수설). 따라서 이 경우에 있어서 乙과 丙 중 어느 한 아들을 구조하거나 구조하고자 하였다면 위법성이 조각될 것이다. 그러나 두 아들 모두에 대하여 구조조치를 하지 않았다면 이는 부작위범의 문제가 제기되어 결국 2개의 살인죄의 상상적 경합범이 성립하게 될 것이다.[219]

2. 성립요건 – 위법성조각(정당화적 의무충돌)의 요건

(1) 둘 이상의 법적 의무가 충돌해야 하며, 의무의 동시 이행이 불가능해야 한다(실질적 충돌[220]).

(2) 행위자는 고가치 또는 동가치의 의무 중 어느 하나를 이행해야 한다(상당한 이유). 동가치의 의무충돌상황에서도 위법성조각적 의무충돌이 가능하다는 점에서 의무충돌의 법적 성질을 긴급피난의 특수한 경우로 보는 것이 다수설이다.[221]

---

218 다만 작위의무 대 부작위의무의 충돌에 있어서도 양자가 동등한 가치일 경우에는 의무의 충돌의 한 경우로 보아야 한다는 소수설(예를 들어, 손동권, 210면; 오영근, 401면 참조)도 있다.

219 참고 의무의 충돌은 이외에도 여러 까다로운 상황들이 있을 수 있다. 예컨대, "의사 甲이 생명이 위독한 환자 乙로부터 치료요청을 받고 乙의 집으로 가던 중 노상에서 교통사고로 생명이 위독한 환자 丙을 발견한 경우"(이형국, 연구Ⅰ, 331면), 의사 甲에 대한 乙의 치료의무(작위의무)와 丙의 구조의무(작위의무) 간의 의무의 충돌이 발생하는데, 의무형량의 결과 의사 甲에게는 乙에 대한 치료의무가 더욱 우선되므로, 乙의 치료의무(높은 가치)를 이행하느라고 丙에 대한 구조의무(낮은 가치)를 불이행하였다면 위법성이 조각되나, 반대의 경우라면 위법성이 조각되지 않는다. 이를 甲의 乙에 대한 치료의무는 이미 약속된 보증의무인 반면, 甲의 丙에 대한 의무는 단순한 조력의무에 불과하기 때문이라고 설명하기도 한다(ibid.).

220 참고 : 실질적 충돌과 논리적 충돌 두 개 이상의 작위의무를 동시에 이행하는 것이 불가능한 상황에서 어쩔 수 없이 하나의 의무만 이행하고 다른 의무를 이행하지 못한 경우를 실질적 충돌이라 하며 이러한 경우가 의무의 충돌에 속한다. 한편, A라는 법규상의 의무와 B라는 법규상의 의무가 서로 논리적으로 충돌하는 경우를 논리적 충돌이라 한다. 예컨대 전염병예방법에 정한 전염병을 의사가 신고할 의무(동법 제4조)와 의사의 비밀유지의무(형법 제317조) 간의 경우에는, 외견상 수 개의 의무가 존재하는 것처럼 보이지만 사실은 전자의 의무가 우선되고, 이에 전자의 의무를 이행하면 후자의 의무는 당연히 배제된다. 따라서 논리적 충돌은 의무의 충돌에 포함되지 않는다.

221 낮은 가치의 의무를 이행한 경우의 해결 고가치의 의무를 이행하지 않고 저가치의 의무를 이행한 경우에는 정당화적 의무충돌이 될 수 없으므로 위법하다. 다만 ① 의무의 법적 서열에 관하여 착오를 일으켜 고가치의 의무를 이행하고 있다고 오인한 경우에는 행위의 위법성을 인식하지 못한 법률의 착오(금지착오)에 속하므로 제16조의 정당한 이유를 심사하여 책임조각 여부

(3) 의무의 충돌상황과 고가치 내지 동가치의 의무의 이행을 인식하여야 한다(주관적 정당화요소).

📚 **사례연구** 의사의 환자의 생명보호의무와 자기결정권 존중의무의 충돌 : 여호와의 증인 수혈 거부 사건

여호와의 증인 신도인 환자의 명시적인 수혈 거부 의사가 존재하여 수혈하지 아니함을 전제로 환자의 승낙(동의)을 받아 수술하였는데 수술 과정에서 수혈을 하지 않으면 생명에 위험이 발생할 수 있는 응급상태에 이른 경우에, 환자의 자기결정권을 존중한 의사에게는 업무상 과실치사죄의 성립이 부정될 수 있는가?

해결 어느 경우에 수혈을 거부하는 환자의 자기결정권이 생명과 대등한 가치가 있다고 평가될 것인지는 환자의 나이, 지적 능력, 가족관계, 수혈 거부라는 자기결정권을 행사하게 된 배경과 경위 및 목적, 수혈 거부 의사가 일시적인 것인지 아니면 상당한 기간 동안 지속되어 온 확고한 종교적 또는 양심적 신념에 기초한 것인지, 환자가 수혈을 거부하는 것이 실질적으로 자살을 목적으로 하는 것으로 평가될 수 있는지 및 수혈을 거부하는 것이 다른 제3자의 이익을 침해할 여지는 없는 것인지 등 제반 사정을 종합적으로 고려하여 판단하여야 할 것이다. 다만 환자의 생명과 자기결정권을 비교형량하기 어려운 특별한 사정이 있다고 인정되는 경우에 의사가 자신의 직업적 양심에 따라 환자의 양립할 수 없는 두 개의 가치 중 어느 하나를 존중하는 방향으로 행위하였다면, 이러한 행위는 처벌할 수 없다(대법원 2014.6.26, 2009도14407).[222] 법원행시 16 / 경찰채용 20 2차

정답 부정될 수 있다.

---

3. 긴급피난과 의무의 충돌의 비교

의무의 충돌은 긴급피난의 특수한 경우로 파악되므로 긴급피난의 법리가 상당 부분 적용되어야 하는 것은 불가피하다. 그러나 의무의 충돌은 긴급피난과는 여러 가지 점에서 차이가 있는 것도 사실이다. 양자의 차이를 정리해보면 다음과 같다.

① 긴급피난의 행위태양은 '작위'인데 비해서, 의무의 충돌의 행위태양은 부작위이다. 국가7급 09 왜냐하면 의

를 판단해야 한다. 또한 ② 낮은 가치의 의무임을 인식하였으나 행위의 부수적 사정들을 고려할 때 불가피하게 낮은 가치의 의무를 이행한 경우라면 적법행위의 기대가능성이 없으므로 소위 **면책적 의무충돌**에 해당되어 책임이 조각되게 된다.

222 위 판례의 또 다른 논점 1. 의사가 진료행위 시 고려하여야 할 사항 : 환자의 명시적인 수혈 거부 의사가 존재하여 수혈하지 아니함을 전제로 환자의 승낙(동의)을 받아 수술하였는데 수술 과정에서 수혈을 하지 않으면 생명에 위험이 발생할 수 있는 응급상태에 이른 경우에, 환자의 생명을 보존하기 위해 불가피한 수혈 방법의 선택을 고려함이 원칙이라 할 수 있지만, 한편으로 환자의 생명 보호에 못지않게 환자의 자기결정권(자기결정권 및 신뢰관계를 기초로 하는 진료계약의 본질에 비추어 강제진료를 받아야 하는 등의 특별한 사정이 없는 한 환자는 자유로이 진료 여부를 결정할 수 있고 체결된 진료계약을 해지할 수 있다. 민법 제689조 제1항)을 존중하여야 할 의무가 대등한 가치를 가지는 것으로 평가되는 때에는 이를 고려하여 진료행위를 하여야 한다. 2. 수혈 거부에 관한 환자의 자기결정권 행사가 유효하기 위한 전제 요건 : 그렇지만 이러한 판단을 위해서는 환자가 거부하는 치료방법, 즉 수혈 및 이를 대체할 수 있는 치료방법의 가능성과 안정성 등에 관한 의사의 설명의무 이행과 이에 따른 환자의 자기결정권 행사에 어떠한 하자도 개입되지 않아야 한다는 점이 전제되어야 한다. 즉 환자는 치료행위 과정에서의 수혈의 필요성 내지 수혈을 하지 아니할 경우에 야기될 수 있는 생명 등에 대한 위험성, 수혈을 대체할 수 있는 의료 방법의 효용성 및 한계 등에 관하여 의사로부터 충분한 설명을 듣고, 이러한 의사의 설명을 이해한 후 진지한 의사결정을 하여야 하고, 그 설명 및 자기결정권 행사 과정에서 예상한 범위 내의 상황이 발생되어야 하며, 또한 의사는 실제로 발생된 그 상황 아래에서 환자가 수혈 거부를 철회할 의사가 없는지 재확인하여야 할 것이다.

판례의 결론 피고인의 무수혈 방식의 수술 및 그 위험성에 관한 수술 전의 설명 내용, 망인의 나이, 가족관계, 망인이 이 사건 수술에 이르게 된 경위, 망인이 타가수혈 거부라는 자기결정권을 행사하게 된 배경, 수혈 거부에 대한 망인의 확고한 종교적 신념, 책임면제각서를 통한 망인의 진지한 의사결정, 수술 도중 타가수혈이 필요한 상황에서의 가족 등의 의사 재확인 등에 관한 사정들을 종합적으로 고려하여 보면, 이 사건에서는 망인의 생명과 자기결정권을 비교형량하기 어려운 특별한 사정이 있으므로, 타가수혈하지 아니한 사정만을 가지고 피고인이 의사로서 진료상의 주의의무를 다하지 아니하였다고 할 수 없다. 따라서 피고인이 자신의 직업적 양심에 따라 망인의 자기결정권을 존중하여 망인에게 타가수혈하지 아니하고 이 사건 인공고관절 수술을 시행한 행위에 대하여 업무상과실치사에 관한 범죄의 증명이 없는 경우에 해당한다는 제1심판결을 그대로 유지한 원심의 결론은 수긍할 수 있다.

정리 위 판례의 전체적인 내용을 형법학적 법리에 의해 요약해보면 다음과 같은 정리가 가능하다고 본다. "의사에게 환자의 자기결정권을 존중할 의무와 환자의 생명을 보호할 의무가 충돌하는 경우 ① 원칙적으로 환자의 생명 보호의무가 우월한 가치를 가지지만, ② 예외적으로 환자의 자기결정권이 생명과 대등한 가치가 있다고 평가되는 특별한 사정이 있는 경우 일종의 동가치적 의무의 충돌이 인정되어 의사가 자신의 직업적 양심에 따라 위 2개의 의무 중 어느 하나를 존중하는 방향으로 행위하였다면 정당화적 의무충돌에 의해 위법성이 조각되어 이를 처벌할 수 없다."

무의 충돌에 있어서 의무 불이행은 항상 부작위로 이루어지기 때문이다(부작위범의 구성요건에 해당).[223]

② 긴급피난은 '행위강제가 없다.' ^{국가급 09} 위난상황을 행위자가 피난행위 없이 감수해버릴 수 있기 때문이다. 반면 의무충돌상황에서는 의무이행이 강제되므로 행위자는 의무불이행상황을 감수할 수는 없고 행위를 해야 한다(행위강제 있음).

③ 긴급피난과는 달리 의무의 충돌에서는 수단의 적합성원칙이 적용되지 아니한다. ^{국가급 09} 의무충돌상황에 처한 행위자에게는 적합한 수단을 선택할 수 있는 재량권이 없으며, 충돌하는 의무 중 고가치 또는 동가치의 의무를 이행해야만 비로소 그 의무이행에 상당한 이유가 인정되기 때문이다.

④ 긴급피난의 대상법익은 '자기 또는 타인의 법익'인 데 비해, 의무충돌의 의무는 작위의무자 자신의 의무이다. ^{국가급 09} 즉 긴급피난은 타인의 법익을 위해서도 할 수 있는 반면 의무충돌은 자기의 의무를 이행하는 것이다.

표정리 긴급피난과 의무의 충돌 비교 ^{국가7급 09}

구 분	긴급피난	의무의 충돌
의 의	정당한 이익의 충돌(이익교량)	의무 간의 충돌(의무교량)
위난의 원인(☆)	불문	법적 의무의 충돌
위험 · 손해의 감수(☆)	可	不可
이익 · 의무의 주체	타인을 위한 긴급피난 可	타인의 의무는 不可
행위태양(☆)	作爲	不作爲
상대적 최소피난의 원칙 (비례성)	적용 (피난자에게 선택가능성 존재)	부적용 (의무자가 손해를 적게 할 여지가 없음)
적합성의 원칙	적용	부적용
이익 · 의무의 형량(☆)	우월적 이익의 원칙	동가치도 위법성조각
현재의 위난 여부	要	不要
주관적 정당화사유	要	要

---

223 관련 기출문제 검토 한편 2009.7.25. 국가직 7급 형법시험에서 "피난행위는 작위이지만, 의무의 이행행위는 작위이든 부작위이든 문제되지 않는다."는 지문이 출제되었는데, 이는 틀린 것이다. 의무의 충돌의 행위태양은 **부작위**이지만(부작위범의 구성요건에 해당), 의무의 이행행위는 작위에 의하기 때문이다.

제4절 | 자구행위

01　서 설

제23조【자구행위】① 법률에서 정한 절차에 따라서는 청구권을 보전(保全)할 수 없는 경우에 그 청구권의 실행이 불가능해지거나 현저히 곤란해지는 상황을 피하기 위하여 한 행위는 상당한 이유가 있는 때에는 벌하지 아니한다. 〈우리말 순화 개정 2020.12.8.〉 법원9급 07(상)

1. 의 의

자구행위(自救行爲; Selbsthilfe)라 함은 국가기관의 법률에서 정한 절차에 따라서는 권리보전을 할 수 없는 경우, 자력에 의하여 그 권리를 구제·실현하는 행위를 말한다(2020.12.8. 우리말 순화 개정법 제23조 제1항).

2. 법적 성질

국가권력에 의한 청구권의 보전이 불가능한 경우, 즉 국가권력의 행사를 기대할 수 없는 상황에서는 개인에 의한 직접적인 보호조치를 인정한다는 점(국가권력의 보충적·예외적 대행)을 근거로 하는 긴급상태 하의 위법성조각사유이다(통설). 이렇듯 자구행위는 상당히 제한적 상황에서만 인정된다. 아직까지 자구행위를 원용한 대법원 판례가 없다는 점은 이러한 점에서 시사하는 바가 있다.

또한 자구행위는 과거의 청구권 침해에 대한 '사후적 보전행위'라는 점에서 현재의 침해나 현재의 위난에 대한 정당방위·긴급피난과는 다르다. 국가9급 07 그리고 자구행위는 불법한 청구권 침해인 부정에 대한 정의 관계에서 행해진다는 점에서(不正 대 正) 정당방위의 구조와는 서로 같지만 긴급피난의 구조(正 대 正, 不正 대 正)와는 서로 다르다. 국가9급 07

02　성립요건

1. 청구권침해 / 법정절차에 의한 청구권 보전 불가능

(1) 청구권

① 청구권의 범위 : 청구권은 채권적 청구권이든 물권적 청구권이든 가리지 않는다. 또한 여기의 청구권은 재산적 청구권일 것을 요하지 않고, 지적재산권과 같은 무체재산권 및 인지청구권이나 동거청구권 등의 친족권이나 상속권과 같은 절대권도 포함된다(통설[224]).

② 보전가능할 것 : 자구행위의 법조문상 "… 청구권의 보전이 불가능 …"하다고 규정되어 있는 점을 고려할 때, 이때의 청구권은 '보전가능한' 청구권이어야 한다. 통설은 이를 원상회복이 가능한 청구권이어야 한다고 보고 있으므로, 생명·신체·자유·명예·신용·정조와 같은 보전불가능한 권리는 제외된다(통설). 경찰승진 11 / 사시 15

---

[224] 반면, 가족법상 청구권은 직접강제할 수 없으므로 제외되어야 한다는 부정설은 오영근, 368면; 임웅, 242면 참조.

판례연구 청구권 : 원상회복 가능성 要

대법원 1969.12.30, 69도2138
명예훼손(다른 친구들 앞에서 자신의 전과사실을 폭로하는 행위)에 대한 폭행행위는 자구행위가 아니다.

③ 자기의 청구권 : 청구권은 자기의 청구권이어야 한다. 예컨대, 친족이나 친구를 위한 자구행위처럼 타인의 청구권을 위한 자구행위는 인정되지 않는다. 국가7급 08 / 국가9급 09 다만, 청구권자로부터 자구행위의 실행을 위임받은 경우에 있어서는 자구행위가 가능하다. 국가9급 07

예 호텔 주인이 사환을 시켜 숙박비를 내지 않고 도주하는 투숙객을 붙잡아 돈을 받는 경우

(2) 청구권에 대한 불법한 침해

① 불법한 침해

㉠ 침해의 불법성 : 적법한 행위에 대해서는 자구행위가 불가하다(不正 대 正).

㉡ 침해에 대한 자구행위의 사후성 : 침해는 침해행위가 아니라 과거의 불법한 침해상태를 의미한다(자구행위는 사후적 구제행위이기 때문). 현재의 침해에 대해서는 정당방위만 가능하다.

② 정당방위와의 구별

㉠ 절도 피해자의 재물탈환행위

ⓐ 절도범을 현장에서 추격하여 재물을 탈환하는 경우 : 법익침해가 현장에서 계속되는 상태에 있으면 현재의 침해이므로, 재물탈환과정에서의 행위는 정당방위가 성립한다.

ⓑ 상당한 시일의 경과 후에 재물을 탈환하는 경우 : 과거의 침해이므로 자구행위가 된다.

㉡ 퇴거불응자에 대한 강제퇴거행위 : 현재 계속 중인 부당한 법익침해로 보아 정당방위가 성립한다. 따라서 이 경우 자구행위는 성립하지 않는다.

(3) 법정절차에 의한 청구권보전의 불가능

① 법정절차 : 국가기관에 의한 권리구제절차로서 보통 민사집행법상의 가압류·가처분과 같은 청구권보전절차(제276조 이하) 등을 의미한다. 다만 여기에만 제한되지 않고 경찰이나 기타 국가기관 등에 의한 공권력을 통한 구제수단을 모두 포함한다.

② 청구권보전의 불가능(자구행위의 보충성) : 법정절차에 따른 권리구제가 불가능하고, 나중에 공적 구제수단에 의하더라도 그 실효성을 거둘 수 없는 긴급한 사정이 있는 경우를 말한다. 예를 들어, 채무자가 채무를 이행하지 않고 외국으로 도망가는 경우에는 자구행위가 가능하다. 반면, 이러한 자구행위의 보충성이 인정되지 않아 자구행위가 인정되지 않는 경우는 다음과 같다.

㉠ 토지인도나 가옥명도를 위한 자구행위 국가9급 09

㉡ 점유사용권의 회복을 위한 자구행위 국가9급 09

㉢ 대금지급청구권의 강제추심을 위한 자구행위

㉣ 채권자가 가옥명도 강제집행에 의해 적법하게 점유를 이전받아 점유하고 있는 방실에 채무자가 무단으로 침입하는 행위(대법원 1962.8.23, 62도93)

㉤ 암장된 분묘라 하더라도 당국의 허가 없이 이를 발굴하여 개장하는 행위(대법원 1976.10.29, 76도2828)

㉥ 채무자가 유일한 재산인 가옥을 방매하고 부산 방면으로 떠나려는 급박한 순간이라 하더라도 채권자가 그 가옥대금을 채무자가 받는 현장에서 자기의 채권을 추심한 행위(대법원 1966.7.26, 66도469)

ⓐ 자기의 권리의 실현을 위한 행위라 하더라도 타인을 위협하는 폭행 · 협박 · 기망을 통하여 행한 타인의 재산에 대한 갈취 · 강취 · 편취행위 국가9급 09(자구행위로는 설명될 수 없고, 후술하는 정당행위 중 사회상규에 위배되지 않는 정당행위 해당 여부만 문제되며, 이때 소위 권리남용 여부가 그 판단기준이 될 것임)

🔨 **판례연구** 법정절차에 의하여 청구권 보전이 불가능하지 않아 자구행위가 부정된 사례

1. 대법원 1970.1.21, 70도996
절의 주지가 호를 메워버린 행위
절의 출입구와 마당으로 약 10년 전부터 사용하고 또 그 곳을 통하여서만 출입할 수 있는 대지를 전 주지의 가족으로부터 매수하여 등기를 마쳤다는 구실로 불법침입하여 담장을 쌓기 위한 호를 파 놓았기 때문에 그 절의 주지가 신도들과 더불어 그 호를 메워버린 소위는 자구행위로서의 요건을 갖추었다고 볼 수 없고 그와 같은 사정 하에서의 주지의 소위는 사회상규에 위배되지 아니한 행위라고 단정할 수도 없다(자구행위, 정당행위 모두 부정).

2. 대법원 1984.12.26, 84도2582
대금지급청구권의 강제적 채권추심 : 화랑의 석고납품대금 사례
피고인은 피해자에게 금 16만 원 상당의 석고를 납품하였으나 피해자가 그 대금의 지급을 지체하여 오다가 판시 화랑을 폐쇄하고 도주한 사실이 엿보이고 피고인은 판시와 같은 야간에 폐쇄된 화랑의 베니어 합판문을 미리 준비한 드라이버로 뜯어내고 판시와 같은 물건을 몰래 가지고 나왔다는 것인데(특수절도, 제331조 제1항), 위와 같은 피고인의 강제적 채권추심 내지 이를 목적으로 하는 물품의 취거행위는 형법 제23조 소정의 자구행위의 요건에 해당하는 경우라고 볼 수 없다. 사시 11 / 국가9급 24

3. 대법원 1985.7.9, 85도707
민사소송 중인 건물에 침입한 행위
소유권의 귀속에 관한 분쟁이 있어 현재 민사소송이 계속 중인 건조물에 관하여 현실적으로 관리인이 있음에도 위 건조물의 자물쇠를 쇠톱으로 절단하고 침입한 소위는 자구행위라 할 수 없다. 법원9급 07(하) / 사시 12 / 사시 13 / 국가9급 24

4. 대법원 2007.5.11, 2006도4328
토지인도청구권을 이유로 진입로를 폐쇄한 사례
토지소유권자가 피해자가 운영하는 회사에 대하여 그 토지의 인도 등을 구할 권리가 있다는 이유로 위 회사로 들어가는 진입로를 폐쇄한 것은, 그 권리를 확보하기 위하여 다른 적법한 절차를 취하는 것이 곤란하였던 것으로 보이지 않아 정당행위가 될 수 없고, 피고인이 법정절차에 의하여 자신의 피해자에 대한 토지인도 등 청구권을 보전하는 것이 불가능하였거나 현저하게 곤란하였다고 볼 수 없을 뿐만 아니라, 그 청구권의 보전불능 등을 피하기 위한 상당한 행위라 할 수도 없다. 사시 10 / 국가9급 22

유사판례 도로에 구덩이를 판 사례
이 사건 도로는 주민들이 농기계 등으로 그 주변의 농경지나 임야에 통행하는 데 이용하여 사실상 일반 공중의 왕래에 공용되는 육상의 통로에 해당하는 바, 甲은 육로인 위 도로에 깊이 1m 정도의 구덩이를 파는 등의 방법으로 그 통행을 방해한 것은, 청구권의 실행불능이나 현저한 실행곤란을 피하기 위한 상당한 이유가 있는 행위라고도 할 수 없다(대법원 2007.3.15, 2006도9418). 국가9급 18 / 국가9급 24

---

2. 청구권의 실행불능 또는 현저한 실행곤란을 피하기 위한 행위

(1) 청구권의 실행이 불가능해지거나 현저히 곤란해지는 상황

자구행위라 함은 자구행위를 하지 않으면 청구권의 실행이 불가능해지거나 현저히 곤란해지는 긴급한 사정을 피하기 위한 긴급행위로서의 성격을 가지고 있다.[225] 따라서 자구행위를 하지 않으면 청구권의 실

---

225 참고 : 자구행위의 이중의 긴급성과 이중의 보충성 이중의 긴급성이란, 법정절차에 의하여 청구권을 '보전'하기 불가능하다는

행이 불가능하게 되는 경우에만 자구행위를 할 수 있는 것은 아니고, 청구권의 실행이 현저히 곤란해지는 경우에도 자구행위는 가능하다. 다만, 만약 채무자로부터 미리 설정된 충분한 인적·물적 담보가 있는 경우에는 ―자구행위를 하지 않아도 청구권의 실행불능·현저곤란과 같은 사정은 없을 것이기 때문에― 자구행위는 인정되지 않는다.

예 보증인·신원보증인이 있는 채권·손해배상청구권, 저당권이 설정되어 있는 채권 : 자구행위 ×

(2) 피하기 위한 행위

① 수단 : 물건의 취거, 채권자의 체포, 체포현장에서의 추심·파괴 등이 가능할 뿐 아니라, 청구권보전을 위한 부수적 행위로서 일시적 감금·강요행위, 주거침입 등을 인정한다.

② 범위 : 피하기 위한 행위이므로, 자구행위는 청구권의 보전수단이지 충족수단 또는 권리실행수단은 아니므로 재산을 임의처분하거나 스스로 변제·충당하는 행위는 불가능하다. 예를 들어, 금전소비대차관계에서 채무자가 채무를 불이행하는 경우 채권자가 채무자의 돈이나 재산을 임의로 가져와 자신의 채권을 만족시키는 행위는 자구행위의 범위를 일탈한 것이다. _{국가9급 09} 공적 구제의 원칙이 준수되어야 하는 법치국가에 있어서 사인에 의한 강제집행은 허용될 수 없기 때문이다. 이 경우 국가의 재판 등 절차에 의해야 할 것임은 당연하다.

📚 **사례연구** 자구행위는 '피하기 위한 행위' : 권리보전행위

甲은 乙에게 10만 원 상당의 채권이 있었으나 받지 못하고 있던 중, 어느 날 甲은 친구 丙과 함께 길을 가다가 우연히 乙을 만나자 丙과 함께 乙의 팔을 붙잡고 乙의 주머니를 뒤져 7만 원을 빼앗았다. 甲의 죄책은?

해결 자구행위는 청구권의 이행을 직접 추구하는 권리실행수단이 아니라 청구권의 보전수단에 불과하므로, 청구권 보전의 범위를 벗어나 재산을 임의처분하거나 스스로 변제충당하는 행위는 허용될 수 없다. 甲의 행위는 자구행위에 해당하지 않아 특수강도죄(제334조 제2항)가 성립한다.

---

(3) 자구의사

자구의사란 자구행위의 주관적 정당화요소이다. 즉 행위자는 자구행위의 객관적 정당화상황(불법한 청구권 침해가 있고 법정절차에 의해서는 청구권의 보전이 불가능한 상황)을 인식하고 자신의 청구권의 실행불능 또는 현저한 실행곤란을 피하기 위한 의사로 행위할 때에만 위법성이 조각될 수 있다. 따라서 단지 장차 소송에서 입증의 곤란을 피하기 위한 의사에 기한 자구행위는 인정될 수 없다.

3. 상당한 이유

보충성·균형성·적합성·최소침해성 등의 상당성요건이 제시되지만 자구행위의 요건 내에서 설명되고 있다. 또한 균형성과 관련해서는, 자구행위는 부정(불법한 청구권 침해) 대 정(자구행위)의 관계에서 행해진다는 점에서 긴급피난과 같은 '엄격한 균형성은 요구되지 않는다'.

(공권력의 도움을 받을 수 없다는) 긴급성과 청구권의 '실행'이 불가능하거나 현저히 곤란한 사정이 있다는 긴급성을 의미한다. 또한 이중의 보충성이란, 법정절차에 의해 청구권 보전이 '불가능한 때'에만 자구행위를 할 수 있다는 보충성과 청구권의 실행이 '불가능하거나 현저히 곤란한 때'에만 자구행위를 할 수 있다는 보충성을 말한다.

03 과잉자구행위

제23조【자구행위】 ② 제1항의 행위가 그 정도를 초과한 경우에는 정황에 따라 그 형을 감경하거나 면제할 수 있다. 법원9
급 07(상) / 경찰채용 10 1차

과잉자구행위는 과잉방위나 과잉피난과 동일하다(제23조 제2항). 다만, 형법 제21조 제3항(야간이나 그 밖의 불안한 상태에서 공포를 느끼거나 경악하거나 흥분하거나 당황하였기 때문에 한 과잉방위행위는 벌하지 않음)은 과잉자구행위에는 적용되지 아니한다. 국가9급 07 / 국가9급 08 / 국가7급 11 / 사시 11 / 사시 12 / 변호사 12 자구행위는 과거의 청구권 침해에 대하여 이를 사후적으로 보전하는 행위에 지나지 않으므로 제21조 제3항은 자구행위에는 어울리지 않기 때문이다.

표정리 정당방위 · 긴급피난 · 자구행위의 비교

구 분	정당방위	긴급피난	자구행위
보호법익의 범위	자기 또는 타인의 법익(국가적 법익 포함 여부 논란됨)	자기 또는 타인의 모든 법익(법익에 제한이 없음)	과거에 침해된 자기의 청구권에 한정됨(타인 청구권 ×)
근 거	• 자기보호의 원리 • 법 수호의 원리	• 이익교량의 원칙 • 목적설	국가권력의 대행
주체의 제한	제한 ×	제한 ○ (제22조 제2항)	청구권의 소유자 또는 위임받은 자
시 기	사전적 긴급행위 (현재성 요구)	사전적 긴급행위 (현재성 요구)	사후적 긴급행위 (이미 발생)
성 질	• 긴급행위 • 위법성조각사유	긴급행위 ┌ 위법성조각설(다수설) ├ 책임조각설 └ 이분설	• 긴급행위 • 위법성조각사유
침해요인	• 불법한 공격행위 • 사람의 행위 • 不正 대 正	• 현재의 위난 • 사람의 행위, 자연현상 등 불문 • 正 대 正 (내지 不正 대 正)	• 이중의 긴급성(국가공권력의 도움을 즉시 얻을 수 없는 긴급성과 청구권의 실행불능 또는 현저한 실행곤란의 긴급성) • 사람의 행위 • 不正 대 正
행위대상	침해자	제3자(예외 : 위난야기자)	침해자
상당한 이유	• 필요성(적합성 · 최소침해) • 사회윤리적 제한 ⇨ 보충성 · 균형성 不要	• 수단의 보충성 • 법익의 균형성 ⇨ 보충성 · 균형성 要 • 적합성 · 최소침해성	• 보충성 • 균형성 • 적합성(보전행위 한정) · 최소침해성

상당성의 결여	• 과잉방위(제21조 제2항) ⇨ 임의적 감면
	• 필요적 면제(제21조 제3항)
	  ⇨ 책임조각사유
		정당방위 규정 준용(제21조 제2항 · 제3항)	• 과잉자구행위(제21조 제2항)
			  ⇨임의적 감면
			• 제21조 제3항이 준용되지 않음

주관적 정당화 요소	방위의사	피난의사	자구의사(청구권 실행불능·현재실행곤란 要) ∴ 인적·물적 담보시 : 자구행위 ×
제외되는 예	• 제한되는 경우 ├ 행위불법·책임이 결여·감소된 침해 ├ 침해법익과 보호법익의 현저한 불균형 ├ 특별한 의무관계 └ 과실에 의한 침해 • 부인되는 경우 ├ 의도적 도발행위 └ 싸움	• 제한되는 경우 : 위난을 피하지 못할 책임 있는 자 예 군인, 경찰관, 소방관, 의사 • 의무의 충돌 : 긴급피난의 특수한 경우(多), 작위의무 대 작위의무의 충돌, 긴급피난과의 비교, 정당화적 의무충돌의 요건, 의무충돌의 상당성에는 균형성만 요구됨	제외되는 경우 : 강제적 채권추심 내지 이를 목적하는 물품취거행위

제5절 | 피해자의 승낙

01 양해와 피해자의 승낙 및 추정적 승낙의 의의

법익의 주체가 타인에게 자기의 법익에 대한 침해를 허용하는 행위는 구성요건을 조각하는 경우와 위법성을 조각하는 경우가 있다. 전자를 양해(諒解)라고 하며(다수설), 후자를 피해자의 승낙(承諾)이라고 한다. 또한 현실적인 승낙이 없었다 하더라도 행위 당시의 객관적 사정에 비추어 승낙이 예상되는 경우가 있으며, 이를 추정적(推定的) 승낙이라고 한다.

02 승낙과 양해의 구별

피해자의 승낙(Einwilligung des Verletzten)은 일단 구성요건에 해당하는 행위의 위법성을 조각시키고, (구성요건적) 양해(Einverständnis)는 구성요건해당성을 조각시킨다고 하여 양자를 구별하는 것이 다수설이다(반대견해도 있음[226]).

따라서 간단히 이해한다면, 양해는 개별적인 구성요건의 성격에 따라서 피해자의 동의 그 자체로도 아예 구성요건해당성이 배제되는 범죄(절도죄 등의 재산죄, 주거침입죄 등)에 있어서의 피해자의 동의 내지 허락을 말하고, 피해자의 승낙은 피해자의 동의가 있더라도 일단은 구성요건에 해당될 정도로 형법적으로 일정한 중요도가 인정되는 범죄(상해죄, 폭행죄, 명예훼손죄, 업무방해죄 등)에 있어서 일정한 법률정책적 관점 내지 이익포기적 관점에서 볼 때 그 위법성을 조각시켜줄 수 있는 피해자의 의사를 말한다.

---

226 피해자의 동의가 있으면 구성요건해당성조각사유로 파악해야 한다는 견해(김일수 / 서보학, 손해목)나 위법성조각사유로 파악하는 입장(박상기, 배종대)도 있다. 참고로 원래 승낙과 양해를 구별한 학자는 1953년 독일의 게에르츠(Geerds)이었다.

1. 의 의

개별적인 구성요건에 따라서 피해자의 동의가 있으면 그 행위가 위법성조각 여부를 따지기 이전에 구성요건 해당성이 조각되는 경우가 있는데, 이 경우의 피해자의 동의를 양해라고 한다.

예 거주자의 동의를 얻고 들어갔다면 애초에 제319조 제1항의 '주거침입'에 해당하지 않는다.

2. 법적 성격

양해는 구성요건해당성조각사유이므로, 양해의 요건은 개별적인 구성요건의 내용과 기능 등에 의하여 좌우되는 구성요건요소의 해석문제이다(개별구성요건설 – 다수설). 따라서 양해를 할 수 있는 능력, 양해의 표시 여부 및 표시 정도는 구성요건에 따라 개별적으로 검토된다.

3. 유효요건

(1) 양해능력

① 감금죄나 강간죄와 같은 개인의 자유에 대한 죄 및 절도죄 : 양해는 자연적 의사능력이 있으면 충분하고 특별한 판단능력까지 요하는 것은 아니므로, 설사 하자 있는 의사표시(기망·강박에 의한 의사표시)라 하더라도 양해로서 인정된다.

> **📚 사례연구** 밍크 45마리 사례
>
> 甲은 乙에게 밍크 45마리에 대한 권리가 자신에게 있음을 주장하면서 이를 가져갔는데, 이때 乙은 甲이 가져가는 행위에 묵시적으로 동의해 주었다. 그러나 그 후 甲이 권리가 있다고 주장하는 근거는 허위임이 밝혀졌다. 甲의 형사책임은?
>
> **해결** 甲이 乙에게 위 사건 밍크 45마리에 관하여 자기에게 권리가 있다고 주장하면서 이를 가져간 데 대하여 乙의 묵시적 동의가 있었다면, 甲의 주장이 후에 허위임이 밝혀졌다 하더라도 甲의 행위는 절도죄의 절취행위에는 해당하지 않는다(대법원 1990.8.10, 90도1211). 경찰승진 10 / 법원행시 10 / 국가9급 22

② 주거침입죄 : 자연적 의사능력뿐만 아니라 행위능력·판단능력이 있어야 양해가 유효하므로, 하자 있는 의사표시는 양해가 될 수 없다(**예** 절도의 고의를 가지고 택배가 왔다고 거주자를 기망하여 문을 열어주자 들어간 경우에는 주거침입죄가 성립함). **판례**도 강간의 의도로 공중화장실의 용변 칸 문을 노크하자 남편으로 오인한 피해자가 화장실 문을 열어주자 들어간 행위도 주거침입죄를 구성한다고 보고 있다(대법원 2003.5.30, 2003도1256). 국가9급 09 / 사시 11 / 사시 13 / 국가7급 16

(2) 양해의 표시 여부 및 표시 정도

① 절도죄 : 명시적으로 표시될 필요는 없고 '묵시의 동의'로도 족하다(대법원 1985.11.28, 85도1487).[227] 국가9급 16 / 경찰채용 21 2차 다만 단순한 방치나 수동적 인내는 양해가 될 수 없다.

---

227 사례 : 절도죄에 있어서 묵시의 동의 甲은 乙(여)과 동거 중에 있었는데, 甲이 돈 6만 원을 乙의 지갑에서 꺼내가는 것을 현장에서 목격하고서도 묵인하였다. 甲의 죄책은? 판례 절도죄는 타인이 점유하는 재물을 절취하는 행위, 즉 점유자의 의사에 의하지 아니하고 그 점유를 취득함으로써 성립하는 범죄인데, 피해자는 당시 피고인과 동거 중에 있었고 피고인이 돈 60,000원을 지갑에서 꺼내가는 것을 피해자가 현장에서 이를 목격하고도 만류하지 아니한 사정 등에 비추어 볼 때 피해자가 이를 허용하는 묵시적 의사가 있었다고 봄이 상당하고 피고인이 위 돈 60,000원을 절취하였다고 인정하기에는 부족하다(대법원 1985.11.28, 85도1487). 해결 무죄

② 배임죄 : 배임행위로 인하여 피해자에게 재산상 손해가 일어난다는 점에 대한 양해가 있기 위해서는 피해자의 명시적 표시를 요한다고 해석해야 한다.

(3) 양해의 표시시기

최소한 행위의 초기에 있어야 한다(사전적 양해). 양해는 사후양해로서는 인정될 수 없기 때문이다(이 점은 승낙과 추정적 승낙도 마찬가지임).

4. 착 오

양해는 구성요건해당성조각사유이므로, ① 양해가 없는데 있다고 오인한 경우에는 구성요건요소에 대한 인식이 없으므로 구성요건적 고의가 조각되어 과실범만 문제되고, ② 양해가 있는데 없다고 오인한 경우에는 반전된 구성요건착오로서 불능미수가 문제된다.

04 　 피해자의 승낙

제24조【피해자의 승낙】처분할 수 있는 자의 승낙에 의하여 그 법익을 훼손한 행위는 법률에 특별한 규정이 없는 한 벌하지 아니한다. 사시 11 / 국가7급 14 / 경찰승진 14

1. 의 의

피해자의 승낙이라 함은 법익의 주체가 타인에 대하여 자기의 법익을 침해할 것을 허용한 경우 일정한 요건 하에서 구성요건해당적 행위의 위법성을 조각시키는 것을 말한다(제24조).

2. 위법성조각의 근거 – 법률정책설

피해자의 승낙에 의한 행위가 위법성이 조각되는 근거에 대해서는, 법률행위설(Rechtsgeschäftstheorie), 이익포기설(Interessenpreisgabetheorie), 법률정책설(rechts politische Theorie), 상당설 등의 견해가 제시되고 있다.[228] 다수설은 법률정책설이다. 법률정책설은 법익의 보호에 대한 사회적 이익과 개인의 자유로운 처분권을 비교하여 개인의 처분권이 우월한 가치를 가지는 경우에는 법률정책적으로 위법성이 조각된다는 입장이다. 개인적 자유를 방해받지 아니하고 행사하는 것은 자유주의적 법치국가에서 사회적 가치로 인정되어야 한다는 점에서 피해자의 승낙에 의한 행위라는 제도는 일종의 법률정책적 제도로 보는 것이다.

3. 성립요건

(1) 승낙의 주체 – 법익주체의 승낙

개인적 법익의 주체의 승낙이어야 함을 의미한다. 다만, 미성년자의 법정대리인의 승낙처럼 대리승낙도 예외적으로 가능한 경우도 있다.

---

228 참고 이 중 ㉠ 이익포기설은 피해자가 보호받을 이익을 자기 스스로 포기한 경우에는 형법적 보호를 받기를 거부한 것이므로 그의 의사를 존중하여 이에 의한 행위는 위법성이 조각된다고 보는 견해이고, ㉡ 상당설은 피해자의 승낙이 사회질서 전체의 이념에 비추어 상당하다고 인정되기 때문에 위법성이 조각된다는 다소 추상적인 입장이다. 이익포기설에 대해서는, 피해자의 처분권이 인정되는 법익에 대해서는 이익포기설도 설득력을 가지나 피해자가 이익을 포기하더라도 국가적으로는 포기할 수 없는 경우(예 : 승낙살인죄)를 설명하기 어렵다는 비판이 있다. 또한 상당설에 대해서는 구체적인 근거를 제시하지 못하는 모호한 이론이라는 비판이 있다.

(2) 승낙의 대상 – 처분가능한 개인적 법익

① 개인적 법익 중 처분할 수 있는 법익 : '법익'은 개인적 법익에 한정되며 국가적 · 사회적 법익은 포함되지 않는다. 국가9급 09 또한 개인적 법익의 경우에도 모든 법익이 피해자의 승낙의 대상이 될 수 있는 것은 아니며, 어디까지나 피해자가 처분할 수 있는 법익이어야 한다.

    예 승낙무고의 경우 무고죄(제156조)의 보호법익은 국가의 기능이므로, 피해자의 승낙에 의하여 위법성조각이 될 수 없다.[229] 법원행시 06 / 국가7급 16

② 사람 · 태아의 생명에 대한 처분 : 스스로 자기의 목숨을 끊는 자살을 제외하고는, 타인의 생명을 침해하는 행위는 처벌되어야 한다. 이렇듯 생명은 처분할 수 있는 법익이 아니다. 따라서 타인의 허락을 받고 그를 살해한 경우에도 이는 타인의 생명에 대한 경우이므로 촉탁 · 승낙에 의한 살인죄(제252조 제1항)나 자살교사 · 방조죄(동조 제2항)가 성립하게 된다. 이는 태아의 생명에 있어서도 마찬가지로 적용된다. 즉 임부(姙婦)의 허락을 받고 낙태를 한 경우 —긴급피난이나 모자보건법상 정당행위의 요건이 구비되지 않은 경우라면— (업무상) 촉탁 · 승낙낙태죄(제269조 제2항 및 제270조 제1항)가 성립하게 된다.

③ 상해와 관련된 신체에 대한 처분권 행사 : 원칙적으로 피해자의 승낙에 의한 신체침해행위는 그 위법성이 조각된다. 다만, 사회상규나 윤리적 기준에 의한 제약을 받기 때문에 이 범위를 벗어난다면 위법성이 조각될 수 없다. 따라서 피해자의 승낙에 의하더라도 상대방의 신체를 과도하게 침해하는 행위는 위법성이 조각될 수 없다. 나아가 이러한 법리는 후술하듯이 다른 범죄에도 적용되어야 한다.

(3) 승낙의 유효성 – 승낙능력자의 유효한 승낙의 의사표시

① 승낙능력

    ㉠ 피해자의 승낙능력의 의의 : 승낙능력은 승낙자가 자기의 승낙이 무엇을 의미하는가(승낙의 의미와 내용)를 알 수 있는 능력을 의미한다. 이러한 승낙능력은 민법상의 행위능력(재산상 거래행위를 독자적으로 행할 수 있는 능력)과는 차원이 다른 문제이다. 사시 16 승낙능력은 자신이 승낙한 법익침해의 의미를 이해하는 능력을 말하는 것이다.

        예 • 미성년자의제강간 · 의제강제추행죄(제305조)는 16세 국가9급 09
            • 아동혹사죄(제274조)는 16세
            • 미성년자약취 · 유인죄(제287조)는 미성년(19세)

🔎 판례연구 아동복지법상 아동매매죄와 피해아동의 반대의사 · 동의 · 승낙의 관계

대법원 2015.8.27, 2015도6480
아동복지법 제17조 제1호의 '아동을 매매하는 행위'는 '보수나 대가를 받고 아동을 다른 사람에게 넘기거나 넘겨받음으로써 성립하는 범죄'로서(대법원 2014.11.27, 2014도7998 참조), '아동'은 같은 법 제3조 제1호에 의하면 18세 미만인 사람을 말한다. 아동은 아직 가치관과 판단능력이 충분히 형성되지 아니하여 자기결정권을 자발적이고 진지하게 행사할 것을 기대하기가 어렵고, 자신을 보호할 신체적 · 정신적 능력이 부족할 뿐 아니라, 보호자 없이는 사회적 · 경제적으로 매우 취약한 상태에 있으므로, 이러한 처지에 있는 아동을 마치 물건처럼 대가를 받고 신체를 인계 · 인수함으로써 아동매매죄가 성립하고, 설령 위와 같은 행위에 대하여 아동이 명시적인 반대의사를 표시하지 아니하거나 더 나아가 동의 · 승낙의 의사를 표시하였다 하더라도 이러한 사정은 아동매매죄의 성립에 아무런 영향을 미치지 아니한다.

---

[229] 또 다른 예시 : 사회적 법익에 대해서 적용되기 어려운 피해자의 승낙 관객들의 허락을 받고 음란영화를 상영하는 행위는 음화상영죄(제243조)를 구성하게 된다. 음화상영죄의 보호법익 또한 우리 사회의 건전한 성풍속이라는 사회적 법익이기 때문이다. 다만 방화죄(제164조 이하)의 경우 피해자의 동의를 받고 방화한 경우에는 현주건조물방화죄(제164조 제1항)나 타인소유일반건조물방화죄(제166조 제1항)가 아니라 자기소유일반건조물방화죄(제166조 제2항)로 형이 가벼운 죄에 해당되게 된다. 방화죄는 부차적인 보호법익으로서 개인의 재산권도 고려되기 때문이다.

아청법상 아동·청소년이용음란물제작죄에 있어서 제작한 영상물이 객관적으로 아동·청소년이 등장하여 성적 행위를 하는 내용을 표현한 영상물에 해당하는 경우, 대상이 된 아동·청소년의 동의하에 촬영하거나 사적인 소지·보관을 1차적 목적으로 제작하더라도 아청법의 '아동·청소년이용음란물'을 '제작'한 것에 해당한다 (대법원 2015.2.12, 2014도11501). 국가7급 18 / 법원행시 18 / 경찰간부 20

아동복지법상 성적 학대행위죄에 있어서 행위자의 요구에 피해 아동이 명시적인 반대 의사를 표시하지 아니하였거나 행위자의 행위로 인해 피해 아동이 현실적으로 육체적 또는 정신적 고통을 느끼지 아니하는 등의 사정이 있다 하더라도, 이러한 사정만으로 행위자의 피해 아동에 대한 성희롱 등의 행위가 구 아동복지법 제29조 제2호의 '성적 학대행위'에 해당하지 아니한다고 쉽사리 단정할 것은 아니다(대법원 2015.7.9, 2013도7787).

     ⓛ 대리승낙 : 법익주체가 승낙능력이 없는 때 법정대리인에 의한 대리승낙도 허용된다. 그러나 장기이식과 같이 법익의 성질상 대리할 수 없는 승낙도 있다.

  ② 유효한 승낙

     ㉠ 강제나 기망에 의한 승낙 : 유효한 승낙은 '자유로운 의사'에 기한 것이어야 하므로, 협박·강박 및 기망·착오에 의한 승낙은 유효한 승낙이 아니다(양해와의 차이점). **판례**도 미성년자유인죄(제287조)에 관하여 피해자가 하자있는 의사로 승낙하였다 하더라도 본죄의 성립에 영향을 주지 않는다고 보고 있다(대법원 1976.9.14, 76도2072). 또한 피해자의 '진지한 의사표시'가 있는 경우에 승낙이 있다고 볼 수 있으므로, 진의가 아닌 의사표시 즉, 농담이나 말다툼 중에 격한 감정으로 내뱉은 말은 승낙에 해당되지 않는다.

     ㉡ 설명이 전제되어야 하는 승낙 : 전문가 대 비전문가의 관계에 있어서 전문가의 설명을 듣고 비전문가가 자신의 법익침해 여부를 결정하는 경우, 전문가의 설명은 충분하고 정확한 것이어야 한다. 따라서 부정확·불충분한 설명을 듣고 한 승낙은 일종의 착오에 의한 승낙으로써 유효한 승낙이 될 수 없다. 국가7급 08 **판례**도 의사의 설명(說明)에 의한 환자의 승낙과 관련하여 마찬가지 판시를 내리고 있다.

♣ **판례연구** 피해자의 승낙으로 본 판례 : 자궁적출수술 사례

대법원 1993.7.27, 92도2345

피해자의 병명을 자궁근종으로 오진하고 이에 근거하여 의학에 대한 전문지식이 없는 피해자에게 자궁적출수술의 불가피성만을 강조하였을 뿐 위와 같은 진단상의 과오가 없었으면 당연히 설명받았을 자궁 외 임신에 관한 내용을 설명받지 못한 피해자로부터 수술승낙을 받았다면, 위 승낙은 부정확 또는 불충분한 설명을 근거로 이루어진 것으로서 수술의 위법성을 조각할 유효한 승낙이라고 볼 수 없다. → 의사에게는 업무상 과실치상죄가 성립한다. 국가7급 08 / 국가9급 09 / 법원행시 10 / 사시 13 / 국가7급 14 / 법원승진 14 / 경찰간부 18 / 국가9급 20 / 경찰채용 22 2차

---

(4) 승낙의 표시방법 및 시기 - 사전적 승낙

  ① 승낙의 표시방법 : 어떤 형식이든 의사가 외부에서 인식할 수 있는 상태이면 충분하다(절충설-통설). 그러므로 명시적 승낙뿐만 아니라 묵시의 승낙도 가능하게 된다(통설). 국가9급 11

♣ **판례연구** 승낙의 표시방법은 묵시의 승낙도 가능하다는 사례 : 업무방해죄의 위법성 조각

대법원 1983.2.8, 82도2486

피고인이 계원들로 하여금 공소외 甲 대신 피고인을 계주로 믿게 하여 계금을 지급하고 불입금을 지급받아 위계를 사용하여 甲의 계 운영 업무를 방해하였다고 하여도, 피고인에 대하여 다액의 채무를 부담하고 있던 甲으

로서는 채권 확보를 위한 피고인의 요구를 거절할 수 없었기 때문에 피고인이 계주의 업무를 대행하는 데 대하여 이를 승인·묵인한 사실이 인정된다면 피고인의 소위는 피해자의 승낙에 의하여 위법성이 조각되는 것이다.

② 승낙의 시기 : 승낙은 법익침해 이전에 이루어져야 하며(사전적 승낙), 사후적인 승낙은 위법성을 조각하지 않는다.[230] 법원9급 09 / 사시 12 / 사시 16 또한 사전적 승낙이 있었다 하더라도 행위 이전에 피해자는 언제든지 자유롭게 승낙을 철회할 수 있으며(대법원 2006.4.27, 2005도8074), 승낙을 철회한 경우에는 승낙은 더 이상 존재하지 않게 된다(아래 판례). 국가7급 08 즉 승낙은 행위시까지 존재하고 있어야 하는 것이다. 다만 철회 이전의 행위는 위법성이 조각된다.

판례연구 피해자의 승낙의 철회 관련 판례

1. 대법원 2007.11.30, 2007도4812

명의신탁의 포괄적 명의사용에 대한 수탁자의 철회 사례

수탁자가 명의신탁 받은 사실 자체를 부인하는 것은 아니더라도 신탁자의 신탁재산 처분권한을 다투는 등 신탁재산에 관한 처분이나 기타 권한행사에 있어서 신탁자에게 부여하였던 수탁자 명의사용에 대한 포괄적 허용을 철회한 것으로 볼 만한 사정이 있는 경우에는 신탁자가 그 재산의 처분 등과 관련하여 수탁자의 명의를 사용하는 것이 허용된다고 볼 수 없으므로, 수탁자가 신탁자에게 자신에 대한 차용금 채무를 변제하지 않는 한 신탁재산을 타인에게 매도하는 데 필요한 서류 작성에 협조하지 않겠다는 취지의 말을 한 경우에는, 신탁자에게 부여하였던 수탁자 명의사용에 대한 포괄적 허용을 철회한 것으로 보아야 한다(사문서위조·동행사죄 성립).

2. 대법원 2011.5.13, 2010도9962

피해자의 승낙을 자유롭게 철회할 수 있는지 및 철회 방법에 아무런 제한이 없는지 여부(적극)

위법성조각사유로서의 피해자의 승낙은 언제든지 자유롭게 철회할 수 있다고 할 것이고, 그 철회의 방법에는 아무런 제한이 없다. 공소외 2가 피고인의 유리창 손괴행위 전에 피고인에게 임대차보증금 잔금 미지급을 이유로 하여 이 사건 상가에서의 공사 중단 및 퇴거를 요구하는 취지의 의사표시를 하였다면, 이로써 공소외 2는 위 임대차계약을 체결하면서 피고인에게 한 이 사건 상가 지층 및 1층의 시설물 철거에 대한 동의를 철회하였다고 봄이 상당하다(손괴죄 성립). 국가9급 15 / 경찰간부 18 / 경찰간부 20 / 경찰채용 20 1차

4. 주관적 정당화요소 – 착오의 문제

(1) 의 의

행위자에게는 위와 같은 '피해자의 승낙사실을 인식하고 이에 기하여 행위한다는 의사'가 요구된다. 만약 이에 관하여 착오의 문제가 있다면 피해자의 승낙이 위법성조각사유로 적용되는 경우와 피해자의 승낙이 형이 경한 죄에 해당되는 경우로 나누어 검토해야 한다.

(2) 피해자의 승낙에 의하여 위법성이 조각되는 경우

예컨대 사회상규에 반하지 않는 정도의 상해행위(상해죄는 승낙에 의하여 위법성조각 가능)를 하면서 상대방의 승낙 유무에 대하여 착오를 일으킨 경우이다.

① 승낙이 없는데 있다고 오인한 경우 : '위법성조각사유의 전제사실에 대한 착오'로서 법효과제한적 책임설(다수설)에 의하면 구성요건적 고의는 인정하나 책임고의는 조각된다고 보아 고의범이 성립하지

---

230 **사전적일 것 : 양해, 승낙, 추정적 승낙의 공통점** 사전적이어야 한다는 것은 양해·승낙·추정적 승낙의 공통된 요건이다. 독자들 중에는 추정적 승낙은 사후승낙이 아니냐는 질문을 하는 경우가 있다. 그러나 추정적 승낙의 경우도, 사후에 승낙이 있는가는 그 요건이 아니며 어디까지나 행위시에 객관적으로 승낙이 추정되고 있는가 즉, '사전적 승낙추정'이 그 성립요건이 되는 것이다.

않으므로 과실범(과실치상죄)이 성립하게 된다.

② 승낙이 있는데 없다고 오인한 경우 : 객관적 정당화상황은 있는데 주관적 정당화요소는 없는 경우로서 기술한 우연적 방위와 유사한 '우연적 승낙행위'가 된다. 다수설에 의하면 행위반가치는 있으나 결과반가치는 조각되므로 불능미수가 된다고 본다.

(3) 피해자의 승낙에 의하여 형이 가벼운 구성요건에 해당되는 경우

예컨대 피해자를 살해하면서 상대방의 승낙 유무에 대하여 착오를 일으킨 경우이다. 이 경우 피해자의 승낙이 있으면 보통살인죄보다 가벼운 승낙살인죄(제252조 제1항)가 적용된다.

① 승낙이 없는데 있다고 오인한 경우 : 특별히 무거운 죄가 되는 사실을 인식하지 못한 소위 '감경적 구성요건의 착오의 경우로서 제15조 제1항'에 의하여 승낙살인죄만 성립한다.

② 승낙이 있는데 없다고 오인한 경우 : 특별히 무거운 죄가 된다고 오인한 경우로서 '반전된 제15조 제1항의 착오'의 경우이다. 이에 대해서는 구체적 부합설, 법정적 부합설 중 구성요건부합설과 죄질부합설 등이 대립한다(기술한 구성요건적 착오 참조).[231]

5. 승낙에 의한 행위의 상당성 – 사회상규에 위배되지 않아야 함

피해자의 승낙에 의한 행위는 윤리적·도덕적으로 사회상규에 반하는 것이 아니어야 한다(대법원 1985.12.10, 85도1892). 법원9급 09 / 국가7급 10 / 국가9급 21 / 법원행시 10 / 변호사 12 / 사시 13 / 법원승진 14 / 사시 16 다만 정당방위, 긴급피난, 자구행위 등과는 달리 형법 제24조에서는 사회상규에 위배되지 않아야 한다는 명문의 규정을 두고 있지 않다. 국가9급 08 / 경찰승진 11 이에 ① 독일형법 제228조는 상해죄에 대해서 선량한 풍속에 위배되지 않을 경우에만(사회상규에 위배되지 않을 경우에만) 위법성이 조각된다고 규정하고 있으므로, 우리 형법에서도 이를 그대로 수용하여 상해죄와 같은 신체에 대한 죄에 대해서만 사회상규 적합성을 심사하자는 견해도 있다.[232] 그러나 ② 통설·판례는 상해죄뿐만 아니라 다른 범죄에 있어서도 피해자의 승낙에 의한 행위는 사회상규에 반하는 것이 아닌 정도여야 한다는 점을 그 요건으로 요구하고 있다.

> ♠ **판례연구** 피해자의 승낙에 의한 행위가 사회상규에 위반되는 사례
>
> 대법원 1989.11.28, 89도201
> 장난권투로 볼 수 없다는 사례
> 피할만한 여유도 없는 좁은 장소와 상급자인 피고인이 하급자인 피해자로부터 아프게 반격을 받을 정도의 상황에서 신체가 보다 더 건강한 피고인이 피해자에게 약 1분 이상 가슴과 배를 때렸다면 사망의 결과에 대한 예견가능성을 부정할 수도 없을 것이며 위와 같은 상황에서 이루어진 폭행이 장난권투로서 피해자의 승낙에 의한 사회상규에 어긋나지 않는 것이라고도 볼 수 없다.

> ≋ **사례연구** 피해자의 승낙은 사회상규의 제한을 받는다 : 잡귀 사례
>
> 甲은 乙에 대하여 몸 속에 있는 잡귀 때문에 乙에게 병이 있다고 하자 乙은 잡귀를 물리쳐 줄 것을 부탁하였다. 이에 甲은 乙의 집에 찾아와 잡귀를 물리친다면서 乙의 뺨 등을 때리며 팔과 다리를 붙잡고 배와 가슴을 손과 무릎으로 힘껏 누르고 밟는 등 하여 乙로 하여금 내출혈로 사망에 이르게 하였다. 甲의 죄책은?

---

231 참고로, 이 경우 각론적으로는 불법감경사유가 없다고 보아 보통살인기수로 보는 것이 다수설이다.
232 이재상, §20-17.

> [해결] 폭행에 의하여 사람을 사망에 이르게 하는 따위의 일에 있어서 피해자의 승낙은 범죄성립에 아무런 장애가 될 수 없으며, 또한 윤리적·도덕적으로 허용될 수 없는, 즉 사회상규에 반하는 것이라고 할 것이므로 피고인들의 행위가 피해자의 승낙에 의하여 위법성이 조각된다는 상고논지는 받아들일 수가 없다(대법원 1985.12.10, 85도1892). ⇨ 폭행치사죄 성립

📚 **사례연구** 보험사기를 목적으로 한 피해자의 승낙에 의한 상해 사례

甲이 乙과 공모하여 보험사기를 목적으로 乙에게 상해를 가한 경우, 피해자의 승낙으로 위법성이 조각되는가?

> [해결] 피고인이 피해자와 공모하여 교통사고를 가장하여 보험금을 편취할 목적으로 피해자에게 상해를 가하였다면 피해자의 승낙이 있었다고 하더라도 이는 위법한 목적에 이용하기 위한 것이므로 피고인의 행위가 피해자의 승낙에 의하여 위법성이 조각된다고 할 수 없다(대법원 2008.12.11, 2008도9606). 사시 10 / 국가9급 11 / 사시 11 / 사시 12 / 사시 13 / 법원승진 14 / 경찰간부 16 / 국가7급 16 / 국가9급 18 / 경찰채용 18 3차 / 국가9급 20

> [정답] 위법성이 조각되지 않는다(상해죄 성립).

6. 법률에 특별한 규정이 없을 것

이상에서 검토한 피해자의 승낙의 요건을 모두 갖추었다 하더라도 이를 처벌하는 "법률에 특별한 규정이 없어야(제24조)" 위법성이 조각된다. 국가9급 11 / 경찰채용 16 1차 예컨대, 촉탁·승낙에 의한 살인죄(제252조)나 근무기피목적의 신체상해(군형법 제41조 제1항)와 같은 규정이 없어야 한다. 또한 장기 등 이식에 관한 법률에 위배되는 장기적출행위도 그 위법성이 조각될 수 없다.

표정리 피해자의 승낙이 미치는 형법상 효과

유 형	근 거	해당 구성요건
구성요건적 양해	재물의 사실상 지배관계, 의사결정의 자유, 사생활의 평온 및 비밀[233]에 관하여는 피해자의 동의가 해당 범죄의 구성요건해당성을 조각시킴	• 체포·감금죄(제276조) • 강간죄 등(제297조~제298조) • 주거침입죄(제319조)[234] • 절도죄, 횡령죄, 손괴죄 등
피해자의 승낙	피해자의 동의가 법률정책 내지 이익포기의 이념에 입각하여 위법성을 조각시키는 경우로서, 주로 신체침해와 관련된 범죄가 여기에 속함	• 상해죄, 폭행(치상)죄 • (업무상) 과실치상죄 • 명예훼손죄(通) • 업무방해죄(判) • 문서위조죄(判, 양해인 판례도 있음)

---

233 양해인지 승낙인지에 대한 견해의 대립 명예훼손죄(제307조), 재산죄 중 재물손괴죄(제366조), 비밀침해죄(제316조)나 업무상 비밀누설죄(제317조)와 같은 비밀에 관한 죄의 경우에는 양해와 승낙 중 어떤 사유가 적용되는지에 대해 견해의 대립이 있다. 정리해보면, **명예훼손죄**는 피해자의 승낙의 대상이라는 것이 통설이며, **재물손괴죄**는 양해의 대상으로 분류하는 것이 통설이고, **비밀침해죄**나 **업무상 비밀누설죄**는 피해자의 동의가 있다면 비밀주체의 비밀포기의사가 있다고 보아야 하므로 이미 해당 범죄의 행위객체의 성질을 상실한다고 보아 양해의 대상이라는 것이 통설이다.

234 판례 중에는 주거침입죄에서의 피해자의 동의를 양해가 아니라 피해자의 승낙으로 보는 듯한 사례도 있다. "사용자가 제3자와 공동으로 관리·사용하는 공간을 사용자에 대한 쟁의행위를 이유로 관리자의 의사에 반하여 침입·점거한 경우, 비록 그 공간의 점거가 사용자에 대한 관계에서 정당한 쟁의행위로 평가될 여지가 있다 하여도 이를 공동으로 관리·사용하는 제3자의 명시적 또는 추정적인 승낙이 없는 이상 위 제3자에 대하여서까지 이를 정당행위라고 하여 주거침입의 위법성이 조각된다고 볼 수는 없다(대법원 2010.3.11, 2009도5008)." 법원행시 10 / 경찰간부 12 / 사시 12 / 법원행시 13 / 경찰채용 15 2차 생각건대, 사용자와의 관계에서는 정당한 쟁의행위인가를 살펴 위법성 조각 여부를 검토해야 하고, 제3자와의 관계에서는 양해가 있었는가를 살펴 구성요건해당성 조각 여부를 검토하는 것이 간명했을 것이다.

피해자의 동의가 범죄성립에 무관한 경우	성적 자기결정권에 관한 범죄는 원칙적으로 강 간과 같이 강제의 행위임. 다만 피해자의 동의 가 있는 '간음'이라도 피해자의 동의가 유효한 양해가 되지 못하는 구성요건이 있음	• 준강간죄(제299조) • 미성년자 · 심신미약자 위계 · 위력 간음 · 추행죄 (제302조) 경찰채용 21 1차 • 업무상 위력에 의한 간음죄 및 피구금자간음죄 (제303조) • 미성년자의제강간 · 강제추행죄(제305조) 국가7급 16
피해자의 동의가 형이 輕한 구성요건에 해당되는 경우	피해자의 동의에 의하여 형이 重한 보통의 구 성요건이 아니라 감경적 구성요건에 해당되는 경우를 말한다.	• 살인죄 ⇨ 촉탁 · 승낙살인죄(제252조 제1항) 국가9급 15 • 부동의낙태죄 ⇨ (업무상)촉탁 · 승낙낙태죄 (제269조 제2항, 제270조 제1항) • 현주건조물 및 타인소유일반건조물방화죄 ⇨ 자기소유일반건조물방화죄(제166조 제2항) • 타인소유일반물건방화죄 ⇨ 자기소유일반물건 방화죄(제167조 제2항)

05 추정적 승낙

1. 의 의

추정적 승낙(推定的 承諾, mutmaßliche Einwilligung)이란 피해자가 현재는 승낙을 할 수 있는 상황이 아니지만, 그러한 상황에 있었다면 유효한 승낙을 하였으리라고 기대되므로 행위의 위법성이 조각되는 경우를 말한다.[235] 법원9급 09 / 변호사 12

2. 법적 성질

추정적 승낙의 법적 성격에 대해서는 ① 일종의 긴급피난이라는 견해, ② 민법상의 사무관리의 한 경우라는 입장, ③ 피해자의 승낙에 의한 행위로 보는 입장(승낙대체설),[236] ④ 사회상규에 위배되지 않는 정당행위로 보는 견해(정당행위설)[237]가 있으나, ⑤ 다수설은 긴급피난과 피해자의 승낙의 중간에 위치하는 독자적 구조를 가진 위법성조각사유로 이해하고 있다.[238]

예를 들어, 甲이 길을 가고 있었는데, 검은 유독가스로 가득 찬 승용차에 갇혀 빠져나오지 못하는 乙을 발견하게 되었다고 하자. 이때 甲은 차문을 두드려보았으나 이미 의식을 잃고 응답을 못하는 乙을 구조해야겠다는 생각으로 주변에 있던 돌을 들고 차의 유리창문을 부수고 乙의 생명을 구해냈다면, 이는 긴급피난인가 피해자의 승낙인가 아니면 추정적 승낙의 경우인가? 다수설에 의하면, 이러한 경우 車의 소유자가 乙이 아닌 제3자이었다면 긴급피난으로서 甲의 행위는 위법성이 조각되지만, 車의 소유자가 바로 피해자인 乙 그 자신이었다면 甲의 행위는 추정적 승낙에 의하여 위법성이 조각된다는 것이다.

---

235 참고 : 추정적 양해 피해자의 현실적(명시적 · 묵시적) 승낙에 의한 행위는 피해자의 승낙으로 이해하고 현실적 승낙은 없으나 객관적으로 피해자의 승낙이 추정되는 경우에는 추정적 승낙의 경우로 이해하는 것처럼, 구성요건해당성을 배제하는 현실적 승낙을 양해라 하고 현실적 양해는 없으나 피해자의 양해가 추정되는 경우에는 소위 '추정적 양해'의 개념이 인정된다고 하는 견해(오영근, 384면)도 있으나, 양해는 반드시 현실적으로 존재해야 한다는 입장이 다수설이다.
236 박상기, 213면; 배종대, 407면; 신동운, 328면.
237 김일수, 한국형법 I, 590면; 김일수 / 서보학, 328면; 손동권, 231면; 정영일, 258면 등.
238 이재상, §20-29; 이정원, 214면; 이형국, 173면; 임웅, 266면; 정성근 / 박광민, 281면; 차용석, 667면 등.

생각건대, 위 甲의 행위는 피해자의 이익을 바로 침해하였다는 점에서 긴급피난도 아니고, 피해자의 현실적(명시적·묵시적) 승낙도 없었다는 점에서 피해자의 승낙에 의한 행위도 아닌, '추정적 승낙'이라는 나름의 독자적 구조를 가진 위법성조각사유'로 보는 것이 타당하다. 다만 독자적 위법성조각사유설에 의하더라도 —현행 형법상 초법규적 위법성조각사유는 존재하지 않는다는 점을 고려할 때— 추정적 승낙의 경우는 결국 형법 제20조의 '사회상규에 위배되지 않는 행위'의 규정이 적용되므로, 정당행위설과의 차이는 크지 않다고 생각된다.

3. 유 형

(1) 피해자의 이익을 위해 승낙이 추정되는 경우

피해자의 이익에 위험이 발생하였으나 이에 관한 피해자의 결단이 적시에 내려질 수 없기 때문에 구성요건에 해당하는 침해에 의하여 이 위험이 해결될 수밖에 없는 경우를 말한다. 경험적으로 보아 누구나 경미한 이익을 희생하고서라도 상대적으로 중요한 이익을 보호하려는 생각을 갖고 있으므로 이 경우에는 위법성이 조각된다.

예 • 교통사고로 의식불명인 환자에 대한 동의 없는 의사의 수술행위
  • 부재중인 이웃집의 불을 끄기 위해 창문을 부수고 들어가는 행위
  • 처가 중대한 일과 관련된 남편의 편지를 우선 개봉하는 경우

(2) 자기나 제3자의 이익을 위해 승낙이 추정되는 경우

피해자가 손상되는 이익이 경미하거나 행위자와의 신뢰관계 때문에 자기의 이익을 포기한 것으로 볼 수 있는 경우로서, 피해자의 이익이 크게 침해되지 않는 한 위법성이 조각된다.

예 • 폭우를 피하기 위해 남의 집에 잠깐 들어간 경우
  • 가정부가 주인이 입지 않는 옷을 집 밖에 내놓아 가져가게 하는 경우
  • 기차를 놓치지 않기 위하여 허락 없이 친한 친구의 오토바이를 타고 가는 경우
  • 손님이 응접실 탁자 위의 주인의 담배를 피우는 경우

4. 요 건

(1) 피해자의 승낙과 공통되는 성립요건

추정적 승낙에 의해 침해하는 법익이 처분가능한 개인적 법익일 것(단 판례는 사문서위조죄에도 적용하며, 이는 후술함), 행위 당시에 승낙이 추정될 것(사전적 승낙 추정), 이를 처벌하는 특별한 규정이 없을 것, 그리고 사회상규에 위배되지 않는 행위이어야 할 것 등의 요건은 피해자의 승낙에 의한 행위와 공통되는 요건이다.

(2) 추정적 승낙의 특유의 성립요건

① 현실적 승낙을 받을 수 없을 것(보충성) : 극복할 수 없는 장애로 행위시에 피해자의 승낙을 받는 것이 불가능한 경우이어야 한다. 사시 10 물론 피해자의 명시적 반대 때문에 현실적 승낙을 받을 수 없는 경우는 이미 추정적 승낙의 경우가 아니다. 즉 —피해자의 반대의사가 명시된 경우를 제외하고— 현실적 승낙을 받을 수 없는 불가피한 사정이 있는 경우에만 추정적 승낙이 인정될 수 있다. 따라서 승낙을 받지 못할 불가피한 사정이 없으면 추정적 승낙이 인정될 수 없다(대법원 1997.11.28, 97도1741).[239]

---

239 판례 : 성수대교 붕괴 사례 중 안전점검결과통보서 위조·행사에 관한 추정적 승낙 부정 A나 B는 피고인 甲 등과 종전부터 친분관계가 있었다거나 위 피고인들로부터 수시로 안전점검 부탁을 받은 일이 없고 위 피고인들의 부탁을 받고 간단한 점검을 하여 준 점, A가 수당지급을 위해 필요하다면 도장을 달라는 요구를 받고 불쾌하게 생각하였던 점, 제1심 법정에서 자신들이 점검하지 않은 교량에 대한 점검보고서에 날인할 의사가 없었다고 진술하고 있는 점, 위 피고인들이 위 A나 B의 승낙을 받지 못한 불가피한 사정도 없었던 점 등에 비추어 보면, 사문서인 안전점검결과통보서의 위조 및 동행사 부분에 관하여 추정적 승낙이

② 객관적으로 승낙이 추정될 것

    ⊙ 의의 : 모든 사정을 객관적으로 추정하여 피해자가 승낙을 할 것이 확실히 기대될 수 있어야 한다.

        사시 16 따라서 건물의 소유권 분쟁이 계속되는 중 점유자의 의사에 반하여 건물에 들어가는 행위에는 추정적 승낙이 있다고 할 수 없다(대법원 1989.9.12, 89도889). 국가7급 10 / 경찰채용 21 2차

    ⓛ 피해자의 명시적 반대의사가 있는 경우 : 피해자가 반대의사를 명백히 한 경우 추정이 불가능하다(다수설). 예컨대, 피해자가 사전에 자신에게 불의의 사고가 발생하여 식물인간상태나 뇌사상태에 빠졌다 하더라도 절대로 자신의 장기를 적출해서는 안 된다는 명시적인 의사표시를 해놓은 경우에는, 추정적 승낙에 의한 위법성 조각이 될 수 없다.

③ 주관적 정당화요소 : 행위자는 추정적 승낙의 객관적 정당화상황을 인식하는 것뿐만 아니라 '승낙이 추정된다는 점을 진지하게 고려·검토'하고 행위해야 한다. 특히 이를 양심적 심사(gewissenhafte Prüfung)라고 표현한다(통설).[240]

📚 **사례연구** 사문서위조와 추정적 승낙(또는 추정적 양해) 사례 Ⅰ

甲의 명의로 소유권이전등기가 된 전남 강진군의 임야에 대하여 丁이 甲을 상대로 소유권이전등기말소청구소송을 제기하여 그 소유권에 관하여 다툼이 있게 되자, 甲은 그 소송을 자신에게 유리하게 이끌기 위하여, 1990년 4월 30일 행사할 목적으로 백지에 검정색 볼펜으로 甲을 회장으로 하고 甲의 동생인 乙을 부회장, 丙을 임원으로 하는 광주이씨십운과공파종친회를 구성하고, 乙과 丙의 승낙을 얻어 "이 사건 임야 등은 甲의 장남인 A의 소유로서 이를 위 종친회에 증여한다"라는 내용의 결의서를 작성하여 위 종친회 임원 A·B·C(甲의 아들들), D(乙의 아들), E·F(丙의 아들들)의 명의를 기재하고 미리 조각하여 소지하고 있던 위 A·B·C·D·E·F의 6명의 인장을 그 이름 옆에 임의로 압날하여 결의서 1매를 작성하였다. 나아가 甲은 같은 해 7월 27일 전남 강진군청의 공무원 戊에게 이를 제출하였다. 甲의 형사책임은?

해결 통상 종친회의 모든 의안을 위 3형제만의 의결로 집행하여온 것으로 짐작되고, 만일 甲이 종친회의 통상관례에 따라 결정된 사항을 집행하기 위하여 이에 필요한 종친회원들 명의의 서류를 임의로 작성한 것이라면 비록 사전에 그들의 현실적인 승낙이 없었다고 하더라도 甲은 그들이 위와 같은 사정을 알았다면 당연히 승낙하였을 것이라고 믿고 한 행위일 수 있는 것이므로, 원심으로서는 이 점을 살펴서 과연 피고인에게 사문서위조의 죄책을 인정할 수 있을 것인지 살펴보아야 할 것이다. … 추정적 승낙을 인정할 여지가 있다고 할 것이다(대법원 1993.3.9, 92도3101). 국가9급 09 / 법원행시 10 / 사시 10 / 사시 13 / 법원승진 14 / 국가9급 16

📚 **사례연구** 사문서위조와 추정적 승낙 사례 Ⅱ : 법무사의 위임에 관한 확인절차 불이행 사례

문서명의인의 추정적 승낙이 예상되는 경우 사문서변조죄는 성립하지 않지만, 명의자의 승낙에 대한 막연한 기대나 예측만으로 추정적 승낙을 인정할 수는 없다. 그렇다면 법무사가 위임인이 문서명의자로부터 문서작성권한을 위임받지 않았음을 알면서도 법무사법 제25조에 따른 확인절차를 거치지 아니하고 권리의무에 중대한 영향을 미칠 수 있는 문서를 작성한 경우, 사문서위조 및 동행사죄의 고의를 인정할 수 있을까?

해결 명의자의 명시적인 승낙이나 동의가 없다는 것을 알고 있으면서도 명의자 이외의 자의 의뢰로 문서를 작성하는 경우 명의자가 문서작성 사실을 알았다면 승낙하였을 것이라고 기대하거나 예측한 것만으로 '그 승낙이 추정됨을 알았다고 단정할 수 없다.' 법무사가 타인의 권리의무에 중대한 영향을 미칠 수 있는 문서를 작성함에 있어 법무사법 제25조에 위반하여 문서명의자 본인의 동의나 승낙이 있었는지에 대한 아무런 확인절차를 거치지 아니하고 오히려 명의자 본인의 동의나 승낙이 없음을 알면서도 권한 없이 문서를 작성한 경우에는 사문서위조 및 동행사죄의 '고의'를 인정할 수 있다(대법원 2008.4.10, 2007도9987).

있었다고 볼 수 없다(대법원 1997.11.28, 97도1741).

240 참고 추정적 승낙에 있어서 양심적 심사 내지 신중한 검토는 그 의무로서 요구되지 않고 이러한 의무를 이행하지 않은 경우에는 추정적 승낙에 관한 착오의 문제로 보아 책임 조각 여부를 검토해보아야 한다는 소수설로는 김일수, 332면과 오영근, 387면 참조.

제6절 정당행위

01 서 설

제20조【정당행위】법령에 의한 행위 또는 업무로 인한 행위 기타 사회상규에 위배되지 아니하는 행위는 벌하지 아니한다.
법원9급 07(상)

정당행위(正當行爲)란 법령에 의한 행위, 업무로 인한 행위 기타 사회상규에 위배되지 아니하는 행위로서 형법 제20조에 의해 위법성이 조각되는 행위를 말한다. 법령에 의한 행위와 업무로 인한 행위는 사회상규에 위배되지 아니하는 행위의 예시에 불과하다(통설). 사회상규에 위배되지 않는 행위는 포괄적 위법성조각사유이자 보충적 위법성조각사유로서의 기능을 수행하고 있다. 국가9급 08

02 정당행위의 내용

1. 법령에 의한 행위

법령에 의한 행위가 정당화되는 것은 법질서의 통일성에서 비롯된다. 다른 법령에 의해서 허용되는 행위가 형법에 의해서 위법한 평가를 받아서는 안 되기 때문이다.

(1) 공무원의 직무집행행위

① 법령에 의한 행위 : 공무원이 법령에 의해 직무를 수행하는 행위는 정당행위로 위법성이 조각된다. 공무원의 직무집행행위가 위법성이 조각되려면 당해 행위가 공무원의 직무범위 안에 속하고 정규의 절차에 따라 행해져야 한다(아래 재산평가조서 작성 판례 참조).

예 집행관의 민사상의 강제처분(민사집행법 제42조 이하), 교도관의 사형집행행위(형법 제66조), 법무부장관의 사형집행명령(형사소송법 제463조), 검사 또는 사법경찰관의 긴급체포(형사소송법 제200조의3) 및 체포·구속·압수·수색·검증·감정처분(동법 제215조), 전기통신의 감청(소위 통신제한조치, 통신비밀보호법 제5조 이하) 등의 강제처분, 국세징수법에 의한 체납처분(동법 제24조) 등

집행관 甲과 집행관 乙은 구상금청구사건의 집행력있는 판결정본에 기하여 채무자인 丙의 유체동산을 압류하고자 丙의 집을 방문하였다. 丙의 아들인 丁(당시 16세 8개월, 고등학교 1학년 학생)이 현관문을 열어 주어 현관에 들어간 甲과 乙은 위 채무명의에 기한 강제집행을 하려고 하였는데, 丁이 판결정본과 신분증을 확인하고서도 집에 어른이 없다고 하면서 甲과 乙이 집안으로 들어가지 못하게 문 밖으로 밀어내고 문을 닫으려 하였다. 이에 甲과 乙은 丁이 문을 닫지 못하게 하려고 문을 잡은 채 서로 밀고 당기면서 몸싸움을 하던 도중 丁을 밀어 출입문에 우측 이마 등이 부딪히게 되었다. 丁은 약 2주간의 가료를 요하는 두부타박상을 입었다. 甲과 乙의 형사책임은?

해결 위 채무자의 아들이 적법한 집행을 방해하는 등 저항하므로 이를 배제하고 채무자의 주거에 들어가기 위하여 동인을 떠민 것은 집행관으로서의 정당한 직무범위 내(현 민사집행법 제42조)에 속하는 위력의 행사라고 할 것이고, 이로 인하여 동인에게 원심판시의 상해를 가하였다 하더라도 그 행위의 ① 동기 · 목적의 정당성, ② 수단 · 방법의 상당성, ③ 보호법익과 침해법익과의 법익균형성, ④ 긴급성 및 행위의 보충성 등에 비추어 통상의 사회통념상 허용될 수 있는 상당성이 있는 행위로서 형법 제20조에 의하여 위법성이 조각된다(대법원 1993.10.12, 93도875). 경찰승진 10 / 경찰승진 12 / 사시 15

▶ 甲과 乙의 행위는 폭행치상죄 내지 상해죄의 구성요건에 해당하나, 법령에 의한 행위(제20조)로서 위법성이 조각된다.

🔨 **판례연구** 공무원의 직무집행과 사인에 의한 강제집행의 비교

1. 대법원 1971.6.22, 71도928
국세청 통첩에 따른 재산평가조서 작성 사례 : 정당행위 인정
임야와 개간된 밭을 구분평가하는 것이 오히려 전체 가격의 저락을 가져오게 된다 하여 국세청 통첩인 감정사무요령에 따라 임야로 일괄평가하여 재산평가조서를 작성한 소위는 이른바 법령에 의한 행위로 위법성이 없다.

2. 대법원 2008.3.27, 2007도7933
강제집행을 따르지 아니하고 임의로 옹벽을 철거한 사례 : 사인에 의한 강제집행은 정당행위 부정
피해자들이 이 사건 옹벽의 철거에 동의하지 않았으면, 피고인으로서는 피해자들을 상대로 하여 주위토지통행권의 존부 및 범위에 관한 확인 및 이 사건 옹벽 중 주위통행을 위한 부분에 관한 철거 판결을 받고, 이를 이행하지 않을 경우 법령에서 정하는 절차를 따라 강제집행할 수 있을 뿐인데, 피고인이 위와 같은 절차를 따르지 아니하고 임의로 이 사건 옹벽을 철거한 행위(손괴)는 피고인에게 이 사건 도로에 관한 주위토지통행권을 인정할 수 있는지 여부와 관계없이 위법하다. 경찰간부 11

---

② 상관의 명령에 의한 행위

　　㉠ 적법한 명령을 따른 행위 : 법령상 근거에 의하여 적법하게 내려진 상관의 명령에 복종한 행위로서, 법령에 의한 행위가 되어 위법성이 조각된다.

🗐 **사례연구** 여우고개에 나간 당번병 사례

소속 중대장의 당번병인 甲은 근무시간 후에도 밤늦게까지 수시로 영외에 있는 중대장 乙의 관사에 머물면서 일을 해오다가 모월 모일 밤에도 乙의 지시에 따라 관사를 지키고 있던 중, 乙과 함께 외출을 나간 그 처 丙으로부터 같은 날 24:00경 비가 오고 밤이 늦어 혼자서는 도저히 여우고개를 넘어 귀가할 수 없으니 관사로부터 1.5km 가량 떨어진 여우고개까지 우산을 들고 마중을 나오라는 연락을 받고, 당번병으로 당연히 해야 할 일이라고 생각하면서 여우고개까지 나가 丙을 마중하여 그 다음날 01:00경 귀가하였다. 甲의 형사책임은?

해결 판례는 이와 같은 피고인의 관사이탈행위가 중대장의 직접적인 허가를 받지 아니하였다 하더라도 피고인은 당번병으로서 그 임무범위 내에 속하는 일로 오인한 행위로서 그 오인에 정당한 이유가 있으므로 위법성이 없다[241]고 하여 무죄를 선고하였다(대법원 1986.10.28, 86도1406). 경찰채용 20 1차

---

241 보충 : 판례의 적용법조와 결론의 불일치 위 사안의 경우 판례는 "위법성이 없다."고 하여 상관의 명령에 의한 행위 정도로

ⓛ 위법한 명령을 따른 행위 : 위법한 상관의 명령을 따른 부하의 행위는 법령에 의한 행위가 될 수 없으므로 위법하다. 단, (절대적) 구속력 있는 위법한 명령에 복종하는 경우에는 기대불가능성에 의하여 책임이 조각된다(초법규적 책임조각사유설 : 다수설). 다만 상관의 명령이 위법하지만 절대적 구속력이 있었던 경우를 찾기는 쉽지 않다.

★ 판례연구 절대적 구속력 없는 위법한 상관의 명령을 따른 사례

1. 대법원 1988.2.23, 87도2358

故 박종철군 고문치사사건

공무원이 그 직무를 수행함에 있어 상관은 하관에 대하여 범죄행위 등 위법한 행위를 하도록 명령할 직권이 없는 것이고, 하관은 소속 상관의 적법한 명령에 복종할 의무는 있으나 그 명령이 참고인으로 소환된 사람에게 가혹행위를 가하라는 등과 같이 명백한 위법 내지 불법한 명령인 때에는 이는 벌써 직무상의 지시명령이라 할 수 없으므로 이에 따라야 할 의무는 없다. 설령 대공수사단 직원은 상관의 명령에 절대 복종하여야 한다는 것이 불문율로 되어 있다 할지라도, 국민의 기본권인 신체의 자유를 침해하는 고문행위 등이 금지되어 있는 우리의 국법질서에 비추어 볼 때 고문치사와 같이 중대하고도 명백한 위법명령에 따른 행위가 정당한 행위에 해당하거나 강요된 행위로서 적법행위에 대한 기대가능성이 없는 경우에 해당하게 되는 것이라고 볼 수 없다. 법원9급 09 / 경찰승진 15

2. 대법원 1999.4.23, 99도636

안기부 직원 불법 대선자료 배포사건

대통령 선거를 앞두고 특정후보에 대하여 반대하는 여론을 조성할 목적으로 확인되지도 않은 허위의 사실을 담은 책자를 발간·배포하거나 기사를 게재하도록 하라는 것과 같이 명백히 위법 내지 불법한 명령인 때에는 이는 벌써 직무상의 지시명령이라 할 수 없으므로 이에 따라야 할 의무가 없고, 설령 안기부가 그 주장과 같이 엄격한 상명하복의 관계에 있는 조직이라고 하더라도 안기부 직원의 정치관여가 법률로 엄격히 금지되어 있는 점 등에 비추어 보면, 이 사건 범행이 강요된 행위로서 적법행위에 대한 기대가능성이 없다고 볼 수는 없다.

---

(2) 징계행위 – 징계권자의 징계행위

① 학교장의 징계행위 : 학교장의 징계행위로서 법령상 징계권의 적정한 행사로 간주되는 행위는 정당행위로서 위법성이 조각된다.[242] 즉, ㉠ 객관적으로 징계사유가 있고 교육상 불가피한 경우이어야 하며 ㉡ 주관적으로 교육적 목적에 의하여 행하여져야 하고 ㉢ 그 범위는 징계목적을 달성하는 데 필요한 범위 이내에서 제한되어야 한다. 따라서 체벌(體罰)은 경미한 범위 내에서만 허용되며, 그 범위를 벗어나는 행위에 대하여는 형사책임을 져야 할 것이다(제한적 허용설 : 다수설[243]·판례). 또한 판례는 교사(敎師)에 대해서도 교육법령에 따라 학교장의 위임을 받아 교육상 필요하다고 인정할 때에는 징계를 할 수 있다고 하여(대법원 2004.6.10, 2001도5380), 교사의 징계행위도 법령에 의한 행위로 파악하고 있다.[244] 국가9급 11

파악하는 것으로 보인다. 다만 동시에 판례는 적용법조에서는 형법 제16조의 법률의 착오를 제시하고 있어 판례의 입장을 파악하는 데 있어서 어려움이 있다. 생각건대, 법률의 착오로 파악했다면 "그 오인에 정당한 이유가 있는 경우"로 보아 고의설에 의하여 범의를 조각하든가 책임설에 의하여 책임을 조각시켜 무죄로 보든가, 아니면 위법성조각사유의 객관적 전제사실의 착오('오상'정당행위)로 파악하고 법효과제한적 책임설(다수설)에 의해 불법고의는 인정되나 책임고의가 조각되는 것으로 보아 무죄(과실범처벌규정이 없음)로 보든가 엄격책임설에 의하여 책임이 조각되는 것으로 보아 무죄로 보는 식의 해결방법이 일관성이 있었을 것이다. 위 판례는 적용법조(제16조의 법률의 착오)와 결론(위법성이 없다)이 일관되지 않은 것이다.

242 초·중등교육법 제18조 제1항 : 학교(學校)의 장(長)은 교육상 필요한 때에는 법령 및 학칙이 정하는 바에 의하여 학생을 징계(懲戒)하거나 기타의 방법으로 지도(指導)할 수 있다.

243 반면 체벌에 대하여 허용될 수 없다는 소수설은 김일수 / 서보학, 340면; 배종대, 310면; 이재상, §21−8.

244 보충 : 교사의 징계행위는 법령에 의한 행위인가, 사회상규에 위배되지 않는 행위인가 교사의 징계행위는 학교장의 징계행위의 연장선에 있다고 보는 것이 판례의 입장이다. 이는 초·중등교육법 제18조 제1항의 학교장의 징계권을 동법 제20조 제3항(교

★ **판례연구** 학교장·교사의 징계행위로서 정당행위 인정례와 부정례

1. 대법원 1976.4.27, 75도115

교장의 경미한 체벌 사례 : 정당행위 인정

중학교 교장직무대리자가 훈계 목적으로 교칙위반학생에게 뺨을 몇 차례 때린 정도는 감호교육상의 견지에서 볼 때 징계의 방법으로서 사회 관념상 비난의 대상이 될 만큼 사회상규를 벗어난 것으로는 볼 수 없어 처벌의 대상이 되지 아니한다.

2. 대법원 2004.6.10, 2001도5380

교사의 징계행위의 한계 : 정당행위 부정

교사가 학생을 징계 아닌 방법으로 지도하는 경우에도 징계하는 경우와 마찬가지로 교육상의 필요가 있어야 될 뿐만 아니라 특히 학생에게 신체적, 정신적 고통을 가하는 체벌, 비하(卑下)하는 말 등의 언행은 교육상 불가피한 때에만 허용되는 것이다. 국가9급 07 / 법원행시 08 / 국가9급 11

> **보충** 여중 체육교사에게 폭행죄와 모욕죄의 성립을 인정한 판례이다('사회상규에 위배되지 않는 행위' 참조).

② 소년원장·소년분류심사원장(구 소년감별소장)의 징계행위(소년원법 제15조)

(3) 사인의 현행범인체포행위

현행범인은 누구든지 영장 없이 체포할 수 있으므로(형사소송법 제212조) 사인의 현행범인체포는 법령에 의한 행위로서 위법성이 조각된다고 할 것인데, 그 요건으로서는 행위의 가벌성, 범죄의 현행성, 시간적 접착성, 범인·범죄의 명백성 외에 체포의 필요성, 즉 도망 또는 증거인멸의 염려가 있을 것을 요한다. 다만, 현행범인의 체포로 인하여 위법성이 조각되는 것은 '적정한 한계 내에서 이루어진 체포에 필요한 행위'에 한정된다. 따라서 현행범에 대한 살인·상해, 무기사용 또는 현행범인을 체포하기 위하여 타인의 주거에 침입하는 행위 내지 장시간 감금하는 행위는 위법성이 조각되지 아니한다. 국가9급 07

★ **판례연구** 사인의 현행범인체포행위 : 정당행위 인정

대법원 1999.1.26, 98도3029

적정한 한계를 벗어나는 현행범인체포행위는 법령에 의한 행위로 될 수 없다고 할 것이나, 적정한 한계를 벗어나는 행위인가 여부는 결국 정당행위의 일반적 요건을 갖추었는지 여부에 따라 결정되어야 할 것이지, 그 행위가 소극적인 방어행위인가 적극적인 공격행위인가에 따라 결정되어야 하는 것은 아니다. … 피고인의 차를 손괴하고 도망하려는 피해자를 도망하지 못하게 멱살을 잡고 흔들어 피해자에게 전치 14일의 흉부찰과상을 가한 경우, 정당행위에 해당한다. 법원행시 07 / 법원행시 08 / 경찰승진 11 / 국가9급 11 / 사시 11 / 법원9급 13 / 경찰승진 16 / 국가9급 16 / 경찰승진 23

(4) 노동쟁의행위

① 의의 : 근로자는 자주적인 단결권, 단체교섭권 및 단체행동권을 보장받으므로(헌법 제33조, 노동조합 및 노동관계조정법−이하 노노법− 제3조), 동맹파업, 태업 등 쟁의행위도 인정된다. 다만, 적법한 노동쟁의행위가 되기 위해서는 동법이 규정한 법적 요건을 갖추어야 한다.

사는 법령이 정하는 바에 따라 학생을 교육한다)에 의하여 교사에게도 인정한 해석으로 보인다. 다만 학설에서는 교사의 징계행위를 대체로 사회상규에 위배되지 않는 행위의 문제로 취급하는 경향이다. 생각건대, 교사의 징계권이 법령에 명시적으로 규정되지 않는 한 그 권한이 있는 것처럼 해석하는 판례의 태도는 타당하지 않으므로, 본서에서는 교사의 징계행위를 사회상규에 위배되지 아니하는 행위 부분에서 검토한다. 다만 수험을 위해서는 판례의 입장에 유의해야 한다.

② 요건

  ㉠ 주체의 적격성 : 단체교섭의 주체인 노동조합이어야 쟁의행위를 할 수 있다.

  ㉡ 목적의 정당성 : 목적이 근로조건의 유지·개선을 위한 노사 간의 자치적 교섭을 조성하는 데에 있어야 한다. 따라서 구속근로자에 대한 구형량에 대한 항의와 석방촉구를 목적으로 한 쟁의(대법원 1991.1.29, 90도2852)나 공권력 개입에 대한 항의를 주목적으로 하는 쟁의(대법원 1993.1.29, 90도450)는 그 목적의 정당성을 인정할 수 없다. 또한 만일 쟁의행위에서 추구되는 목적이 여러 가지이고 그중 부당한 요구사항을 뺐더라면 쟁의행위를 하지 않았을 것이라고 인정되는 경우에는 그 쟁의행위 전체가 정당성을 가지지 못한다(대법원 2002.2.26, 99도5380 등). 법원행시 08 또한, 쟁의행위가 정당행위로 위법성이 조각되는 것은 사용자에 대한 관계에서 인정되는 것이므로, 제3자의 법익을 침해한 경우에는 원칙적으로 정당성이 인정되지 않는다. 다만, 사용자가 당해 사업과 관계없는 자를 쟁의행위로 중단된 업무의 수행을 위하여 채용 또는 대체하는 경우, 쟁의행위에 참가한 근로자들이 위법한 대체근로를 저지하기 위하여 상당한 정도의 실력을 행사하는 것은 정당행위로서 위법성이 조각된다.

🔨 판례연구 목적의 정당성이 인정되는 쟁의행위의 사례

대법원 2020.9.3, 2015도1927

사내하청업체 소속 근로자들이 사용자인 하청업체를 상대로 한 쟁의행위의 일환으로 원청업체 사업장에서 집회·시위를 하고, 대체 투입된 근로자의 업무를 방해한 사건

① 수급인 소속 근로자의 쟁의행위가 도급인의 사업장에서 일어나 도급인의 형법상 보호되는 법익을 침해한 경우(원칙적 정당행위 부정) : 단체행동권은 헌법 제33조 제1항에서 보장하는 기본권으로서 최대한 보장되어야 하지만 헌법 제37조 제2항에 의하여 국가안전보장, 질서유지 또는 공공복리 등의 공익상의 이유로 제한될 수 있고 그 권리의 행사가 정당한 것이어야 한다는 내재적인 한계가 있다(대법원 2011.3.17, 2007도482 전원합의체). 쟁의행위가 정당행위로 위법성이 조각되는 것은 사용자에 대한 관계에서 인정되는 것이므로, 제3자의 법익을 침해한 경우에는 원칙적으로 정당성이 인정되지 않는다. 그런데 도급인은 원칙적으로 수급인 소속 근로자의 사용자가 아니므로, 수급인 소속 근로자의 쟁의행위가 도급인의 사업장에서 일어나 도급인의 형법상 보호되는 법익을 침해한 경우에는 사용자인 수급인에 대한 관계에서 쟁의행위의 정당성을 갖추었다는 사정만으로 사용자가 아닌 도급인에 대한 관계에서까지 법령에 의한 정당한 행위로서 법익 침해의 위법성이 조각된다고 볼 수는 없다.

② 위 ①의 행위도 사회상규에 위배되지 아니하는 행위가 될 수 있는 경우(예외적 정당행위 긍정) : (그러나) 수급인 소속 근로자들이 집결하여 함께 근로를 제공하는 장소로서 도급인의 사업장은 수급인 소속 근로자들의 삶의 터전이 되는 곳이고, 쟁의행위의 주요 수단 중 하나인 파업이나 태업은 도급인의 사업장에서 이루어질 수밖에 없다. 또한 도급인은 비록 수급인 소속 근로자와 직접적인 근로계약관계를 맺고 있지는 않지만, 수급인 소속 근로자가 제공하는 근로에 의하여 일정한 이익을 누리고, 그러한 이익을 향수하기 위하여 수급인 소속 근로자에게 사업장을 근로의 장소로 제공하였으므로 그 사업장에서 발생하는 쟁의행위로 인하여 일정 부분 법익이 침해되더라도 사회통념상 이를 용인하여야 하는 경우가 있을 수 있다. 따라서 사용자인 수급인에 대한 정당성을 갖춘 쟁의행위가 도급인의 사업장에서 이루어져 형법상 보호되는 도급인의 법익을 침해한 경우, 그것이 항상 위법하다고 볼 것은 아니고, 법질서 전체의 정신이나 그 배후에 놓여 있는 사회윤리 내지 사회통념에 비추어 용인될 수 있는 행위에 해당하는 경우에는 형법 제20조의 '사회상규에 위배되지 아니하는 행위'로서 위법성이 조각된다. 이러한 경우에 해당하는지 여부는 쟁의행위의 목적과 경위, 쟁의행위의 방식·기간과 행위 태양, 해당 사업장에서 수행되는 업무의 성격과 사업장의 규모, 쟁의행위에 참여하는 근로자의 수와 이들이 쟁의행위를 행한 장소 또는 시설의 규모·특성과 종래 이용관계, 쟁의행위로 인해 도급인의 시설관리나 업무수행이 제한되는 정도, 도급인 사업장 내에서의 노동조합 활동 관행 등 여러 사정을 종합적으로 고려하여 판단하여야 한다.

③ 위법한 대체근로에 대한 대항행위(정당행위 긍정) : 사용자는 쟁의행위 기간 중 그 쟁의행위로 중단된 업무의 수행을 위하여 당해 사업과 관계없는 자를 채용 또는 대체할 수 없다(노동조합 및 노동관계조정법 제43조 제1항). 사용자가 당해 사업과 관계없는 자를 쟁의행위로 중단된 업무의 수행을 위하여 채용 또는 대체하는 경우, 쟁의행위에 참가한 근로자들이 위법한 대체근로를 저지하기 위하여 상당한 정도의 실력을 행사하는 것은 쟁의행위가 실효를 거둘 수 있도록 하기 위하여 마련된 위 규정의 취지에 비추어 정당행위로서 위법성이 조각된다(대법원 1992.7.14, 91다43800 등). 위법한 대체근로를 저지하기 위한 실력 행사가 사회통념에 비추어 용인될 수 있는 행위로서 정당행위에 해당하는지는 그 경위, 목적, 수단과 방법, 그로 인한 결과 등을 종합적으로 고려하여 구체적인 사정 아래서 합목적적·합리적으로 고찰하여 개별적으로 판단하여야 한다(대법원 2020.9.3, 2015도1927).

🔨 **판례연구** 목적의 정당성이 인정되지 않는 쟁의행위의 사례

1. 대법원 1998.1.20, 97도588

노동조합 대표자가 단체협약을 하여도 조합원 총회의 결의를 거친 후 단체협약 체결을 명백히 한 경우

노동조합 대표자가 단체교섭의 결과에 따라 사용자와 단체협약의 내용을 합의한 후 다시 협약안의 가부에 관하여 조합원 총회의 의결을 거친 후에만 단체협약을 체결할 것임을 명백히 하였다면, 사용자측의 단체교섭 회피 또는 해태를 정당한 이유가 없는 것이라고 비난하기도 어렵다 할 것이므로 사용자측의 단체교섭 회피가 노동관계조정법이 정한 부당노동행위에 해당한다고 보기도 어려워 그에 대항하여 단행된 쟁의행위는 그 목적에 있어서 정당한 쟁의행위라고 볼 수 없다.

2. 대법원 2001.4.24, 99도4893; 2012.5.24, 2010도9963

단체교섭사항이 될 수 없는 회사의 정리해고에 맞선 노동조합의 쟁의행위는 정당하지 않다는 사례

긴박한 경영상의 필요에 의하여 하는 정리해고의 실시는 사용자의 경영상의 조치라고 할 것이므로, 정리해고에 관한 노동조합의 요구내용이 사용자는 정리해고를 해서는 아니된다는 취지라면 이는 사용자의 경영권을 근본적으로 제약하는 것이 되어 원칙적으로 단체교섭의 대상이 될 수 없고, 단체교섭사항이 될 수 없는 사항을 달성하려는 쟁의행위는 그 목적의 정당성을 인정할 수 없다. 법원행시 13

3. 대법원 2002.2.26, 99도5380; 2003.11.13, 2003도687; 2003.12.26, 2001도3380; 2011.1.27, 2010도11030

노동조합이 실질적으로 구조조정 실시 자체를 반대할 목적으로 쟁의행위에 나아간 사례

정리해고나 사업조직의 통폐합 등 기업의 구조조정의 실시 여부는 고도의 경영상 결단에 속하는 사항으로서 원칙적으로 단체교섭의 대상이 될 수 없고, 긴박한 경영상의 필요나 합리적인 이유 없이 불순한 의도로 추진되는 등의 특별한 사정이 없는 한, 노동조합이 실질적으로 그 실시 자체를 반대하기 위하여 쟁의행위에 나아간다면, 비록 그 실시로 인하여 근로자들의 지위나 근로조건의 변경이 필연적으로 수반된다 하더라도 그 쟁의행위는 목적의 정당성을 인정할 수 없다. 법원행시 08 / 사시 13 / 국가9급 20

4. 대법원 2008.9.11, 2004도746

대한항공 운항승무원 노조의 외국인 조종사 채용을 막기 위한 쟁의행위 사례

대한항공 운항승무원 노동조합이 외국인 조종사의 채용 및 관리에 관한 주장을 관철하기 위하여 한 쟁의행위는 사용자의 경영권을 본질적으로 침해하는 내용이어서 단체교섭의 대상이 될 수 없는 사항이므로, 그 주장의 관철을 목적으로 한 쟁의행위는 그 목적에 있어서 정당하다고 할 수 없어 목적의 정당성을 결여하였다고 보아야 한다. 국가9급 11 / 경찰채용 15 3차

5. 대법원 2011.1.27, 2010도11030; 2012.5.24, 2010도9963

단체협약상 정리해고에 관한 노조와의 '합의'조항과 쟁의행위의 목적의 정당성

사용자가 경영권의 본질에 속하여 단체교섭의 대상이 될 수 없는 사항에 관하여 노동조합과 '합의'하여 시행한다는 취지의 단체협약의 일부 조항이 있는 경우, '회사가 정리해고 등 경영상 결단을 하기 위해서는 반드시 노동조합과 사전에 합의하여야 한다는 취지가 아니라 사전에 노동조합에 해고 기준 등에 관하여 필요한 의견을

제시할 기회를 주고 그 의견을 성실히 참고하게 함으로써 구조조정의 합리성과 공정성을 담보하고자 하는 협의의 취지'로 해석하여야 하므로, 그와 같은 단체협약 조항에 의하더라도 쟁의행위의 목적이 정당화될 수는 없다.

ⓒ 절차의 합법성 : 법규에 규정된 절차를 준수해야 하고 민주적 의사결정절차를 거쳐 결정된 쟁의행위이어야 한다.

🔨 판례연구 합법적 절차를 준수한 쟁의행위의 사례

대법원 2001.6.26, 2000도2871
노동위원회의 조정결정 후에 쟁의행위를 하여야 절차상 정당한 것은 아니라는 사례
노동조합이 노동위원회에 노동쟁의 조정신청을 하여 조정절차가 마쳐지거나 조정이 종료되지 아니한 채 조정기간이 끝나면 노동조합은 쟁의행위를 할 수 있는 것으로 노동위원회가 반드시 조정결정을 한 뒤에 쟁의행위를 하여야지 그 절차가 정당한 것은 아니다. 경찰승진 10 / 사시 14 / 경찰간부 16

유사판례1 쟁의행위가 '냉각기간'이나 '사전신고'의 규정이 정한 시기·절차에 따르지 아니하였다고 하여 곧 정당성이 결여된 쟁의행위라고 볼 것은 아니다(대법원 1992.9.22, 92도1855).

유사판례2 노노법 시행령 제17조에서 규정하고 있는 쟁의행위의 일시·장소·참가인원 및 그 방법에 관한 '서면 신고의무'는 쟁의행위를 함에 있어 그 세부적·형식적 절차를 규정한 것으로서 쟁의행위에 적법성을 부여하기 위하여 필요한 본질적인 요소는 아니므로 노동쟁의 조정신청이나 조합원들에 대한 쟁의행위 찬반투표 등의 절차를 거친 후 이루어진 쟁의행위에 대하여 위와 같은 신고절차의 미준수만을 이유로 그 정당성을 부정할 수는 없다(대법원 2007.12.28, 2007도5204).

🔨 판례연구 합법적 절차를 준수하지 않은 쟁의행위의 사례

대법원 2001.10.25, 99도4837 전원합의체
조합원의 찬반투표를 거치지 아니한 쟁의행위의 정당성(소극)
절차에 관하여 조합원의 직접·비밀·무기명 투표에 의한 찬성결정이라는 절차를 거쳐야 한다는 노노법의 규정은 노동조합의 자주적이고 민주적인 운영을 도모함과 아울러 쟁의행위에 참가한 근로자들이 사후에 그 쟁의행위의 정당성 유무와 관련하여 어떠한 불이익을 당하지 않도록 그 개시에 관한 조합의사의 결정에 더욱 신중을 기하기 위하여 마련된 규정이므로, 위의 절차를 위반한 쟁의행위는 그 절차를 따를 수 없는 객관적인 사정이 인정되지 않는 한 정당성을 인정받을 수 없다 할 것이다. … 이와 견해를 달리한 대법원 2000.5.26, 99도4836은 이와 저촉되는 한도 내에서 변경하기로 한다. 경찰승진 11 / 법원행시 11 / 법원행시 13 / 경찰채용 15 3차

유사판례 피고인들이 주도하는 비상대책위원회가 실시한 파업은 '사용자에 대하여 아무런 통지를 하지 아니하는 등 적법한 절차를 준수하지 아니한 것'이며, 그 당시 비상대책위원회가 요구조건으로 내세운 '회사 대표자의 형사처벌 및 퇴진이나 군내버스의 완전공영제 등'은 노사 간에 자치적으로 해결할 수 있는 사항이라고 할 수 없으므로, 위와 같은 피고인들의 파업행위가 정당행위의 요건을 구비하였다고 볼 수 없다(대법원 2008.1.18, 2007도1557). 국가9급 10

ⓓ 수단의 상당성

ⓐ 수단의 상당성이 인정되는 경우 : 근로조건의 개선을 목적으로 하고 절차를 준수한 노동조합의 쟁의행위가 수단의 상당성을 갖추었다면 정당행위로서 위법성이 조각된다. 예컨대, 업무개시 전이나 점심시간에 현관에서 시위를 한 데 불과하거나(대법원 1992.12.8, 92도1645) 근무시간 중에 노동조합 임시총회를 개최하였으나 약 3시간 정도 투표를 실시하고 1시간의 여흥시간을 갖고 총회를 끝낸 경우(대법원 1994.2.22, 93도613)에는 정당행위로서 위법성이 조각된다. 법원9급 13 / 경찰채용 16 2차 / 경찰승진 16

1. 대법원 1991.4.23, 90도2961

업무방해죄의 위력에 해당하지 않는 사례

형법 제314조에서 규정하는 위력이란 사람의 자유의사를 제압할 만한 세력을 말하는 것이므로 전체 근로자 50명 중 29명이 노동조합에 가입된 회사의 노동조합 위원장이 다른 2명과 함께 조합원 1명을 대동하고 노동관계집회에 참석하기 위하여 3시간 정도 조기 퇴근한 것만 가지고 막바로 위력에 해당한다거나 위력으로 업무를 방해한 경우에 해당한다고 하기는 어렵다.

2. 대법원 2007.3.29, 2006도9307; 2005.6.9, 2004도7218; 2002.9.24, 2002도2243

사용자의 직장폐쇄가 정당하지 않은 경우 퇴거요구에 불응한 사례

사용자의 직장폐쇄는 노사 간의 교섭태도, 경과, 근로자측 쟁의행위의 태양, 그로 인하여 사용자측이 받는 타격의 정도 등에 관한 구체적 사정에 비추어 형평의 견지에서 근로자측의 쟁의행위에 대한 대항·방위 수단으로서 상당성이 인정되는 경우에 한하여 정당한 쟁의행위로 평가받을 수 있는 것이고, 사용자의 직장폐쇄가 정당한 쟁의행위로 인정되지 아니하는 때에는 적법한 쟁의행위로서 사업장을 점거 중인 근로자들이 직장폐쇄를 단행한 사용자로부터 퇴거 요구를 받고 이에 불응한 채 직장점거를 계속하더라도 퇴거불응죄가 성립하지 아니한다. 사시 13 / 법원9급 15

3. 대법원 2007.12.28, 2007도5204

사업장시설의 부분적 · 병존적 점거행위는 정당행위

피고인들의 이 사건 회의실 점거행위는 협회의 사업장시설을 전면적, 배타적으로 점거한 것이라고 보기 어렵고 오히려 그 점거의 범위가 협회의 사업장시설의 일부분이고 사용자측의 출입이나 관리지배를 배제하지 않는 부분적·병존적 점거에 지나지 않으며 그 수단과 방법이 사용자의 재산권과 조화를 이루면서 폭력의 행사에 해당하지 아니하는 것으로 봄이 상당하다.

4. 대법원 2008.9.11, 2004도746; 2004.10.15, 2004도4467

집회 · 시위에서 확성기를 사용하는 경우

집회나 시위의 목적 달성의 범위를 넘어 사회통념상 용인될 수 없는 정도로 타인에게 심각한 피해를 주는 소음을 발생시킨 경우에는 위법한 위력의 행사로서 정당행위라고는 할 수 없으나 합리적인 범위에서는 확성기 등 소리를 증폭하는 장치를 사용할 수 있고 확성기 등을 사용한 행위 자체를 위법하다고 할 수 없다.

5. 대법원 2017.7.11, 2013도7896

노동조합이 주도한 쟁의행위에 참가한 일부 소수의 근로자가 폭력행위 등의 위법행위를 한 사례

노동조합이 주도한 쟁의행위 자체의 정당성과 이를 구성하거나 여기에 부수되는 개개 행위의 정당성은 구별하여야 하므로, 일부 소수의 근로자가 폭력행위 등의 위법행위를 하였더라도, 전체로서의 쟁의행위마저 당연히 위법하게 되는 것은 아니다.

ⓑ 수단의 상당성이 인정되지 않는 경우 : 노동쟁의행위는 근로조건을 개선하기 위한다는 목적의 정당성이 인정되는 경우이더라도 폭력이나 파괴행위를 할 수 없고, 사업장 등의 안전보호시설의 정상적인 유지 및 운영을 정지, 폐지 또는 방해하는 행위는 할 수 없으며(동법 제42조), 제3자의 권익을 침해하는 행위도 허용될 수 없다. 예컨대, (지하철공사) 노조원들이 쟁의행위로서 한 회사 사무실 점거에 의한 업무방해, 무임승차운행에 의한 배임, 재물손괴와 같은 폭력·파괴행위(대법원 1990.9.28, 90도602), 쟁의행위와 관계없는 자 또는 근로를 제공하고자 하는 자의 출입·조업 기타 정상적인 업무를 방해하는 행위, 쟁의행위의 참가를 호소하거나 설득하는 행위로써 사용된 폭행·협박(동법 제38조 제1항), 직장이나 사업장 시설을 부분적 · 병존적으로 점거하지 않고 전면적 · 배타적으로 점거하는 행위(대법원 1991.6.11, 91도383)[245]는 모두 허용될 수 없다.

---

245 노노법 제42조 (폭력행위 등의 금지) ① 쟁의행위는 폭력이나 파괴행위 또는 생산 기타 주요업무에 관련되는 시설과 이에 준하

🔨 **판례연구** 수단의 상당성을 벗어나는 쟁의행위의 사례

1. 대법원 1989.12.12, 89도875

농성제지를 위한 감금은 정당행위가 될 수 없다는 사례

회사의 관리사원들이 해고에 항의하는 농성을 제지하기 위하여 그 주동자인 해고근로자들을 다른 근로자와 분산시켜 귀가시키거나 불응시에는 경찰에 고발, 인계할 목적으로 위 근로자들을 봉고차에 강제로 태운 다음 그곳에서 내리지 못하게 하여 감금행위를 한 것이라고 하더라도 이를 정당한 업무행위라거나 사회상규에 위배되지 않는 정당한 행위라고 보기는 어렵다. 법원행시 08

2. 대법원 1991.6.11, 91도383

전면적·배타적 점거행위 사례

구체적으로 직장 또는 사업장 시설의 점거는 적극적인 쟁의행위의 한 형태로서 ① 그 점거의 범위가 직장·사업장시설의 일부분이고 사용자측의 출입이나 관리지배를 배제하지 않는 병존적인 점거에 지나지 않을 때에는 정당한 쟁의행위로 볼 수 있으나, 법원행시 13 ② 직장·사업장시설을 전면적·배타적으로 점거하여 조합원 이외의 자의 출입을 저지하거나 사용자측의 관리지배를 배제하여 업무의 중단·혼란을 야기케 하는 행위는 이미 정당성의 한계를 벗어난 것이라고 볼 수밖에 없다. 국가9급 20

3. 대법원 1992.4.10, 91도3044

전보된 노조원의 원직 복귀를 요구하는 과정에서 병원 복도를 점거하고 농성하며 출입을 통제한 사례

전보된 노조원의 원직 복귀를 요구하였으나 거절당하고 그 과정에서 노조원이 폭행당하였음을 구실로 노조 간부 및 노조원 80여 명과 농성에 돌입한 후 병원 복도를 점거하여 철야농성하면서 노래와 구호를 부르고 병원 직원들의 업무 수행을 방해하고, 출입을 통제하거나 병원장을 방에서 나오지 못하게 한 행위는 다중의 위력을 앞세워 근무 중인 병원 직원들의 업무를 적극적으로 방해한 것으로서 노동조합활동의 정당성의 범위를 벗어난 것이다.

4. 대법원 2001.6.12, 2001도1012

특정인을 비방하는 내용의 연설은 정당한 쟁의행위가 될 수 없다는 사례

근로자의 단체행동이 형법상 정당행위가 되기 위해서는 그 수단과 방법이 사용자의 재산권과 조화를 이루어야 하며 폭력의 행사나 제3자의 권익을 침해하는 것이 아니어야 한다. 따라서 노사협상에서 유리한 위치를 차지할 생각으로 특정인을 비방하는 내용의 연설을 하고 유인물을 배포한 행위는 정당행위가 될 수 없다.

5. 대법원 2005.6.9, 2004도7218

적법하게 직장폐쇄를 단행한 사용자로부터 퇴거요구를 받고도 불응한 직장점거 사례

사용자가 적법하게 직장폐쇄를 하게 되면 사용자는 사업장을 점거 중인 근로자들에 대하여 정당하게 사업장으로부터의 퇴거를 요구할 수 있고 퇴거를 요구받은 이후의 직장점거는 위법하게 되므로, 적법하게 직장폐쇄를 단행한 사용자로부터 퇴거요구를 받고도 불응한 채 직장점거를 계속한 행위는 퇴거불응죄를 구성한다고 할 것이다. 국가9급 10

6. 대법원 2010.3.11, 2009도5008

근로자들이 사용자가 제3자와 공동으로 관리·사용하는 공간을 관리자의 의사에 반해 침입·점거한 사례

사용자가 제3자와 공동으로 관리·사용하는 공간을 사용자에 대한 쟁의행위를 이유로 관리자의 의사에 반하여 침입·점거한 경우, 그 공간의 점거가 사용자에 대한 관계에서 정당한 쟁의행위로 평가될 여지가 있다 하여도, 공동으로 사용하는 제3자의 명시적·추정적 승낙이 없는 이상 제3자에 대하여서까지 이를 정당행위라고 하여 주거침입의 위법성이 조각된다고 볼 수는 없다.[246] 법원행시 10 / 경찰간부 12 / 사시 12 / 법원행시 13 / 경찰채용 15 2차

는 시설로서 대통령령이 정하는 시설을 점거하는 형태로 이를 행할 수 없다.

② 사업장의 안전보호시설에 대하여 정상적인 유지·운영을 정지·폐지 또는 방해하는 행위는 쟁의행위로서 이를 행할 수 없다.

[246] 판례평석 이론적으로 주거침입죄에서 피해자의 동의는 구성요건해당성을 조각시키는 양해로 검토되어야 한다는 점에서, '주거침입죄의 위법성이 조각되려면 거주자의 승낙이 있어야 한다.'고 판시한 위 판례는 타당하지 않다. 기술한 피해자의 승낙 참조.

③ 효과 : 위와 같은 정당행위의 요건을 갖추고 있는 한 동맹파업의 정당성도 인정된다. 쟁의행위는 근로자가 소극적으로 노무제공을 거부하거나 정지하는 행위만이 아니라 적극적으로 그 주장을 관철하기 위하여 업무의 정상적인 운영을 저해하는 행위까지 포함하는 것이므로, 쟁의행위의 본질상 사용자의 정상업무가 저해되는 경우가 있음은 부득이한 것으로서 사용자는 이를 수인할 의무가 있는 것이다. 그러나 이러한 근로자의 쟁의행위가 정당성의 한계를 벗어날 때에는 근로자는 업무방해죄 등 형사상 책임을 면할 수 없다(대법원 1996.2.27, 95도2970).

🔨 판례연구 쟁의행위의 부수적 행위

대법원 2022.10.27, 2019도10516
쟁의행위의 목적을 알리는 등 적법한 쟁의행위에 통상 수반되는 부수적 행위 사례
근로자의 쟁의행위가 형법상 정당행위에 해당하려면, ① 주체가 단체교섭의 주체로 될 수 있는 자이어야 하고, ② 목적이 근로조건의 향상을 위한 노사 간의 자치적 교섭을 조성하는 데에 있어야 하며, ③ 사용자가 근로자의 근로조건 개선에 관한 구체적인 요구에 대하여 단체교섭을 거부하였을 때 개시하되 특별한 사정이 없는 한 조합원의 찬성결정 등 법령이 규정한 절차를 거쳐야 하고, ④ 수단과 방법이 사용자의 재산권과 조화를 이루어야 함은 물론 폭력의 행사에 해당되지 아니하여야 한다는 조건을 모두 구비하여야 한다. 이러한 기준은 쟁의행위의 목적을 알리는 등 적법한 쟁의행위에 통상 수반되는 부수적 행위가 형법상 정당행위에 해당하는지 여부를 판단할 때에도 동일하게 적용된다.

---

(5) 모자보건법상 인공임신중절행위 국가9급 11

의사·한의사·조산사·약제사·약종상이 부녀의 촉탁·승낙을 받아 낙태한 때에는 업무상 촉탁·승낙에 의한 낙태죄(형법 제270조 제1항, 현재는 헌법불합치결정에 의하여 효력 상실 상태)로 처벌받는다.[247] 다만 모자보건법 제14조 제1항에 해당하는 경우(우생학적·윤리적·의학적 정당화사유[248])에는 의사는 본인과 배우자(사실혼관계에 있는 자 포함)의 동의를 얻어 인공임신중절수술을 할 수 있다.

이러한 사유 중 특히 제5호의 사유는, 임신의 지속이 모체의 생명과 건강에 심각한 위험을 초래하게 되어 모체의 생명과 건강만이라도 구하기 위해서는 인공임신중절수술이 부득이하다고 인정되는 경우이어야 한다. 위와 같은 낙태수술의 정당화사유는 제한적으로 해석되어야 한다는 점에서 가족계획에 의하여 낙태하는 경우와 같이 경제적 사유에 의한 낙태는 처벌된다. 또한 동법 제14조의 인공임신중절수술은 임신한 날로부터 24주일 이내에 있는 자에 한하여 할 수 있다(동법 시행령 제15조).

(6) 감염병예방법에 의한 의사의 질병신고행위

의사 등이 환자의 병명을 타인에게 누설한 경우에는 업무상 비밀누설죄로 처벌받는다(형법 제317조 제1항). 그러나 감염병예방법에 규정된 법정감염병에 대하여는, 의사 등이 감염병환자 등 또는 예방접종 후 이상반응자를 진단하였거나 그 사체를 검안하였을 때에는 소속 의료기관의 장 등에게 보고하여야 한다(감염병예방법 제11조 제1항). 이 경우 의사 등의 신고행위는 '법령에 의한 정당행위'로서 위법성이 조각된다.[249]

---

247 형법 제269조 제1항의 자기낙태죄와 제270조 제1항의 의사 등의 낙태죄에 대한 헌법재판소의 헌법불합치결정(헌법재판소 2019.4.11, 2017헌바127)에 의하여 2020.12.31.까지 개선입법이 이루어졌어야 함에도 불구하고 이루어지지 않아, 2021.1.1.자로 위 규정의 효력이 상실된 상태이다. 이에 관한 설명은 각론, 낙태죄 참조.
248 특히 모자보건법 제14조 제1항 제5호의 사유는 다음과 같다. "임신의 지속이 보건의학적 이유로 모체의 건강을 심히 해하고 있거나 해할 우려가 있는 경우."
249 보충 : 논리적 충돌은 의무의 충돌이 아님 의사의 비밀유지의무와 의사의 법정감염병신고의무 사이의 충돌은 기술한 의무의 충돌에 해당되지 않는다. 전염병신고의무가 우선되기 때문이다. 의무의 충돌 참조.

(7) 복권법령에 의한 복권발행행위

법령에 의하지 않은 복표를 발매한 행위는 복표발매죄에 의해 처벌된다(형법 제248조 제1항). 그러나 각종 복권법령이나 마사회법 등에 복권발행의 근거가 있는 때에는 법령에 의한 정당행위로서 위법성이 조각된다.

(8) 장기이식법에 의한 뇌사자의 장기적출행위

생명의 유지를 위하여 장기이식이 필요한 환자를 위해 장기를 적출·이식하는 행위는 상해죄(제257조 제1항) 또는 중상해죄(제258조 제1항·제2항) 나아가 살인죄(제250조 제1항)의 구성요건에 해당되지만, 장기 등 이식에 관한 법률 제18조 등에 정한 요건에 해당한다면 법령에 의한 정당행위로서 위법성이 조각된다. 동법 제정 전에는 뇌사자의 장기적출행위는 사회상규에 위배되지 않는 행위로 평가되었으나, 동법 제정 후에는 법령에 그 근거를 갖게 된 것이다.

(9) 법령상 허용된 도박행위

형법상 도박죄 및 상습도박죄(제246조 제1항 및 제2항)를 처벌하고 있으나, 폐광지역 개발지원에 관한 특별법에 의하여 일정지역에 있는 카지노(강원도 정선)에서의 도박행위는 법령에 의한 행위로 위법성이 조각된다. 법원행시 05 / 법원행시 07 / 사시 11 다만, 도박죄를 처벌하지 않는 외국의 카지노라 하더라도 한국인이 도박한 행위는 일시오락의 정도를 벗어나는 경우(형법 제246조 제1항 단서 참조)에는 형법상 속인주의원칙에 의해 처벌됨은 당연하다(대법원 2004.4.23, 2002도2518). 법원행시 05 / 법원행시 09 / 사시 11 / 법원행시 12 / 경찰간부 14

(10) 경찰관의 무기(총기) 사용행위

경찰관은 범인의 체포·도주의 방지, 자기 또는 타인의 생명·신체에 대한 방호, 공무집행에 대한 항거의 억제를 위하여 필요하다고 인정되는 상당한 이유가 있을 때에는 그 사태를 합리적으로 판단하여 필요한 한도 내에서 무기를 사용할 수 있다. 다만, 형법에 규정한 정당방위와 긴급피난에 해당하는 때 또는 경찰관직무집행법 제10조의4 제1항의 각 호에 해당하는 때(중죄·영장·도주·무기·간첩)를 제외하고는 사람에게 위해를 주어서는 안 된다. 따라서 경찰관의 총기나 도검과 같은 무기의 사용에 의해 상해죄나 업무상 과실치사죄 등의 구성요건에 해당하는 행위가 있는 경우, 정당행위 또는 긴급피난의 요건에 해당하지 않는 경우에도 경찰관직무집행법의 요건을 신중하게 살펴 이에 해당된다면 법령에 의한 정당행위가 될 수 있는 것이다.

> **판례연구** 경찰관의 총기 사용이 경찰관직무집행법 허용범위 내이거나 정당방위에 해당할 여지가 있다고 인정한 사례
>
> 대법원 2004.3.25, 2003도3842
> 피고인이 공포탄 1발을 발사하여 경고를 하였음에도 불구하고 ○○○이 동료 경찰관의 몸 위에 올라탄 채 계속하여 그를 폭행하고 있었고, 또 그가 언제 소지하고 있었을 칼을 꺼내 동료 경찰관이나 피고인을 공격할지 알 수 없다고 피고인이 생각하고 있던 급박한 상황에서 동료 경찰관을 구출하기 위하여 ○○○을 향하여 권총을 발사한 것이라면, 이러한 피고인의 권총 사용이 경찰관직무집행법 제10조의4 제1항의 허용범위를 벗어난 위법한 행위라거나 피고인에 업무상과실치사의 죄책을 지울만한 행위라고 단정할 수는 없다.

> **판례연구** 경찰관이 허가 없이 개인적으로 총기 등을 소지할 수 있는지 여부(개인적인 분사기 소지 사례)
>
> 대법원 1996.7.30, 95도2408
> 경찰공무원법 제10조의 규정 취지는 경찰공무원이 직무수행을 위하여 필요하다고 인정되는 경우에 한하여 무기를 휴대할 수 있다는 것뿐이지, 경찰관이라 하여 허가 없이 개인적으로 총포 등을 구입하여 소지하는 것을 허용하는 것은 아니라 할 것이고, 이는 정당행위에 해당될 수 없고 위법성의 인식이 없는 경우도 아니다.

(11) 이혼한 모(母)의 면접교섭권 행사행위

이혼 후 자녀를 직접 양육하지 아니하는 부모 중 일방은 자녀와 직접 면접·서신교환 또는 접촉하는 권리인 면접교섭권을 가진다(민법 제837조의2 제1항).

> **판례연구** 이혼 후 자녀를 직접 양육하지 아니하는 모(母)의 면접교섭권 행사 사례 : 주거침입죄 ×
>
> 대법원 2003.11.28, 2003도5931
> 이혼 후 자녀를 양육하지 아니하는 모(母)가 부(父)의 허락 없이 주거에 들어간 경우에는 자녀들의 양육실태, 피고인이 자녀들의 양육에 관여한 정도, 양육에 관한 자녀들의 태도, 이혼 후 피고인의 자녀들에 대한 면접교섭권이 제한·배제된 적이 있는지 등을 좀 더 자세히 심리한 후에 피고인의 행위가 주거침입죄에 해당하는지 여부를 판단하여야 한다.

(12) 기 타

이외에도 우리나라의 법제에는 정신보건법에 의한 정신질환자 강제입원조치행위(동법 제25조 및 제26조), 경찰관직무집행법상 경찰관의 정신착란자 등에 대한 보호유치(동법 제4조), 민법상 점유자의 자력구제(제209조 제1항, 제2항[250] : 민법상 자력구제는 형법적으로는 정당방위로 해석됨), 법원의 감정인 지정결정 또는 감정촉탁을 받아 감정평가업자 아닌 사람이 토지 등에 대한 감정평가를 한 행위(민사소송법 제335조, 제341조 제1항) 등을 비롯하여 법령에 근거를 두고 있는 정당행위들이 다수 있다. 반면, 최근 대법원에서는 감정평가업자가 아닌 공인회계사의 토지 감정평가행위에 대하여 정당행위로 볼 수 없다는 판시도 내린 바 있다(대법원 2015.11.27, 2014도191).

> **판례연구** 정당행위에 해당된다는 판례
>
> 1. 대법원 2021.10.14, 2017도10634
> 법원의 감정인 지정결정 또는 감정촉탁을 받아 감정평가업자가 아닌 사람이 토지 등에 대한 감정평가를 한 행위는 정당행위 해당
> 구 「부동산 가격공시 및 감정평가에 관한 법률」(이하 '구 부동산공시법') 제2조 제7호 내지 제9호, 제43조 제2호는 감정평가란 토지 등의 경제적 가치를 판정하여 그 결과를 가액으로 표시하는 것을 말하고, 감정평가업자란 제27조에 따라 신고를 한 감정평가사와 제28조에 따라 인가를 받은 감정평가법인을 말한다고 정의하면서, 감정평가업자가 아닌 자가 타인의 의뢰에 의하여 일정한 보수를 받고 감정평가를 업으로 행하는 것을 처벌하도록 규정하고 있다. …… 한편, 소송의 증거방법 중 하나인 감정은 법관의 지식과 경험을 보충하기 위하여 특별한 학식과 경험을 가진 제3자에게 그 전문적 지식이나 이를 구체적 사실에 적용하여 얻은 판단을 법원에 보고하게 하는 것으로, 감정신청의 채택 여부를 결정하고 감정인을 지정하거나 단체 등에 감정촉탁을 하는 권한은 법원에 있고(민사소송법 제335조, 제341조 제1항 참조), 행정소송사건의 심리절차에서 토지보상법상 토지 등의 손실보상액에 관하여 감정을 명할 경우 그 감정인으로 반드시 감정평가사나 감정평가법인을 지정하여야 하는 것은 아니다(대법원 2002.6.14, 2000두3450 등). …… 그렇다면 민사소송법 제335조에 따른 법원의 감정인 지정결정 또는 같은 법 제341조 제1항에 따른 법원의 감정촉탁을 받은 경우에는 감정평가업자가 아닌 사람이더라도 그 감정사항에 포함된 토지 등의 감정평가를 할 수 있고, 이러한 행위는 법령에 근거한 법원의 적법한 결정이나 촉탁에 따른 것으로 형법 제20조의 정당행위에 해당하여 위법성이 조각된다고 보아야 한다.

---

250 민법 제209조(자력구제) ① 점유자는 그 점유를 부정히 침탈 또는 방해하는 행위에 대하여 자력으로써 이를 방위할 수 있다.
② 점유물이 침탈되었을 경우에 부동산일 때에는 점유자는 침탈 후 즉시 가해자를 배제하여 이를 탈환할 수 있고 동산일 때에는 점유자는 현장에서 또는 추적하여 가해자로부터 이를 탈환할 수 있다.

2. 대법원 2022.12.22, 2016도21314 전원합의체

한의사가 초음파 진단기기를 사용하여 한 한의학적 진단행위의 무면허의료행위 여부

한의사가 의료공학 및 그 근간이 되는 과학기술의 발전에 따라 개발·제작된 진단용 의료기기를 사용하는 것이 한의사의 '면허된 것 이외의 의료행위'에 해당하는지는 관련 법령에 한의사의 해당 의료기기 사용을 금지하는 규정이 있는지, 해당 진단용 의료기기의 특성과 그 사용에 필요한 기본적·전문적 지식과 기술 수준에 비추어 한의사가 진단의 보조수단으로 사용하게 되면 의료행위에 통상적으로 수반되는 수준을 넘어서는 보건위생상 위해가 생길 우려가 있는지, 전체 의료행위의 경위·목적·태양에 비추어 한의사가 그 진단용 의료기기를 사용하는 것이 한의학적 의료행위의 원리에 입각하여 이를 적용 내지 응용하는 행위와 무관한 것임이 명백한지 등을 종합적으로 고려하여 사회통념에 따라 합리적으로 판단하여야 한다(이 전원합의체 판례가 제시한 새로운 판단 기준). 이는 대법원 2014.2.13. 선고 2010도10352 판결의 '종전 판단 기준'과 달리, 한방의료행위의 의미가 수범자인 한의사의 입장에서 명확하고 엄격하게 해석되어야 한다는 죄형법정주의 관점에서, 진단용 의료기기가 한의학적 의료행위 원리와 관련 없음이 명백한 경우가 아닌 한 형사처벌 대상에서 제외됨을 의미한다. …… 한의사가 진단용 의료기기를 사용하는 것이 한의사의 '면허된 것 이외의 의료행위'에 해당하는지에 관한 새로운 판단 기준에 따르면, 한의사가 초음파 진단기기를 사용하여 환자의 신체 내부를 촬영하여 화면에 나타난 모습을 보고 이를 한의학적 진단의 보조수단으로 사용하는 것은 한의사의 '면허된 것 이외의 의료행위'에 해당하지 않는다고 보는 것이 타당하다.

☆ **판례연구** 정당행위에 해당되지 않는다는 판례

1. 대법원 2001.2.23, 2000도4415

피해자를 정신의료기관에 강제입원시킨 조치는 정당행위가 아니라는 사례

피고인이 피해자를 정신병원에 강제입원시키기 전에 위 병원 정신과전문의와 상담하여 피고인의 설명을 들은 그로부터 피해자에 대한 입원치료가 필요하다는 의견을 들었으나, 아직 피해자를 대면한 진찰이나 위 정신병원장의 입원결정이 없는 상태에서 위 병원 원무과장에게 강제입원을 부탁하여 원무과장 자신의 판단으로 피해자를 강제로 구급차에 실어 위 병원에 데려온 경우, 피고인의 위와 같은 물리력의 행사를 정신보건법에 기한 행위 또는 정당한 업무로 인한 행위로 볼 수는 없을 것이다.

2. 대법원 2015.11.27, 2014도191

공인회계사의 토지 감정평가는 정당행위가 아니라는 사례

타인의 의뢰를 받아 부동산 가격공시 및 감정평가에 관한 법률(부동산공시법)이 정한 토지에 대한 감정평가를 행하는 것은 회계서류에 대한 전문적 지식이나 경험과는 관계가 없어 공인회계사법 제2조의 공인회계사의 직무범위로 규정된 '회계에 관한 감정' 또는 '그에 부대되는 업무'에 해당한다고 볼 수 없고, 그 밖에 공인회계사가 행하는 다른 직무의 범위에 포함된다고 볼 수도 없다. 따라서 감정평가업자가 아닌 공인회계사가 타인의 의뢰에 의하여 일정한 보수를 받고 부동산공시법이 정한 토지에 대한 감정평가를 업으로 행하는 것은 부동산공시법 제43조 제2호에 의하여 처벌되는 행위에 해당하고, 특별한 사정이 없는 한 형법 제20조가 정한 '법령에 의한 행위'로서 정당행위에 해당한다고 볼 수는 없다. 경찰간부 17

3. 대법원 2014.10.30, 2014도3285; 2021.12.30, 2016도928

한의사 아닌 의사가 환자들의 허리 부위에 침을 꽂는 방법으로 시술한 IMS 시술 사건

의료인이 아니면 누구든지 의료행위를 할 수 없고 의료인도 면허를 받은 것 이외의 의료행위를 할 수 없으며(의료법 제27조 제1항 본문), 이를 위반한 사람은 형사처벌을 받는다(제87조 제1항). …… 한편, 한방 의료행위는 '우리 선조들로부터 전통적으로 내려오는 한의학을 기초로 한 질병의 예방이나 치료행위'로서 앞서 본 의료법의 관련 규정에 따라 한의사만이 할 수 있고, 이에 속하는 침술행위는 '침을 이용하여 질병을 예방, 완화, 치료하는 한방 의료행위'로서, 의사가 위와 같은 침술행위를 하는 것은 면허된 것 외의 의료행위를 한 경우에 해당한다(대법원 2011.5.13, 2007두18710; 2014.10.30, 2014도3285 등). 근육 자극에 의한 신경 근성 통증 치료법(Intramus-cular Stimulation, 이하 'IMS') 시술이 침술행위인 한방 의료행위에 해당하는지 아니면 침술행위와 구별되는 별개의 시술에 해당하는지 여부를 가리기 위해서는 해당 시술행위의 구체적인 시술 방법, 시술 도구, 시술 부위

등을 면밀히 검토하여 개별 사안에 따라 이원적 의료체계의 입법목적 등에 부합하게끔 사회통념에 비추어 합리적으로 판단하여야 한다(IMS 시술은 한방의료행위로 볼 수 있으므로 의료법위반죄 성립).

4. 대법원 2022.1.13, 2015도6329

공인노무사가 의뢰인을 대행하여 고소장 작성 · 제출하거나 피고소사건에 대하여 의견서를 작성 · 제출하여 변호사법위반으로 기소된 사건

근로감독관에 대하여 근로기준법 등 노동 관계 법령 위반 사실을 신고하는 행위라도 범인에 대한 처벌을 구하는 의사표시가 포함되어 있는 고소 · 고발은 노동 관계 법령이 아니라 형사소송법, 사법경찰직무법 등에 근거한 것으로서, 구 공인노무사법 제2조 제1항 제1호에서 공인노무사가 수행할 수 있는 직무로 정한 '노동 관계 법령에 따라 관계 기관에 대하여 행하는 신고 등의 대행 또는 대리'에 해당하지 아니하고, 고소 · 고발장의 작성을 위한 법률상담도 구 공인노무사법 제2조 제1항 제3호의 '노동 관계 법령과 노무관리에 관한 상담 · 지도'에 해당하지 않는다고 봄이 타당하다. 또한 근로기준법 제102조 제5항, 제105조에 따라 근로감독관이 노동 관계 법령 위반의 죄에 관하여 사법경찰관으로서 수행하는 수사 역시 개별 노동 관계 법령에 정해진 절차가 아니라 형사소송법상 수사절차의 일환이라고 할 것이므로, 노동조합법위반으로 고소당한 피고소인이 그 수사절차에서 근로감독관에게 답변서를 제출하는 행위 역시 구 공인노무사법 제2조 제1항 제1호에 따라 공인노무사가 대행 또는 대리할 수 있는 행위인 '노동 관계 법령에 따라 관계 기관에 대하여 행하는 진술'에 해당한다거나 그 답변서가 같은 항 제2호에 정한 '노동 관계 법령에 따른 모든 서류'에 해당한다고 볼 수 없다(변호사법위반죄 성립).

2. 업무로 인한 행위

업무란 사람이 사회생활관계에서 직업 또는 사회생활상의 지위에 기하여 계속적 · 반복적 의사로 행하는 사무를 말하며, 특히 법령에 정당화규정이 없는 업무만을 의미한다(통설). 업무로 인한 행위가 위법성조각사유가 되는 근거는, 사회의 일정한 업무자들은 그들의 업무를 원활하게 수행하기 위하여 정당하다고 인정해 주어야 할 일정한 영역과 윤리적 규범이 있다는 데에 근거한다. 물론 이러한 업무가 사회상규와 조화될 수 있어야 함은 두말할 필요도 없다.

(1) 의사의 치료행위

① 업무로 인한 정당행위설(일부 판례 · 다수설) : 주관적 치료목적과 객관적 의술법칙에 맞는 이상, 업무로 인한 정당행위로서 위법성이 조각된다고 보는 입장이다. **판례**도 "의사가 정상적인 진찰행위의 일환으로서 검사용으로 임부의 태반에서 육편을 떼어 냈다고 하면 (이러한) 행위가 '정당행위'인지의 여부를 심리 … 하였어야 할 것"(대법원 1974.4.23, 74도714)이라고 판시한 예가 있다. 이 설에 대해서는 ㉠ 환자의 의사(자기신체결정권)가 무시되고,[251] ㉡ 환자를 의사의 치료행위의 단순한 객체로 전락시킬 소지가 있다는[252] 비판이 있다.

판례연구 의사의 치료행위

대법원 1978.11.14, 78도2338
의사가 인공분만기인 샥손을 사용하면 통상 약간의 상해 정도가 있을 수 있으므로 그 상해가 있다 하여(상해죄의 구성요건에 해당하더라도) 샥손을 거칠고 심하게 사용한 결과라고는 보기 어려워 의사의 정당업무의 범위를 넘는 위법행위라고 볼 수 없다.
유사판례 피고인이 태반의 일부를 떼어낸 행위는 그 의도, 수단, 절단부위 및 그 정도 등에 비추어 볼 때 의사로서의 정상적인 진찰행위의 일환이라고 볼 수 있으므로 형법 제20조 소정의 정당행위에 해당한다(대법원 1976.6.8, 76도144).

---

251 박상기, 158면.
252 김영환, "의사의 치료행위에 관한 형법적 고찰", 성시탁교수화갑기념논문집, 1993년, 271면.

② 피해자의 승낙에 의한 위법성조각사유설(일부 판례[253] · 소수설[254]) : 의사의 치료행위를 초래한 원인은 환자의 승낙행위에 있기 때문에, 환자의 승낙에 의한 치료행위는 구성요건에는 해당되지만 위법성을 조각시킨다는 견해이다. 환자의 결정권을 존중하는 데 장점이 있는 견해이다. 이론적으로 가장 타당한 입장이라고 생각된다.

③ 구성요건해당성조각사유설(소수설) : 의사의 치료행위는 환자의 건강을 개선하는 행위로서 상해죄의 구성요건에조차 해당되지 않는다는 구성요건해당성조각사유설[255]도 있다. 또한 본질적인 신체침해가 있는 경우와 없는 경우로 나누어서 후자의 경우에는 구성요건해당성이 조각된다고 보는 입장[256]도 넓은 의미에서는 여기에 속한다.

(2) 안락사(安樂死) : 돌이킬 수 없는 사경(死境)에 몰려 극심한 고통을 겪고 있는 불치병의 환자 내지 식물인간상태 등 의식불명상태에서 고통을 느끼지 못하는 환자와 같은 자를 편안하게 죽음에 이르게 하는 행위를 안락사(Euthanasie; euthanasia)라 한다.[257] 원래 이러한 안락사행위에는 진정안락사(echte Euthanasie), 간접적 안락사, 소극적 안락사, 직접적 안락사, 적극적 안락사(direktive-aktive Euthanasie), 조기안락사, 도태적 안락사 등의 다양한 유형이 있다. 다만 본서의 목적상 여기에서는 적극적 안락사와 소극적 안락사에 대해서만 설명하기로 하겠다.[258]

① 적극적 안락사 : 의사 甲이 간암 말기의 중환자와 같은 불치의 환자 乙이 사망을 목전에 두고 극심한 고통에 괴로워하며 자신을 편안하게 죽게 해달라고 수회 요청하자, 甲이 이에 응하여 乙에게 다량의 모르핀을 주사하여 사망케 한 행위와 같이, 적극적 작위(처치)에 의한 안락사를 적극적 안락사(내지 직접적 안락사[259])라고 한다. 적극적 안락사에 대하여는 "생명에 대한 절대적 보호와 그 존엄성 및 안락사 허용시 남용의 위험성을 이유로 위법하다"는 것이 통설이다.[260] 형법은 타인의 사망에 직접 관여해서는 안 된다는 살인금지의 요구를 하고 있으며, 사람의 생명은 개인이 포기한다 하여도 국가는 이를 포기하는 행위에 타인이 관여하는 것을 용납하지 않기 때문이다. 다수설에 의하면, 환자의 진지한 의사가 있었다고 하여도 의사는 촉탁·승낙에 의한 살인죄(제252조 제1항)의 죄책을 지게 된다.

② 소극적 안락사 : 사기가 임박한 단계의 회복불가능한 불치의 환자에 대하여 의사가 추가적인 생명연장적 치료를 더 이상 하지 않거나 기존의 인공생명유지장치를 제거함으로써 치료를 중단하는 행위를 소극적 안락사(내지 부작위에 의한 안락사)라고 한다.[261] 소극적 안락사의 핵심은 곧 '(연명)치료중단'이라 볼 수 있다. 소극적 안락사에 대해서는 환자의 인간의 존엄을 위한 생명자기결정권 및 진료거부권 및 의사의 치료의무의 소멸 등을 이유로 일정한 요건 하에 위법성이 조각된다는 것이 통설이다. 최근의 판례도 유사한 입장이다.

---

253 피해자의 승낙에서 기술한 자궁적출수술판례(대법원 1993.7.27, 92도2345) 참조.
254 피해자의 승낙에 의한 행위로 보는 학자들로서는 박상기, 신동운, 오영근, 임웅 교수 등이 있다.
255 김일수 / 서보학, 346면; 이형국, 141면; 이재상, §21-15 등.
256 김영환, 전게논문, 290면 이하 참조.
257 언론보도에서 흔히 사용하는 존엄사(尊嚴死)라는 용어가 있는데, 이는 환자의 육체적 고통을 덜어주기 위한 안락사와는 구별되는 의미로서 환자의 육체적 고통 여부와 관계없이 인간다운 죽음(인간의 존엄을 유지하는 죽음)을 위한 의료적 처치행위를 일컫는다. 안락사와 존엄사를 엄격히 구별할 필요는 크지 않다고 할 수 있다. 안락사와 존엄사의 용어문제에 대해서는 허일태, "안락사에 관한 연구", 형법연구(Ⅰ), 세종출판사, 1997, 391면 이하 참조.
258 주의 : 안락사는 업무로 인한 행위는 아님 안락사는 업무로 인한 행위가 아니고, 단지 사회상규에 위배되지 아니하는 행위로 볼 수 있는가만 검토된다. 본서에서는 의사의 치료행위와 밀접한 관련이 있다고 보아 여기에서 설명하는 것에 불과하다.
259 직접적 안락사와는 대비되는 개념이 간접적 안락사이다. 간접적 안락사는 환자의 고통을 경감시켜 줄 의료적 처치행위가 행해질 경우 그 부작용(side-effect)으로 환자의 생명단축이 일어나는 경우를 말한다. 이에 대해서는 대체로 위법성이 조각된다거나 책임이 조각되어 무죄가 된다는 것이 보통의 설명이다.
260 적극적 안락사까지도 일정한 요건 하에 위법성이 조각된다는 소수설은 임웅, 각론, 25면 이하 참조.
261 언론보도를 보면 이러한 소극적 안락사 즉 연명치료중단행위를 존엄사로 부르는 경향이 있으나, 엄밀한 의미에서는 잘못된 용례라고 보아야 한다.

🔍 판례연구 소극적 안락사를 허용한 판례 : 세브란스병원 故 김 할머니 사례

대법원 2009.5.21, 2009다17417 전원합의체
회복불가능한 사망의 단계에 이른 후에는 의학적으로 무의미한 신체 침해 행위에 해당하는 연명치료를 환자에게 강요하는 것이 오히려 인간의 존엄과 가치를 해하게 되므로, 이러한 예외적인 상황에서는 죽음을 맞이하려는 환자의 의사결정을 존중하여 환자의 인간으로서의 존엄과 가치 및 행복추구권을 보호하는 것이 사회상규에 부합되고 헌법정신에도 어긋나지 아니한다. 따라서 회복불가능한 사망의 단계에 이른 후에 환자가 인간으로서의 존엄과 가치 및 행복추구권에 기초하여 자기결정권을 행사하는 것으로 인정되는 경우에는(사전의료지시 또는 환자의 의사에 대한 객관적 추정) 특별한 사정이 없는 한 연명치료의 중단이 허용될 수 있다.

(3) 변호인 · 성직자의 행위

① 변호인의 변론 : 변호사가 법정에서 변호활동을 하면서 변론의 필요상 타인의 명예를 훼손하는 사실을 적시하거나(제307조 제1항) 변론의 필요상 업무처리 중 알게 된 타인의 비밀을 누설하였다 하여도 (제317조 제1항) 이는 업무로 인한 정당행위가 되어 위법성이 조각되지만, 변호인이 피고인을 위해 공판정에서 타인의 명예를 훼손하는 허위의 사실을 주장하는 것은 형법 제307조 제2항의 명예훼손죄에 해당되고 위법성이 조각되지 않아 범죄가 성립하게 된다. 또한 국가의 사법기능에 위협을 주는 새로운 구성요건(범인은닉, 위증 또는 증거인멸교사)을 실현한 경우에도 위법성이 조각되지 아니한다.

② 성직자의 업무행위 : 성직자의 경우 고해성사를 받은 신부가 이 사실을 수사기관에 알리지 않더라도 불고지죄(국가보안법 제10조)나 범인은닉죄(제151조 제1항)를 범한 것은 아니다. 그러나 성직자라 하여도 '적극적인 범인은닉'행위는 업무의 범위를 초과한 것이라는 것이 판례의 입장이다. 따라서 이러한 경우에는 범인은닉 · 도피죄가 성립하게 된다.

📖 사례연구 천주교 사제 범인은닉 사례 : 범인은닉죄는 성립

천주교 사제 甲은 부산 미문화원에 방화하여 경비원이 사망한 사건의 주범인 乙이 자신에게 피신해 오자, 식사와 도피자금을 제공하고 은신처를 물색하던 중 수사기관원들이 乙을 연행하러 오자, 乙을 숨겨 준 사실을 부인하고 신병인도를 거부하였다. 甲의 형사책임은?

[해결] 성직자라 하여 초법규적인 존재일 수는 없다. 성직자의 직무상 행위가 사회상규에 반하지 아니한다 하여 그에 적법성이 부여되는 것은, 그것이 성직자의 행위이기 때문이 아니라 그 직무로 인한 행위에 정당성 · 적법성을 인정하기 때문이다. 죄지은 자를 맞아 회개하도록 인도하고 그 갈길을 이르는 것은 사제로서의 소임이라 할 것이나, 적극적으로 은신처를 마련하여 주고 도피자금을 제공하는 따위의 일은 이미 정당한 직무의 범위를 넘는 것이며 이를 가리켜 사회상규에 반하지 아니하여 위법성이 조각되는 정당행위라고 할 수 없다. 사제가 죄지은 자를 능동적으로 고발하지 않은 것은 종교적 계율에 따라 그 정당성이 용인되어야 한다고 할 수 있으나, 그에 그치지 아니하고 적극적으로 은닉 · 도피하게 하는 행위는 어느 모로 보나 이를 사제의 정당한 직무에 속하는 것이라 할 수 없다(대법원 1983.3.8, 82도3248).

(4) 운동경기행위

① 직업적 운동경기 또는 숙련된 아마추어 운동경기 : 이 경우 운동선수가 상대방을 상해 · 사망에 이르게 하는 경우가 없지 않다. 태권도, 유도, 권투 등의 투기운동경기나 최근 유행하는 각종 격투기경기, 축구나 야구 등의 구기운동경기에서도 경기규칙에 따라 경기에 임하였음에도 상대방을 사상에 이르게 하는 경우가 있다. 이러한 경우 '업무로 인한 정당행위'로서 위법성이 조각된다고 설명될 수 있다 (구성요건해당성조각사유설, 피해자의 승낙에 의한 행위설, 사회상규에 위배되지 않는 정당행위설도 있음).

② 동호인이나 초보자 수준의 비직업적 운동경기 : 피해자의 승낙에 의한 행위라든가 사회상규에 위배되지 않는 행위로 설명될 수 있다. **판례**는 '사회상규에 위배되지 않는 행위'로 보는 입장이다(대법원 2008. 10.23, 2008도6940).[262]

(5) 기자의 취재 · 보도행위

① 기자의 기사작성을 위한 취재 및 법령에 저촉되지 않는 범위 내에서의 보도행위 : 신문은 헌법상 보장되는 언론자유의 하나로서 정보원에 대하여 자유로이 접근할 권리와 취재한 정보를 자유로이 공표할 자유를 가지므로(신문 등의 진흥에 관한 법률 제3조 제2항), 종사자인 신문기자가 기사 작성을 위한 자료를 수집하기 위해 취재활동을 하면서 취재원에게 취재에 응해줄 것을 요청하고 취재한 내용을 '관계 법령에 저촉되지 않는 범위 내'에서 보도하는 것은 '신문기자의 일상적 업무 범위에 속하는 것'으로서, 특별한 사정이 없는 한 사회통념상 용인되는 행위라고 보아야 한다(대법원 2011.7.14, 2011도639). 경찰간부 12 / 사시 12 / 경찰채용 13 2차 / 법원행시 14 / 사시 14 / 경찰채용 15 2차 / 경찰승진 16 / 경찰채용 18 1차

② 불법 감청 · 녹음 등에 관여하지 아니한 언론기관이 보도하여 공개하는 행위 : 소위 안기부 X파일 MBC기자 보도 사건에 대해 **대법원 판례**는, 불법 감청 · 녹음 등에 관여하지 아니한 언론기관이 그 통신 또는 대화의 내용이 불법 감청 · 녹음 등에 의하여 수집된 것이라는 사정을 알면서도 이를 보도하여 공개하는 행위가 정당행위로서 위법성이 조각된다고 하기 위해서는 '일정한 요건'을 갖추어야 하는데, 그 요건은 ㉠ 보도의 불가피성 내지 현저한 공익성, ㉡ 자료 입수 방법의 적법 · 정당성, ㉢ 최소침해성, ㉣ 보도 이익의 우월성이라고 판시한 바 있다(대법원 2011.3.17, 2006도8839 전원합의체).[263] 국가7급 11 / 법원행시 14 / 사시 14 / 국가9급 16

③ 관련문제 – 불법 감청 · 녹음 등에 의하여 수집된 통신 · 대화 내용을 언론인 아닌 사람이 공개하는 행위 : 판례에 의하면, 위 ②의 위법성조각의 요건은 공개행위의 주체가 비언론인인 경우에도 그대로 적용된다(대법원 2011.5.13, 2009도14442 : 안기부 X파일 국회의원 공개 사건).[264] 경찰채용 15 2차 / 경찰채용 18 1차 **판례**에 의할 때, 국회의원이 위 불법 녹음한 자료를 입수한 후 그 대화내용과, 위 대기업으로부터 이른바 떡값 명목의 금품을 수수하였다는 검사들의 실명이 게재된 보도자료를 작성하여 자신의 인터넷 홈페이지에 게재한 행위는, 공개의 불가피성 내지 현저한 공익성이 인정되기 어렵고, 최소침해성도 인정될 수 없으며, 공개 이익의 우월성이 인정되지도 않기 때문에, –위 녹음 자료를 취득하는 과정에 위법이 없어 자료입수방법의 적법성이 인정된다 하더라도– 정당행위에 해당한다고 볼 수 없다는 것이다.

(6) 기타 : 조합장의 업무행위

---

262 판례 : 개인 운동경기를 사회상규에 위배되지 아니하는 행위로 검토한 사례 운동경기에 참가하는 자가 경기규칙을 준수하는 중에 또는 그 경기의 성격상 당연히 예상되는 정도의 경미한 규칙위반 속에 제3자에게 상해의 결과를 발생시킨 것으로서, 사회적 상당성의 범위를 벗어나지 아니하는 행위(제20조의 정당행위)라면 과실치상죄가 성립하지 않는다(대법원 2008.10.23, 2008도6940).

263 보충 : 안기부 X파일 사건 '안기부 X파일'을 보도한 MBC(문화방송) 이상호 기자에게 위 요건을 모두 갖추지 못하였다고 보아, 통신비밀보호법위반죄의 혐의를 인정해 징역 6월 및 자격정지 1년의 형을 선고유예한 원심을 확정한 대법원 전원합의체 판결이다.

264 보충 : 소위 안기부 X파일 사건의 대법원 판례 제2탄 떡값 검사의 실명을 공개하여 명예훼손과 통신비밀보호법위반으로 기소된 진보신당 노회찬 전 대표에게 역시 무죄를 선고한 원심을 깨고 통신비밀보호법위반 부분에 대해 일부 유죄의 취지로 서울중앙지법 합의부로 파기환송한 판례이다.

대법원 1998.2.13, 97도2877

재건축조합의 조합장이 조합탈퇴의 의사표시를 한 자를 상대로 "사업시행구역 안에 있는 그 소유의 건물을 명도하고 이를 재건축사업에 제공하여 행하는 업무를 방해하여서는 아니 된다."는 가처분결정을 받아 위 건물을 철거하는 행위는 업무로 인한 정당행위에 해당된다. 경찰채용 20 1차

유사판례 조합의 긴급이사회에서 불신임을 받아 조합장직을 사임한 피해자가 그 후 개최된 대의원총회에서 피고인 등의 음모로 조합장직을 박탈당한 것이라고 대의원들을 선동하여 회의 진행이 어렵게 되자 새조합장이 되어 사회를 보던 피고인이 그 회의진행의 질서유지를 위한 필요조처로서 이사회의 불신임결의 과정에 대한 진상보고를 하면서 피해자는 긴급 이사회에서 불신임을 받고 쫓겨나간 사람이라고 발언한 것이라면, 명예훼손의 범의가 있다고 볼 수 없을 뿐만 아니라 그러한 발언은 업무로 인한 행위이고 사회상규에 위배되지 아니한다(대법원 1990.4.27, 89도1467).

3. 사회상규에 위배되지 아니하는 행위

사회상규(社會常規)란 법질서 전체의 정신에 비추어 볼 때 인정되는 우리 사회의 건전한 사회윤리 내지 사회통념이라고 볼 수 있다(대법원 2002.1.25, 2000도1696; 2002.1.25, 2000도1696). 이렇듯 사회상규란 불명확한 개념으로서 해석에 의지할 수밖에 없는 추상적 개념이다. 이러한 개념의 추상성·포괄성을 고려할 때, 사회상규에 위배되지 않는 행위는 다른 위법성조각사유—정당방위·긴급피난·의무충돌·자구행위 등—가 적용되지 않을 때에만 보충적으로 적용되는 것으로 이해되어야 한다. 결국 형법 제20조에서 말하는 '기타 사회상규에 위배되지 아니하는 행위'라 함은 법질서 전체의 정신이나 그 배후에 놓여 있는 사회윤리 내지 사회통념에 비추어 용인될 수 있는 행위를 가리킨다.

사회상규 적합성을 이유로 한 위법성조각이란 소위 초법규적 위법성조각사유를 법률상의 위법성조각사유로 성문화시킨 것이다.[265] 따라서 적어도 우리나라의 현행형법상에서는 초법규적 위법성조각사유란 존재하지 않는다. 또한 제20조 내에서의 법령·업무로 인한 행위는 사회상규에 위배되지 아니하는 행위의 예시에 불과하므로, 법령·업무에 의한 행위이더라도 사회상규에서 벗어나면 위법하고, 법령·업무에 무관한 행위이더라도 사회상규에 어긋나지 않으면 적법하게 된다.

(1) 소극적 방어행위

① 의의 : 소극적 방어행위라 함은 상대방의 도발이나 폭행, 강제연행 등을 피하기 위한 소극적인 저항으로 사회통념상 허용될 만한 정도의 상당성이 있는 행위를 말한다.

② 판례의 소극적 방어행위 이론 : **판례**는 "강제연행을 모면하기 위하여 팔꿈치로 뿌리치면서 가슴을 잡고 벽에 밀어붙인 행위(대법원 1982.2.23, 81도2958)"라든가 "더 이상 맞지 않기 위하여 피해자의 손을 잡아 뿌리치고 목 부분을 1회 밀어버림으로써 피해자가 땅에 넘어지게 된 행위(대법원 1990.3.27, 90도292)"는 소극적 방어행위 내지 소극적 저항행위로서 사회상규에 위배되지 않는 행위로 보고 있다. 판례는 상대방의 공격으로부터 벗어나거나 이를 피하기 위한 저항행위는 인간의 본능적 반응에 속하기 때문에 '사회상규에 위배되지 않는' 정도로 취급하자는 취지로 생각된다.

---

265 판례의 개념상 혼란 : 사회적 상당성이론과 사회상규 판례는 사회상규는 사회적 상당성에서 도출된다고 보고 있다(대법원 1971. 6.22, 71도827; 1989.10.24, 87도1044 등). 그러나 원래 독일의 벨첼에 의하여 주장된 '사회적 상당성'은 예컨대 친구들끼리 인사로 어깨를 툭 친 것처럼 그것이 정상적인 생활형태의 하나로서 역사적으로 생성된 사회생활질서의 범위 안에 있는 것으로 여겨진다면 구성요건해당성이 없다는 이론이다. 따라서 사회적 상당성은 구성요건해당성배제사유로서 구성요건해당성을 판단하는 원리 내지 이론이요, 사회상규는 형법 제20조의 위법성조각사유라는 점에서 양자는 달리 취급되어야 한다는 것이 통설이다. 다만 임웅 교수는 사회상당성이론을 구성요건의 목적론적 해석에 포섭시킨 초판의 견해를 변경하여 사회적 상당성을 사회상규에 위배되지 않는 행위의 일종으로 보는 위법성조각사유설을 주장하고 있다. 임웅, 190면 참조.

사례연구 소극적 방어행위

甲이 乙(여)의 집에 술 취해 함부로 들어가서 유리창을 깨고 소변을 보는 등 행패를 부리자, 乙이 집 밖으로 나가라고 요구하였고 甲은 욕설을 하면서 나갔다. 甲이 유리창을 깬 사실을 뒤늦게 안 乙은 甲을 쫓아가 甲의 어깨를 붙잡고 변상을 요구하였는데, 甲이 엉뚱한 요구를 하며 "이 개 같은 년아"라는 등의 욕설을 퍼붓자, 더 이상 참지 못한 乙이 빨리 가자면서 甲의 어깨를 밀치자 만취한 甲이 시멘트바닥에 쓰러져 이마를 부딪혀 사망하였다. 乙의 형사책임은?

해결 소위 소극적 방어행위의 경우라고 본 경우이다. 판결은 "乙의 위와 같은 행위는 甲의 부당한 행패를 저지하기 위한 본능적인 소극적 방어행위에 지나지 아니하여 사회통념상 용인될 수 있는 정도의 상당성이 있어 위험성이 없다고 봄이 상당하다."고 하여 제20조의 정당행위로 규율하였다(대법원 1992.3.10, 92도37). 법원행시 07 싸움의 상황에서 정당방위를 제한하는 입장을 견지하는 대법원의 입장에서는 정당방위에 비하여 침해행위의 현재성을 검토하지 않아도 된다는 편리함이 있었으리라 생각된다.

사례연구 소극적 방어행위로서 정당행위 해당 사례

甲이 일행들과 함께 부동산 중개사무실에서 화투를 치는데 乙이 술에 취한 채 들어와 시비를 걸며 화투판을 깨게 한 후 먼저 주먹으로 甲의 얼굴을 3회 때려 약 20일간의 치료를 요하는 좌측협골부 좌상 및 열상 등을 입히자, 甲은 이에 저항하여 乙의 멱살을 잡았을 뿐인데 그 과정에서 서로 머리가 부딪쳐 乙도 약 18일간의 치료를 요하는 우상미모부 좌상 등을 입게 되었다. 甲의 죄책은?

해결 소극적 방어행위로서 정당행위에 해당한다고 본 사례이다(대법원 2000.1.18, 99도4748).

판례연구 소극적 방어행위 사례

1. 대법원 1985.10.22, 85도1455
외관상 서로 격투를 하는 것처럼 보이지만 위법성이 조각되는 경우
부친상을 당하여 상심 중에 있는 피고인이 바로 이웃집에서 술을 먹고 확성기를 틀어 노래를 부르는 등 소란스러운 행위를 한 피해자들에게 항의하러 갔다가 술에 취한 피해자 등과 시비가 되어 피해자에게 멱살을 잡히고 놓아주지 아니하여 이를 떼려다가 넘어짐으로써 피해자가 다치게 된 것이라면, 피고인의 위와 같은 유형력 행사는 피해자의 불법한 공격으로부터 벗어나기 위한 저항수단으로서의 방어행위에 지나지 않는 것으로서 그 행위에 이르게 된 경위와 목적, 수단 및 행위자의 의사 등 제반사정에 비추어 사회통념상 허용될 만한 상당성 있는 행위라고 못 볼 바 아니다.

2. 대법원 1985.11.12, 85도1978
피해자가 채권변제를 요구하면서 고함치고 욕설하며 안방에까지 뛰어 들어와 피고인이 가만히 있는데도 피고인의 런닝셔츠를 잡아당기며 찢기까지 하는 등의 상황 하에서 그를 뿌리치기 위하여 방 밖으로 밀어낸 소위는 사회통념상 용인되는 행위로서 위법성이 없다.

3. 대법원 1987.4.14, 87도339
분쟁 중인 부동산관계로 따지러 온 피해자가 피고인의 가게 안에 들어와서 피고인 및 그의 부에게 행패를 부리므로 피해자를 가게 밖으로 밀어내려다가 피해자를 넘어지게 한 행위는 피해자측의 행패를 저지하기 위한 소극적 저항방법으로서 비록 그 과정에서 피해자가 넘어졌다 할지라도 여러 사정에 비추어 볼 때 사회통념상 용인될 만한 상당성이 있는 행위로 위법성이 없다. 법원행시 06 / 경찰승진 23

4. 대법원 1987.10.26, 87도464
피고인이 자기의 앞가슴을 잡고 있는 피해자의 손을 떼어 내기 위하여 피해자의 손을 뿌리친 것에 불과하다면 그 행위의 결과로 피해자가 사망하게 되었다 하더라도 그와 같은 행위는 피해자의 불법적인 공격으로부터 벗어나기 위한 본능적인 소극적 방어행위에 지나지 아니하여 사회통념상 허용될 상당성이 있는 위법성이 결여된 행위라고 볼 여지가 있어 폭행치사죄로 처벌할 수는 없다.

5. 대법원 1989.11.14, 89도1426

택시운전사가 승객의 요구로 택시를 출발시키려 할 때 피해자가 부부싸움 끝에 도망 나온 위 승객을 택시로부터 강제로 끌어내리려고 운전사에게 폭언과 함께 택시 안으로 몸을 들이밀면서 양손으로 운전사의 멱살을 세게 잡아 상의단추가 떨어질 정도로 심하게 흔들어대었고, 이에 운전사가 위 피해자의 손을 뿌리치면서 택시를 출발시켜 운행하였을 뿐이라면 운전사의 이러한 행위는 사회상규에 위배되지 아니하는 행위라고 할 것이다.

6. 대법원 1990.1.23, 89도1328

멱살을 잡아당기는 피해자의 옷자락을 잡고 밀친 행위가 정당행위에 해당된다고 본 사례
피해자가 갑자기 달려 나와 정당한 이유 없이 피고인의 멱살을 잡고 파출소로 가자면서 계속하여 끌어당기므로 피고인이 그와 같은 피해자의 행위를 제지하기 위하여 그의 양팔부분의 옷자락을 잡고 밀친 것이라면 이러한 피고인의 행위는 멱살을 잡힌 데에서 벗어나기 위한 소극적인 저항행위에 불과하고 형법 제20조의 사회통념상 허용될만한 정도의 상당성이 있는 행위에 해당한다. 국가7급 10

7. 대법원 1991.1.15, 89도2239

술에 취한 피해자의 돌연한 공격을 소극적으로 방어한 행위를 정당행위로 본 사례
피해자가 술에 취한 상태에서 별다른 이유 없이 함께 술을 마시던 피고인의 뒤통수를 때리므로 피고인도 순간적으로 이에 대항하여 손으로 피해자의 얼굴을 1회 때리고 피해자가 주먹으로 피고인의 눈을 강하게 때리므로 더 이상 때리는 것을 제지하려고 피해자를 붙잡은 정도의 행위의 결과로 인하여 피해자가 원발성쇼크로 사망하였다 하더라도 피고인의 위 폭행행위는 소극적 방어행위에 지나지 않아 사회통념상 허용될 수 있는 상당성이 있어 위법성이 없다.

8. 대법원 1992.3.27, 91도2831

여자 화장실 내에서 백을 빼앗으려고 다가오는 남자의 어깨를 밀친 행위를 정당행위로 본 사례
남자인 피해자가 비좁은 여자 화장실 내에 주저앉아 있는 피고인으로부터 무리하게 쇼핑백을 빼앗으려고 다가오는 것을 저지하기 위하여 피해자의 어깨를 순간적으로 밀친 것은 피해자의 불법적인 공격으로부터 벗어나기 위한 본능적인 소극적 방어행위에 지나지 아니하므로 이는 사회통념상 허용될 수 있는 행위로서 그 위법성을 인정할 수 없다. 국가9급 18

9. 대법원 1995.8.22, 95도936

피해자의 부당한 행패를 저지하기 위한 본능적인 소극적 방어행위로서 정당행위라고 본 사례
피고인이 피해자로부터 며칠간에 걸쳐 집요한 괴롭힘을 당해 온데다가 피해자가 피고인이 교수로 재직하고 있는 대학교의 강의실 출입구에서 피고인의 진로를 막아서면서 피고인을 물리적으로 저지하려 하자 극도로 흥분된 상태에서 그 행패에서 벗어나기 위하여 피해자의 팔을 뿌리쳐서 피해자가 상해를 입게 된 경우(상해죄의 구성요건에 해당), 피고인의 행위는 피해자의 부당한 행패를 저지하기 위한 본능적인 소극적 방어행위에 지나지 아니한다. 법원행시 07 / 경찰간부 15

10. 대법원 1996.5.28, 96도979

피해자가 양손으로 피고인의 넥타이를 잡고 늘어져 후경부피하출혈상을 입을 정도로 목이 졸리게 된 피고인이 피해자를 떼어 놓기 위해 왼손으로 자신의 목 부근 넥타이를 잡은 상태에서 오른손으로 피해자의 손을 잡아 비틀면서 서로 밀고 당겼다면, 피고인의 그와 같은 행위는 목이 졸린 상태에서 벗어나기 위한 소극적인 저항행위에 불과하여 정당행위에 해당하여 죄가 되지 아니한다. 국가7급 10 / 법원9급 16

11. 대법원 2000.3.10, 99도4273

피해자가 피고인의 고소로 조사받는 것을 따지기 위하여 야간에 피고인의 집에 침입한 상태에서 문을 닫으려는 피고인과 열려는 피해자 사이의 실랑이가 계속되는 과정에서 문짝이 떨어져 그 앞에 있던 피해자가 넘어져 2주간의 치료를 요하는 요추부염좌 및 우측 제4수지 타박상의 각 상해를 입게 된 경우, 사회통념상 허용될 만한 정도를 넘어서는 위법성이 있는 행위라고 보기는 어렵다. 경찰승진 11 / 경찰채용 23 1차

12. 대법원 2014.3.27, 2012도11204

34세 성인의 2세 유아에 대한 폭행이 정당행위에 해당된다는 사례
피고인의 이 사건 행위의 동기와 수단 및 그로 인한 피해의 정도 등의 사정을 앞서 본 법리에 비추어 살펴보면,

피고인의 이러한 행위는 피해자의 갑작스런 행동에 놀라서 자신의 어린 딸이 다시 얼굴에 상처를 입지 않도록 보호하기 위한 것으로 딸에 대한 피해자의 돌발적인 공격을 막기 위한 본능적이고 소극적인 방어행위라고 평가할 수 있고, 따라서 이를 사회상규에 위배되는 행위라고 보기는 어렵다고 할 것이다.[266] 경찰간부 15

★ **판례연구** 소극적 방어행위를 부정하여 위법하다고 본 사례

대법원 1985.3.12, 84도2929
겁을 먹고 주춤주춤 피하는 것을 밀어서 넘어뜨려 사망케 한 사례
① 피해자가 주전자로 피고인의 얼굴을 때린 다음 또 다시 때리려고 하여 이를 피하고자 피해자를 밀어 넘어뜨린 것이라면 이러한 행위는 피해자의 불법적인 공격으로부터 벗어나기 위한 부득이한 저항의 수단으로서 소극적인 방어행위에 지나지 않는다고 볼 여지가 있을 것이나, ② 이와 달리 술에 취한 피해자가 피고인을 때렸다가 피고인의 반항하는 기세에 겁을 먹고 주춤주춤 피하는 것을 피고인이 밀어서 넘어뜨렸다면 이러한 피고인의 행위는 피해자의 공격으로부터 벗어나기 위한 부득이한 소극적 저항의 수단이라기보다는 '보복을 위한 적극적 반격행위'라고 보지 않을 수 없다. 경찰간부 11

---

③ 통설 : 위와 같은 경우에도 정당방위(제21조 제1항)를 적용하는 것이 옳다는 입장이다.
④ 소결 : 사회상규에 위배되지 않는 행위는 다른 위법성조각사유가 적용되기 어려운 경우에만 보충적으로 적용되도록 운용하는 것이 그 쓰임새에 알맞기 때문에, 통설이 타당하다.

(2) (법령상 명시적인 징계권 없는 자의) 징계행위

① 의의 : 법령상의 징계권은 없는 자이지만 사회상규에 위반되지 않는 범위 내에서 징계권을 행사할 수 있는 자의 징계행위를 말한다. 여기에는 ㉠ 자기 또는 타인의 자녀에 대한 징계행위나 ㉡ 교사의 징계행위(통설. 단 판례는 교사의 징계행위를 법령에 의한 행위로 봄), 그리고 ㉢ 군인의 징계행위를 그 예로 들 수 있다. 이 경우에도 객관적으로 징계사유가 존재하고 교육상 불가피한 경우이어야 하며 주관적으로 교육의 목적으로 행하고 그 범위는 경미한 선에서 그쳐야 함은 물론이다.

② 자기 또는 타인의 자녀에 대한 징계행위

㉠ 자기의 자녀에 대한 친권자의 징계행위 : 친권자는 子를 보호하고 교양할 권리·의무가 있다(민법 제913조). 나아가 종래 민법은 친권자는 그 子를 보호 또는 교양하기 위해 필요한 징계를 할 수 있다는 규정을 두었으나(구 민법 제915조), 이는 아동학대 가해자인 친권자의 항변사유로 이용되는 등 아동학대를 정당화하는 데 악용될 소지가 있다는 지적에 따라 2021.1.26. 민법 개정으로 삭제되었다. 따라서 친권자의 징계행위는 더 이상 법령에 의한 행위로 분류될 수 없다. 다만, 교육적 목적에 따라 행해지는 경미한 징계행위는 사회상규에 위배되지 아니하는 행위에 포함될 수 있다. 판례도, 수십 회에 걸친 일련의 폭행행위 중에 친권자로서의 징계행위에 속하여 위법성이 조각되는 부분이 있다면 그 부분을 따로 떼어 무죄판결을 할 수 있다고 본 바 있다(대법원 1986.7.8, 84도2922). 반면, 경미한 수준을 벗어나는 체벌, 상해, 성욕을 만족시키고자 행하는 징계는 허용될 수 없다.

---

266 사례 甲은 실내 어린이 놀이터 벽에 기대어 앉아 자신의 딸 A(4세)가 노는 모습을 보고 있었는데, 乙(2세)이 다가와 A가 가지고 놀고 있는 블록을 발로 차고 손으로 집어 들면서 쌓아놓은 블록을 무너뜨리고, 이에 A가 울자 甲은 乙에게 '하지 마, 그러면 안 되는 거야'라고 말하면서 몇 차례 제지하였다. 그러자 乙은 A를 한참 쳐다보고 있다가 갑자기 A의 눈 쪽을 향해 오른손을 뻗었고 이를 본 甲이 왼손을 내밀어 乙의 행동을 제지하였는데, 이로 인해 乙이 바닥에 넘어져 엉덩방아를 찧었다. 다만 위 어린이 놀이터는 실내에 설치되어 있는 것으로서, 바닥에는 충격방지용 고무매트가 깔려 있었고, A는 그 전에도 또래 아이들과 놀다가 다쳐서 당시에는 얼굴에 손톱 자국의 흉터가 몇 군데 남아 있는 상태이었다. 甲의 죄책은 해결 무죄

ⓒ 타인의 자녀에 대한 징계행위 : 타인의 자녀에 대한 징계행위의 법적 근거는 원래 없다. 따라서 이 역시 사회상규에 위배되는가의 관점에서 검토될 뿐이다.

🔨 판례연구 허용될 수 없는 친권자의 징계행위

1. 대법원 1969.2.4, 68도1793
4세의 아들이 대소변을 가리지 못한다고 닭장에 가두고 전신을 구타한 행위는 학대죄의 구성요건에 해당하고 친권자의 징계권 행사에 해당되지 아니한다.

2. 대법원 2002.2.8, 2001도6468
친권자가 스스로의 감정을 이기지 못하고 야구방망이로 때릴 듯이 피해자(친권자의 子)에게 "죽여 버린다"고 말하여 협박하는 것은 그 자체로 피해자의 인격 성장에 장해를 가져올 우려가 커서 이를 교양권의 행사라고 보기도 어렵다.

📚 사례연구 타인의 자녀에 대한 징계행위

甲은 야간에 어두운 골목길에서 술에 취한 연소자인 乙로부터 반말로 "담배 한 개 다오"라고 요구받았다. 甲이 "뉘 집 아이냐"고 반문하자 乙이 "이 자식, 담배 달라면 주지 웬 잔소리냐. 이래 보아도 내가 유도 4단인데 맛 좀 봐라"하며 덤벼들어 집어던지려고 하며 甲의 한복바지를 찢는 등 행패를 부리므로 甲은 乙의 신원을 파악하고 연장자로서 훈계를 하기 위하여 乙의 멱살을 잡아 부근에 있는 丙의 집 마당에 끌고 갔다. 그런데 乙이 때마침 동네 어른들이 모여 있는 추석 주연의 좌석에 뛰어들어 함부로 음식물을 취하고 자리를 어지럽게 할 뿐 아니라 또 60세가 넘은 어른에게 담배를 청하는 등 불손한 행동을 하였다. 丙이 乙을 수차 말려도 듣지 않고 乙은 급기야 丙의 동생 丁에게 유도를 하자고 마당으로 끌고 가서 丁을 넘어뜨리고 그 배 위에 올라타고 목을 조르고 있기에 丙은 이를 제지하기 위하여 방 빗자루로 乙의 엉덩이를 2회 때렸다. 甲과 丙의 형사책임은?

> **해결** 甲과 丙의 소위는 연소한 乙의 불손한 행위에 대하여 그 신원을 파악하고 훈계하는 한편, 乙의 행패행위를 제지하기 위한 것으로 乙의 행위에 의하여 침해당한 甲과 丙의 법익에 비하여 乙이 甲과 丙의 폭행행위로 입은 신체상 침해된 법익을 교량할 때 甲과 丙의 행위는 그 목적이나 수단이 상당하며 이는 사회상규에 위배되지 아니하며 위법성이 없다(대법원 1978.12.13, 78도2617).

③ 교사의 징계행위 : 체벌(體罰)에 대해서도 학교장의 징계행위의 법리가 그대로 적용되어야 할 것이므로 제한적 범위에서만 허용될 뿐이다(제한적 허용설 : 다수설·판례). 따라서 교사가 피해자인 학생이 욕설을 하였는지를 확인도 하지 못할 정도로 침착성과 냉정성을 잃은 상태에서 욕설을 하지도 아니한 학생을 오인하여 구타하였다면 그 교사가 비록 교육상 학생을 훈계하기 위하여 한 것이라고 하더라도 이는 징계권의 범위를 일탈한 위법한 폭력행위이다(대법원 1980.9.9, 80도762). 국가9급 10 특히 '상해의 결과'를 발생시켰다든가, '불가피한 경우가 아니었다면' 해당 징계행위는 위법성이 조각될 수 없다.

📚 사례연구 교사의 징계행위의 한계 : 상해죄 성립

초등학교 교사 甲은 징계행위로써 5학년 乙을 양손으로 교탁을 잡게 한 다음, 굵은 나무 몽둥이로 엉덩이를 두 번 때리고, 아파서 무릎을 굽히며 허리를 옆으로 틀자 허리를 때려 전치 6주의 상해를 입혔다. 甲의 죄책은?

> **해결** 교사가 초등학교 5학년생을 징계하기 위하여 양손으로 교탁을 잡게 하고 길이 50cm, 직경 3cm 가량 되는 나무 지휘봉으로 엉덩이를 두 번 때리고, 학생이 아파서 무릎을 굽히며 허리를 옆으로 틀자 다시 허리부분을 때려 6주간의 치료를 받아야 할 상해를 입힌 경우 위 징계행위는 그 방법 및 정도가 교사의 징계권 행사의 허용한도를 넘어선 것으로서 정당행위로 볼 수 없다(대법원 1990.10.30, 90도1456).

교사가 학생을 엎드리게 한 후 몽둥이와 당구큐대로 그의 둔부를 때려 3주간의 치료를 요하는 우둔부 심부혈종좌이부좌상을 입혔다면 비록 학생주임을 맡고 있는 교사로서 제자를 훈계하기 위한 것이었다 하더라도 이는 징계의 범위를 넘는 것으로서 형법 제20조의 정당행위에는 해당하지 아니한다(대법원 1991.5.14, 91도513).

📖 **사례연구** 교사의 징계행위의 한계 : 폭행죄와 모욕죄 사례

여자중학교 체육교사인 甲은 운동장에서 乙양 등 피해여학생들이 '무질서하게 구보한다'는 이유로 주먹으로 머리를 때리고 甲이 신고 있던 슬리퍼로 양손을 때렸으며, 감수성이 예민한 여학생인 乙양 등 2명에게 학생들이 보는 가운데 모욕감을 느낄 지나친 욕설을 하였다. 정당행위가 인정되는가? (제1문)

그 죄책은? (제2문)

해결 초·중등교육법령에 따르면 교사는 학교장의 위임을 받아 교육상 필요하다고 인정할 때에는 징계를 할 수 있고 징계를 하지 않는 경우에는 그 밖의 방법으로 지도를 할 수 있는데 그 지도에 있어서는 교육상 불가피한 경우에만 신체적 고통을 가하는 방법인 이른바 체벌로 할 수 있고 그 외의 경우에는 훈육, 훈계의 방법만이 허용되어 있는 바, 특히 학생에게 신체적·정신적 고통을 가하는 체벌, 비하(卑下)하는 말 등의 언행은 교육상 불가피한 때에만 허용되는 것이어서, 학생에 대한 폭행, 욕설에 해당되는 지도행위는 학생의 잘못된 언행을 교정하려는 목적에서 나온 것이었으며 다른 교육적 수단으로는 교정이 불가능하였던 경우로서 그 방법과 정도에서 사회통념상 용인될 수 있을 만한 객관적 타당성을 갖추었던 경우에만 법령에 의한 정당행위로 볼 수 있을 것이다(정당행위로 볼 수 없다는 사례)(대법원 2004.6.10, 2001도5380). 법원행시 07 / 국가9급 11

정답 제1문 정당행위가 인정되지 않는다.

제2문 폭행죄와 모욕죄

---

④ 군인의 징계행위 : 군인의 체벌(體罰)의 경우에는 법령에 정당화 근거가 없으므로[267] 사회상규에 위배되지 않는지 여부를 따져볼 수 있을 따름이다.

🔨 **판례연구** 군인의 징계행위로서 적법한 행위 사례

대법원 1978.4.11, 77도3149

군대 내의 질서를 지키려는 목적에서 지휘관이 부하에게 가한 경미한 폭행은 지키려는 법익이 피해법익에 비하여 월등히 크다고 할 것이므로 그 위법성을 결여한다.

🔨 **판례연구** 군인의 징계행위로 볼 수 없어 위법한 행위 사례

1. 대법원 1984.6.12, 84도799

상관인 피고인이 군 내부에서 부하인 방위병들의 훈련 중에 그들에게 군인정신을 환기시키기 위하여 한 일이라 하더라도 감금과 구타행위는 징계권 내지 훈계권의 범위를 넘어선 것으로 위법하다.

유사판례 부하를 훈계하기 위한 것이라 하여도 폭행행위가 훈계권의 범위를 넘었다고 보이고 그로 인하여 상해를 입은 이상 그 행위는 위법성이 조각된다고 할 수 없다(제263조의 동시범 특례에 의하여 폭행치상죄의 공동정범의 예에 따라 처벌된 사례)(대법원 1984.6.26, 84도603).

---

267 참고 군인복무규율에서는 "군인은 어떠한 경우에도 구타·폭언 및 가혹행위 등 사적 제재를 행하여서는 아니된다."(제15조 제1항 전단)라고 규정하고 있으며, 구타 및 가혹행위 근절지침(국방부훈령 제487호)에 따르면, '가혹행위'라 함은 불법적인 방법으로 타인에게 육체적·정신적인 고통과 인격적인 모독을 주는 일체의 행위를 말한다(제3조 제1호)고 규정하고 있을 뿐이다. 따라서 체벌을 금지할 수 있는 근거가 있을 뿐 이를 허용하는 법적 근거는 없다.

2. 대법원 2006.4.27, 2003도4151

위법한 얼차려 사례 : 강요죄 성립

상사 계급의 군인이 그의 잦은 폭력으로 신체에 위해를 느끼고 겁을 먹은 상태에 있던 부대원들에게 청소 불량 등을 이유로 40~50분간 머리박아(속칭 '원산폭격')를 시키거나 양손을 깍지 낀 상태에서 약 2시간 동안 팔굽혀 펴기를 50~60회 정도 하게 한 행위는 정당행위로 볼 수 없다. 국가9급 09 / 경찰간부 13 / 국가7급 13

(3) 자기 또는 타인의 권리를 실행하기 위한 행위

① 의의 : 권리자가 자신의 권리실행을 위해 상대방을 기망하거나, 상대방에 대하여 의무를 이행하지 않으면 고소하겠다거나 구속시키겠다고 고지함으로써 상대방에게 공포심을 일으켰다면, 주로 사기·협박·강요·공갈·업무방해죄 등의 구성요건에 해당되게 되는데, 이것이 자기 또는 타인의 권리를 실행하기 위한 행위로서 사회상규에 위배되지 않는다고 볼 수 있는 경우에는 위법성이 조각될 수 있다. 이 경우 종래에는 권리행사를 위하여 폭행·협박 등의 행위를 하는 경우 자구행위의 문제로 보는 견해도 있었으나, 현재에는 형법 제20조의 정당행위의 문제로 보아 사회상규적합성을 판단한다는 것이 다수설이다.

② 판단기준 : '권리남용 여부'가 사회상규에 위배되지 아니하는 행위의 판단기준이 된다.[268] 즉 행위자의 권리실행행위가 ㉠ 목적과 관계없는 수단을 사용하거나 사회통념상 허용되는 범위를 넘는 위법한 수단을 사용한 경우에는 실질적 권리남용으로 보아 위법하게 되고, ㉡ 목적과 관련된 적법한 수단을 사용한 경우에는 권리남용의 정도에 이르지 못한 것으로 보아 사회상규에 위배되지 아니하는 행위가되어 위법성이 조각된다.[269] 구체적으로 정당행위가 되려면, 법률상 허용되는 정당한 절차에 의한 것이어야 하며, 또한 채무자의 자발적 이행을 촉구하기 위해 필요한 범위 안에서 상당한 방법으로 그권리가 행사되어야 한다(대법원 2011.5.26, 2011도2412). 경찰채용 20 2차

★ 판례연구 자기 또는 타인의 권리를 실행하기 위한 행위로 인정되는 경우

대법원 1980.11.25, 79도2565

권리행사를 위한 폭행·협박 : 비료회사 사례

피고인이 비료를 매수하여 시비한 결과 딸기묘목 또는 사과나무묘목이 고사하자, 비료를 생산한 회사에게 손해배상을 요구하면서 사장 이하 간부들에게 욕설을 하거나 응접탁자 등을 들었다 놓았다 하거나 현수막을 들어보이면서 시위를 할 듯한 태도를 보이는 등 하였다 하여도 이는 손해배상청구권에 기한 것으로서 그 방법이 사회통념상 인용된 범위를 일탈한 것이라고 단정하기 어려우므로 공갈 및 공갈미수의 죄책을 인정할 수 없다.

★ 판례연구 자기 또는 타인의 권리를 실행하기 위한 행위로 인정되지 않는 경우

1. 대법원 1982.9.14, 82도1679

채권을 변제받기 위한 방편으로 기망하여 약속어음을 교부받은 경우 위법성 조각여부

피고인의 소위가 피해자에 의한 채권을 변제받기 위한 방편이었다 하더라도 이 사건에서와 같이 피해자에게 환전하여주겠다고 기망하여 약속어음을 교부받는 행위는 위법성을 조각할 만한 정당한 권리행사방법이라고 볼 수 없다.

---

268 민법 제2조 (신의성실) ② 권리는 남용하지 못한다.
269 참고 : 공갈죄와 권리실행을 위한 협박 권리를 실행하기 위해 협박한 행위를 판단하는 다수설과 판례의 입장은 차이가 있다. 다수설은 청구권이 있다는 점에서 불법영득의사를 부정하여 공갈죄의 구성요건에 해당하지 않아 협박죄만 성립한다는 입장이요(협박죄설), 판례는 일단 공갈죄의 구성요건에 해당하는 것은 인정하고 위법성단계에서 해당 행위가 권리남용이 아니라고 볼 수 있을 때에는 정당행위로서 위법성이 조각된다는 입장이다(무죄설). 각론 재산죄 중 공갈죄 부분에서 후술함.

2. 대법원 1990.11.23, 90도1864

피고인이 피해자를 상대로 목재대금청구소송 계속 중 피해자에게 피해자의 양도소득세포탈사실을 관계기관에 진정하여 일을 벌이려 한다고 말하여 겁을 먹은 피해자로부터 목재대금을 지급하겠다는 약속을 받아낸 행위는 사회상규에 어긋나지 않는다고 할 수 없다. 경찰9급 16

3. 대법원 1991.5.10, 91도346

피해어민들이 그들의 피해보상 주장을 관철하기 위한 집단적 시위 사례

피해어민들이 그들의 피해보상 주장을 관철하기 위하여 집단적인 시위를 하고, 선박의 입·출항 업무를 방해하며 이를 진압하려는 경찰관들을 대나무 사앗대 등을 들고 구타하여 상해를 입히는 등의 행위를 한 경우 각 범행의 수단, 방법 및 그 결과 등에 비추어 위 각 범행이 사회통념상 용인될 만한 상당성이 있는 정당행위라고는 할 수 없다.

4. 대법원 1991.9.10, 91도376

피고인이 피해자의 처에 대한 채권을 회수하기 위하여 피해자의 처와 공모하여 제3자를 매수인으로 내세워 피해자와의 사이에 피해자 소유의 부동산에 관한 매매계약을 체결하고, 그 매매대금을 위 채권에 충당한 행위는 사회상규상 정당한 권리행사의 범위를 벗어난 것으로서 재산상의 거래관계에 있어서 거래당사자가 지켜야 할 신의와 성실의 의무를 저버린 기망행위이다.

5. 대법원 1991.9.24, 91도1824

피해자의 기망에 의하여 부동산을 비싸게 매수한 피고인이라도 그 계약을 취소함이 없이 등기를 피고인 앞으로 둔 채 피해자의 전매차익을 받아낼 셈으로 피해자를 협박하여 재산상의 이득을 얻거나 돈을 받았다면 이는 정당한 권리행사의 범위를 넘은 것으로서 공갈죄를 구성한다.

6. 대법원 1991.12.13, 91도2127

공사부실로 하자가 발생하여 공사를 중단한 수급인이 도급인으로부터 공사대금 명목의 금품을 받은 사례

공사 수급인의 공사부실로 하자가 발생되어 도급인측에서 하자보수시까지 기성고 잔액의 지급을 거절하자 … 수급인이 권리행사에 빙자하여 도급인측에 대하여 비리를 관계기관에 고발하겠다는 내용의 협박 내지 사무실의 장시간 무단점거 및 직원들에 대한 폭행 등의 위법수단을 써서 기성고 공사대금 명목으로 금 80,000,000원을 교부받은 소위는 사회통념상 허용되는 범위를 넘는 것으로서 이는 공갈죄에 해당한다. 경찰채용 14 2차

7. 대법원 1994.11.8, 94도1657

행방불명된 남편에 대하여 불리한 민사판결이 선고되자 남편 명의의 항소장을 임의로 작성·제출한 사례

남편을 상대로 한 제소행위에 대하여 응소하는 행위가 처의 일상가사대리권에 속한다고 할 수 없고, 행방불명된 남편에 대하여 불리한 민사판결이 선고되었다 하더라도 그러한 사정만으로써는 적법한 다른 방법을 강구하지 아니하고 남편 명의의 항소장을 임의로 작성하여 법원에 제출한 행위가 사회통념상 용인되는 극히 정상적인 생활형태의 하나로서 위법성이 없다 할 수는 없다. 국가9급 11 / 경찰채용 14 2차 / 법원9급 16

8. 대법원 2001.2.23, 2000도4415

권리실행행위의 한계 : 공갈죄

피해자의 정신병원에서의 퇴원 요구를 거절해 온 피해자의 배우자가 피해자에 대하여 재산이전 요구를 한 경우, 그 배우자가 재산이전 요구에 응하지 않으면 퇴원시켜 주지 않겠다고 말한 바 없더라도 이는 암묵적 의사표시로서 공갈죄의 수단인 해악의 고지에 해당하고, 이러한 해악의 고지가 권리의 실현수단으로 사용되었더라도 그 수단방법이 사회통념상 허용되는 정도나 범위를 넘는 것으로서 공갈죄를 구성한다.

9. 대법원 2002.2.25, 99도4305

권리행사를 위한 협박 : 공갈죄

피고인이 피해자에 대하여 채권이 있다고 하더라도 그 권리행사를 빙자하여 사회통념상 용인되기 어려운 정도를 넘는 협박을 수단으로 상대방을 외포케 하여 재물의 교부 또는 재산상의 이익을 받았다면 공갈죄가 되는 것이다.

법원9급 09 / 경찰간부 11

10. 대법원 2011.5.26, 2011도2412

채권추심을 위하여 한 독촉 등 권리행사에 필요한 행위가 정당행위로 되기 위한 요건

채권자가 채권추심을 위하여 독촉 등 권리행사에 필요한 행위를 할 수 있기는 하지만, 법률상 허용되는 정당한 절차에 의한 것이어야 하며, 또한 채무자의 자발적 이행을 촉구하기 위해 필요한 범위 안에서 상당한 방법으로 그 권리가 행사되어야 한다. 따라서 사채업자인 피고인 A가 채무자 甲에게, 채무를 변제하지 않으면 甲이 숨기고 싶어 하는 과거 행적과 사채를 쓴 사실 등을 남편과 시댁에 알리겠다는 등의 문자메시지를 발송한 행위는, 협박의 고의도 인정되며, 정당한 절차와 방법을 통해 그 권리를 행사하지 아니하고 피해자에게 위와 같이 해악을 고지한 것은 사회의 관습이나 윤리관념 등 사회통념에 비추어 용인할 수 있는 정도의 것이라고 볼 수 없다(협박죄 성립). 경찰채용 13 1차 / 사시 13 / 경찰채용 24 1차

(4) 경미한 불법

경미한 불법 내지 경미한 법익침해행위라 함은 구성요건해당성이 있는 법익침해행위이기는 하나 그 법익침해의 정도가 아주 경미하여 사회생활상 허용해 줄 수 있는 경우를 말한다. 예컨대 함께 강의를 수강하는 대학생 甲이 바로 옆 자리 학생 乙이 자동판매기에서 뽑아온 커피를 몰래 한 모금 마신 행위는 절도죄의 구성요건에 해당하지만 그 법익침해의 경미성을 고려할 때 사회상규에 위배되지 않는다고 보아 위법성을 부정하는 경우이다. 또한 기술한 소극적 방어행위나 법령상 징계권 없는 자의 타인의 자녀에 대한 경미한 징계행위도 경미한 불법의 법리가 적용된 예로 볼 수도 있다. 참고로 일본에서는 가벌적 위법성론도 주장된다.[270]

(5) 기타 사회상규에 위배되지 아니하는 행위 관련 판례[271]

📌 판례연구 사회상규에 위배되지 아니하는 행위를 인정한 사례

1. 대법원 1980.2.12, 79도1349

모가 승낙한 정신병자에 대한 감금행위는 위법성 없다

정신병자의 어머니의 의뢰 및 승낙 하에 그 감호를 위하여 그 보호실 문을 야간에 한해서 3일간 시정하여 출입을 못하게 한 감금행위는 그 병자의 신체의 안정과 보호를 위하여 사회통념상 부득이 한 조처로서 수긍될 수 있는 것이면, 위법성이 없다.

2. 대법원 1987.1.20, 86도2492

동생을 구타하여 지면에 넘어뜨린 후 도주하는 자의 허리띠를 잡고 파출소 동행을 요구한 사례

피해자가 피고인의 동생을 구타하여 지면에 넘어뜨린 후 도주하므로 피고인이 그를 뒤따라가 그의 허리띠를 잡고 파출소로 동행할 것을 요구하자 오히려 위 피해자가 피고인의 멱살을 잡고 늘어지면서 반항한 것이라면 그와 같은 사정에서 설사 피고인의 행위가 폭행에 해당된다고 하여도 이는 위 피해자의 불법한 공격으로부터 자신을 보호하고 그를 파출소로 데려가기 위하여 취한 필요한 최소한도의 조치로서 사회상규에 어긋나지 아니하여 위법성이 없다.

3. 대법원 1995.3.17, 93도923

자신의 주장의 정당성을 입증하기 위한 자료의 제출행위로써 고소장 사본을 첨부한 사례

피고인이 소속한 교단협의회에서 조사위원회를 구성하여 피고인이 목사로 있는 교회의 이단성 여부에 대한 조

---

270 **일본의 가벌적 위법성론** 구성요건에 해당하더라도 당해 구성요건이 예정하는 정도의 '실질적 위법성'이 없는 행위에 대하여서는 그 구성요건해당성 또는 위법성을 부정하는 이론이다. 이때 가벌성의 판단기준은 피해의 경미성과 사회적 상당성이라고 한다. 다만, 우리 형법상으로는 제20조에서 포괄적인 위법성조각사유(사회상규)를 규정하고 있으므로, 경미한 불법은 사회상규에 위배되지 않는 정당행위로 인정하면 충분하고, 일본의 가벌적 위법성론을 수입할 필요는 없을 것이다. 외국과 달리 우리 형법은 사회상규에 위배되지 않는 정당행위에 관한 명문의 규정을 두고 있다는 점에서 '초법규적 위법성조각사유'를 인정할 필요가 없음은 이미 강조한 바이다.

271 아래에서는 판례들 중에서 사회상규에 위배되지 아니하는 행위와 사회상규에 위배되는 행위의 예들을 상당수 뽑아 예시해보기로 한다. 이외에 이와 관련되는 판례들은 형법각론의 각 범죄별로 검토될 것이다.

사활동을 하고 보고서를 그 교회 사무국장에게 작성토록 하자, 피고인이 조사보고서의 관련 자료에 피해자를 명예훼손죄로 고소했던 고소장의 사본을 첨부한 경우, 이는 자신의 주장의 정당성을 입증하기 위한 자료의 제출행위로서 정당한 행위로 볼 것이지, 고소장의 내용에 다소 피해자의 명예를 훼손하는 내용이 들어 있다 하더라도 이를 위법하다고까지는 할 수 없다.

4. 대법원 1999.10.22, 99도2971

후보자의 회계책임자가 자원봉사자인 후보자의 배우자 등에게 식사를 제공한 경우 : 정당행위 긍정

후보자의 회계책임자가 자원봉사자인 후보자의 배우자, 직계혈족 기타 친족에게 식사를 제공한 행위는 지극히 정상적인 생활형태의 하나로서 역사적으로 생성된 사회질서의 범위 안에 있는 것이어서 사회상규에 위배되지 아니하여 위법성이 조각된다. 경찰승진 11

5. 대법원 2000.4.25, 98도2389

무면허 의료행위 중 경미한 경우 : 무면허 수지침 시술 사례

일반적으로 면허 또는 자격없이 (수지침) 침술행위를 하는 것은 ① 의료법 제25조의 무면허 의료행위에 해당되어 처벌되어야 하고, 수지침 시술행위가 광범위하고 보편화된 민간요법이고, 그 시술로 인한 위험성이 적다는 사정만으로 그것이 바로 사회상규에 위배되지 아니하는 행위에 해당한다고 보기는 어렵다고 할 것이나, 경찰간부 16 ⋯ ② 구체적인 경우에 있어서 개별적으로 보아 법질서 전체의 정신이나 그 배후에 놓여 있는 사회윤리 내지 사회통념에 비추어 용인될 수 있는 행위에 해당한다고 인정되는 경우에는 형법 제20조 소정의 사회상규에 위배되지 아니하는 행위로서 위법성이 조각된다고 할 것이다. → 원칙적으로 의료법위반죄, 예외적으로 경미하면 정당행위 법원행시 14 / 경찰간부 15

6. 대법원 2003.8.22, 2003도1697

이 사건에서 군의회 의원 선거 후보자의 마을회관 건립경비 기부행위는 공직선거관리규칙 제50조 제5항 제2호 (자)목에 해당한다고 보기 어려워 공직선거법 제257조 제1항 제1호의 기부행위 위반죄의 구성요건해당성은 있으나 사회상규에 위배되지 아니하여 위법성이 조각된다.

유사판례 공직선거법 제112조 제1항에 해당하는 금품 등 제공행위가 같은 법 제112조 제2항 등에 규정된 의례적 행위나 직무상 행위에 해당하지 않더라도, 그것이 지극히 정상적인 생활형태의 하나로서 역사적으로 생성된 사회질서의 범위 안에 있는 것이라면 의례적 행위나 직무상의 행위로서 사회상규에 위배되지 아니하여 위법성이 조각된다(대법원 2017.4.28, 2015도6008).

7. 대법원 2004.4.9, 2003도6351

일시오락에 불과한 도박행위에 대한 풍속영업자의 준수사항 위반 여부

피고인이 운영하는 여관에서 친구들과 도박을 한 경우 일시오락의 정도에 불과하여 도박죄가 성립하지 않더라도 풍속영업의 규제에 관한 법률 위반죄의 구성요건에는 해당하나, 사회상규에 위배되지 않는 행위로서 위법성이 조각된다.

8. 대법원 2006.4.27, 2003도4735

주택관리사 없이 아파트 관리사무소의 직원급여, 전기요금 등 경비를 정당하게 지출한 사례

甲은 주택관리사의 자격을 가진 직원이 없는 상태에서 당장 지급하여야 할 직원급여, 전기요금 등의 필요적 경비를 지출하였다. 그런데 그 지출이 이루어지지 않을 경우 근로기준법을 위반하게 되고, 아파트 주민들이 연체료 등 더 큰 부담을 지게 될 상황이었다. 甲의 행위는 정당행위로서 무죄가 된다.

9. 대법원 2010.2.25, 2009도8473

'재건축사업으로 철거가 예정되어 있고 그 입주자들이 모두 이사하여 아무도 거주하지 않는 아파트'도 재물손괴죄의 객체가 되지만(대법원 2007.9.20, 2007도5207), 이를 가집행선고부 판결을 받아 철거한 행위는 형법 제20조의 정당행위에 해당한다.

10. 대법원 2010.3.11, 2009도10425

짧은 연좌시간 집회는 적법한 집회라는 사례

피고인들이 이미 신고한 행진 경로를 따라 행진로인 하위 1개 차로에서 2회에 걸쳐 약 15분 동안 연좌하였다는 사실 외에 이미 신고한 집회방법의 범위를 벗어난 사항은 없고, 약 3시간 30분 동안 이루어진 집회시간 동안 연

좌시간도 약 15분에 불과한 경우, 위 옥외집회 등 주최행위는 신고한 범위를 뚜렷이 벗어나는 경우에 해당하지 아니한다.

11. 대법원 2010.4.8, 2009도11395

시위 방법의 하나로 행한 '삼보일배 행진'은 사회상규에 반하지 아니하는 정당행위에 해당한다. 경찰채용 10 1차 / 경찰채용 11 2차 / 국가7급 11 / 사시 14

12. 대법원 2017.10.26, 2012도13352

표현의 자유와 관련된 정당행위의 새로운 판단기준을 제시한 사건 : 결합 표현물 사건

음란물이 그 자체로는 하등의 문학적·예술적·사상적·과학적·의학적·교육적 가치를 지니지 아니하더라도, 음란성에 관한 논의의 특수한 성격 때문에, 그에 관한 논의의 형성·발전을 위해 문학적·예술적·사상적·과학적·의학적·교육적 표현 등과 결합되는 경우가 있다. 이러한 경우 음란 표현의 해악이 이와 결합된 위와 같은 표현 등을 통해 상당한 방법으로 해소되거나 다양한 의견과 사상의 경쟁메커니즘에 의해 해소될 수 있는 정도라는 등의 특별한 사정이 있다면, 이러한 결합 표현물에 의한 표현행위는 공중도덕이나 사회윤리를 훼손하는 것이 아니어서, 법질서 전체의 정신이나 그 배후에 놓여 있는 사회윤리 내지 사회통념에 비추어 용인될 수 있는 행위로서 형법 제20조에 정하여진 '사회상규에 위배되지 아니하는 행위'에 해당된다. …… 방송통신심의위원회 심의위원인 甲은 자신의 인터넷 블로그에 위원회에서 음란정보로 의결한 '남성의 발기된 성기 사진'을 게시함으로써 정보통신망을 통하여 음란한 화상 또는 영상인 사진을 공공연하게 전시하였다고 하여 정보통신망 이용촉진 및 정보보호 등에 관한 법률 위반(음란물유포)으로 기소되었는데, 피고인의 게시물은 사진과 학술적, 사상적 표현 등이 결합된 결합 표현물로서, 사진은 음란물에 해당하나 결합 표현물인 게시물을 통한 사진의 게시는 형법 제20조에 정하여진 '사회상규에 위배되지 아니하는 행위'에 해당한다. 국가7급 18

13. 대법원 2021.12.30, 2021도9680

위법한 아파트 입주자대표회의 소집 공고문을 입주자대표회의 회장이 제거한 사건

어떠한 행위가 범죄구성요건에 해당하지만 정당행위라는 이유로 위법성이 조각된다는 것은 그 행위가 적극적으로 용인, 권장된다는 의미가 아니라 단지 특정한 상황 하에서 그 행위가 범죄행위로서 처벌대상이 될 정도의 위법성을 갖추지 못하였다는 것을 의미한다. 입주자대표회의 회장인 피고인이 정당한 소집권자인 회장의 동의나 승인 없이 위법하게 게시된 이 사건 공고문을 발견하고 이를 제거하는 방법으로 손괴한 조치는, 그에 선행하는 위법한 공고문 작성 및 게시에 따른 위법상태의 구체적 실현이 임박한 상황 하에 그 행위의 효과가 귀속되는 주체의 적법한 대표자 자격에서 그 위법성을 바로잡기 위한 조치의 일환으로 사회통념상 허용되는 범위를 크게 넘어서지 않는 행위라고 볼 수 있다. 나아가 이는 공동주택의 관리 또는 사용에 관하여 입주자 및 사용자의 보호와 그 주거생활의 질서유지를 위하여 구성된 입주자대표회의의 대표자로서 공동주택의 질서유지 및 입주자 등에 대한 피해방지를 위하여 필요한 합리적인 범위 내에서 사회통념상 용인될 수 있는 피해를 발생시킨 경우에 지나지 아니한다고도 볼 수 있다. 국가9급 24

14. 대법원 2023.5.18, 2017도2760

형법 제20조에서 정한 '사회상규에 위배되지 아니하는 행위'의 판단기준

(부정입학과 관련된 금품수수 등의 혐의로 구속되었던 A 대학교 전 이사장 乙이 다시 총장으로 복귀함에 따라 학내 갈등이 악화되었고, A 대학교 총학생회는 대학교 교수협의회와 총장 퇴진운동을 벌이면서 총장과의 면담을 요구하였으나 면담이 실질적으로 성사되지 않아, 총학생회 간부인 甲 등은 총장실 입구에서 진입을 시도하거나 회의실에 들어가 총장 사퇴를 요구하다가 이를 막는 교직원들과 실랑이를 벌였다. 甲 등의 위력에 의한 업무방해 행위의 위법성 조각 여부) 형법 제20조는 '사회상규에 위배되지 아니하는 행위'를 정당행위로서 위법성이 조각되는 사유로 규정하고 있다. 위 규정에 따라 사회상규에 의한 정당행위를 인정하려면, 첫째 그 행위의 동기나 목적의 정당성, 둘째 행위의 수단이나 방법의 상당성, 셋째 보호이익과 침해이익과의 법익균형성, 넷째 긴급성, 다섯째로 그 행위 외에 다른 수단이나 방법이 없다는 보충성 등의 요건을 갖추어야 하는데(대법원 1983.3.8, 82도3248; 1992.9.25, 92도1520 등 다수의 판결들), 위 '목적·동기', '수단', '법익균형', '긴급성', '보충성'은 불가분적으로 연관되어 하나의 행위를 이루는 요소들로 종합적으로 평가되어야 한다. '목적의 정당성'과 '수단의 상당성' 요건은 행위의 측면에서 사회상규의 판단기준이 된다. 사회상규에 위배되지 아니하는 행위로 평가되려면 행위의 동기와 목적을 고려하여 그것이 법질서의 정신이나 사회윤리에 비추어 용인될 수 있어야 한다. 수단의

상당성·적합성도 고려되어야 한다. 또한 보호이익과 침해이익 사이의 법익균형은 결과의 측면에서 사회상규에 위배되는지를 판단하기 위한 기준이다. 이에 비하여 행위의 긴급성과 보충성은 수단의 상당성을 판단할 때 고려요소의 하나로 참작하여야 하고 이를 넘어 독립적인 요건으로 요구할 것은 아니다. 또한 그 내용 역시 다른 실효성 있는 적법한 수단이 없는 경우를 의미하고 '일체의 법률적인 적법한 수단이 존재하지 않을 것'을 의미하는 것은 아니라고 보아야 한다. 위 법리에 따라 판단건대, 피고인들의 행위는 그 동기와 목적의 정당성, 행위의 수단이나 방법의 상당성, 법익균형성이 인정되고, 특히 학습권 침해가 예정된 이상 긴급성이 인정되고, 피고인들이 선택할 수 있는 법률적 수단이 더 이상 존재하지 않는다거나 다른 구제절차를 모두 취해본 후에야 면담 추진 등이 가능하다고 할 것은 아니어서 보충성도 인정되므로 정당행위 성립을 인정한 원심의 결론은 정당하다(사회상규에 위배되지 아니하는 행위로서 위법성 조각). 국가9급 24

15. 대법원 2023.6.29, 2018도1917

공장 내 CCTV에 비닐봉지를 씌워 촬영하지 못하도록 한 사례

① (회사가 근로자들의 동의 절차나 협의를 거치지 않고 설치된 공장 내 CCTV를 통하여 시설물 관리 업무를 하는 것은 업무방해죄의 보호대상인 업무에 해당하는가 여부) 이 사건 회사는 시설물 보안 및 화재 감시라는 정당한 이익을 위하여 이 사건 CCTV를 설치한 것으로 볼 수 있으므로, 비록 그 설치 과정에서 근로자들의 동의 절차나 노사협의회의 협의를 거치지 아니하였다 하더라도 그 업무가 법률상 보호할 가치가 없다고 평가할 수 없다. 따라서 이 사건 CCTV의 설치 및 운영을 통한 시설물 관리 업무는 업무방해죄의 보호대상에 해당한다. 피고인들의 공소사실 기재 각 행위는 이 사건 CCTV 카메라의 촬영을 불가능하게 하는 물적 상태를 만든 것으로 위력에 해당하고, 시설물 관리 업무를 방해할 위험성도 인정되므로, 구성요건해당성이 인정된다. ② (그중 회사가 CCTV를 작동시키지 않았거나 시험가동만 한 상태에서 근로자가 CCTV 카메라에 비닐봉지를 씌워 촬영하지 못하도록 한 행위는 정당행위에 해당하는가 여부) 회사가 CCTV를 작동시키지 않았거나 시험가동만 한 상태였으므로 근로자들의 권리가 실질적으로 침해되고 있었다고 단정하기 어려운 점, 피고인들이 공장부지의 외곽 울타리를 따라 설치되어 실질적으로 근로자를 감시하는 효과를 가진다고 보기 어려운 32대의 카메라를 포함하여 전체 CCTV의 설치 및 운영을 중단하라는 무리한 요구를 하고, 위 32대의 카메라에까지 검정색 비닐봉지를 씌웠던 점 등에 비추어 볼 때, 위 행위는 정당행위에 해당하지 않는다. ③ (회사가 정식으로 CCTV 작동을 시작한 후 근로자가 CCTV 카메라에 비닐봉지를 씌워 촬영하지 못하도록 한 행위는 정당행위에 해당할 수 있는가 여부) 어떠한 행위가 범죄구성요건에 해당하지만 정당행위라는 이유로 위법성이 조각된다는 것은 그 행위가 적극적으로 용인·권장된다는 의미가 아니라 단지 특정한 상황 하에서 그 행위가 범죄행위로서 처벌대상이 될 정도의 위법성을 갖추지 못하였다는 것을 의미한다(대법원 2021.12.30, 2021도9680). 이 사건 CCTV 카메라의 촬영을 불가능하게 한 각 행위들은 모두 위력에 의한 업무방해죄의 구성요건에 해당하고, 그중 회사가 CCTV를 작동시키지 않았거나 시험가동만 한 상태에서 촬영을 방해한 행위는 정당행위로 볼 수 없으나, 정식으로 CCTV 작동을 시작한 후에는 회사의 정당한 이익 달성이 명백하게 정보주체의 권리보다 우선하는 경우에 해당한다고 보기 어려워 그 촬영을 방해한 행위는 정당행위에 해당할 여지가 있다.

⚒ 판례연구 사회상규에 위배되므로 위법하다고 본 사례

1. 대법원 1982.12.14, 82도2357

변조된 채권증서에 의한 배당금수령이 사회상규에 위반되지 않는 것이라고 볼 수 없다고 한 사례

피고인의 변조 채권증서를 이용하여 채무청산위원회로부터 편취한 금원의 용도가 동 위원회가 채무자로부터 그 재산을 양도받는 데에 결정적인 역할을 한 자들에 대한 사례금으로 지급하기 위한 것이었다고 하여 동 변조증서에 의한 배당금취득이 채무청산위원회의 위원으로서 업무수행에 관련된 행위로서 사회상규에 위반되지 않는 것이라고 볼 수 없다.

2. 대법원 1983.2.8, 82도357

국고수입을 늘린다는 일념에서 법령에 위반하여 지정 매도인 이외의 자에게 홍삼을 판매한 사례

전매공무원인 피고인이 홍삼판매할당량을 충실히 이행함으로써 국고수입을 늘린다는 일념 하에서 법령에 위반하여 지정판매인 이외의 자에게 판매하고 이를 법령상 허용된 절차와 부합시키기 위하여 허위의 공문서인 매도

신청서와 영수증을 작성케 하였다면, 설사 그것이 일반화된 관례였고 상급관청이 이를 묵인하였다는 사정이 있다 하더라도, 사회적 상당성이 있다고 단정할 수 없다.

3. 대법원 1990.2.23, 89도2466

회사를 위한 탈세행위로 형사재판을 받는 대표이사의 변호사비용과 벌금을 회사자금으로 지급한 사례

대표이사가 회사를 위한 탈세행위로 인하여 형사재판을 받는 경우 그 변호사비용과 벌금을 회사에서 부담하는 것이 관례라고 하여도 그러한 행위가 사회상규에 어긋나지 않는다고 할 만큼 사회적으로 용인되어 보편화된 관례라고 할 수 없다.

4. 대법원 1990.8.14, 90도870

집시법 소정의 신고 없이 이루어진 옥외집회 또는 시위

옥외집회 또는 시위가 개최될 것이라는 것을 관할 경찰서가 알고 있었다거나 그 집회 또는 시위가 평화롭게 이루어진다 하여 집시법의 신고의무가 면제되는 것은 아니므로 소정의 신고서 제출 없이 이루어진 옥외집회 또는 시위를 사회상규에 반하지 아니하는 정당한 행위라고 할 수는 없다.

5. 대법원 1991.12.27, 91도1169

피고인이 피해자에게 심한 욕설을 한 게 발단이 된 사례

택시 운전사인 피고인이 고객인 가정주부들에게 입에 담지 못할 욕설을 퍼부은 데서 발단이 되어 가정주부인 피해자 등으로부터 핸드백과 하이힐 등으로 얻어맞게 되자 그 때문에 입은 상처를 고발하기 위해 파출소로 끌고 감을 빙자하여 피해자의 손목을 잡아 틀어 상해를 가했다면 피고인의 행위가 사회통념상 용인될 만한 상당성이 있는 정당행위라고 볼 수는 없다.[272] 사시 12

6. 대법원 1999.2.23, 98도1869

새마을금고 이사장이 구 새마을금고법 및 정관에 반하여 비회원인 회사에게 대출해 준 경우, 그 회사가 위 대출금으로 회원인 회사근로자들의 상여금을 지급하였다 하더라도 정당행위에 해당하지 않는다(새마을금고법위반죄 성립).[273] 경찰승진 11

7. 대법원 1999.5.25, 99도983

선관위규칙 소정의 금액을 초과한 후보자의 경조품 제공행위 : 정당행위 부정

후보자가 선거구 내 거주자에 대한 결혼축의금으로서 선관위규칙이 정한 금액인 금 30,000원을 초과하여 금 50,000원을 지급한 사유가 후보자가 모친상시 그로부터 받은 같은 금액의 부의금에 대한 답례취지이었다 하더라도 그것이 미풍양속으로서 사회상규에 위배되지 않는다고 볼 수 없다.

8. 대법원 1999.10.12, 99도3335

후보자의 선거비용 지출에 대해 회계책임자가 사후추인한 경우 : 정당행위 부정

공직선거법상 선거비용지출죄는 회계책임자가 아닌 자가 선거비용을 지출한 경우에 성립되는 죄인 바, 후보자가 그와 같은 행위가 죄가 되는지 몰랐다고 하더라도 회계책임자가 아닌 후보자가 선거비용을 지출한 이상 그 죄의 성립에 영향이 없고, 회계책임자가 후에 후보자의 선거비용지출을 추인하였다 하더라도 그 위법성이 조각되는 것도 아니다. 경찰채용 23 1차

9. 대법원 2002.1.25, 2000도1696

피고인의 군수 후보자 합동연설회장에서 유인물을 교부한 행위는 형법 제20조에서 말하는 '법령에 의한 행위 또는 업무로 인한 행위'에 해당하지 아니함은 물론, 공직선거법의 입법취지에 비추어 보면 사회상규에 위배되지 아니한 행위라고 할 수도 없다.

10. 대법원 2003.9.26, 2003도3000

이혼소송에 제출할 증거서류를 수집할 목적으로 간통현장을 사진촬영하기 위하여 주택에 침입한 사례

---

272 참고 이 판례는 이론적으로 정당방위의 사회윤리적 제한 중 '유책한 도발행위'에 해당되므로 정당방위의 범위가 일정한 수준으로 제한된다고 볼 수 있는 경우이다.

273 주의 새마을금고 임·직원이 동일인 대출한도 제한규정을 위반하여 초과대출을 한 행위는 새마을금고법위반에 해당하지만, 업무상 배임죄가 성립할 수 없다는 판례(대법원 2008.6.19, 2006도4876 전원합의체)와는 혼동하지 않아야 한다.

피고인들은 甲과 乙이 주택 내의 乙의 방에서 간통할 것이라는 추측 하에 피고인 A와 甲 사이의 이혼소송에 사용할 증거자료 수집을 목적으로 그들의 간통 현장을 직접 목격하고 그 사진을 촬영하기 위하여 이 사건 주택에 침입한 것으로서, 그 목적이 乙의 주거생활의 평온이라는 법익침해를 정당화할 만한 이유가 될 수 없을 뿐 아니라, 그 수단과 방법에 있어서 상당성이 인정된다고 보기도 어려우며, 증거수집을 위하여 주거침입이 긴급하고 불가피한 수단이었다고 볼 수도 없다. 국가9급 07 / 경찰채용 10 2차 / 경찰승진 10 / 국가7급 10 / 법원행시 11 / 법원행시12 / 국가7급 13 / 변호사 13 / 경찰승진 14 / 경찰승진 16

11. 대법원 2004.4.27, 2002도315

시민불복종운동 사례 : 특정후보자에 대한 낙선운동은 정당행위가 될 수 없다는 사례

확성장치사용, 연설회 개최, 불법행렬, 서명날인운동, 선거운동 기간 전 집회개최 등의 방법으로 특정후보자에 대한 낙선운동을 함으로써 공직선거법에 의한 선거운동 제한규정을 위반한 행위는 위법한 행위로서 허용될 수 없는 것이고, 이러한 행위가 시민불복종운동으로서 헌법상의 기본권 행사 범위 내에 속하는 정당행위이거나 형법상 사회상규에 위반되지 아니하는 정당행위 또는 긴급피난의 요건을 갖춘 행위로 볼 수는 없다. 사시 14 / 경찰승진 15

12. 대법원 2004.10.28, 2004도3405

시술비를 받는 등 부항 시술행위가 경미하지 않았던 경우

부항 시술행위가 광범위하고 보편화된 민간요법이고, 그 시술로 인한 위험성이 적다는 사정만으로 그것이 바로 사회상규에 위배되지 아니하는 행위에 해당한다고 보기는 어렵고, 다만 개별적인 경우에 사회통념에 비추어 용인될 수 있는 행위에 해당한다고 인정되는 경우에만 사회상규에 위배되지 아니하는 행위로서 위법성이 조각된다. 국가7급 16 / 경찰승진 24

13. 대법원 2004.11.25, 2004도6408

1인 시위 등이 명예훼손 및 업무방해에 해당한다고 본 사례

피고인이 적법한 구제절차를 밟지 아니한 채 피해자가 운영하는 병원 곳곳을 돌아다니며 '살인병원'이라고 소리를 지르고, 여러 날에 걸쳐 상복(喪服)을 입은 채 위 병원 앞 인도 위에서 베니어판을 피고인의 목에 앞뒤로 걸고 1인 시위를 벌이는 행위를 한 것은 집회·시위의 자유 및 표현의 자유의 한계를 넘어 선 것으로 그 수단이나 방법이 상당하다고 할 수 없고 또한 다른 구제수단이나 방법이 없어 불가피하게 한 행위라고 볼 수 없으므로 정당행위에 해당하지는 아니한다.

14. 대법원 2006.4.13, 2003도3902

입주자대표회의측과 기존 관리회사의 분쟁 사례

A아파트의 입주자대표회의로부터 새롭게 관리업무를 위임받은 B주식회사의 직원들인 甲 등은 저수조 청소를 위하여 중앙공급실에의 출입을 시도하여 오다가, 기존에 관리업무를 수행하던 C주식회사의 직원들로부터 계속 출입을 제지받자, ① 출입문에 설치된 자물쇠를 손괴하고 중앙공급실에 침입하였다. 그리고 위 아파트 입주자대표회의의 임원 乙과 B회사의 직원들인 丙 등은 ② C회사의 직원들로부터 관리비 고지서를 빼앗고 사무실의 집기 등을 들어내었다. 저수조 청소를 위하여 출입문에 설치된 자물쇠를 손괴하고 중앙공급실에 침입한 폭처법위반행위(① : 2인 이상의 손괴 및 주거침입)는 정당행위에 해당하나, 관리비 고지서를 빼앗거나 사무실의 집기 등을 들어낸 행위(② : 업무방해)는 정당행위에 해당하지 않는다. 경찰승진 11 / 사시 11 / 경찰승진 15

15. 대법원 2006.4.13, 2005도9396

아파트 입주자대표회의 회장이 다수 입주민들의 민원에 따라 위성방송 수신을 방해하는 케이블TV방송의 시험방송 송출을 중단시키기 위하여 위 케이블TV방송의 방송안테나를 절단하도록 지시한 행위를 긴급피난 내지는 정당행위에 해당한다고 볼 수 없다. 국가7급 07 / 국가9급 10 / 경찰채용 13 1차 / 법원9급 14 / 경찰간부 16 / 국가7급 16 / 경찰간부 17

16. 대법원 2006.4.27, 2003도4735

무자격자가 입주자대표회의 운영비(업무추진비)를 지출한 행위

입주자대표회의 운영비(업무추진비)가 공동주택의 관리업무를 행하기 위한 분담할 수 있는 관리비에 포함된다고 인정한 것은 정당한 것으로서, 입주자대표회의의 운영비가 그 성격상 주택관리사 등의 공백상태에서 반드시 지출되어야 할 것이 아니고, 그 당시 지출해야 할 특별한 사정이 있었다고 보이지도 아니하므로, 무자격자인 피고인

의 지출행위는 정당행위에 해당하지 아니한다.

17. 대법원 2006.4.27, 2003도4735

아파트 단지 내에서의 굴비 판매 수수료를 동대표 일부에 추석 선물비용으로 지출한 사례

주주총회나 이사회, 부녀회 등에서 위법한 예산지출에 관하여 의결을 하였다 하더라도 횡령죄나 배임죄의 성립에 지장이 없고, 그 의결에 따른 예산집행이라고 하여 횡령행위나 배임행위가 정당화될 수 없다 할 것인 바(대법원 1990.2.23, 89도2466; 2000.5.26, 99도2781; 2004.7.22, 2003도8193 등 참조), 국가9급 18 / 국가9급 21 아파트 단지 내에서의 굴비 판매행위와 관련하여 받은 수수료는 주요시설의 보수 및 특별수선충당금으로 적립하여야 하므로, 피고인이 임의로 위 수수료를 동대표 일부에 대한 추석 선물비용으로 지출한 후 입주자대표회의에서 이를 추인하는 결의가 있었다 하더라도 피고인의 위 행위는 횡령죄를 구성하고, 정당행위에 해당하지 아니한다.

18. 대법원 2006.4.27, 2003도4735

아파트 관리규약 개정을 위한 서명부를 가지고 간 사례

甲이 아파트 관리규약 개정을 위한 서명부를 가지고 감으로써 입주자대표회의의 관리규약 개정 등 관리업무를 방해하였다면 정당행위가 되지 않고 업무방해죄가 성립한다.

19. 대법원 2007.1.11, 2006도7092

지자체장 세미나 지원경비 사례

차기 지방선거에 출마 예정인 지방자치단체장이 선거 전에 지방의회 의원 전원의 세미나 출장을 앞두고 의장을 직접 방문하여 세미나 지원경비를 지급한 행위는 공직선거법위반행위에 해당하며 평소 지자체장의 직무상 행위로서 관행이라는 이유로는 그 위법성이 배제될 수 없다.

> **유사판례 1** 행정자치부 업무추진비 집행기준을 준수한 지자체장의 간담회 개최 사례
>
> 지방자치단체장이 각종 간담회라는 명목으로 여러 모임을 개최하고 그 참석자들에게 음식물을 제공한 다음 행정자치부가 마련한 업무추진비 집행기준을 준수하여 지방자치단체장에게 지급되는 업무추진비로 그 비용을 지출하는 행위가 여러 지방자치단체장들에 의하여 관행적으로 행하여져 온 것임을 감안하더라도, 정당행위에 해당한다고 볼 수 없다(대법원 2007.11.16, 2007도7205).

> **유사판례 2** 지방의회의 업무추진비에서 예산집행절차를 거친 유권자들에 대한 음식물 제공 사례
>
> 지방의회의원이 음식물 등 제공에 사용한 금원이 지방의회의 예산에 편성되어 있는 업무추진비에서 예산집행절차를 거쳐 지급된 것이라고 하더라도, 기부행위의 지급상대방, 규모, 동기 등에 비추어 사회상규에 위배되지 아니하는 행위로 볼 수 없다(대법원 2009.4.9, 2009도676).

20. 대법원 2007.6.28, 2005도8317

의사가 모발이식시술을 하면서 어느 정도 지식이 있는 간호조무사로 하여금 모발이식시술행위 중 일정 부분을 직접 하도록 맡겨둔 채 별반 관여하지 않은 것은 정당행위에 해당하지 않는다. 경찰채용 10 2차 / 경찰승진 10 / 사시 13 / 사시 15 / 경찰승진 16

21. 대법원 2007.6.28, 2006도6389

정보통신망법상 타인의 비밀에 해당하는 급여명세서를 출력하여 소송에 증거로 제출한 사례

피고인이 타인의 급여번호와 비밀번호를 무단히 이용하여 학교법인의 정보통신망에 보관 중인 급여명세서를 열람·출력하는 행위는 상당성이 없고, 위 급여명세서를 위 방법으로 입수하여야 할 긴급한 상황에 있었다고 보기도 어려우며, 다른 수단이나 방법에 의하더라도 피고인이 의도한 소송상의 입증목적을 충분히 달성할 수 있다고 보이는 점 등을 종합하여 보면, 피고인의 이 사건 비밀침해 및 누설행위는 사회상규에 반하지 않는 정당행위에 해당한다고 볼 수도 없다.

22. 대법원 2008.8.21, 2008도2695

정신분열증을 앓고 있는 피해자에 대한 기도원 운영자의 과도한 안수기도 사례 : 폭행치상죄 ○

종교적 기도행위를 마치 의료적으로 효과가 있는 치료행위인 양 내세워 환자를 끌어들인 다음, 통상의 일반적인 안수기도의 방식과 정도를 벗어나 환자의 신체에 비정상적이거나 과도한 유형력을 행사하고 신체의 자유를 과도하게 제압하여 환자의 신체에 상해까지 입힌 경우라면, 그러한 유형력의 행사가 비록 안수기도의 명목과 방법으로 이루어졌다 해도 정당행위라고 볼 수 없다. 국가7급 11 / 사시 11 / 경찰승진 15

23. 대법원 2009.4.23, 2008도6829

불법 건축물이라는 이유로 일반음식점 영업신고의 접수가 거부되었고, 이전에 무신고 영업행위로 형사처벌까지 받았음에도 계속하여 일반음식점 영업행위를 한 피고인의 행위는, 식품위생법상 무신고 영업행위로서 정당행위 또는 적법행위에 대한 기대가능성이 없는 경우에 해당하지 아니한다. 경찰승진 10 / 경찰간부 11 / 국가7급 20

24. 대법원 2009.10.15, 2006도6870

통합의학 사례 : 한의사 면허나 자격 없이 소위 '통합의학'에 기초하여 환자를 진찰 및 처방한 사례

한의사가 아니면 처방할 수 없고 한약사라고 하더라도 한약조제지침서에 정하여진 처방에 따라서 조제할 수 있을 뿐인 한약재로 구성된 소위 달인 물을 처방한 경우, 이러한 '통합의학'에 기초한 피고인의 질병에 대한 진찰 및 처방은 그 치료효과에 관한 과학적 근거가 부족하여 그로 인한 부작용 내지 위험 발생의 개연성이 적지 아니할 것으로 보이는 사실 등을 인정할 수 있는 바, 이러한 피고인의 진찰 및 처방은 사회통념에 비추어 용인될 수 있는 행위에 해당한다고 볼 수 없다. 국가9급 18

25. 대법원 2010.5.27, 2010도2680

속칭 '생일빵'을 한다는 명목 하에 피해자를 가격하였다면 폭행죄가 성립하고, 가격행위의 동기, 방법, 횟수 등 제반 사정에 비추어 정당행위에 해당하지 않는다고 볼 수 있다.[274]

26. 대법원 2010.10.14, 2008도6578

운수회사 직원과 회사 대표가 공모하여 지입차주 점유의 차량을 무단 취거한 사례

피고인이 원심 공동피고인 1등과 공모하여 지입차주인 피해자들이 점유하는 각 차량 또는 번호판을 피해자들의 의사에 반하여 무단으로 취거함으로써 피해자들의 차량운행에 관한 권리행사를 방해한 경우, 피고인 등이 법적 절차에 의하지 아니하고 일방적으로 지입차량 등을 회수하지 않으면 안 될 급박한 필요성이 있다고 볼 만한 자료를 기록상 찾아볼 수 없으므로 피고인의 무단 취거 행위는 정당행위에 해당한다고 할 수 없다. 경찰채용 11 2차

27. 대법원 2011.2.24, 2010도14720

공직선거법상의 '기부행위'에 해당하는 행위가 위법이 조각되기 위한 요건

공직선거법상 기부행위의 구성요건에 해당하는 행위라 하더라도 그것이 지극히 정상적인 생활형태의 하나로서 역사적으로 생성된 사회질서의 범위 안에 있는 것이라고 볼 수 있는 경우에는 일종의 의례적 행위나 직무상의 행위로서 사회상규에 위배되지 아니하여 위법성이 조각되는 경우가 있을 수 있지만 그와 같은 사유로 위법성의 조각을 인정할 때에는 신중을 요한다. 따라서 현직 군수로서 전국동시지방선거(제5회) 지방자치단체장 선거에 특정 정당 후보로 출마가 확실시되는 피고인이 같은 정당 지역청년위원장 등 선거구민 20명에게 약 36만 원 상당의 식사를 제공하여 기부행위를 한 경우에는, 사회상규에 위배되지 아니하는 행위로서 위법성이 조각된다고 볼 수 없다. 경찰승진 14

28. 대법원 2011.10.13, 2011도6287

약국개설자 아닌 자의 의약품 수여행위와 정당행위 여부

甲 주식회사 임원인 피고인들이 회사 직원들 및 그 가족들에게 수여[275]할 목적으로 전문의약품인 타미플루 39,600정 등을 제약회사로부터 매수하여 취득하였다고 하여 구 약사법 위반죄로 기소된 경우, 불특정 또는 다수인에게 무상으로 의약품을 양도하는 수여행위도 '판매'에 포함되므로 위와 같은 행위가 같은 법 제44조 제1항 위반행위에 해당하며, 이는 사회상규에 위배되지 아니하는 정당행위에 속하지 않는다고 보아야 한다. 경찰채용 12 3차 / 경찰 간부 12 / 경찰간부 14 / 경찰채용 15 2차 / 경찰간부 16 / 경찰채용 18 1차

29. 대법원 2018.2.8, 2015도7397

상법상 주주의 권리행사에 관한 이익공여의 죄와 사회상규에 위배되지 아니하는 행위

상법 제634조의2 제1항은 주식회사의 이사 등이 주주의 권리행사와 관련하여 회사의 계산으로 재산상의 이익을

---

274 보충 : 위 판례의 또 다른 논점 속칭 '생일빵'을 한다는 명목 하에 피해자를 가격하여 사망에 이르게 한 이 사안에서, 폭행과 사망 간에 인과관계는 인정되지만 폭행 당시 피해자의 사망을 예견할 수 없었다는 점에서 폭행치사죄는 인정할 수 없다(대법원 2010.5.27, 2010도2680).

275 보충 – 죄형법정주의 국내에 있는 불특정 또는 다수인에게 무상으로 의약품을 양도하는 수여행위도 구 약사법 제44조 제1항의 '판매'에 포함된다고 보는 것이 체계적이고 논리적인 해석이라 할 것이고, 그와 같은 해석이 죄형법정주의에 위배된다고 볼 수 없다(대법원 2011.10.13, 2011도6287).

공여한 경우에는 1년 이하의 징역 또는 300만 원 이하의 벌금에 처한다고 규정하고 있다. …… 甲 주식회사 대표이사인 피고인이 甲 회사의 계산으로 사전투표와 직접투표를 한 주주들에게 무상으로 20만 원 상당의 상품교환권 등을 각 제공한 것은 주주총회 의결권 행사와 관련된 이익의 공여로서 사회통념상 허용되는 범위를 넘어서는 것이어서 상법상 주주의 권리행사에 관한 이익공여의 죄에 해당한다. 경찰채용 20 2차

30. 대법원 2022.1.4, 2021도14015

가정폭력처벌법상 임시보호명령위반을 피해자가 양해·승낙하여도 위법하다는 사건

① 가정폭력처벌법 제55조의4에 따른 임시보호명령은 피해자의 양해 여부와 관계없이 행위자에게 접근금지, 문언송신금지 등을 명하는 점, ② 피해자의 양해만으로 임시보호명령 위반으로 인한 가정폭력처벌법 위반죄의 구성요건해당성이 조각된다면 개인의 의사로써 법원의 임시보호명령을 사실상 무효화하는 결과가 되어 법적 안정성을 훼손할 우려도 있으므로, 설령 피고인의 주장과 같이 이 사건 임시보호명령을 위반한 주거지 접근이나 문자메시지 송신을 피해자가 양해 내지 승낙했다고 할지라도 가정폭력처벌법 위반죄의 구성요건에 해당할뿐더러, ① 피고인이 이 사건 임시보호명령의 발령 사실을 알면서도 피해자에게 먼저 연락하였고 이에 피해자가 대응한 것으로 보이는 점, ② 피해자가 피고인과 문자메시지를 주고받던 중 수회에 걸쳐 '더 이상 연락하지 말라'는 문자메시지를 보내기도 한 점 등에 비추어 보면, 피고인이 이 사건 임시보호명령을 위반하여 피해자의 주거지에 접근하거나 문자메시지를 보낸 것을 형법 제20조의 정당행위로 볼 수도 없다.

표정리 정당행위의 종류 정리(다수설·판례)

법령에 의한 행위	공무원의 직무행위	법령에 의한 행위	• 민사집행법 ⇨ 집행관의 강제집행 • 형사소송법 ⇨ 검사·사법경찰관의 체포·구속·압수·수색·검증행위 • 통신비밀보호법 ⇨ 검사·사법경찰관의 통신제한조치		
		명령수행	적법명령	정당행위	
			위법명령	절대적 구속력	×	위법·유책
					○	초법규적 기대가능성× ⇨ 무죄
	징계행위	학교장	교육기본법 및 초·중등교육법	사회상규에 의한 제한	
		소년원장 등	소년원법 등		
	사인의 현행범체포	한계를 넘는 경우(형사소송법) ┌ 체포시 상해·살인·제3자의 주거침입 └ 체포 후 장시간 감금			
	노동쟁의	• 한계(노동조합 및 노동관계조정법)　• 근로조건의 개선목적 필요 • 민주적·합법적 절차　　　　　　　• 비폭력적인 행위			
	기타	• 업무상 동의낙태죄 ⇨ 모자보건법 • 업무상 비밀누설죄 ⇨ 감염병예방법 • (정신병자) 감금죄 ⇨ 정신보건법, 경찰관직무집행법 등 • 복표발매죄 ⇨ 주택건설촉진법, 한국마사회법 등 • 상해죄·중상해죄 ⇨ 뇌사자의 장기적출행위(장기이식법) • 도박죄·상습도박죄 ⇨ 강원도 정선 카지노(폐광지역개발지원특별법) • 상해죄·업무상과실치사죄 ⇨ 경찰관의 총기사용(경찰관직무집행법) • 주거침입죄 ⇨ 모(母)의 면접교섭권(민법)			

업무로 인한 행위	의사의 치료	• 업무로 인한 정당행위설(다수설·일부판례) • 피해자의 승낙에 의한 행위설(소수설·일부판례)			
	안락사	적극적 안락사	위법 ○(다수설)		
		소극적 안락사	위법 ×(통설·판례)		
	변호인의 변론	업무행위(위법 ×)	• 명예훼손 • 업무상 비밀누설		
		위법 ○(한계일탈)	• 범인은닉 • 위증교사 • 증거인멸		
	성직자의 업무행위	업무행위(위법 ×)	국가보안법상 불고지죄(무죄)		
		위법 ○(한계일탈)	범인은닉죄(유죄)		
	기자의 취재·보도	일상적 업무범위	업무로 인한 행위		
		불법도청자료 보도	일정한 요건 하에 정당행위 인정(X파일 사건 : 유죄)		
	운동경기	프로·아마선수	업무로 인한 행위		
		일상적 운동경기	사회상규에 위배되지 않는 행위(중대한 위반 : 유죄)		
기타 사회 상규에 위배 되지 아니 하는 행위	소극적 방어행위	(주로) 뿌리치는 행위(판례이론)	적극적 방어	정당방위	
			소극적 방어	정당행위	
	징계권 없는 자의 징계행위	교사(판례 : 법령)	법령상 징계권 ×	사회상규 제한 父가 대소변 못가리는 子(4세)를 닭장에 가두고 전신을 구타 : 학대죄 성립(판례)	
		자기·타인의 자녀			
		군인			
	권리실행 행위	채권자가 채무자에게 가하는 일정한 행위가 사기·협박·강요·공갈·업무방해 등 죄의 구성 요건에 해당되어도 위법성은 조각			
	경미한 불법	• 연필 1자루를 훔치는 행위 • 일본의 소위 가벌적 위법성론(우리나라에서는 불요)			

목 차		난 도	출제율	대표 지문
제1절 **책임이론**	01 책임의 의의	下	★	• 도의적 책임론은 형사책임의 근거를 행위자의 자유의사에서 찾으며, 가벌성 판단에서 행위보 다 행위자에 중점을 두는 주관주의 책임론의 입장이다. (×) • 심리적 책임론은 행위자에게 고의는 있으나 기 대불가능성을 이유로 책임이 조각되는 경우를 이론적으로 설명하기 어렵다. (○)
	02 책임의 근거	中	★★	
	03 책임의 본질	中	★★	
제2절 **책임능력**	01 책임능력의 의의 · 본질 · 평가방법	下	★	• 형법 제10조 제1항의 책임무능력은 생물학적 방 법과 심리학적 방법을 혼합하여 판단한다. (○) • 우리 형법은 독일 형법과 달리 '원인에 있어서 자유로운 행위'에 관해 명문의 규정을 두고 있다. (○) • 원인설정행위에서 책임의 근거를 찾는 견해에 대해 '행위−책임 동시존재의 원칙'에 대한 예 외를 인정한다는 비판이 있다. (×)
	02 형사미성년자	下	★★	
	03 심신상실자	下	★	
	04 한정책임능력자	下	★	
	05 원인에 있어서 자유로운 행위	中	★★	
제3절 **위법성의 인식**	01 의 의	下	★	• 범죄의 성립에서 위법성에 대한 인식은 범죄사 실이 사회정의와 조리에 어긋난다는 것을 인식 하는 것뿐만 아니라 구체적인 해당 법조문까지 인식하여야 한다. (×)
	02 체계적 지위	下	★★	
제4절 **법률의 착오**	01 의 의	下	★	• 행위자가 자기의 행위와 관련된 금지규범을 알 지 못한 경우도 그 부지에 정당한 이유가 있는 경우에는 벌하지 않는다. (×) • 남편이 부인을 구타하면서 징계권이 있다고 오 인한 경우는 위법성 조각사유의 한계에 대한 착오가 법률의 착오에 해당한다. (×)
	02 유 형	下	★★★	
	03 형법 제16조의 해석	中	★★★	
제5절 **책임조각사유:기대불가능성**	01 서 설	下	★	• '기대불가능성'내지 '기대가능성의 감소'를 이 유로 한 형법상 책임감경 또는 책임감면의 규 정에 오상피난이 있다. (×) • 저항할 수 없는 폭력에는 절대적 폭력외에 강 제적 폭력 내지 심리적 폭력도 포함된다. (×)
	02 책임론에서의 체계적 지위	下	★	
	03 기대불가능성의 판단기준	中	★★	
	04 기대불가능성으로 인한 책임조각사유	中	★★	
	05 강요된 행위	中	★★	

구 분	국가7급						국가9급						법원9급						경찰간부					
	18	19	20	21	22	23	19	20	21	22	23	24	18	19	20	21	22	23	18	19	20	21	22	23
제1절 책임이론																								1
제2절 책임능력	1	1		1		1	1	1	1	1			1	1	1	1			1	1		1		
제3절 위법성의 인식			1						1		1											1		
제4절 법률의 착오	1			1		1				1		1				1			1	1	1	1		1
제5절 책임조각사유: 기대불가능성			1		1		1				1											2		
출제빈도수	10/130						10/120						5/150						12/228					

CHAPTER

04

책임론

경찰채용						법원행시						변호사					
19	20	21	22	23	24	19	20	21	22	23	24	19	20	21	22	23	24
												1					
2	1	1		2	1	1			1			1	1		1		
			1											1			
1	1		2	1		1		1									1
	1		1														
15/264						4/240						6/120					

CHAPTER
04 책임론

제1절 | 책임이론

01 책임의 의의

1. 개 념

범죄가 성립하려면, 일정한 행위(사회적으로 중요한 행위 : 통설인 사회적 행위론)가 −죄형법정주의원칙에 의할 때− 범죄를 구성하는 정형적인 명문의 규정(불법구성요건)에 해당해야 하고, 이렇게 구성요건에 해당하는 행위는 위법성(전체적 가치질서에 위반되는 성질)이 추정(구성요건은 위법성의 인식근거 : 통설)되므로 위법성 단계에서는 예외적으로 위법성을 없앨 수 있는 사유(형법 및 기타 특별법에 규정되어 있는 위법성조각사유)에 해당되지만 않으면 위법하다고 평가되게 된다. 이러한 판단이 내려지면 '어떠한 행위가 不法하다'는 구체적 판단을 내릴 수 있게 된다.

그렇다면 범죄의 성립조건을 따짐에 있어 마지막 남은 요소는 '행위자'에 대한 판단인 책임의 문제이다. 책임(責任; Schuld)이란 위법한 행위에 대하여 행위자를 개인적으로 비난할 수 있는가, 즉 비난가능성 (Vorwerfbarkeit)이다(다만 책임의 개념을 비난가능성으로 보게 된 것은 규범적 책임개념이 확립된 이후의 일인데, 이는 책임의 본질에서 후술함).

2. 책임주의

책임주의(責任主義; Schuldprinzip)는 책임이 없으면 형벌도 없다(nulla poena sine culpa)는 원칙이다. 즉 책임 없으면 범죄가 성립하지 않고, 형량도 책임의 대소에 따라서 결정하여야 한다는 원칙이므로, 책임은 모든 처벌의 전제가 되며, 양형의 기초가 되고, 불법과 상응하여야 한다.

책임주의는 죄형법정주의의 적정성의 원칙에서 도출되며, 이에 헌법상 과잉금지의 원칙과도 일맥상통하게 되고, 이러한 의미에서 책임주의는 헌법적 지위를 가진다. 즉 책임주의란 책임 없으면 형벌 없다는 선언적 의미만 담고 있다기보다는 '책임만큼만 형벌을 과하여야 하며, 이를 넘어서는 형벌은 헌법 위반'이라는 구체적 내용을 가진 원칙이라고 보아야 할 것이다. 이에 형사책임은 민사책임과 같이 정책적 목적에 의해 그 내용이 결정되어서는 안 된다.

책임주의원칙은 "형사책임을 지기 위해서는 행위자에게 최소한 과실은 있어야 한다."라든가 "고의의 성립에는 위법성의 인식이 필요하다.[276]" 또는 "결과적 가중범의 성립에는 그 결과에 관하여 적어도 예견가능성이 있어야 한다."는 식으로 형법학에서 구현되고 있다.

---

276 다만 이는 위법성의 인식의 체계적 지위에 관한 (엄격)고의설의 입장이다. 현재의 통설은 이와는 달리 책임설의 입장임은 후술할 것이다.

> ⚖ **판례연구** 책임주의는 헌법 제10조의 인간으로서의 존엄과 가치에서 도출되는 원리
>
> 헌법재판소 2009.7.30, 2008헌가10; 2007.11.29, 2005헌가10
> 형벌은 범죄에 대한 제재로서 그 본질은 법질서에 의해 부정적으로 평가된 행위에 대한 비난이다. 법질서가 부정적으로 평가할 만한 행위를 하지 않은 자에 대해서 형벌을 부과할 수는 없다. 왜냐하면 형벌의 본질은 비난가능성인데, 비난받을 만한 행위를 하지 않은 자에 대한 비난이 정당화될 수 없음은 자명한 이치이기 때문이다. 이와 같이 '책임 없는 자에게 형벌을 부과할 수 없다'는 형벌에 관한 책임주의는 형사법의 기본원리로서, 헌법상 법치국가의 원리에 내재하는 원리인 동시에, 국민 누구나 인간으로서의 존엄과 가치를 가지고 스스로의 책임에 따라 자신의 행동을 결정할 것을 보장하고 있는 헌법 제10조의 취지로부터 도출되는 원리이다.

02 책임의 근거

행위자에게 책임을 지우는 근거는 도의적 책임론, 사회적 책임론, 인격적 책임론에 따라 견해가 나뉘어 있다.

1. 도의적 책임론

(1) 의 의

도의적 책임론(moralische Schuld)이란, 책임은 자유의사를 가진 자가 그 의사에 의하여 적법한 행위를 할 수 있었음에도 불구하고 위법한 행위를 선택하였으므로 이에 대해 윤리적 비난을 가하는 것이라는 견해를 말한다.

(2) 내 용

① 책임 : 도덕적·윤리적 비난가능성
② 책임의 근거 - 자유의사
　　의사책임론 : 이 학설에서는 결정되어 있지 않은 자유의사(Willensfreiheit)가 책임의 기초가 된다(비결정론). 변호사 13
　　행위책임론 : 이 학설에서는 구체적으로 나타난 개개의 행위로부터 책임의 근거를 구한다. 변호사 13
③ 형벌과 보안처분의 관계
　　책임능력(=범죄능력) : 책임무능력자는 자유의사가 없으므로 범죄능력이 없다. 경찰채용 14 2차
　　이원론 : 과거에 저지른 행위에 대한 의사책임·행위책임에 근거한 형벌과 장래의 재범의 위험성에 근거한 보안처분의 질적 차이를 인정한다.
④ 이론적 배경 : 고전학파(구파, 객관주의, 응보형주의)

(3) 비 판

인간행위에 대한 소질·환경의 영향을 간과하였다는 비판이 있다.

2. 사회적 책임론

(1) 의 의

사회적 책임론(soziale Verantwortlichkeit)이란, 범죄는 소질과 환경에 의해서 필연적으로 결정된 행위자의 성격의 소산이므로, 책임의 근거는 사회적으로 위험한 행위자의 반사회적 성격에 있다는 견해를 말한다.

(2) 내 용

① 책임 : 사회적 비난가능성(사회방위처분을 받아야 할 필요성)

② 책임의 근거 – 반사회성

ㄱ 성격책임론 국가9급 13

 ⓐ 행위는 행위자의 반사회적 성격의 징표에 불과한 것이므로 반사회성이 책임의 근거이다. 변호사 13

 ⓑ 자유의사는 부정되고, 범죄는 행위자의 소질과 환경에 의하여 필연적으로 유발된다(결정론).

ㄴ 행위자책임론 변호사 13 : 행위에 표현된 전체로서의 행위자의 인격이 책임비난의 대상이다.

③ 형벌과 보안처분의 관계

ㄱ 책임능력(=형벌능력 변호사 13) : 책임무능력자도 반사회적 성격을 갖고 반사회적 행위를 하는 이상 사회방위를 위하여 보안처분이 필요하다. 변호사 13 / 경찰채용 14 2차

ㄴ 일원론 : 사회방위처분이라는 점에서 형벌과 보안처분은 성질상 동일하다.

 ➜ 양적 차이가 있을 뿐이다.

참고하기 형벌과 보안처분의 관계 : 사회적 책임론의 일원론

사회적 책임론은 행위자의 책임능력을 형벌능력으로 이해하여 그가 형벌을 받을 수 있는 능력이 있으면 책임도 질 수 있다고 설명한다. 또한 행위자에 대한 비난은 그의 반사회적 성격에 대한 비난이지 자유의사에 기한 선택에 대한 도의적·윤리적 비난이 아니기 때문에, 그러한 반사회적 성격에 대하여 가하는 사회적 비난인 형벌과 행위자의 현재의 성격에 근거한 장래의 범행의 위험성에 대한 합목적적 처분인 보안처분과의 질적인 차이를 부정하게 되며, 형벌과 보안처분을 본질적으로 동일한 것으로 판단하게 된다. 그러므로 형벌과 보안처분의 일원론은 사회적 책임론의 산물이다.

---

④ 이론적 배경 : 근대학파(신파, 주관주의, 목적형주의)

(3) 비 판

인간에게는 어느 정도 자유의사가 존재한다는 것을 부정할 수 없다.

3. 인격적 책임론

(1) 의 의

소질과 환경의 영향을 받으면서도 어느 정도 상대적 자유의사를 가진 인간상을 전제로 하여, 책임의 근거를 행위자의 배후에 있는 인격에서 찾으려는 견해를 말한다.

(2) 내 용

① 책임 : 인격형성과정에 대해서 과해지는 비난가능성이다.

② 책임의 근거(인격) : 현실적으로 나타난 1회적인 불법행위 이외에 하나 하나의 인격형성과정까지 책임비난의 대상으로 한다(인격형성책임).

(3) 비 판

① 행위자의 어쩔 수 없는 인격형성이 책임에 포함된다.
② 현행 형사소송법상 인격형성과정의 파악이 불가능하다.

4. 소 결

형법 제10조의 심신장애인의 규정을 보면, "사물을 변별할 능력이 없거나 의사를 결정할 능력이 없으면 벌하지 아니한다."고 하고 있는데, 이는 인간의 자유로운 의사에 기초하여 자신의 의사로 범죄를 범하는 것으로 결정하고 행위하였다는 점을 고려한 것이다. 따라서 형법은 기본적으로 도의적 책임론의 입장을 반영하고 있다.

다만, 형사미성년자에 대해서도 소년법에 의한 보호처분이 가능하고 심신상실자에 대해서도 치료감호법에 의한 치료감호 등을 내릴 수 있다는 점을 고려한다면 행위자의 반사회적 성격에 기초한 범죄(재범)의 위험성도 형사제재가 필요한 근거가 된다. 따라서 우리 형사법의 체계는 도의적 책임론을 원칙으로 하되 사회적 책임론도 고려하고 있다고 볼 수 있다.

또한 도의적 책임론에서 제기되는 의사책임·행위책임(객관주의적 관점)과 사회적 책임론에서 제기되는 성격책임(Charakter－schuld)·행위자책임[277](주관주의적 관점) 중에서 어느 것이 원칙적 관점이 되어야 하는가에 관하여, 통설은 행위책임론을 원칙적 관점으로 인정하고 있다. 이는 책임 없으면 형벌도 없고, 책임의 양에 따라 형벌의 경중도 결정되어야 하므로 책임을 초과하는 형벌은 금지되어야 한다는 책임주의를 준수하기 위한 것으로 그 이론적 정당성이 있다.

다만 형법 각칙의 여러 곳에 규정되어 있는 상습범 가중처벌규정은 행위자책임론이 반영된 것이라고 볼 수밖에 없다는 점에서, 부분적으로는 행위자책임론도 채택되어 있다고 볼 수 있다. 그러나 상습범 가중처벌규정의 정당성에는 의문이 있다.[278]

표정리 책임의 근거 : 도의적 책임론과 사회적 책임론과 인격적 책임론

구 분	도의적 책임론	사회적 책임론	인격적 책임론
자유의사 여부	비결정론(자유의사 긍정)	결정론(자유의사 부정)	－
비난의 근거	의사책임론(자유의사)	성격책임론(성격·소질·환경)	생활영위·결정책임
비난의 대상	행위책임론	행위자책임론 (사회적으로 위험한 성격을 가진 행위자에 대한 비난)	행위자책임론 (인격적 비난가능성, 상습범 가중 근거)
책임능력	범죄능력	형벌적응능력	인격적 책임능력
보안처분과의 관계	이원론	일원론	－
형법학	(고전학파) 객관주의·응보형주의	(근대학파) 주관주의·목적형주의	－

---

277 Mezger의 인격적 책임론(Lebensführungsschuld)의 행위자의 인격형성책임론 내지 행상책임론(行狀責任論)과 같은 입장도 넓은 의미에서는 행위자책임론에 속한다.
278 상습범 가중처벌규정에 대해서 학계에서는 대체로 위헌적 규정으로 보고 있다. 일례로 1995년의 형법개정법률안에서는 상습범에 대한 가중처벌규정을 폐지한 바 있다.

1. 심리적 책임론

(1) 의 의

객관적 요소는 위법성에 속하고 주관적 요소는 책임에 해당한다고 이해한 고전적 범죄체계론(인과적 행위론)에 의하면, 책임은 범죄행위에 대한 범죄인의 심리적 관계로 파악되므로, 책임이라 함은 책임능력(책임조건)과 고의·과실(책임형식)로 구성된다는 심리적 책임개념(psychologischer Schuldbegriff)으로 받아들였다. 변호사 13 그러나 심리적 책임론에 의할 때 인식 없는 과실에 의한 행위의 책임을 부정해야 하고, 적법행위의 기대가능성이 없는 고의·과실행위의 책임은 인정해야 한다는 점에서 심리적 책임론은 심각한 비판에 직면하게 된다.

(2) 책임의 구성요소

① 책임능력, ② 고의(위법성의 인식 포함)·과실

(3) 비 판

심리적 책임론에 의하면 ① 전혀 인식없는 과실이 어찌하여 책임이 인정되어 과실범의 죄책이 인정되는가를 설명하기 어려울뿐더러,[279] ② 강요된 행위(제12조)에 있어서 고의를 가지고 행위하는 피강요자의 책임조각의 이유도 설명하기 어렵게 된다. 사시 11

2. 규범적 책임론

(1) 의 의

규범적 책임론(normative Schuldlehre)은 20세기 초 독일의 Frank에 의하여 제창된 입장으로서, 기대가능성을 책임개념의 중심에 위치시키고 책임은 '비난가능' 판단이라는 개념을 확립하였다. 즉, 행위자가 그러한 상황에서 적법행위를 할 수 있었음에도 불구하고 불법행위로 나아갔다는 점에 대한 규범적 비난(행위자의 의사형성에 대한 비난가능성)이 책임이라고 하는 견해이다. 다만 당시의 규범적 책임론은 소위 '복합적 책임개념'을 채택하여 책임 단계 내에 심리적 요소인 고의·과실과 규범적 요소인 기대불가능성(책임조각사유)의 부존재가 혼합되어 있다는 입장을 취하였다. 또한 당시의 규범적 책임론에서는 위법성의 인식은 고의의 한 내용에 불과하였다(위법성의 인식의 체계적 지위에 관한 고의설의 입장).

(2) 책임의 구성요소

① 책임능력, ② 고의(위법성의 인식 포함)·과실, ③ 기대가능성(책임조각사유의 부존재)

(3) 비 판

복합적 책임개념을 제시한 규범적 책임론에 대해서는 평가의 대상(고의·과실)과 대상의 평가(비난가능성)를 혼동하였다는 비판이 목적적 범죄체계론자들로부터 제기되었다.

---

279 대법원 판례도 심리적 책임론은 극복한 것으로 보인다. 예컨대, "소위 과실범에 있어서의 비난가능성의 지적 요소란 결과발생의 가능성에 대한 인식으로서 인식있는 과실에는 이와 같은 인식이 있고, 인식없는 과실에는 이에 대한 인식 자체도 없는 경우이나, 전자에 있어서 책임이 발생함은 물론, 후자에 있어서도 그 결과발생을 인식하지 못하였다는 데에 대한 부주의 즉 규범적(規範的) 실재로서의 과실책임이 있다고 할 것(대법원 1984.2.28, 83도3007 : 호텔 사장과 영선과장이 화재경보기를 정지시키고 방화문을 폐쇄하는 등 업무상 주의의무를 위반한 과실에 의하여 호텔 화재로 인한 숙박객의 사상이 발생하였고, 호텔 사장과 영선과장은 인식없는 과실이라고 하여도 책임이 인정된다는 판례)"이라고 판시함으로써 인식없는 과실에 대해서도 규범적 책임이 인정됨을 명백히 밝히고 있다.

3. 순수한 규범적 책임론

(1) 의 의

목적적 범죄체계론자들은 고의·과실과 같은 평가의 대상이 구성요건요소이고 책임은 단지 의사에 대한 평가(비난가능성)라는 순수한 규범적 책임론을 제시하였다. 변호사 13 이에 의하면 행위의 심적 구성부분인 고의가 책임으로부터 배제되어 일반적·주관적 구성요건요소로 인정되고, 위법성인식이 고의로부터 분리되어 독자적 책임요소로 인정됨으로써 일체의 심리적 관계(고의·과실)가 배제된 책임개념이 형성되게 되었다(목적적 행위론, 순수한 규범적 책임개념, 위법성조각사유의 객관적 전제조건에 관한 착오에 대한 엄격책임설). 즉, 목적적 범죄체계론자들은 평가의 대상(고의·과실)과 대상의 평가(의사형성에 대한 비난가능성)를 엄격히 구분하고자 한 것이다.

(2) 책임의 구성요소

① 책임능력, ② 위법성의 인식(고의와는 분리된 독자적 책임요소), ③ 기대가능성

(3) 비 판

순수한 규범적 책임론은 책임을 단순히 평가(비난가능성) 그 자체만으로 파악하기 때문에 규범적 평가의 대상은 책임단계에는 존재하지 않고 불법단계에만 있게 되어 책임개념이 공허하게 된다(책임개념의 공허화)는 비판을 받게 된다.[280]

4. 합일태적 책임론 ― 고의·과실의 이중기능 ―

(1) 의 의

오늘날에는 목적적 범죄론의 공적에 근거를 두면서도, 고의·과실이 더 이상 구성요건요소만으로 파악되는 것이 아니라 동시에 책임의 요소로도 인정된다는 고의·과실의 이중지위(이중기능)를 받아들이는 합일태적 책임개념[281]이 다수설의 지위를 차지하게 된다. 합일태적 범죄론체계(신고전적·목적적 범죄론체계)의 책임개념인 합일태적 책임개념에 의하면 책임은 책임능력, 위법성의 인식, 책임요소로서의 고의·과실, 기대불가능성(책임조각사유)의 부존재로 구성된다.

(2) 책임의 구성요소

① 책임능력
② 위법성의 인식
③ 책임형식으로서의 (행위자의 심정적 무가치에 상응하는) 고의 및 과실 : 구성요건고의가 '~을 알고 의욕한다'의 문제라면 책임고의는 '~을 알고 의욕한 데 대한 자책감 내지 가책(심정반가치)'의 문제이다. 구성요건적 고의가 인정되면 책임형식으로서의 고의도 있을 것임이 어느 정도 추정된다는 점에서 구성요건고의는 책임고의의 징표가 되는 기능을 한다. 다만 구성요건적 과실(객관적 주의의무위반)과 책임과실(주관적 주의의무위반)은 서로 분리된 개념이라는 점에서, 고의의 이중기능과 과실의 이중기능의 의미는 다소 차이가 있다.
④ 기대가능성(책임조각사유의 부존재)

---

280 2009.7.25. 경찰공무원(순경) 채용시험에서도 "순수한 규범적 책임론에 대해서는, 평가의 대상과 대상의 평가를 엄격히 구분하려 한 나머지 규범적 평가의 대상을 결하여 책임개념의 공허화를 초래한다는 비판이 제기된다."는 지문이 출제된 바 있다. 위와 같은 이유로 이 지문은 맞는 것이다.
281 이를 복합적 책임개념으로 부르는 학자도 있다.

5. 예방적 책임론

예방적 책임론(豫防的 責任說; präventive Schuldlehre)이란 최근에 나타난 합목적적(기능적) 범죄체계론에서 주장되는 책임개념으로서, 책임에서 특별예방 혹은 일반예방적 관점에서 형벌이 가지는 예방적 필요성까지도 인정되어야 한다고 보는 입장이다(Roxin의 답책성론, Jakobs의 기능적 책임론). 사시 10 / 변호사 13 이를 기능적 책임론(機能的 責任論; funktionaler Schuldbegriff)이라고도 한다. 록신은 책임의 개념을 유지하면서도 행위자에 대한 답책성(答責性 또는 벌책성－罰責性－; Verantwortlichkeit. 처벌할만한가의 의미)이 있다면 책임이 인정될 수도 있고 답책성이 부정된다면 책임이 부정될 수도 있다는 이론을 제시하고 있으며, 야콥스는 적극적 일반예방의 유무 및 그 정도에 따라 책임의 유무 및 그 정도도 정해진다는 이론을 제시하고 있다.

이러한 예방적 책임론(präventive Schuldlehre)에 대해서는 책임주의원칙이 가지는 의미가 약화될 수 있다는 많은 비판도 제기되고 있다. 따라서 예방적 책임론 내에서도 전통적인 책임개념을 인정하면서도 예방적 관점을 일정부분 고려하는 정도의 이론도 제시되고 있는 것이다.

표정리 범죄체계와 책임의 본질

구 분	고전적 범죄체계	신고전적 범죄체계	목적적 범죄체계	합일태적 범죄체계(통설)
구성 요건	甲 →'총'→ 乙 살인 객관적·형식적·몰가치적· 기술적 가치중립적	주관적 요소 <목적> 규범적 구성요건요소 예 명예	= 목적적 책임론 Welzel (고의·과실)	구성요건적 → 고의·과실 (행위반가치)
책 임	— 책 임 능 력 — 고의·과실 ↓ 심리적 책임론	(고의·과실) 기대가능성 ↓ 규범적 책임론 적법행위의 기대가능성 × ∴ 무죄 (고의 위법성 인식)	기대가능성 위법성의 인식 (독자적 책임요소로 파악) 순수한 규범적 책임론	책임고의·과실 (심정반가치) 위법성의 인식 기대가능성 합일태적 책임론 고의·과실의 이중기능

01   책임능력의 의의 · 본질 · 평가방법

1. 의의 및 본질

책임능력(Schuldfähigkeit)이란 행위자가 법규범의 의미내용을 이해하고 이에 따라 행위할 수 있는 능력(不法통찰능력)을 말한다. 쉽게 말해서 정상적인 사람이 가지는 판단능력을 의미한다. 예를 들어, '사람을 살해하는 행위는 하지 않아야 한다'는 판단을 할 수 있는 능력 정도를 말한다. 행위자에게 이 능력이 없으면 위법한 행위를 한 데 대한 비난가능성도 인정할 수 없다. 즉 책임은 책임능력을 논리적 전제로 하는 것이다. 따라서 책임능력이 없는 자의 행위에 대해서는 위법성의 인식(내지 인식가능성)과 기대가능성 유무를 판단할 필요도 없다.

책임능력의 본질에 대해서는 범죄능력(Deliktsfähigekeit)으로 보는 입장(도의적 책임론)과 형벌능력(Straffähigkeit)으로 보는 입장(사회적 책임론)이 대립하고 있으나, 원칙적으로 범죄능력 즉, 자유의사에 기하여 범죄를 범할 수 있는 능력을 의미한다고 이해할 수 있다.

2. 평가방법 : 생물학적 방법 및 혼합적 방법

형법은 책임능력의 평가방법에 있어서, ① 제9조의 형사미성년자에서는 생물학적 방법(die biologische Methode)을, ② 제10조의 심신장애인에서는 생물학적 방법과 심리적 방법(die psychologische Methode)의 혼합적 방법을 채택하고 있다. 사시 11 / 국가9급 15 / 국가9급 21 혼합적 방법(混合的 方法; die gemischte oder kombinierende Methode)이란 행위자의 비정상적인 상태는 생물학적 방법으로 규정하고, 이러한 생물학적 요인이 시비변별력과 의사결정력에 미치는 영향은 심리적 · 규범적 방법(die psychologische −normative Methode)에 의하도록 규정하여 책임능력을 판단하는 방법으로서, 형법 제10조에 규정된 심신장애는 생물학적 요소로서 정신병, 정신박약 또는 비정상적 정신상태와 같은 정신적 장애가 있는 외에 심리학적 요소로서 이와 같은 정신적 장애로 말미암아 사물에 대한 판별능력과 그에 따른 행위통제능력이 결여되거나 감소되었음을 요하는 것이다.

따라서 ① 형사미성년자의 경우 책임능력은 분리가 불가능하지만, ② 심신장애인에게 있어서는 어떤 행위에 대하여는 책임능력이 있지만 또 다른 행위에 대해서는 책임능력이 없는 상태에서 범할 수도 있기 때문에 책임능력은 분리가 가능한 개념이 된다.

형법은 이와 같이 책임능력을 연령(생물학적 방법) 또는 정신능력(혼합적 방법)으로 규정하여 그 표준을 정하고 있다. 따라서 ① 책임능력은 일반적 · 표준적인 것인 데 비하여, 후술하는 ② 적법행위의 기대가능성 또는 위법행위를 한 데 대한 비난가능성은 개별적인 상황에 따라 판단을 달리하게 되는 구체적 성질의 것이다. 또한 책임능력이 없다 하더라도 사회적 위험성까지 배제되는 것은 아니므로 −구성요건해당성과 위법성을 갖춘 행위가 있다는 전제에서는− 형벌을 받지는 않더라도 보안처분은 내릴 수 있다.

제9조【형사미성년자】 14세 되지 아니한 자의 행위는 벌하지 아니한다. 법원9급 07(상)

1. 의 의

철저한 생물학적 기준에 의하므로, 만 14세 미만의 자는 절대적 책임무능력자가 되어, 개인의 지적·도덕적·성격적 발육상태를 고려하지 않고 책임능력이 없다고 확정된다. 국가9급 08 / 국가7급 08 / 경찰채용 12 1차 / 사시 13 / 경찰간부 17 따라서 14세가 되지 않은 자의 행위를 벌하지 아니한다고 한 것은 14세 미만자의 행위는 사물변별능력이 없거나 의사결정능력이 없기 때문이 아니다. 또한 14세가 되지 아니한 자의 판단기준은 사실문제이므로, 호적이 절대적 기준이 아니고, 다른 증거에 의한 실제 연령의 입증이 가능하다.

2. 효 과

(1) 원 칙

책임이 조각되어 범죄가 성립하지 아니하므로 '벌하지 아니한다'(제9조).

(2) 예 외

① 소년법에 의한 특별취급 : 2007년 12월 21일 개정 소년법에 의해, 14세 이상의 자라 하더라도 19세 미만인 경우에는 '소년'으로서 소년법상 특별한 취급을 받는다(소년법 제2조). 국가7급 08 여기서 소년이란 심판시 즉 사실심판결 선고시를 기준으로 19세 미만인 사람을 말한다.[282] 국가7급 08 / 국가9급 09 / 경찰채용 10 1차 / 경찰승진 14 / 사시 14 / 변호사 14 또한 10세 이상의 소년에 대해서는 소년법상 보호처분을 내릴 수 있다.[283] 경찰승진 10

> ⚓ **판례연구** 범행시 소년이었다가 사실심 판결선고시에는 성인(19세)이 된 사례
>
> 대법원 2008.10.23, 2008도8090
> 개정 소년법은 제2조에서 '소년'의 정의를 '20세 미만'에서 '19세 미만'으로 개정하였고, 이는 같은 법 부칙 제2조에 따라 위 법 시행 당시 심리 중에 있는 형사사건에 관하여도 적용된다. 제1심은 피고인을 구 소년법 제2조에 의한 소년으로 인정하여 구 소년법 제60조 제1항에 의하여 부정기형(不定期刑)을 선고하였고, 그 항소심 계속

---

[282] 판례 이러한 법리는 '소년'의 범위를 20세 미만에서 19세 미만으로 축소한 소년법 개정법률(2007.12.21. 법률 제8722호 공포, 2008.6.22. 시행)이 시행되기 전에 범행을 저지르고, 20세가 되기 전에 원심판결이 선고되었다고 해서 달라지지 아니한다(대법원 2009.5.28, 2009도2682, 2009전도7).

[283] 소년법 제32조 (보호처분의 결정) ① 소년부 판사는 심리 결과 보호처분을 할 필요가 있다고 인정하면 결정으로써 다음 각 호의 어느 하나에 해당하는 처분을 하여야 한다.
  1. 보호자 또는 보호자를 대신하여 소년을 보호할 수 있는 자에게 감호 위탁(6개월, 1회 연장 가능)
  2. 수강명령(100시간 이내, 12세 이상)
  3. 사회봉사명령(200시간 이내, 14세 이상)
  4. 보호관찰관의 단기 보호관찰(1년)
  5. 보호관찰관의 장기 보호관찰(2년, 1년의 범위에서 1회 연장 가능)
  6. 아동복지법에 따른 아동복지시설이나 그 밖의 소년보호시설에 감호 위탁(6개월, 1회 연장 가능)
  7. 병원, 요양소 또는 보호소년 등의 처우에 관한 법률에 따른 소년의료보호시설에 위탁
  8. 1개월 이내의 소년원 송치
  9. 단기 소년원 송치(6개월 이내)
  10. 장기 소년원 송치(2년 이내, 12세 이상)
  (각 호의 괄호 안의 기간 및 연령은 본조 제3항, 제4항 및 제33조의 규정의 내용임)

중 개정 소년법이 시행되었는데 항소심판결 선고일에 피고인이 이미 19세에 달하여 개정 소년법상 소년에 해당하지 않게 되었다면, 항소심법원은 피고인에 대하여 정기형(定期刑)을 선고하여야 한다.[284] 경찰채용 18 2차

- ㉠ 상대적 부정기형(14세 이상 19세 미만)
  - ⓐ 부정기형을 선고할 수 있는 경우 : 소년이 법정형으로 장기 2년 이상의 유기형(有期刑)에 해당하는 죄를 범한 경우에는 그 형의 범위에서 장기와 단기를 정하여 선고한다.
  - ⓑ 부정기형의 장기와 단기 : 장기는 10년, 단기는 5년을 초과하지 못한다(동법 제60조 제1항). 다만 부정기형을 선고할 때에는 장기와 단기의 폭에 대해서는 법정한 바 없다.[285] 또한 소년범에 대하여 형법 제37조 후단의 경합범에 해당되어 2개의 형을 선고하는 경우 그 단기형의 합계가 징역 5년을 초과한다 하더라도 이는 소년법 제60조 제1항 단서의 규정에 저촉된다고 볼 수는 없다(대법원 1983.10.25, 83도2323).
  - ⓒ 형의 감경 : 소년의 특성에 비추어 상당하다고 인정되는 때에는 그 형을 감경할 수 있다(동법 제60조 제2항).
  - ⓓ 부정기형의 배제 : 우선, 형의 집행유예나 선고유예를 선고할 때에는 부정기형을 선고하지 않고 정기형을 선고한다(동법 제60조 제3항). 다음, 법정형 중 무기징역형을 선택하여 정상참작감경한 경우에는 부정기형이 아니라 정기형을 선고해야 한다(대법원 1990.10.23, 90도2083; 1991.4.9, 91도357).[286] 국가7급 08 반면, 사실심판결선고 당시 아직 소년인 피고인에 대하여 살인죄 등의 소정 형 중에서 각 유기징역형을 선택한 후 경합범가중을 하여 징역 20년을 선고한 것은 상대적 부정기형을 하도록 정한 소년법 제60조 제1항에 위반된다(대법원 1991.3.8, 90도2826).
- ㉡ 14세 이상 18세 미만의 소년의 경우
  - ⓐ 사형 또는 무기형은 유기형으로 : '죄를 범할 당시 18세 미만'인 소년에 대하여 사형 또는 무기형로 처할 경우에는 15년의 유기징역으로 한다(동법 제59조). 국가7급 08 / 경찰채용 11 1차 이는 소년에 대한 '처단형'이 사형 또는 무기형일 때에 15년의 유기징역으로 한다는 것이지, '법정형'이 사형 또는 무기형인 경우를 의미하는 것은 아니다(대법원 1986.12.23, 86도2314).
  - ⓑ 환형유치선고의 금지 : 18세 미만인 소년에게는 형법 제70조에 따른 유치선고를 하지 못한다. 다만, 판결선고 전 구속되었거나 제18조 제1항 제3호의 시설위탁조치가 있었을 때에는 그 구속 또는 위탁의 기간에 해당하는 기간은 노역장(勞役場)에 유치된 것으로 보아 형법 제57조를 적용할 수 있다(동법 제62조).
  - ⓒ 보호처분
- ㉢ 10세 이상 14세 미만의 소년의 경우 : 형사미성년자이므로 형벌을 과할 수는 없으나, 소년법상 보호처분은 가능하다. 법원행시 14 즉, 보호처분에 관한 규정들을 종합하자면 10세 이상 19세 미만의 소년에 대하여는 형벌 대신에 보안처분의 일종인 보호처분을 부과할 수 있으며(소년법 제32조 참조), 보호처분을 받은 사실도 상습범 인정의 자료로 삼을 수 있고(대법원 1990.6.26, 90도887), 법원행시 07

---

284 비교판례 항고심 판결선고 당시 미성년자로서 부정기형을 선고받은 피고인이 상고심 계속 중에 성년이 되었다 하더라도 항소심의 부정기형선고를 정기형으로 고칠 수는 없다(대법원 1990.11.27, 90도2225).

285 판례 : 부정기형의 선고시 장·단기형의 폭에 관한 기준 유무 소년법 제54조에 의하여 부정기형을 선고할 때 그 장기와 단기의 폭에 관하여는 법정한 바 없으므로, 소년인 피고인에 대하여 선고한 형량의 장기가 3년, 단기가 2년 6월이어서 그 폭이 6월에 불과하다 하여 소년법 제54조의 해석을 잘못한 위법이 있다고 할 수 없다(대법원 1983.2.8, 82도2889).

286 판례 소년법 제54조 제1항의 규정에 의한 부정기형은 처단형이 아닌 법정형을 기준으로 하여 장기 2년 이상의 유기징역에 해당하는 죄를 범하였을 때 선고하도록 되어 있으므로, 원심이 소년이 범한 특정범죄 가중처벌 등에 관한 법률 제5조의4 제3항의 죄에 대한 법정형인 사형, 무기 또는 10년 이상의 징역 가운데 무기징역을 선택한 다음 작량감경하여 장기('정기'의 오타로 보임)의 유기징역형을 선고한 것은 옳다(대법원 1990.10.23, 90도2083). 국가7급 08

이 경우 14세 이상의 소년에게는 사회봉사명령을 명할 수 있으며(동조 제3항), 12세 이상의 소년에게는 수강명령과 장기 소년원 송치가 가능하다(동조 제4항).

    ⓒ 10세 미만의 자의 경우 : 형벌과 보안처분 등 일체의 형사제재의 대상이 되지 않는다.

  ② 형법 제9조의 적용배제 : 담배사업법(제31조)

표정리 형사미성년자와 소년법 개관

구 분		연 령	위법행위에 대한 제재
형사미성년자 (형사책임 무능력자)	절대적 형사미성년자	10세 미만	일체의 책임면제
	촉법소년	10세~14세 미만	보호처분

형사책임
능력자
	우범소년
	
	범죄소년
		14세~19세 미만	• 형벌과 보안처분
			• 보호처분
			• 소년법상 특칙 적용
			  ┌ 부정기형(법정형이 장기 2년 이상 유기형 ⇨ 장기
			  │ 10년, 단기 5년)
			  ├ 임의적 감경
			  ├ 18세 미만자에 대한 환형처분 금지
			  └ 18세 미만자(범행 당시)에 대한 사형·무기형의
			     완화 ⇨ 15년의 유기징역 국가7급 08

성 년		19세 이상	형벌과 보안처분

---

03   심신상실자

제10조【심신장애인[287]】① 심신장애로 인하여 사물을 변별할 능력이 없거나 의사를 결정할 능력이 없는 자의 행위는 벌하지 아니한다. 〈제목개정 2014.12.30.〉 법원9급 07(상) / 국가9급 21

1. 의 의

심신상실자(心神喪失者)라 함은 심신장애로 인하여 사물변별·의사결정능력이 없는 자를 말한다. 즉 정신병 등의 원인에 의하여 심신장애를 일으켜 사물의 시비를 변별할 능력이 없거나 ―시비를 변별할 능력이 있다 하더라도― 시비의 변별에 따라 자신의 의사를 결정하고 행동할 능력이 없는 상태의 자를 의미하는 것이다.

2. 요 건

(1) 생물학적 요소 ― 심신장애

심신장애의 해석에 있어서는 다음과 같은 유형적 설명을 하는 것이 일반적이다.

  ① 병적 정신장애(정신병) : 정신병학상의 정신병과 일치하는 개념으로서 일정한 신체적 질병의 과정을 거치는 정신질환이다. 예를 들어, 평소 간질병 증세가 있었더라도 '범행 당시'에는 간질병이 발작하지

---

287 보충 : 2014년 12월 개정 형법 장애인에 대한 사회적 인식 개선을 위하여 "심신장애자"라는 용어를 "심신장애인"으로 순화한 것이다(2014.12.30. 개정, 법률 제12898호).

아니하였다면 이는 책임감면사유인 심신장애 내지 심신미약의 경우에 해당하지 아니하지만(대법원 1983.10.11, 83도1897), 국가9급 09 / 국가7급 10 / 경찰채용 11 2차 / 법원9급 13 / 국가9급 15 / 사시 15 사소한 주의만 받아도 간질환자와 같은 증상을 보이는 등 사정이 인정된다면 그 심신장애 여부를 심리하여야 할 것이다(대법원 1983.7.26, 83도1239).

> 예 정신분열증(편집형 정신분열증에 대해서는 대법원 1980.5.27, 80도656, 만성형 정신분열증에 대해서는 대법원 1991.5.28, 91도636), 조울증, 간질(전간, 대법원 1969.8.26, 69도1121)(이상은 내인성 정신병), 노인성치매, 창상성뇌손상, 알코올 등 약물중독, 기타 감염성 정신질환(이상은 외인성 정신병)

② 심한 의식장애 : 자아의식 또는 외부에 대한 의식에 심한 손상·단절이 있는 경우이다.

> 예 최면적 혼미상태, 심한 흥분·충격, 심한 과로상태, '음주에 의한 명정' 등

☌ 판례연구 명정(酩酊, Trunkenheit)에 대하여

대법원 1967.6.13, 67도645; 대법원 1977.9.28, 77도2450

명정은 의식장애 내지 병적 정신장애와 관련되어 책임능력과 연관된다. 그리하여 판례는 범행 당시 술에 만취되어 정신이 없었다는 주장은 범죄성립을 조각하는 사유가 되므로 판결이유에서 이에 대한 판단을 명시할 것을 요구하고 있다(대법원 1969.3.31, 69도232). 즉 범행 당시 술에 만취하였기 때문에 전혀 기억이 없다는 취지의 진술은 범행 당시 심신상실 또는 심신미약의 상태에 있었다는 주장으로서 형사소송법 제323조 제2항 소정의 법률상 범죄의 성립을 조각하거나 형의 감면의 이유가 되는 사실의 진술에 해당한다(대법원 1989.2.13, 89도2364). 법원행시 14 따라서 이에 대한 판단을 전혀 하지 않는 것은 소위 판단유탈의 위법이 있게 되는 것이다.

다만 술에 취하여 기억이 없다고 한 진술을 그 진술의 전후맥락에 비추어 볼 때 심신장애로 인한 형의 감면을 주장하는 취지가 아니라 단순히 범행을 부인하는 취지에 지나지 않으며(대법원 1988.9.13, 88도1284), 국가7급 07 / 경찰간부 11 음주한 사실만으로 심신장애를 인정할 수는 없으므로(대법원 1967.6.13, 67도645) 심신장애는 음주사실 그 자체로서만이 아니라 사물변별능력 내지 의사결정능력과 관련하여 평가되어야 한다. 즉, 만취하였다고 책임무능력이라고 단정할 수 없다. 또한, 음주로 인한 명정은 음주량이나 혈액 내의 알코올수치로 판단할 성질의 것은 아니고 구체적 행위에 있어서 사물의 변별능력 또는 의사결정능력과 관련해서 판단해야 한다.

---

③ 정신박약 : 선천적 지능박약을 의미한다.

> 예 백치, 치우, 노둔 등

④ 심한 정신변성 : 선천적 이상상태가 지속되는 경우로서 감정이나 의사 또는 성격의 장애(personality disorder)를 의미한다.

> 예 정신병질, 심한 신경쇠약, 다중성격장애(MPD), 충동조절장애, 소아기호증, 성주물성애증 등

(2) 심리적 요소 – 사물변별·의사결정능력의 부존재

심신장애라는 생물학적 기초가 존재하여야 하고 이와 같은 생물학적 기초로 인하여 사물변별능력이나 의사결정능력이 없다는 심리적·규범적 요소가 있어야 한다(혼합적 방법).

① 사물변별능력 : 사물변별능력이란 주위의 사물의 보편적 성질을 판별하는 능력을 말한다. 구체적으로 말하자면, 어떠한 행위를 해서는 안 되고 어떠한 행위는 해도 된다는 법질서에 위반되는지 여부에 관한 소박한 판단을 할 수 있는 능력을 말한다.[288] 사물변별능력은 행위자의 기억능력과 일치하는 것은 아니다(대법원 1985.5.28, 85도361). 국가9급 07 / 법원9급 13 / 사시 15

---

[288] 영미법에서는 이를 M'Naghten Rules이라고 하는데, 거의 유사한 의미로 보면 된다.

📚 사례연구 큰 자와 작은 자 사례

甲은 1988년 2월 경부터 ○○교회에 가끔 다니면서 목사 乙(남, 83세)의 설교를 듣고서 결혼도 못하고 어렵게 살고 있는 자신의 처지를 비관하여 오던 중, 1989년 8월 27일 01:30경 자신의 집 뒤편 뒷산에서 산상기도를 하면서 갑자기 "乙목사는 사탄이고 큰 자이므로 작은 자(甲을 자칭함)가 살아 남는 길은 큰 자인 乙목사를 죽여야 한다. 공자, 맹자도 천당에 못 갔다는데 자신도 천당에 못 갈 것이 분명하므로 乙목사를 죽여야만 자신이 큰 자로 되어 천당에 갈 수 있다"고 잘못 생각하고 乙을 살해하기로 마음먹고, 자신의 집으로 돌아와 부엌에서 사용하던 식도를 허리춤에 넣은 후 같은 날 05:10경 위 ○○교회 예배당에 도착하여 신도 1,000여명을 모아놓고 단상에서 설교하고 있는 乙에게 접근한 후 허리춤 에서 위 식도를 꺼내어 오른손에 들고서 乙의 우측 가슴 등을 힘껏 3회 찔러 살해하였다(그런데 甲은 경찰진술에서부터 법정에 이르기까지 그 당시 乙을 살해한다는 명확한 인식이 있었고 범행의 발단과 전개과정을 소상히 기억하여 진술하였 음). 甲의 형사책임은?

해결 범행 당시 정신분열증으로 심신장애의 상태에 있었던 피고인이 피해자를 살해한다는 명확한 의식이 있었고 범행의 경위를 소상하게 기억하고 있다고 하여 범행 당시 사물의 변별능력이나 의사결정능력이 결여된 정도 가 아니라 미약한 상태에 있었다고 단정할 수는 없는 바, 피고인이 피해자를 '사탄'이라고 생각하고 피해자를 죽여야만 자신이 천당에 갈 수 있다고 믿어 살해하기에 이른 것이라면, 범행 당시 정신분열증에 의한 망상에 지배되어 사물의 선악과 시비를 구별할 만한 판단능력이 결여된 상태에 있었던 것으로 볼 수 있다(대법원 1990.8.14, 90도1328). 경찰승진 10 / 국가7급 10 / 경찰승진 11 / 국가7급 11 / 사시 15

해결 [판례분석] '사람(乙목사)'을 '사탄(악마)'이라고 생각한 것은 사물에 대한 변별능력이 인정되지 아니한다고 판단되는 부분이다. 甲에 대하여는 사물변별능력을 선악판단능력(M'Naughten Rules)으로 이해하든 불법통 찰능력(독일 형법 및 우리 학설)으로 이해하든 간에 자신의 행위가 가지는 의미나 선악 및 범죄성에 대한 판단능력을 인정할 수 없다.

② **의사결정능력** : 의사결정능력이란 사물의 변별에 따라 행위를 조종할 수 있는 능력(操縦能力; Steue-rungsfähigkeit)을 말한다. 따라서 사물변별능력은 의사결정능력의 논리적 전제라고 볼 수 있다. 또한 사물의 변별능력(행위의 불법을 통찰할 수 있는 능력)이 없으면 의사결정능력(행위조종능력)이 있다고 하 더라도 책임능력이 인정되지 않는다. 대법원은 "사물변별무능력자는 사물의 선악과 시비를 합리적으 로 판단하여 구별할 수 있는 능력이 결여된 자로서 의사결정무능력자를 의미한다."고 판시하고 있다 (대법원 1990.8.14, 90도1328).

③ **판단방법** : 심신상실 여부를 판단하는 것은 현실적으로 전문가의 감정이 고려되어야 하나, 궁극적으 로 이는 법률문제로서 그 임무는 법관에게 부여되어 있다(규범적 문제 : 대법원 1968.4.30, 68도400). 국가9 급 07 / 국가7급 07 / 국가9급 09 / 국가7급 10 / 국가9급 15 / 경찰채용 15 1차 / 경찰간부 17 / 국가9급 21 구체적으로, 형법 제10조 에 규정된 심신장애는 생물학적 요소로서 정신병, 정신박약 또는 비정상적 정신상태와 같은 정신적 장 애가 있는 외에 심리학적 요소로서 이와 같은 정신적 장애로 말미암아 사물에 대한 판별능력과 그에 따른 행위통제능력이 결여되거나 감소되었음을 요하는 것이다(혼합적 판단방법). 따라서 법관은 전문가 의 감정을 거치지 않고 행위의 전후사정이나 목격자의 증언 등을 참작하여 심신장애를 판단하더라도 원칙적으로 위법한 것이라고 할 수는 없다.[289] 경찰승진 10 / 경찰채용 11 2차 / 사시 11 / 사시 13 / 경찰채용 14 2차

---

[289] 판례 심신장애의 여부는 기록에 나타난 제반자료와 공판정에서의 피고인의 태도 등을 종합하여 판단하여도 무방하다(대법원 1984.5.22, 84도545)." 경찰승진 10 / 경찰채용 11 2차 / 경찰채용 14 2차
비교판례 행위자가 범행을 저지를 당시 자기통제력이나 판단력, 사리분별력이 저하된 어떤 심신장애의 상태가 있었던 것이 아닌가에 대하여 의심스러운 경우라든가 행위자의 심신장애 여부가 불분명한 경우 '전문가에게 정신상태를 감정시키는 등의 방법으로 심신장애 여부를 심리하지 아니한 채' 유죄판결을 선고하는 것은 위법하다고 보아야 한다(대법원 2002.11.8, 2002도 5109; 2002.5.24, 2002도1541). 국가7급 13 / 사시 14

3. 효 과

(1) 원 칙

책임능력이 없어 책임이 조각되므로 '벌하지 아니한다(제10조 제1항)'. _{국가9급 08}

(2) 예 외

① 형법 제10조 제3항 : 원인에 있어서 자유로운 행위가 되면 본조가 배제된다. _{국가9급 08}

② 보안처분 : 심신장애로 인하여 형법 제10조 제1항의 규정에 의하여 벌할 수 없는 자가 심신장애로 인하여 금고 이상의 형에 해당하는 죄를 범하고 재범의 위험성(대법원 1982.6.22, 82감도142)이 있다고 인정되는 때에는 치료감호에 처한다(치료감호법 제7조 제1호).

그림정리 형법 제10조 개관

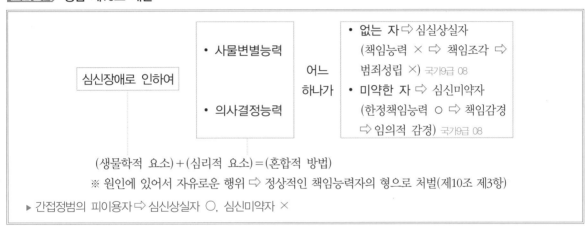

▶ 간접정범의 피이용자 ⇨ 심신상실자 ○, 심신미약자 ×

---

04 한정책임능력자

1. 심신미약자

제10조【심신장애인】② 심신장애로 인하여 전항의 능력이 미약한 자의 행위는 형을 감경할 수 있다. 〈개정 2018.12.18.〉
_{경찰채용 14 2차 / 경찰채용 16 1차 / 경찰간부 17 / 법원9급 20}

(1) 의 의

심신미약자(心神微弱者)란 심신장애로 인해 사물변별·의사결정능력이 미약한 자를 말한다(제10조 제2항).

(2) 요 건

① 생물학적 요소 : 심신장애는 심신상실(제10조 제1항)에서의 심신장애와 그 의미는 동일하지만, 그 정도가 심신상실보다는 가벼운 것을 내용으로 한다. 한정책임능력(verminderte Schuldfähigkeit)을 인정할 수 있는 심신장애에는 정신박약과 정신병질의 가벼운 경우, 노이로제(신경쇠약) 또는 충동장애의 경우가 포함된다. 구체적으로, 행위자가 사건 범행 당시 피해망상을 주증상으로 하는 편집형 정신분열증을 지니고 있었다 하더라도, 이로써 당연히 '심신상실'의 상태에 있었다고 단정할 수는 없는 것이고, 여러 가지 제반사정을 종합하면 심신미약으로 판단해야 할 경우도 있는 것이다(대법원 1994.5.13, 94도581 : 편집형 정신분열증 환자가 이혼한 전 남편의 술잔에 농약을 넣어 살해한 사례). _{국가7급 08 / 국가9급 10} 이것은 정신분열증과 같은 고정적 정신질환을 가지고 있는 자의 경우에도 마찬가지이다(대법원 1992.8.18, 92도1425).

② 심리적 요소 : 사물변별·의사결정능력이 미약하여야 한다. 즉, 생물학적 요소로서 정신병 또는 비정상적 정신상태와 같은 정신적 장애가 있는 외에 심리학적 요소로서 이와 같은 정신적 장애로 말미암아 사물에 대한 변별능력과 그에 따른 행위통제능력이 '감소'되었음을 요한다. 따라서 정신적 장애가 있는 자라고 하여도 '범행 당시' 정상적인 사물변별능력이나 행위통제능력이 있었다면 심신장애로 볼 수 없다(대법원 2007.2.8, 2006도7900). _{국가7급 07 / 국가9급 10 / 법원행시 10 / 국가7급 11 / 사시 11 / 국가7급 13 / 사시 13 / 법원행시 14 / 사시 14 / 경찰채용 15 1차 / 경찰채용 16 1차 / 경찰간부 17 / 국가9급 18 / 법원행시 18 / 국가9급 20}

③ 판단방법(혼합적 판단방법) : 전문가의 감정이 중요한 역할을 하지만, 결국 법관이 판단할 사항이라는 점에 있어서 심신상실자의 경우와 다를 바 없다(규범적 문제).

★ 판례연구 심신미약 관련 판례

1. 대법원 1984.2.28, 83도3007
연속방화범행자를 심신미약자로 인정한 예
피고인의 정신상태가 정신분열증세와 방화에 대한 억제하기 어려운 충동으로 말미암아 사물을 변별하거나 의사를 결정할 능력이 미약한 상태에서 불과 6일간에 여덟 차례에 걸친 연속된 방화를 감행하였다면, 피고인을 심신미약자로 인정한 조치는 정당하다.

2. 대법원 2002.5.24, 2002도1541; 2006.10.13, 2006도5360; 1999.4.27, 99도693 · 99감도17
충동조절장애와 같은 성격적 결함(생리기간 중 충동 – 필자 주)을 심신장애로 볼 수 있는가의 사례
자신의 충동을 억제하지 못하여 범죄를 저지르게 되는 현상은 정상인에게서도 얼마든지 찾아볼 수 있는 일로서, 특단의 사정이 없는 한 성격적 결함을 가진 자에 대하여 자신의 충동을 억제하고 법을 준수하도록 요구하는 것이 기대할 수 없는 행위를 요구하는 것이라고는 할 수 없으므로, ① 원칙적으로 충동조절장애와 같은 성격적 결함은 형의 감면사유인 심신장애에 해당하지 아니한다고 봄이 상당하지만, ② 그 이상으로 사물을 변별할 수 있는 능력에 장애를 가져오는 원래의 의미의 정신병이 도벽의 원인이라거나 혹은 도벽의 원인이 충동조절장애와 같은 성격적 결함이라 할지라도 그것이 매우 심각하여 원래의 의미의 정신병을 가진 사람과 동등하다고 평가할 수 있는 경우에는 그로 인한 절도범행은 심신장애로 인한 범행으로 보아야 한다. _{국가9급 07 / 법원행시 08 / 국가9급 09 / 국가7급 10 / 국가9급 10 / 경찰승진 10 / 법원행시 10 / 경찰채용 11 2차 / 경찰간부 11 / 경찰승진 11 / 국가7급 11 / 국가9급 13 / 법원9급 13 / 사시 13 / 경찰승진 14 / 법원행시 14 / 국가9급 15 / 경찰간부 17 / 경찰간부 20 / 변호사 21}

3. 대법원 2005.12.9, 2005도7342; 1992.8.18, 92도1425
정신적 장애가 정신분열증 등 고정적 정신질환과 연관된 경우 심신미약으로 볼 수 있다는 사례
① 정신적 장애가 있는 자라도 범행 당시 정상적인 사물판별능력이나 행위통제능력이 있었다면 심신장애로 볼 수 없음은 물론이나, ② 정신적 장애가 정신분열증과 같은 고정적 정신질환의 경우에는 범행의 충동을 느끼고 범행에 이르게 된 과정에서의 범인의 의식상태가 정상인과 같아 보이는 경우에도 범행의 충동을 억제하지 못한 것이 정신질환과 연관이 있는 경우가 흔히 있고, 이 경우에는 정신질환으로 말미암아 행위통제능력이 저하된 것이어서 심신미약이라고 볼 수 있다. _{국가9급 21 / 경찰채용 11 2차}

4. 대법원 2007.2.8, 2006도7900
소아기호증(Pedophilia)이 있다는 자체만으로 심신장애에 해당하는가의 사례
사춘기 이전의 소아들을 상대로 한 성행위를 중심으로 성적 흥분을 강하게 일으키는 공상, 성적 충동, 성적 행동이 반복되어 나타나는 소아기호증은 성적인 측면에서의 성격적 결함으로 인하여 나타나는 것으로서, ① 소아기호증과 같은 질환이 있다는 사정은 그 자체만으로는 형의 감면사유인 심신장애에 해당하지 아니한다고 봄이 상당하고, _{변호사 21} ② 다만 그 증상이 매우 심각하여 원래의 의미의 정신병이 있는 사람과 동등하다고 평가할 수 있거나, 다른 심신장애사유와 경합된 경우 등에는 심신장애를 인정할 여지가 있다. _{법원행시 08 / 국가9급 10 / 법원행시 10 / 경찰승진 11 / 사시 11 / 국가7급 13 / 사시 15}

5. 대법원 2011.6.24, 2011도4398

정신지체 3급 장애인으로 정신박약과 주의력결핍 과잉행동장애(ADHD)가 있는 피고인이 흉기를 휴대하고 피해자를 강제추행하여 상해를 입혔다고 하여 성폭력범죄의 처벌 등에 관한 특례법 위반(강간 등 상해)으로 기소된 경우, 소년형사범인 피고인에 대하여 감정을 실시하지 아니한 채 범행 당시 심신장애 상태에 있지 아니하였다고 단정한 것은 위법하다.

6. 대법원 2013.1.24, 2012도12689

특별한 사정이 없는 한 성격적 결함을 가진 사람에 대하여 자신의 충동을 억제하고 법을 준수하도록 요구하는 것이 기대할 수 없는 행위를 요구하는 것이라고는 할 수 없으므로, 무생물인 옷 등을 성적 각성과 희열의 자극제로 믿고 이를 성적 흥분을 고취시키는 데 쓰는 성주물성애증이라는 정신질환이 있다고 하더라도 그러한 사정만으로는 절도 범행에 대한 형의 감면사유인 심신장애에 해당한다고 볼 수 없고, 다만 그 증상이 매우 심각하여 원래의 의미의 정신병이 있는 사람과 동등하다고 평가할 수 있거나, 다른 심신장애사유와 경합된 경우 등에는 심신장애를 인정할 여지가 있다. 국가9급 21 / 경찰채용 15 1차 / 변호사 20

7. 대법원 2021.9.9, 2021도8657

범행 당시 '경도 지적장애'가 있었다고 하더라도 그로 말미암아 사물에 대한 변별능력과 그에 따른 행위통제능력이 결여되거나 감소되었다고 볼 수 없다면 심신장애의 상태였다고 볼 수 없다.

(3) 효 과

① 원칙 : 사물변별능력이나 의사결정능력이 미약하다는 점에서 책임이 감경될 수 있으므로 '형을 감경할 수 있다(제10조 제2항, 2018.12.18. 개정).'[290] 국가9급 08 / 경찰승진 10 / 경찰승진 14 따라서 한정책임능력자에게도 사형선고가 가능하다.[291] 국가9급 08 다만 한정책임능력자는 책임능력자이므로 간접정범의 피이용자가 될 수는 없다.

② 예 외

   ㉠ 형법 제10조 제3항 : 원인에 있어서 자유로운 행위가 인정되면 형을 감경할 수 없다. 국가9급 08

   ㉡ 보안처분 : 치료감호(치료감호법 제7조 제1호)를 내릴 수 있다. 다만 이 경우 형벌과 치료감호가 함께 선고되면, 그 집행에 있어서는 치료감호를 먼저 받고 그 집행기간은 형기에 산입하게 되는데(동법 제18조), 이는 대체주의의 표현이다.

   ㉢ 형법 제10조 제2항의 적용배제 : 담배사업법(제31조) 등에 적용배제규정이 있다.

2. 청각 및 언어 장애인

제11조【청각 및 언어 장애인】듣거나 말하는 데 모두 장애가 있는 사람의 행위에 대해서는 형을 감경한다. 〈우리말 순화 개정 2020.12.8.〉 법원9급 07(상) / 법원9급 07(하) / 경찰채용 10 2차 / 법원9급 12 / 법원9급 13 / 사시 13 / 경찰승진 14 / 경찰간부 17

(1) 의 의

청각과 발음기능에 이상이 있는 자(선천적·후천적 불문)를 말한다. 즉 청각 및 언어 장애인(구법상 '농아자')은 청각 장애인이면서 언어 장애인인 자를 의미한다. 법원행시 07 / 경찰승진 10

---

290 **개정이유** 최근 서울 강서구 PC방 살인 사건을 계기로 심신미약 감경에 반대하는 국민적 비판여론이 거세지고 있는 실정이고, 일부 범죄자들이 심신미약을 감형의 수단으로 악용하려 하면서 국민적 공분이 일어나고 있다. 이에 심신미약자에 대한 필요적 감경규정을 임의적 감경규정으로 개정하여 형법상 책임원칙을 부정하지 않으면서, 감형 여부는 법관의 재량과 사건의 경중 등에 따라 유연하게 적용할 수 있도록 하려는 것이다. 〈법제처 제공〉

291 성폭력범죄의 처벌 등에 관한 특례법 제20조(형법상 감경규정에 관한 특례) 음주 또는 약물로 인한 심신장애 상태에서 성폭력범죄(제2조 제1항 제1호의 죄는 제외한다)를 범한 때에는 형법 제10조 제1항·제2항 및 제11조를 적용하지 아니할 수 있다. 국가7급 11

(2) 효 과

책임이 감경되므로 '형을 감경한다(제11조).'[292] 경찰승진 10 / 법원9급 20

(3) 입법론적 비판

농아교육의 발달에 의해 청각 및 언어 장애인 중에 정상인과 차이가 없는 사람들이 있음에도 불구하고 일률적으로 한정책임능력자로 취급하여 형을 감경하는 것은 입법론상 재고의 여지가 있다는 다수의 비판이 있다. 심신상실이나 심신미약의 규정을 두고 있는 현행형법체제에서 청각 및 언어 장애인의 일률적 한정책임능력규정은 불필요할 뿐만 아니라 장애인에 대한 불합리한 편견에 기초한 것이라는 점에서 이러한 비판은 타당하다고 생각한다.

05 　 원인에 있어서 자유로운 행위

제10조【심신장애인】③ 위험의 발생을 예견하고 자의로 심신장애를 야기한 자의 행위에는 전2항의 규정을 적용하지 아니한다. 경찰채용 14 2차 / 경찰간부 16

📚 사례연구 Ⅰ. 고의에 의한 원인에 있어서 자유로운 행위

甲은 乙을 살해할 고의로 용기를 얻기 위해 술을 마시고 만취한 상태(심신상실)가 되어 乙을 살해하였다. 甲의 죄책은?

해결 甲은 심신상실상태 하에서 乙을 살해하였으나 고의에 의한 원인에 있어서 자유로운 행위(제10조 제3항)가 인정되어 제10조 제1항이 배제되어 정상적인 책임능력자의 형으로 처벌된다.

📚 사례연구 Ⅱ. 과실에 의한 원인에 있어서 자유로운 행위

甲은 부부싸움 후 우울한 마음을 달래기 위해 차를 운전하고 한강변에 나왔다가 포장마차를 발견하고 그 옆에 주차한 후 술을 마시고 만취한 상태(심신미약)가 되어 운전을 하다가 행인 乙을 치어 사망에 이르게 하였다. 甲의 죄책은?

해결 甲은 심신상실상태 하에서 업무상 과실로 乙을 사망에 이르게 하였으나, 과실에 의한 원인에 있어서 자유로운 행위(제10조 제3항)가 인정되어 제10조 제2항이 배제되어 정상적인 책임능력자의 형으로 처벌된다.

📚 사례연구 Ⅲ. 원인에 있어서 자유로운 행위 복합 사례

A는 B에게 C를 죽이고 C의 집을 태워버리라고 교사하였다. 이를 승낙한 B는 술을 마시고 만취상태(심신상실)에서 C의 집에 들어가 C를 죽였다. 그런데 취중에 B는 C의 손목시계를 자신의 호주머니에 넣고 그 집을 나왔다. 너무나 만취한 상태였던 B는 방화는 깜박 잊고 하지 못했다. B와 A의 죄책은?

해결 B는 살인죄와 방화예비·음모죄의 실체적 경합, A는 살인교사죄와 방화예비·음모죄의 실체적 경합(내지 상상적 경합)이 성립한다.

---

292 농아자에 대해서도 형사미성년자나 심신미약자와 마찬가지로 조세범처벌법(제4조), 담배사업법(제31조), 관세법(제278조)의 적용배제규정이 있다.

1. 의 의

원인에 있어서 자유로운 행위(원인이 자유로운 행위, 원인자유책임범; actio libera in causa)라 함은 행위자가 고의(위험발생의 예견) 또는 과실(위험발생의 예견가능성)에 의하여 자기를 심신장애의 상태에 빠지게 한 후, 이러한 상태를 이용하여 범죄를 실행하는 것을 말한다. 독일에서는 이 부분에 관한 규정이 없어 관습법상 발전된 하나의 원칙이지만, 우리나라에서는 제10조 제3항의 명문의 규정을 두어 원인에 있어서 자유로운 행위의 가벌성을 입법으로 해결하고 있다. 경찰승진 10 / 국가7급 11

2. 특성 – 문제의 소재

(1) 책임주의와의 상충

원인에 있어서 자유로운 행위는 원인설정행위와 실행행위를 별개로 파악할 경우에는 실행행위시에는 책임이 없거나 감경되고, 원인설정행위시에는 (구성요건적) 행위가 없으므로 처벌이 불가능하거나 제한된다는 문제점을 가진다. 따라서 원인에 있어서 자유로운 행위는 그 가벌성의 근거를 원인행위에서 찾을 것인가[아래 학설 중 (1)과 (2)], 실행행위에서 구할 것인가[아래 (3)]가 문제되며, 이 중 원인행위에서 그 처벌근거를 찾았다 하더라도 어찌하여 원인행위에 가벌성의 근거가 있는가를 설명하는 방식에서 차이가 있게 된다.

(2) 실행의 착수시기의 문제

원인설정행위시에는 구성요건적 실행행위가 없고 실행행위시에는 책임능력이 결함된 상태이므로 국가9급 11 실행착수시점을 언제로 인정하는가가 문제된다.

3. 가벌성의 근거

(1) 원인설정행위에서 찾는 견해(과거의 다수설 : 일치설, 간접정범유사설, 구성요건모델)

① 내용 : 원인이 자유로운 행위는 자신을 도구로 이용한 점에서 타인을 도구로 이용한 간접정범과 이론 구성을 같이하므로 −간접정범의 이용행위처럼− 원인설정행위에 가벌성의 근거가 있다는 입장으로서 (간접정범과의 구조적 유사성설; 간접정범유사설), 원인행위 자체를 구성요건적 실행행위로 파악하기 때문에(원인행위=구성요건) 구성요건모델이라고도 한다. 사시 12 / 변호사 14

② 평가 · 비판 : 이 견해는 논리적으로 간접정범에서 이용행위시에 실행의 착수가 인정되듯이 원인에 있어서 자유로운 행위에 있어서도 원인행위시에 실행의 착수가 있다고 보게 된다(음주행위만으로도 살인미수죄 인정). 이 설은 실행행위와 책임능력의 동시존재의 원칙과는 일치하나(일치설), 구성요건적 정형성을 깨뜨릴 수 있다는 점에서 비판의 대상이 된다.[293] 국가9급 08 / 경찰승진 10 / 경찰간부 12 / 변호사 14 / 경찰간부 16 / 국가7급 16

---

293 보충 : 간접정범유사설에 대한 비판 간접정범을 끌어와서 원인이 자유로운 행위를 설명하는 것은 양자 간의 차이를 무시하고 있다는 비판을 받을 수밖에 없다. 즉 ① 간접정범에서의 도구는 '처벌되지 않거나 과실범으로 처벌되는 자'이며, 그 도구가 반드시 책임능력의 결함에 관련될 필요는 없는 반면에, 원인이 자유로운 행위는 반드시 그 도구(행위자 자신)가 책임능력의 결함상태에 관련되어야 하므로 양자는 차이가 있는 것이고, 또한 ② 간접정범은 도구로 사용되는 타인과의 공동관계에 역점을 두는 공범론의 영역의 문제인 데 비하여, 원인이 자유로운 행위는 책임능력이 결여된 단독정범 스스로의 문제이기 때문이다. 예를 들어 '타인을 협박하여 심신장애의 상태를 초래하고 그 상태 하에서 타인의 재물을 절취하게 한 자의 행위'는 원인에 있어서 자유로운 행위가 될 수 없다(경우에 따라 간접정범 내지 교사범이 성립할 뿐이다). 원인에 있어서 자유로운 행위는 행위자 자신 스스로를 심신장애의 상태에 빠지게 하는 것이기 때문이다. 또한 ③ 자수범의 문제와 관련하여서도, 자수범에 대하여는 간접정범이 성립할 수 없으나 원인에 있어서 자유로운 행위는 성립이 가능하다는 점에서 양자 간에는 차이가 존재한다고 보아야 할 것이다.

(2) 원인행위와 실행행위 간의 불가분적 연관성설(다수설 : 예외설, 불가분적 관련성설, 책임모델)

① 내용 : 원인에 있어서 자유로운 행위는 실행행위시에는 책임능력에 결함이 있으나, 책임능력 있는 상태에서의 원인행위가 바로 이러한 책임능력 결함상태를 야기시켰고, 원인행위와 책임능력 결함상태 하에서의 실행행위가 불가분적 관련성이 있다는 점에서 그 가벌성을 인정할 수 있다는 입장이다. 사시 12 / 변호사 14 즉, 원인이 자유로운 상태에서 결과를 예견(내지 예견가능)하였음에도 불구하고 책임능력이 결여(내지 감소)되는 심신장애의 상태를 초래하는 원인설정행위를 하였다는 점에 그 처벌의 근거가 있다는 것이다. 경찰승진 11 이 견해는 원인행위(내지 불가분적 관련성)에서 책임능력을 찾고(원인행위＝책임 : 책임모델) 실행행위는 구성요건 실현행위에서 찾는다는 점에서, 행위시에 책임도 있어야 한다는 행위와 책임의 동시존재원칙과는 일치하지 않고 오히려 원인에 있어서 자유로운 행위는 이 원칙에 대한 예외로 보아야 한다는 입장이다(예외설). 경찰승진 10 / 경찰간부 11 / 경찰승진 11 결국 이 설은 행위·책임 동시존재원칙의 예외를 인정하느니 만큼, 함부로 가벌성을 인정할 수 없고 말 그대로 불가분적 관련성이 있을 때에만 비로소 가벌성의 근거가 있다고 보아, 이 경우에만 처벌할 수 있다는 점을 강조하는 것이다.

② 평가·비판 : 이 입장은 '간접정범과의 구조적 유사성이라는 논거 자체를 부정'함으로써 구성요건적 정형성을 준수하여 죄형법정주의의 보장적 기능을 충실히 하기 위한 입장이다. 결국 살인의 의도로 음주한 행위만으로는 실행의 착수를 인정할 수 없고(경우에 따라 살인예비죄만 성립), 심신장애의 상태에서 법익에 대한 직접적 위험을 발생시킬 수 있는 구성요건 실현행위(예 칼을 들고 피해자에게 접근하는 행위)를 해야만 실행의 착수를 인정하게 된다. 국가9급 08 / 경찰채용 20 1차

(3) 범죄실행행위에서 찾는 견해(소수설)

① 내용 : 현대 심리학상 행위는 일종의 반(半)무의식상태(penumbra situation)에서 이루어지는 것이므로 원인이 자유로운 행위의 원인행위는 예비단계에 불과한 것이므로 무의식상태에서 행한 실행행위에 가벌성의 근거를 인정하는 입장이다(유기천). 변호사 14

② 비판 : 반무의식상태 하에서의 행위라는 개념을 인정하면 대부분의 경우에 책임능력이 인정되어 법적 안정성을 해하는 결과를 초래할 수 있다. 변호사 14 또한, 과학적으로 공인되지 못한 심층심리학(depth psychology)에 근거한 주장을 법률해석에 있어서 받아들이기는 어렵다.

(4) 결 론

중점은 간접정범유사설과 불가분적 관련성설 중 어느 입장이 타당한가에 있다. 간접정범유사설은 행위와 책임의 동시존재원칙에 일치하므로 책임주의 원칙을 준수한다고 하는 반면, 불가분적 관련성설은 행위와 책임의 동시존재원칙에 대해서는 예외라고 자리매김하면서도 원인행위는 단지 책임모델에 불과하고 실행행위는 구성요건 실현행위에서 구한다는 점에서 구성요건적 정형성을 지킨다는 장점이 있다. 생각건대, 간접정범과 유사하다고 하여 원인행위 자체에 구성요건적 실행행위를 인정하는 구성요건모델보다는, 원인행위와 실행행위 간에 '불가분적' 관련성이 있을 때에만 원인에 있어서 자유로운 행위를 적용하여 원인행위에서 책임을 구할 수 있다는 책임모델이 오히려 책임주의 원칙에 더 부합한다고 생각된다.

4. 유 형

원인에 있어서 자유로운 행위는 고의에 의한 원인에 있어서 자유로운 행위뿐만 아니라 과실에 의한 경우까지 포함된다(다수설·판례). 또한 작위와 부작위를 불문한다. 경찰승진 11 / 국가7급 11

(1) 고의에 의한 원인에 있어서 자유로운 행위

행위자가 자의로 자신의 책임능력결함상태를 야기시키고 이 상태 하에서 의도했던 구성요건해당적 행위를 범하는 경우를 말한다. 이때 고의에는 미필적 고의도 포함된다. 형법 제10조 제3항에서 규정된 '위험의 발생을 예견'한 경우가 바로 여기에 적용된다. 이 경우 고의의 대상은 '심신장애상태의 야기'와 '심신장애상태 하에서 실현될 구성요건적 실행행위'의 양자를 대상으로 한다는 점에서 '고의의 이중적 관련' 내지 '이중의 고의'가 요구된다는 것이 다수설이다.[294]

따라서 명정에 의한 심신상실 중에 행한 행위에 대해 고의책임을 묻기 위해서는 심신상실에 빠지기 전에 자신을 심신상실에 빠지게 한다는 것과 그 이후의 범죄사실의 발생을 인식·인용하였음을 필요로 한다 (예 특정인을 살해하려고 음주한 후 취중에 이를 행한 경우, 전철수가 열차를 충돌시킬 의도로 음주하고 잠든 경우 등). 반면 음주하면 타인을 구타할 것을 잘 알면서 '부주의하게' 적량을 초과·음주하여 타인을 구타하게 된 경우에는 고의에 의한 것이 아니라 과실에 의한 원인에 있어서 자유로운 행위에 불과하게 된다.

> **📚 사례연구** 대마초 흡연과 원인에 있어서 자유로운 행위
>
> 甲은 상습적으로 대마초를 흡연하는 자인데, 乙을 살해하기로 결심한 후 대마초를 흡연하고 심신미약상태에서 乙을 잔인한 방법으로 살해하였다. 甲의 죄책은?
>
> 해결 대마초 흡연시에 이미 범행을 예견하고도 자의로 심신장애를 야기한 경우에는 형법 제10조 제3항에 의하여 제10조 제2항의 심신장애로 인한 감경을 할 수 없다(대법원 1996.6.11, 96도857). 따라서 살인죄가 성립하며 그대로 처벌하면 된다. 이 판례는 이론적으로도 이중의 고의 즉, '대마초 흡연시에 범행을 예견하였다'는 점과 '자의로 심신장애를 야기하였다'는 점을 표현하고 있다는 점에서 다수설의 입장과 크게 다르지 않다.

(2) 과실에 의한 원인에 있어서 자유로운 행위

행위자가 책임능력결함상태에서 행한 행위를 예견할 수 있었음에도 불구하고 부주의로 예견하지 못하고 자신을 책임능력결함상태에 빠뜨린 경우를 말한다. 구체적으로는 책임능력결여상태(책임무능력·한정책임능력)를 야기하는 원인행위시에는 고의 또는 과실이 있었으나, 책임능력흠결상태에서 구성요건적 실행행위를 할 당시에는 고의가 없고 과실만 존재하는 경우를 말한다. 예컨대, 甲은 자신이 술에 취하면 난폭해지고 남을 폭행하는 습관이 있다는 것을 알면서도 회사 회식자리에서 술을 마시고 만취하여 자신의 상관 乙을 폭행하여 상해를 입혔다면, 이는 乙을 폭행·상해하려는 고의를 가지고 음주한 것은 아니므로 고의에 의한 것이 아니라 – 따라서 폭행치상죄나 상해죄는 성립하지 않고 – 과실에 의한 원인에 있어서 자유로운 행위로서 과실치상죄만 성립될 뿐이다. 또한 모친이 수면 중 부주의하게 자신의 가슴으로 영아를 질식사시킨 경우에도 과실에 의한 원인에 있어서 자유로운 행위에 해당된다.

제10조 제3항은 위험발생을 예견한 경우로 규정하고 있으나 다수설은 여기의 '예견'에는 예견한 경우뿐만 아니라 '예견할 수 있었던 경우'(예견가능)도 포함된다고 보고 있다. 국가9급 11 / 국가9급 21 **판례도** 형법 제10조 제3항은 "위험의 발생을 예견하고 자의로 심신장애를 야기한 자의 행위에는 전2항의 규정을 적용하지 아니한다."고 규정하고 있는 바, 이 규정은 고의에 의한 원인에 있어서의 자유로운 행위만이 아니라 과실에 의한 원인에 있어서의 자유로운 행위까지도 포함하는 것으로서 위험의 발생을 예견할 수 있었는데도 자의로 심신

---

294 다른 소수설로는 심신장애의 상태 하에서 실현될 구성요건적 행위에 대한 고의가 이미 원인설정행위시에 있었다면 충분하고, 심신장애상태 그 자체를 과실로 야기한 경우까지도 고의에 의한 원인에 있어서 자유로운 행위로서 고의범이 성립한다는 입장(박상기)과 '심신장애상태에서 범행을 하겠다는 의사'와 '심신장애상태의 야기의사' 그리고 '심신장애상태의 행위시의 구성요건적 고의' 3개의 의사가 요구된다는 소위 3중적 관련성이 필요하다는 입장(임웅, 한상훈)이 있다.

장애를 야기한 경우도 그 적용 대상이 된다(대법원 1992.7.28, 92도999)고 보고 있다. 국가9급 08 / 법원행시 08 / 경찰승진 10 / 경찰승진 11 / 국가9급 11 / 국가7급 11 / 경찰간부 12 / 사시 12 / 경찰승진 13 / 경찰채용 15 3차 / 경찰승진 15 / 경찰채용 16 1차 / 경찰간부 16 / 경찰간부 18 / 경찰채용 18 2차 / 경찰간부 20

♣ **판례연구** 음주운전과 과실에 의한 원인에 있어서 자유로운 행위

대법원 1992.7.28, 92도999
음주운전을 할 의사를 가지고 음주만취한 후 운전을 결행하여 교통사고를 일으킨 경우, 피고인은 음주시에 교통사고를 일으킬 위험성을 예견했는데도 자의로 심신장애를 야기한 경우에 해당하므로 형법 제10조 제3항에 의해 심신장애로 인한 감경 등을 할 수 없다. 국가9급 07 / 경찰승진 10 / 법원행시 10 / 경찰채용 12 1차 / 경찰간부 12 / 국가9급 13 / 경찰채용 15 1차 / 국가9급 15 / 국가9급 18 / 변호사 21 / 경찰채용 22 1차

5. 실행의 착수시기

(1) 고의에 의한 원인에 있어서 자유로운 행위

표정리 원인에 있어서 자유로운 행위의 유형 정리

구 분	사 례	원인행위	실행행위	법적 처리
제1유형 (고의–고의) ('이중' 고의)	• 甲은 술기운을 이용하여 강도를 실행하였다(작위). • 전철수 甲은 열차를 충돌시켜 사람(승객)들을 사상시키기 위하여 술을 마시고 만취하고 잠을 자버려 철도변경을 하지 않았다(부작위).	甲의 고의의 음주행위	• 甲의 고의의 강취행위 • 甲의 고의의 살인 내지 상해행위	고의범(강도죄 내지 살인·상해죄)
제2유형 (고의–과실)	• 甲이 음주시에 교통사고의 위험성을 예견(가능)하였는데도 자의로 음주 후 인사교통사고를 일으킨 경우(92도999) • 전철수 甲이 사고가 예견가능함에도 술을 마셔 심신미약상태에 빠져 철로변경을 하지 않아 기차가 충돌하여 사람이 사상한 경우	甲의 고의의 음주행위	甲의 과실행위(업무상 과실치사상죄)	과실범(업무상 과실치사상죄) : 심신미약으로 인한 감경을 할 수 없다.
제3유형 (과실–고의)	甲이 乙을 살해하기 위해 대기중 부주의하게 술을 마시고 명정상태에 빠져 乙을 살해한 경우	甲의 부주의한 음주행위	甲의 乙에 대한 (예견하였던) 살해행위	과실범(과실치사죄–감경 안됨) : 행위·책임동시존재원칙의 예외이므로 엄격 해석하여야 하므로 고의범설 배척
제4유형 (과실–과실)	야간당직의사(甲)가 부주의하게 음주하고 응급환자를 진료하다 한 의료과실행위	甲의 부주의한 음주행위	甲의 의료과실행위 (업무상 과실치사상죄)	과실범(업무상 과실치사상죄–감경 인정) : 원인행위의 과실과 실행행위의 과실이 불가분적으로 연관되어 있으므로 통상의 과실범이라고 보아도 무방함(견해대립 있음)

① 원인행위시설(주관설, 간접정범유사설, 구성요건모델, 일치설)
　ⓐ 내용 : 간접정범과 구조적 유사성이 있기 때문에 원인행위시에 실행의 착수가 있다는 견해이다(과거의 다수설). 행위와 책임의 동시존재원칙에는 부합되는 입장이다. _{국가9급 11}
　ⓑ 비판 : 살인을 하려고 술을 많이 마셨으나 너무 취하여 술자리에 그대로 쓰러진 채 잠들어 버린 경우를 살인미수로 본다는 것은 무리이다.[295] 도대체 살인행위가 시작되었다고 보기 어렵다는 점에서 주관설은 구성요건의 정형성을 무시한다는 문제가 있는 것이다.
② 절충설 : 객관설은 실행의 착수시기가 지나치게 늦어지므로 원인설정행위 후 책임능력결함상태에서 실행행위를 위한 진행행위 개시시에 실행의 착수가 있다.[296]
③ 실행행위시설(객관설, 불가분적 관련성설, _{사시 11} 책임모델, 예외설) : 행위와 책임의 동시존재원칙의 '예외'로서 원인설정행위와 실행행위간의 불가분적 연관성에 가벌성의 근거가 있다는 의미는 책임의 근거만 원인행위로 앞당기는 것이고 실행행위의 행위성은 인정하자는 데에 있다. 실행의 착수시기의 확정문제는 객관적인 구성요건의 정형성을 떠나서는 정하기 어렵기 때문이다. 즉, 책임능력결함상태 하에서의 구성요건적 실행행위 개시시에 실행의 착수가 있다는 학설로서(다수설), 기술한 바와 같이 타당한 입장이다.

(2) 과실에 의한 원인에 있어서 자유로운 행위

　논리적으로는 고의에 의한 경우와 마찬가지로 실행행위시에 실행의 착수가 있다고 보아야 하지만, 과실범의 미수란 도대체 형법상 처벌할 수 없기 때문에 그 실행착수시기를 논하는 것은 무의미할 수밖에 없다.

표정리 실행의 착수시기에 관한 학설 비교	
원인행위시설(주관설)	간접정범과 구조적 유사성이 있기 때문에 원인행위시에 실행의 착수가 있다는 견해이다 (과거의 다수설).
절충설	객관설은 실행의 착수시기가 지나치게 늦어지므로 원인설정행위 후 책임능력결함상태에서 실행행위를 위한 진행행위 개시시에 실행의 착수가 있다.
실행행위시설(객관설)	실행의 착수시기의 확정문제는 객관적인 구성요건의 정형성을 떠나서는 정하기 어렵기 때문에 책임능력결함상태 하에서의 구성요건적 실행행위 개시시에 실행의 착수가 있다고 본다(현재의 다수설).

6. 형법 제10조 제3항의 요건과 효과

(1) 위험발생의 예견과 예견가능성 그리고 원인행위시의 책임능력 구비

　형법은 위험발생을 예견한 경우만을 규정하고 있다(제10조 제3항 참조). 그러나 여기에는 구성요건실현에 대한 예견(고의)뿐만 아니라 구성요건실현에 대한 예견가능성(과실)도 포함된다.[297] 그리고 원인에 있어서 자유로운 행위가 성립하려면 최소한 그 원인행위시에는 책임능력이 있을 것을 요한다. 이는 책임주의의 당연한 요청이다.

---

295 이러한 비판은 예컨대, 이형국, 연구 I , 409면.
296 김일수, 347면.
297 다만 원인에 있어서 자유로운 행위가 원인행위 자체를 과실로 야기한 경우를 포함하는가에 대하여는 학설이 완전히 일치하지는 않는다. 과실에 의한 원인에 있어서 자유로운 행위는 제10조 제3항에서 규정되어 있지 않다는 소수설은 정영석, 남흥우, 오영근, 이재상, 이정원 교수의 입장이다.

따라서 원인에 있어서 자유로운 행위에 있어서 행위자를 처벌할 때 행위자의 책임능력 유무는 범죄실행행위시가 아니라 '원인설정행위시'를 그 기준으로 결정하여야 한다.

(2) 자의에 의한 심신장애의 야기

'자의'란 구성요건적 고의뿐 아니라 과실도 포함된다(다수설·판례).

(3) 심신장애상태

심신상실(제10조 제1항)과 심신미약(제10조 제2항)을 포함한다. 국가9급 08

(4) 효 과

책임무능력상태의 행위일지라도 면책되지 않고, 한정책임능력상태 하의 행위일지라도 형이 감경되지 않는다. 국가7급 11 / 경찰간부 12 / 경찰간부 16 즉 정상적인 책임능력자의 형으로 처벌한다.

표정리 원인에 있어 자유로운 행위의 학설 핵심정리

가벌성의 근거	원인행위설	
학 설	간접정범과의 구조적 유사성설	원인행위와 실행행위의 불가분적 연관성설
실행의 착수시기	원인행위시설(주관설 : ~미수)	실행행위시설(객관설 : ~예비)
행위와 책임의 동시존재원칙	○ (일치설, 구성요건모델) (원인행위 자체=구성요건 행위)	× (예외설, 책임모델) (책임-원인행위≠실행-실행행위)
구성요건적 정형성	× (죄형법정주의, 보장적 기능에 反)	○

표정리 원인에 있어서 자유로운 행위에 관한 학설 전체 개관

구 분	가벌성의 근거	무엇을 실행행위로 보는가?	책임주의와의 부합 여부 (행위와 책임 동시존재의 원칙)	구성요건 정형성
제1설 (종래 다수설)	원인설정행위	원인설정행위	일 치	×
제2설 (유기천)(참고)	심신장애 하의 실행행위	심신장애 하의 실행행위	일 치	충 족
제3설 (현재 다수설)	원인설정행위 (불가분적 관련성)	심신장애 하의 실행행위	예 외	충 족

제3절 | 위법성의 인식

01 의 의

위법성(違法性)의 인식(認識)(das Bewußtsein der Rechtswidrigkeit)은 자신의 행위가 실질적으로 위법하다는 행위자의 의식이다(제16조). 이를 불법의식(不法意識; Unrechtsbewußtsein)이라고도 한다. 이 경우 위법성의 인식이란 해당 범죄사실이 '사회정의와 조리'에 어긋난다는 것을 인식하는 것으로서 족하고 해당 법조문의 내용까지 인식할 것을 요하지 않는다(대법원 1987.3.24, 86도2673). 국가7급 12 / 사시 13 / 국가7급 14 / 국가9급 15 / 경찰승진 16 따라서 확정적 인식을 요하지 않고 미필적으로 족하다(미필적 불법의식; bedingtes Unrechtsbewußtsein). 또한 확신범이나 양심범이라 하더라도 위법성의 인식이 있으므로 책임비난이 가능하게 된다. 그리고 위법성의 인식은 수개의 범행 중 일부에 대하여 존재하는 동시에 다른 일부에 대하여 존재하지 않을 수도 있다는 점에서 분리가능한 개념이다.

02 체계적 지위

위법성의 인식이 책임론 구조에서 어떤 지위를 가지느냐에 대하여 견해가 대립된다. 크게 고의설과 책임설로 나뉘며, 고의설(Vorsatztheorie)은 엄격고의설과 제한적 고의설로 다시 나뉘며, 책임설(Schuldtheorie)은 엄격책임설과 제한적 책임설로 다시 나뉜다.

1. 고의설

(1) 의 의

① 고의를 책임요소로 이해하고, 그 내용으로서 구성요건에 해당하는 객관적 사실의 인식 이외에 위법성의 인식(또는 그 인식의 가능성)이 필요하다는 견해이다(인과적 행위론).

② 위법성의 인식이 없으면 고의가 조각되며, 회피가능성이 있는 경우 과실범처벌규정의 존재를 전제로 과실범으로 처벌된다. 국가9급 07 **판례**는 종래 고의설의 입장을 판시해왔다. 다만 오상방위에 대해서는 엄격책임설의 입장도 판시한 바 있으므로 명확하지는 않다.

(2) 종 류

① 엄격고의설 사시 12 / 변호사 12 / 사시 13

ㄱ. 내용 : 엄격고의설(嚴格故意說; strenge Vorsatztheorie)은 고의가 성립하기 위해서는 구성요건에 해당하는 객관적 사실의 인식 이외에 다시 현실적인 위법성의 인식이 필요하다는 입장이다(고의=구성요건적 사실의 인식+현실적인 위법성의 인식).

ㄴ. 비 판

ⓐ 위법성의 인식 없이 행위한 자는 고의범이 되지 아니하므로 과실범처벌규정이 없는 경우 행위자를 처벌할 수 없다는 형사정책적 결함이 있다. 경찰승진 11

ⓑ 법무관심적 태도를 가진 자, 도의심이 박약한 자, 상습범·확신범·격정범 등에게는 고의가 인정되지 아니하는 문제가 있다. 사시 10

ⓒ 엄격고의설에 의하면 위법성의 인식이 없는 법률의 착오의 경우에도 고의가 조각된다고 보게 되므로, 사실의 착오와 법률의 착오를 구별할 수 없게 된다. 국가9급 07

② 제한적 고의설(위법성인식가능성설) 사시 13 / 국가7급 17

　　ㄱ 내용 : 제한적 고의설(制限的 故意說; eingeschränkte Vorsatztheorie)은 고의가 성립하기 위해서는 구성요건에 해당하는 객관적 사실의 인식 이외에 위법성의 인식가능성만 있으면 충분하고, 현실적인 위법성 인식은 불필요하다는 입장이다(고의＝구성요건적 사실의 인식＋위법성의 인식가능성).

　　ㄴ 비 판

　　　ⓐ 엄격고의설의 형사정책적 결함이 제거되지 아니한다.

　　　ⓑ 과실로 구성요건적 사실을 인식하지 못한 경우에는 과실범의 효과를 인정하면서, 과실로 위법성을 인식하지 못한 경우에는 고의범의 효과를 인정하는 것은 균형에 맞지 않는다. 사시 10

　　　ⓒ 고의설로서의 이론적 출발점을 포기해야만 성립될 수 있는 이론이다.

③ 법과실준고의설 : 고의성립에 위법성의식은 필요하지만 그 결여에 과실이 있는 경우 고의와 동일하게 취급된다(제한적 고의설의 일종임).

2. 책임설

(1) 의 의

위법성의 인식 및 인식의 가능성은 고의와는 독립된 책임요소로 이해하는 입장이다(목적적 행위론에서 주장된 이래 현재까지 통설). 위법성 인식이 독자적 책임요소라는 책임설은 지금도 통설이며, 위법성 인식 여부의 문제는 행위자에 대한 비난가능성 유무의 문제로 직결된다는 점에서 책임설은 설득력을 가지고 있다. 따라서 책임설에 의하면 위법성의 인식이 없는 금지착오의 경우에도 고의는 인정하게 되고, 현실적으로 위법한 행위를 하면서도 위법성의 인식 또는 그 인식가능성이 없는 경우에는 금지착오(제16조)의 문제로 되어 그 오인에 정당한 이유가 있는지에 따라 책임조각 여부가 결정되게 된다.

(2) 종 류

① 엄격책임설 사시 12 / 변호사 12 / 국가7급 17

　　ㄱ 내용 : 엄격책임설(嚴格責任說; strenge Schuldtheorie)은 위법성에 관한 모든 착오를 법률의 착오라고 하는 견해(목적적 행위론)이다. 따라서 오상방위와 같은 위법성조각사유의 전제사실에 대한 착오(허용구성요건의 착오)도 금지착오라고 보아 그 착오의 정당한 사유의 존부에 의하여 책임조각만을 판단한다(제16조의 적용).

　　ㄴ 비 판

　　　ⓐ 위법성조각사유의 전제사실에 관한 착오에 빠진 자를 −과실범으로 인정할 수 있는 이론적 가능성은 배제하고− 고의범으로 처벌하는 것은 법감정에 반할 수 있다. 사시 10

　　　ⓑ 위법성조각사유의 전제사실에 대한 착오의 경우 법률의 착오로 보게 됨에 따라 제한적 책임설 중 법효과제한적 책임설의 입장을 수용할 수 없게 된다.

참고하기 허용구성요건의 착오에 대한 엄격책임설의 문제점

전보배달원을 절도범으로 알고 대문 옆에서 대기하던 집주인이 방망이로 배달원의 손목을 내리친 오상방위의 경우, 현실적으로 집주인의 의식은 "전보배달원이라 하더라도 손목을 타격하는 것이 위법하지 않다."는 것이 아니라 "절도범이기 때문에 정당방위 내지 정당행위를 한다."는 생각일 것이다. 즉, 집주인은 도둑을 잡으려는 단순한 의도를 가지고 있음에 불과하지 자신의 행위의 반규범성 여부에 대하여는 생각하지 않는 경우가 일반적일 것이다. 그렇다면 이는 규범에 대한 착오인 금지착오라기보다는 사실에 대한 착오인 구성요건의 착오의 성질을 가지고 있다고 보아야 한다. 여기에서 허용구성요건의 착오만큼은 일반적인 위법성의 착오와는 다른 해결방안을 모색하는 제한적 책임설의 발상이 시작되는 것이다.

② 제한적 책임설 변호사 12 : 제한적 책임설(制限的 責任說; eingeschränkte Schuldtheorie)은 보통의 위법성에 관한 착오를 금지착오로 본다는 점에서 엄격책임설과 출발점은 같다. 그러나 위법성조각사유에 관한 착오 중에서 위법성조각사유의 존재 내지 한계에 관한 착오는 금지착오로 보지만, 허용구성요건의 착오는 사실의 착오의 성질을 가진다는 점을 중시하여 고의범의 성립을 부정한다는 이론구성을 취한다. 고의가 조각된다면 제13조 적용되어 과실범이 성립하는가를 따져보게 된다.

　　㉠ 위법성조각사유의 전제사실에 대한 착오 : 구성요건적 착오와 유사하게 처리되어 행위자의 심정에 비추어 고의책임을 조각시키고 과실범의 문제가 된다.

　　㉡ 위법성조각사유의 존재 그 자체 내지 허용한계에 대한 착오 : 금지착오가 된다.

표정리 위법성의 인식에 관한 학설 개관

학 설		내 용
위법성인식 불요설		고의의 성립에는 위법성의 인식이 필요하지 않으며, 법률의 착오는 고의를 조각하지 않는다는 입장이다. 예 "법률의 부지는 변명되지 않는다.", "법률의 부지는 용서받지 못한다."
고의설		위법성의 인식이 없으면 고의가 조각되며, 이때 회피가능성이 있는 경우 과실범의 처벌규정이 있으면 과실범으로 처벌될 뿐이다(인과적 행위론).
	엄격고의설	책임요소로서 고의가 성립하기 위해서는 범죄사실의 인식 이외에 현실적인 위법성의 인식이 필요하다는 견해이다. ※ 비판 : 도의심이 박약한 자를 유리하게 취급한다. 예 연쇄살인범
	제한적고의설	• 적어도 위법성의 인식은 필요하므로 위법성의 인식가능성이 없으면 고의를 부정하는 입장이다. • 종류 : 위법성의 인식가능성설, 법과실준고의설
책임설(통설)		위법성의 인식을 고의와 독립된 책임요소로 보는 견해이다(목적적 행위론 이후).
엄격책임설		모든 위법성조각사유에 관한 착오를 금지착오(법률의 착오)로 본다.
제한적책임설		• 위법성조각사유의 전제사실에 관한 착오(예 오상방위) ⇨ 구성요건적 착오(사실의 착오)와의 구조적 유사성을 근거로 고의는 조각되고, 과실범의 처벌규정이 있는 때에만 과실범으로 처벌된다. • 위법성조각사유의 존재 그 자체나 허용한계에 관한 착오 ⇨ 금지착오로 본다.

제4절 | 법률의 착오

01 | 의 의

제16조 【법률의 착오】 자기의 행위가 법령에 의하여 죄가 되지 아니하는 것으로 오인한 행위는 그 오인에 정당한 이유가 있는 때에 한하여 벌하지 아니한다. 법원9급 07(하) / 경찰승진 10 / 경찰승진 11 / 국가7급 12 / 경찰승진 13 / 경찰승진 14 / 경찰채용 15 2차 / 경찰승진 16

법률의 착오(法律의 錯誤; Rechtsirrtum)라 함은 위법한 행위를 하면서도 자기의 행위가 위법함을 착오로 인하여 인식하지 못한 경우를 말한다(위법성의 착오 –Irrtum über die Rechtswidrigkeit–, 금지착오 –Verbotsirrtum–, 위법성의 소극적 착오). 구성요건에서 설명한 사실의 착오는 고의의 성부와 관련되지만, 위법성의 착오는 –책임설에 의할 때 위법성의 인식은 고의와 다른 독자적 요소이므로 일단 구성요건적 고의는 인정된다는 전제 하에– 오직 책임(비난가능성)과 관련된다.

02 | 유 형

1. 적극적 착오와 소극적 착오

(1) 적극적 착오

위법성의 적극적 착오란 처벌되지 않는 행위를 처벌된다고 오인한 경우로서 환각범(환상범; Wahndelikt) 내지 반전된 금지착오(umgekehrter Verbotsirrtum)라고 부른다. 사시 11 / 경찰간부 12 / 경찰채용 15 1차 / 경찰채용 20 2차 예컨대, 중환자를 모른 체 해도 유기죄에 해당된다고 믿고 구호행위를 하지 않은 경우나(제271조 제1항을 참조할 것. 이 경우에는 법률·계약상 보호의무가 없으므로 불가벌임), 동네사람의 집이 불타고 있는데 이를 방관하면서 –사실은 소화의무가 없음에도 불구하고– (부작위에 의한) 방화죄가 성립한다고 오인하면서 걱정하는 경우가 여기에 속한다(엄밀히는 반전된 포섭의 착오로 분류할 수 있음).[298]

환상범은 애초부터 이를 처벌하는 법질서가 존재하지 않기 때문에 불가벌이 된다.

예 • 동성애도 범죄가 된다고 오인하고 동성인 자와 성관계를 가진 경우
   • 형사피고인이 허위진술하여 위증죄로 오인한 경우
   • 자살도 죄가 된다고 오인하고 이를 시도하다 미수에 그친 경우
   • 16세 이상의 사람과 합의 하에 성관계를 가지면 처벌된다고 오인한 경우
   • 행인이 익사위험에 처한 자를 구조하지 않으면 처벌된다고 오인한 경우

(2) 소극적 착오

위법성의 소극적 착오란 위법한 행위를 위법하지 않다고 오인한 경우로서 일반적인 법률의 착오 내지 금지착오의 경우이다. 형법 제16조에 의하여 정당한 이유 여부로 처리된다.

---

298 참고 : 환상범과 반전된 금지착오의 차이 환상범은 반전된 금지착오보다는 넓은 개념이다. 왜냐하면 환상범은 '처벌되지 않는 행위를 처벌된다고 믿는 모든 경우'를 말하지만, 반전된 금지착오는 '위법하지 않은 행위를 하면서 위법하다고 오인한 경우'만을 의미할 것이기 때문이다. 예를 들어, 자기 아버지의 재물을 절취하면서 처벌된다고 믿은 아들의 경우에는 환상범이기는 하지만 반전된 금지착오의 경우는 아니다.

2. 직접적 위법성의 착오와 간접적 위법성의 착오

(1) 직접적 (위법성의) 착오

① 의의 : 직접적 착오(direkter Irrtum)란 행위자가 자기의 행위에 직접적으로 적용되는 금지규범 그 자체(예 살인죄의 제250조 제1항이나 상해죄의 제257조 제1항 등의 규정)를 인식하지 못하고 자기의 행위가 허용된다고 오인한 경우를 말한다. 직접적 위법성의 착오 내지 (직접적) 금지규범에 관한 착오라고도 부른다.

② 종 류

　㉠ 법률의 부지

　　ⓐ 의의 : 법률의 부지(不知)라 함은 행위자가 자기의 행위를 금지하는 법규 그 자체의 존재를 인식하지 못한 경우를 말하며, 금지착오 여부에 대해서는 견해가 대립한다.

　　ⓑ 판례 – 부정설 : '단순한 법률의 부지는 용서받지 못한다(ignorantia legis neminem excusat).'라고 보아 금지착오 자체에 해당되지 않으므로 그대로 고의범이 성립한다는 입장이다. 즉, 판례는 법률의 착오란 단순한 법률의 부지의 경우를 말하는 것이 아니고 일반적으로 범죄가 되는 행위이지만 자기의 특수한 경우에는 법령에 의하여 허용된 행위로서 죄가 되지 아니한다고 그릇 인식하고 그와 같이 인식함에 있어 정당한 이유가 있는 경우라고 보고 있다(대법원 1991.10.11, 91도1566 등). 법원행시 07 / 국가9급 07 / 국가7급 07 / 국가9급 08 / 법원행시 09 / 사시 11 / 국가7급 12 / 사시 12 / 경찰승진 13 / 경찰승진 16

★ 판례연구 법률의 부지이므로 법률의 착오가 아니라고 한 사례

1. 대법원 1985.4.9, 85도25

구 미성년자보호법(현 청소년보호법)에 대한 부지 : 천지창조 사례

형법 제16조에 자기의 행위가 법령에 의하여 죄가 되지 아니한 것으로 오인한 행위는 그 오인에 정당한 이유가 있는 때에 한하여 벌하지 아니한다고 규정하고 있는 것은 ① 단순한 법률의 부지의 경우를 말하는 것이 아니고, ② 일반적으로 범죄가 되는 행위이지만 자기의 특수한 경우에는 법령에 의하여 허용된 행위로서 죄가 되지 아니한다고 그릇 인식하고 그와 같이 그릇 인식함에 있어서 정당한 이유가 있는 경우에는 벌하지 아니한다는 취지이다. 법원9급 07(하) 따라서 유흥접객업소의 업주가 경찰당국의 단속대상에서 제외되어 있는 만 18세 이상의 고등학생이 아닌 미성년자는 출입이 허용되는 것으로 알고 있었더라도 이는 미성년자보호법 규정을 알지 못한 단순한 법률의 부지에 해당하고, 이를 법률의 착오에 기인한 행위라고 할 수는 없다.[299]

2. 대법원 1986.6.24, 86도810

당국의 허가를 얻어 벌채하고 남아 있던 잔존목을 허가 없이 벌채하는 것이 위법인 줄 몰랐던 경우에는 단순한 법률의 부지에 불과하며 형법 제16조에 해당하는 법률의 착오로 볼 수 없다. 국가9급 10

3. 대법원 1991.10.11, 91도1566; 1992.4.24, 92도245; 2000.9.29, 2000도3051; 2011.10.13, 2010도 15260

행정법규상의 허가대상인 것을 몰랐다는 사례

피고인이 자신의 행위가 건축법(국토이용관리법·파견근로자보호법)상의 허가대상인 줄을 몰랐다는 사정은 단순한 법률의 부지에 불과하고, 특히 법령에 의하여 허용된 행위로서 죄가 되지 않는다고 적극적으로 그릇 인식한 경우가 아니어서 이를 법률의 착오에 기인한 행위라고 할 수 없다.[300] 국가9급 22

---

299 보충 이 판례는 소위 천지창조(유흥업소 이름) 사건이라는 판례이다. 이 사건에서 대법원은 '법률의 부지'는 법률의 착오도 아니므로 업주는 유죄판결을 면할 수 없다고 보고 있다. 나아가 판례는 청소년유해업소 출입단속대상자가 만 18세 미만자와 고등학생이라는 내용의 공문이 경찰서에 하달된 사정을 안 업소주인은, 설령 "18세 이상인 대학생은 허용되고 구 미성년자보호법의 단속대상을 18세 미만이라고 생각하였다 하더라도" 정당한 이유가 있는 착오라고 할 수 없다고 판시하고 있다.

300 보충 허가대상인 줄 모르고 무허가 행위를 한 자의 죄책에 대해서는 판례는 '법률의 부지'로 보아 그 가벌성을 인정하지만, 위법

4. 대법원 1992.8.18, 92도1140

무도교습소 학원인가와 검찰의 무혐의결정 사례

피고인이 한국무도교육협회의 정관에 따라 무도교습소를 운영하였고, 위 협회가 소속회원을 교육함에 있어서는 학원설립인가를 받을 필요가 없다고 한 검찰의 무혐의결정내용을 통지받은 사실만으로 피고인이 인가를 받지 않고 교습소를 운영한 것이 법률의 착오에 해당한다고 볼 수 없다.

5. 대법원 1994.9.9, 94도1134

무도교습학원을 인수하면서 학원의 설립·운영에 관한 법률 소정의 등록을 하지 않은 사례

무도시설을 인수할 당시 무도학원이 학원의 설립·운영에 관한 법률 제5조 제1항의 규정에 따라 등록하지 않았다는 이유로 여러 차례 처벌받고 있었음에도 불구하고, 무도학원의 등록절차에 관한 법률적 의문을 해소하기 위하여 등록관청에 질의를 한 바도 없이 풍속영업신고의 신고자 명의만을 변경하여 영업을 한 것은 법률의 단순한 부지를 이용한 것이므로 법률의 착오가 아니다.

6. 대법원 1995.12.12, 95도1891

토지의 소유명의자로부터 직접 매수한 자도 아니고 매수인의 상속인도 아닌 자가 부동산소유권이전등기 등에 관한 특별조치법에 따라 소유명의자로부터 직접 매수한 양 보증서를 작성, 행사하여 확인서를 발급받아 이를 행사하였다면, 설령 그로 인한 소유권이전등기가 실체관계에 부합되어 유효하다고 하더라도 부동산소유권이전등기에 관한 특별조치법 위반죄에 해당하고, 자신의 행위가 법에 위반되는지 몰랐다 하더라도 법률의 부지에 불과하여 정당한 이유가 되지 않는다.

7. 대법원 1999.5.11, 99도499

공직선거법 소정의 기부행위를 한 날이 기부행위제한기간에 속한다는 사실을 몰랐던 사례

지방의회 의원인 피고인이 자신이 기부행위를 한 날이 법이 정하는 기부행위제한기간에 속한다는 사실을 몰랐다고 하더라도 이는 기부행위를 제한하는 법률의 부지와 유사한 것에 불과하여, 그와 같은 사정만으로 피고인에게 범의가 없었다거나 위법성의 인식이 없었다고 할 수 없다.

8. 대법원 2001.6.29, 99도5026

피고인이 보험회사의 지점장 등과 장기 저축성 보험계약을 체결하고, 그들로부터 당해 보험계약과 관련하여 위 회사의 규정에 의하여 정하여진 이자를 초과하여 추가로 금원을 지급받은 것은 특경법위반죄에 해당되고 이는 단순한 법률의 부지에 해당하는 경우라고 할 것이다.

9. 대법원 2006.11.23, 2005도5511

사회복지사업법위반죄에 있어서의 고의의 내용은 법인의 기본재산을 감독관청의 허가 없이 용도변경[301]한다는 사실에 대한 인식이 있으면 족하고, 피고인이 이 사건 보상금이 공소외 사회복지법인의 기본재산인 점에 대하여 인식하지 못하였다는 사정은 법률의 착오에 해당하지 않는다.

10. 대법원 2007.5.11, 2006도1993

국내 입국시 관세신고를 하지 않아도 되는 것으로 착오한 사례

영리를 목적으로 관세물품을 구입한 것이 아니라거나 국내 입국시 관세신고를 하지 않아도 되는 것으로 착오하였다는 등의 사정만으로는 법률의 착오에 해당하지 않는다. 국가9급 09 / 법원행시 09 / 경찰승진 14 / 경찰채용 15 2차 / 사시 15 / 국가9급 16

성의 착오로 보아야 한다는 견해가 다수설이며, 일부에서는 구성요건착오로 해결하자는 소수설(강동범, 신동운)도 있다.

[301] 보충 : 위 판례의 또 다른 논점 — 명확성원칙 사회복지사업법 제23조 제3항 제1호에서는 용도변경 이외에 허가를 받아야 하는 행위로 매도·증여·교환·임대·담보제공을 함께 규정하고 있는 바, 처분의 제한 대상으로서 '용도변경'은 '매도·증여·교환·임대·담보제공이 아닌 방법으로 사회복지법인의 기본재산을 처분하는 행위, 즉 기본재산의 현상에 변동을 일으키는 행위 중 위와 같은 입법목적을 침해할 우려가 있는 행위'라고 충분히 해석할 수 있다고 할 것이므로, 위 법 제23조 제3항 제1호 중 '용도변경' 부분은 죄형법정주의에서 파생된 명확성의 원칙에 위배되지 않는다(헌법재판소 2006.7.27, 2005헌바66).

판례연구 법률의 부지가 아니므로 범의가 조각되어야 한다고 한 사례

대법원 1970.9.22, 70도1206
민사소송법 기타 공법의 부지는 형벌법규의 부지와 구별되어 범의를 조각한다는 사례
민사소송법 기타의 공법의 해석을 잘못하여 피고인이 (가압류당사자의 합의에 의하여) 가압류의 효력이 없는 것이라 하여 가압류가 없는 것으로 착오하였거나 또는 봉인 등을 손상 또는 효력을 해할 권리가 있다고 오신한 경우에는 민사법령 기타 공법의 부지에 인한 것으로서 이러한 법령의 부지는 형벌법규의 부지와 구별되어 범의를 조각한다고 해석할 것이다.

보충 이 판례는 착오론적으로는 사실의 착오에 해당하나, 법률의 착오에 정당한 이유가 인정되는 판례들과 더불어 무죄가 되는 판례이므로 독자들은 함께 정리해두는 것이 효과적이다.

ⓒ 통설 – 긍정설 : 금지착오의 경우로 본다. 위법성의 인식이 결여되었다는 점에서 다른 착오와 규범적 차이가 존재하지 않는 경우이므로 제16조가 적용된다는 점에서 그 착오에 정당한 이유 유무를 심사해 보아야 한다고 보고 있다.

ⓓ 소결 : 복잡다단한 행정형법들을 가지고 있는 오늘날에는 법률전문가가 아닌 일반인들의 입장에서는 법률의 존재 자체를 모르는 경우가 충분히 있을 수 있다는 점에서, 통설의 입장이 타당하다고 생각된다. '법률의 부지는 용서받지 못한다.'는 것은 일반 시민에게 오히려 법의 내용을 알리고 계도해야 하는 국가의 책임을 경시한 권위주의적 법언이고 역사적 의미밖에 없는 로마법의 전통에 불과하므로 고려할 바 못 된다.

ⓛ 효력의 착오 : 효력의 착오(Gültigkeitsirrtum)는 행위자가 일반적 구속력이 있는 법규정을 잘못 판단하여 그 규정이 무효라고 오인한 경우를 말한다. 사시 11 예를 들어, 존속살해죄를 범하면서 이 법규정은 헌법에 위반되므로 무효라고 생각했다던가, 또 병역법이 양심의 자유를 침해하는 헌법위반의 무효라고 생각하고 입대를 거부한 경우가 여기에 속한다.

예 형법규정이 위헌이기 때문에 무효라고 생각한 경우

ⓒ 포섭의 착오 : 포섭(包攝)의 착오(Subsumtionsirrtum)란 원래는 금지되어 있는 행위라는 사실은 인식하고 있었으나 행위자가 그 금지규범을 너무 좁게 해석하여 자신의 상황에서는 자기의 행위가 허용된다고 믿었던 경우를 말한다. 국가9급 07 / 사시 11 즉 '나의 특수한 이 경우까지 법률이 포섭하지는 않을 것'(이러한 정도는 괜찮겠지)이라고 오인한 경우를 말한다.

사람은 자기합리화에 익숙한 존재이므로, 포섭의 착오가 법률의 착오의 상당부분을 차지할 것임은 쉽게 예상할 수 있다. 예를 들어, 국립대학교 교수에게 돈을 주어도 증뢰죄는 아닐 것이라고 생각하면서 뇌물을 공여한 경우를 들 수 있다.

예 • 이 정도의 문서는 제243조의 음란문서에 해당하지 않는다고 오신하고 출판한 경우
• 이혼합의와 별거의 사실이 있으면 타인과 성관계를 가져도 무방하다고 믿고 성관계를 가진 경우
• 뜰에 관상용으로 양귀비를 심는 것은 무방하다고 믿고 다량의 양귀비를 재배한 경우

판례연구 포섭의 착오 : 주민등록지를 이전한 자의 향토예비군대원 미신고 사례

대법원 1974.11.12, 74도2676
이미 같은 주소에 향토예비군대원신고가 되어 있으므로 동일 주소에 재차 대원신고를 할 필요가 없다고 생각하여 행하지 않은 것은 법률의 착오이다. 경찰채용 11 1차

📚 **사례연구** 포섭의 착오 I : 관례상 제공하면 뇌물이 아닌 것으로 오인

甲은 공군참모총장인 乙에게 부품납품 등에 따른 업무와 관련하여 금원을 제공하였으나 관례상 제공하는 것이기 때문에 죄가 되지 않는다고 생각하였다. 甲의 죄책은?

해결 뇌물성을 인정하는 데에는 특별히 의무위반행위의 유무나 청탁의 유무 등을 고려할 필요가 없다. 위 금원공여행위가 관례를 좇은 것이라고 하더라도 그러한 사유만으로 피고인의 행위가 죄가 되지 않는 것으로 오인한 데에 정당한 이유가 있다고 할 수 없다(대법원 1995.6.30, 94도1017).

📚 **사례연구** 포섭의 착오 II : 마약류취급면허 없이 마약판매

마약류취급면허가 없는 甲은 모 제약회사의 乙로부터 마약이 없어 약을 제조하지 못하니 구해달라는 부탁을 받았다. 이에 甲은 제약회사에서 쓰이는 마약은 죄가 되지 않는다고 생각하고 생아편 600g 정도를 돈을 받고 구해주었다. 甲의 죄책은?(참고 : 특가법 제11조의 아편판매죄)

해결 피고인이 제약회사에 근무한다는 자로부터 마약이 없어 약을 제조하지 못하니 구해달라는 거짓부탁을 받고 제약회사에서 쓰는 마약을 구해주어도 죄가 되지 아니하는 것으로 믿고 생아편을 구해주었다 하더라도 피고인들이 마약취급의 면허가 없는 이상, 위와 같이 믿었다 하여 이러한 행위가 법령에 의하여 죄가 되지 아니하는 것으로 오인하였거나, 그 오인에 정당한 이유가 있는 경우라고 볼 수 없다(대법원 1983.9.13, 83도1927). 경찰승진 11 / 국가7급 13 / 경찰승진 15

(2) 간접적 (위법성의) 착오

① 의의 : 간접적 착오(indirekter Irrtum)란 행위자가 금지된 것은 인식하였으나, 자신의 경우는 죄가 되지 않는 특별한 사정(위법성조각사유)이 있기 때문에 적법하다고 믿은 경우를 말한다. 즉, 원칙적으로 위법하다고 생각은 하였지만 구체적인 경우 위법성조각사유의 법적 한계를 오해하였거나, 위법성조각사유가 존재하는 것으로 오인하여 자기의 행위가 허용된다고 판단한 경우를 말한다. 위법성조각사유의 착오 내지 허용규범에 관한 착오라고도 한다.

② 종 류

㉠ 위법성조각사유의 존재 내지 그 범위에 관한 착오 : 위법성조각사유가 존재하지 아니함에도 불구하고 존재하는 것으로 잘못 알았거나 그 존재범위를 잘못 알고 위법성조각이 된다고 생각한 경우를 말한다. 허용의 착오(Erlaubnisirrtum)[302]라고도 부른다. 예를 들어, 의사는 환자의 동의가 없어도 (의식을 가진) 환자를 수술할 직업상 권한이 있다고 믿고 수술을 하는 경우를 들 수 있다. 이 경우도 금지착오(제16조)로 처리된다.

예 • 남편이 부인에 대하여 징계권이 있다고 생각하고 일정한 체벌(폭행)을 한 경우 국가9급 07 / 경찰승진 13
  • 타인의 편지를 뜯어보는 것은 원칙적으로 위법하다고 생각한 자(여)가 자신의 남편에게 온 편지를 뜯어보는 것은 허용된다고 믿고 편지를 개봉한 경우 등

㉡ 위법성조각사유의 법적 한계에 관한 착오 사시 11 / 경찰채용 15 1차 / 국가7급 16 / 사시 16 : 위법성조각사유의 한계를 잘못 알고 자신의 행위가 정당화된다고 판단한 경우를 말한다(허용한계에 대한 착오). 금지착오로 처리된다.

예 사인이 현행범 체포시 신체상해가 허용된다거나 타인의 주거에 침입해도 된다고 여긴 경우 국가9급 07

---

302 허용의 착오라 하면 ㉠과 ㉡의 착오를 한꺼번에 부르는 용어로도 사용할 수 있다.

ⓒ 위법성조각사유의 객관적 전제사실(전제조건)에 대한 착오 사시 11 / 국가7급 14

    ⓐ 의의 : 위법성이 조각되는 '객관적인 사실관계(전제사실)에 대하여 잘못 판단'하여 객관적 정당화 상황이 없음에도 그것이 존재한다고 오인하고 행위를 한 경우를 말한다. 다른 말로는 허용구성 요건의 착오(許容構成要件의 錯誤; Erlaubnistatbestandsirrtum)라고도 부른다. 개개의 위법성조각사유와 관련하여 오상방위, 오상피난, 오상자구행위 등의 형태로 착오가 발생할 수 있다.

    예 • 우체부를 절도범으로 오인하고 그를 상해한 경우
      • 신문기자가 타인의 명예를 훼손하는 허위사실을 진실한 사실로 오인하고 오로지 공공의 이익을 위해 공포한 경우(제310조의 객관적 전제조건에 관한 착오)[303]
      • 전시의 전쟁터에서 밤중에 다가오는 아군을 적군이라 믿고 사살한 경우
      • 甲이 乙의 담력을 시험하기 위해 장난감권총을 내밀자 乙이 생명의 위험을 느끼고 총을 쏘아 甲을 살해한 경우 등

    ⓑ 법적 처리 : 허용구성요건의 착오의 해결에 대하여는 아래와 같이 많은 견해가 대립한다. 그러한 이유는 허용구성요건의 착오의 유형이 생각하기에 따라서 위법성의 착오로 볼 수도 있고 구성요 건착오로 볼 수도 있기 때문이다. 특히 엄격책임설은 허용구성요건착오를 위법성의 착오로 보아 형법 제16조를 적용함으로써 고의범으로 처벌되는 경우를 인정하는 반면, 제한적 책임설은 구성 요건착오로 보아 구성요건적 고의가 조각된다거나(유추적용설) 구성요건적 고의는 존재하나 책임고의는 부정된다고 보아(법효과제한적 책임설 : 다수설) 고의범 성립을 부정함으로써 과실범이 성립할 수 있다는 해결책을 제시하고 있다. 한편, 판례는 이에 관한 일관된 명시적인 입장은 없으나 형법 제310조의 위법성조각사유의 전제사실에 대한 착오에 대해서는 위법성이 조각된다는 판시를 내린 바 있다.

PART ▶ 02 법죄론

표정리 허용구성요건착오의 해결에 관한 학설 상론(詳論)

학 설	내 용
엄격고의설 사시 12	위법성인식은 고의의 한 요소에 불과하다. 따라서 간접적 위법성의 착오의 유형인 위법성조각사유의 객관적 전제조건의 착오에 대하여는 고의 성립 여부가 문제될 것이다. 고의가 조각되는 경우에는 과실범 성립 여부가 문제될 것이다. ➲ 참고로 제한적 고의설(위법성인식가능성설)에 의하면, 행위자에게 착오에 대한 위법성인식가능성이 있으면(과실이 있으면) 고의가 인정되고, 위법성인식가능성이 없으면 고의가 부정되어 과실범이 성립된다고 보게 된다. 이에 대해서는 과실과 고의를 혼동하였다는 비판이 있다. 결국 엄격고의설이나 제한적 고의설은 그 이론적 출발점 자체가 위법성의 인식이 고의의 한 요소라는 것인데 이는 받아들일 수 없다.
소극적 구성요건표지 이론	위법성조각사유는 소극적 구성요건요소이므로 위법성조각사유에 대한 착오는 곧 구성요건의 착오가 되므로 (불법)고의 조각 여부가 문제된다. 국가9급 14 고의가 조각될 경우 역시 과실범 성립 여부가 검토된다. 이러한 소극적 구성요건표지이론(2단계 범죄체계)에 대해서는 이미 구성요건론 부분에서 비판한 바 있다.
엄격책임설 사시 12 / 변호사 12 / 사시 13 / 경찰채용 16 2차 / 국가9급 16	엄격책임설에 의하면 위법성에 관한 착오는 모두 금지착오, 즉 법률의 착오로 규율된다. 따라서 그 오인에 정당한 이유가 있다면 책임이 조각되어 무죄로 되나(따라서 과실범 여부도 문제삼지 않는다), 정당한 이유는 없었지만 경우에 따라 책임이 감경되어 형을 감경한다거나, 정당한 이유가

---

303 참고 : '제310조의 진실성에 대한 착오'의 성격에 대한 통설과 판례의 입장 통설은 이를 위법성조각사유의 전제사실에 관한 착오로 검토하고 있다. 단, 판례는 행위자가 진실하다고 믿은 것에 객관적으로 상당한 이유가 있으면 (일종의 허용된 위험으로 보아) 위법성이 조각된다고 하여, 단지 제310조의 위법성조각사유를 다소 확장해석함으로써 문제를 해결하고 있다. 즉 판례는 이 경우를 위법성조각사유의 해석에 관한 문제로 접근할 뿐, 허용구성요건착오로 검토하는 문제의식까지는 보여주지 않고 있는 것이다.

CHAPTER 04 책임론 **299**

없다면 책임이 인정되어 고의범이 성립하게 된다(제16조). 국가9급 12 / 국가7급 14 이 견해에 대해서는, 사실관계에 관한 착오를 일으킨 자에 대하여 법률의 착오를 적용하는 것은 타당하지 않다는 점과 고의범으로 처벌하는 것이 법감정에 반한다는 비판이 있다.

⊃ 단, 판례는 법률의 착오의 처리를 고의설에 의한 경우도 있다. 허용구성요건의 착오에 대하여 엄격책임설은 과실범 성립의 가능성을 부정한다는 점을 정리해두어야 한다.

제한적 책임설
사시 13

제한적 책임설은 위법성의 착오의 해결에 대해서는 엄격책임설과 같지만, 허용구성요건의 착오에 대하여는 책임설을 제한하자는 입장으로서, 허용구성요건의 착오를 사실의 착오(제13조)로 보아야 한다는 입장이다. 국가9급 12 나아가 사실의 착오로 본다고 하더라도, 이러한 사실의 착오가 구성요건적 고의에 대한 것인지 책임고의에 대한 것인지의 선택에 의하여 다음 두 견해가 대립되고 있다.

ⓐ 구성요건착오유추적용설(소수설) : 불법고의조각설 변호사 12

구성요건요소와 허용구성요건요소 사이에는 질적인 차이가 없고 행위자에게 구성요건적 불법을 실현하려는 결단이 없기 때문에 (불법)고의를 조각하여 행위불법을 부정해야 한다는 입장이다(대표적으로 김일수). 국가7급 14 이러한 입장에 의할 경우 허용구성요건착오를 일으킨 행위자에게 가공한 자에게는 협의의 공범(교사범 및 종범)이 성립할 수 없게 된다.

공범은 정범의 성립에 종속하여 이 경우 정범은 구성요건에 해당하고 위법하여야 하는데(제한적 종속형식), 허용구성요건의 착오를 일으킨 자는 유추적용설에 의하면 불법고의가 조각되어 구성요건해당성부터 조각되기 때문이다. 따라서 간접정범의 성립이 문제될 뿐 공범 성립은 부정된다고 볼 수밖에 없게 되는데, 이러한 해결은 형사정책적 관점에서 문제점으로 지적될 수 있다.

ⓑ 법효과제한적 책임설(rechtsfolgeneinschränkende Schuldtheorie, 다수설) : 책임고의조각설 사시 12 / 변호사 12

구성요건적 고의는 인정하되 책임고의(고의책임)를 조각시키는 입장이다. 국가9급 12 즉 고의범의 불법은 인정하되 책임은 부정함으로써 법효과(형벌)는 과실범의 범위로 제한하자는 학설이다. 이러한 법효과제한적 책임설은 합일태적 범죄론체계 이후의 통설적 태도인 고의의 이중기능을 인정하는 전제에서 출발하고 있다. 국가7급 14 여기서 책임형식으로서의 고의를 소위 '심정반가치로서의 고의'라고 부르는데, 이는 '불법고의를 가진 데 대한 미안한 마음 내지 떳떳하지 못한 심리적 태도 또는 양심의 가책' 정도라고 할 수 있다. 가령 강도범인 줄 오인하고 상해의 고의로 폭행한 자에게는 사람의 신체에 상해를 가한다는 인식과 의사인 구성요건적 고의는 있지만 '보통 구성요건적 고의가 있으면 으레 인정되는 미안한 마음'(심정반가치)이 없기 때문에 고의범 성립이 부정된다는 것이다. 왜냐하면 상대방을 강도범이라고 오인했다면 그러한 행위자의 마음은 의연하고 당당할 것이기 때문이다.

이렇듯 고의범 성립에 고의의 이중기능을 고려하면서 책임고의를 부정하여 고의범 성립을 부정(과실범 성립)하게 되는 법효과제한적 책임설의 실제적 효과는, 허용구성요건의 착오가 구성요건적 착오의 성질을 가지고 있다는 점을 인정하면서도 이를 책임단계의 고의문제에서 고려함으로써 그러한 행위자에 가공한 자에 대하여 (의사지배적 요소가 인정된다면 간접정범이 성립하고 그렇지 않은 경우에도) 공범의 성립도 가능하게 하는 실제적인 해결에서 나타나게 된다. 이 점에서 법효과제한적 책임설은 다수설의 지지를 받고 있다.[304]

---

304 보충 : 법효과제한적 책임설에 대한 평가 법효과제한적 책임설의 타당성의 근거는, ① 우선 이러한 착오유형 자체가 규범에 대한 것이라기보다는 사실관계에 대한 오인의 문제이고, ② 그 현실적 결과에 있어서도 책임이 조각되면 무죄, 책임이 인정되면 고의범이 될 수 있다는 엄격책임설의 해결방법보다는 상대방을 -특히, 오상방위의 경우- 불법한 침해자로 오인한 점에 경솔한 주의의무위반이 인정되기 때문에 과실범의 책임 정도는 인정된다고 보는 것이 적절할 것이라는 데 있다.

법효과제한적 책임설을 비판하는 견해에 의하면, 이에 의할 경우 과실범 성립만이 문제되므로 형사정책적 관점에서 과실범보다는 엄한 처벌을 물어야 할 허용구성요건의 착오를 일으킨 자에 대하여 불합리하게 관대한 결론에 이르게 된다는 점을 지적하기도 한다. 그러나 일반적인 사실의 착오에 있어서도 경솔한(부주의한) 행위를 한 자가 유책한 경우에 과실범의 죄책을 묻는

♨ **판례연구** 위법성조각사유의 전제사실의 착오에 관하여 반복된 대법원의 위법성조각설

1. 대법원 1986.10.28, 86도1406

중대장 아내의 지시를 따른 당번병 사건

① 당번병이 그 임무범위 내에 속하는 일로 오인하고 한 무단이탈 행위와 위 법성 : 소속 중대장의 당번병이 근무시간 중은 물론 근무시간 후에도 밤늦게 까지 수시로 영외에 있는 중대장의 관사에 머물면서 집안일을 도와주고 그 자녀들을 보살피며 중대장 또는 그 처의 심부름을 관사를 떠나서까지 시키는 일을 해오던 중 사건당일 중대장의 지시에 따라 관사를 지키고 있던 중 중대장과 함께 외출나간 그 처로부터 24:00경 비가 오고 밤이 늦어 혼자 귀가할 수 없으니 관사로부터 1.5킬로미터 가량 떨어진 지점까지 우산을 들고 마중을 나오라는 연락을 받고 당번병으로서 당연히 해야 할 일로 생각하고 그 지점까지 나가 동인을 마중하여 그 다음날 01:00경 귀가하였다면 위와 같은 당번병의 관사이탈 행위는 중대장의 직접적인 허가를 받지 아니 하였다 하더라도 당번병으로서의 그 임무범위 내에 속하는 일로 오인하고 한 행위로서 그 오인에 정당한 이유가 있어 위법성이 없다고 볼 것이다.

2. 대법원 1993.6.22, 92도3160; 2007.12.14, 2006도2074; 2020.8.13, 2019도13404

형법 제310조의 위법성조각사유의 전제사실에 관한 착오에 대하여 위법성이 조각될 수 있다는 판례

형법 제310조의 규정은 인격권으로서의 개인의 명예의 보호와 헌법 제21조에 의한 정당한 표현의 자유의 보장이라는 상충되는 두 법익의 조화를 꾀한 것이라고 보아야 할 것이므로, 두 법익간의 조화와 균형을 고려한다면 적시된 사실이 진실한 것이라는 증명이 없더라도 행위자가 진실한 것으로 믿었고 또 그렇게 믿을 만한 상당한 이유가 있는 경우에는 위법성이 없다고 보아야 할 것이다. 경찰채용 21 1차

3. 대법원 2023.11.2, 2023도10768

위법성조각사유의 전제사실의 착오에 관하여 반복되는 대법원의 위법성조각설

[甲은 자신이 코치로 일하는 복싱클럽 관장 A와 회원인 B(17세)의 몸싸움을 지켜보던 중 B가 왼손을 주머니에 넣어 휴대용 녹음기를 꺼내어 움켜쥐는 것을 호신용 칼을 꺼내는 것으로 오인하고 B의 왼손 주먹을 강제로 펴게 함으로써 약 4주간의 치료가 필요한 좌 제4수지 중위지골 골절에 이르게 하였다. 甲의 상해죄의 성립 여부]

① (형법 제20조의 사회상규에 의한 정당행위를 인정하기 위한 요건으로서 행위의 긴급성과 보충성은 '일체의 법률적인 적법한 수단이 존재하지 않을 것'을 의미하는가 여부) 형법 제20조의 정당행위에 관한 판례의 법리, 즉 사회상규에 의한 정당행위를 인정하려면, 행위의 동기나 목적의 정당성, 행위의 수단이나 방법의 상당성, 보호이익과 침해이익과의 법익균형성, 긴급성, 그 행위 외에 다른 수단이나 방법이 없다는 보충성 등의 요건을 갖추어야 하는데, 위 '목적·동기', '수단', '법익균형', '긴급성', '보충성'은 불가분적으로 연관되어 하나의 행위를 이루는 요소들로 종합적으로 평가되어야 하고, 그중 행위의 긴급성과 보충성은 다른 실효성 있는 적법한 수단이 없는 경우를 의미하는 것이지 '일체의 법률적인 적법한 수단이 존재하지 않을 것'을 의미하는 것은 아니다. ② (검사의 공소사실에 甲이 한 행위의 이유·동기에 관하여 '위험한 물건으로 착각하여 빼앗기 위하여'라고 기재된 것이 수사기관의 인식으로 보인다면 이것은 당시 상황에 대한 객관적 평가이자 甲이 B의 행동을 오인함에 정당한 이유가 있었음을 뒷받침하는 사정에 해당하는가 여부) 피해자가 진술한 바와 같이 당시 왼손으로 휴대용 녹음기를 움켜쥔 상태에서 이를 활용함에 별다른 장애가 없었으므로 몸싸움을 하느라 신체적으로 뒤엉킨 상황에서 피해자가 실제로 위험한 물건을 꺼내어 움켜쥐고 있었다면, 그 자체로 위 관장의 생명·신체에 관한 급박한 침해나 위험이 초래될 우려가 매우 높은 상황이었고, 수사기관도 이러한 정황을 고려하였기에 원심에서 공소장을 변경하기 전까지 공소사실에 피고인이 한 행위의 이유·동기에 관하여 '위험한 물건으로 착각하여 빼앗기 위하여'라고 기재하였는바, 이러한 수사기관의 인식이야말로 당시 상황에 대한 객관적 평가이자 피고인이 피해자의 행동을 오인함에 정당한 이유가 있었음을 뒷받침하는 사정에 해당하며, 비록 원심에서 공소장변경을 통해 이 부분 기재를 공소사실에서 삭제하였다고 하여 수사기관의 당초 인식 및 평가가 소급하여 달라질 수 없음에도, 원

데 불과하다는 점을 고려한다면 특히 허용구성요건의 착오를 일으킨 자에 대하여 사실의 착오보다 더욱 엄격한 죄책을 물어야 할 근거가 있는가에 대해서는 상대적 관점이 존재할 수 있다고 생각된다.

심이 마치 그 삭제만으로 처음부터 그러한 사정이 존재하지 않았던 것처럼 '피고인이 피해자의 손에 있는 물건이 흉기라고 오인할만한 별다른 정황도 보이지 않는다.'라고 단정한 것은 형사재판에서 범죄사실에 대한 증명 및 유죄 인정의 첫 걸음에 해당하는 것이자 검사에게 증명책임과 작성권한이 있는 공소사실 등에 대한 올바른 평가라고 보기 어렵다. ③ (甲의 행위는 주관적으로는 그 정당성에 대한 인식 하에 이루어진 것이라고 보기에 충분한가 여부) 이 사건 당시 피고인의 행위는 적어도 주관적으로는 그 정당성에 대한 인식하에 이루어진 것이라고 보기에 충분하다. ④ (甲이 행위 당시 죄가 되지 않는 것으로 오인한 것에는 '정당한 이유'가 인정되는가 여부) 원심은 피고인이 공소사실 기재 행위 당시 죄가 되지 않는 것으로 오인한 것에 대해 '정당한 이유'를 부정하여 공소사실을 유죄로 판단하였는바, 이러한 원심의 판단에는 위법성조각사유의 전제사실에 관한 착오, 정당한 이유의 존부에 관한 법리를 오해함으로써 판결에 영향을 미친 잘못이 있다.

표정리 법률의 착오 개관

유 형		내 용
직접적 착오 (금지규범의 착오)	법률의 부지	형벌법규의 존재 자체를 알지 못하여 위법성을 인식하지 못한 경우 ┌ 판례 : 금지착오가 아니므로 범죄성립과 무관 └ 통설 : 금지착오에 해당하므로 정당한 이유 판단
	효력의 착오	형법의 어떤 규정이 위헌이므로 효력이 없다고 오인한 경우
	포섭의 착오	금지규범을 너무 좁게 해석해 자신의 행위가 법적으로 허용된다고 믿는 경우(학교장의 교육상 양귀비 식재)
간접적 착오 (허용규범의 착오, 위법성조각사유의 착오)	위법성조각사유의 존재에 대한 착오(허용규범의 착오)	남편이 부인에 대한 징계권이 있는 줄 잘못 알고 부인에게 체벌을 가한 경우
	위법성조각사유의 한계에 대한 착오(허용한계의 착오)	사인이 현행범 체포를 위해 그를 살해해도 된다고 생각하고 살해한 경우
	위법성조각사유의 전제사실에 관한 착오(객관적 정당화상황의 착오)	오상방위·오상피난·오상자구행위 ┌ 엄격책임설 : 법률의 착오(제16조) └ 제한적 책임설 : 일종의 사실의 착오(제13조)

---

03 형법 제16조의 해석

1. 자기의 행위가 법령에 의해 죄가 되지 아니하는 것으로 오인한 행위

기술한 바와 같이, 판례는 법률의 부지가 포함되지 않는다고 하나, 통설은 포함된다고 본다. 또한 엄격책임설은 위법성조각사유의 객관적 전제조건에 대한 착오가 여기에 포함된다고 보지만, 제한적 책임설은 포함되지 않는다고 한다.

2. 그 오인에 '정당한 이유'가 있는 때에 한하여

(1) 정당한 이유의 의의 : 회피가능성이 없을 것

자기의 행위가 법령에 의하여 죄가 되지 않는 것으로 오인한 행위는 그 오인에 정당한 이유가 있는 때에 한하여 벌하지 않는다(제16조). 여기에서 다수설은 그 착오를 '회피할 수 없었을 때' 바로 정당한 이유가 있다

고 보고 있다.[305] 따라서 정당한 이유가 있다는 것은 회피가능성(回避可能性, Vermeidbarkeit)이 없다는 것이다. 판례도 종래에는 "그 오인에 과실이 없는 때" 정당한 이유가 있다고 판시해왔으나(대법원 1983.2.22, 81도2763 등), 근래에 들어서는 "자신의 지적능력을 다하여 이를 회피하기 위한 진지한 노력을 다하였더라면 스스로의 행위에 대하여 위법성을 인식할 수 있는 가능성"이 있었는가를 살피고 있다(대법원 2006.3.24, 2005도3717[306]; 2006.9.28, 2006도4666; 2008.10.23, 2008도5526; 2010.7.15, 2008도11679 등).

(2) 회피가능성의 판단기준

① 양심의 긴장 기준설

　㉠ 내용 : 독일의 판례는 위법성의 착오에 대한 회피가능성이 없다고 하기 위해서는, 그 착오를 회피하기 위하여 행위자가 양심의 긴장(Gewissensanspannung)을 다하여야 한다는 입장이다.[307] 즉 양심의 긴장을 다했어도 위법성을 인식할 수 있었다면 회피가능성이 있으므로 책임이 인정되고, 양심의 긴장을 다했어도 위법성을 인식할 수 없었으면 회피가능성이 없으므로 책임이 조각된다는 것이다.[308] 여기서 양심의 긴장의 정도는 행위정황, 개인의 생활영역, 직업영역 및 행위자의 개인적 능력을 고려해서 정해진다.

　㉡ 비판 : 위 說에 대해서는 법규범은 도덕적 평가규범이 아니므로 양심의 긴장을 하지 않은 것을 법적으로 비난할 수 없다는 비판이 있다.[309] 생각건대, 행위자 스스로의 양심의 긴장을 다했다는 것만으로 금지착오의 회피가능성을 부정하기는 부족하다고 해야 한다.

② 지적 인식능력 기준설

　㉠ 내용 : 행위자가 자신의 지적(知的) 인식능력(intellektuelle Erkenntniskräfte)을 사용하여 진지하게 고려해보고 전문가에게 성실하게 문의해보고 조사해볼 것을 요구하는 입장이다. 즉 행위자가 자신의 지적 인식능력을 다하여 문의·조사의무를 이행했음에도 불구하고 그 위법성을 인식할 수 없었을 때에는 회피가능성이 없으므로 책임이 조각된다는 견해이다. 현재의 다수설과 판례의 입장으로 판단된다.

　㉡ 지적 인식능력에 의한 문의의무·조사의무 이행의 정도 : 기술한 양심의 긴장의 정도와 유사하게 － "구체적인 행위정황과 행위자 개인의 인식능력 그리고 행위자가 속한 사회집단"에 따라 달리 평가되어야 한다(대법원 2006.3.24, 2005도3717). 사시 13 / 국가7급 18

---

305 참고 금지착오를 규정한 우리 형법 제16조와 독일형법 제17조는 조문의 내용 자체가 다름에도 불구하고, 해석론상 독일형법학의 영향을 강하게 받은 것으로 보이는 부분이다. 독일형법 조문을 간단히 소개한다. 독일형법 제17조 금지착오 행위를 할 때 행위자에게 불법을 행한다는 인식이 결여된 경우 행위자가 그 착오를 회피할 수 없었을 때에는 행위자는 책임 없이 행위한 것이다. 행위자가 그 착오를 회피할 수 있었을 때에는 제49조 제1항에 따라 그 형을 감경할 수 있다.
306 참고 대법원 2006.3.24, 2005도3717 판례는 법률의 착오의 정당한 이유의 판단기준을 행위자의 "지적 능력에 의한 회피가능성"에서 찾아야 한다고 구체적으로 판시한 최초의 판례로 볼 수 있다.
307 BGHSt 2, 201.
308 전게 독일판례.
309 예컨대, 이재상, §25-17.

대법원 2006.3.24, 2005도3717[310]; 2008.10.23, 2008도5526; 2010.7.15, 2008도11679 등
형법 제16조에서 … 정당한 이유가 있는지 여부는 ① 행위자에게 자기 행위의 위법의 가능성에 대해 심사숙고하거나 조회할 수 있는 계기가 있어 ② 자신의 지적능력을 다하여 이를 회피하기 위한 진지한 노력을 다하였더라면 스스로의 행위에 대하여 위법성을 인식할 수 있는 가능성이 있었음에도 이를 다하지 못한 결과 자기 행위의 위법성을 인식하지 못한 것인지 여부에 따라 판단하여야 할 것이고, ③ 이러한 위법성의 인식에 필요한 노력의 정도는 구체적인 행위정황과 행위자 개인의 인식능력 그리고 행위자가 속한 사회집단에 따라 달리 평가되어야 한다. 법원행시 09 / 경찰채용 15 2차 / 사시 15

ⓒ 회피가능성과 과실범의 주의의무의 비교[311] : 행위자에게 요구되는 문의의무·조사의무의 기준은 ⓐ 과실범에 있어서의 주의의무보다 더 엄격하다는 견해[312]와 ⓑ 과실범에 있어서의 주의의무와 대체로 같다는 견해[313] 및 ⓒ 과실이 있어도 정당한 이유가 있을 수 있다는 견해[314]가 대립하고 있다. ⓓ 판례는 형법 제16조의 정당한 이유의 인정에 관하여 판결문의 문면(文面)상으로는 '그 오인에 과실이 없는 때(대법원 1983.2.22, 81도2763 등)'로 판시하여 제2설의 입장을 취한 것 같지만,[315] 실제 사안의 해결에 있어서는 면책의 범위를 매우 좁게 보고 있다는 점에서 제1설의 기준보다 더욱 엄격한 주의의무를 요구하고 있는 것으로 판단된다. 예컨대, 판례는 변리사로부터 상표법위반에 관한 자문과 감정을 받아 상표를 등록한 경우, "설사 피고인이 위와 같은 경위로 자기의 행위가 죄가 되지 아니한다고 믿었다 하더라도 이러한 경우에는 누구에게도 그 위법의 인식을 기대할 수 없다고 단정할 수 없으므로" 상표법 위반의 죄책을 면할 수 없다고 보고 있다(대법원 1995.7.28, 95도702). 국가7급 13 판례의 이러한 입장은 지나치게 엄격한 것으로서 적절한 이론적 근거를 찾기도 어렵다. 결론적으로 생각건대, 우리 형법 제16조가 "정당한 이유가 있는 때에 '한하여' 벌하지 아니한다."고 규정하고 있는 취지를 살필 때, 회피가능성과 관련해서는 과실범의 주의의무보다 엄격한 문의의무·조사의무를 부담하고 있다고 보아야 할 것이다. 따라서 제1설이 타당하다.

(3) 정당한 이유에 관한 판례 정리

지적 인식능력 기준설에 의할 때, 법원의 판례를 자세히 검토하거나 허가담당공무원이나 공인된 전문가에게 구체적 문의를 거치고 얻은 인식에는 착오의 회피가능성이 부정되므로 정당한 이유가 인정되어야 할 것이

---

310 보충 : 대법원 2006.3.24, 2005도3717 판례 국회의원이 의정보고서를 발간하는 과정에서 선거법규에 저촉되지 않는다고 오인한 것에 형법 제16조의 정당한 이유가 없다고 한 사례인데, 판결이유를 살펴보면 다음과 같다. "피고인은 의정보고서의 내용이 선거운동의 실질을 갖추고 있는 한 허용될 수 없다는 것을 실제 경험한 변호사 자격을 가진 국회의원으로서 법률전문가라고 할 수 있는바, 이러한 피고인으로서는 의정보고서에 앞서 본 바와 같은 내용을 게재하거나 전재하는 것이 허용되는지에 관하여 의문이 있을 경우, 관련 판례나 문헌을 조사하는 등의 노력을 다 하였어야 할 것이고, 그렇게 했더라면, 낙천대상자로 선정된 이유가 의정활동에 관계있는 것이 아닌 한 낙천대상자로 선정된 사유에 대한 해명을 의정보고서에 게재하여 배부할 수 없고 더 나아가 낙천대상자 선정이 부당하다는 취지의 제3자의 반론 내용을 싣거나 이를 보도한 내용을 전재하는 것은 의정보고서의 범위를 넘는 것으로서 허용되지 않는다는 것을 충분히 인식할 수 있었다고 할 것이다(위 판례의 판결이유 중에서)." 경찰승진 12 / 변호사 14 참고판례 국회의원이 의정보고서를 제작하여 선거구민들에게 배부함에 있어 그 내용 중 선거구 활동 기타 업적의 홍보에 필요한 사항 등 의정활동보고의 범위를 벗어나서 선거에 영향을 미치게 하기 위하여 특정 정당이나 후보자를 지지·추천하거나 반대하는 내용이 포함되어 있다면 그 부분은 공직선거법 제93조 제1항에서 금지하고 있는 탈법방법에 의한 문서배부행위에 해당되어 위법하다(대법원 1997.9.5, 97도1294 등).

311 수험을 위한 조언 이 부분은 다소 학문적인 부분이어서 공무원시험 수험생들은 참고만 해도 된다.

312 김일수, 386면; 이형국, 202면; 임웅, 312면 등 및 독일판례.

313 배종대, 456면; 이재상, §25-18; 정성근 / 박광민, 340면 등.

314 오영근, 458면.

315 판례가 제2설의 입장이라는 견해는 이재상, ibid.

다. 그러나 **판례**는 아래에서 검토하다시피, 실제 사례해결에 있어서는 정당한 이유의 인정에 관하여 보다 까다로운 입장을 취하고 있다. 전반적으로 판례의 입장은 '그 오인에 정당한 이유가 있는 때'를 매우 제한해석하는 것으로 평가될 수 있다.

🔨 **판례연구** 법률의 착오에 정당한 이유가 인정되지 못한 판례

1. 대법원 1978.6.27, 76도2196
진술조서를 폐기하고 새로 작성하는 행위와 법률의 착오
수사처리의 관례상 일부 상치된 내용을 일치시키기 위하여 적법하게 작성된 참고인 진술조서를 찢어버리고 진술인의 진술도 듣지 아니하고 그 내용을 일치시킨 새로운 진술조서를 작성한 행위는 그 행위를 적법한 것으로 잘못 믿었다고 할지라도 정당한 이유가 있다고 볼 수 없다. 경찰승진 10 / 국가9급 11 / 경찰승진 14 / 경찰채용 16 1차 / 국가9급 24

2. 대법원 1979.8.28, 79도1671
사람이 죽으면 당국에 신고한 후에 그 사체를 매장해야 한다는 것은 일반적인 상식에 속하므로 단순히 이를 몰랐다는 사실만으로는 정당한 이유가 있다고 할 수 없다. 법원행시 05

3. 대법원 1987.12.22, 86도1175
감독관청의 주선으로 면허대여를 받아 시공한 무면허건축업자 행위의 적부
건축업면허 없이 시공할 수 없는 건축공사를 피고인이 타인의 건설업면허를 대여받아 그 명의로 시공하였다면 비록 위 면허의 대여가 감독관청의 주선에 의하여 이루어졌다 하더라도 그와 같은 사정만으로서는 피고인의 소위를 사회상규에 위배되지 않는 적법행위로 볼 수는 없을 뿐만 아니라, 피고인이 이를 적법행위로 오인하였다 하더라도 그 오인에 정당한 이유가 있다고 볼 수 없다.

4. 대법원 1987.4.14, 87도160; 1989.2.14, 87도1860
유선방송설비 등이 자가전기통신설비에 해당하지 않는다는 체신부장관의 질의회신을 믿은 사례
유선비디오 방송시설을 자신의 유선비디오방송업 경영을 위하여 설치 운영하였다면 이는 전기통신기본법 소정의 자가전기통신설비에 해당하고 당국의 허가 없이 이를 설치한 때에는 같은 법 위반죄에 해당되며, 유선비디오 방송업자들의 질의에 대하여 체신부장관이 유선비디오 방송은 자가통신설비로 볼 수 없어 같은 법 소정의 허가 대상이 되지 않는다는 견해를 밝힌 바 있다 하더라도 체신부장관의 회신이나 견해가 법령의 해석에 관한 법원의 판단을 기속하는 것은 아니므로 그것만으로 피고인에게 범의가 없었다고 할 수 없다. 경찰승진 10 / 경찰채용 11 1차 / 경찰채용 13 2차 / 경찰채용 15 3차 / 경찰간부 15

5. 대법원 1990.10.16, 90도1604
가처분결정으로 집무집행정지 중에 있던 종단대표자가 종단소유의 보관금을 소송비용으로 사용함에 있어 변호사의 조언이 있었다는 것만으로 법률의 착오에 의한 것이라 할 수 없다.

6. 대법원 1991.8.27, 91도1523
피고인이 비록 관계장관의 고시에 의하여 당국의 형식승인을 받지 아니한 전자오락기구를 사용하였다 하더라도 내세우는 사정만으로는 피고인의 행위가 죄가 되지 아니하는 것으로 오인하는 데 정당한 이유가 있다고 볼 수 없다. 또한 관계장관의 회신은 법원의 판단을 기속하는 것도 아니다.

7. 대법원 1994.8.26, 94도780
통계청 발행의 총사업체 통계조사보고서에 탐정업이 적시되어 있고 민원사무담당공무원으로부터 탐정업이 인·허가사항도 아니라는 대답을 얻어 세무서에 사업자등록을 하고서 구 신용조사업법에 위반되는 특정인의 소재탐지나 사생활조사를 한 경우에는, 탐정업이 정부기관에 의하여 하나의 업종으로 취급되고 있다거나 세무서에서 사업자등록을 받아주었다고 하여 그것이 법률에서 금지하는 행위까지 할 수 있다는 취지는 아님이 분명하다.
경찰승진 10 / 경찰승진 12 / 경찰채용 14 1차 / 경찰채용 15 2차 / 사시 15

8. 대법원 1995.4.7, 94도1325
활법(정부공인체육종목)의 사회체육지도자 자격증을 취득한 후 진찰과 시술을 한 사례
활법(정부공인체육종목)의 사회체육지도자 자격증을 취득한 후 당국의 인가를 받아 활법원을 설립, 운영하면서

활법원을 찾아오는 사람들에게 진찰과 시술을 하고 대가를 받은 것은 무면허의료행위에 해당하고 죄가 되지 않는다고 믿었다 하더라도 그와 같이 믿은 데에 정당한 사유가 없다. 국가9급 07 / 경찰승진 10

9. 대법원 1995.6.16, 94도1793

검사의 무혐의처분 및 재기수사명령에 따라 기소된 것에 관한 정당한 이유 부정 사례

검사가 피고인들의 행위에 대하여 범죄혐의 없다고 무혐의 처리하였다가 고소인의 항고를 받아들여 재기수사명령에 의한 재수사 결과 기소에 이른 경우, 피고인들의 행위가 불기소처분 이전부터 저질러졌다면 그 무혐의 처분 결정을 믿고 이에 근거하여 이루어진 것이 아님이 명백하고, 무혐의 처분일 이후에 이루어진 행위에 대하여도 그 무혐의 처분에 대하여 곧바로 고소인의 항고가 받아들여져 재기수사명령에 따라 재수사되어 기소에 이르게 된 이상, 피고인들이 자신들의 행위가 죄가 되지 않는다고 그릇 인식하는 데 정당한 이유가 있었다고 할 수 없다.

10. 대법원 1995.7.28, 95도1081

사안을 달리하는 사건에 관한 대법원 판례에 비추어 자신의 행위가 적법한 것으로 오인한 사례

피고인이 대법원의 판례에 비추어 자신의 행위가 무허가 의약품 제조·판매행위에 해당하지 아니하는 것으로 오인하였다고 하더라도, 이는 사안을 달리하는 사건에 관한 대법원의 판례의 취지를 오해하였던 것에 불과하여 그와 같은 사정만으로는 그 오인에 정당한 사유가 있다고 볼 수 없다. 국가9급 09 / 법원행시 09 / 법원9급 13 / 국가9급 20

11. 대법원 1995.7.28, 95도702

피고인이 변리사로부터 등록상표 BIO TANK는 상품의 원재료인 bio ceramic과 용기인 tank임을 보통으로 표시하는 방법으로서 상표로서 효력이 없다는 자문과 감정을 받아 물통을 제작하여 의장등록을 한 경우라 하더라도 이는 기존의 등록상표와 유사한 상표이므로 상표법 위반에 해당하고 피고인이 변리사에게 자문하였다는 이유만으로 자기의 행위가 죄가 되지 아니한다고 믿었다 하더라도 그 위법의 인식을 기대할 수 없다고 단정할 수 없다.
국가7급 13

> **보충** 지식재산권 분야의 전문가라 할 수 있는 변리사의 자문을 받았음에도 정당한 이유를 부정하였다는 점에서 그 인정범위를 지나치게 협소하게 파악하는 대법원의 입장이 잘 나타난 판례이다.

12. 대법원 1995.11.10, 95도2088

경력 20년의 형사과 강력반장이 마약조직사범검거를 위해 노력하는 중 상황이 시급하므로 검사의 수사지휘대로만 하면 피의자신문조서를 허위로 작성하더라도 적법한 것으로 믿은 경우라 하더라도 그 오인에 정당한 이유가 없다.
경찰채용 10 1차 / 경찰채용 11 1차 / 국가7급 13 / 법원9급 13 / 경찰승진 14 / 경찰승진 15

> **보충** 대법원은 검사의 수사지휘만 받는다면 허위공문서작성행위도 죄가 되지 않는 것으로 잘못 인식할 가능성이 일반인에게 있을 수 있지만, 20년 이상 경력의 경찰관이라면 그 착오에 정당한 이유가 없다고 본 것이다.

13. 대법원 1995.12.26, 95도2188

장애인복지법상 보장구 제조허가를 받은 자가 의료용구인 다리교정기를 제작·판매한 사례

장애인복지법에 의해 보장구 제조허가를 받았고 또 한국보장구협회에서 다리교정기와 비슷한 기구를 제작·판매하고 있던 자라 하더라도, 정형외과용 교정의료장치인 다리교정기가 의료용구에 해당되지 않는다고 믿은 데에 정당한 사유가 있다고 볼 수는 없다. 경찰채용 13 2차

14. 대법원 1996.5.10, 96도620

도의회의원 선거에 출마하려는 단위 농업협동조합장이 조합의 자금으로 노인대학을 운영, 관광을 제공하고 그 행사를 주관한 경우 공직선거법상 사전선거운동에 해당하고, 공직선거법에 관하여 비전문가인 스스로의 사고에 의하여 피고인의 행위들이 의례적인 행위로서 합법적이라고 잘못 판단하였다는 사정만으로는 정당한 이유가 있다고 볼 수 없다.

15. 대법원 1997.4.25, 96도3409

토지대장원본에 없는 사항을 추가 기재하여 소유명의자가 전혀 다른 토지대장등본을 작성한 사례

담당자가 없는 사이에 신속한 민원해결의 필요성이 있었다고 할지라도, 제출된 바도 없는 소유명의인변경등록신청서를 접수한 양, 허위의 접수인을 찍고 담당계장이 아닌 자의 직인을 찍어 신청서접수서를 허위로 작성하고 또한 접수대장까지 허위로 작성하면서 원본에도 없는 중요한 사항을 복사본에 추가 기재하여 원본과 소유명의자가 전혀 다른 토지대장등본을 작성하였다면 위법성을 인식하지 못한 데에 정당한 이유가 있다고 할 수 없다(공문서위조죄 성립).

16. 대법원 1997.6.27, 95도1964

은행의 이익을 위하거나 형사재판에서의 방어를 위한 금융거래 자료제공행위 사례

① 긴급명령 위반행위 당시 긴급명령이 시행된 지 그리 오래되지 않아 금융거래의 실명전환 및 확인에만 관심이 집중되어 있었기 때문에 비밀보장의무의 내용에 관하여 확립된 규정이나 판례·학설은 물론 관계 기관의 유권해석이나 금융관행이 확립되어 있지 아니하였다는 사정은 단순한 법률의 부지에 불과하며(신설된 법령에 대한 不知가 법률의 착오에 해당하지 않는다는 판례), ② 그 위반행위가 형사재판 변호인들의 자료 요청에서 기인하였다고 하더라도 변호인들에게 구체적으로 긴급명령 위반 여부에 관하여 자문을 받은 것은 아닌데다가, 해당 은행에서는 긴급명령상의 비밀보장에 관하여 상당한 교육을 시행하였음을 알 수 있어 피고인들의 행위가 죄가 되지 않는다고 믿은 데에 정당한 이유가 있는 경우에 해당하지 않는다. 경찰승진 12

17. 대법원 1998.6.23, 97도1189

관할 환경부가 특정폐기물 수집·운반차량증을 발급해 주었다는 사정만으로 실질적으로는 무허가업자에게 위탁하여 폐기물을 수집·운반하게 하는 행위까지 적법한 것으로 해석하였다고는 할 수 없으므로 그와 같이 믿는 데 정당한 이유가 있었다고 보기 어렵다.

18. 대법원 2000.4.21, 99도5563; 1992.5.26, 91도894

공무원이 그 직무에 관하여 실시한 봉인 등의 표시를 손상 또는 은닉 기타의 방법으로 그 효용을 해함에 있어서 그 봉인 등의 표시가 법률상 효력이 없다고 믿은 것은 법규의 해석을 잘못하여 행위의 위법성을 인식하지 못한 것이라고 할 것이므로 그와 같이 믿은 데에 정당한 이유가 없는 이상, 그와 같이 믿었다는 사정만으로는 공무상표시무효죄의 죄책을 면할 수 없다고 할 것이다. 법원행시 05 / 국가9급 07 / 국가7급 07 / 경찰간부 12 / 경찰채용 13 1차 / 경찰채용 15 1차 / 경찰간부 16 / 법원행시 17

> **보충** 위 판례는 표시의 효력이 없다고 믿은 것은 법률의 착오이지만 정당한 이유가 없다는 것으로, 민사소송법 기타 공법의 해석을 잘못하여 가압류의 효력이 없는 것으로 착오하였거나 봉인 등을 손상 또는 효력을 해할 권리가 있다고 오인한 경우에는 범의를 조각한다는 판례(대법원 1970.9.22, 70도1206)와는 구별을 요한다.

19. 대법원 2000.8.18, 2000도2943

부동산중개업자가 부동산중개업협회의 자문을 통하여 인원수의 제한 없이 중개보조원을 채용하는 것이 허용되는 것으로 믿고서 제한인원을 초과하여 중개보조원을 채용함으로써 부동산중개업법 위반행위에 이르게 되었다고 하더라도 그러한 사정만으로 자신의 행위가 법령에 저촉되지 않은 것으로 오인함에 정당한 이유가 있는 경우에 해당한다거나 범의가 없었다고 볼 수는 없다. 법원행시 09 / 경찰승진 10 / 경찰채용 13 2차 / 법원행시 14 / 사시 15 / 국가9급 16 / 국가7급 16 / 법원9급 17

20. 대법원 2002.5.10, 2000도2807

정부 공인의 체육종목인 '활법'의 사회체육지도자 자격증을 취득한 자의 척추교정시술 사례

이른바 '대체의학'이 사람의 정신적·육체적 고통을 해소하여 주는 기능이 전혀 없지 아니하다 하여도, 그것은 단순히 통증을 완화시켜 주는 정도의 수준을 넘어서서, 그 행위로 인하여 사람의 생명이나 신체 또는 공중위생의 위해라는 중대한 부작용을 발생시킬 소지가 크다 할 것이어서, 이는 쉽게 허용될 수 없다 할 것인 바, 기공원을 운영하면서 환자들을 대상으로 척추교정시술행위를 한 자가 정부 공인의 체육종목인 '활법'의 사회체육지도자 자격증을 취득한 자라 하여도 무면허 의료행위에 해당되지 아니하여 죄가 되지 않는다고 믿은 데에 정당한 사유가 있었다고 할 수 없다. 국가9급 11 / 경찰승진 15

21. 대법원 2003.5.13, 2003도939

자격기본법에 의한 민간자격관리자로부터 대체의학자격증을 수여받은 자가 침술원을 개설하였다고 하더라도 국가의 공인을 받지 못한 민간자격을 취득하였다는 사실만으로는 자신의 행위가 무면허 의료행위에 해당되지 않는다고 믿는 데에 정당한 사유가 있었다고 할 수 없다. 경찰채용 10 2차 / 경찰승진 11

22. 대법원 2006.3.24, 2005도3717

낙천대상자 국회의원의 탈법방법에 의한 의정보고서 배부 사례

시민단체의 낙천운동에 의하여 낙천대상자로 선정된 국회의원이 이에 대한 반론 보도를 게재한 의정보고서를 제작·배부하면서, 그 내용 중 선거구 활동 기타 업적의 홍보에 필요한 사항 등 의정활동보고의 범위를 벗어나서

선거에 영향을 미치게 하기 위하여 특정 정당이나 후보자를 지지·추천하거나 반대하는 내용이 포함되어 있다면, 이는 공직선거법에서 금지하는 탈법방법에 의한 문서배부행위에 해당하고, 국회의원이 의정보고서를 발간하는 과정에서 선거법규에 저촉되지 않는다고 오인한 것에는 형법 제16조의 정당한 이유가 없다.[316] 경찰승진 12 / 변호사 14 / 경찰간부 16

23. 대법원 2006.4.28, 2003도4128

한국간행물윤리위원회나 정보통신윤리위원회가 이 사건 만화를 청소년유해매체물로 판정하였을 뿐 더 나아가 관계기관에 형사처벌 또는 행정처분을 요청하지 않았다 하더라도, 위 위원회들이 시정요구나 형사처벌 등을 요청하지 아니하고 청소년유해매체물로만 판정하였다는 점이 곧 그러한 판정을 받은 만화가 음란하지 아니하다는 의미는 결코 아니라고 할 것이므로, 피고인들의 행위가 죄가 되지 아니하는 것으로 오인한 데 정당한 이유가 있다고 볼 수 없다. 경찰채용 14 1차 / 국가7급 16 / 국가9급 18

24. 대법원 2006.5.11, 2006도631

폐기물인 것을 알지 못하였다고 주장하지만 정당한 이유가 없는 사례

피고인이 환경부 홈페이지 게시판에서 "자연 상태의 토사는 폐기물에 해당되지 않습니다"라는 게시물 등을 확인하고 이 사건 토사가 폐기물에 해당하지 않는 것으로 오인하게 되었다고 하더라도, 기록에 의하면 이 사건 토사는 자연 상태의 퇴적된 토사라고 할 수 없으므로 피고인이 위와 같이 오인하게 된 데에 정당한 사유가 있다고 보기 어렵다.

25. 대법원 2007.9.20, 2006도9157; 2006.4.27, 2005도8074

임대업자가 임차인의 의무이행을 강요하고자 계약을 근거로 임차물에 대하여 단전·단수조치한 사례

임대를 업으로 하는 자가 임차인으로 하여금 계약상의 의무이행을 강요하기 위한 수단으로 계약서의 조항을 근거로 임차물에 대하여 일방적으로 단전·단수조치를 함에 있어 자신의 행위가 죄가 되지 않는다고 오인하더라도, 특별한 사정이 없는 한 그 오인에는 정당한 이유가 있다고 볼 수는 없다. 국가9급 10 / 국가7급 13 / 국가7급 14

26. 대법원 2007.11.16, 2007도7205

지방자치단체장 간담회 명목의 업무추진비 지출이 행자부 업무추진비 집행기준을 준수한 사례

비록 여러 지방자치단체장들이 관행적으로 그와 같은 간담회 개최 및 음식물 제공을 하여 왔고 행정자치부에서 이를 금지하는 구체적인 지침이 없으며, 그 비용을 행정자치부에서 마련한 업무추진비 집행기준을 준수하여 적법한 절차에 따라 업무추진비에서 지출하여 옴으로써, 피고인이 공직선거법에서 정한 법령에 의한 금품제공행위와 동등하게 평가할 수 있는 행위에 해당하여 법령에 의하여 허용되는 행위라고 오인하였다고 하더라도 정당한 이유가 있다고 볼 수 없다. 사시 15 / 국가9급 16 / 국가7급 16

27. 대법원 2008.10.23, 2008도5526

경찰관이 타인을 고소하면서 수사과정 중 취득한 통화내역을 제출한 사례

경찰공무원이 甲을 위증죄로 고소하면서 수사과정에서 취득한 甲과 乙사이의 통화내역을 첨부하여 제출한 행위는, 甲의 동의도 받지 아니하고 관련 법령에 정한 절차를 거치지 아니한 이상 부당한 목적 하에 이루어진 개인정보의 누설(공공기관의 개인정보보호에 관한 법률 위반죄)에 해당하고, 피고인이 이 사건 고소장을 제출하기 전에 변호사에게 자문을 구한 경위와 그 답변취지 및 경찰공무원으로서의 피고인의 경력이나 사회적 지위 등을 종합하여 이 사건 고소장 제출 당시 피고인에게 법률의 착오가 있었다고 볼 수도 없다.

28. 대법원 2009.5.28, 2008도3598

대출신청인들의 동의 없이 스크린 스크래핑을 통해 고객 정보를 수집한 사례

대출회사가 '스크린 스크래핑 프로그램'을 이용하여 대출신청인들의 서면상의 요구나 동의 없이 금융기관들로부터 위 신청인들의 금융거래내역을 제공받은 경우, 금융기관에 대한 거래정보의 요구를 금지하는 금융실명법 위반죄가 성립하고, 스크린 스크래핑 프로그램 제작자가 변호사에게 위 프로그램을 통한 고객 정보 수집의 적법 여부만을 검토한 것만으로는 금융실명거래 및 비밀보장에 관한 법률 제4조 제1항 위반행위에 정당한 이유가 없어 법률의 착오에 해당하지 않는다.

---

316 이 판례는 법률의 착오의 정당한 이유를 행위자의 지적 능력에 기한 회피가능성의 유무에서 찾아야 한다고 판시한 최초의 판례로서, 기술한 회피가능성의 판단기준 중 지적 인식능력 기준설에서 소개하였다.

29. 대법원 2009.12.24, 2007도1915

장례식장의 식당(접객실) 부분을 증축한 사례

종합병원에서 의무적 설치 시설인 시체실에 더하여 '장례의식에 필요한 각종 부대시설' 등을 추가하여 장례식장의 용도로 변경·사용하는 경우, 이러한 장례식장은 건축법령에서 말하는 종합병원의 '부속용도'에 해당하지 않고, 증축 부분이 장례식장의 운영을 위한 부속시설인 식당(접객실)으로 증축되어 그러한 용도로만 사용되고 있다는 점에서 국토의 계획 및 이용에 관한 법률상 장례식장의 부속건축물로서 용도제한을 위반한 것이므로, 피고인 등이 장례식장의 식당(접객실) 부분을 증축함에 있어 지방자치단체와 협의를 거쳤다거나 건설교통부에 관련 질의를 하였다고 하더라도, 형법 제16조의 법률의 착오에 있어서 '정당한 이유'가 있다고 볼 수 없다. 경찰채용 13 1차

30. 대법원 2010.3.25, 2008도590

마취전문 간호사의 독자적 마취술 사례

피고인이 의사의 지시 하에 마취행위를 하는 것이 무면허 의료행위에 해당하지 않는다고 믿은 데에 정당한 사유가 있다고 주장하면서 근거로 제시한 유권해석 등의 자료의 기재내용에 의하더라도 마취간호사는 의사의 구체적인 지시가 있어야 마취시술에서의 진료 보조행위를 할 수 있다는 것뿐이므로, 피고인이 집도의인 공소외인의 구체적인 지시 없이 독자적으로 마취약제와 양을 결정하여 피해자에게 직접 마취시술을 시행한 이상 그 오인에 정당한 사유가 없다. 사시 12

31. 대법원 2010.4.29, 2009도13868

상호저축은행법상 동일인 대출한도 제한규정 위반 사례

다른 상호저축은행들에서도 상호저축은행법상 동일인 대출한도 제한규정을 회피하기 위하여 실질적으로는 한 사람에게 대출금이 귀속됨에도 다른 사람의 명의를 빌려 그들 사이에 형식적으로만 공동투자약정을 맺고 동일인 한도를 초과하는 대출을 받는, 이른바 '사업자쪼개기' 방식의 대출이 관행적으로 이루어져 왔으며, 금융감독원도 2008년 이전에는 이를 적발하지 못하였다는 사정만으로는 이 사건 대출행위가 죄가 되지 않는다고 오인한 데 정당한 이유가 있다고 볼 수 없다. 경찰간부 17

32. 대법원 2010.7.15, 2008도11679

숙박업소에서 위성방송수신장치를 이용하여 수신한 외국의 음란한 위성방송프로그램을 투숙객 등에게 제공하는 풍속영업의 규제에 관한 법률 위반행위를 한 피고인이 그 이전에 그와 유사한 행위로 '혐의없음' 처분을 받은 전력이 있다거나 일정한 시청차단장치를 설치하였다는 등의 사정만으로는, 형법 제16조의 정당한 이유가 있다고 볼 수 없다. 사시 15 / 경찰간부 23

33. 대법원 2017.3.15, 2014도12773

사립학교경영자가 교비회계에 속하는 수입을 다른 회계에 전출하거나 대여한 사례

사립학교인 甲 외국인학교 경영자인 피고인이 甲 학교의 교비회계에 속하는 수입을 수회에 걸쳐 乙 외국인학교에 대여하는 것은 구 사립학교법 제29조 제6항에 따라 금지되며, 피고인이 위와 같은 대여행위가 법률상 허용되는 것으로서 죄가 되지 않는다고 그릇 인식하고 있었더라도 그와 같이 그릇된 인식에 정당한 이유가 없다.

34. 대법원 2002.10.22, 2002도4260; 2021.11.25, 2021도10903

법률 위반 행위 중간에 일시적으로 판례가 처벌대상이 되지 않는 것으로 해석했던 사건

공중송신권을 침해하는 게시물인 영상저작물에 연결되는 링크를 자신이 운영하는 사이트에 영리적·계속적으로 게시한 행위는 공중송신권을 침해한 정범의 범죄를 방조한 행위에 해당하는바(대법원 2021.9.9, 2017도19025 전원합의체), 링크 저작권 침해 게시물 등으로 연결되는 링크 사이트 운영 도중 일시적으로 판례에 따라 그 행위가 처벌대상이 되지 않는 것으로 해석되었던 적이 있었다는 사정이 있었다고 하더라도 그것만으로 자신의 행위가 처벌되지 않는 것으로 믿은 데에 정당한 이유가 있다고 할 수 없다.

📌 판례연구 법률의 착오에 정당한 이유가 인정된 판례들 : 부·법·초·군·허·향·한·비·변·교

1. 대법원 1971.10.12, 71도1356

부대장의 허가를 받아 부대 내에서 유류를 저장하는 것이 죄가 안 된다고 오인한 경우
법원의 판결을 신뢰한 경우, 즉 자신의 행위를 합법이라고 판시하는 일관된 판례 때문에 위법성을 인식하지 못한 행위자는 책임이 조각된다. 경찰승진 10 / 경찰채용 11 1차

2. 대법원 1972.3.31, 72도64

초등학교장이 도 교육위원회의 지시에 따라 교과내용으로 되어 있는 꽃양귀비를 교과식물로 비치하기 위하여 양귀비 종자를 사서 교무실 앞 화단에 심은 것이라면 이는 죄가 되지 아니하는 것으로 오인한 행위로서 그 오인에 정당한 이유가 있는 경우에 해당한다고 할 것이다. 경찰승진 10 / 경찰승진 13

3. 대법원 1974.7.23, 74도1399

군복무를 필한 이복동생 이름으로 해병대에 지원입대하여 복무하다가 휴가를 받아 이 사실을 알게 되어 부대에 복귀하지 않은 경우 경찰승진 10 / 경찰간부 15

4. 대법원 1992.5.22, 91도2525

허가를 담당하는 공무원이 허가를 요하지 않는 것으로 잘못 알려주어 이를 믿었기 때문에 허가를 받지 아니한 것이라도, 허가를 받지 않더라도 죄가 되지 않는 것으로 착오를 일으킨 경우, 허가업무를 담당하는 공무원이 직접 잘못 알려주었고, 적극적으로 그릇 인식한 경우라고 볼 수 있으므로, 이 경우는 정당한 이유가 있는 법률의 착오에 해당한다고 볼 수 있다. 법원행시 05 / 법원9급 07(하) / 국가9급 07 / 국가9급 09 / 법원9급 13 / 국가7급 14

> **참조판례** 대법원 1982.1.19, 81도646 발가락양말 사례
> 변리사의 감정과 특허심판의 결과 등을 믿고 행한 의장법 위반행위가 법령에 의하여 죄가 되지 않는다고 오인함에 정당한 이유가 있는 때에 해당한다. 경찰승진 12 / 경찰승진 16

> **참조판례** 대법원 1983.2.22, 81도2763 미숫가루 제조 사례
> 질의에 대한 구청의 공문이 자신들의 행위는 양곡관리법 및 식품위생법상의 허가대상이 아니라는 취지여서 별도의 허가를 얻을 필요는 없다고 믿고서 미숫가루를 제조한 경우에는 자기의 행위가 법령에 의하여 죄가 되지 않는 것으로 오인하였고 또 그렇게 오인함에 어떠한 과실이 있음을 가려낼 수 없어 정당한 이유가 있는 경우에 해당한다.

> **참조판례** 대법원 1989.2.28, 88도1141 장의사 영업허가 사례
> 관할관청이 장의사 영업허가를 받은 상인에게 장의소요기구, 물품을 판매하는 도매업에 대하여는 가정의례에 관한 법률 제5조 제1항의 영업허가가 필요 없는 것으로 해석하여 영업허가를 해 주지 않고 있어 피고인 역시 영업허가 없이 이른바 도매를 해 왔다면 동인에게는 같은 법률위반에 대한 인식이 있었다고 보기 어렵다. 법원행시 06 / 사시 15

> **참조판례** 대법원 1992.5.22, 91도2525 시장이 산림법적용이 배제된다고 한 것을 믿은 사례
> 피고인들이 산림훼손 등의 행위를 하기 직전에 제주시장에게 산림법 제90조에 의한 입목벌채허가신청을 하였던 바, 제주시장은 위 지역이 국토이용관리법에 의하여 관광휴양지역으로 결정·고시된 장소로서 산림법의 적용이 배제된다는 이유로 위 신청서를 반려하였고, 피고인들은 관광휴양지역 내에서는 산림법의 규정이 배제된다는 제주시장의 말을 믿은 때문이라면 정당한 이유가 있다. 국가9급 07

> **참조판례** 대법원 1993.9.14, 92도1560 산림과 공무원이 산림훼손허가가 필요없다고 한 사례
> 피고인이 이 사건 자수정 채광 작업을 함에 있어 사전에 산림훼손허가가 필요한지 여부를 관계 행정청에 문의하여 별도의 허가가 불필요하다는 회답을 받고 이를 그대로 믿고 작업을 하였으므로 피고인이 자신의 행위가 죄가 되지 않는다고 오인함에 정당한 이유가 있다. 국가7급 07 / 경찰승진 10 / 국가7급 13 / 법원행시 14 / 경찰승진 15

참조판례 **대법원 1993.10.12, 93도1888 건축허가 담당 공무원의 답변에 따른 사례**

국유재산을 대부받아 주유소를 경영하는 자가 건축허가사무 담당 공무원에게 위 국유지상에 건축물을 건축할 수 있는지의 여부를 문의하여, 비록 국유재산이지만 위 국유재산을 불하받을 것이 확실하고 또 만일 건축을 한 뒤에 위 국유재산을 불하받지 못하게 되면 건물을 즉시 철거하겠다는 각서를 제출하면 건축허가가 될 수 있다는 답변을 듣고, 건물을 신축하여 준공검사를 받고 위 국유재산을 매수하였다면, 국유지상에 건물을 신축하여 그 국유재산을 사용·수익하는 것이 법령에 의하여 허용되는 것으로 믿었고 또 그렇게 믿을 만한 정당한 이유가 있었다고 볼 수 있다.

참조판례 **대법원 1995.7.11, 94도1814 외국인 근로자 국내 알선 소개 사례**

직업안정법이 규정하고 있는 유료직업소개사업에 관한 허가규정은 외국인 근로자를 국내기업에 알선하여 주는 소개업에도 적용이 된다고 보아야 함에도, 허가를 담당하는 공무원이 허가를 요하지 않는 것으로 잘못 알려 주어 이를 믿었기 때문에 허가를 받지 아니하였다면 정당한 이유가 있다.

참조판례 **대법원 2005.6.10, 2005도835 선관위 공무원의 지적에 따라 수정한 의정보고서 사례**

광역시의회 의원이 선거구민들에게 의정보고서를 배부하기에 앞서 미리 관할 선거관리위원회 소속 공무원들에게 자문을 구하고 그들의 지적에 따라 수정한 의정보고서를 배부한 경우 형법 제16조에 해당하여 벌할 수 없다. 국가9급 11 / 사시 13 / 경찰채용 14 1차 / 사시 14 / 사시 15 / 국가9급 16 / 경찰간부 17 / 국가9급 24

참조판례 **대법원 2005.8.19, 2005도1697 공사에서 발생한 토석을 나대지에 쌓아둔 사례**

피고인은 공사를 하는 과정에서 생긴 토석을 사실상 나대지(裸垈地) 상태인 위 임야에 적치할 계획을 가지고, 이에 관하여 양평군 산림과 담당공무원인 공소외인에게 문의하였던 바 산림법상 문제가 되지 않는다는 답변을 듣고 위 임야 상에 토석을 쌓아둔 것이라면, 피고인으로서는 위 토지상에 공사 중 발생하는 토석을 쌓아두는 행위가 죄가 되지 않거나, 적어도 당국의 허가를 받을 필요까지는 없는 것으로 착오를 일으킨 것으로서 거기에 정당한 사유가 있다고 볼 여지가 충분하다. 경찰승진 13 / 국가7급 16

유사판례 **대법원 2015.1.15, 2013도15027 선설치 후허가 사례**

건설폐기물 처리업 허가를 받은 피고인이 예정사업지에 건설폐기물 처리시설을 설치한 후 변경허가를 받음으로써 변경허가 없이 그 시설의 소재지를 변경하였다고 하여 구 건설폐기물의 재활용촉진에 관한 법률 위반으로 기소된 경우, 피고인이 예정사업지에 시설 등을 미리 갖춘 후 실제 영업행위를 하기 전에 변경허가를 받으면 된다고 그릇 인식한 것은 정당한 이유 있는 법률의 착오에 해당한다.

5. 대법원 1974.11.12, 74도2676

주민등록지를 이전한 이상 향토예비군설치법 시행령에 의하여 대원신고를 하여야 할 것이기는 하나, 이미 같은 주소에 대원신고가 되어 있었으므로 재차 동일주소에 대원신고(주소이동)를 하지 아니하였음이 같은 법 제15조 제6항에서 말한 정당한 사유가 있다고 오인한 데서 나온 행위였다면 이는 법률착오가 범의를 조각하는 경우에 해당한다.

6. 대법원 1995.8.25, 95도717

가감삼십전대보초와 한약 가지 수에만 차이가 있는 십전대보초를 제조하고 그 효능에 관하여 광고를 한 사실에 대하여 이전에 검찰의 혐의없음 결정을 받은 적이 있다면, 피고인이 비록 한의사·약사·한약업사 면허나 의약품 판매업 허가 없이 의약품인 가감삼십전대보초를 판매하였다고 하더라도 자기의 행위가 법령에 의하여 죄가 되지 않는 것으로 믿을 수밖에 없었고, 또 그렇게 오인함에 있어서 정당한 이유가 있는 경우에 해당한다. 법원행시 05 / 국가9급 07 / 국가7급 12 / 국가7급 18

7. 대법원 2002.5.17, 2001도4077

비디오물감상실업자가 자신의 비디오물감상실에 18세 이상 19세 미만의 청소년을 출입시킨 사례

구 음반·비디오물 및 게임물에 관한 법률 및 같은 법시행령이 18세 미만의 자를 연소자로 규정하면서 비디오물감상실업자가 포함되는 유통관련업자의 준수사항 중의 하나로 출입자의 연령을 확인하여 연소자의 출입을 금지하도록 하고 출입문에는 '18세 미만 출입금지'라는 표시를 부착하여야 한다고 규정하고 있다면, 이로 인하여 피고인이 자신의 비디오물감상실에 18세 이상 19세 미만의 청소년을 출입시킨 행위가 관련 법률에 의하여 허용된

다고 믿은 것은 정당한 이유가 있다. 법원9급 07(하) / 국가9급 10 / 경찰채용 15 3차 / 국가7급 16

8. 대법원 1976.1.13, 74도3680

경제의 안정과 성장에 관한 긴급명령 공포 당시 기업사채의 정의에 대한 해석이 용이하지 않았던 사정 하에서 겨우 국문 정도 해독할 수 있는 60세의 부녀자가 채무자로부터 사채신고권유를 받았지만 지상에 보도된 내용을 참작하고 관할 공무원과 자기가 소송을 위임하였던 변호사에게 문의 확인한 바, 본건 채권이 이미 소멸되었다고 믿고 또는 그렇지 않다고 하더라도 신고하여야 할 기업사채에 해당하지 않는다고 믿고 신고를 하지 아니한 경우에는 이를 벌할 수 없다. 경찰간부 15

> **비교판례** 대법원 1990.10.16, 90도1604
> 가처분결정으로 직무집행정지 중에 있던 종단대표자가 종단소유의 보관금을 소송비용으로 사용함에 있어 변호사의 조언이 있었다는 것만으로 보관금 인출사용행위가 법률의 착오에 의한 것이라 할 수 없다. → 법률의 부지로서 횡령죄가 성립한다는 판례임

> **비교판례** 대법원 1992.5.26, 91도894
> 피고인이 집달관이나 채권자의 동의나 허락을 받음이 없이 집달관과 채권자에게 일방적으로 압류물의 이전을 통고한 후 서울민사지방법원 소속 집달관의 관할구역 밖인 판시 장소로 압류표시된 물건을 이전한 이상 피고인에게 위 공무상비밀표시무효죄의 고의가 없다고 할 수 없고 피고인이 그와 같은 행위를 하기에 앞서 개인적으로 법률유관기관-변호사-에 자문을 구했다 해서 그 행위가 죄가 되지 않는다고 믿는 데에 정당한 이유가 있다고 볼 수도 없다. → 법률의 착오이지만 그 오인에 정당한 이유가 없어서 공무상 비밀표시무효죄가 성립한다는 판례임 국가9급 07 / 경찰간부 17 / 경찰승진 24

9. 대법원 1975.3.25, 74도2882

교통부장관의 허가를 받아 설립된 한국교통사고상담센터의 직원이 피해자의 위임으로 사고회사와의 사이에 화해의 중재나 알선을 하고 피해자로부터 교통부장관이 승인한 조정수수료를 받은 것은 직무수행상의 행위로서 위법의 인식을 기대하기 어렵고 자기의 행위가 법령에 의하여 범죄가 되지 아니하는 것으로 오인한 데에 정당한 이유가 있다. 경찰채용 11 1차 / 경찰채용 13 1차 / 경찰간부 15

3. 벌하지 아니한다

책임이 조각된다(책임설). 사시 12 정당한 이유가 없는 경우에는 고의범으로 처벌받게 된다. 다만 판례는 고의설에 의하여 범의가 조각된다(대법원 1974.11.12, 74도2676)고도 하고 엄격책임설에 의하여 제16조의 '정당한 이유'를 심사해야 한다고도 한다(대법원 1968.5.7, 68도370).

제5절 | 책임조각사유 : 기대불가능성

01 서 설

1. 의 의

(1) 개 념

이상에서 설명한 책임능력, 위법성의 인식, 책임고의 내지 책임과실과 같은 요소가 구비된 경우에는 행위자에 대한 비난가능성(책임)이 거의 인정될 수 있다. 다만, 책임의 최후적 검토단계로서 행위시의 구체적인

사정으로 보아 행위자에게 적법한 행위를 기대할 가능성(기대가능성 : Zumutbarkeit)이 없는 경우에는 책임이 조각된다고 보게 되는데, 이 경우 책임을 조각시키는 사유를 기대불가능성(期待不可能性; Unzumutbarkeit)이라고 말한다. 예를 들어, 명태잡이를 하다가 기관고장과 풍랑으로 표류 중 북한괴뢰집단에 납치되어 그 곳에서 한 행위는 '살기 위한 부득이한 행위로서 -후술하는 강요된 행위에 해당되므로- 기대가능성이 없어' 무죄가 된다(대법원 1967.10.4, 67도1115). 국가9급 09 / 경찰간부 17

따라서 책임이 인정되려면 기대불가능성이 없어야 한다(책임조각사유의 부존재).

> **사례연구** 전혼부활 후혼취소시 동거유지 : 기대가능성 없음
>
> 초혼인 甲(여)은 乙(남)과 결혼하여 전처 소생의 자녀들과 가정을 이루어 살고 있었는데, 갑자기 나타난 전처는 자신도 모르게 이혼심판이 확정되어 호적정리까지 된 사실을 알고 추완상소를 제기해, 위 이혼심판이 파기되었고 전혼이 부활되었다. 또한 혼인무효소송을 제기하고 여기서 승소하여 후혼은 취소되었다. 그러나 甲은 乙과 계속 동거하며 부부생활을 유지하였다. 甲의 죄책은?
>
> 해결 초혼인 피고인이 이혼한 남자와 결혼하여 전처 소생의 자녀들과 가정을 이루어 살고 있던 중 갑자기 나타난 전처가 자기도 모르게 이혼심판이 확정되고 호적정리까지 된 사실을 알고 추완항소를 제기해 위 심판이 파기되어 전혼이 부활되고, 피고인과 남편을 상대로 혼인무효소송을 제기해 후혼이 취소되었는데도 계속 동거해 오다 간통죄로 고소를 당한 경우 간통죄의 구성요건에는 해당하지만 그러한 행위를 하지 않으리라는 기대가능성이 없어 무죄이다(인천지법 1993.1.6, 92고단4640). ※ 간통죄가 폐지되기 전의 판례

(2) 초법규적 책임조각사유

기대가능성의 의미에 관하여는 ① 기대가능성을 그것이 없음을 이유로 책임을 조각시키는 여러 유형(강요된 행위, 과잉방위, 과잉피난, 친족간의 범인은닉, 증거인멸 등)의 책임조각사유의 공통점을 표현하는 공통요소에 불과하다고 보는 견해(초법규적 책임조각사유 부정설 : 소수설[317])와 ② 미비점이 적지 않은 우리 실정법과 급변하는 사회상황을 이유로 일정한 초법규적 책임조각사유(übergesetzliche Rechtfertigungsgründe)를 인정할 수 있다는 견해(초법규적 책임조각사유 긍정설 : 다수설·판례)가 대립하고 있다. 국가7급 12

생각건대, 현행형법상 명문의 책임조각사유규정은 후술하다시피 제12조의 강요된 행위, 제21조 제3항과 제22조 제3항의 야간이나 그 밖의 불안한 상태에서의 공포·경악·흥분·당황으로 인한 과잉방위·과잉피난, 제151조 제2항과 제155조 제4항의 친족·동거가족간의 범인은닉·증거인멸의 규정 정도이다. 그렇다면 다양한 책임조각의 상황들을 모두 다 설명하는 것은 우리 형법의 특성상 어렵다고 보아야 할 것이다. 이러한 점을 고려할 때 초법규적 책임조각사유 긍정설이 타당하다고 생각된다.

2. 기대가능성론과 책임개념

기대가능성론은 규범적 책임론의 핵심개념이며, 기대가능성(기대불가능성의 부존재)은 규범적 책임론 이후 현재까지 인정되는 책임의 요소이다.

> **참고하기** 기대가능성이론의 연혁
>
> 원래 기대가능성이론은 1897년 독일 RG(제국법원. Reichsgericht)의 Leinenfänger-Fall(마부사건)에서 판시된 이래 발전된 이론이다. 이 사건은 마부가 상태가 좋지 않은 말이라는 점을 알고 있었음에도 그 말을 몰고 가다가 말이 지나가는 행인에게 뛰어들어 상해를 입혔으나(따라서 심리적 책임론에 의하면 과실이 인정되므로 책임이

---

317 김일수 / 서보학, 409면; 박상기, 255면; 배종대, 469면 등.

인정될 것임에도 불구하고), 이는 마부가 주인에게 해고를 당하지 않기 위해 행한 어쩔 수 없었던 선택이었다는 점을 고려하여(즉, 행위시의 부수적 정황을 고려하여) 적법행위의 기대가능성이 없다고 보아 무죄를 선고한 사건이다.

이후 Frank는 기대가능성을 책임능력, 고의·과실과 구별되는 부수적 사정(begeleitende Umstände)으로 보아 병렬적 책임요소로 파악하게 된다(규범적 책임론 : 신고전적 범죄론체계의 복합적 책임개념). 즉 심리적 책임론은 모든 법개념을 자연과학적으로 파악할 수 있는 경험적 요소로 보았던 데 비해, 규범적 책임론에서는 고의·과실과 같은 심리적 요소와 기대가능성과 같은 규범적 요소가 혼재된 복합적 책임개념을 취했었으며, 목적적 범죄론 체계의 순수한 규범적 책임론에 와서 고의나 과실이 구성요건요소로 파악되게 되면서 책임판단이 완전한 규범적 판단이 되게 된 것이다.

02 책임론에서의 체계적 지위

기대가능성의 체계적 지위에 대해서는 적극적 책임요소설(소수설[318])과 소극적 책임요소설(다수설)이 대립한다. (본서의 특성상) 소극적 책임요소설에 의하면, 사실 책임능력·책임조건·위법성의 인식이 존재하면 원칙적으로 책임이 인정되고 대체로 적법행위의 기대가능성도 어느 정도 추정된다. 그런데 적법행위가 기대가능한 경우는 무궁무진하며 이를 형법적으로 규정한다는 것은 사실상 불가능하다.

따라서 형법에서는 기대가능성이 조각되는 몇 가지 특수한 경우를 규정하고(이리하여 형법이 규정할 수 없는 영역을 초법규적 책임조각사유에 의하여 보충할 여지가 발생하게 됨) 이러한 기대가능성이 조각되는 경우만 아니면 책임이 인정된다는 논리가 나오게 된다(책임조각사유의 '부존재' → 책임 인정). 따라서 다수설에 의하면, 기대가능성은 오히려 기대불가능성으로서 책임의 소극적 요소로 기능하게 된다(소극적 책임요소설, 책임조각사유설).

> **참고하기** 기대가능성에 대한 착오
>
> 이에 대해서는 대체로 2가지 경우에 대한 생각이 가능하다(공무원 수험에서는 참고만 할 것).
> 우선 ① 기대가능성의 존재나 그 한계에 관한 착오로 인한 행위는 형법상 의미가 없고, 책임이 인정되어 그대로 처벌된다. 예를 들어, 절대적 구속력이 없는 위법한 상관의 명령을 부하가 이행하면서 ─상관의 명령이 위법하고 절대적 구속력도 없다는 것을 올바르게 인식했음에도 불구하고─ 이러한 경우에도 기대가능성이 없어지기 때문에 책임이 조각된다고 생각한 경우이다(오영근, 427면). 이는 행위자의 인식 여하에 따라 달라지는 문제가 아니고 어디까지나 객관적 판단에 의해 기대가능성의 유무를 판단하여 결정할 문제이기 때문이다.
> 다음으로, ② 기대가능성이 없어 책임이 조각되는 상황 자체가 존재하지 않는데 그러한 기대가능성의 기초가 되는 사정이 존재한다고 오인한 경우가 있다. 예를 들어, 상관의 명령이 위법하고 또한 구속력도 없었는데, 행위자는 상관의 명령이 위법하기는 하지만 절대적 구속력이 있는 상황이라고 해석을 한 경우나 자기 또는 친족의 생명·신체에 대한 방어할 방법이 없는 협박이 없었음에도 불구하고 이러한 협박이 있다고 잘못 판단하고 행위를 하는 경우를 들 수 있다. 이에 대해서는 착오 긍정설과 착오 부정설이 대립하는 바, ㉠ (금지착오를 유추적용하여) 그 착오에 상당한 이유가 있는 경우에는 책임이 조각되지만 회피가능성이 있었다면 책임이 조각되지 않는다는 견해(이재상, §26-19, 임웅, 323면) 및 여기에서 더 나아가 책임이 조각되지 않더라도 감경될 수도 있다는 견해(손동권, 312면)가 **착오 긍정설**이고, ㉡ 기대가능성의 기초가 되는 사실에 관한 착오에 의하여 책임 조각이 가능하다고 하는 경우에는 책임능력의 기초가 되는 사실에 관한 착오(14세 된 자가 자신이 13세라고 잘못 생각하고 위법한 행위를 하면서 책임이 조각된다고 오인한 경우)에도 책임이 조각될 수 있다고 해야 하는데 이

---

318 참고 : 적극적 책임요소설 소극적 책임요소설에 의하면 기대가능성의 존재가 추정되므로 피고인에게 기대가능성의 부존재나 감소를 입증할 부담을 지우게 된다는 점에서 문제가 있기 때문에, 기대가능성은 책임능력, 위법성의 인식 등의 책임조건과 동등한 위치를 차지하는 책임요소라고 해석함으로써 검사에게 기대가능성의 존재를 입증할 책임과 부담을 지게 하여 피고인에게 보다 유리한 해석을 시도하는 소위 **적극적 책임요소설**(제3의 책임요소설)은 손동권, 305; 심재우, "규범적 책임론과 기대가능성", 고시연구, 1979.9, 24면; 오영근, 470면; 이형국, 240면; 임웅, 318면; 정영석, 319면.

는 잘못된 결론이라는 점에서 범죄성립에 영향을 미치지 못한다는 견해(오영근, 428면)가 착오 부정설이라고 볼
수 있다.

03 기대가능성의 판단기준

사회일반인 내지 평균인(Durchschnittsmensch)이 행위자의 입장에 있었을 경우에 적법행위의 가능성이 있었
는가의 여부에 따라 기대가능성의 유무를 판단하는 평균인표준설이 다수설·판례이다 국가9급 08 (이외 국가표준
설, 행위자표준설[319]도 있음).

> 🔨 **판례연구** 평균인표준설을 보여주는 사례
>
> **1. 대법원 1966.3.22, 65도1164**
> 우연히 시험문제를 알게 된 응시자 사례
> 우연한 기회에 미리 출제될 문제를 알게 된 입학시험 응시자가 그 답을 암기하여 답안지에 기재한 경우에 암기
> 한 답을 그 입학시험 답안지에 기재하여서는 아니 된다는 것을 그 일반수험자에게 기대한다는 것은 보통의 경
> 우 도저히 불가능하다. 경찰승진 10 / 국가7급 10 / 법원9급 13 / 경찰간부 21 / 국가7급 22
>
> **2. 대법원 2004.7.15, 2004도2965 전원합의체**
> 양심적 병역거부자에게 그의 양심상의 결정에 반하는 적법행위를 기대할 가능성이 있는지 여부(적극)
> 양심적 병역거부자에게 그의 양심상의 결정에 반한 행위를 기대할 가능성이 있는지 여부를 판단하기 위해서는,
> 행위 당시의 구체적 상황 하에 행위자 대신에 사회적 평균인을 두고 이 평균인의 관점에서 그 기대가능성 유무
> 를 판단하여야 할 것이다(병역법위반죄 인정). 법원행시 08 / 법원9급 09 / 국가7급 10 / 변호사 12 / 법원9급 13 / 국가7급 16

04 기대불가능성으로 인한 책임조각사유

표정리 형법상 책임조각사유 및 책임감경사유의 정리(다수설에 의함)

구 분	책임조각사유	책임감경사유	책임감소·소멸사유
의 의	기대가능성의 결여로 인한 책임 조각	기대가능성의 감소를 이유로 한 책임감경	기대가능성의 결여 또는 감소로 인 한 책임감경·면제(임의적 감면)
총칙규정	• 강요된 행위(제12조) • 면책적 과잉방위·과잉피난 　(제21조 제3항, 제22조 제3항) ※ 자구행위가 없음에 주의!	―	• 과잉방위(제21조 제2항) • 과잉피난(제22조 제3항) • 과잉자구행위(제23조 제2항)
각칙규정	• 친족·동거가족간 범인은닉	• 도주원조죄 ＞ 단순도주죄	―

---

319 참고 : 국가표준설, 행위자표준설 ① 국가표준설은 국가의 법질서와 이념을 기준으로 기대가능성을 판단하는 입장인데, 이 說
에 대해서는 국가는 행위자에게 항상 적법행위를 요구하고 기대하기 때문에 기대가능성이 없는 경우는 거의 없게 된다는 비판
이 있다. ② 행위자표준설은 행위자 개인의 능력을 기준으로 기대가능성을 판단해야 한다는 입장이다(김성천 / 김형준, 38면;
박상기, 262면; 배종대, 411면; 이형국, 242면; 진계호, 303면). 이 說에 대해서는 행위자만 기준으로 판단하면 기대가능성이
있는 경우는 거의 없게 되며 특히 확신범에 대해서도 기대가능성이 없어 처벌할 수 없게 된다는 비판이 있다.

	(제151조 제2항) • 친족·동거가족간 증거인멸 (제155조 제4항) * 판례는 여기서의 친족에는 사실혼상 배우자 배제	• 위조통화행사죄 > 위조통화 취득 후 지정행사죄	
초법규적 (법률상 규정이 없는 경우)	• 절대적 구속력 있는 상관의 위법한 명령 수행 • 의무의 충돌상황에서 부득이 저가치의 의무 이행 • 생명·신체 이외의 법익에 대한 강요된 행위 • 소위 면책적 긴급피난 • 우연히 시험문제 입수·응시 기타 아래 판례들 참조	(좌측의) 초법규적 책임조각사유의 경우에 적법행위의 기대가능성이 감경되는 경우, 이론적으로 인정됨	이론적으로 인정됨 (좌동)

⚖ 판례연구 기대가능성이 없어 책임이 조각된 사례

1. 대법원 1980.3.11, 80도141

무장공비 탈출을 막기 위해 매복초소의 초병 2명이 만 4일 6시간 동안 총 3~5시간의 수면을 취한 상태에서 2시간씩 교대로 수면을 취한 경우, 특단의 사정이 없는 한 비난가능성이 있다고 단정할 수는 없는 것이므로 기대가능성이 없다.

2. 대법원 1987.1.20, 86도874

나이트클럽 대학생 34명 중 1명의 미성년자 사례

수학여행을 온 대학교 3학년생 34명이 지도교수의 인솔 하에 피고인 경영의 나이트클럽에 찾아와 단체입장을 원하므로 그들 중 일부만의 학생증을 제시받아 확인하여 본즉 성년자임이 틀림없어 단체입장을 허용함으로써 그들 중에 섞여 있던 미성년자 1인을 위 업소에 출입시킨 결과가 되었다면, 피고인에게 위 학생들 중에 미성년자가 섞여 있을지도 모른다는 것을 예상하여 그들의 증명서를 일일이 확인할 것을 요구하는 것은 사회통념상 기대가능성이 없다고 봄이 상당하다. 법원행시 08 / 경찰승진 10 / 국가9급 10 / 경찰승진 11 / 경찰간부 17

3. 대법원 2001.2.23, 2001도204; 2008.10.9, 2008도5984; 2015.2.12, 2014도12753

근로기준법 위반죄의 책임조각의 사례

사용자가 기업이 불황이라는 사유만을 이유로 하여 임금이나 퇴직금을 지급하지 않거나 체불하는 것은 근로기준법이 허용하지 않는 바이나, 사용자가 모든 성의와 노력을 다했어도 임금의 체불이나 미불을 방지할 수 없었다는 것이 사회통념상 긍정할 정도가 되어 사용자에게 더 이상의 적법행위를 기대할 수 없다거나, 사용자가 퇴직금 지급을 위하여 최선의 노력을 다하였으나 경영부진으로 인한 자금사정 등으로 도저히 지급기일 내에 퇴직금을 지급할 수 없었다는 등의 불가피한 사정이 인정되는 경우에는 근로기준법 위반범죄의 책임이 조각된다. 국가9급 10 / 경찰승진 11 / 사시 14 / 국가7급 20

4. 대법원 2010.1.21, 2008도942 전원합의체

증언거부사유가 있음에도 증언거부권을 고지받지 못하여 증언거부권을 행사하지 못한 사례

헌법 제12조 제2항에 정한 불이익 진술의 강요금지 원칙을 구체화한 자기부죄거부특권 등 기타 증언거부사유가 있음에도 증인이 증언거부권을 고지받지 못함으로 인하여 그 증언거부권을 행사하는 데 사실상 장애가 초래되었다고 볼 수 있는 경우에는 위증죄가 성립하지 않는다.[320] 사시 14 / 국가7급 16 / 국가7급 20

---

320 보충 위 판례는 '재판장이 신문 전에 증인에게 증언거부권을 고지하지 않은 경우'에도 제반 사정을 전체적·종합적으로 고려하여 증인이 침묵하지 아니하고 진술한 것이 자신의 진정한 의사에 의한 것인지 여부를 기준으로 위증죄의 성립 여부를 판단하여야 한다고 판시하고 있다. 이러한 판례의 법리에 의하여 위증죄의 성립을 인정한 판례(대법원 2010.2.25, 2007도6273)와 인정하지 않은 판례(대법원 2010.2.25, 2009도13257)가 판시되었다. 이에 대해서는 각론, 위증죄에서 검토한다.

★ 판례연구 기대가능성이 있어 책임이 조각되지 않아 유죄가 된 사례

1. 대법원 1966.7.26, 66도914

탄약창고의 보초가 상급자들이 포탄피를 절취하는 현장을 목격하고도 그것을 제지하지 않았으며 상관에게 보고도 하지 않고 묵인한 행위는 그 절취자들이 비록 피고인을 명령·지휘할 수 있는 상급자들이었다 할지라도 기대가능성이 없는 불가피한 행위이었다고는 할 수 없다. 경찰승진 10 / 경찰간부 11

2. 대법원 1969.12.23, 69도2084

처자가 생활고로 행방불명이 된 사정이 있다고 하더라도 그 사정만으로서 군에 귀대할 수 있는 기대가능성이 없어 군무이탈의 범의나 책임이 없다고 할 수 없다. 경찰간부 11

3. 대법원 1990.10.30, 90도1798

국토이용관리법에 의하면 신고지역으로 지정된 구역 안에 있는 토지 등의 거래계약을 체결하고자 하는 당사자는 공동으로 그 조항 소정의 신고를 하게 되어 있지 이전등기시에 하게 되어 있지는 않으므로 매수인이 토지를 신고하지 않고 미등기전매하는 경우라고 하여 매도인의 당초의 거래에 대한 신고의 기대가능성이 없다고 할 수는 없다(미신고 토지거래계약은 유죄). 법원행시 08

4. 대법원 1992.8.14, 92도1246

집시법은 제13조의 집회를 제외한 옥외집회에 대하여 관할경찰서장에게 신고할 것을 요구하고 있으므로, 단지 당국이 피고인이 간부로 있는 전교조나 기타 단체에 대하여 모든 옥내외 집회를 부당하게 금지하고 있다고 하여 그 집회신고의 기대가능성이 없다 할 수 없으므로, 위와 같은 이유만으로 관할경찰서장에게 신고하지 않고 옥외집회를 주최한 것이 죄가 되지 않는다고 할 수 없다. 법원행시 08 / 경찰승진 10 / 사시 14 / 경찰채용 24 1차

5. 대법원 1998.6.9, 97도856

당직자회의장소가 아닌 음식점에서 참석 당직자만이 아닌 일반당원도 포함시켜 술 등 음식을 제공한 행위를 공직선거법에 의하여 허용되는 기부행위라고 볼 수 없고, 이를 의례적이거나 직무상의 행위로 사회상규에 위배되지 아니하거나 기대가능성이 없는 행위로 볼 수도 없다. 경찰승진 11

6. 대법원 2003.12.26, 2001도6484

남북교류협력에 관한 법률에 의하면, 남한의 주민이 북한 주민 등과 접촉할 의도나 계획을 가지고 있고 그러한 접촉 가능성이 객관적으로 존재하는 경우라면, 남한의 주민으로서는 그 접촉에 앞서 위 규정에 의한 통일원장관의 승인을 얻어야 하므로, 통일원장관의 접촉 승인 없이 북한 주민과 접촉한 행위는 정당행위 혹은 적법행위에 대한 기대가능성이 없는 경우에 해당하지 아니한다. 법원9급 09

7. 대법원 2006.2.9, 2005도9230

피고인이 그가 인수받아 운영하던 회사의 경영상태가 계속 악화되자 경영부진을 이유로 근로자들을 권고사직시키는 등 인원감축에 치중하였을 뿐, 퇴직 근로자들에 대한 임금이나 퇴직금 등의 청산을 위한 변제노력이 있었다거나 장래의 변제계획이 구체적으로 제시된 바 없고 이와 관련하여 근로자측과 성실한 협의를 한 흔적이 없다면, 퇴직 근로자에 대하여 임금이나 퇴직금을 지급할 수 없었던 불가피한 사정이 있다고 인정하기 어렵다. 국가9급 10

8. 대법원 2008.10.23, 2005도10101

이미 유죄판결이 확정된 자가 공범자의 재판에서 위증한 사례

자기에게 형사상 불리한 진술을 강요당하지 아니할 권리가 결코 적극적으로 허위의 진술을 할 권리를 보장하는 취지는 아닌 점, 이미 유죄의 확정판결을 받은 경우에는 일사부재리의 원칙에 의해 다시 처벌되지 아니하므로 증언을 거부할 수 없는 바, 이는 사실대로의 진술 즉 자신의 범행을 시인하는 진술을 기대할 수 있기 때문인 점 등에 비추어 보면, 이미 강도상해죄로 유죄판결이 확정된 피고인에게 사실대로의 진술을 기대할 가능성이 없다고 볼 수는 없다. 법원9급 09 / 경찰승진 10 / 국가7급 10 / 경찰승진 11 / 변호사 12 / 사시 13 / 사시 15 / 경찰채용 16 1차 / 변호사 18 / 법원행시 18 / 국가7급 22 / 국가7급 23

9. 대법원 2018.9.28, 2018도9828

담배제조업 허가를 받지 않고 전자장치를 이용하여 흡입할 수 있는 니코틴이 포함된 용액을 만든 사건

전자장치를 이용하여 호흡기를 통하여 체내에 흡입함으로써 흡연과 같은 효과를 낼 수 있도록 만든 '니코틴이

포함된 용액'이 그 자체로 담배사업법 제2조의 '담배'에 해당한다. …… 피고인들이 공모하여, 고농도 니코틴 용액에 프로필렌글리콜(Propylene Glycol)과 식물성 글리세린(Vegetable Glycerin)과 같은 희석액, 소비자의 기호에 맞는 향료를 일정한 비율로 첨가하여 전자장치를 이용해 흡입할 수 있는 '니코틴이 포함된 용액'을 만드는 방법으로 담배제조업 허가 없이 담배를 제조하였다고 하여 담배사업법 위반으로 기소된 경우, 담배사업법의 위임을 받은 기획재정부가 전자담배제조업에 관한 허가기준을 마련하지 않고 있으나, 궐련담배제조업에 관한 허가기준은 이미 마련되어 있는 상황에서 담배제조업 관련 법령의 허가기준을 준수하거나 허가기준이 새롭게 마련될 때까지 법 준수를 요구하는 것이 죄형법정주의 원칙에 위반된다거나 기대가능성이 없는 행위를 처벌하는 것이라고는 볼 수 없다. 경찰채용 22 2차

05　　강요된 행위

제12조【강요된 행위】저항할 수 없는 폭력이나 자기 또는 친족의 생명, 신체에 대한 위해를 방어할 방법이 없는 협박에 의하여 강요된 행위는 벌하지 아니한다. 법원9급 07(하) / 법원행시 07 / 법원행시 16

1. 의의 및 성질

(1) 기대불가능성으로 인한 책임조각사유

강요된 행위(强要된 行爲)는 적법행위가 기대불가능한 경우를 규정한 대표적인 형법상 책임조각사유이므로, 사시 10 / 사시 12 / 변호사 12 적법행위(예 정당방위·긴급피난 등)가 가능한 경우에는 인정될 수 없다(보충성).

(2) 긴급피난과의 비교 사시 15

표정리 긴급피난과 강요된 행위의 비교

구 분	긴급피난	강요된 행위
본 질	위법성조각사유	책임조각사유
법익의 범위	제한 없음	생명·신체
법익의 주체	자기 또는 타인	자기 또는 친족
원인의 부당성	불필요	필요(불법한 폭력·협박)
상당성	필요(보충성·균형성·적합성)	불필요 ➡ 보충성은 필요

2. 성립요건

(1) 저항할 수 없는 폭력

① 강제적(심리적·윤리적) 폭력(vis compulsiva. 예 감금)만이 본조의 폭력이다. 국가7급 08 / 경찰승진 13 따라서 남편의 계속적인 폭행과 협박에 의해 부인이 남편의 직장동료를 허위로 고소하는 행위를 할 수밖에 없었다면, 이는 '심리적으로 강제'된 무고행위이므로 책임이 조각되어 무죄가 된다(대법원 1983.12.13, 83도2276). 반면에 ② 강제로 손을 붙들려 무인을 찍는 경우처럼 절대적 폭력(vis absoluta)에 의한 경우에는 피강요자의 행위가 형법상의 행위로 볼 수 없다. 따라서 본조에서 말하는 폭력의 개념에서 당연히 제외된다. 국가9급 08 / 사시 10 / 경찰승진 11 / 경찰채용 20 2차

★ **판례연구** 형법 제12조(강요된 행위) 소정의 "저항할 수 없는 폭력"의 의미

대법원 1983.12.13, 83도2276
심리적인 의미에 있어서 육체적으로 어떤 행위를 절대적으로 하지 아니할 수 없게 하는 경우와 윤리적 의미에 있어서 강압된 경우를 말한다. 국가7급 08 / 사시 10 / 사시 11

📚 **사례연구** Ⅰ. 저항할 수 없는 '폭력'의 의미 : 심리적(강제적) 폭력

甲은 乙로 하여금 그 친구 丙 명의의 사문서를 위조하라고 협박하였으나 乙이 말을 듣지 않자 乙의 손을 강한 힘으로 잡고 丙의 이름과 인장을 찍어 丙 명의의 사문서를 작성하였다. 甲과 乙의 형사책임은?

[해결] 甲은 사문서위조죄가 성립한다. 乙은 구성요건적 행위를 하였다고 인정되지 않으므로 처음부터 구성요건해당성이 없다(행위론의 차원에서 구성요건 이전단계에서 이미 사회적으로 중요한 의미 있는 행태가 없었다고 설명할 수도 있을 것임). 이렇듯 乙의 행위에 대한 강요된 행위(제12조) 여부를 가리기 위하여는 우선 저항할 수 없는 '폭력'이 乙의 심리를 강제하는 의미의 폭력이어야 하며, 위 사례처럼 절대적 폭력은 이에 해당하지 않는다.

📚 **사례연구** Ⅱ. 감금행위가 제12조의 '폭력'에 해당하는가

甲은 18세 소년으로서 취직할 수 있다는 제의에 속아 일본으로 건너간 후 조총련간부들에게 감금된 상태 하에서의 강요에 못이겨 공산주의자가 되어 북한에 갈 것을 서약하였다. 甲의 형사책임은?

[해결] 甲의 행위는 당시 반공법 위반죄의 구성요건에 해당하고 위법성이 있지만 형법 제12조의 강요된 행위로서 적법행위의 기대가능성이 없으므로 책임이 조각된다. 판례는 다음과 같다 : 18세 소년이 취직할 수 있다는 감언에 속아 도일하여 조총련간부들의 감시 내지 감금 하의 강요에 못이겨 공산주의자가 되어 북한에 갈 것을 서약한 행위는 강요된 행위라고 볼 수밖에 없다(대법원 1972.5.9, 71도1178). 국가7급 08 / 국가9급 09

[보충] 강요된 행위 규정은 대체로 위 사례처럼 북한에 납북되는 과정이나 북한에 납북된 후 북한을 찬양·고무하는 국가보안법 위반 행위에 적용되어 왔다.

---

(2) 자기 또는 친족 경찰승진 13 / 경찰간부 21 **의 생명·신체에 대한 방어할 방법이 없는 협박**

① 친족의 범위 : 민법에 의해서 친족범위는 결정된다. 단, 내연의 처나 혼인 외 출생자도 여기에 포함된다는 것이 다수설이다. 피고인에게 유리한 유추해석은 허용되기 때문이다.

② 생명·신체 이외의 법익에 대한 문제(초법규적 책임조각사유 여부) : 초법규적으로 책임이 조각되는 경우로 본다(다수설). 국가9급 08 / 경찰승진 10

③ 협박 : 기술한 저항할 수 없는 폭력이나 협박에 의하지 않는 강요상태는 본조의 적용을 받지 않는다. 판례도 "형법 제12조에서 말하는 강요된 행위는 저항할 수 없는 폭력이나 생명, 신체에 위해를 가하겠다는 협박 등 다른 사람의 강요행위에 의하여 이루어진 행위를 의미하는 것이지, 어떤 사람의 성장 교육과정을 통하여 형성된 내재적인 관념 내지 확신으로 인하여 행위자 스스로의 의사결정이 사실상 강제되는 결과를 낳게 하는 경우까지 의미한다고 볼 수 없다(대법원 1990.3.27, 89도1670)." 국가7급 08 / 사시 10 / 경찰승진 11 / 법원행시 17 / 국가9급 18 / 경찰채용 22 1차 / 경찰채용 23 1차고 판시한 바 있다.

④ 자초한 강제상태 : 강요된 행위의 혜택을 받을 수 없다.

대법원 1973.1.30, 72도2585
반국가단체의 지배 하에 있는 북한지역으로 탈출하는 자는 특별한 사정이 없는 한, 북한 집단구성원과의 회합이 있을 것이라는 사실을 예측할 수 있고 자의로 북한에 탈출한 이상 그 구성원과의 회합은 예측하였던 행위이므로 강요된 행위라고 인정할 수 없다. 국가9급 08 / 국가9급 09 / 경찰승진 13

(3) 강요된 행위

폭력·협박과 강요된 행위 간에는 인과관계가 요구된다. 만일 인과관계가 없다면 피강요자는 강요자의 범행에 대한 공동정범 등 공범의 죄책을 진다. 경찰승진 11

3. 효과 – 벌하지 아니한다

피강요자의 책임이 조각되어 범죄가 성립하지 않는다. 피강요자와의 관계에서 강요자는 간접정범이 된다 (제34조)(강요죄―제324조―의 성립도 가능하며, 이 경우 상상적 경합 성립).

1. 대법원 1971.2.23, 70도2629
자진 월선조업한 자가 북한에 한 제보와 강요된 행위
어로저지선을 넘어 어로의 작업을 하면 북괴 구성원에게 납치될 염려가 있으며 만약 납치된다면 대한민국의 각종 정보를 북괴에게 제공하게 된다 함은 일반적으로 예견된다고 하리니 피고인이 그전에 선원으로 월선조업을 하다가 납북되었다가 돌아온 경험이 있는 자로서 월선하자고 상의하여 월선조업을 하다가 납치되어 북괴의 물음에 답하여 제공한 사실을 강요된 행위라 할 수 없다. 국가7급 08

2. 대법원 1983.3.8, 82도2873
주종관계에 기한 지시에 의하여 한 뇌물공여와 기대가능성
비서라는 특수신분 때문에 주종관계에 있는 공동피고인들의 지시를 거절할 수 없어 뇌물을 공여한 것이었다 하더라도 뇌물공여 이외의 반대행위를 기대할 수 없는 경우였다고 볼 수 없다. 경찰승진 10 / 국가9급 10 / 경찰간부 17 / 국가7급 22

3. 대법원 1983.12.13, 83도2543
휘발유 등 군용물의 불법매각이 상사인 포대장이나 인사계 상사의 지시에 의한 것이라 하여도 저항할 수 없는 폭력이나 자기 또는 친족의 생명, 신체에 대한 위해를 방어할 방법이 없는 협박에 상당한 것이라고 인정되지 않은 이상 강요된 행위로서 책임성이 조각된다고 할 수 없다. 국가9급 09 / 국가9급 23

4. 대법원 1986.5.27, 86도614; 2005.7.29, 2004도5685; 2007.5.11, 2007도1373
제품검사의뢰서 변조 등 사례
직장 상사의 범법행위에 가담한 부하에 대하여 직무상 지휘·복종관계에 있다는 이유만으로 범법행위에 가담하지 않을 기대가능성이 없다고는 할 수 없다. 법원행시 08 / 국가7급 10 / 법원9급 13 / 경찰간부 17 / 변호사 18

5. 대법원 1999.4.23, 99도636
안기부 공무원 불법대선자료 배포 사례 : 상관의 위법명령에 대한 하관의 복종의무 유무(소극)
대통령선거를 앞두고 특정후보에 대하여 반대하는 여론을 조성할 목적으로 확인되지도 않은 허위의 사실을 담은 책자를 발간·배포하거나 기사를 게재하도록 하라는 것과 같이 명백히 위법·불법한 명령인 때에는 이는 직무상의 지시명령이라 할 수 없으므로 이에 따라야 할 의무가 없다. 국가9급 07 / 사시 15

목 차		난 도	출제율	대표 지문
제1절 범행의 실현단계	01 범죄의사 및 예비·음모	下	★	• 범죄의 음모 또는 예비행위가 실행의 착수에 이르지 아니한 때에는 법률에 특별한 규정이 없는 한 벌하지 아니한다. (○)
	02 미 수	下	★	
	03 기 수	下	−	
	04 종 료	下	−	
제2절 예비죄	01 서 설	中	★★	• 형법 각칙상 예비죄 규정은 죄형법정주의 원칙상 기본적 구성요건과는 별개의 독립된 구성요건이라고 볼 수 없다. (○) • 형법 각칙상 예비죄 규정은 독립된 구성요건의 개념에 포함시킬 수 있다. (×) • 과실에 의한 예비나 과실범의 예비는 불가벌이다. (○) • 정범이 실행에 착수하지 아니하는 한 예비의 공동정범은 성립할 수 없다. (×)
	02 법적 성격	中	★	
	03 예비죄의 성립요건	中	★★	
	04 관련문제	中	★★	
제3절 미수범의 일반이론	01 서 설	中	★★	• 현행 형법에는 과실범의 미수를 처벌하는 규정이 없다. (○) • 미수범은 법률에 특별한 규정이 없는 한 벌하지 않는다. (○) • 야간에 아파트에 침입하여 물건을 훔칠 의도 하에 아파트의 베란다 철제난간까지 올라가 유리창문을 열려고 시도하였다면 야간주거침입절도죄의 실행에 착수한 것이다. (○)
	02 미수범 처벌의 이론적 근거	下	★	
제4절 장애미수	01 서 설	下	★	• 소를 흥정하고 있는 피해자의 뒤에 접근한 다음 소지하고 있던 가방으로 돈이 들어있는 피해자의 하의(下依) 주머니를 스치면서 지나간 경우 절도죄의 실행의 착수를 인정할 수 있다. (×) • 간첩의 목적으로 국외 또는 북한에서 국내에 침투 또는 월남하는 경우에는 기밀탐지가 가능한 국내에 침투함으로써 간첩죄의 실행에 착수가 있다. (○)
	02 성립요건	中	★★★	
	03 특수한 경우의 실행착수시기	中	★	
	04 미수범의 처벌	下	★	
제5절 중지미수	01 서 설	下	★	• 중지미수의 자의성에 대한 주관설은 자의성의 개념을 지나치게 확대한다는 비판을 받는다. (×) • 장롱 안에 있는 옷가지에 불을 놓아 건물을 불태우려 하였으나 불길이 치솟는 것을 보고 겁이나서 물을 부어 불을 끈 것이라면 자의에 의한 중지미수라고는 볼 수 없다. (○)
	02 성립요건	中	★★★	
	03 공범과 중지미수	中	★★	
	04 중지미수의 처벌	下	★	
제6절 불능미수	01 서 설	中	★	• 치사량 미달의 독약으로 사람을 살해하려 한 경우 살인죄의 불능미수에 해당한다. (○) • 설탕으로도 사람을 죽일 수 있다고 생각하고 설탕을 먹인 경우 주관설에 따르면 불능미수이다. (○)
	02 성립요건	中	★★★	
	03 불능미수의 처벌	下	★	

📁 최근 6개년 출제경향 분석

구 분	국가7급						국가9급						법원9급						경찰간부					
	18	19	20	21	22	23	19	20	21	22	23	24	18	19	20	21	22	23	18	19	20	21	22	23
제1절 범행의 실현단계				2			1	1							1						1	2		1
제2절 예비죄	1		1												1				1				1	
제3절 미수범의 일반이론				1					1		1					1								
제4절 장애미수					1			1											2	1				
제5절 중지미수															1							1		
제6절 불능미수	1																			1	1			
출제빈도수	7/130						5/120						4/150						12/228					

05

미수론

핵심사항

• 범죄의사 • 예비·음모	• 미수 • 기수	• 종료
• 예비와 음모의 구별 • 예비죄 처벌규정 • 예비죄와 기본범죄의 관계	• 발현형태설 • 기본범죄를 범할 목적 • 타인예비	• 예비죄의 공동정범
• 미수범 처벌규정	• 미수범 처벌의 이론적 근거	• 인상설
• 기수의 고의 • 실행의 착수	• 실질적 객관설 • 주관적 객관설	• 임의적 감경
• 중지미수의 본질과 법적 성격 • 자의성	• 착수미수와 실행미수 • 중지	• 공범과 중지미수
• 불능미수와 불능범 • 미신범	• 수단 또는 대상의 착오 • 구체적 위험설과 추상적 위험설	

경찰채용						법원행시						변호사					
19	20	21	22	23	24	19	20	21	22	23	24	19	20	21	22	23	24
						1	1				1						
1			1						1	1							1
			1	1				1	1			1					
			1												1		
		1												1		1	
1	2					1						1					
9/264						8/240						6/120					

CHAPTER
05 미수론

제1절 | 범행의 실현단계

01   범죄의사 및 예비·음모

(1) 범죄의사

형법은 범죄실행의 착수단계인 미수단계부터만 원칙적으로 처벌하고(제29조), 범행의 준비단계인 예비·음모는 법률에 특별한 규정이 없는 한 처벌하지 않는다(제28조). 따라서 아직 범행의 외부적 준비단계에도 이르지 못한 행위자의 내심의 의사만으로는 이를 처벌할 수 없다. 즉 어느 누구든지 사상(思想)만으로는 처벌되지 아니한다(cogitationis poenam nemo patitur).

예 연적을 살해하겠다는 생각이 들었다거나 이를 결심한 경우

(2) 예비·음모

예비·음모란 이러한 내심상의 범죄의사에서 더욱 발전되어 범행을 준비하는 구체적 행위를 하는 단계로 나아간 것을 말한다. 그중 음모는 2인 이상이 범죄실행을 위하여 행하는 심적 형태의 준비행위이다. 즉, 2인 이상이 일정한 범죄를 하기 위하여 서로 의사를 교환하고 합의하는 것을 말한다(**예** 연적을 살해하기 위하여 친구와 살해계획을 모의하는 경우). 예비는 범죄를 실행하기 위한 물적 형태의 준비행위이다(**예** 연적을 죽이기 위해 암시장에서 권총을 구입하는 경우).

이러한 예비·음모행위도 아직 범행의 실행의 착수가 없다는 점에서 범죄행위가 시작되었다고 볼 수 없으므로 형법은 이를 원칙적으로 처벌하지 않지만, 그 목적하는 기본범죄행위가 특별히 중할 경우에는 예외적으로 예비죄 처벌규정을 두어 이를 규율하고 있다.

02   미 수

범죄란 원칙적으로 실행의 착수 이후의 개념이다. 특히 범죄의 실행에 착수하였으나 기수에 이르지 못하였거나 결과가 발생하지 않은 경우를 미수범(未遂犯; Versuch)이라 한다. 미수범은 이론적으로 결과범(실질범)의 경우에만 문제될 수 있다.

예 연적을 향해 총을 겨냥하였지만 발사하지 않은 경우 내지 총을 발사하였으나 연적이 죽지 않은 경우 등

미수는 실행에 착수한 점에서 예비와 구별되고, 행위의 가벌성을 정함에 있어서도 미수와 예비의 구별의 의의가 있다. 다만 형법은 미수에 대해서도, 제29조에서 "미수범을 처벌할 죄는 각칙의 해당 죄에서 정한다(2020.12.8. 우리말 순화 개정법 제29조)."는 규정을 두어 해당되는 범죄마다 미수범 처벌규정을 각칙에서 두고 있을 때에만 미수범이 성립함을 밝히고 있다.

03   기 수

기수(既遂; Vollendung)란 형법 각칙 본조에 규정된 구성요건이 충족된 경우를 말한다. 기수시점은 각 구성요건의 해석에 따라 결정될 것이므로 형법각론의 문제영역에 속한다.

예 연적을 향해 총을 쏘아 그를 살해한 경우, 방화목적물이 독립하여 연소되는 때

즉시범의 경우 범행이 기수에 이르면 그 즉시 위법한 상태가 종료하게 되지만, 계속범의 경우에는 범행이 기수에 이른 이후에도 위법한 상태가 지속되다가 별도의 종료시점을 가지게 된다는 것이 통설적 설명이다.

04   종 료

통설은 기수를 구성요건의 형식적 실현(tatbestandlich−formelle Vollendgung)으로 이해하고(형식적 기수), 종료(終了)를 행위자의 구체적인 의도를 기준으로 사실상 범행을 마친 상태로 보고 이를 범죄의 실질적 기수라고 하여 기수 이후의 시점의 종료를 인정한다. 예를 들어 감금죄(계속범)의 경우 피감금자를 감금하여 어느 정도의 시간이 경과하면 감금죄는 기수가 되지만, 위법상태가 종료된 때란 피감금자가 풀려난 때를 의미한다.

> **참고하기** 통설의 종료이론의 내용
>
> 1. 종료를 범행의 한 단계로 인정하게 된다.
> 2. 기수 이후 종료시점 이전까지는 공범의 성립이 가능하게 된다.
> 3. 정당방위에서 침해의 현재성을 범행의 종료시점까지 인정하게 된다.
> 4. 공소시효의 기산점을 범행의 기수시점이 아닌 종료시점으로 보게 된다.

그림정리 범행의 실현단계

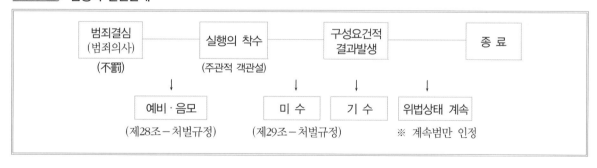

01 　서 설

제28조【음모, 예비】범죄의 음모 또는 예비행위가 실행의 착수에 이르지 아니한 때에는 법률에 특별한 규정이 없는 한 벌하지 아니한다. 국가9급 07 / 법원9급 14

1. 개 념

여기에서 예비죄(豫備罪; Vorbereitung)란 예비 · 음모를 총칭하는 표현으로서 범죄실현을 위한 준비단계를 말하며 아직 실행의 착수에 이르기 전의 단계를 말한다(제28조).

2. 구별개념

(1) 예비와 미수의 구별

예비는 실행의 착수 이후의 개념인 미수와 구별된다.

(2) 예비와 음모의 구별

밀항단속법에서는 음모는 벌하지 않고 예비만 처벌하는 규정[321]을 두고 있기 때문에, 판례 중에는 음모를 예비의 선행단계라고 본 판시도 있으며(아래 판례), 이러한 점에 근거하여 예비와 음모를 구별할 필요가 있다는 견해[322]도 있다. 그러나 예비는 물적 준비, 음모는 심적 준비행위로서 그 개념상 구별은 가능하나 동일한 법정형으로 처벌되고 시간적 선후관계도 없기 때문에 예비와 음모는 구별할 실익이 없다(다수설).

> **⚖ 판례연구 음모는 예비의 전단계**
>
> **대법원 1986.6.24, 86도437**
> 일본으로 밀항하고자 공소외인에게 도항비로 일화 100만엔을 주기로 약속한 바 있었으나, 그 후 이 밀항을 포기하였다면 이는 밀항의 음모에 지나지 않은 것으로 밀항의 예비 정도에는 이르지 못한 것이다. 국가9급 09 / 경찰승진 10 / 법원9급 14

3. 형법적 취급

예비는 원칙적으로 처벌되지 않고 예외적으로 특별규정이 있는 경우에만 처벌된다(제28조). 또한 나아가 예비죄를 처벌하기 위해서는 당해 법률규정에서 예비 · 음모의 구체적인 형벌의 종류와 양을 정해 놓아야만 한다. 법원행시 09 / 변호사 14

판례도 "부정선거관련자처벌법 제5조 제4항에 동법 제5조 제1항의 예비 · 음모는 이를 처벌한다고만 규정하고 있을 뿐이고 그 형에 관하여 따로 규정하고 있지 아니한 이상 죄형법정주의의 원칙상 위 예비 · 음모를 처벌할 수 없다(대법원 1977.6.28, 77도251)." 경찰간부 11 / 경찰승진 11 / 국가9급 14 / 국가9급 15고 판시한 바 있다.

---

321 제3조 (밀항 · 이선 등) ③ 제1항의 죄를 범할 목적으로 예비를 한 자는 1년 이하의 징역 또는 100만 원 이하의 벌금에 처한다.
322 오영근, 485면.

예비·음모·선동·선전		내란죄, 내란목적살인죄, 법원행시 12 **외환죄, 외환유치죄, 여적죄, 간첩죄**, 법원행시 08 / 경찰승진 10 / 경찰승진 11 시설제공·시설파괴·모병·물건제공·일반이적죄
예비·음모·선동		폭발물사용죄 법원행시 12
예비·음모	국가적 법익	**외국에 대한 사전죄, 도주원조죄**, 법원행시 07 / 경찰승진 10 / 경찰채용 12 2차 / 경찰승진 13 / 경찰채용 16 2차 간수자도주원조죄 경찰간부 11 / 경찰승진 13 / 법원행시 14
	사회적 법익	**현주건조물·공용건조물·일반건조물방화죄**, 경찰채용 12 2차 / 법원행시 12 / 경찰채용 13 2차 **폭발성물건파열죄, 가스·전기 등 방류죄, 가스·전기 등 공급방해죄**, 현주건조물·공용건조물·일반건조물일수죄, 수돗물유해물혼입죄, **수도불통죄**, 경찰승진 11 / 경찰채용 12 2차 / 경찰간부 14 먹는물유해물혼입죄, 유가증권·우표·인지위조죄, 경찰승진 10 / 법원행시 12 / 경찰채용 13 2차 / 경찰승진 13 자격모용유가증권작성죄, **통화위조죄**, 경찰승진 10 / 경찰채용 13 2차 / 경찰승진 13 기차 등 교통방해죄, 법원9급 06 기차 등 전복죄
	개인적 법익	살인죄, 존속살해죄, 법원9급 06 위계 등에 의한 살인죄, 경찰승진 10 / 경찰간부 11 약취·유인·인신매매죄, 경찰채용 13 2차 강간죄(2020.5.19. 신설 제305조의 3), 강도죄 법원9급 06

➲ __ : 필요적 감면(예비죄의 자수) : 내란·외환·외국에 대한 사전·방화·폭발물사용·통화위조

개인적 법익	사회적 법익	국가적 법익
• 살인 • 약취·유인·인신매매 • 강간 • 강도	• 먹는물유해물혼입·수도불통 • 통화·유가증권·우표·인지 • 방화·일수 • 기차·선박 • 폭발물사용(예비·음모·선동)	• 도주원조 • 내란·외환(예비·음모·선동·선전), 외국에 대한 사전

➲ 주의사항

1. 개인적 법익 : 살인죄의 감경적 구성요건인, 촉탁·승낙에 의한 살인죄, 경찰간부 11 자살교사·방조죄는 예비·음모 불벌, 약취·유인 및 인신매매의 죄에 관한 예비죄 처벌대상이 대폭 확대, 강간·유사강간·준강간·강간상해 및 미성년자의제강간 등 죄의 예비·음모 처벌규정 신설(2020.5.19. 개정), 재산에 대한 죄에 있어서 강도의 죄를 제외하고 예비·음모 불벌, 기타 개인적 법익에 대한 죄에 있어서는 예비·음모가 처벌되지 않음

2. 사회적 법익 : 공안을 해하는 죄인 범죄단체조직죄, 소요죄, 다중불해산죄 등은 예비·음모 불벌, 예비·음모·선동을 벌하는 죄는 폭발물사용죄뿐임, 공공의 신용에 대한 죄는 유형위조(위조·변조·자격모용작성)의 예비·음모만 처벌하고, 특히 문서죄·인장죄는 예비·음모 불벌

3. 국가적 법익 : 예비·음모·선동·선전을 벌하는 죄는 국가적 법익에 대한 죄 중 내란과 외환의 죄, 외환의 죄 전시군수계약불이행죄는 예비·음모·선동·선전 불벌, 도주원조죄는 예비·음모 처벌하나 도주죄는 처벌하지 않음

02 법적 성격

1. 기본범죄에 대한 관계

(1) 독립범죄설

각칙상의 예비죄 처벌규정이 독자적인 법정형을 규정하고 있는 등 그 규정된 형식이 미수범과는 다르다는 점에 근거하여, 예비행위는 독자적인 불법성을 지니고 있는 기본적 범죄행위라고 보는 입장이다(소수설). 이

설에 의할 때 예비죄의 공범(교사·방조행위를 하였는데 이를 받은 피교사자·피방조자가 실행에 착수하지 않고 예비의 단계에 그친 경우의 교사자·방조자에게 교사범·방조범의 성립이 가능한가의 문제)도 성립하게 된다.[323]

(2) 발현형태설(수정형식설)

예비죄를 독립적인 범죄유형으로 보는 것이 아니라 효과적인 법익보호를 위하여 처벌범위를 확장한 수정적 구성요건형태라고 보는 견해이다(다수설). **판례도 예비죄를 독립된 범죄로 볼 수 없다고 한다.** 국가9급 11 / 국가9급 14 발현형태설에 의하면 예비죄의 공범이 성립할 수 없게 된다. 이는 공범종속성설의 입장과도 같은 결론이다. 기본범죄 없는 예비죄를 생각하기 어렵고, 예비죄의 성립범위가 부당하게 확대되는 것을 방지해야 한다는 점에서 발현형태설이 타당하다고 생각된다.

🔨 판례연구 예비죄와 기본범죄의 관계 : 독립범죄가 아니다

대법원 1976.5.25, 75도1549
형법 제32조 제1항의 타인의 범죄를 방조한 자는 종범으로 처벌한다는 규정의 타인의 범죄란 정범이 범죄를 실현하기 위하여 착수한 경우를 말하는 것이라고 할 것이므로 종범이 처벌되기 위하여는 정범의 실행의 착수가 있는 경우에만 가능하고 정범이 실행의 착수에 이르지 아니한 예비의 단계에 그친 경우에는 이에 가공하는 행위가 예비의 공동정범이 되는 경우를 제외하고는 이를 종범으로 처벌할 수 없다고 할 것이다. 왜냐하면 범죄의 구성요건 개념상 예비죄의 실행행위는 무정형·무한정한 행위이고 종범의 행위도 무정형·무한정한 것이고 형법 제28조에 의하면 범죄의 음모 또는 예비행위가 실행의 착수에 이르지 아니한 때에는 법률에 특별한 규정이 없는 한 벌하지 아니한다고 규정하여 예비죄의 처벌이 가져올 범죄의 구성요건을 부당하게 유추 내지 확장해석하는 것을 금지하고 있기 때문에 형법각칙의 예비죄를 처단하는 규정을 바로 독립된 구성요건 개념에 포함시킬 수는 없다고 하는 것이 죄형법정주의의 원칙에도 합당하는 해석이라 할 것이기 때문이다. 따라서 형법 전체의 정신에 비추어 예비의 단계에 있어서는 그 종범의 성립을 부정하고 있다고 보는 것이 타당한 해석이라고 할 것이다. 본건 강도예비죄가 형법상 독립된 구성요건에 해당하는 범죄라는 상고논지는 전술한 바와 같이 수긍할 수 없는 독자적인 견해라 할 것이고 원심의 판단취의는 이와 다소 다르다고 하더라도 예비죄의 종범의 성립을 부정한 결론에 있어서 정당하고 이를 논란하는 상고논지는 그 이유없다고 할 것이다. 국가9급 08 / 법원9급 13 / 경찰채용 14 1차 / 변호사 17 / 국가7급 18 / 경찰채용 22 1차

---

2. 예비죄의 실행행위성

① 독립범죄설에 의하면 예비죄의 실행행위성은 당연히 인정된다. 또한 ② 발현형태설에 의하더라도 기본범죄에 대하여만 실행행위성을 인정하는 것은 잘못이며, 예비죄의 처벌규정이 엄연히 존재하는 이상 예비행위도 수정적 '구성요건'의 성격을 가지게 되어 그 실행행위성이 인정될 수 있다는 것이 다수설이다(발현형태설에 의한 실행행위 긍정설).

다수설은 예비죄의 실행행위성을 긍정해야 예비죄의 성립범위를 합리적으로 제한할 수 있다고 주장한다. 여하튼 예비죄의 실행행위성을 긍정하게 되면 예비죄의 공동정범도 부드럽게 성립하게 된다(판례도 예비죄의 공동정범은 인정. 단 판례는 예비의 방조는 불가벌로 보기 때문에 예비죄의 실행행위성을 명백히 인정했다고 보기에는 불충분하다).[324]

---

323 조언 독자들은, 예비죄의 공범 성부에 관한 결론만 놓고 본다면, 후술하는 공범의 종속성 여부(공범이 성립하기 위해서는 먼저 정범이 성립해야 하는가의 문제)에 있어 공범독립성설과도 같은 결론이 된다는 점을 정리해두면 된다.
324 참고 : 예비죄의 실행행위설 부정설 부정설은 예비행위는 기수나 미수와는 달리 그 구성요건의 형태 자체가 어느 정도 유형화되어 있지 못하고, 실행착수 이전 단계인 예비죄의 실행행위성은 도대체 정형적인 실행행위가 없다는 점에서 인정되기 어렵다고 본다. 예비죄 실행행위성 부정설(소수설)에 의하면 예비죄의 공동정범 또한 인정할 수 없게 된다. 대신 각자를 예비죄의 단독정범으로 보면 될 것이다.

03 예비죄의 성립요건

1. 주관적 요건 – 예비의 고의와 예비의 목적

(1) 예비의 고의 – 고의의 내용

① 준비행위에 대한 고의설(소수설) : 예비행위와 기본범죄 간의 차이를 전제로 하면서 예비행위 자체에 대한 고의가 있어야 예비행위를 처벌할 수 있다는 입장이다. 즉 예비죄가 목적범의 형태를 띠고 있다는 점에서 고의는 기본범죄를 범할 목적과는 구별되게 준비행위 자체에 대한 의사를 말한다는 것이다. 이는 예비죄와 기본범죄의 관계에 관한 독립범죄설과 통한다는 견해도 있다.

> **예** (甲이 乙을 살해하기 위해) 낫을 구입한다는 고의

② 기본범죄에 대한 고의설(다수설) : 미수범의 고의가 기본범죄에 대한 고의를 의미하듯이 예비죄의 고의 역시 기본범죄를 지향하는 것이어야 하고, 기본범죄의 실행행위를 염두에 두지 않은 준비행위만의 인식은 무의미하다는 것을 그 근거로 하여 예비죄의 고의는 기본범죄에 대한 고의라는 견해이다.

> **예** (甲이 乙을 살해하기 위해) 乙을 살해하기 위한 도구인 낫을 구입한다는 고의

③ 검토 및 소결 : 다수설의 논거는 다음과 같다.

 ㉠ 예비죄의 경우에는 구성요건상 독립성을 띠지 않는 경우가 대부분인데, 기본범죄를 염두에 두지 않은 이러한 행위를 범죄행위의 고의라고 부를 수는 없다.

 ㉡ 준비행위고의설은 예비죄의 처벌범위를 확장할 위험성을 내포하고 있다.

 ㉢ 예비죄의 법적 성격을 발현형태설(수정적인 구성요건형식설)로 보는 입장에 선다면 기본범죄에 대한 고의라고 보는 것이 논리적이다.[325] 따라서 기본범죄에 대한 고의설이 타당하다는 주장이다.[326]

> ▶ 여하튼, 과실에 의한 예비는 불가능하다. 사시 13 / 경찰간부 15

(2) 기본범죄를 범할 목적

예비죄는 '목적범'이므로('… 죄를 범할 목적으로') 기본범죄에 대한 고의와 기본범죄에 대한 목적까지 가지고 있어야 한다. 국가9급 08 / 법원9급 14 목적이란 확정적 인식임을 요한다(다수설. 다만, 판례는 미필적 인식설 – 대법원 1992.3.31, 90도2033 전원합의체 등 경찰승진 13). 따라서, 예컨대 甲이 살해할 용도로 흉기를 준비하였으나 살해 대상자가 누구인지조차 확정되지 못한 경우에는 −미필적 인식조차 인정되지 않으므로− 살인예비죄가 성립하지 않아 무죄가 된다(대법원 1959.7.31, 4292형상308).

2. 객관적 요건

(1) 외부적 준비행위

외부적으로 드러나는 범죄준비행위가 있어야 한다. 준비행위는 물적인 것에 한정되지 아니하며 특별한 정형이 있는 것도 아니지만, 단순히 범행의 의사 또는 범행계획만으로는 그것이 있다고 할 수 없고 객관적으로 보아서 기본범죄의 실현에 실질적으로 기여할 수 있는 외적 행위를 필요로 한다.

판례도 강도음모죄(제343조)에 관하여 판시하기를, "형법상 음모란 2인 이상의 자 사이에 성립한 범죄실행의 합의를 말하는 것으로, 범죄실행의 합의가 있다고 하기 위하여는 단순히 범죄결심을 외부에 표시·전달하는

---

325 그러나 발현형태설을 취하면서도 고의의 내용에 관해서는 준비행위 자체에 대한 고의설을 취하는 입장도 있기 때문에, 예비죄와 기본범죄의 관계에 대한 학설 대립과 예비죄의 고의의 내용에 관한 학설 대립 사이에는 논리적 관련성이 깊지 않다고 보는 것이 타당해 보인다.

326 다만, 고의의 내용에 관해서 어느 견해를 취하든 공히 '기본범죄를 범할 목적'을 요구한다는 점에서 위와 같은 학설의 대립이 실제문제 해결에 미치는 효과는 크지 않다.

것만으로는 부족하다."고 판시하면서, 적어도 예비·음모죄가 성립하기 위해서는 "객관적으로 보아 특정한 범죄의 실행을 위한 준비행위라는 것이 명백히 인식되고, 그 합의에 실질적인 위험성이 인정될 때" 비로소 예비·음모죄가 성립한다고 하고 있다(대법원 1999.11.12, 99도3801 : 사병 2인이 수회에 걸쳐 '총을 훔쳐 전역 후 은행이나 현금수송차량을 털어 한탕하자'라는 말을 나눈 경우, 무죄를 선고한 판례임). 국가7급 09 / 경찰승진 10 / 경찰간부 11 / 국가9급 11 / 경찰승진 13 / 국가9급 14 / 경찰간부 18 / 법원행시 18 / 변호사 24

(2) 범위

① 물적 예비와 인적 예비

㉠ 물적 예비 : 당연히 예비행위로서 인정된다. 예를 들어, 방화의 목적으로 점화재료인 휘발유를 구입하여 쌓아 둔 경우 물적 예비로서 방화예비죄가 성립한다.

  예 범행도구의 구입, 범행장소의 물색·답사·잠입

㉡ 인적 예비 : 부정설도 있으나, 알리바이 사전조작을 위한 대인접촉, 장물을 처분할 라인을 사전에 확보하는 행위 등도 예비행위에 포함시켜 이해할 수 있다는 점에서 긍정설(다수설)이 타당하다. 예비와 음모를 구별할 실익은 형법상 없기 때문이다.

② 자기예비와 타인예비

㉠ 자기예비 : 자기의 실행행위를 위한 준비행위를 말하며, 원칙적인 예비의 유형이다.

㉡ 타인예비 : 타인예비란 타인의 범죄의 예비단계에 가공한 행위를 말한다. 이를 예비죄로 볼 수 있는가에 관하여는 긍정설과 부정설(다수설)이 대립하지만, 타인의 범죄 실행착수 이전단계에서 예비행위를 해 주었고 그 타인이 범죄를 실행하였다면 (실행의 착수를 지났다면) 가공한 자는 방조범이 되는 것에 불과하므로, 타인예비는 예비의 개념에 포함될 수 없다. 또한 타인예비까지 예비죄가 성립한다고 하면 예비죄의 성립범위가 지나치게 확장될 위험도 배제할 수 없다. 따라서 부정설이 타당하다.

(3) 실행의 착수 이전

예비행위는 실행의 착수 이전의 단계에 머물러야 하며, 국가9급 09 실행의 착수 이후에는 예비는 미수·기수에 흡수된다(법조경합 중 묵시적 보충관계).

주관적 성립요건		객관적 성립요건				
고 의	목 적	외부적 준비행위				실행의 착수 ×
┌ 기본범죄고의설(다수설) └ 예비행위고의설 ※ 과실에 의한 예비 × 사시13	기본범죄를 범할 목적 ※ 예비죄＝목적범	물적 예비	인적 예비	자기 예비	타인 예비	미수와의 구별
		○	○	○	× (종범)	

🔨 **판례연구** 예비죄가 성립하는 사례

1. 대법원 1959.5.18, 4292형상34
적과 의사연락 없이 군사상의 기밀을 누설하기 위하여 수집한 행위와 법령의 적용
형법 제98조 제1항의 간첩이라 함은 적국의 지령 기타 의사연락 하에 군사상 기밀사항을 탐지 수집하는 것을 의미하므로 적측과 아무런 연락 없이 편면적으로 군사에 관한 정보를 수집하였다면 그는 본조 제2항의 군사상 기밀누설의 예비행위(간첩예비 - 필자 주)라고 볼 것이다.

2. 대법원 1993.10.8, 93도1951

남북교류협력에 관한 법률에 의한 방북신청 행위가 국가보안법상 탈출예비죄에 해당한다고 한 사례

피고인이 북한공작원들과의 사전 연락 하에 주도한 민중당의 방북신청은 그러한 정을 모르는 다른 민중당 인사들에게는 남북교류협력의 목적이 있었다 할 수 있음은 별론으로 하고, 피고인 자신에 대한 관계에서는 위 법률 소정의 남북교류협력을 목적으로 한 것이라고 볼 수 없으므로, 피고인의 위 법률에 의한 방북신청은 국가보안법상의 탈출예비에 해당한다.

3. 대법원 1999.4.9, 99도424

관세포탈죄의 예비죄 성립 : 과세가격 사전심사서 사례

관세를 포탈할 목적으로 수입할 물품의 수량과 가격이 낮게 기재된 계약서를 첨부하여 수입예정물량 전부에 대한 과세가격 사전심사를 신청함으로써 과세가격을 허위로 신고하고 이에 따른 과세가격 사전심사서를 미리 받아두는 행위는 관세포탈죄의 실현을 위한 예비행위에 해당한다. 경찰승진 10 / 사시 16 / 국가7급 18 / 경찰채용 18 2차

4. 대법원 2009.10.29, 2009도7150

甲이 乙을 살해하기 위하여 丙, 丁 등을 고용하면서 그들에게 대가의 지급을 약속한 경우, 甲에게는 살인죄를 범할 목적 및 살인의 준비에 관한 고의뿐만 아니라 살인죄의 실현을 위한 준비행위를 하였음을 인정할 수 있으므로, 살인예비죄가 성립한다. 국가7급 11 / 사시 12 / 경찰채용 13 1차 / 사시 14 / 국가9급 15 / 국가7급 20 / 변호사 21

04 관련문제

1. 예비죄의 공범

(1) 예비죄의 공동정범

2인 이상의 자가 공동하여 범죄를 실현하고자 하였으나 가벌적 예비단계에 그친 경우 예비죄의 공동정범이 성립하는가의 문제이다. 구체적인 예를 들어 甲과 乙이 X를 살해하고자 공동으로 시장에 가서 살인의 도구인 낫을 구입하였다고 할 때 甲과 乙에 대하여 살인예비죄(제255조)의 공동정범(제30조)이 성립하는가의 문제이다.

이에 대하여는 부정설도 있지만 긍정설이 다수설·판례의 입장이다. 변호사 12 / 사시 13 / 법원9급 14 / 변호사 14 / 변호사 18 범죄실행의 준비행위가 공동형태로 이루어질 수 있다면 공동정범의 성립이 가능하다고 보아야 하기 때문이다.[327]

(2) 예비죄에 대한 공범

① 문제의 소재 : 예비죄의 공범의 성립은 이론적으로 공범의 종속성의 여부의 문제와 맞물려 있다. 즉, 공범독립성설에 의하면 예를 들어 예비죄에 대한 방조의 경우도 방조행위 자체가 범죄실행행위라는 점에서 방조자는 방조의 미수로 처벌된다고 보는 데 비하여, 공범종속성설(다수설·판례)에 의하면 예비죄 자체가 독자적 범죄가 아니라는 점에서 예를 들어 예비죄에 대한 방조는 완전히 불가벌이라고 보게 된다. 공범독립성설에 대해서는 공범의 성립범위가 지나치게 확장될 위험이 있다는 비판이 있다. 죄형법정주의의 보장적 기능을 지키기 위해서는 공범의 성립범위를 적절히 제한할 수 있는 공범종속성설이 타당하다.

---

327 참고 예비죄의 실행행위성 부정설(소수설)을 취하면, 예비죄의 공동정범은 부정되고 대신 행위자 각각을 각 예비죄의 단독정범으로 보게 된다.

② 예비죄에 대한 교사범 : 교사를 받은 피교사자가 예비·음모행위는 하였으나 실행의 착수에 이르지 못한 경우를 말한다. 이 경우 교사자에게는 교사범이 성립할 수 없다. 공범종속성 원칙상 실행의 착수 조차 없는 정범에 종속하여 공범이 성립하기는 어렵기 때문이다. 다만 형법 제31조 제2항에서는 이러한 경우에도 교사자와 피교사자를 예비·음모에 준하여 처벌할 수 있다는 규정을 둠으로써 그 가벌성만큼은 인정하고 있다(효과 없는 교사).[328]

③ 예비죄에 대한 방조범 : 피방조자가 예비·음모행위는 하였으나 실행의 착수에 이르지 못한 경우를 말한다. 이 경우 공범종속성원칙에 의해 방조자에게는 방조범이 성립할 수 없다. 국가9급 08 / 법원행시 09 / 변호사 14 또한 형법 제32조의 종범의 규정에는 제31조 제2항과 같은 예비죄 처벌규정을 두고 있지 않기 때문에, −특별예외규정을 두고 있지 않다면 공범종속성 원칙에 의하여 해결해야 하므로− 결국 예비죄에 대한 방조범은 가벌성도 없다. **판례도** 같은 입장이다. 법원9급 14

🔨 판례연구 예비의 종범은 불가벌

대법원 1976.5.25, 75도1549
종범이 처벌되기 위하여는 정범의 실행의 착수가 있는 경우에만 가능하고 정범이 실행의 착수에 이르지 아니한 예비의 단계에 그친 경우에는 이에 가공하는 행위가 예비의 공동정범이 되는 경우를 제외하고는 이를 종범으로 처벌할 수 없다. 국가9급 09 / 법원행시 09 / 경찰승진 10 / 사시 10 / 경찰간부 11 / 경찰승진 11 / 국가9급 11 / 사시 12 / 경찰간부 13 / 법원9급 13 / 사시 13 / 경찰채용 14 1차 / 경찰승진 14 / 국가9급 14 / 변호사 14 / 국가9급 15 / 사시 15 / 경찰채용 16 2차 / 경찰간부 18 / 법원행시 18

---

2. 예비죄의 중지 − 중지미수규정의 준용 여부 사시 10

(1) 의 의

행위자가 실행의 착수에 이르지 못한 예비단계에서 예비행위를 자의로 중지하거나 실행의 착수를 포기하는 것을 말한다. 이 경우 예비단계에 대해서도 중지미수의 필요적 형감면규정을 준용할 수 있는가가 문제되는 것이다.

▶ 예비의 중지 문제와는 별도로 예비죄의 미수범이 가능한가에 대하여는 소극설과 이론상으로는 가능하나 처벌규정이 없다는 견해가 있다. 예비죄의 미수범이란 예비죄의 장애미수 정도라고 보면 되고, 예비죄의 장애미수라는 것은 결국 예비행위를 못하였다는 것으로 볼 수 있으므로 처벌이 불가능하다고 봐야 한다.

(2) 중지미수규정의 준용 여부

① 부정설(소수설·판례) : 중지미수는 실행의 착수 이후의 개념이기 때문에 실행의 착수 이전인 예비단계에서 예비의 중지에 대해서는 준용할 수 없다는 견해이다. 국가9급 08 / 국가9급 09 / 국가9급 11 부정설에 의하면 예비의 중지는 예비죄가 적용되는 데 불과하다는 결론에 이르게 된다. 법원9급 07(하) / 법원9급 14

🔨 판례연구 예비의 중지를 부정하는 것이 판례의 입장

대법원 1966.4.21, 66도152; 1999.4.9, 99도424
중지범은 범죄의 실행에 착수한 후 자의로 그 행위를 중지한 때를 말하는 것이므로 실행의 착수가 있기 전인 예비·음모의 행위를 처벌하는 경우에 있어서는 중지범의 관념을 인정할 수 없다. 법원9급 07(하) / 국가9급 09 / 법원행시 09 / 국가7급 09 / 경찰승진 10 / 경찰채용 11 2차 / 경찰승진 11 / 국가7급 12 / 사시 12 / 사시 13 / 국가9급 14 / 법원9급 14 / 경찰간부 15 / 국가9급 15 / 변호사 15 / 경찰채용 16 2차 / 경찰간부 16 / 경찰간부 18 / 법원행시 18

---

328 자세한 것은 정범과 공범론 중 교사범, 교사의 미수에서 후술한다.

② 긍정설(다수설) : 부정설처럼 예비의 중지에 대하여 중지미수의 필요적 형감면의 혜택을 부정하게 되면 예비죄의 성립을 인정하게 된다. 예를 들어 甲이 乙을 살해하기 위하여 살인의 도구를 구입하였으나 실행의 착수에 이르기 전에 자신의 행위를 후회하며 이를 중지한 경우 甲에게 살인예비죄(제255조 : 10년 이하의 징역)의 성립을 인정할 수밖에 없게 되는데, 이는 甲이 살인행위에 착수한 이후에 중지한 경우 살인죄의 중지미수(사형·무기·5년 이상의 유기에 대한 필요적 감면, 형면제도 가능)의 성립을 인정하는 것보다 그 형이 더욱 높을 수 있다는 결과가 된다. 이에 형의 균형의 견지에서 예비에 대해서도 중지미수의 규정을 준용해야 한다는 것이다. 예비의 형이 중지미수의 형보다 무거운 때라면 형의 불균형이 해소되는 범위 내에서 중지미수 규정의 준용을 인정해야 한다는 점에서 긍정설이 타당하다고 생각된다.

▶ 긍정설 내에서도 전면긍정설이나 자수규정 유추적용설(김일수)이 있으나 본서에서는 논외로 하겠다.

제3절 | 미수범의 일반이론

01 서 설

1. 미수범의 의의

미수범(未遂犯; Versuch)이라 함은 고의범이 범죄의 실행에 착수하여 행위를 종료하지 못하였거나, 종료했더라도 결과가 발생하지 아니한 경우를 말한다. 국가7급 09 따라서 과실범의 미수란 불가능하다. 국가7급 12 / 경찰승진 13

2. 구별개념

(1) 예비 · 음모

실행의 착수 이전의 단계라는 점에서 그 이후의 단계인 미수와 구별된다.

(2) 기 수

구성요건을 충족시킨 경우라는 점에서 그렇지 못한 미수와 구별된다.

3. 형법상 미수범의 체계

장애미수	의외의 장애로 범죄를 완성하지 못한 경우(제25조)	임의적 감경 경찰승진 10
중지미수	행위자가 자의로 범죄를 중지한 경우(제26조)	필요적 감면 경찰승진 10
불능미수	결과발생이 처음부터 불가능한 경우(제27조)	임의적 감면 경찰승진 10

4. 미수범의 처벌

형법각칙에 처벌규정이 있는 경우에 한하여 처벌된다(제29조). 국가9급 07 / 법원행시 10 / 국가7급 12

> **참고하기** 미수범 처벌규정 관련 중요사항 세부정리
>
> 1. 거동범(형식범)(범죄단체조직죄, 소요죄, 다중불해산죄, 공무원자격사칭죄, 직무유기죄, 경찰채용 12 3차 직권남용죄, 공무상 비밀누설죄, 공무집행방해죄, 법원9급 06 / 경찰승진 14 범인은닉죄, 위증죄, 증거인멸죄, 경찰채용 10 1차 무고죄, 변사체검시방해죄, 폭행죄, 경찰채용 11 1차 / 경찰승진 15 존속폭행죄, 유기죄, 명예훼손죄, 모욕죄, 업무방해죄 등)은 거의 미수범 처벌규정이 없다.
> 2. 다만 거동범이라 하더라도 협박죄, 경찰승진 10 주거침입죄, 경찰간부 11 퇴거불응죄, 경찰승진 14 집합명령위반죄는 미수범 처벌규정이 있다.
> 3. 진정부작위범(다중불해산죄, 전시군수계약불이행죄, 전시공수계약불이행죄, 집합명령위반죄, 퇴거불응죄)은 거동범적 성질을 가지므로 이론적으로 미수범이 성립하기 어렵다. 경찰승진 13
>   • 다만 집합명령위반죄, 퇴거불응죄는 진정부작위범이지만, 국가7급 07 미수범 처벌규정이 있다. 경찰승진 13 / 사시 15
>   • 이와 달리 부진정부작위범은 결과범적 성격을 가지므로 미수를 인정할 수 있다. 국가9급 07 / 국가7급 07
> 4. 예비·음모죄를 처벌하는 범죄들은 —실행착수 이전 단계부터 처벌하기 때문에— 당연히 미수범 처벌규정이 있다(대체로 살인, 약취·유인·인신매매, 강간·유사강간·준강간·미성년자의제강간, 강도, 음용수유해물혼입과 수도불통, 통화·유가증권·우표·인지위조·변조죄와 자격모용유가증권작성죄, 방화·일수, 기차·선박등교통방해죄와 기차등전복죄, 폭발물사용죄, 도주원조, 내란·외환의 죄와 외국에 대한 사전죄는 예비·음모를 처벌하기 때문에 미수범 처벌규정도 있다).
> 5. 국기에 대한 죄(국기·국장모독죄, 국기·국장비방죄)는 미수범 처벌규정이 없다.
> 6. 국교에 대한 죄(외국원수폭행등죄, 외국사절폭행등죄, 외국국기·국장모독죄, 중립명령위반죄, 외교상기밀누설죄)는 미수범 처벌규정이 없다. 단 외국에 대한 사전죄는 예비·음모도 처벌하며 따라서 미수범 처벌규정도 있다.
> 7. 공안을 해하는 죄(범죄단체조직죄, 소요죄, 다중불해산죄, 전시공수계약불이행죄, 공무원자격사칭죄)는 모두 미수범 처벌규정이 없다.
> 8. 폭발물에 관한 죄 중에서 폭발물사용죄와 전시폭발물사용죄는 예비·음모를 처벌하므로 미수범 처벌규정도 있다. 그러나 전시폭발물제조·소지죄는 미수범 처벌규정이 없다(따라서 예비·음모 처벌규정도 없다).
> 9. 공무원의 직무에 관한 죄는 직무범죄라고 하는데 미수범 처벌규정이 거의 없다(직무유기, 직권남용, 폭행·가혹행위, 피의사실공표, 공무상비밀누설, 경찰간부 17 선거방해, 뇌물에 관한 죄 전부). 다만 불법체포·감금죄는 미수범 처벌규정이 있다. 경찰채용 10 1차 / 경찰채용 12 3차 / 경찰간부 12 이는 체포·감금죄가 사람의 신체활동의 자유를 침해해야 성립한다는 침해범적 성격에 따른 것이다.
> 10. 공무방해에 관한 죄 중에서 공무집행방해, 법원행시 10 / 경찰채용 15 3차 / 경찰간부 17 위계에 의한 공무집행방해, 법정·국회회의장모욕, 인권옹호직무방해, 특수공무방해죄는 미수범 처벌규정이 없지만, 공무상비밀표시무효(공무상비밀침해도 포함), 경찰간부 17 부동산강제집행효용침해, 공용서류무효와 공용물파괴, 공무상보관물무효죄 경찰채용 10 1차는 미수범 처벌규정이 있다.
> 11. 도주에 관한 죄는 모두 미수범 처벌규정이 있다 경찰간부 12(특히 우리나라는 자기도주행위의 미수도 처벌된다). 그러나 범인은닉죄는 미수범 처벌규정이 없다.
> 12. 위증과 증거인멸의 죄는 모두 미수범 처벌규정이 없다. 경찰간부 17
> 13. 무고의 죄는 미수범 처벌규정이 없다.
> 14. 신앙에 관한 죄 중에서 장례식등방해, 시체오욕, 변사체검시방해죄는 미수범 처벌규정이 없으나, 분묘발굴, 시체영득등죄는 미수범 처벌규정이 있다.
> 15. 방화죄는 거의 미수범 처벌규정이 있다. 그러나 자기소유일반건조물방화, 일반물건방화, 진화방해죄 경찰채용 12 3차는 미수범 처벌규정이 없다. 경찰간부 11예비·음모도 이와 마찬가지이다.

16. 일수와 수리에 관한 죄도 거의 미수범 처벌규정이 있다. 그러나 자기소유일반건조물·재산일수, 방수방해, 수리방해죄는 미수범 처벌규정이 없다. 예비·음모도 마찬가지이다.

17. 교통방해죄의 죄는 모두 미수범 처벌규정이 있다.

18. 먹는물에 관한 죄 중에서는 먹는물유해물혼입, 수돗물유해물혼입죄, 수도불통죄는 미수범 처벌규정이 있다(이 죄들은 예비·음모를 처벌하는 죄들이다). 그러나 먹는물사용방해, 수돗물사용방해죄는 미수범 처벌규정이 없다(예비·음모도 없다).

19. 아편에 관한 죄는 대체로 미수범 처벌규정이 있다. 그러나 아편·몰핀소지죄(단순소지)는 없다.

20. 공공의 신용에 대한 죄
   - 통화 : 대체로 있으나, 위조통화취득후지정행사죄 ✕
   - 유가증권·우표·인지 : 대체로 있으나, 소인말소죄 ✕
   - 문서 경찰승진 10 / 법원행시 10 / 경찰채용 15 3차 : 대체로 있으나, 사문서부정행사죄 ✕ 경찰채용 10 2차
   - 인장 : 모두 ○ 경찰채용 10 2차 / 경찰채용 12 3차

21. 성풍속에 관한 죄는 미수범 처벌규정이 없다.

22. 도박과 복표에 관한 죄는 미수범 처벌규정이 없다. 법원행시 15

23. 살인의 죄는 미수범을 처벌한다. 경찰간부 15

24. 상해, 법원행시 10 / 경찰채용 15 3차 존속상해죄는 미수범 처벌규정이 있으나, 중상해·존속중상해는 −결과적 가중범이므로− 미수범 처벌규정이 없다. 경찰간부 15 폭행의 죄는 거동범이므로 미수범 처벌규정이 없다.

25. 낙태의 죄는 미수범을 처벌하지 않는다.

26. 유기와 학대의 죄는 미수범을 처벌하지 않는다.

27. 체포와 감금의 죄는 미수범을 처벌한다. 경찰채용 15 3차 / 경찰간부 15

28. 협박의 죄는 미수범을 처벌한다. 경찰승진 10 / 법원행시 10 / 경찰간부 15

29. 약취와 유인 및 인신매매의 죄는 미수범을 처벌한다. 단 약취·유인등치사상죄와 약취·유인등 목적 모집·운송·전달죄는 없다.

30. 강간죄, 유사강간죄, 강제추행죄, 준강간·준강제추행, 미성년자의제강간·유사강간·강제추행죄는 미수범을 처벌하나, 강간상해·치상, 강간살인·치사, 미성년자·심신미약자 간음·추행, 업무상위력등에의한간음, 미성년자의제강간등상해·치상·살해·치사죄는 미수범 처벌규정이 없다.

31. 명예에 관한 죄는 미수범 처벌규정이 없다.

32. 신용, 업무와 경매에 관한 죄는 미수범 처벌규정이 없다.

33. 비밀침해의 죄도 미수범 처벌규정이 없다.

34. 주거침입의 죄는 모두 미수범을 처벌한다. 경찰채용 15 3차

35. 권리행사방해, 중권리행사방해, 강제집행면탈죄 경찰채용 12 3차는 미수가 없으나, 강요죄, 인질강요죄, 인질상해·치상, 인질살해·치사죄, 점유강취, 준점유강취죄는 미수범 처벌규정이 있다.

36. 절도와 강도의 죄는 모두 미수를 처벌한다. 강도치사상죄나 해상강도치사상죄도 미수범 처벌규정이 있다.

37. 사기와 공갈의 죄는 거의 미수를 처벌한다. 단, 부당이득죄는 미수범 처벌규정이 없다.

38. 횡령과 배임의 죄, 배임수증재죄도 미수를 처벌한다. 경찰승진 10 / 경찰채용 15 3차 단, 점유이탈물횡령죄는 미수범 처벌규정이 없다.

39. 손괴죄는 미수를 처벌하나, 법원행시 10 / 경찰승진 14 / 경찰채용 15 3차 경계침범죄는 미수범 처벌규정이 없다.

40. 강요죄는 미수범 처벌규정이 없다가 개정형법(1995)에서는 미수범 처벌규정이 신설되었다.

41. 과실범은 미수범 처벌규정이 없다.

42. 결과적 가중범은 거의 미수범 처벌규정이 없다. 다만, 인질치사상, 강도치사상, 해상강도치사상, 현주건조물일수치사상죄는 미수범 처벌규정이 있다 국가7급 07 / 경찰승진 13(결과적 가중범의 미수에 관하여 상세한 것은 후술하는 결과적 가중범 관련문제 참조).

43. 예비·음모죄는 미수범을 처벌할 수 없다. 실행의 착수 이전 단계이기 때문이다(예비의 미수는 부정). 다만 중지미수와 관련해서는, 예비의 중지에 대해 판례는 부정설의 입장을 취하나 학설은 긍정설의 입장을 취한다.

참고하기 형법상 미수범 처벌규정이 없는 범죄 요약

1. 거동범은 대체로 없음 : 폭행죄, 존속폭행죄, 유기죄, 명예훼손죄, 모욕죄, 업무방해죄, 공무집행방해죄, 법원행시 10 범인은닉죄, 위증죄, 증거인멸죄, 무고죄 등. 단, 퇴거불응죄, 법원행시 10 집합명령위반죄는 있으므로 주의

2. 과실범 없음

3. 예비·음모죄 없음

4. 진정결과적 가중범은 대체로 없음 : 단, 인질치사상, 강도치사상, 해상강도치사상, 현주건조물일수치사죄는 있음, 부진정결과적 가중범은 없음 : 단, 현주건조물일수치상죄는 있으나 논외

5. 진정부작위범은 거동범의 성질상 대체로 없으나, 퇴거불응죄, 집합명령위반죄는 있음, 부진정부작위범은 결과범이 많아 미수를 인정할 수 있음

6. 재산죄 중 미수범 처벌규정이 없는 죄 : 부당이득죄, 점유이탈물횡령죄, 장물에 관한 죄, 경계침범죄, 권리행사방해죄, 강제집행면탈죄

7. 공안을 해하는 죄(범죄단체조직죄, 소요죄, 다중불해산죄, 공무원자격사칭죄)는 없음

8. 공무원의 직무에 대한 죄는 대체로 없음 : 불법체포·감금죄만 있음

9. ~방해죄는 대체로 없음 : 단, 일반교통방해죄, 기차·선박등교통방해죄, 가스·전기공급방해죄는 있음

02 미수범 처벌의 이론적 근거

미수범을 처벌할 근거를 어디에서 찾느냐에 관하여, 학설은 다음과 같이 나뉘어 있다.

1. 객관설

객관설(客觀說; objektive Theorie)은 예비·미수·기수의 모든 행위단계에 있어서 고의는 동일하기 때문에, 미수범의 처벌근거는 행위자의 의사에 있는 것이 아니라 결과발생에 대한 높은 개연성·위험성(사태반가치 : Sachverhaltsunwert)에 있다는 견해이다(객관주의 범죄이론, 보호되는 객체에 대한 구체적인 위험성은 법관에 의한 사후적인 예측에 의하여 판단). 그러므로 구성요건적인 결과발생이 불가능한 경우(불능미수)에는 위험성이 없기 때문에 처벌되지 않는다고 보게 된다. 또한 순수한 객관설에 의하면 미수범 처벌규정은 형벌확장사유로 해석된다.

비판 1. 미수범의 경우에 행위자의 내심의 의사 내지 계획이 보다 중요한 처벌근거가 된다는 점을 간과하고 있다.
2. 행위불법이 전혀 고려되지 않고 있다.
3. 결과발생의 가능성이 없는 불능미수는 처벌되지 않게 된다.

2. 주관설

주관설(主觀說; subjektive Theorie)은 미수범의 처벌근거는 범의에 의해 나타난 행위반가치(Handlungsunwert)에 있으며, 행위자가 법적대적 의사(rechtsfeindlicher Wille)의 표현에 의하여 법적 평온을 침해한 이상 보호법익에 대하여 위험을 주지 않는 행위도 원칙적으로 처벌되어야 한다는 견해이다. 주관설에 의할 경우 미수범의 범죄의사는 기수범의 그것과 다를 바 없으므로 기수범과 동일하게 처벌되는 결과에 이른다. 또한 순수한 주관설에 의하면 미수범 처벌규정은 형벌축소사유로 해석된다.

비판 1. 미수의 가벌성의 범위가 지나치게 확대되어 형법이 심정형법화 된다.
2. 미수범을 예외적으로 처벌하고 임의적 감경에 과하는 이유를 설명하기 곤란하다.
3. 결과발생의 가능성이 없는 불능범도 법적대적 의사는 존재하기 때문에 당연히 처벌되게 된다.

3. 인상설 - 절충설

인상설(印象說, Eindruckstheorie) 또는 절충설(折衷說, vermittelnde Auffassung)은 미수의 처벌근거는 범죄의사에 있지만, 미수의 가벌성은 법배반적 의사가 법질서의 효력과 법적 안정성에 대한 일반인의 신뢰를 깨뜨릴 때 인정된다는 견해이다(주관+객관 : 통설). 즉, 행위자의 범죄의사를 미수범 처벌의 근거로 인정하나(주관설), 이를 '인상(위법적인 의사의 실행)이 법질서 내지 법적 안정성에 대해 위협하는 정도(객관설)'에 의하여 제한하는 입장이다.

4. 결론 - 인상설

(1) 결과발생이 불가능하더라도 위험성이 있는 때에는 불능미수로 처벌하므로(제27조) 형법은 기본적으로 주관설의 입장에 서 있다(행위불법의 중시).

(2) 미수범의 처벌은 규정된 경우로 제한되므로(제29조) 객관설의 입장도 반영된다.

(3) 형법은 미수범을 임의적 감경사유(제25조 제2항)로 처벌하고 있으므로 객관설(필요적 감경)과 주관설(기수범과 동일하게 처벌)의 절충적 입장을 취하고 있다는 점에서 인상설(절충설)이 가장 적합하다.

표정리 미수범의 처벌근거에 관한 학설 내용 정리

학 설	학설의 내용	비 판
주관설	• 범죄행위에 의해 드러난 행위자의 법적대적 의사를 근거 • 기수범과 동일한 처벌 요구	• 미수범의 처벌은 형법에 규정된 경우로 제한되므로(제29조), 객관설의 입장도 반영 • 임의적 감경(제25조 제2항)
객관설	• 결과발생에 대한 높은 개연성(구체적 위험성) 근거 • 필요적 감경	• 불능미수도 처벌하는 형법 태도는 주관설 반영 • 임의적 감경(제25조 제2항)
절충설	처벌근거는 주관적 범죄의사에 있으나 가벌성은 법배반적 의사가 법적 평화를 깨뜨리는 데에 있음	–
결 론	인상설(절충설)이 현행형법과 일치하므로 타당	

표정리 미수범의 처벌근거에 관한 학설 관련사항 비교

구 분	객관설	주관설	인상설(절충설)
이론적 근거	객관주의	주관주의	객관주의+주관주의
미수범의 불법	결과반가치	행위반가치	결과반가치+행위반가치
불능범의 처벌	불가벌	처벌	불가벌(임의적 감면)
미수범의 처벌	필요적 감경	기수범과 동일	임의적 감경

제4절 | 장애미수

01 | 서 설

제25조 【미수범】 ① 범죄의 실행에 착수하여 행위를 종료하지 못하였거나 결과가 발생하지 아니한 때에는 미수범으로 처벌한다.
② 미수범의 형은 기수범보다 감경할 수 있다.

장애미수(障碍未遂; Versuch)란 행위자가 의외의 장애로 인하여 범죄를 완성하지 못한 경우를 말한다(제25조 제1항). 이론적으로 미수범은 결과범에 대해서만 존재하며, 거동범에 있어서는 미수범이 성립할 수 없다. 다만 형법상 거동범의 미수범 처벌규정이 몇 군데 있다(예 협박, 주거침입·퇴거불응, 집합명령위반).

02 | 성립요건

1. 주관적 요건 – 기수의 고의

(1) 기수의 고의

미수범은 기수범과 마찬가지로 객관적 구성요건요소를 인식하고 그 구성요건을 실현하려고 하는 고의가 있어야 한다(확정적 행위의사 : unbedingter Handlungswille). 따라서 처음부터 결과발생은 일으키지 않겠다고 생각한 경우(미수의 고의)에는 미수범으로는 처벌되지 않는다.

(2) 과실범의 미수와 부진정부작위범의 미수

과실범은 미수범의 주관적 성립요건이 결여되므로 불가벌이다. 국가9급 07 미수범의 주관적 요건으로서는 고의가 요구되기 때문이다. 나아가 형법상 과실범의 미수범을 처벌하는 규정도 존재하지 않는다(➡ 과실범의 미수는 절대 불성립). 국가9급 08 / 경찰승진 13 / 변호사 15 반면 부진정부작위범은 이론적으로 대체로 결과범의 성격을 가지므로[329] 당연히 미수범의 성립이 가능하게 된다. 국가9급 07

(3) 기타의 초과주관적 구성요건요소

목적, 불법영득의사 내지 불법이득의사 등도 범죄유형에 따라 요구됨은 당연하다. 예를 들어 절도미수가 되려면 불법영득의사가 있어야 되는 것이기 때문에, 단순한 일시 사용의 의사만으로 타인 점유의 재물에 손을 대는 것으로는 무죄가 될 뿐이다. 즉 미수범의 주관적 요건은 기수범의 그것과 완전히 일치한다.

2. 객관적 요건 – 실행의 착수, 결과의 불발생

(1) 실행의 착수

① 의의 : 실행(實行)의 착수(着手)(Beginn der Ausführung)라 함은 구성요건에 규정된 범행을 직접적으로 개시하는 것(범죄실행의 개시, Anfang der Ausführung)을 말한다.

---

[329] 진정부작위범과 부진정부작위범을 분류하는 기준에 관한 실질설(소수설)에 의하면 부진정부작위범은 결과범으로 보게 된다. 물론 이에 대해서는 형식설(다수설)의 비판이 있다. 부작위범에서 후술한다.

② 실행의 착수시기에 관한 학설

㉠ 객관설

ⓐ 형식적 객관설 : 엄격한 의미에서의 구성요건에 해당하는 정형적인 행위 또는 그 일부를 개시한 때에 실행의 착수가 있다는 입장이다. **판례**가 방화죄의 착수시기를 "불을 놓은 때(점화시)"로 보는 것이 형식적 객관설의 입장이다(대법원 1960.7.22, 4293형상110; 2002.3.26, 2001도6641). 경찰승진 10 / 경찰채용 18 1차 **예** 절도죄의 실행착수시기 ⇨ 타인의 재물을 잡은 때

비판 ① 실행의 착수를 인정하는 시점이 너무 늦어진다.
② 행위자의 범행계획을 고려하지 않는다.

ⓑ 실질적 객관설 : 자연적으로 보아 구성요건적 행위와 필연적으로 결합되어 있는 거동이 있으면 구성요건실현의 전(前) 단계의 행위라 하더라도 실행의 착수를 인정한다는 견해이다(원래 Frank 가 주장한 학설). 결국 실질적 객관설은 해당 구성요건의 보호법익을 기준으로 하여 법익에 대한 직접적 위험을 발생시킨 객관적 행위시점(법익침해에 밀접한 행위시점)에서 실행의 착수를 인정한다는 의미이다.

예를 들어, 甲이 소매치기를 하려고 乙의 주머니에 손을 넣어 乙의 재물에 손을 대어야만 실행의 착수가 있다고 본다면 형식적 객관설의 입장일 것이다. 그런데 실질적 객관설에 의하면 乙의 주머니에 손을 뻗쳐 접근하거나 乙의 주머니에 손이 접촉되거나 주머니에 손을 넣은 때에도 실행의 착수를 인정할 수 있게 된다. 이러한 측면에서 실질적 객관설은 형식적 객관설의 단점을 일정 부분 완화했다고 볼 수 있다. **판례**는 대체적으로 실질적 객관설의 입장을 취하고 있는데, 이러한 **판례**이론을 밀접행위설이라고 부르기도 한다.

예 • 자동차 안의 밍크코트를 절취하기 위하여 차문의 손잡이에 손을 댄 때 국가9급 09 / 법원행시 13 / 경찰간부 14 / 경찰승진 16
• 라디오를 절취하려고 그 전기선에 손을 댄 때

비판 ① 법익에 대한 직접적 위험이나 밀접한 행위라는 개념이 모호하다.
② 행위자의 범행계획을 고려하지 않는 문제점이 있다.

🔨 **판례연구** 실질적 객관설(밀접행위설)에 의하여 절도죄의 실행의 착수를 인정한 사례와 부정한 사례

1. 대법원 1966.5.3, 66도383
피고인이 오전 11시경 피해자의 집에 침입하여 응접실에 있던 라디오를 훔치려고 라디오 선을 건드리다가 피해자에게 발견되어 절도의 목적을 달하지 못하였다면 이는 라디오에 대한 사실상의 지배를 침해하는 데 밀접한 행위라 할 수 있으므로 절도미수죄가 성립한다. 법원행시 05

2. 대법원 1986.11.11, 86도1109
소를 흥정하고 있는 피해자의 뒤에 접근하여 그가 들고 있던 가방으로 돈이 들어 있는 피해자의 하의 왼쪽 주머니를 스치면서 지나간 행위는 단지 피해자의 주의력을 흩트려 주머니 속에 들은 금원을 절취하기 위한 예비단계에 불과한 것이므로 실행의 착수에 이른 것이라고는 볼 수 없다. 국가7급 13 / 경찰간부 14 / 경찰간부 16

㉡ 주관설 : 범죄란 범죄적 의사의 표현이므로, 범죄의사를 명백하게 인정할 수 있는 외부적 행위가 있는 때에 실행의 착수가 있다는 입장이다. **판례**는 특히 간첩죄의 실행착수시기에 관하여 주관설적 입장을 취하고 있다(대법원 1984.9.11, 84도1381). 경찰간부 18

▶ '범의가 그 수행적 행위를 통해 확정적으로 표현될 때', '범의의 비약적 표동이 있을 때', '범의가 취소불가능한 확실성을 나타낼 때' 등의 표현을 하기도 한다. 다만, 아무리 주관설에 의하더라도, '범죄의사를 가질 때' 실행의

착수가 인정된다는 것은 잘못된 표현이다. 주관설에 의하더라도 범죄의사가 표현된 최소한의 '행위'는 존재해야 실행의 착수가 인정되는 것이다.

예 간첩행위를 하기 위하여 국내(남한)에 잠입한 때

비판 실행의 착수 여부를 행위자의 관념 여하에 따라 결정함으로써 예비단계까지 미수범 성립을 부당하게 확대할 위험성이 있다. 결과적으로 가벌성이 지나치게 확장될 수 있다.

ⓒ 주관적 객관설(절충설, 개별적 객관설) : 행위자의 관념(표상)과 행위(공격)의 직접성을 동시에 중시하는 견해로서, 행위자의 주관적인 범죄계획에 비추어(주관적 기준) 범죄의사의 분명한 표명이라고 볼 수 있는 행위가 보호법익에 대한 직접적 위험을 발생시킨 때(객관적 기준) 실행의 착수가 있다는 입장이다(통설). **판례**는 특히 사람의 생명·신체에 대한 범죄에 대하여 개별적 객관설(individuell−objektive Theorie)의 입장에 서 있다고 볼 수 있다(대법원 1986.2.25, 85도2773).

예 피해자를 살해하기 위하여 낫을 들고 다가갔으나 주위 사람들이 만류하는 틈에 피해자는 현장을 떠난 경우 경찰승진 13

ⓓ 결론 : 주관적 객관설이 타당하다. 판례의 입장은 실질적 객관설이 대부분이지만, 구체적·개별적으로 타당한 착수시기를 정하는 경향이어서 획일적이지는 않다(→ 따라서 "대법원은 일관하여 객관설적 입장에서 실행의 착수 유무를 판단하고 있다"−사시38회−는 지문은 틀림).

표정리 실행의 착수시기에 관한 학설 정리

객관설		주관설	개별적 객관설(통설)
형식적 객관설	실질적 객관설	범죄의사의 비약적 표동시	주관＋객관
실행행위의 일부 개시시 ※ 비판 : 주관 무시 ⇨ 너무 늦다.	밀접하게 연관된 행위시(밀접행위설) • 절도죄(판례) • 외환밀반출죄 ※ 비판 : 전과 동일	• 간첩죄(잠입설·판례) ※ 비판 : 객관 무시 ⇨ 너무 이르다. • 예비와 미수의 구별이 어렵다.	살인죄(낫을 들고 다가간 때; 판례)

🔨 판례연구 실행의 착수를 인정한 사례

1. 대법원 1958.10.10, 4291형상294; 1960.9.30, 4293형상508; 1964.9.22, 64도290; 1971.9.28, 71도1333; 1984.9.11, 84도1381
간첩의 목적으로 국외 또는 북한에서 국내에 침투 또는 월남하는 경우에는 기밀탐지가 가능한 국내에 침투함으로써 간첩죄의 실행에 착수하였다고 할 것이다. 법원행시 08 / 국가7급 11 / 경찰승진 15

2. 대법원 1966.9.20, 66도1108
절도의 의사로 타인의 주거에 침입하여 재물을 물색한 경우

3. 대법원 1969.7.29, 69도984
기업체의 포탈사실을 국세청에 고발한다는 말을 기업주에게 전한 경우에는 공갈죄의 실행에 착수한 것으로 인정된다.

4. 대법원 1977.7.26, 77도1802
현실적으로 절취목적물에 접근하지 못하였다 하더라도 야간에 타인의 주거에 침입하여 건조물의 일부인 방문고리를 손괴하였다면 형법 제331조의 특수절도죄의 실행에 착수한 것이다. 법원9급 07(상) / 국가7급 13

5. 대법원 1983.4.26, 83도323
피고인이 피해자를 강간하려고 결의하고 주행 중인 자동차에서 탈출불가능하게 하여 공포를 느끼게 하고 50km

를 운행하여 여관 앞으로 강제로 끌고가 강간하려다 미수에 그친 경우 위 협박은 감금죄의 실행의 착수임과 동시에 강간미수죄의 실행의 착수라고 볼 것이다. 국가7급 10

6. 대법원 1983.10.25, 83도2432
금품을 절취하기 위하여 고속버스 선반 위에 놓여진 손가방의 한쪽 걸쇠만 열었다 하여도 절도행위의 실행에 착수하였다 할 것이다. 경찰승진 10

7. 대법원 1984.7.24, 84도832
관세를 포탈할 범의를 가지고 선박을 이용하여 물품을 영해 내에 반입한 때에 관세포탈죄의 실행의 착수가 있었다고 할 것이고, 선박에 적재한 화물을 양육하는 행위가 있음을 요하지 아니한다.

8. 대법원 1984.12.11, 84도2524
소매치기의 경우 피해자의 양복 상의 주머니로부터 금품을 취하려고 그 주머니에 손을 뻗쳐 그 겉을 더듬은 때에는 예비단계를 지나 실행에 착수하였다고 봄이 타당하다. 국가7급 13 / 법원행시 14 / 경찰간부 14 / 경찰채용 15 2차 / 경찰승진 16

9. 대법원 1984.12.26, 84도2433
야간에 타인의 재물을 절취할 목적으로 사람의 주거에 침입한 경우에는 주거에 침입한 행위의 단계에서 이미 형법 제330조의 야간주거침입절도죄라는 범죄의 실행에 착수한 것으로 볼 수 있다. 법원행시 07 / 국가9급 10

10. 대법원 1986.2.25, 85도2773
피해자를 살해할 것을 마음먹고 낫을 들고 피해자에게 다가가려고 하였으나 제3자가 이를 제지하여 그 틈을 타서 피해자가 도망함으로써 살인의 목적을 이루지 못한 경우, 낫을 들고 피해자에게 접근함으로써 실행행위에 착수하였다고 할 수 있다. 경찰승진 13

11. 대법원 1986.7.8, 86도843
두 사람이 공모 합동하여 절도의 의사로 한 사람은 망을 보고 또 한 사람은 기구를 가지고 출입문의 자물쇠를 떼어내거나 출입문의 환기창문을 열었다면 특수절도죄의 실행에 착수한 것이다. 경찰간부 16

12. 대법원 1986.9.9, 86도1273
야간에 절도의 목적으로 출입문에 장치된 자물통 고리를 절단하고 출입문을 손괴한 뒤 집안으로 침입하려다가 발각된 것이라면 이는 특수절도죄의 실행에 착수한 것이다.

13. 대법원 1987.5.12, 87도417
甲과 乙의 공동소유인 부동산의 매각처분권한을 乙에게 위임하였음에도 甲이 법원에 "乙이 아무런 권원없이 그 부동산을 불법매매하였다"고 허위의 사실을 주장하여 '소를 제기하였다'면 이는 법관으로 하여금 착오에 빠지게 하여 그 부동산을 영득하려 한 것이므로 사기미수죄에 해당한다.

14. 대법원 1989.9.12, 89도1153
피고인 및 원심 공동피고인이 함께 담을 넘어 피해회사 마당에 들어가 그중 1명이 그곳에 있는 구리를 찾기 위하여 담에 붙어 걸어가다가 잡힌 이 사건에 있어서 절취대상품에 대한 물색행위가 없었다고 할 수 없다.
→ 특수절도(합동절도)미수죄 성립 경찰승진 10 / 경찰채용 11 1차 / 국가7급 13 / 경찰간부 16 / 경찰승진 16

15. 대법원 1991.4.9, 91도288
피고인이 간음할 목적으로 새벽 4시에 여자 혼자 있는 방문 앞에 가서 피해자가 방문을 열어 주지 않으면 부수고 들어갈 듯한 기세로 방문을 두드리고 피해자가 위험을 느끼고 창문에 걸터앉아 가까이 오면 뛰어 내리겠다고 하는데도 베란다를 통하여 창문으로 침입하려고 하였다면 강간의 수단으로서의 폭행에 착수하였다고 할 수 있으므로 강간의 착수가 있었다고 할 것이다. 법원행시 10

16. 대법원 1991.4.23, 91도476
야간에 카페에 침입해 정기적금통장 등을 꺼내어 가지고 나오던 중 발각되어 되돌려 준 경우에는 야간주거침입절도죄의 실행에 착수했을 뿐만 아니라 기수에도 도달한 것이 된다. 변호사 14 / 국가7급 20

17. 대법원 1993.9.14, 93도915

권리가 존재하지 않는 사실을 알고 있으면서도 법원을 기망한다는 인식을 가지고 '소를 제기'하면 사기죄의 실행의 착수가 있다. 법원9급 07(상) / 법원행시 07 / 국가9급 09 / 법원9급 15

> **보충** 소송사기의 실행의 착수시기는 (원고는) 본안에 대하여 소송을 제기한 시점(피고가 범인인 경우에는 피고가 허위의 서류 등을 법원에 제출한 때 실행의 착수)이다. 따라서 가압류·가처분은 강제집행의 보전절차에 지나지 않으므로 청구의사를 표시한 것으로 볼 수 없어 가압류신청을 한 것만으로는 소송사기의 실행의 착수한 것으로 볼 수 없다(대법원 1989.9.13, 88도55). 법원행시 05 / 국가9급 09 / 경찰승진 11 / 경찰승진 12 / 경찰채용 16 2차

18. 대법원 1995.9.15, 94도2561

주거로 들어가는 문의 시정장치를 부수거나 문을 여는 등 침입을 위한 구체적 행위를 시작하였다면 주거침입죄의 실행의 착수는 있었다고 보아야 하고, 신체의 극히 일부분이 주거 안으로 들어갔지만 사실상 주거의 평온을 해하는 정도에 이르지 아니하였다면 주거침입죄는 미수에 그친다.[330] 법원행시 05 / 국가9급 11 / 경찰승진 14 / 경찰채용 15 1차 / 경찰채용 16 1차

19. 대법원 2000.1.14, 99도5187

피고인이 잠을 자고 있는 피해자의 옷을 벗긴 후 자신의 바지를 내린 상태에서 피해자의 음부 등을 만지고 자신의 성기를 피해자의 음부에 삽입하려고 하였으나 피해자가 몸을 뒤척이고 비트는 등 잠에서 깨어 거부하는 듯한 기색을 보이자 더 이상 간음행위에 나아가는 것을 포기한 경우, 준강간죄의 실행에 착수하였다고 보아야 한다. 법원행시 07 / 경찰승진 23

20. 대법원 2001.7.27, 2000도4298

외환을 휴대하여 반출하는 경우 실행의 착수시기

외국환거래법에서 규정하는 신고를 하지 아니하거나 허위로 신고하고 지급수단·귀금속 또는 증권을 수출하는 행위는 지급수단 등을 국외로 반출하기 위한 행위에 근접·밀착하는 행위가 행하여진 때에 그 실행의 착수가 있다고 할 것이다. 따라서 ① 기탁화물로 부칠 때에는 이미 국외로 반출하기 위한 행위에 근접·밀착한 행위가 이루어졌다고 보아 실행의 착수가 있었다고 할 것이지만, ② 휴대용 가방에 넣어 비행기에 탑승하려고 한 경우에는 그 휴대용 가방을 보안검색대에 올려 놓거나 이를 휴대하고 통과하는 때에 비로소 실행의 착수가 있다고 볼 것이다. 변호사 14

21. 대법원 2002.3.26, 2001도6641

매개물을 통한 현존건조물방화죄의 실행의 착수시기

매개물을 통한 점화에 의하여 건조물을 소훼함을 내용으로 하는 형태의 방화죄의 경우에, 범인이 그 매개물에 불을 켜서 붙였거나 또는 범인의 행위로 인하여 매개물에 불이 붙게 됨으로써 연소작용이 계속될 수 있는 상태에 이르렀다면, 그것이 곧바로 진화되는 등의 사정으로 인하여 목적물인 건조물 자체에는 불이 옮겨 붙지 못하였다고 하더라도, 방화죄의 실행의 착수가 있었다고 보아야 할 것이다. 경찰승진 10 / 사시 11 / 국가9급 13 / 법원9급 14

22. 대법원 2003.6.24, 2003도1985

야간이 아닌 주간에 절도의 목적으로 다른 사람의 주거에 침입하여 절취할 재물의 물색행위를 시작하는 등 그에 대한 사실상의 지배를 침해하는 데에 밀접한 행위를 개시하면 절도죄의 실행에 착수한 것으로 보아야 한다(주간에 절도의 목적으로 방 안까지 들어갔다가 절취할 재물을 찾지 못하여 거실로 돌아나온 경우, 절도죄의 실행 착수가 인정된다고 한 사례). 법원행시 06 / 국가7급 11

23. 대법원 2003.10.24, 2003도4417

야간에 아파트에 침입하여 물건을 훔칠 의도 하에 아파트의 베란다 철제난간까지 올라가 유리창문을 열려고 시도하였다면 야간주거침입절도죄의 실행에 착수한 것으로 보아야 한다. 국가9급 09 / 법원행시 09 / 경찰채용 10 2차 / 경찰승진 10 / 경찰승진 10 / 국가7급 10 / 사시 10 / 국가7급 14 / 경찰채용 16 1차 / 경찰간부 16 / 경찰승진 16 / 법원행시 17 / 경찰승진 23

---

[330] 주의 사실 위 판례는 주거침입죄의 기수시점을 정한 사례이다. "야간에 타인의 집의 창문을 열고 집 안으로 얼굴을 들이미는 등의 행위를 하였다면 피고인이 자신의 신체의 일부가 집 안으로 들어간다는 인식하에 하였더라도 주거침입죄의 범의는 인정되고, 또한 비록 신체의 일부만이 집 안으로 들어갔다고 하더라도 사실상 주거의 평온을 해하였다면 주거침입죄는 기수에 이르렀다(대법원 1995.9.15, 94도2561)." 국가9급 11 / 법원행시 11 / 국가9급 20

24. 대법원 2009.10.15, 2008도9433

부정경쟁방지법 제18조 제2항에서 정하고 있는 영업비밀부정사용죄[331]에 있어서는, 행위자가 당해 영업비밀과 관계된 영업활동에 이용 혹은 활용할 의사 아래 그 영업활동에 근접한 시기에 영업비밀을 열람하는 행위(영업비밀이 전자파일의 형태인 경우에는 저장의 단계를 넘어서 해당 전자파일을 실행하는 행위)를 하였다면 그 실행의 착수가 있다. 경찰채용 13 2차

25. 대법원 2012.6.14, 2012도4449; 2014.11.13, 2014도8385 등; 2021.3.25, 2021도749; 2021.8.12, 2021도7035

카메라 기능이 켜진 휴대전화를 화장실 칸 너머로 향하게 하여 용변을 보던 피해자를 촬영하려 한 사례

성폭력처벌법위반(카메라등이용촬영)죄는 카메라 등을 이용하여 성적 욕망 또는 수치심을 유발할 수 있는 타인의 신체를 그 의사에 반하여 촬영함으로써 성립하는 범죄이고, 여기서 '촬영'이란 카메라나 그 밖에 이와 유사한 기능을 갖춘 기계장치 속에 들어 있는 필름이나 저장장치에 피사체에 대한 영상정보를 입력하는 행위를 의미한다(대법원 2011.6.9, 2010도10677). 따라서 ① 범인이 피해자를 촬영하기 위하여 육안 또는 캠코더의 줌 기능을 이용하여 피해자가 있는지 여부를 탐색하다가 피해자를 발견하지 못하고 촬영을 포기한 경우에는 촬영을 위한 준비행위에 불과하여 카메라등이용촬영죄의 실행에 착수한 것으로 볼 수 없다(대법원 2011.11.10, 2011도12415). 이에 반하여 ② 범인이 카메라 기능이 설치된 휴대전화를 피해자의 치마 밑으로 들이밀거나, 피해자가 용변을 보고 있는 화장실 칸 밑 공간 사이로 집어넣는 등 카메라 등 이용 촬영 범행에 밀접한 행위를 개시한 경우에는 카메라등이용촬영죄의 실행에 착수하였다고 볼 수 있다.[332]

🔎 **판례연구** 실행의 착수를 인정하지 않은 사례

1. 대법원 1959.7.31, 4292형상308

살해의 용도에 쓰기 위하여 흉기를 준비하였으나, 아직 살해대상자가 확정되지 않은 경우에는 살인예비죄로도 다스릴 수 없다. ⇨ 무죄 법원9급 20

2. 대법원 1959.11.2, 4289형상249

군인복장을 갖추고 위조문서인 신분증을 휴대하고 각처를 배회한 사실만으로는 위조문서행사죄의 착수가 있다고 볼 수 없다.

3. 대법원 1966.12.6, 66도1317

통화위조를 위하여 원판과 인화지를 위조한 경우에는 통화위조의 실행의 착수가 있다고 볼 수 없다. ⇨ 통화위조예비죄 ○ 사시 14

4. 대법원 1971.8.31, 71도1204

세관원에게 "잘 부탁한다"는 말을 하였다는 사실만으로서는 사위 기타 부정한 방법으로 관세를 포탈하는 범행의 방조행위에 해당된다든가 또는 그 범행의 실행에 착수하였다고 볼 수 없다. 경찰승진 10

5. 대법원 1983.3.8, 82도2944

평소 잘 아는 피해자에게 전화채권을 사주겠다고 하면서 골목길로 유인하여 돈을 절취하려고 기회를 엿본 행위만으로는 절도의 예비행위는 될지언정 절도의 실행의 착수로 볼 수 없다. 국가7급 13 / 경찰간부 16 / 경찰승진 16

6. 대법원 1983.11.22, 83도2590

피고인이 필로폰 제조원료 매입금으로 금 3백만 원을 공동피고인에게 제공하였는데 공동피고인이 그로써 매입

---

[331] 관련판례 : 개정법률 시행 전 취득한 영업비밀을 부정사용한 경우의 처벌 여부 위 개정법률이 시행되기 전에 취득한 영업비밀이라 하더라도 그 시행 후에 이를 부정사용하는 행위는 위 개정법률 제18조 제2항의 적용 대상이 된다(대법원 2009.7.9, 2006도7916; 2009.10.15, 2008도9433). 경찰채용 13 2차

[332] 보충 ① 2021도749 : 휴대전화를 든 피고인의 손이 피해자가 용변을 보고 있던 화장실 칸 너머로 넘어온 점, 카메라 기능이 켜진 위 휴대전화의 화면에 피해자의 모습이 보인 점 등에 비추어 카메라등이용촬영죄의 실행의 착수를 인정한 사례이다.
② 2021도7035 : 편의점에서 카메라 기능이 설치된 휴대전화를 손에 쥔 채 치마를 입은 피해자들을 향해 쪼그려 앉아 피해자의 치마 안쪽을 비추는 등 행위를 한 피고인에 대해 카메라등이용촬영죄의 실행의 착수를 인정한 사례이다.

할 원료를 물색 중 적발되었더라도 필로폰 제조의 실행에 착수하였다고 볼 수 없다.

7. 대법원 1985.4.23, 85도464

노상에 세워져 있는 자동차 안에 있는 물건을 훔칠 생각으로 자동차의 유리창을 통하여 그 내부를 손전등으로 비추어 본 것에 불과하다면 비록 유리창을 따기 위하여 손장갑을 끼고 칼을 소지하고 있었더라도 절도의 예비행위로는 볼 수 있겠으나 절취행위의 착수에 이른 것이라고 볼 수 없다. 법원9급 06 / 법원행시 06 / 법원9급 07(상) / 경찰승진 10 / 법원9급 10 / 법원행시 11 / 국가7급 13 / 법원9급 14 / 경찰채용 15 2차 / 경찰승진 15 / 변호사 15 / 법원행시 16 / 법원9급 20

8. 대법원 1986.10.28, 86도1753

절도의 목적으로 피해자의 집 현관을 통하여 그 집 마루 위에 올라서서 창고문 쪽으로 향하다가 피해자에게 발각, 체포되었다면 아직 절도행위의 실행에 착수하였다고 볼 수 없다. 사시 16

9. 대법원 1989.2.28, 88도1165

피해자의 집 부엌문에 시정된 열쇠고리의 장식을 뜯는 행위만으로는 (단순)절도죄의 실행행위에 착수한 것이라고 볼 수 없다.

10. 대법원 1990.5.25, 90도607

피고인이 강간할 목적으로 피해자의 집에 침입하였다 하더라도 안방에 들어가 누워 자고 있는 피해자의 가슴과 엉덩이를 만지면서 간음을 기도하였다는 사실만으로는 강간의 수단으로 피해자에게 폭행이나 협박을 개시하였다고 하기는 어렵다. 법원9급 07(상) / 경찰승진 10 / 국가7급 10 / 법원행시 11 / 경찰채용 12 1차 / 사시 13 / 법원9급 20

11. 대법원 1990.8.28, 90도1217

국가보안법상 회합예비죄에 해당하나 회합죄의 실행의 착수는 부정한 사례

피고인들이 실제 북한과의 범민족단합대회추진을 위한 예비회담을 하기 위하여 판문점을 향하여 출발하려 하였다면 국가보안법상 회합예비죄에 해당하고, 회합장소인 판문점 평화의 집으로 가던 중 그에 훨씬 못 미치는 검문소에서 경찰의 저지로 그 뜻을 이루지 못한 것이라면 아직 반국가단체의 구성원과의 회합죄의 실행에 착수하였다고 볼 수 없다.

12. 대법원 1991.11.22, 91도2296

특수강도죄에 있어서의 실행의 착수시기

특수강도의 실행의 착수는 강도의 실행행위 즉 사람의 반항을 억압할 수 있는 정도의 폭행 또는 협박에 나아갈 때에 있다 할 것이다.[333] 따라서 강도의 범의로 야간에 칼을 휴대한 채 타인의 주거에 침입하여 집안의 동정을 살피다가 피해자를 발견하고 갑자기 욕정을 일으켜 칼로 협박하여 강간한 경우, 야간에 흉기를 휴대한 채 타인의 주거에 침입하여 집안의 동정을 살피는 것만으로는 특수강도의 실행에 착수한 것이라고 할 수 없다(특수강도강간죄 부정). 법원행시 05 / 경찰간부 20

13. 대법원 2005.9.28, 2005도3065

병역법 제86조에 정한 '사위행위'의 실행의 착수시기

입영대상자가 병역면제처분을 받을 목적으로 병원으로부터 허위의 병사용진단서를 발급받았다고 하더라도 이러한 행위만으로는 병역법상 사위행위의 실행에 착수하였다고 볼 수 없다. 경찰채용 10 2차 / 법원9급 15 / 경찰승진 23

14. 대법원 2007.1.11, 2006도5288

범죄수익은닉처벌법에서 정한 범죄수익 등의 은닉에 관한 죄의 미수범으로 처벌하려면 그 실행에 착수한 것으로 인정되어야 하고, 위와 같은 은닉행위의 실행에 착수하는 것은 범죄수익 등이 생겼을 때 비로소 가능하므로, 아직 범죄수익 등이 생기지 않은 상태(장차 은행강도한 돈을 송금받을 계좌 개설)에서는 범죄수익 등의 은닉에 관한 죄의 실행에 착수하였다고 인정하기 어렵다. 법원행시 08 / 국가9급 10

---

333 참고 : 특수강도죄의 실행착수시기에 관하여 주거침입시설을 취한 판례 형법 제334조 제1항 소정의 야간주거침입강도죄는 주거침입과 강도의 결합범으로서 시간적으로 주거침입행위가 선행되므로 주거침입을 한 때에 본죄의 실행에 착수한 것으로 볼 것인바, 같은 조 제2항 소정의 흉기휴대 합동강도죄에 있어서도 그 강도행위가 야간에 주거에 침입하여 이루어지는 경우에는 '주거침입을 한 때에 실행에 착수한 것'으로 보는 것이 타당하다(대법원 1992.7.28, 92도917). 경찰채용 18 3차 조언 이렇듯 제334조 제1항의 특수강도죄의 실행착수시기에 대해서는 판례의 입장도 엇갈리고 있는바, 학설에서는 폭행·협박시설이 통설이다. 수험에서도 폭행·협박시설에 기준해서 정리하는 것이 보통이다.

15. 대법원 2007.2.23, 2005도7430

종량제 쓰레기봉투에 인쇄할 시장 명의의 문안이 새겨진 필름을 제조하는 행위는 시장 명의의 공문서인 종량제 쓰레기봉투를 위조하는 범행의 실행의 착수에 이른 것이 아니다. 사시 10 / 경찰채용 12 2차

16. 대법원 2008.3.27, 2008도917

야간에 다세대주택에 침입하여 물건을 절취하기 위하여 가스배관을 타고 오르다가 순찰 중이던 경찰관에게 발각되어 그냥 뛰어내렸다면, 야간주거침입절도의 실행의 착수에 이르지 못한 것이다. 법원행시 07 / 법원행시 09 / 국가7급 10 / 경찰승진 11 / 법원행시 11 / 국가7급 14 / 경찰채용 20 2차

17. 대법원 2008.4.10, 2008도1464

침입 대상인 아파트에 사람이 있는지를 확인하기 위해 그 집의 초인종을 누른 행위만으로는 침입의 현실적 위험성을 포함하는 행위를 시작하였다거나, 주거의 사실상의 평온을 침해할 객관적인 위험성을 포함하는 행위를 한 것으로 볼 수 없다 할 것이다(주거침입의 실행착수 부정). 법원행시 09 / 경찰채용 10 1차 / 법원9급 10 / 경찰채용 11 1차 / 국가7급 11 / 국가7급 16 / 경찰간부 20

18. 대법원 2015.3.20, 2014도16920; 2008.5.29, 2008도2392

필로폰을 매수하려는 자에게서 필로폰을 구해 달라는 부탁과 함께 돈을 지급받았다고 하더라도, 당시 필로폰을 소지·입수한 상태에 있었거나 그것이 가능하였다는 등 매매행위에 근접·밀착한 상태에서 대금을 지급받은 것이 아니라 단순히 필로폰을 구해 달라는 부탁과 함께 대금 명목으로 돈을 지급받은 것에 불과한 경우에는 필로폰 매매행위의 실행의 착수에 이른 것이라 볼 수 없다. 경찰채용 18 1차 / 경찰승진 22

19. 대법원 2021.5.27, 2020도15529

부작위에 의한 업무상 배임죄의 실행의 착수의 판단기준

업무상배임죄는 타인과의 신뢰관계에서 일정한 임무에 따라 사무를 처리할 법적 의무가 있는 자가 그 상황에서 당연히 할 것이 법적으로 요구되는 행위를 하지 않는 부작위에 의해서도 성립할 수 있다(대법원 2012.11.29, 2012도10139 등). 그러한 부작위를 실행의 착수로 볼 수 있기 위해서는 작위의무가 이행되지 않으면 사무처리의 임무를 부여한 사람이 재산권을 행사할 수 없으리라고 객관적으로 예견되는 등으로 구성요건적 결과 발생의 위험이 구체화한 상황에서 부작위가 이루어져야 한다. 그리고 행위자는 부작위 당시 자신에게 주어진 임무를 위반한다는 점과 그 부작위로 인해 손해가 발생할 위험이 있다는 점을 인식하였어야 한다. …… 환지 방식에 의한 도시개발사업의 시행인 피해자 乙 조합을 위해 환지계획수립 등의 업무를 수행하던 피고인 甲은 사업 실시계획의 변경에 따른 일부 환지예정지의 가치상승을 청산절차에 반영하려는 조치를 취하지 않은 채 대행회사 대표이사직을 사임하였는데, 위 도시개발사업의 진행 경과 등 제반 사정을 위에서 본 법리에 비추어 살펴보면, 피해자 조합이 환지예정지의 가치상승을 청산절차에 반영하지 못할 위험이 구체화한 상황에서 피고인이 자신에게 부여된 작위의무를 위반하였다고 인정하기 어려워 피고인은 부작위로써 업무상배임죄의 실행에 착수하였다고 볼 수 없다. 경찰채용 23 1차 / 경찰간부 23

(2) 기수범의 불성립 - 범죄의 미완성

기수에 도달하지 않아야 미수가 성립하므로 구성요건적 결과는 발생하지 않아야 한다. 다만 결과가 발생한 경우에도 행위와 결과 사이에 인과관계 내지 객관적 귀속이 부정되는 경우에는 미수범이 성립하게 된다. 또한 ―구성요건해당성이 있는 경우라 하더라도― 우연적 방위와 같은 경우, 행위반가치는 존재하나 결과반가치가 없으므로 불능미수가 성립하게 된다(다수설).

03　특수한 경우의 실행착수시기

특수한 경우[334]	실행의 착수시기
간접정범	• 피이용자의 실행행위시설 • 이용자의 이용행위시설(주관설 : 통설) • 피이용자가 선의의 도구인 때에는 이용자의 이용행위시, 악의의 도구인 경우에는 피이용자의 실행행위시설
공동정범, 공범	• 공동정범은 공동정범자의 전체행위를 기준으로 결정한다. 즉 공동정범자 중 1인이 공동적 범죄계획에 따라 실행에 착수한 때에는 다른 공동정범자에게도 실행의 착수를 인정한다(일부실행·전부책임). 합동범도 마찬가지이다. 경찰채용 21 1차 • 교사범·종범의 경우에는 정범의 실행행위시를 기준으로 한다.

표정리 각칙상 주요 실행의 착수시기 요약

살인죄	타인의 생명을 위태롭게 하는 행위를 직접 개시시(개별적 객관설 : 낫을 들고 다가간 때)
자살교사·방조죄	자살 교사·방조시(다수설)
인신매매죄	매매계약 체결시
강간죄	반항을 현저히 곤란하게 할만한 폭행·협박 개시시 ▷ 실제로 반항이 현저히 곤란하게 되었는가는 불문 법원행시 07 / 법원행시 09 / 법원행시 10 / 국가9급 10
인질강요죄	강요의 의사로 체포·감금·약취·유인 개시시(견해대립)
주거침입죄	주거침입을 위한 구체적 행위시
절도죄	타인점유 배제행위의 개시시(물색·접근·접촉, 실질적 객관설 : 밀접행위설)
야간주거침입절도죄	야간에 절도의 목적으로 주거에 침입시 국가9급 10
특수절도죄	제331조 제1항 : 타인의 주거에 침입하여 건조물의 일부인 방문 고리 손괴시 제331조 제2항 : 물색·접근·접촉시(밀접행위시)
강도죄	반항을 억압할 만한 폭행·협박 개시시(실제 반항 억압은 불문) ▷ 단, 특수강도(제334조 제1항)는 견해대립
인질강도죄	금품요구시(다수설) ▷ 약취·유인만으로는 실행착수 부정, 영리목적 약취·유인죄와 구별 요

---

334 참고 : 진정부작위범의 미수 진정부작위범과 부진정부작위범의 구별기준에 관한 실질설(소수설)에 의할 때, 진정부작위범은 거동범, 부진정부작위범은 결과범으로 분류된다. 따라서 **진정부작위범**은 이론적으로 미수범이 성립할 여지가 크지 않다. 다만 진정부작위범(전시군수계약불이행죄, 다중불해산죄, 전시공수계약불이행죄, 인권옹호직무명령불준수죄, 집합명령위반죄, 퇴거불응죄) 중에서도 집합명령위반죄와 퇴거불응죄는 미수범 처벌규정이 있다. 부작위범에서 후술한다.
　참고 : 결과적 가중범의 미수 다수설에 의해서 정리해본다. **진정결과적 가중범**의 경우에는 이론적으로 미수범이 성립할 여지가 없으나 현행형법상 미수범 처벌규정이 몇 군데 존재한다(인질치사상죄, 강도치사상죄, 해상강도치사상죄, 현주건조물일수치사죄). 다만 결과적 가중범의 미수를 부정하는 견해에 의하면, 사실상 위와 같은 미수범 처벌규정이 적용될 여지는 없다고 한다. 또한 **부진정결과적 가중범**의 경우에는 이론적으로 미수범이 성립할 수 있으나, 형법에 처벌규정이 없다(물론 현주건조물일수치상죄의 미수범 처벌규정이 있기는 하지만 이에 대해서는 무시하는 것이 다수설의 입장이다. 반대로 이를 근거로 결과적 가중범의 미수가 가능하다는 이론을 전개하는 소수설도 있다). 따라서 부진정결과적 가중범의 경우에도 미수범은 성립할 수 없다. 결과적 가중범에서 후술한다.

특수강도	제334조 제1항 : 주거침입시(판례) ↔ 폭행협박시(판례) ※ 후설로 정리
사기죄	• 보험금 사취목적의 방화(보험사기) : 보험회사에 보험금 청구시 • 소송사기 : 원고는 법원에 소장(訴狀) 제출시, 피고는 서류 제출시
배임죄	부동산이중매매 : 제2매수인으로부터 중도금 수령시 국가9급 10 / 변호사 12 / 국가9급 20
방화죄	(매개물에) 점화한 때(판례 : 형식적 객관설)
간첩죄	잠입·입국시(판례 : 주관설)

04 미수범의 처벌

1. 예외적 처벌

미수범을 처벌하기 위해서는 해석상 미수범 성립이 가능하다는 것만 가지고 설명할 수는 없고, 반드시 형법각칙(또는 특별법)에 특별한 규정이 있는 경우에만 처벌된다(제29조).

> 🔨 **판례연구** 미수범을 처벌하려면 미수범 처벌규정이 필요하다는 사례
>
> **1. 대법원 1993.11.23, 93도604**
> 절취한 신용카드로 대금을 결제하기 위하여 신용카드를 제시하였으나 확인과정에서 검거된 사례
> 피고인 자신이 절취한 신용카드로 대금을 결제하기 위하여 신용카드를 제시하였으나 카드확인과정에서 도난카드임이 밝혀져 매출표도 작성하지 못한 채 검거된 경우, 피고인의 행위가 신용카드 부정사용의 미수행위에 불과하다 할 것이고, 신용카드업법에서 위와 같은 미수행위를 처벌하는 규정을 두고 있지 아니한 이상 피고인을 신용카드업법위반죄로 처벌할 수 없다.
>
> **2. 대법원 2003.9.26, 2002도3924**
> 형법 제315조의 입찰방해죄는 미수범 처벌규정이 없다는 사례
> 입찰자들의 전부 또는 일부 사이에서 담합을 시도하는 행위가 있었을 뿐 실제로 담합이 이루어지지 못하였고, 담합이 이루어진 것과 같은 결과를 얻어내거나 또 실제로 방해된 바도 없다면, 이로써 공정한 자유경쟁을 통한 적정한 가격형성에 부당한 영향을 주는 상태를 발생시켜 그 입찰의 공정을 해하였다고 볼 수 없어, 이는 입찰방해 미수행위에 불과하고 입찰방해죄의 기수에 이르렀다고 할 수는 없다. → 입찰방해죄는 미수범 처벌규정이 없으므로 무죄

2. 임의적 감경

미수범의 형은 감경할 수 있다(제25조 제2항의 임의적 감경−fakultative Strafmil derung−). 경찰승진 10 / 경찰승진 14 / 법원행시 16 주형에 대해서만 감경이 가능하고, 부가형(몰수·추징)·보안처분은 감경하지 못한다.

제5절 | 중지미수

01   서 설

제26조 【중지범】 범인이 실행에 착수한 행위를 자의(自意)로 중지하거나 그 행위로 인한 결과의 발생을 자의로 방지한 경우에는 형을 감경하거나 면제한다. 〈우리말 순화 개정 2020.12.8.〉 경찰채용 12 1차 / 법원9급 12

1. 의 의

중지미수(中止未遂, 중지범, Rücktritt vom Versuch)란 범죄의 실행에 착수한 자가 그 범죄가 완성되기 전에 자의로 이를 중지하거나 결과의 발생을 방지한 경우를 말한다(제26조).

2. 본질 – 형의 감면근거 및 법적 성격

(1) 형사정책설 – 황금교설

① 내용 : 형사정책설(刑事政策說; kriminalpolitische Theorie)에 따르면 중지미수범에게 형의 감면을 약속하는 것은 범행을 중단하거나 결과를 방지하게끔 동기부여를 하기 위한 것이라고 설명된다.[335] 이와 같은 형의 감면은 범죄자로 하여금 불법성의 세계에서 적법성의 세계로 되돌아가게 하는 '황금의 다리'(v. Liszt : die Theorie von der goldenen Brücke)와 같은 형사정책적 기능을 한다고 보는 입장이다 (Feuerbach).[336]

② 비판 : 형사정책설에 의하면 중지미수의 필요적 감면의 혜택을 일반 국민이 알고 있을 때에만 효과가 있게 되는데, 이는 타당하지 않다는 비판이 있다.

(2) 보상설 – 은사설

① 내용 : 보상설(報償說; Prämientheorie)은 행위자의 자의에 의한 범행중단에 대한 보상 내지 대가로서 혹은 은사(恩赦)로서 형을 감면한다는 입장으로서 중지미수를 책임조각사유의 일종으로 파악하는 입장이다.[337] 은사설(Gnadentheorie) 내지 공적설(Verdienstlichkeits Theorie)이라고도 한다. 특히 요즘의 유력한 학설들은 대체로 보상설을 판단의 근거로 삼고 있다. 다만 이러한 입장들 중에서는 순수하게 보상설하나로 설명하기보다는 다른 학설들과 결합하는 형태로 설명하는 결합설의 입장을 취하는 견해가 많다.

② 비판 : 보상설에 대해서는 중지미수의 필요적 감면의 본질은 은사의 문제가 아니라 형벌의 필요성에 근거한 형법 자체 내의 문제가 아닌가라는 비판이 있다.

(3) 형벌목적설

① 내용 : 형벌목적설(刑罰目的說; Strafzwecktheorie)은 중지미수에 있어서는 일반예방적이든 특별예방적이든 형벌의 목적이 흠결되어 처벌할 필요가 없다는 점, 즉 미수에서 표현된 행위자의 위험성도 사후적으로 현저히 약화되었으므로 형벌을 과할 필요가 없기 때문에 관대히 취급한다는 견해이다(독일 판

---

335 신동운, 478면; 이정원, 267면.
336 형사정책설의 범위에 대한 견해 대립 다수설은 형사정책설, 보상설, 형벌목적설을 별개로 설명하고 있으나, 소수설에서는 보상설과 형벌목적설도 결국은 형사정책설 내에 포함된다고 본다(김일수 / 서보학, 534면; 임웅, 362면 등).
337 박상기, 321면(은사설과 형벌목적설의 결합); 이재상, §28–13; 이형국, 246면(은사설과 책임감소설의 결합설); 정성근 / 박광민, 395면.

례의 입장).[338]

② 비판 : 형벌목적설에 대해서는 실행의 착수시에 존재했던 행위자의 법적대적 의사 내지 위험성이라고 하는 것이 중지행위로 인하여 반드시 약화되는 것은 아니라는 비판이 있다.

(4) 법률설

① 내용 : 법률설에서는 범행의 중지는 형사처벌의 법적인 장애요인으로 파악된다. 즉, 법률설(法律說: Rechtstheorie)은 범행의 중지 및 결과의 방지로 인하여 위법성이 감소 내지 소멸되거나 책임이 감소 내지 소멸된다고 설명하는 입장이다(위법성감소·소멸설,[339] 책임감소·소멸설).

② 비판 : 형법이 중지범의 형을 일단 유죄로 인정하고 형의 감경 내지 면제를 인정하고 있다는 점에서, 무죄판결을 전제하는 위법성소멸설·책임소멸설은 타당하지 않다. 사시 12 다만 책임감소사유(비난가능성 감소사유)로 이해하는 부분은 일면 타당성이 있다. 분명한 점은 법률설만으로 형법상 중지미수의 본질을 설명하기는 어렵다는 것이다. 바로 여기에 결합설이 주장되는 이유가 있다. 국가9급 14

(5) 결합설

① 내용 : 결합설(結合說)은 형면제사유인 중지미수에 대해서는 형사정책설로, 형감경사유인 중지미수에 대해서는 법률설(책임감소설)로 설명하는 입장이다. 즉 형사정책설과 책임감소설의 결합설[340]로서 보통 우리나라의 다수설이라고 한다. 이러한 결합설로서는 이외에도, ㉠ 형법적으로는 책임감소·소멸설로, 형사정책적으로는 형사정책설과 보상설을 고려하는 법률설과 형사정책설과 보상설의 결합설,[341] ㉡ 보상설과 책임감소설과 형벌목적설과 형사정책설의 결합설,[342] ㉢ 책임감소설과 형벌목적설의 결합설,[343] ㉣ 보상설과 형벌목적설의 결합설[344] 등등의 학설들이 제기되고 있다.[345]

② 비판 : 책임감소설과 형사정책설의 결합설에 대해서는 중지미수의 형감경의 경우에는 형사정책적 고려를 배제하고 형면제의 경우는 책임감경과는 무관한 것으로 보는 것은 결국 중지미수라는 제도를 일관성 있게 설명하지 못한다는 비판이 있다.

(6) 결 론

① 책임감소설과 형사정책설의 결합설 : 중지미수의 본질에 대해서 결합설이 많은 이유는 중지미수라는 것이 엄밀히 보면 범죄의 실행에 착수한 행위가 있으므로 분명히 유죄임에도 불구하고 형을 감면하는 것을 간명하게 설명하는 것이 쉽지 않고, 우리 형법의 중지미수가 독일과는 달리 형 감경 또는 면제사유로 되어 있기 때문이다. 중지미수의 특성을 고려할 때 중지미수의 본질을 결합설에서 구하는 것은 불가피하다고 본다. 또한 중지자에 대한 비난가능성이 감소되는 점을 고려한다면 책임감소설을 배제할 이유는 없다고 생각되며, 중지미수에 있어서 범죄의 성립요건의 문제가 아니라 정책적·합목적적

---

338 김일수, 432면; 손동권, 413면. 김일수 교수는 형벌목적설과 책임감소설의 결합설을 취한다.
339 정영석, 224면.
340 **중지미수의 본질에 관한 다수설의 혼란** 보통 이 입장을 다수설이라고 하나, 보상설(은사설)을 다수설로 분류하는 견해도 있고 (오영근, 506면), 근래에는 다양한 결합설이 많이 등장하였으므로 다수설이 어느 입장인가는 큰 의미가 없다. 참고로 대법원판례는 중지미수의 본질에 관한 명시적 입장이 없다.
341 임웅, 364면.
342 이재상, §28-13.
343 형벌목적론적 책임감소설이라고 한다. 김일수, 432면 이하 참조.
344 박상기, 343면.
345 이외에도 책임이행설(Schulderfüllungstheorie)이라고 하는 입장이 있다(국내에선 최우찬). 즉 행위자가 자신에게 부과된 원상 회복의무로서의 책임을 이행했다는 점에서 중지미수의 관대한 취급의 본질이 있다는 견해이다. 그러나 이에 대해서는 실행착수에 의해 법익에 대한 중대한 위험을 초래한 자가 중지행위를 했다는 이유만으로 책임을 이행했다고 평가하는 것에는 타당성이 없다는 비판(박상기)이 제기된다.

고려를 한다는 점에서는 보상설과 형벌목적설도 넓은 의미의 형사정책설의 범주 내에 있다고 본다면, 책임감소설과 형사정책설의 결합설을 취하는 것이 타당하다고 생각된다. 다만 형을 감경하는 경우와 면제하는 경우를 일도양단적으로 볼 것은 아니고 이 모든 경우에 책임감소설과 형사정책설이 작용한다고 보아야 할 것이다.

② 중지미수의 형감면의 법적 성격 : 형을 면제하는 경우에는 인적 처벌조각사유로서, 형을 감경하는 경우에는 책임감경사유라고 보는 것이 다수설이다. 따라서 현행형법상 중지미수는 -독일형법과는 달리- 책임감소사유·인적처벌조각사유로 볼 수 있다.

▶ 중지미수가 이렇듯 책임감소사유 내지 인적 처벌조각사유의 성격을 가지기 때문에 일신전속적 사유라는 성질을 가지게 된다. 따라서 후술하는 '공범과 중지미수'에 있어서 중지미수는 중지한 자만이 그 혜택을 받게 된다.

02 성립요건

1. 일반적 · 주관적 요건

일반적인 중지미수의 주관적 요건으로서는 기수범과 마찬가지로 기수의 고의, 확정적 행위의사, 목적 등과 같은 특별한 주관적 구성요건요소가 필요하다.

2. 특별한 주관적 요건 – 자의성(自意性; Freiwilligkeit)의 판단기준

중지미수는 장애미수와 구별되는 개념으로서, 중지미수와 장애미수를 구분하는 데 있어서는 범죄의 미수가 자의에 의한 중지이냐 또는 어떤 장애에 의한 미수이냐가 기준이 된다. 국가9급 11

(1) 주관설(심리설)

① 윤리적 동기 여부를 기준으로 하는 주관설 : 후회·동정·연민, 양심의 가책 등 윤리적 동기에 의하여 중지한 경우에는 중지미수이고, 다른 동기에 의한 경우에는 모두 장애미수라는 입장이다. 예를 들어, 강도를 실행하다가 상대방이 불쌍해서 중지하였다면 중지미수, 보다 더 나은 기회를 잡기 위해 범행을 미룬 경우에는 장애미수라는 것이다.

② Frank의 공식 : 결과를 발생시킬 수 있지만 원하지 않아서 행위를 중단한 경우(Ich will nicht zum Ziel kommen, selbst wenn ich es konnte)에는 자의성이 인정되나, 결과발생을 원하지만 이를 달성할 수 없어서(Ich kann nicht zum Ziel kommen, selbst wenn ich es wollte) 중단한 경우에는 자의성이 부인된다는 입장이다.[346]

> 비판 1. 보상적 가치를 전혀 인정할 수 없는 자율적 포기에도 중지범을 인정하는 것은 부당하다.
> 2. 자의성의 문제가 범행수행의 가능성을 전제로 해서만이 문제된다는 점 또한 불합리하다. 즉 자의성과 행위실행의 가능성을 혼동했다는 것이다(이상 Frank의 공식에 대한 비판).
> 3. 후회 · 동정 · 연민 등에 의한 중지가 중지미수인 것은 분명하지만 그 이외에도 합리적 · 계산적으로 판단하여 자율적으로 중지한 경우에도 중지미수의 자의성은 인정된다고 보아야 한다(윤리적 주관설에 대한 비판). 국가9급 14

---

346 임웅, 357면. 프랑크 공식에 대해서는 다수설인 절충설과 같은 취지라는 평가도 있다(손동권, 415면).

(2) 객관설

범행중지원인이 내부적 동기이면 중지미수, 외부적 사정이면 장애미수가 된다는 입장이다.

> 비판 1. 내부적 원인과 외부적 사정의 구별이 쉽지 않다. 외부적 자극에 의해 유발되는 내부적 동기변화의 문제에 관한 판단이 어렵기 때문이다. 또한 인간은 보통 의사결정을 함에 있어서 내부적 원인과 외부적 사정을 모두 고려하기 마련이다.
> 2. 외부적 요인에 의한 경우는 중지범이 아니라고 하여 너무 협소하게 보고, 외부적 상황에 대한 내심의 착각으로 인한 중지도 중지미수라고 하여 부당하게 확장될 위험성도 있다. 즉 객관설은 지나치게 외부적 요인에 의존하고 있다.

(3) 절충설(다수설·판례) — 자유로운 심리상태에서의 결정설

행위자가 —중대한 위험에 직면하지 않고도— 범행을 마칠 수 있었음에도 불구하고 범행을 중단한 경우에는 자율적 동기(autonomes Motiv)에 의한 것으로서 중지미수가 인정되나, 반면에 '강요된 장애사유'로 인하여 타율적으로 범행을 포기한 경우에는 자의성이 인정되지 않는다는 입장이다. 여기서 강요된 장애사유란 범행 당시의 객관적 사정과 행위자의 내부적 원인을 종합하여, 일반 사회통념상 범죄 수행에 장애가 될 만한 사유를 말한다. 판례도 "자의에 의한 중지 중에서도 일반사회통념상 장애에 의한 미수라고 보여지는 경우를 제외한 것을 중지미수(대법원 1985.11.12, 85도2002)"라고 판시한 바 있다. 국가9급 09 / 경찰채용 11 2차 / 사시 11 / 법원행시 12 / 법원9급 15

예를 들어, 甲은 乙(女)을 강간하려고 폭행하다가 그 날이 선친의 제삿날인 것을 떠올리고는 다음 기회로 미루기로 마음을 고쳐먹고 범행을 중단하였다면, 절충설에 의할 때 범행을 수행함에 있어서 장애가 되는 사유가 없었음에도 불구하고 자율적으로 범행을 중단한 것이 되어 강간죄의 중지미수가 인정될 것이다.

> 비판 1. '사회통념상 장애가 될 만한 사유'라는 개념이 모호하다.
> 2. 자율적 동기를 과도하게 강조하면 자의성이 너무 좁아지게 되고, 반면 자율적 동기만 있으면 자의성이 인정된다고 하면 확고한 법적대적 의사가 있는 자가 자신의 쾌락을 위해 범행을 연기한 경우도 자의성이 인정되게 되므로 자의성이 너무 넓어진다.

(4) 규범설

이상의 견해들이 심리적 관점에서 자의성 여부를 판단하는 것과는 달리 규범설(規範說)은 규범적인 관점에서 평가하여 자의성을 판단하려는 입장이다. 즉 행위자가 보상받을 만한 동기를 가지고 범행을 중지했다면 위험성이 제거되었다고 보아 자의성을 인정하자는 입장이다.[347]

> 비판 1. 보상받을 만한 동기가 인정되는 경우에만 자의성을 인정한다면 자의성 개념이 너무 좁아진다.
> 2. 보상받을 만하면 자의성이 있다는 것은 동어의 반복에 지나지 않아 구체적인 기준이 아니다.

(5) 소 결

중지미수의 자의성 여부는 일단 스스로의 자발적인 의사에 의하여 결정했는가가 판단의 기준이 되어야 한다. 다수설·판례인 절충설에서 말하는 강요된 장애사유의 강요란 물리적인 불가능을 의미하지 않는다. 행위자의 심리에 장애로서 작용될 만한 사유라면 여기에 해당한다. 다만 이러한 해석에도 불구하고, 다수설은 법적대적 의사가 충만한 경우에도 자율적으로 중지하였다면 중지미수의 자의성을 인정한다는 점에서 비판의 대상이 될 수 있다.

물론 절충설의 강요된 장애사유의 성질이 '보상받을 만하지 못한 경우'를 가리킨다고 하면 규범설과 절충설의 입장 차이는 크지 않은 것으로 볼 수도 있다. 생각건대, 절충설의 입장을 기초로 하되 절충설의 단점이 발생하는 경우에는 규범설에 의하여 보충한다면 자의성 여부에 대한 합리적 판단이 가능할 것이다.

---

347 김일수 / 서보학, 539면; 박상기. 353면.

1. 자의성이 부정되는 경우 : 장애미수
   ㉠ 특정한 범행목표를 이루지 못하여(예 기대치보다 적은 금액을 보고 실망하여) 범행을 중지한 경우 혹은 특정한 범행대상을 발견하지 못하여 중지한 경우
      예 • 강간에 착수하였으나 피해자가 생리 중이어서 강간을 중지한 경우
         • 강간에 착수하였으나 피해자가 면식이 있는 여성이어서 체포될 가능성이 많을 것이라고 생각하여 강간을 중지한 경우
         • 방화를 위하여 목적물에 점화하였는데 그 불길에 놀라 불을 끈 경우
   ㉡ 공포심에서 비롯된 중지가 특별한 외부상황(예 경찰 순찰 등)에 기인한 경우
      예 • 강간행위에 착수하였으나 무슨 소리를 듣고 경찰관 내지 제3자의 인기척인 줄 알고 놀라 범행을 중지한 경우
         • 강간의 대상인 피해자의 어린 딸이 크게 울고 피해자가 시장에 간 남편이 곧 돌아온다고 하면서 임신 중이라고 말하여 중지한 경우(대법원 1993.4.13, 93도347) 경찰승진 10 / 사시 11 / 경찰간부 13 / 경찰채용 14 2차 / 국가9급 16

2. 자의성이 인정되는 경우 : 중지미수
   ㉠ 피해자의 설득에 의하여 범행을 중지한 경우
      예 • 자유로운 차후의 성교약속을 받고 강간을 중지한 경우에 자의성 인정
   ㉡ 막연한 심리적 공포심이나 체포에 관한 일반적인 두려움으로 중지한 경우
      예 • 강도행위에 착수하였으나 체포되면 처벌될 것이라는 두려움 때문에 중지한 경우
         • 강간에 착수하였으나 어젯밤 꿈자리가 나빠 범행을 중지한 경우
   ㉢ 피해자에 대한 연민의 정이나 피해자의 고통을 보고 중지한 경우
      예 • 강간에 착수하였으나 피해자가 애원하여 강간을 중지한 경우
         • 살해할 의사로 독약을 먹였지만 고통스러워하는 피해자의 모습을 보고 해독제를 먹여 소생시킨 경우

판례연구 자의성이 인정되는 사례

1. 대법원 1993.10.12, 93도1851
다음에 만나 친해지면 응해 주겠다는 피해자의 간곡한 부탁에 따라 강간행위의 실행을 중지한 사례
피고인이 피해자를 강간하려다가 피해자의 다음번에 만나 친해지면 응해 주겠다는 취지의 간곡한 부탁으로 인하여 그 목적을 이루지 못한 후 피해자를 자신의 차에 태워 집에까지 데려다 주었다면, 피해자의 다음에 만나 친해지면 응해 주겠다는 취지의 간곡한 부탁은 사회통념상 범죄실행에 대한 장애라고 여겨지지는 아니하므로 피고인의 행위는 중지미수에 해당한다. 법원행시 06 / 법원9급 07(상) / 법원9급 07(하) / 국가7급 08 / 경찰승진 10 / 경찰채용 11 1차 / 국가9급 12 / 경찰간부 13 / 법원행시 13 / 경찰간부 14 / 법원9급 15 / 국가9급 16 / 사시 16 / 법원행시 17 / 경찰간부 18

2. 대구고법 1975.12.3, 75노502
중지미수를 인정한 하급심 판례
피고인이 청산가리를 탄 술을 피해자 2명에게 나누어주어 마시게 하였다가 먼저 마신 피해자 1명이 술을 토하자 즉시 다른 피해자의 술을 거두어 가지고 밖으로 나가서 쏟아버림으로써 그 술을 마시지 못하게 하였다면 이는 자의로 실행에 착수한 행위를 중지한 이른바 중지미수에 해당한다.

🔎 판례연구 자의성이 부정되는 사례

1. 대법원 1984.9.11, 84도1381

피고인이 기밀탐지임무를 부여받고 대한민국에 입국, 기밀을 탐지 수집 중 경찰관이 피고인의 행적을 탐문하고 갔다는 말을 전해 듣고 지령사항수행을 보류하고 있던 중 체포되었다면 피고인은 기밀탐지의 기회를 노리다가 검거된 것이므로 이를 중지범으로 볼 수는 없다. 사시 16

2. 대법원 1985.11.12, 85도2002

원료불량으로 인한 제조상의 애로, 제품의 판로문제, 범행탄로시의 처벌공포, 원심 공동피고인의 포악성 등으로 인하여 히로뽕 제조를 단념한 경우, 피고인 등은 염산에페트린으로 메스암페타민합성 중간제품을 만드는 과정에서 그 범행이 발각되어 검거됨으로써 메스암페타민 제조의 목적을 이루지 못하고 미수에 그쳤다는 것이므로 이를 중지미수라 할 수 없는 것이다. 경찰승진 12

3. 대법원 1986.1.21, 85도2339

범행 당일 미리 제보를 받은 세관직원들이 범행현장 주변에 잠복근무를 하고 있어 그들이 왔다갔다 하는 것을 본 피고인이 범행의 발각을 두려워한 나머지 자신이 분담하기로 한 실행행위에 이르지 못한 경우, 이는 피고인의 자의에 의한 범행의 중지가 아니어서 중지범에 해당하지 않는다. ⇨ 특가법 제6조의 관세포탈죄의 장애미수

국가7급 07 / 경찰승진 10 / 법원9급 16

4. 대법원 1992.7.28, 92도917

"수술한 지 얼마 안 되어 배가 아프다"면서 애원하여 중단한 사례 : 자의성 부정

강도행위를 하던 중 피해자를 강간하려다가 피해자가 수술한 지 얼마 안 되어 배가 아프다면서 애원하는 바람에 간음행위를 중단한 것은 피해자를 불쌍히 여겨서가 아니라 피해자의 신체조건상 강간을 하기에는 지장이 있다고 본 데에 기인하는 것이므로, 이는 일반의 경험칙상 강간행위를 수행함에 장애가 되는 외부적 사정에 의하여 범행을 중지한 것에 지나지 않은 것이다. 국가9급 09 / 법원행시 10 / 법원행시 11 / 법원행시 17 / 경찰채용 18 3차

5. 대법원 1997.6.13, 97도957

피고인이 장롱 안에 있는 옷가지에 불을 놓아 건물을 소훼하려 하였으나 불길이 치솟는 것을 보고 겁이 나서 물을 부어 불을 끈 것이라면, 치솟는 불길에 놀라거나 자신의 신체안전에 대한 위해 또는 범행발각시의 처벌 등에 두려움을 느끼는 것은 일반 사회통념상 범죄를 완수함에 장애가 되는 사정에 해당한다고 보아야 할 것이므로, 이를 자의에 의한 중지미수라고는 볼 수 없다.[348] 법원행시 06 / 법원9급 07(상) / 국가9급 09 / 경찰승진 10 / 법원행시 10 / 경찰간부 13 / 국가9급 13 / 법원행시 13 / 경찰채용 14 2차 / 경찰간부 14 / 법원9급 15 / 국가9급 16 / 사시 16 / 법원행시 17 / 경찰채용 18 1차 / 변호사 23

6. 대법원 1999.4.13, 99도640

피해자를 살해하려고 그의 목 부위와 왼쪽 가슴 부위를 칼로 수회 찔렀으나 피해자의 가슴 부위에서 많은 피가 흘러나오는 것을 발견하고 겁을 먹고 그만두는 바람에 미수에 그친 것이라면, 많은 피가 흘러나오는 것에 놀라거나 두려움을 느끼는 것은 일반 사회통념상 범죄를 완수함에 장애가 되는 사정에 해당한다고 보아야 할 것이므로 자의에 의한 중지미수라고 볼 수 없다.[349] 국가9급 09 / 법원9급 07(하) / 경찰승진 10 / 경찰간부 13 / 법원행시 13 / 경찰채용 14 1차 / 경찰채용 14 2차 / 법원9급 15 / 국가9급 16 / 사시 16 / 경찰승진 23

7. 대법원 2011.11.10, 2011도10539

A는 甲에게 위조한 예금통장 사본 등을 보여주면서 외국회사에서 투자금을 받았다고 거짓말하며 자금 대여를 요청하였으나, 甲과 함께 그 입금 여부를 확인하기 위해 은행에 가던 중 A는 범행이 발각될 것이 두려워 은행 입구에서 차용을 포기하고 돌아간 경우, 이는 피고인이 범행이 발각될 것이 두려워 범행을 중지한 것으로서, 일반 사회통념상 범죄를 완수함에 장애가 되는 사정에 해당한다고 보아야 할 것이므로, 이를 자의에 의한 중지미수라고는 볼 수 없다. 국가9급 13 / 법원행시 13 / 경찰채용 14 2차 / 사시 14 / 사시 15 / 경찰채용 16 2차 / 국가9급 24

---

348 참고 중지미수가 인정되어야 한다는 평석으로는 이재상, §28-22 참조.
349 참고 97도957 판례와 99도640 판례의 경우 자의성을 인정해야 한다는 평석은 손동권, 417면 참조.

3. 객관적 요건

(1) 실행의 착수

중지미수도 미수범이므로 실행의 착수가 있어야 함은 장애미수와 동일하다.

(2) 중지행위 – 실행의 중지 또는 결과의 방지

① 의의 : 실행에 착수한 범죄의 완성을 저지시키는 것을 말한다. 형법 제26조에서도 '실행에 착수한 행위를 자의로 중지하거나 그 행위로 인한 결과의 발생을 자의로 방지한 경우' 중지미수의 성립을 인정하고 있기 때문에, 착수미수단계(미종료미수 : unbeendeter Versuch)에서의 중지와 실행미수단계(종료미수 : beendeter Versuch)에서의 결과방지가 있어야 중지미수가 성립하게 된다.

② 유 형

　ⓐ 착수미수 : 행위자가 실행에 착수하였으나 실행행위를 종료하지 못한 경우를 말한다(미종료미수).

　ⓑ 실행미수 : 행위자가 실행에 착수하여 실행행위를 종료한 경우를 의미한다(종료미수).

③ 착수미수와 실행미수의 구별기준 : 착수미수단계에서는 범행을 중지만 하면 중지미수가 되지만, 실행미수단계에서는 적극적인 결과발생방지의 노력을 해야 중지미수가 될 수 있다. 따라서 착수미수와 실행미수의 객관적 행위의 요건은 서로 차별되므로 양자의 구별의 실익이 있다. 사시 12

양자의 구별기준으로서 제시되는 학설에는 주관설, 객관설, 절충설이 있다(학설 설명은 아래 참고하기 참조). 주관설에 의하면, 착수미수란 행위자가 범죄의 완성을 위하여 필요하다고 생각되는 행위를 다하지 않았을 때에 해당되고, 실행미수는 행위자의 범죄계획에 의한 모든 행위가 완결되었을 때를 말한다. 사시 11 즉 전체범행계획이 아닌 행위자가 한 개별행위를 기준하여, 행위자가 결과발생을 위하여 보충적인 행위가 필요하다고 여기면 착수미수단계에 있으므로 단순한 행위중지로 중지범이 인정될 수 있는 반면, 개별행위가 결과발생을 가져올 수 있다고 판단되면 실행미수단계에 있다.

참고하기 착수미수와 실행미수의 구별기준에 관한 학설 개관

1. 주관설에 의하면, 행위자가 범죄의 완성을 위해 필요한 행위를 완수하지 못하였다고 생각하고 있다면 착수미수, 완수했다고 생각한다면 실행미수라고 보게 된다. 오늘날 주장되는 주관설은 실행착수시의 행위자의 생각을 기준으로 하는 것이 아니라 범행중지시의 행위자의 생각을 기준으로 판단하는 입장이다(박상기, 이재상, 독일판례–BGHSt. 22, 176–). 즉 중지행위 당시의 행위자의 생각을 기준하자면, 지금까지 행한 행위로는 결과가 발생하지 않는다고 생각하면서도 더 이상 행위를 하지 않는 경우에는 착수미수로서 중지미수가 될 것이다.

2. 객관설에 의하면, 현 시점까지 진행된 행위만으로 결과발생이 객관적으로 가능하지 못하면 착수미수, 객관적으로 가능하면 실행미수로 본다.

3. 절충설에 의하면, 행위자의 범행계획과 행위시의 객관적 사정을 종합하여 결과발생에 필요한 행위가 완료되었다고 인정되는 시점에서 실행행위는 종료되었다고 보고 있다(김일수 / 서보학, 배종대, 손동권, 오영근, 임웅, 정성근 / 박광민).[350] 즉 절충설은 행위자의 의사(주관)에 기준을 두면서도 행위 당시의 객관적·외부적 사정 또한 고려하자는 입장으로 이해된다. 이러한 절충설은 죄수개념을 동원하여, 현재까지 행한 행위와 앞으로 –결과발생을 위해– 실행해야 할 행위가 1개의 행위로 평가되면 착수미수이고, 별개의 행위로 평가되면 실행미수로 보고 있다.

4. 소결 : 생각건대, 객관설은 중지미수의 인정범위를 지나치게 제한한다는 점에서 받아들일 수 없다. 왜냐하면 결과발생의 위험이 존재하는 경우에도 자의에 의한 중지가 가능할 수 있기 때문이다. 이론적으로 문제되는 것은 주관설과 절충설의 대립이나, 실제 문제의 해결에 있어, (중지시의) 주관설과 절충설은 모두 행위자의

---

350 절충설은 주관설에 대해 제한을 가하자는 것에 불과하기 때문에 넓은 의미의 주관설에 포함된다는 설명은 손동권, 418면 참조.

범행계획을 일단 원칙적으로 고려하고 있다는 점에서 양자는 미묘한 차이를 가지고 있을 뿐 거의 같은 결론에 이르게 된다.[351]

> 📚 **사례연구** 착수미수와 실행미수의 구별
>
> 甲은 乙에게 丙을 살해할 것을 교사한 바, 乙은 이를 승낙하고 자기가 소지하고 있는 권총으로 2발을 쏘아 丙을 살해하려고 하였으나 제1탄이 빗나가자 제2탄을 발사하려다 중지하였다. 甲과 乙의 형사책임은?
>
> 해결 위 사례에서는 행위를 중지한 시점에서의 행위자의 관념을 중시하는 '주관설'에 의하든 행위자의 의사와 행위 당시의 외부적 사정을 모두 고려하는 '절충설'에 의하든, 乙의 행위는 착수미수로 판단되므로 중지미수가 인정될 것이다(단, '객관설'에 의하면 장애미수). 따라서 乙은 살인죄의 착수미수로서 중지미수가 되고, 甲은 살인죄의 장애미수의 교사범이 성립하게 된다.

④ 착수미수의 객관적 요건

  ㉠ 실행행위의 중지 : 행위의 계속을 포기하는 부작위를 의미한다.

  ㉡ 범행의 종국적 포기 여부 : 중지범을 처벌하지 않는 독일형법과 달리 단순히 형을 감경 또는 면제하도록 형법이 규정하고 있어서 종국적 포기를 필요로 하지 않고 보다 유리한 상황을 기다리기 위한 범행의 잠정적 중지도 포함된다(다수설).

  ㉢ 결과의 불발생 : 착수미수에 있어서 행위자가 실행행위를 중지하였다 하더라도 결과가 발생하면 기수가 된다. 다만 결과가 발생하더라도 인과관계 내지 객관적 귀속이 부정되는 경우에는 중지미수가 성립할 여지는 있다. 경찰채용 11 2차

⑤ 실행미수의 객관적 요건

  ㉠ 결과발생의 방지 : 적극적 작위에 의한 방지를 말한다.

    ⓐ 적극성 : 방지행위는 인과의 진행을 의식적·의욕적으로 중단하기 위한 적극적 행위이어야 한다(소극적 부작위로는 부족). 국가9급 11

    ⓑ 상당성 : 결과발생을 방지하는 데 객관적으로 상당한 행위이어야 한다.

  ㉡ 직접성

    ⓐ 원칙 : 방지행위는 행위자 자신이 직접 해야 한다.

    ⓑ 예외 : 제3자에 의한 결과방지라도 범인 자신의 결과방지와 동일시될 수 있을 경우 결과방지행위로 인정된다. 경찰간부 16

      예 의사의 치료행위를 요청하는 경우처럼 타인의 도움을 통해 결과발생을 방지한 경우. 그러나 방화 후 화세(불길)에 놀라 이웃에게 불을 꺼달라고 하고 도주한 경우는 자신의 결과방지와 동일시될 수 있는 진지성이 결여되어 있으므로 장애미수에 불과하다.

  ㉢ 인과관계 : 결과의 불발생과 인과관계의 문제로서, 통설은 방지행위와 결과의 불발생 사이에 원칙적으로 인과관계가 있어야 한다는 입장이다(반대견해 있음).

  ㉣ 결과발생이 처음부터 불가능한 '불능미수에 대한 중지범' 성립문제 사시 10 / 사시 12 : 예컨대, 甲이 乙을 살해하고자 치사량 미달의 독약을 먹인 경우(불능미수) 독약을 먹은 乙의 고통을 보고 후회가

---

351 다만 중지시의 주관설의 문제점을 절충설이 수정하고 있다는 설명은 손동권, 419면 이하 참조. 이 견해는 "자연적인 행위단일성이 있는 경우, 행위자가 아직 실행하지 못한 행위와 이미 실행한 행위가 시간적·장소적으로 밀접한 관련성이 있고, 행위유형도 연속성이 있어서 남은 행위를 중지하면 적법상태로 되돌아가 위험성이 제거되었다고 평가할 수 있을 때에는 착수미수가 될 수 있다(420면)."고 설명함으로써 주관설을 보완할 수 있다고 주장한다.

든 甲이 乙을 응급실로 급히 데려가 위세척을 시키고 乙이 회복된 경우, 甲에게 살인죄의 중지미수를 인정해줄 수 있는가의 문제이다.

    ⓐ 소극설 : 행위자의 방지행위에 의하여 결과가 방지된 것이 아니므로(인과관계가 인정되지 않으므로) 중지범이 될 수 없다는 견해이다.[352]

    ⓑ 적극설(통설) : 논거는 다음과 같다. ㉮ 중지범의 형을 필요적 감면하는 것은 중지(방지)행위가 있었고 결국 결과가 발생하지 않았기 때문이라는 점, ㉯ 행위자는 결과발생방지의 가능성을 믿었던 점, ㉰ 결과방지를 위한 동일한 노력과 결과의 불발생에도 불구하고 단지 양자 간의 인과관계 부존재를 이유로 하여 형을 임의적 감면하는 불능미수를 인정하는 것은 형의 균형상 타당하지 않다는 점이다. 적극설이 타당하다.

    ㉺ 결과의 불발생 : 실행미수에 있어서 행위자가 결과발생을 진지하게 방지하였다 하더라도 '결과가 발생하였다면 기수'에 도달한다. 경찰채용 11 2차 **판례**도 '대마관리법 위반죄'의 해석과 관련하여, 본죄는 대마를 매매함으로써 성립하는 것이므로 설사 피고인이 대마 2상자를 사가지고 돌아오다 이 장사를 다시 하게 되면 내 인생을 망치게 된다는 생각이 들어 이를 불태웠다고 하더라도, (이는 양형에 참작되는 사유는 될 수 있을지언정 이미 성립한 죄에는 아무 지장이 없어) 중지미수에 해당된다 할 수 없다고 판시한 바 있다(대법원 1983.12.27, 83도2629).[353] · [354] 법원행시 06 / 법원9급 07(하) / 경찰승진 10

참고하기 가중적 미수의 문제

행위자가 자의로 범행을 중지하여 중지미수가 성립하는 경우임에도 불구하고, 다른 죄명에 해당하는 결과가 발생하는 경우, 즉 '중죄의 중지미수가 경죄의 기수를 포함하고 있는 경우' 이를 어떻게 처리해야 하는가의 문제가 소위 가중적 미수(加重的 未遂)의 문제이다.[355]

가중적 미수에서는 중한 범죄의 중지미수가 되는 경우 그 과정에서 발생한 경한 범죄의 기수를 어떻게 볼 것인가가 문제되는데, 예컨대 甲이 乙을 살해할 고의를 가지고 칼로 찔렀으나 후회를 하고 병원으로 데려가 乙을 살려낸 경우, 살인죄의 중지미수가 성립하지만, 乙이 상해를 입은 부분에 대하여 甲의 죄책은 어떻게 처리하는가의

---

352 김종원, 8인 공저, 295면; 유기천, 264면.

353 유사사례1 타인의 재물을 공유하는 자가 공유자의 승낙을 받지 않고 **공유대지를 담보에 제공하고 가등기를 경료한 경우**에는 **이미 횡령죄의 기수**가 되는 것이어서 그 후 가등기를 말소하였다고 하여도 중지미수에 해당하는 것이 아니라는 판례(대법원 1978.11.28, 78도2175) 법원행시 13 / 법원9급 16 / 사시 11·16 / 경찰승진 22 도 마찬가지 취지이다(또한 이 판례에서는 이러한 가등기말소 후에 다시 새로운 ―가등기 설정 등― 횡령행위가 있는 경우 선행한 횡령죄와 별개의 죄로 실체적 경합이 된다는 점도 판시하였음).

유사사례2 타인을 살해할 생각으로 엽총을 쏘아 명중하였으나 사망하지 않은 상태에서 총알이 더 장전되어 있었지만 **후회가 들어 피해자를 병원으로 옮겼으나** 의사의 적절한 응급처치에도 불구하고 **사망한 경우**에도 살인죄의 중지미수는 인정될 수 없다(살인기수에 해당됨).

유사사례3 영업비밀의 취득·사용·누설한 자를 처벌하는 구 부정경쟁방지 및 영업비밀에 관한 법률 제18조 제2항에서 '영업비밀의 취득'이란 사회통념상 영업비밀을 자신의 것으로 만들어 이를 사용할 수 있는 상태에 이른 경우를 말한다. 따라서 자동차회사 직원이 다른 직원의 아이디와 비밀번호로 회사의 전산망에 접속하여 **영업비밀인 도면을 자신의 컴퓨터에 전송받았을** 때, 이를 자신의 지배영역으로 옮겨와 자신의 것으로 사용할 수 있게 되었으므로, 부정경쟁방지법상 제18조 제2항의 영업비밀취득죄가 기수에 이르며, 후에 이를 삭제하였더라도 미수로 평가할 수 없다(대법원 2008.12.24, 2008도9169). 법원9급 18

354 참고 : 결과가 발생하면 무조건 기수인가? 그렇지는 않다 중지미수가 성립하기 위해서는 결과가 발생하지 않아야 함은 당연하다. 행위자가 결과발생의 방지를 위해 진지한 노력을 하였다 하더라도 결과가 발생한 경우에는 중지미수가 성립하지 않고 기수가 될 따름이다. 이때의 진지한 결과발생방지의 노력은 양형에서 참작할 요소일 뿐이다. 다만 '행위자가 결과발생의 방지를 위한 진지하고도 합당한 노력을 기울였음에도 불구하고 결과가 발생하였고 이러한 **결과발생이 행위자의 실행행위와 인과관계가 없거나 행위자의 실행행위에 해당 결과가 객관적으로 귀속되지 않는 경우**'에는 중지미수를 인정해야 한다. 예를 들어, 甲이 乙을 독살하기 위해 치사량의 독극물을 먹였으나 괴로워하는 乙의 모습을 보고 뉘우친 甲이 마음을 고쳐먹고 乙을 병원 응급실로 옮겨 그의 생명을 구하였음에도 불구하고 예기치 않은 병원의 화재사고로 말미암아 乙이 사망한 경우라면 甲은 중지미수가 되어야 한다(유사한 사례는 오영근, 519면 참조).

355 이를 기수범적 중지미수라고 불러야 한다는 주장은 오영근, 521면.

문제이다(중지범을 형면제하는 독일형법에서는 당연히 경한 범죄의 기수범으로 처리하면 되나, 우리 형법에서는 중지미수를 형감경하는 경우도 있기 때문에 경우를 나누어서 보아야 한다).

우선 ① 중지미수에 대하여 형을 면제하는 경우에는 그 과정에서 발생한 경한 범죄의 기수범으로 처벌하면 될 것이다. 그러나 ② 중지미수에 대하여 형을 감경하는 경우에는 어떻게 처리해야 하는가? 이에 대해서는 법조경 합과 상상적 경합의 경우로 나누어 설명하는 것이 일반적이다.

㉠ 법조경합의 경우라 함은, 살인죄의 중지미수가 위 사례와 같이 상해죄의 기수를 포함하고 있는 경우를 말한 다. 이 경우에는 상해기수죄는 살인미수죄와는 법조경합 중 흡수관계에 있으므로 별도로 성립하지 않고 살인 죄의 중지미수만 성립하게 된다.

㉡ 그러나 상상적 경합관계의 경우에는 결론이 달라지게 된다. 예를 들어, 공무원 乙을 상해하기 위해 상해의 고의로 실행에 착수하였다가 자의로 상해행위를 중지한 甲의 경우[356], 상해죄의 중지미수(제257조 제1항에 의하면 7년 이하의 징역이므로 이를 감경하는 경우에는 3년 6월 이하의 징역)와 공무집행방해기수죄(참고로 공무집행방해죄는 폭행·협박만 해도 기수가 됨. 제136조 제1항에 의하면 5년 이하의 징역)의 상상적 경합이 인정될 것이다(제40조에 의해 상상적 경합의 경우 가장 중한 죄의 형으로 처벌하므로 5년 이하의 징역으로 처벌).

표정리 중지미수의 성립요건 개관

주관적 성립요건							객관적 성립요건		
일반적 요건	특별한 요건						중지행위		결과 ×
기수의 고의	자의성								
	객관설		주관설		절충설		착수미수 : 중지	실행미수 : 결과방지	
	외부적 사유	내부적 사유	비윤리적 동기	윤리적 동기	강요된 장애사유	강요된 장애 ×, 자율적 동기	소극적 부작위	적극적 작위	
미수의 고의 : 형법상 고의 ×	장애 미수	중지 미수	장애 미수	중지 미수	장애 미수	중지 미수	잠정적 정지:○	• 스스로 진지 한 노력(원칙)	결과발생 : 기수범
	<비판> 구별기준 모호		<비판> 중지미수 인정범위 협소		<판례> • 불길에 놀라 … • 유혈에 놀라 … • 수술한지 얼마 안되어 …	<판례> 다음 번에 만나 친해지면 … 법원행시 06		• 제3자 도움 얻어도 무방 • 단, 제3자의 도움시에는 스스로의 노력과 상응 필요	

---

356 이 예는 임웅, 325면을 인용한 것임.

1. 중지미수는 중지자에게만 효과가 있다

결과가 발생하지 않았거나 방지되었다면 중지행위를 한 개인만이 형벌감면의 혜택을 받을 수 있다. 중지미수는 '책임감소 내지 인적 처벌조각사유'에 불과하기 때문이다. 따라서 甲이 乙에게 丙을 살해할 것을 교사하였는데, 乙이 丙에 대한 살인의 실행에 착수하였으나 범행을 중지한 경우에는 乙은 살인죄의 중지미수가되나, 甲은 살인죄의 장애미수가 된다. 국가9급 07 / 국가9급 11

📚 **사례연구** 중지자만 중지미수, 나머지는 장애미수(소위 천광상회 사건)

甲은 乙과 함께 丙의 사무실의 금품을 절취하기로 공모한 후, 甲이 그 부근에서 망을 보고 있는 사이에 乙은 사무실의 열려진 출입문을 통하여 안으로 들어가 훔칠 물건을 물색하였다. 이때 甲은 가책을 느낀 나머지 丙에게 乙의 침입사실을 알리고 丙과 함께 乙을 체포하였다. 甲의 죄책은?

해결 피고인은 원심 상피고인 乙과 함께 대전역 부근에 있는 공소외 丙이 경영하는 ○○상회 사무실의 금품을 절취하기로 공모하여 피고인은 그 부근 포장마차에 있고 위 乙은 ○○상회의 열려진 출입문을 통하여 안으로 들어가 물건을 물색하고 있는 동안 피고인은 자신의 범행전력 등을 생각하여 가책을 느낀 나머지 스스로 결의를 바꾸어 위 丙에게 위 乙의 침입사실을 알려 그와 함께 乙을 체포하여서 그 범행을 중지하여 결과발생을 방지하였다는 것이므로 피고인의 소위는 중지미수의 요건을 갖추었다고 할 것이다(대법원 1986.3.11, 85도2831). 경찰간부 18

---

2. 중지로 인하여 결과가 발생하지 않아야 중지미수가 된다

적극적 결과 방지로 인하여 결과가 발생하지 않아야 중지미수가 성립한다. 국가9급 11 즉, 중지미수가 성립하려면 범인이 임의로 중지하는 의사와 그 중지의사에 기인하여 행하는 범죄실행의 중지를 요건으로 하는바, 공범자 중 1인의 중지미수가 성립하려면 그 자신이 범의를 중지함으로써 되는 것이 아니라 다른 공범자의 실행을 중지케 하여야만 중지미수가 성립된다(대법원 1969.2.25, 68도1676). 경찰채용 11 2차 / 변호사 15

즉 다른 공범의 범행을 중지하게 하지 아니한 이상 자기만의 범의를 철회·포기하여도 중지미수로는 인정될 수 없다. 법원행시 09 / 경찰간부 11 / 사시 13 / 국가9급 14 / 변호사 14

예 甲과 乙이 공모하여 丙을 살해하기로 하여 甲은 망을 보고 乙이 칼을 들고 丙에게 다가가는 순간(즉, 乙은 이미 실행에 착수한 시점임) 甲이 범행을 하는 것을 후회하여 도망간 후, 乙이 丙을 살해한 경우 ⇨ 甲·乙은 살인(기수) 죄의 공동정범

▸ 단, 실행착수 이전에 해당 공모관계에서 '이탈'한 경우 ⇨ 공동정범 부정(공동정범에서 후술함)

🔨 **판례연구** 공범자 중 일부가 중지를 하더라도 다른 공범자에 의하여 결과가 발생한 경우

1. 대법원 1969.2.25, 68도1676
다른 공범자의 범행을 중지케 한 바 없으면 범의를 철회하여도 중지미수가 될 수 없다.
피고인 甲이 중위 乙과 범행을 공모하여 乙 중위는 엔진오일을 매각 처분하고, 피고인은 송증정리를 하기로 한 것은 사후에 범행이 용이하게 탄로나지 아니 하도록 하는 안전방법의 하나이지, 위 중위가 보관한 위 군용물을 횡령하는데 있어 송증정리가 없어도 절대 불가능한 것은 아니며, 피고인은 후에 범의를 철회하고 송증정리를 거절하였다 하여도 공범자인 위 중위의 범죄 실행을 중지케 하였다는 것은 아니므로 피고인에게 중지미수를 인정할 수 없다(군용물횡령죄의 공동정범). 국가9급 14

---

2. 대법원 1984.1.31, 83도2941

망을 보기로 한 강도공모자가 타공모자들이 피해자의 집에 침입한 후 망을 보지 않은 경우

행위자 상호간에 범죄의 실행을 공모하였다면 다른 공모자가 이미 실행에 착수한 이후에는 그 공모관계에서 이탈하였다고 하더라도 공동정범의 책임을 면할 수 없는 것이므로 피고인 등이 금품을 강취할 것을 공모하고 피고인은 집 밖에서 망을 보기로 하였으나, 다른 공모자들이 피해자의 집에 침입한 후 담배를 사기 위해서 망을 보지 않았다고 하더라도, 피고인은 판시 강도상해죄의 공동정범의 죄책을 면할 수가 없다. 국가7급 10 / 법원승진 12 / 법원행시 12

3. 대법원 2005.2.25, 2004도8259

공범자가 이미 강간한 이후 피고인은 피해자의 설득에 의해 강간하지 않은 사례

甲(피고인)은 원심 공동피고인과 합동하여 피해자를 텐트 안으로 끌고 간 후 원심 공동피고인, 피고인의 순으로 성관계를 하기로 하고 피고인은 위 텐트 밖으로 나와 주변에서 망을 보고 원심 공동피고인은 피해자의 반항을 억압한 후 1회 간음하여 강간하고, 이어 피고인이 위 텐트 안으로 들어가 피해자를 강간하려 하였으나 피해자가 반항을 하며 강간을 하지 말아 달라고 사정을 하여 강간을 하지 않은 경우라 하더라도 중지미수에 해당하지 않는다(특수강간기수 성립). 법원행시 06 / 국가9급 13 / 경찰채용 14 2차 / 경찰채용 18 1차 / 경찰채용 18 2차

04	중지미수의 처벌

중지미수의 형은 감경하거나 면제해야 한다(필요적 감면, 2020.12.8. 우리말 순화 개정법 제26조). 경찰승진 10 / 경찰승진 14

제**6**절	**불능미수**

01	서 설

> **제27조【불능범】** 실행의 수단 또는 대상의 착오로 인하여 결과의 발생이 불가능하더라도 위험성이 있는 때에는 처벌한다. 단, 형을 감경 또는 면제할 수 있다. 법원9급 07(하) / 국가9급 12 / 사시 14 / 경찰채용 20 1차

1. 의 의

행위자가 범행수단이나 대상을 착오하여 결과의 발생이 불가능한 경우, 행위자는 자신의 생각으로는 범행의 실현가능성을 믿었고 여기에 위험성이 인정된다면 그 점에서 그 가벌성이 인정되는데, 이를 불능미수(不能未遂; untauglicher Versuch)라 한다(임의적 감면, 제27조). 변호사 14

불능미수는 결과발생이 불가능한 경우라는 점에서 기술한 장애미수와는 구별이 되며, 판례도 이 점을 지적하고 있다(대법원 1984.2.24, 83도2967 : 후술하는 관련판례 참조).

2. 구별개념

(1) 불능범

불능범(不能犯)이란 결과발생이 불가능할 뿐만 아니라 위험성이 없어서 벌할 수 없는 행위를 말한다(예 설탕으로 사람을 살해할 수 있다고 생각하고 이를 먹인 행위 등). 법원행시 05 형법 제27조는 위험성이 있는 경우에는 처벌(임의적 감면)된다고 하고 있으므로, 반대해석을 해보면 위험성이 없는 불능범은 불벌이 된다. 국가9급 09 / 경찰간부 13

(2) 미신범

미신범(迷信犯; der irreale od. abergläubige Versuch)은 현실성의 한계를 넘어 비현실적인 수단을 이용하여 범죄를 저지르려는 행위를 말한다(예 주술적 방법으로 살인을 하려는 경우, 꼭두각시를 만들고 거기에 침을 찌르면 피해자가 사망하리라고 여긴 경우 등). 행위불법과 결과불법이 모두 결여되므로 불가벌이다. 이에 불능미수는 미신이 아니라 과학적 방법에 의존하는 경우가 많기 때문에 양자는 구별된다.

(3) 환상범 – 금지착오의 반대형태 국가7급 09

환상범(Wahndelikt)이라 함은 '반전된 금지착오' 사시 11 / 경찰간부 12 / 경찰채용 15 1차 로서 사실상 허용되는 행위를 금지 또는 처벌된다고 오신하고 한 경우(적극적 착오 : positiver Irrtum)를 말하며, 환각범이라고도 한다(• 동성연애가 처벌된다고 생각하고 동성연애를 한 경우, • 피고인이 자신이 허위진술을 하면 위증이 된다고 생각하고 법정에서 허위진술을 한 경우 등). 환상범은 이를 처벌하는 현실적 법질서가 없으므로 불가벌이라는 점에서, 사시 12 / 국가7급 14 처벌가능한 개념인 불능미수(반전된 구성요건착오)와 구별된다.[357] 경찰간부 12

(4) 구성요건의 흠결이론 – 사실의 흠결

구성요건의 흠결이론(Die Lehre vom Mangel am Tatbestand)이란 객관적 구성요건요소 중에서 구성요건적 결과의 흠결(欠缺)이 있는 경우만 가벌적 (불능)미수가 되고 나머지 요소인 주체의 흠결, 객체의 흠결, 행위수단의 흠결, 행위상황의 흠결이 있는 경우에는 처벌할 수 없는 불능범이 된다는 이론이다.

그러나 우리 형법 제27조는 실행의 수단 또는 대상의 착오(흠결)에 있어서도 위험성이 있으면 가벌적 불능미수의 성립을 인정하고 있기 때문에, 구성요건흠결이론은 받아들일 수 없다.

---

02   성립요건

1. 주관적 요건

기수의 고의, 확정적 행위의사, 특수한 주관적 구성요건요소가 필요하다.

기수의 고의가 요구되므로, 행위자가 '처음부터 결과발생이 불가능하다고 생각하고(예를 들어 처음부터 '치사량 미달의 독약'이라는 것을 익히 알고 있으면서) 행위한 경우에는 불능미수가 되지 않는다. 미수의 고의에 불과하기 때문이다.

---

357 불능미수는 반전된 구성요건착오? 보통 불능미수는 반전된 구성요건착오(umgekehrter Tatbesta ndsirrtum)라고 정리되고 있다(수험에서도 이렇게 정리할 것). 예를 들어, 甲이 乙에 대하여 총을 쏘면서 노루를 사냥하고 있다고 생각하는 경우에는 광의의 구성요건착오이고, 이를 뒤집어 보면 甲이 노루에 대하여 총을 쏘면서 乙을 살해한다고 생각하는 경우에는 불능미수가 되기 때문에, 반전된(전도된, 뒤집어진) 구성요건착오는 불능미수라는 설명을 하는 것이다. 그러나 엄밀한 의미(협의)의 구성요건착오라 함은 인식한 것도 구성요건적 사실이고 발생한 것도 구성요건적 사실인데 양자가 불일치하는 경우를 말하므로, 반전된 구성요건착오는 또다시 구성요건착오로 볼 수 있게 된다. 따라서 불능미수는 반전된 구성요건착오라는 용어의 용례는 명료하지 못한 것으로 생각된다.

2. 객관적 요건

(1) 실행의 착수 : 미수범의 공통적 요건이다.

(2) 결과발생의 불가능 ▶ 만일 결과발생가능시에는 장애미수에 불과하다. 국가7급 09

① 수단(방법)의 착오 : 행위자가 의도하는 행위방법으로는 결과의 실현이 처음부터 불가능한 경우를 말한다(수단의 불가능성 : Untauglichkeit des Mittels).

> 예 • 독약인 줄 알고서 감기약을 건네준 경우
> • 감기약으로 살해하려 한 경우
> • 치사량 미달의 농약을 먹여 사람을 살해하고자 한 경우 법원행시 05 / 국가9급 09
> • 소화제로 낙태를 시도한 경우
> • 살해하려고 총을 쏘았으나 탄창을 끼우지 않은 상태였던 경우 등

판례연구 필로폰이 들어있지 않은 워터볼 사건

대법원 2019.5.16, 2019도97

甲은 베트남에 거주하는 乙과 필로폰이 용해되어 있는 워터볼(장난감)을 국제우편으로 반입한 다음 이를 판매하기로 공모하고 베트남에 있는 乙에게 국제우편을 받을 주소를 알려주어 보내도록 하는 방식으로 필로폰 수입 범행의 실행에 착수하였으나 乙이 보낸 워터볼에 필로폰이 들어 있지 않았다. …… 불능미수란 행위자에게 범죄 의사가 있고 실행의 착수라고 볼 수 있는 행위가 있더라도 실행의 수단이나 대상의 착오로 처음부터 결과발생 또는 법익침해의 가능성이 없지만 다만 그 행위의 위험성 때문에 미수범으로 처벌하는 경우를 말한다(대법원 1998.10.23, 98도2313 등). 여기에서 '결과의 발생이 불가능'하다는 것은 범죄행위의 성질상 어떠한 경우에도 구성요건의 실현이 불가능하다는 것을 의미한다. 마약류 관리에 관한 법률에서 정한 향정신성의약품 수입행위로 인한 위해 발생의 위험은 향정신성의약품의 양륙 또는 지상반입에 의하여 발생하고 그 의약품을 선박이나 항공 기로부터 양륙 또는 지상에 반입함으로써 기수에 달한다(대법원 1998.11.27, 98도2734 등). 그리고 이 사건과 같이 국제우편 등을 통하여 향정신성의약품을 수입하는 경우에는 국내에 거주하는 사람이 수신인으로 명시되어 발신국의 우체국 등에 향정신성의약품이 들어 있는 우편물을 제출할 때에 범죄의 실행에 착수하였다고 볼 수 있다. …… (그리고) 피고인은 베트남에 거주하는 공소외인으로부터 필로폰을 수입하기 위하여 워터볼의 액체에 필로폰을 용해하여 은닉한 다음 이를 국제우편을 통해 받는 방식으로 필로폰을 수입하고자 하였다. 이러한 행위 가 범죄의 성질상 그 실행의 수단 또는 대상의 착오로 인하여 결과의 발생이 불가능한 경우가 아님은 너무도 분명하다.

---

② 대상(객체)의 착오 : 행위자가 목표로 삼은 행위객체가 구성요건실현의 대상이 될 수 없는 경우를 말한다(객체의 불가능성 : Untauglichkeit des Objekts).

> 예 • 살아 있는 줄 알고서 시체에 대해 살인의 고의로 사격하는 경우
> • 타인의 물건인 줄 알고서 자기 물건을 훔친 경우
> • 타인이 가져가라고 한 물건을 절취한다고 생각한 경우
> • 상상임신한 부녀가 낙태를 시도한 경우
> • 범인이라고 오인하고 은닉시킨 경우 등

③ 주체의 착오 : 주체의 성질에 관한 착오(주체의 불가능성 : Untauglichkeit des Subjekts)의 경우(예 자신이 공무원이 아닌데 공무원으로 임용된 줄로 알고서 수뢰한다고 오인한 경우)에도 ㉠ 불능미수를 인정하는 긍정설(소수설[358])도 있지만, ㉡ 주체의 착오는 불능미수에 속하지 않는다는 점에서 불가벌적인 순수한 불능범(내지 환상범)에 속한다는 것이 다수설(불능미수 부정설)이다. 국가9급 12

---

358 제27조를 예시규정으로 보아 불능미수를 인정하는 입장이다. 박상기, 365면; 이정원, 337면 등.

형법 제27조의 성격을 가벌적인 불능미수를 규정한 것으로 이해하는 전제에 서는 한, 대상의 착오나 수단의 착오 이외에 주체의 착오까지 인정하여 그 가벌성을 확장하는 것은 타당하지 않다는 점에서 부정설이 타당하다고 생각된다.

④ 소위 우연적 방위의 경우 : 객관적 정당화상황은 존재하지만(결과반가치 소멸) 주관적 정당화요소는 없었던 경우(행위반가치 인정) 불능미수의 성립을 인정하는 것이 다수설이다. 이는 불법에 관한 이원적·인적 불법론을 취하는 전제에서 설명이 된다.

(3) 위험성이 있을 것 – 불능미수와 불능범의 구별기준

① 구객관설 사시 10

㉠ 내용 : 구객관설(舊客觀說; Die ältere objektive Theorie)은 결과발생의 절대적 불능은 벌할 수 없으나(불능범) 상대적 불능의 경우에는 처벌되는 미수(불능미수)라는 입장이다(과거 판례의 원칙적 입장). 여기에서 절대적 불능이란 대상이나 수단의 성질상 질적으로 도저히 결과발생이 일어날 수 없는 경우를 말하는 반면(**예** 死體를 살아있는 사람으로 생각하고 살인의 의도로 총을 쏘는 행위), 상대적 불능이란 대상이나 수단의 성질상 결과발생은 가능하나 구체적·개별적인 경우에 있어서 양적인 사정에 의하여 결과발생이 불가능한 경우를 말한다(**예** 치사량 미달의 독약을 치사량에 도달하는 독약으로 오인하고 살인의 의도로 피해자에게 먹인 행위). **판례**는 과거 구객관설을 많이 따랐지만(대법원 1973.4.30, 73도354; 1985.3.26, 85도206), 근래에는 추상적 위험설을 취한 **판례**들이 대부분이다.

㉡ 비판 : 구객관설에 대해서는 ⓐ 절대적 불능과 상대적 불능의 구별 자체가 모호하고, ⓑ 무엇이 절대적 불능이고 무엇이 상대적 불능인지 설명하는 구체적 기준을 제시하지 못하였다는 비판이 있다. 구객관설을 지지하는 국내의 학자는 없다.

🔨 판례연구 구객관설을 취한 판례의 예

1. 대법원 1973.4.30, 73도354

우물과 펌프에 치사량 미달의 농약을 혼입한 사례 : 불능미수

피고인이 우물과 펌프에 혼입한 농약(스미치온)이 악취가 나서 보통의 경우 마시기가 어렵고 또 혼입한 농약의 분량으로 보아 사람을 치사에 이르게 할 정도는 아니라고 하더라도 위 농약의 혼입으로 살인의 결과가 발생할 위험성이 절대로 없다고 단정할 수 없으므로 상고논지는 이유 없다. 법원행시 05

2. 대법원 1985.3.26, 85도206

'히로뽕' 제조를 시도하였으나 약품배합 미숙으로 완제품을 제조하지 못한 경우의 죄책 : 불능미수

불능범은 범죄행위의 성질상 결과발생의 위험이 절대로 불능한 경우를 말하는 것인데 향정신성의약품인 메스암페타민(히로뽕) 제조를 위해 그 원료인 염산에페트린 및 수종의 약품을 교반하여 '히로뽕' 제조를 시도하였으나 그 약품배합 미숙으로 그 완제품을 제조하지 못하였다면, 그 성질상 결과발생의 위험성이 있다고 할 것이므로 습관성의약품제조 미수범으로 처단한 것은 정당하다. 법원행시 05 / 국가7급 07 / 경찰승진 11 / 경찰간부 13 / 경찰승진 13 / 법원행시 14 / 경찰간부 17

▶ 단 판례는 1984년 유사한 사안에서 '제조기술의 부족'의 경우 장애미수로 보았던 예도 있다 : "히로뽕 제조를 공모하고 그 제조원료인 염산에페트린과 파라디움. 에테르 등 수종의 화공약품을 사용하여 히로뽕 제조를 시도하였으나 그 '제조기술의 부족'으로 히로뽕 완제품을 제조하지 못하였다면 비록 미완성품에서 히로뽕 성분이 검출되지 아니하였다고 하여도 향정신성의약품제조미수죄의 성립에 소장이 있다고 할 수 없다(대법원 1984.10.10, 84도1793)." 법원행시 09 / 경찰승진 12

② 법률적 · 사실적 불능설

　㉠ 내용 : 프랑스의 Roux의 견해(법률적 불능 — impossibilité de droit — 은 절대적 불능, 사실적 불능 — impossibilité de fait — 은 상대적 불능)나 Garraud의 견해(법률적 불능은 구성요건흠결, 사실적 불능은 사실상 범죄요건의 결여)로서 구객관설의 프랑스 판이라고 볼 수 있다.

　㉡ 비판 : 전자에 대해서는 구객관설에 대한 비판이, 후자에 대해서는 구성요건흠결론에 대한 비판이 제기된다. 이 입장을 취하는 국내의 학자는 없다.

③ 구체적 위험설(신객관설, 다수설) 사시 10 / 사시 11

　㉠ 내용 : 구체적 위험설(具體的 危險說; Die Theorie der konkreten Gefährlichkeit)은 행위 당시에 행위자가 인식한 사정과 일반인이 인식할 수 있었던 사정(일치하지 않을 때에는 일반인이 인식한 사정을 기준함⇨ '구체적' 위험성)을 기초로 하여, 이를 일반인의 입장에서 일반적 경험법칙에 따라 객관적 · 사후적으로 판단함으로써 얻어낸 구체적 위험성의 유무를 기준으로 위험성을 결정하는 입장이다(일부 판례).[359] 경찰승진 12

　　구체적 위험설은 불능미수의 위험성이란 법익침해의 위험성에서 한계지어져야 한다는 점을 주된 논거로 삼고 있다. 이를 신객관설(新客觀說; Die jüngere objektive Theorie)이라고도 하며, 보통 다수설로 분류된다.

　　예 시체를 살아 있는 사람으로 오인하여 살해하려고 한 경우

　　　┌ 일반인도 살아 있는 것으로 안 경우 ⇨ 불능미수
　　　└ 일반인은 시체임을 알고 있었던 경우 ⇨ 불능범

　㉡ 비판 : 구체적 위험설에 대해서는 행위자가 인식한 사정과 일반인이 인식할 수 있었던 사정이 일치하지 않을 경우에는 무엇을 기준으로 판단해야 하는가가 명백하지 않다는 비판이 있다.[360] 사시 11

④ 추상적 위험설(행위자위험설, 주관적 위험설, 주관적 객관설, 판례) 사시 10 · 11

　㉠ 내용 : 추상적 위험설(抽象的 危險說; Die Theorie der abstrakten Gefährlichkeit)은 행위시에 행위자가 인식한 사정을 기초로 하여 행위자가 생각한 대로의 사정이 존재하였으면 일반인(어느 정도 전문적 지식을 가진 자)의 판단에서 결과발생의 위험성이 있는 경우에는 불능미수이고, 위험성이 없는 경우에는 불능범이라는 견해이다(대부분의 판례).[361] 이는 주관적 — 행위자 — 위험설(主觀的 危險說; Theorie der subjektiven Gefährlichkeit)이라고도 한다. 판례는 대체로 추상적 위험설의 입장을 따르고 있다.

　　예 ① 행위자가 치사량 미달의 독약을 치사량으로 오인하고 투여한 경우(구체적 위험설에 의하더라도 위험)라든지, ② 설탕이라고 표기가 된 설탕병 안의 설탕을 독약으로 오인하여 살인의 의도로 투여한 경우에는 행위자가 의도했던 독약의 투여가 일반인의 입장에서 보면 위험성을 느끼게 하는 것이지만(추상적 위험설에 의하면 위험 有, 단 구체적 위험설에 의하면 위험 無[362]), ③ 행위자가 처음부터 설탕을 다량으로 투여하면 사람이 죽을 것으로 믿고 행위한 경우에도 행위자가 인식한 사정을 일반인의 관점에서 보

---

359 박상기, 364면; 배종대, 548면; 신동운, 515면; 오영근, 540면; 이재상, §29-24; 이정원, 315면 등. 신동운 교수는 강화된 구체적 위험설을 주장하며, 오영근 교수는 행위자가 아닌 일반인이 인식할 수 있었던 사정만을 기초로 한다는 점에서 기존의 구체적 위험설과는 다른 입장임을 강조한다.

360 이러한 비판에 대해서, 구체적 위험설 측에서는 양자가 일치하지 않을 때에는 일반인이 인식할 수 있었던 사정을 기초로 판단한다는 반론을 제시하고 있다.

361 김성천 / 김형준, 523면; 손동권, 440면(추상적 위험설을 기초로 하면서 구체적 위험설을 고려); 임웅, 375면; 정성근 / 박광민, 415면; 정영석, 225면; 정영일, 333면; 진계호 / 이존걸, 527면; 황산덕, 240면.

362 보충 설탕을 독약으로 오인한 경우, 구체적 위험설에서는 일반인이 인식할 수 있었던 사정을 기준으로, 일반인이 그것을 설탕으로 인식할 수 있었던 경우에는 위험성이 없다고 보게 되고(불능범), 일반인도 그것을 독약으로 인식할 수 있었던 경우라면 위험성이 있다고 보게 된다(불능미수). 가령 甲이 乙을 독살하려고 설탕을 청산가리라고 오인하고 乙에게 먹였는데, 그 병에 부착된 표시에 설탕이라고 기재되어 있는 경우에는 불능범이 되고, 청산가리라는 표시가 부착된 병에 들어있는 분말을 乙에게 먹였는데 사실은 설탕이었던 경우에는 불능미수가 된다.

면 위험성이 없으므로 불능범이 된다(주관설에 의할 경우에만 불능미수).[363]

ⓒ 비판 : 추상적 위험설에 대해서는 행위자가 경솔하게 인식한 사정을 기초로 위험성을 판단하는 경우에는 위험성 인정범위가 지나치게 확장된다는 비판이 있다.[364]

♟ **판례연구** 추상적 위험설을 취한 판례의 예시

1. 대법원 1978.3.28, 77도4049

에페트린, 빙초산 등을 가열해 메스암페타민을 제조하려다 염산메칠에페트린만 생성한 사례 : 불능범

피고인이 에페트린과 빙초산 등 화공약품을 혼합하고 섭씨 80도~90도로 가열하여 메스암페타민(속칭 히로뽕) 1킬로그램을 제조했으나 그의 제조기술과 경험부족으로 히로뽕 완제품 아닌 염산메칠에페트린을 생성시켰을 뿐으로 미수에 그친 경우, 피고인의 행위의 위험성을 판단하려면 '피고인이 행위 당시에 인식한 사정' 즉 원심이 인정한 대로라면 에페트린에 빙초산을 혼합하여 80~90도의 가열하는 그 사정을 놓고 이것이 객관적으로 제약방법을 아는 일반인(과학적 일반인)의 판단으로 보아 결과발생의 가능성이 있느냐를 따졌어야 할 것이다(위험성이 부정되어 불능범에 불과함). 국가9급 12

[보충] 히로뽕 판례 정리 : 약품배합미숙 – 불능미수, 제조기술부족 – 장애미수, 염산메칠에페트린 – 불능범

2. 대법원 2005.12.8, 2005도8105

소송비용을 편취할 의사로 손해배상청구의 소를 제기한 사례 : 불능범

불능범의 판단기준으로서 위험성 판단은 '피고인이 행위 당시에 인식한 사정'을 놓고 이것이 객관적으로 일반인의 판단으로 보아 결과발생의 가능성이 있느냐를 따져야 하고(추상적 위험설), 민사소송법상 소송비용의 청구는 소송비용액 확정절차에 의하도록 규정하고 있으므로 위 절차에 의하지 아니하고 손해배상금 청구의 소 등으로 소송비용의 지급을 구하는 것은 소의 이익이 없는 부적법한 소로서 허용될 수 없어, 소송비용을 편취할 의사로 소송비용의 지급을 구하는 손해배상청구의 소를 제기하였다고 하더라도 이는 객관적으로 소송비용의 청구방법에 관한 법률적 지식을 가진 일반인의 판단으로 보아 결과 발생의 가능성이 없어 위험성이 인정되지 않는다고 할 것이다. 법원9급 06 / 법원9급 07(하) / 국가7급 08 / 국가9급 09 / 법원행시 09 / 경찰채용 10 1차 / 경찰승진 10 / 법원행시 10 / 사시 10 / 경찰승진 11 / 사시 12 / 변호사 13 / 법원행시 14 / 사시 14 / 경찰채용 20 2차 / 변호사 23

---

⑤ (순)주관설 사시 10

ⓐ 내용 : 순주관설(純主觀說; Die subjektive Theorie)은 범죄의사가 확실하게 표현된 이상, 객관적으로 절대불능일지라도 가벌적 미수범으로 처벌하여야 한다고 하여 원칙적으로 불능범을 인정하지 않는 입장이다. 따라서 아예 구성요건해당행위가 없는 미신범을 제외하고는 대부분이 가벌적 미수로 처벌된다고 한다(독일 판례[365], 독일 형법 제23조 제3항).

ⓑ 비판 : 주관설에 대해서는 행위자의 의사에 지나치게 의존한 나머지 가벌성이 지나치게 확대된다는 비판이 대체로 제기된다. 경찰간부 13 / 경찰간부 17 우리 형법과는 어울리지 않는 입장이다.

---

363 보충 : 2003년 사시문제 치사량이 5g으로 표시된 독극물을 구입하여 인체에 무해한 것으로 알려진 0.1g이 치사량이라고 생각하고 이를 먹인 경우, ① 구체적 위험설에 의하면 일반인에게 무해한 것으로 알려진 0.1g이어서 위험성이 없으며(불능범), ② 추상적 위험설에 의하더라도 행위자는 '0.1g을 먹인다'는 것을 인식하였고 이에 대해 일반인이 위험성을 판단하면 위험성이 인정되지 않는다(불능범).

364 이러한 비판에 대해서는, 다시 행위자의 인식 즉 고의라는 것은 원래 경솔하게 인식하고 있는지의 여부를 가리지 않고 판단하면서 어찌하여 불능미수 문제에서는 경솔하게 인식한 사정을 위험성 판단의 기초로 삼으면 안 되는가는 추상적 위험설론자의 반론도 있다. 임웅, 373면 이하 참조.

365 독일의 판례 중에는 시체(屍體)에 대한 살인행위(RG 1, 451)도 가벌적 미수로 처리한다. 또한 임신하지 않은 부녀의 낙태(RG 8, 198)도 가벌적 미수로 처벌하고 있다. 그러나 우리 형법에서는 낙태죄는 미수를 처벌하지 않으므로 이 경우는 무죄가 될 것이다.

⑥ 인상설

   ⊙ 내용 : 인상설(印象說; Eindruckstheorie)은 법적대적 의사가 일반인의 법질서의 효력에 대한 신뢰와 법적 안정감을 동요시키는 인상을 줄 경우, 행위의 위험성을 인정할 수 있는 불능미수가 된다는 견해이다.[366]

   ⓛ 비판 : 인상설에 대해서는 법적 평온상태의 교란에 대한 인상만 있으면 가벌적 미수를 인정하는 것은 가벌성이 지나치게 확대되고, 위험성에 대한 설명은 될 수 있을지 모르나 위험성 판단기준은 제시하지 못하고 있다는 비판이 제기된다.

표정리 불능미수의 위험성에 관한 중요 학설 도해

구 분	구객관설		구체적 위험설		추상적 위험설	주관설
	• 절대적 불능 • 위험성 × • 불능범	• 상대적 불능 • 위험성 ○ • 불능미수	행위자 + '일반인' 인식사정 인식사정 일반인 : 위험성 판단		행위자 인식사정 일반인 : 위험성 판단	• 원칙 : 가벌적 미수 • 예외 : 미신범
수단의 착오	설탕을 하늘에 뿌림	치사량 미달의 독약	① 치사량 미달 불능미수		불능미수	불능미수
			② 설탕을 독약으로 오인 불능범		불능미수	불능미수
대상의 착오	시체	방탄복	③ 설탕에 살상력 有 불능범		불능범	불능미수
			④ 부적 불능범		불능범	불능범

---

03   불능미수의 처벌

결과발생이 불가능하더라도 잠재적 결과발생의 가능성이 있는 불능미수범은 감경 또는 면제할 수 있다(제27조).
국가9급 09 / 경찰승진 10 / 경찰간부 13 / 경찰승진 14 / 경찰간부 17 / 경찰채용 21 1차

불능미수도 미수범이므로 미수범처벌규정이 있어야 함은 물론이다.

🔨 **판례연구** 위험성이 인정되어 불능미수가 성립한 사례

1. 대법원 1954.1.30, 4286형상103

권총에 탄자를 충전하여 발사하였으나 탄자가 불량하여 불발된 경우에도 이러한 총탄을 충전하여 발사하는 행위는 결과발생을 초래할 위험이 내포되어 있었다 할 것이므로 불능범이라 할 수 없다. 법원9급 16

2. 대법원 1984.2.14, 83도2967

피고인이 피해자를 배춧국에 농약을 넣어 독살하려 하였으나 동인이 토함으로써 그 목적을 이루지 못한 경우, 사용한 독의 양이 치사량 미달이어서 결과 발생이 불가능한 경우도 있을 것이고, 한편 형법은 장애미수와 불능미수를 구별하여 처벌하고 있으므로 원심으로서는 이 사건 독약의 치사량을 좀 더 심리하여 피고인의 소위가 위 미수 중 어느 경우에 해당하는지 가렸어야 할 것이다. 법원행시 05

---

366 김일수 / 서보학, 513면; 손해목, 914면; 이형국, 302면.

3. 대법원 1984.2.28, 83도3331

이 사건 농약의 치사추정량이 쥐에 대한 것을 인체에 대하여 추정하는 극히 일반적·추상적인 것이어서 마시는 사람의 연령, 체질, 영양 기타의 신체의 상황 여하에 따라 상당한 차이가 있을 수 있는 것이라면 피고인이 요구르트 한 병마다 섞은 농약 1.6cc가 그 치사량에 약간 미달한다 하더라도 이를 마시는 경우 사망의 결과발생 가능성[367]을 배제할 수는 없다고 할 것이다.[368] 국가7급 07 / 국가9급 12 / 경찰간부 14

4. 대법원 1986.11.26, 86도2090

피해자의 잠바 왼쪽 주머니에는 금품이 들어 있지 않았었다 하더라도 피고인의 판시 소위는 절도라는 결과발생의 위험성을 충분히 내포하고 있으므로 이를 절도미수로 본 것은 정당하다. 경찰승진 11 / 경찰채용 15 1차

5. 대법원 1990.7.24, 90도1149

피고인이 원심 피고인에게 피해자를 살해하라면서 피고인에게 치사량의 농약이 든 병을 주고, 또 피해자 소유의 승용차의 브레이크호스를 잘라 제동기능을 상실시켜 피해자가 차를 운전하다가 인도에 부딪히게 한 각 행위는 어느 것이나 사망의 결과발생에 대한 위험성을 배제할 수 없다 할 것이므로 각 살인미수죄를 구성한다.

▶ 판례가 불능미수로 본 사안이나, 생각건대 위 사안의 행위는 장애미수로 보아야 한다(다수설).

6. 대법원 2007.7.26, 2007도3687

일정량 이상을 먹으면 사람이 죽을 수도 있는 초우뿌리나 부자 달인 물을 마시게 하여 피해자를 살해하려다 피해자가 토하여 미수에 그친 행위는 불능범이 아닌 살인미수죄에 해당한다. 경찰승진 10 / 경찰승진 11 / 법원행시 11 / 법원행시 14

7. 대법원 2019.3.28, 2018도16002 전원합의체

준강간의 불능미수 사건

피고인이 피해자가 심신상실 또는 항거불능의 상태에 있다고 인식하고 그러한 상태를 이용하여 간음할 의사로 피해자를 간음하였으나 피해자가 실제로는 심신상실 또는 항거불능의 상태에 있지 않은 경우에는, 실행의 수단 또는 대상의 착오로 인하여 준강간죄에서 규정하고 있는 구성요건적 결과의 발생이 처음부터 불가능하였고 실제로 그러한 결과가 발생하였다고 할 수 없다. 피고인이 준강간의 실행에 착수하였으나 범죄가 기수에 이르지 못하였으므로 준강간죄의 미수범이 성립한다. 피고인이 행위 당시에 인식한 사정을 놓고 일반인이 객관적으로 판단하여 보았을 때 준강간의 결과가 발생할 위험성이 있었으므로 준강간죄의 불능미수가 성립한다. 형법 제27조에서 규정하고 있는 불능미수는 행위자에게 범죄의사가 있고 실행의 착수라고 볼 수 있는 행위가 있지만 실행의 수단이나 대상의 착오로 처음부터 구성요건이 충족될 가능성이 없는 경우이다. 다만 결과적으로 구성요건의 충족은 불가능하지만, 그 행위의 위험성이 있으면 불능미수로 처벌한다. …… 형법 제27조에서 정한 '실행의 수단 또는 대상의 착오'는 행위자가 시도한 행위방법 또는 행위객체로는 결과의 발생이 처음부터 불가능하다는 것을 의미한다. 그리고 '결과 발생의 불가능'은 실행의 수단 또는 대상의 원시적 불가능성으로 인하여 범죄가 기수에 이를 수 없는 것을 의미한다고 보아야 한다. 한편 불능범과 구별되는 불능미수의 성립요건인 '위험성'은 피고인이 행위 당시에 인식한 사정을 놓고 일반인이 객관적으로 판단하여 결과 발생의 가능성이 있는지 여부를 따져야 한다(추상적 위험설 - 필자 주). …… 피고인이 피해자가 심신상실 또는 항거불능의 상태에 있다고 인식하고 그러한 상태를 이용하여 간음할 의사를 가지고 간음하였으나, 실행의 착수 당시부터 피해자가 실제로는 심신상실 또는 항거불능의 상태에 있지 않았다면, 실행의 수단 또는 대상의 착오로 준강간죄의 기수에 이를 가능성이 처음부터 없다고 볼 수 있다. 이 경우 피고인이 행위 당시에 인식한 사정을 놓고 일반인이 객관적으로 판단하여 보았을 때 정신적·신체적 사정으로 인하여 성적인 자기방어를 할 수 없는 사람의 성적 자기결정권을 침해하여 준강간의 결과가 발생할 위험성이 있었다면 불능미수가 성립한다. 경찰채용 20 2차 / 경찰간부 20 / 국가7급 20 / 변호사 20 / 국가9급 24

---

367 판례는 위험성과 가능성이라는 용어를 혼용하여 쓰는 경향이다.
368 참고 이 판례를 추상적 위험설을 취한 것으로 보는 평석으로는 임웅, 373면 참조.

★ 판례연구 위험성이 인정되지 않아 불능범에 불과하여 처벌하지 않은 사례

1. 대법원 1983.7.12, 82도2114

수입자동승인품목을 가사 수입제한품목이나 수입금지품목으로 잘못 알고 반제품인 양 가장하여 수입허가 신청을 하였더라도 그 수입물품이 수입자동승인품목인 이상 이를 무역거래법에 위반하여 사위 기타 부정한 행위로써 수입허가를 받은 경우에 해당한다고 볼 수 없다. 국가7급 07

2. 대법원 2002.2.8, 2001도6669

임대인과 임대차계약을 체결한 임차인이 임차건물에 거주하기는 하였으나 그의 처만이 전입신고를 마친 후에 경매절차에서 배당을 받기 위하여 임대차계약서상의 임차인 명의를 처로 변경하여 경매법원에 배당요구를 한 경우, 실제의 임차인이 전세계약서상의 임차인 명의를 처의 명의로 변경하지 아니하였다 하더라도 소액임대차보증금에 대한 우선변제권 행사로서 배당금을 수령할 권리가 있다 할 것이어서, 경매법원이 실제의 임차인을 처로 오인하여 배당결정을 하였더라도 이로써 재물의 편취라는 결과의 발생은 불가능하다 할 것이고, 이러한 임차인의 행위를 객관적으로 결과발생의 가능성이 있는 행위라고 볼 수도 없으므로 무죄를 선고하여야 한다. 법원행시 09 / 법원9급 16 / 경찰간부 20

	목 차	난 도	출제율	대표 지문
제1절 정범과 공범의 일반이론	01 범죄참가형태	下	★	• 제한적 정범개념 – 간접정범의 정범성을 설명하는 데 어려움이 있다. (○) • 공범독립성설은 간접정범의 정범성을 인정하나, 공범종속성설은 간접정범을 공범 속에 흡수해야 한다고 본다. (×)
	02 정범과 공범의 구별	中	★★	
	03 공범의 종속성	中	★★	
	04 공범의 처벌근거	下	★	
	05 필요적 공범	中	★★	
제2절 간접정범	01 서 설	下	★	• 공무원이 아닌 자가 허위사실을 신고하여 면장의 거주확인증을 발급받더라도 허위공문서 작성죄의 간접정범의 죄책을 지지 아니한다. (○) • 피고인이 7세의 아들에게 함께 죽자고 하여 물속에 따라 들어오게 함으로써 익사하게 한 경우, 위계에 의한 승낙살인죄가 성립한다. (×)
	02 간접정범과 신분범 및 자수범	中	★★	
	03 간접정범의 성립요건	上	★★★	
	04 간접정범과 착오	中	★★	
	05 간접정범의 미수	下	★	
	06 과실에 의한 간접정범과 부작위에 의한 간접정범	下	★	
	07 간접정범의 처벌	下	★	
	08 특수교사·방조	下	★	
제3절 공동정범	01 서 설	下	★	• 공동정범의 객관적 요건으로 "공동의사에 기한 기능적 행위지배를 통한 범죄의 실행사실"을 필요로 한다. (○) • 공동정범의 본질에 관한 범죄공동설에 따르면, 공동의 가담자들 사이에 서로 고의의 내용이 다른 경우에는 각자의 개별적인 고의범의 동시범이 인정되게 된다. (○) • 형법 제263조의 동시범은 상해와 폭행죄에 관한 특별규정으로서 동 규정은 그 보호법익을 달리하는 강간치상죄에는 적용할 수 없다. (○)
	02 공동정범의 성립요건	上	★★★	
	03 공동정범과 착오	中	★★	
	04 공동정범의 처벌	下	★	
	05 동시범	中	★★	
	06 합동범	中	★★	
제4절 교사범	01 서 설	下	★	• 교사범이 성립하기 위해서는 교사자의 교사행위와 정범의 실행행위가 있어야 하는 것이므로, 정범의 성립은 교사범의 구성요건의 일부를 형성하고 교사범이 성립함에는 정범의 범죄행위가 인정되는 것이 그 전제요건이 된다. (○) • 협의의 교사의 미수라 함은 피교사자가 교사받은 범죄의 실행에 착수하였으나 범죄를 완성하지 못한 경우를 말한다. (○)
	02 교사범의 성립요건	上	★★★	
	03 교사의 착오	中	★★	
	04 교사범의 처벌	下	★	
	05 관련문제	中	★★	
제5절 종 범	01 서 설	下	★	• 이른바 편면적 종범에 있어서도 정범의 범죄행위 없이 방조범만이 성립될 수 없다. (○) • 예비죄의 공동정범은 물론 예비죄의 종범도 인정된다. (×)
	02 종범의 성립요건	上	★★★	
	03 종범의 착오	中	★★	
	04 종범의 처벌	下	★	
	05 관련문제	中	★★	
제6절 공범과 신분	01 신분의 의의 및 종류	中	★★	• 형법 제33조 소정의 이른바 신분관계라 함은 남녀의 성별, 내·외국인의 구별, 친족관계, 공무원의 자격과 같은 관계뿐만 아니라 널리 일정한 범죄행위에 관련된 범인의 인적 관계인 특수한 지위 또는 상태를 지칭하는 것이다. (○)
	02 공범과 신분규정의 해석	上	★★★	
	03 소극적 신분과 공범	中	★★	

구 분	국가7급						국가9급						법원9급						경찰간부					
	18	19	20	21	22	23	19	20	21	22	23	24	18	19	20	21	22	23	18	19	20	21	22	23
제1절 정범과 공범의 일반이론	1								1		1		1											
제2절 간접정범		1				1	1																	
제3절 공동정범			1			1	1	2		1	1	1			1			1	1	1	1	1	1	
제4절 교사범		1				1					1				1	1		1		1	1	1		1
제5절 종 범			1	1				1					1	1					1		1	1		
제6절 공범과 신분		1	1								1		1						1	1	1			
출제빈도수	11/130						12/120						8/150						15/228					

06

정범과 공범론

	경찰채용						법원행시						변호사					
19	20	21	22	23	24	19	20	21	22	23	24	19	20	21	22	23	24
1		2	2	1							1						
1			1	1			1				1	1			1		
	2	1	2	1	1	1	1	1	1				2	1			1
			1					1		1							
			1	2	1					1					1	1	
	1	1	1					2		1			1				
	24/264						13/240						9/120				

CHAPTER

06 정범과 공범론

제1절 | 정범과 공범의 일반이론

01 범죄참가형태

범죄는 한 사람이 범할 수도 있으나 여러 사람이 함께 범할 수도 있다. 지금까지 범죄론에서 검토했던 것이 주로 1인이 범죄를 범하는 단독정범의 경우를 전제한 것이라면, 이 장에서는 다수(多數)의 범죄참가형태(犯罪參加形態; Beteiligungsformen) 즉 공범(共犯; Teilnahme; accomplice)의 문제를 다루게 된다. 이러한 다수의 범죄참가형태를 분류해보면 아래의 그림과 같다.

그림정리 형법상의 공범(최광의의 공범)

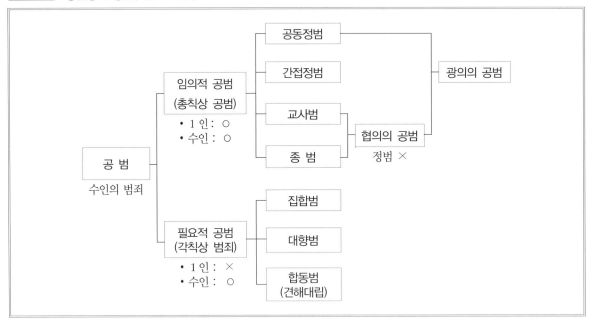

① 협의의 공범 : 정범이 아닌 순수한 의미의 공범을 말하며, 교사범과 종범이 여기에 속한다. 후술하는 정범과 공범의 구별 및 공범의 종속성에서 사용되는 공범이라는 말은 바로 협의의 공범을 뜻한다.

② 광의의 공범 : 협의의 공범에다가 공동정범을 합친 개념이며, 임의적 공범(任意的 共犯; zufällige Teilnahme)(총칙상 공범)이라고도 한다. 임의적 공범이란 말 그대로 1인이 범할 수도 있고 수인이 공범 형태로 범할 수도 있는 범죄를 말한다. 예컨대, 甲이 乙을 살해하는 경우에는 혼자서 범하는 경우도 있지만(단독정범), A가 甲과 공동하여 乙을 살해할 수도 있고(공동정범), B가 범행결의가 없었던 甲에게 살인의 의사를 가지게 하여 乙을 살해하게 할 수도 있고(교사범), C는 처음부터 범행결의를 가지고 있었던 甲을 도와주어서 살인의 결의를 더욱 강화시킬 수도 있다(종범 내지 방조범). 이렇게 공동정범,

교사범, 방조범은 꼭 수인이 범해야 하는 공범유형이 아니라, 1인이 범할 수도 있는 범죄를 수인이 가공하여 범할 수도 있는 범죄유형을 일컫는 것이다.

③ 최광의의 공범 : 광의의 공범에 필요적 공범까지 포함시킨 개념이다. 필요적 공범(必要的 共犯; notwendige Teilnahme)이라 함은 어떤 범죄를 범하기 위해 수인의 범죄참가가 필수적으로 요구되는 범죄유형을 말한다. 이러한 필요적 공범에는 집합범, 대향범 그리고 합동범(합동범은 필요적 공범으로 볼 수 있는가에 대해 견해의 대립이 있음)이 있는 바, 이에 대해서는 후술하기로 한다.

> **참고하기** 공범의 입법방식
>
> 공범을 법률에서 규정하는 방식에는 단일정범체계와 정범·공범 분리방식(이원적 체계)이 있다. 단일정범체계 (Einheitstätersystem)는 정범과 공범(교사범·방조범)을 구별하지 않고 모두 범죄자로 보면서 해당 범죄에 대하 여 차지하는 비중에 따라 형량을 고려하는 방식을 말한다. 오스트리아형법, 독일의 질서위반법, 우리나라의 경범 죄처벌법 제3조에서 나타나고 있다.[369]
>
> 그러나 우리 형법은 정범과 공범을 구별하고 특히 방조범은 정범보다 필요적으로 형을 감경하는 점을 고려할 때, 우리 형법의 입법방식은 정범·공범 분리(differenzierende Lösung)방식을 채택하고 있다고 보아야 한다(통설).

02 정범과 공범의 구별 국가9급 07

1. 정범의 개념

독일형법(제25조)과는 달리 우리 형법에는 정범(正犯; Täterschaft)의 개념에 관한 명문의 규정이 없으므로, 정범이 무엇인가의 문제는 학설에 위임되어 있다.

(1) 제한적 정범개념 국가9급 07

제한적 정범개념이론(制限的 正犯槪念理論; die Lehre vom restriktiven Täterbegriff)에 의하면 구성요건에 해당하는 행위를 스스로 행한 사람만이 정범이고, 구성요건적 행위 이외의 다른 행위에 의하여 결과야기에 가공한 자는 정범이 될 수 없다고 보게 된다. 이 입장은 교사범·종범에 대한 처벌규정을 둔 것을 형벌확장사유 (Strafausdehnungsgrund)로 이해한다.[370] 국가9급 07 / 국가9급 14 / 사시 14

(2) 확장적 정범개념 국가9급 07

확장적 정범개념이론(擴張的 正犯槪念理論; die Lehre vom extensiven Täterbegriff)은 구성요건적 결과발생에 조건을 설정한 자는 그것이 구성요건에 해당하는 행위인가를 불문하고 모두 정범이 된다는 견해이다. 교사범· 종범은 원래 정범이지만, 형법상 정범보다 가볍게 처벌하는 것은 형벌축소사유(Strafeinschränkungsgrund)로 이해한다.

---

369 임웅, 379면.
370 보충 공범규정은 정범의 처벌범위를 확장하는 처벌확장사유라고 하는 입장은 간접정범은 공범이라고 보게 된다. (○) 국가9급 07 ∵ 제한적 정범개념에 대한 설명인데, 제한적 정범개념에 의하면 직접 구성요건적 행위를 실행한 자가 아니면 모두 공범으로 보게 된다.

표정리 정범개념 개관

구 분	제한적 정범개념이론	확장적 정범개념이론
공범의 처벌	형벌확장사유	형벌축소사유 사시 11
정범과 공범의 구별	객관설(원인설)	주관설(조건설)

(3) 결론 - 형법의 정범개념

우리 형법은 법적 구성요건을 중시하는 제한적 정범개념을 근간으로 하고 있다. 예컨대 종범의 형을 정범보다 감경(제32조 제2항)하는 점이나 교사범을 죄를 실행한 자(정범)와 동일하게 처벌(제31조 제1항)하도록 규정한 점에서 이를 알 수 있다.

2. 정범과 공범의 구별기준

(1) 객관설

① 형식적 객관설 : 형식적 객관설(形式的 客觀說; die formell-objektive Theorie)은 각칙의 구성요건에 해당하는 행위를 직접 행한 자만이 정범이고, 그 이외의 행위를 한 자는 공범이라는 입장이다. 사시 12

> **예** 甲·乙·丙이 丁(女)을 강간하기로 하고 뒷산으로 끌고 가서 甲은 망을 보고, 乙과 丙은 丁을 강간한 경우, 형식적 객관설에 의하면 乙과 丙만 정범에 해당하게 되고 甲은 종범에 불과하게 된다.

> **비판** 1. 정범의 범위를 너무 제한적으로 해석한다.
> 2. 타인을 이용하여 범행을 하는 간접정범의 정범성을 인정할 수 없다. 사시 12
> 3. 공동정범에서 주관적 공동의사의 측면을 무시하므로 직접 구성요건을 실현하지 않는 한, 대부분 인정할 수 없다. 결국 공동정범과 방조범을 구별할 수 없게 된다.

② 실질적 객관설 : 실질적 객관설(實質的 客觀說; die materiell-objektive Theorie)은 인과관계론의 원인설을 근거로, 결과발생에 직접 원인을 주었는가 단순한 조건을 주었는가라는 행위가담의 위험성의 정도에 따라 정범과 공범을 구별하는 견해이다. 필요설, 동시설, 사시 12 우세설 등이 있다.

> **비판** 1. 인과관계론의 학설 기준을 정범과 공범의 구별기준으로 삼은 방법론상의 결함이 있다.
> 2. 공동정범과 방조범의 구별에 의미는 있지만, 간접정범과 교사범의 구별에는 무용하다. 두 경우 모두 실질적 원인으로 작용하기 때문이다.
> 3. 객관적 기준만에 의존하였다는 점에서 형식적 객관설과 동일한 한계가 지적된다.

(2) 주관설

① 의의 : 주관설(主觀說; subjektive Theorie)은 인과관계에 관한 조건설(등가설)을 전제로, 정범과 공범은 모두 결과에 대해서 조건을 제공한 점에서 차이가 없으므로 정범과 공범의 구별은 주관적 요소에 의해서만 가능하다는 견해이다. 독일의 판례(BGH)의 입장이기도 하다.[371]

② 종 류

㉠ 의사설(고의설; Dolustheorie) : 정범의사(자기의 범죄로 실현하려는 의사. Täterwillen, animus auctoris)를 가지고 행위한 자는 정범이고, 공범의사(타인의 범죄에 가담할 의사. Teilnahmewillen, animus socii)를 가지고 행위한 자는 공범이라는 견해이다.

㉡ 이익설(목적설; Zwecktheorie) : 자기의 이익을 위하여 범죄를 저지른 경우는 정범이 되고, 타인의 이익을 위해 행위한 경우는 공범이 된다는 견해이다. 사시 12

---

371 독일의 판례가 주관설을 일관한 것은 아니지만, 주관설에 의한 판례로는 BGHSt 18, 87(소위 Staschinsky 사건) 참조.

비판 1. 정범의사와 공범의사가 무엇인지는 정범과 공범의 의미를 파악함이 그 전제가 되므로, 주관설은 순환론에 빠지게 된다.

2. 행위자가 이타적인 이유에서 행위할 경우에도 현행형법상 정범성을 인정해야 할 경우가 있다.

 예 촉탁살인(제252조 제1항), 촉탁낙태(제269조), 타인에게 재산상 이익을 취득하게 한 사기(제347조 제2항) 등 사시 12

3. 정범의사 여부와 자기의 이익을 위한 것인가 여부는 법관의 판단에 의하여 판단하여야 하므로, 정범과 공범의 구별이 구성요건의 문제에서 양형의 문제로 변질된다.

(3) 행위지배설

행위지배설(行爲支配說, Tatherrschaftslehre)은 객관적 요소(범죄실현에 대한 행위기여 내지 사건진행에 대한 지배·조종)와 주관적 요소(조종의사)를 모두 고려하여 행위지배(行爲支配 : 구성요건에 해당하는 사건진행의 '장악'(In-den-Händen-Halten)가 있는가를 결정하고, 행위지배의 유무에 따라 정범과 공범을 구별하는 견해이다. 사시 12

여기에서 행위지배라 함은 전체적인 범행수행과정에서 자기의 의사에 따라 사건진행을 멈추거나 계속시킬 수 있으며 행위수행의 방법을 결정할 수 있는 것을 말한다. 이러한 행위지배가 있으면 정범이요, 없으면 공범에 불과하다.[372] 우리나라에서는 Roxin의 행위지배설[373]을 따르는 것이 통설·판례의 입장이다.[374]

① 내용 : 정범이란 행위수행을 지배하는 자─구성요건에 해당되는 사건진행의 중심인물─이고, 사건의 전개과정을 지배하지 못하는 자는 공범에 불과하다.

㉠ 구성요건을 직접 실행한 자는 그의 의사 여하를 불문하고 정범이다.

㉡ 실질적으로 행위를 지배하거나 혹은 공동을 지배하는 자는 정범이다.

㉢ 행위지배는 전체적인 범행수행과정에서 자기의 의사에 따라 사건진행을 멈추거나 계속시킬 수 있는 자에게 인정된다.

 예 공동정범과 간접정범은 직접 구성요건적 행위에 가담하지 않더라도 행위진행을 조정·분담하고 지배적 입장에서 이를 지휘하거나 감시·감독하는 자이다.

② 행위지배설의 한계 : 행위지배설은 정범과 공범의 구별기준으로서 가장 합리적이지만, 진정신분범과 자수범에서 그 한계가 나타난다. 사시 12

㉠ 신분범 : 현실적인 행위지배 여부와는 관계없이 행위가담자가 구성요건상의 신분자이면 그는 진정신분범의 정범이 되고 반대로 실행지배가 있더라도 신분이 없는 자는 정범(직접정범·간접정범)이 되지 못한다는 점이 지적될 수 있다. 이는 신분범이 가지는 의무범(Pflichtdelikten)의 성격에서 기인한다.

 예 • 형법 제317조(업무상 비밀누설)의 직무에 있는 자(신분자)가 일반인(비신분자)으로 하여금 타인의 비밀을 누설하게 한 경우에 직접 비밀을 누설한─행위지배를 한─비신분자는 '신분 없는 고의의 도구'에 불과하며 누설하게 한 신분자만이 (간접)정범이 된다.

 • 형법 제129조 제1항(수뢰)의 신분인 공무원이 고의 있는 그의 처를 이용하여 뇌물을 받은 경우 직접 실행지배한 처(고의 있는 신분 없는 도구)는 수뢰죄의 정범이 될 수 없고 신분 있는 공무원만이 수뢰죄의 간접정범이 된다.

---

372 **보충** 구성요건적 행위는 단순한 내적 의사나 외적 사건이 아니라 객관적·주관적 의미의 통일체이므로 **정범과 공범의 구별기준에 대한 것 역시 주관적 조종의사뿐만 아니라 객관적 행위가담의 정도도 고려하여 구별해야 한다는 점에서, 행위지배설이 타당하다.** 다만 행위지배란 구체적인 정범의 요소를 담고 있지 않은 정범의 지도형상에 불과하므로, 각 정범의 유형별로 정범의 요소는 해당되는 행위지배의 표지에 맞게 구성해야 할 것이다. 이에 각 정범별로 별도의 정범의 표지(요소)가 필요하게 된다.

373 Roxin, Täterschaft und Tatherrschaft, 3. Aufl,, 1975, S.22, 275ff, 547ff, 591ff.

374 **보충** Welzel의 행위지배설은 목적적 행위지배(finale Tatherrschaft)를 하는 자를 정범이라 하고(목적적 행위지배설), Roxin의 행위지배설은 실행지배는 직접정범, 의사지배는 간접정범, 기능적 행위지배는 공동정범의 정범성 표지로 세우는 유형화된 주장을 하고 있다. Roxin의 견해를 지지하는 입장이 통설이다.

ⓛ **자수범** : 구성요건의 성질상 직접 구성요건을 실현한 자만이 정범이 되기 때문에 행위지배와 행위 기여는 정범성 판단의 기준이 되지 않기 때문에, 구체적으로 설령 의사지배가 있더라도 간접정범이 성립할 수 없다는 문제점이 지적될 수 있다.[375]

> 📖 위증죄는 직접 허위진술한 증인만이 주체가 된다. 따라서 위증을 강요한 경우 의사지배가 인정된다 하더라도 위증죄의 간접정범은 인정될 수 없고, 교사범 성립만 가능할 뿐이다.

3. 정범의 종류와 그 표지(Roxin)

(1) 실행지배(Handlungsherrschaft) ⇨ 단독정범(또는 직접정범)의 정범성의 표지

(2) 의사지배(Willensherrschaft) ⇨ 간접정범의 정범성의 표지

(3) 기능적 행위지배(funktionelle Tatherrschaft) ⇨ 공동정범의 정범성의 표지

표정리 정범과 공범의 구별기준 개관

객관설	1. 형식적 객관설(제한적 정범개념이론) 2. 실질적 객관설(원인설) : 우위설, 직접설, 필요설, 동시설
주관설	1. 이익설(목적설), 2. 의사설(고의설)
행위지배설	Roxin의 행위지배설 • 신분범, 의무범, 자수범은 행위지배가 정범의 표지가 아니다. • 지배범 ┌ 단독정범 : 실행지배 ├ 간접정범 : 의사지배 └ 공동정범 : 기능적 행위지배

03 공범의 종속성

1. 공범독립성설과 공범종속성설 국가7급 14

(1) 공범독립성설(共犯獨立性說)

① 내용 : 공범(협의의 공범 : 교사범·종범)은 피교사자·피방조자의 범행실행과는 상관없이 스스로의 교사행위·방조행위만으로도 공범이 성립한다는 입장이다.

② 비판 : 범죄의사의 표현만으로도 반사회적 위험성이 표출된 것으로 보아 공범이 성립한다는 주관주의 범죄이론에 불과하고, 결국 공범의 성립범위가 지나치게 확장될 것이며 간접정범도 모두 공범으로 보게 되어 간접정범과 교사범도 구별할 수 없게 된다.

(2) 공범종속성설(共犯從屬性說)

정범의 성립은 교사범·종범과 같은 협의의 공범의 구성요건의 일부를 형성하고, 교사범·종범이 성립하려면 먼저 정범의 범죄행위가 인정되는 것이 그 전제조건이 된다고 보아야 한다는 입장으로서, 통설과 **판례**(대법원 1981.11.24, 81도2422)의 입장이다. 법원행시 12 / 법원9급 21 / 경찰승진 10 / 경찰승진 14

공범의 성립범위를 합리적으로 제한할 수 있다는 점에서 타당한 입장이다.

---

375 **보충** Roxin에 따르면, 행위지배의 개념은 모든 경우에 적용되는 기술적 요소가 아니라 정범현상의 지도개념에 지나지 않는다고 하였고, 자수범의 정범성은 행위지배 유무에 의해 결정된다고 하였다. (×) ∵ 자수범의 정범성은 행위지배설만으로는 설명되지 않는다.

구 분	공범종속성설(통설·판례)	공범독립성설
범죄이론	객관주의 : 정범의 범죄가 객관적으로 있어야 공범도 성립하게 된다.	주관주의 : 범죄란 행위자의 반사회성의 징표이기 때문이다.
공범의 미수	• 정범의 행위가 가벌미수로 된 때에만 공범의 미수를 인정한다. • 기도된 교사(제31조 제2항·제3항) ⇨ (교사자의 특유한 불법에 근거한) 특별규정으로 본다. 국가9급 14 → 예비죄에 대한 공범 성립 부정	• 정범의 실행행위가 없는 경우에도 공범의 미수를 인정한다(교사나 방조행위 그 자체만으로 공범 성립). • 기도된 교사(제31조 제2항·제3항) ⇨ 공범독립성설의 근거이다. → 예비죄에 대한 공범 성립 긍정
간접정범	피이용자의 행위를 정범의 행위로 볼 수 없으므로 이용자는 정범이 된다. ⇨ 간접정범 긍정 경찰승진 12	교사·방조행위가 있으면 공범이 성립한다. ⇨ 간접정범 부정 경찰승진 12
공범과 신분	신분의 연대성을 규정한 형법 제33조 본문을 당연규정으로 본다.	신분의 개별성을 규정한 형법 제33조 단서를 원칙적 규정으로 본다.
자살관여죄	자살이 범죄가 아님에도 불구하고 교사·방조자를 처벌하는 것이다. ⇨ (생명관련) 특별규정	공범독립성설의 유력한 근거로 본다. ⇨ 예시규정으로 본다.

2. 공범종속의 형식

이상에서 공범의 종속성 여부에 관해서 공범종속성설이 타당하다는 점을 설명하였다. 그렇다면 공범의 종속성을 인정하는 전제에서, 공범이 성립하기 위해서는 정범의 행위가 어느 정도로 범죄구성요건을 구비해야 하는가가 문제되는바, 이를 '공범의 종속형식' 내지 '공범종속성의 정도'라 한다. 여기에는 다음의 4가지 형식이 있다.[376]

① 최소한 종속형식(最小限 從屬形式; minimal akzessorische Form, minimale Akzessorietät) 사시 11

　㉠ 내용 : 정범의 행위가 구성요건에 해당하기만 하면 공범이 성립하며 그 이상 그것이 위법·유책할 필요는 없다는 형식이다. 국가9급 14 최소한 종속형식에 의하면 대부분의 가공행위는 공범으로 처벌되므로 공범의 성립범위를 가장 넓게 인정하게 된다.

　㉡ 비판 : 최소한 종속형식에 대해서는 타인의 위법하지 않은 행위를 이용하는 경우에도 공범의 성립을 인정하게 된다는 비판이 있다. 예를 들어, 타인으로 하여금 정당방위를 하도록 하게 하거나, 친권자에게 정당한 방법으로 그의 자녀인 미성년자를 징계하도록 설득한 행위를 종용한 경우까지도 교사범으로 보게 되는 것은 불합리하다는 것이다.

② 제한적 종속형식(制限的 從屬形式; limitiert akzessorische Form, limitierte Akzessorietät) 사시 11 / 변호사 14

　㉠ 내용 : 공범이 성립하기 위해서는 정범의 행위가 구성요건에 해당하고 위법할 것을 요한다는 형식이다. 따라서 정범의 책임성까지를 요하지 않기 때문에 비록 정범이 그 책임이 조각된다 하더라도 공범이 성립할 수 있다고 보게 된다. 우리의 통설이다.[377] 범죄라는 개념도 상대적인 것이니만큼

---

376 이는 원래 M.E.Mayer의 분류방법이다. M.E.Mayer. Der Allgemeine Teil des deutschen Strafrechts, Lehrbuch, 2. Aufl, 1923, S.391ff.

377 참고 1969년의 독일의 개정형법(1975년 1월 1일 시행)에서도 "고의의 위법(違法)한 행위"라고 규정함으로써 제한적 종속형식을 명백히 하였다. 즉 독일형법 제26조(교사범)과 제27조(방조범)에 있어서는 교사범·방조범이 성립하기 위해서는 교사·방조를

제31조 제1항의 '죄'나 제32조 제1항의 '범죄'는 구성요건해당성과 위법성을 갖추면 족하고 책임까지 있어야 할 필요는 없다는 입장이다.[378]

ⓒ 평가 : 통설이 제한적 종속형식을 취하는 이유는 책임능력이 없는 12세나 13세의 형사미성년자를 교사하여 범죄를 실현하게 한 경우, 아래의 극단적 종속형식을 취하게 되면 교사자를 교사범으로 처벌할 수 없게 된다는 모순을 바로 잡기 위한 것이다.

③ 극단적 종속형식(極端的 從屬形式; extrem akzessorische Form, strenge Akzessorietät) 사시 10 / 사시 11

ⓐ 내용 : 공범이 성립하기 위해서는 정범의 행위가 구성요건에 해당하고 위법하며 유책함을 요한다는 형식이다.[379] 따라서 이러한 요소 중 어느 하나라도 결여하게 되면 공범이 성립하지 않게 된다. 이러한 입장은 극단적 종속형식을 취하는 근거로서 형법 제31조의 「타인을 교사하여 '죄'를 범하게 한 자」, 제32조의 「타인의 '범죄'를 방조한 자」라는 규정에서, 바로 정범의 행위가 범죄의 성립요건을 완전히 갖추어야 한다는 것을 규정하고 있다는 점을 들고 있다. 극단적 종속형식에 의하면 책임능력자가 형사미성년자를 이용하여 범죄를 실행케 한 경우에는 정범자(형사미성년자)에게 책임성이 없으므로 교사범이 성립하지 않고 '간접정범'의 성립을 인정하게 된다. 따라서 극단적 종속형식은 제한적 종속형식에 비하여 간접정범이 성립하는 범위가 넓다.

ⓑ 비판 : ⓐ 정범에게 책임이 있어야만 공범이 성립하고, 정범에게 책임이 없는 경우에는 공범이 성립하지 않는다는 것은 책임개별화원칙(자기책임원칙)에 반한다. ⓑ 형법 제31조 제2항과 제3항에서는 피교사자가 실행에 나가지 않은 때에도 교사자는 처벌을 받도록 하고 있는바, 이는 극단적 종속형식과 일치하지 않는다.[380] ⓒ 책임 없는 정범자의 범행을 교사·방조한 자에게 간접정범의 성립을 인정할 뿐인데, 간접정범의 요건인 의사지배가 결여되어 있는 경우에는 처벌할 수 없다는 문제가 있다.[381] 국가7급 09

④ 초극단적 종속형식(超極端的 從屬形式; hyper-akzessorische Form)(확장적 종속형식) 사시 11

ⓐ 내용 : 정범의 행위가 구성요건에 해당하고 위법하며 유책할 뿐만 아니라 나아가 가벌성의 요건(처벌조건)까지도 갖추어 완전한 범죄로서 처벌될 수 있어야만 비로소 공범이 성립한다는 형식이다.

ⓑ 비판 : 정범의 신분관계로 인한 형벌의 가중·감경의 정황까지도 공범에게 귀속되므로써 공범의 처벌을 중하게도 하고 경하게도 하고, 정범에게 일신전속적 처벌조각사유가 있는 경우에도 공범의 성립을 부정하게 되므로 현행형법의 해석론으로써는 취하기 곤란하다. 이러한 형식을 취하는 학자는 없다.

받은 자 즉, "타인의 고의의 위법행위(rechtswidrige Tat)"가 있어야 함을 명문으로 규정하고 있다. 따라서 독일에서는 제한적 종속형식이 통설의 입장을 차지하고 있다. 또한 동법 제29조에서는 "각 관여자는 타인의 책임과 관계없이 자기의 책임에 따라 처벌된다"고 하여 자기책임원칙 내지 책임개별화원칙도 규정하고 있다.

378 이러한 지적은 예를 들어, 임웅, 393면; 이재상, § 31-42; 정성근 / 박광민, 502면; 진계호, 549면 등 참조.

379 극단적 종속형식이 형법의 해석과 조화된다는 소수설은 신동운, 581면; 오영근, 656면 이하; 정영석, 250면 등 참조.

380 이재상 §31-42; 정성근 / 박광민, 502면; 진계호, 549면.

381 보충 12세나 13세의 형사미성년자로 하여금 범죄를 실행하게 한 경우, 극단적 종속형식에 의하면 정범에게 책임이 있어야 공범이 성립하게 되므로 이 경우 교사범이나 방조범은 성립할 수 없고 간접정범의 성부만을 검토할 수 있을 따름인데 이는 타당하지 않다. 간접정범에서 후술하듯이, 간접정범은 이용행위자가 피이용자의 의사를 지배하는 요소가 필요한데 의사지배의 요소가 결여된 경우에는 간접정범도 성립하지 못하게 되므로 공범자를 처벌할 수 없다는 결론에 이르게 될 것이기 때문이다. 따라서 제한적 종속형식을 취하는 것은 불가피해 보인다.

⑤ 소결 : 최소한 종속형식이나 초극단적 종속형식을 수용할 수는 없다는 점에서, 초점은 제한적 종속형식과 극단적 종속형식 중 어떤 것이 더욱 타당한가 내지 우리 형법과 더욱 조화되는가의 문제에 맞추어진다. 생각건대, 우리 형법이 ─독일형법과는 달리─ 제한적 종속형식을 명시적으로 채택한 규정은 두고 있지 않다 하더라도, 통설인 제한적 종속형식이 자기책임원칙 내지 책임개별화원칙에 부합된다는 점에서 가장 타당하다고 볼 수밖에 없다.

표정리 공범종속의 형식 개관

최소한 종속형식	제한적 종속형식	극단적 종속형식	초극단적 종속형식
정범의 행위가 구성요건에 해당하는 실행행위만 있으면 그 행위가 위법·유책하지 않은 경우에도 공범이 성립한다는 종속형식이다.	정범의 행위가 구성요건에 해당하고 위법하기만 하면 유책하지 않은 경우에도 공범이 성립한다는 종속형식이다(통설). ※ 공범=제한적 종속형식(정범의 不法)＋책임개별화(공범 자신의 책임)	정범의 행위가 구성요건에 해당하는 위법·유책행위인 경우에 비로소 공범도 성립한다는 종속형식이다.	정범의 행위가 구성요건해당·위법·유책할 뿐만 아니라 신분에 의한 형의 가중·감경 및 가벌성의 조건까지 갖추어야 공범이 성립한다는 종속형식이다.

참고하기 제한적 종속형식의 의미

공범(교사범·종범)이 성립하기 위해서는 정범의 행위는 다음의 요건을 갖춰야 한다.
1. 정범의 행위는 고의범의 객관적·주관적 구성요건에 해당하여야 한다.
   - 구성요건에 해당하면 되므로 정범이 미수에 그쳐도 미수범처벌규정이 있으면 공범의 성립에는 상관없다.
     ▶ 이를 협의의 교사(방조)의 미수라고도 부른다.
   - 정범은 고의범에 한한다. 과실범에 대한 공범이란 인정될 수 없기 때문이다. 과실범에 대한 공범은 오히려 간접정범으로 인정될 수 있다.
   - 고의와 과실의 결합형태인 결과적 가중범의 경우에도 공범 성립이 가능하다.
2. 정범의 행위는 위법하여야 한다.
   정범의 행위가 위법성이 조각되는 경우에는 공범이 성립할 수 없다. 그러므로 정당방위(제21조)를 격려·지원하였다고 해서 종범이 성립되지 않는다. 정범의 행위가 구성요건해당성 내지 위법성이 조각되는 경우 이를 이용하는 행위는 간접정범이 성립할 뿐이다.
3. 정범의 행위는 유책할 것을 요하지 않는다.
   13살짜리 아들에게 범행을 교사하는 경우 아들은 책임이 없지만(제9조), 아버지는 교사범으로 처벌된다. 즉, 공범의 불법은 정범의 불법에 종속하여 성립하지만, 공범의 책임은 그 자신의 비난가능성을 내용으로 평가되는 것이다(자기책임 내지 책임개별화).
     ▶ 甲이 乙에게 甲의 부를 살해하라고 교사하여 乙이 살해한 경우, 乙은 보통살인죄의 정범이 되고 甲은 존속살해죄의 교사범이 된다. 책임(비난가능성)의 경중은 행위자마다 모두 다른 것이기 때문이다.

공범의 처벌근거(Strafgrund der Teilnahme)의 문제는 '共犯은 왜 處罰되는가'의 문제이다.[382] 공범의 처벌근거에 대해서는 대체로 다음의 5가지 견해가 제시되고 있다.[383]

① 책임가담설(責任加擔說; 책임가공설, 책임공범설; Schuldteilnahmetheorie)[384] 사시 10

　㉠ 내용 : 공범의 처벌근거를, 공범자가 정범자를 유혹하여 유책한 범행으로 이끌어서 타락(墮落) 내지 부패(腐敗)(Charakterverderbnis)시켰다는 점에서 찾는 입장이다. 즉 공범은 정범의 유책화(Schuldig werden)에 책임을 져야 한다는 것이다. 책임가담설은 극단적 종속형식과 논리적으로 결부된다. 국가9급 08 왜냐하면, 책임가담설에 의하면 공범처벌의 전제가 되는 정범의 행위는 구성요건에 해당하고 위법하며 나아가 '유책'한 행위이어야 하기 때문이다.

　㉡ 비판 : 책임가담설은 -독일형법이 개정되어 제한적 종속형식을 채택하기 이전에 제시된 입장으로서- 제한적 종속형식의 입장 및 책임개별화의 원칙과 조화될 수 없는 것이므로 받아들일 수 없다.[385] 국가9급 14 오늘날 책임가담설을 따르는 학자는 없다.

② 불법가담설(不法加擔說; 불법가공설, 불법공범설; Unrechtsteilnahmetheorie)[386]

　㉠ 내용 : 공범의 처벌근거를, 공범자가 정범자를 사회와의 대립상태로 만듦으로써 정범의 사회적 완전성(soziale Integrität)을 침해하는 '사회와의 일체성 해체'(soziale Desintegration)에 이르게 하여 법적 평화(Rechtsfriede)를 해하였다는 점에서 찾는 입장이다.[387] 국가9급 08

　책임가담설이 극단적 종속형식과 통한다면, 불법가담설은 책임가담설을 -1943년 개정된 독일형법의 제한적 종속형식 및 책임개별화원칙의 규정과 조화시키고자- 제한적 종속형식에 따라 변형시킨 이론이다.[388] 이 설에 의하면 진정신분범에 가공한 비신분자의 공범의 성립도 쉽게 인정될 수 있으며, 정범의 범행의 미수를 목표로 삼은 소위 미수의 교사의 불법도 인정될 수 있게 된다.

　㉡ 비판 : ⓐ 교사범은 설명할 수 있어도 종범의 처벌근거를 설명하기는 어렵고,[389] ⓑ 정범의 범행에 대한 공범의 인과적 행위분담만을 강조한 결과 필요적 공범인 대향범의 상간자도 공범이 되는 결과가 되며,[390] ⓒ 우리 형법의 기도된 교사의 처벌규정(제31조 제2항·제3항)을 설명할 수 없고,[391]

---

382 참고 : 공범의 처벌근거의 논의의 의의 공범의 처벌근거의 문제를 함부로 다루게 되면, 결과에 대하여 인과관계가 있는 모든 행태가 공범으로 인정되어 처벌될 수 있게 되는데, 이는 죄형법정주의의 구성요건적 명확성원칙에 반하는 결과가 된다. 따라서 공범의 행위를 정범의 불법행위에 종속시키는 공범종속성이론은 명확한 구성요건적 실행행위와는 다소 먼 거리에 있는 공범의 가벌성을 제한하고자 하는 법치국가적 목적에 그 목적론적 의미가 있다고 보아야 한다(Roxin, LK, 10. Aufl, Rn.16, Vor §26). 바로 여기에 공범의 처벌근거를 규명해야 하는 이유가 있다.

383 수험을 위한 조언 이론적인 부분이니 공무원 수험생들은 순수야기설, 종속적 야기설, 혼합적 야기설을 -강의내용에 따라- 간단히 비교해보고 나머지는 참고만 해두어도 충분하다.

384 책임가담설로서의 타락설(Korrumpierungstheorie als Schuldteilnahmetheorie)이라고도 한다.

385 독일형법 제29조의 '관여자의 독립적 가벌성' 규정에 의하면 "각 관여자는 타인의 책임과는 관계없이 자기의 책임에 따라 처벌한다"(Jeder Beteiligte wird ohne Rücksicht auf die Schuld des anderen nach seiner Schuld bestraft)고 규정하고 있다. 따라서 독일에서도 책임가담설은 현재 지지자가 없다. 이 점을 지적한 글로는 예를 들어, 이형국, 연구Ⅱ, 569면 참조.

386 불법가담설로서의 타락설(Korrumpierungstheorie als Unrechts Teilnahmetheorie) 혹은 사회적 완전성 침해설이라고도 한다.

387 이는 60년대 스위스의 트렉셀(Trechsel)이 주장한 이론이다. 김일수, 새로 쓴 형법총론, 519면. 참고로 Trechsel의 이러한 주장은 Trechsel, Der Strafgrund der Teilnahme, 1967, S. 55 참조. 그리고 이를 불법가담설(Unrechtsteilnahmetheorie)이라고 부른 것은 Samson이다. Rudolphi / Horn / Samson / Schreiber, Systematischer Kommentar zum Strafgesetzbuch, AT, 2. Aufl, 1977, Vor §26 Rn. 5.

388 이러한 지적은 이재상, §31-45; 임웅, 394면 참조.

389 예를 들어 이재상, §31-45 참조.

390 박상기, 375면.

391 대체로 후술하는 혼합적 야기설의 지지자에 의한 비판이다.

ⓓ 사회적 일체성의 해체라든가 법적 평화를 해하였다고 하는 개념 자체도 모호하다.

③ 순수야기설(純粹惹起說; reine Verursachungstheorie)[392]

  ㉠ 내용 : 공범의 처벌근거를 정범의 범행에서 찾을 필요가 없고 공범 스스로의 교사·방조행위(자신 스스로의 구성요건적 불법 : eigenes tatbestandliches Unrecht)에서 구하면서, 정범자가 실현한 결과를 공 범자가 함께 야기(verursachen)한 점에서 보는 견해이다.[393] 국가9급 08

    순수야기설에 의하면 정범의 행위는 그것이 결과발생에 대해 인과관계가 있는 한, 구성요건에 해당 하거나 또는 위법함을 요구하지 아니하게 되어, 결국 공범독립성설과 통하게 된다.

  ㉡ 비판 : 공범은 정범의 성립에 종속한다는 공범종속성설에 반한다는 비판이 제기된다.

④ 종속적 야기설(從屬的 惹起說; akzessorietätsorientierte Verursachungstheorie)[394]

  ㉠ 내용 : 순수야기설을 공범종속성원칙에 의하여 수정한 입장이다. 종속적 야기설에 의하면, 공범의 처벌근거는 공범자가 타인으로 하여금 범행결의를 갖게 함으로써 정범의 구성요건해당성이 있고 위법한 행위를 야기·조장시켰고 이때 공범 스스로는 유책하게 행위한 점에 있다. 즉 공범의 불법은 정범의 불법에 종속되고 책임에 있어서는 공범의 자기책임 내에서 범죄가 성립하게 된다는 견해이 다. 제한적 종속형식과 조화되는 견해로서 다수설의 입장이다.

  ㉡ 비판 : ⓐ 이 견해에 의할 때 정범의 범죄행위가 없으면 공범을 처벌할 수 없기 때문에 효과없는 교사(제31조 제2항)와 실패한 교사(제31조 제3항)의 가벌성을 긍정한 우리 형법의 태도와 맞지 않고, ⓑ 함정수사를 당하는 피교사자가 범행의 실행에 착수하였는데도 교사자인 함정수사자가 처벌되지 않는 이유를 설명할 수 없으며, ⓒ 종속적 야기설의 이론적 기초는 법익침해 또는 그 위험에 위법의 실질을 구하는 법익침해설(결과반가치론)에 있기 때문에 정범이 실행에 착수하지 않은 경우의 공범 자의 처벌문제에 대해서 설명하지 못한다는 취지의 비판이 제기되고 있다. 이는 모두 혼합적 야기 설에 의한 비판이다.

⑤ 혼합적 야기설(混合的 惹起說; gemischte Verursachungstheorie)[395]

  ㉠ 내용 : 공범의 불법은 일면 정범의 행위에서 찾고(종속적 야기설), 다른 한편 공범자의 독자적인 법익 침해에서 도출된다(순수야기설)는 입장이다. 국가9급 08

    혼합적 야기설 내에서도 ⓐ 공범자는 스스로 실행행위를 하지 않고 정범의 불법한 행위에 가담하여 비로소 처벌대상이 되지만, 그 불법의 내용은 공범자 스스로 자신의 고의로써 보호법익을 정범의 행위를 통하여 간접적으로 침해하였다는 점에서 자신의 불법을 실현하였다는 견해(종속적 법익침해 설)[396]와 ⓑ 공범의 불법 중 행위불법은 공범 자신의 교사·방조행위에서 독립적으로 인정되고, 결 과불법은 정범에 종속한다는 견해(행위반가치·결과반가치 구별설)[397]의 2가지 견해가 있다.[398]

  ㉡ 평가 : 이 견해에 의할 때 ⓐ 형법상 기도된 교사의 가벌성을 인정한 규정을 설명할 수 있고(공범자 자신의 행위반가치는 존재한다는 논리), ⓑ 신분범의 범행에 가담한 비신분자가 처벌되는 형법 제33조 도 더욱 편리하게 그 처벌근거를 제시할 수 있으며(비신분자 자신의 공범으로서의 행위반가치에 근거하

---

392 독일의 슈미트호이저와 뤼더센이 주장한 견해로서 독립적 공범범죄설(Die Lehre vom selbständigen Teilnehmerdelikt)이라 고도 한다.

393 Schmidhäuser, Strafrecht, All. Teil, 2. Aufl, 1975, S. 533; Luderssen, "Zum Strafgrund der Teilnahme", 1967, 192면.

394 수정된 야기설(修正된 惹起說; modifizierte Verursachungstheorie)이라고도 한다.

395 독일에서는 Roxin이 주장한 학설로서, 종속적 야기설의 단점을 보완하면서 순수야기설의 장점을 중시하여 순수야기설과 종속적 야기설을 변증론적으로 합일하고자 하는 시도에서 도출된 학설이다.

396 김일수, 521면; 손동권, 528면; 오영근, 663면.

397 임웅, 396면; 정성근 / 박광민, 505면.

398 다만 혼합적 야기설 내에서도 다시 2가지 견해가 나뉘는 부분에 대해서는 의문이 있다. 결국 큰 차이는 없다고 보이기 때문이다.

여 처벌된다는 논리), ⓒ 함정수사(陷穽搜査)에 있어서 미수의 교사자의 불가벌성도 용이하게 설명될 수 있다(교사자 스스로 행위불법을 갖추고 있지 못하기 때문이라는 논리[399])는 장점이 있다.

그림정리 공범의 처벌근거에 관한 학설 개관

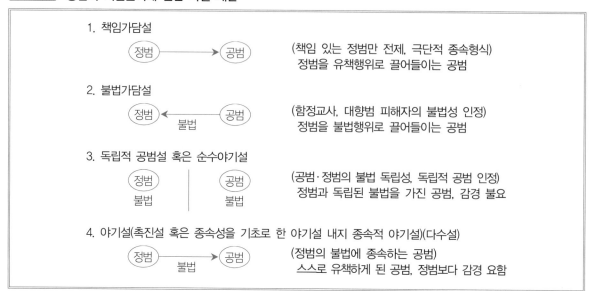

05 필요적 공범

1. 의 의

형법각칙의 범죄 규정들을 보다 보면 '2인 이상의 범죄참가가 필수적으로 요구되는 범죄 유형'을 찾을 수 있게 된다. 이러한 범죄적 유형들을 임의적 공범(제30조부터 제34조 사이의 총칙상 공범)과 구별하여 필요적 공범(必要的 共犯; notwendige Teilnahme)이라 한다.

2. 종 류

필요적 공범에는 집합범(集合犯; Konvergenzdelikte), 대향범(對向犯; Begegnungsdelikte), ─견해의 대립이 있으나─ 합동범(合同犯)이 있다.

구 분	내 용	범죄의 예
집합범 400	• 다수인(집단·군중)이 동일한 목표와 방향을 가지고 범한다. • 참가하는 다수인의 역할과 지위 및 행위태양에 따라서 법정형이 등급화된다.	• 내란죄(제87조) • 소요죄(제115조) • 다중불해산죄(제116조) • 범죄단체조직죄(제114조)

---

399 종속적 야기설을 따르면, 공범의 불법은 정범의 불법에 종속하게 되는데 정범(함정수사에 걸린 피교사자)은 구성요건에 해당하고 위법한 범행을 하였다는 점에서 정범의 불법이 존재하게 되므로 결국 공범(함정수사를 하고 있는 수사관)의 불법도 인정하게 되어 이를 처벌하게 되는 결론에 이를 수 있다는 것이다. Roxin, LK, 10.Aufl, Rn.16, Vor §26.
400 집합범이라고 하면 후술하는 죄수론의 포괄일죄 중의 영업범이나 상습범을 포함하는 개념으로서 집합범이 또 한 번 등장한다. 이러한 통설의 용어 사용에 대하여 양자의 구별을 위해서는 필요적 공범의 집합범은 집단범이라고 불러야 한다는 제안(임웅, 381면)도 있으나, 본서에서는 통설의 용어 사용에 따르기로 한다.

합동범 401	• 다수인이 동일한 목표와 방향을 가진다. • 2인 이상의 합동을 구성요건으로 한다. • 합동＝시간적·장소적 협동(현장설)	• 특수도주죄(제146조) 경찰승진 11 • 특수절도죄(제331조 제2항) 경찰승진 11 • 특수강도죄(제334조 제2항) 경찰승진 11 • 특수강간죄(성폭법 제4조 제1항) 경찰승진 11
대향범	2인 이상의 참여자가 서로 다른 방향에서 동일한 목표를 실현하는 경우를 말하며, 대향자의 법정형을 기준으로 다음과 같은 분류가 가능하다. ※ 대향범의 처벌 1. 대향자의 법정형이 동일 　도박죄(제246조 제1항), 법원행시 13 / 경찰간부 17 아동혹사죄(제274조), 법원행시 13 / 경찰간부 17 인신매매죄 　(제289조 제1항) 2. 대향자의 법정형이 상이 　• 수뢰죄의 수뢰자(제129조)와 증뢰자(제133조 제1항) 　• 의사 등 낙태죄의 의사(제270조 제1항)와 부녀(제269조 제1항) 　• 배임수재자(제357조 제1항)와 배임증재자(동조 제2항)402 법원행시 13 / 경찰간부 17 3. 대향자 일방만 처벌 : 편면적 대향범 　• 범인은닉죄(제151조 제1항)에서 범인 자신은 불벌(단, 판례는 공범 ○) 　• 음행매개죄(제242조)에서 직접 간음한 사람은 불벌 　• 음화 등 반포죄(제243조)에서 매수자는 불벌 　• 촉탁·승낙에 의한 살인죄(제252조 제1항)에서 촉탁·승낙자는 불벌 　• 각종 누설죄(제127조·제317조 등)에서 누설의 상대방은 불벌	

🔎 판례연구 필요적 공범의 개념 및 요건 관련 판례

1. 대법원 1991.1.15, 90도2257
방송프로듀서에게 담당 방송프로그램에 특정가수의 노래만을 자주 방송하여 달라고 청탁한 사례
형법 제357조 제1항의 배임수재죄와 동조 제2항의 배임증재죄는 통상 필요적 공범의 관계에 있기는 하나 이것은 반드시 수재자와 증재자가 같이 처벌받아야 하는 것을 의미하는 것은 아니고 증재자에게는 정당한 업무에 속하는 청탁이라도 수재자에게는 부정한 청탁이 될 수도 있는 것이다. 법원9급 07(하) / 경찰채용 15 3차

2. 대법원 2008.3.13, 2007도10804
필요적 공범의 경우 협력자 전부에게 형사책임이 요구되는지 여부(소극)
필요적 공범의 성립에는 행위의 공동을 필요로 하는 것에 불과하고 반드시 협력자 전부가 책임이 있음을 필요로 하는 것은 아니므로, 오로지 공무원을 함정에 빠뜨릴 의사로 직무와 관련되었다는 형식을 빌려 그 공무원에게 금품을 공여한 경우에도 공무원이 그 금품을 직무와 관련하여 수수한다는 의사를 가지고 받아들이면 뇌물수수죄가 성립한다. 경찰승진 10 / 사시 10 / 법원행시 11 / 사시 12 / 경찰채용 15 3차 / 법원행시 16

---

401 참고 : 합동범은 필요적 공범인가? 긍정설(박상기, 오영근, 임웅), **부진정필요적 공범설**(김종원, 배종대, 손동권, 진계호), **부정설**(다수설로서 공동정범의 특수한 경우로 보는 입장 : 김일수 / 서보학, 이재상, 이형국, 정성근 / 박광민)이 대립하고 있다. 이 중에서 부진정필요적 공범설은 필요적 공범이라고 하는 것이 2인 이상의 행위자들에 의해서 범죄가 성립하는 경우를 말하는 것인데, 합동범은 2인 이상의 합동으로 인하여 −단독정범이나 공동정범보다 − 형이 가중되는 범죄유형이라는 점에서 '부진정' 필요적 공범이라는 것이다. 넓게 보면 이 또한 필요적 공범의 성질을 부정하지 않는다는 점에서, 합동범은 필요적 공범에 포함시켜 정리하는 것도 가능한 설명방법이라고 생각된다. 더불어 시험을 준비하는 독자들의 경우에는 되도록 함께 정리해두는 것이 안전할 것이다.

402 참고 이외 단순도주죄(제145조 제1항)와 도주원조죄(제147조)의 관계에 대해서는, 여기에 속한다는 입장(김일수)과 속하지 않는다는 입장(오영근)이 대립한다.

> 3. 대법원 2017.11.14, 2017도3449
> 정치자금을 기부한 자와 기부받은 자 사건
> 구 정치자금법 제45조 제1항의 정치자금을 기부한 자와 기부받은 자는 이른바 대향범(對向犯)인 필요적 공범관계에 있다. 이러한 공범관계는 행위자들이 서로 대향적 행위를 하는 것을 전제로 하는데, 각자의 행위가 범죄구성요건에 해당하면 그에 따른 처벌을 받을 뿐이고 반드시 협력자 전부에게 범죄가 성립해야 하는 것은 아니다. 정치자금을 기부하는 자의 범죄가 성립하지 않더라도 정치자금을 기부받는 자가 정치자금법이 정하지 않은 방법으로 정치자금을 제공받는다는 의사를 가지고 받으면 정치자금부정수수죄가 성립한다. 국가9급 24

3. 필요적 공범에 대한 총칙상 공범규정의 적용 여부

필요적 공범에 대해서 총칙상 공동정범, 교사범, 방조범이 인정될 수 있는가의 문제이다. 이는 필요적 공범의 내부관여자와 외부관여자를 나누어 살펴보아야 한다.

(1) 내부관여자

① 대향자의 법정형이 동일한 경우 : 필요적 공범 내부에 가담한 자에 대해서는 총칙상의 공범규정이 적용되지 않는다. 법원행시 12 / 경찰간부 15 / 사시 15 / 국가9급 16 / 법원행시 16

② 대향자 중 일방만 처벌되는 경우(편면적 대향범) 및 대향자의 법정형이 상이한 경우 : 예컨대 ㉠ 乙이 甲을 교사하여 甲에게 음화를 판매하도록 하였다면 甲은 음화판매죄(제243조 : 대향자 중 일방만 처벌되는 대향범)가 성립하지만 乙을 음화판매죄의 교사범으로 볼 수 있는가 및 ㉡ 甲(女)이 의사 乙에게 부탁하여 낙태수술을 받은 경우 甲을 자기낙태죄(제269조 제1항)가 아니라 업무상 촉탁낙태죄(제270조 제1항 : 대향자의 법정형이 상이한 경우)의 교사범으로 볼 수 있는가의 문제이다. 이에 대해서는 상대방의 행위를 적극 교사하였다면 해당 범죄의 교사범으로 볼 수 있다는 긍정설[403]이 있으나, 음화매수행위의 경우에는 이를 처벌하지 않는 형법의 태도와 대향자의 법정형을 상이하게 처벌하고 있는 형법의 취지 그리고 필요적 공범의 성질을 고려할 때 부정설(다수설·판례 법원행시 12)이 타당하다고 생각된다.[404·405]

(2) 외부관여자

필요적 공범을 외부에서 방조하거나 교사한 자는 각각 방조범 또는 교사범으로 처벌된다.

> ⚒ **판례연구** 필요적 공범의 내부관여자에게는 총칙상 공범이 성립하지 않는다는 판례
>
> 1. 대법원 1971.3.9, 70도2536
> 뇌물수수죄는 필요적 공범으로서 형법총칙의 공범이 아니므로 따로 본조를 적용할 필요 없다.
>
> 2. 대법원 1985.3.12, 84도2747
> 외화취득의 대가로 원화를 지급하고 이를 영수한 경우 영수자는 외화취득대가지급죄의 공범 불성립
> 대향범은 대립적 범죄로서 2인 이상의 서로 대향된 행위의 존재를 필요로 하는 필요적 공범관계에 있는 범죄로

---

[403] 김일수 / 서보학, 634면 이하; 이정원, 336면.
[404] 보충1 甲(女)이 乙(男)과의 의사의 연락 하에서 乙의 주선에 따라 매음행위를 한 경우, 乙에게는 형법총칙상의 공범규정이 적용된다. (×) ∵ 乙은 음행매개죄의 직접정범이다(제242조 참조). 甲은 형법상 죄가 되지 않는다. 보충2 甲(女)이 의사 乙에게 부탁하여 낙태수술을 받은 경우, 甲에게는 형법총칙상의 공범규정이 적용된다. (×) ∵ 의사 乙은 업무상촉탁낙태죄(제270조 제1항), 甲은 자기낙태죄(제269조 제1항)
[405] 참고 : 예외적 판례 범인이 타인을 교사하여 자신을 은닉케 하면 범인은닉죄(제151조 제1항)죄의 교사범이 성립한다는 것이 판례이다(대법원 2000.3.24, 2000도20). 다수설은 필요적 공범 내부의 행위이고 또한 범인의 자기비호의 연장선상에 있는 것이므로 교사범이 성립하지 않는다고 한다. 각론에서 후술한다.

이에는 공범에 관한 형법총칙규정의 적용이 있을 수 없는 것이므로 피고인 甲이 피고인 乙에게 외화취득의 대상으로 원화를 지급하고 피고인 乙이 이를 영수한 경우 위 甲에게는 대상지급을 금한 외국환관리법 제22조 제1호, 乙에게는 대상지급의 영수를 금한 같은 조 제2호 위반의 죄만 성립될 뿐 각 상피고인의 범행에 대하여는 공범관계가 성립되지 않는다. 경찰승진 10

3. 대법원 1988.4.25, 87도2451

세관장 승인 없이 면세물품을 양수하는 행위를 권유하고 물품을 인도해 준 행위는 공동정범 불성립

피고인 甲은 주한 네덜란드대사관 직원인 乙의 매각위탁에 의하여 양도인인 위 대사관을 대리하는 입장에서 상피고인 丙에게 이 사건 승용차를 매수하도록 권유하여 이를 매수토록 하여 그 매매대금을 지급받고 위 乙로부터 위 승용차를 받아다가 丙에게 인도해준 경우, 丙에게는 관세법위반죄(면세물품의 용도외 사용)가 성립하는데, 피고인 甲에 대하여는 상피고인 丙의 양수행위에 수반된 위의 용도외 사용죄에 관한 공범으로서의 죄책을 지울 수는 없다(대향적 행위의 존재를 필요로 하는 이 사건과 같은 경우 양도인에게는 처벌규정을 두지 아니하고 있다).

4. 대법원 2001.12.28, 2001도5158

대향적 공범에 대하여 공범에 관한 총칙규정이 적용되는지 여부(소극)

매도·매수와 같이 2인 이상의 서로 대향된 행위의 존재를 필요로 하는 관계에 있어서는 공범에 관한 형법총칙규정의 적용이 있을 수 없고, 따라서 매도인에게 따로 처벌규정이 없는 이상 매도인의 매도행위(의약품 판매행위)는 그와 대향적 행위의 존재를 필요로 하는 상대방의 매수범행(판매목적의 의약품 취득범행)에 대하여 공범관계가 성립되지 아니한다. 법원행시 09

5. 대법원 2002.7.22, 2002도1696

자기자본 일정부분 초과 신용 공여행위와 동일인 대출한도 위반행위는 각 대향범이라는 사례

자기자본의 100분의 25를 초과하는 신용 공여에 관한 종합금융회사에 관한 법률 위반의 점과 동일인에 대한 대출 등의 한도 위반에 관한 구 상호신용금고법 위반의 점은 대출을 하는 자와 대출을 받는 자의 대향적 행위의 존재를 필요로 하는 대립적 범죄로서, 일정한 경우 대출을 한 자를 처벌함으로써 그와 같은 대출의 발생을 방지하려는 데 목적이 있고, 대출 받은 자의 행위에 대하여는 상대방의 대출행위에 대한 형법총칙의 공범규정은 적용되지 않는다.

6. 대법원 2004.10.28, 2004도3994

변호사 아닌 자가 변호사를 고용한 경우 변호사는 공범이 될 수 없다는 사례

변호사 아닌 자가 변호사를 고용하여 법률사무소를 개설·운영하는 행위에 있어서, 변호사가 변호사 아닌 자에게 고용되어 법률사무소의 개설·운영에 관여하는 행위는 위 범죄가 성립하는 데 당연히 예상되나 이를 처벌하는 규정이 없는 이상, 변호사 아닌 자에게 고용되어 법률사무소의 개설·운영에 관여한 변호사의 행위가 일반적인 형법총칙상의 공모, 교사 또는 방조에 해당된다고 하더라도 변호사를 변호사 아닌 자의 공범으로서 처벌할 수는 없다.[406] 국가7급 08 / 경찰채용 11 1차 / 경찰승진 12 / 법원행시 13 / 국가7급 14 / 국가9급 16 / 경찰간부 17 / 국가7급 20 / 법원9급 20 / 경찰승진 24

7. 대법원 2005.11.25, 2004도8819

자가용화물자동차 소유자에게 대가를 지급하여 화물운송용역을 받은 행위는 공범 불성립

화물자동차 운수사업법에 의하여 처벌되는 행위인 자가용화물자동차의 소유자가 유상으로 화물을 운송하는 행위와 관련하여, 자가용화물자동차의 소유자에게 대가를 지급하고 운송을 의뢰하여 화물운송이라는 용역을 제공받은 상대방의 행위가, 자가용화물자동차 소유자와의 관계에서 일반적인 형법 총칙상의 공모, 교사 또는 방조에 해당된다고 하더라도 자가용화물자동차 소유자의 유상운송행위의 상대방을 자가용화물자동차 소유자의 유상운송행위의 공범으로 처벌할 수 없다.

---

406 참고 이 판례에 대해서는 변호사 아닌 자의 법률사무소 개설·운영행위에 가담한 변호사의 행위는 −마치 의료인이 의료인 아닌 자의 의료행위의 공모하여 가공하면 무면허의료행위의 공동정범이 되는 것처럼− 변호사법위반죄의 공동정범 내지 방조범이 성립한다는 적절한 비판이 있다(손동권, 573면 이하).

8. 대법원 2007.10.25, 2007도6712

세무사 등의 직무상 비밀누설행위와 대향범 관계에 있는 비밀을 누설받은 행위는 공동정범 불성립

세무사법은 세무사 등이 그 직무상 지득한 비밀을 누설하는 행위를 처벌하고 있을 뿐 비밀을 누설받는 상대방을 처벌하는 규정이 없고, 세무사의 사무직원이 직무상 지득한 비밀을 누설한 행위와 그로부터 그 비밀을 누설받은 행위는 대향범 관계에 있으므로, 세무사의 사무직원으로부터 그가 직무상 보관하고 있던 임대사업자 등의 인적사항, 사업자소재지가 기재된 서면을 교부받은 행위는 세무사법상 직무상 비밀누설죄의 공동정범에 해당하지 않는다. 법원행시 13 / 법원행시 17

9. 대법원 2011.4.28, 2009도3642; 2017.6.19, 2017도4240

공무원 등의 직무상 비밀 누설행위와 대향범 관계에 있는 '비밀을 누설받은 행위'는 교사범 불성립

형법 제127조는 공무원 또는 공무원이었던 자가 법령에 의한 직무상 비밀을 누설하는 행위만을 처벌하고 있을 뿐 직무상 비밀을 누설받은 상대방을 처벌하는 규정이 없는 점에 비추어, 직무상 비밀을 누설받은 자에 대하여는 공범에 관한 형법총칙 규정이 적용될 수 없다고 보는 것이 타당하다(대법원 2009.6.23, 2009도544 참조). 법원9급 12 따라서 변호사 사무실 직원인 피고인 甲이 법원공무원인 피고인 乙에게 부탁하여, 수사 중인 사건의 체포영장 발부자 53명의 명단을 누설받은 경우, 피고인 甲의 행위가 공무상비밀누설교사죄에 해당한다고 본 것에는 위법이 있다. 사시 12 / 사시 13 / 법원행시 14 / 경찰간부 15 / 변호사 15 / 사시 16 / 경찰채용 20 1차 / 국가9급 22 / 국가9급 24

10. 대법원 2011.10.13, 2011도6287

의사가 직접 환자를 진찰하지 않고 처방전을 작성·교부한 행위와 대향범 관계에 있는 교부받은 행위

의료법은 의료업에 종사하고 직접 진찰한 의사가 아니면 처방전을 작성하여 환자 등에게 교부하지 못한다고 규정하면서, 위와 같이 작성된 처방전을 교부받은 상대방을 처벌하는 규정이 따로 없는 점에 비추어, 위와 같이 작성된 처방전을 교부받은 자에 대하여는 공범에 관한 형법총칙 규정이 적용될 수 없다고 보아야 한다.

11. 대법원 2013.6.27, 2013도3246

거래당사자가 무등록 중개업자에게 중개를 의뢰한 경우 거래당사자의 공동정범 불성립

거래당사자가 개설등록을 하지 아니한 중개업자에게 중개를 의뢰하거나 미등기 부동산의 전매에 대하여 중개를 의뢰하였다고 하더라도, 공인중개사법은 중개행위를 처벌대상으로 삼고 있을 뿐이므로 그 중개의뢰행위 자체는 처벌 대상이 될 수 없으며, 또한 위와 같이 중개행위가 중개의뢰행위에 대응하여 서로 구분되어 존재하여야 하는 이상(대향범 관계에 있으므로 - 필자 주), 중개의뢰인의 중개의뢰행위를 중개업자의 중개행위와 동일시하여 중개행위에 관한 공동정범 행위로 처벌할 수도 없다.

12. 대법원 2014.1.16, 2013도6969

금품 등 수수와 같은 대향적 범죄에 있어서 금품 등 공여자에게 따로 처벌규정이 없는 경우

금품 등의 수수와 같이 2인 이상의 서로 대향된 행위의 존재를 필요로 하는 관계에 있어서는 공범이나 방조범에 관한 형법총칙 규정의 적용이 있을 수 없다. 따라서 금품 등을 공여한 자에게 따로 처벌규정이 없는 이상, ① 그 공여행위는 그와 대향적 행위의 존재를 필요로 하는 상대방의 범행에 대하여 공범관계가 성립되지 아니하고, ② 오로지 금품 등을 공여한 자의 행위에 대하여만 관여하여 그 공여행위를 교사하거나 방조한 행위도 상대방의 범행에 대하여 공범관계가 성립되지 아니한다. 법원행시 16

13. 대법원 2020.6.11, 2016도3048

쟁의행위 기간 중 중단된 업무의 수행을 위하여 채용된 자와 대향범

(쟁의행위로 중단된 업무의 수행을 위하여 채용된 자에 대한 노조법위반죄의 공범의 성부) : 사용자는 쟁의행위 기간 중 그 쟁의행위로 중단된 업무의 수행을 위하여 당해 사업과 관계없는 자를 채용 또는 대체할 수 없고, 이를 위반한 자는 1년 이하의 징역 또는 1천만 원 이하의 벌금으로 처벌된다[노동조합 및 노동관계조정법(이하 '노조법') 제91조, 제43조 제1항]. 여기서 처벌되는 '사용자'는 사업주, 사업의 경영담당자 또는 그 사업의 근로자에 관한 사항에 대하여 사업주를 위하여 행동하는 자를 말한다(제2조 제2호). 노조법 제91조, 제43조 제1항은 사용자의 위와 같은 행위를 처벌하도록 규정하고 있으므로, 사용자에게 채용 또는 대체되는 자에 대하여 위 법조항을 바로 적용하여 처벌할 수 없음은 문언상 분명하다. 나아가 채용 또는 대체하는 행위와 채용 또는 대체되는 행위는 2인 이상의 서로 대향된 행위의 존재를 필요로 하는 관계에 있음에도 채용 또는 대체되는 자를 따로 처

벌하지 않는 노조법 문언의 내용과 체계, 법 제정과 개정 경위 등을 통해 알 수 있는 입법 취지에 비추어 보면, 쟁의행위 기간 중 그 쟁의행위로 중단된 업무의 수행을 위하여 당해 사업과 관계없는 자를 채용 또는 대체하는 사용자에게 채용 또는 대체되는 자의 행위에 대하여는 일반적인 형법 총칙상의 공범 규정을 적용하여 공동정범, 교사범 또는 방조범으로 처벌할 수 없다고 판단된다(이른바 대향범에 관한 대법원 1988.4.25, 87도2451; 2004.10. 28, 2004도3994 등). 국가9급 24

> 보충 대향범 관계에 있는 행위 중 '사용자'만 처벌하는 노조법 제91조, 제43조 제1항 위반죄의 단독정범이 될 수 없고, 형법총칙상 공범 규정을 적용하여 공동정범 또는 방조범으로 처벌할 수도 없으므로 피해자는 노조법 제91조, 제43조 제1항 위반에 따른 현행범인이 아니고, 피고인들이 피해자를 체포하려던 당시 상황을 기초로 보더라도 현행범인 체포의 요건을 갖추고 있었다고 할 수 없다.

🔨 판례연구 필요적 공범이 아니므로 공범 성립이 가능하다는 판례

1. 대법원 2012.9.13, 2012도5525
사생활 조사를 업으로 하는 행위와 그 의뢰행위는 대향범이 아니라는 사례
신용정보의 이용 및 보호에 관한 법률에서 처벌되는 신용정보회사 등이 아니면서 사생활 조사 등을 업으로 하는 행위에 그러한 행위를 의뢰하는 대향된 행위의 존재가 반드시 필요하다거나 의뢰인의 관여행위가 당연히 예상된다고 볼 수 없고, 따라서 사생활 조사 등을 업으로 하는 행위와 그 의뢰행위는 대향범의 관계에 있다고 할 수 없다.

2. 대법원 2022.6.30, 2020도7866
마약류거래방지법상 불법수익 출처등 은닉·가장죄에 가담하는 행위의 '형법총칙의 공범규정' 적용
2인 이상의 서로 대향된 행위의 존재를 필요로 하는 대향범에 대하여 공범에 관한 형법 총칙 규정이 적용될 수 없다(대법원 2004.10.28, 2004도3994 등). 이러한 법리는 해당 처벌규정의 구성요건 자체에서 2인 이상의 서로 대향적 행위의 존재를 필요로 하는 필요적 공범인 대향범을 전제로 한다. 구성요건상으로는 단독으로 실행할 수 있는 형식으로 되어 있는데 단지 구성요건이 대향범의 형태로 실행되는 경우에도 대향범에 관한 법리가 적용된다고 볼 수는 없다. …… 처벌규정의 구성요건 자체에서 2인 이상의 서로 대향적 행위의 존재를 필요로 하는 필요적 공범인 대향범에 대하여 공범에 관한 형법 총칙 규정이 적용될 수 없으나, 마약류거래방지법 제7조 제1항의 '불법수익 등의 출처 또는 귀속관계 등을 숨기거나 가장하는 행위'는 처벌규정의 구성요건 자체에서 2인 이상의 서로 대향된 행위의 존재를 필요로 하지 않으므로 정범의 위 행위에 가담하는 행위에는 '형법 총칙의 공범 규정'이 적용된다.

> 보충 甲은 마약매도인 乙로부터 4회에 걸쳐 대마를 매수하면서, 乙의 요청에 따라 차명계좌(대포통장)에 제3자 A 명의로 대마 매매대금을 무통장입금하여, 정범인 마약매도인 乙이 마약류범죄의 발견에 관한 수사를 방해할 목적으로 불법수익 등의 출처와 귀속관계를 숨기는 행위를 방조하였다는 혐의로 공소가 제기되었다. 甲에게는 乙의 마약류거래방지법위반 범행(마약류불법거래방지에관한특례법 제7조 제1항에서 정한 '불법수익 등의 출처 또는 귀속관계를 숨기거나 가장' 하는 행위)에 대한 방조범이 성립한다.

제2절 | 간접정범

01 서 설

제34조【간접정범, 특수한 교사·방조에 대한 형의 가중】① 어느 행위로 인하여 처벌되지 아니하는 자 또는 과실범으로 처벌되는 자를 교사 또는 방조하여 범죄행위의 결과를 발생하게 한 자는 교사 또는 방조의 예에 의하여 처벌한다.

1. 의 의

간접정범(間接正犯; mittelbare Täterschaft)이란 어느 행위로 인하여 처벌되지 아니하는 자 또는 과실범으로 처벌되는 자를 교사 또는 방조하여 범죄행위의 결과를 발생하게 한 자(제34조 제1항)를 말한다. 즉, 생명 있는 도구인 타인을 이용하여 범죄를 실행하는 자를 말한다.

2. 본 질

간접정범은 제34조의 제명에서는 '간접정범'이라고 되어 있으나 제34조 제1항의 규정에서는 "교사 또는 방조의 예에 의한다."고 규정됨으로써, 과연 간접정범이 정범인가 공범인가에 대해서는 여러 견해가 제시되어 왔다.

(1) 공범설[407] 사시 14

제한적 정범개념에 의하면 간접정범은 공범으로 이해된다.[408] 또한 주관주의 형법이론 내지 공범독립성설에 의하면 간접정범과 공범의 뚜렷한 차이가 없기 때문에 간접정범을 공범으로 보게 된다(이에 의하면 사실상 간접정범 성립을 부정하게 된다).

(2) 정범설

확장적 정범개념에 의하면 간접정범은 정범이 되고, 객관주의 형법이론에 의해도 간접정범은 그 스스로의 (피이용자에 대한) 이용행위를 가지고 범죄를 범하는 것이므로 정범으로 이해하게 된다(이용행위＝객관적 실행행위). 또한 객관주의와 연결되는 공범종속성설에 의하더라도 공범이라 함은 불법을 갖춘 타인의 범죄 실행행위에 종속해서만 성립하기 때문에(제한적 종속형식) 고의범이 성립하지 않는 피이용자의 행위를 이용하는 간접정범의 경우에는 공범이 될 수 없고 정범으로 보게 된다.

(3) 결 론

① 객관주의 형법이론에 근거한 의사지배설 : 객관주의 형법이론에 기초한 공범종속성설에 근거할 때(통설), 간접정범은 이용자가 우월한 사실인식과 의사조종에 의한 의사지배(Willensherrschaft)로서 이용자 자신의 의사를 실현해나가는 행위지배적 요소를 갖추고 있기 때문에, 공범이 아니라 정범이다(통설 : 객관주의 형법이론에 근거한 의사지배설[409]). 형법 제34조의 제명도 분명히 간접'정범'으로 되어 있고, 또

---

407 간접정범을 공범으로 이해하는 소수설로는 신동운, 609면; 차용석, "간접정범", 신동욱박사정년기념논문집, 1983, 159면 이하 참조.
408 보충 사실 이러한 점이 제한적 정범개념의 이론적인 단점이 되기 때문에, 우리 형법이 확장적 정범개념보다는 제한적 정범개념에 그 근간을 두고 있으나, 정범과 공범의 구체적 구별기준의 문제에서는 더 이상 제한적 정범개념에 의하지 않고 객관설, 주관설, 행위지배설과 같은 학설이 나오게 되는 것이다.
409 참고 간접정범의 정범성을 논증하는 과거의 학설 중에는 도구이론(道具理論; Werkzeugstheorie)이라는 것도 있었다. 이는

한 제34조 제1항의 규정의 "교사 또는 방조의 예에 의한다."는 의미도 "간접정범이 성립하지만 (그 처벌에 있어서는 이용행위의 유형에 따라) 교사(정범과 동일한 형) 또는 방조(정범보다 필요적 감경)의 '예에 의하여' 처벌한다."는 의미로 새겨야 할 것이다(통설).

② 정범개념의 우위성 : 간접정범은 정범이므로, 간접정범과 교사범의 구별에 관한 정범개념의 우위성을 고려하여 우선적으로 간접정범이 성립할 수 있는가를 먼저 따지고 의사지배적 요소가 있어 간접정범이 성립한다면 논의를 끝내고, 만일 의사지배적 요소가 결여되어 있다면 간접정범은 성립하지 않기 때문에 교사범이 성립하게 된다.[410]

판례연구 의사지배를 인정한 예와 부정한 예의 예시

1. 대법원 1997.4.17, 96도3376 전원합의체

의사지배를 인정한 12·12 내란사건 : 내란죄의 간접정범

1980.5.17. 당시 계엄법 등에 의하면, 비상계엄의 전국확대와 같은 법령이나 제도가 가지고 있는 위협적인 효과가 국헌문란의 목적을 가진 자에 의하여 그 목적을 달성하기 위한 수단으로 이용되는 경우에는 내란죄의 구성요건인 폭동의 내용으로서의 협박행위가 되므로 이는 내란죄의 폭동에 해당한다고 할 것이다. 한편 범죄는 '어느 행위로 인하여 처벌되지 아니하는 자'를 이용하여서도 이를 실행할 수 있으므로(형법 제34조 제1항), 내란죄의 경우 '국헌문란의 목적'을 가진 자가 그러한 목적이 없는 자를 이용하여 이를 실행할 수도 있다고 할 것이다. 사시 11 / 경찰간부 13 / 법원행시 13 / 사시 15 / 경찰채용 18 1차

2. 대법원 2001.3.9, 2000도938

의사지배를 부정한 예 : 허위내용의 증명원을 제출하여 담당공무원으로부터 증명서를 발급받은 사례

어느 문서의 작성권한을 갖는 공무원이 그 문서의 기재 사항을 인식하고 그 문서를 작성할 의사로써 이에 서명날인하였다면, 설령 그 서명날인이 타인의 기망으로 착오에 빠진 결과 그 문서의 기재사항이 진실에 반함을 알지 못한 데 기인한다고 하여도, 그 문서의 성립은 진정하며 여기에 하등 작성명의를 모용한 사실이 있다고 할 수는 없으므로, 공무원 아닌 자가 관공서에 허위 내용의 증명원을 제출하여 그 내용이 허위인 정을 모르는 담당공무원으로부터 그 증명원 내용과 같은 증명서를 발급받은 경우 공문서위조죄의 간접정범으로 의율할 수는 없다.

법원행시 08 / 경찰승진 10 / 사시 10 / 법원행시 11 / 경찰간부 12 / 경찰간부 16 / 경찰채용 18 1차 / 법원행시 18

표정리 간접정범과 교사범의 구별

구 분	간접정범(의사지배)	교사범
피이용자	처벌되지 않는 자 또는 과실범	고의범의 정범
이용자	정범	공범

M.E.Mayer의 주장으로서 사람이 동물이나 기계적 도구를 사용하여 범행을 하면 직접정범이 되듯이, 사람이 다른 사람을 도구처럼 이용하는 경우에도 정범이 될 수 있다는 이론이다. 따라서 도구이론에 의하면 고의있는 도구를 이용하는 간접정범은 생각하기 어렵게 된다.

410 참고 : 정범개념의 우위성에 의하여 판단할 것 과거의 국가시험 문제들을 보면 "제한적 종속형식에 의하면 극단적 종속형식보다 간접정범의 성립범위가 줄어들게 된다."(○)는 식의 지문들이 출제되곤 했었는데, 이는 이론적으로 그리 타당한 것이 못된다. 이러한 지문은 "제한적 종속형식에 의하면 정범의 행위가 구성요건에 해당하고 위법하기만 하면 공범이 성립하기 때문에, 정범에게 책임까지 인정되어야 비로소 공범성립을 인정하는 극단적 종속형식보다는 제한적 종속형식이 공범성립의 범위를 더욱 넓게 인정한다. 따라서 공범이 잘 성립하기 때문에 간접정범은 그만큼 덜 성립하게 된다."는 식의 문제인 것이다. 이는 '간접정범 성부의 문제보다 공범성립의 문제를 먼저 따지는 것으로서, 정범개념의 우위성에 어긋나는 잘못된 논리'라고 볼 수 있는 것이다. 따라서 이렇게 정범개념의 우위성을 배제하고 공범종속성의 정도에 따라 간접정범 성부를 판단하게 하는 문제는 잘 출제되지 않는 유형이 되어 버린 것이다.

1. 간접정범과 신분범

(1) 의 의

신분범에서는 신분을 갖지 않은 자는 '정범'이 될 수 없으므로 비신분자는 간접정범이 될 수 없다고 보아야 한다(대법원 1976.8.24, 76도151). 예컨대 수뢰죄(제129조 제1항)의 경우 공무원(신분자)은 일반인(비신분자)을 이용하여 수뢰죄(신분범)의 간접정범을 범할 수 있지만, 반대로 공무원이 아닌 자(비신분자)는 공무원(신분자)를 이용하여 동죄의 간접정범을 범할 수는 없다. 다만, 허위공문서작성죄에 대해서는 다수설·판례의 예외적 판단이 이루어지고 있다.

📌 판례연구 비신분자에게 신분범의 간접정범이 성립하지 않는다는 사례

대법원 2011.7.28, 2010도4183
레디믹스트콘크리트(레미콘) 제조업자인 피고인들이 한국산업규격을 위반한 레미콘을 생산하여 건설업체들에 공급하였다고 하여 건설기술관리법 위반으로 기소된 경우, 레미콘이 같은 법 시행령에서 정한 '부순 골재'나 '순환 골재'에 해당하지 않는 이상 같은 법에 의하여 처벌할 수 없고, 건설업자 아닌 피고인들이 간접정범의 형태로 건설업자라는 일정한 신분을 요하는 신분범인 같은 법 위반죄를 범할 수도 없으므로, 무죄를 인정한 것은 정당하다.

---

(2) 허위공문서작성죄의 간접정범

허위공문서작성죄(제227조)도 작성권한 있는 공무원만 범할 수 있는 진정신분범이다. 따라서 작성권한 있는 공무원(신분자)은 일반인(비신분자)을 이용하여 허위공문서작성죄(신분범)의 간접정범을 범할 수 있으나, 반대로 공무원도 아닌 일반인이 작성권한 있는 공무원에게 허위의 신고를 하는 등의 방법으로 공무원을 이용하여 허위공문서작성죄의 간접정범을 범할 수는 없다. 경찰간부 11 / 사시 15

다만, '작성권한 있는 공무원을 보조하는 하위 공무원이 허위의 기안을 작성하고 이를 보고하여 고의가 없는 상관이 여기에 결재를 해주는 등의 방법으로 허위공문서를 작성케 한 경우'에는, 허위공문서작성죄의 간접정범이 성립할 수 있는가에 대해서는 긍정설(다수설·판례)과 부정설(소수설)[411]이 대립한다.

📌 판례연구 면의 호적계장이 면장의 결재를 받아 허위의 호적부를 작성한 사례

대법원 1990.10.30, 90도1912
허위공문서작성죄의 주체는 직무상 그 문서를 작성할 권한이 있는 공무원에 한하고 작성권자를 보조하는 직무에 종사하는 공무원은 허위공문서작성죄의 주체가 되지 못하나 이러한 보조직무에 종사하는 공무원이 허위공문서를 기안하여 허위인 정을 모르는 작성권자에게 제출하고 그로 하여금 그 내용이 진실한 것으로 오신케 하여 서명 또는 기명날인케 함으로써 공문서를 완성한 때에는 허위공문서작성죄의 간접정범이 성립된다 할 것인 바, 면의 호적계장이 정을 모른 면장의 결재를 받아 허위내용의 호적부를 작성한 경우 허위공문서작성, 동행사죄의 간접정범이 성립된다. 법원행시 10 / 국가7급 13 / 국가7급 16

---

411 부정설은 작성권한도 없는 보조공무원은 허위공문서작성죄의 신분이 없는 자이므로 간접정범이 성립할 수 없다는 데 근거하고 있다. 이론적으로 타당한 입장으로 생각된다. 김일수 / 서보학, 각론, 769면; 박상기, 각론, 542면; 오영근, 각론, 758면; 이재상, 각론, §32−73; 이정원, 585면; 이형국, 621면; 임웅, 683면.

2. 간접정범과 자수범

(1) 의 의

자수범(自手犯)이란 말 그대로 '(정범이 되기 위해서는) 자신의 직접적 행위를 통해서만 범할 수 있는 범죄'를 말한다. 자수범의 개념을 인정할 것인가에 대해서는 부정설(유기천, 차용석)과 긍정설이 대립하지만, 실제로 직접적인 범행수행을 통해서만 범할 수 있는 범죄가 있다는 것을 생각해보면 긍정설이 타당하다고 해야 하며, 학계의 통설도 긍정설의 입장이다.[412]

(2) 자수범의 예

형법상 자수범의 예로는 위증죄(제152조 제1항), 피구금자간음죄(제303조 제2항), 업무상 비밀누설죄(제317조), 도주죄(제145조 제1항) 등이 있으며[413], 특별법상으로는 군형법상 계간죄(鷄姦罪, 군형법 제92조)나 군무이탈죄(軍務離脫罪, 동법 제30조), 도로교통법상 음주운전죄(도로교통법 제150조 제1호), 교통사고 후 구호조치불이행죄(동법 제148조), 특가법상 도주차량운전죄(특가법 제5조의3) 그리고 ―판례도 수긍하고 있다시피(아래 사례 참조)― 부정수표단속법상 허위신고죄(부정수표단속법 제4조)와 같은 예가 있다.

📖 사례연구 부정수표단속법상 허위신고죄는 자수범

甲은 1987년 7월 4일 친구 乙에게 70만 원을 대여하면서 담보조로 乙이 발행한 백지가계수표를 타처에 할인하지 않는 다는 조건으로 교부받았다. 그러나 甲은 그 수표의 금액란에 70만 원정이라고 기재하여 1개월간 은행에 제시하지 않는 다는 조건으로 丙에게 할인의뢰하였고, 丙은 다시 丁에게 할인의뢰하였다. 그런데 丁은 1989년 7월 7일경 그 수표를 은행에 지급제시하였는데, 은행측으로부터 연락을 받은 乙이 甲에게 왜 약속을 어기고 할인하였느냐라고 항의하자 甲은 그 수표를 분실하였다고 거짓말을 하면서 네가 분실신고를 하라고 종용하였다. 이에 乙은 은행에 분실신고를 하였다. 甲의 형사책임은?

해결 부정수표단속법의 목적이 부정수표 등의 발생을 단속 처벌함에 있고(제1조) 허위신고를 규정한 같은 법 제4조가 '수표금액의 지급 또는 거래정지처분을 면하게 할 목적'이라고 규정하지 않고 '수표금액의 지급 또는 거래정지처분을 면할 목적'이라고 규정하여 이를 요건으로 삼고 있는데, 수표금액의 지급책임을 부담하는 자 또는 거래정지처분을 당하는 자는 오로지 발행인에 국한되는 점에 비추어 볼 때, 발행인 아닌 자는 위 법조가 정한 허위신고죄의 주체가 될 수 없고, 허위신고의 고의 없는 발행인을 이용하여 간접정범의 형태로 허위신고죄를 범할 수도 없다(대법원 1992.11.10, 92도2342).[414] 경찰승진 10 / 사시 11 / 국가7급 13

---

412 참고 : 자수범의 이론적 근거와 유형에 대한 학설 자수범을 인정하는 이론적 근거에 대해서는 ㉠ 문언설(법조문의 문언 자체가 자수적 실행을 요구하는 범죄를 자수범으로 보는 입장), ㉡ 거동범설(거동범은 자수범으로 보는 견해), ㉢ 이분설(진정자수범 · 부진정자수범설 : 독일의 Roxin의 주장으로서, 음행매개죄처럼 행위자의 일정한 인격성 표출을 요구하는 행위자형법적 범죄와 간통죄처럼 법익침해는 없으나 비도덕적 행위로 비난받는 범죄는 진정자수범으로 보고, 위증죄 · 군무이탈죄처럼 소송법 기타 법령이 행위자에게 특수한 의무를 부과하였는데도 그 의무를 위반하여 범하는 범죄는 부진정자수범으로 나누는 견해이다. Roxin, LK, §25 Rn. 35.) 그리고 ㉣ 3유형설(간통죄 등 직접적 행동을 요하는 범죄, 업무상 비밀누설죄 등 인격적으로 잘못된 태도를 표출할 것을 요하는 범죄, 위증죄와 같이 소송법 등 타 법령이 행위주체 스스로의 행위를 요구하는 범죄의 3가지 유형으로 나누는 견해로서 독일에서는 Herzberg가 주장하였다. Herzberg, "Eigenhändige Delikte", ZStW, 82. Bd, 1970, S.913 ff.)이 있다. 학계에서는 대체로 문언설(손해목, 오영근), 이분설(김일수, 신동운)과 3유형설(박상기, 배종대, 손동권, 이재상, 이태언, 임웅, 정성근 / 박광민, 조준현)을 지지하고 있으며, 이 중에서도 3유형설이 다수설의 입장으로 보인다. 참고로, 진정자수범과 부진정자수범에 대해서는 ―Roxin의 원래 주장과는 다르게― 국내에서는 간접정범 자체가 아예 안 되는 범죄는 진정자수범이라 하고, 신분자는 간접정범이 될 수 있으나 비신분자는 간접정범이 될 수 없는 경우를 부진정자수범이라고 하는 견해(김일수 / 서보학, 587면; 정성근 / 박광민, 526면)도 있다.

413 이외에도 명예훼손죄, 모욕죄, 업무상 비밀누설죄도 자수범으로 보는 견해나(박상기, 87면), 준강간죄와 준강제추행죄, 직권남용죄, 업무상 비밀누설죄까지 자수범으로 보는 견해도 있다(손동권, 491면).

414 보충 : 판례분석 부정수표단속법 제4조의 허위신고죄는 '자수범'이므로 이에 대한 간접정범이 성립할 수 없음을 밝히고 있는 판례이다. 이 경우 문제는 甲에게 교사범이나 방조범의 죄책을 인정할 수 있는가의 여부이다. 위 사안에서 乙은 허위신고의 고의를 가지고 있지 아니하므로 불법이 성립하지 아니하여 공범종속성의 기초가 없다. 그러므로 간접정범의 형태가 아니고선 甲에게 책임을 물을 수 없으며, 허위신고죄를 자수범이라 인정하는 이상 직접적인 거동성을 가진 자라야만 이를 범할 수 있고

(3) 자수범의 효과

자수범에서는 직접정범만이 가능하고 간접정범(및 자수적 실행 없는 공동정범)은 불가능하다. 예컨대 위증죄 (제152조)의 경우 행위자는 선서한 증인으로 국한되며, 제3자는 간접정범이나 공동정범이 될 수 없다.[415]

📖 **사례연구** 위증강요 사례

폭력조직의 하수인 甲(피고인의 부하)은 乙(증인)로 하여금 자기 보스의 사건에 관하여 허위사실을 진술할 것을 요구하며, 乙의 어린 딸의 사진을 보여 주었다. 자신이 진실을 말할 경우 어린 딸에게 위험한 일이 생길 것이라고 직감한 乙은 허위의 사실을 진술하고 말았다. 甲과 乙의 형사책임은?

〔해결〕 위증죄(제152조)는 소송법적 의무가 부여된 자만이 직접 수행하여야 성립하는 의무범 내지 자수범 혹은 신분범에 속한다. 그러므로 甲이 위증죄의 (간접)정범이 될 수 없음은 명백하다. "甲이 위증죄의 교사범이 될 수 있는가"와 관련하여 검토한다면 위 사안의 경우 乙에게 위증죄의 불법까지 인정되는지가 공범성립과 관련하여 문제된다. 긴급피난으로 인정될 여지도 있겠으나 허위진술이 유일한 피난행위라고 보이지는 아니하므로 (긴급피난의 상당성 중 보충성의 결여) 일단 위법성이 조각되지 아니한다고 판단된다. 그렇다면 자기 또는 친족의 생명 혹은 신체에 대한 저항할 수 없는 폭력이나 방어할 방법이 없는 협박에 의하였는가를 검토해 보고 이러한 강요된 행위로 인한 점이 인정된다면 乙은 위증죄의 책임이 조각될 수 있을 것이다.
이러한 논증과정을 거쳐 乙은 무죄, 甲은 위증죄의 교사범이라는 결론에 이르게 된다.

📖 **사례연구** 준강간 배후조종 사례 : 준강간죄는 자수범?

대학생 甲은 한동네 처녀 乙이 어릴 때부터 정신이상이어서 누구와도 성관계를 가진다는 사실을 잘 알고 있었다. 이에 甲은 같은 과 학우인 丙에게 위 사실을 이야기하지 않고 乙이 동네 뒷동산에 산책하던 틈을 타서 丙으로 하여금 乙에게 가면 둘이 연인이 될 수 있을 것이라고 말하였다. 丙은 乙에게 갔고 둘은 성관계를 가지게 되었다. 甲의 형사책임은?

〔해결〕 준강간죄(제299조)가 자수범인가에 관하여는 학설이 대립하고 있다. ① 자수범 긍정설(소수설)[416] : 만일 준강간죄를 자수범이라고 본다면 행위자 이외의 자는 (간접)정범이 될 수 없다. 그리고 甲과 丙 간의 준강간 혹은 강간에 대한 의사연락이 없는 상태이므로 공동정범도 인정될 수 없다. 또한 丙에게 불법을 인정할 어떠한 근거도 없기 때문에 —과실에 의한 강간이나 준강간죄는 처벌되지 않음— 甲에게 교사범을 인정할 수도 없다. 준강간죄를 자수범이라 본다면 甲은 어쩔 수 없이 무죄가 된다. ② 자수범 부정설(통설)[417] : 준강간죄가 행위자의 직접적인 주체성, 즉 정신이상의 부녀의 상태를 이용하여 간음을 한다는 거동의 요소를 가진다

그 결과 간접정범이 인정되지 않는다는 점에서 甲 또한 무죄이다.
주의해야 할 판례 ① 부정수표단속법상 허위신고죄를 자수범이라 인정하는 이상 직접 실행하지 않은 자는 공동정범 또한 성립할 수 없게 된다. 따라서 "수표가 제시된다고 하더라도 수표금액이 지출되거나 거래정지처분을 당하게 되는 자에 해당된다고 볼 수 없는 명의차용인은 부정수표단속법 제4조의 허위신고죄의 주체가 될 수 없다(대법원 2007.3.15, 2006도7318). 다만 ② 명의차용인이 발행명의인과 함께 공동하여 직접 신고하는 등 실행행위를 한 점이 인정된다면 자수범의 공동정범이 성립할 수 있다. 판례도 "타인으로부터 명의를 차용하여 수표를 발행한 자라 하더라도 수표의 발행명의인과 공모하여 부정수표단속법 제4조 소정의 허위신고죄의 주체가 될 수 있는 것(대법원 1995.12.12, 94도3348 판결 참조)"이므로, 명의차용인인 피고인이 수표의 발행명의인과 허위신고의 점에 대하여 공모하였는지 심리·판단하지도 않고 피고인이 명의차용인이라는 이유만으로 허위신고죄에 대해 무죄를 선고한 것은 법리오해의 위법이 있다.(대법원 2007.5.11, 2005도6360)"고 판시하고 있다.

415 주의 : 관련문제 선서능력을 갖춘 甲이 선서무능력자인 증인 乙을 이용하여 위증을 하게 했다면, 甲의 죄책은 무엇인가가 문제된다. ① 위증죄의 간접정범 성부 : 이 경우 위증죄는 자수범이므로 甲은 간접정범이 될 수 없다. ② 위증죄의 교사범 성부 : 교사범과 같은 공범이 성립하기 위해서는 피교사자의 행위가 구성요건해당성·위법성을 갖추고 있어야 한다. 그런데 乙은 선서무능력자이므로 위증죄의 구성요건(제152조 제1항 참조)에 해당될 수 없으므로 甲은 위증죄의 교사범도 성립할 수 없다. ③ 증거위조죄의 성부 : 증거위조죄(제155조 제1항)의 '위조'라고 하는 것은 권한 없는 자가 함부로 어떤 서류나 물건을 만드는 것을 의미하는 것이지 '진술을 허위로 하게 하는 것'을 위조라고 할 수는 없으므로 여기에도 해당되지 않는다. 경찰승진 10 ④ 결론 : 甲은 무죄가 될 것이다. 여기에서 처벌상의 공백이 발생하게 된다.
416 이재상, 각론, §11−26.
417 이재상, 각론, §11−26.

는 점을 부인할 수 없으면서도 동시에 성적 자기결정권을 보호법익으로 한다는 점 또한 무시할 수 없다. 그렇다면 준강간죄에 관하여는 위 사안과 같은 방법으로 범하여질 수 있다는 점을 고려하여 성적 자기결정권을 보호한다는 취지에서 자수범의 성질을 부정하여야 할 것이다. ③ 결론 : 통설에 따라, 甲은 준강간죄의 간접정범이 된다.

03 간접정범의 성립요건 – 피이용자의 범위

간접정범은 타인을 이용하여 범죄를 실현하는 것이다. 타인을 이용한다는 것은 보통 타인을 도구처럼 이용하는 것을 의미하기 때문에 이용자는 피이용자의 범행을 지배하고 있어야 한다(행위지배설의 입장). 이러한 간접정범의 행위지배는 피이용자에 대한 우월한 의사(사실인식)에 의하여 가능할 수 있다(의사지배형태).

형법 제34조 제1항에 의할 때, 피이용자는 첫째, '어느 행위로 인하여 처벌되지 아니하는 자'[418] 또는 둘째, '과실범으로 처벌되는 자'이다. 이러한 간접정범의 우월적 지위에 상응하는 피이용자의 범위는 범죄론의 각 단계에 따라 다음과 같이 나눌 수 있다.

1. 피이용자

(1) 어느 행위로 인하여 처벌되지 아니하는 자[419] : 구성요건해당성·위법성·책임 중 어느 하나의 요소가 결여되어 범죄가 성립하지 않는 자를 뜻한다.[420]

① 구성요건에 해당하지 않은 행위를 이용하는 경우

㉠ 피이용자의 행위에 구성요건의 객관적 표지가 결여된 경우

ⓐ 이용자의 기망·강요에 의하여 피이용자가 자살·자상·자기추행한 경우 : 피이용자의 행위가 살인죄·상해죄·강제추행죄의 행위객체에 해당하지 않으므로 구성요건해당성이 없어, 이를 이용한 이용자가 살인죄·상해죄·강제추행죄의 간접정범이 된다.[421]

例 甲은 乙에게 자살하지 않으면 乙의 아이들을 살해하겠다고 하자 乙이 어쩔 수 없이 자살하였다면, 甲은 乙의 살인죄의 구성요건에 해당하지 않은 자살행위(살인죄의 구성요건요소로서의 행위객체는 '타인'인 사람)를 이용하여 살인죄의 간접정범을 범한 것이다.

例 동거남 甲이 동거녀 乙의 목에 칼을 들이대고 조그만 주머니칼을 주면서 乙 스스로 乙의 콧등을 절단하지 않으면 乙을 살해하겠다고 위협하여 乙이 자신의 콧등을 절단한 경우, 甲은 乙의 구성요건에 해당하지 않는 행위를 이용하여 중상해(제258조 제2항)의 결과에 이르게 한 것이므로 중상해죄의 간접정범이 성립하게 된다(대법원 1970.9.22, 70도1638).

---

418 판례 '어느 행위로 인하여 처벌되지 아니하는 자'라 함은 "시비를 판별할 능력이 없거나 강제에 의하여 의사의 자유를 억압당하고 있는 자, 구성요건적 고의가 없는 자와 목적범이거나 신분범일 때 그 목적이나 신분이 없는 자, 형법상 정당방위, 정당행위, 긴급피난 또는 자구행위로 인정되어 위법성이 없는 자 등을 말하고, 간접정범이라 함은 이와 같은 책임무능력자, 범죄사실의 인식이 없는 자, 의사의 자유를 억압당하고 있는 자, 목적범, 신분범인 경우 그 목적 또는 신분이 없는 자, 위법성이 조각되는 자 등을 마치 도구나 손발과 같이 이용하여 간접으로 죄의 구성요소를 실행한 자를 말한다(대법원 1983.6.14, 83도515)."

419 주의 : 동물을 이용한 경우의 간접정범 성부 피이용자 즉 생명 있는 도구는 당연히 사람을 말한다. 동물을 이용하는 경우에는 직접정범이 될 뿐이다. 만일 타인을 상해할 의도로 자기가 기르는 개로 하여금 물어뜯게 하는 경우에는 ㅡ간접정범은 성립할 수 없고ㅡ 상해죄의 직접정범이 성립한다.

420 주의 : 처벌조건이 결여되는 자를 이용한 경우의 간접정범 성부 범죄가 성립하지만, 친족상도례 등 인적 처벌조각사유로 인하여 형면제가 되어 처벌되지 않는 자를 이용한 경우에는 간접정범이 성립하지 않는다. 이 경우에는 교사범 등 공범이 성립할 뿐이다.

421 참고 자살·자상을 기망·강요한 것이 아니라 설득의 방법으로 교사한 것에 불과하다면, 살인죄·상해죄의 간접정범이 아니라 자살의 경우 자살교사죄 또는 자상의 경우 무죄의 죄책을 질 뿐이다.

🔨 **판례연구** 자살 · 자상 · 자기추행을 강요 · 이용한 간접정범 사례

1. 대법원 1970.9.22, 70도1638
피해자의 자상(콧등 절단)을 이용한 중상해죄의 간접정범 사례
피고인이 피해자를 협박하여 그로 하여금 자상케 한 경우에 피고인에게 상해의 결과에 대한 인식이 있고 또 그 협박의 정도가 피해자의 의사결정의 자유를 상실케 함에 족한 것인 이상 피고인에 대하여 상해죄를 구성한다.
법원행시 06 / 국가9급 16

2. 대법원 1987.1.20, 86도2395
자살을 이용한 간접정범 사례
자살의 의미를 이해할 능력이 없는 7세, 3세의 어린 자식들에게 함께 죽자고 권유하고 물 속에 따라 들어오게 하여 익사케 한 경우 살인죄의 간접정범이 성립한다. 법원행시 09 / 국가7급 13

3. 대법원 2018.2.8, 2016도17733
자기추행 강요 사건
강제추행죄는 사람의 성적 자유 내지 성적 자기결정의 자유를 보호하기 위한 죄로서 정범 자신이 직접 범죄를 실행하여야 성립하는 자수범이라고 볼 수 없으므로, 처벌되지 아니하는 타인을 도구로 삼아 피해자를 강제로 추행하는 간접정범의 형태로도 범할 수 있다. 여기서 강제추행에 관한 간접정범의 의사를 실현하는 도구로서의 타인에는 피해자도 포함될 수 있으므로, 피해자를 도구로 삼아 피해자의 신체를 이용하여 추행행위를 한 경우에도 강제추행죄의 간접정범에 해당할 수 있다. 법원행시 18 / 국가7급 23

ⓑ 진정신분범에서 신분자가 '신분 없는 고의 있는 도구'를 이용하는 경우 : 신분자만 간접정범이 된다(다수설[422] · 판례[423]). 반면 비신분자는 간접정범이 될 수 없다.[424]

　　예 공무원이 사정을 아는 처를 이용하여 뇌물을 받게 한 경우 : (다수설에 의하면) 공무원은 수뢰죄의 간접정범. 반면 처(妻)가 공무원인 남편을 속여 뇌물이 아니라 채무변제로 받는 것이라고 하여 남편으로 하여금 뇌물을 받게 한 경우 처는 비신분자이므로 수뢰죄의 간접정범이 성립하지 않게 된다.

ⓒ 피이용자의 행위에 구성요건의 주관적 표지가 결여된 경우

　ⓐ 고의 없는 행위를 이용하는 경우 : 소위 고의 없는 도구를 이용하는 경우로서 간접정범이 성립하는 대표적인 경우라고 할 수 있다. 예를 들어, ㉮ 甲이 乙로 하여금 丙의 책상 위에 놓여진 만년필이 乙 자신이 며칠 전에 잃어버린 만년필이라고 오신케 함으로써 丙 소유의 만년필을 가져오게 하여 자신이 가진 경우, 乙은 고의 없는 도구로서 이용된 것이 되어 甲은 절도죄의 간접정범이 성립하며, ㉯ 국내의 특정인에게 전달해 달라면서 여행객을 기망하여 선물처럼 포장한 마약을 인천공항을 통해 반입시킨 경우에도 간접정범이 성립한다. 다만, 구성요건의 착오 등으로 고의가 조각되지만 과실범 처벌규정이 존재하고 과실범이 성립하게 되는 경우에는 후술하는 '과실범으로 처벌되는 자'를 이용한 경우의 간접정범이 성립하게 될 것이다.

---

422 참고 : **신분 없는 고의 있는 도구를 이용한 경우의 간접정범 부정설** 신분 없는 고의 있는 도구의 경우에는 신분은 없으나 범죄사실에 대한 인식과 의욕을 가지고 있기 때문에, 이 점을 중시한다면 고의 있는 도구를 이용하는 형태의 의사지배는 생각하기 어렵다고 해야 한다. 이에 최근의 유력설들(소수설)은 간접정범의 성립을 부정하고 다른 대안을 모색하고 있다. 예컨대, 이용자는 교사범, 피이용자는 제33조 본문에 의해 방조범으로 보는 견해는 임웅, 388면 참조. 신분자에게 가공한 비신분자로서 역시 제33조 본문을 이용하여 공동정범으로 보는 견해는 손동권, 475면 참조. 이와는 달리 신분 없는 고의 있는 도구를 이용한 때에는 간접정범을 인정하되, 목적 없는 고의 있는 도구를 이용한 경우에는 간접정범은 될 수 없고 직접정범 또는 공범으로 보는 견해는 김일수, 한국형법Ⅱ, 302면; 김일수 / 서보학, 578면; 박상기, 389면 참조.
423 대법원 1983.6.14, 83도515
424 다만 허위공문서작성죄의 경우, 작성권한 없는 보조공무원이 상관을 이용하여 허위의 기안을 올려 결재를 받는 등의 방법으로 허위공문서작성죄의 간접정범이 성립할 수 있다는 것이 다수설·판례이다.

판례연구 고의 없는 도구를 이용하는 간접정범의 사례

1. 대법원 1955.2.25, 4286형상39

범죄사실의 인식 없는 타인을 이용하여 범죄를 실행케 한 자는 직접 공동정범으로 논할 수 없다 할지라도 간접정범으로서 단독으로 그 죄책을 부담한다.

2. 대법원 1983.5.24, 83도200

제조허가 없는 식용유를 무허가 식용유 제조의 범의가 없는 자에게 의뢰하여 제조하게 한 경우 무허가식용유제조죄의 간접정범이 성립한다. 경찰간부 11

3. 대법원 2007.9.6, 2006도3591

고의 없는 도구를 이용한 간접정범 형태에 의한 소송사기죄가 성립하는 사례

자기에게 유리한 판결을 얻기 위하여 소송상의 주장이 사실과 다름이 객관적으로 명백하거나 증거가 조작되어 있다는 정을 인식하지 못하는 제3자를 이용하여 그로 하여금 소송의 당사자가 되게 하고 법원을 기망하여 소송 상대방의 재물 또는 재산상 이익을 취득하려 하였다면 간접정범의 형태에 의한 소송사기죄가 성립하게 된다.[425]

경찰승진 10 / 경찰간부 11 / 법원행시 11 / 경찰채용 13 2차 / 국가9급 13 / 법원행시 13 / 국가7급 16 / 법원행시 18

4. 대법원 2008.9.11, 2007도7204

고의 없는 도구를 이용한 정치자금법위반죄의 간접정범 사례

피고인 2(정유회사 경영자)는 자세한 내막을 알지 못하여 정치자금법 위반죄를 구성하지 않는 직원들(고의 없는 도구)의 피고인 1(국회의원)에 대한 기부행위를 유발하고 이를 이용하여 자신의 범죄를 실현한 것이어서 간접정범으로서의 죄책을 면할 수 없다 할 것이다. 사시 10 / 경찰간부 12 / 경찰채용 13 2차

5. 대법원 2009.12.24, 2009도7815; 대법원 1997.7.11, 97도1180

부동산소유권 이전등기 등에 관한 특별조치법상 '허위 보증서 작성죄'의 간접정범

보증인이 아니라고 하더라도 허위 보증서 작성의 고의 없는 보증인들로 하여금 허위의 보증서를 작성하게 한 경우에는 간접정범이 성립한다. 법원행시 13

사례연구 소유자를 도구로 이용한 절도죄의 간접정범 인정 & 고의 부정 사례

다음은 대법원 2006.9.28, 2006도2963 판례를 문제로 만든 것이다. 잘 읽고 물음에 답하시오.

甲은 2004.4.22. 영주시 임야에 있는 A조합 점유의 경량철골조 패널지붕 단층 창고 2동에서, A조합으로부터 이 사건 창고의 패널을 철거하여도 좋다는 허락을 받은 사실이 없음에도 불구하고 그 정을 모르는 위 창고 소유자 乙로 하여금 드릴, 산소용접기 등을 이용하여 이 사건 창고 중 한 동의 패널 82장 시가 약 1,376,000원 상당을 뜯어내어 甲 자신이 운영하는 산림목탄 숯 공장으로 운반하게 하고, 2004.8.11. 같은 장소에서 그 정을 모르는 乙로 하여금 같은 방법으로 나머지 한 동의 창고의 패널 82장 시가 약 1,376,000원 상당을 뜯어내어 위 숯 공장으로 운반하게 하여 甲 자신이 이를 가지게 되었다.

제1문 이 경우 甲이 소유자를 도구로 이용한 절도죄의 간접정범이 성립될 수 있는가? 경찰간부 16

> **해결** 피고인(甲)은 조합(A조합)이 점유하는 공소외 2(乙)의 소유물을 취거하여 간 것이므로, 피고인이 점유자인 조합의 의사에 반하여 이 사건 창고의 패널을 취거하여 갔다면 이는 절도죄에 해당한다고 할 것이고, 또 피고인이 이 사건 창고의 소유자인 공소외 2를 도구로 이용하는 간접정범의 형태로 이 사건 창고의 패널을 뜯어 간 것으로 보아야 한다.

> **정답** 절도죄의 간접정범이 성립할 수 있다.

---

425 **보충** 甲이 乙 명의 차용증을 가지고 있기는 하나 그 채권의 존재에 관하여 乙과 다툼이 있는 상황에서 당초에 없던 월 2푼의 약정이자에 관한 내용 등을 부가한 乙 명의 차용증을 새로 위조하여, 이를 바탕으로 자신의 처에 대한 채권자인 丙에게 차용원금 및 위조된 차용증에 기한 약정이자 2,500만 원을 양도하고, 이러한 사정을 모르는 丙으로 하여금 乙을 상대로 양수금 청구소송을 제기하도록 한 경우에는, 적어도 위 약정이자 2,500만 원 중 법정지연손해금 상당의 돈을 제외한 나머지 돈에 관한 甲의 행위는 丙을 도구로 이용한 간접정범 형태의 소송사기죄를 구성한다. 법원행시 13

제2문 甲에게 A 조합의 의사에 반하여 위 창고의 패널을 뜯어간다는 범의가 있었다고 단정하기는 어려운 경우 절도죄가 성립하는가?

해결 여러 사정에 비추어 보면, 피고인에게 조합의 의사에 반하여 이 사건 창고의 패널을 뜯어간다는 범의가 있었다고 단정하기는 어렵다고 여겨진다.

정답 (결론적으로) 절도죄가 성립하지 않는다.

ⓑ 목적범에서 '목적 없는 고의 있는 도구'를 이용하는 경우 : 행위지배는 반드시 사실적으로 파악되는 것이 아니고 규범적으로도 파악된다는 규범적·심리적 행위지배론에 의하여 간접정범이 된다는 것이 다수설이다.[426] 판례도 간접정범 긍정설이다.[427] 국가9급 07

　예 통화위조죄에 있어서 목적 있는 자가 행사의 목적 없는 자를 이용한 경우, 타인의 금품을 영득할 의사 없는 자로 하여금 무의식중에 타인의 재물을 절취하게 한 경우.[428] 참고로, 절도죄와 같은 영득죄에 있어서 불법영득의사는 목적범의 목적과 마찬가지로 초과주관적 구성요건요소임을 상기해보면 이해가 더욱 쉬울 것이다.

② 구성요건에 해당하지만 위법하지 않은 행위를 이용하는 경우

　㉠ 정당행위를 이용하는 경우

　　예 甲이 허위사실을 신고하여 乙을 구속시킨 경우, 의사지배가 인정되는 한 (무고죄의 성립을 논외로 하더라도) 체포죄의 간접정범이 성립하게 된다.

☚ 판례연구 사법경찰관이 진술조서를 허위작성하여 검사·영장전담판사를 기망하여 구속시킨 사례

대법원 2006.5.25, 2003도3945
감금죄는 간접정범의 형태로도 행하여질 수 있는 것이므로, 인신구속에 관한 직무를 행하는 자 또는 이를 보조하는 자가 피해자를 구속하기 위하여 진술조서 등을 허위로 작성한 후 이를 기록에 첨부하여 구속영장을 신청하고, 진술조서 등이 허위로 작성된 정을 모르는 검사와 영장전담판사를 기망하여 구속영장을 발부받은 후 그 영장에 의하여 피해자를 구금하였다면 형법 제124조 제1항의 직권남용감금죄가 성립한다고 할 것이다. 경찰승진 10 / 경찰간부 11 / 법원행시 11 / 경찰간부 12 / 법원행시 12 / 경찰채용 13 2차 / 국가9급 13 / 국가7급 13 / 사시 15 / 국가7급 16 / 경찰채용 18 1차 / 법원행시 18 / 변호사 21

---

426 참고 : 목적 없는 고의 있는 도구를 이용한 경우의 간접정범 부정설 목적(영득의사도 포함됨) 없는 고의 있는 도구를 이용한 간접행위자를 교사범으로 보는 소수설로는 김일수 / 서보학, 578면; 박상기, 389면; 손동권, 475면; 차용석, "간접정범", 신동욱 박사정년기념논문집, 1983, 148면; 하태훈, 402면을 참조하고, 또한 간접정범을 부정한다는 점에서 소수설과 같은 범주이기는 하나, 직접행위자인 피이용자는 방조범으로 보고 간접행위자인 이용자는 교사범으로 보는 흥미로운 관점은 임웅, 389면 참조.
427 대법원 1997.4.17, 96도3376 전원합의체 판결(국헌문란 목적 없는 대통령을 이용하여 내란죄의 간접정범을 범한 소위 12·12사건). 다만 이 사건의 경우에는 단순히 목적 없는 고의 있는 도구를 시켜 범행을 하게 하였다기보다는 군사권력에 의한 강압에 의한 대통령에 대한 의사지배가 행해졌다는 점에서 접근되어야 할 것이다(자세한 판결이유 참조). 또한 목적 없는 도구를 이용한 간접정범의 성립을 긍정한 판례로는 대법원 1983.6.14, 83도515 참조.
428 참고 : 불법영득의사 없는 고의 있는 도구를 이용한 경우의 해결 타인의 금품을 영득할 의사 없는 자로 하여금 무의식중에 타인의 재물을 절취하게 한 경우 이용행위자에게 간접정범 성립이 가능한가의 문제이다. 기술하였듯이 ① 다수설·판례에 의하면 간접정범이 성립할 것이다. 그러나 ② 목적 없는 고의 있는 도구에 대한 의사지배를 부정하는 소수설에 의하면 다른 접근이 가능할 것이다. 참고로 독일에서는 직접행위자는 영득의사가 없기 때문에 무죄, 간접행위자도 ―직접행위자가 고의가 있다는 점에서 ― 의사지배가 인정될 수 없으므로 간접정범도 부정되고 ―직접행위자의 행위가 구성요건해당성이 조각되므로― 공범종속성 원칙에 의할 때 교사범도 부정되어 아예 처벌되지 않는다는 소수설도 있다. ③ 생각해보면, 영득의사는 없으나 고의는 있는 직접행위자로 예시된 위와 같은 사례에서도 직접행위자는 타인의 물건을 절취하여 이용자에게 갖다 준다는 생각은 있으므로 타인으로 하여금 이를 영득하게 하려는 의사가 있음은 인정될 수 있다. 따라서 직접행위자는 절도죄의 정범, 간접행위자는 절도죄의 교사범으로 보는 해결책도 가능할 것이다. 이론적으로 소수설이 타당하다고 생각된다.

ⓒ 정당방위를 이용하는 경우

　　예 甲이 乙을 살해하기 위하여 乙을 사주하여 丙을 공격하게 하고, 丙의 정당방위행위를 이용하여 乙을 살해하는 경우, 의사지배가 인정되는 한 甲은 乙에 대한 살인죄의 간접정범이 된다.

ⓒ 긴급피난을 이용하는 경우

　　예 낙태에 착수한 임부가 생명의 위험이 발생하자, 의사를 찾아가서 의사의 임부의 생명을 구하기 위한 낙태수술을 이용하여 낙태한 경우, 의사는 긴급피난으로서 무죄, 임부는 자기낙태죄의 간접정범이 성립하게 된다.

③ 구성요건에 해당하는 위법행위이나 책임 없는 행위를 이용하는 경우

피이용자의 행위가 구성요건해당성과 위법성을 갖추었으나 책임이 조각되는 경우에는 이용자의 죄책으로는 간접정범과 교사범의 2가지 경우를 모두 따져보아야 한다. 왜냐하면, 피이용자가 책임이 조각되어 무죄인 경우, 이용자에게 의사지배적 요소가 인정되는 경우에는 간접정범이 성립할 수 있으나, 또 다른 한편 피이용자(직접행위자)의 행위가 구성요건해당성·위법성을 갖추고 있기 때문에 공범종속성의 정도에 관한 제한적 종속형식(통설)을 따를 때에는 이용자에게 공범(교사범·방조범)의 성립도 가능하게 되기 때문이다.

이 경우의 판단방법은 우선 정범개념의 우위성[429]이다. 즉 간접정범 성립을 먼저 따져보아야 한다는 것이다. 왜냐하면 간접정범이 성립하게 되면 교사범·방조범의 성립은 따져볼 필요도 없기 때문이다. 만일 간접정범이 성립하지 않는 경우에는 그때 가서 교사범·방조범의 성립을 살펴보면 될 것이다.

ⓒ 피이용자의 책임무능력상태를 이용하는 경우

　　예 甲은 심한 정신병자인 乙로 하여금 丙을 폭행하게 했다면, 甲은 폭행죄의 간접정범이다(물론 심신상실자라 하더라도 의사결정능력이 존재하는 상태에서의 행위에는 의사지배가 부정되는 경우도 있을 수 있다. 여기에서는 사물변별능력과 의사결정능력이 상실된 상태를 전제한 것이다). 의사지배가 인정되기 때문이다(다수설). 또한 14세 미만의 형사미성년자(제9조)를 이용하는 경우, 어떤 범죄에 대하여 해당 형사미성년자가 판단능력을 갖추고 있을 때에는 의사지배가 인정될 수 없기 때문에, 이용자는 간접정범이 성립하지 않고 교사범 정도의 죄책을 져야 할 것이다(다수설).[430]

ⓒ 피이용자의 법률의 착오(금지착오)를 이용하는 경우 : 회피할 수 없는 금지착오를 이용한 경우에는 간접정범이 성립하지만, 회피가능한 경우는 교사범 성립을 인정한다(다수설[431]).

ⓒ 위법성조각사유의 객관적 전제조건에 관한 착오를 이용하는 경우 : 간접정범이 인정된다. 그런데 이 경우 엄격책임설에 의하면 피이용자의 책임이 조각되어 무죄가 되는 경우이므로 여기에 속하지만, 그 이외의 학설(고의설, 소극적 구성요건표지이론, 제한적 책임설 중 유추적용설과 법효과제한적 책임설[432])에 의하면 피이용자가 과실범이 성립하게 되므로 "과실범으로 처벌되는 자"를 이용하는 경우로 이해하게 된다.

　　예 甲은 乙이 丙을 공격한다고 속여 丙에게 乙을 상해하게 하였다. 甲은 상해죄의 간접정범이다.

---

429 독자들이 주의해야 할 것은 '정범개념의 우위성'이라고 해서, 무조건 간접정범이 성립한다는 것은 아니라는 점이다. 단지 정범의 성립 여부를 공범 문제보다 먼저 따져보는 판단의 방법 내지 순서 정도로 생각하면 될 것이다. 죄수론에서 후술할 것이나 정범과 공범의 관계는 기본적으로 법조경합(보충관계 중 묵시적 보충관계)의 관계에 있기 때문에, 정범이 성립하면 공범은 아예 성립하지 않는 것이다.

430 참고 이처럼 피이용자가 형사미성년자 또는 정신이상자라 할지라도 통찰력과 의사결정능력이 있는 경우에는 이를 이용한 자는 간접정범이 아니라 교사범이 성립한다는 견해가 다수설에 속한다. 다만, 이에 대해서는 道具性(도구성)을 정하는 기준은 법적 책임성이지 자기결정능력 유무에 따라 판단되어서는 안 된다고 주장하면서, 책임무능력자를 이용한 자가 공범이 성립하는 경우는 범행을 이미 결심한 경우에 이를 돕는다거나 행위방법을 지도하는 경우 등에 한정된다는 소수설은 박상기, 420면 이하 참조.

431 참고 다만 후술하는 소위 배후정범이론을 인정하게 되면 피이용자의 회피가능한 금지착오를 이용한 이용자의 경우에도 간접정범 성립이 가능하게 된다. 이는 소수설이다.

432 보충 법효과제한적 책임설에 의하면 책임고의가 조각될 뿐 고의범의 불법은 갖추고 있으므로 이용자에게 간접정범뿐만 아니라 교사범·방조범의 죄책도 지울 수 있게 된다.

ⓔ 기대불가능성으로 책임이 조각되는 자의 행위를 이용하는 경우

　　　예 강요된 행위를 이용하는 경우 ⇨ 甲은 의사 乙을 칼로 위협하여 자기 애인 丙양에게 법적으로 허용될 수 없는 임신중절수술을 하게 했다. 甲은 낙태죄의 간접정범(형법 제12조 참조)이다.

(2) 과실범으로 처벌되는 자

피이용자에게 과실이 인정되어 과실범으로 처벌되더라도 이용자는 고의범죄의 간접정범이 될 수 있다(제34조 제1항). 이는 피이용자에게 인식 있는 과실이 있는 경우에도 마찬가지이다.

예 간호사가 주사기에 든 약물의 내용을 확인하지 않고 의사가 시키는 대로 환자에게 주사하여 결국 의사가 살해하고 자 의도한 환자를 사망하게 한 경우 ⇨ 간호사에게는 업무상 과실치사죄(제268조)가 성립하고, 이용자인 의사에게 는 살인죄(제250조 제1항)의 간접정범이 인정된다.

(3) 관련문제 : 배후정범이론(背後正犯理論)

직접행위자가 고의범이 성립하고 이로 인하여 정상적으로 처벌받는 경우에도 이러한 직접행위자를 이용한 간접행위자가 (공범이 아니라) 간접정범이 성립할 수 있는가의 문제가 정범 배후의 정범 이론(Die Lehre vom Täter hinter dem Täter)이다.[433]

2. 이용행위

이용행위자의 이용행위는 제34조 제1항에서 "교사 또는 방조"로 규정되어 있다. 다만 교사범·종범의 그것 과 동일한 것이 아니고, 사주(使嗾)·이용(利用)의 의미(피이용자는 정범이 아니기 때문)이다. 이러한 이용행위는 처벌되지 아니하는 타인의 행위를 적극적으로 유발하고 이를 이용하여 자신의 범죄를 실현함으로써 이루어지는 것이지, 반드시 그 과정에서 타인의 의사를 부당하게 억압하여야만 간접정범에 해당하는 것은 아니다(대법원 2008.9.11, 2007도7204). 경찰승진 10 / 경찰채용 13 2차 / 경찰승진 14 / 경찰채용 18 2차

---

433 참고 : 배후정범이론 예를 들어, 甲이 乙을 암살하고자 乙이 새벽마다 혼자 산책을 나가는 숲 속의 길에 숨어 있다는 정보를 사전에 입수한 乙이, 甲을 이용하여 오히려 자신의 원수인 丙을 살해하겠다고 결의하고 丙을 그 곳으로 유인하여 甲으로 하여 금 丙을 살해하게 한 경우(Dohna-Fall), 甲은 구체적 사실에 관한 객체의 착오로서 - 구성요건착오에 관한 어느 학설에 의하 든 - 丙에 대한 살인죄의 정범이 되는 바, 이 경우 乙은 간접정범이 성립하는가, 아니면 방조범 정도에 불과한가의 문제이다. 또한 이용행위자가 피이용자로 하여금 금지착오를 일으키게 하여 어떤 범행을 하게 하였는데, 문제는 이때의 금지착오가 회피 가능성이 있어 피이용자의 책임이 조각되지 않고 정범으로 처벌되는 경우에도, 이용행위자에게 의사지배적 요소가 있다면 그 를 간접정범으로 볼 수 있는가, 아니면 교사범에 불과한가의 문제이다.
　이렇듯 정범 배후의 정범이 가능한가의 문제는 주로 ㉠ 피이용자의 구체적 사실에 관한 객체의 착오를 이용한 경우와 ㉡ 피이용 자의 회피가능한 금지착오를 이용한 경우에 문제된다. 또한 ㉢ 조직적 통솔체계 내에 있는 국가기관에서 상관이 부하에게 위법한 행위를 하도록 하는 경우 상관의 죄책과 관련해서도 문제가 될 수 있다(소위 '책상 위의 정범'의 문제). 이 경우 간접정범을 인정할 것인가(제34조 제2항을 적용하여 특수간접정범 적용), 아니면 공동정범이나 특수교사에 불과한 것으로 볼 것인가도 문제된다.
　학계에서는 정범 배후의 정범 이론에 관하여 긍정설(소수설 : 김일수 / 서보학, 박상기, 손동권, 손해목 등)과 부정설(다수설)이 대립하고 있다. 정범 배후의 정범 이론은 정범개념의 우위성을 고려하고 간접정범의 정범성이 의사지배에 있다는 점을 중시할 때 이론적으로 충분히 제기될 수 있는 문제라고 생각한다. 그러나 현행 형법 제34조 제1항은 간접정범의 피이용자를 '어느 행위로 인하여 처벌되지 아니하는 자 또는 과실범으로 처벌되는 자'로 규정하고 있으므로, 직접행위자의 행위가 고의적 범죄가 성립되는 위와 같은 경우에 있어서 간접행위자는 간접정범이 성립할 수 없고 공동정범이나 (특수)교사범·방조범이 성립될 뿐이라 고 보아야 한다. 해석론상 부정설을 반대하기는 어렵다고 생각된다.
　연습 피이용자에게 고의가 있고 유책한 경우에는 이를 이용한 자가 간접정범이 되는 경우는 어느 견해에 의하더라도 생각할 수 없다. (×) ∵ 소수설은 배후정범이론을 인정한다.

1. 피이용자의 객체의 착오에 관한 이용행위자의 죄책

예 丙을 살해하기 위하여 의사 甲은 간호사 乙양에게 주사를 놓도록 하였다. 독극물이 들어 있는 줄 모르고 주사기를 의사 甲으로부터 건네받은 간호사 乙양은 착오로 丙이 아닌 丁에게 주사를 놓아 사망하게 하였다.

피이용자의 객체의 착오가 일어난 경우, 이용자의 착오에 관해서는 객체의 착오설과 방법의 착오설(다수설)이 대립하고 있다. 간접정범은 정범이므로 이용행위자를 기준으로 판단해야 하므로, 이용자인 甲에게는 구체적 사실에 관한 '방법의 착오'가 일어났다고 판단할 수 있다.[434]

(1) 구체적 부합설

피이용자의 객체의 착오(혼동)는 간접정범에게는 원칙적으로 방법의 착오의 경우가 된다. 그러므로 이용자는 실현된 범행에 대한 고의범이 아니라 과실범으로, 그리고 의도한 범행에 대한 미수범으로 처벌된다(丙에 대한 살인미수와 丁에 대한 과실치사의 상상적 경합).

(2) 법정적 부합설(판례)

의사 甲은 결국 丁에 대한 살인(기수)죄의 간접정범의 죄책을 면할 수 없다는 견해이다. 이렇듯 구체적 사실의 방법의 착오에 관한 해결책으로 법정적 부합설은 결과가 일어난 객체에 대한 고의기수를 인정한다(수험에서는 '판례에 의함'으로 출제하는 경우가 많음).

2. 피이용자의 실행의 양적 초과의 경우 이용행위자의 죄책

예 丙을 상해(傷害)하기 위하여 의사 甲은 간호사 乙양에게 주사를 놓게 하기로 하였다. 독극물이 들어 있는 줄 모르고 주사기를 의사 甲으로부터 건네받은 간호사 乙양은 丙에게 주사를 놓았는데, 그만 심각한 부작용이 일어나 丙이 사망하게 되었다.

간접정범도 정범이므로 결과적 가중범의 고의의 기본범죄, 예견가능한(과실의) 무거운 결과, 양자 간의 인과관계 및 객관적 귀속(판례에 의하면 상당인과관계)이 인정된다면 '결과적 가중범의 간접정범'이 인정될 수 있다. 이러한 요건이 갖추어졌다는 전제 하에서 甲에게는 상해치사죄의 간접정범의 죄책이 인정될 수 있다.

3. 피이용자의 고의·책임 유무에 대해 이용자가 착오한 경우의 이용행위자의 죄책

(1) 고의 없는 자 또는 책임무능력자로 오인·이용하였으나 사실 고의자·책임능력자인 경우

이용자는 간접정범의 의도를 가지고 이용행위를 하였으나, 실은 피이용자의 상태조차 파악하지 못한 경우이므로 의사지배적 요소는 결여되어 있다. 따라서 이용행위자는 간접정범이 성립하지 않고 교사범으로 보아야 한다는 것이 다수설이다.[435]

예 정신병자를 이용한다고 생각하고 범죄를 사주하였으나, 사실은 정상적인 판단능력을 가진 자인 경우에 이용자는 간접정범이 성립하지 않고 교사범 성립(다수설)

---

434 조언 독자들은 이용자인 甲에게 있어서 간호사 乙은 '화살'이나 '총과 총알' 정도로 생각해보고, 이용자 甲이 이를 丙을 향해 쐈는데 '화살·총알이 빗나가' 丁이 맞고 사망한 경우로 생각하면 알기 쉬울 것이다.

435 참고 : 피이용자에게 고의가 없다고 오인한 경우 이는 독일에서도 다수설의 입장이다. 참고로, 피이용자가 고의가 없는 줄 알고 이용하였으나 피이용자가 고의를 가지고 행위한 경우의 이용자의 죄책에 대해서는 간접정범의 미수로 보는 견해가 있다(박상기, 397면). 이는 정범의 고의와 공범(교사)의 고의는 질적으로 구별되기 때문에 교사범이 될 수 없고, 간접정범의 미수를 주장하는 것으로 이해된다(독일의 학자 중에는 예컨대 Samson의 견해이다. SK § 25 Rn.112). 또한 이용자가 피이용자를 고의가 없거나 책임무능력자라고 생각하고 이용하였으나 사실 피이용자는 고의가 있었거나 책임무능력자이었던 경우에는 간접정범의 미수와 (기수범의) 공범(교사)의 상상적 경합을 인정하는 견해도 있다(손동권, 485면).

(2) 책임능력자라고 생각하고 이용하였으나 사실 책임무능력자인 경우

이용자는 교사범의 고의범위 내에서만 죄책이 인정되기 때문에, 교사범의 죄책만 진다는 것이 통설이다.[436]

05 간접정범의 미수(실행의 착수시점)

형법 제34조 제1항에서는 '범죄행위의 결과를 발생'하게 한 자를 간접정범으로 규정하고 있으나, 기수범뿐만 아니라 미수범에 관한 간접정범도 성립할 수 있음은 당연하다. 그렇다면 미수범의 성립요건인 '실행의 착수의 시기'가 문제될 것이다. 이에 대해서는 다음과 같은 학설의 대립이 있다.

1. 객관설

피이용자가 실행행위를 개시한 때 비로소 간접정범도 실행의 착수가 인정된다는 입장이다.[437]

2. 전체설(피이용자의 선의·악의구별설)

보호법익에 대한 직접적인 위험화라는 기준에 의거하여 간접정범의 행위와 피이용자의 행위를 종합적으로 판단하여 실행의 착수시점을 판단한다는 입장이다.[438]

① 피이용자가 선의인 경우 : 이용자의 이용행위 개시시점
② 피이용자가 악의인 경우 : 피이용자의 실행행위 개시시점

3. 개별설(이용자의 이용행위시설, 주관설, 다수설)

간접정범의 이용행위가 법익침해의 위험성을 직접적으로 초래하였거나 이용자로서의 행위를 완료하여 피이용자의 손에 범행의 실현 여부가 달려 있을 때에 실행의 착수를 인정한다는 견해이다.[439] 간접정범은 정범이므로 이용자의 이용행위를 중심으로 실행의 착수시기를 정해야 한다는 점에서 이 입장이 타당하다고 생각된다.

따라서 부산에 있는 甲이 서울에 있는 乙을 살해하기 위해 추석선물세트인 한과세트에 독극물을 주입하고 이를 택배회사 직원 A에게 맡겨 발송시킨 경우에는, 이를 발송시킨 행위를 한 시점에서 살인죄의 간접정범의 실행의 착수가 있다고 볼 수 있다.[440]

---

436 참고 : 피이용자에게 고의가 있다고 생각하고 교사하였으나 피이용자는 고의가 없었던 경우 예를 들어, 甲이 함께 사냥을 나간 고의가 없는 乙을 고의를 가지고 있다고 오인하고, 숲 속에서 움직이는 "저것을 쏴라."고 시켰는데(숲 속에서 움직이는 것은 甲의 원수인 丙이었음), 乙이 丙을 '큰 멧돼지'라고 오인하고 총을 쏘아 사살한 경우, 甲은 ― 乙이 고의가 있다고 생각했기 때문에 간접정범의 의사는 없으므로 ― 간접정범이 성립하지 않고 공범(교사범)이 성립한다는 것이 보통의 설명방식이다(수험을 준비하는 독자들은 이렇게 정리해둘 것).
그러나 교사범이 성립하지 않으므로 결국 처벌되지 않는 견해가 독일의 다수설에 속한다. 다만, 국내에서는 교사범의 성립을 인정하는 견해는 임웅, 438면 참조. 그러나 이 견해는 직접행위자에게 고의가 없는 경우에는 간접행위자가 공범이 성립할 수 없다는 점에서 비판의 대상이 된다. 한편 교사범의 성립을 부정하면서도 형사정책적인 처벌필요성을 인정하여 결국 고의 없는 도구를 이용한 살인죄의 간접정범을 인정하는 견해로는 박상기, 428면; 손동권, 486면 참조.
생각건대, 甲에게 살인죄의 교사범을 성립시키려면, 乙의 행위는 최소한 살인죄의 구성요건해당성·위법성을 갖추고 있어야 한다. 그런데 乙에게는 살인의 고의가 없으므로, 乙은 과실치사죄의 죄책만 지게 된다. 따라서 甲은 교사범이 성립하지 않고 (또한 간접정범의 의도는 없으므로 간접정범의 미수는 이 경우에는 문제될 수 없고) 실패한 교사(제31조 제3항 : 살인예비·음모) 정도의 죄책만 질 뿐이다.
437 신동운, 623면; 이형국, 277면.
438 김종원 외 8인 공저, 284면; 배종대, 343면; 정성근 / 박광민, 389면; 진계호, 495면.
439 김일수 / 서보학, 582면; 손동권, 484면; 안동준, 182면; 유기천, "실행의 착수와 간접정범", 법정, 1961.3, 40면; 이재상, §32-28; 임웅, 438면 등.
440 이를 소위 격리범(隔離犯) 내지 이격범(離隔犯)이라고 부르기도 한다.

1. 과실에 의한 간접정범

과실에 의한 간접정범은 있을 수 없다. 간접정범 성립의 요건인 의사지배가 결여되어 있기 때문이다. 따라서 이용자가 (고의 없이) 장난삼아 빈 총이라고 친구를 기망하여 사냥용 총을 격발하게 한 결과 우연히 지나가던 사람에게 명중하여 사망하게 된 경우에는, 살인죄의 간접정범이 성립할 수 없다.

2. 부작위에 의한 간접정범

작위범과 그 구조가 다르기 때문에 부작위에 의한 간접정범 성립은 부정된다(다수설). 부작위를 통해서 타인의 의사를 지배한다는 것은 상상하기 어렵기 때문이다.[441]

형법 제34조 제1항에 의하면 간접정범은 '교사 또는 방조의 예에 의하여 처벌한다'. 교사의 예에 따라 처벌한다면 정범과 동일한 형으로 처벌되는 것이고(제31조 제1항 참조), 방조의 예에 따라 처벌한다면 정범의 형보다 필요적으로 감경하여 처벌하게 된다(제32조 제2항 참조).

또한 간접정범은 교사 또는 방조의 예에 의하여 처벌되고, 교사범 또는 방조범은 제34조 제2항에서 특수교사·방조라는 일반적 가중사유의 적용을 받게 되기 때문에, 간접정범도 자기의 지휘·감독을 받는 자(고의범이 성립하지 않는 자)를 이용한 경우에는 소위 특수간접정범으로서 가중처벌될 것이다(다수설).

다만, 이러한 규정은 입법론상 의문의 여지가 있다. 간접정범을 정범으로 이해하는 한, 입법론상 정범으로 규정하는 것이 타당하다고 생각된다.[442] 이는 간접정범을 정범으로 이해하는 학자들의 대부분의 공감대에 속한다.

---

441 주의 다만 과실에 '대한' 간접정범이나 부작위에 '대한' 간접정범은 얼마든지 가능하다. 이 경우에는 피이용자가 과실범이나 부작위범인 경우이고, 이를 고의·작위에 의하여 이용한 간접정범이 성립할 수 있기 때문이다. 혼동될 수 있는 개념들을 몇 가지 정리하고 넘어가기로 한다. ① 부작위에 의한 교사범 ✕, 사시 13 / 변호사 14 ② 부작위에 의한 방조범 ○, 국가9급 08 / 사시 10 / 변호사 12 / 법원행시 13 / 사시 13 / 사시 14 / 변호사 14 ③ 부작위에 대한 교사범 ○, ④ 부작위에 대한 방조범 ○, ⑤ 과실에 의한 간접정범 ✕, ⑥ 과실에 대한 간접정범 ○, ⑦ 부작위에 의한 간접정범 ✕, ⑧ 부작위에 대한 간접정범 ○, ⑨ 결과적 가중범의 간접정범 ○(보다 자세한 공범론 용어정리는 본장의 말미에 있는 도표 참조).

442 참고 : 간접정범의 '교사 또는 방조의 예에 의하여 처벌한다.'는 의미와 그 모호함 형법 제34조 제1항의 "교사 또는 방조의 예에 의하여 처벌한다."는 의미를 최대한 존중하고 독자들의 이해를 돕기 위해 나름대로 예를 들어보기로 하겠다(수험에서는 참고만 해두길 바란다). 甲과 乙이 멧돼지 사냥을 갔는데, 시력이 그리 좋지 않은 乙이 숲 속에서 어른거리는 (甲의 원수) 丙을 멧돼지로 오인하여 사살한 경우, ㉠ 만일 甲이 丙을 살해하기 위해 사전에 丙과 숲 속에서 만나기로 약속을 정하고 위와 같은 상황을 연출해내고 乙에 대하여 "숲 속에서 움직이는 저 멧돼지 큰 놈에게 총을 쏴라"고 사주·이용하여 丙을 살해케 하였다면, 甲은 과실범을 이용한 살인죄의 간접정범으로서 교사의 예에 따라 처벌되므로 정범의 형으로 처벌될 것이다. 그런데, ㉡ 乙은 甲이 어떠한 행위도 하지 않았음에도 불구하고 우연히 숲 속에 나타난 丙을 멧돼지로 오인하고 사살하려고 총으로 조준하다가 총을 쏘기 전에 甲에 묻기를 "저기 있는 놈, 멧돼지 맞지? 큰 놈이지?"라고 물으니 甲이 자신의 원수 丙을 살해하기 위해 乙의 이러한 과실을 이용하기로 결의하고 "그러네. 큰 놈이네."라고 동의를 해주어 乙이 丙을 사살한 경우에는, 甲은 역시 과실범을 이용한 살인죄의 간접정범이 성립하기는 하지만, 방조의 예에 따라 처벌되므로 정범보다 형을 필요적으로 감경해야 할 것이다.

그러나 위와 같은 구별은 원래의 교사범의 교사행위와 방조범의 방조행위의 개념 구별과는 달리 대단히 애매한 것일 수밖에 없다. 간접정범의 '교사 또는 방조'행위의 의미를 '이용 또는 사주'로 받아들이는 통설의 입장을 취할 때 '이용·사주행위의 적극성 내지 주도적 성질'이 기준이 될 수밖에 없는데, 이는 정범의 형으로 처벌하는 것과 필요적 감경하는 형량의 차이를 고려할 때 불충분하고 모호한 구별기준이 될 것이기 때문이다. 죄형법정주의의 보장적 기능을 고려한다면 더욱 입법이 필요한 부분이라고 생각된다.

제34조【간접정범, 특수한 교사 · 방조에 대한 형의 가중】② 자기의 지휘 · 감독을 받는 자를 교사 또는 방조하여 전항의 결과를 발생하게 한 자는 교사인 때에는 정범에 정한 형의 장기 또는 다액에 그 2분의 1까지 가중하고 방조인 때에는 정범의 형으로 처벌한다. 경찰간부 20

1. 개 념

자기의 지휘 · 감독을 받는 자를 교사 또는 방조하여 범죄행위의 결과를 발생하게 한 경우를 의미한다(제34조 제2항).

2. 가중처벌

교사인 경우에는 정범에 정한 형의 장기 또는 다액의 2분의 1까지 가중하고, 방조범인 때에는 정범의 형으로 처벌한다. 국가7급 07 / 국가9급 16

또한 간접정범의 경우에도 적용될 수 있다. 결국 본조는 특수교사, 특수방조 그리고 특수간접정범의 경우를 규정하고 있다고 볼 수 있다(다수설).

제3절 │ 공동정범

01 서 설

제30조【공동정범】2인 이상이 공동하여 죄를 범한 때에는 각자를 그 죄의 정범으로 처벌한다.

1. 의 의

(1) 개 념

공동정범(共同正犯; Mittäterschaft)이란 2인 이상의 자가 공동의 범행계획에 따라 각자 실행의 단계에서 본질적인 기능을 분담하여 이행함으로써 성립하는 정범형태를 말한다(제30조).

(2) 공동정범의 정범표지 : 기능적 행위지배

정범과 공범의 구별기준에 관한 행위지배설에 의할 때, 공동정범의 정범성의 표지는 기능적 행위지배(機能的 行爲支配; funktionale Tatherrschaft)이다. 경찰채용 12 1차

따라서 형법 제30조의 공동정범이 성립하기 위해서는, 주관적 요건인 공동가공의 의사와 객관적 요건으로서 그 공동의사에 기한 기능적 행위지배를 통하여 범죄를 실행하였을 것을 필요로 한다. 국가9급 09

예를 들어, 甲 · 乙 · 丙이 함께 A를 살해하기로 하고, 甲은 망을 보고 乙은 칼로 A를 찔러 살해하기로 하고 丙은 A가 도망치는 길목을 지키고 있다가 혹시 A가 도망쳐오면 확실히 살인범행을 마무리하기로 결의하고, 이러한 계획에 따라 범행을 실행하였다면 이는 의사의 상호연락과 이해를 통해 분업적 역할분담에 의하여 범행을 함께 실행한 것으로서 甲 · 乙 · 丙은 A에 대한 살인죄의 공동정범이 성립하게 되는 것이다. 이렇듯 기능적 행위지배설에 의하여 공동정범의 성립요건을 판단하는 것이 통설 · 판례의 입장이다.

판례연구 대법원이 기능적 행위지배라는 용어를 명시적으로 사용하면서 공동정범 성립을 부정한 사례

1. 대법원 2001.11.9, 2001도4792

한의사에게 부정의료업행위의 공동정범의 죄책을 부정한 사례

형법 제30조의 공동정범은 2인 이상이 공동하여 죄를 범하는 것으로서, 공동정범이 성립하기 위하여는 주관적 요건인 공동가공의 의사와 객관적 요건인 공동의사에 의한 기능적 행위지배를 통한 범죄의 실행사실이 필요하고, 공동가공의 의사는 공동의 의사로 특정한 범죄행위를 하기 위하여 일체가 되어 서로 다른 사람의 행위를 이용하여 자기의 의사를 실행에 옮기는 것을 내용으로 하는 것이어야 한다(피고인이 한의사가 아닌 자와 공모하여 영리를 목적으로 한방의료행위를 업으로 하였다고 인정할 수 없다고 한 사례 : 보건범죄특별법위반 – 부정의료업자 – 의 공동정범 부정례).

2. 대법원 2004.6.24, 2002도995

보라매병원 의사에 대하여 살인죄의 공동정범 성립을 부정한 사례

보호자가 의학적 권고에도 불구하고 치료를 요하는 환자의 퇴원을 간청하여 담당 전문의와 주치의가 치료중단 및 퇴원을 허용하는 조치를 취함으로써 환자를 사망에 이르게 한 행위에 대하여 보호자, 담당 전문의 및 주치의가 부작위에 의한 살인죄의 공동정범으로 기소된 경우, 담당 전문의와 주치의에게 환자의 사망이라는 결과 발생에 대한 정범의 고의는 인정되나 환자의 사망이라는 결과나 그에 이르는 사태의 핵심적 경과를 계획적으로 조종하거나 저지·촉진하는 등으로 지배하고 있었다고 보기는 어려워 공동정범의 객관적 요건인 이른바 기능적 행위지배가 흠결되어 있기 때문에 (살인죄의 공동정범은 성립하지 않고 – 필자 주) 작위에 의한 살인방조죄만 성립한다. 국가급 11 / 경찰승진 13 / 변호사 13 / 법원행시 14 / 변호사 14

3. 대법원 2006.3.9, 2004도206

종합유선방송사업자에게 방송법위반의 기능적 행위지배를 부정한 사례

종합유선방송사업자의 대표이사인 피고인들이, 방송위원회의 승인 없이 방송채널사용사업을 하는 자의 홈쇼핑 광고프로그램을 방송하여 주고 일정한 송출료를 받았다는 사정만으로는, 위 미승인 방송채널사용사업을 한 자의 행위에 공모하였다거나 이에 대한 기능적 행위지배가 있었다고 보기 어려워 방송법위반죄의 공동정범이 성립한다고 볼 수 없다.

4. 대법원 2013.1.10, 2012도12732

공동정범과 종범의 구별 : 기능적 행위지배의 유무

공동정범의 본질은 분업적 역할분담에 의한 기능적 행위지배에 있다고 할 것이므로 공동정범은 공동의사에 의한 기능적 행위지배가 있음에 반하여 종범은 그 행위지배가 없는 점에서 양자가 구별된다. 피고인은 범행 자금을 제공하고 그 범행의 실행을 통하여 획득할 수 있는 명품팔찌 등을 요구함으로써 단순히 원심 공동피고인 1 등의 신용카드 위조·사용 등 범행의 결의를 강화시키고 이를 용이하게 한 방조범에 불과하다고 볼 수 있을 따름이다.

(3) 판례의 예외적 입장

대법원 판례는 과실범의 공동정범에 있어서는 행위공동설을 취함으로써 기능적 행위지배설을 택하지 않고 있다. 다만 공모공동정범에 있어서는 종래 공동의사주체설과 간접정범유사설을 선택하였다가 근래 기능적 행위지배설을 취하면서도 그 성립을 인정하고 있다. 또한 **판례**는 합동범의 공동정범에 있어서도 공모공동정범의 이론을 확장적용하여 그 성립을 인정하고 있다. 결국 이러한 **판례**의 입장들은 학계의 논쟁의 대상이 되고 있는 것이다.

2. 공동의 의미 – 범죄공동설과 행위공동설

종래 공동정범이 무엇을 공동하는가에 대해서는 ① 특정한 범죄를 공동으로 하는 것이라는 범죄공동설과 ② 사실상의 자연적 행위를 공동으로 하는 것이라는 행위공동설의 대립이 있어 왔다. 이를 비교하면 다음 도표와 같다. 다만, 통설에서는 공동정범의 공동성은 기능적 행위지배라는 정범성의 표지를 충족시킬 수 있는 성립요건을 규명하는 것에 초점을 맞추고 있다.

표정리 범죄공동설과 행위공동설의 비교[443]

구 분	범죄공동설 구파	행위공동설 신파
내 용	수인이 공동하여 특정 범죄를 실현 경찰채용 11 2차	수인이 행위공동하여 각자 범죄를 실현
종 류	• 고의공동설 • 구성요건공동설 • 부분적 범죄공동설	• 자연적 행위공동설 • 구성요건적 행위공동설
특 징	공범성립 제한 ⇨ 책임원칙에 충실	공범성립 확대 ⇨ 형사정책적 합목적성 추구
異種 또는 數個의 구성요건	각 구성요건에 따라 분리 검토	공동정범 ○
고의, 과실의 공동정범	공동정범 ×	공동정범 ○
과실범의 공동정범	부정	긍정(판례 : 과실범의 공동정범) 법원9급 07(하)
편면적 공동정범	부정	긍정
승계적 공동정범	부정	긍정
한 범죄사실의 일부공동	방조범	공동정범 ○
공모공동정범	부정	부정(★)

02 　 공동정범의 성립요건

1. 주관적 요건 – 공동가공의 의사

(1) 의 의

　형법 제30조의 공동정범이 성립하기 위하여는 2인 이상이 공동하여 죄를 범하여야 하는 것으로서, 주관적 요건인 공동가공(共同加功)의 의사와 객관적 요건인 공동의사에 의한 기능적 행위지배를 통한 범죄의 실행사실이 필요한데, 공동가공의 의사는 공동의 의사로 특정한 범죄행위를 하기 위하여 일체가 되어 서로 다른 사람의 행위를 이용하여 자기의 의사를 실행에 옮기는 것을 내용으로 하는 것이어야 한다(대법원 1997.9.30, 97도1940 등). 국가7급 13

　판례는 공동정범에 있어서 주관적 요건은 공모(共謀)라고 하고, 이러한 공모는 공범자 상호간에 범죄의 공동실행에 관한 의사의 결합만 있으면 족하고 법률상 어떤 정형을 요구하는 것이 아니라고 한다(대법원 1990.6.22, 90도767). 법원행시 06 다만 공동행위자가 단순히 사정을 알았다는 것만으로는 공모가 성립되지 않으며,

---

443 참고 : 범죄공동설과 행위공동설의 학설적 의의 공동정범은 '무엇을 공동으로 하는가'라는 공동정범의 본질론에 대한 범죄공동설과 행위공동설의 논의는 공동정범의 '공동성'의 본질에 관한 것이다. 범죄공동설을 특정한 한 개의 범죄행위를 공동으로 하는 것이 공동이라는 것이요, 행위공동설은 범죄가 아니라 사실상의 행위만 함께 해도 공동이라는 것이다. 그러나 오늘날에는 공동성에 대한 논의에 대해서는 현대 형법학의 공동정범론으로서는 어울리지 않는다는 비판이 제기되면서(통설), 공동성의 내용을 중시하기보다는 '공동정범의 정범성의 표지(기능적 행위지배)'와 그에 상응하는 '공동정범의 성립범위(귀책범위)'에 논의를 집중시키고 있다. 즉, 공동정범은 기능적 행위지배에 의해 범하는 것으로서 기능적 행위지배의 요소를 어떻게 이해하고 그에 따른 공동정범의 책임을 어느 선에서 물을 것인가 핵심문제가 된 것이다.

의사의 상호연락이 있어야 한다(대법원 1971.1.26, 70도2173).

(2) 내 용

① 의사의 상호이해 : 공동정범이 성립하기 위하여는 각자의 역할분담과 공동작용에 대한 상호이해가 필요하다. 이는 서로 협력하여 공동의 범의를 실현하려는 의사의 상통을 말한다(대법원 1987.9.22, 87도347).

　　㉠ 공동가공의 의사가 인정되는 경우 : 공동의 의사로 특정한 범죄행위를 하기 위하여 일체가 되어 서로 다른 사람의 행위를 이용하여 자기의 의사를 실행에 옮기는 것을 내용으로 하는 의사를 가졌다면, 공동가공의 의사가 인정된다(대법원 1997.9.30, 97도1940).

> ★ **판례연구** 공동가공의 의사를 인정한 사례
>
> **1. 대법원 1983.2.22, 82도3103**
> 특수강도 범행모의 후 장물 처분 알선한 행위는 특수강도의 공동정범이라는 사례
> 특수강도의 범행을 모의한 이상 범행의 실행에 가담하지 아니하고, 공모자들이 강취해온 장물의 처분을 알선만 하였다 하더라도, 특수강도의 공동정범이 된다 할 것이므로 장물알선죄로 의율할 것이 아니다.
>
> **2. 대법원 1983.7.12, 82도180**
> 부동산이중매매의 제2매수인이 적극 공모하였다면 배임죄의 공동정범이 된다는 사례
> 점포의 임차인이, 임대인이 그 점포를 타에 매도한 사실을 알고 있으면서 점포의 임대차계약 당시 "타인에게 점포를 매도할 경우 우선적으로 임차인에게 매도한다"는 특약을 구실로 임차인이 매매대금을 일방적으로 결정하여 공탁하고 임대인과 공모하여 임차인 명의로 소유권이전등기를 경료하였다면 임대인의 배임행위에 적극가담한 것으로서 배임죄의 공동정범이 성립한다.[444]
>
> **3. 대법원 2006.8.24, 2006도3070**
> 공직선거후보자 도청 공모 사례
> 공모가 이루어진 이상 실행행위에 직접 관여하지 아니한 자라도 다른 공모자의 행위에 대하여 공동정범으로서의 형사책임을 진다. 법원행시 06 이 사건에서 공직선거의 상대후보자 측을 도청하는 과정에서 행한 주거침입 및 도청행위(통신비밀보호법위반)의 실행에 대하여 선거 후보자, 선거조직본부장과 선거자금 조달·집행의 총 책임자 등 사이에 공모의 점이 인정된다.

　　㉡ 공동가공의 의사가 부정되는 경우 : 의사의 상호이해 없이 공동행위자 중의 한 사람만 범행의사를 가진 편면적 공동정범은 공동정범이 성립하지 않고(대법원 1999.9.17, 99도2889; 1985.5.14, 84도2118), 법원9급 05 / 국가7급 11 / 경찰간부 12 / 변호사 12 / 국가7급 13 / 경찰간부 14 / 경찰채용 15 3차 / 경찰승진 15 / 국가7급 16 / 경찰채용 20 2차 / 경찰채용 21 2차 동시범(단독정범의 경합) 또는 종범(편면적 종범)이 성립할 뿐이다. 동시범(同時犯)의 경우에도 의사의 상호이해가 없으므로 공동정범이 성립하지 않는다. 경찰간부 14 예컨대, 乙이 A를 칼로 찔러 죽이려는 것을 甲이 알고 乙 모르게 A의 집 현관문의 시정장치를 풀어놓고 A에게 수면제를 먹여 잠들게 하여, 乙이 A를 칼로 찔러 살해하기 쉽도록 하였다면 甲은 살인죄의 공동정범이 인정되지 않는다(살인죄의 방조범만 성립).

---

444 사례 임차인 甲은 점포의 소유자 乙이 丙에게 乙의 점포를 매도하였고 丙이 다시 이를 丁에게 매도하였음을 알고 있었다(그러나 소유권이전등기는 이루어지지 않아 등기명의는 여전히 乙에게 있었음). 그런데 甲은 丙과 丁을 여러 차례 만나 그 점포를 매수하려 하였으나 가격이 예상보다 고가라서 매수하지 못하였다. 이에 甲은 임대차계약 당시 그 점포를 팔 때에는 임차인에게 팔기로 하였다는 특약을 구실로 대금을 일방적으로 결정하고 임차보증금 및 속초시에 납부한 불입금을 공제한 나머지 금액을 공탁하고 乙과 공모하여 그 점포에 관하여 甲 명의로 소유권이전등기를 경료하였다. 甲과 乙의 형사책임은? 해결 배임죄의 공동정범

사례연구 오토바이를 훔쳐 와라 사례

甲은 서울에 있다가 乙로부터 부산에 돈벌이가 있다고 하는 말을 듣고 부산으로 내려왔는데, 장물취득 등의 전과가 있는 사람으로서 중고오토바이 매매업을 경영하는 丙은 甲·乙에게 "오토바이를 훔쳐 와라"라고 말했다. 그리하여 甲과 乙이 상습적으로 절취한 오토바이를 사주었다. 丙의 형사책임은?

해결 丙은 절도죄의 공동정범이 되지 않고 (특수절도교사죄와) 장물취득죄가 인정될 뿐이다. 丙이 甲과 乙 등과 공모하였다는 내용은 "우리가 함께 오토바이를 훔치자(공동의 범행결의 – 필자 주). 다만, 현장에서 훔치는 일은 너희들이 맡아서 해라. 그러면 장물은 내가 맡아서 처분하겠다(기능적 역할분담에 대한 의사의 상호이해 – 필자 주)."는 것이었다기보다는 "너희들이 오토바이를 훔쳐라. 그러면 장물은 내가 사주겠다(사후종범적 의사에 불과하므로 공동정범은 부정되고 장물취득죄만 성립 – 필자 주)."는 것이었다고 보인다(대법원 1997.9.30, 97도1940). 경찰채용 11 2차 / 국가9급 13

사례연구 공동가공의 의사에 관한 판례 관련사례 : 공무원시험 감독관 사례

甲은 乙에게 자신을 공무원시험의 특정 고사실에 감독관으로 배치하여 줄 것을 요청하자 乙이 甲에게 그 이유를 물었다. 이에 甲은 범행계획을 감추고 친구가 시험에 응시하는데 마음편하게 시험을 볼 수 있도록 자신이 감독관으로 들어가려는 것이라고 대답했고, 乙은 甲의 요구를 들어주었다. 그 후 甲은 다른 고사실에서 다른 응시자의 답안지를 빼내어 응시인인 丙과 丁에게 전달하였다. 甲과 乙의 형사책임은?

해결 공동정범이 성립하기 위하여는 2인 이상이 공동하여 죄를 범하여야 하는 것으로서 이에는 주관적 요건인 공동가공의 의사와 객관적 요건인 공동의사에 의한 기능적 행위지배를 통한 범죄의 실행사실이 필요한데, 공동가공의 의사는 타인의 범행을 인식하면서도 이를 저지하지 아니하고 용인하는 것만으로는 부족하고 공동의 의사로 특정한 범죄행위를 하기 위하여 일체가 되고 서로 다른 사람의 행위를 이용하여 자기의 의사를 실행에 옮기는 것을 내용으로 하는 것이어야 한다(대법원 1996.1.26, 95도2461). 법원행시 08 / 경찰채용 14 1차 / 경찰채용 15 2차 ⇨ 甲은 위계에 의한 공무집행방해죄의 정범(제137조), 乙은 위계에 의한 공무집행방해죄의 방조범에 불과하다.

판례연구 공동가공의 의사를 인정하지 않은 사례

1. 대법원 1975.2.25, 74도2288
단순한 알선은 공모가 아니라는 사례 : 황소 매각알선 사례
피고인이 타인에게 황소를 훔쳐오면 문제없이 팔아 주겠다고 말한 사실이 있을 뿐이라면 이는 장물에 대하여 매각·알선의 의사표시를 한 것으로 볼 수 있을 뿐 황소절취행위를 공동으로 하겠다는 공모의 의사를 표시한 것이라고 할 수 없다.

2. 대법원 1983.9.27, 83도1787
의사 연락 없이 강간을 시도한 자 중의 1인의 강간치상죄에 대한 타방의 공동정범 성립 부정례
피고인이 1심 상피고인과 함께 술집에서 같이 자다가 깨어 옆에서 잠든 접대부를 강간하려다가 피해자의 반항으로 목적을 이루지 못하고 포기한 뒤, 뒤이어 잠을 깬 1심 상피고인이 피해자를 강간코자 하였으나 역시 피해자의 반항으로 목적을 이루지 못하고 피해자를 구타하는 것을 적극 만류하였다면, 피고인에게는 상피고인의 강간치상에 대한 공모공동정범의 죄책을 물을 수 없다.

3. 대법원 1985.5.14, 84도2118
편면적으로는 공동정범이 성립할 수 없다는 사례
공동정범은 행위자 상호간에 범죄행위를 공동으로 한다는 공동가공의 의사를 가지고 범죄를 공동실행하는 경우에 성립하는 것으로서, 여기에서의 공동가공의 의사는 공동행위자 상호간에 있어야 하며 행위자 일방의 가공의사만으로는 공동정범관계가 성립할 수 없다. 법원9급 06 / 경찰간부 12 / 법원9급 13

4. 대법원 1998.9.22, 98도1832

여권위조행위에 가담하였다고 하여 밀항행위를 공동했다고 볼 수 없다는 사례

밀항단속법 제3조 제1항에서 규율하는 밀항행위는 여권위조행위와는 전혀 별개의 행위로서 밀항에 반드시 위조여권이 필요한 것도 아니고 위조여권을 반드시 밀항행위에만 사용할 수 있는 것도 아니므로, 여권위조행위에 가담한 것만으로는 밀항행위에까지 공동가담하였다고 볼 수 없다.

5. 대법원 1999.9.17, 99도2889

타인의 범행을 인식하면서도 제지하지 않고 용인하는 것만으로는 공동정범이 되기에는 부족하다는 사례

K주식회사의 이사 乙이 업무상 횡령을 해야겠다고 甲(K회사의 전직 대표이사이자 현직 고문)에게 보고하자 甲이 아무런 말도 없이 창밖만 쳐다보았으므로 乙은 甲이 이에 동의한 것으로 알아 횡령을 한 경우, 甲은 업무상 횡령죄의 공동정범이 성립하지 않는다. 경찰간부 11

6. 대법원 2003.3.28, 2002도7477

자신의 강간상대방에게는 신체적 접촉을 하지 않은 채 이야기만 나눈 사례

피해자 일행을 한 사람씩 나누어 강간하자는 乙(피고인) 일행의 제의에 아무런 대답도 하지 않고 따라다니다가 자신(甲)의 강간 상대방으로 남겨진 공소외인(丙)에게 일체의 신체적 접촉도 시도하지 않은 채 다른 일행이 인근 숲 속에서 강간을 마칠 때까지 甲은 丙과 이야기만 나눈 경우 甲은 강간죄의 공동정범이 될 수 없다. 법원행시 14 / 경찰채용 16 2차 / 경찰승진 23

7. 대법원 2000.4.7, 2000도576

밀수입해 올 테니 팔아달라는 제의에 대한 승낙한 것은 밀수를 공동으로 한다는 것은 아니라는 사례

전자제품 등을 밀수입해 올 테니 이를 팔아달라는 제의를 받고 승낙한 경우, 그 승낙은 물품을 밀수입해 오면 이를 취득하거나 그 매각알선을 하겠다는 의사표시로 볼 수 있을 뿐 밀수입범행을 공동으로 하겠다는 공모의 의사를 표시한 것으로는 볼 수 없다. 경찰승진 10 / 경찰승진 11 / 경찰간부 18

8. 대법원 2002.6.14, 99도3658

은행지점장에 대해 스포츠센터 업주와의 사기죄의 공동정범의 죄책을 부정한 사례

은행지점장이 스포츠센터 영업주가 과다한 대출원리금채무를 부담하고 있음을 알면서도 피해자들에게 그의 상환능력을 과장하여 설명하였다는 점만으로는 은행지점장이 스포츠센터 영업주와 공동으로 사기범행을 저질렀다고 단정할 수 없다.

9. 대법원 2005.3.11, 2002도5112

병원장으로 취임한 후 진료비 수가항목 재검토를 지시하지 않은 병원장 사례

A의과대학부속병원의 乙 등 병원직원들은 보건복지부장관이 정한 기준을 위반하여 환자들로부터 진료비를 과다하게 징수하고 있었는데, 피고인(병원장 甲)이 병원장으로 취임한 후 각 수가항목 전부에 관하여 관련 부서에 전면 재검토하여 수가 조정이나 삭제를 지시·요청하지 아니하였다 하더라도 '묵인'의 방법으로 병원 직원들과 공모하여 편취 행위에 가담하였다고 볼 수 없다.

10. 대법원 2008.3.27, 2006도3504

한의대 석·박사학위논문 심사 금품수수의 경우 배임수재의 공동정범 부정례

지도교수(B)는 대학원생들과 피고인(타 대학 교수 A) 사이를 연결시켜주는 역할만을 하면서 대학원생들로부터 받은 돈을 전부 그대로 피고인 A에게 송금하였고 그 자신은 재물이나 재산상 이익을 전혀 취득한 바 없으므로, 지도교수(B)가 배임수재죄의 정범으로 되기 위해서는 사회통념상 피고인(A)이 위 대학원생들로부터 금원을 받은 것을 위 지도교수(B)가 직접 받은 것과 같이 평가할 수 있는 관계가 있거나 또는 위 지도교수들과 피고인 사이에 이 사건 배임수재의 범행을 공동으로 수행하기로 공모한 사실이 인정되어야 할 것이다.

11. 대법원 2011.12.22, 2011도12927

소말리아 해적 중 1인이 선장 살해 의도로 총격을 가한 것에 나머지 해적들에게 살인 공모를 부정한 예

소말리아 해적 중 피고인 甲이 선장 乙에게 보복하기 위하여 그 원인을 제공한 이를 살해하는 것까지 다른 피고인 선원들이 공모한 것으로는 볼 수 없고, 당시 피고인 甲을 제외한 나머지 해적들은 두목의 지시에 따라 무기를 조타실 밖으로 버리고 조타실 내에서 몸을 숨겨 총알을 피하거나 선실로 내려가 피신함으로써 저항을 포기하였

고, 이로써 해적행위에 관한 공모관계는 실질적으로 종료하였으므로, 그 이후 자신의 생존을 위하여 피신하여 있던 나머지 피고인들로서는 피고인 甲이 乙에게 총격을 가하여 살해하려고 할 것이라는 점까지 예상할 수는 없었다고 해야 한다.

② 의사연락의 방법 및 시기 : 공동정범의 의사연락에는 어떤 정형(定型)이 있는 것이 아니므로, 의사연락의 방법은 명시적 의사연락뿐 아니라 묵시적·암묵적 의사연락이나 순차적·연차적(릴레이식)·간접적 의사연락이 모두 가능하다(대법원 1997.10.10, 97도1720). 국가7급 09 / 변호사 13 / 사시 16

또한 의사연락의 시기는 타 공범자의 행위실행 이전에 공동가공의 의사연락이 이루어졌든(예모적 공동정범) 행위 도중에 우연히 생겨났든(우연적 공동정범) 모두 공동정범이 성립할 수 있다. 법원9급 07(상) / 국가7급 09 / 경찰채용 10 2차

★ 판례연구 공동정범의 의사연락의 방법·시기 관련 판례

1. 대법원 1961.7.12, 4294형상213
공동정범에 있어서 범죄의 공동실행의사는 범죄행위시에 존재하면 족하고 반드시 사전 공모함을 요하지 않는다. 법원9급 06 / 경찰채용 10 2차

2. 대법원 1979.9.25, 79도1698
살인의 공동가공의사의 묵시적 연락을 인정한 사례
피해자에게 가해할 것을 사전에 합의하여 식칼과 각목을 휴대하여 가해를 하여 사망하였다면 살해에 대한 미필적 고의가 있었다고 할 것이며 또 그 점에 대한 묵시의 연결이 있었다고 할 것이다.

3. 대법원 1984.12.26, 82도1373
강간의 공동가공의사의 묵시적 연락을 인정한 사례
甲은 乙이 丙을 강간하기 위해 유인해 가는 것을 알고서 뒤를 따라가다가 乙이 강간을 위해 폭행할 무렵 나타나서 乙이 강간을 마치기를 기다렸다가 다시 강간을 했다면, 乙의 뒤를 따라갈 때까지는 강간의 모의가 있었다고는 할 수 없지만 乙이 강간의 실행에 착수할 무렵에는 암묵적으로 범행을 공동할 의사의 연락이 있었다고 볼 수 있다. 경찰승진 13 / 경찰채용 15 2차 / 경찰채용 16 1차 / 경찰승진 16 / 경찰채용 18 3차

4. 대법원 1994.3.8, 93도3154
입시부정을 지시하였다면 업무방해죄의 공모공동정범에 해당한다는 사례
공모가 이루어진 이상 실행행위에 관여하지 아니한 자라도 다른 공모자의 행위에 대하여 공동정범으로서의 책임을 지므로, 입시부정행위를 지시한 자가 부정행위의 방법으로서 사정위원들의 업무를 방해할 것을 특정하거나 명시하여 지시하지 않았더라도 업무방해죄의 공동정범에 해당한다. 국가9급 10 / 경찰승진 11

5. 대법원 1994.3.11, 93도2305
부정입학의 경우 위계에 의한 업무방해죄의 공동정범 사례
전체의 모의과정이 없었다고 하더라도 수인 사이에 의사의 연락이 있으면 공동정범이 성립될 수 있으므로, 피고인들(학부모들)과 대학교 교무처장 등에게 자녀들의 부정입학을 청탁하면서 피고인들로부터 부정입학을 알선의뢰받은 교수나 실제로 부정입학을 주도한 위 교무처장 등과의 사이에 서로 암묵적인 의사의 연락에 의한 순차공모관계가 있음을 인정하여, 피고인들에게 업무방해죄의 공동정범으로서의 죄책을 인정한 것은 정당하다.

6. 대법원 1995.9.5, 95도577
범행 도중에 의사연락이 있었던 경우에도 공동정범이 성립한다는 사례
범인도피죄(제151조)는 범인을 도피하게 함으로써 기수에 이르지만 범인도피행위가 계속되는 동안에는 범죄행위도 계속되고 행위가 끝날 때 비로소 범죄행위가 종료되므로 공범자의 범인도피행위의 도중에 그 범행을 인식하면서 그와 공동의 범의를 가지고 기왕의 범인도피상태를 이용하여 스스로 범인도피행위를 계속한 자에 대해서도 범인도피죄의 공동정범이 성립한다고 해야 한다. 경찰승진 14 / 법원행시 14 / 경찰채용 15 2차

7. 대법원 1995.9.5, 95도1269

구청세무계장·수납직원에게 세금 횡령, 사문서위조·허위공문서작성, 동행사의 공동정범을 인정한 사례

구청 세무계장이 수납직원들로부터 수납한 세금과 관련 서류를 건네받아 서류를 조작하여 세금을 횡령하고 횡령한 세금 일부를 그 수납직원들에게 분배하여 주고, 수납직원들은 납세자로부터 수납한 세금과 관련 서류를 세무계장에게 갖다 주고 세무계장이 횡령한 세금의 일부를 분배받아 온 경우, 결국 세무계장과 수납직원들 사이에는 서류 조작을 통한 세금 횡령의 범죄를 실현하려는 점에 관하여 적어도 암묵적으로 의사가 상통하여 공모관계가 성립하였다고 보아야 한다.

8. 대법원 1997.2.14, 96도1959; 1995.9.5, 95도577; 1985.8.20, 84도1373

신문사 사주 및 광고국장 사이에 공갈행위에 관한 암묵적인 의사연락이 있었던 사례

공범자가 공갈행위의 실행에 착수한 후 그 범행을 인식하면서 그와 공동의 범의를 가지고 그 후의 공갈행위를 계속하여 재물의 교부나 재산상 이익의 취득에 이른 때에는 공갈죄의 공동정범이 성립한다 할 것인 바, 피고인 1(신문사 사주)이 피해자를 외포시켜 동인으로부터 일간신문에 사과광고 신청을 할 것을 승낙 받은 후 피고인 2(신문사 광고국장)와 암묵적인 의사연락이 이루어져 피고인 2가 다시 동인에게 기자들의 강경 분위기를 전달하여 적정가 이상의 광고료를 지급하게 하고 사과광고를 게재하도록 한 이상 피고인들은 공갈죄의 공동정범의 죄책을 면할 수 없다. 사시 14

9. 대법원 2007.3.15, 2006도8929

성인오락실 업주, 상품권 현금 환전한 자, 구상품권을 신상품권으로 할인·공급한 자의 공동정범 사례

피고인들은 적어도 게임장 손님들이 상품권을 액면가에서 할인된 금액으로 환전해 감으로써 발생하는 차액을 서로 분배하기로 하는 암묵적인 의사연락 아래 실행행위를 분담하였음을 충분히 인정할 수 있으므로, 피고인들을 사행행위처벌법 위반죄의 공동정범으로 의율한 것은 정당하다.

10. 대법원 2011.12.22, 2011도9721

딱지어음 발행인과 딱지어음 취득자 간에 사기죄의 순차적·암묵적 공모가 인정된 사례

피고인 등과 乙 등 딱지어음 취득자들과 사이에 그들의 사기 범행에 관하여 직접 또는 중간 판매상 등을 통하여 적어도 순차적·암묵적으로 의사가 상통하여 공모관계가 성립되었다고 보아야 하므로, 피고인에게는 사기죄의 공동정범의 죄책이 인정되어야 한다. 법원9급 16

11. 대법원 2021.10.14, 2018도10327

도로교통법위반(공동위험행위)의 공동의사

도로교통법 제46조 제1항은 '자동차 등의 운전자는 도로에서 2명 이상이 공동으로 2대 이상의 자동차 등을 정당한 사유 없이 앞뒤로 또는 좌우로 줄지어 통행하면서 다른 사람에게 위해를 끼치거나 교통상의 위험을 발생하게 하여서는 아니 된다.'고 규정하고 있고, 제150조 제1호에서는 이를 위반한 사람에 대한 처벌규정을 두고 있다.445 위와 같은 도로교통법 위반(공동위험행위) 범행에서는 '2명 이상이 공동으로' 범행에 가담하는 것이 구성요건의 내용을 이루기 때문에 행위자의 고의의 내용으로서 '공동의사'가 필요하고, 위와 같은 공동의사는 반드시 위반행위에 관계된 운전자 전부 사이의 의사의 연락이 필요한 것은 아니고 다른 사람에게 위해를 끼치거나 교통상의 위험을 발생하게 하는 것과 같은 사태의 발생을 예견하고 그 행위에 가담할 의사로 족하다. 또한 그 공동의사는 사전 공모 뿐 아니라 현장에서의 공모에 의한 것도 포함된다(고의의 증명에 관한 대법원 2019.3.28, 2018도16002 전원합의체 등).

---

445 보충 도로교통법 제46조 제1항에서 말하는 '공동 위험행위'란 2인 이상인 자동차 등의 운전자가 공동으로 2대 이상의 자동차 등을 정당한 사유 없이 앞뒤로 또는 좌우로 줄지어 통행하면서 신호위반, 통행구분위반, 속도제한위반, 안전거리확보위반, 급제동 및 급발진, 앞지르기금지위반, 안전운전의무위반 등의 행위를 하여 다른 사람에게 위해를 주거나 교통상의 위험을 발생하게 하는 것으로, 2인 이상인 자동차 등의 운전자가 함께 2대 이상의 자동차 등으로 위의 각 행위 등을 하는 경우에는 단독으로 한 경우와 비교하여 다른 사람에 대한 위해나 교통상의 위험이 증가할 수 있고 집단심리에 의해 그 위해나 위험의 정도도 가중될 수 있기 때문에 이와 같은 공동 위험행위를 금지하는 것이다(대법원 2007.7.12, 2006도5993).

2. 승계적 공동정범

(1) 의의 및 논의의 전제

공동의 범행결의가 선행자의 실행행위의 일부 종료 후 그 기수 이전에 성립한 경우, 즉 선행자의 범행 도중 그와의 사후적인 의사연락 하에 후행자가 선행자와 함께 혹은 단독으로 범행의 나머지 부분을 수행하는 경우를 가리킨다. 이러한 중간가담자가 승계적 공동정범이 성립하는가의 문제는 단순일죄의 경우에는 논의의 실익이 없다. 예를 들어, 甲이 丙을 폭행하던 중, 乙이 가담하여 甲과 함께 丙을 폭행한 경우에는 굳이 승계적 공동정범의 개념을 원용하지 않더라도 甲과 乙은 폭행죄의 공동정범이 성립한다. 왜냐하면 기술하였듯이 공동정범의 주관적 요건인 공동가공의 의사는 반드시 사전 공모함을 요하지 않고 순차적 또는 암묵적으로 이루어질 수도 있기 때문이다. 따라서 승계적 공동정범의 문제가 비로소 그 논의의 실익을 가지게 되는 영역은 결합범이나 연속범과 같은 포괄일죄의 문제가 되며, 이 경우 선행자의 선행행위 부분에 대해서 후행자가 공동정범의 죄책을 질 수 있는가가 논의의 핵심대상이 되는 것이다.

(2) 승계적 공동정범 성립의 시간적 한계

① (단순일죄의 경우) 범행의 기수 이전 후행자가 가담한 경우 : 후행자가 공동정범으로 성립된다는 데 이론(異論)이 없다. 예를 들어, ㉠ 공범자가 공갈행위에 착수한 후 그 범행을 인식하면서도 그와 공동의 범의를 가지고 공갈행위를 계속하여 재물을 취득한 때에는 공갈죄의 공동정범이 성립하는 데 지장이 없다(대법원 1997.2.14, 96도1959). 사시 14

이는 기술한 의사연락의 방법·시기에서 검토한 바 있다. 다만, ㉡ 부정채점에 의한 업무방해에 가담하였으나 그 후 부정채점이 이루어지지 않은 경우에는 업무방해죄의 기수의 공동정범이 성립하지 않는다(대법원 1994.12.2, 94도2510).[446]

② 범행의 기수 후 종료 전까지의 시기에 가담한 경우

㉠ 단순범 : 선행자의 기수 이후에 가담한 자는 공동정범이 성립하지 않는다.

> **🔎 판례연구** 기수 이후 가담자에게 공동정범 성립을 부정한 예
>
> **1. 대법원 1953.8.4, 4286형상20**
> 원래 공동정범관계는 범죄가 기수되기 전에 성립되는 것이고 횡령죄가 기수된 후에 그 내용을 지득하고 그 이익을 공동취득할 것을 승낙한 사실이 있더라도 공동정범관계는 성립될 수 없다.
>
> **2. 대법원 2003.10.30, 2003도4382**
> 영업비밀 무단 반출 이후 영업비밀을 취득하려고 한 자는 공동정범이 될 수 없다는 사례
> 회사직원이 영업비밀을 경쟁업체에 유출하거나 스스로의 이익을 위하여 이용할 목적으로 무단으로 반출한 때 업무상 배임죄의 기수에 이르렀다고 할 것이고, 그 이후에 위 직원과 접촉하여 영업비밀을 취득하려고 한 자는 업무상 배임죄의 공동정범이 될 수 없다. 경찰채용 12 1차 / 변호사 12 / 국가9급 15 / 경찰간부 18 / 경찰승진 23

---

446 판례 : 업무방해죄의 승계적 공동정범을 부정한 사례 대학교 입시에서 수험생의 학부모들로부터 합격시켜 달라는 청탁을 받은 甲 교수가 그 수험생으로 하여금 답안지에 비밀표시를 하도록 해 놓고 채점위원이 될 것으로 예상되는 乙 교수에게 비밀표시된 답안지 채점을 부정하게 높게 하는 등 위계의 방법으로 부정합격시키도록 하자고 부탁하여 乙이 이를 승낙하는 방법으로 甲과 공모하였는데 그 후 乙이 채점위원이 되지 아니하자 채점위원이 된 丙 교수에게 그와 같은 부정채점을 청탁한 경우, 丙이 乙의 부정채점 제의를 거절하고 즉시 그 대학교 교무처장에게 신고함으로써 더 이상 입시부정행위를 할 수 없게 되었고 달리 그 이후 乙이 甲이나 수험생들 및 그 대학교 총장으로 하여금 부정한 행위나 처분을 하게 할 만한 행위를 한 바 없다면, 乙의 범행 가담 이후 그 대학교 총장의 입시관리업무가 방해될 만한 행위가 없다 할 것이니 업무방해죄의 기수로 논할 수 없음이 명백하므로 丙에게 부정청탁을 하였으나 뜻을 못 이룬 乙의 행위를 형법 제314조를 적용하여 업무방해죄의 죄책을 지울 수 없다(대법원 1994.12.2, 94도2510).

ⓛ 연속범 : 선행자의 연속범 중간에 가담한 후행자는 가담한 이전의 선행자의 범행부분에 대해서는 책임을 지지 않고 가담한 이후의 부분에 대해서만 공동정범의 죄책을 진다(대법원 1982.6.8, 82도 884). 사시 10 / 사시 11 / 경찰간부 12 / 사시 14 / 경찰간부 16 / 경찰간부 18

> **📚 사례연구** 필로폰 제조가담 사례
>
> 甲은 1981년 1월 초순경부터 乙의 집 지하실에 필로폰 제조기구를 설치하여 필로폰을 밀조하고 있었다. 丙은 1981년 2월 9일경 甲이 필로폰을 제조하고 있다는 사실을 알고 그 때부터 甲의 제조행위에 가담하였다. 이 필로폰 제조일당은 경찰에 의해 1981년 2월 15일경 검거되었다. 丙의 형사책임은?
>
> 해결 1981년 2월 9일부터만 제조행위의 공동정범이다. 포괄적 일죄의 일부에 공동정범으로 가담한 자는 그가 그 때에 이루어진 종전의 범행을 알았다 하여도 그 가담 이후의 범행에 대해서만 공동정범으로서의 책임을 진다 (대법원 1982.6.8, 82도884). 사시 10 / 사시 11 / 법원승진 12 / 경찰간부 12 / 국가7급 14 / 사시 14 / 경찰채용 21 2차

(3) 결론 : 중간가담자의 귀책범위와 주의해야 할 승계적 방조의 판례

① 중간가담자(후행자)의 귀책범위 : 종래에는 후행자가 개입 이전의 선행자의 행위에 대해서도 공동정범의 책임을 져야 한다는 견해도 있었으나,[447] 이제는 후행자는 어디까지나 자신이 가담한 이후의 범행 부분에 대해서만 공동정범의 죄책을 진다는 것이 통설이다.[448] 예를 들어, 甲이 강도의 의도로 A를 폭행하였는데 그 때 乙이 나타나 甲과 함께 재물을 옮겨 취득하기로 하여 이를 실행한 경우, 甲은 강도죄(제333조)가 성립하지만 乙은 (특수)절도죄의 죄책만 져야 할 것이다. 乙은 甲이 선행한 범행을 설사 추인했다 하더라도 폭행에 대한 공동가공의 의사를 가졌거나 공동가공의 실행을 했다고 인정될 수 있는 부분이 없기 때문이다. **판례**도 포괄일죄의 범행 도중에 가담한 자는 ―비록 가담 이전의 선행자의 범행부분을 인식하고 있다 하더라도― 가담한 이후의 부분에 대해서만 공동정범의 책임을 진다는 입장이다(대법원 1997.6.27, 97도163). 법원9급 06 / 법원행시 06 / 국가9급 08 국가9급 09 / 국가7급 09 / 경찰승진 10 / 국가7급 10 / 법원9급 10 / 법원행시 11 / 법원승진 12 / 법원행시 12 / 변호사 13 / 경찰채용 14 1차 / 경찰승진 15 / 경찰채용 16 2차 / 경찰승진 16 / 국가7급 16 / 경찰승진 23 따라서 만일 甲이 포괄일죄인 무면허영업을 수년간 하고 있던 중 乙과 공동으로 무면허영업을 계속한 경우, 乙은 자신이 영업에 참여하기 이전의 甲의 행위에 대해서는 공동정범으로서의 책임을 지지 않게 된다. 국가7급 10 / 법원승진 12

> **🔨 판례연구** 백미 외상판매 사례 : 업무상 배임죄의 공동정범에 있어서 가담한 이후의 행위만 공동정범으로 본 사례
>
> **대법원 1997.6.2, 97도163**
> 계속된 배임적 거래행위 도중에 공동정범으로 범행에 가담한 자는 비록 그가 그 범행에 가담할 때에 이미 이루어진 종전의 범행을 알았다 하더라도 그 가담 이후의 범행에 대하여만 공동정범으로 책임을 진다고 할 것이므로, 거래행위 전체가 포괄하여 하나의 죄가 된다 할지라도 그 가담 이전의 거래행위에 대하여서까지 유죄로 인정할 수는 없다고 해야 한다. 법원행시 06 / 법원행시 11 / 법원행시 12 / 변호사 14 / 경찰채용 14 1차 / 경찰채용 16 2차 / 경찰승진 10 / 경찰승진 15·16 / 국가7급 09·10·16 / 법원9급 06·08·09·10 / 법원승진 12

---

447 김종원, "승계적 공동정범", 사법행정, 1969.7, 25면.
448 참고 다만 이러한 통설의 입장 내에서도, 실행한 부분에 대해서만 공동정범의 죄책을 진다는 입장(배종대, 손동권, 박상기, 이재상, 임웅)과 가담 이후 부분에 대한 공동정범과 전체범행 부분에 대한 방조범의 상상적 경합으로 보는 입장(신동운, 오영근)이 있다.

② 관련문제 – 전체범행에 대한 방조범의 문제 : **판례** 중에는 선행자가 행한 범죄(미성년자약취·유인죄 : 계속범) 후의 금품요구행위(공갈)에만 가담한 자의 죄책에 대해서는 공갈죄의 방조범으로 보고 있지 않고 전체범행에 대한 방조범(승계적 방조) 즉, 특가법상 미성년자약취·유인 후 금품요구죄의 방조범으로 보는 사례가 있다. 다만 이는 미성년자약취·유인죄(제287조)의 계속범적 성질에 기인한 것이므로 일반화시켜서는 안 된다.

🏔 **판례연구** 전체범행에 대한 방조범은 가능하다는 사례 : 고 이윤상君 유괴살해 사례

대법원 1982.11.23, 82도2024
특가법 제5조의2 제2항 제1호 소정의 죄는 형법 제287조의 미성년자 약취, 유인행위와 약취 또는 유인한 미성년자의 부모 기타 그 미성년자의 안전을 염려하는 자의 우려를 이용하여 재물이나 재산상의 이익을 취득하거나 이를 요구하는 행위가 결합된 단순일죄[449]의 범죄라고 봄이 상당하므로 비록 타인의 미성년자 약취·유인행위에는 가담한 바 없다 하더라도, 사후에 그 사실을 알면서 약취·유인한 미성년자를 이용하여 재물·이익을 취득하거나 요구하는 타인의 행위에 가담하여 이를 방조한 때에는, 난순히 새물 등 요구행위의 종범이 되는네 그치는 것이 아니라 종합범인 위 특가법 제5조의2 제2항 제1호 위반죄의 종범에 해당한다.

---

3. 과실범의 공동정범

(1) 의 의

2인 이상의 공동의 과실로 인하여 과실범의 구성요건적 결과를 발생하게 한 경우에 과실범의 공동정범이 성립하는가의 문제이다.

(2) 학설·판례

① 긍정설

㉠ 행위공동설(판례) 국가9급 07 / 국가9급 08 / 국가7급 09 / 경찰승진 10 / 국가7급 11 / 경찰간부 12 / 경찰승진 13 / 경찰승진 14 / 국가7급 14

ⓐ 내용 : **판례**가 취하고 있는 행위공동설이란, 공동정범에서의 공동을 특정한 범죄의 공동으로 이해하지 않고 자연적·사실적·전법률적 행위의 공동으로 파악하는 입장이다. 따라서 공동정범에 있어서 상호간에 의사의 연락은 반드시 고의의 공동을 요하지 않고, 과실행위에 있어서도 사실상의 행위를 공동으로 할 의사의 연락이 있으면 인정된다. 정리하자면 행위공동설은 '사실상 행위를 공동으로 하는 의사의 연락 + 사실상 행위의 공동'이 있으면 공동정범이 성립한다는 것이며, 과실범의 특성상 결과발생이 필요한 만큼 이러한 행위 중 어떤 것이라도 결과발생과 인과관계가 인정되면 그 전체가 공동정범이 성립한다고 보는 입장이다. 법원9급 05

ⓑ 비판 : ㉮ 공동정범이 사실상 행위를 공동으로 하는 것이라고 하여도 공동정범의 성립범위까지 이러한 모든 경우로 확장시키는 것은 공동성의 내용과 공동정범의 귀책범위를 혼동한 것이고, ㉯ 행위공동설에 의하면 고의를 달리하는 경우에도 공동정범이 성립한다고 보게 되는데 이는 실질적으로 공동정범의 주관적 요건을 완화시키는 효과를 가지게 되어 책임주의 원칙을 약화시키게 된다.

---

449 판례도 인정하고 있다시피 결합범(종합범)이므로 엄밀히는 포괄일죄라는 용어를 쓰는 것이 올바르다.

ⓒ 기능적 행위지배설과의 비교 : 예컨대, ㉮ 고층건물을 짓고 있던 건축장에서 甲과 乙이 한 개의 통나무를 메고 올라가다가 부주의로 떨어뜨려 길을 지나가던 丙의 머리에 맞아 丙은 그로 인한 뇌진탕으로 사망한 경우(사시 35회), **판례**의 행위공동설에 의하면 업무상 과실치사죄의 공동정범이 성립하게 되지만, 통설은 기능적 행위지배설의 입장에 의하여 공동정범의 성립을 부정하고 각 동시범으로 처리해야 한다는 입장이다. ㉯ 또한 이 사안에서 甲과 乙이 각각 통나무를 메고 올라가고 있었는데 丙에게 그중 1개가 맞아 丙이 사망하였는데 어느 통나무가 맞았는지(즉 누구의 행위가 원인된 행위인지) 판명되지 않은 경우, 행위공동설에 의하면 甲·乙은 업무상 과실치사죄의 공동정범이 성립하게 되고 기능적 행위지배설에 따르면 각 동시범으로서 제19조를 적용하여 ─ 과실치사의 미수는 불벌이므로 ─ 모두 무죄가 될 것이다.

🔨 **판례연구** 과실범의 공동정범을 인정한 사례 : 행위공동설

1. 대법원 1962.3.29, 61도598[450]
검문을 피하려다가 차에 매달린 경찰관이 사망한 사례 : "그대로 가자" 사건
2인 이상이 어떠한 과실행위를 서로의 의사연락 아래 하여 범죄되는 결과를 발생케 한 경우에는 과실범의 공동정범이 성립된다. 경찰승진 12 / 경찰채용 15 2차 / 사시 15 / 변호사 15 / 경찰간부 16 / 국가9급 20 형법 제30조에 '공동하여 죄를 범한 때'의 '죄'는 고의범이고 과실범이고를 불문한다고 해석하여야 할 것이고, 따라서 공동정범의 주관적 요건인 공동의 의사도 고의를 공동으로 가질 의사임을 필요로 하지 않고 고의행위이고 과실행위이고 간에 그 행위를 공동으로 할 의사이면 족하다. 따라서 甲은 乙이 운전하는 화물차에 장작을 싣고 오다가 검문소에 이르러 순경 P가 정지신호를 하며 접근하자, 甲은 살인의 고의는 없고 단순히 검문을 피할 목적으로 "그대로 가자"고 말하였고 이에 乙은 그대로 속력을 내어 차를 달려 검문을 피해 통과하려 하였는 바, 이미 화물차에 올라와있던 P가 150m 이상 매달려가다가 추락하여 사망한 경우, 甲·乙에게 업무상 과실치사죄의 '공동정범'이 성립한다. 경찰채용 14 1차

2. 대법원 1978.9.26, 78도2082
초등학교의 아동급식용 식빵을 제조 공급하던 식품제조회사에서 선입선출의 원칙을 지키지 아니하여 상한 크림빵을 공급함으로써 식중독 사상사고를 낸 공장장과 해당 식품회사 대표이사는 빵을 제조·공급하는 행위를 공동으로 했으므로 업무상과실치사상죄의 공동정범이 성립한다.

3. 대법원 1982.6.8, 82도781
피고인이 정기관사의 지휘·감독을 받는 부기관사이기는 하나 사고열차의 퇴행에 관하여 서로 상의·동의한 이상 퇴행에 과실이 있다면 과실책임을 면할 수 없다.

4. 대법원 1994.5.24, 94도660
터널 굴착공사 도중 사망자가 발생하였을 경우 공사를 도급받은 건설회사의 현장소장과 그 공사를 발주한 자인 한국전력공사 지소장 사이에 과실범의 공동정범이 성립한다.

---

450 참고 : "그대로 가자" 사건 이전과 이후의 판례 위 판례는 과실범의 공동정범을 긍정한 최초의 대법원 판례로 보인다. 참고로 위 판례 이전에는 과실범의 공동정범을 부정했었다. "(태신호) 선장 자신은 부하 선원인 등화단속책임자에 대하여 직무상 지휘·감독할 행정상의 책임은 있을지언정 등화단속 등에 대한 직접책임자는 아니고, 그 책임은 오로지 등화단속 책임자에게 있다 할 것이다. 그러므로 만일 선장에게 과실이 있다면 지휘·감독을 태만한 점에 대한 행정상의 과실이 있음에 불과하다 할 것이다. 그리고 과실에 있어서는 의사연락의 관념을 논할 수 없으므로 고의범과 같이 공동정범이 성립하지 않고 교사·방조도 있을 수 없다. 따라서 등화단속 책임자의 실화책임을 선장의 형사책임으로 돌릴 수 없다(대법원 1956.12.21, 4289형상276)." 위 판례(소위 '태신호 사건')는 대법원이 과실범의 공동정범에 대하여 최초로 그 입장을 밝힌 판례로서 부정설을 취했던 것이다. 다만, 오늘날에는 과실범의 공동정범에 관한 판례의 입장을 1962년 "그대로 가자" 판례부터 행위공동설에 의한 긍정설의 입장이라고 평가하는 것이 보통이다.

5. 대법원 1996.8.23, 96도1231

건물(삼풍백화점) 붕괴의 원인이 건축계획의 수립, 건축설계, 건축공사공정, 건물 완공 후의 유지관리 등에 있어서의 과실이 복합적으로 작용한 데에 있다면, 각 단계별 관련자들을 업무상 과실치사상죄의 공동정범으로 처단할 수 있다.

6. 대법원 1997.11.28, 97도1740

성수대교 붕괴 사건

교량이 그 수명을 유지하기 위하여는 건설업자의 완벽한 시공, 감독공무원들의 철저한 제작시공상의 감독 및 유지·관리를 담당하고 있는 공무원들의 철저한 유지·관리라는 조건이 합치되어야 하는 것이므로, 위 각 단계에서의 과실 그것만으로 붕괴원인이 되지 못한다고 하더라도, 그것이 합쳐지면 교량이 붕괴될 수 있다는 점은 쉽게 예상할 수 있고, 따라서 위 각 단계에 관여한 자는 전혀 과실이 없다거나 과실이 있다고 하여도 교량붕괴의 원인이 되지 않았다는 등의 특별한 사정이 있는 경우를 제외하고는 붕괴에 대한 공동책임을 면할 수 없다. 이 사건의 경우, 피고인들에게는 트러스 제작상, 시공 및 감독의 과실이 인정되고, 감독공무원들의 감독상의 과실이 합쳐져서 이 사건 사고의 한 원인이 되었으며, 한편 피고인들은 이 사건 성수대교를 안전하게 건축되도록 한다는 "공동의 목표"[451]와 의사연락이 있었다고 보아야 할 것이므로, 피고인들 사이에는 이 사건 업무상과실치사상 등 죄에 대하여 형법 제30조 소정의 공동정범의 관계가 성립된다. … 상호의사의 연락이 있어 공동정범이 성립한다면, 독립행위경합 등의 문제는 아예 제기될 여지가 없다. 경찰간부 11 / 사시 12 / 법원9급 13

7. 대법원 2009.6.11, 2008도11784

예인선 정기용선자의 현장소장과 예인선 선장 사례

예인선 정기용선자의 현장소장 甲은 사고의 위험성이 높은 해상에서 철골 구조물 및 해상크레인 운반작업을 함에 있어 선적작업이 지연되어 정조시점에 맞추어 출항할 수 없게 되었음에도, 출항을 연기하거나 대책을 강구하지 않고 예인선 선장 乙의 출항연기 건의를 묵살한 채 출항을 강행하도록 지시하였고, 예인선 선장 乙은 甲의 지시에 따라 사고의 위험이 큰 시점에 출항하였고 해상에 강조류가 흐르고 있었음에도 무리하게 예인선을 운항한 결과 무동력 부선에 적재된 철골 구조물이 해상에 추락하여 해상의 선박교통을 방해한 경우, 甲과 乙은 업무상과실일반교통방해죄의 공동정범으로 처벌된다.

🔨 판례연구 과실범의 공동정범을 인정하지 않은 사례

1. 대법원 1974.7.23, 74도778

운전수가 불의의 발병으로 자동차를 운전할 수 없게 되자 동승한 운전경험이 있는 차주가 운전하다가 사고를 일으킨 경우에 차주의 운전상의 과실행위에 운전수와의 상호간의 의사연락이 있었다고 보거나 운전행위를 저지하지 않은 원인행위가 차주의 운전상의 부주의로 인한 결과발생에까지 미친다고 볼 수 없다.

2. 대법원 1984.3.13, 82도3136

조수석에 동승하여 차량운전을 교정하여 준 자와 과실범의 공동정범 부정 사례

피고인이 운전자의 부탁으로 차량의 조수석에 동승한 후, 운전자의 차량운전행위를 살펴보고 잘못된 점이 있으면 이를 지적하여 교정해주려 했던 것에 그치고 전문적인 운전교습자가 피교습자에 대하여 차량운행에 관해 모든 지시를 하는 경우와 같이 주도적 지위에서 동 차량을 운행할 의도가 있었다거나 실제로 그 같은 운행을 하였다고 보기 어렵다면 그 같은 운행 중에 야기된 사고에 대하여 과실범의 공동정범의 책임을 물을 수 없다. 법원행시 16 / 경찰승진 24

---

451 성수대교 사례나 삼풍백화점 사례 등에서 대법원 판례가 보여주는 논리이다. 이러한 판례의 입장을 **공동목표설**이라고 부르면서도 비판하는 견해로는 허일태, "과실범의 공동정범에 대한 대법원판례의 변천", 『동아법학』 제25호, 동아대학교 법학연구소, 1999.4, 195면.

3. 대법원 1986.5.27, 85도2483

운전병이 선임탑승자의 지시에 따라 차량 운행 중 지시와 무관하게 사고가 난 경우, 선임탑승자의 책임

군용차량의 운전병이 선임탑승자의 지시에 따라 철도선로를 무단횡단 중 운전부주의로 그 차량이 손괴된 경우, 그 손괴의 결과가 선임탑승자가 사고지점을 횡단하도록 지시한 과실에 인한 것이라고 볼 수 없고 선임탑승자가 운전병을 지휘감독할 책임있는 자라 하여 그 점만으로 곧 손괴의 결과에 대한 공동과실이 있는 것이라고 단정할 수도 없다. 국가9급 09

4. 대법원 2007.7.26, 2007도2919

교통사고운전자의 동승자와 도주차량운전죄의 공동정범 부정 사례

운전자가 아닌 동승자가 교통사고 후 운전자와 공모하여 운전자의 도주행위에 가담하였다 하더라도, 동승자에게 과실범의 공동정범의 책임을 물을 수 있는 특별한 경우가 아닌 한, 특정범죄가중처벌 등에 관한 법률위반(도주차량)죄의 공동정범으로 처벌할 수는 없다.

    ⓒ 공동행위주체설 : 공동의 행위를 하면 하나의 주체가 되어 누구의 행위에 의해서 결과가 발생하든 공동정범이 성립한다는 입장이다.[452] 국가9급 07 사실상 행위공동설과 같은 입장이다.

    ⓒ 과실공동·기능적 행위지배설 : 주의의무위반공동·기능적행위지배설이라고도 한다. 이 입장은 주의의무위반의 공동과 결과발생에 대한 기능적 행위지배가 있으면 과실범의 공동정범이 성립한다는 입장이다.

    ⓔ 과실공동·행위공동설(구성요건적 행위공동설) : 과실의 공동과 결과를 일으키는 '구성요건적' 행위의 공동이 있으면 −의사의 연락은 요하지 않고− 과실범의 공동정범이 성립한다는 학설이다.[453]

  ② 부정설

    ㉠ 범죄공동설

      ⓐ 내용 : 범죄공동설은 '특정범죄에 대한 고의의 공동과 실행행위의 공동'이 구비되어야 공동성을 인정한다. 따라서 고의범의 범위 내에서만 공동정범을 인정할 수 있으므로 과실범의 공동정범은 인정할 수 없고 단지 동시범이 될 뿐이라는 견해이다. 국가9급 07 범죄공동설은 공동정범의 성립을 엄격히 제한함으로써 책임원칙에 충실할 수 있다.

      ⓑ 비판 : ㉮ 공동정범의 공동이 특정한 한 개의 범죄를 공동으로 한다는 것은 사실상의 행위를 공동으로 하고 있는 공동정범의 본질에 맞지 않고, ㉯ 형사정책적인 합목적성도 결여될 수 있다.

    ㉡ 목적적 행위지배설 : Welzel의 목적적 행위지배설에서는 과실범에 있어서는 목적적 행위지배 자체가 있을 수 없기 때문에 과실범의 공동정범은 성립할 수 없다고 주장한다.

    ㉢ 기능적 행위지배설(통설) : 공동정범의 본질은 기능적 행위지배에 있고, 기능적 행위지배는 공동가공의 범행결의에 기초한 역할분담을 의미하는데, 과실범에는 이러한 공동의 범행결의가 불가능하므로 공동정범이 성립할 여지가 없다는 견해이다. 즉, 이 경우에는 공동정범이 아니라 동시범(제19조)의 이론으로 해결해야 한다는 주장이다. 따라서 각 행위자의 과실행위와 구성요건적 결과와의 사이에 각각 인과관계와 객관적 귀속관계를 따져보아 기수범 성부를 결정해야 한다는 입장이다.

  ③ 결론 : 책임주의 원칙을 준수한다는 점에서 기능적 행위지배설이 타당하다고 생각한다.

---

452 유기천, 288면.
453 이용식, "과실범의 공동정범", 형사판례연구(7), 1999.7, 105면; 이재상, §33−32; 정성근 / 박광민, 556면. 이재상 교수는 자신이 사용하고 있는 행위공동설의 개념을 종래의 행위공동설과 달리 정의하면서, "행위공동설이라 하여 반드시 전법률적 행위개념에 집착할 필요는 없으며 행위의 공동이라고 할 때의 행위도 범죄행위(Straftat), 즉 구성요건에 해당하는 행위의 의미로 이해하여야 한다."고 주장한다(ibid).

4. 객관적 요건 – 공동가공의 실행

(1) 의 의

전체적인 공동의 범행계획을 실현하기 위하여 공동참가자들이 분업적 공동작업원리에 따라 상호 간의 역할을 분담하여 각각 실행단계에서 본질적 기능을 수행하는 것을 말한다(분업적 역할분담에 의한 각 기능의 실행). 여기에서 공동의 '실행행위'란 반드시 구성요건에 규정된 실행행위만을 말하는 것이 아니다. 공동가공의 의사에 의하여 범행하기로 한 범죄를 위해 필요한 행위를 한다면 '기능적 행위지배'의 요소는 인정되는 것이다.454

(2) 내 용

① 공동실행의 시기 및 공모관계로부터의 이탈

  ㉠ 공동실행의 시기 : 실행의 착수 이후부터 실질적 종료 이전까지의 실행단계에서의 공동실행만이 공동정범의 실행행위로 인정된다(단, 예비단계에서 필수적 기능을 분담한 자가 이탈하지 않는 한 역시 공동정범은 인정됨).

  ㉡ 공모관계로부터의 이탈

    ⓐ 이탈이 인정되는 경우 : 다른 공모자 중 1인이 '실행에 이르기 전'에 그 공모관계에서 이탈(離脫)한 때에는 그 이후의 공모자의 행위에 대해서는 공동정범의 책임을 지지 않는다(대법원 1996.1.26, 94도2654 : 시라소니파 사례). 이 경우 이탈의 표시는 명시적임을 요하지 않는다. 국가9급 08 / 법원행시 08 / 경찰승진 10 / 법원행시 11 / 변호사 12 / 사시 14 / 국가9급 15

    가령, 시라소니파 폭력조직 조직원 2명이 반대파 조직원에게 칼에 찔려 다치게 되자, 시라소니파 조직원들은 보복을 하기로 결의하였으나 같은 조직원 甲은 범행에 가담하기를 꺼려하여 함께 술을 마시다가 일행들이 범행을 하려고 출발하는데 혼자 슬그머니 귀가해버리고 나머지 일행들은 반대파 조직 두목을 살해한 경우, 甲에게는 살인죄의 공동정범의 죄책이 인정될 수 없다. 공모관계에서 이탈해버렸기 때문이다(보통 살인예비·음모죄의 죄책을 질 수 있으나, 이 사건의 甲은 이 점도 인정할 수 없어 무죄가 된다).

★ 판례연구 다른 공범자의 실행착수 전 이탈한 경우로 인정되는 사례

1. 대법원 1972.4.20, 71도2277
공모공동정범에 있어서도 다른 공모자가 실행행위에 이르기 전에 그 공모관계에서 이탈한 사례
피고인 甲은 피해자 1에 대한 치사의 범행이 있을 무렵 피해자 2를 데리고 인근 부락의 약방에 가고 없었으며 피해자 2가 상해를 입고 약방으로 가는 것에 자기의 잘못을 깨닫고 귀가하였고, 특수폭행치사는 피고인 甲이 위의 약국으로 간 뒤에 다른 공범자들만에 의하여 저질렀다면, 피고인 甲이 피해자 2에 대한 폭행치상에 가담하였다 하여도 피해자 1에 대한 특수폭행치사의 범행에 관하여는 피고인은 명시적 또는 묵시적으로 그 공모관계에서 이탈하였다고 볼 수 있을 것이다.

2. 대법원 1985.3.26, 84도2956
실행행위를 분담한 협동행위가 없다 하여 특수강도의 합동범을 부정한 사례
피고인이 다른 피고인들과 택시강도를 하기로 모의한 일이 있다고 하여도 다른 피고인들이 피해자에 대한 폭행에 착수하기 전에 겁을 먹고 미리 현장에서 도주해 버렸다면 강도의 실행행위를 분담한 협동관계가 있었다고 보기는 어려우므로 피고인을 특수강도의 합동범으로 다스릴 수 없다. 법원행시 06

---

454 참고 이러한 점에서 종래의 범죄공동설과 오늘날 기능적 행위지배설은 차이가 있다.

3. 대법원 1986.1.21, 85도2371

강도살인 탈퇴 사례

甲·乙·丙·丁은 강도범행의 피해자인 戊의 팔, 다리를 묶어 저수지 안에 던져 살해하기로 의견의 일치를 보았으나, 위 범행에 착수하기 전에 丁이 그 패거리에서 탈퇴해버렸다면, 丁은 살해모의에는 가담하였으나 다른 공모자들이 실행행위에 이르기 전에 그 공모관계에서 이탈하였으므로, 공동정범이 성립하지 아니한다(강도죄 및 살인음모죄─제255조─에 불과함). 국가9급 09 / 경찰채용 18 2차 / 국가9급 24

　　　ⓑ 이탈로 인정되지 않는 경우 : ㉮ 행위자 상호간에 범죄의 실행을 공모하였다면 다른 공모자가 '이미 실행에 착수한 이후'에는 그 공모관계에서 이탈하였다 하더라도 공동정범의 책임은 면할 수 없다는 것이 판례의 입장이다(대법원 1984.1.31, 83도2941). 국가9급 08

　　　따라서 피고인 등이 금품을 강취할 것을 공모하고 피고인은 집 밖에서 망을 보기로 하였으나, 다른 공모자들이 피해자의 집에 침입한 후 담배를 사기 위해서 망을 보지 않았다고 하더라도, 피고인은 타 공범자가 범한 강도상해죄의 공동정범의 죄책을 면할 수가 없다(위 판례). 법원행시 12

★ 판례연구 포괄일죄의 일부 실행 후 공모관계에서 이탈해도 이탈이 부정되어 공동정범이 성립한 사례

1. 대법원 2002.8.27, 2001도513

포괄일죄인 다단계 피라미드 사기범행의 일부 기수 이후 이탈하였으나 그 후에도 계속된 사례

피고인이 공범들과 다단계금융판매조직에 의한 사기범행을 공모하고 피해자들을 기망하여 그들로부터 투자금 명목으로 피해금원의 대부분을 편취한 단계에서 위 조직의 관리이사직을 사임한 경우, 피고인의 사임 이후 피해자들이 납입한 나머지 투자금명목의 편취금원도 같은 기망상태가 계속된 가운데 같은 공범들에 의하여 같은 방법으로 수수됨으로써 피해자별로 포괄일죄의 관계에 있으므로 이에 대하여도 피고인은 공범으로서의 책임을 부담한다. 법원행시 06

2. 대법원 2011.1.13, 2010도9927

주식 시세조종행위 일부 실행 후 이탈하였으나 나머지 시세조종행위가 계속된 사례

피고인이 甲 투자금융회사에 입사하여 다른 공범들과 특정 회사 주식의 시세조종 주문을 내기로 공모한 다음 시세조종행위의 일부를 실행한 후 공범관계로부터 이탈하였고, 다른 공범들이 그 이후의 나머지 시세조종행위를 계속한 경우, 피고인이 다른 공범들의 범죄실행을 저지하지 않은 이상 그 이후 나머지 공범들이 행한 시세조종행위에 대하여도 죄책을 부담한다. 법원승진 12 / 법원행시 12 / 사시 12 / 국가7급 13 / 국가9급 15 / 법원9급 16 / 경찰채용 18 3차

　　　또한 ㉯ 주도적 참여자의 이탈의 요건에 대해서는 엄격하게 해석하는 것이 최근 판례의 입장이다. 즉 공모에 주도적으로 참여하여 다른 공모자의 실행에 영향을 미친 공모자의 경우에는, 범행을 저지하기 위하여 적극적으로 노력하는 등 실행에 미친 영향력을 제거하지 않는 한 공모관계에서 이탈되었다고 할 수 없다(대법원 2008.4.10, 2008도1274[455]; 2010.9.9, 2010도6924)는 것이다. 법원9급 05 / 경찰채용 10 2차 / 국가7급 10 / 법원행시 10 / 국가7급 11 / 국가9급 12 / 경찰간부 13 / 법원9급 13 / 사시 13 / 경찰승진 14 / 사시 14 / 경찰승진 15 / 국가9급 15 / 변호사 15 / 경찰채용 16 2차 / 경찰간부 16 / 국가7급 16 / 법원9급 16 / 국가9급 17

---

455 사례 : 주도적 참여자의 이탈의 요건 甲은 21세로서 이 사건 강도상해의 범행 전날 밤 11시경에 14세 또는 15세의 공동피고인 乙, 丙, 丁과 강도 모의를 하였는데 이때 甲이 삽을 들고 사람을 때리는 시늉을 하는 등 주도적으로 그 모의를 하였고, 강도 대상을 물색하다가 乙, 丙이 피해자 A를 발견하고 쫓아가자 甲은 "어?"라고만 하고 위 丁에게 따라가라고 한 후 자신은 비대한 체격 때문에 위 乙, 丙을 뒤따라가지 못하고 범행현장에서 200m 정도 떨어진 곳에 앉아 있게 되었으며, 결국 위 乙, 丙은 A를 쫓아가 폭행하여 항거불능케 한 다음 A의 뒷주머니에서 지갑을 강취하고 A에게 약 7주간의 치료를 요하는 우측 무릎뼈골절 등의 상해를 입혔다. 그렇다면 피고인은 乙, 丙이 강도상해죄의 실행에 착수하기까지 범행을 만류하는 등으로 그 공모관계에서 이탈하였다고 볼 수도 없으므로 강도상해죄의 공동정범으로서의 죄책을 면할 수 없다. 국가9급 09 / 국가9급 12 / 경찰간부 13 / 국가7급 14 / 사시 14 / 변호사 14 / 경찰승진 16

1. 대법원 2010.9.9, 2010도6924

주도적으로 참여한 공모자가 공모관계에서 이탈하여 공동정범으로서 책임을 지지 않기 위한 요건

甲이 乙과 공모하여 가출 청소년 丙(여, 16세)에게 낙태수술비를 벌도록 해 주겠다고 유인하였고, 乙로 하여금 丙의 성매매 홍보용 나체사진을 찍도록 하였으며, 丙이 중도에 약속을 어길 경우 민형사상 책임을 진다는 각서를 작성하도록 한 후, 자신이 별건으로 체포되어 구치소에 수감 중인 동안 丙이 乙의 관리 아래 12회에 걸쳐 불특정 다수 남성의 성매수 행위의 상대방이 된 대가로 받은 돈을 丙, 乙 및 甲의 처 등이 나누어 사용한 경우, 丙의 성매매 기간 동안 甲이 수감되어 있었다 하더라도 위 甲은 乙과 함께 미성년자유인죄, 구 청소년의 성보호에 관한 법률 위반죄의 책임을 진다고 한 것은 정당하다. 변호사 13 / 국가7급 20 / 국가9급 20

2. 대법원 2011.12.22, 2011도12927

소말리아 해적 사건 중 '인간방패' 사용 관련 해상강도살인미수의 공모관계로부터의 이탈 부정

해적들 사이에는 해군이 다시 구출작전에 나설 경우 선원들을 인간방패로 사용하는 것에 관하여 사전 공모가 있었고, 해군의 총격이 있는 상황에서 선원들을 윙브리지로 내몰 경우 선원들이 사망할 수 있다는 점을 당연히 예견하고 나아가 이를 용인하였다고 할 것이므로 살인의 미필적 고의 또한 인정되며, 나아가 선원들을 윙브리지로 내몰았을 때 살해행위의 실행에 착수한 것으로 판단되고, 위와 같은 행위는 사전 공모에 따른 것으로서 피고인 2, 피고인 3 및 피고인 4가 당시 총을 버리고 도망갔다고 하더라도 그것만으로는 공모관계에서 이탈한 것으로 볼 수 없다. 경찰간부 20

② 태 양

  ㉠ 공동가공의 실행은, 각자가 구성요건의 전부를 실행한 경우(부가적 공동정범)이든,

  ㉡ 각자 구성요건의 일부를 실행한 경우(기능적 공동정범)이든(대법원 1984.6.12, 84도780[456]),

  ㉢ 스스로 구성요건을 실현하지 않고 그 실현행위를 하는 공범자에게 그 행위결정을 강화하도록 협력하는 것으로도 가능하므로(대법원 1987.10.13, 87도1240[457]; 2006.12.22, 2006도1623), 경찰채용 16 2차 전체계획에 의하여 결과를 실현하는 데 불가결한 요건이 되는 기능을 실행한 경우이든 무방하다. 국가7급 09

  예 망보는 행위도 공동정범의 객관적 요건에 해당된다(대법원 1971.4.6, 71도311; 1984.1.31, 83도2941; 1986.7.8, 86도843).

  ㉣ 다만, 공동실행에 불가결한 요건이 아닌 기능을 실행하였다면 방조범이 성립할 뿐이다.

  예 훔쳐 오면 팔아 주겠다고 하는 경우에는 절도죄의 공동실행이 있다고 보기 어렵다. 보통 "A행위를 해오면 B행위를 해 주겠다."고 하는 경우, A행위에 대한 공동정범은 성립하지 않는다(경우에 따라 A행위에 대한 방조범이 성립할 뿐이다).

③ 현장성의 요부 : 범행현장이 아니고서도 기능적 행위지배가 가능한 방법(예 통신수단)이 있을 수 있으므로 공동정범에서는 원칙적으로 현장성이 요구되지 않는다.

---

456 판례 : **구성요건의 일부를 실행한 공동정범** 사례 피고인과 공소외 甲이 공모하여 甲이 피해자를 강간하고 있는 동안 동 피해자가 반항하지 못하도록 그의 입을 손으로 틀어막고 주먹으로 얼굴을 2회 때렸다면 피고인은 강간죄의 공동정범의 죄책을 면할 수 없다(대법원 1984.6.12, 84도780).

457 판례 : **두목이 전부 죽이라는 고함을 친** 사례 부하들이 흉기를 들고 싸움을 하고 있는 도중에 폭력단체의 두목급 수괴의 지위에 있는 乙이 그 현장에 모습을 나타내고 더욱이나 부하들이 흉기들을 소지하고 있어 살상의 결과를 초래할 것을 예견하면서도 **전부 죽이라는 고함을 친** 행위는 부하들의 행위에 큰 영향을 미치는 것으로서 乙은 이로써 위 싸움에 가세한 것이라고 보지 아니할 수 없고, 나아가 부하들이 칼, 야구방망이 등으로 피해자들을 난타, 난자하여 사망케 한 것이라면 乙은 **살인죄의 공동정범으로서의 죄책을 면할 수 없다**(대법원 1987.10.13, 87도1240). 국가9급 09 / 경찰승진 16

🔨 **판례연구** 공동가공의 실행으로 볼 수 있는 사례

1. 대법원 1961.11.9, 4294형상374
공범자가 야간에 창고에 침입하여 천막을 절취하고 피고인은 그것을 '운반하여 양여 또는 보관'하였다면 야간주거침입절도죄의 공동정범이 성립한다.

2. 대법원 1986.1.21, 85도2411
공범들과 함께 강도범행 후 신고를 막기 위하여 피해자를 옆방으로 끌고 가 강간한 때에 피고인은 자녀들을 감시하고 있었다면 강도강간죄의 공동정범이다. 법원승진 12 / 법원행시 12

3. 대법원 1994.8.23, 94도1484
안수기도에 참여하여 목사가 안수기도의 방법으로 폭행을 함에 있어서 신도 甲이 시종일관 목사의 폭행행위를 보조하였을 뿐만 아니라 더 나아가 스스로 피해자를 폭행하기도 하였다면, 甲은 목사의 폭행행위를 인식하고서도 이를 묵인함으로써 폭행행위에 관하여 묵시적으로 의사가 상통하였고 나아가 그 행위에 공동가공한 것이다 (폭행치사). 국가9급 11

4. 대법원 1995.9.29, 95도803
허위작성된 유가증권을 피교부자가 그것을 유통하게 한다는 사실을 인식하고 교부한 때에는 허위작성유가증권행사죄에 해당하고, 행사할 의사가 분명한 자에게 교부하여 그가 이를 행사한 때에는 허위작성유가증권행사죄의 공동정범이 성립한다.

5. 대법원 2007.6.28, 2006도4356
피고인 甲, 戊가 피고인 乙, 丙, 丁과 변호사법에 위반하는 법률사무 취급행위를 하기로 공모한 후 그들에게 자신들의 법무사 사무실 일부와 법무사 명의를 사용토록 하고 그 대가로 그들로부터 수임한 사건당 30만 원 내지 40만 원 또는 수익금 중 30%를 분배받았다면 甲과 戊는 변호사법 제109조 제1호 위반죄의 공동정범으로 처벌된다.

6. 대법원 2009.12.10, 2008도6953
증권거래법상 미공개 내부정보이용 주식거래죄의 1차 정보수령자와 2차 정보수령자 사례
'1차 정보수령자'가 1차로 정보를 받은 단계에서 그 정보를 거래에 막바로 이용하는 행위에 '2차 정보수령자'가 공동 가담한 경우, '2차 정보수령자'를 구 증권거래법 제188조의2 제1항 위반죄의 공범으로 처벌할 수 있다.

7. 대법원 2010.1.28, 2009도10139
위조된 부동산임대차계약서를 사용한 사기 사건에서 임대인 행세를 해준 사례
공동피고인이 위조된 부동산임대차계약서를 담보로 제공하고 피해자로부터 돈을 빌려 편취할 것을 계획하면서 피해자가 계약서상의 임대인에게 전화를 하여 확인할 것에 대비하여 피고인에게 미리 전화를 하여 임대인 행세를 하여달라고 부탁하였고, 피고인은 위와 같은 사정을 잘 알면서도 이를 승낙하여 실제로 피해자의 남편으로부터 전화를 받자 자신이 실제의 임대인인 것처럼 행세하여 전세금액 등을 확인함으로써 위조사문서의 행사에 관하여 역할분담을 한 경우, 피고인의 행위는 위조사문서행사에 있어서 기능적 행위지배의 공동정범 요건을 갖추었다고 할 것이다. 경찰채용 12 2차

5. 공모공동정범

(1) 의 의

2인 이상의 자가 공모하여 그 공모자 가운데 일부가 공모에 따라 범죄의 실행에 나아간 때에는 실행행위를 담당하지 아니한 공모자에게도 공동정범이 성립한다는 이론이다. 즉 공모공동정범이란 '공모만 하고 실행은 하지 않은 자'를 말한다. 경찰채용 12 1차 / 경찰채용 15 2차

(2) 학설 · 판례

① 긍정설

　㉠ 공동의사주체설(판례)

　　ⓐ 내용 : 2인 이상이 일정한 범죄를 실현하려는 공동목적 하에 일심동체(一心同體)를 이루면 공동의
　　　　　사주체(共同意思主體)가 형성되고, 이러한 자들 중 1인이 범죄를 실행하게 되면 그 실행행위는 공
　　　　　동의사주체의 행위가 되어 직접 실행행위를 담당하지 않은 단순한 공모자도 공동정범이 된다는
　　　　　견해이다. 원래는 일본의 草野 판사에 의해 주장되었으며, 우리 **판례**가 전통적으로 따르고 있다.

　　ⓑ 비판 : ㉮ 일종의 단체책임의 원리로 공동정범의 성립요건을 접근한 것으로서 개인책임의 원칙
　　　　　에 반하며, ㉯ 정범인 공동정범이 다른 공동정범에 종속하여 공동정범의 종속성을 인정하는 결
　　　　　과가 된다는 비판이 있다.

✎ 판례연구 공동의사주체설에 의하여 공모공동정범을 인정한 사례 : 부산 미문화원 방화 사건

대법원 1983.3.8, 82도3248
공모공동정범은 공동범행의 인식으로 범죄를 실행하는 것으로서 공동의사주체로서의 집단 전체의 하나의 범죄
행위의 실행이 있음으로써 성립하고 공모자 모두가 그 실행행위를 분담하여 이를 실행할 필요가 없으므로, 공모
에 의하여 수인 간에 공동의사주체가 형성되어 범죄의 실행행위가 있으면 공동의사주체로서 정범의 죄책을 면할
수 없다. 법원9급 05 / 경찰승진 13

유사판례 딱지어음을 발행하여 매매한 이상 사기의 실행행위에 직접 관여하지 않더라도 공동정범으로서의 책
임을 면하지 못하고, 딱지어음의 전전유통경로나 중간 소지인들 및 그 기망방법을 구체적으로 몰랐다고 하더라
도 공모관계를 부정할 수는 없다(대법원 1976.12.14, 76도3375).

　㉡ 간접정범유사설(판례)

　　ⓐ 내용 : 공모만 한 자라 하더라도 다른 사람의 행위를 자기 의사의 실현 수단으로 하여 범죄를
　　　　　실행하였다고 볼 수 있는 정도에 이른 경우에는 공동정범이 성립한다는 견해이다. 공동의사주체
　　　　　설에 따를 경우 공모공동정범의 성립범위가 너무 넓어지는 문제를 간접정범의 정도에 이른 자만
　　　　　공동정범으로 인정함으로써 시정하려는 입장이다.

　　ⓑ 비판 : ㉮ 간접정범의 일방적 이용관계인 의사지배와 공동정범의 상호간의 협력관계인 기능적
　　　　　행위지배를 혼동한 입장이며, ㉯ 간접정범의 이용행위만으로 공동정범의 공동가공의 실행이 인
　　　　　정된다는 것은 지나치게 주관주의적 입장이고, ㉰ 공모하였다는 것만으로 간접정범의 요건에 맞
　　　　　는다는 것도 타당하지 않으며, ㉱ 공동의사주체설이나 간접정범유사설 모두 공동정범의 객관적
　　　　　요건을 지나치게 완화시키고 있다.

✎ 판례연구 간접정범유사설에 의하여 공모공동정범을 인정한 사례

1. 대법원 1980.5.20, 80도306
공모공동정범에 있어서 공모는 2인 이상의 자가 협력해서 공동의 범의를 실현시키는 의사에 대한 연락을 말하
는 것으로서 실행행위를 담당하지 아니하는 공모자에게 그 실행자를 통하여 자기의 범죄를 실현시킨다는 주관적
의사가 있어야 함은 물론이나, 반드시 배후에서 범죄를 기획하고 그 실행행위를 부하 또는 자기가 지배할 수 있
는 사람에게 실행하게 하는 실질상의 괴수의 위치에 있어야 할 필요는 없다.

---

2. 대법원 1988.4.12, 87도2368
공모에 참여한 사실이 인정되는 이상 직접 실행행위에 관여하지 않았다 하더라도 다른 사람의 행위를 자기의사의 수단으로 하여 범죄를 하였다는 점에서 자기의 직접 실행행위를 분담한 경우와 형사책임의 성립과 차이를 둘 이유가 없다.

　　　ⓒ 적극이용설(소수설) : 간접정범유사설과 유사한 입장이며, 유사한 비판이 제기된다.
　　　ⓔ 기능적 행위지배설에 의한 제한적 긍정설(판례)
　　　　ⓐ 내용 : 기능적 행위지배설을 취하면서도 공모공동정범을 인정하는 독특한 입장이다.[458] 즉 공모자가 실행에 가담하지 않았더라도 기능적 행위지배의 요건을 갖춘 경우가 있을 수 있고 또한 그러한 경우에는 공동정범이 된다는 것이다. 다만 이 입장은 모든 공모자에게 공모공동정범을 인정하는 것이 아니라 기능적 행위지배가 인정되는 공모자에 한하여 공모공동정범이 성립한다고 하여, 공모공동정범의 성립범위를 제한할 수 있다고 주장한다. 국가9급 17
　　　　ⓑ 근래의 판례 : 종래의 공동의사주체설이나 간접정범유사설은 더 이상 취하지 않고, 기능적 행위지배설에 의하여 공모공동정범의 성부를 판단하고 있다. 즉 근래의 **판례**에 의하면, 공모자 중 구성요건 행위 일부를 직접 분담하여 실행하지 않은 자라도 경우에 따라 이른바 공모공동정범으로서의 죄책을 질 수도 있는 것이기는 하나, 이를 위해서는 전체 범죄에서 그가 차지하는 지위, 역할이나 범죄 경과에 대한 지배 내지 장악력 등을 종합해 볼 때, 단순한 공모자에 그치는 것이 아니라 범죄에 대한 본질적 기여를 통한 기능적 행위지배가 존재하는 것으로 인정되는 경우이어야 한다는 것이다(대법원 2007.4.26, 2007도428; 2009.6.23, 2009도2994 등). 국가7급 14 / 국가9급 20
　　　　ⓒ 비판 : 기능적 행위지배를 전제로 하는 경우에는 공모만 하고 객관적 역할을 분담실행하지 않은 자는 공동정범이 될 수 없다.

★ **판례연구** 기능적 행위지배설에 의한 제한적 긍정설의 판례 중 공모공동정범을 인정한 사례

1. 대법원 2007.4.26, 2007도428
공모공동정범의 성립범위를 예견가능성이 인정되는 범위로 확장한 사례 : 건설노조 상급단체 간부 사례
공모자들이 그 공모한 범행을 수행하거나 목적 달성을 위해 나아가는 도중에 부수적인 다른 범죄가 파생되리라고 예상하거나 충분히 예상할 수 있는데도 그러한 가능성을 외면한 채 이를 방지하기에 족한 합리적인 조치를 취하지 아니하고 공모한 범행으로 나아간 경우에는 비록 그 파생적인 범행 하나하나에 대하여 개별적인 의사의 연락이 없었다 하더라도 당초의 공모자들 사이에 그 범행 전부에 대하여 암묵적인 공모는 물론 그에 대한 기능적 행위지배가 존재한다고 보아야 할 것이어서 예상되던 범행들에 대한 공동정범이 성립한다. 변호사 15

2. 대법원 2009.2.12, 2008도6551
주가조작 범행과 관련하여 자기 명의의 증권계좌와 자금을 교부하고 투자자 등을 유치·관리한 자 사례
피고인들은 미필적으로나마 공소외인 등의 주가조작 범행을 인식하면서 그 범행에 공동가공하려는 의사를 가지고 투자자 유치 등의 행위를 분담함으로써 기능적 행위지배를 통한 범죄실행에 나아갔다고 할 것이다. … 타인의 시세조종을 통한 주가조작 범행과 관련하여 자기 명의의 증권계좌와 자금을 교부하였을 뿐만 아니라 적극적으로 투자자 등을 유치·관리한 사람에게는 증권거래법 제188조의4 위반죄의 공모공동정범의 죄책이 인정된다. 국가9급 10

3. 대법원 2010.7.15, 2010도3544
건설 관련 회사의 유일한 지배자에게 뇌물공여죄의 공모공동정범을 인정한 사례
건설 관련 회사의 유일한 지배자가 회사 대표의 지위에서 장기간에 걸쳐 건설공사 현장소장들의 뇌물공여행위를

---

458 이용식, "공모공동정범의 실행의 착수와 공모공동정범", 형사판례연구(8), 77면; 이재상, §33-44.

보고받고 이를 확인·결재하는 등의 방법으로 위 행위에 관여한 경우, 비록 사전에 구체적인 대상 및 액수를 정하여 뇌물공여를 지시하지 아니하였다고 하더라도 그 핵심적 경과를 계획적으로 조종하거나 촉진하는 등으로 기능적 행위지배를 하였다고 보아 공모공동정범의 죄책을 인정하여야 한다. 경찰채용 12 2차 / 경찰채용 14 1차 / 법원행시 14 / 경찰간부 18

4. 대법원 2011.1.27, 2010도11030

금속노조 쌍용차지부장 자동차공장 점거파업 중 폭처법위반죄의 공모공동정범 사례

전국금속노동조합 쌍용자동차 지부의 자동차공장 점거파업과 관련하여, 위 노동조합 지부장 등 피고인들이 위 점거파업 과정에서 벌어진 노조원들의 폭행, 체포, 상해 등의 범죄행위들 중 일부에 대하여 구체적으로 모의하거나 이를 직접 분담하여 실행한 바가 없더라도, 각 범행에 대한 암묵적인 공모는 물론 그 범행들에 대한 본질적 기여를 통한 기능적 행위지배를 한 자에 해당하므로, 이들에 대해서는 폭처법위반죄의 공동정범이 성립한다.

5. 대법원 2011.9.29, 2009도2821; 2008.6.26, 2007도6188; 1992.8.18, 92도1244

집시법상 시위 '주최자'와 미신고 옥외집회 또는 시위 주최행위에 대한 공모공동정범 성립 여부

미신고 옥외집회 또는 시위의 주최에 관하여 공동가공의 의사와 공동의사에 기한 기능적 행위지배를 통하여 그 실행을 공모한 자는 구체적 실행행위에 직접 관여하지 아니하였더라도 다른 공범자의 미신고 옥외집회·시위의 주최행위에 대하여 공모공동정범으로서의 죄책을 면할 수 없다. 경찰승진 13 / 경찰채용 15 2차

6. 대법원 2011.12.22, 2011도12927

소말리아 해적 사건 중 군인들에 대한 총격 관련 해상강도살인미수의 공모공동정범 사례

해적들의 공모내용에 군인들에 대한 총격행위도 포함되어 있고 이에 따라 피고인 2가 해군 리브보트를 향하여 조준사격을 하여 군인 3명이 총상을 입었으며, 피고인 3은 해적들 내부의 업무분담에 따라 소총을 소지한 채 외부 경계활동에도 가담하였음을 알 수 있으므로, 피고인이 이 부분 범행에 관한 실행행위를 직접 분담하지 아니하였다고 하더라도 이에 대한 본질적 기여를 통하여 위 해상강도살인행위에 대하여 기능적 행위지배를 한 공모자라고 보아야 할 것이므로, 위 해상강도살인미수에 대하여 공동정범의 죄책을 부담한다고 보아야 한다.

⚒ 판례연구 기능적 행위지배설에 의한 제한적 긍정설의 판례 중 공모공동정범을 인정하지 않은 사례

1. 대법원 2009.6.23, 2009도2994

전국노점상총연합회가 주관한 도로행진시위에 참가한 단순가담자 사례 : 공모공동정범 부정

전국노점상총연합회가 주관한 도로행진시위에 참가한 피고인이 다른 시위 참가자들과 함께 경찰관 등에 대한 특수공무집행방해 행위를 하던 중 체포된 경우, 단순가담자인 피고인은 그가 체포된 이후에 이루어진 다른 시위 참가자들의 범행에 대하여는 본질적 기여를 통한 기능적 행위지배가 존재한다고 보기 어려워 공모공동정범의 죄책을 인정할 수 없다. 국가9급 10 / 경찰승진 14

2. 대법원 2011.11.10, 2010도11631

게임산업진흥법상 청소년게임제공업의 영업활동에 지배적으로 관여하지 아니한 자 사례

게임산업진흥법에서 '청소년게임제공업 등을 영위하고자 하는 자'란 청소년게임제공업 등을 영위함으로 인한 권리의무의 귀속주체가 되는 자('영업자')를 의미하므로, 영업활동에 지배적으로 관여하지 아니한 채 단순히 영업자의 직원으로 일하거나 영업을 위하여 보조한 경우, 또는 영업자에게 영업장소 등을 임대하고 사용대가를 받은 경우 등에는(게임기들을 설치할 장소와 이용할 전력을 제공하고 대가를 받음) 본질적인 기여를 통한 기능적 행위지배를 인정하기 어려워, 이들을 방조범으로 처벌할 수 있는지는 별론으로 하고 공모공동정범으로 처벌할 수는 없다.

3. 대법원 2012.1.27, 2011도626

피고인이 공소외 4 회사에서 프로그램의 유지보수업무를 처리하였다는 사정만으로는 ○○마을프로그램의 개작권 침해에 관한 공모에 가담하였다거나 그 개작 과정을 지배 내지 장악하는 등의 영향력을 미쳤다고 단정할 수 없다.

⚔ 판례연구 기타 공모공동정범을 긍정한 사례

1. 대법원 1980.5.27, 80도907

피고인이 위조행위 자체에는 관여한 바 없다고 하더라도 타인에게 위조를 부탁하여 의사연락이 되고 그로 하여금 범행을 하게 하였다면 공모공동정범에 의한 공문서위조죄가 성립된다.

2. 대법원 1985.8.20, 83도2575; 1983.2.8, 81도2344; 1980.5.27, 80도907

허위유가증권(先船荷증권)작성죄의 공모공동정범 및 허위작성유가증권행사죄와 사기죄의 공동정범 사례

① 유가증권의 허위작성행위 자체에는 직접 관여한 바 없다 하더라도 타인에게 그 작성을 부탁하여 의사연락이 되고 그 타인으로 하여금 범행을 하게 하였다면 공모공동정범에 의한 허위작성죄가 성립한다. 또한 ② 허위의 선하증권을 발행하여 타인에게 교부하여 줌으로써 그 타인으로 하여금 이를 행사하여 그 선하증권상의 물품대금을 지급받게 한 소위는 허위작성유가증권행사죄와 사기죄의 공동정범을 인정하기에 충분하다.

3. 대법원 1991.10.11, 91도1755

상해의 공모자 중 일부가 피해자를 상해하여 사망케 한 경우, 상해치사죄의 공동정범이 성립하는 사례

피고인이 여러 공범들과 피해자를 상해하기로 공모하고, 피고인 등은 상피고인의 사무실에서 대기하고, 실행행위를 분담한 공모자 일부가 사건현장에 가서 위 피해자를 상해하여 사망케 하였다면 피고인은 상해치사범죄의 공동정범에 해당한다.

4. 대법원 1992.3.31, 91도3279

시위에 참여하여 돌멩이를 던지는 등의 행위로 다른 사람의 화염병 투척을 용이하게 한 사례

화염병과 돌멩이들을 진압 경찰관을 향하여 무차별 던지는 시위 현장에 피고인도 이에 적극 참여하여 돌멩이를 던지는 등의 행위로 다른 사람의 화염병 투척을 용이하게 하고 이로 인하여 타인의 생명·신체에 대한 위험을 발생케 하였다면 비록 피고인 자신이 직접 화염병 투척의 행위는 하지 아니하였다 하더라도 그 화염병 투척(사용)의 공동정범으로서의 죄책을 면할 수는 없는 것이다.

5. 대법원 1996.12.10, 96도2529

범죄 공모 후 범행장소에 직접 가지 않은 자에게 폭처법위반죄의 공모공동정범을 인정한 사례

여러 사람이 폭력행위 등 처벌에 관한 법률 제2조 제1항에 열거된 죄를 범하기로 공모한 다음 그중 2인 이상이 범행장소에서 범죄를 실행한 경우에는 범행장소에 가지 아니한 자도 같은 법 제2조 제2항에 규정된 죄의 공모공동정범으로 처벌할 수 있다. 법원행시 06

6. 대법원 1998.7.28, 98도1395

변사체검시방해죄의 공모공동정범으로 처단한 사례

한총련 의장인 피고인이 주도한 한총련 중앙상임위원회에서 경찰에 대한 요구조건을 내걸고 그와 같은 요구조건이 받아들여지지 아니하면 변사체검사에 응하지 아니한다는 방침을 결정하였는데, 피고인에 대한 보고를 하지 아니한 채 한총련 산하 남총련 의장 등이 위 방침에 따라 변사체검시방해행위를 한 경우, 피고인은 변사체검시방해죄의 공모공동정범의 죄책을 진다.

7. 대법원 2013.8.23, 2013도5080; 1997.9.12, 97도1706

사기의 공모공동정범이 기망방법을 구체적으로 몰랐던 경우 공동정범을 인정한 사례

공모가 이루어진 이상 실행행위에 직접 관여하지 아니한 사람이라도 다른 공범자의 행위에 대하여 공동정범으로서의 형사책임을 진다. 따라서 사기의 공모공동정범이 그 기망방법을 구체적으로 몰랐다고 하더라도 공모관계를 부정할 수 없다. 경찰승진 11 / 경찰채용 14 1차 / 경찰채용 15 2차 / 사시 16

8. 대법원 2018.4.19, 2017도14322 전원합의체

국가정보원 사이버팀의 인터넷 댓글 게시 등 사건

다수의견 국가정보원의 원장 피고인 甲, 3차장 피고인 乙, 심리전단장 피고인 丙이 심리전단 산하 사이버팀 직원들과 공모하여 인터넷 게시글과 댓글 작성, 찬반클릭, 트윗과 리트윗 행위 등의 사이버 활동을 함으로써 국가정보원 직원의 직위를 이용하여 정치활동에 관여함과 동시에 제18대 대통령선거와 관련하여 공무원의 지위를 이

용한 선거운동을 하였다고 하여 구 국가정보원법 위반 및 구 공직선거법 위반으로 기소된 사안에서, 국가정보원의 정보기관으로서의 조직, 역량과 상명하복에 의한 업무수행 체계, 사이버팀 직원들이 범행을 수행한 구체적인 방법과 모습, 피고인들이 각각 국가정보원의 원장과 3차장, 심리전단장으로서 사이버팀을 지휘·감독하던 지위와 역할, 사이버 활동이 이루어질 당시 피고인들이 회의석상에서 직원들에게 한 발언 및 지시 내용 등 제반 사정을 종합하면, 사이버팀 직원들이 한 사이버 활동 중 일부는 구 국가정보원법상 국가정보원 직원의 직위를 이용한 정치활동 관여 행위 및 구 공직선거법상 공무원의 지위를 이용한 선거운동에 해당하며, 이러한 활동을 구 국가정보원법에 따른 직무범위 내의 정당한 행위로 볼 수 없고, 피고인들이 실행행위자인 사이버팀 직원들과 순차 공모하여 범행에 대한 기능적 행위지배를 함으로써 범행에 가담하였다는 등의 이유로, 피고인들에게 구 국가정보원법 위반죄와 구 공직선거법 위반죄를 인정한 원심판단은 정당하다.[459] 국가7급 18 / 국가9급 24

② 부정설 : 부정설에는 ㉠ 범죄공동설, ㉡ 행위공동설, ㉢ 공동행위주체설 등이 이론적 근거로 사용되기도 한다. ㉣ 통설의 입장은 '기능적 행위지배설'에 기초하여 공모공동정범에 있어서는 공동의 실행이 없다는 이유로 공동정범성립을 부정한다는 것이다. 제34조 제2항의 특수교사 및 방조규정(또는 교사범·방조범)으로 해결하자는 대안도 제시되고 있다.

③ 결론 : 공동정범이란 공동가공의 의사로 공동가공의 실행행위를 하였으므로 기능적 행위지배가 인정되는 경우이고, 공모공동정범이란 공모만 하였지 실행에는 관여하지 않은 자를 말한다는 점에서, 공모공동정범은 공동정범으로 보기 어렵다고 생각된다. 조직범죄의 수괴(首魁)를 처벌해야 한다는 형사정책적 필요성에는 공감이 가지만, 이는 -기능적 행위지배설에서 적절히 지적하고 있다시피- 특수교사로 처리하면 오히려 공동정범보다 가중된 형벌도 가능할 수 있는 것이다. 결론적으로 기능적 행위지배설에 의한 부정설이 타당하다고 본다.

03 공동정범과 착오

1. 의 의

공모한 범죄와 다른 공동자가 실행한 범죄가 일치하지 않은 경우를 말한다. 따라서 실행된 결과에 대하여 어떠한 죄책을 져야 하는가가 문제된다.

---

459 보충 - 국정원 댓글 사건 요약 2012년 대선을 앞두고 국정원 심리전단국 직원들을 동원해 SNS와 인터넷 게시판 등에 댓글을 남겨 정치와 선거에 개입한 혐의로, 검찰은 2013년 6월 원세훈 전 국정원장을 기소하였다. 이에 대해 1심은 국정원법 위반 혐의만 일부 유죄로 판단해 원 전 원장에게 징역 2년 6개월에 집행유예 4년, 자격정지 3년을 선고했고, 2심은 공직선거법 위반 혐의도 유죄로 판단해 징역 3년과 자격정지 3년을 선고하고 원 전 원장을 법정구속했다. 그러나 대법원은 2015년 7월 국정원 심리전단 요원들이 사용한 '425 지논', '씨큐리티' 이름의 파일과 트위터 활동 계정 등 주요 증거의 증거능력을 인정하기 어렵다고 보아 사건을 서울고법으로 파기환송하였다. 2017년 8월 서울고법은 환송 후 항소심에서, 대법원의 파기환송 취지에 따라 '425 지논', '씨큐리티' 파일 등의 증거능력을 부정하면서 이를 토대로 한 사이버 활동의 범위 부분이 사실인정이 잘못되었음을 인정하는 대신에, 검찰이 재판 막바지에 제출한 '전 부서장 회의 녹취록' 복구본과 국정원이 작성해 청와대에 보고했다는 'SNS 선거 영향력 진단 및 고려사항' 문건을 선거개입의 증거로 판단해 공직선거법까지 유죄로 보고 징역 4년과 자격정지 4년을 선고하고, 보석으로 석방된 원 전 원장을 다시 법정구속했다. 재상고심을 맡은 대법원 형사3부(주심 김재형 대법관)는 2018년 2월 19일 청와대 개입 등의 논란이 일자 사건을 전원합의체에 회부하였고, 대법원 전원합의체는 2개월이 넘는 심리 끝에 환송 후 항소심 판단이 옳다고 결정하면서 장장 5년을 이어온 국정원 댓글 사건이 마무리된 것이다. 대법원 전원합의체(주심 김재형 대법관)는 19일 국정원법과 공직선거법 위반 혐의로 기소된 원 전 원장의 재상고심에서 징역 4년과 자격정지 4년을 선고한 원심을 확정했다(2017도14322). 더불어, 함께 기소된 이종명 전 국정원 3차장과 민병주 전 심리전단장도 각각 징역 2년 6개월에 집행유예 4년, 자격정지 2년 6개월이 확정됐다(법률신문, 2018.4.19. 기사에서 발췌·정리).

2. 구체적 사실의 착오 _{국가9급 12 / 경찰채용 21 1차}

공동정범의 공동가공의 의사와 공동가공의 실행이 일치하지 않았으나 서로 동일한 구성요건에 속하는 경우를 말한다. 예컨대, 甲과 乙이 A를 살해하기로 공모하고, 甲은 망을 보고 乙은 A를 향하여 총을 쏘았으나 빗나가 B가 맞아 죽은 경우이다. 이 경우는 구체적 사실의 착오 중 방법의 착오로서 구성요건적 착오 이론에 의하여 해결하면 된다. 즉, 구체적 부합설에 의하면 甲·乙은 A에 대한 살인미수와 B에 대한 과실치사가 되고, 법정적 부합설에 의하면 甲·乙은 B에 대한 살인죄의 공동정범이 된다. 판례는 주지하다시피 법정적 부합설을 따른다.

> **판례연구** 공동정범의 구체적 사실의 착오
>
> **대법원 2010.10.14, 2010도387**
> 특경법 제5조에 정한 직무관련 '수재'의 공모공동정범
> 특가법 제3조와 특경법 제7조의 알선수재 및 변호사법 제90조 제2호의 법률사건에 관한 화해·청탁 알선뿐 아니라 특경법 제5조의 수재의 공모공동정범에서, 공범자들 사이에 그 알선 등과 관련하여 금품이나 이익을 수수하기로 명시적 또는 암묵적인 공모관계가 성립하고 그 공모 내용에 따라 공범자 중 1인이 금품이나 이익을 수수하였다면, 사전에 특정 금액 이하로만 받기로 약정하였다든가 수수한 금액이 공모 과정에서 도저히 예상할 수 없는 고액이라는 등과 같은 특별한 사정이 없는 한, 그 수수한 금품이나 이익 전부에 관하여 위 각 죄의 공모공동정범이 성립하는 것이다. _{변호사 13}

3. 추상적 사실의 착오

공동정범의 공동가공의 의사와 공동가공의 실행이 일치하지 않고 또한 서로 다른 구성요건에 속하는 경우를 말한다.

(1) 질적 초과의 경우

공모한 사실과 발생한 사실이 전혀 별개의 구성요건인 경우에는 질적 초과된 부분에 대하여 단독정범이 성립할 뿐이다. _{국가9급 12}

> **사례연구** 강도강간 질적 초과 사례
>
> 甲·乙·丙은 새벽 무렵 丁(여)의 집 안방에 들어가 乙과 丙이 丁에게 과도를 들이대고 다시 乙이 전화선으로 丁의 손발을 묶고 乙이 주먹과 발로 丁을 수회 때려 반항을 억압하였다. 곧이어 乙은 장롱 등을 뒤져 빼앗을 물건을 찾기 시작하였다. 한편, 그 시간 丙은 丁의 머리 위에서 丁을 붙잡고 甲은 丁을 강간하였다. 51만 원 정도의 금품을 챙긴 乙이 돌아서 보니 甲은 강간을 하고 있어서 빨리 가자고 재촉하고 다같이 그 집을 나왔다. 甲·乙·丙의 형사책임은?
>
> 해결 판례는 이 사건에서는 乙에게 강도강간의 공모사실을 인정할 증거가 없다고 하지 않을 수 없다고 판시하고 있다(대법원 1988.9.13, 88도1114). _{국가9급 13} 이에 甲과 丙은 강도강간죄의 공동정범, 乙은 강도죄의 공동정범(엄밀히는 특수강도죄)이 된다.

(2) 양적 초과의 경우

① 인식의 양적 초과인 경우 : 공동정범자 중의 1인이 공모한 고의보다 양적으로 초과된 고의를 가진 경우를 말한다. 이 경우 발생한 결과에 따라 사리에 맞게 처리하면 족하다.

甲과 乙은 丙에 대한 상해행위만을 함께 하기로 하고 이를 수행하였다. 그런데 甲은 상해의 고의를 가지고 乙은 살해의 고의를 가지고 있었다. 甲·乙의 죄책은?

해결　甲에게는 상해죄만 인정된다. 그러나 乙은 살인의 고의를 가졌는데 상해에 그쳤으므로 살인미수죄가 성립할 것이다. 살인미수는 상해를 포함하므로 살인미수죄만 성립한다(만일 丙이 사망하였다면 甲은 상해치사죄, 乙은 살인기수죄가 성립할 수 있음).

② 실행의 양적 초과인 경우(결과적 가중범의 공동정범의 문제) : 공동정범자 상호간에 공모가 있었지만 범행수행과정에서 그중 1인이 공모한 범죄보다 양적으로 초과된 실행행위로 나아간 경우를 말한다. 흔히 발생하는 공동정범의 착오 유형이다. 결국 이 문제는 결과적 가중범의 공동정범의 문제와 잘 연결된다.

　　㉠ 통설의 입장 : 통설은 과실범의 공동정범을 기능적 행위지배설에 의해 부정하는 입장임은 이미 설명하였다. 따라서 결과적 가중범의 공동정범에 있어서도 다수설은 이를 부정하여 역시 동시범 정도로 해결하고자 한다. 즉, 각 행위자의 기본범죄와 발생한 결과 사이에 인과관계 및 객관적 귀속과 결과에 대한 행위자 각각의 예견가능성을 검토하여 그것이 인정되는 전제에서 결과적 가중범의 단독정범을 인정하고, 이것이 부정되는 경우에는 결과적 가중범 중 기본범죄만 성립한다는 것이다.

　　㉡ 판례의 입장 : 판례는 결과적 가중범의 공동정범의 문제를 -기술한 과실범의 공동정범에 관한 행위공동설에 기초를 하면서도- 결과적 가중범의 성립요건인 예견가능성(제15조 제2항)을 요건으로 삼아 접근하고 있다. 즉 판례는 "기본범죄에 대한 공동이 있다거나 결과에 대한 예견가능성이 있으면 결과적 가중범의 공동정범은 성립한다."는 입장으로서, "결과적 가중범의 공동정범에서 공동정범은 행위를 공동으로 할 의사가 있으면 성립하고 결과를 공동으로 할 의사까지는 필요없다." (대법원 2002.4.12, 2000도3485; 1990.6.26, 90도765; 1978.1.17, 77도2193)고 하여 결과적 가중범의 공동정범을 광범위하게 인정하고 있다. 국가9급 07 / 국가7급 10 / 사시 11 / 경찰채용 13 1차 / 경찰간부 16 / 경찰채용 24 1차

　　이는 기본범죄에 대한 공동이 있으면 결과에 대한 예견가능성도 인정되는 상황이라든지, 기본범죄에 대한 공동을 일단 전제하고 거기에서 나아가 결과에 대한 예견가능성이 있으면 결과적 가중범의 공동정범이 성립한다는 것으로 이해될 수 있다. 다만 예외적으로 중한 결과에 대한 예견가능성을 부정하는 판례도 있다. 법원행시 05

1. 대법원 1984.2.14, 83도3120
공범자 중 수인이 강간의 기회에 상해의 결과를 야기하였다면, 다른 공범자가 그 결과의 인식이 없었더라도 강간치상죄의 공동정범의 책임이 없다고 할 수 없다. 국가7급 10

2. 대법원 1984.10.10, 84도1887
특수절도 범인들이 범행 후 다른 길로 도주하다가 그중 1인이 폭행하여 상해 : 강도상해죄의 공동정범
소매치기할 것을 공모하고 만일에 대비하여 각 식칼 1자루씩을 나누어 가진 후 합동하여 피해자 X의 손지갑을 절취하였으나 그 범행이 발각되자 두 갈래로 나누어 도주 중 원심 상피고인 乙은 피해자 Y와 Z의, 피고인 甲과 丙은 피해자 A와 B의 각 추격을 받게 되자 체포를 면탈할 목적으로 각 소지 중인 식칼을 추격자들을 향하여 휘두르고 상피고인 乙은 길에 있던 벽돌을 Y에게 던져 상해를 가한 경우, 피고인 甲이 공범자인 乙·丙과 공모합동하여 소매치기를 하고 발각되어 도망할 때에 乙이 그를 추격하는 피해자 Y에게 체포되지 아니하려고 위와 같

이 폭행할 것을 '전연 예기치 못한 것으로는 볼 수 없다 할 것'이므로, 그 폭행의 결과로 발생한 상해에 관하여 피고인 甲에 대하여도 형법 제337조의 강도상해죄가 성립한다고 판단한 조치는 정당하다고 할 것이다. 국가7급 08 / 국가7급 10

▶ 위 판례는 상해에 대한 예견가능성이 있다면 − 강도치상이 아니라 − 강도상해의 공동정범으로 보고 있다. 그 이유는 아마도 제337조에서 강도상해와 강도치상죄의 법정형이 동일하게 규정되어 있기 때문인 것으로 추론해볼 수 있다. 이러한 판례의 입장은 이론적으로 문제가 있다. 이와는 달리, 강도를 공모한 공범자 중 1인이 살인을 한 경우에는 다른 공범자는 강도치사죄가 성립한다는 판례(대법원 1990.11.27, 90도2262)도 있는데, 이는 제338조에서 강도살인과 강도치사죄의 법정형이 서로 다르게 규정되어 있기 때문일 것이다.

3. 대법원 1990.6.26, 90도765

결과적 가중범의 공동정범 : 예견가능성 있으면 성립하나, 최소한 기본범죄에 대한 공동은 필요

① 특수공무방해치사상과 같은 이른바 부진정결과적가중범[460]은 예견가능한 결과를 예견하지 못한 경우뿐만 아니라 그 결과를 예견하거나 고의가 있는 경우까지도 포함하는 것이므로, 공무집행을 방해하는 집단행위의 과정에서 일부 집단원이 고의행위로 살상을 가한 경우에도 다른 집단원에게 그 사상의 결과가 예견가능한 것이었다면 다른 집단원도 그 결과에 대하여 특수공무방해치사상의 책임을 면할 수 없다. 그러나 ② 방화행위 자체에 공모가담한 바 없는 이상 방화치사상죄로 의율할 수는 없다고 할 것이다(판례라고 하여 결과적 가중범의 공동정범을 무제한적으로 성립시키는 것은 아니고, 최소한 기본범죄에 대한 공동을 전제조건으로 요구하고 있는 것임). 국가7급 10

4. 대법원 1990.11.27, 90도2262

등산용 칼을 이용하여 노상강도를 하기로 공모한 공범자 중 1인이 강도살인행위를 저지른 경우

피고인들이 등산용 칼을 이용하여 노상강도를 하기로 공모한 사건에서, 범행 당시 차안에서 망을 보고 있던 피고인 甲이나 등산용 칼을 휴대한 피고인 乙과 함께 차에서 내려 피해자로부터 금품을 강취하려 했던 피고인 丙으로서는 그때 우연히 현장을 목격하게 된 다른 피해자를 피고인 乙이 소지 중인 등산용 칼로 살해하여 **강도살인** 행위에 이를 것을 전혀 예상하지 못하였다고 할 수 없으므로 피고인들 모두는 강도치사죄로 의율처단함이 옳다 (乙 : 강도살인, 甲·丙 : 강도치사). 경찰간부 11

5. 대법원 1991.11.12, 91도2156

수인이 합동하여 강도를 한 경우 그 중 1인이 사람을 살해한 경우 나머지 공범자의 죄책

수인이 합동하여 강도를 한 경우 그 중 1인이 사람을 살해하면 그 범인은 강도살인죄의 기수·미수의 죄책을 지고 ① 다른 공범자도 살해행위에 관한 고의의 공동이 있었으면 그 또한 강도살인죄의 기수·미수의 죄책을 지는 것이 당연하나, ② 고의의 공동이 없었으면 피해자가 사망한 경우에는 강도치사의, ③ 강도살인이 미수에 그치고 피해자가 상해만 입은 경우에는 강도상해 또는 치상의, ④ 피해자가 아무런 상해를 입지 아니한 경우에는 강도의 죄책만 진다고 보아야 한다. 국가9급 12 / 경찰간부 16

6. 대법원 1991.11.26, 91도2267

합동절도를 하는 중 1인이 체포면탈목적의 폭행을 가해 상처를 입힌 경우 나머지 공범자의 죄책

피고인들 사이에 사전에 피해자를 밀어 넘어뜨려서 반항을 억압하기로 하는 구체적인 의사연락이 없었다고 하여도 합동하여 절도범행을 하는 도중에 피고인이 체포를 면탈할 목적으로 피해자에게 폭행을 가하여 상처를 입혔고 그 폭행의 정도가 피해자의 추적을 억압할 정도의 것이었던 이상, 피고인들은 강도상해의 죄책을 면할 수 없는 것이다. 법원9급 07(상) / 법원행시 09

7. 대법원 1998.4.14, 98도356

강도합동범 중 1인이 피해자를 상해한 경우 상해까지는 공모하지 아니한 다른 공범자의 죄책

강도합동범 중 1인이 피고인과 공모한 대로 과도를 들고 강도를 하기 위하여 피해자의 거소를 들어가 피해자를 향하여 칼을 휘두른 이상 이미 강도의 실행행위에 착수한 것임이 명백하고, 그가 피해자들을 과도로 찔러 상해를 가하였다면 대문 밖에서 망을 본 공범인 피고인이 구체적으로 상해를 가할 것까지 공모하지 않았다 하더라도 피

---

460 이 판례에서 특수공무방해치사상죄를 '부진정'결과적 가중범이라고 표현하고 있는데 이는 부정확한 것이다. 즉 판례가 −특수공무방해치상죄는 부진정결과적 가중범임을 인정한 것이나− 특수공무방해치사죄까지 부진정결과적 가중범으로 판시한 것은 아니라고 보아야 하며, 이는 대부분의 학자들도 지적하는 바이다.

고인은 상해의 결과에 대하여도 공범으로서의 책임(강도상해죄의 공동정범)을 면할 수 없다.

8. **대법원 2000.5.12, 2000도745; 1993.8.24, 93도1674; 1978.1.17, 77도2193**

수인이 상해의 범의로 범행 중 한 사람이 살인 또는 상해치사한 경우 나머지 공범자의 죄책

결과적 가중범인 상해치사죄의 공동정범은 폭행 기타의 신체침해 행위를 공동으로 할 의사가 있으면 성립되고 결과를 공동으로 할 의사는 필요 없으며, 국가9급 08 / 국가7급 10 여러 사람이 상해의 범의로 범행 중 한 사람이 피해자를 살해하거나 피해자에게 중한 상해를 가하여 사망에 이르게 된 경우 나머지 사람들은 상해나 폭행에 대해서는 인식이 있었다고 할 것이므로 사망의 결과를 예견할 수 없는 때가 아닌 한 상해치사의 공동정범의 죄책을 면할 수 없다. 국가7급 07 / 국가9급 08 / 경찰승진 10 / 국가7급 10 / 법원행시 10 / 사시 10 / 경찰간부 12 / 국가9급 13 / 국가7급 13 / 국가9급 14 / 법원9급 14 / 법원행시 14 / 경찰간부 15 / 경찰승진 15 / 변호사 15 / 경찰채용 16 1차 / 경찰채용 16 2차 / 법원9급 16

🔨 **판례연구** 공동정범의 실행의 양적 초과에 관한 예외적 판례 : 예견가능성 ✕

1. 대법원 1982.7.13, 82도1352

피해자가 절도범 중 1인을 먼저 체포하여 동네 사람들에게 인계한 후 다른 공범자에게 상해를 입은 사례

피해자 P는 피고인 甲 및 분리확정된 상피고인 乙이 자기 집에서 물건을 훔쳐 나왔다는 연락을 받고 도주로를 따라 추격하자, 범인들이 이를 보고 도주하므로 1km 가량 추격하여 피고인 甲을 체포하여 같이 추격하여 온 동네 사람들에게 인계하고, 1km를 더 추격하여 乙을 체포하여 가지고 간 나무몽둥이로 동인을 1회 구타하자 동인이 몽둥이를 빼앗아 피해자 P를 구타, 상해를 가하고 도주하였다면, 乙의 행위는 준강도상해죄에 해당되고, 피고인 甲으로서는 사전에 乙과의 사이에 상의한 바 없었음은 물론 체포현장에 있어서도 피고인 甲과의 사이에 전혀 의사연락 없이 위 乙이 피해자 P로부터 그가 가지고 간 몽둥이로 구타당하자, 돌연 이를 빼앗아 피해자를 구타하여 상해를 가한 것으로서 피고인이 이를 예기하지 못하였다고 할 것이므로 동 구타상해행위를 공모 또는 예기하지 못한 피고인 甲에게까지 준강도상해의 죄책을 문의할 수 없다고 해석함이 타당하다.

2. 대법원 1984.2.28, 83도3321

절도를 위해 담배가게 앞에서 망을 보다가 도주한 후 다른 공범자가 상해를 입힌 사례

망을 보다가 도주한 후에 다른 절도의 공범자(乙)가 상해를 가한 때에는 도망간 자(甲)에 대하여는 예견가능성이 인정되지 않는다. ⇨ 乙은 강도상해죄, 甲은 특수절도(미수)죄 법원9급 15

---

04   공동정범의 처벌

1. 형법 제30조 제1항

각자를 그 죄의 정범으로 처벌한다. 경찰승진 15 / 국가7급 16

2. 내 용

(1) 일부실행 · 전부책임의 원칙

비록 일부만을 실행한 자라도 공동의 범행결의 안에서 발생한 결과전체에 대해서 정범의 책임을 진다. 예를 들어, ① 甲과 乙이 통화의 위조와 행사를 공모하고 함께 위조한 후 乙 혼자서 이를 행사하였다 하더라도, 甲은 위조통화행사죄 부분에 대해서도 공동정범의 책임을 져야 하고, ② 1인이 강간하고 있는 동안 다른 1인이 피해자의 입을 막고 소리치지 못하도록 도와준 경우에도 강간죄의 공동정범이 성립한다(대법원 1984.6.12, 84도780).[461] 경찰간부 15

---

461 참고 : 1975년 형법에 의한 판례 A·B·C·D는 회사 사무실에 들어가 금품을 강취하기로 공모하고, A를 제외한 전원이 흉기를

(2) 책임의 독립성

① 책임조각사유 및 인적 처벌조각사유 : 그 사유가 존재하는 자에게만 적용한다. 예를 들어 중지미수를 한 경우 중지범의 필요적 감면(책임감소 내지 인적 처벌조각사유)은 중지자에게만 적용되며, 나머지 공동 정범자는 장애미수로 된다.

② 양형 : 동일한 법정형의 범위 내에서 처단형은 각자 달라질 수 있다.

---

05 동시범

제19조 【독립행위의 경합】 동시 또는 이시의 독립행위가 경합한 경우에 그 결과발생의 원인된 행위가 판명되지 아니한 때에는 각 행위를 미수범으로 처벌한다. 법원행시 05

1. 의 의

(1) 개 념

동시범(同時犯; Nebentäterschaft)이라 함은 2인 이상의 행위자가 상호의사의 연락 없이 개별적으로 구성요 건을 실현시키는 범행형태를 말한다(제19조)(독립행위의 경합).

(2) 다른 개념과의 구별

동시범은 단독정범의 동시적 경합에 불과하므로 독자적 의미는 없으며, 공동의 의사가 없다는 점에서는 공동정범과 다르고, 범행현장에서의 의사합치에 의하는 소위 우연적 공동정범(우연적 공동정범도 공동정범임) 과도 다르다.

2. 성립요건

(1) 2인 이상의 실행행위가 있어야 한다. 법원행시 05

(2) 행위자 사이에는 의사의 연락이 없어야 한다.

> 🔨 **판례연구** 공동가공의 의사가 있는 경우 동시범의 성부 : 소극
>
> **대법원 1985.12.10, 85도1892**
> 2인 이상이 상호 의사의 연락 없이 동시에 범죄구성요건에 해당하는 행위를 한 경우 그 결과 발생의 원인이 된 행위가 분명하지 아니한 때에는 각 행위자를 미수범으로 처벌하고(독립행위의 경합), 이 독립행위가 경합하여 특히 상해의 결과를 발생한 경우에는 공동정범의 예에 따라 처단(동시범)하는 것이므로, 공범관계에 있어 공동 가공의 의사가 있었다면 이에는 동시범 등의 문제는 제기될 여지가 없다. 국가7급 09 / 경찰채용 10 2차

(3) 행위객체는 동일해야 한다.

휴대하고 사무실에 침입한 후, A 등이 금고를 강취하는 사이 B는 숙직직원 X를 감시하다가 X가 외부로 연락을 취하려 하자 소지하고 있던 쇠파이프로 X를 강타하여 살해한 경우, 나머지 A·C·D가 '이를 예기하지 못한 것으로 볼 수 없다면' 전원이 강도살인죄의 공동정범이 된다는 판례이다(대법원 1984.2.28, 83도3162). 이러한 판례는 1975년 형법<법률 제2745호, 1975.3.25> 제338조에서 강도살인죄와 강도치사죄의 법정형이 동일하게 사형 또는 무기징역으로 규정되어 있던 것을 배경으로 하고 있음을 고려해야 한다. 다만, 그럼에도 불구하고 위 판례는 예견가능성(과실)만으로 고의범(살인)의 공동정범을 인정한 것으로서 이론적으로는 따를 수 없다.

(4) 행위의 장소와 시간이 반드시 동일할 필요는 없다.

(5) 결과발생의 원인된 행위가 판명되지 않아야 한다.

3. 원인행위가 판명되지 않은 경우의 효과

각자를 미수범으로 처벌한다(제19조)(in dubio pro reo의 원칙). 따라서 甲과 乙 상호 의사연락 없이 A를 살해하려고 총을 1발씩 쐈는데, 그중 1발이 명중하여 A가 사망한 경우 누구의 총알이 명중했는지 판명되지 않은 경우에는 甲과 乙 둘 다 각 살인미수죄의 죄책만 지게 된다.[462] 국가7급 09

4. 동시범의 특례

제263조【동시범】독립행위가 경합하여 상해의 결과를 발생하게 한 경우에 있어서 원인된 행위가 판명되지 아니한 때에는 공동정범의 예에 의한다. 법원행시 05 / 법원9급 07(상) / 경찰채용 10 2차 / 국가9급 12 / 법원9급 14

(1) 의 의

상해죄의 동시범에 있어서는 그 원인된 행위가 판명되지 아니한 때에도 의사연락이 있었던 경우와 같이 공동정범의 예에 의해서 처벌한다는 규정이다. 이는 검사의 입증책임의 어려움을 제거하기 위한 예외규정이다.

(2) 법적 성질 – 거증책임전환규정설(다수설·판례)

형법 제263조는 원칙적으로 검사에게 인정된 거증책임을 예외적으로 피고인에게 전환시켜 주는 규정이라는 입장이다. 이 설이 타당하다. 이외에도 법률상 추정설과 이원설이 있다.[463]

---

462 참고 : 기타 동시범 사례 ㉠ 甲과 乙이 상호 의사연락 없이 A를 향해 총을 쏘았는데, 이번에는 甲은 살인의 고의를, 乙은 상해의 고의를 가지고 있었으며, 그중 1발이 A에게 명중하여 A가 사망하였는데 누구의 총알인지 판명되지 못하는 경우 그 해결책에 대해서는 견해의 대립이 있다. **甲은 살인미수죄(제19조 적용)**가 되고 **乙은 상해치사죄(제263조 적용)**가 된다는 입장(주로 객관식 문제집의 처리방법으로서 수험의 기준이 되는 입장임), 甲은 살인미수죄(제19조 적용)가 되고 乙은 상해치사의 미수(제19조 적용)가 된다는 입장, 甲은 살인미수죄(제19조 적용)가 되고 乙은 상해미수죄(제19조 적용)가 된다는 입장이 대립하고 있다. 생각건대, 제263조는 피고인에게 불리한 규정이므로 상해와 폭행의 죄 중에서 상해의 결과가 발생한 경우로 제한해서 적용해야 한다는 점에서 세 번째 해결방법이 타당하다고 생각된다. 그런데, ㉡ 약간 사안을 변형하여 1발은 A의 엉덩이를 맞추었고 다른 1발은 A의 심장을 맞춘 경우라면, **甲은 살인미수죄(제19조 적용), 乙은 상해치사죄(제263조 적용)**라는 입장(주로 객관식 문제집의 처리방법), 甲은 살인미수죄(제19조 적용), 乙은 −제263조의 확장적용은 금지해야 하므로 상해치사죄는 될 수 없지만, 최소한 상해의 결과발생을 일으켰다는 인과관계는 입증되었다는 점에서− 상해기수죄(제19조 적용)라는 입장이 있다. 이 경우에도 제19조를 적용하여 두 번째의 해결방법이 타당하다고 생각된다.

463 참고 : 제263조의 법적 성격 ① 학설 내용 : 제263조의 성질에 대해서는 법률상 추정설(강구진), 이원설(김종원, 이형국, 정성근, 정영석), 사실상 추정설(손동권), 거증책임전환설(다수설)이 대립하고 있다. ㉠ **법률상 추정설**은 제263조가 공동정범의 법적 책임을 추정시키는 규정으로 보는 입장이고, ㉡ **이원설**은 제263조에 의해 실체법적으로는 공동정범이 의제되며 소송법적으로는 거증책임의 전환이 일어난다고 보는 견해이다. 이에 비해 ㉢ **사실상 추정설**은 거증책임전환설에 대하여 피고인에게 부당한 입증책임을 지운다고 비판하면서 인과관계의 존재를 사실상 추정하는 규정에 불과하다고 보는 입장이다. ㉣ **거증책임전환규정**으로 보는 것이 다수설(김일수, 박상기, 유기천, 이재상 등)이다. 이는 제263조가 실체법적으로 공동정범의 죄책을 인정하는 효과까지는 없고 소송법적으로만 검사의 거증책임을 피고인측으로 전환시키는 효과만 가진다고 보는 입장이다. ② 비판 : 제263조는 "원인된 행위가 판명되지 아니한 때에는 공동정범의 예에 의한다."고 규정하고 있을 뿐이지, 공동정범 그 자체가 성립한다고 규정되어 있는 것은 아니며, 이론적으로도 동시범에 불과한 자들을 공동정범으로 만드는 것은 타당하지 못하다. 따라서 법률상 추정설이나 이원설은 받아들일 수 없다. 판례도 공동정범 그 자체가 성립하는 경우와 공동정범의 예에 따라 처벌되는 경우는 구별해야 한다는 입장인 것으로 판단된다(아래 판례 참조). 그리고 사실상 추정설은 "원인된 행위가 판명되지 아니한 때에는 공동정범의 예에 의한다."는 제263조의 규정을 사실상 부정하는 결론에 이른다는 점에서 따를 수 없다고 생각된다. ③ 결론 : 거증책임전환규정으로 보는 다수설이 타당하다고 생각된다. 행위자가 분명히 집단적 폭력범죄에 가담한 부분이 있다면 그 인과관계가 판명되지 아니하는 경우 수사기관의 입증의 곤란함을 덜어줄 필요도 있다고 생각된다(반대의 입장으로서 입법론적으로 폐지론을 주장하는 견해는 배종대, 이형국, 이정원 교수의 교과서 참조). 다만 이 규정은 피고인에게 불리한 규정이므로 엄격한 유추해석금지원칙이 적용되어야 할 것이다. ④ 비교법 : 참고로 독일형법 제231조(Beteiligung an einer Schlägerei)도 싸움이나 다수인의 1인에 대한 공격에 가담하여 중상해나 사망의 결과가 발생한 경우 가담행위만으로도 3년 이하의 자유형으로 처벌하는 규정도 두고 있다.

판례 : 제263조는 공동정범을 성립시키는 것은 아님 (각각 독립한 상해행위로 피해자가 사망한 이 사건에서) 피고인과 원심상

(3) 적용요건

① 독립행위(상해 내지 폭행)의 경합이 있어야 한다(대법원 1984.5.15, 84도488). _{경찰간부 14}

② 상해(판례에 의하면 사망도 포함)의 결과가 발생해야 한다.

③ 원인행위가 판명되지 않아야 한다.

(4) 적용범위

① 적용되는 범죄 : 판례는 상해의 결과가 발생한 상해죄·폭행치상죄뿐만 아니라 사망의 결과가 발생한 폭행치사죄·상해치사죄에도 제263조의 적용을 긍정하고 있다. 다만 다수설은 유추해석금지원칙에 의해 피고인에게 불리한 규정을 확대하는 것에는 반대하고 있다. 다수설이 타당하다고 생각된다.

② 적용되지 않는 범죄 : 제263조는 각칙상 규정이며 그 적용범위는 제25장 상해와 폭행의 죄(제257조부터 제265조까지)로 제한되어야 한다. 따라서 강간치상죄(제301조)·강도치상죄(제337조)에는 적용될 수 없다. 판례도 ─다행스럽게도─ 이 점에 있어서는 같은 입장이다(대법원 1984.4.24, 84도372). _{법원행시 05} / _{국가7급 09 / 경찰승진 10 / 국가7급 10 / 국가9급 12 / 경찰간부 14 / 국가9급 18}

참고로, 과실치사상죄(제266조·267조)에 대해서는 견해가 대립한다.[464]

③ 누적적(중첩적) 인과관계의 경우 : 제19조나 제263조의 동시범 규정은 어디까지나 택일적(이중적) 인과관계에 있어서 어느 행위가 원인이 되었는지 그 인과관계가 판명되지 않은 경우에 적용될 뿐이다. 이와는 달리 누적적 인과관계의 경우에는 아예 적용될 여지가 없다. 정리하자면, 제19조나 제263조는 각 행위로도 결과의 발생이 가능한 택일적 관계에 있어서 어느 행위가 원인이 되었는지 판명되지 않았을 때(택일적 인과관계의 경우) 적용되는 규정이지, 중첩적 인과관계에 적용되는 규정은 아닌 것이다.[465]

피고인의 각 범행을 공동정범으로 보기 어렵다. ⋯ 다만, 판례는 동시범의 특례를 규정한 형법 제263조가 상해치사죄에도 적용된다고 보기 때문에, 위 피해자의 사망이 피고인의 범행에 인한 것인지, 원심상피고인의 범행에 인한 것인지가 판명되지 아니하는 때에 예외적으로 공동정범의 예에 의할 수 있을 것이다. 그런데도, 원심은 피고인과 원심상피고인을 "공동정범으로 봄으로써 이러한 점에 대하여는 살펴보지도 아니한 채" 피고인에 대하여 치사의 결과에 대한 책임을 물었으니, 앞서 본 바와 같은 법리의 오해는 판결에 영향을 미쳤다 할 것이다(대법원 1985.5.14, 84도2118). 보충 공동정범이 아닌데도 공동정범으로 본 것은 잘못이며, 공동정범이 아니라면 제263조의 동시범 특례에 의하여 공동정범의 예에 의해서 처벌할 수 있었을 뿐인데, 이를 살펴보지도 않은 채 공동정범의 책임을 인정한 것에는 위법이 있다는 것이다.

464 참고 : 과실치사상죄에 대한 제263조의 적용 여부 ㉠ 甲과 乙은 함께 사냥을 하다가 숲속에서 어슬렁거리는 A(사람)를 보고 멧돼지라고 각각 오인하고 총을 1발씩 쐈다. 그런데 그중 1발이 A에게 명중하여 A가 사망하였는데 누구의 총알인지 판명되지 않았다. 이러한 과실치사죄의 경우에는, 상해의 결과가 발생한 경우도 아니고 제257조 이하의 상해와 폭행의 죄에도 속하지 않으므로 제263조가 적용될 수 없다. 따라서 이는 과실범의 공동정범에 관한 긍정설(판례)과 부정설(다수설)의 대립에 따라 해결할 성질의 것이다. 긍정설(예를 들어, 판례의 ─前구성요건적─ 행위공동설)에 의하면 과실치사죄의 공동정범이 성립할 수 있으며, 부정설(예를 들어, 다수설인 기능적 행위지배설)에 의하면 공동정범이 성립할 수 없고 각 과실치사죄의 동시범이 문제되나, 인과관계가 판명되지 않은 경우이므로 제19조의 원칙에 의하여 각 무죄가 될 것이다. ㉡ 甲과 乙은 함께 사냥을 하다가 숲속에서 어슬렁거리는 A(사람)을 보고 멧돼지로 각각 오인하고 총을 1발씩 쐈다. 그런데 그중 1발이 A에게 명중하여 A가 상해를 입었는데 누구의 총알이 맞은 것인지 판명되지 않았다. 이러한 과실치상죄의 경우에는, 견해의 대립이 다소 복잡하다. 예를 들어, ⓐ 과실범의 공동정범을 인정하는 긍정설에 의하면 과실치상죄의 공동정범을 인정하게 된다(판례의 입장인 행위공동설 또는 예컨대, 이재상, §33─32의 과실공동·행위공동설). 이는 제30조를 그대로 적용할 수 있다는 입장이다. 한편, ⓑ 과실범의 공동정범을 부정하는 기능적 행위지배설을 취하는 경우이더라도 제263조의 적용은 긍정하여 과실치상죄의 동시범이 성립한다는 견해도 있다(예컨대, 박상기, 399면). 이 견해는 제19조에 의하면 과실행위와 과실행위가 경합한 경우 과실범의 미수를 처벌할 수 없게 되어 결과의 발생에도 불구하고 처벌할 수 없게 되므로, 제263조에 의해 이러한 처벌상의 허점을 메울 수 있다고 주장한다. 즉 상해와 과실치상이 경합한 경우에도 상해기수죄와 과실치상죄(기수 처벌 인정)의 동시범이 인정되고, 과실치상과 과실치상이 경합한 경우에도 과실치상죄의 동시범(기수 처벌 인정)이 인정된다는 것이다. 반면, ⓒ 과실범의 공동정범을 부정하는 기능적 행위지배설의 입장을 취하면서 과실치상죄에 대한 제263조의 적용도 부정함으로써 둘 다 무죄가 될 뿐이라는 견해도 있다(예컨대, 손동권, 505면). 다만 이 견해에 의하더라도 총알이 2발 모두 맞은 경우에는 과실치사죄나 과실치상죄의 동시범은 인정할 수 있다고 한다.

465 참고 : 누적적 인과관계에 대한 제263조의 적용 여부 예컨대, ㉠ 甲과 乙이 상호 의사연락 없이 각각 A를 살해할 의도로 치사량 미달의 독약을 ─치사량으로 오인하고─ A에게 주었는데 A가 이를 모두 마셨고 그 양이 합쳐지면서 A가 사망에 이른 경우, 甲의 행위가 없으면 결과가 발생하지 않고 乙의 행위가 없어도 결과가 발생하지 않으므로 각 행위와 결과발생 간에 인과관계는

(5) 원인행위가 판명되지 아니한 경우의 효과

상해죄의 기수 또는 폭행치상·(판례에 의할 경우) 상해치사·폭행치사죄의 공동정범의 예에 따라 처벌된다.

🔨 판례연구 제263조의 동시범의 특례가 적용된 사례

1. 대법원 1981.3.10, 80도3321
상해치사죄에도 제263조가 적용된다는 사례
피고인 甲은 술에 취해 있던 피해자 丙의 어깨를 주먹으로 1회 때리고 쇠스랑 자루로 머리를 2회 강타하고 가슴을 1회 밀어 땅에 넘어뜨렸고, 그 후 3시간 가량 지나서 피고인 乙이 피해자의 멱살을 잡아 평상에 앉혀 놓고 피해자의 얼굴을 2회 때리고 손으로 2·3회 피해자의 가슴을 밀어 땅에 넘어뜨린 다음, 나일론 슬리퍼로 피해자의 얼굴을 수회 때렸는데 위와 같은 두 사람의 異時的인 상해행위로 인하여 피해자가 그로부터 6일 후에 뇌출혈을 일으켜 사망하기에 이르렀다는 것인 바, 피고인의 소위에 대하여 형법 제263조의 공동정범으로 의율처단한 원심의 조치는 정당하다. 국가7급 09

2. 대법원 2000.7.28, 2000도2466
독립된 상해행위나 폭행행위가 경합하여 피해자가 사망하고 그 사망의 원인이 밝혀지지 않은 경우의 죄책
시간적 차이가 있는 독립된 상해행위나 폭행행위가 경합하여 사망의 결과가 일어나고 그 사망의 원인된 행위가 판명되지 않은 경우에는 공동정범의 예에 의하여 처벌할 것이므로, 2시간 남짓한 시간적 간격을 두고 피고인이 두 번째의 가해행위인 이 사건 범행을 한 후 피해자가 사망하였고 그 사망의 원인을 알 수 없었다면 피고인을 폭행치사죄의 공동정범으로 본 것은 정당하다. 국가7급 08 / 법원행시 08 / 국가9급 12 / 경찰간부 14 / 사시 15 / 경찰간부 20

🔨 판례연구 제263조의 동시범의 특례가 적용되지 않은 사례

1. 광주고법 1961.2.20, 4293형공817
업무상 과실치사죄에 제263조의 동시범 특례는 적용되지 않고, 미수도 없으므로 무죄가 된다는 사례
이시(異時)의 독립행위가 경합하여 그 결과발생의 원인된 행위가 판명되지 아니한 경우, 업무상과실치사죄에 있어서는 미수범을 처벌하는 규정이 없으므로 형법 제19조를 적용할 바 못되고 상해죄와 같이 동시범처벌에 관한 특례도 없어 결국 피고인 2, 3의 업무상과실치사의 점은 그 증명이 없음에 귀착되므로 형사소송법 제325조를 적용하여 각 무죄를 선고할 것이다.

2. 대법원 1984.4.24, 84도372
강간치상죄와 동시범 규정 적용 가부(소극)
형법 제263조의 동시범은 상해와 폭행죄에 관한 특별규정으로서 동 규정은 그 보호법익을 달리하는 강간치상죄에는 적용할 수 없다. 국가7급 10 / 국가9급 12 / 경찰간부 14

3. 대법원 1984.5.15, 84도488
가해행위를 한 것 자체가 불분명한 자에 대한 상해죄의 동시범으로 의율 가부
상해죄에 있어서의 동시범은 두 사람 이상이 가해행위를 하여 상해의 결과를 가져올 경우에 그 상해가 어느 사람의 가해행위로 인한 것인지가 분명치 않다면 가해자 모두를 공동정범으로 본다는 것이므로 가해행위를 한 것 자체가 분명치 않은 사람에 대하여는 동시범으로 다스릴 수 없다. 국가7급 09 / 사시 13 / 경찰간부 14

존재한다는 판단이 가능하게 된다. 다만 결과를 객관적으로 각 행위의 탓으로 귀속시킬 수 없기 때문에 각 살인미수죄만 성립할 뿐이다. ㉡ 또한 甲과 乙이 의사연락 없이 각각 A를 상해할 의도로 설사약을 A에게 주었는데 각각의 설사약만으로는 A에게 설사의 결과는 발생하지 않지만 두 약을 A가 모두 먹음으로써 심하게 설사하는 결과가 나타났다고 하자. 이 경우 상해의 결과가 발생하였다고 하여 무조건 제263조가 적용되는 것은 아니다. 역시 각 행위와 상해의 결과 간에 인과관계는 있는데 객관적 귀속이 되지 않아 각 상해미수죄만 성립될 뿐인 것이다.

4. 서울고법 1990.12.6, 90노3345

상해죄의 동시범 처벌에 관한 특례를 인정한 형법 제263조가 강간치상죄에 대하여도 적용되는지 여부

피고인이 공소외 甲 및 그로부터 강간당한 피해인 乙과 함께 이야기하던 중 乙과 단둘이 있게 되자 甲으로부터 당한 강간으로 항거불능의 상태에 있던 乙을 다시 강간함으로써 乙이 회음부 찰과상을 입게 되었다 하더라도, 피고인과 甲이 강간을 공모하였음을 인정할 만한 증거가 없고 위 상처가 누구의 강간행위로 인하여 생긴 것인 지를 인정할 자료가 없다면 치상의 공소사실에 대하여는 그 증명이 없는 때에 해당하고, 강간치상죄에 대하여는 상해죄의 동시범 처벌에 관한 특례를 인정한 형법 제263조가 적용되지 아니하는 것이므로 피고인은 단지 강간죄 로밖에 처벌할 수 없다.

5. 대법원 2007.10.26, 2005도8822

선행 교통사고와 후행 교통사고 중 어느 쪽이 원인인지 분명하지 않은 경우

선행 교통사고와 후행 교통사고 중 어느 쪽이 원인이 되어 피해자가 사망에 이르게 되었는지 밝혀지지 않은 경 우 후행 교통사고를 일으킨 사람의 과실과 피해자의 사망 사이에 인과관계가 인정되기 위해서는 후행 교통사고 를 일으킨 사람이 주의의무를 게을리 하지 않았다면 피해자가 사망에 이르지 않았을 것이라는 사실이 증명되어 야 하고, 그 증명책임은 검사에게 있다(무죄). 법원행시 11 / 경찰승진 14

---

06   합동범

1. 의 의

　형법상 2인 이상이 합동하여 죄를 범하도록 규정된 경우를 합동범(合同犯)이라 한다. 즉, 2인 이상의 범인이 범행현장에서 합동하여 범행을 하는 경우는, 범인이 단독으로 범행을 하는 경우에 비하여 그 범행이 조직적이고 집단적이며 대규모적으로 행하여져 그로 인한 피해도 더욱 커지기 쉬운 반면 그 단속이나 검거는 어려워지고, 범인들의 악성도 더욱 강하다고 보아야 할 것이기 때문에 그와 같은 행위를 통상의 단독범행에 비하여 특히 무겁 게 처벌하기 위한 것이다.

예 특수절도죄(제331조 제2항), 특수강도죄(제334조 제2항), 특수도주죄(제146조), 성폭력범죄의 처벌 등에 관한 특 례법상 특수강간죄(동법 제4조 제1항) 등

2. 본 질

(1) 학설·판례

　합동범이 도대체 무엇이길래 특별히 가중된 형벌로 처벌하는가의 문제 즉, 합동범의 본질에 대해서는 가중 적 공동정범설, 공모공동정범설, 현장적 공동정범설 그리고 현장설(다수설·판례)과 같은 학설·판례의 대립이 있다.

　① 가중적 공동정범설 : 합동범의 '합동'과 공동정범의 공동의 본질은 결국 동일하다는 전제에서 각칙상 특수도주·특수절도·특수강도의 경우에는 그 행위의 위험성이 높다고 보아 정책적으로 형을 가중한 것이라는 입장이다.[466]

　② 공모공동정범설 : 공모공동정범의 개념은 원칙적으로 인정되지 않지만 합동범의 경우에만 공모에 관 여한 자도 공동정범이 될 수 있다는 독특한 견해이다.[467]

　③ 현장적 공동정범설 : 현장설과 기능적 행위지배설을 결합한 견해로 생각되는데, 범행현장에서 기능적

---

466 김종원, 각론(상), 194면; 황산덕, 각론, 방문사, 1983, 284면
467 김종수, "공모공동정범", 법조, 1965 / 2. 20면 이하

행위지배를 통해 공동정범의 요건을 갖춘 경우에만 합동범이 성립한다는 입장이다.[468] 따라서 범행현장에 있지만 기능적 행위지배를 하지 않고 방조적 기여만 한 자는 합동범이 성립하지 않는다고 보게된다. 다만 이 입장은 현장 밖에 있더라도 우두머리 내지 두목으로서 전체 합동범 관계를 기능적 역할분담의 관점에서 주도적으로 지휘한 자는 합동범의 공동정범으로 인정할 수 있다고 주장한다.

④ 현장설(다수설·판례) : 합동범(예 합동절도)이 성립하기 위해서는 주관적 요건으로 2인 이상의 범인의 공모가 있어야 하고, 객관적 요건으로 2인 이상의 범인이 현장에서 (절도의) 실행행위를 분담해야 하며, 그 실행행위는 시간적·장소적으로 협동관계가 있음을 요한다는 입장이다(대법원 1969.7.22, 67도1117; 1976.7.27, 75도2720; 1998.5.21, 98도321 전원합의체). 국가9급 07 / 국가7급 08 / 경찰승진 10 이러한 주장은 합동범의 입법배경을 고려한 주관적·역사적 해석에 근거한 것이다.[469]

(2) 비판 및 결론

합동범은 각칙상 특별히 형을 가중한 형태로 규정된 공동정범과는 다른 별도의 범죄이다. 국가7급 12 따라서 합동범의 본질을 설명하는 데 있어서는 공동정범에 얽매이지 않는 독자적 이론구성이 필요하다. 이러한 점에서 공동정범의 요건을 가지고 합동범의 본질을 설명하는 ① 가중적 공동정범설이나 ② 공모공동정범설은 따를 수 없다. 그리고 ③ 현장적 공동정범설은 합동범 자체에 대해서는 현장성과 공동정범성을 모두 요구하였다는 점에서 현장설과 실질적 차이가 없으며,[470] 합동범의 공동정범에 대해서만큼은 현장성을 포기하였다는 점에서 논리일관적이지 않고, 결국 현장에 없는 자에게도 합동범의 정범을 인정하여 가중처벌을 확대시켰다는 점에서 타당하지 않다. ④ 결론적으로, 합동범의 본질은 범죄현장에서 시간적·장소적으로 밀접하게 협동하는 형태의 '행위불법의 가중된 유형'이라는 점에서 現場說이 타당하다고 생각된다.

★ 판례연구 합동범이 성립하는 사례

1. 대법원 1986.7.8, 86도843
甲이 乙과 타인의 재물을 절취하기로 공모한 후 야간에 乙은 도구를 이용하여 당구장 출입문의 자물쇠를 떼어내고 甲은 그 부근에서 망을 본 경우 특수절도죄의 합동범이 성립한다.

2. 대법원 1988.9.13, 88도1197
甲이 그 소유의 차를 운전하여 乙·丙이 인근 주택에 들어가 훔쳐온 물건들을 다른 도시로 운반하여 매각하기로 한 후, 乙·丙의 절도 범행 현장에서 400m 정도 떨어진 곳에서 乙·丙의 절도범행을 지켜보면서 대기하고 있던 경우 특수절도죄의 합동범이 성립한다.

3. 대법원 1996.3.22, 96도313
甲이 乙과 함께 절도하기로 공모하고 乙의 형인 A의 집에 같이 들어갔으나 乙이 물건을 훔치는 동안 A의 집 안 가까운 곳에 대기하고 있다가 절취품을 가지고 같이 집을 나온 경우 특수절도죄의 합동범이 성립한다. 법원행시 09

---

468 김일수 / 서보학, 617면
469 참고 : 현장설의 논거인 주관적·역사적 해석방법 형법<법률 제293호, 1953.9.18> 부칙 제10조 제10호에 의하여 '도범(盜犯) 등의 방지 및 처벌에 관한 법률'을 폐지하고 있는데, 위 도범방지법 제2조 제2호에는 "2인 이상이 '현장에서' 공동하여 범한 때"라고 규정되어 있던 것을, 형법 부칙이 폐지하고 대신에 형법상 특수절도죄에 "2인 이상이 합동하여"라는 규정이 신설된 것이다. 따라서 합동(合同)의 의미에는 현장성의 의미가 들어있다는 것은 입법자의 의도를 존중하는 주관적·역사적 해석방법에 의할 때 정당하다.
470 참고 : 현장적 공동정범설의 현장설과의 차별화 주장 현장적 공동정범설론자들은 현장설이 현장에서 단지 방조적 기여만 한 자도 합동범으로 보는 것과 달리 현장적 공동정범설에서는 현장에서 기능적 역할분담을 한 자만 합동범으로 취급한다는 장점이 있다고 주장한다(김일수 / 서보학, 620면). 그러나 현장설에 의하더라도 현장에서 정범의 역할을 하지 못한 자를 합동범의 정범으로 취급하기는 어렵다고 보아야 한다.

4. 대법원 2004.8.20, 2004도2870

강간범행에 대하여 공모·협동관계가 있다고 보아 성폭법상 특수강간죄가 성립한다는 사례

피고인 등이 비록 특정한 1명씩의 피해자만 강간하거나 강간하려고 하였다 하더라도, 사전의 모의에 따라 강간할 목적으로 심야에 인가에서 멀리 떨어져 있어 쉽게 도망할 수 없는 야산으로 피해자들을 유인한 다음 곧바로 암묵적인 합의에 따라 각자 마음에 드는 피해자들을 데리고 불과 100m 이내의 거리에 있는 곳으로 흩어져 동시 또는 순차적으로 피해자들을 각각 강간하였다면, 그 각 강간의 실행행위는 시간적으로나 장소적으로 협동관계에 있었다고 보아야 할 것이므로, 피해자 3명 모두에 대한 합동범인 특수강간죄가 성립한다. 변호사 13 / 경찰채용 20 2차

☆ 판례연구 합동범이 성립하지 않는 사례

대법원 2008.10.23, 2008도6080

특수절도죄의 합동범과 관련해서 합동실행의 시기는 점유 취득 이전에 함께 있어야 하므로, 공동피고인(乙)이 영산홍을 땅에서 완전히 캐낸 이후 비로소 피고인(甲)이 범행장소로 와서 공동피고인과 함께 그 영산홍을 승용차까지 운반한 경우, 甲의 행위가 다른 죄에 해당하는가는 별론으로 하고(장물운반죄의 죄책은 성립할 수 있음) 공동피고인과 합동하여 영산홍 절취행위를 한 것으로 볼 수는 없다(특수절도죄는 성립하지 않으며, 乙은 단순절도죄, 甲은 장물운반죄 성립). 국가7급 10 / 경찰채용 11 1차 / 경찰승진 12 / 변호사 13

3. 합동범의 공범

(1) 내부관여자

합동범 내부관여자는 합동범일 뿐이므로 별도로 공범규정이 적용될 수 없다.

(2) 외부관여자

① 합동범의 교사범·방조범 : 합동범에 대해서 이를 외부에서 교사하거나 방조한 자는 무난하게 합동범의 교사범 및 방조범이 성립한다. 국가7급 12

② 합동범의 공동정범

　㉠ 긍정설(판례) 국가7급 12 : **판례**는 합동범의 본질에 대해서는 현장설을 취하면서도, 현장에서 합동실행하지 않은 공모자에게는 '합동범의 공동정범'(아래 삐끼 사례에서 '특수절도죄의 공모공동정범'을 인정함)을 인정함으로써,[471] 합동범의 공동정범 문제에 있어서만큼은 현장설을 대폭 완화하고 있다.[472] **판례**는 아래 사례에서 합동범의 공동정범이 성립하는 조건으로서 "ⓐ 3인 이상의 공모, ⓑ 그중 2인 이상의 현장에서의 합동실행, ⓒ 나머지 1인 이상의 공모자가 '공모공동정범'의 요건을 갖추고 있을 것"을 제시하면서, 위 조건이 충족되면 "ⓓ 합동범의 공동정범이 성립한다"고 결론내리고 있다.

---

471 판례 : 삐끼 사례 이전에도 합동범의 공동정범을 인정한 판례 특수강도의 범행을 모의한 이상 범행의 실행에 가담하지 아니하고, 공모자들이 강취해 온 장물의 처분을 알선만 하였다 하더라도, 특수강도의 공동정범이 된다 할 것이므로 장물알선죄로 의율할 것이 아니다(대법원 1983.2.22, 82도3103, 82감도666). 보충 위 판례는 합동범의 본질에 관한 공모공동정범설을 취할 때 비로소 설명이 가능한 판례로 보인다. 여하튼 이 판례는 전원합의체 판례는 아니었다.

472 참고 판례는 합동범의 본질에 대해서는 현장설을 취한다. 그러나 합동범의 공동정범에 있어서는 공모공동정범설(공모공동정범설을 취한 것으로 보아 비판하는 입장은 배종대, 각론, 355면 참조) 내지 현장적 공동정범설의 논리를 따른 것으로 보인다.

📚 사례연구 소위 삐끼 사례

삐끼주점의 지배인인 甲은 피해자 A로부터 신용카드를 강취하고 신용카드의 비밀번호를 알아낸 후 현금자동지급기에서 인출한 돈을 삐끼주점의 분배관례에 따라 분배할 것을 전제로 하여 乙(삐끼), 丙(삐끼주점 업주) 및 丁(삐끼)과 甲은 삐끼주점 내에서 A를 계속 붙잡아 두면서 감시하는 동안 乙, 丙, 丁은 피해자의 위 신용카드를 이용하여 현금자동지급기에서 현금을 인출하기로 공모하였고, 그에 따라 乙, 丙, 丁이 1997.4.18. 04:08경 서울 강남구 삼성동 소재 엘지마트 편의점에서 합동하여 현금자동지급기에서 현금 4,730,000원을 절취하였다. 甲은 범행 현장에 간 일이 없다. 현금 4,730,000원을 절취한 부분에 대한 甲, 乙, 丙, 丁의 죄책은?

해결 공동정범 이론을 형법 제331조 제2항 후단의 합동절도와 관련하여 살펴보면, 2인 이상의 범인이 합동절도의 범행을 공모한 후 1인의 범인만이 단독으로 절도의 실행행위를 한 경우에는 합동절도의 객관적 요건을 갖추지 못하여 합동절도가 성립할 여지가 없는 것이지만, ① 3인 이상의 범인이 합동절도의 범행을 공모한 후 ② 적어도 2인 이상의 범인이 범행 현장에서 시간적, 장소적으로 협동관계를 이루어 절도의 실행행위를 분담하여 절도 범행을 한 경우에는 ③ 공동정범의 일반이론(공모공동정범 긍정설)에 비추어 그 공모에는 참여하였으나 현장에서 절도의 실행행위를 직접 분담하지 아니한 다른 범인에 대하여도 그가 현장에서 절도 범행을 실행한 위 2인 이상의 범인의 행위를 자기 의사의 수단으로 하여 합동절도의 범행을 하였다고 평가할 수 있는 정범성의 표지를 갖추고 있다고 보여지는 한 ④ 그 다른 범인에 대하여 합동절도의 공동정범의 성립을 부정할 이유가 없다고 할 것이다(대법원 1998.5.21, 98도321 전원합의체).[473] 국가9급 07 / 국가7급 08 / 법원행시 08 / 법원행시 09 / 사시 10 / 법원9급 13 / 변호사 13 / 경찰간부 15 / 사시 15 / 국가9급 24

정답 乙 · 丙 · 丁은 특수절도죄(제331조 제2항),
甲은 특수절도죄의 공동정범(제331조 제2항, 제30조) 성립

⚖ 판례연구 3인 이상이 합동절도를 모의한 후 2인 이상이 범행을 실행한 경우, 합동범의 공동정범 긍정례 폭처법상 공동폭행 관련 판례

대법원 2011.5.13, 2011도2021

A는 甲, 乙과 공모한 후 甲, 乙은 피해자 회사의 사무실 금고에서 현금을 절취하였다. 그런데 A는 그때 망을 본 일은 없었으나, 이 사건 범행을 직접 실행할 乙을 甲에게 소개하여 주었으며, 乙에게 범행 도구인 면장갑과 쇼핑백을 구입하여 건네주었고, 甲, 乙이 이 사건 범행을 종료할 때까지 기다려 그들과 함께 절취한 현금을 운반한 후 그중 일부를 분배받았다. 그렇다면 A는 단순한 공모자에 그치는 것이 아니라 이 사건 범행에 대한 본질적 기여를 통한 기능적 행위지배를 하였다고 할 것이므로, A는 甲 · 乙의 행위를 자기 의사의 수단으로 하여 합동절도의 범행을 하였다고 평가될 수 있는 정범성의 표지를 갖추었다고 할 것이어서, A는 甲 · 乙의 위 합동절도의 범행에 대하여 공동정범으로서의 죄책을 면할 수 없다. 국가9급 13 / 국가9급 18 / 경찰채용 18 2차

ⓛ 부정설(다수설) : 판례는 ⓐ 현장성의 요건을 갖추지 못한 자에게 합동범의 정범의 죄책을 인정함으로써 결국 가중처벌규정인 합동범의 성립범위를 확대시키고 있으며, ⓑ 기능적 행위지배설과 어긋나는 판례의 '공모공동정범 긍정설'을 일반적인 범죄도 모자라 합동범까지 확장적용하는 것이므로 이론적으로도 부당하다고 생각된다. 위 사례의 甲은 범죄현장에서의 합동이라는 요건을 결여한 자이므로, 그 죄책은 특수절도죄의 교사범 · 방조범 내지 단순절도죄의 공동정범 정도로 보아야 할 것이다. 이는 다수설인 현장설의 입장이다(또한 과거의 판례의 입장이기도 하다. 위 삐끼 사례의 전원합의체 판례에 의하여 변경된 대법원 1976.7.27, 75도2720 - 소위 훔친 소 사후 운반 사례 -).

---

473 보충 : 위 판례의 또 다른 논점 합동절도에서도 공동정범과 교사범 · 종범의 구별기준은 일반원칙에 따라야 하고, 그 결과 범행현장에 존재하지 아니한 범인도 공동정범이 될 수 있으며, 반대로 상황에 따라서는 장소적으로 협동한 범인도 방조만 한 경우에는 종범으로 처벌될 수도 있다. 이와 다른 견해를 표명하였던 대법원 1976.7.27, 75도2720 판결 등은 이를 변경하기로 한다.

⚖ 판례연구 폭처법상 공동폭행 관련 판례

대법원 2023.8.31, 2023도6355

폭처법상 공동폭행의 의미[474]

(피고인들 중 1인이 피해자를 폭행하고 나머지는 이를 휴대전화로 촬영하거나 지켜본 것은 폭처법상 2명 이상이 공동하여 폭행한 죄에 해당하는가 여부) 폭처법 제2조 제2항 제1호의 '2명 이상이 공동하여 폭행의 죄를 범한 때'라고 함은 그 수인 사이에 공범관계가 존재하고, 수인이 동일 장소에서 동일 기회에 상호 다른 자의 범행을 인식하고 이를 이용하여 폭행의 범행을 한 경우임을 요한다(대법원 1986.6.10, 85도119). 따라서 폭행 실행범과의 공모사실이 인정되더라도 그와 공동하여 범행에 가담하였거나 범행장소에 있었다고 인정되지 아니하는 경우에는 공동하여 죄를 범한 때에 해당하지 않고(대법원 1990.10.30, 90도2022), 여러 사람이 공동하여 범행을 공모하였다면 그중 2인 이상이 범행장소에서 실제 범죄의 실행에 이르렀어야 나머지 공모자에게도 공모공동정범이 성립할 수 있을 뿐이다(대법원 1994.4.12, 94도128). 피고인들 상호 간에 공동으로 피해자를 폭행하자는 공동가공의 의사를 인정할 증거가 없고, 피고인들 중 1인만 실제 폭행의 실행행위를 하였고 나머지는 이를 인식하고 이용하여 피해자의 신체에 대한 유형력을 행사하는 폭행의 실행행위에 가담한 것이 아니라 단순히 지켜보거나 동영상으로 촬영한 것에 불과하여 2명 이상이 공동하여 피해자를 폭행한 경우 성립하는 폭처법위반(공동폭행)죄의 죄책을 물을 수 없다.

제4절 | 교사범

01 서설

제31조 【교사범】 ① 타인을 교사하여 죄를 범하게 한 자는 죄를 실행한 자와 동일한 형으로 처벌한다. 법원행시 06
　② 교사를 받은 자가 범죄의 실행을 승낙하고 실행의 착수에 이르지 아니한 때에는 교사자와 피교사자를 음모 또는 예비에 준하여 처벌한다. 법원행시 09 / 사시 13 / 사시 14 / 경찰간부 20 / 법원9급 21
　③ 교사를 받은 자가 범죄의 실행을 승낙하지 아니한 때에도 교사자에 대하여는 전항과 같다. 법원행시 06 / 법원행시 14

교사범(敎唆犯; Anstiftung)이란 범행결의가 없는 타인을 교사하여 범죄실행의 결의를 생기게 하고 범죄를 실행시키는 자를 말한다(제31조 제1항).

이러한 교사범 처벌규정은 확장적 정범개념에 의하면 형벌축소사유이고, 제한적 정범개념에 의하면 형벌확장사유로 이해된다. 교사범은 행위지배의 요소가 없다는 점에서 정범(직접정범·간접정범·공동정범)과 구별되고, 범행결의 없는 자에게 범행결의를 불러일으키게 한다는 점에서 종범과 구별된다.

공범종속성원칙(통설·판례)에 의할 때 이러한 교사범이 성립하기 위해서는 정범의 범죄가 있어야 한다(구체적으로는 구성요건에 해당하고 위법한 피교사자의 행위가 있어야 함 : 제한적 종속형식). 대법원은 "교사범이 성립하기 위해서는 교사자의 교사행위와 정범의 실행행위가 있어야 하는 것이므로, 정범의 성립은 교사범의 구성요건의 일부를 형성하고 교사범이 성립함에는 정범의 범죄행위가 인정되는 것이 그 전제요건이 된다(대법원

---

474 참조조문 폭력행위 등 처벌에 관한 법률 제2조(폭행 등) ② 2명 이상이 공동하여 다음 각 호의 죄를 범한 사람은 「형법」 각 해당 조항에서 정한 형의 2분의 1까지 가중한다.
　1. 「형법」 제260조제1항(폭행), 제283조제1항(협박), 제319조(주거침입, 퇴거불응) 또는 제366조(재물손괴 등)의 죄

2000.2.25, 99도1252)." 경찰승진 10 / 법원9급 11 / 법원행시 12 / 경찰승진 14 / 국가9급 16 / 법원행시 16 고 판시함으로써, 공범종속성 원칙을 명시적으로 수용하고 있다.

따라서 교사범의 성립요건을 살핌에 있어서는 교사자와 관련된 요건뿐만 아니라 피교사자와 관련된 요건을 검토하는 것이 필수적인 절차라고 할 수 있다.

★ **판례연구** 교사범의 공범종속성

대법원 2022.9.15, 2022도5827
소유자가 타인에게 제3자의 권리의 목적인 물건을 손괴하도록 지시한 사건
A는 자신이 관리하는 건물 5층에 거주하는 B의 가족을 내쫓을 목적으로 A의 아들인 甲을 교사하여 그곳 현관문에 설치된 A 소유 디지털 도어락의 비밀번호를 변경하게 하였다. 甲이 자기의 물건이 아닌 위 도어락의 비밀번호를 변경하였다고 하더라도 권리행사방해죄가 성립할 수 없고, 정범인 甲의 권리행사방해죄가 인정되지 않는 이상 교사자인 피고인에 대하여 권리행사방해교사죄도 성립할 수 없다.

[관련판례] 대법원 2017.5.30, 2017도4578
형법 제323조의 권리행사방해죄는 타인의 점유 또는 권리의 목적이 된 자기의 물건을 취거, 은닉 또는 손괴하여 타인의 권리행사를 방해함으로써 성립하므로 취거, 은닉 또는 손괴한 물건이 자기의 물건이 아니라면 권리행사방해죄가 성립할 수 없다. 물건의 소유자가 아닌 사람은 형법 제33조 본문에 따라 소유자의 권리행사방해 범행에 가담한 경우에 한하여 그의 공범이 될 수 있을 뿐이다.

---

02 교사범의 성립요건

교사범이 성립하기 위해서는 교사자의 이중의 고의에 의한 교사행위와 −공범종속성에 입각하여− 정범의 고의적 실행행위가 있어야 한다. 이러한 교사범의 성립요건의 뼈대는 방조범에서도 고스란히 인정된다. 물론 그 세부에 있어서는 차이가 존재한다.

1. 교사자의 교사행위

(1) 교사행위

① 의의 : 범죄를 저지를 의사가 없는 타인에게 범죄실행의 결의를 가지게 하는 것을 말한다. 그러므로 범죄의 결의를 이미 가지고 있는 자에게 범죄의 결의를 가지게 하는 행위를 한다 하더라도 이는 방조범의 문제가 될 뿐 교사범의 문제는 되지 않는다.

② 수 단

　　㉠ 수단의 다양성

　　　ⓐ 교사의 수단·방법의 무제한 및 세부사항 특정 불요 : 타인으로 하여금 일정한 범죄를 실행할 결의를 생기게 하는 행위를 하면 되는 것으로서 교사의 수단·방법에 제한이 없다 할 것이므로, 교사범이 성립하기 위하여는 범행의 일시, 장소, 방법 등의 세부적인 사항까지를 특정하여 교사할 필요는 없는 것이고, 정범으로 하여금 일정한 범죄의 실행을 결의할 정도에 이르게 하면 교사범이 성립된다(대법원 1991.5.14, 91도542). 국가9급 10 / 변호사 14 / 경찰채용 15 1차 / 경찰승진 15
　　　　따라서 피교사자의 정신적 의사형성에 영향력을 줄 수 있는 방법으로서 모든 심리적 영향력 행사(설득·부탁·위협·유혹·사례·약속·요청 등)가 동원될 수 있으며, 교사행위는 명시적이든 묵시적이든 모두 가능하다(대법원 2000.2.25, 99도1252). 국가7급 12

1. 대법원 1967.12.19, 67도1281

대리응시자들의 육군간부후보생 시험장의 입장은 시험관리자의 승낙 또는 그 추정된 의사에 반한 불법침입이라 아니할 수 없고 이와 같은 침입을 교사한 이상 주거침입교사죄가 성립된다.

2. 대법원 1969.4.22, 69도255

산림 내에서 부정임산물 등의 제재를 업으로 하여 오던 자에게 막연하게 도벌하라고 말한 것이 아니고, 백송을 도벌하여 해태상자 장함을 생산하여 달라고 말하였고 그 도벌자금을 제공한 경우에는 산림법위반의 교사죄가 성립한다.

3. 대법원 1991.5.14, 91도542

교사행위는 완결될 것을 요하지는 않으므로 범행의 세부사항까지 특정할 필요는 없다는 사례

피고인이 乙·丙·丁이 절취하여 온 장물을 상습으로 19회에 걸쳐 시가의 3분의 1 내지 4분의 1의 가격으로 매수하여 취득하여 오다가, 乙·丙에게 일제 드라이버 1개를 사주면서 "丁이 구속되어 도망다니려면 돈도 필요할 텐데 열심히 일을 하라(도둑질을 하라)"고 말하였다면 그 취지는 종전에 丁과 같이 하던 범위의 절도를 다시 계속하면 그 장물은 매수하여 주겠다는 것으로서 절도의 교사가 있었다고 보아야 한다. 경찰승진 10 / 경찰승진 16

ⓑ 공동교사 : 교사행위는 반드시 단독으로 할 필요가 없고 2인 이상이 공동으로 하는 공동교사도 가능하다. 예를 들어 甲과 乙이 공동교사의 의사를 가지고 의사연락 하에 X를 교사하여 Y를 살해하게 한 경우를 생각할 수 있다. 만일 이러한 교사자 상호간에 의사의 연락이 결여되면 공동교사는 성립하지 않고 동시(同時)교사가 될 뿐이다.

ⓛ 특정범죄에 대한 교사 : 막연히 "범죄를 하라"거나 "절도를 하라"고 하는 등의 행위만으로는 교사행위가 되기에 부족하다. 범죄 일반에 대하여 교사하는 것은 교사범이 성립할 수 없기 때문이다.

ⓒ 부작위에 의한 교사 : 부정된다. 교사란 범죄의 결의 없는 자에게 범죄 결의를 갖도록 하는 것이므로 교사행위는 피교사자의 의사형성을 일으킬 수 있는 수단이어야 하기 때문이다.

③ 상대방(피교사자) : 피교사자는 고의범이어야 한다. 교사자의 교사행위에 의하여 피교사자는 범행의 결의, 즉 고의를 가져야 하기 때문이다. 따라서 과실범에 대한 교사란 있을 수 없으며, 경우에 따라 간접정범의 문제가 될 뿐이다. 그러나 피교사자가 책임능력자일 필요는 없다(제한적 종속형식).

🔲 책임 없는 자가 피교사자인 경우에 문제되는 것은 교사자가 간접정범이 될 수 있는 가능성이다. 피교사자가 처벌을 받지 아니하는 자(제34조 제1항)가 되기 때문이다. 이때 제기되는 것은 정범개념의 우위성이다. 기술하였듯이, 우선 간접정범 성립 여부, 즉 의사지배 여부부터 검토하고 난 후 이것이 부정되면 교사범 성립 여부를 검토하면 된다.

(2) 교사자의 고의 – 이중의 고의

① 교사의 고의 : 교사자는 피교사자에게 (특정범죄에 대한) 범죄실행의 결의를 갖게 한다는 사실을 인식해야 한다. 따라서 과실에 의한 교사는 부정된다. 사시 14 / 변호사 14 / 국가7급 16

② 정범의 고의

ⓐ 의의 : 교사자는 피교사자(정범)를 통하여 일정한 구성요건적 결과를 발생시킨다는 사실을 인식해야 한다. 따라서 연소한 자에게 "밥값을 구해오라"고 하는 것만으로는 절도교사범이 성립할 수 없고(대법원 1984.5.15, 84도418), 피고인이 그 자녀들로 하여금 조총련의 간부로 있는 "피고인의 실형에게 단순한 신년인사와 안부의 편지를 하게 한 것"만으로는 반국가단체의 구성원과 그 이익이 된다는 사정을 알면서 통신연락을 하도록 교사하였다고 할 수 없다(대법원 1971.2.23, 71도45).

ⓛ 미수의 교사(agent provocateur, Anstiftung zum Versuch) : 교사자가 피교사자의 행위가 미수에 그친 다는 것을 인식하고 있는 경우를 말한다.[475] 미수의 교사는 이론적으로 제기된 사안일 뿐이고 형법 에 이를 처벌하는 규정이 없으므로, 미수의 교사는 처벌되지 않고 마찬가지 이유에서 미수의 방조 도 처벌되지 않는다. 국가9급 07

> 예 경찰관 甲이 마약조직 내에 침투하여 마약상 乙과 丙 간의 거래를 주선하여 거래가 이루어질 때 그들을 체포하는 경우, 甲의 금고가 비어 있는 줄 알면서 乙에게 甲의 금고로부터 보석을 절취하도록 사주하는 경우

▶ 교사의 미수는 처벌된다. 경찰승진 13 기수의 고의를 가지고 교사행위를 하였기 때문에 −비록 의도한 결과의 발생 이 일어나지 않았다 하더라도− 미수범(협의의 교사의 미수) 내지 예비 · 음모죄(효과없는 교사나 실패한 교사의 경우)로 처벌될 수 있는 것이다. 경찰승진 13

♨ 판례연구 함정수사의 위법성 판단기준

1. 대법원 2007.5.31, 2007도1903
범의를 가진 자에 대하여 단순히 범행의 기회를 제공하는 것은 위법한 함정수사 ×
본래 범의를 가지지 아니한 자에 대하여 수사기관이 사술이나 계략 등을 써서 범의를 유발케 하여 범죄인을 검 거하는 함정수사는 위법함을 면할 수 없고, 이러한 함정수사에 기한 공소제기는 그 절차가 법률의 규정에 위반 하여 무효인 때에 해당한다 할 것이지만, 범의를 가진 자에 대하여 단순히 범행의 기회를 제공하는 것에 불과한 경우에는 위법한 함정수사라고 단정할 수 없다.

2. 대법원 2007.7.12, 2006도2339
유인자와 수사기관의 직접적 관련성과 피유인자의 범의유발 개입에 따라 함정수사의 위법성 판단
① 수사기관과 직접 관련이 있는 유인자가 피유인자와의 개인적인 친밀관계를 이용하여 피유인자의 동정심이나 감정에 호소하거나, 금전적 · 심리적 압박이나 위협 등을 가하거나, 거절하기 힘든 유혹을 하거나, 또는 범행방법 을 구체적으로 제시하고 범행에 사용할 금전까지 제공하는 등으로 과도하게 개입함으로써 피유인자로 하여금 범의를 일으키게 하는 것은 위법한 함정수사에 해당하여 허용되지 아니하지만, ② 유인자가 수사기관과 직접적 인 관련을 맺지 아니한 상태에서 피유인자를 상대로 단순히 수차례 반복적으로 범행을 부탁하였을 뿐 수사기관 이 사술이나 계략 등을 사용하였다고 볼 수 없는 경우는, 설령 그로 인하여 피유인자의 범의가 유발되었다 하더 라도 위법한 함정수사에 해당하지 아니한다.

3. 대법원 2008.3.13, 2007도10804
뇌물공여자의 함정교사라는 사정은 뇌물수수자의 책임을 면하게 하는 사유가 될 수 없다는 사례
오로지 공무원을 함정에 빠뜨릴 의사로 직무와 관련되었다는 형식을 빌려 그 공무원에게 금품을 공여한 경우에 도 공무원이 그 금품을 직무와 관련하여 수수한다는 의사를 가지고 받아들이면 뇌물수수죄가 성립한다. 사시 10 / 법원행시 11 / 사시 12 / 경찰채용 15 3차

---

475 형사소송법학에서는 이를 소위 **함정수사(陷穽搜査)**라 하여 수사의 조건 중 수사의 상당성에서 그 통제방안을 검토하게 된다. 대법원은 함정수사를 범의를 가진 자에 대해 수사기관이 범행기회를 주거나 범행을 용이하게 한 경우(**기회제공형 함정수사**)는 함정수사로 분류하지 않고, 애초에 범죄의사를 갖지 아니한 자에 대하여 범의를 유발케 하여 범인을 검거하는 형태(**범의유발형 함정수사**)를 함정수사로 분류하고 있다(대법원 1983.4.12, 82도2433). 참고로, 함정수사에 관하여 "피고인이 수사기관의 함정 수사에 의하여 메스암페타민의 수수 및 밀수입에 관한 범의를 일으킨 것으로 볼 수 있는 여지가 있음에도 불구하고 피고인의 함정수사 주장을 배척한 것은 위법하다"고 한 사례는 대법원 2004.5.14, 2004도1066 참조. 또한 이론적으로는 **위법수집증거배 제법칙**과 관련되므로 독자들은 형소법 공부를 할 때 이와 연결하여 검토해볼 것.

참고하기 소위 미수의 교사의 가벌성

1. 피교사자의 행위가 기수에 이른 경우 교사자의 처벌 : ① 발생된 결과의 과실범으로 처벌할 수 있다는 견해 (과실범설, 다수설)[476]와 ② 교사자는 방조범이 된다는 입장(방조범설)[477]이 대립한다. 기수의 고의가 없어 방조범이 성립한다고 볼 수도 없으므로 과실범설이 타당하다고 생각된다.

2. 함정교사에 빠진 피교사자의 가벌성 : 함정교사자(agent provocateur)의 함정수사의 덫에 걸린 피교사자(내지 피방조자)의 가벌성에 관해서는 유죄판결설, 무죄판결설, 공소기각판결설이 대립하는데,[478] 이는 함정수사의 유형에 따라 달리 보아야 한다. 판례에 따라 정리해본다.

　① 기회제공형 함정수사의 피방조자의 경우 : 범의를 가진 자에 대하여 단순히 범행의 기회를 제공하거나 범행을 용이하게 하는 것에 불과한 수사방법은 경우에 따라 허용될 수 있다. 따라서 기회제공형 함정수사의 피교사자(엄밀히는 피방조자라고 하는 것이 정확할 것임)에 대해서는 유죄판결로 처리하면 된다(대법원 1994.4.12, 93도2535).[479]

　② 범의유발형 함정수사의 피교사자의 경우 : 본래 범의를 가지지 아니한 자에 대하여 수사기관이 사술이나 계략 등을 써서 범의를 유발케 하여 범죄인을 검거하는 함정수사는 위법함을 면할 수 없기 때문에, 이러한 범의유발형 함정수사에 걸린 피교사자의 가벌성에 대해서는 견해의 대립이 있다. 물론 범죄가 성립하는 것은 사실이지만, 위법수집증거배제법칙에 따라 범의유발형 함정수사에 의하여 획득한 증거의 증거능력은 부정하는 것이 마땅하다고 생각된다. 판례는 "(범의유발형) 함정수사에 기한 공소제기는 그 절차가 법률의 규정에 위반하여 무효인 때에 해당한다."(공소기각판결설)는 판시를 내린 바 있다(대법원 2005.10.28, 2005도1247).[480]

2. 피교사자의 실행행위

(1) 피교사자의 결의 – 교사행위와 피교사자의 결의와의 인과관계

　① 의의 : 피교사자는 교사에 의하여 비로소 범죄실행의 결의를 가져야 한다(따라서 소위 편면적 교사는 교사범이 되지 못함). 사시 14 그러나 교사범의 교사가 정범이 죄를 범한 유일한 조건일 필요는 없으므로, 교사행위에 의하여 정범이 실행을 결의하게 된 이상 비록 정범에게 범죄의 습벽이 있어 그 습벽과 함께 교사행위가 원인이 되어 정범이 범죄를 실행한 경우에도 교사범의 성립에 영향이 없다. 법원9급 14 / 법원행시 14 / 사시 16

그러나 이미 범행의 결의를 가지고 있는 피교사자에 대해서는 교사범이 성립할 수 없다(대법원 1991. 5.14, 91도542 : "피교사자가 이미 범죄의 결의를 가지고 있을 때에는 교사범이 성립할 여지가 없다."). 경찰승진 11 / 법원9급 11 / 경찰승진 13 / 국가7급 13 / 법원9급 14 / 법원행시 15

이 경우 교사의 미수 또는 방조범의 성부만 문제될 뿐이다. 다만 구체적인 문제로 들어가면 견해의 대립이 생기게 된다.

---

476 과실범설이 다수설로 판단된다. 김일수 / 서보학, 640면; 손동권, 537면; 안동준, 251면; 이재상, §34-14; 이형국, 353면; 정성근, 586면; 조준현, 339면 등. 다만 과실범설 중에서도, 형식적 기수와 실질적 종료를 구별함을 전제하여 피교사자의 행위가 실질적으로 종료되지 않고 형식적 기수에 그칠 것을 인식한 데 불과하다면 불가벌이지만, 교사자의 예상과는 달리 피교사자의 행위가 실질적 종료에 이른 경우에는 교사자를 발생된 결과의 과실범으로 처벌할 수 있다는 견해는 임웅, 400면 참조.

477 박상기, 444면; 배종대, 541면; 진계호, 594면.

478 각 학설의 내용은 형사소송법의 수사의 조건에서 설명한다.

479 판례 자가용버스의 운전기사가 단속원이 승차하기 전부터 유상운송을 하여 왔다면 그 후 단속원이 유상으로 버스에 승차한 다음 운전기사의 유상운송행위를 적발하여 고발하였다 하여도 그것이 범죄의 함정을 파놓고 그 곳으로 밀어 넣는 행위와 다를 바 없어 운전기사의 유상운송행위가 비난가능성이 없다고 할 수 없다(대법원 1994.4.12, 93도2535).

480 판례 : 위법한 함정수사에 기한 공소제기에 대한 공소기각판결설의 판례 이 부분 공소는 범의를 가지지 아니한 사람에 대하여 수사기관이 범행을 적극 권유하여 범의를 유발케 하고 범죄를 행하도록 한 뒤 범행을 저지른 사람에 대하여 바로 그 범죄행위를 문제 삼아 공소를 제기하는 것으로서 적법한 소추권의 행사로 볼 수 없으므로, 형사소송법 제327조 제2호에 규정된 공소제기의 절차가 법률의 규정에 위반하여 무효인 때에 해당한다. 따라서 공소기각 판결을 선고한 것은 정당하다(대법원 2005.10.28, 2005도1247).

참고하기 교사행위에 의하여 피교사자의 고의가 바뀌는 경우에 대한 학설 정리

1. 가벼운 범죄를 결의하고 있는 자에게 무거운 범죄의 결의를 가지게 한 경우 : 예를 들어, 절도를 결의하고 있는 자에게 강도의 결의를 가지게 하고 강도를 실행케 한 경우의 교사자에 대해서는 ① 무거운 범죄의 방조범을 인정하는 입장[481]과 ② 무거운 범죄인 강도죄의 교사범을 인정하는 입장(다수설)이 대립하고 있다. 또한, 강도를 결의하고 있는 자에게 흉기휴대 특수강도를 범하도록 교사한 경우에는 ① 무거운 범죄에 대한 방조범만 인정된다는 입장[482]과 ② 특수강도죄의 교사범이 성립한다는 입장(다수설)[483]이 대립하고 있다.

2. 무거운 범죄를 결의하고 있는 자에게 가벼운 범죄의 결의를 가지게 한 경우 : 특수강도를 결의한 자에게 단순강도를 범하도록 교사한 경우에는 특수강도교사는 물론 단순강도교사도 성립하지 않는다. 이에 대해서는 위험을 감소시킨 경우이므로 ① 공범 성립이 아예 부정된다는 입장[484]과 ② 정신적 방조의 효과는 인정될 수 있다는 점에서 단순강도죄의 방조범이 성립한다는 입장(다수설)이 대립하고 있다.

판례연구 교사행위와 피교사자의 실행행위와의 인과관계

1. 대법원 1991.5.14, 91도542; 2012.11.15, 2012도7407

교사관계로부터의 이탈 : 교사자가 공범관계로부터 이탈하여 교사범의 죄책을 부담하지 않기 위한 요건

① 교사범이 그 공범관계로부터 이탈하기 위해서는 피교사자가 범죄의 실행행위에 나아가기 전에 교사범에 의하여 형성된 피교사자의 범죄 실행의 결의를 해소하는 것이 필요하고, 경찰채용 15 1차 / 국가9급 15 이때 교사범이 피교사자에게 교사행위를 철회한다는 의사를 표시하고 이에 피교사자도 그 의사에 따르기로 하거나 또는 교사범이 명시적으로 교사행위를 철회함과 아울러 피교사자의 범죄 실행을 방지하기 위한 진지한 노력을 다하여 당초 피교사자가 범죄를 결의하게 된 사정을 제거하는 등 제반 사정에 비추어 객관적·실질적으로 보아 교사범에게 교사의 고의가 계속 존재한다고 보기 어렵고 당초의 교사행위에 의하여 형성된 피교사자의 범죄 실행의 결의가 더 이상 유지되지 않는 것으로 평가할 수 있다면, 설사 그 후 피교사자가 범죄를 저지르더라도 이는 당초의 교사행위에 의한 것이 아니라 새로운 범죄 실행의 결의에 따른 것이므로 교사자는 형법 제31조 제2항에 의한 죄책을 부담함은 별론으로 하고 형법 제31조 제1항에 의한 교사범으로서의 죄책을 부담하지는 않는다고 할 수 있다.

경찰채용 15 1차 한편 ② 교사범이 성립하기 위해 교사범의 교사가 정범의 범행에 대한 유일한 조건일 필요는 없으므로, 교사행위에 의하여 피교사자가 범죄 실행을 결의하게 된 이상 피교사자에게 다른 원인이 있어 범죄를 실행한 경우에도 교사범의 성립에는 영향이 없다. 법원행시 14 / 법원행시 15 / 국가9급 16 / 법원행시 16 / 사시 16

2. 대법원 2013.9.12, 2012도2744

의사 낙태교사 사건 : 교사행위와 피교사자의 범행과의 인과관계

① 교사범이란 정범인 피교사자로 하여금 범죄를 결의하게 하여 그 죄를 범하게 한 때에 성립하는 것이므로, 교사자의 교사행위에도 불구하고 피교사자가 범행을 승낙하지 아니하거나 피교사자의 범행결의가 교사자의 교사행위에 의하여 생긴 것으로 보기 어려운 경우에는 이른바 실패한 교사로서 형법 제31조 제3항에 의하여 교사자를 음모 또는 예비에 준하여 처벌할 수 있을 뿐이다. 한편, ② 피교사자가 범죄의 실행에 착수한 경우에 있어서 그 범행결의가 교사자의 교사행위에 의하여 생긴 것인지 여부는 교사자와 피교사자의 관계, 교사행위의 내용 및 정도, 피교사자가 범행에 이르게 된 과정, 교사자의 교사행위가 없더라도 피교사자가 범행을 저지를 다른 원인의 존부 등 제반 사정을 종합적으로 고려하여 사건의 전체적 경과를 객관적으로 판단하는 방법에 의하여야 하고, 이러한 판단방법에 의할 때 피교사자가 교사자의 교사행위 당시에는 일응 범행을 승낙하지 아니한 것으로 보인다 하더라도 이후 그 교사행위에 의하여 범행을 결의한 것으로 인정되는 이상 교사범의 성립에는 영향이 없다고 할 것이다. 사시 14 / 경찰채용 15 3차 / 법원행시 16 / 국가9급 23

---

481 손동권, 533면; 오영근, 602면.
482 박상기, 437면; 손해목, 1067면; 손동권, 532면; 오영근, 671면.
483 독일 판례의 입장이기도 하다. BGHSt 19, 339.
484 손동권, 533면.

② 인과관계가 없는 경우

　　㉠ 피교사자가 범죄실행을 승낙하지 아니한 경우 : 교사범이 성립할 수 없고 교사자는 예비·음모에 준하여 처벌된다(제31조 제3항). 사시 15

　　㉡ 이미 범행결의를 하고 있는 자에 대하여 교사한 경우 : 교사범이 성립할 수 없고 교사자는 예비·음모에 준하여 처벌된다(제31조 제3항). 그러나 종범의 성립은 가능하다. 법원행시 09

(2) 피교사자의 실행행위

① 실행행위의 정도 : 피교사자는 실행의 착수를 지나 현실로 실행행위를 하여야 한다(미수·기수 불문). 피교사자가 범행을 결의하였으나 예비·음모에 그친 경우에는 교사자는 (교사범이 될 수 없고) 피교사자와 함께 예비·음모에 준하여 처벌된다(제31조 제2항).

② 교사범의 종속성 : 정범의 실행행위는 구성요건에 해당하고 위법해야 하나, 유책할 필요는 없다(제한적 종속형식).

★ **판례연구** 교사범에 관한 특수한 경우 : 범인 자신이 정범은 될 수 없으나 자신을 위하여 타인을 교사하였고 피교사자의 행위가 불법하면 공범이 성립한다는 판례의 입장[485] : 범·위·증·무

1. 대법원 2000.3.24, 99도5275

자기의 형사 사건에 관한 증거를 인멸하기 위하여 타인을 교사하여 죄를 범하게 한 자에 대하여는 증거인멸교사죄가 성립한다. 법원행시 09 / 법원9급 11 / 경찰승진 13 / 사시 13 / 법원행시 16 / 경찰간부 20

2. 대법원 2004.1.27, 2003도5114

피고인이 자기의 형사피고사건에서 증인을 교사하여 위증하게 한 사례

피고인이 자기의 형사사건에 관하여 허위의 진술을 하는 행위는 피고인의 형사소송에 있어서의 방어권을 인정하는 취지에서 처벌의 대상이 되지 않으나, 법률에 의하여 선서한 증인이 타인의 형사사건에 관하여 위증을 하면 형법 제152조 제1항의 위증죄가 성립되므로 자기의 형사사건에 관하여 타인을 교사하여 위증죄를 범하게 하는 것은 이러한 방어권을 남용하는 것이라고 할 것이어서 교사범의 죄책을 부담케 함이 상당하다. 사시 13

3. 대법원 2006.12.7, 2005도3707 ; 2000.3.24, 2000도20

범인이 타인을 교사하여 자신을 도피시키게 한 사례

범인이 자신을 위하여 타인으로 하여금 허위의 자백을 하게 하여 범인도피죄를 범하게 하는 행위는 방어권의 남용으로 범인도피교사죄에 해당하는 바, 이 경우 그 타인이 제151조 제2항에 의하여 처벌을 받지 아니하는 친족 또는 동거 가족에 해당한다 하여 달리 볼 것은 아니라 할 것이다. 법원행시 11 / 사시 13 / 경찰승진 15 / 법원행시 16 / 사시 16 / 경찰간부 18

비교판례 대법원 2014.4.10, 2013도12079

범인이 도피를 위하여 타인에게 도움을 요청하는 행위가 범인 스스로의 도피행위의 범주에 속하는 한 처벌되지 아니하는 것이며, 범인의 요청에 응하여 범인을 도운 타인의 행위가 범인도피죄에 해당한다 하더라도 마찬가지이다.

4. 대법원 2008.10.23, 2008도4852

제3자를 교사·방조하여 자신에 대한 허위의 사실을 신고하게 한 사례

---

485 다수설은 반대 예컨대, 범인도피죄는 범인 자신이 직접 도피하면 죄가 되지 않는다(제151조 제1항 참조). 따라서 범인이 타인에게 자신을 은닉·도피시켜달라고 요청한 것도 자기방어의 연장으로 보아 죄가 되지 않는다는 것이 다수설이다. 위 대법원 판례의 원심인 하급심 판결에서도 무죄로 보고 있다 : "범인도피를 교사한 피고인은 범인 본인이어서 구성요건 해당성이 없고, 피교사자 역시 범인의 친족이어서 불가벌에 해당하므로 피고인이 타인의 행위를 이용하여 자신의 범죄를 실현하고, 새로운 범인을 창출하였다는 교사범의 전형적인 불법이 실현되었다고 볼 수 없을 뿐만 아니라, 피고인이 자기방어행위의 범위를 명백히 일탈하거나 방어권의 남용에 속한다고 보기 어려워 위 공소사실은 죄가 되지 아니한다(대전지법 2005.5.12, 2004노3164)." 이론적으로 다수설이 타당하다고 생각된다(수험에서는 판례의 입장에 주의).

스스로 본인을 무고하는 자기무고는 무고죄의 구성요건에 해당하지 아니하여 형법 제156조의 무고죄를 구성하지 않는다. 그러나 피무고자의 교사·방조 하에 제3자가 피무고자에 대한 허위의 사실을 신고한 경우에는 제3자의 행위는 무고죄의 구성요건에 해당하여 무고죄를 구성하므로, 제3자를 교사·방조한 피무고자도 교사·방조범으로서의 죄책을 부담한다. 법원행시 09 / 법원행시 10 / 법원행시 11 / 사시 11 / 국가7급 12 / 사시 12 / 경찰간부 13 / 사시 13 / 경찰간부 15

🔨 판례연구 범인 자신을 위하여 타인을 교사하였으나 피교사자의 행위가 불법하지 않아 범인 자신에게 공범이 성립하지 않고, 범인 자신이 정범이 될 수 없어 간접정범도 성립하지 않는다는 사례

대법원 2011.7.14, 2009도13151
자신과 공범관계에 있는 형사사건에 관한 증거를 공범자에게 변조·사용케 범인 자신의 죄책
노동조합 지부장인 甲은 업무상 횡령 혐의로 조합원들로부터 고발을 당하자 乙과 공동하여 조합 회계서류를 무단 폐기한 후, 그 폐기에 정당한 근거가 있는 것처럼 乙로 하여금 조합 회의록을 조작하여 수사기관에 제출하도록 교사하여 증거변조 및 변조증거사용이 이루어졌다. 이 경우 회의록의 변조·사용은 피고인들이 공범관계에 있는 문서손괴죄 형사사건에 관한 증거를 변조·사용한 것으로 볼 수 있어 피고인 乙에게 증거변조죄 및 변조증거사용죄가 성립하지 않으며, 피교사자인 피고인 乙이 증거변조죄 및 변조증거사용죄로 처벌되지 않은 이상 피고인 甲에 대하여 공범인 교사범은 물론, (甲에게도 자기 증거에 해당하므로) 그 간접정범도 성립하지 않는다.

---

03 교사의 착오

1. 실행행위에 대한 착오

(1) 의 의

교사자의 교사내용과 피교사자가 현실로 실행한 행위가 일치하지 않은 경우를 말한다.

(2) 종류 및 효과

① 구체적 사실의 착오 : 교사자의 교사내용과 피교사자의 실행사실이 동일한 구성요건의 범위에 속하는 경우를 말한다. 이 경우 피교사자의 구체적 사실에 대한 객체의 착오는 교사자에 대해서는 구체적 사실에 대한 '방법의 착오'가 된다는 것이 다수설이다. 예를 들어, 甲이 乙에게 A를 살해하라고 교사하였는데 이를 승낙한 乙이 B를 A로 오인하고 살해한 경우를 말한다. 이 경우 甲에게는 실현된 결과에 대하여 고의·기수책임이 인정된다는 견해(법정적 부합설, 판례)와 변호사 14 교사의 미수(예비·음모죄)와 실현된 결과에 대한 과실범의 상상적 경합이 된다는 입장(구체적 부합설)이 대립한다(수험에서는 판례의 입장에 주의할 것).

② 추상적 사실의 착오
　㉠ 의의 : 교사내용과 피교사자의 실행사실이 상이한 구성요건인 경우를 말한다.
　㉡ 유형 및 효과
　　ⓐ 교사내용보다 적게 실행한 경우 국가7급 09
　　　• 원칙 : 교사자는 공범종속성원칙에 의해 피교사자가 실행한 범위 내에서만 책임 있다.
　　　　예 특수강도를 교사했으나, 강도를 실행한 경우 ⇨ 단순강도죄의 교사범
　　　• 예외 : 교사한 범죄가 중죄로서 예비·음모가 처벌되는 범죄인 경우에 문제가 된다. **형법** 제31조 제2항·제3항에서 기도된 교사의 처벌규정이 있기 때문이다.
　　　　예 강도를 교사했으나, 절도를 실행한 경우 ⇨ 절도의 교사범과 형법 제31조 제2항에 의한 강도예비·

음모의 상상적 경합이며, 형이 무거운 강도예비·음모로 처벌된다. 법원행시 06 / 경찰승진 12 / 변호사 14 / 경찰간부 15 / 국가9급 16

ⓑ 교사내용을 초과하여 실행한 경우

- 질적 초과 : 실행된 범죄가 교사된 범죄와 질적으로 전혀 다른 범죄인 경우를 말한다. 실행된 범죄에 대한 교사범이 성립되지 않는다. 단, 교사한 범죄의 예비·음모의 처벌규정이 있는 경우에는 예비·음모로 처벌될 수 있다(제31조 제2항). 법원행시 06

    예 강도를 교사했는데, 강간을 행한 경우 ⇨ 강도교사 부정, 강도예비·음모가 가능하다. 경찰승진 12

    만약, 질적 차이가 본질적이지 않은 경우에는 양적 초과와 마찬가지로 교사한 범죄에 대한 교사범이 성립한다. 변호사 21

    예 공갈을 교사했는데, 강도를 범한 경우 ⇨ 공갈교사 가능

- 양적 초과 : 실행된 범죄가 교사된 범죄와 죄질을 같이하나 그 정도를 초과한 경우를 말한다. 실행된 범죄의 초과부분에 대해서는 책임이 없고, 교사한 범죄의 교사범으로 처벌될 뿐이다.

    예 절도를 교사했는데 강도를 실행한 경우 ⇨ 절도의 교사범

    다만, 정범이 결과적 가중범을 실현한 경우에는 교사자에게 무거운 결과에 대하여 과실이 있는 경우에 한하여 결과적 가중범의 교사범이 성립할 수 있다는 것이 **판례**이다(다수설은 반대).

    예 상해를 교사했는데, 살인(내지 상해치사)을 실행한 경우 ⇨ (판례에 의하면) 사망의 결과에 대하여 (교사자의) 과실이 있다면 결과적 가중범 성립 가능

🔨 **판례연구** 교사의 실행의 양적 초과에서 결과에 대한 예견가능성이 인정되는 사례

1. 대법원 1993.10.8, 93도1873

상해를 교사하였는데 살인을 실행한 경우 교사자의 죄책 : "그 친구 안 되겠어. 자네가 손 좀 봐줘" 사례

교사자가 피교사자(피해자와 사이가 안 좋은 자신의 경호원)에 대하여 상해 또는 중상해를 교사하였는데 피교사자가 이를 넘어 살인을 실행한 경우 일반적으로 교사자는 상해죄 또는 중상해죄의 교사범이 되지만, 이 경우 교사자에게 피해자의 사망이라는 결과에 대하여 과실 내지 예견가능성이 있는 때에는 상해치사죄의 교사범으로서의 죄책을 질 수 있다. 법원9급 07(상) / 법원9급 07(하) / 법원행시 08 / 국가9급 09 / 법원행시 09 / 경찰채용 10 1차 / 경찰승진 10 / 국가9급 10 / 국가7급 10 / 법원9급 11 / 법원행시 11 / 국가7급 13 / 변호사 14 / 국가9급 20 / 변호사 23

2. 대법원 2002.10.25, 2002도4089

평생 후회하면서 살도록 병신을 만들라고 이야기한 사례

피고인 甲이 A 등에게 자신과 사업관계로 다툼이 있었던 피해자 X를 혼내 주되, 평생 후회하면서 살도록 허리 아래 부분을 찌르고, 특히 허벅지나 종아리를 찔러 병신을 만들라는 취지로 이야기하면서 경비를 주어 범행에 이르게 하였고, 피고인 乙은 甲이 A 등에게 범행을 지시할 때 연락하여 모이도록 하였으며, "甲을 좀 도와주어라" 등의 말을 하였고, 그 결과 A 등이 X의 종아리 부위 등을 20여 회나 칼로 찔러 살해하였다면, 乙 역시 공모관계에 있고, 甲·乙은 피해자가 죽을 수도 있다는 점을 예견할 가능성이 있었다고 판단하여, 상해치사죄로 의율한 조치는 정당하다. 경찰승진 11 / 법원행시 11 / 경찰승진 12 / 경찰간부 13 / 법원9급 15 / 경찰간부 16

🔨 **판례연구** 교사의 실행의 양적 초과에서 결과에 대한 예견가능성이 인정되지 않는 사례

대법원 1997.6.24, 97도1075

교사자가 피교사자에게 피해자를 "정신차릴 정도로 때려주라"고 교사하였으나 피교사자는 이를 넘어 살인을 실행한 경우, 교사자에게는 예견가능성이 없어 상해교사죄가 성립한다. 국가9급 09 / 국가7급 09 / 경찰승진 10 / 경찰승진 11 / 국가7급 11 / 경찰간부 12 / 경찰승진 14 · 15 · 16 / 법원9급 21

2. 피교사자에 대한 착오

(1) 의 의

피교사자의 고의 유무 및 책임능력 유무에 대해서 교사자가 잘못 생각한 경우를 말한다.

(2) 효 과

① 피교사자가 고의가 있는 줄 알고 교사하였으나, 고의가 없던 경우 : 교사범으로의 처벌이 불가능하다는 견해(다수설), 교사범에 해당한다는 견해, 간접정범이나 교사범 모두 이론적으로 성립이 안되지만, 형사정책적인 처벌필요성을 고려하여 간접정범으로 인정하자는 견해가 있다. 생각건대, 간접정범의 의사지배적 요소가 결여되어 있으므로 간접정범이 성립할 수 없고, 피교사자가 고의가 없기 때문에 교사범이 성립할 수도 없다는 점에서 다수설이 타당하다고 생각된다. 다만 이 경우 제31조 제3항의 실패한 교사 규정에 의해 예비·음모죄로 처벌할 수는 있을 것이다(제31조 제3항).

  ▶ 반대로 고의가 없는 줄 알고 이용하였으나, 고의가 있었던 경우 간접정범의 미수라는 견해(박상기), 간접정범의 미수와 기수의 교사의 상상적 경합이라는 견해(손동권), 교사범으로 보아야 한다는 견해(다수설)가 있다.

② 피교사자가 책임(무)능력자인 줄 알았으나, 사실은 그 반대의 경우 : 교사범으로 처벌한다는 것이 다수설이다.

04 교사범의 처벌

정범과 동일한 형(법정형) 국가7급 08 / 사시 15 / 경찰채용 16 1차 으로 처벌한다(제31조 제1항). 다만, 자기의 지휘 또는 감독을 받는 자를 교사한 경우(특수교사)에는 정범에 정한 형의 장기 또는 다액의 2분의 1까지 가중한다(제34조 제2항).

05 관련문제

1. 교사의 미수

(1) 의 의

교사의 미수(敎唆의 未遂; Versuch der Anstiftung)란 기수의 고의를 가진 교사자의 의도가 실현되지 못한 경우를 말한다.

(2) 종 류

① 협의의 교사의 미수 : 피교사자가 범죄의 실행에 착수하였으나, 미수에 그친 경우를 말한다(제31조 제1항의 적용). 국가9급 11

② 기도된 교사(versuchte Anstiftung) : 기도된 교사의 가벌성을 인정하는 제31조 제2항과 제3항의 규정은 공범독립성설에 의하면 당연·예시규정이지만, 공범종속성설에 의하면 특별·예외규정으로 보게 된다(통설).[486]

---

486 실패한 교사는 공범종속성설에 의하면 불가벌이 되어야 하고 공범독립성설에 의하면 교사의 미수로서 미수범으로 처벌되어야 하는데, 형법 제31조 제3항에서 예비·음모에 준하여 처벌하도록 한 것은 양 설을 절충한 것이라는 설명도 있다. 손동권, 539

어쨌든 형법 제31조 제2항·제3항에 의하면 피교사자가 범죄의 실행으로 나아가지 않은 경우에도 교사자에 대해서 −비록 교사범은 성립하지 못하지만− 예비죄로의 가벌성은 인정하고 있다.[487] 판례도 "권총 등을 교부하면서 사람을 살해하라고 한 자는 피교사자의 범죄실행결의의 유무와 관계없이 그 행위 자체가 독립하여 살인예비죄를 구성한다."고 판시하고 있다(대법원 1950.4.18, 4283형상10). 경찰간부 11

　　㉠ 효과 없는 교사(erfolglose Anstiftung) : 피교사자가 범죄의 실행은 승낙하였으나, 실행의 착수에 나아가지 않은 경우를 말한다(제31조 제2항)(효과 없는 교사 = 예비죄에 대한 교사). 국가9급 11 / 경찰승진 13 / 국가9급 14

　　㉡ 실패한 교사(fehlgeschlagene od. mißlungene Anstiftung) : 교사를 하였으나, 피교사자가 범죄의 실행을 승낙하지 아니한 경우(제31조 제3항), 또는 이미 범죄의 실행을 결의하고 있었던 경우를 말한다. 국가9급 11 / 국가7급 11 / 경찰승진 13

참고하기 예비죄에 대한 교사

기수의 고의를 가지고 범행을 교사하고 피교사자가 이를 승낙하였으나 실행에 착수하지 않은 경우 교사자의 죄책이 특히 문제되는데, 이를 예비죄에 대한 교사라 한다(이와는 달리 처음부터 실행에 착수하게 하지 않으려는 의도로 교사하는 경우, 즉 '예비단계에 그치게 하겠다는 의도로 한 교사'도 '예비의 교사'로 부를 수 있는데, 이는 '미수의 교사'처럼 불가벌이다).
예비죄에 대한 교사는 예비죄와 기본범죄의 관계에 대한 독립범죄설이나 공범의 종속성 여부에 관한 공범독립성설에 의하면 교사범이 성립하게 되지만, 발현형태설(다수설·판례)이나 공범종속성설(통설·판례)에 의하면 교사범이 성립할 수 없게 된다. 또한 현행형법에 의하면 예비죄에 대한 교사의 경우, 교사자는 −피교사자의 범죄실행행위가 없기 때문에− 당연히 교사범이 성립할 수는 없지만 제31조 제2항에 의하여 −피교사자와 함께− 예비·음모죄로 처벌된다. 따라서 예비죄에 대한 교사는 공범이 성립하지 않지만 가벌성은 있다.

---

(3) 효 과

① 협의의 교사미수 : 교사자·피교사자 모두 미수범으로 처벌된다. 국가9급 10 / 국가9급 11 / 사시 15

② 기도된 교사 : 효과 없는 교사의 경우에는 교사자·피교사자 모두 예비·음모로 처벌되며, 경찰승진 10 / 경찰승진 12 / 경찰간부 15 / 법원9급 15 / 경찰채용 16 1차 / 국가9급 16 실패한 교사의 경우에는 교사자만 예비·음모로 처벌된다. 법원행시 06 / 국가7급 07 / 법원행시 09 / 국가9급 10 / 국가9급 11 / 국가7급 11 / 사시 12 / 경찰승진 13 / 경찰승진 14 / 경찰채용 15 1차 / 국가9급 16 / 법원행시 16

표정리 교사의 미수 개관

구 분		교사행위	범행결의	실행의 착수	결과발생
교사의 기수(보통의 교사)					
협의의 교사미수					
기도된 교사	효과 없는 교사(교사에 성공했으나 실행의 착수 없음)				
	실패한 교사(교사 자체를 실패)				

면; 이재상, §34−32 참조.

[487] 교사범과 구별되는 방조범의 경우 ① 부작위에 의한 방조 : ○, 국가9급 07·09 / 사시 10 / 변호사 12 / 법원행시 13 / 사시 13·14 / 변호사 14 ② 편면적 방조 : ○, 사시 14 ③ 기도된 방조 : 가벌성 ×, ④ 승계적 방조 : ○

2. 교사의 교사

교사의 교사에는 1인의 중간교사자가 개입된 경우인 간접교사(mittelbare Anstiftung)(甲이 乙을 시켜 A에게 군무를 기피하게 하기 위해 부대를 이탈할 것을 권유하여 A로 하여금 군무이탈케 한 경우, 甲의 행위 : 대법원 1967.3.21, 67도123)와 수인의 중간교사자가 개입된 경우인 연쇄교사(Kettenanstiftung)가 있다(다수설). 이 경우 모두 교사범으로 처벌된다. 법원행시 05

★ 판례연구 간접교사도 교사범에 해당한다는 사례

대법원 1974.1.29, 73도3104
甲이 乙에게 범죄를 저지르도록 요청한다 함을 알면서 甲의 부탁을 받고 甲의 요청을 乙에게 전달하여 乙로 하여금 범의를 야기케 하는 것은 교사에 해당한다. 국가7급 10 / 법원9급 14 / 국가9급 20

참고하기 각칙상의 교사 · 방조죄에는 총칙상의 교사범 · 방조범 규정이 적용되지 않는다

형법 각칙을 보다 보면 자살교사 · 방조죄(제252조 제2항), 음행매개죄(제242조), 간첩방조죄(제98조 제1항), 도주원조죄(제147조) 등 교사나 방조라는 용어를 사용하거나 그와 유사한 의미가 있는 용어를 사용하는 죄명이 있음을 발견하게 된다. 그러나 이러한 범죄들은 어디까지나 각칙상 독립된 범죄이지 총칙상 공범규정의 적용을 받는 것은 아니다. 예를 들어, 자살방조죄는 10년 이하의 징역으로 처벌하는 것이고, 총칙상 방조범처럼 형을 감경(제32조 제2항)하는 것이 아니다.

제5절 | 종 범

01 서 설

제32조 【종 범】 ① 타인의 범죄를 방조한 자는 종범으로 처벌한다.
② 종범의 형은 정범의 형보다 감경한다.

종범(從犯)(또는 방조범; 幇助犯; Beihilfe)이란 타인의 범죄행위를 도와준 자를 말한다(제32조 제1항).

종범은 행위지배의 요소가 없다는 점에서 정범(직접정범 · 간접정범 · 공동정범)과 구별된다. 특히 공동정범은 공동의사에 의한 기능적 행위지배가 있지만 방조범은 그렇지 않다는 점에서 양자는 구별된다(판례도 이 점을 명시함. 대법원 1989.4.11, 88도1247 등). 행위지배의 요소가 결여되어 있으므로 정범이 아닌 공범 즉 협의의 공범인 점에서 종범은 교사범과 같다. 그러나 범행결의가 이미 있는 자에게 그 범행을 촉진시키는 행위라는 점에서 범행결의 없는 자에게 범죄의사를 가지게 하는 교사범과는 구별된다.

02 종범의 성립요건

종범이 성립하기 위한 요건은 교사범의 성립요건과 마찬가지이다. 즉, 종범의 범죄는 정범의 범죄에 종속하여 성립하는 것이므로(공범종속성원칙) 정범의 범죄행위 없이 방조범이 성립할 수 없다. 따라서 예를 들어 사기방조죄는 정범인 본범의 사기 또는 사기미수의 증명이 없으면 성립할 수 없고(대법원 1970.3.10, 69도2492), 심지어 소위 편면적 종범에 있어서도 정범의 범죄행위 없이 종범이 성립할 수 없다(대법원 1974.5.28, 74도509). 법원행시 12 / 사시 15 / 국가9급 18

1. 종범의 방조행위

(1) 방조행위

① 의의 : 실행행위 이외의 행위로서 정신적 또는 물질적으로 정범을 원조하고 그 실행행위를 용이하게 하는 것을 말한다.

② 방법 : 정범의 범죄실현을 용이하게 하는 것이면 정신적 방조(조언, 격려)와 물질적 방조(흉기 제공)를 묻지 않고, 정범의 실행에 대해 직접적으로 방조하든 간접적으로 방조하든 모두 가능하다. 법원행시 10 / 법원행시 16 정범의 범행이 누구에 의하여 실행되는가를 알아야 할 필요도 없다(대법원 1977.9.28, 76도4133). 사시 11 / 변호사 12 / 법원9급 13 / 경찰간부 17

그리고 작위에 의한 방조이든 부작위에 의한 방조(교사범과의 차이)이든 모두 방조가 될 수 있다. 국가9급 08 · 09 / 국가7급 09 / 국가9급 11 / 경찰간부 16

또한 방조행위는 완결될 것을 묻지 않는다는 점에서 교사범과 유사한 점도 있다. 다만 방조행위는 정범의 범행을 촉진하거나 강화하는 효과가 있는 것이어야 한다(공범의 처벌근거에 관한 종속적 야기설 또는 혼합적 야기설). 따라서 이미 입영기피를 결심한 자에게 '몸조심하라고 악수를 나눈 정도의 행위'만으로는 병역법위반죄의 방조가 될 수 없고(대법원 1983.4.12, 82도43), 경찰승진 16 / 사시 16 간첩에게 '숙식을 제공하거나 안부편지를 전달해주거나 무전기 매몰시 망을 보아주는 행위'만으로는 간첩방조(물론 이는 총칙상의 방조범은 아니라 각칙상 독립된 범죄—제98조 제1항—이지만 방조행위의 의미에 있어서는 차이가 없음)가 될 수 없다(대법원 1967.1.31, 66도1661[488]). 사시 16

> 🔨 **판례연구** 종범의 방조행위에 해당하는 사례
>
> **1. 대법원 1957.5.10, 4290형상343**
> 밀수출 물품 구입자금에 사용되는 정을 알고 제3자로부터 금원을 차용하여 교부한 결과 그 금원을 자금의 일부로 하여 물품을 구입, 밀수출케 한 경우 자금 제공자는 밀수출을 방조한 경우에 해당한다.
>
> **2. 대법원 1970.7.28, 70도1218**
> 도박하는 자리에서 도금으로 사용하리라는 정을 알면서 채무 변제조로 금원을 교부하였다면 도박을 방조한 행위에 해당한다(도박자금제공자 : 도박방조죄).
>
> **3. 대법원 1982.9.14, 80도2566**
> 피고인들이 정범의 변호사법 위반행위(금 2억 원을 제공받고 건축 사업허가를 받아 주려한 행위)를 하려한다는 정을 알면서 자금능력 있는 자를 소개하고 교섭한 행위는 그 방조행위에 해당한다.

---

488 북괴간첩에게 숙식을 제공하였다고 하여서 반드시 간첩방조죄가 성립된다고는 할 수 없고 행위자에게 간첩의 활동을 방조할 의사와 숙식제공으로서 간첩활동을 용이하게 한 사실이 인정되어야 한다(대법원 1967.1.31, 66도166).

4. 대법원 1988.3.22, 87도2585

부동산소개업자로서 부동산의 등기명의수탁자가 그 명의신탁자의 승낙 없이 이를 제3자에게 매각하여 불법영득하려고 하는 점을 알면서도 그 범행을 도와주기 위하여 부동산명의수탁자에게 매수할 자를 소개하여 주었다면 이러한 부동산소개업자의 행위는 횡령죄의 방조범에 해당한다.

5. 대법원 1995.9.29, 95도456

방조범의 성립에 있어서 방조행위의 완결성은 필요 없다는 사례

주식의 관리에 관한 일체의 절차를 정확하게 알고 있는 증권회사의 중견직원들이 정범에게 피해자의 주식을 인출하여 오면 관리하여 주겠다고 하고, 나아가서 부정한 방법으로 인출해 온 주식을 자신들이 관리하는 증권계좌에 입고하여 관리 운용하여 주었다면, 이는 주식 인출절차에 관련된 출고전표인 사문서의 위조, 동 행사, 사기 등 상호 연관된 일련의 범행 전부에 대하여 방조행위가 된다.

6. 대법원 1997.1.24, 96도2427

A도 핵폐기장 설치 반대시위의 일환으로 행하여진 대학생들의 인천시청 기습점거 시위에 대하여 전혀 모르고 있다가 시위 직전에 주동자로부터 지시를 받고 시위현장 사진촬영행위를 한 자는 시위행위에 대한 종범(무형적·정신적 방조)의 죄책을 부담한다.

7. 대법원 2000.8.18, 2000도1914

형법상 방조행위는 정범이 범행을 한다는 정을 알면서 그 실행행위를 용이하게 하는 직접·간접의 모든 행위를 가리키는 것인바, 운전면허가 없는 자에게 승용차를 제공하여 그로 하여금 무면허운전을 하게 하였다면 이는 무면허운전 범행의 방조행위에 해당한다. 경찰채용 11 1차 / 경찰승진 11

8. 대법원 2007.10.26, 2007도4702

사행성유기기구인 '바다이야기' 등을 게임장에 비치하고 이용자들로 하여금 그 사행성유기기구를 이용하게 한 다음 경품으로 받은 상품권을 게임장 내지 환전소에서 상품권 1장당 현금 4,500원에 환전하여 줌으로써 고객들로 하여금 게임물을 이용하여 사행행위를 하게 한 경우, 환전행위를 통하여서만 비로소 사행성이 지나친 게임물을 이용하고자 하는 고객들을 현실적으로 유인할 수 있게 되는 점 등에 비추어 보면, 경품용 상품권인 해피머니의 발행업자인 대표이사인 피고인의 환전행위는 적어도 이 사건 사행행위의 실행을 용이하게 하는 방조행위에는 해당한다고 할 것이다.

9. 대법원 2007.11.29, 2006도119

별정통신사업자등록을 하지 않은 개별사업자들이 기간통신사업자들로부터 임대한 060 전화정보서비스 회선설비를 이용하여 실시간 유료전화정보서비스 사업을 영위한 것은 전기통신사업법의 무등록 별정통신사업 경영행위에 해당하고, 060회선을 제공한 위 기간통신사업자와 그 담당직원 등 피고인의 행위는 그 방조행위에 해당한다. 또한 기간통신사업자의 담당직원이 무등록업자에게 060회선을 임대하여 실시간 1:1 증권상담서비스 사업을 영위하게 한 경우, 위 상담서비스는 투자자문업에 해당하므로 위 피고인의 행위는 증권거래법상 무등록투자자문업 방조에 해당한다.

10. 대법원 2007.12.14, 2005도872

무료 MP3 파일 공유를 위한 P2P 프로그램인 소리바다 프로그램을 통하여 MP3 파일을 다운로드 받은 이용자의 행위는 저작권법상 복제행위에 해당하고, 소리바다 서비스 운영자의 행위는 저작권법상 복제권 침해행위의 방조에 해당한다. 경찰간부 13

11. 대법원 2012.8.30, 2012도6027

진범 아닌 자의 허위자백을 유지시킨 형사변호인에게 범인도피방조죄를 인정한 사례

공범자의 범인도피행위 도중에 그 범행을 인식하면서 그와 공동의 범의를 가지고 기왕의 범인도피상태를 이용하여 스스로 범인도피행위를 계속한 경우에는 범인도피죄의 공동정범이 성립하고(대법원 1995.9.5, 95도577), 경찰승진 14 이는 공범자의 범행을 방조한 종범의 경우도 마찬가지이며(계속범인 범인도피의 승계적 방조 ○), 형사변호인이 의뢰인의 요청에 따른 변론행위라는 명목으로 수사기관·법원에 대하여 적극적으로 허위진술을 하거나 피고인·피의자로 하여금 허위진술을 하도록 하는 것은 허용되지 않으므로(변호인의 변론행위의 한계), 휴대전화 문자발송사기의 진범 乙을 은폐하기 위해 甲이 자신이 범행을 저질렀다고 허위자백을 하고 있는데 甲의

사기 피고사건 변호인으로 선임된 피고인 A가 위 허위자백을 유지하면서 甲과 乙 사이에서 양쪽의 의사를 전달하는 등의 행위를 하였다면 이는 정범인 甲에게 결의를 강화하게 한 방조행위로 평가될 수 있다.

12. 대법원 2021.9.9, 2017도19025 전원합의체; 2021.9.30, 2016도8040

저작권 침해물 링크 사이트에서 공중송신권 침해 게시물로 연결되는 링크를 영리적·계속적으로 공중의 구성원에게 제공하는 행위는 저작권법상 공중송신권 침해의 방조에 해당할 수 있다는 사례

정범이 침해 게시물을 인터넷 웹사이트 서버 등에 업로드하여 공중의 구성원이 개별적으로 선택한 시간과 장소에서 접근할 수 있도록 이용에 제공하면, 공중에게 침해 게시물을 실제로 송신하지 않더라도 공중송신권 침해는 기수에 이른다. 그런데 정범이 침해 게시물을 서버에서 삭제하는 등으로 게시를 철회하지 않으면 이를 공중의 구성원이 개별적으로 선택한 시간과 장소에서 접근할 수 있도록 이용에 제공하는 가별적인 위법행위가 계속 반복되고 있어 공중송신권 침해의 범죄행위가 종료되지 않았으므로, 그러한 정범의 범죄행위는 방조의 대상이 될 수 있다. …… 방조범은 정범에 종속하여 성립하는 범죄이므로 방조행위와 정범의 범죄 실현 사이에는 인과관계가 필요하다. 방조범이 성립하려면 방조행위가 정범의 범죄 실현과 밀접한 관련이 있고 정범으로 하여금 구체적 위험을 실현시키거나 범죄 결과를 발생시킬 기회(공중송신권 침해의 기회)를 현실적으로 증대시키는 등으로 정범의 범죄 실현에 현실적인 기여를 하였다고 평가할 수 있어야 한다(반면, 정범의 범죄 실현과 밀접한 관련이 없는 행위를 도와준 데 지나지 않는 경우에는 방조범이 성립하지 않는다). …… 저작권 침해물 링크 사이트(링크를 온라인상 저작권 침해물의 유통 경로로 악용하는 이른바 '다시보기' 사이트 등의 링크 사이트)에서 침해 게시물에 연결되는 링크를 제공하는 경우 등과 같이, 링크 행위자가 정범이 공중송신권을 침해한다는 사실을 충분히 인식하면서 그러한 침해 게시물 등에 연결되는 링크를 인터넷 사이트에 영리적·계속적으로 게시하는 등으로 공중의 구성원이 개별적으로 선택한 시간과 장소에서 침해 게시물에 쉽게 접근할 수 있도록 하는 정도의 링크 행위를 한 경우에는 침해 게시물을 공중의 이용에 제공하는 정범의 범죄를 용이하게 하므로 공중송신권 침해의 방조범이 성립한다. …… 불법성에 대한 피고인의 인식은 적어도 공중송신권 침해 게시물임을 명확하게 인식할 수 있는 정도가 되어야 한다(이상의 요건을 갖춘 예 : 저작권 침해물 링크 사이트에서 정범의 침해 게시물 등에 연결되는 링크를 영리적·계속적으로 게시하는 경우 등). (반면 위와 같은 정도에 이르지 않은 링크 행위는 정범의 공중송신권 침해와 밀접한 관련이 있고 그 법익침해를 강화·증대하는 등의 현실적인 기여를 하였다고 보기 어려운 이상 공중송신권 침해의 방조행위라고 쉽사리 단정해서는 안 된다.) …… 이와 달리 저작권자의 공중송신권을 침해하는 웹페이지 등으로 링크를 하는 행위만으로는 어떠한 경우에도 공중송신권 침해의 방조행위에 해당하지 않는다는 취지로 판단한 종전 판례인 대법원 2015.3.12, 2012도13748 판결 등은 이 판결의 견해에 배치되는 범위에서 이를 변경하기로 한다.

🔨 **판례연구** 종범의 방조행위에 해당하지 않는 사례

1. 대법원 1984.8.21, 84도781

주인의 지시에 따라 웨이터가 미성년자를 클럽에 출입시킨 사례(미성년자보호법위반방조 ×)

웨이터인 피고인들은 손님들을 단순히 출입구로 안내를 하였을 뿐 미성년자인 여부의 판단과 출입허용여부는 2층 출입구에서 주인이 결정하게 되어 있었다면 피고인들의 위 안내행위가 곧 미성년자를 클럽에 출입시킨 행위 또는 그 방조행위로 볼 수 없다.

2. 대법원 2021.9.16, 2015도12632

농성현장 독려행위와 집회 참가 및 공문 전달 행위의 구분

쟁의행위가 업무방해죄에 해당하는 경우 제3자가 그러한 정을 알면서 쟁의행위의 실행을 용이하게 한 경우에는 업무방해방조죄가 성립할 수 있다. 다만, 헌법 제33조 제1항이 규정하고 있는 노동3권을 실질적으로 보장하기 위해서는 근로자나 노동조합이 노동3권을 행사할 때 제3자의 조력을 폭넓게 받을 수 있도록 할 필요가 있고, 나아가 근로자나 노동조합에 조력하는 제3자도 헌법 제21조에 따른 표현의 자유나 헌법 제10조에 내재된 일반적 행동의 자유를 가지고 있으므로, 위법한 쟁의행위에 대한 조력행위가 업무방해방조에 해당하는지 판단할 때는 헌법이 보장하는 위와 같은 기본권이 위축되지 않도록 업무방해방조죄의 성립 범위를 신중하게 판단하여야 한다. 또한, 방조범은 정범에 종속하여 성립하는 범죄이므로 방조행위와 정범의 범죄 실현 사이에는 인과관계가 필요

하다. 방조범이 성립하려면 방조행위가 정범의 범죄 실현과 밀접한 관련이 있고 정범으로 하여금 구체적 위험을 실현시키거나 범죄결과를 발생시킬 기회를 높이는 등으로 정범의 범죄 실현에 현실적인 기여를 하였다고 평가할 수 있어야 한다. 정범의 범죄 실현과 밀접한 관련이 없는 행위를 도와준 데 지나지 않는 경우에는 방조범이 성립하지 않는다(대법원 2021.9.9, 2017도19025 전원합의체). …… A노조 B자동차 비정규직지회 조합원들이 B자동차 생산라인을 점거하면서 쟁의행위를 한 것(이는 업무방해죄에 해당함)과 관련하여, A노조 미조직비정규국장인 甲은 ① B자동차 정문 앞 집회에 참가하여 점거 농성을 지원하고, ② 점거 농성장에 들어가 비정규직지회 조합원들을 독려하고, ③ A노조 공문을 비정규직지회에 전달하였다. 농성현장 독려 행위는 정범의 범행을 더욱 유지·강화시킨 행위에 해당하여 업무방해방조로 인정할 수 있지만(위 ②는 방조범 인정), 집회 참가 및 공문 전달 행위는 업무방해 정범의 실행행위에 해당하는 생산라인 점거로 인한 범죄 실현과 밀접한 관련성이 있다고 단정하기 어려워 방조범의 성립을 인정할 정도로 업무방해행위와 인과관계가 있다고 보기 어렵다(위 ①③은 방조범 부정).

3. 대법원 2023.6.29, 2017도9835
위법한 쟁의행위에 조력하는 행위와 업무방해방조 성립 여부
(철도노조 조합원 2인은 높이 15m 가량의 조명탑 중간 대기장소에 올라가 점거 농성을 벌임으로써 한국철도공사로 하여금 위 조합원들의 안전을 위해 조명탑의 전원을 차단하게 하여 위력으로 한국철도공사의 야간 입환업무를 방해하였는데, 피고인들은 그 아래에 천막을 설치하여 지지 집회를 개최하고 음식물과 책 등 물품을 제공하였다. 피고인들의 행위의 업무방해죄의 방조범의 죄책 성립 여부) 쟁의행위가 업무방해죄에 해당하는 경우 제3자가 그러한 정을 알면서 쟁의행위의 실행을 용이하게 한 경우에는 업무방해방조죄가 성립할 수 있다. 그러나 피고인들이 조명탑 점거농성 개시부터 관여한 것으로는 보이지 않는 점, 회사 인사 방침에 대한 의견을 표현하는 집회의 개최 등은 조합활동에 속하고, 농성자들에게 제공한 음식물 등은 생존을 위해 요구되는 것인 점 등을 고려할 때, 피고인들의 행위가 전체적으로 보아 조명탑 점거에 일부 도움이 된 측면이 있었다고 하더라도, 행위의 태양과 빈도, 경위, 장소적 특성 등에 비추어 농성자들의 업무방해범죄 실현과 밀접한 관련이 있는 행위로 보기 어렵다(방조범 부정).

③ 부작위에 의한 방조행위 : 방조자가 '법적 작위의무가 있는 한' 정범의 범행을 방치한 경우에는 방조범이 성립한다는 것이 판례이다.[489] 즉 판례는 은행지점장이 은행에 대한 부하직원의 배임행위를 발견하고도 손해보전조치를 취하지 않고 방치한 경우 업무상 배임죄의 방조범으로 처벌하였다(대법원 1984.11.27, 84도1906). 사시 13

판례연구 부작위에 의한 방조가 성립한다는 사례

1. 대법원 1985.11.26, 85도1906
종범의 방조행위는 작위에 의한 경우 뿐만 아니라 부작위에 의한 경우도 포함하는 것으로서 법률상 정범의 범행을 방지할 의무있는 자가 그 범행을 알면서도 방지하지 아니하여 범행을 용이하게 한 때에는 부작위에 의한 종범이 성립한다. 경찰승진 11 / 변호사 15 피고인은 이 사건 아파트 지하실의 소유자인 임대인으로서 임차인인 공소외 김 모의 건축법위반행위인 위 지하실에 대한 용도변경행위를 방지할 의무가 있음에도 불구하고 이를 묵시적으로 승인하여 방조한 사실이 넉넉히 인정된다.

2. 대법원 1996.9.6, 95도2551
법원 경매계 총무의 입찰보증금 임시 보전 용인 사례
법원 민사과 경매계 총무인 법원공무원 甲은 인천지방법원 집행관 합동사무소 사무원인 乙이 입찰보증금 약 45억

---

489 참고 방조범설은 이재상, §35-8 참조. 보증인지위의 종류에 따라 정범과 종범이 모두 성립할 수 있다는 학설은 김일수, 한국형법 II, 332면; 배종대, 551면 참조. 반면 정범설을 주장하며, 행위지배나 행위기여정도를 떠나 원칙적으로 정범으로 보되, 정범 성립의 요건으로서 불법영득의사나 신분과 같은 추가적인 구성요건요소가 필요한 경우에는 종범으로 볼 수 있다는 견해는 박상기, 457면; 신양균, "부작위에 의한 방조", 형사판례연구(6), 146면 이하; 전지연, "부작위에 의한 참가", 형사법연구 제5호 (1992 / 93), 63면 이하.

원을 다른 곳에 소비하고 이미 소비하여 금액이 비는 곳에 이후에 실시할 입찰사건의 입찰보증금을 대신 충당하는 방법으로 계속 이전의 입찰보증금을 메꾸어나가는 사실을 알고 있었음에도 이를 용인하였다면, 甲에게는 (부작위에 의한) 업무상 횡령죄의 방조범이 성립한다. 사시 10 / 법원9급 13 / 법원행시 13 / 국가9급 15 / 경찰채용 18 1차

3. 대법원 1997.3.14, 96도1639

백화점에서 바이어를 보조하여 특정매장에 관한 상품관리 및 고객들의 불만사항 확인 등의 업무를 담당하는 직원이 자신이 관리하는 특정매장의 점포에 가짜 상표가 새겨진 상품이 진열·판매되고 있는 사실을 발견하였음에도 이를 방치하였다면 자신의 근로계약상·조리상의 의무를 저버린 것으로 부작위에 의하여 점주의 상표법·부정경쟁방지법 위반행위를 방조한 것이다. 법원행시 09 / 사시 16

4. 대법원 2006.4.28, 2003도4128

인터넷 포털사이트 내 오락채널 총괄팀장과 위 오락채널 내 만화사업의 운영 직원인 피고인들에게, 콘텐츠제공업체들이 게재하는 음란만화의 삭제를 요구할 조리상의 의무가 있으므로, 음란만화를 삭제하지 않은 부작위에 의해 전기통신기본법 위반 방조죄가 성립하게 된다.[490]

🔨 **판례연구** 부작위에 의한 방조가 성립하지 않는다는 사례

1. 대법원 1978.3.28, 77도2269

선장으로서 그 소속선원들로부터 각자 소지한 일화의 신고를 받고도 이를 징수 보관하지 않은 점만 가지고 선원들의 밀수행위를 방조하였다고 볼 수 없다.

2. 대법원 2004.6.24, 2002도995

보라매병원 사례 : 치료를 요하는 환자에 대하여 치료중단 및 퇴원을 허용하는 조치를 취한 의사 사례
보호자가 의학적 권고에도 불구하고 치료를 요하는 환자의 퇴원을 간청하여 담당 전문의와 주치의가 치료중단 및 퇴원을 허용하는 조치를 취함(작위)으로써 환자를 사망에 이르게 한 행위에 대하여 보호자, 담당 전문의 및 주치의가 부작위에 의한 살인죄의 공동정범으로 기소된 경우, 담당 전문의와 주치의에게 환자의 사망이라는 결과 발생에 대한 정범의 고의는 인정되나 환자의 사망이라는 결과나 그에 이르는 사태의 핵심적 경과를 계획적으로 조종하거나 저지·촉진하는 등으로 지배하고 있었다고 보기는 어려워 공동정범의 객관적 요건인 이른바 기능적 행위지배가 흠결되어 있다고 보아야 하므로 작위에 의한 살인방조죄만 성립한다(작위범 ○ → 부작위범 ×).
경찰승진 13 / 변호사 13 / 법원행시 14 / 변호사 14

---

④ 방조행위의 인과관계

　㉠ 인과관계 불요설 : 방조행위 그 자체로서 이미 법익에 대한 위험을 야기한 것이므로 정범의 실행행위와 인과관계는 필요 없다는 견해이다. 과거의 판례도 인과관계를 따지지 않았던 것으로 생각된다.

　㉡ 인과관계 필요설(통설·판례) : 방조행위와 정범의 실행행위 간에는 인과관계가 필요하다는 것이 통설이다. 다만 필요설은 그 안에서 ⓐ 인과관계적으로 영향을 미치면 된다는 견해(결과야기설[491])와 ⓑ 기회증대설(機會增大說; Chancenerhöhungstheorie, 다수설)로 나뉜다. 기회증대설은 자연과학적 인과연관성 이외에 방조행위가 행위자에게는 결과야기의 기회를 증대시켰다는 규범적 평가가 있어야 될 것을 요하는 입장이다.[492] 이는 인과관계뿐만 아니라 - 구성요건단계의 객관적 귀속론에서 말

---

490 참고 사실 위 사건에서는 해당 주식회사 대표이사와 주식회사의 형사책임도 문제되었으며, 역시 판례는 부작위에 의한 전기통신기본법위반죄의 방조범으로 판시하였다. 다만 이러한 경우가 바로 부작위에 의한 정범의 성립이 가능한 사건이 아닌가 생각된다.
491 상당인과관계설은 배종대, 562면 참조. 합법칙적 조건설은 이재상, § 35-11; 이형국, 363면; 임웅, 461면 참조.
492 김일수, 541면; 박상기, 460면; 손동권, 552면; 신동운, 백선, 603면 이하; 이정원, 357면; 정성근 / 박광민, 584면 등. 기회증대설을 인과적 위험증대설이라고 표현하는 견해는 손동권, 552면 참조.

하는 결과귀속과는 구분되는[493] – 객관적 귀속의 판단도 이루어져야 하는 입장으로 이해된다. 이 입장에 의하면 방조행위로 인하여 결과발생이 용이해지거나 강화되는 등의 관계가 있는 때에는 인과관계가 인정된다고 볼 수 있다(다만 위험감소의 경우에는 부정).

판례도 2004년 보라매병원 사건에서 방조행위와 정범의 실행행위 간의 인과관계를 방조범의 성립 요건으로서 명시적으로 요구·판단하고 있다.

♣ 판례연구 보라매병원 사례 : 정범의 실행행위 착수 이전의 방조행위와 종범의 성부(적극)

대법원 2004.6.24, 2002도995
원심이 피고인들의 행위가 원심공동피고인의 부작위에 의한 살인행위를 방조한 것으로 본 데에 인과관계에 관한 법리오해 또는 채증법칙 위배로 인한 사실오인으로 판결 결과에 영향을 미친 위법이 없으며, 가사 피해자가 매우 위독한 상태에 있었다 하여도 회복할 가능성이 전혀 없었던 것이 아닌 이상 피고인들의 범행(퇴원허용조치)과 피해자의 사망 사이에 합법칙적 연관 내지 상당인과관계를 인정할 수 없다고는 보기 어렵다.

📖 사례연구 사시미칼과 야구방망이 사례

상어파 보스 甲은 라이벌관계에 있는 고래파 보스 乙을 납치하였다. 甲은 乙의 목숨을 자신의 손으로 없애고 싶었다. 그래서 부하들에게 "아무 칼이나 가져와"라고 명령하였다. 甲의 부하들 중 丙이 자신의 사시미칼을 건네자, 옆에 있던 丁이 甲에게 "단칼에 죽이면 심심하니까 야구방망이로 때려 죽이는 게 좋다"고 하여 야구방망이를 건네주었다. 甲은 丁의 제안을 따르기로 하고 야구방망이로 乙의 온몸을 닥치는 대로 때렸다. 그리고 나서 乙이 축 늘어지자 乙을 고래파의 본거지인 고래클럽 앞에 갖다 버렸다. 그러나 乙은 살았다. 甲과 丙과 丁의 형사책임은?(납치행위에 대한 판단은 별론으로 함)

〔해결〕 甲은 살인미수죄의 정범, 丁은 살인미수죄의 방조범이다. 문제는 丙의 사시미칼을 건넨 행위가 甲의 살인미수행위에 대한 방조범이 성립하는가이다. 이 문제는 방조행위의 유형(정신적 방조)인 동시에 한편 방조행위와 정범의 실행행위 간의 인과관계의 문제이다. 다수설인 기회증대설의 관점에서 방조행위와 정범의 실행행위 간에 인과관계와 객관적 귀속관계가 인정되므로 丙에게도 살인미수죄의 방조범이 인정될 수 있다.

---

⑤ 정범의 방조행위 인식 여부 : 정범이 방조행위를 인식할 필요는 없으므로 정범 몰래 행하는 '편면적 방조행위'도 인정된다. 국가7급 09 / 사시 14 / 경찰간부 16 공동정범·교사범과는 다른 점이다.

⑥ 방조행위의 시기 : 종범의 방조행위는 정범의 실행행위시에 있을 것을 요하지 않는다.

   ㉠ 피방조자의 실행착수 전에 방조한 경우 : 종범은 정범의 실행행위 중에 이를 방조하는 경우뿐만 아니라 실행착수 전에 장래의 실행행위를 예상하고 이를 용이하게 하는 행위를 한 경우에도 정범이 실행행위로 나아갔다면 성립한다(대법원 1996.9.6, 95도2551). 법원9급 07(상) / 법원9급 07(하) / 국가7급 08 / 경찰채용 10 1차 / 경찰승진 10 / 사시 10 / 경찰승진 11 / 국가7급 12 / 법원행시 12 / 변호사 12 / 법원9급 13 / 사시 13 / 법원행시 14 / 국가9급 15 / 변호사 15 / 법원9급 15 / 법원행시 16 / 사시 16 / 경찰간부 17

   ㉡ 계속범의 기수 이후 종료 이전에 방조한 경우 – 승계적 방조 : 정범이 기수에 이르렀으나 종료되기 전에 방조를 한 자도 종범이 인정된다. 예를 들어, ⓐ 진료부는 환자의 계속적인 진료에 참고로 공하여지는 진료상황부이므로 간호보조원의 무면허 진료행위가 있은 후에 이를 의사가 진료부에다 기재하는 행위는 정범의 실행행위종료 후의 단순한 사후행위에 불과하다고 볼 수 없고 무면허의료행위의 방조에 해당한다(대법원 1982.4.27, 82도122). 사시 11 / 변호사 12 / 경찰간부 17 / 법원9급 20

---

493 이형국, 연구Ⅱ, 642면.

또한 ⓑ 비록 타인의 미성년자 약취·유인행위에는 가담한 바 없다 하더라도, 사후에 그 사실을 알면서 약취·유인한 미성년자를 이용하여 재물이나 재산상의 이익을 취득하거나 요구하는 타인의 행위에 가담하여 이를 방조한 때에는, 단순히 재물 등 요구행위의 종범이 되는 데 그치는 것이 아니라 종합범인 위 특가법 제5조의2 제2항 제1호 위반죄의 종범에 해당한다(대법원 1982.11.23, 82도2024).

▶ 다만, 정범의 종료 이후에 방조하는 사후방조는 독립된 범죄이지 방조범이 아니다. 예를 들어, ㉠ 甲은 乙이 교도소에서 탈주해서 간수자의 실력적 지배를 이미 이탈한 시점에서 乙을 돕겠다는 생각에서 乙을 자신의 집에 숨겨주었다. 甲에게는 도주원조죄(제147조) 즉 乙의 도주를 도와준 죄책이 인정될까? 인정되지 않는다. 乙의 도주는 이미 완료된 이후이기 때문이다. 이때에는 범인은닉·도피죄(제151조 제1항)가 성립할 뿐이다. 또 한 예를 들면, ㉡ 甲은 乙이 丙으로부터 절취한 물건이라는 점을 알면서 乙을 도와주고자 해당 물건을 구입해주었다. 甲에게는 절도죄의 방조범이 성립할까? 역시 같은 이유로 성립하지 않는다. 장물취득죄(제362조 제1항)만 성립할 뿐이다.

ⓒ 예비죄의 방조범 : 불가벌(다수설·판례)[494]

@ 기수의 고의로 방조했으나 피방조자가 예비단계에 그친 경우 : 예비죄의 종범으로 처벌할 수 없으며 불가벌이다(대법원 1976.5.25, 75도1549[495]; 1979.11.27, 79도2201[496]).[497] 법원행시 08 / 국가9급 09 / 경찰승진 10 / 사시 10 / 경찰승진 11 / 경찰간부 11 / 국가9급 11 / 경찰간부 13 / 국가9급 14 / 법원행시 14 / 경찰간부 15 / 변호사 15 / 경찰승진 16 / 국가9급 18

왜냐하면 공범종속성원칙상 정범의 범죄실행행위(실행에 착수한 행위)가 없는 이상 방조범이 성립할 수 없고, −교사범에 있어서는 공범종속성원칙을 다소 양보한 특별·예외규정인 '형법 제31조 제2항 및 제3항(기도된 교사)'과 같은 예비·음모죄 처벌규정이 있었기에 예비죄에 대한 교사의 가벌성은 인정할 수 있었지만− 방조범에 있어서는 기도된 방조를 따로 처벌하는 규정을 두고 있지 않은 이상 그 가벌성을 인정할 수 없기 때문이다.

ⓑ 예비단계에 그치게 할 의도로 방조한 경우(기회제공형 함정수사) : 예비단계에 그칠 것을 목표로 하는 방조범은 미수의 방조가 불가벌인 것처럼 당연히 불가벌이다.

㉣ 방조행위에 대한 방조행위 : 연쇄방조는 정범에 대한 방조와 동일하다. 따라서 방조범이 성립한다. 또한 교사행위를 방조한 경우에도 방조범이 성립하게 된다. 다만 기도된 교사에 대한 방조는 결국 정범이 실행에 착수하지 못한 경우를 의미하므로 교사자는 예비죄로 처벌되나(제31조 제2항·제3항) 방조자는 처벌할 수 없다.[498]

(2) 종범의 고의

① 방조의 고의 : 과실에 의한 방조는 불가벌이다. 국가9급 07 / 국가7급 09 / 사시 10 / 사시 11 / 경찰간부 16

② 정범의 고의 : 방조범이 성립하려면 −교사범과 마찬가지로− 정범의 실행을 방조한다는 방조의 고의뿐

---

494 기술하였듯이, 소수설에 의하면 예비죄의 독립범죄성을 인정하거나 공범독립성설을 취하는 경우가 있고, 이에 의하면 예비죄의 방조도 방조범이 성립할 수 있게 된다.

495 판례 : 예비의 방조 부정 제32조 제1항의 타인의 범죄란 정범이 범죄의 실현에 착수한 경우를 말하는 것이므로 종범이 처벌되기 위하여는 정범의 실행의 착수가 있는 경우에만 가능하고 형법 전체의 정신에 비추어 정범이 실행의 착수에 이르지 아니한 예비의 단계에 그친 경우에는 이에 가공하는 행위가 예비의 공동정범이 되는 경우를 제외하고는 종범의 성립을 부정하고 있다고 보는 것이 타당하다(대법원 1976.5.25, 75도1549). 법원행시 08 / 경찰승진 10 / 사시 10 / 국가9급 11 / 경찰간부 13 / 법원9급 13 / 법원행시 14 / 경찰채용 14 1차 / 경찰승진 14 보충 위 판례는 예비죄의 법적 성격에 관하여 발현형태설을 취한 사례이기도 하다.

496 판례 예비행위의 방조행위는 방조범으로서 처단할 수 없는 것이고 그와 같은 법리는 특가법 및 관세법에 규정된 무면허수입 등 예비죄의 방조행위에 있어서도 마찬가지이다(대법원 1979.11.27, 79도2201). 사시 11

497 주의 반면, 예비단계에 있는 정범의 행위를 방조한 때에도 이후 정범이 실행에 착수하고, 방조행위와 피방조자의 실행행위 간에 기회증대적 관계가 인정된다면 종범이 성립한다(대법원 1983.3.8, 82도2873).

498 보충 : 기도된 교사에 대한 방조 기도된 교사란 피교사자가 실행에 착수하지 못한 경우이다. 이 경우 교사자는 예비·음모로 처벌될 수 있으나(제31조 제2항 및 제3항), 다시 이를 방조한 자의 경우에는 예비죄에 대한 방조가 처벌될 수 없기 때문에 처벌될 수 없다. 즉 기도된 교사에 대한 방조는 불가벌이다.

만 아니라 정범의 구성요건적 실행행위에 대한 인식과 의사인 정범의 고의가 있어야 한다. 법원행시 09 / 국가7급 14 / 법원9급 15 / 사시 16 / 경찰채용 22 1차 / 국가9급 24

이러한 정범의 고의는 정범에 의하여 실현되는 범죄의 구체적 내용을 인식할 것을 요하는 것은 아니고 미필적 인식 또는 예견으로 족하다(대법원 2005.4.29, 2003도6056). 499 법원행시 08 / 경찰채용 10 1차 / 법원행시 12 / 변호사 12 / 법원9급 13 / 경찰승진 14 / 법원행시 14 / 변호사 14 / 법원9급 15 / 사시 16 / 경찰간부 17 / 국가9급 17 다만 이 역시 기수의 고의이어야 하므로 미수의 방조(기회제공형 함정수사)는 불가벌이다.

★ 판례연구 방조범의 이중의 고의

1. 대법원 2005.10.28, 2005도4915
배임적 거래행위의 상대방은 종범의 고의 및 행위가 있어도 함부로 배임방조죄가 되지 않는다는 사례
자신의 이익을 추구하는 거래상대방의 대향적 행위의 존재를 필요로 하는 유형의 배임죄에 있어서 ① 거래상대방이 배임행위를 교사하거나 그 배임행위의 전 과정에 관여하는 등으로 배임행위에 적극 가담함으로써 배임죄의 교사범 또는 공동정범이 될 수 있음은 별론으로 하고, ② 관여의 정도가 거기에까지 이르지 아니하여 사회적 상당성을 갖춘 경우에 있어서는 비록 정범의 행위가 배임행위에 해당한다는 점을 알고 거래에 임하였다는 사정이 있어 외견상 방조행위로 평가될 수 있는 행위가 있었다 할지라도 범죄를 구성할 정도의 위법성은 없다고 봄이 상당하다 할 것이다.

2. 대법원 2006.1.12, 2004도6557
입원치료 불필요한 환자들에게 입원확인서를 발급해준 의사에게 사기죄의 방조범을 인정한 사례
의사인 피고인이 입원치료를 받을 필요가 없는 환자들이 보험금 수령을 위하여 입원치료를 받으려고 하는 사실을 알면서도 입원을 허가하여 형식상으로 입원치료를 받도록 한 후 입원확인서를 발급하여 준 경우에는 사기방조죄가 성립한다. 경찰승진 10

3. 대법원 2022.10.27, 2020도12563
탈법행위 목적 타인실명 금융거래의 방조범의 성립을 인정한 사례
누구든지 「특정 금융거래정보의 보고 및 이용 등에 관한 법률」(구 금융실명법)에 따른 불법재산의 은닉, 자금세탁행위 그 밖에 탈법행위를 목적으로 타인의 실명으로 금융거래를 하여서는 아니 되고, 위와 같은 목적으로 타인의 실명으로 금융거래를 하는 행위는 위 법률에 의하여 처벌된다. 형법상 방조행위는 정범이 범행을 한다는 정을 알면서 그 실행행위를 용이하게 하는 직접·간접의 행위를 말하므로, 방조범은 정범의 실행을 방조한다는 이른바 방조의 고의와 정범의 행위가 구성요건에 해당하는 행위인 점에 대한 정범의 고의가 있어야 하나, 방조범에서 정범의 고의는 정범에 의하여 실현되는 범죄의 구체적 내용을 인식할 것을 요하는 것은 아니고 미필적 인식 또는 예견으로 족하다(대법원 2005.4.29, 2003도6056). 구 금융실명법 제6조 제1항 위반죄는 이른바 초과주관적 위법요소로서 '탈법행위의 목적'을 범죄성립요건으로 하는 목적범이므로, 방조범에게도 정범이 위와 같은 탈법행위를 목적으로 타인 실명 금융거래를 한다는 점에 관한 고의가 있어야 하나, 그 목적의 구체적인 내용까지 인식할 것을 요하는 것은 아니다. …… 피고인은 정범인 성명불상자가 이 사건 규정에서 말하는 '탈법행위'에 해당하는 무등록 환전영업을 하기 위하여 타인 명의로 금융거래를 하려고 한다고 인식하였음에도 이러한 범행을 돕기 위하여 자신 명의의 금융계좌 정보를 제공하였고, 정범인 성명불상자는 이를 이용하여 전기통신금융사기 범행을 통한 편취금을 송금받아 탈법행위를 목적으로 타인 실명의 금융거래를 하였다면, 피고인에게는 구 금융실명법 제6조 제1항 위반죄의 방조범이 성립하고, 피고인이 정범인 성명불상자가 목적으로 삼은 탈법행위의 구체적인 내용이 어떤 것인지를 정확히 인식하지 못하였다고 하더라도 범죄 성립에는 영향을 미치지 않는다.

---

499 사실관계 甲은 乙이 운영하는 **위장수출회사의 직원**으로서 乙이 금괴를 부가가치세 영세율이 적용되는 수출원자재 명목으로 구입한 후 실제로는 시중에 판매처분하고 허위로 수출신고를 하여 이를 근거로 관세를 부정환급받는 행위에 대하여, 乙의 지시에 따라 허위내용의 관세환급신청을 하여 관세 합계 243,212,870원을 부정한 방법으로 환급받았다면, 甲에게는 **관세법위반죄의 방조범**이 성립한다.

2. 정범의 실행행위

(1) 실행의 착수

정범이 실행의 착수에 나아가야 한다(미수·기수 불문).

(2) 실행의 착수가 없는 경우

기도된 방조는 기도된 교사와는 달리 처벌규정이 없으므로 벌할 수 없다. 국가7급 09 / 사시 10 / 사시 12 / 경찰간부 16

📖 **사례연구** 도박개장죄가 성립하지 않는 경우 도박개장방조 성부 사례

甲은 A 인터넷 게임사이트의 온라인게임에서 통용되는 사이버머니를 구입하고자 하는 사람을 유인하여 돈을 받고 위 게임사이트에 접속하여 일부러 패하는 방법으로 사이버머니를 판매하였다. 甲에게는 도박개장방조죄가 성립하는가?

해결 종범은 정범의 실행행위 전이나 실행행위 중에 정범을 방조하여 그 실행행위를 용이하게 하는 것을 말하므로 정범의 실행행위가 있어야 성립하는데, 위 사안에서 정범인 도박개장죄의 실행행위인 도박개장사실 즉, 위 게임사이트를 개설한 자가 위 게임을 그 회원들에게 단순 오락용 게임으로 제공하는 것을 넘어서 회원 간에 사이버머니를 현금화하는 것을 허용한다거나 사실상 현금처럼 사용하게 하는 등의 방법으로 위 게임을 도박의 수단으로 제공하고 그에 따른 이익을 취득하였다는 사실을 인정할 증거가 없기 때문에, 피고인의 도박개장방조죄도 성립할 수 없다(대법원 2007.11.29, 2007도8050). 사시 11

정답 성립하지 않는다.

---

03 종범의 착오

1. 구체적 사실의 착오

(1) 의 의

종범의 방조내용과 정범의 실행행위가 동일한 구성요건의 범위 내에 있는 경우를 말한다.

예 A가 B에게 甲에 대한 살해를 방조했으나, B가 乙을 살해한 경우

(2) 효 과

법정적 부합설에 의하면 살인죄의 방조범이 성립하고, 구체적 부합설에 의하면 교사사실의 미수와 발생사실의 과실의 상상적 경합이 성립한다고 보게 된다.

2. 추상적 사실의 착오

(1) 의 의

종범의 방조내용과 정범의 실행행위가 상이한 구성요건인 경우이다.

(2) 유 형

① 방조내용보다 적게 실행한 경우 : 종범은 정범의 실행행위의 범위 내에서만 책임을 진다.

예 살인을 방조했는데 상해만 실행하였다면 상해죄의 방조범만 성립한다. 교사범의 경우에는 이때 살인예비죄가 성립하였으나 방조의 경우에는 기도된 방조를 처벌하지 않는다.

② 방조내용을 초과하여 실행한 경우

㉠ 질적 초과 : 실행된 범죄가 방조된 범죄와 본질적으로 다른 범죄인 경우를 말한다.

예 절도를 방조했는데, 살인을 실행한 경우의 효과로서는 절도방조죄는 성립되지 않고 기도된 방조도 불가

벌이기 때문에 결국 방조자는 처벌되지 아니한다.

ⓛ 양적 초과 : 실행된 범죄가 방조된 범죄와 죄질을 같이하나, 그 정도를 초과한 경우를 말한다. 방조자의 인식과 정범의 실행간에 착오가 있고 양자의 구성요건을 달리한 경우에는 원칙적으로 방조자의 고의는 조각되는 것이지만, ⓐ 그 구성요건이 중첩되는 부분이 있는 경우에는 그 중복되는 한도 내에서는 방조자의 죄책을 인정하게 된다(대법원 1985.2.26, 84도2987). 경찰승진 10 / 법원9급 13 / 경찰승진 14 다만 ⓑ 방조자의 예상한 한도를 벗어난 양적 초과의 결과가 발생한 경우, 방조자에게 결과발생에 대한 예견가능성이 있는 경우 '결과적 가중범의 방조'가 가능한가에 대해서는 견해의 대립이 있다.

　예　상해를 방조했는데, 살인을 실행한 경우 ⇨ 판례에 의하면 무거운 결과에 대해서 과실이 있는 경우에 상해치사죄(결과적 가중범)의 종범이 성립된다(결과적 가중범의 교사 참조, 다수설은 반대). 그러나 이는 어디까지나 방조자에게 예견가능성이 있는 경우이며, 아래 판례처럼 예견가능성이 없는 경우에는 중복되는 한도 내에서만 책임을 지게 된다.

★ **판례연구** 각목을 건네준 방조의 경우 폭행치사방조가 아니라 (특수)폭행방조만 인정한 사례

대법원 1998.9.4, 98도2061
피고인은 처음에 폭행을 제지하였고, 상피고인이 취중에 남의 자동차를 손괴하고도 이를 꾸짖는 상급자에게 무례한 행동을 하는 피해자를 교육시킨다는 정도로 가볍게 생각하고 각목을 상피고인에게 건네주었던 것이고, 그 후에도 양인 사이에서 폭행을 제지하려고 애쓴 경우, 피고인으로서는 피해자가 상피고인의 폭행으로 사망할 것으로 예견할 수 있었다고 볼 수 없으므로, 특수폭행치사방조가 아닌 특수폭행의 방조가 인정된다. 사시 15

04　종범의 처벌

(1) 정범의 형(법정형)보다 필요적으로 감경한다(제32조 제2항). 경찰승진 10

(2) 정범이 미수에 그친 경우에는 미수의 감경과 방조의 감경의 이중의 감경이 가능하다. 법률상 감경할 사유가 수개 있는 경우에는 거듭 감경할 수 있기 때문이다(제55조 제2항).

05　관련문제

1. 종범의 미수

(1) 협의의 종범의 미수(정범이 실행에 착수하였으나, 미수에 그친 경우)

피방조자와 마찬가지로 방조자도 미수로 처벌된다.

(2) 기도된 종범(방조하였으나, 정범의 실행의 착수가 없는 경우)

불가벌이다. 국가7급 09 / 국가7급 10 / 경찰간부 16 교사범(제31조 제2항·제3항)과는 달리 처벌규정이 없기 때문이다.

2. 종범의 종범, 교사의 종범, 종범의 교사

(1) 종범의 종범(종범을 방조하는 경우)

종범이 성립한다. 즉 간접방조도 방조범으로 인정된다(대법원 1977.9.28, 76도4133).500

---

500 판례 : 간접방조 정범이 범행을 한다는 점을 알면서 그 실행행위를 용이하게 한 이상 그 행위가 간접적이거나 직접적이거나를

(2) 교사의 종범(교사범을 방조하는 경우)

방조자는 방조행위를 한 데 불과하므로 종범이 성립한다.

(3) 종범의 교사(종범을 교사한 경우)

실질적으로 정범을 방조한 것이기 때문에 종범이 성립한다.

📚 **사례연구** 편면적 방조와 방조의 교사

甲은 야간에 고위공직자인 A의 집에 들어가 막대한 미국 달러화를 절취할 것을 계획하였는데, 甲의 사실혼관계의 처인 乙은 甲의 절도범행기법의 스승인 丙을 찾아가 甲이 성공할 수 있도록 도와달라고 부탁하였다. 이에 丙은 어느 날 밤 甲이 A의 집의 담을 넘는 것을 보고 甲이 모르게 A집의 첨단경보장치를 해제하였고 그 결과 甲은 범행계획을 완수하였다. 甲·乙·丙의 죄책은?

해결 甲에게는 야간주거침입절도죄(제330조)가 성립한다. 丙의 행위는 편면적 방조라고 하는데, 방조자와 정범 사이에 반드시 의사의 일치를 요하는 것은 아니므로 이 경우에도 종범이 성립한다(통설·판례). 따라서 丙에게는 야간주거침입절도죄의 종범이 성립한다. 乙은 방조의 교사에 해당한다. 이 경우는 실질적으로 정범을 방조한 것이므로 종범이 성립한다(甲의 입장에서는 乙·丙 모두 방조에 불과함). 따라서 乙에게도 야간주거침입절도죄의 종범이 성립한다.

제6절 | 공범과 신분

제33조 【공범과 신분】 신분이 있어야 성립되는 범죄에 신분 없는 사람이 가담한 경우에는 그 신분 없는 사람에게도 제30조부터 제32조까지의 규정을 적용한다. 다만, 신분 때문에 형의 경중이 달라지는 경우에 신분이 없는 사람은 무거운 형으로 벌하지 아니한다. 〈우리말 순화 개정 2020.12.8.〉

01   신분의 의의 및 종류

1. 의 의

신분이 범죄의 성립이나 형의 가감에 영향을 미치는 경우 신분자와 비신분자가 공범관계에 있을 때 이를 어떻게 취급해야 할 것인가를 다루는 문제를 말한다.

2. 신분범의 의의

(1) 신분범의 개념

① 신분범 : 신분범(身分犯; Sonderdelikt)이란 행위자에게 일정한 신분관계가 존재하여야 범죄가 성립하거나 형의 경중에 영향을 미치는 범죄(자)를 의미한다. 국가9급 12

② 형법상 신분 : 남녀의 성별, 내·외국인의 구별, 친족관계, 공무원자격 등은 물론 범인 개인 특유의

가리지 않으며 이 경우 정범이 누구에 의하여 실행되어지는가를 확지할 필요는 없다(대법원 1977.9.28, 76도4133). 변호사 12

지위 또는 상태를 의미한다. 경찰채용 12 3차 / 경찰간부 20

(2) 신분범의 종류

① 진정신분범 : 신분이 있어야 범죄가 성립하는 경우를 말한다. 법원행시 05 / 경찰승진 13

> **예** 검찰, 경찰 그 밖에 범죄수사에 관한 직무를 수행하는 자(2020.12.8. 우리말 순화 개정법 제126조), 공무원 또는 중재인(제129조), 의사, 한의사, 치과의사 또는 조산사(제233조), 타인의 재물을 보관하는 자(제355조 제1항), 타인의 사무를 처리하는 자(제355조 제2항) 등

② 부진정신분범 : 신분 때문에 형이 가중되거나 감경되는 경우를 의미한다. 법원행시 05 / 경찰승진 13

> **예** 직계비속(제250조 제2항), 직계존속(제251조), 업무자(제356조) 등

3. 신분의 종류

(1) 행위자 관련적 신분과 행위 관련적 신분으로 분류하는 관점

① 행위자 관련적 요소 : 범인의 특수한 개인적 지위 또는 상태를 말하며, 형법 제33조의 신분관계에 따라 해결한다.

> **예** 공무원·중재인 등의 업무성, 친족 등 인적 관계, 상습성 등

> ▶ 부진정부작위범의 보증인적 지위 : 일반요소에 불과하므로 행위자 관련적 요소에 포함되지 않는다는 견해도 있으나, 행위자 관련적 요소로 신분관계에 포함된다고 보아야 한다(다수설).

② 행위 관련적 요소 : 행위 관련적 요소는 누구에게나 존재할 수 있는 일반적 요소에 해당하므로 공범의 종속성의 일반원칙에 따라 해결한다.

> **예** 고의, 목적 등의 주관적 요소

③ 양자의 구별에 관한 학설과 판례의 입장

    ㉠ 구별의 실익 : 목적이나 동기 혹은 심정요소 등을 신분관계에 포함시키는가의 문제에 그 실익이 있다.

    ㉡ 통설 : 신분요소는 행위자와 관련된 객관적 요소임을 요하고 행위와 관련된 요소는 신분의 개념에 포함되지 않는다는 입장이다. 따라서 목적, 동기 혹은 심정요소 등은 객관적 구성요건요소에 대한 내심의 의사작용으로서 주관화된 객관적 구성요건에 불과하므로 신분관계에 포함되지 아니한다. 통설에 의하면 주관적 구성요건요소에 대하여는 공범의 종속성의 일반원칙에 따라 처리하여야 한다고 보므로, 만일 정범에게 이러한 요소가 결여된 경우에는 공범 역시 동일하게 취급하여야 한다.[501]

    ㉢ 판례 : 신분관계란 범인의 특수한 상태의 차이에 따라 범인에게 과할 형의 경중을 구별하는 기준이므로 목적도 이에 포함된다는 입장이다. 그 결과 모해위증교사(제152조 제2항)에서 모해의 목적을 가진 제3자가 이러한 목적이 없는 자를 교사한 경우에 정범은 단순위증죄(제152조 제1항)로 처벌되는 데 반해 교사자는 모해위증교사죄(제152조 제2항)로 처벌된다고 한다(대법원 1994.12.23, 93도1002 참조). 법원행시 05 / 법원행시 08 / 법원행시 09 / 경찰승진 10 / 법원9급 11 / 사시 11 / 경찰채용 12 2차 / 사시 12·13 / 국가7급 14 / 법원행시 14 / 사시 14 / 변호사 14 / 경찰간부 17 / 경찰간부 18 / 경찰채용 22 1차

    ㉣ 결 론

        ⓐ 판례에 대한 비판 : **판례**의 견해를 유지한다면 불법영득의사 없는 자에 대해서 절도를 교사한 자는 정범이 처벌되지 않는데도 불구하고 절도죄의 교사범으로 처벌된다. 이러한 결론이 공범의 종속성(불법을 구성하는 요소는 정범의 불법에 의해서 공범의 불법이 영향을 받게 된다고 보는 것이 제한적 종속형식)에 반하는 것임은 명백하다.

---

501 참고 모해의 목적은 행위자의 특수한 위험심정을 나타내는 행위자 관련적 주관요소이므로 책임개별화에 의해 교사자에게 모해위증교사죄를 인정해야 한다는 소수설(판례와 같은 결론)은 손동권, 561면 참조.

ⓑ 결론 : 목적범에서 목적은 행위자와 관련된 특수한 지위나 상태를 의미한다기보다는 행위결과를 지향하는 의사에 해당한다고 볼 수 있다. 그러므로 목적범에서 목적이 없는 정범을 교사한 모해의 목적을 가진 교사자 역시 단순위증죄의 교사범이 된다고 보는 것이 타당하다(통설).

(2) 범죄구성적 신분과 형벌가감적 신분으로 분류하는 방법(통설)

① 범죄구성적 신분 : 일정한 신분이 있어야 범죄가 성립하는 신분을 말한다. 진정신분범의 신분이 이에 해당한다.

예 수뢰죄의 공무원·중재인, 위증죄의 선서한 증인

② 형벌가감적 신분 : 신분이 없어도 범죄는 성립하지만, 행위자의 신분에 의하여 형벌이 가중되거나 감경되는 신분을 말한다. 부진정신분범의 신분이 이에 해당한다.

예 존속살해죄의 직계비속 ⇨ 가중적 신분

③ 소결 : 형법 제33조 본문과 단서의 규정에도 "신분이 있어야 성립되는 범죄"와 "신분 때문에 형의 경중이 달라지는 경우"로 규정되어 있다는 점에서, 기본적으로, 신분이란 행위자관련적 요소라는 통설의 관점을 존중하고, 나아가 이러한 행위자관련적 요소인 신분은 범죄구성적 신분과 형벌가감적 신분으로 분류된다는 통설의 관점이 우리 형법에 잘 맞는다고 생각된다.[502]

(3) 불법신분과 책임신분으로 분류하는 설(소수설)[503]

① 불법신분(위법신분) : 신분이 정범행위의 결과불법에 영향을 주는 기능을 하는 경우이다.

② 책임신분 : 신분이 행위자의 책임비난에 영향을 주는 경우이다.

③ 형법 제33조와의 관계 : 이 입장에 의하면 제33조 본문은 위법신분관계를, 단서는 책임신분관계를 각각 규정한 것으로 본다. 다만 신분을 불법신분과 책임신분으로 구별하는 이러한 소수설에 대해서는 범죄구성적 신분과 형벌가감적 신분을 명시적으로 규정한 우리 형법 제33조와 조화로운 관점인가에 대해서는 의문이 제기된다.[504]

---

02 공범과 신분 규정의 해석

형법 제33조는 공범과 신분에 관한 규정이다. 더욱 정확히 말하자면, 제33조는 비신분자(공범)가 신분자(정범)의 범행에 가담한 경우 비신분자에게 어떠한 범죄가 성립하며 그를 어떻게 처벌해야 하는가를 정한 규정이라고 볼 수 있다. 이러한 형법 제33조의 본문은 공범의 연대성(종속성)을, 단서는 공범의 독립성(책임의 개별성)을 규정하고 있다.

이러한 제33조를 해석함에 있어서, 행위자의 신분이 범죄의 성립(제33조 본문)이나 형의 경중에 영향을 미칠 경우(제33조 단서) 신분자와 비신분자가 공범관계에 있다면 비신분자를 종속적으로 볼 것인가 아니면 개별적으로 볼 것인가가 문제된다. 이에 대해서는 아래의 도표와 같은 학설의 대립이 있다.

---

502 이외 무면허의료행위의 의료인 신분처럼 범죄성립을 조각시키는 신분을 소극적 신분이라고 한다(후술함).
503 정성근 / 박광민, 594면; 최선호, 396면.
504 예를 들어 김일수, 새로쓴형법총론, 549면; 손동권, 563면; 오영근, 714면 등 통설의 비판들이다.

형법 제33조	본 문	단 서
통 설	진정신분범의 성립·과형의 근거	부진정신분범의 성립·과형의 근거
소수설·판례 사시 10	• 진정신분범의 성립·과형의 근거 • 부진정신분범의 성립의 근거	부진정신분범의 과형의 근거

1. 형법 제33조의 본문의 의미

(1) 통설 – 진정신분범의 성립과 과형의 근거

제33조 본문에 의하여 진정신분범인 범죄의 신분자의 범행에 가공한 비신분자의 경우에도 해당 진정신분범의 공범이 성립하고 그 형으로 처벌된다. 경찰승진 13

예컨대, ① 의사가 아닌 자도 의사와 함께 허위진단서작성죄(제233조)의 공동정범이 될 수 있으며, ② 유기죄(제271조 제1항)의 법률상·계약상 보호의무가 없는 자라 하더라도 보호의무자를 교사·방조하여 보호의무자로 하여금 유기죄를 범하게 한 경우 유기죄의 교사범·방조범이 될 수 있다. 법원행시 05

이렇듯 제33조 본문은 신분의 연대성 원칙을 규정하고 있으며, 진정신분범인 정범의 범행에 가공한 신분 없는 공범자를 어떻게 처리하는가를 규정하고 있는 것이다(제33조 본문은 진정신분범의 성립과 과형의 근거). 다만, 제33조는 비신분자가 신분자의 행위에 가공한 경우에만 적용되므로 신분자가 비신분자의 행위에 가공한 경우에는 적용될 수 없다. 이 경우 –간접정범 성부에 관한 다수설·판례에 의하면– 신분 없는 고의 있는 도구를 이용한 간접정범이 될 수 있을 뿐이다.

판례연구 제33조 본문에 의하여 진정신분범의 공범이 성립한다는 판례

1. 대법원 1971.6.8, 71도795
공무원 아닌 자도 작성권한 있는 공무원과 공모하여 허위공문서작성죄(제227조)의 공동정범이 성립할 수 있다.

2. 대법원 1983.7.12, 82도180; 2003.10.24, 2003도4027
부동산이중매매에 의하여 매도인의 행위가 배임죄(제355조 제2항)를 구성하는 경우, 제2매수인이 매도인(제1매수인의 재산을 보호하는 타인의 사무처리자)의 배임행위를 교사하거나 적극 공모가공하는 경우에는 배임죄의 교사범·공동정범의 죄책을 진다.

3. 대법원 1992.1.17, 91도2837
공무원 아닌 자가 공문서작성을 보좌하는 공무원과 공모하여 허위 공문서를 작성케 한 사례
공문서의 작성권한이 있는 공무원(예비군동대장)의 직무를 보좌하는 자(예비군동대 방위병 乙)가 그 직위를 이용하여 행사할 목적으로 허위의 내용이 기재된 문서 초안을 그 정을 모르는 상사에게 제출하여 결재하도록 하는 등의 방법으로 허위의 공문서를 작성하게 한 경우, 乙은 허위공문서작성죄의 간접정범이 성립되고 이와 공모한 자(예비군훈련을 받지 않은 자 甲) 역시 그 간접정범의 공범(공동정범)으로서의 죄책을 면할 수 없는 것이며, 여기서 말하는 공범은 반드시 공무원의 신분이 있는 자로 한정되는 것은 아니라고 할 것이다. 법원9급 11 / 법원행시 11 / 법원행시 13

4. 대법원 1992.8.14, 91도3191
정부관리기업체의 과장대리급 이상이 아닌 직원도 다른 과장대리급 이상인 직원들과 함께 뇌물수수죄의 공동정범이 될 수 있다.

5. 대법원 1992.12.24, 92도2346
군인 등 신분이 없다 하더라도 군무이탈죄의 공동정범이 될 수 있다는 사례

피고인은 군인이나 군무원 등 군인에 준하는 자에 해당되지 아니한다 할지라도 공소외인이 범행(군형법상 군무이탈죄) 당시 그와 같은 신분을 가지고 있었다면 형법 제33조가 적용되어 공범으로서의 죄책을 면할 수 없다.

6. 대법원 1997.4.22, 95도748

병가 중의 공무원도 파업참가자들과의 공범관계가 인정된다면 직무유기죄의 공범이 된다는 사례

① 병가 중인 자의 경우 구체적인 작위의무 내지 국가기능의 저해에 대한 구체적인 위험성이 있다고 할 수 없어 직무유기죄의 주체로 될 수는 없다. 그러나 ② 쟁의행위에 참가한 일부 조합원이 병가 중이라 하더라도 직무유기죄의 주체가 되는 다른 조합원들과의 공범관계가 인정된다면 그 쟁의행위에 참가한 조합원들 모두 직무유기죄로 처단되어야 한다.

7. 대법원 2004.6.11, 2001도6177

비거주자가 거주자 간의 대상지급행위에 공모한 사례

피고인 甲은 비거주자라 하더라도 거주자인 乙이 거주자인 환치기업자 丙 등에게 한 대상지급행위(외국환관리법 위반)에 공모하여 가담한 이상, 형법 제33조, 제30조에 의하여 甲은 乙과 함께 공동정범으로서의 죄책을 면할 수 없다.

8. 대법원 2006.5.11, 2006도1663

공무원의 재해대장 및 농가별농작물피해조사대장 허위작성에 공동한 일반인의 죄책

피고인(공무원 아닌 자)은 공소외인(공무원)이 재해대장 및 농가별농작물피해조사대장에 피고인의 비닐하우스가 설치된 지번을 허위로 기재하도록 하는 등의 방법으로 공소외인의 행위에 가공한 경우, 공무원이 아닌 자는 형법 제228조의 경우를 제외하고는 허위공문서작성죄의 간접정범으로 처벌할 수 없으나, 공무원이 아닌 자가 공무원과 공동하여 허위공문서작성죄를 범한 때에는 공무원이 아닌 자도 형법 제33조, 제30조에 의하여 허위공문서작성죄의 공동정범이 된다.[505] 국가9급 12 / 국가7급 13 / 법원9급 20

9. 대법원 2007.10.25, 2007도4069

공무원 아닌 자가 공무원의 선거운동 기획 참여행위에 공동한 사례

공직선거법에서는 공무원 등이 선거운동의 기획에 참여하거나 그 기획의 실시에 관여하는 행위를 금지하면서 이를 위반한 경우 처벌하고 있는데, 공무원 등 공적 지위에 있는 자가 아니라고 하더라도 공무원 등 공적 지위에 있는 자의 선거운동 기획에 참여하는 행위에 공동 가공하는 경우에는 공직선거법 위반의 공동정범으로서의 죄책을 면할 수 없는 것이고, 이는 공무원이 자기 자신을 위한 다른 공무원의 선거운동 기획 참여행위에 공동 가공하는 경우에도 마찬가지이다. 경찰승진 12

10. 대법원 2009.1.30, 2008도8138

국회의원이 후원회 회원이 아닌 자와 공모하여 1인당 후원금 한도를 초과한 금액을 기부하게 한 사례

정치자금법상 후원인의 정치자금 초과기부행위죄에 있어서 그 신분을 갖추지 아니한 자라도 형법 제33조의 규정에 따라 그 신분을 가진 자와 공범으로는 처벌될 수 있다 할 것이므로, 후원회지정권자(국회의원 후보자 등)라 할지라도 후원인이나 후원회에 대해서 공범이 될 수 있다.

11. 대법원 2012.6.14, 2010도14409

지방공무원법상 벌칙규정의 적용대상자가 아닌 특수경력직공무원이 경력직공무원의 범행에 가담한 사례

지방공무원의 신분을 가지지 아니하는 자가 지방공무원의 공무 외 집단행위를 금지하는 지방공무원법 위반 범행에 가공한 경우, 형법 제33조 본문에 의해 공범으로 처벌받을 수 있으므로, 지방공무원법이 적용되지 않는 특수경력직공무원[506]의 경우에도 위 법조항을 위반한 경력직공무원의 공범으로 처벌받을 수 있다.

12. 대법원 2021.9.16, 2021도5000

아동학대처벌법상 아동학대치사죄의 보호자 신분의 법적 성격

아동학대처벌법 제4조, 제2조 제4호 가목 내지 다목은 '보호자에 의한 아동학대로서 형법 제257조 제1항(상해), 제260조 제1항(폭행), 제271조 제1항(유기), 제276조 제1항(체포, 감금) 등의 죄를 범한 사람이 아동을 사망에

---

505 유사판례 甲은 건축물조사 및 가옥대장 정리업무를 담당하는 지방행정서기 乙을 교사하여 무허가 건물을 허가받은 건축물인 것처럼 가옥대장 등에 등재케 하였다. 甲의 죄책은 허위공문서작성죄의 교사범이다(대법원 1983.12.13, 83도1458).

506 보충 특수경력직공무원에게 지방공무원법위반죄의 직접적용은 안 된다는 논점에 대한 판례는 죄형법정주의 중 명확성원칙 참조.

이르게 한 때'에 '무기 또는 5년 이상의 징역'에 처하도록 규정하고 있는데, 이는 형법 제33조 본문의 '신분관계로 인하여 성립될 범죄'에 해당한다. …… 친모인 甲과 그 남자친구인 乙이 공모하여 甲의 아들 A를 학대하여 사망에 이르게 한 이 사건에서 甲에게는 아동학대처벌법위반(아동학대치사)죄가 성립하는데, 乙에 대해서도 형법 제33조 본문에 따라 아동학대처벌법 위반(아동학대치사)죄의 공동정범이 성립하고 구 아동학대처벌법 제4조에서 정한 형에 따라 과형이 이루어져야 한다(상해치사죄가 아님).

★ **판례연구** 제33조 본문이 적용되지 않아 공범이 성립하지 않는다는 판례

1. 대법원 2007.11.29, 2007도7062
정치자금법상 친족간의 정치자금 기부행위 불벌과 관련하여 형법 제33조 본문의 적용을 배제한 사례
정치자금법 제45조 제1항 단서에서 "정치자금을 기부하거나 기부받은 자의 관계가 민법 제777조의 규정에 의한 친족인 경우"에는 처벌하지 않는 취지는 친족 간의 정의(情誼)를 고려할 때 정치자금법에서 정한 방법으로 돈을 주고받으리라고 기대하기 어려움을 이유로 책임이 조각되는 사유를 정한 것이지 범죄의 구성요건해당성이 조각되는 사유를 정한 것이 아니므로, 정치자금을 기부 받는 자와 친족관계에 있는 자가 그러한 친족관계 없는 자와 공모하여 정치자금법에 정하지 아니한 방법으로 정치자금을 기부한 경우에는 형법 제33조 본문에서 말하는 '신분관계로 인하여 성립될 범죄에 가공한 행위'에 해당한다고 볼 수 없으며, 친족관계에 있는 자의 책임은 조각된다.

2. 대법원 2008.3.13, 2007도9507; 2007.4.26, 2007도309; 2006.1.26, 2005도8250 등
공직선거법상 기부행위제한위반죄의 신분에 유추해석금지원칙을 적용해 공동정범 성립을 배제한 사례
공직선거법상 기부행위제한위반의 죄는 같은 법 제113조 등에 한정적으로 열거·규정한 신분관계가 있어야만 성립하는 범죄이고 죄형법정주의의 원칙상 유추해석은 할 수 없으므로 위 각 해당 신분관계가 없는 자의 기부행위는 위 범죄로는 되지 아니하며, 각 기부행위의 주체로 인정되지 아니하는 자가 기부행위의 주체자 등과 공모하여 기부행위를 하였다고 하더라도 그 신분에 따라 각 해당법조로 처벌하여야 하며 기부행위의 주체자의 해당 법조의 공동정범으로 처벌할 수 없다.[507] 경찰승진 11 / 경찰채용 12 3차 / 경찰채용 14 2차

---

(2) 소수설 · 판례 – 진정신분범의 성립·과형의 근거이면서 부진정신분범의 성립의 근거

진정신분범의 성립과 과형의 근거를 제33조 본문에 의하여 처리하고 있는 점은 **판례**도 같다. 다만 소수설[508]과 **판례**[509]가 부진정신분범의 성립의 근거로써 제33조 본문을 적용하는 것은 통설과 다른 점이다. 경찰채용 14 2차

예를 들어, 甲이 乙을 교사하여 乙의 아버지 丙을 살해하게 한 경우, 乙은 존속살해죄(제250조 제2항, 부진정신분범)의 정범이 되는데, 이 경우 **판례**는 일단 제33조 본문에 의해 甲에게도 乙이 범한 존속살해죄에 대한 교사범이 성립한다고 보고 있다. 즉 부진정신분범에 있어서도 일단 신분의 연대성 원칙을 적용한 것이다. 다만 과형에 있어서는 제33조 단서에 의해 보통살인죄의 교사범의 형으로 처벌하고 있는 것이다. 국가9급 16

---

507 보충 : 비신분자도 신분범의 공동정범이 된다는 제33조 본문의 의미 신분범에서 신분은 −그 신분을 가짐으로써 부담하는 의무를 지게 되며 그 의무위반적 행위불법에 의하여 범죄가 성립한다는 점에서− 정범을 이루는 요소가 되므로 원칙적으로 비신분자는 신분범의 정범이 될 수 없는 것이다. 이러한 이유로 비신분자는 신분범의 간접정범이 될 수 없다고 설명되었던 것이다. 그런데 우리 형법 제33조 본문은 "전조−제30조, 제31조, 제32조−의 규정을 적용한다."고 명시하고 있으므로 **비신분자도 신분범과 함께라면 신분범의 공동정범이 될 수 있게 된다.** 따라서 이렇게 비신분자가 신분자와 함께 공동정범이 된다고 규정한 형법 제33조 본문은 일종의 '특별규정'으로 이해하는 것은 불가피해 보인다. 또한 마찬가지 이유에서 입법론적으로 제33조 본문은 교사범과 방조범에만 국한해야 한다는 것도 역시 보통의 시각에 속한다. 다만 판례 중에는 공직선거법상 기부행위제한위반죄와 관련된 비신분자의 공동정범 성립에 있어서 위 판례처럼 제33조 본문 규정의 적용을 제한한 예가 있는 것이다. 유사판례로는 대법원 1997.6.13, 96도346 참조.
508 신동운, 649면; 오영근, 719면; 진계호, 401면.
509 판례 실자와 더불어 남편을 살해한 처는 **존속살해죄의 공동정범**이다(대법원 1961.8.2, 4294형상284). 변호사 12

2. 형법 제33조 단서의 의미

(1) 학설과 판례의 입장

판례와 소수설은 제33조 단서를 부진정신분범의 과형의 근거로만 이해하고 있다. 그러나 제33조 단서는 책임개별화의 원칙(責任個別化原則; Grundsatz der Schuldunabhängigkeit)을 규정하고 있으므로 이는 부진정신분범의 성립과 과형의 근거로 이해하여야 한다(통설). 따라서 위 사례에서 甲에게는 "무거운 죄로 벌하지 아니한다."의 취지에 따라 보통살인죄의 교사범이 성립한다고 보아야 한다. 그리고 이에 따라 보통살인죄의 교사범의 형으로 처벌하면 되는 것이다.

(2) "무거운 형으로 벌하지 아니한다."의 의미

① 가중적 신분의 경우 : 비신분자는 책임개별화 원칙과 "무거운 형으로 벌하지 아니한다."는 규정의 취지상 보통 범죄의 공범이 된다(통설). 반면 판례는 일단 부진정신분범의 공범이 성립하고(본문), 그 과형에 있어서만 무거운 형으로 벌하지 않는 것으로 본다(단서). 국가9급 07

☆ 판례연구 형법 제33조 단서가 적용된 사례

1. 대법원 1984.4.24, 84도195

상습도박자가 단순도박자의 도박을 방조한 사례

상습도박의 죄나 상습도박방조의 죄에 있어서의 상습성은 행위의 속성이 아니라 행위자의 속성으로서 도박을 반복해서 거듭하는 습벽을 말하는 것인 바, 도박의 습벽이 있는 자가 타인의 도박을 방조하면 상습도박방조의 죄에 해당하는 것이며, 도박 습벽이 있는 자가 도박을 하고 또 도박방조를 하였을 경우 상습도박방조의 죄는 무거운 상습도박의 죄에 포괄시켜 1죄로서 처단하여야 한다. 경찰채용 11 2차 / 사시 13 / 법원행시 15 / 경찰채용 20 1차

2. 대법원 1989.10.10, 87도1901

面의 예산과는 별도로 면장이 면민 등으로부터 모금하여 그 개인 명의로 예금하여 보관하고 있던 체육대회 성금의 업무상 점유보관자는 면장(가중적 신분자)뿐이므로 면의 총무계장이 면장과 공모하여 업무상 횡령죄를 저질렀다 하여도 업무상 보관책임 있는 신분관계가 없는 총무계장에 대하여는 형법 제33조 단서에 의하여 형법 제355조 제1항(횡령죄)에 따라 처단하여야 한다.[510]

3. 대법원 1994.12.23, 93도1002

형법 제33조 단서는 형법 제31조 제1항에 우선한다는 사례

형법 제31조 제1항은 협의의 공범의 일종인 교사범이 그 성립과 처벌에 있어서 정범에 종속한다는 일반적인 원칙을 선언한 것에 불과하고, 신분관계로 인하여 형의 경중이 있는 경우에 신분이 있는 자가 신분이 없는 자를 교사하여 죄를 범하게 한 때에는 형법 제33조 단서가 형법 제31조 제1항에 우선하여 적용됨으로써 신분이 있는 교사범이 신분이 없는 정범보다 중하게 처벌된다. 법원행시 05 / 법원행시 08 / 법원행시 09 / 사시 11 / 국가9급 12 / 사시 12 · 13 / 국가7급 14 / 법원행시 14 / 사시 14 / 변호사 14 / 법원행시 15 / 경찰간부 20

4. 대법원 1999.4.27, 99도883

비신분자가 신분자와 공모하여 업무상 배임죄를 범한 경우의 처단방법

업무상 배임죄는 업무상 타인의 사무를 처리하는 지위라는 점에서 보면 단순배임죄에 대한 가중규정으로서 신분관계로 인하여 형의 경중이 있는 경우라고 할 것이므로, 그와 같은 신분관계가 없는 자가 그러한 신분관계가 있는 자와 공모하여 업무상 배임죄를 저질렀다면(제33조 본문 : 업무상 배임죄 성립-필자 주) 그러한 신분관계

---

510 주의 : 업무상 횡령과 구별해야 할 군용물 횡령 판례 비점유자가 업무상점유자와 공모하여 횡령한 경우에 비점유자도 형법 제33조 본문에 의하여 공범관계가 성립되며 다만 그 처단에 있어서는 동조단서의 적용을 받는다 할 것이나 군용물횡령죄에 있어서는 업무상횡령이던 단순횡령이던 간에 본조에 의하여 그 법정형이 동일하게 되어 양죄 사이에 형의 경중이 없게 되었으므로 법률적용에 있어서 형법 제33조 단서의 적용을 받지 않는다(대법원 1965.8.24, 65도493). 보충 따라서 제33조 단서의 중한 형으로 벌하지 아니한다는 규정을 적용해야 한다는 변호인의 상고논지는 이유 없다(위 판례).

가 없는 자에 대하여는 형법 제33조 단서에 의하여 단순배임죄에 정한 형으로 처단하여야 한다. 사시 11 / 국가9급 12 / 사시 13 / 법원행시 15

5. 대법원 2007.2.8, 2006도483

업무상배임죄의 실행으로 인하여 이익을 얻게 되는 수익자가 실행행위자의 배임행위에 적극 가담한 사례

업무상배임죄의 실행으로 인하여 이익을 얻게 되는 수익자가 소극적으로 실행행위자의 배임행위에 편승하여 이익을 취득하는 데 그치지 않고 배임행위를 교사하거나 배임행위의 전 과정에 관여하는 등으로 실행행위자의 배임행위에 적극 가담한 경우에는 업무상배임죄의 공동정범이 된다. 법원행시 10 / 국가9급 13 / 사시 14

6. 대법원 2020.10.29, 2020도3972

대통령이 국정원장 등과 공모하여 국가정보원장 특별사업비를 횡령한 사건

횡령으로 인한 특정범죄 가중처벌 등에 관한 법률 위반(국고등손실)죄는 회계관계직원이라는 지위에 따라 형법상 횡령죄 또는 업무상횡령죄에 대한 가중처벌을 규정한 것으로서 신분관계로 인한 형의 경중이 있는 것이다. …… 따라서 피고인이 국정원 등과 공모하여 국정원장 특별사업비에 대한 국고손실 범행을 저질러 그에게 특가법위반(국고등손실)죄가 성립한다고 하더라도, 피고인은 회계관계직원 또는 국가정보원장 특별사업비의 업무상 보관자가 아니므로 형법 제355조 제1항의 횡령죄에 정한 형으로 처벌된다.

📚 **사례연구** 아파트하자보수추진위 사례

다음은 대법원 1999.4.27, 99도883 판결을 문제로 만든 것이다. 잘 읽고 물음에 답하시오.

A는 건설업에 종사하는 자이고, B는 백호아파트하자보수추진위원회 총무로서 위 아파트 보수공사의 시공업자 선정 및 그 공사대금 지출업무 등 실무를 총괄하였던 자이다. 그런데 A와 B는 위 하자보수 시공업자를 선정하면서 위 위원회의 **이름으로 시공업자와 이중의 계약서를 작성하여 그 리베이트 형식으로 금원을 취득하기로 공모하여**, B는 위원회의 총무로서 시공업자를 선정하고 그 공사 도급금액을 지출하기로 하였다. 이에 A는 건설업면허를 대여받은 C를 소개하여, C로 하여금 공사 도급금액 금 140,000,000원에 이 사건 아파트의 하자보수공사를 하게 하였음에도, C로 하여금 공사 도급금액 금 300,973,873원에 이 사건 아파트의 하자보수공사를 시공하게 한 것처럼 위 위원회와 계약을 작성하도록 하고 그 공사비를 지급받게 하였다.

제1문 배임증재죄를 범한 자라 하더라도 배임수재죄를 범한 자의 배임행위에 대한 공범이 성립할 수 있는가를 밝히고, **판례의 입장에 의한 A와 B의 죄책과 과형을 정확히 제시하시오.**

[해결] (배임수재죄와 배임증재죄 상호간은 필요적 공범 중 대향범이어서 상호간에 대한 총칙상 공범은 성립할 수 없으나) 업무상 배임죄와 배임증재죄는 별개의 범죄로서 배임증재죄를 범한 자 할지라도 그와 별도로 타인의 사무를 처리하는 지위에 있는 사람과 공범으로서는 업무상 배임죄를 범할 수도 있는 것이다.

[정답] 배임행위에 대한 공범이 성립할 수 있다. 판례에 의할 때, A는 배임증재죄와 업무상 배임죄(업무상 배임죄는 B의 업무상 배임죄에 대한 공동정범으로서 성립하는 것)의 실체적 경합(다만 업무상 배임의 과형에 있어서는 단순배임죄의 형으로 처단함). B는 배임수재죄와 업무상 배임죄의 실체적 경합.[511]

제2문 A를 업무상 배임의 형으로 처벌하는 것은 정당한가?

[해결] 업무상 배임죄의 업무자라는 신분관계가 없는 자가 그러한 신분관계가 있는 자와 공모하여 업무상 배임죄를 저질렀다면, 그러한 신분관계가 없는 자에 대하여는 형법 제33조 단서에 의하여 단순배임죄에 정한 형으로 처단하여야 할 것이다. 국가9급 12

[정답] 정당하지 않다(단순배임죄의 형으로 처단하여야 한다).

---

511 또 다른 논점 **배임액은 A와 B가 백호아파트 대표회의로 하여금 체결하도록 한 이 사건 도급계약의 도급금액 전액에서 정당한 도급금액을 공제한 금액인가, 아니면 실제로 이 사건 대표회의가 이 사건 도급계약의 이행으로서 지출한 금액에서 정당한 도급금액을 공제한 금액인가?** → 업무상배임죄는 위태범으로서 그 성립을 위하여 현실로 본인에게 재산상 손해가 발생할 것까지 요하는 것은 아니므로, 배임액은 피고인 1과 원심 공동피고인이 공모하여 이 사건 대표회의로 하여금 체결하도록 한 이 **사건 도급계약의 도급금액 전액에서 정당한 도급금액을 공제한 금액으로 보아야** 할 것이고, 실제로 이 사건 대표회의가 이 사건 도급계약의 이행으로서 지출한 금액에서 정당한 도급금액을 공제한 금액으로 볼 것은 아니라 하겠다.

② 감경적 신분의 경우 : 본 규정이 적용되는가에 견해의 대립이 있다. 그러나 제33조 단서는 책임개별화의 원칙을 규정한 것이고 자기책임원칙에 따라 범죄의 성립을 정한 것으로 보아야 할 것이다. 따라서 제33조 단서는 감경적 신분의 비신분자에게 적용이 없고 신분자만이 감경된다고 보아야 하며, 또한 이것이 다수설이기도 하다.

03 소극적 신분과 공범

1. 소극적 신분의 개념

신분관계가 존재할 경우 범죄가 성립하지 않는 경우의 신분을 말한다.

> 에 불구성적 신분 – 변호사법(의료법) 위반에 있어서 변호사(의사)의 신분
> 책임조각적 신분 – 형사미성년자
> 형벌조각적 신분 – 친족간의 범행에 있어서 친족의 신분

2. 소극적 신분과 공범

(1) 비신분자가 신분자의 범행에 가담한 경우 법원행시 05

직접행위자(정범)가 진정신분범이거나 부진정신분범일 경우에는 이상에서 살펴본 바와 같이 제33조가 적용된다. 그러나 직접행위자가 소극적 신분일 경우에는 제33조가 적용되지 않는다. 왜냐하면, 신분자의 행위(正犯)가 구성요건에 해당되지 않으므로 비신분자의 범죄(共犯) 역시 성립하지 않기 때문이다(통설).

(2) 신분자가 비신분자의 범행에 가담한 경우

범죄를 구성하지 않는 신분자가 범죄를 구성하는 비신분자의 범행에 가담한 경우에는 공범이 성립한다. 예를 들어 의료인일지라도 의료인이 아닌 자의 의료행위에 공모하여 가공하면 의료법 제25조 제1항이 규정하는 무면허의료행위의 공동정범으로서의 죄책을 진다(대법원 1986.2.11, 85도448). 경찰승진 10 / 법원9급 11 / 사시 11 / 사시 12 / 경찰승진 13 / 국가7급 13 / 사시 13 / 경찰채용 14 2차 / 국가7급 14 / 변호사 16 / 국가7급 20

이는 '범죄를 구성하는 소극적 신분의 비신분자(의료인 아닌 자)'가 다른 각도에서 보면 바로 '범죄를 구성하는 진정신분범(무면허의료행위의 무면허자)'과 마찬가지가 되므로, 이에 가공한 '범죄를 구성하지 않는 소극적 신분자(무면허의료행위의 의료인 면허자 : 다른 각도에서 보면 범죄를 구성하지 않는 비신분자)'도 제33조 본문이 정한 바에 따라 해당 범죄의 공범이 성립하게 되는 이치이다.

> ★ 판례연구 소극적 신분자가 비신분자의 범행에 가담한 경우 공범 성립 사례
>
> **1. 대법원 1986.7.8, 86도749**
> 간호보조원이 치과의사의 지시를 받아 치과환자에게 그 환부의 엑스레이를 촬영하여 이를 판독하는 등 초진을 하고 발치, 주사, 투약 등 독자적으로 진료행위를 한 것은 의료행위에 해당하므로, 치과의사가 치과기공사에게 진료행위를 하도록 지시한 것은 무면허의료행위의 교사에 해당한다. 경찰승진 10 / 경찰승진 11 / 경찰승진 15
>
> **2. 대법원 2007.1.25, 2006도6912**
> 의료법위반교사의 죄책을 양벌규정상 책임에 의하여 면할 수 없다는 사례
> 의사인 피고인이 그 사용인 등을 교사하여 의료법 위반행위를 하게 한 경우 피고인은 의료법의 관련 규정 및 형법 총칙의 공범규정에 따라 의료법 위반 교사의 책임을 지게 된다고 할 것이다. 이와 달리 피고인이 의료법상 양벌규정에 따라 그 사용인 등의 의료법 위반행위에 대하여 책임을 지게 되므로 형법 총칙의 공범규정의 적용이 배제된다는 주장은 받아들일 수 없다.

3. 대법원 2012.5.10, 2010도5964

간호사의 건강검진에 의사가 공모·가공한 사례

의사가 간호사에게 의료행위인 건강검진의 실시를 개별적으로 지시하거나 위임한 적이 없음에도 간호사가 그의 주도 아래 전반적인 의료행위의 실시 여부를 결정하고 간호사에 의한 의료행위의 실시과정에도 의사가 지시·관여하지 아니하였는데, 이러한 방식으로 의료행위가 실시되는 데 의사가 공모·가공하였다면 의사도 무면허의료행위의 공동정범의 죄책을 진다. 국가7급 20 / 국가9급 23

4. 대법원 2017.4.7, 2017도378

의료인이 비의료인의 의료기관 개설행위에 공모가공한 사례

형식적으로만 적법한 의료기관의 개설로 가장한 것일 뿐 실질적으로는 비의료인이 주도적으로 의료기관을 개설·운영한 것으로 평가될 수 있는 경우에는 의료법에 위반된다. 또한 의료인이 의료인의 자격이 없는 일반인의 의료기관 개설행위에 공모하여 가공하면 구 의료법 제87조 제1항 제2호, 제33조 제2항 위반죄의 공동정범에 해당한다. 법원9급 20

표정리 공범론 관련 개념 정리(판례와 다수설에 의함)

구 분	예	인정(긍정)·처벌할 것인가
공동정범	편면적 공동정범	부정 변호사 12 ※ 경우에 따라 동시범 또는 종범
	승계적 공동정범	개입한 이후의 행위에 대해서만 책임 부담(판례 및 현재의 다수설)
	과실범의 공동정범	긍정(판례), 부정(다수설)
	공모공동정범	긍정(판례), 부정(다수설)
간접정범	간접정범의 미수	간접정범의 미수로 처벌(다수설) / 착수시기 : 이용행위시설(다수설)
	과실에 의한 간접정범	부정
	부작위에 의한 간접정범	부정
교사	과실에 의한 교사	부정 변호사 14 / 이유 : 교사의 고의 필요
	교사의 미수	처벌규정 있음(제31조 제2항·제3항 : 기도된 교사＝효과 없는 교사＋실패한 교사)
	미수의 교사(함정수사)	교사범 불성립(판례·다수설) / 이유 : 기수의 고의 필요
	편면적 교사	부정 사시 14
	과실범에 대한 교사	부정 / 이유 : 정범은 고의범이어야 함 / 해결 : 간접정범
	교사의 교사 (간접교사·연쇄교사)	긍정
방조	부작위에 의한 방조	긍정 국가9급 07 / 국가9급 08 / 사시 10 / 변호사 12 / 법원행시 13 / 사시 14 / 변호사 14 / 비교 : 부작위에 의한 교사는 부정 사시 13 / 변호사 14
	승계적 방조	긍정
	사후방조	방조 불인정 ※ 사후종범은 종범이 아니라 독립된 범죄이다. 예 범인은닉 등
	과실에 의한 방조	부정 사시 10·11 / 변호사 14 / 이유 : 방조의 고의 필요 국가7급 09
	미수의 방조	부정 / 이유 : 기수의 고의 필요

방조	기도된 방조(방조의 미수)	처벌규정이 없어 불벌 사시 10·12
	편면적 방조	긍정 사시 14
	예비의 방조	부정/참고 : 효과 없는 방조 불벌
	• 종범의 종범 　(간접방조, 연쇄방조) • 교사의 종범 • 종범의 교사	긍정 ※ 모두 다 방조범이다.

표정리 공범 관련 처벌규정 비교

구 분	처벌내용
공동정범	각자를 정범으로 처벌한다(제30조).
동시범 (독립행위의 경합)	원인된 행위가 판명되지 아니한 때에 각 행위를 미수범으로 처벌한다(제19조). ※ 특례규정 : 상해죄인 경우 공동정범의 예에 의한다(제263조).
교사범	정범(실행한 자)의 형으로 처벌한다(제31조 제1항). ※ 기도된 교사 • 효과 없는 교사 ⇨ 교사자와 피교사자를 음모 또는 예비에 준하여 처벌(교사를 받은 자가 범죄의 실행을 승낙하고 착수에 이르지 아니한 경우)(제31조 제2항) • 실패한 교사 ⇨ 교사자를 음모 또는 예비에 준하여 처벌(교사를 받은 자가 범죄의 실행을 승낙하지 아니한 경우)(제31조 제3항)
종범(방조범)	정범의 형보다 감경한다(필요적 감경)(제32조 제2항). 법원9급 05 / 경찰승진 10 ※ 기도된 방조 : 불벌 사시 10·12
공범과 신분	• 진정신분범 ⇨ 비신분자인 공범도 신분범의 공동정범·교사범·종범 성립(제33조 본문) • 부진정신분범(신분 때문에 형의 경중이 달라지는 경우) ⇨ 비신분자(신분 없는 자)는 무거운 형으로 벌하지 않음(제33조 단서)
간접정범	교사 또는 방조의 예에 의하여 처벌(제34조 제1항)
특수교사	정범에 정한 형의 장기 또는 다액에 그 2분의 1까지 가중처벌(자기의 지휘·감독을 받는 자를 교사한 경우)(제34조 제2항)
특수방조	정범의 형으로 처벌(자기의 지휘·감독을 받는 자를 방조한 경우)(제34조 제2항)

목 차		난 도	출제율	대표 지문
제1절 과실범과 결과적 가중범	01 과실범	中	★★★	• 형법은 인식 있는 과실을 인식 없는 과실보다 무겁게 처벌하고 있다. (×) • 형법 제268조의 업무상 과실의 유무를 판단함에는 같은 업무와 직무에 종사하는 일반적 보통인의 주의정도를 표준으로 한다. (○) • 정신병동의 당직간호사 甲이 당직을 하던 중 그 정신병동에 입원 중인 환자가 완전감금병동의 화장실 창문을 열고 탈출하려다가 떨어져 사망한 경우 甲에게 과실이 인정된다. (×)
	02 결과적 가중범	中	★★	• 甲이 함께 술을 마신 乙과 도로 중앙선에 잠시 서 있다가 지나가는 차량의 유무를 확인하지 아니하고, 고개를 숙인 채 서 있는 乙의 팔을 갑자기 끌어당겨 도로를 무단횡단하던 도중에 지나가던 차량에 乙이 충격당하여 사망한 경우, 甲이 만취하여 사리분별능력이 떨어진 상태라면 甲에게 차량의 통행여부 및 횡단가능여부를 확인할 주의의무가 있다고 볼 수 없다. (×)
제2절 부작위범	01 부작위범의 일반이론	下	★	• 어떠한 범죄가 적극적 작위 또는 소극적 부작위에 의하여도 실현될 수 있는 경우에, 행위자가 자신의 신체적 활동이나 물리적, 화학적 작용을 통하여 적극적으로 타인의 법익상황을 악화시킴으로써 결국 그 타인의 법익을 침해하기에 이르렀다면, 이는 부작위에 의한 범죄로 봄이 타당하다. (×) • 형법에는 진정부작위범의 미수를 처벌하는 규정이 존재한다. (○) • 부작위에 의한 살인에 있어서 작위의무를 이행하였다면 사망의 결과가 발생하지 않았을 것이라는 관계가 인정될 경우, 부작위와 사망의 결과 사이에 인과관계가 인정된다. (○)
	02 부작위범의 성립요건	中	★★★	
	03 관련문제	中	★★	
	04 부작위범의 처벌	下	★	

구 분	국가7급						국가9급						법원9급						경찰간부					
	18	19	20	21	22	23	19	20	21	22	23	24	18	19	20	21	22	23	18	19	20	21	22	23
제1절 과실범과 결과적 가중범	1		1		1		1	1		1							1			1	1	2	1	
제2절 부작위범		1		1		1		1	1		1									1	1		1	1
출제빈도수	6/130						6/120						1/150						9/228					

CHAPTER

07

범죄의 특수한 출현형태론

핵심사항

- 인식 있는 과실과 인식 없는 과실
- 업무상 과실과 중과실
- 과실범의 처벌규정
- 객관적 주의의무위반
- 허용된 위험

- 신뢰의 원칙
- 고의와 과실의 결합
- 진정결과적 가중범과 부진정결과적 가중범
- 부진정결과적 가중범과 고의범 죄수

- 부작위범의 보충성
- 진정부작위범과 부진정부작위범
- 일반적 행위가능성과 개별적 행위가능성
- 보증인적 지위

- 작위의무의 체계적 지위
- 이분설
- 보증인적 지위와 보증인적 의무
- 작위의무의 발생근거

	경찰채용						법원행시						변호사					
19	20	21	22	23	24	19	20	21	22	23	24	19	20	21	22	23	24
1	3	1	1	1	1		1			1	2			1		1	1
2		2	2			1		1						1		1	1
14/264						7/240						7/120					

07 범죄의 특수한 출현형태론

제1절 | 과실범과 결과적 가중범

01 과실범

1. 서 설

제14조 【과 실】 정상적으로 기울여야 할 주의(注意)를 게을리하여 죄의 성립요소인 사실을 인식하지 못한 행위는 법률에 특별한 규정이 있는 경우에만 처벌한다. 〈우리말 순화 개정 2020.12.8.〉 법원9급 07(하) / 경찰채용 10 2차 / 경찰승진 10

(1) 과실의 의의와 종류

① 의의 : 사람이 무인도에 혼자 살고 있다면 주의의무나 과실과 같은 개념은 생각할 필요도 없다. 그런데 우리는 다른 사람들과 함께 어울려 사는 사회생활을 하고 있기 때문에, 자신의 행위로 인하여 타인에게 피해를 주지 않게끔 조심해야 할 의무를 지게 되는데, 바로 이것을 주의의무(注意義務)라고 하며, 이러한 주의의무를 위반하는 것 ―부주의(不注意)― 을 과실(過失; Fahrlässigkeit)이라고 하는 것이다. 형법에서도 과실이란 정상적(正常的)으로 기울여야 할 주의(注意)를 게을리하여 죄의 성립요소인 사실을 인식하지 못한 것이라고 규정하고 있다(2020.12.8. 우리말 순화 개정법 제14조). 고의가 행위자에 대한 직접적 비난이라면, 과실은 일종의 간접적 비난이고, 고의범의 형량이 과실범의 형량보다 높은 것은 고의범의 행위불법이 과실범의 행위불법보다 크기 때문인데, 형법은 고의범을 처벌하는 것을 원칙으로 삼고 있으나, 예외적으로 과실에 의하여 심각한 결과를 발생시켰다면 법률에 특별한 규정이 있는 경우에 한하여 처벌하고 있다. 국가9급 08 다만 과실조차 없는 경우에는 형사책임을 묻지 않는다. 이를 책임주의 내지 과실책임의 원칙(최소한 과실이라도 있어야 형사책임을 진다는 원칙)이라고 한다.[512]

② 종 류

㉠ 인식 있는 과실과 인식 없는 과실 : 구성요건적 고의는 객관적 구성요건요소에 대한 인식과 의사이며, 다수설·판례에 의할 때 이때의 의사는 인용(認容)을 의미한다. 그런데 행위자의 부주의(不注意)로 인하여 이러한 고의의 요소 중에 객관적 구성요건요소에 대한 인식 자체가 없는 경우가 있으며, 이를 인식 없는 과실(negligentia)이라고 한다. 이에 비하여 인식 있는 과실(luxuria)이란 결과발생의 가능성은 인식하였으나 결과가 실현될 것을 인용 내지 감수하지는 않는 경우를 말한다. 예컨대, 산에서 토끼를 쏘려고 총을 겨누었을 때 부근에 사람이 있음을 알면서도 '설마 맞지 않겠지'하고 발사했으나 사람이 맞은 경우가 인식 있는 과실에 해당한다. 형법 제14조에서는 "인식하지 못한 행위"

---

[512] 다만 법인의 형사책임의 이론적 근거에 대해서는 과실책임설과 무과실책임설이 대립하고 있었다. 기술한 범죄론의 일반이론, 행위의 주체와 객체 참조.

라고 규정되어 있어서, 외관상 인식 없는 과실만 규정한 것으로 보이지만 여기서의 '인식'에는 '인식과 의사'의 의미가 내포되어 있다고 해석하는 것이 보통이므로, 제14조는 인식 없는 과실뿐만 아니라 인식 있는 과실도 규정하고 있는 것이다. 인식 있는 과실은 미필적 고의와의 구별에 있어서 의미를 가지나, 인식 없는 과실과 인식 있는 과실은 불법이나 책임(비난가능성)의 내용에 있어서 차이가 없으므로 범죄의 성립과 관련하여 양자를 구별하는 것은 의미가 없으며, 국가9급 08 / 국가7급 08 단지 양형에 영향을 미칠 가능성이 있을 뿐이다. 양형에서는 인식있는 과실이 인식없는 과실보다는 무거운 취급을 받을 수 있다.

ⓛ 보통과실과 업무상 과실과 중과실

ⓐ 업무상 과실 : 업무(業務)는 사람의 사회생활상 하나의 지위로서 계속적으로 종사하는 사무라는 점에서 계속적 수행을 요건으로 하기 때문에 보통의 경우보다 결과발생에 대한 주의의무(불법가중[513]) 내지 예견의무 또는 예견가능성(책임가중[514])이 높아진다고 할 수 있다. 따라서 해당 업무에 종사하는 업무자는 일반인에 비하여 조금만 주의를 기울였더라도 결과를 회피할 수 있었을 것이다. 그런데 업무자가 이러한 조금의 주의의무도 기울이지 않아 결과를 발생시켰다는 점에서 그 과실의 정도가 무거워지므로, 업무상 과실(業務上 過失)은 보통과실보다 무겁게 처벌받게 된다. 업무상 과실에 해당하는 예는 다음과 같다.

1. 자가용차를 가지고 집 대문을 통하여 전진과 후진의 운전연습을 하던 자가 대문 앞길에서 차를 운전하던 중 부주의하여 보행자를 치었을 경우

2. 식당 주방장이 부주의하여 부패한 재료로 조리한 식사를 손님에게 제공하여 이를 먹은 손님이 식중독을 일으킨 경우

3. 무자격 광산안전책임자나 자가발전기의 작동작업담당자가 무면허인 경우(업무상 과실범의 업무는 면허의 존재나 적법성을 요하지 않음) 등

✦ 판례연구 업무상 과실 인정 판례

1. 대법원 1972.5.9, 72도701
완구상 점원으로서 완구배달을 하기 위하여 자전거를 타고 소매상을 돌아다니는 일을 하고 있는 자가 부주의하여 횡단보도를 건너던 어린이를 부상시킨 경우 업무상 과실치상죄가 성립한다. 국가9급 11

2. 대법원 2007.5.31, 2006도3493
공휴일 또는 야간에 구치소 소장을 대리하는 당직간부인 교도관(矯導官)에게는 수용자들의 생명 · 신체에 대한 위험을 방지할 의무인 업무상과실치사죄에서 말하는 업무가 있다. 사시 12 / 법원행시 14

✦ 판례연구 업무상 과실 부정 판례

대법원 2009.5.28, 2009도1040; 2017.12.5, 2016도16738
업무상 과실치상죄에 있어서의 '업무'란 수행하는 직무 자체가 위험성이 있어서 타인에 대한 안전배려를 의무의 내용으로 하는 경우는 물론 사람의 생명 · 신체의 위험을 방지하는 것을 의무내용으로 하는 업무도 포함되지만, 안전배려 내지 안전관리 사무에 계속적으로 종사하여 위와 같은 지위로서의 계속성을 가지지 아니한 채 단지

---

513 김일수 / 서보학, 443면(불법 · 책임가중설); 김종원, 각론(상), 78면; 손해목, 702면; 신동운, 227면; 오영근, 210면(불법 · 책임가중설); 이정원, 375면; 임웅, 435면.
514 박상기, 277면; 이재상, §14-4; 정성근 / 박광민, 417면; 조준현, 284면.

건물의 소유자로서 건물을 비정기적으로 수리하거나 건물의 일부분을 임대하였다는 사정만으로는 업무상과실치상죄에 있어서의 업무로 보기 어렵다. 경찰간부 14 / 경찰채용 20 1차

비교판례 대법원 2009.5.28, 2009도1040
① 전기배선이 벽 내부에 매립 설치되어 건물 구조의 일부를 이루고 있다면 그에 관한 관리책임은 일반적으로 소유자에게 있다고 보아야 할 것이고, 다만 ② 그 전기배선을 임차인이 직접 하였으며 그 이상을 미리 알았거나 알 수 있었다는 등의 특별한 사정이 있는 때에는 임차인에게도 그 부분의 하자로 인한 화재를 예방할 주의의무가 인정될 수 있다.

ⓑ 중과실 : 중과실(重過失)이란 특별한 행위상황이 존재하고 있기 때문에 행위자가 극히 근소한 주의를 함으로써 결과발생을 예견할 수 있었음에도 불구하고, 통상의 과실에 비해 주의의무를 '현저히 게을리하여' 이를 예견하지 못하여 결과를 발생시켰다는 점에서 보통과실보다 무겁게 처벌하는 경우를 말한다. 이렇듯 중과실은 과실로 '무거운 결과'를 발생시킨 것을 말하는 것은 아니고, 주의의무위반의 정도가 무거운 경우를 말한다. 국가7급 08 중과실과 경과실의 구별은 구체적인 사건에 따라서 '사회통념'에 따라 결정될 문제일 것이다(대법원 1980.10.14, 79도305).

★ 판례연구 중과실 인정 판례

1. 대법원 1961.11.16, 4294형상312
농약을 평소에 신문지에 포장하여 판매하여 온 "중조"와 같은 모양으로 포장하여 점포 선반에 방치하고 가족에게 알리지 아니하여 사고가 발생하였다면 중과실치사의 죄책을 면할 수 없다.

2. 대법원 1982.11.23, 82도2346
건물도괴에 관하여 건물관리인에게 중과실치상죄의 죄책을 인정한 사례
피고인이 관리하던 주차장 출입구 문주의 하단부분에 금이 가 있어 도괴될 위험성이 있었다면 피고인으로서는 소유자에게 그 보수를 요청하는 외에 건물 도괴로 인한 인명의 피해를 막도록 추가적인 조치를 하여야 할 주의의무가 있으므로, 소유자에게 그 보수를 요구하는 데 그쳤다면 그 주의의무를 심히 게을리 한 중대한 과실이 있다고 할 것이다.

3. 대법원 1997.4.22, 97도538
84세 · 11세 사람을 상대로 한 안수기도 중 피해자가 사망한 사안에서, 중과실치사죄로 처단한 사례
피고인이 84세 여자 노인과 11세의 여자 아이를 상대로 안수기도를 함에 있어서 그들을 바닥에 반듯이 눕혀 놓고 기도를 한 후 "마귀야 물러가라", "왜 안 나가느냐"는 등 큰 소리를 치면서 한 손 또는 두 손으로 그들의 배와 가슴 부분을 세게 때리고 누르는 등의 행위를 약 20~30분간 반복하여 그들을 사망케 한 경우, 피고인에 대하여 중과실치사죄가 성립한다.

★ 판례연구 중과실 부정 판례

1. 대법원 1960.3.9, 4292형상761
인화물질이 없는 창고 내에 촛불을 켜놓고 나온 경우 중실화 부정례
피고인이 사용한 양촉은 신품으로 약 3시간 지속할 수 있고 창고 내에는 상자위에 녹여서 붙여 놓은 촛불 부근에 헌가마니, 쓰레기 등이 있을 뿐 휘발유 등 인화물질은 없었으며 양곡이 입고되어 있었고 약 30분 후에는 고사를 끝내고 고사에 사용한 쌀가마니를 입고할 예정으로 촛불을 끄지 아니하고 그대로 세워 놓고 창고 문을 닫고 나온 것이라면 이는 경과실에 불과하다.

---

2. 대법원 1960.7.13, 4292형상580

교사가 국민학생(초등학생)에게 난로의 소화를 명하고 퇴거한 후 불이 난 경우 중실화죄의 죄책이 인정되지 않는다.

3. 대법원 1984.1.24, 81도615; 1986.6.24, 85도2070

임대건물의 균열로 인한 가스중독 사고와 임대인의 수선의무의 범위

임차목적물에 있는 하자가 임차목적물을 사용할 수 없는 정도의 파손상태라거나 아니면 반드시 임대인에게 수선 의무가 있는 대규모의 것이 아닌 한 이는 임차인의 통상의 수선 및 관리의무에 속한다 할 것이므로 특별한 사정이 없는 한 임대인에게 수선의무가 있다고 인정할 수 없다.

비교판례 연탄가스 중독사 사고에서 임대인에게 죄책을 인정한 사례 : 과실치사 ○
임차인으로부터 방바닥이 틈이 여러 군데 나 있고 연탄가스를 두 차례나 마셔 죽을 뻔하였으니 대규모의 수선이 필요하다는 요구를 수회 받고도 공사를 미루다가 임차인이 연탄가스 중독사한 경우에는 임대인에게 과실치사죄의 죄책이 성립한다(대법원 1993.9.10, 93도196).

4. 대법원 1989.1.17, 88도643

연탄아궁이로부터 80센티미터 떨어진 곳에 쌓아둔 스펀지요, 솜 등이 연탄아궁이 쪽으로 넘어지면서 화재현장에 의한 화재가 발생한 경우라고 하더라도 중실화죄에 해당하지 아니한다. 경찰간부 11

5. 대법원 1989.10.13, 89도204

호텔오락실의 경영자가 그 오락실 천장에 형광등을 설치하는 공사를 하면서 그 호텔의 전기보안담당자에게 아무런 통고를 하지 아니한 채 무자격 전기기술자로 하여금 전기공사를 하게 하였더라도, 시공자의 부실공사가 그대로 방치되고 그로 인하여 전선의 합선에 의한 방화가 발생할 것 등을 쉽게 예견할 수 있었다고 보기는 어려우므로 중실화죄를 구성하지 아니한다.

6. 대법원 1992.3.10, 91도3172

러시안 룰렛 게임 사례

동료 경찰관인 甲 및 乙과 함께 술을 많이 마셔 취하여 있던 중 갑자기 위 甲이 총을 꺼내 乙과 같이 총을 번갈아 자기의 머리에 대고 쏘는 소위 "러시안 룰렛" 게임을 하다가 乙이 자신이 쏜 총에 맞아 사망한 경우, 경찰관인 피고인들은 러시안 룰렛 게임을 공동으로 한 바가 없고 다만 위 게임을 제지하지 못하였을 뿐인데 보통사람의 상식으로서는 함께 수차에 걸쳐서 흥겹게 술을 마시고 놀았던 일행이 갑자기 자살행위와 다름없는 위 게임을 하리라고는 쉽게 예상할 수 없는 것이므로(신뢰의 원칙)[515] 위 甲의 과실과 더불어 중과실치사죄의 죄책을 물을 수 없다.

7. 대법원 1994.3.11, 93도3001

전기석유난로를 켜 놓은 채 귀가하여 전기석유난로 과열로 화재가 발생하였다 하여 중실화를 유죄로 인정한 원심판결은 화재발생원인의 인정에 있어 심리미진의 위법이 있다. 경찰채용 20 2차

ⓒ 보통과실 : 우리 형법에서는 이러한 업무상 과실과 중과실을 제외한 비교적 가벼운 과실(경과실)을 그냥 '과실'(보통과실)로 분류하고 있다. 다만 형법상 과실범 처벌규정들이 이 3가지를 모두 처벌하는 것은 아니어서, 일수(溢水)죄에 있어서는 과실일수죄만 처벌하고 있고, 경찰승진 14 장물죄에 있어서는 업무상 과실과 중과실 장물죄만 처벌하고 있다. 따라서 보통의 '업무상 과실범'은 가중적 신분에 의한 부진정신분범으로 볼 수 있는데 비해서, 업무상 과실장물죄(제364조)의 업무자의 신분은 범죄를 성립시키는 신분이므로 동죄는 진정신분범으로 볼 수 있게 된다.

---

515 참고 위 판례에 대해서는 신뢰의 원칙과 관련된다기보다는, 피해자가 자기 스스로의 책임영역에 속하는 자손행위(自損行爲)로 결과를 야기하였기 때문에 결과귀속이 부인되는 경우라고 보아야 한다는 평석(박상기, 291면)이 있다. 중과실치사죄(제268조)의 규범의 보호목적은 타인의 행위로 인하여 피해자에게 사망이라는 법익침해의 결과가 일어나지 않도록 하는 데 있기 때문에, 규범의 보호목적관련성이 결여되어 객관적 귀속이 부정된다는 주장이다.

ⓓ 업무자의 중과실인 경우의 처리 : 형법상 업무상 과실과 중과실은 동일하게 취급된다. 즉 업무상 과실이 처벌되는 죄는 중과실도 똑같은 법정형으로 처벌하고 있고, 업무상 과실을 처벌하지 않는 죄는 중과실도 처벌하지 않는다. 또한, 업무상 과실 자체가 이미 무거운 과실의 의미를 가지므로 업무자가 중과실로 결과를 일으킨 경우에는 업무상 과실과 중과실이 모두 성립하는 것이 아니라 단지 업무상 과실범만 된다.[516]

(2) 과실의 체계적 지위

표정리 과실의 체계적 지위에 관한 학설 비교	
① 책임요소설 (고전적 범죄체계, 인과적 행위론, 순수한 결과반가치론, 심리적 책임론, 구과실론)	㉠ 내용 : 객관적인 것은 구성요건에서, 주관적(심리적)인 것은 책임에서 다루어, 구성요건에서는 결과의 발생 및 과실과 결과간의 인과관계만 따지고, 과실은 고의와 마찬가지로 책임요소로 파악되었다.[517] 따라서 책임요소인 과실의 기준도 행위자 개인의 주의능력에 맞추어지게 된다. ㉡ 비판 : 과실이 없이 결과만 발생한 경우를 불법하다고 보는 것[518]은 타당하지 않다.
② 위법성요소설 (신과실론)	㉠ 내용 : 허용된 위험의 이론에 의해 자동차운행 등 사회생활에 필수적 행위를 하는 자가 필요한 안전조치를 다하였다면 그 행위는 책임이 조각되는 것이 아니라 위법성이 조각된다는 것이다.[519] 따라서 과실범에서의 주의의무위반은 위법성요소라는 것이다. ㉡ 비판 : 과실이 없이 결과를 일으킨 경우도 구성요건해당성을 인정하는 것은 타당하지 않다.
③ 구성요건요소설 (목적적 범죄체계, 목적적 행위론, 인적 불법론, 순수한 규범적 책임론)	㉠ 내용 : 목적적 행위론의 행위반가치론에 의하면, 과실범의 본질은 결과가 아니라 주의의무위반이라는 행위의 방식에 있고, 행위자의 의무위반이 불법의 핵심요소라는 인적 불법론에 의해 과실은 불법요소 즉, 구성요건요소가 된다고 본다. ㉡ 평가 및 비판 : 과실이 구성요건요소라는 것은 일단 타당하며 이는 목적적 범죄체계론의 공적이다. 그러나 행위반가치에만 집중하는 방식은 이원적·인적 불법론에 어긋나고,[520] 과실도 고의와 마찬가지로 구성요건요소이면서 책임요소가 될 수 있는 성질이 있다.
④ 이중기능설 (합일태적 범죄체계, 사회적 행위론, 이원적·인적 불법론, 합일태적 책임론)	과실개념의 이중기능을 인정하는 것이 통설이다. 통설은 과실을, 구성요건의 단계에서는 행위형태를 '객관적 주의의무의 위반'으로 파악하여 그 행위반가치를 검토하고, 책임의 단계에서는 행위자에 대한 비난가능성과 관련하여 '주관적 주의의무의 위반'으로 파악하여 그 심정반가치를 심사함으로써, 이중의 지위를 가지고 있다고 본다. 즉, 구성요건에서는 일반인의 주의의무를 기준으로, 책임에서는 행위자의 주의능력을 기준으로 판단한다.

보충 과실의 이중지위설에 의하면, 먼저 ① 구성요건 단계에서는 행위자에게 **객관적으로 요구되는 주의의 태만(怠慢)**이 있었는가 하는 점이 검토된다. 여기서는 **객관적 일반인의 주의의무**가 기준이 된다. 다음, ② 책임 단계에서는 행위자의 개인적 능력 및 행위결과·인과관계에 대한 주관적인 예견가능성에도 불구하고 요구되는 객관적인 주의를 다하지 못한 **심정적 반가치**의 점을 심사한다. 여기서는 **주관적인 행위자의 주의의무**가 기준이 되는 것이다.

---

516 구체적으로는, 중과실이 업무상 과실에 포섭된다는 견해(김일수 / 서보학, 444면)나 양자는 택일관계이므로 둘 중 하나의 죄가 성립할 뿐이라는 견해(임웅, 501면) 등이 있다.
517 정영석, 175면.
518 책임요소설에 의하면 책임'무'능력자의 과실'없는' 결과발생행위에 대해서도 그 위법성을 인정하여 보안처분 등이 가능해진다는 결과에 이르게 되므로, 타당하지 않다는 비판은 임웅, 496면 참조. (독자들은 최소한 구성요건해당성과 위법성은 갖춘 행위이어야만 보안처분의 대상이 되는 것이라는 점을 상기할 것)
519 유기천, 167면.
520 결과반가치를 무시하고 행위반가치만 중시하게 되면 '결과가 발생하지 않고 과실만 있는 경우'(과실범의 미수)도 처벌해야 하는데 이는 타당하지 않다는 비판은 오영근, 213면 참조.

(3) 형법상 과실범 처벌규정

과실범은 법률에 특별한 규정이 있는 경우에 한하여 처벌되며(형법 제14조) 과실범을 처벌하는 특별규정은 그 명문에 의하여 명백·명료하여야 한다(대법원 1983.12.13, 83도2467). 국가7급 08 / 국가9급 21

표정리 형법상의 과실범 처벌규정 : 화·일·폭·교·상·사·장·가스·가스

구 분	업무상 과실범	중과실범
실화죄(제170조)	업무상 실화죄(제171조)	중실화죄(제171조)
과실일수죄(제181조) 경찰승진 14	없 음	없 음
과실폭발성물건파열죄 (제172조) 경찰승진 13	업무상 과실폭발성물건파열죄	중과실폭발성물건파열죄
과실교통방해죄 (제189조 제1항) 경찰승진 14	업무상 과실교통방해죄 (제189조 제2항)	중과실교통방해죄 (제189조 제2항)
과실치상죄(제266조)	업무상 과실치상죄(제268조)	중과실치상죄(제268조)
과실치사죄(제267조)	업무상 과실치사죄(제268조)	중과실치사죄(제268조)
없 음	업무상 과실장물죄(제364조)	중과실장물죄(제364조)
과실가스·전기 등 방류죄 (제173조의2)	업무상 과실가스·전기 등 방류죄(제173조의2)	중과실가스·전기 등 방류죄(제173조의2)
과실가스·전기 등 공급방해죄 (제173조의2)	업무상 과실가스·전기 등 공급방해죄(제173조의2)	중과실가스·전기 등 공급방해죄(제173조의2)

2. 과실범의 성립요건

(1) 과실범의 구성요건

과실범의 구성요건에 해당하기 위해서는 우선 고의범이 성립하지 않아야 한다. 고의범이 성립하면 과실범 성부를 따져볼 필요도 없기 때문이다. 그렇다면 고의범이 성립하지 않는다는 전제조건 하에, 과실범의 구성요건으로서는 객관적 주의의무위반,[521] 구성요건적 결과발생 그리고 인과관계 및 객관적 귀속이 요구될 것이다.

---

521 참고 위와 같은 주의의무위반론에 중심을 둔 과실범의 구성요건론에 대해서는, 과실범은 일단 구성요건적 결과가 발생된 경우에 한하여 문제될 뿐이며, 이 경우 주의의무위반은 구체적 내용이 결여된 일반적 개념에 불과하므로, 주의의무위반은 해당 결과를 그 탓으로 돌릴 수 있는 객관적 귀속판단을 하기 위한 척도로 보는 것이 타당하다는 지적도 있다(김일수, 한국형법Ⅱ, 411면; 박상기, 281~282면; 이용식, "객관적 귀속이론에 관한 일반적 논의", 서울대 법학, 1997.9. 제38권 2호, 134면; Roxin, AT, § 24 Rn. 12; Jakobs, AT, 9 / 6; Samson, SK, § 16 Rn. 14 등). 즉 주의의무위반 위주의 이론에서 탈피하여 결과귀속판단을 위한 객관적 귀속론 위주의 이론적 전환이 필요하다는 주장이다. 수험에서는 참고만 하기 바란다.

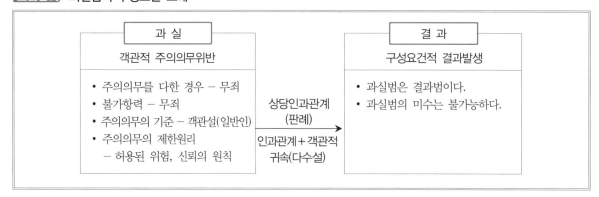

그림정리 과실범의 구성요건 도해

① 객관적 주의의무위반

　㉠ 의의 : 사회생활을 하면서 공동생활을 하는 사회 구성원 개개인에게는 객관적으로 요구되는 주의의무가 존재하며, 이러한 주의의무를 다하지 아니한 주의의무위반(注意義務違反)은 유형화된 행위반가치를 구성하는 요소로서 과실범의 중요한 구성요건요소가 된다. 따라서 만일 행위자에게 객관적 주의의무의 침해를 한 부분이 없다면, 비록 법익침해적 결과나 법익침해에의 위험성이 야기되었을지라도 과실범의 구성요건해당성이 조각된다.[522] 행위자에게 구성요건적 과실이 없음에도 불구하고 단지 결과가 발생하였다는 이유만으로 처벌하는 것(versari in re illicita, 단순한 결과책임주의)은 책임주의에 위반되므로 허용될 수 없기 때문이다.

　㉡ 객관적 주의의무의 내용

　　ⓐ 결과예견의무 : 구체적인 행위로부터 발생가능한 법익에 대한 위험을 인식할 의무를 말한다. 예컨대, 운전자는 자신의 차량운전행위로 인하여 어떠한 법익침해의 결과가 일어날지에 대한 예견의무를 부담한다.

　　ⓑ 결과회피의무 : 구성요건적 결과발생을 방지하기 위해 적절한 방어조치를 취할 의무를 말한다. 예컨대, 운전자는 자신의 차량운전행위로 인하여 타인의 생명 · 신체에 대한 침해가 일어나지 않도록 회피해야 할 의무가 있다. 이는 예를 들어, 경찰관이 범인을 연행하던 중 총의 안전장치를 풀어놓은 경우 총구를 위쪽 또는 아래쪽으로 향하게 할 주의의무로서 나타날 수 있다.

　㉢ 주의의무의 판단기준

　　ⓐ 주관설(행위자표준설) 사시 12 / 변호사 13 : 구성요건 단계에서는 행위자 개인의 주관적 주의의무위반과 주관적 예견가능성만을 심사해야 한다고 하여, 행위자 본인의 주의능력을 표준으로 주의의무위반을 결정하는 견해이다.[523] 주관설에 의하면, 행위자의 특별한 지식뿐만 아니라 특별한 능력도 주의의무의 기준이 되기 때문에, 고도의 주의능력을 가진 자가 평균적인 주의의무만 다한 경우에도 주관적 주의의무위반, 즉 과실이 인정되게 된다.

---

[522] 국가시험에서는 "행위자가 아무리 주의의무를 다하였다 하더라도 결과가 발생하였으리라고 인정되는 경우나 행위자가 주의의무를 완전히 다한 경우 과실범의 구성요건해당성이 없다."고 출제된 바 있다.

[523] 김성돈, "과실개념에서 주의의무위반성과 예견가능성", 형사정책연구, 1995 / 겨울, 167면; 이호중, "과실범의 예견가능성", 형사법연구, 제11호, 73면; 조상제, "형법상 과실의 체계적 정서", 고시계, 1998.9, 57면. 또한 구성요건단계에서 객관적 주의의무위반은 객관적 귀속의 척도로 보고 '주관적 주의의무위반 및 주관적 예견가능성을 과실범의 주관적 구성요건요소인 과실로 파악'하고, 책임단계에서도 주관적 주의의무위반의 심정반가치를 다시 심사한다는 견해(김일수, 572면; 김일수 / 서보학, 446면)도 주관설로 분류된다.

ⓑ 객관설(평균인표준설) : 주의의무 위반 여부의 판단은 사회일반인을 기준으로 해야 한다는 입장이다. 즉 구성요건단계에서의 주의의무는 사회생활에 있어서 준수할 것이 요구되는 일종의 표준적 의무로 파악함으로써, 행위자 개인에 대한 책임비난의 문제와는 구별해야 한다는 것이다. 객관설이 다수설[524]과 판례[525]의 입장이다. 법원9급 13 / 경찰채용 15 3차 / 경찰간부 15 객관설에 의할 때, 평균적 주의능력을 못 가지고 있는 자가 객관적 주의의무를 위반한 부분이 있다면 일단 구성요건적 과실이 인정되며, 다만 책임에서 주관적 주의의무의 준수를 이유로 과실범 성립의 조각이 인정될 수 있을 뿐이다.[526]

ⓒ 소결 : ㉮ 주의의무란 공동체생활을 하는 사회구성원에게 규범적으로 요구되는 의무라는 점, ㉯ 우리 형법도 '정상적으로 기울여야 할 주의를 게을리 함'이라고 규정함으로써(제14조) 주의의무의 기준은 일반인의 그것에서 찾아야 할 것을 요구하고 있는 점, ㉰ 일반인에 대한 형법의 보장적 기능을 고려할 때 보다 객관적 기준을 제시할 필요가 있다는 점 등을 고려할 때, 객관적인 일반인의 주의능력을 표준으로 하여 주의의무위반의 유무를 결정하여야 한다(객관설 : 통설·판례).[527] 따라서 과실범의 구성요건요소로서 주의의무위반은 객관적 예견가능성과 회피가능성이 있음에도 결과를 야기한 경우에 인정되는 '객관적 주의의무위반'의 의미로 이해된다(예 운전초보자와 운전숙련자의 구성요건적 주의의무의 범위는 객관적으로 동일함). 객관설에서 판단의 표준이 되는 일반인은 신중하고 사려 깊은 통찰력 있는 사람을 의미한다.[528] 구체적으로는 행위자가 속해 있는 집단의 표준적인 일반인을 가리킨다고 보면 된다. 그리고 객관설을 취하더라도 행위자의 특별한 지식과 경험[529]은 이러한 객관적 주의의무의 내용이 된다. 다만 행위자의 특별한 주관적 능력은 책임에서 평가할 요소가 된다.

---

524 김성천 / 김형준, 169면; 박상기, 281면; 손동권, 327면; 오영근, 209면; 이용식, "형법상의 과실", 고시계, 1995.7, 56면; 이재상, §14-12; 이형국, 331면; 임웅, 441면; 정성근 / 박광민, 428면.

525 판례 : 객관설을 보여주는 예시 의료사고에 있어 의료종사자의 과실을 인정하기 위해서는 의료종사자가 결과발생을 예견할 수 있고 또 회피할 수 있었음에도 불구하고 이를 예견하거나 회피하지 못한 과실이 인정되어야 하고, 경찰간부 15 그러한 과실의 유무를 판단함에는 같은 업무와 직무에 종사하는 보통인의 주의 정도를 표준으로 하여야 하며, 국가9급 08 / 국가9급 09 / 경찰승진 10 / 경찰채용 15 3차 / 경찰승진 15 / 국가9급 16 / 법원행시 16 이에는 사고 당시의 일반적인 의학의 수준과 의료 환경 및 조건, 의료행위의 특수성 등이 고려되어야 한다(대법원 1996.11.8, 95도2710; 1997.10.10, 97도1678; 2007.9.20, 2006도294; 2011.4.14, 2010도10104; 2011.9.8, 2009도13959). 사시 12 / 법원9급 13 / 법원행시 13 / 변호사 13 / 사시 14

526 또한 책임이 조각되더라도 불법은 긍정된다는 측면에서 치료감호 등 보안처분이 부과될 수 있는 부분이 객관설의 장점이라는 평가는 임웅, 507면 참조. 다만 평균적 능력이 없음을 자신이 스스로 인식하면서도 행위로 나아간 경우에는 객관적 주의의무위반도 인정되고 나아가 주관적 주의의무위반 즉 책임요소로서의 과실도 인정될 수 있게 된다. 이를 인수책임(Übernahmeverschulden)이라고 설명하는 문헌으로는 김일수 / 서보학, 485면; 배종대, 602면; 손동권, 327면; 이형국, 378면 참조.

527 다만 이러한 과실의 작위범과는 달리, 과실의 '부작위범'에서는 객관설에 의하더라도 부작위범의 특수성을 고려하여 행위자의 '개인적' 행위능력이 주의의무의 표준이 되어야 한다는 주장은 임웅, 508면 참조. 그러나 생각건대, 이는 '부작위범'의 구성요건요소 중 '개별적 행위가능성'으로 설명되면 충분하므로 과실범의 구성요건요소로 이중으로 평가할 필요는 없을 것으로 생각된다.

528 이러한 의미에서 객관설은 평균인표준설이 아니라 우수자표준설로 해야 한다는 지적은 오영근, 231면.

529 보충 예컨대, 의료행위의 특수성을 알고 있는 의료인의 주의의무나 특정한 도로에 지하철공사 중이어서 위험성이 있다는 것을 알고 있는 차량운전자의 주의의무는 개인적인 능력이라기보다는 업무상 과실범의 업무자에게 요구되는 객관적 주의의무의 내용이 되어야 한다.

ⓔ 판례의 정리

1. 대법원 1966.5.31, 66도548
자동차운전수가 전방만을 보고 좌우에 대한 주시의무를 태만히 하여 도로 좌측에서 우측으로 횡단하려는 피해자를 뒤늦게 발견한 탓으로 사고를 발생케 하였고 좌우를 살피면서 운행하였더라면 사고를 미연에 방지할 수 있었다면 운전수에게 과실이 있다 할 것이다.

2. 대법원 1984.2.28, 83도3007
호텔 사장과 영선과장에게 호텔 화재로 인한 숙박객의 사상에 대해 업무상 과실치사상죄를 인정한 사례
호텔의 사장 또는 영선과장인 피고인들이 오보가 잦다는 이유로 자동화재조기탐지 및 경보시설인 수신기의 지구경종스위치를 내려 끈 채 봉하고, 영업상 미관을 해친다는 이유로 각층에 설치된 갑종방화문을 열어두게 하고 옥외피난계단으로 통하는 을종방화문은 도난방지 등의 이유로 고리를 끼워 피난구로서의 역할을 다하지 못하게 하였다면, 화재로 인한 숙박객 등의 사상이라는 결과는 충분히 예견가능한 것이라고 할 것이다.

비교판례 업무에 직접 관여하지 아니한 호텔 회장에게 업무상 과실치사상죄를 부정한 사례
호텔을 경영하는 주식회사에 대표이사가 따로 있고 각 업무담당자들이 별도로 존재한다면 위 회사의 업무에 전혀 관여하지 않고 있던 회장에게는 위 회사의 직원들에 대한 일반적·추상적 지휘감독의 책임은 있을지언정 동 호텔 종업원의 부주의와 호텔구조상의 결함으로 발생·확대된 화재에 대한 구체적이고도 직접적인 주의의무는 없다(대법원 1986.7.22, 85도108). 경찰간부 14

3. 대법원 1985.12.24, 85도1755
자동차를 운행하는 자는 매일 그 운행개시 전에 일상점검의 하나로 제동장치 중 제동파이프에 기름 누설이 없고 고정이 확실한 여부를 점검하여야 할 업무상 주의의무가 있다.

4. 대법원 1986.7.22, 85도2223
소규모 현장건축물 안전관리를 총괄하는 현장소장의 감전사고방지를 위한 주의의무를 인정한 사례
현장건축물 시공업무, 임시동력선 배선공사 및 그와 관련된 안전관리를 총괄하는 지위에 있는 현장소장으로서는 그 현장이 직원 6명 정도의 비교적 소규모의 것이었다면 구체적인 전선설치 작업에 있어서도 전선의 상태를 점검하여 피복이 벗겨진 부분이 발견되면 이를 교체하는 등 필요한 조치를 취하여 감전사고를 미연에 방지하여야 할 주의의무가 있다.

5. 대법원 1986.8.19, 86도915
자전거 전용통로에 도시가스배관, 철도횡단흉관 압입공사를 하기 위하여 너비 약 3미터, 깊이 약 1미터, 길이 약 5미터의 웅덩이를 파두어 야간에 그곳을 지나던 통행인이 위 웅덩이에 떨어져 상해를 입었다면 동 공사현장 감독에게는 공사현장의 보안관리를 소홀히 한 주의의무위반이 있다.

6. 대법원 1986.10.14, 85도1789
필요한 정밀검사를 실시하지 않아 병명을 알지 못하고 수술한 경우 업무상 과실치사를 인정한 사례
갑상선비대증환자 등에 대하여는 편도선 절제수술이 금기사항이므로 의사로서는 환자를 진찰한 결과 환자의 갑성선과 심장이 보통사람의 그것에 비하여 많이 비대해져 있음을 발견하였으면 마땅히 정밀검사를 시행하였어야 할 터임에도, 사전에 이에 대한 정밀검사를 실시하지 아니한 과실로 환자가 갑상선수양암 및 관상동맥경화증 환자임을 알지 못한 채 동인의 편도선절제수술을 감행함으로써 수술 후 약 40분 후에 심장마비로 사망케 하였다면 업무상과실치사의 책임이 있다.

7. 대법원 1987.2.10, 86도2514
야간에 가로등이 없는 곳에 비상등만 켜놓고 위험표지판을 설치하지 않고 정차한 트럭 운전사 사례
가시거리가 약 5~6미터 정도 밖에 되지 않는 야간에 가로등이 설치되어 있지 않고 차량통행이 빈번한 편도 2차선의 도로상에 적재한 원목 끝부분이 적재함으로부터 약 3~6미터 돌출되어 있는 트럭을 정차할 경우, 운전사로서는 비상등을 켜고 차량후방에 위험표지판을 설치한 후 뒤따라오는 차량에게 위험신호를 하여 주는 등으로 사

고발생을 사전에 방지하여야 할 업무상 주의의무가 있다고 할 것임에도 단지 비상등만 켜놓은 채 그대로 정차하여 두었다면 업무상 과실이 있다. 경찰간부 21

8. 대법원 1988.9.27, 88도833

버스운전사에게는 전날 밤에 주차해둔 버스를 그 다음날 아침에 출발하기에 앞서 차체 밑에 장애물이 있는지 여부를 확인하여야 할 주의의무가 있다. 국가9급 07

9. 대법원 1990.2.27, 89도777

야간에 빗물로 노면이 미끄러운 고속도로에서 진행전방의 차량이 빗길에 미끄러져 비정상적으로 움직이고 있다면 앞으로의 진로를 예상할 수 없는 것이므로 그 후방에서 진행하고 있던 차량의 운전자로서는 이러한 사태에 대비하여 속도를 줄이고 안전거리를 확보해야 할 주의의무가 있다.

10. 대법원 1990.5.22, 90도579

의사가 근육에 조직괴사를 일으킬 수 있는 마취제 에폰톨을 간호조무사에게 정맥주사하게 한 사례

마취제를 정맥주사할 경우 의사로서는 스스로 주사를 놓든가 부득이 간호사나 간호조무사에게 주사케 하는 경우에도 적절하고 상세한 지시를 함과 함께 스스로 그 장소에 입회하여야 할 주의의무가 있고, 사이드 인젝션(Side Injection)방법[530]이 직접 주사방법보다 안전하고 일반적인 것이라 할 것인 바, 산부인과 의사인 피고인이 피해자에 대한 임신중절수술을 시행하기 위하여 마취주사를 시주함에 있어 직접 주사하지 아니하고 만연히 간호조무사로 하여금 직접주사하게 하여 피해자에게 상해를 입혔다면 이에는 의사로서의 주의의무를 다하지 아니한 과실이 있다고 할 것이다.[531]

11. 대법원 1990.11.13, 90도1987

부근에 고압전선이 설치되어 있는 건물옥상에 애드벌룬을 띄움에 있어서의 업무상 주의의무

광고업자가 건물 옥상에 고정수소 2,850기압을 주입한 애드벌룬을 공중에 띄움에 있어서 당시 강풍이 불고 있었고 그곳 부근에 22,900볼트의 고압전선이 설치되어 있었다면 그 안전여부를 확인하면서 주민들에게 위험을 알려주어 주의를 환기시키고 애드벌룬이 고압선에 감겼을 때에도 안전하게 이를 제거할 방법을 강구할 업무상 주의의무가 있다.

12. 대법원 1990.12.26, 89도2589

사고지점 노면이 결빙된 데다가 짙은 안개로 시계가 20m 정도 이내였다면 고속도로의 제한시속에 관계없이 장애물발견 즉시 제동정지할 수 있을 정도로 속도를 줄이는 등의 조치를 취하였어야 할 것이므로 단순히 제한속도를 준수하였다는 사실만으로는 주의의무를 다하였다 할 수 없다. 법원행시 10

13. 대법원 1991.5.28, 91도840

야간에 시골 국도 운전 중 맞은편에 전조등을 켠 차량과 교행 직후 도로상에 누워있는 피해자를 친 경우

피고인이 맞은편에서 오는 차량과 교행시에 전조등을 하향조정하여 진로를 주시하였더라면 진행전방에 누워 있던 피해자를 상당한 거리에서 미리 발견할 수 있었는지 여부 등 피고인이 통상적으로 요구되는 운전상 주의의무를 다하였는데도 피해자를 미리 발견할 수 없었던 것인지의 여부를 심리함이 없이 피고인에게 과실이 없다고 판단한 것은 위법하다.

14. 대법원 1994.4.26, 92도3283

마취환자의 마취회복업무를 담당한 의사로서는 마취환자가 수술 도중 특별한 이상이 있었던 경우에는 보통 환자보다 더욱 감시를 철저히 하고, 또한 마취환자가 의식이 회복되기 전에는 호흡이 정지될 가능성이 적지 않으므로 피해자의 의식이 완전히 회복될 때까지 주위에서 관찰하거나 적어도 환자를 떠날 때는 피해자를 담당하는 간호사를 특정하여 그로 하여금 환자의 상태를 계속 주시하도록 하여 만일 이상이 발생한 경우에는 즉시 응급조치가 가능하도록 할 의무가 있다.[532] 사시 10 / 경찰승진 11

---

530 수액세트에 주사침을 연결하여 정맥 내에 위치하게 하고 수액을 공급하면서 주사제를 기존의 수액세트를 통하여 주사하는 정맥주사방법이다.

531 비교판례 다만, 의사가 입회할 필요 없이 일반적인 지도·감독을 하는 것으로 족한 경우도 있을 수 있다. 예컨대, 간호사가 의사의 처방에 의한 정맥주사(Side Injection 방식)를 의사의 입회 없이 간호실습생(간호학과 대학생)에게 실시하도록 하여 발생한 의료사고에 대한 의사의 과실을 부정한 사례도 있다(대법원 2003.8.19, 2001도3667). 후술하는 객관적 주의의무위반을 인정하지 않은 판례정리 참조.

15. 대법원 1994.10.14, 94도2165

음주운전을 단속하며 정지신호를 보내오고 있는 경찰관을 발견한 운전자로서는 마땅히 차량을 정차시켜야 하고, 만일 계속 진행하더라도 속도를 줄이고 경찰관의 동태를 잘 살펴 안전하게 진행하여야 할 업무상 주의의무가 있다고 할 것인데, 그럼에도 불구하고 이에 위배하여 상당한 속도로 계속 진행함으로써 정차를 시키기 위하여 차체를 치는 경찰관으로 하여금 상해를 입게 한 운전자에게는 업무상 주의의무를 다하지 못한 과실이 있다. 경찰승진(공통) 11

16. 대법원 1994.12.9, 93도2524

조증환자에게 전해질이상 유무를 확인하지 않고 포도당액을 주사하여 환자를 사망에 이르게 한 사례

정신과질환인 조증으로 입원한 환자의 주치의사는 조증치료제인 클로르포르마진의 과다투여로 인하여 환자에게 기립성저혈압이 발생하게 되었다면 내과전문병원 등으로 전원조치를 하여야 할 것이나, 그러지 못하고 환자의 혈압상승을 위하여 포도당액을 주사하게 되었으면 그 과정에서 환자의 전해질이상 유무를 확인하고 투여하여야 함에도 의사에게 요구되는 이러한 일련의 조치를 취하지 아니한 과실이 있다면, 환자의 주치의사는 업무상과실치사죄의 책임을 면할 수는 없다. 사시 15

17. 대법원 1994.12.22, 93도3030

호흡장애환자의 상태를 확인 안 한 의사 및 의사를 불러달라는 보호자의 요청을 듣지 않은 간호사 사례

갑상선아전절제술 및 전경부임파절청소술을 받은 환자가 기도부종으로 인한 호흡장애로 식물인간상태에 이르게 된 경우, 환자의 호흡 곤란을 알고도 약 9시간 동안 환자의 상태를 확인하지 아니한 주치의 겸 당직의사와 그의 활력체크지시를 제대로 이행하지 아니하고 의사를 불러달라는 환자 보호자의 요청을 듣지 아니한 담당간호사들은 모두 업무상과실치상죄로 처단해야 한다.

18. 대법원 1995.12.26, 95도715

운전자가 택시를 운전하고 제한속도가 시속 40km인 왕복 6차선 도로의 1차선을 따라 시속 약 50km로 진행하던 중, 무단횡단하던 보행자가 중앙선 부근에 서 있다가 마주 오던 차에 충격당하여 택시 앞으로 쓰러지는 것을 피하지 못하고 역과시킨 경우, 운전자가 통상적으로 요구되는 주의의무를 다하였는지 여부를 심리하지 아니한 채 업무상 과실이 없다고 판단한 것은 정당하지 않다. 국가9급 11

19. 대법원 1996.6.11, 96도1049

피해자가 운전하는 승용차가 중앙선에 근접하여 운전하여 오는 것을 상당한 거리에서 발견하고도 두 차가 충돌하는 것을 피하기 위하여 할 수 있는 적절한 조치를 취하지 아니하고 그대로 진행하다가 두 차가 매우 가까워진 시점에서야 급제동 조치를 취하며 조향장치를 왼쪽으로 조작하여 중앙선을 넘어가며 피해자의 승용차를 들이받은 경우에는, 피고인에게 과실이 있다고 해야 한다.

20. 대법원 1999.1.15, 98도2605; 1981.12.8, 81도1808; 1975.9.23, 74도231 등

야간에 고속도로에서 차량을 운전하는 자는 주간과는 달리 노면상태 및 가시거리상태 등에 따라 고속도로상의 제한 최고속도 이하의 속도로 감속·서행할 주의의무가 있으므로, 야간에 선행사고로 인하여 전방에 정차해 있던 승용차와 그 옆에 서 있던 피해자를 충돌한 경우 운전자에게 제한속도 이하로 감속운전하지 아니한 과실이 있다고 해야 한다.

21. 대법원 2001.12.11, 2001도5005

선행차량에 이어 피고인 운전 차량이 피해자를 연속하여 역과하는 과정에서 피해자가 사망한 사례

야간인데다가 비까지 내려 시계가 불량하고 내린 비로 인하여 노면이 다소 젖어있는 상태에 비탈길의 고갯마루를 지나 내리막길이 시작되는 곳으로부터 가까운 지점을 앞차를 뒤따라 진행하는 차량의 운전사로서는 앞차에 의하여 전방의 시야가 가리는 관계상 앞차의 어떠한 돌발적인 운전 또는 사고에 의하여서라도 자기 차량에 연쇄적인 사고가 일어나지 않도록 앞차와의 충분한 안전거리를 유지하고 진로 전방좌우를 잘 살펴 진로의 안전을 확인하면서 진행할 주의의무가 있다. 경찰간부 11 / 국가9급 12 / 법원9급 12 / 국가7급 14

---

532 위 판례의 또 다른 논점 피해자를 감시하도록 업무를 인계받지 않은 간호사가 회복실 내의 모든 환자에 대하여 적극적, 계속적으로 주시·점검을 할 의무가 있다고 할 수 없다(대법원 1994.4.26, 92도3283). 사시 10

22. 대법원 2002.8.23, 2002도2800

중앙선에 서서 도로횡단을 중단한 피해자의 팔을 갑자기 잡아끌고 피해자로 하여금 도로를 횡단하게 만든 피고인으로서는 위와 같이 무단횡단을 하는 도중에 지나가는 차량에 충격당하여 피해자가 사망하는 교통사고가 발생할 가능성이 있으므로, 이러한 경우에는 피고인이 피해자의 안전을 위하여 차량의 통행 여부 및 횡단 가능 여부를 확인하여야 할 주의의무가 있다(과실치사). 변호사 18 / 경찰채용 21 2차

23. 대법원 2005.2.18, 2003도965

사고 당시 야간에 비까지 내리고 있다면 화물차량 운전업무 종사자로서는 평소보다 전방을 더욱 면밀히 주시하면서 시계가 불량한 경우 제한최고지속보다 더욱 감속하여 안전하게 운전함으로써 사고를 미연에 방지할 의무를 지게 되는 것이지, 그로 인하여 운전자의 전방주시의무나 안전운전의무가 감경되는 것으로는 볼 수 없다.

24. 대법원 2005.3.24, 2004도8137

알코올중독자의 수용시설을 운영 또는 관리하던 피고인들로서는 알코올중독자의 금단증상에 대비하여 의사 등을 배치하고 금단증상을 보이는 알코올중독자를 즉시 병원으로 호송하여 치료를 받게 하는 등의 조치를 다할 주의의무가 있었음에도 피해자를 독방에 방치하여 그가 자살하였다면 피고인들의 과실과 사망 간에 인과관계가 인정되므로 업무상 과실치사죄가 인정된다.

25. 대법원 2007.9.21, 2006도6949

강제도선구역 내에서 조기 하선한 도선사(導船士)에게는 하선 후 발생한 선박충돌사고에 대한 업무상 과실이 인정되므로 업무상 과실선박파괴죄가 성립한다.

26. 대법원 2007.11.16, 2005도1796

산후조리원의 신생아의 집단관리 업무를 책임지는 사람으로서는 신생아의 건강관리나 이상증상에 관하여 일반인보다 높은 수준의 지식을 갖추어 신생아를 위생적으로 관리하고 건강상태를 면밀히 살펴 이상증세가 보이면 (산모에게 알리고 그 지시를 받는 것으로는 불충분하고) 의사나 한의사 등 전문가에게 진료를 받도록 하는 등 적절한 조치를 취하여야 할 업무상 주의의무가 있다. 법원행시 13 / 국가7급 16

27. 대법원 2009.12.24, 2005도8980

의사들의 주의의무 위반과 처방체계상의 문제점으로 인하여 피부암수술 후 회복과정에 있는 환자에게 인공호흡 준비를 갖추지 않은 상태에서는 사용할 수 없는 약제 근이완제인 베큐로니움 브로마이드(Vecuronium Bromide)가 잘못 처방되었고, 종합병원의 간호사로서는 주의사항 등을 미리 확인·숙지하였다면 과실로 처방된 것임을 알 수 있었음에도 그대로 주사하여 환자가 의식불명 상태에 이르게 된 경우, 간호사에게도 업무상과실치상의 형사책임을 인정해야 한다. 국가7급 16

28. 대법원 2010.3.25, 2008도590

피고인은 마취전문 간호사로서 의사의 구체적 지시 없이 독자적으로 마취약제와 사용량을 결정하여 치핵제거수술을 받을 피해자에게 척수마취시술을 한 후 현장을 이탈하는 등 적절한 조치를 취하지 않았을 뿐 아니라, 수술을 받던 피해자가 하체를 뒤로 빼면서 극도의 흥분상태로 소리를 지르는 등 통증을 호소하고 출혈이 발생한 이후에도 마취전문 간호사로서의 필요한 조치를 다하지 아니한 업무상 과실이 있고, 그러한 업무상 과실과 집도의의 과실이 경합하여 결국 피해자가 사망에 이르게 되었다고 보아야 한다. 사시 12

29. 대법원 2010.4.29, 2009도7070

① 산부인과 의사인 피고인이 제왕절개수술을 시행 중 태반조기박리를 발견하고도 피해자의 출혈 여부 관찰을 간호사에게 지시하였다가 수술 후 약 45분이 지나 대량출혈을 확인하고 전원(轉院) 조치하였으나 그 후 피해자가 사망한 경우, 피고인은 신속한 수혈 및 전원의무를 게을리한 과실이 있다. 또한 ② 피고인이 전원(轉院)받는 병원 의료진에게 피해자가 고혈압환자이고 제왕절개수술 후 대량출혈이 있었던 사정을 설명하지 않은 경우, 피고인에게 전원과정에서 피해자의 상태 및 응급조치의 긴급성에 관하여 충분히 설명하지 않은 과실도 있다고 해야 한다. 경찰채용 13 1차 / 사시 13 / 경찰간부 15 / 국가7급 16

30. 대법원 2010.6.24, 2010도2615; 1994.12.27, 94도2513

건축법, 건축사법, 건설기술관리법 등의 관련 법령의 취지를 고려할 때, 공사감리자가 관계 법령과 계약에 따른

감리업무를 소홀히 하여 건축물 붕괴 등으로 인하여 사상의 결과가 발생한 경우에는 업무상과실치사상의 죄책을 면할 수 없다. 경찰승진 12

31. 대법원 2010.7.22, 2010도1911

골프장의 경기보조원인 피고인이 골프 카트에 피해자 등 승객들을 태우고 진행하기 전에 안전 손잡이를 잡도록 고지하지도 않고, 또한 승객들이 안전 손잡이를 잡았는지 확인하지도 않은 상태에서 만연히 출발하였으며, 각도 70°가 넘는 우로 굽은 길을 속도를 충분히 줄이지 않고 급하게 우회전함으로써 피해자를 골프 카트에서 떨어지게 하여 두개골골절, 지주막하출혈 등의 상해를 입게 하였다면 업무상 과실치상죄가 성립한다고 본 것은 정당하다. 국가9급 11 / 경찰채용 12 3차

32. 대법원 2010.10.28, 2008도8606

간호사가 의사의 진료를 보조할 경우 의사의 지시에 따를 의무가 있는지 여부(원칙적 적극)

간호사 甲, 乙이 수술 직후의 환자에 대한 진료를 보조하면서 1시간 간격으로 4회 활력징후를 측정하라는 담당 의사 A의 지시에 따르지 아니하였고 그 후 위 환자가 과다출혈로 사망한 경우, 의료법상 간호사가 의사의 진료를 보조할 경우에는 특별한 사정이 없는 한 의사의 지시에 따라 진료를 보조할 의무가 있으므로, 甲과 乙에게는 3회차 측정시각 이후 4회차 측정시각까지 활력징후를 측정하지 아니한 업무상 과실이 있다고 보아야 한다.

33. 대법원 2010.11.11, 2009도13252

산업안전보건법위반죄는 안 되지만, 업무상 과실치사죄는 성립한다는 판례

교량기초케이슨 및 교각제작공사의 하도급업체 근로자가 철근조립작업 중 철근지지대의 수량부족 등으로 인해 넘어진 수직철근에 머리를 부딪쳐 사망한 경우, 위 하도급업체와 그 업체 종업원인 현장소장에게 구 산업안전보건법위반죄가 성립하지 않지만, 철근 붕괴 예방을 위하여 적절한 수량의 철근지지대가 충분히 설치되도록 감독하는 등 공사 실시의 관리·감독업무에 관한 주의의무 위반은 인정되므로 현장소장에게 업무상과실치사의 죄책이 인정된다고 보아야 한다.

34. 대법원 2010.12.23, 2010도1448[533]; 2009.5.28, 2008도7030; 1996.1.26, 95도2263

도급계약의 경우 도급인의 안전조치에 관한 주의의무 판단기준

도급계약의 경우 ① 원칙적으로 도급인에게는 수급인의 업무와 관련하여 사고방지에 필요한 안전조치를 취할 주의의무가 없으나 예컨대, 주택수리업자에게 주택수리를 의뢰한 도급인이 공사상 필요한 안전조치를 취할 업무상 주의의무를 부담하지 않음(대법원 2002.4.12, 2000도3295), ② 법령에 의하여 도급인에게 수급인의 업무에 관하여 구체적인 관리·감독의무 등이 부여되어 있거나 도급인이 공사의 시공이나 개별 작업에 관하여 구체적으로 지시·감독하였다는 등의 특별한 사정이 있는 경우에는 도급인에게도 수급인의 업무와 관련하여 사고방지에 필요한 안전조치를 취할 주의의무가 있다고 할 것이다. 법원행시 09 / 법원행시 16 / 변호사 18

35. 대법원 2011.5.26, 2010도17506

택시 운전자 甲은 심야에 밀집된 주택 사이의 좁은 골목길이자 직각으로 구부러져 가파른 비탈길의 내리막에 누워 있던 乙의 몸통 부위를 자동차 바퀴로 역과하여 사망에 이르게 하였다면, 사고 당시 피고인에게는 이러한 업무상 주의의무를 위반한 잘못이 있었다고 해야 한다. 사시 14 / 경찰승진 15

36. 대법원 2011.7.28, 2009도8222

교통사고처리특례법상 신호위반으로 인한 업무상 과실치상죄 사례

교차로의 차량신호등이 적색이고 교차로에 연접한 횡단보도 보행등이 녹색인 경우에 차량 운전자가 위 횡단보도 앞에서 정지하지 아니하고 횡단보도를 지나 우회전하던 중 업무상과실치상의 결과가 발생하면 교통사고처리 특례법 제3조 제1항, 제2항 단서 제1호의 '신호위반'에 해당하고, 이때 위 신호위반 행위가 교통사고 발생의 직접적인 원인이 된 이상 사고장소가 횡단보도를 벗어난 곳이라 하여도 위 신호위반으로 인한 업무상과실치상죄가 성립함에는 지장이 없다.

---

533 보충 하도급 공사현장에서 작업을 하던 하수급인인 피해자가 옥상 개구부를 통해 추락하여 상해를 입은 경우, 하도급인으로부터 위 공사현장의 소장 및 현장대리인으로서 안전보건총괄책임자로 지정된 피고인 甲의 업무상 과실이 인정된다는 사례이다.

37. 대법원 2018.5.11, 2018도2844
의료과오사건에서 의사의 과실을 인정하기 위한 요건
의료과오사건에서 의사의 과실을 인정하려면 결과 발생을 예견할 수 있고 또 회피할 수 있었는데도 예견하거나 회피하지 못한 점을 인정할 수 있어야 한다. 의사의 과실이 있는지는 같은 업무 또는 분야에 종사하는 평균적인 의사가 보통 갖추어야 할 통상의 주의의무를 기준으로 판단하여야 하고, 사고 당시의 일반적인 의학 수준, 의료환경과 조건, 의료행위의 특수성 등을 고려하여야 한다. 의사가 진찰·치료 등의 의료행위를 할 때는 사람의 생명·신체·건강을 관리하는 업무의 성질에 비추어 환자의 구체적 증상이나 상황에 따라 위험을 방지하기 위하여 요구되는 최선의 조치를 해야 한다. 의사에게 진단상 과실이 있는지를 판단할 때는 의사가 비록 완전무결하게 임상진단을 할 수는 없을지라도 적어도 임상의학 분야에서 실천되고 있는 진단 수준의 범위에서 전문직업인으로서 요구되는 의료상의 윤리, 의학지식과 경험에 기초하여 신중히 환자를 진찰하고 정확히 진단함으로써 위험한 결과 발생을 예견하고 이를 회피하는 데에 필요한 최선의 주의의무를 다하였는지를 따져 보아야 한다. 나아가 의사는 환자에게 적절한 치료를 하거나 그러한 조치를 하기 어려운 사정이 있다면 신속히 전문적인 치료를 할 수 있는 다른 병원으로 전원시키는 등의 조치를 하여야 한다. 국가9급 21

38. 대법원 2021.11.11, 2021도11547
포클레인 기사의 덤프트럭 토사 적재작업 시의 주의의무
포클레인 기사 甲은 포클레인을 이용해 토사를 덤프트럭에 적재하는 작업을 하면서 작업범위 밖으로 토사 등이 떨어지지 않도록 충분한 주의를 기울여야 할 업무상 주의의무가 있음에도 이를 게을리한 채 포클레인으로 퍼 올린 토사가 부근의 자전거도로로 떨어지게 하여 자전거를 타고 그곳을 지나던 乙이 떨어진 돌에 부딪혀 넘어지게 하여 상해를 입었다. …… 공사현장에서 포클레인을 이용해 땅을 파서 흙을 트럭에 싣는 작업을 하는 경우 적재물이 낙하하여 사람이 다치거나 주변 통행에 방해가 되는 등의 사고가 발생할 수 있으므로 포클레인 기사는 낙하사고를 방지하기 위하여 필요한 조치를 취하여야 한다.

39. 대법원 2022.1.14, 2021도15004
크레인 공사현장에서 중량물 취급 시에 필요한 안전조치의무 및 업무상 주의의무
공사 현장소장인 피고인이 25톤급 이동식 크레인을 사용하여 작업하기로 작업계획서를 작성하고도 실제 16톤급 이동식 크레인을 배치하고 피해자에게 적재하중을 초과하는 철근 인양작업을 지시하여 철근의 무게를 버티지 못한 이 사건 크레인이 전도되게 함으로써 사업주의 안전조치의무를 위반함과 동시에 업무상 과실로 피해자에게 상해를 입게 한 경우, 피고인의 업무상 과실이 인정되고 사고와의 사이에 인과관계도 인정된다.

40. 대법원 2022.6.16, 2022도1401
횡단보행자용 신호기가 설치되어 있지 않은 횡단보도를 통과한 직후 발생한 교통사고 사례
甲은 맑은 날씨의 오후에 트럭을 운전하여 횡단보행자용 신호기가 설치되어 있지 않은 횡단보도를 통과한 직후 그 부근에서 도로를 횡단하려는 乙(만 9세, 여)을 뒤늦게 발견하고 급제동 조치를 취하였으나, 차량 앞 범퍼 부분으로 피해자의 무릎을 충격하여 약 2주간의 치료를 요하는 상해를 입혔다. 피고인으로서는, 횡단보도 부근에서 도로를 횡단하려는 보행자가 흔히 있을 수 있음을 충분히 예상할 수 있었으므로, 보행자를 발견한 즉시 안전하게 정차할 수 있도록 제한속도 아래로 속도를 더욱 줄여 서행하고 전방과 좌우를 면밀히 주시하여 안전하게 운전함으로써 사고를 미연에 방지할 업무상 주의의무가 있었음에도 이를 위반하였고, 횡단보도 부근에서 안전하게 서행하였더라면 사고 발생을 충분히 피할 수 있었을 것이므로, 피고인의 업무상 주의의무 위반과 사고 발생 사이의 상당인과관계가 인정된다. 경찰간부 23

유사판례 대법원 2020.12.24, 2020도8675; 2022.4.14, 2020도17724
도로교통법 제27조 제5항은 '모든 차의 운전자는 보행자가 횡단보도가 설치되어 있지 아니한 도로를 횡단하고 있을 때에는 안전거리를 두고 일시정지하여 보행자가 안전하게 횡단할 수 있도록 하여야 한다'고 규정하고 있다. 따라서 자동차의 운전자는 횡단보행자용 신호기가 설치되지 않은 횡단보도를 횡단하는 보행자가 있을 경우에 그대로 진행하더라도 보행자의 횡단을 방해하지 않거나 통행에 위험을 초래하지 않을 경우를 제외하고는, 횡단보도에 먼저 진입하였는지 여부와 관계없이 차를 일시정지하는 등의 조치를 취함으로써 보행자의 통행이 방해되지 않도록 할 의무가 있다.

41. 대법원 2022.12.1, 2022도11950

골프장 경기보조원의 업무상 주의의무

업무상과실치상죄의 '업무'란 사람의 사회생활면에서 하나의 지위로서 계속적으로 종사하는 사무로, 수행하는 직무 자체가 위험성을 갖기 때문에 안전배려를 의무의 내용으로 하는 경우는 물론 사람의 생명·신체의 위험을 방지하는 것을 의무의 내용으로 하는 업무도 포함한다. 골프와 같은 개인 운동경기에서, 경기에 참가하는 자는 자신의 행동으로 인해 다른 사람이 다칠 수도 있으므로 경기규칙을 준수하고 주위를 살펴 상해의 결과가 발생하는 것을 미연에 방지해야 할 주의의무가 있고, 경기보조원은 그 업무의 내용상 기본적으로는 골프채의 운반·이동·취급 및 경기에 관한 조언 등으로 골프경기 참가자를 돕는 역할을 수행하면서 아울러 경기 진행 도중 위와 같이 경기 참가자의 행동으로 다른 사람에게 상해의 결과가 발생할 위험성을 고려해 예상할 수 있는 사고의 위험을 미연에 방지하기 위한 조치를 취함으로써 경기 참가자들의 안전을 배려하고 그 생명·신체의 위험을 방지할 업무상 주의의무를 부담한다.

🔨 **[판례연구]** 객관적 주의의무위반을 부정한 판례

1. 대법원 1969.1.21, 68도1661

운행 중인 트럭의 뒤 또는 옆에서 쫓아와 발판에 뛰어오르려다 실족·추락하여 뒷바퀴에 치어 사망한 경우 운전사에게 과실 없다고 인정한 것은 정당하다.

2. 대법원 1977.3.8, 76도4174

주행 중 사이드 브레이크를 조작하지 않은 것과 업무상 과실치상죄의 과실유무

사이드 브레이크는 원래 주차용으로서 차량 주행 중에는 이를 사용할 수 없을 뿐더러 더욱이 경사진 곳에서 내려가는 경우에는 이를 사용하더라도 제동의 효과를 얻을 수 없으므로 차량 운행 도중 버스의 브레이크 마스터 롯트핀이 빠져 페달브레이크 장치가 작동하지 아니하게 된 경우에 사이드 브레이크를 조작하지 아니하였다 하여 운전수에게 과실이 있다 할 수 없다.

3. 대법원 1977.6.28, 77도523

버스의 진행 중 갑자기 차문을 열고 하차하려는 사람에 대한 버스 운전자의 주의의무

버스운전자는 차내의 승차자가 차의 진행 중에 개문 하차하리라고 예상하여 승차자의 동정을 주의 깊게 살펴야 할 주의의무가 있다고는 볼 수 없을 뿐만 아니라 갑자기 하차하려는 사람을 모르고 차를 운행한 데 과실이 있다고도 할 수 없다.

4. 대법원 1979.9.11, 79도1616

중기인 쇼벨을 운전하여 쇼벨 버킷에 돌을 담아 들고 있다가 후진하여 오는 트럭의 적재함에 부어주는 자는 돌을 담아 들은 쇼벨 버킷을 공중에 멈춰둔 채 트럭 적재함 내에 사람이 누워 있는가의 여부 등 상태를 점검한 다음 비로소 돌을 부어 주어야 하는 주의의무까지 있다고 할 수 없다.

5. 대법원 1983.5.24, 82도289

의사가 종합병원에서의 치료를 제시하고 괴사의 위험성을 경고하였음에도 민간요법에 의존한 사례

피해자는 피고인의 진찰을 받고 일단 종합병원에 가서 진단과 치료를 받을 것을 권고받았으나 경제적 사정을 호소하면서 피고인의 치료를 요구하여 피고인이 혈관질환에 의한 증상으로 판단하고 세균감염에 대비한 조치를 취하고 아울러 즉시 혈관촬영이 가능하고 수술시설이 갖추어진 종합병원으로 갈 것을 강력히 제시하고 괴사의 위험성이 있음을 경고하였으나, 피해자는 이에 불응하고 민간요법으로 치료를 계속하다가 타병원에서 괴사로 진행되고 있는 우측하지를 절단받기에 이른 경우라면 피고인에 있어서 치료시술상 요구되는 주의의무를 해태하였다고 볼 수 없다.

6. 대법원 1983.6.14, 82도1925

피해자의 하차요청에 따라 피고인이 운전 중인 딸딸이차를 정차하려는 순간 피해자가 갑자기 뛰어 내리다가 지면에 부딪치게 되었다면, 운전자에게 그러한 결과발생까지 예상하여 승차자의 동정을 주의 깊게 살펴야 할 업무상 주의의무를 지울 수는 없는 것이다.

7. 대법원 1983.8.23, 83도1328

차선을 변경하여 진입하는 차량에 대한 방어운전상의 주의의무 판단기준

2차선을 따라 정상적으로 운행하고 있던 트럭이 3차선으로부터 트럭의 진로전방으로 차선을 변경하여 진입해오는 버스와 충돌한 사고에 있어서 트럭운전자에게 그 충격방지를 위한 필요한 조치를 취할 주의의무가 있다고 하기 위해서는 위 버스가 차선을 변경하여 트럭의 진로전방에 진입한다는 사실을 예견할 수 있었다는 사정을 전제로 하여서만 가능한 것이다.

8. 대법원 1984.2.14, 83도2982

장물 여부에 관한 중고품매입상의 주의의무

시계점을 경영하면서 중고시계의 매매도 하고 있는 피고인이 장물로 판정된 시계를 매입함에 있어 매도인에게 그 시계의 구입장소, 구입시기, 구입가격, 매각이유 등을 묻고 비치된 장부에 매입가격 및 주민등록증에 의해 확인된 위 매도인의 인적사항 일체를 사실대로 기재하였다면, 그 이상 위 매도인의 신분이나 시계출처 및 소지 경위에 대한 위 매도인의 설명의 진부에 대하여서까지 확인하여야 할 주의의무가 있다고는 보기 어렵다. 국가9급 09

비교판례 장물인지 의심할 만한 특별한 사정이 있는 경우에는 매도인의 신원확인 외에 출처 및 소지경위 등에 대하여도 확인할 업무상 주의의무가 있다(대법원 2003.4.25, 2003도348). 변호사 18

9. 대법원 1984.7.10, 84도687

버스운전사로서는 버스를 발차하려는 순간에 운전사가 버스가 진행할 전방과 진입할 차도의 좌측을 주시하고 동시에 우측 후사경을 통하여 버스우측 뒷바퀴 밑 부분까지 주시한다는 것은 사실상 불가능한 일이므로, 피해자(4세)가 발차순간에 장난감을 주우려고 바퀴 밑으로 들어간 것이라면 운전사가 미처 이를 발견하지 못한 점에 과실이 있다고는 할 수 없을 것이다.

10. 대법원 1984.10.10, 84도1868

덤프트럭의 운전석과 적재함 사이에 유리가 있어 후방 주시가 가능하다 하더라도 사고장소인 쓰레기하치장에 다른 주울 만한 쓰레기도 없었고 사고지점이 95센티미터 높이의 차체 위로서 고의로 뛰어 오르기 전에는 위 차량과 관계없이 쓰레기를 줍는 사람들이 접근할 이유와 필요성이 없는 곳이었다면 피해자가 위 차체와 적재함 사이에 끼어들어 사고가 발생하리라고 예견하기 어렵다 할 것이므로 그와 같은 적재함 사이의 차체를 확인하지 않고 덤프기어를 내렸다 하여 그 운전사에게 업무상 주의의무를 태만히 한 과실이 있다고 할 수는 없다.

11. 대법원 1985.6.11, 85도934

과속으로 '중앙선'을 침범해오는 차량을 15미터 전방에서 목격한 운전자가 경적을 울리지 않은 사례

시속 40킬로미터로 주행하던 버스운전자가 15미터 전방에서 상대방 오토바이가 시속 약 60~70킬로미터로 달리면서 중앙선을 넘어오는 것을 발견하였다면 비록 경음기를 울렸다하여 위 오토바이운전자에게 경각심을 일깨워 줄 수 있었는가가 심히 의심스러워 경음기를 울리지 않았다 하여 자동차운전자로서의 주의의무를 게을리 하였다고 비난할 수 없다.

12. 대법원 1985.7.9, 84도822

교사가 징계목적으로 학생의 손바닥을 때리기 위해 회초리를 들어올리는 것을 구경하던 사례

교사가 징계의 목적으로 회초리로 학생들의 손바닥을 때리기 위해 회초리를 들어올리는 순간 이를 구경하기 위해 옆으로 고개를 돌려 일어나는 다른 학생의 눈을 찔러 그로 하여금 우안실명의 상해를 입게 한 경우, 직접 징계당하는 학생의 옆에 있는 다른 학생이 징계 당하는 것을 구경하기 위하여 고개를 돌려 뒤에서 다가선다든가 옆자리에서 일어나는 것까지 예견할 수는 없다.

13. 대법원 1985.11.12, 85도1831

포크레인은 작업당시 요란한 소리를 내면서 거대한 몸체가 움직이고 있어 일반인으로서는 누구나 그 작업반경 내에 들어가면 충격사고의 위험을 예견할 수 있는 것이므로, 중기운전자로서는 작업시작 전에 그 작업반경 내에 장애물이 있는지 여부를 살피고 작업 도중 앞과 양옆을 면밀히 살핀 이상 통상의 주의의무를 다하였다고 할 것이고 그밖에 중기운전자가 살필 수 없는 몸체 뒷부분에 사람이 접근할 것을 예견하여 별도로 사람을 배치하여 그 접근을 막을 주의의무까지는 없다.

14. 대법원 1986.8.19, 86도1123

버스정류장에서 버스를 타려고 뛰어가던 행인끼리 충돌하여 넘어지면서 순간적으로 막 출발하려는 버스의 앞바퀴와 뒷바퀴 사이로 머리가 들어가 사고가 발생한 경우, 위 버스운전사에게 피해자가 다른 행인과 부딪쳐 넘어지면서 동인의 머리가 위 버스 뒷바퀴에 들어 올 것까지 예견하여 사전에 대비하여야 할 주의의무까지는 없다.

법원행시 10

15. 대법원 1986.12.9, 86도1933

취객이 도로로부터 약 21미터 떨어진 자동차 승강기 설치 공사장에 파놓은 구덩이에 추락한 사례

승강기 설치장소의 입구 중앙의 상단에는 추락주의라는 표지판을 부착해 놓았을 뿐 아니라 사람의 출입을 막기 위하여 각목과 쇠파이프로 입구를 막아 놓았었기 때문에 그 위나 아래로 지나야만 승강기 설치장소에 들어갈 수 있다면 21.6미터나 떨어진 도로를 지나가던 술 취한 피해자가 쉬어 가기 위해 건물 내로 들어가려다 위 승강기 설치공사를 위해 파놓은 곳에 빠져 다친 결과는 공사 시공회사 직원의 주의의무 태만으로 인하여 발생한 것으로 볼 수 없다.

16. 대법원 1987.5.26, 86도2707

피해자와 충돌을 예방하기 위한 급정차에 피해자가 놀라서 넘어져 다친 경우의 택시 운전수 사례

택시 운전수가 횡단보도가 아닌 차도를 무단횡단하는 피해자를 뒤늦게 발견하고 급정차 조치를 취하여 위 피해자와의 충돌을 사전에 예방하였다면 비록 피해자가 갑자기 급정차하는 위 택시를 보고 당황한 끝에 도로위에 넘어져 상해를 입었다고 하더라도 다른 특별한 사정이 없는 한 위 택시 운전수에게 형사상의 책임을 귀속시킬 업무상 과실이 있다고 단정할 수 없다.[534]

17. 대법원 1987.9.22, 87도1254

사람의 접근을 막기 위한 안전조치를 한 작업현장에서 후사경 없는 굴삭기 운전자 사례

작업현장에 경고표시판 및 안전망의 설치 등 충돌사고에 대비한 안전조치가 취해져 있었을 뿐만 아니라 굴삭기에의 접근을 예방하기 위하여 굴삭기의 전후에 신호수까지 배치해 두었다면 후사경이 붙어 있지 아니한 굴삭기를 운전하여 작업에 열중하고 있는 운전자에게 굴삭기의 후면에서 접근해오는 사람이 있는지의 여부까지 확인하면서 작업해야할 주의의무가 있다고는 볼 수 없다.

18. 대법원 1989.1.31, 88도1683

공장 안전사고에 대하여 공장장에게 세부적인 안전대책을 강구할 직접적인 주의의무는 없다고 한 사례

회사관리담당상무의 지휘 감독을 받는 소속직원들의 작업 중 일어난 안전사고로서 그에 관한 안전관리책임은 안전관리과장이 부담하고 있다면, 공장장이 공장의 모든 일을 통괄하고 있다고 하더라도 직접적인 지휘 감독을 받지 않는 위 직원들에 대한 구체적이고 직접적인 주의의무는 없다.

19. 대법원 1989.3.28, 89도108

담임교사가 학교방침에 따라 학생들에게 교실청소를 시켜왔고 유리창을 청소할 때에는 교실 안쪽에서 닦을 수 있는 유리창만을 닦도록 지시하였는데도 유독 피해자만이 수업시간이 끝나자마자 베란다로 넘어갔다가 밑으로 떨어져 사망하였다면 담임교사에게 그 사고에 대한 어떤 형사상의 과실책임을 물을 수 없다. 법원행시 10

20. 대법원 1990.9.25, 90도1482

화약류관리보관책임자가 광산보안법의 화약류취급에 관한 보안교육을 이수하여 화약류취급자격이 있는 광부에게 굴진 막장에서의 발파 및 천공작업을 지시하면서 동 발파작업에 입회 감독하지 아니하였다 하여도 화약류관리보관책임자로서의 안전상의 감독업무를 게을리 하였다고 할 수 없다.

21. 대법원 1991.4.9, 91도415

황색실선의 중앙선을 침범하였다가 급히 자기 차선으로 복귀 중이던 원심공동피고인 운전의 버스와 반대차선을 운전면허 없는 피고인이 운전하던 봉고차가 충돌한 교통사고에 관하여 충돌 당시 위 각 차량의 중앙선침범 여부와 피고인이 위 버스를 미리 발견할 수 있었던 거리에서 피행운행이 가능하였는지의 여부를 심리하여 피고인의

---

534 이와 달리, 열차건널목을 '과실로 그대로 횡단하다가' 결국 좌측에 서 있던 자전거 운전자에게 상해를 입힌 경우에는 '직접 충돌하지 않아도' 상당인과관계를 인정할 수 있다는 판례(대법원 1989.9.12, 89도866) 사시 13 가 있는데, 이는 과실범의 인과관계 부분에서 후술한다.

과실 유무를 가려봄이 없이 운전기술의 미숙으로 제동조치를 하지 아니한 피고인의 과실이 경합되어 위 사고가 발생하였다고 판단한 것은 위법하다.

22. 대법원 1991.9.10, 91도1746

방향지시등을 켜지 않은 채 2차선 도로의 1차선상에서 우회전하는 화물차와 같은 방향의 2차선상을 운행하는 승용차가 충돌한 경우 승용차 운전자의 과실을 인정하기 어렵다.

23. 대법원 1991.12.10, 91도2044

기온의 급상승으로 인한 철로장출이 직접적인 원인이 되어 열차가 일부 탈선한 경우의 기관사 사례

기관사가 열차 운행 중 사고지점 부근이 좌우 진동이 심하다는 다른 열차로부터의 연락이 있으니 주의운전을 바란다는 무전만 받고 시속 약 85km로 운행하던 중 사고지점 약 50m 앞에서 궤도가 장출되어 있는 것을 발견하고 비상제동을 걸었으나 미치지 못하여 열차가 일부 탈선한 경우, 위 사고는 기온의 급상승으로 인한 철로장출이 그 직접적인 원인이 된 점 등에 비추어 보면 기관사에게 위 사고를 예상하고 충분히 감속하여 즉시 정차해야 할 주의의무가 있다고 할 수 없다.

24. 대법원 1992.4.28, 91도1346

정신병동에 입원중인 환자가 완전감금병동의 화장실 창문을 열고 탈출하려다가 떨어져 죽은 사고에 있어서 위 병동의 당직간호사인 피고인이 피해자에 대한 동태관찰의무 및 화장실 창문 자물쇠의 시정상태 점검의무를 게을리 한 과실이 있다고 단정하기 어렵다. 국가7급 14

25. 대법원 1992.4.28, 92도56

시내버스 운전사가 버스정류장에서 승객을 하차시킨 후 통상적으로 버스를 출발시키던 중 뒤늦게 버스 뒤편 좌석에서 일어나 앞 쪽으로 걸어 나오던 피해자가 균형을 잃고 넘어진 경우, 특별한 사정이 없는 한 착석한 승객 중 더 내릴 손님이 있는지, 출발 도중 넘어질 우려가 있는 승객이 있는지 등의 여부를 일일이 확인하여야 할 주의의무가 없기 때문에, 운전사의 과실은 인정되지 않는다. 국가7급 14

26. 대법원 1992.11.13, 92도610

수영장 미끄럼틀 안전시설 · 안전요원 미배치 사례

수영장에 배치된 안전요원이 성인풀 쪽을 지키고 있는 사이에 피해자(9세)가 유아풀로 내려가는 미끄럼틀을 타고 내려가 끝부분에 다다랐을 때 다가오는 어린아이에게 부딪치지 않으려고 몸을 틀다가 미끄럼틀 손잡이에 부딪쳐 상해를 입은 사고에 대하여 수영장 경영자에게 형사상 과실이 있다고 하기는 어렵다.

27. 대법원 1994.9.27, 94도1629; 1996.6.11, 96도1049

운전자가 진행차선에 나타난 장애물을 피하기 위하여 다른 적절한 조치를 취할 겨를이 없었다거나, 자기 차선을 지켜 운행하려고 하였으나 운전자가 지배할 수 없는 외부적 여건으로 말미암아 어쩔 수 없이 중앙선을 침범하게 되었다는 등 중앙선 침범 자체에 대하여 운전자를 비난할 수 없는 객관적인 사정이 있는 경우에는 운전자가 중앙선을 침범하여 운행하였다 하더라도 그 중앙선 침범 자체만으로 그 운전자에게 어떠한 과실이 있다고 볼 수는 없다.

28. 대법원 1996.7.9, 96도1198

내리막길에서 버스의 브레이크가 작동되지 아니하여 대형사고를 피하기 위하여 인도 턱에 버스를 부딪쳐 정차시키려고 하였으나 버스가 인도 턱을 넘어 돌진하여 보행자를 사망에 이르게 한 경우, 버스 운전자인 피고인에게 과실이 있다고 할 수 없다.

29. 대법원 1997.1.24, 95도2125

차높이 제한표지를 설치하고 관리할 책임이 있는 행정관청은 차량의 통행에 장애가 없을 정도로 충분한 여유고를 두고 그 높이 표시를 하여야 할 의무가 있으므로, 차높이 제한표지가 설치되어 있는 지점을 통과하는 운전자들은 그 표지판이 차량의 통행에 장애가 없을 정도의 여유고를 계산하여 설치된 것이라고 믿고 운행하면 되는 것이다.

30. 대법원 1997.4.8, 96도3082

특별한 사정이 없는 한 제왕절개수술 전 충분한 혈액을 준비할 의무는 없다고 본 사례

제왕절개분만을 함에 있어서 산모에게 수혈을 할 필요가 있을 것이라고 예상할 수 있었다는 사정이 보이지 않

는 한, 산후과다출혈에 대비하여 제왕절개수술을 시행하기 전에 미리 혈액을 준비할 업무상 주의의무가 있다고 보기 어렵다.

비교판례 산모의 태반조기박리에 대한 대응조치로서 응급 제왕절개 수술을 하는 산부인과 의사 사례

산부인과 의사가 산모의 태반조기박리에 대한 대응조치로서 응급 제왕절개 수술을 시행하기로 결정하였다면, 산모에게 수혈을 할 필요가 있을 것이라고 예상되는 특별한 사정이 있어 미리 혈액을 준비하여야 할 업무상 주의의무가 있다(대법원 2000.1.14, 99도3621). 법원행시 14

31. 대법원 1997.10.10, 97도1678

출산 후 이완성 자궁출혈로 저혈량성 쇼크상태에 빠진 산모에게 진료담당 의사가 필요한 수액과 혈액을 투여한 후 폐부종이 발병하여 산모가 사망한 경우, 담당의사의 과실은 인정되지 않는다.

32. 대법원 1998.4.10, 98도297

단순히 갑자기 진행차로의 정중앙에서 벗어나 다른 차로와 근접한 위치에서 운전하였다는 것(2차로 운전자가 1차로 쪽으로 근접 운전 − 필자 주)만으로는 다른 차로에서 뒤따라오는 차량과의 관계에서 운전자로서의 업무상의 주의의무를 위반한 과실이 있다고 할 수 없다.

33. 대법원 1999.12.10, 99도3711

수술 도중에 수술용 메스가 부러지자 의사가 이를 찾아 제거하기 위한 최선의 노력을 다하였으나 찾지 못하여 부러진 메스조각을 그대로 둔 채 수술부위를 봉합한 후 환자가 신경불안증 및 요통 등의 상해를 입었다 하더라도 담당의사의 과실을 인정할 수 없다. 경찰승진 11

34. 대법원 2002.4.9, 2001도6601

파도수영장에서 물놀이하던 초등학교 6학년생이 수영장 안에 엎어져 있는 것을 수영장 안전요원이 발견하여 인공호흡을 실시한 뒤 의료기관에 후송하였으나 후송 도중 사망한 사고에 있어서 그 사망원인이 구체적으로 밝혀지지 아니한 상태에서 수영장 안전요원과 수영장 관리책임자에게 업무상 주의의무를 게을리 한 과실 및 사망과의 인과관계를 인정한 것은 위법하다. 경찰승진 13

35. 대법원 2003.8.19, 2001도3667

간호사가 의사 입회 없이 간호실무수습생에게 의사처방에 의한 정맥주사를 시킨 사례

간호사가 의사의 처방에 의한 정맥주사(Side Injection 방식)를 의사의 입회 없이 간호실습생(간호학과 대학생)에게 실시하도록 하여 발생한 의료사고의 경우, 피고인(의사)으로서는 자신의 지시를 받은 간호사가 자신의 기대와는 달리 간호실습생에게 단독으로 주사하게 하리라는 사정을 예견할 수도 없었다는 점 등을 고려하면 현장에 입회하여 간호사의 주사행위를 직접 감독할 업무상 주의의무가 있다고 보기 어렵다. 경찰간부 15 / 경찰간부 21

36. 대법원 2005.9.9, 2005도3108

건설회사가 건설공사 중 타워크레인의 설치작업을 전문업자에게 도급주어 타워크레인 설치작업을 하던 중 발생한 사고에 대하여 건설회사의 현장대리인에게 업무상과실치사상의 죄책을 물을 수 없다. 변호사 24

37. 대법원 2006.10.26, 2004도486

산모가 제왕절개 수술 후 폐색전증으로 사망한 경우, 담당 산부인과 의사에게 형법 제268조의 업무상 과실이 인정되지 않는다. 경찰간부 12

38. 대법원 2006.12.7, 2006도1790

산모의 태아가 역위로 조기분만 되면서 태아가 난산으로 인하여 분만 후 사망한 경우, 비록 조산 위험이 있기는 하였으나 산모에게 분만진통이 있었다고 단정하기 어려워 그와 같은 상황에서 내진이나 초음파검사 없이 경과를 관찰하기로 한 산부인과 의사의 행위를 진료행위에 있어서 합리적인 재량의 범위를 벗어난 것이라고 보기 어렵다.

39. 대법원 2007.5.10, 2006도6178

혈액원 소속의 검사자들이 채혈한 혈액의 검사를 잘못한 상태에서 부적격 혈액들을 출고하여 이를 수혈받은 피해자들로 하여금 C형 간염 등이 감염되는 상해를 입게 한 경우, 혈액원장에게 업무상과실치상의 죄책이 인정된다. 그러나 혈액원 소속의 검사과장에게 혈액검사결과의 정확성, 혈액 적격 여부에 대한 업무상 주의의무가 있

다고 단정할 수 없고, 혈액원장에게 업무상과실치상의 죄책을 인정하는 경우, 당연히 검사과장에게도 업무상 과실치상의 죄책을 인정하여야 하는 것은 아니다.

40. 대법원 2007.9.20, 2006도294
야간 당직간호사가 당직의사에게 제대로 알리지 않은 경우 의사의 과실
피고인 2(야간 당직간호사)는 피해자가 심근경색을 의심할 수 있는 증상을 계속 보이고 있었고 피해자 가족으로부터도 의사를 불러달라는 요청을 수차 받았는데도 피고인 1(당직의사)에게 제대로 알리지 않음으로써 즉시 필요한 조치를 취하지 못하게 한 것은 (병원의 야간당직 운영체계상) 피고인 2에게 업무상 과실이 인정되지만, 피고인 1은 통상의 능력을 갖춘 의사로서 심근경색 또는 패혈증에 관한 일련의 조치에 관하여 주의의무를 게을리하였다고 단정하기 어렵다.

41. 대법원 2008.6.12, 2007도5389
가해차량 자체에서 발생한 피고인이 통제할 수 없는 어떤 불가항력적인 상황(차량 급발진)에 의해 위와 같이 상상하기 어려운 속력의 역주행이 일어났을 가능성이 있는 것으로 합리적인 의심을 할 여지가 있다고 볼 수 있는 여러 정황들이 확인되고 있는바, 사정이 이러하다면 피고인의 업무상 과실의 점 등을 인정할 만한 다른 증거가 없다.

42. 대법원 2008.8.11, 2008도3090; 2007.5.31, 2005다5867 등
백혈병환자 항암치료 사례 : 쇄골하 정맥을 10회 정도 찌른 점 등과 진료방법의 선택에 대한 의사의 재량
의사는 진료를 행함에 있어 환자의 상황과 당시의 의료수준 그리고 자기의 지식경험에 따라 적절하다고 판단되는 진료방법을 선택할 상당한 범위의 재량(裁量)을 가진다고 할 것이고, 그것이 합리적인 범위를 벗어난 것이 아닌 한 진료의 결과를 놓고 그중 어느 하나만이 정당하고 이와 다른 조치를 취한 것은 과실이 있다고 말할 수는 없다. 경찰간부 12

43. 대법원 2010.2.11, 2009도9807
술을 마시고 찜질방에 들어온 甲이 찜질방 직원 몰래 후문으로 나가 술을 더 마신 다음 후문으로 다시 들어와 발한실(發汗室)에서 잠을 자다가 사망한 경우, 甲이 처음 찜질방에 들어갈 당시 술에 만취하여 목욕장의 정상적 이용이 곤란한 상태였다고 단정하기 어렵고, 찜질방 직원 및 영업주에게 손님이 몰래 후문으로 나가 술을 더 마시고 들어올 경우까지 예상하여 직원을 추가로 배치하거나 후문으로 출입하는 모든 자를 통제·관리하여야 할 업무상 주의의무가 있다고 보기 어렵다. 경찰채용 14 1차 / 경찰승진 14 / 사시 14 / 경찰간부 15 / 경찰간부 16 / 경찰승진 16 / 경찰승진 24

44. 대법원 2011.9.8, 2009도13959
병원 인턴인 피고인이, 응급실로 이송되어 온 익수(溺水)환자 甲을 담당의사 乙의 지시에 따라 구급차에 태워 다른 병원으로 이송하던 중 산소통의 산소잔량을 체크하지 않은 과실로 산소 공급이 중단된 결과 甲을 폐부종 등으로 사망에 이르게 하였다고 기소된 경우, 乙에게서 이송 도중 甲에 대한 앰부 배깅(ambu bagging)과 진정제 투여 업무만을 지시받은 피고인에게 일반적으로 구급차 탑승 전 또는 이송 도중 산소통의 산소잔량을 확인할 주의의무가 있다고 보기는 어렵다. 경찰간부 12 / 사시 14 / 국가7급 16 / 경찰승진 24

45. 대법원 2023.1.12, 2022도11163
의사에게 의료행위로 인한 업무상과실치사상죄를 인정하기 위해서 증명해야 할 내용과 증명의 정도
의사에게 의료행위로 인한 업무상과실치사상죄를 인정하기 위해서는, 의료행위 과정에서 공소사실에 기재된 업무상과실의 존재는 물론 그러한 업무상과실로 인하여 환자에게 상해·사망 등 결과가 발생한 점에 대하여도 엄격한 증거에 따라 합리적 의심의 여지가 없을 정도로 증명이 이루어져야 한다. 설령 의료행위와 환자에게 발생한 상해·사망 등 결과 사이에 인과관계가 인정되는 경우에도, 검사가 공소사실에 기재한 바와 같은 업무상과실로 평가할 수 있는 행위의 존재 또는 그 업무상과실의 내용을 구체적으로 증명하지 못하였다면, 의료행위로 인하여 환자에게 상해·사망 등 결과가 발생하였다는 사정만으로 의사의 업무상과실을 추정하거나 단순한 가능성·개연성 등 막연한 사정을 근거로 함부로 이를 인정할 수는 없다.

② 객관적 주의의무의 제한원리

ᄀ 허용된 위험 – 객관적 주의의무의 제한원리 Ⅰ 국가7급 08

ⓐ 의의 : 현대산업사회의 생활 속에서 나타나는 사람의 행위 중에는 도로교통, 전기나 가스 또는 원자력발전의 이용, 건설, 지하자원의 채굴, 공업생산 등과 같이 만일 이에 수반되는 모든 위험을 면하려면 이들 행위를 전부 금지시킬 수밖에 없는 것이 적지 않다. 따라서 사회적으로 이들 행위는 허용될 수밖에 없는데, 이때 불가피하게 남게 되는 위험을 허용된 위험(erlaubtes Risiko)이라고 한다. 이러한 허용된 위험의 법리는 자동차운행 등의 영역에서는 신뢰의 원칙으로 구체화되고 있다.

ⓑ 법적 성격 – 구성요건해당성배제사유설(다수설) : 허용된 위험은 사회생활상 요구되는 주의의무의 한계를 제시한다고 보아 이 범위 내에서 발생한 결과의 객관적 귀속을 부인한다는 것이 다수설이다(독자성을 부정하는 반대견해 있음[535]).

ᄂ 신뢰의 원칙 – 객관적 주의의무의 제한원리 Ⅱ 국가7급 08

ⓐ 개념 : 신뢰(信賴)의 원칙(Vertrauensgrundsatz)은 원래 도로교통과 관련하여 **판례**에 의하여 형성된 원칙이다. 즉, 교통규칙을 준수하는 운전자는 특별한 사정이 없는 한 상대방도 교통규칙을 준수하리라는 것을 신뢰하면 족하며, 상대방이 교통규칙을 위반하는 경우까지 예상하여 이에 대한 방어조치를 취할 의무는 없다는 원칙을 의미한다(따라서 갑작스러운 他人의 위반행위에 대해서까지 과실책임을 질 수는 없다 : 객관적 주의의무위반 부정).

ⓑ 적용범위 : 신뢰의 원칙은 ㉮ 의료행위나 공장의 작업과정 등 수평적·분업적 공동작업이 필요한 모든 경우에 적용된다는 견해가 보편화되고 있다. 그러나 ㉯ 분업적 공동작업이라 하더라도 수직적 공동작업관계에서는 신뢰의 원칙이 제한된다고 보아야 한다. 예를 들어 외과의사와 외과수련의 사이라든가 의사와 간호사의 사이에서는 의사가 지휘·감독책임을 져야 한다. 따라서 이러한 경우에는 자기만 주의의무를 다한다고 해서 타인의 주의의무의 준수를 무조건 신뢰할 수는 없다. 다만, 수직적 관계라 하더라도 예외적인 경우에는 신뢰원칙이 적용될 수는 있다. 가령 마취과 의사가 잠깐 자리를 비운 사이에 담당간호사까지 자리를 무단으로 이탈하여 수술 직후의 환자의 상태가 악화된 경우에는 의사의 과실이 부정될 수도 있다.

📚 **사례연구** 고속도로에서의 신뢰의 원칙과 상당인과관계

甲은 1999년 5월 8일 22 : 25경 프라이드 웨곤 승용차를 운전하고 정읍시 소재 호남고속도로 하행선 회덕기점 119.8km 지점을 1차로로 고속버스를 따라가면서 안전거리를 확보하지 아니하고 전방 주시를 태만히 한 채 고속버스를 추월하기 위하여 2차로로 진로를 변경하여 시속 약 120km로 진행하다가 때마침 진행방향 우측에서 좌측으로 무단횡단하는 乙(여, 52세)을 뒤늦게 발견하고 급제동조치도 취하지 못한 채 위 차량 우측 앞범퍼 부분으로 乙의 다리부위를 들이받아 그로 하여금 그 자리에서 두개골파열 등으로 사망에 이르게 하였다. 甲의 형사책임은?

해결 고속도로를 무단횡단하는 보행자를 충격하여 사고를 발생시킨 경우라도 운전자가 상당한 거리에서 보행자의 무단횡단을 미리 예상할 수 있는 사정이 있었고, 그에 따라 즉시 감속하거나 급제동하는 등의 조치를 취하였

---

535 참고 : 허용된 위험의 체계적 지위 허용된 위험의 법리에 대해서는 위법성조각사유로 보는 입장도 있다. 즉 아무리 허용된 위험의 경우라 하더라도 행위자의 객관적 주의의무위반으로 인하여 발생한 결과에 대해 구성요건해당성을 배제할 수는 없고 사회상규에 위배되지 아니하는 정당행위의 일종으로 보자는 입장이다. 원칙적으로 구성요건해당성배제사유로 보면서도 예외적으로 정당행위로서 위법성이 조각되는 경우로 보는 견해로는 김일수 / 서보학, 484면. 이외에도 독일에는 책임배제사유설이나 행위론 관련개념론(허용된 위험의 경우에는 형법적 평가의 대상에서 제외시키는 입장)도 제시되고 있다고 한다(박상기, 289면). 이러한 이유로 허용된 위험이론은 이미 너무나 포괄적인 것이어서 범죄체계론적 독자성을 가진 원칙이라고 할 수 없는 집합개념에 불과하다고 보는 비판으로는 박상기, 289－290면; 배종대, 557면 참조.

다면 보행자와의 충돌을 피할 수 있었다는 등의 특별한 사정이 인정되는 경우에만 자동차 운전자의 과실이 인정될 수 있다(대법원 1998.4.28, 98다5135 참조). _{법원행시 10} 피고인이 급제동 등의 조치로 피해자 등과의 충돌을 피할 수 있는 상당한 거리에서 피해자 등의 무단횡단을 미리 예상할 수 있었다고 할 수 없고, 피고인에게 제한최고속도를 시속 20km 초과하여 고속버스를 추월한 잘못이 있더라도, 피고인의 위와 같은 잘못과 이 사건 사고결과와의 사이에 상당인과관계가 있다고 할 수도 없다(무죄)(대법원 2000.9.5, 2000도2671). 경찰간부 11 / 경찰승진 11 / 경찰간부 12 / 국가9급 12 / 경찰승진 15

★ **판례연구** 도로교통에 관하여 신뢰의 원칙이 적용된 판례들 :
고 · 소 · 자 · 인 · 무 · 신 · 중 · 육 · 횡 · 교[536]

1. 대법원 1977.3.8, 77도409
'**교**차로'의 선순위운전자는 후순위차량의 행동을 예견해야 할 주의의무가 없다.

비교판례 노폭이 좁은 도로에서 대로인 국도로 연결되는 교차로상에서의 우선통행권과 과실
사고지점은 피고인이 진행 중인 폭이 좁은 도로인 진입로로부터 소외인이 진행하고 있던 폭이 넓은 도로인 국도에 연결되는 곳으로서 도로교통법상의 우선통행권은 일응 소외인에게 있다고 할 것이다. 그러나 피고인이 국도에 좌회전하여 진입하기 전에 일단 정지하며 좌측을 살피고 진행하여 오는 차량이 시계에 나타나지 않음을 확인한 연후에 좌회전하면서 "국도에 진입하고 있는 상태에서는 이미 도로교통법상의 우선통행권은 오히려 피고인에게 있다"(대법원 1983.8.23, 83도1288). 국가7급 07

2. 대법원 1977.6.28, 77도403
'**고**속도로에서는 보행으로 통행·횡단하거나 출입하는 것이 금지되어 있으므로 고속국도를 주행하는 차량의 운전자는 도로양측에 휴게소가 있는 경우에도 동 도로상에 보행자가 있음을 예상하여 감속 등 조치를 할 주의의무가 있다 할 수 없다. 경찰승진 11 / 경찰간부 11 / 경찰승진 14

3. 대법원 1980.8.12, 80도1446
(과거에) 서울시 소재 잠수교 노상은 자전거의 출입이 금지된 곳(자동차전용도로)이므로 자동차의 운전수로서는 자전거를 탄 피해자가 갑자기 차도 상에 나타나리라고는 예견할 수 없다.

4. 대법원 1982.4.13, 81도2720
상대방 차량이 **중**앙선을 침범하여 진입할 것까지 예견하고 감속하는 등 조치를 강구하여야 할 주의의무는 없다.

5. 대법원 1983.9.13, 83도1537
버스 운전자에게 가로수에 구부리고 기대어 있던 성년남자인 피해자가 버스통과 순간에 '**인**도'상에서 갑자기 차도 쪽으로 쓰러지거나 또는 버스 쪽으로 달려 들어올 것까지 예상할 의무는 없다.

6. 대법원 1984.5.29, 84도483
'**무**모한 추월'을 시도한 후방차량에 대한 선행차량 운전자의 업무상 주의의무
피고인 甲이 봉고트럭을 운전하고 도로 2차선상으로, 피고인 乙이 버스를 운전하고 도로 3차선상으로 거의 병행 운행하고 있을 즈음 도로 3차선에서 乙의 버스 뒤를 따라 운행하여 오던 피해자 운전의 오토바이가 버스를 '앞지르기 위해' 도로 2차선으로 진입하여 '무모하게' 위 트럭과 버스 사이에 끼어들어 이 사이를 빠져 나가려 한 경우에 있어서는 선행차량이 속도를 낮추어 앞지르려는 피해자의 오토바이를 선행하도록 하여 줄 업무상 주의의무가 있다고 할 수 없다. 국가7급 07 / 경찰간부 17

7. 대법원 1984.5.29, 84도520
'**고**속도로상에서 운행 중인 피고인에게 반대차선에서 진행해 오던 차량이 갑자기 중앙선을 침범하여 피고인의 운행차선으로 들어올 것까지 예상하고 운전해야 할 주의의무가 있다고 할 수 없다.

---

536 암기요령 '고' : 고속도로, '소' : 소방도로, '자' : 자동차전용도로 및 자전거, '인' : 인도, '무' : 무모한 추월 및 무단횡단, '신' : 신호(등), '중' : 중앙선, '육' : 육교 밑, '횡' : 횡단보도 건너편, '교' : 교차로.

8. 대법원 1984.7.10, 84도813

오토바이가 도로에 박힌 돌에 충돌하면서 운전자가 튕겨져 '반대차선'으로 넘어진 것을 역과한 사례

피고인의 진행차선의 반대차선에서 피해자가 오토바이를 타고 진행하다가 도로변 땅에 박힌 돌을 오토바이 앞바퀴로 충돌하면서 그 충격으로 피해자가 반대차선에서 운행 중인 피고인 차량 전방 1~2미터 지점까지 튀어 들어와 넘어짐으로써 피고인이 자동차 앞바퀴 부분으로 피해자를 역과하여 사망케 한 경우, 피고인에게는 '반대방향 차선' 도로변으로 오토바이를 운행해 오던 피해자가 갑자기 도로변의 돌에 부딪쳐 넘어지면서 그 충격으로 (**중**앙선을 넘어) 피고인 운행차선까지 튀어 들어올 것을 미리 예견하여 운전하여야 할 업무상 주의의무를 인정할 수 없다.

9. 대법원 1984.9.25, 84도1695

운전자에게 야간에 무등화인 자전거를 타고 차도를 **무**단횡단하는 경우까지를 예상하여 제한속력을 감속하고 잘 보이지 않는 반대차선상의 동태까지 살피면서 서행운행할 주의의무가 있다고 할 수 없다.

10. 대법원 1985.1.22, 84도1493

'**신**호등'에 의하여 교통정리가 행하여지고 있는 교차로를 녹색등화에 따라 직진하는 차량운전자는 특별한 사정이 없는 이상, 다른 차량들도 교통법규를 준수하고 충돌을 피하기 위하여 적절한 조치를 취할 것으로 믿고 운전하면 족하고, 다른 차량이 신호를 위반하고 직진하는 차량의 앞을 가로 질러 좌회전할 경우까지를 예상하여 방어운전해야 할 의무는 없다. 법원행시 10 / 경찰승진 11

11. 대법원 1985.3.12, 84도3031

'**중**앙선'을 침범하였다가 자기 차선으로 되돌아 간 오토바이가 다시 중앙선을 침범한 사례

자동차운전자가 자기차선을 시속 50킬로미터의 속도로 운행하고 있을 때 약 100미터 앞에서 오토바이가 황색중앙선을 넘어 동 자동차의 차선을 따라 진행해 오는 것을 발견하고 시속 30킬로미터 정도로 서행하다가 위 오토바이가 자기차선으로 되돌아가는 것을 보고 다시 가속하는 순간 약 10미터 앞에서 위 오토바이가 다시 중앙선을 넘어 위 차량 쪽으로 달려들어 피하지 못하고 충돌하게 된 경우, 위 운전자로서는 자기차선으로 되돌아간 오토바이가 다시 중앙선을 침범하여 달려들 경우까지 예상하여 이에 대비할 주의의무는 없다.

12. 대법원 1985.9.10, 84도1572

'**육**교' 밑 차도를 주행하는 자동차운전자가 전방 보도위에 서있는 피해자를 발견했다하더라도 일반적으로 동인이 차도로 뛰어 들어오리라고 예견하기 어려운 것이므로, 운전자로서는 일반보행자들이 육교를 이용하여 횡단할 것을 신뢰하여 운행하면 족하다 할 것이고 불의에 뛰어드는 보행자를 예상하여 이를 사전에 방지해야 할 조치를 취할 업무상 주의의무는 없다. 경찰승진 11 / 사시 16 / 경찰채용 20 2차 / 국가9급 22

13. 대법원 1986.9.9, 86도163

교통정리가 행하여지고 있지 아니한 '**교**차로'에서 이미 교차로 안으로 진입하여 좌회전을 거의 끝마칠 상태에 있는 차량의 운전자에게 아직 위 교차로 안으로 진입하지도 아니한 반대차선의 직진차량을 위하여 좌회전 도중이라도 일단 정차하여 동 차량의 우선통행을 방해하지 않아야 할 업무상 주의의무가 있다고 보기는 어렵다.

14. 대법원 1987.9.22, 87도516

'**중**앙선' 상에 서 있던 자가 뒷걸음질치다가 차에 충격되어 갑자기 자신의 차량 앞으로 떨어진 경우

甲이 택시를 운전하여 시속 40킬로미터 속도로 운행하던 중 차도를 무단횡단하기 위하여 중앙선 상에 서 있던 피해자가 뒷걸음질을 치다가 반대방향에서 달려오는 乙 운전의 차량에 충격되면서 '중앙선을 넘어' 甲이 운전하던 위 차량의 전면 바로 앞에 떨어지는 바람에 이를 피하지 못하고 위 피해자를 충격하여 사고가 발생한 경우라면 甲에게 위 피해자가 자기 운행차선으로 튕겨져 나오는 것까지 예상하면서 이에 대비하여야 할 주의의무가 있다고는 할 수 없다.

15. 대법원 1989.3.14, 88도2527

피해자가 오토바이 뒤에 다른 피해자를 태우고 술에 취한 나머지 흔들거리면서 '**중**앙선'을 50센티미터쯤 침범하여 방향표시 깜박등도 켜지 않은 채 진행해 오는 것을 그 반대방향에서 차선을 따라 자동차를 운행하던 운전자가 35~40미터 앞에서 보고 그 오토바이의 진행방향을 가늠할 수 없어 급정차하였는데[537] 급정차한 자동차를

---

537 100미터 앞에서 중앙선을 침범하여 진행하는 오토바이에 대해 자신의 차량을 그대로 **진행**하여 **충격**한 경우에는 신뢰의 원칙의

위 오토바이가 충격하여 사고가 일어났다면 자동차 운전자에게 어떠한 과실책임을 물을 수 없다.

16. 대법원 1989.3.28, 88도1484

'도로교통법상 **자**동차 전용도로(강변도로)'는 자동차만이 다닐 수 있도록 설치된 도로로서 보행자 또는 자동차 외의 차마는 자동차 전용도로로 통행하거나 횡단할 수 없도록 되어 있으므로 자동차 전용도로를 운행하는 자동차의 운전자로서는 특별한 사정이 없는 한 무단횡단하는 보행자가 나타날 경우를 미리 예상하여 급정차할 수 있도록 운전해야 할 주의의무는 없다. 국가9급 09 / 법원9급 12 / 경찰간부 17

17. 대법원 1992.7.26, 92도1137

중앙선이 표시되어 있지 아니한 비포장도로라고 하더라도 승용차가 넉넉히 서로 마주보고 진행할 수 있는 정도의 너비가 되는 도로를 정상적으로 진행하고 있는 자동차의 운전자로서는, 특별한 사정이 없는 한 마주 오는 차도 교통법규를 지켜 우측통행을 할 것으로 신뢰하는 것이 보통이다. 법원행시 16

18. 대법원 1993.2.23, 92도2077

차량의 운전자로서는 **횡**단보도의 **신**호가 적색인 상태에서 반대차선상에 정지하여 있는 차량의 뒤로 보행자가 건너오지 않을 것이라고 신뢰하는 것이 당연하고 그렇지 아니할 사태까지 예상하여 그에 대한 주의의무를 다하여야 한다고는 할 수 없다. 국가7급 07 / 법원9급 08 / 국가9급 09 / 법원9급 12 / 경찰승진 16

19. 대법원 1994.4.26, 94도548

제한속도를 준수하며 진행하는 피고인으로서는 신호기의 차량진행신호에 따라 그대로 진행하면 족하고 위 피해자 운전의 오토바이가 '**신**호를 무시'하고 갑자기 위 횡단보도를 무단횡단할 경우까지를 예상하여 사고예방을 위한 필요한 조치를 위하여야 할 업무상 주의의무는 없다.

20. 대법원 1994.6.28, 94도995

이 사건 사고지점은 "ㅓ"자형 **교**차로로서, 피고인이 비록 교차로 직전에 일시정지하거나 서행하지 아니하고 그대로 진행하였다고 하여도 왼쪽 도로에서 나와 함덕읍 쪽으로 우회전하는 피해자 운전의 오토바이가 핸들을 제대로 조작하지 못하여 피고인 진행차선 부분으로 넘어올 것까지 예측하여 이를 피양할 조치를 취할 의무는 없다.

21. 대법원 2007.4.26, 2006도9216

편도 5차선 도로의 1차로를 신호에 따라 진행하던 피고인으로서는 피해자가 편도 5차선 도로의 오른쪽에 연결된 **소**방도로에서 오토바이를 운전하여 맞은편 쪽으로 가기 위해서 편도 5차선 도로를 대각선 방향으로 가로질러 진행하는 경우까지 예상을 하여 진행할 주의의무가 없다. 사시 10

🔨 **판례연구** 도로교통에 관하여 신뢰의 원칙이 적용되지 않은 판례들

1. 대법원 1975.9.23, 74도231

제한시속 100킬로미터로 자동차를 운행할 수 있도록 허용된 고속도로에서의 운전이라 해도 주위가 어두운 야반에 가시거리 60미터의 전조등을 단 차를 조정운전하는 특수상황아래에서는 운전사가 제한시속 100킬로미터를 다 내어 운행함은 60미터 앞에 장해물 있음(피해자가 고속도로 길 가운데 서 있었음 - 필자 주)을 발견하고 급정차조치를 하여도 충돌을 면할 수 없는 과속도가 되므로 이러한 경우에 운전자는 사고방지의무를 다하지 못한 업무상 과실책임을 면치 못한다.

2. 대법원 1980.5.27, 80도842

사고당시의 시간이 통행금지시간이 임박한 23 : 45경이라면 일반적으로 차량의 통행이 적어 통금에 쫓긴 통행인들이 도로를 횡단하는 것이 예사이고, 이 사건 사고 당시와 같이 사고지점의 3차선 상에 버스들이 정차하고 있었다면 버스에서 내려 버스사이로 뛰어나와 도로(횡단보도 아닌 곳 - 필자 주)를 횡단하려고 하는 사람이 있으리라는 것은 우리의 경험상 능히 예측할 수 있는 일이다.

적용한계를 벗어나 과실을 인정한 판례(대법원 1986.2.25, 85도2651)도 있다.

3. 대법원 1981.3.24, 80도3305

고속도로상을 운행하는 자동차운전자는 통상의 경우 보행인이 그 도로의 중앙방면으로 갑자기 뛰어드는 일이 없으리라는 신뢰하에서 운행하는 것이지만 위 도로를 횡단하려는 피해자를 그 차의 제동거리 밖에서 발견하였다면 피해자가 반대 차선의 교행차량 때문에 도로를 완전히 횡단하지 못하고 그 진행차선쪽에서 멈추거나 다시 되돌아 나가는 경우를 예견해야 하는 것이다. 법원9급 07(상) / 법원9급 08 / 국가7급 14

4. 대법원 1986.5.27, 86도549

보행자 신호가 녹색신호에서 정지신호로 바뀔 무렵 전후에 횡단보도를 통과하는 자동차 운전자는 보행자가 교통신호를 철저히 준수할 것이라는 신뢰만으로 자동차를 운전할 것이 아니라 좌우에서 이미 횡단보도에 진입한 보행자가 있는지 여부를 살펴보고 또한 그의 동태를 두루 살피면서 서행하는 등하여 그와 같은 상황에 있는 보행자의 안전을 위해 어느 때라도 정지할 수 있는 태세를 갖추고 자동차를 운전하여야 할 업무상의 주의의무가 있다. 법원9급 08

5. 대법원 2003.10.23, 2003도3529

횡단보도가 교차로에 인접하여 설치되어 있고 그 교차로의 차량신호등이 차량진행신호였다고 하더라도 이러한 경우 그 차량신호등은 교차로를 진행할 수 있다는 것에 불과하지, 보행등이 설치되어 있지 아니한 횡단보도를 통행하는 보행자에 대한 보행자보호의무를 다하지 아니하여도 된다는 것을 의미하는 것은 아니므로 달리 볼 것은 아니다. 법원9급 08

★ 판례연구 의료영역에서 신뢰의 원칙이 적용된 판례

1. 대법원 1976.2.10, 74도2046

약사는 의약품을 판매·조제함에 있어서 그 의약품이 그 표시·포장상에 있어서 약사법 소정의 검인 합격품이고 또한 부패·변질·변색되지 아니하고 유효기간이 경과되지 아니함을 확인하고 조제·판매한 경우에는 특별한 사정이 없는 한 관능시험 및 기기시험까지 할 주의의무가 없으므로 그 약의 표시를 신뢰하고 이를 사용한 경우에는 과실이 없다(제약회사 직원이 침강탄산칼슘이라고 판매하여 약사가 감기약으로 조제하였으나 사실은 독극물인 화공약품 탄산바륨이었던 사례).

2. 대법원 2003.1.10, 2001도3292

내과의사가 신경과 전문의에 대한 협의진료 결과 피해자의 증세와 관련하여 신경과 영역에서 이상이 없다는 회신을 받아 그 회신을 신뢰하여 뇌혈관계통 질환의 가능성을 염두에 두지 않고 내과 영역의 진료 행위를 계속하다가 피해자의 증세가 호전되기에 이르자 퇴원하도록 조치한 경우, 피해자의 지주막하출혈을 발견하지 못한 데 대하여 내과의사의 업무상 과실은 인정되지 않는다.

3. 대법원 2022.12.1, 2022도1499

수련병원의 전문의와 전공의 관계와 같은 수직적 분업관계에서도 신뢰의 원칙이 적용될 수 있다는 사례

① 수평적 분업관계에서는 신뢰의 원칙 적용 : 어떠한 의료행위가 의사들 사이의 분업적인 진료행위를 통하여 이루어지는 경우에도 그 의료행위 관련 임상의학 분야의 현실과 수준을 포함하여 구체적인 진료환경 및 조건, 해당 의료행위의 특수성 등을 고려한 규범적인 기준에 따라 해당 의료행위에 필요한 주의의무의 준수 내지 위반이 있었는지 여부가 판단되어야 함은 마찬가지이다. 따라서 의사가 환자에 대하여 주된 의사의 지위에서 진료하는 경우라도, 자신은 환자의 수술이나 시술에 전념하고 마취과 의사로 하여금 마취와 환자 감시 등을 담당토록 하거나, 특정 의료영역에 관한 진료 도중 환자에게 나타난 문제점이 자신이 맡은 의료영역 내지 전공과목에 관한 것이 아니라 그에 선행하거나 병행하여 이루어진 다른 의사의 의료영역 내지 전공과목에 속하는 등의 사유로 다른 의사에게 그 관련된 협의진료를 의뢰한 경우처럼 서로 대등한 지위에서 각자의 의료영역을 나누어 환자 진료의 일부를 분담하였다면, 진료를 분담받은 다른 의사의 전적인 과실로 환자에게 발생한 결과에 대하여는 책임을 인정할 수 없다(의사들 사이의 분업적인 진료행위에 있어서 서로 대등한 지위에서 각자의 의료영역을 나누어 환자 진료의 일부를 분담한 경우, 진료를 분담받은 다른 의사의 전적인 과실로 환자에게 발생한 결과에 대하여 주된 의사의 지위에서 환자를 진료하는 의사에게 책임을 인정할 수 없

음, 대법원 2003.1.10, 2001도3292).

② 수직적 분업관계의 원칙 – 신뢰의 원칙이 적용되지 않음 : 수련병원의 전문의와 전공의 등의 관계처럼 의료기관 내의 직책상 주된 의사의 지위에서 지휘·감독 관계에 있는 다른 의사에게 특정 의료행위를 위임하는 수직적 분업의 경우에는, 그 다른 의사에게 전적으로 위임된 것이 아닌 이상 주된 의사는 자신이 주로 담당하는 환자에 대하여 다른 의사가 하는 의료행위의 내용이 적절한 것인지 여부를 확인하고 감독하여야 할 업무상 주의의무가 있고, 만약 의사가 이와 같은 업무상 주의의무를 소홀히 하여 환자에게 위해가 발생하였다면 주된 의사는 그에 대한 과실 책임을 면할 수 없다(수련병원의 전문의와 전공의 등의 관계처럼 의료기관 내의 직책상 주된 의사의 지위에서 지휘·감독 관계에 있는 다른 의사에게 특정 의료행위를 위임하는 수직적 분업의 경우, 주된 지위에서 진료하는 의사가 설명의무의 이행을 다른 의사에게 원칙적으로 위임할 수 없음, 대법원 2007.2.22, 2005도9229).

③ 수직적 분업관계의 예외 – 다른 의사에게 전적으로 위임된 의료행위의 경우라면 신뢰의 원칙이 적용될 수 있음 : 수련병원의 전문의와 전공의 등의 관계처럼 의료기관 내의 직책상 주된 의사의 지위에서 지휘·감독 관계에 있는 다른 의사에게 특정 의료행위를 위임하는 수직적 분업의 경우, 그 다른 의사에게 전적으로 위임된 것에 해당하는 의료행위의 경우에도 주된 의사는 자신이 주로 담당하는 환자에 대하여 다른 의사가 하는 의료행위의 내용이 적절한 것인지 여부를 확인하고 감독하여야 할 업무상 주의의무가 없다. 이때 그 의료행위가 지휘·감독 관계에 있는 다른 의사에게 전적으로 위임된 것으로 볼 수 있는지 여부는 위임받은 의사의 자격 내지 자질과 평소 수행한 업무, 위임의 경위 및 당시 상황, 그 의료행위가 전문적인 의료영역 및 해당 의료기관의 의료 시스템 내에서 위임하에 이루어질 수 있는 성격의 것이고 실제로도 그와 같이 이루어져 왔는지 여부 등 여러 사정에 비추어 해당 의료행위가 위임을 통해 분담 가능한 내용의 것이고 실제로도 그에 관한 위임이 있었다면, 그 위임 당시 구체적인 상황 하에서 위임의 합리성을 인정하기 어려운 사정이 존재하고 이를 인식하였거나 인식할 수 있었다고 볼 만한 다른 사정에 대한 증명이 없는 한, 위임한 의사는 위임받은 의사의 과실로 환자에게 발생한 결과에 대한 책임이 있다고 할 수 없다.

④ 결론 : 장폐색이 있는 피해자의 치료를 담당하였던 대학병원 내과 교수의 대장내시경 준비지시를 받은 내과 전공의 2년차가 대장내시경을 위해 투여하는 장정결제를 감량하지 않고 일반적인 용법으로 투여하며 별도로 배변양상을 관찰할 것을 지시하지 않고 관련 설명을 제대로 하지 않은 업무상과실로 피해자의 장이 파열되고 결국 사망하였다. …… 전공의가 분담한 의료행위에 관하여 내과 교수에게도 주의의무 위반에 따른 책임을 인정하려면, 부분 장폐색 환자에 대한 장정결 시행의 빈도와 처방 내용의 의학적 난이도, 내과 2년차 전공의임에도 소화기내과 위장관 부분 업무를 담당한 경험이 미흡하였거나 기존 경력에 비추어 보아 적절한 업무수행을 기대하기 어렵다는 등의 특별한 사정이 있었는지 여부 등을 구체적으로 심리하여 전공의에게 장정결 처방 및 그에 관한 설명을 위임한 것이 합리적이지 않았다는 사실에 대한 증명이 있었는지를 판단하였어야 한다. 내과 교수가 전공의를 지휘·감독하는 지위에 있다는 사정만으로 직접 수행하지 않은 장정결제 처방과 장정결로 발생할 수 있는 위험성에 관한 설명에 대하여 책임이 있다고 단정한 원심에는 의사의 의료행위 분담에 관한 법리를 오해하고 필요한 심리를 제대로 하지 아니함으로써 판결에 영향을 미친 잘못이 있다(위 ③의 법리가 적용되어 원칙적으로 내과교수에게 업무상 과실치사죄의 책임을 물을 수 없음).

🔨 **판례연구** 의료영역에서 신뢰의 원칙이 적용되지 않은 판례

1. 대법원 1998.2.27, 97도2812
간호사가 다른 환자에게 수혈할 혈액을 당해 환자에게 잘못 수혈하여 환자가 사망한 사례
간호사로 하여금 의료행위에 관여하게 하는 경우에도 그 의료행위는 의사의 책임 하에 이루어지는 것이고 간호사는 그 보조자에 불과하므로, 의사는 간호사가 과오를 범하지 않도록 충분히 지도·감독을 하여 사고의 발생을 미연에 방지하여야 할 주의의무가 있고, 이를 소홀히 한 채 만연히 간호사를 신뢰하여 간호사에게 당해 의료행위를 일임함으로써 간호사의 과오로 환자에게 위해가 발생하였다면 의사는 그에 대한 과실책임을 면할 수 없다.

2. 대법원 2007.2.22, 2005도9229

주치의와 수련의 사이에 신뢰의 원칙이 원칙적으로 적용될 수 없다는 사례

환자 丙의 주치의 겸 정형외과 전공의인 甲은 같은 과 수련의 乙의 처방에 대한 감독의무를 소홀히 한 나머지, 환자 丙이 수련의 乙의 잘못된 처방으로 상해를 입은 경우, 의사가 다른 의사와 의료행위를 분담하는 경우에도 자신이 환자에 대하여 주된 의사의 지위에 있거나 다른 의사를 사실상 지휘·감독하는 지위에 있다면, 의사는 다른 의사가 하는 의료행위의 내용이 적절한 것인지의 여부를 확인하고 감독하여야 할 업무상 주의의무가 있다(전공의 甲은 업무상과실치상죄). 법원9급 13 / 국가9급 16 / 국가9급 20

ⓒ 법적 성격 – 객관적 주의의무의 제한원리(구성요건해당성배제사유)

ⓓ 적용한계

㉮ 신뢰의 원칙은 스스로 교통규칙을 준수하는 자를 보호하는 원칙이다. 따라서 스스로 규칙에 위반하여 행위한 자의 경우에는 신뢰의 원칙이 적용되지 않는다. 예컨대, 중앙선을 침범하여 불법 U턴을 행한 운전자가 때마침 무단횡단하는 보행자를 충격하여 사상에 이르게 한 경우에는 신뢰의 원칙의 보호를 받을 수 없으므로 업무상 과실치사상죄의 죄책을 면할 수 없다.[538] 그러나 행위자의 규칙위반이 결과발생의 '결정적' 요인이 아닌 경우에는 정황에 따라 신뢰의 원칙이 인정될 수 있다.

판례연구 후방차량의 법규준수를 신뢰한 경우

대법원 1970.2.24, 70도176

같은 방향으로 달려오는 후방차량이 교통법규를 준수하여 진행할 것이라고 신뢰하여 우측 전방에 진행 중인 손수레를 피하기 위하여 중앙선을 약간 침범하였다 하더라도, 후방에서 오는 차량의 동정을 살펴 그 차량이 무모하게 추월함으로써 야기될지도 모르는 사고를 미연에 방지하여야 할 주의의무까지 있다고는 볼 수 없다.

㉯ 신뢰의 원칙은 상대방 교통관여자가 도로교통의 제반법규를 지켜 도로교통에 임하리라고 신뢰할 수 없는 특별한 사정이 있는 경우에는 그 적용이 배제된다. 예컨대 상대방이 이미 교통규칙을 위반하여 더 이상 규칙 준수를 신뢰할 수 없거나(대법원 1984.3.13, 83도1859)[539] 상대방의 교통규칙 위반이 예상되는 객관적 사정이 있는 때에는(대법원 1984.4.10, 84도79) 신뢰의 원칙이 적용되지 않는다.

판례연구 상대방의 교통규칙 준수를 기대할 수 없는 경우

1. 대법원 1984.4.10, 84도79

사고지점이 노폭 약 10미터의 편도 1차선 직선도로이며 진행방향 좌측으로 부락으로 들어가는 소로가 정(J)자형으로 이어져 있는 곳이고 당시 피해자는 자전거 짐받이에 생선상자를 적재하고 앞서서 진행하고 있었다면 피해

---

[538] 판례 : 과속으로 중앙선을 침범한 오토바이와 충돌한 화물자동차운전사의 과실 오토바이가 앞서 가는 택시를 추월하기 위하여 제한속도를 크게 넘는 과속으로 중앙선을 침범하여 피고인이 운전하는 화물자동차의 진행방향으로 진행하여 충돌한 경우, 그 사고는 피해자인 오토바이 운전사 자신의 과실에 기인하는 것으로 화물자동차 운전사의 잘못은 사고발생의 원인이 될 수 없다(대법원 1983.4.26, 83도629).

[539] 판례 : 상대방이 이미 도로중앙선을 침범한 경우 신뢰의 원칙이 제한된다는 사례 상대방이 도로중앙선을 넘어 자기의 진로에 따라 자동차를 운행하고 있거나 이와 같은 사정이 예상되는 객관적 사정이 있는 때에는 그와 같은 신뢰는 기대할 수 없기 때문에 그 대향운전자로서도 경적을 울린다거나 감속서행, 일단정지 또는 가능한 한 도로의 우측으로 피하여 자동차를 운행하는 등의 적절한 조치를 취함으로써 상호 간의 충돌을 방지할 업무상 주의의무가 있다고 할 것이다(대법원 1984.3.13, 83도1859; 1984.4.10, 84도79). 경찰간부 17

자를 추월하고자 하는 자동차운전사는 자전거와 간격을 넓힌 것만으로는 부족하고 경적을 울려서 자전거를 탄 피해자의 주의를 환기시키거나 속도를 줄이고 그의 동태를 주시하면서 추월하였어야 할 주의의무가 있다.

2. 대법원 1986.2.25, 85도2651

침범금지의 황색중앙선이 설치된 도로에서 자기차선을 따라 운행하는 자동차운전수는 반대방향에서 오는 차량도 그쪽 차선에 따라 운행하리라고 신뢰하는 것이 보통이나, 다만 반대방향에서 오는 차량(오토바이)이 100m 전방에서 이미 중앙선을 침범하여 비정상적인 운행을 하고 있음을 목격한 경우에는 자기의 진행전방에 돌입할 가능성을 예견하여 그 차량의 동태를 주의 깊게 살피면서 속도를 줄여 피행하는 등 적절한 조치를 취함으로써 사고발생을 방지할 업무상 주의의무가 있다. 국가7급 07 / 사시 16

보충 주의의무에 위반하여 사람을 부상시킨 자는 상대방이 중대한 과실이 있다 하더라도 과실책임을 면할 수 없다. 형법상 과실상계는 인정되지 않기 때문이다.

㉱ 교통규칙을 위반할 것이 예상되는 특별한 사정이 있는 경우에는 신뢰의 원칙이 적용되지 않는다.

> **예** 교통사고 빈발 지역임을 운전자가 알거나 그러한 표지를 보았을 때에는 이를 고려하여 운행하여야만 하고, 장애인·노약자·연소자 등에게 교통규칙에 합당한 행태가 기대될 수 없음을 교통참여자가 인식할 수 있는 경우에는 역시 신뢰의 원칙을 배제한다.

③ 구성요건적 결과발생과 그 야기 : 현행 형법상 과실범은 모두 결과범이다. 따라서 과실범에 있어서는 객관적 주의의무위반뿐만 아니라 반드시 구성요건적 결과(**예** 사망, 상해 등)가 발생하여야 한다(따라서 과실범의 미수는 처벌될 수 없음).

④ 인과관계 및 객관적 귀속 : 주의의무를 다하였더라도 결과발생이 불가피하였을 수도 있으므로, 결과는 행위자의 주의의무위반에 의해 야기된 경우에만 객관적 귀속을 인정하여야 한다(주의의무위반관련성[540] : 적법한 대체행위이론). 국가9급 09 / 경찰채용 15 1차

예컨대 의무위반(**예** 과속)으로 인하여 발생한 법익침해의 결과가 의무준수(**예** 규정속도준수)의 상황에서도 발생하였으리라고 예상되는 경우에는 의무위반관련성이 인정되지 않으므로 객관적 귀속이 불가능하다(반대로 '위험증대설'에 의하면 객관적 귀속이 인정될 수 있음[541]).[542] 반면, **판례**는 이와 달리 상당인과관계설에 의하여 인과관계 존부의 판단만으로 기수 여부의 판단을 내리고 있다.

---

540 주의의무위반관련성(Pflichtwidrigkeitszusammenhang)에 대해서는 앞서 구성요건, 인과관계와 객관적 귀속에서도 설명한 바 있다.

541 참고 : 위험증대설 위험증대설(Risikoerhöhungslehre)에 의하면 행위자가 주의의무를 다했다 하더라도 동일한 결과가 발생할 가능성이 있는 경우 위험증대의 요소가 인정되면 결국 과실범의 기수책임을 인정하게 된다. 그래서 이에 대해서는 'in dubio pro reo' 원칙을 제한하고, 침해범을 (구체적) 위험범화시킨다는 비판(김일수 / 서보학, 206면; 박상기, 285면; 이재상, §11-49 등)이 제기되는 것이다. 또한 결과발생에 대한 객관적 위험성의 증대만으로 객관적 귀속을 인정하는 것은, 실패로 끝난 의료행위의 경우 과실의 경중을 불문하고 의사의 형사책임으로 귀속될 수 있는 문제점이 있다는 비판(박상기, ibid)도 있다. 한편, 이러한 적법한 대체행위이론의 지지론에 대해 반대하며 위험증대설을 취하는 학자 중에는, 위험증대이론도 현대사회에서 허용된 위험의 범위를 행위자의 위법한 과실행위로 인하여 초과하였다는 점을 입증해야 과실기수책임을 묻는 것이지 함부로 기수책임을 인정하는 것은 아니라는 반론(손동권, 331면)도 있다.

542 참고 : 규범의 보호목적이론 이외에도 과실범의 결과귀속의 기준으로는 '규범의 보호목적관련성'도 제시되고 있다. 이는 기술한 주의의무위반관련성만으로는 과실범의 결과귀속요소로는 불충분하다고 하면서, 고의범이나 과실범에 있어서 행위자의 의무위반행위가 침해된 해당 규범의 구체적인 의무보호의 영역과 관련되어 있어야 결과귀속을 인정하는 이론이다. 예를 들어, ㉠ 운전자가 무면허자에게 자동차를 운전하게 하여 사고가 발생한 경우 사고의 원인이 운전미숙이 아니라 음주한 탓인 경우, 무면허운전의 금지는 운전미숙자의 운전을 금지하는 것을 규범의 보호목적으로 하기 때문에 발생된 결과는 규범의 보호목적 내에서 일어난 것이 아니므로 무면허운전죄가 성립하지 않는다고 볼 수 있고, 또한 ㉡ 甲이 상해의 고의로 乙을 칼로 찔렀는데, 병원에서 乙은 자신이 믿는 종교의 교리에 의해 수혈을 거부해서 사망한 경우(피해자 스스로의 자살 또는 자손행위), 상해치사죄가 보호하는 규범의 목적은 어디까지나 타인의 행위로 인하여 피해자가 사상을 입는 것으로부터 피해자를 보호하는 것에 있기 때문에 결국 규범의 보호목적을 벗어나 객관적 귀속이 부정된다는 것이다. 결국 상해치사죄는 성립하지 않고 상해죄만 성립하게 된다.

🔨 판례연구 과실범의 인과관계를 인정한 사례[543]

1. 대법원 1989.9.12, 89도866

열차건널목 사례 : 직접 충돌하지 않아도 상당인과관계를 인정할 수 있다는 사례

피고인 甲이 자동차를 몰고 가다가 주의의무를 게을리 하여 열차건널목을 그대로 건너는 바람에 그 자동차가 열차 좌측 모서리와 충돌하여 20여 미터쯤 열차 진행방향으로 끌려가면서 튕겨나갔고 피해자 乙이 타고 가던 자전거에서 내려 위 자동차 왼쪽에서 열차가 지나가기를 기다리고 있다가 위 충돌사고로 놀라 넘어져 상처를 입은 경우, 비록 위 자동차와 피해자가 직접 충돌하지는 아니하였다 하더라도 피고인의 행위와 피해자가 입은 상처 사이에는 상당한 인과관계가 있다. 사시 13

2. 대법원 2010.4.29, 2009도7070

제왕절개수술 후 대량출혈이 있었던 피해자를 전원지체하여 신속한 수혈조치가 지연된 사례

피고인의 전원지체 등의 과실로 피해자에 대한 신속한 수혈 등의 조치가 지연된 이상 피해자의 사망과 피고인의 과실 사이에는 인과관계를 부정하기 어렵고, ○○병원의료진의 조치가 다소 미흡하여 피해자가 ○○병원응급실에 도착한 지 약 1시간 20분이 지나 수혈이 시작되었다는 사정만으로 피고인의 과실과 피해자 사망 사이에 인과관계가 단절된다고 볼 수 없다. 사시 13

3. 대법원 2012.3.15, 2011도17117

(신호예측운행으로 인한) 신호위반행위가 교통사고 발생의 직접적인 원인이 되었다고 본 사례

피고인의 택시가 차량 신호등이 적색 등화임에도 횡단보도 앞 정지선 직전에 정지하지 않고 상당한 속도로 정지선을 넘어 횡단보도에 진입하였고, 횡단보도에 들어선 이후 차량 신호등이 녹색 등화로 바뀌자 교차로로 계속 직진하여 교차로에 진입하자마자 교차로를 거의 통과하였던 甲의 승용차 오른쪽 뒤 문짝 부분을 피고인 택시 앞 범퍼 부분으로 충돌한 점 등을 종합할 때, 피고인이 적색 등화에 따라 정지선 직전에 정지하였더라면 교통사고는 발생하지 않았을 것임이 분명하여 피고인의 신호위반행위는 교통사고 발생의 직접적인 원인이 되었으므로 피고인의 신호위반행위와 교통사고 사이에 인과관계가 인정된다고 해야 한다. 경찰채용 13 1차

🔨 판례연구 과실범의 인과관계를 부정한 사례

1. 대법원 1996.5.28, 95도1200

피고인이 좌회전 금지구역에서 좌회전한 것은 잘못이나 이러한 경우에도 피고인으로서는 50여 미터 후방에서 따라오던 후행차량이 중앙선을 넘어 피고인 운전차량의 좌측으로 돌진하는 등 극히 비정상적인 방법으로 진행할 것까지를 예상하여 사고발생 방지조치를 취하여야 할 업무상 주의의무가 있다고 할 수는 없으므로,[544] 좌회전 금지구역에서 좌회전한 행위와 사고발생 사이에 상당인과관계가 인정되지 아니한다. 법원9급 15

2. 대법원 1997.6.13, 96도3266

교통사고처리특례법에서 말하는 '도로교통법의 규정에 의한 승객의 추락방지의무를 위반하여 운전한 경우'라 함은 도로교통법에서 규정하고 있는 대로 '차의 운전자가 타고 있는 사람 또는 타고 내리는 사람이 떨어지지 아니하도록 하기 위하여 필요한 조치를 하여야 할 의무'를 위반하여 운전한 경우를 말하는 것이 분명하고, 차의 운전자가 문을 여닫는 과정에서 발생한 일체의 주의의무를 위반한 경우를 의미하는 것은 아니므로, 승객이 차에서 내려 도로상에 발을 딛고 선 뒤에 일어난 사고는 승객의 추락방지의무를 위반하여 운전함으로써 일어난 사고에 해당하지 아니한다.

> [보충] 위 판례들은 규범의 보호목적관련성이 없어 객관적 귀속이 부정된다고 설명될 수도 있다.

---

543 과실범의 인과관계 관련 대부분의 판례는 제2장 구성요건론 중 상당인과관계설에 의한 판례 정리 참조.
544 보충 이 부분에서는, 기술한 신뢰의 원칙의 적용한계에서 '스스로 교통규칙을 위반하였으나 그것이 사고발생의 직접적 원인이 아니라면 신뢰의 원칙이 적용될 수 있다'는 법리가 나타나고 있다.

3. 대법원 2011.4.14, 2010도10104; 2015.6.24, 2014도11315

의사의 설명의무위반과 환자의 상해·사망 간의 인과관계를 인정하지 않은 사례

의사가 설명의무를 위반한 채 의료행위를 하였다가 환자에게 상해 또는 사망의 결과가 발생한 경우 의사에게 업무상 과실로 인한 형사책임을 지우기 위해서는 의사의 설명의무 위반과 환자의 상해 또는 사망 사이에 상당인과관계가 존재하여야 한다. 따라서 의사 甲이 고령의 간경변증 환자 A에게 수술과정에서 출혈 등으로 신부전이 발생하여 생명이 위험할 수 있다는 점에 대하여 설명하지 아니하고 수술하던 도중 출혈 등으로 A가 사망한 경우, A가 당해 수술의 위험성을 충분히 인식하고 있어 甲이 설명의무를 다하였더라도 A가 수술을 거부하지 않았을 것으로 인정된다면, 甲의 설명의무위반과 A의 사망 사이에 인과관계가 인정되지 아니한다. 변호사 17 / 국가7급 18

4. 대법원 2011.4.28, 2010도14102; 2023.8.31, 2021도1833

형사재판의 인과관계의 증명과 동일 사안의 민사재판의 차이

(형사재판에서는 인과관계 증명에 있어서 '합리적인 의심이 없을 정도'의 증명을 요하므로 그에 관한 판단이 동일 사안의 민사재판과 달라질 수 있다는 사례) 의사에게 의료행위로 인한 업무상과실치사상죄를 인정하기 위해서는, 의료행위 과정에서 공소사실에 기재된 업무상과실의 존재는 물론 그러한 업무상과실로 인하여 환자에게 상해·사망 등 결과가 발생한 점에 대하여도 엄격한 증거에 따라 합리적 의심의 여지가 없을 정도로 증명이 이루어져야 한다(대법원 2023.1.12, 2022도11163). 따라서 검사는 공소사실에 기재한 업무상과실과 상해·사망 등 결과 발생 사이에 인과관계가 있음을 합리적인 의심의 여지가 없을 정도로 증명하여야 하고, 의사의 업무상 과실이 증명되었다는 사정만으로 인과관계가 추정되거나 증명 정도가 경감되는 것은 아니다. 이처럼 형사재판에서는 인과관계 증명에 있어서 '합리적인 의심이 없을 정도'의 증명을 요하므로 그에 관한 판단이 동일 사안의 민사재판과 달라질 수 있다.

(2) 과실범의 위법성

① 과실범의 위법성조각사유 : 고의범과 마찬가지로 위법성조각이 가능하다.

   ㉠ 정당방위

      예 강도에 대하여 단지 경고사격을 하려고 했지만 부주의로 상해를 입힌 경우, 그것이 만일 행위자가 고의적으로 행하였더라도 정당방위로 되었을 경우

   ㉡ 긴급피난

      예 의사가 중환자의 생명을 구하기 위하여 과속으로 자동차를 운전하여 인사교통사고를 낸 경우 업무상과실치사상죄(과실범)의 구성요건해당성이 있지만, 긴급피난(제22조 제1항)으로서 위법성이 조각된다.

   ㉢ 피해자의 승낙 변호사 13

      예 운전자의 음주사실을 알고 동승했는데 사고가 발생한 경우

   ㉣ 정당행위

      예 경찰관이 흉기를 휴대하고 저항하는 강도죄의 현행범인을 체포하기 위해 경고사격을 하면서 과실로 범인을 맞혀 상해에 이르게 하였으나, 경찰관직무집행법에 의한 무기사용의 요건(동법 제10조의4)에 해당되는 경우.

🔨 **판례연구** 운동경기와 사회적 상당성의 범위

대법원 2008.10.23, 2008도6940

골프와 같은 개인 운동경기에 참가하는 자는 자신의 행동으로 인해 다른 사람이 다칠 수도 있으므로, 경기 규칙을 준수하고 주위를 살펴 상해의 결과가 발생하는 것을 미연에 방지해야 할 주의의무가 있다. 이러한 주의의무는 경기보조원에 대하여도 마찬가지로 부담한다. 운동경기에 참가하는 자가 ① 경기규칙을 준수하는 중에 또는 그 경기의 성격상 당연히 예상되는 정도의 경미한 규칙위반 속에 제3자에게 상해의 결과를 발생시킨 것으로서, 사회적 상당성의 범위를 벗어나지 아니하는 행위라면 과실치상죄가 성립하지 않는다. 그러나 ② 골프경기를 하던

중 골프공을 쳐서 아무도 예상하지 못한 자신의 등 뒤편으로 보내어 등 뒤에 있던 경기보조원(캐디)에게 상해를 입힌 경우에는 주의의무를 현저히 위반하여 사회적 상당성의 범위를 벗어난 행위로서 과실치상죄가 성립한다.

국가9급 10 / 경찰승진 11 / 경찰간부 12 / 사시 14 / 법원9급 15 / 경찰승진 16 / 경찰승진 24

② 주관적 정당화요소 : 고의범의 위법성 조각에 있어서 주관적 정당화요소(예 정당방위의 방위의사 등)는 필요하다는 것이 통설이었다. 왜냐하면 이원적·인적 불법론을 취할 때 행위불법을 조각시키기 위해서는 주관적 정당화요소가 필요하기 때문이다. 그런데, 과실범의 위법성 조각에 있어서도 주관적 정당화요소가 필요한가에 대해서는 학설의 대립이 있다.

예를 들어, 목검(木劍)을 가지고 혼자 검도연습을 하던 甲이 부주의하여 목검을 손에서 놓쳐 乙이 다쳤다. 그런데 마침 乙은 甲을 살해하고자 총을 겨누고 있는 순간이었다고 하자.

이 경우, ㉠ 필요설(必要說)[545]은 과실범의 위법성 조각에도 주관적 정당화요소가 필요하므로, 이 경우 위법성이 조각될 수 없으며 행위불법은 존재한다고 본다. 따라서 과실범의 (불능)미수가 된다고 보게 되는데,[546] 결국 과실범의 미수는 존재하지 않으므로 불가벌이라 결론짓게 된다.[547] 사시 14 반면 ㉡ 불요설(不要說, 다수설[548])에 의하면, 과실범의 특성상 객관적으로 위법성이 조각되는 상황에는 −따라서 결과반가치가 존재하지 않고− 주관적 정당화요소가 필요하지 않고 위법성이 조각된다고 보고 있다. 사시 14 왜냐하면 과실범에서는 주관적 정당화요소로서 조각시켜야 할 (일정한 정도의) 가벌적인 행위불법 자체가 존재하지 않기 때문이다. 과실범의 미수를 논할 이유가 없기 때문에 불요설이 간명하다고 생각된다.

(3) 과실범의 책임

① 고의범과 동일한 책임요소 : 책임능력, 위법성의 인식(고의범과는 다른 의미로서 잠재적 인식으로 충분)이 있어야 한다. 또한 과실에 의한 원인에 있어서 자유로운 행위도 제10조 제3항에 의하여 책임능력이 인정된다. 그리고 과실범도 적법행위에 대한 기대가능성이 없으면 책임이 조각된다. 독일 제국법원(RG)의 유명한 마부사건에서 과실범에게 기대가능성이 없는 경우 책임이 조각된다는 예는 기술한 바 있다(책임론 중 책임조각사유 참조).

② 주관적 주의의무위반 및 주관적 예견가능성 : 책임단계에서 개인적 능력(행위자의 특별한 능력) 등을 고려하여 판단한다(과실의 이중개념에 의한 심정반가치로서의 책임과실).

3. 과실범 관련문제

과실범은 모두 결과범으로서 기수범 형태로만 존재한다. 따라서 과실범의 미수란 이론적으로 있을 수도 없고 미수범 처벌규정도 없다. 국가9급 07 / 국가9급 08 / 경찰승진 10 / 경찰승진 13 또한 과실범은 침해범(과실치사상죄나 업무상·중과실장물죄), 구체적 위험범(자기소유일반건조물실화죄와 타인소유·자기소유일반물건실화죄),[549] 추상적 위험범(나머지 과실범)으로 분류될 수도 있다. 사시 15

---

545 김일수 / 서보학, 490면; 손해목, 732면; 임웅, 505면.
546 구성요건론, 행위반가치와 결과반가치 부분과 위법성론, 위법성의 일반이론 중 주관적 정당화요소 부분에서 기술한 우연적 방위의 해결을 참조할 것. 불능미수설은 다수설의 입장이었다.
547 다만 필요설 내에서도 행위반가치가 존재하므로 위법성이 조각되지 않고 그대로 과실범이 인정된다는 견해도 있다. 김일수 / 서보학, 490면.
548 박상기, 293면; 배종대, 565면; 손동권, 339면; 이재상, §14−35; 정성근 / 박광민, 437면.
549 독자들은 앞에서 공부했던 구체적 위험범에 대한 "자 / 일 / 폭 / 가 / 중 / 직 / 배"의 암기요령과 연결해보기 바란다. 또한 이는 고의적인 방화죄의 경우에도 마찬가지이다. 각론 방화죄에서 후술한다.

공범과 관련해서는, 과실에 의한 간접정범은 있을 수 없으나, 과실범의 공동정범은 행위공동설(판례)이나 과실공동·행위공동설(소수설)에 의하면 인정되고 기능적 행위지배설(다수설)에 의하면 부정되며 동시범이 될 뿐이다. 그리고 과실에 의한 교사나 과실에 의한 방조는 모두 공범이 될 수 없다. 또한 과실범에 대한 교사나 과실범에 대한 방조는 의사지배의 요소가 있다면 간접정범이 될 수 있을 뿐 역시 교사범·방조범과 같은 공범은 될 수 없다. 국가7급 09 / 사시 10 / 사시 11 / 경찰간부 16

부작위범과 관련해서는, 과실범의 부작위범은 성립할 수 있다. 왜냐하면 과실의 부진정부작위범은 소위 망각범으로서 처벌될 수 있기 때문이다. 그러나 과실의 진정부작위범은 형법상 진정부작위범에는 과실범 처벌규정이 없다는 점에서 논할 필요가 없다.

02 결과적 가중범

1. 서 설

제15조【사실의 착오】② 결과 때문에 형이 무거워지는 죄의 경우에 그 결과의 발생을 예견할 수 없었을 때에는 무거운 죄로 벌하지 아니한다. 〈우리말 순화 개정 2020.12.8.〉 경찰채용 10 2차 / 경찰승진 10

(1) 의 의

결과적 가중범(結果的 加重犯; Erfolgsqualifizierte Delikte)이라 함은 고의의 기본범죄를 초과하여 행위자가 예견하지 못한 무거운 결과가 발생한 경우에 그 무거운 결과가 예견가능한 것이라면 그 형이 가중되는 범죄를 말한다(2020.12.8. 우리말 순화 개정법 제15조 제2항).

(2) 가중처벌의 근거 – 고의·과실의 결합

결과적 가중범의 법정형이 상당히 무겁다는 점[550]은 어떻게 설명해야 하는가?

통설은 결과적 가중범이 성립하기 위해서는 기본범죄에 내포된 전형적 불법의 실현으로서의 무거운 결과가 발생해야 하고(예 사람을 상해하다 보면 사망이라는 무거운 결과가 일어날 수 있다), 기본범죄와 무거운 결과 사이에 인과관계가 있고, 다시 –기본범죄에 포함된 전형적 불법이 나타난 무거운 결과임에도 불구하고– 이러한 무거운 결과를 발생케 한 데 대한 행위자의 예견가능성(과실 : 주의의무위반)(예 고의적 기본범죄인 상해를 실행하고 있는 자는 사망의 결과가 일어나지 않도록 –보통의 과실범보다도– 더욱 결과를 회피해야 할 주의의무가 존재하는데도 이를 다하지 않은 과실이 있음)에 특별한 행위불법이 존재한다는 것을 그 근거로 삼아 결과적 가중범의 법정형의 정당성을 수긍하고 있다.[551] 요컨대, 결과적 가중범은 고의와 과실의 결합인 것이다.[552]

---

550 예를 들어, 甲이 乙을 상해하고자 발로 그의 배를 찼는데 乙이 장파열로 인하여 사망에 이르게 되었다고 하자. 이 경우 결과적 가중범(상해치사죄 : 제259조 제1항)의 규정이 존재하지 않는다면 상해죄와 과실치사죄의 상상적 경합 내지 실체적 경합으로 처벌될 뿐인데, 이 경우의 형량은 상상적 경합의 경우에는 7년의 징역이라는 상한선의 범위 내가 되고(제257조 제1항, 제267조 그리고 제40조의 상상적 경합 규정 참조), 실체적 경합의 경우에는 9년 이하의 징역이 될 것이다(제38조 제1항 제2호 참조). 이에 비하여 결과적 가중범인 상해치사죄가 되면 甲은 3년 이상의 징역, 즉 30년 이하의 징역의 범위 내에서 처벌되게 된다. 이러한 3배 이상의 가중된 처벌이 과연 정당한 것인가에 대하여는 여러 견해가 제시되어 왔다.

551 결과적 가중범과 그 부분죄 간의 죄수관계 통설처럼 결과적 가중범이란 고의의 기본범죄와 최소한 과실 있는 무거운 결과의 결합에 의하여 새로이 탄생되는 특별한 범죄유형이라고 이해함으로써 이를 정당화하는 것은 죄수론에도 영향을 미치게 될 것이다. 즉, 결과적 가중범이란 그 부분을 이루는 범죄(상해치사죄에 있어서 상해죄와 과실치사죄를 말함)와의 관계에 있어서 일종의 특별법의 성질을 가지게 된다. 이러한 점에서 결과적 가중범과 그 부분되는 범죄들과는 **법조경합 중 '특별관계'**에 있다고 보통 설명되는 것이다.

552 참고 : 통설의 설명방식과 이에 대한 반론 통설은 "고의 없으면 책임이 없고 최소한 과실이라도 없으면 책임도 없다"는 책임주의의 사상이 결과적 가중범에 있어서도 관철되어야 한다는 점에서, 결과적 가중범이란 기본범죄와 무거운 결과 사이에 인과관

이러한 이유로 형법 제15조 제2항에서도 책임주의를 실현하기 위해 결과적 가중범의 성립요건으로서 예견 가능성(豫見可能性)을 명문으로 규정하고 있는 것이다. 경찰채용 16 2차

2. 종 류

(1) 진정결과적 가중범과 부진정결과적 가중범

① 진정결과적 가중범 : 고의에 의한 기본범죄로 과실의 무거운 결과를 발생하게 한 경우이다.

　　예 연소죄(제168조), 경찰채용 10 1차 / 법원9급 10 / 경찰채용 16 2차 폭행치사죄(제262조), 상해치사죄(제259조) 등 대부분 결과적 가중범

② 부진정결과적 가중범

　㉠ 의의 : 무거운 결과의 발생이 과실에 의한 경우뿐만 아니라 고의에 의한 경우까지를 포함하는 형태를 의미한다. 국가7급 07 / 경찰승진 13 / 변호사 16

　　　예 현주건조물방화치사상죄(제164조 제2항), 현주건조물일수치상죄(제177조 제2항), 특수공무방해치상죄(제144조 제2항), 경찰승진 10 / 경찰채용 16 2차 교통방해치상죄(제188조), 중상해죄(제258조), 중유기죄(제271조 제3항), 중강요죄(제326조), 중손괴죄(제368조) 등[553]

　㉡ 부진정결과적 가중범의 인정의 근거 : 원래 결과적 가중범은 무거운 결과에 대하여 과실이 있을 때에만 성립하는 것이고, 고의가 있을 때에는 성립하지 않는다.[554] 그런데 무거운 결과에 대하여 고의가 있을 때에도 결과적 가중범이 성립할 수 있는가가 문제된다. 예컨대, 현주건조물방화치사죄(제164조 제2항)의 경우 사상의 결과에 대하여 '고의'가 있는 경우에도 본죄가 성립하는가에 대해서는, 본죄를 진정결과적 가중범이라고 해석할 때에는 ─진정결과적 가중범은 무거운 결과에 대하여 과실이 있을 때만 성립하고 고의가 있을 때에는 성립하지 않는다는 점에서, 현주건조물방화치사죄가 아니라 현주건조물방화죄와 살인죄의 상상적 경합이 되므로, 제40조에 의해 결국 살인죄의 형인 사형, 무기 또는 5년 이상의 유기징역으로 처하게 되는데, 이는 과실이 있을 때에 성립하는 현주건조물방화치사죄의 사형, 무기 또는 7년 이상의 유기징역의 형량보다 낮은 것임─ 형의 균형이 유지될 수 없기 때문에, 현주건조물방화치사죄는 무거운 결과에 대하여 과실 있는 경우뿐만 아니라 고의가 있는 때에도 성립한다고 인정해줌으로써 형의 불균형을 최소화할 필요가 있다. 이렇듯 무거운 결과에 대하여 고의가 있을 때에도 성립하는 결과적 가중범이 있을 수 있으며, 이를 부진정결과적 가중범이라고 하는 것이고, 이를 긍정하는 것이 통설·판례이다.[555] 법원9급 10

───────────────

계가 있고 다시 무거운 결과발생에 대해서는 과실이 있어야 한다는 성립요건을 요구하고 있다. 즉, 결과에 대한 예견가능성(과실)이 있다면 결과적 가중범은 성립하는 것이며, 결과적 가중범의 법정형은 이러한 의미에서 정당화된다는 것이다. 다만, 위와 같은 통설의 설명방식에도 불구하고 결과적 가중범의 가중적 형벌이 정당한가는 책임주의의 관점에서 볼 때 문제로 지적될 수 있다(공무원 수험에서는 참고만 할 것)(예컨대, 무거운 결과에 대해서는 인식 없는 과실 정도로는 안 되고 '인식 있는 과실' 또는 '중과실' 정도가 필요하다는 견해로는 조상제, "결과적 가중범의 문제점", 형사법학의 현대적 문제, 398면; Arthur Kaufmann, Das Schuldprinzip, 2. Aufl, 1976, S.244 참조). 또한 결과적 가중범의 결과귀속을 위해 소위 직접성의 원칙을 요구하는 것도 결과적 가중범의 무거운 형량을 고려하여 결과적 가중범의 성립을 제한하기 위한 시도로 이해될 수 있다. 그러나 본서의 특성상 통설에 대한 비판은 생략하기로 한다. 참고로, 1995년 개정 형법에서는 결과적 가중범의 치상죄와 치사죄의 법정형을 분리하였다. 이러한 결과적 가중범의 규정으로는 유기치사상죄(제275조), 체포·감금치사상죄(제281조), 강간치사상죄(제301조, 제301조의 2), 가스·전기 등 공급방해치사상죄(제173조 제3항), 현주건조물방화치사상죄(제164조 제2항), 현주건조물일수치사상죄(제177조 제2항), 교통방해치사상죄(제188조), 음용수혼독치사상죄(제194조), 특수공무방해치사상죄(제144조) 그리고 손괴치사상죄(제368조)가 있다.

553 주의 대법원은 종래 강간치사죄도 부진정결과적 가중범으로 해석하였으나(대법원 1990.5.8, 90도670), 1995년 개정형법에서 강간상해죄와 강간살인죄가 신설되었기 때문에 강간치사상죄는 부진정결과적 가중범이 아니라 진정결과적 가중범에 속하게 된다.

554 예컨대, 상해치사죄의 경우 중한 결과인 사망에 대하여 고의가 있으면 상해치사죄는 성립하지 않는다(대신 살인죄가 성립함).

555 단, 부진정결과적 가중범을 부정하는 소수설은 정성근 / 박광민, 443면 참조.

ⓒ 부진정결과적 가중범과 고의범의 죄수관계
   ⓐ 학설 : 무거운 결과에 대하여 고의가 있는 경우 부진정결과적 가중범과 고의범 간의 상상적 경합이 성립한다는 것이 통설이다. 예컨대, 현주건조물방화치사상죄와 관련하여 무거운 결과인 사람의 사망·상해에 대하여 미필적이라도 고의가 있는 경우에는 현주건조물방화치사상죄와 살인죄 또는 상해죄의 상상적 경합이 된다는 것이다.
   ⓑ 판례 : 판례는 경우에 따라 나누어 보자는 입장이다. 즉 고의로 무거운 결과를 발생하게 한 행위가 별도의 구성요건에 해당하고 ㉮ 그 고의범에 대하여 결과적 가중범에 정한 형보다 더 무겁게 처벌하는 규정이 있는 경우(부진정결과적 가중범 < 고의범)에는 그 고의범과 결과적 가중범이 상상적 경합관계에 있다고 보아야 할 것이지만, 사시 14 ㉯ 위와 같이 고의범에 대하여 더 무겁게 처벌하는 규정이 없는 경우(부진정결과적 가중범 ≥ 고의범)에는 결과적 가중범이 고의범에 대하여 특별관계에 있다고 해석되므로 결과적 가중범만 성립하고 이와 법조경합의 관계에 있는 고의범에 대하여는 별도로 죄를 구성한다고 볼 수 없다. 법원행시 08

⚖ 판례연구 부진정결과적 가중범 관련 판례

1. 대법원 1983.1.18, 82도2341
현주건조물방화치사죄와 살인죄는 법조경합관계로서 현주건조물방화치사죄의 1죄만 성립한다는 사례
형법 제164조 후단(현행 형법 제164조 제2항)이 규정하는 현주건조물방화치사상죄는 사형, 무기 또는 7년 이상의 징역의 무거운 법정형을 규정하고 있는 취의에 비추어 보면 과실이 있는 경우뿐 아니라 고의가 있는 경우도 포함된다고 볼 것인데, 이와 다른 견해에서 형법 제164조 후단의 범죄는 과실의 경우에만 적용되는 것으로 판정하여 피고인을 현주건조물에의 방화죄와 살인죄의 상상적 경합으로 의율한 원심판결은 결국 형법 제164조 후단의 법리를 오해한 것이다. 법원9급 07(하) / 사시 10 / 경찰채용 11 2차 / 사시 11 / 국가9급 13
▶ 다만 사람을 살해할 목적으로 방화를 하였으나 피해자가 집밖으로 빠져나오려고 하자 다시 집안으로 밀어 넣어 살해한 경우, 현주건조물방화죄와 살인죄 : 실체적 경합(위 판례)[556]

2. 대법원 1998.12.8, 98도3626
피해자의 재물을 강취한 후 그를 살해할 목적으로 현주건조물에 방화하여 사망에 이르게 한 경우 피고인의 위 행위는 강도살인죄와 현주건조물방화치사죄의 상상적 경합범에 해당한다. 법원9급 07(상) / 법원행시 08 / 법원9급 09·10 / 법원행시 11 / 국가7급 12 / 경찰간부 13 / 법원행시 13 / 법원행시 14 / 변호사 14

3. 대법원 2008.11.27, 2008도7311
부진정결과적 가중범과 고의범의 죄수에 관한 공식[557]
기본범죄를 통하여 고의로 중한 결과를 발생하게 한 경우에 가중처벌하는 부진정결과적 가중범에서, 고의로 중한 결과를 발생하게 한 행위가 별도의 구성요건에 해당하고 ① 그 고의범에 대하여 결과적 가중범에 정한 형보다 더 무겁게 처벌하는 규정이 있는 경우(부진정결과적 가중범 < 고의범 ─ 필자 주)에는 그 고의범과 결과적 가중

---

556 판례 : 현주건조물에 방화하여 동 건조물에서 탈출하려는 사람을 막아 소사케 한 경우, 현주건물방화죄와 살인죄와의 관계 현주건조물방화죄와 살인죄의 보호법익은 서로 다르므로, 불을 놓은 집에서 빠져 나오려는 피해자들을 막아 소사케 한 행위는 1개의 행위가 수개의 죄명에 해당하는 경우라고 볼 수 없고, 위 방화행위와 살인행위는 법률상 별개의 범의에 의하여 별개의 법익을 해하는 별개의 행위라고 할 것이니, 현주건조물방화죄와 살인죄는 실체적 경합관계에 있다(대법원 1983.1.18, 82도2341). 국가9급 13 / 국가7급 20

557 사례 甲은 승용차를 운전하던 중 음주단속을 피하기 위하여 위험한 물건인 승용차로 단속 경찰관 乙을 들이받아 위 경찰관의 공무집행을 방해하고 위 경찰관에게 상해를 입게 하였다. 이에 대해 검사는 폭력행위 등 처벌에 관한 법률 위반(집단·흉기 등 상해)죄와 특수공무집행방해치상죄의 상상적 경합으로 공소를 제기하였다. 판례의 결론 법조경합으로서 특수공무집행방해치상죄의 1죄만 성립한다. 법원행시 09 / 사시 10 / 경찰채용 11 1차 / 법원행시 13 / 변호사 13 / 법원행시 14

범이 상상적 경합관계에 있다고 보아야 할 것이지만(대법원 1995.1.20, 94도2842[558]; 1996.4.26, 96도485[559] 등), 경찰간부 11 / 국가9급 13 / 변호사 23 ② 위와 같이 고의범에 대하여 더 무겁게 처벌하는 규정이 없는 경우(부진정결과적 가중범 ≥ 고의범 - 필자 주)에는 결과적 가중범이 고의범에 대하여 특별관계에 있다고 해석되므로 결과적 가중범만 성립하고 이와 법조경합의 관계에 있는 고의범에 대하여는 별도로 죄를 구성한다고 볼 수 없다. 따라서 직무를 집행하는 공무원에 대하여 위험한 물건을 휴대하여 고의로 상해를 가한 경우에는 부진정결과적 가중범인 특수공무집행방해치상죄(3년 이상의 징역)가 성립하는데, 이와는 별도로 폭처법위반(집단·흉기 등 상해)죄(3년 이상의 징역)를 구성하는 것으로 볼 수 없다. 국가9급 07 / 법원행시 09 / 사시 10 / 경찰채용 11 1차 / 경찰간부 11 / 사시 11 / 경찰간부 12 / 국가9급 13 / 법원행시 13 / 변호사 13 / 법원행시 14 / 국가9급 15 / 변호사 15 / 법원9급 16 / 경찰간부 18 / 국가7급 20 / 법원9급 20 / 국가9급 21 / 국가9급 23

(2) 고의의 결과적 가중범과 과실의 결과적 가중범

① 고의의 결과적 가중범 : 기본범죄가 고의에 의한 경우(제15조 제2항 참조)를 말한다. 형법상 결과적 가중범은 모두 여기에 속한다.

② 과실의 결과적 가중범 변호사 14 : 기본범죄가 과실에 의한 경우로서 이에 대하여는 부정설이 다수설이다(반대입장 있음[560]). 국가9급 07 / 국가7급 09 최소한 형법전에는 존재하지 않는 형태이다.

(3) 형법상 결과적 가중범의 처벌규정

표정리 형법상 결과적 가중범의 처벌규정

개인적 법익에 대한 죄	상해치사죄, 법원행시 05 존속상해치사죄, 폭행치사상죄, 법원행시 05 동의낙태치사상죄, 업무상 동의낙태치사상죄, 유기치사상죄, 체포·감금 등의 치사상죄, 강간·강제추행치사상죄, 법원행시 05 인질치사상죄, 강도치사상죄, 해상강도치사상죄, 재물손괴치사상죄, 중상해죄, 중유기죄, 중존속유기죄, 중손괴죄
사회적 법익에 대한 죄	현주건조물방화치사상죄, 연소죄, 법원행시 05 가스 등의 공작물손괴치사상죄, 현주건조물일수치사상죄, 교통방해치사상죄, 먹는물혼독치사상죄, 폭발성물건파열치사상죄, 가스·전기 등 방류치사상죄
국가적 법익에 대한 죄	특수공무방해치사상죄

▶ 주로 '~치~죄', '중~죄' 등으로 규정되어 있고 '연소죄'도 포함된다. 단 '과실치~'는 과실범이고, '중체포·감금죄(제277조)'는 고의범이다. 법원9급 10 / 경찰간부 12

---

558 참고 이 판례는 특수공무집행방해치상죄와 폭력행위 등 처벌에 관한 법률 제3조 제2항 제1항의 야간특수상해죄에 관하여 상상적 경합을 인정한다는 판례인데, 이는 2006년 폐지된 폭처법상 야간특수상해죄의 당시 법정형이 5년 이상의 징역으로서 특수공무방해치상죄의 3년 이상의 징역보다 더욱 무거웠다는 점에 근거한 결론이다. 참고로, 폭처법상 소위 야간가중처벌규정을 폐지한 이유는, 전기문명의 발달로 야간에 이루어진 폭력범죄를 가중처벌할 합리적 근거 내지 현실적 필요성이 크게 줄어듦에 따라 야간에 행하여진 폭력범죄에 대하여 과도하게 높은 법정형에 처하는 문제점을 개선하기 위하여 주·야간 구별에 따른 법정형 구분을 폐지한 것이라고 한다(개정이유 중에서). 국가7급 13

559 판례 : 현주건조물방화치사상죄와 살인죄 및 존속살인죄의 죄수관계 ① 사람을 살해할 목적으로 현주건조물에 방화하여 사망에 이르게 한 경우에는 현주건조물방화치사죄로 의율하여야 하고 이와 더불어 살인죄와의 상상적 경합범으로 의율할 것은 아니며 경찰승진 15, 다만 ② 존속살인죄와 현주건조물방화치사죄는 상상적 경합범 관계에 있으므로, 법정형이 중한 존속살인죄로 의율함이 타당하다(대법원 1996.4.26, 96도485). 국가7급 09 / 법원9급 11 / 국가7급 12 / 국가7급 13

560 참고 : 과실의 결과적 가중범은 인정될 수 있는가? 결과적 가중범의 기본범죄는 고의범에 한한다는 견해가 다수설이다. 그러나 환경범죄의 단속에 관한 특별조치법 제3조(오염물질 불법배출의 가중처벌)는 동조 제2항에서 이로 인하여 사람을 사상(死傷)에 이르게 한 경우를 처벌하고 있다는 점에서 결과적 가중범의 기본범죄는 고의범뿐만 아니라 과실범도 포함되어야 한다는 소수설(박상기, 297면; 오영근, 208면; 임웅, 510면)도 있다. 또한 특정범죄 가중처벌 등에 관한 법률 제5조의3 제2항 제1호에 규정된 도주운전자의 가중처벌규정은 업무상 과실치상죄(형법 제268조) 등과 유기죄의 결합범이 기본범죄가 되고 중한 결과로서 피해자의 사망이 규정되어 있다는 점에서, 과실범이 결과적 가중범의 기본범죄의 일부를 이루고 있다는 소수설(신동운, "결과적 가중범", 고시연구, 1993 / 6, 112면)도 있다.

3. 구성요건

(1) 기본범죄의 실현

① ─다수설에 의하면─ 기본범죄는 고의범이어야 한다(진정, 부진정 결과적 가중범 모두 기본범죄에 대한 고의는 필수적 요소임). 법원9급 08 / 국가7급 09 / 법원9급 10 이 점에서 결과적 가중범의 행위반가치는 과실범보다 무겁다.

② 기본범죄는 작위·부작위[561]·기수·미수[562]를 불문한다.[563] 법원9급 08 예컨대, 강간이 미수에 그쳤더라도 그 수단인 폭행에 의하여 상해의 결과가 발생하였다면 강간치상죄가 성립하는 것이다. 법원행시 05 단 기본범죄는 최소한 실행에 착수해야 하며, 예비상태에서는 무거운 결과가 발생하더라도 무거운 결과에 대한 과실범(예비죄와는 상상적 경합 내지 경합범)이 성립할 뿐이다.

(2) 기본범죄보다 무거운 결과의 발생 및 기본범죄로 인한 무거운 결과의 발생

① 기본범죄로 인한 무거운 결과의 발생(인과관계 및 객관적 귀속) : 결과적 가중범이 성립하려면 기본범죄보다 무거운 결과가 기본범죄로 인하여 발생해야 한다(합법칙적 조건설에 의한 인과관계 인정). 또한 행위자가 창출한 위험을 역시 행위자의 행위로 인하여 상당하게 결과로 실현하였어야 객관적 귀속이 인정된다. 국가9급 07 이때 기본범죄가 결과를 발생하게 한 유일하거나 직접적인 원인이 되어야만 하는 것은 아니고, 그 행위와 결과 사이에 피해자나 제3자의 과실 등 다른 사실이 개재된 때와 같은 비유형적 인과관계의 경우라 하더라도 그와 같은 사실이 통상 예견할 수 있는 것에 지나지 않는다면 객관적 귀속 내지 상당인과관계를 인정할 수 있다(대법원 2014.7.24, 2014도6206). 국가7급 18

② 기본범죄에 의한 직접적인 결과의 발생(객관적 귀속에 필요한 직접성) : 무거운 결과가 기본범죄에 내포된 전형적인 고유한 위험의 실현일 때 또는 기본범죄의 상당하고 전형적인 결과가 야기될 때 직접적인 결과발생을 인정하여야 한다는 원칙이 직접성(直接性)의 원칙(Unmittelbarkeit)(객관적 귀속기준으로서 '규범의 보호목적범위 내의 결과'[564])이다. 국가9급 07 결과적 가중범은 기본범죄의 행위로부터 무거운 결과가 발생하든 기본범죄의 결과로부터 무거운 결과가 발생하든 모두 성립할 수 있다.

따라서 강간이나 강제추행 등의 과정에서 재차의 행위를 피하기 위한 피해자의 행위로 인하여 무거운 결과가 발생한 경우에도 직접성을 인정할 수 있을 것이다. 예를 들어, ㉠ 감금당한 피해자가 가혹행위를 당하게 되자 더 이상의 가혹행위를 피하기 위하여 창문으로 뛰어내려 추락사한 경우 행위자에게는 중감금치사죄가 성립하지만(대법원 1991.10.25, 91도2085), 법원행시 05 / 법원행시 13 / 경찰채용 15 2차 / 경찰채용 15 3차 ㉡ 강간을 당한 피해자가 집에 돌아와 수치심으로 인하여 음독자살한 경우에는 강간치사죄가 성립

---

561 조언 예컨대, 유기치사죄의 '유기'가 부작위로 범해질 수 있음을 생각해보면 된다.
562 참고 : 기본범죄의 미수범 처벌규정이 없는 경우 기본범죄가 이론적으로는 미수 상태이지만 중한 결과는 발생한 경우(예 : 제269조 제3항의 낙태치사상죄는 낙태죄가 미수범 처벌규정이 없음)에는 결과적 가중범이 성립할 수 없는가에 대해서는 견해의 대립이 있다. 다수설은 부정설이다. 각론 낙태치사상죄 참조.
563 기본범죄가 미수에 그친 경우에는 결과적 가중범이 인정될 수 없다는 견해로는 오영근, 215면 참조. 또한 인질치사상죄, 강도치사상죄 및 현주건조물일수치사상죄는 미수범 처벌규정이 있기 때문에 인질강요행위, 강도행위 및 일수행위가 미수인가 기수인가에 따라 결과적 가중범의 미수범 또는 기수범으로 처벌된다는 소수설로는 손동권, 348면; 임웅, 514면 참조.
564 참고 : 직접성원칙의 의의, 그 요부에 대한 견해 대립 직접성원칙은 원래 독일의 판례에서 발전되어 온 것으로서(BGHSt 19, 388; 20, 230; 22, 362), 이를 결과적 가중범의 객관적 귀속기준으로서 이해하는 것은 대부분의 학자들의 설명이다. 인과관계에 관하여 합법칙적 조건설을 취하고 결과귀속의 문제는 객관적 귀속이론으로 해결하는 것이 다수설이기 때문이다. 특히 직접성의 원칙을 객관적 귀속론의 관점에서 파악하면서(김일수, 한국형법Ⅱ, 450면; 이재상, §15-10; 이형국, 연구Ⅱ, 686면 등), 개별적인 기본범죄의 구성요건이 지향하는 가중적인 결과발생의 저지라는 규범의 보호목적범위 이내의 결과이어야 한다는 설명은 박상기, 297면; 조상제, "결과적 가중범의 문제점", 형사법연구, 제5호, 1992 / 93, 83면 이하 참조. 반면, 상당인과관계설을 지지하기 때문에 객관적 귀속의 척도인 직접성원칙은 필요로 하지 않는다는 소수설은 배종대, §152-7; 오영근, 217면 참조.

하지 않고 강간죄만 성립하게 된다(대법원 1982.11.23, 82도1446). 법원9급 08 / 국가9급 10 / 사시 10 / 경찰간부 11 / 법원행시 11 / 법원9급 13 / 법원행시 13 / 경찰간부 15 / 경찰승진 15 / 국가9급 22

다만, 판례는 상당인과관계설에 의하기 때문에 직접성원칙을 인정하고 있지는 않다.[565]

(3) 무거운 결과에 대한 과실(혹은 고의) – 예견가능성(2020.12.8. 우리말 순화 개정법 제15조 제2항)

형법 제15조 제2항이 규정하고 있는 이른바 결과적 가중범은 행위자가 행위시에 그 결과의 발생을 예견할 수 없을 때에는 비록 그 행위와 결과 사이에 인과관계가 있다 하더라도 무거운 죄로 벌할 수 없다(대법원 1988.4.12, 88도178). 법원9급 08 / 사시 11 / 경찰간부 12 / 사시 14 무거운 결과에 대한 예견가능성(豫見可能性)은 형법상 결과적 가중범의 명문의 성립요건으로서 법원승진 14 이론적으로 과실(過失)과 동일한 의미로 이해된다는 것이 통설의 입장이다.[566]

이러한 예견가능성은 –과실범의 설명과 유사하게– 구성요건에서는 객관적 예견가능성으로 이해되고, 책임에서는 주관적 예견가능성으로 이해된다(다수설[567]·판례). 예를 들어, 어린애를 업은 사람을 밀어 넘어뜨려 그 결과 어린애가 사망하였다면, 어린애를 업은 사람을 밀어 넘어뜨리는 폭행행위를 하는 경우에는 이로 인하여 어린애도 넘어질 것임을 예견할 수 있다는 점에서 폭행치사죄가 성립한다(대법원 1972.11.28, 72도2201).

📚 **사례연구** 교통방해치사상죄의 상당인과관계

A는 고속도로 2차로를 따라 자동차를 운전하다가 1차로를 진행하던 甲의 차량 앞에 급하게 끼어든 후 곧바로 정차하여, 甲의 차량 및 이를 뒤따르던 차량 두 대는 급정차하였으나, 그 뒤를 따라오던 乙의 차량이 앞의 차량들을 연쇄적으로 추돌케 하여 乙을 사망에 이르게 하고 나머지 차량 운전자 등 피해자들에게 상해를 입혔다. A에게는 교통방해치사상죄의 죄책이 성립하는가?

해결   형법 제188조에 규정된 교통방해에 의한 치사상죄는 결과적 가중범이므로, 위 죄가 성립하려면 교통방해 행위와 사상(사상)의 결과 사이에 상당인과관계가 있어야 하고 행위 시에 결과의 발생을 예견할 수 있어야 한다. 그리고 교통방해 행위가 피해자의 사상이라는 결과를 발생하게 한 유일하거나 직접적인 원인이 된 경우만이 아니라, 그 행위와 결과 사이에 피해자나 제3자의 과실 등 다른 사실이 개재된 때에도 그와 같은 사실이 통상 예견될 수 있는 것이라면 상당인과관계를 인정할 수 있다. … 편도 2차로의 고속도로 1차로 한가운데에 정차한 피고인은 현장의 교통상황이나 일반인의 운전 습관·행태 등에 비추어 고속도로를 주행하는 다른 차량 운전자들이 제한속도 준수나 안전거리 확보 등의 주의의무를 완전하게 다하지 않을 수도 있다는 점을 알았거나 충분히 알 수 있었으므로, 피고인의 정차 행위와 사상의 결과 발생 사이에 상당인과관계가 있고, 사상의 결과 발생에 대한 예견가능성도 인정되므로 피고인에게는 일반교통방해치사상죄의 죄책이 인정된다(대법원 2014.7.24, 2014도6206). 경찰채용 15 3차 / 법원9급 16 / 국가7급 20

정답 성립한다.

---

565 참고 : 결과적 가중범의 구성요건에 관한 다수설과 판례의 차이 다수설은 본서가 따르고 있듯이 고의의 기본범죄, 무거운 결과의 발생, 양자간의 인과관계 및 객관적 귀속(직접성), 예견가능성을 그 요건으로 검토하고, 판례는 고의의 기본범죄, 무거운 결과의 발생, 양자간의 상당인과관계, 예견가능성을 그 요건으로 본다.

566 참고 다만 예견가능성을 과실의 의미로 이해하는 통설에 대해서는, 과실이라고 하는 것도 결국 예견가능성의 의미로 환원되기 때문에 특별한 의미는 없다는 소수설로는 박상기, 299면. 그리고 여기서의 과실의 의미는 별도로 요구되어(예를 들어, 독일형법 제18조의 경솔함 내지 경솔한 과실–Leichtfertigkeit–과 같은 重過失에 상응하는 요건) 책임주의원칙과 조화시켜야 한다는 소수설로는 조상제, "결과적 가중범의 문제점", 형사법학의 현대적 문제, 398면 참조.

567 참고 다만 과실범의 주의의무의 기준에 관하여 주관설을 취하는 소수설에 따르면 결과적 가중범의 과실 역시 주관설에 따르고 있다(김일수, 474면; 이호중, "과실범의 예견가능성", 형사법연구, 제11호, 1999, 60면 이하). 이 견해는 결과적 가중범의 예견가능성을 주관적 예견가능성으로 이해하는 것이다. 또한 제15조 제2항의 예견가능성은 일반적인 객관적 귀속의 기준이자 특별한 객관적 귀속의 기준이면서도 행위자의 능력을 기준으로 한 주관적 예견가능성의 의미까지 가진다는(객관적 귀속기준으로서 '객관적 주의의무위반'과 '위험의 상당한 실현'의 기준과 주관적 구성요건요소로서 '과실'의 3가지 요소) 소수설은 김일수, 한국형법Ⅱ, 449~454면 참조.

🔨 판례연구 결과적 가중범의 상당인과관계와 예견가능성을 모두 인정한 판례

1. 대법원 1957.9.20, 4290형상249

뺨을 강타하여 사망하였다면 그 사이에는 인과관계가 있다고 봄이 타당하다.

2. 대법원 1961.9.21, 4294형상447

범인의 상해행위가 피해자의 사망의 단독원인이 아니고 피해자의 불충분한 치료가 사망의 공동원인을 구성한 경우에 있어서도 범인의 상해행위와 사망 간에는 인과관계가 존재한다.

3. 대법원 1972.3.28, 72도296

피고인의 강타로 인하여 임신 7개월의 피해자가 지상에 넘어져 4일 후에 낙태하고 위 낙태로 유발된 심근경색증으로 죽음에 이르게 된 경우 구타행위와 사망 간에는 인과관계가 있다(상해치사). 경찰채용 15 2차

4. 대법원 1978.7.11, 78도1331

폭행·협박을 가하여 간음하려는 행위와 이에 극도의 흥분을 느끼고 공포심에 사로잡혀 이를 피하려다 사상에 이르게 된 사실과는 상당인과관계가 있다 할 것이므로 강간치상죄가 성립한다. 법원9급 13

5. 대법원 1979.10.10, 79도2040

피해자가 평소 병약한 상태에 있었고 피고인의 폭행으로 그가 사망함에 있어서 지병이 또한 사망 결과에 영향을 주었다고 하여 폭행과 사망 간에 인과관계가 없다고 할 수 없다(폭행치사). 법원행시 11

6. 대법원 1984.6.26, 84도831

피고인이 주먹으로 피해자의 복부를 1회 힘껏 때려 장파열로 인한 복막염으로 사망에 이르게 한 경우, 피해자의 사망은 결국 피고인의 폭행행위에 의한 결과라고 봄이 상당하고, 비록 의사의 수술지연 등의 과실이 피해자 사망의 공동원인이 되었다 하더라도 역시 피고인의 행위가 사망의 결과에 대한 유력한 원인이 된 이상, 그 폭행행위와 치사의 결과 사이에 인과관계는 있다 할 것이고, 피고인은 피해자의 사망의 결과에 형사책임(폭행치사죄)을 져야 함은 당연하다 할 것이다. 법원행시 08 / 국가7급 13 / 사시 13 / 사시 14 / 경찰채용 15 1차 / 경찰승진 24

7. 대법원 1984.12.11, 84도2183

피고인은 과거에 동거하던 피해자에게 다시 동거할 것을 요구하며 서로 말다툼을 하다가 주먹으로 얼굴과 가슴을 수없이 때리고 머리채를 휘어잡아 방 벽에 여러 차례 부딪치는 폭행을 가하여 두개골결손, 뇌경막하출혈 등으로 2일 후 사망케 한 경우, 사람의 얼굴과 가슴에 대한 가격은 신체기능에 중대한 지장을 초래할 수 있고 더구나 두뇌부위에 대하여 두개골 결손을 가져올 정도로 타격을 가할 경우에 치명적인 결과를 가져올 수 있다는 것은 '누구나' 예견할 수 있는 일이라고 할 것이므로 피고인을 상해치사죄로 의율한 조치는 정당하다.

> **보충** 위 판례에서 '누구나' 예견할 수 있는 일이라는 표현이나 아래 90도767 판례에서 '일반경험칙'상 넉넉히 예상할 수 있는 것이라고 판시한 것은 객관적 예견가능성을 검토한 것으로 이해된다.

8. 대법원 1984.12.11, 84도2347

피해자의 머리를 한번 받고 경찰봉으로 때린 구타행위와 피해자가 외상성 뇌경막하 출혈로 사망할 때까지 사이 약 20여 시간이 경과하였다 하더라도 그 사이 피해자는 머리가 아프다고 누워 있었고 그 밖에 달리 사망의 중간 요인을 발견할 자료가 없다면 위 시간적 간격이 있었던 사실만으로 피고인의 구타와 피해자의 사망 사이에 인과관계가 없다고 할 수 없다(폭행치사). 법원행시 05 / 경찰간부 14

9. 대법원 1985.1.15, 84도2397

강도치상죄에 있어서의 상해는 강도의 기회에 범인의 행위로 인하여 발생한 것이면 족한 것이므로, 피고인이 택시를 타고 가다가 요금지급을 면할 목적으로 소지한 과도로 운전수를 협박하자 이에 놀란 운전수가 택시를 급우회전하면서 그 충격으로 피고인이 겨누고 있던 과도에 어깨부분이 찔려 상처를 입었다면, 피고인의 위 행위를 강도치상죄에 의율함은 정당하다. 경찰간부 11 / 경찰승진 11 / 경찰승진 14 / 경찰승진 16

10. 대법원 1986.9.9, 85도2433

피해자를 2회에 걸쳐 두 손으로 힘껏 밀어 땅바닥에 넘어뜨리는 폭행을 가함으로써 그 충격으로 인한 쇼크성 심장마비로 사망케 하였다면 비록 위 피해자에게 심관성동맥경화 및 심근섬유화 증세 등의 심장질환의 지병이 있

었고 음주로 만취된 상태였으며 그것이 피해자가 사망함에 있어 영향을 주었다고 해서 폭행과 피해자의 사망 간에 상당인과관계가 없다고 할 수 없다(폭행치사).

11. 대법원 1989.10.13, 89도556

피고인 甲이 피해자 乙의 멱살을 잡아 흔들고 주먹으로 가슴과 얼굴을 1회씩 구타하고 멱살을 붙들고 부근의 통나무를 쌓아놓은 곳으로 넘어뜨리는 등 피해자의 신체 부위에 외상이 생길 정도로 심하게 폭행을 가하였다면, 비록 평소에 오른쪽 관상동맥폐쇄 및 심실의 허혈성근섬유화증세 등의 심장질환(특이체질)을 앓고 있던 피해자가 관상동맥부전과 허혈성심근경색 등으로 사망하였다고 하더라도, 상당인과관계 및 예견가능성이 있어 폭행치사죄가 성립한다. 사시 11 / 법원승진 14 / 경찰승진 15 / 경찰간부 21

12. 대법원 1990.6.22, 90도767

가연물질이 많은 대학도서관 옥내에서 공무집행을 방해할 목적으로 화염병을 투척한 사례

피고인들이 도서관에 농성 중인 학생들과 함께 경찰의 진입에 대항하여 장애물을 설치하고, 화염병이 든 상자 등 가연물질이 많이 모여 있는 7층 복도 등에는 석유를 뿌려놓아 가연물질이 많은 옥내에 화염병이 투척되면 화염병이 불씨에 의하여 발화할 가능성이 있고 행동반경이 좁은 고층건물의 옥내인 점을 감안하여 볼 때, 불이 날 경우 많은 사람이 다치거나 사망할 수 있다는 것은 '일반경험칙'상 넉넉히 예상할 수 있는 것이므로 피고인들에게 위와 같은 화재로 인한 사망 등의 결과발생에 관하여 예견가능성이 없었다고는 할 수 없다(특수공무방해치사상죄).[568]

13. 대법원 1990.10.16, 90도1786

피고인들이 공동하여 피해자를 폭행하여 당구장 3층에 있는 화장실에 숨어 있던 피해자를 다시 폭행하려고 피고인 甲은 화장실을 지키고, 피고인들은 당구치는 기구로 문을 내려쳐 부수자, 위협을 느낀 피해자가 화장실 창문 밖으로 숨으려다가 실족하여 떨어짐으로써 사망한 경우에는 피고인들의 폭행행위와 피해자의 사망 사이에는 인과관계가 있다(폭행치사의 공동정범). 법원행시 13 / 경찰채용 14 1차 / 법원승진 14 / 사시 14 / 경찰채용 15 2차

14. 대법원 1991.10.25, 91도2085

아파트 안방에 감금된 피해자가 가혹행위를 피하려고 창문을 통하여 아파트 아래 잔디밭에 뛰어 내리다가 사망한 경우, 중감금행위와 피해자의 사망 사이에 인과관계가 있어 중감금치사죄가 성립된다. 법원행시 05 / 법원행시 13 / 경찰채용 15 2차

15. 대법원 1995.5.12, 95도425

피고인이 자신이 경영하는 속셈학원의 강사로 피해자를 채용하고 학습교재를 설명하겠다는 구실로 유인하여 호텔 객실에 감금한 후 강간하려 하자, 피해자가 완강히 반항하던 중 피고인이 대실시간 연장을 위해 전화하는 사이에 객실 창문을 통해 탈출하려다가 지상에 추락하여 사망한 경우, 강간미수행위와 사망 사이에 상당인과관계가 있다(강간치사). 법원행시 06 / 법원행시 14 / 법원9급 15

16. 대법원 1996.5.10, 96도529

甲은 계속 교제하기를 원하는 자신의 제의를 乙녀가 거절한다는 이유로 인도에서 乙녀의 머리카락을 잡아 흔들고 주먹으로 얼굴을 수회 때리고 발로 배를 수회 차는 등 폭행을 가하자 이에 견디지 못한 乙녀는 甲의 폭행을 피하려고 도로를 건너 도주하다가 차도에서 지나가던 차량에 치어 사망한 경우, 상해행위와 피해자의 사망 사이에는 상당인과관계가 인정된다(상해치사). 국가9급 07 / 법원행시 07 / 법원행시 11 / 법원9급 14 / 경찰채용 15 2차 / 경찰채용 15 3차

17. 대법원 1996.7.12, 96도1142

폭행 또는 협박으로 타인의 재물을 강취하려는 행위와 이에 극도의 흥분을 느끼고 공포심에 사로잡혀 이를 피하려다 상해에 이르게 된 사실과는 상당인과관계가 있다 할 것이고 이 경우 강취 행위자가 상해의 결과의 발생을 예견할 수 있었다면 이를 강도치상죄로 다스릴 수 있다.[569] 경찰승진 15

18. 대법원 2008.2.29, 2007도10120

피고인들은 의도적으로 피해자(女, 13세)를 술에 취하도록 유도하고 수차례 강간한 후 의식불명 상태에 빠진 피해자를 비닐창고로 옮겨 놓아 피해자가 저체온증으로 사망한 경우, 강간치사상죄에 있어서 사상의 결과는 간음

---

568 위 판례를 객관적 예견가능성을 따른 것으로 평가한 평석은 오영근, 220면 참조.
569 도박을 하다 돈을 잃자 식칼을 들고 이를 빼앗으려고 한 사례로서, 각론 강도치상죄 참조.

행위 그 자체로부터 발생한 경우나 강간의 수단으로 사용한 폭행으로부터 발생한 경우는 물론 강간에 수반하는 행위에서 발생한 경우도 포함한다(강간치사). 법원행시 08 / 법원행시 10

19. 대법원 2012.3.15, 2011도17648

다른 원인과 결합한 경우의 상해치사죄의 인과관계 문제

피고인이 甲의 뺨을 1회 때리고 오른손으로 목을 쳐 甲으로 하여금 뒤로 넘어지면서 머리를 땅바닥에 부딪치게 하여 상해를 가하고 그로 인해 사망에 이르게 한 경우, 甲이 두부 손상을 입은 후 병원에서 입원치료를 받다가 합병증으로 사망에 이르게 되었다 하여도, 피고인의 범행과 甲의 사망 사이에 인과관계를 부정할 수 없고, 사망 결과에 대한 예견가능성도 있었다고 볼 수 있다. 사시 14 · 16

20. 대법원 2015.3.26, 2014도13345

특가법 제5조의10 제2항의 운전자폭행 · 협박치사상죄의 성립요건

특가법 제5조의10 제1항은 "운행 중인 자동차의 운전자를 폭행하거나 협박한 사람은 5년 이하의 징역 또는 2천 만 원 이하의 벌금에 처한다."고 규정하고, 제2항은 "제1항의 죄를 범하여 사람을 상해에 이르게 한 경우에는 3년 이상의 유기징역에 처하고, 사망에 이르게 한 경우에는 무기 또는 5년 이상의 징역에 처한다."고 규정하고 있다 (2007.1.3. 법률 제8169호 개정 · 신설). 위 죄는 이른바 추상적 위험범에 해당하고, 그중 제2항은 제1항의 죄를 범하여 사람을 상해나 사망이라는 중한 결과에 이르게 한 경우 제1항에 정한 형보다 중한 형으로 처벌하는 결 과적 가중범 규정으로 해석할 수 있다. 따라서 운행 중인 자동차의 운전자를 폭행하거나 협박하여 운전자나 승 객 또는 보행자 등을 상해나 사망에 이르게 하였다면 (반드시 교통사고의 발생을 요하지 않고) 이로써 특가법 제5조의10 제2항의 구성요건을 충족한다.

⚒ 판례연구 결과적 가중범의 상당인과관계를 인정하지 않은 판례

1. 대법원 1967.10.31, 67도1151

구조행위를 하였다 하더라도 응급치료가 불가능했던 경우 : 유기치사죄 ×, 유기죄 ○

청산가리가 이미 혈관에 흡수되어 피고인이 피해자를 변소에서 발견했을 때의 피해자의 증상처럼 환자의 안색 이 변하고 의식을 잃었을 때에는 우리의 의학기술과 의료시설로는 그 치료가 불가능하여 결국 사망하게 되는 것이고, 또 일반적으로 병원에서 음독환자에게 위세척, 호흡촉진제, 강심제 주사 등으로 응급가료를 하나, 이것 이 청산가리 음독인 경우에는 아무런 도움도 되지 못하므로, 피고인의 유기행위와 피해자의 사망 사이에는 상당 인과관계가 존재하지 아니한다. 사시 11

2. 대법원 1978.11.28, 78도1961

고등학교 교사가 제자의 잘못을 징계하고자 왼쪽 뺨을 때려 뒤로 넘어지면서 사망에 이르게 한 경우 위 피해자 는 두께 0.5mm밖에 안 되는 비정상적인 얇은 두개골이었고 또 뇌수종을 가진 심신허약자로서 좌측 뺨을 때리자 급성뇌성압상승으로 넘어지게 된 것이라면 위 소위와 피해자의 사망 간에는 이른바 인과관계가 없는 경우에 해 당한다(폭행치사 ×, 폭행 ○). 국가9급 07 / 경찰간부 15

3. 대법원 1982.11.23, 82도144

강간을 당한 피해자가 집에 돌아와 음독자살하기에 이른 원인이 강간을 당함으로 인하여 발생하였다 하여도, 그 강간행위와 자살행위 사이에 인과관계가 인정될 수 없다(강간치사 ×, 강간 ○). 법원행시 06 / 경찰간부 11 / 법원행시 11

4. 대법원 2009.7.23, 2009도1934

甲이 피해자 乙을 폭행하여 상해를 가하고 그 직후 새로운 범의를 일으켜 강제추행한 경우, 위 상해는 강제추행 과 인과관계가 없으므로 결과적 가중범인 강제추행치상죄가 성립할 수 없다.[570]

---

570 보충 뿐만 아니라, 위 판례는 고의범인 상해죄로 의율하여 처벌한 상해를 다시 결과적 가중범인 강제추행치상죄의 상해로 인 정하여 이중으로 처벌할 수는 없다고 한 사례이다.

판례연구 결과적 가중범의 상당인과관계는 인정되나 예견가능성이 인정되지 않은 판례

1. 대법원 1966.6.28, 66도1

피해자가 진화작업에 열중한 나머지 화상을 입게 된 경우에 방화자에게는 중한 결과인 상해에 대한 예견가능성이 없다고 보아야 하므로 방화치상죄의 죄책은 부정된다(방화치상 ✕, 방화 ○). 경찰간부 11

2. 대법원 1981.1.12, 81도1811

특이체질자에 대한 '경미'한 폭행(부정) : 폭행치상죄 ✕, 폭행죄 ○

피고인은 피해자의 왼쪽 어깻죽지를 잡고 약 7m 정도 걸어가다가 피해자를 놓아주는 등 폭행을 하자 피해자가 그 곳에 있는 평상에 앉아 있다가 쓰러져 약 2주일간의 안정가료를 요하는 뇌실질 내 혈종의 상해를 입었는데, 피해자는 60세의 노인으로서 외관상 건강해 보이지만 평소 고혈압증세가 있어 급성뇌출혈에 이르기 쉬운 체질이었던 경우, 만약 피해자가 피고인의 욕설과 폭행으로 충격을 받은 나머지 상해를 입게 된 것이라 하더라도(상당인과관계 ○) 일반경험칙상 욕설을 하고 피해자의 어깻죽지를 잡고 조금 걸어가다가 놓아준 데 불과한 정도의 폭행으로 인하여 피해자가 상해를 입을 것이라고 예견할 수는 없다(예견가능성 ✕).

3. 대법원 1985.4.23, 85도303

피고인의 폭행 정도가 서로 시비하다가 피해자를 떠밀어 땅에 엉덩방아를 찧고 주저앉게 한 정도에 지나지 않은 것이었고, 또 피해자는 외관상 건강하여 전혀 병약한 흔적이 없는 자인데 사실은 관상동맥경화 및 협착증세를 가진 특수체질자이었기 때문에 그 정도의 폭행에 의한 충격에도 심장마비를 일으켜 사망하게 된 것이라면, 피고인에게 사망의 결과에 대한 예견가능성이 있었다고 보기 어려워 결과적 가중범인 폭행치사죄로 의율할 수는 없다(폭행치사 ✕, 폭행 ○).

4. 대법원 1985.10.8, 85도1537

피고인과 피해자가 여관에 투숙하여 별다른 저항이나 마찰 없이 성행위를 한 후, 피고인이 잠시 방밖으로 나간 사이에 피해자가 방문을 안에서 잠그고 구내전화를 통하여 여관종업원에게 구조요청까지 한 후라면, 일반경험칙상 이러한 상황아래에서 피해자가 피고인의 방문 흔드는 소리에 겁을 먹고 강간을 모면하기 위하여 3층에서 창문을 넘어 탈출하다가 상해를 입을 것이라고 예견할 수는 없다고 볼 것이므로 이를 강간치상죄로 처단할 수 없다(강간치상 ✕).

5. 대법원 1988.4.12, 88도178

피고인과 (피고인의 일행과 성교를 한 술집 작부인) 피해자(女)가 봉고차에 마주앉아 가다가 피고인이 장난삼아 피해자의 유방을 만지고 피해자가 이를 뿌리치자 발을 앞으로 뻗어 치마를 위로 걷어 올리고 구둣발로 그녀의 허벅지를 문지르는 등 그녀를 강제로 추행하자, 그녀가 욕설을 하면서 갑자기 차의 문을 열고 뛰어 내림으로써 부상을 입고 사망한 경우, 이와 같은 상황에서는 피고인이 그때 피해자가 피고인의 추행행위를 피하기 위하여 달리는 차에서 뛰어내려 사망에 이르게 될 것이라고 예견할 수 없고 달리 이를 인정할 만한 증거가 없다(강제추행치사 ✕, 강제추행 ○). 경찰간부 11

6. 대법원 1990.9.25, 90도1596

동료 사이에 말다툼을 하던 중 피고인이 삿대질하는 것을 피하고자 피해자 자신이 두어 걸음 뒷걸음치다가 회전 중이던 십자형 스빙기계 철받침대에 걸려 넘어진 정도라면, 당시 바닥에 장애물이 있어서 뒷걸음치면 장애물에 걸려 넘어질 수 있다는 것까지는 예견할 수 있었다고 하더라도 그 정도로 넘어지면서 머리를 바닥에 부딪혀 두개골절로 사망한다는 것은 이례적인 일이어서 통상적으로 일반인이 예견하기 어려운 결과라고 하지 않을 수 없다(폭행치사 ✕, 폭행 ○). 법원행시 07 / 국가9급 14 / 사시 15 / 경찰승진 16

7. 대법원 1993.4.27, 92도3229

(카바레에서 춤을 추면서 알게 된) 피해자가 피고인과 만나 큰 저항 없이 여관방에 함께 들어갔으며, 피고인이 강간을 시도하면서 한 폭행 또는 협박의 정도가 강간의 수단으로는 비교적 경미하였고, 피해자가 여관방 창문을 통하여 아래로 뛰어내릴 당시에는 피고인이 소변을 보기 위하여 화장실에 가 있는 때이었으며, 무엇보다도 4층에 위치한 위 방에서 밖으로 뛰어내리는 경우에는 크게 다치거나 심지어는 생명을 잃는 수도 있는 것인 점을 아울러 본다면, 이러한 상황 아래에서 피해자가 강간을 모면하기 위하여 4층에서 창문을 넘어 뛰어내리거나 또는 이로 인하여 상해를 입기까지 되리라고는 예견할 수 없다고 봄이 경험칙에 부합한다(강간치상 ✕).

4. 관련문제

(1) 결과적 가중범의 미수

형법에는 인질치사상죄(제324조의5), 경찰승진 14 강도치사상죄와 해상강도치사상죄(제340조) 그리고 현주건조물일수치사상죄(제182조)와 같이 결과적 가중범의 미수를 처벌하는 근거규정이 존재하고 있다. 국가9급 07 / 국가7급 09 / 변호사 15 또한 성폭법에서도 특수강도강간치사상죄와 특수강간치사상죄, 친족관계에 의한 강간치사상죄, 장애인간음치사상죄, 13세 미만 미성년자에 대한 강간·강제추행치사상죄의 미수범처벌규정(동법 제15조)을 두고 있다. 국가9급 07 따라서 결과적 가중범의 미수범 처벌이 가능한가의 문제가 발생한다. 변호사 21

① 진정결과적 가중범과 미수

㉠ 문제의 소재 : 현행 형법에는 인질치사상죄, 강도치사상죄와 해상강도치사상죄 그리고 현주건조물일수치사죄와 같은 진정결과적 가중범에 대한 미수범 처벌규정을 두고 있다. 결과적 가중범의 미수의 문제는 기본범죄는 기수인데 무거운 결과가 발생하지 않은 경우에는 아예 문제되지 않는다. 결과적 가중범은 무거운 결과가 발생한 경우에만 문제되는 것이므로 이 경우에는 단지 기본범죄만 성립하는 데 불과하기 때문이다. 따라서 결과적 가중범의 미수범의 문제는 기본범죄가 미수에 그쳤는데 무거운 결과가 발생한 경우 결과적 가중범의 미수범 처벌이 가능한가의 문제라고 할 수 있다.

㉡ 학설 · 판례

ⓐ 긍정설(소수설)[571] : 긍정설의 취지는 예컨대, 특수강간이 미수인데 그 과정에서 상해가 발생한 경우에는 성폭법상 특수강간치상죄(동법 제8조 제1항)에 대한 미수범 처벌규정(동법 제14조)이 적용됨으로써 임의적 감경(형법 제25조 제2항)을 인정하여 피고인에게 보다 유리한 처리가 될 수 있도록 하자는 것이다. '특수강간미수+과실치상'이 '특수강간기수+과실치상'보다는 다소 가벼운 부분이 있다는 점을 고려한 입장이다.

ⓑ 부정설(다수설·판례) : 진정결과적 가중범은 무거운 결과에 대한 과실을 요한다는 점에서 과실범의 미수가 불가능한 것처럼 진정결과적 가중범의 미수는 이론적으로 인정될 수 없다는 것이 다수설이다. 부정설에 의하면 제324조의5나 제342조의 미수범 처벌규정은 어디까지나 인질상해죄·인질살해죄나 강도상해죄·강도살인죄·해상강도상해죄·해상강도살인죄에 대한 미수범 처벌규정이라고 보게 된다. 판례도 명백히 부정설을 취하고 있다. 예컨대, 위에서 예시한 성폭법상 특수강간치상죄는 특수강간이 미수에 그쳤다고 하더라도 그로 인하여 피해자가 상해를 입었으면 특수강간치상죄가 그대로 성립하고, 성폭법 제15조에서 정한 미수범 처벌규정은 동법 제8조 제1항

---

571 김일수, 477면; 손동권, 354면; 임웅, 517면. 다만 이론적으로는 기본범죄가 미수일 때에도 무거운 결과가 발생하였다면 기본범죄에 내재된 잠재적 위험성을 실현시킨 것으로 보아서 결과적 가중범의 기수로 보는 것이 합당하고 또한 현행형법도 전체적으로는 결과적 가중범의 미수범 처벌규정을 두지 않으려 한 것으로 보아야 하나(이론적으로는 부정설), 현주건조물일수치사죄, 폭행치사상죄, 인질치사상죄, 강도치사상죄와 해상강도치사상죄의 경우에는 명시적인 미수범 처벌규정이 존재하기 때문에 해당 범죄의 무거운 결과가 발생하였더라도 기본범죄가 미수인 때에는 결과적 가중범의 미수를 인정할 수밖에 없다(실정법 해석상으로는 불가피하게 긍정)는 견해도 있다. 박상기, 305면 이하. 미수범의 형은 임의적 감경에 의하므로 피고인에게 보다 유리한 해석이 필요하다는 점에서 이론적으로 소수설의 입장이 타당해 보인다.

의 특수강간상해·치상죄 중에서 특수강간상해죄의 미수를 정한 것이고 특수강간치상죄의 미수를 정한 것은 아니라는 것이다(대법원 2008.4.24, 2007도10058).[572] 사시 11 / 사시 12 / 사시 13 / 법원승진 14 / 변호사 14 / 변호사 15 / 법원9급 16 / 변호사 18 / 국가7급 18 / 변호사 23 따라서 부정설에 의하면 기본범죄가 미수인데 무거운 결과가 발생한 경우에는 미수범의 임의적 감경규정이 적용되지 않고 결과적 가중범(의 기수)이 그대로 성립하게 된다.[573]

> **판례연구** 기본범죄가 미수이어도 결과적 가중범의 기수가 된다는 사례 : 결과적 가중범의 미수 부정
>
> **1. 대법원 1972.7.25, 72도1294**
> 강간미수에 그친 경우라도 강간의 수단이 된 폭행으로 피해자가 상해를 입었다면 강간치상죄가 성립한다. 국가9급 14 / 경찰승진 15 / 사시 15 / 경찰승진 16
>
> **2. 대법원 1986.7.23, 86도1526**
> 강도상해·치상죄는 재물강취의 기수와 미수를 불문하고 범인이 강도범행의 기회에 사람을 상해하거나 치상케 하면 성립한다.

② 부진정결과적 가중범과 미수 : 현행 형법상 현주건조물일수치상죄(제177조 제2항)의 미수범 처벌규정(제182조)이 있다. 부진정결과적 가중범이란 기술한 바와 같이 고의의 기본범죄와 '과실 또는 고의에 의한' 무거운 결과의 결합이다. 이때 다수설에 의하면 고의의 기본범죄와 과실의 무거운 결과가 결합한 현주건조물일수치상죄에 대해서는 미수범이 성립할 수 없다고 보아야 할 것이다(위 다수설과 같은 맥락[574]). 그렇다면 문제가 되는 것은 고의의 기본범죄와 '고의'의 무거운 결과가 결합한 경우이다. 즉 사람이 주거로 사용하거나 현존하는 건조물을 물에 잠기게 한다는 고의를 가지고 있으면서 이로 인하여 피해자 乙을 상해에 이르게 한다는 고의를 가지고 있는 甲이 현주건조물일수는 범하였는데[575], 乙에게 상해의 결과가 발생하지 않은 경우 현주건조물일수치상죄의 미수범으로 처벌이 되는가의 문제이다. 이에 대해서는 부정설과 긍정설이 대립하고 있다.

㉠ 부정설에는 형법전에 부진정결과적 가중범의 미수범 처벌규정이 아예 없으므로 부진정결과적 가중범의 미수를 논할 실익이 없다는 견해[576]와 현주건조물일수치사상죄의 미수범 처벌규정은 있지만 현주건조물방화치사상죄와 교통방해치상죄에 미수범 처벌규정이 없기 때문에 상호 균형상 부진정결과적 가중범의 미수는 부정되어야 한다는 견해[577]가 있다. 반면, ㉡ 긍정설에는 현주건조물일수치상죄에 대해 미수범 처벌규정을 두고 있으므로 부진정결과적 가중범의 미수를 인정할 수 있다고 보는 견해[578]와

---

[572] **보충** 피고인이 위험한 물건인 전자충격기를 피해자의 허리에 대고 피해자를 폭행하여 강간하려다가 미수에 그치고 피해자에게 약 2주간의 치료를 요하는 안면부 좌상 등의 상해를 입힌 것은 성폭력범죄의 처벌 및 피해자보호 등에 관한 법률 소정의 특수강간치상죄의 기수(旣遂)에 해당한다(위 판례). 국가7급 20

[573] 참고로 형법은 강간치사상죄(제301조·제301조의2)의 미수범 처벌규정을 두고 있지 않다. 다만 동시에 강간상해죄(제301조)와 강간살인죄(제301조의2)에 대한 미수범 처벌규정을 두고 있지 않다(제300조 참조). 대신 형사특별법인 성폭력법 제12조에 강간살인죄의 미수만 규정하고 있고 강간상해죄의 미수범 처벌규정은 없다. 이는 입법의 오류로 생각된다. 강간범이 강간의 기회에 상해·살인을 하려 했으나 결과가 발생하지 않은 경우에는 동죄의 미수범으로 처벌하는 것이 마땅하며 이는 형법이 규율하는 것이 옳다. 위와 같은 입법의 오류와 함께 다시 입법을 정비하는 노력이 필요할 것으로 생각된다.

[574] 다만 진정결과적 가중범의 미수를 긍정하는 소수설의 입장에 선다면 이 경우에도 기본범죄가 미수이고 중한 결과는 발생된 경우에는 동죄의 미수범의 처벌을 긍정할 것이다.

[575] 진정결과적 가중범의 미수도 기본범죄가 미수인 경우 인정하는 긍정설의 입장에서는, 현주건조물일수죄가 미수인 상태에서도 고의가 있던 상해의 결과가 발생되지 않은 경우 현주건조물일수치상죄의 미수를 인정할 것이다. 예를 들어, 손동권, 355면 참조.

[576] 김일수 / 서보학, 506면; 신동운, 499면; 이형국, 연구Ⅱ, 687면; 정성근 / 박광민, 449면.

[577] 이재상, §27-46.

[578] 박상기, 344면; 오영근, 223면.

하물며 진정결과적 가중범의 미수도 인정되는데 부진정결과적 가중범의 경우에는 더욱 미수범을 인정할 수 있다는 견해[579]가 있다.[580]

(2) 결과적 가중범의 공동정범

① 판례 법원9급 08 / 사시 14 / 변호사 14 : -과실범의 공동정범을 인정하고 있으므로- 결과적 가중범의 공동정범은 기본범죄를 공동으로 할 의사만 있으면 성립한다거나 결과에 대한 예견가능성이 있으면 성립한다고 보는 긍정설(肯定說)의 입장이다. 즉, 대법원은 행위만 공동하면 된다는 행위공동설에 의한 것이고, 무거운 결과에 대한 과실의 공동(공동과실)은 요구하지 않는다는 입장이다.[581] 또한 과실범의 공동정범을 인정하는 학설은 결과적 가중범의 공동정범도 인정하는 경향이다.[582]

② 다수설 : 기능적 행위지배설에 의하여 이를 부정한다.[583] 결과적 가중범은 고의의 기본범죄와 과실범의 결합형태이기 때문에 과실의 공동정범을 인정하지 않는 다수설에서는 결과적 가중범의 공동정범도 부정하는 것은 자연스러운 흐름이다. 결국 부정설(否定說)에서는 행위자 각각에게 결과적 가중범의 성립요건을 따져보아 그것이 인정되는 경우에 한하여 결과적 가중범의 동시범 성부만을 검토하게 될 것이다.

(3) 결과적 가중범과 교사·방조

다수설·판례[584]는 정범의 기본범죄(예 상해죄)에 가공한 교사자·방조자에게 무거운 결과(예 사망)에 대하여 예견가능성(과실)이 인정되는 때에 한하여 결과적 가중범의 교사범·방조범이 성립한다는 입장이다(⊃ 피교사자·피방조자의 예견가능성이 아니라, 교사자·방조자의 예견가능성이 요건임).[585] 경찰간부 12 / 경찰승진 13 / 경찰승진 16

제2절 | 부작위범

제18조 【부작위범】 위험의 발생을 방지할 의무가 있거나 자기의 행위로 인하여 위험발생의 원인을 야기한 자가 그 위험발생을 방지하지 아니한 때에는 그 발생된 결과에 의하여 처벌한다.

---

579 손동권, 355면; 임웅, 517면.
580 참고 부진정결과적 가중범은 이론적으로 중한 결과에 대한 고의가 있는 경우 성립할 수 있기 때문에, 미수범 처벌규정이 존재하는 이상, 행위자가 고의를 가진 중한 결과의 기수에 도달하지 못한 경우에는 부진정결과적 가중범의 미수 즉, 현주건조물일수치상죄의 미수로 처벌하는 긍정설이 타당하다고 생각된다. 다만, 공무원 수험에서는 **부정설**을 기준으로 읽어두기를 바란다.
581 결과적 가중범의 공동정범을 인정하는 판례에 대한 자세한 설명과 정리는 제6장 정범과 공범론 중 공동정범의 실행의 양적 초과 참조.
582 예를 들어, 과실공동·행위공동설에 의하여 과실범의 공동정범을 인정하면서 결과적 가중범의 공동정범도 인정하는 견해는 이재상, §15-15 참조.
583 한편, 다소 독특하게도 과실범의 공동정범에 대해서는 기능적 행위지배설에 근거한 부정설을 취하면서도, 결과적 가중범의 공동정범을 인정한 견해로는 손동권, 358면; 이형국, 394면 참조.
584 대법원 1997.6.24, 97도1075 참조. 기술한 정범과 공범론, 교사범 참조.
585 한편 과실범에는 교사범·방조범이 성립할 수 없다는 점에서 결과적 가중범에 대해서도 교사범·방조범의 개념을 인정할 수 없다는 소수설은 오영근, 359면 참조. 이 견해는 기본범죄의 교사범·방조범과 무거운 결과에 대한 과실범의 상상적 경합을 주장하고 있다.

1. 작위 · 부작위 및 작위범 · 부작위범의 개념

(1) 작위와 작위범

작위(作爲)란 칼로 타인을 살해하는 행위처럼 규범적으로 금지되어 있는 것을 하는 것을 말한다. 따라서 작위범(作爲犯; Begehungsdelikt)은 금지규범의 위반이다.

(2) 부작위와 부작위범

아버지가 물에 빠진 어린 아들을 쉽게 구할 수 있었음에도 불구하고 이를 구하지 않는 행위처럼 부작위(不作爲; Unterlassung)는 당연히 행할 것으로 기대되는 그 무엇인가를 행하지 아니하는 것이다.[586] 따라서 부작위범(不作爲犯; Unterlassungsdelikt)은 명령(요구)규범의 위반이다.

2. 부작위범의 보충성

어떠한 범죄가 적극적 작위에 의하여 이루어질 수 있음은 물론 결과의 발생을 방지하지 아니하는 소극적 부작위에 의하여도 실현될 수 있는 경우에, 행위자가 자신의 신체적 활동이나 물리적·화학적 작용을 통하여 적극적으로 타인의 법익 상황을 악화시킴으로써 결국 그 타인의 법익을 침해하기에 이르렀다면, 이는 작위에 의한 범죄로 보아야 한다. 경찰채용 10 1차 / 국가9급 12 / 변호사 12 / 경찰채용 14 2차 / 경찰간부 15

예컨대, A가 자신의 남편인 B를 살해하기 위해 독약을 먹었다고 하자(작위범). A는 이후 고통스러워 하는 B의 모습을 보면서도 해독제를 주지 않아서 결국 B는 사망하였다(부작위범). 이러한 경우 A는 당연히 작위에 의한 살인죄(작위범)가 되는 것이다.

따라서 작위에 의하여 악화된 법익 상황을 다시 돌이키지 아니한 점에 주목하여 이를 부작위범으로 볼 것은 아니며, 나아가 악화되기 이전의 법익 상황이, 그 행위자가 과거에 행한 또 다른 작위의 결과에 의하여 유지되고 있었다 하여 이와 달리 볼 이유가 없다(대법원 2004.6.24, 2002도995 : 보라매병원 사례에서 담당의사들에게 부작위범이 아니라 작위에 의한 살인죄의 방조범을 인정하였음).[587] 국가7급 10 / 국가9급 12 / 경찰간부 13 / 경찰승진 13 / 변호사 13 / 법원행시 14 / 사시 14 / 변호사 14 / 경찰간부 15 / 국가9급 16

즉 작위범이 성립하면 부작위범이 성립하지 않고, 작위범이 성립하지 않을 때에만 부작위범이 성립할 수 있다(작위범＝기본법, 부작위범＝보충법. 부작위범은 작위범과 보충관계). 국가9급 14

---

586 참고 : 부작위의 행위성 부작위의 행위성에 대해서는, ① 인과적 행위론에서는 거동성이 없는 부작위를 행위로 설명하기 어렵고, 목적적 행위론에서는 부작위를 행위로서 설명하려 하나 인과과정을 조종하는 요소가 결여되어 있다는 점에서 역시 설명되기 어려우며, 사회적 행위론에 와서야 부작위는 법적 행위기대에 대한 불이행이라는 사회적 중요성을 가지게 되어 행위로서 포섭될 수 있다는 입장이 있다(손동권, 362면; 이재상, §10−2; 임웅, 535면 등 다수설). 그러나 이에 대해서는 ② 작위와 부작위는 존재론적으로 다른 것이어서 이를 포괄하는 행위개념이란 것 자체가 모순이며, 상위개념으로서 행위개념을 논하지 않더라도 어차피 부작위도 작위와 마찬가지로 형법적 평가의 대상이 된다는 점에서는 다툼이 없으므로 실익 없는 접근이라는 비판도 있다(예컨대, 박상기, 310면; 오영근, 250면 등 소수설). ③ 생각건대, '어떤 존재적 형태가 행위인가?'의 문제는 철학의 문제이지 법해석론과 입법론을 과제로 삼고 있는 형법학의 주제와는 동떨어져 있다는 점, 형법적 평가의 대상이 되는 '행위'라는 것은 이미 존재하고 있었던 것이라기보다는 규범적으로 의미를 부여하고 규정해 나가야 할 대상이라는 점, 죄형법정주의의 보장적 기능을 위해서 행위론이 가지는 실질적 의미도 거의 없다는 점, 궁극적으로 형법학에서 의미를 가지는 것은 '어떠한 것이 행위인가?'라는 문제가 아니라 '범죄의 성부를 검토하는 체계를 어떻게 정할 것인가?' 즉 '어떠한 규범적 접근방법을 세워야 하는가?'의 문제라는 점에서 행위론 무용론(無用論)에 기초한 위와 같은 비판이 타당하다고 생각된다.

587 참고 작위와 부작위를 구별하는 기준에는 여러 가지가 있으나, 학계에서는 크게 행위에 대한 법적 비난성의 중점이 어디에 있는가에 따라 판단하는 사회적 의미를 평가하는 방법(소위 평가적 관찰방법 또는 규범적 평가설 : 김일수 / 서보학, 153면; 신동운, 108면; 임웅, 521면; 정성근 / 박광민, 454면)과 작위적 방법으로 결과가 발생된 경우에는 작위가 인정되고 이러한 인과관계가 결여되어 있을 때에는 부작위가 인정된다는 견해(소위 인과관계기준설 내지 에너지투입설 : 박상기, 311면; 배종대, 626면; 손동권, 365면; 오영근, 251면; 이재상, §10−4; 이정원, 433면)가 대립하고 있다.

3. 부작위범의 종류 – 진정부작위범과 부진정부작위범

부작위범은 모두 작위의무를 전제로 하는데, 진정부작위범의 작위의무는 당해 구성요건에서 직접 찾을 수 있으나 부진정부작위범은 이와 다르다는 점에서 양자를 일정한 기준에 의하여 분류해 보아야 할 필요성이 있다.

예를 들어 다중불해산죄(제116조)의 경우 진정부작위범의 구성요건요소가 모두 형법의 조문상에 규정되어 있는 데 비하여, 부작위에 의한 살인죄(제250조 제1항)의 경우에는 부작위가 살인죄의 '살해'행위로 평가되기 위하여는 법조문에 기술되지 않은 구성요건요소를 해석에 의하여 정립하고 보충해야 할 필요성이 발생한다. 또한 진정부작위범과 부진정부작위범의 유형을 나눌 수 있다면 각 유형의 특성이 어디에 있는가를 구분함으로써 보다 범죄의 본질에 접근된 고찰을 할 수 있게 된다.

(1) 형식설에 의한 양자의 구별

법조문의 형태가 부작위범으로 되어 있으면 진정부작위범이요, 작위범으로 되어 있는 것을 부작위로 범하면 부진정부작위범이라는 입장이다(다수설·판례[588]). 법원9급 05

① 진정부작위범(echte Unterlassungsdelikte) : 법률에 구성요건 자체가 부작위로 규정되어 있어서, 작위에 의해서는 범할 수 없고 부작위에 의해서만 실현될 수 있는 범죄를 말한다. ⇨ '부작위에 의한 부작위범' 경찰간부 12 / 경찰승진 12

  예 전시군수계약불이행죄(제103조 제1항), 다중불해산죄(제116조), 전시공수계약불이행죄(제117조 제1항), 인권옹호직무명령불준수죄(제139조), 집합명령위반죄(제145조 제2항), 퇴거불응죄(제319조 제2항) 경찰간부 12 / 경찰승진 12 등

② 부진정부작위범(unechte Unterlassungsdelikte) : 애초에 법률상 구성요건에는 작위범으로 규정되어 있지만, 부작위에 의하여 이러한 작위범의 구성요건을 실현하는 경우를 말한다. ⇨ '부작위에 의한 작위범(delicta commissiva per omissionem)'

  예 물에 빠져 익사의 위험에 있는 자녀를 구할 수 있었음에도 구하지 않아 죽음에 이르게 한 부모의 경우처럼 살인죄 등 작위범을 부작위에 의해 실현하는 경우

(2) 실질설(기능설)[589]에 의한 부작위범의 구분

실질적 특징을 기준으로 양자를 구별하자는 입장이다. 즉 이 견해는 진정부작위범은 거동범이고, 부진정부작위범은 결과범이라고 설명하고 있다. 따라서 이론적으로 미수범의 성립은 후자에 있어서만 가능하다. 경찰승진 12 / 경찰채용 14 2차

➔ 다만 진정부작위범에도 미수범 처벌규정이 있는 것이 있다. 국가7급 12 예 집합명령위반죄, 퇴거불응죄

이러한 실질설에 대해서는 ① 부진정부작위범에 결과범뿐만 아니라 거동범도 가능하며,[590] ② 만일 규정형식을 달리한다면 진정부작위범에는 거동범뿐만 아니라 결과범도 있을 수 있고,[591] 경찰채용 14 2차 ③ 독일형법과는 부작위범의 입법방식이 다르다[592]는 등의 비판이 제기되고 있다.

---

588 판례 : 형식설을 취한 판례 일정한 기간 내에 잘못된 상태를 바로잡으라는 행정청의 지시를 이행하지 않았다는 것을 구성요건으로 하는 범죄는 이른바 진정부작위범으로서 그 의무이행기간의 경과에 의하여 범행이 기수에 이름과 동시에 작위의무를 발생시킨 행정청의 지시 역시 그 기능을 다한 것으로 보아야 한다(대법원 1994.4.26, 93도1731). 법원행시 09 / 법원행시 10 / 국가9급 11 / 경찰승진 12 / 경찰채용 13 1차 / 경찰채용 15 2차 / 경찰승진 16 또한 유사판례로 공중위생관리법상 신고의무위반죄도 "그 규정 형식 및 취지에 비추어 구성요건이 부작위에 의해서만 실현될 수 있는 진정부작위범에 해당한다"(대법원 2008.3.27, 2008도89)는 판례도 있다.

589 소수설 : 박상기, 312면; 이정원, 430면 등. 한편 형식설과 실질설의 결합설로는 김일수, 485면; 손해목, 785면; 조준현, 384면.

590 예컨대, 이재상, §10-8 참조.

591 예컨대, 오영근, 256면 참조.

592 예컨대, 임웅, 539면 참조.

1. 부작위범의 구성요건

(1) 구성요건에 들어가기에 앞서 – 일반적 행위가능성

부작위범의 구성요건을 논하기에 앞서 일반적 행위가능성(Allgemeine Handlungs möglichkeit)(내지 일반적 행위능력; Allgemeine Handlungsfähigkeit)의 유무를 따져서 그것이 존재하는 경우에만 문제된다는 것이 통설의 입장이다. 즉, 낙동강에 빠진 사람에 대하여 서울에 있는 사람에게 부작위범의 문제는 일어날 여지가 없다고 보는 것이다(–다수설인 행위론 긍정설에 의하면– 소위 '행위론'의 문제).

(2) 부작위범의 공통의 구성요건

진정부작위범과 부진정부작위범에 공통적으로 적용되는 구성요건요소를 말한다.

① 구성요건적 상황

　ⓐ 의의 : 작위의무의 이행이 요구되는 상황을 말한다.

　ⓑ 구성요건적 상황의 내용

　　ⓐ 진정부작위범 : 형법각칙의 구성요건에 이미 규정되어 있다.

　　　예 전시군수계약불이행죄(제103조 제1항)에서의 전쟁 또는 사변, 퇴거불응죄(제319조 제2항)에서의 퇴거요구

　　ⓑ 부진정부작위범 : 구성요건적 결과발생의 위험상황이 존재하여야 한다.

　　　예 아들이 연못에 빠져 익사 직전에 있는 경우, 교통사고피해자가 쓰러져 있는 경우

② 요구된 행위의 부작위 : 명령규범에 의하여 요구된 행위를 행위자가 하지 않아야 한다(명령규범의 위반). 그러므로 작위의무를 다하였음에도 불구하고 결과가 발생한 경우에는 부작위범의 구성요건해당성이 없다.

③ 개별적 행위가능성 : 구체적인 행위자가 명령규범이 요구하는 행위를 각각의 경우에 할 수 있었는가의 문제이다(개별적 행위가능성; individuelle Handlung smöglichkeit). 가령 서울에 있는 아버지가 부산 해운대 해수욕장에서 익사 직전의 자식에 대한 문제는 일반적 행위능력의 문제로 설명되는 반면에(이는 구성요건요소가 아니므로 고의의 인식대상도 되지 않음), 함께 수영장에 가서 목전에서 자식이 익사하려는 것을 보고도 수영법을 몰라 구조하지 못하였다면 이는 개별적 행위능력의 문제인 것이다. 개별적 행위능력(내지 개별적 행위의 가능성)은 행위자에게 결과방지의 기대가능성이 있었는가의 문제이다. **판례**도 ㉠ 대출을 받은 회사가 부도 위기에 처하여 대출금상환능력이 없음을 알면서도 상환조치를 취하지 않은 은행장에게 업무상 배임죄의 죄책을 부정한다든가(대법원 1983.3.8, 82도2873)[593] ㉡ 모텔 방에서 재떨이에 담배를 제대로 확인하지 않은 채 끄고 불이 붙기 쉬운 휴지를 재떨이에 버리고 잠을 잔 과실(중과실)로 화재가 발생하여 투숙객에게 상해를 입혔으나 화재를 용이하게 소화할 수 있었다고 보기 어려워 부작위에 의한 현주건조물방화치사상죄의 죄책을 부정한 사례(대법원 2010.1.14, 2009도12109, 2009감도38)[594] 경찰채용 12 1차 / 법원행시 13 / 변호사 13 가 있다.

---

593 판례 은행장인 피고인이 은행보증회사채의 상환금을 발행회사로 하여금 자체자금으로 상환하게 하는 조치를 취하지 아니하였다 하여도 위 회사가 그 당시 은행보증회사채의 채무를 자체자금으로 상환할 수 있는 능력이 있었다는 사실이 전제되지 않는 이상 그러한 조치는 불가능하거나 실효성이 없는 것으로 피고인의 이러한 소위가 은행에 대한 업무상 배임죄가 된다고 볼 수 없다(대법원 1983.3.8, 82도2873).

594 판례 모텔 방에 투숙하여 담배를 피운 후 재떨이에 담배를 끄게 되었으나 담뱃불이 완전히 꺼졌는지 여부를 확인하지 않은 채 불이 붙기 쉬운 휴지를 재떨이에 버리고 잠을 잔 과실로 담뱃불이 휴지와 침대시트에 옮겨 붙게 함으로써 화재가 발생한 경우, 위 화재가 중대한 과실 있는 선행행위로 발생한 이상 화재를 소화할 **법률상** 의무는 있다 할 것이나, 화재 발생 사실을 안 상태에서 모텔을 빠져나오면서도 모텔 주인이나 다른 투숙객들에게 이를 알리지 아니하였다는 사정만으로는 **화재를 용이하**

④ 주관적 구성요건 : 고의범이든 과실범이든 부작위범이 성립하는 데에는 지장이 없으므로, 부작위범의 성립에는 반드시 고의가 있을 것을 요하지 않는다. 따라서 과실의 부작위범도 충분히 처벌될 수 있다. 다만, 형법상 진정부작위범들에 대하여 과실범 처벌규정이 없기 때문에, '형법상 과실의 진정부작위범 은 처벌되지 않는다.' 따라서 실제 처벌되는 것은 과실의 부진정부작위범(소위 망각범)이며 판례도 명시 적 판단을 내린 바 있다(관련문제에서 후술).

(3) 부진정부작위범의 특유의 구성요건

① 결과의 발생 및 인과관계와 객관적 귀속 : 부진정부작위범은 대체로 결과범이므로, 이러한 부작위범 에 있어서는 인과관계문제를 검토해야 한다는 점에서, 부작위와 결과 사이의 인과관계 및 객관적 귀 속을 따지는 것은 당연하다(진정부작위범에서는 불요).

　㉠ 합법칙적 조건설(다수설) : 합법칙적 조건설에 의할 때에는 부작위와 결과 사이의 인과관계 문제보 다는, 발생한 결과를 해당 부작위에 귀속시킬 수 있는가의 객관적 귀속의 문제가 중요한 기준이 된 다. 과실범에서 이를 주의의무위반관련성이라고 한 것처럼 부진정부작위범에서도 이를 의무위반관 련성[595](Pflichtwidrigkeitszusammenhang)이라고 명할 수 있다. 즉 부작위를 하지 않고 작위를 했다 하 더라도 동일한 결과가 발생되는 경우에는 해당 부작위와 결과 간의 객관적 귀속은 인정할 수 없게 되어 기수범의 구성요건을 충족할 수 없게 될 것이다(작위범에서의 인과관계 및 객관적 귀속의 문제와 다르지 않음).

　㉡ 상당인과관계설(소수설·판례) : 해당 부작위로 인하여 결과가 발생하였다고 보는 것이 일반인의 경 험칙상 상당한가를 규범적으로 심사하여 기수판단을 내리는 입장이다.

② 보증인적 지위

　㉠ 의의 : 위험발생을 방지할 법적 의무를 보증인적 의무(작위의무)라 하고, 보증인적 의무를 발생시키는 지위를 보증인적 지위(保證人的 地位; Garantenstellung)라고 한다. 보증인적 지위가 없는 자의 부작위는 부진정부작위범의 구성요건에 해당할 수 없으며, 보증인적 지위에 있는 자만이 구성요건에 해당하게 된다. 다수설이 부진정부작위범을 진정신분범(眞正身分犯)으로 보는 이유도 보증인적 지위를 범죄구성 적 신분으로 보는 데에서 기인한 것이다. 여하튼 위와 같은 이원적 분류는 부작위범의 핵심개념인 작위의무(作爲義務)의 범죄론 체계적 지위를 아래의 이분설(二分說 : 통설)에 의하여 파악할 때 나오는 것이다. 그런데 작위의무의 체계적 지위에 대해서는 아래와 같이 학설이 대립해오고 있었다.

　㉡ 작위의무의 체계적 지위 : 예컨대, 물에 빠져 익사의 위험이 있는 乙(5세)의 아버지 甲의 작위의무 를 형법적으로 부진정부작위범의 어떤 요소로 파악할 것인가의 문제이다.

　　ⓐ 위법성요소설 : 보증인지위와 보증인의무를 모두 위법성의 요소로 이해하는 견해이다.[596] 즉 '작 위의무자의 부작위는 위법'하기 때문에, 작위의무는 위법성을 이루는 요소라는 것이다. 이 견해 에 의하면 작위의무에 대한 착오는 위법성의 착오 즉, 금지착오로 이해하게 된다.

　　　이에 대해서는 모든 부작위를 부진정부작위범의 구성요건에 해당한다고 봄으로써 구성요건에 해당하는 행위만 위법성을 인식할 수 있는 근거가 된다는 구성요건의 징표적 기능을 무시하고, 작위범과의 체계적 지위에 반하며(작위범의 작위는 구성요건요소인데 비하여 부작위범의 부작위는 어

게 소화할 수 있었다고 보기 어렵기 때문에, 부작위에 의한 현주건조물방화치사상죄의 공소사실에 대해 무죄를 선고한 원심의 판단은 정당하다(대법원 2010.1.14, 2009도12109, 2009감도38). 경찰채용 12 1차 / 법원행시 13 / 변호사 13

595 의무위반관련성이라는 용어로 표현한 견해는 박상기, 315면 참조. 이를 무죄추정설이라는 명칭으로 소개하면서도 위험증대이 론을 중시해야 한다는 견해로는 손동권, 381면 참조.

596 유기천, 120면.

CHAPTER 07 범죄의 특수한 출현형태론 **517**

찌하여 위법성요소인가의 문제), 보증인적 지위 없는 자의 부작위도 모두 구성요건에 해당한다고 봄으로써 부작위범의 구성요건해당성의 범위가 지나치게 확장된다는 비판이 있다. 경찰채용 10 1차 / 경찰승진 11 예를 들어, 보증인적 지위가 있는 자이든 없는 자이든 모두 구성요건에 해당한다는 것은 문제가 있다는 것이다(아버지 甲이든 다른 사람이든 모두 乙을 '살해'한 것이고 다만 위법성단계에 와서야 작위의무자만 위법하다고 보는 것은 부당함).

ⓑ 구성요건요소설(보증인설, Nagler) : 보증인적 지위와 보증인적 의무를 모두 구성요건요소로 이해하는 견해이다. 즉 작위의무자의 부작위는 乙을 '살해'한 것이라는 점을 강조한 견해이다. '살해'라는 것은 살인죄의 구성요건요소이기 때문에 '작위의무'는 구성요건을 이루는 요소라는 것이다. 이 견해에 의하면 작위의무의 착오는 구성요건착오가 된다.

이에 대해서는 역시 작위범과의 체계적 균형에 반한다는 비판이 제기된다. 즉 작위범에 있어서 작위(甲이 乙을 총으로 쏘아 살해)는 구성요건요소이고 부작위의무(총을 쏘지 말아야 할 의무)는 위법성에서 평가받는 요소인데, 어찌하여 부작위범에서는 이 모두를 구성요건에서 평가하는가에 대한 비판이다.

> [보충] 원래 구성요건해당성은 위법성의 인식근거 즉 징표로서 기능을 하는 것인데(구성요건과 위법성의 관계에 관한 인식근거설, 통설). 위법성요소설은 모든 부작위를 구성요건에 해당한다고 봄으로써, 구성요건에 해당하는 부작위만이 가지는 위법성에 대한 사실상 추정 기능 즉, 구성요건의 징표적 기능을 무시한다는 비판을 받게 된다. 이렇게 구성요건의 징표적 기능을 다하지 못한다는 위법성요소설에 대한 비판은 구성요건요소설에 대해서도 적용될 수 있다. 보증인의무까지 모두 구성요건요소로 파악하는 구성요건요소설에 의하면 구성요건해당성 자체에서 위법성 판단까지 되고 있기 때문이다. 즉, 위법성요소설이나 구성요건요소설은 모두 작위범과의 체계적 균형에 반한다는 비판이 공통적으로 적용된다.

ⓒ 이분설(통설) 사시 11 / 사시 12 / 사시 13 / 변호사 14 : 보증인적 지위는 구성요건요소이나, 보증인적 의무(Garantenpflicht)는 위법성의 요소라는 학설로서 작위범과의 균형상 이 견해가 타당하다.[597] 국가7급 14 / 국가7급 16

ⓓ 소결 : 이분설에 의하면 아버지 甲이 乙을 구조하지 않은 부작위는 보증인지위(친권자의 지위)에 있는 자의 부작위로서 −작위와 마찬가지로 평가되기 때문에− 살인죄의 구성요건에 해당하고, 甲이 乙을 구조할 의무가 강제되는 상황인가의 문제는 보증인으로서의 의무(작위의무)가 강제되고 있는가의 문제로서 위법성조각의 문제에 해당된다는 것이다. 즉 부진정부작위범의 구성요건에 해당하는 상황이라 하여도, 가령 자녀 두 명이 익사의 위험에 처한 상황에서 두 자녀 모두 구할 수 없는 불가피한 경우이어서 아버지 甲이 다른 자녀를 구조하였기 때문에 乙을 구하지 못하여 죽음에 이르게 한 것이라면 −의무충돌에 해당하여− 위법성이 조각되게 된다. 또한 이분설에 의할 때, 보증인적 지위에 대한 착오는 구성요건착오가 되고 보증인적 의무에 대한 착오는 금지착오가 된다. 국가9급 13 따라서 보증인적 지위에 대한 착오는 구성요건적 고의가 조각되어 과실범 성부가 문제되게 되고, 보증인적 의무에 대한 착오는 금지착오의 정당한 이유를 따져 책임조각 여부를 심사하게 되는 것이다.

ⓒ 작위의무(보증인적 지위와 보증인적 의무)의 발생근거

ⓐ 형식설 사시 12 : 법적 의무의 실질적 내용보다는 그 형식에 중점을 두어 개개의 성립근거에 따라 작위의무를 확정하려는 견해이다(형식적 법의무설, 법원설). 판례는 원칙적으로 형식설의 입장에 서 있는 것으로 보이지만(아래 판례 참조), 최근의 판례에서는 형식설과 실질설을 결합한 판시도 내리고 있다(후술).

---

597 이분설을 취하되, 보증인적 의무는 위법성의 적극적 구성요소는 아니고 위법성과 관련되는 일반적인 범죄표지 정도로 이해하는 조금 다른 입장은 김일수, 한국형법Ⅱ, 483면 참조.

🔨 **판례연구** 작위의무의 발생근거에 대한 형식설에 의한 판례

대법원 1992.2.11, 91도2951 ; 1997.3.14, 96도1639 ; 2003.12.12, 2003도5207
형법이 금지하고 있는 법익침해의 결과발생을 방지할 법적인 작위의무를 지고 있는 자가 그 의무를 이행함으로써 결과발생을 쉽게 방지할 수 있었음에도 불구하고 그 결과의 발생을 용인하고 이를 방관한 채 그 의무를 이행하지 아니한 경우에, 그 부작위가 작위에 의한 법익침해와 동등한 형법적 가치가 있는 것이어서 그 범죄의 실행행위로 평가될 만한 것이라면, 작위에 의한 실행행위와 동일하게 부작위범으로 처벌할 수 있고, 국가9급 12 여기서 작위의무는 성문법과 불문법, 공법과 사법을 불문하고 법령, 법률행위, 선행행위로 인한 경우는 물론, 기타 신의성실의 원칙이나 사회상규 혹은 조리상 작위의무가 기대되는 경우에도 인정된다 할 것이다. 경찰채용 10 1차 / 법원행시 10 / 사시 10 / 경찰채용 11 1차 / 국가9급 11 / 국가9급 21 / 변호사 12 / 법원행시 13 / 국가9급 14 / 국가7급 14 / 법원행시 14 / 사시 14

㉮ 법령에 의한 작위의무

예 • 민법상 친권자·후견인의 보호·후견의무(민법 제913조·제928조·제947조)
  • 친족간의 부양의무(동법 제974조)
  • 부부간의 부양의무(동법 제826조) 및 사실혼관계의 부부간의 부조의무
  • 도로교통법에 의한 운전자의 구호의무(도로교통법 제54조)
  • 경찰관의 요보호자에 대한 보호조치의무(경찰관직무집행법 제4조)
  • 의사의 진료와 응급조치의무나 진료기록부에의 기록의무(의료법 제16조, 제21조)
  • 법원의 입찰에 관한 업무를 담당하는 공무원의 집행관사무소 사무원의 횡령을 방지해야 할 의무(국가공무원법) 등

🔨 **판례연구** 법령에 의한 작위의무 관련 사례

1. 대법원 2002.5.24, 2000도1731
귀책사유 없는 사고차량의 운전자의 도로교통법상 구호조치의무 및 신고의무
위 의무는 교통사고를 발생시킨 당해 차량의 운전자에게 그 사고발생에 있어서 고의·과실 혹은 유책·위법의 유무에 관계없이 부과된 의무라고 해석함이 상당할 것이므로,[598] 국가9급 11 / 국가9급 21 / 국가7급 11 / 국가7급 14 당해 사고에 있어 귀책사유가 없는 경우에도 위 의무가 없다고 할 수 없고, 또 위 의무는 신고의무에 한정되는 것이 아니므로 타인에게 신고를 부탁하고 현장을 이탈한 경우 위 의무를 다한 것이라 할 수 없다.[599] 경찰승진 11 / 경찰채용

---

598 유기죄 : 귀책사유 없는 사고차량의 운전자도 유기죄의 주체가 될 수 있음 예를 들어, 육교 밑으로 갑자기 뛰어든 행인을 친 경우처럼, 운전자에게 업무상 과실이 없다 하더라도 도로교통법 제54조가 정한 교통사고발생시의 구호조치의무 및 신고의무는 인정되어야 하므로(대법원 2002.5.24, 2000도1731), 구호조치를 취하지 않은 운전자에게는 형법상 유기죄(제271조 제1항 : 법률상 보호의무 있는 자의 요부조자에 대한 유기) 및 도로교통법상 구호조치의무불이행죄(동법 제116조)가 인정된다. 국가7급 14
살인죄 : 위법한 선행행위가 필요함 반면, 업무상 과실로 교통사고를 일으켜 사람을 치상케 한 운전자가 구호의무를 이행하지 않아 피해자가 사망에 이르게 된 경우에는 '위법한 선행행위'의 경우이므로(형식설과 실질설에 의할 때 모두 작위의무가 인정되게 되므로 더욱 확실한 부작위범 성립의 근거가 발생하게 됨) 운전자에게 살인의 고의가 있는 경우에는 형법상 업무상 과실치상죄와 부작위에 의한 살인죄가 성립하게 되고, 살인의 고의가 없는 경우에는 특가법상 도주차량운전죄(동법 제5조의3)에 해당되게 된다.
599 유사판례 : 연쇄충돌을 야기케 한 제1차 충돌운전자의 구호조치 의무 피고인이 3차선 도로의 3차선에서 운전하던 버스가 트럭이 운행하는 2차선 전방에 갑자기 진입하여 트럭과 충돌하면서 이를 피하려던 그 트럭이 중앙선을 넘어서 마주오던 승용차와 충돌한 사고가 발생된 사실을 알면서 그대로 진행해 갔다면 사상자에 대한 구호조치를 취함이 없이 도주한 경우에 해당한다(대법원 1983.8.23, 83도1328).
비교판례 : 교통상 위해가 될 만한 사정이 없는 경우 도로교통법상 조치불이행죄 × 사고 운전자가 교통사고 현장에서 경찰관에게 동승자가 사고차량의 운전자라고 진술하거나 허위신고를 하도록 하였더라도, 사고 직후 피해자가 병원으로 후송될 때까지 사고장소를 이탈하지 아니한 채 경찰관에게 위 차량이 가해차량임을 밝히고 경찰관의 요구에 따라 동승자와 함께 조사를 받기 위해 경찰지구대로 동행한 경우, 특가법 제5조의3의 '도주'에 해당하지 않는다. 변호사 16 또한 사고 운전자가 사고로 손괴된 피해자의 오토바이에 대한 조치를 직접 취하지 않았더라도 사고현장을 떠나기 전에 이미 구조대원 등 다른 사람이 위 오토바이를 치워 교통상 위해가 될 만한 다른 사정이 없었던 경우, 도로교통법 제106조 위반죄로 처벌할 수 없다(대법원 2007.10.11, 2007도1738).

2. 대법원 2008.2.14, 2007도3952

유기죄의 법률상 보호의무 : 치사량의 필로폰을 복용한 내연녀를 구조하지 않은 사례(유기치사 ×)

유기죄가 성립하려면 행위자가 형법 제271조 제1항에 의한 '노유, 질병 기타 사정으로 인하여 부조를 요하는 자를 보호할 만한 법률상 또는 계약상 의무 있는 자'에 해당하여야 하는데, 경찰채용 15 2차 법률상 보호의무 가운데는 민법 제826조 제1항에 근거한 부부간의 부양의무도 포함되며, 나아가 법률상 부부는 아니지만 사실혼 관계에 있는 경우에도 법률상 보호의무의 존재를 긍정하여야 하지만, 단순한 동거 또는 간헐적인 정교관계를 맺고 있다는 사정만으로는 부족하다. 경찰채용 11 1차 / 법원9급 13 / 경찰간부 20

ⓝ 계약 등 법률행위에 의한 작위의무 : 수영강사와 수영초보자의 관계처럼 계약을 맺은 사람은 계약상의 보호의무를 부담하는 경우가 있다. 판례도 아파트 지하실의 소유자인 임대인에게는 임차인의 지하실 용도변경행위를 하지 못하도록 방지해야 할 작위의무가 있다는 전제에서 이를 방치한 임대인에게 건축법 위반죄의 방조범(부작위에 의한 방조)을 인정한 예가 있다 (대법원 1985.11.26, 85도1906 : 임대차계약에서 비롯된 작위의무). 그러나 계약 이외의 사항에 대해서는 작위의무가 없음은 당연하다.

> 예 • 고용계약에 의한 보호의무
> • 간호사와 환자 간의 간호의무 등

🔨 판례연구 계약 등 법률행위에 의하여 작위의무가 인정되는 사례

1. 대법원 1997.3.14, 96도1639

백화점 입점점포의 위조상표 부착 상품 판매사실을 알고도 방치한 사례

근로계약 및 조리상 작위의무를 가지고 있는 백화점 직원인 피고인은 부작위에 의하여 공동피고인인 점주의 상표법위반 및 부정경쟁방지법위반 행위를 방조하였다고 인정할 수 있다.

2. 대법원 2008.2.28, 2007도9354

자신이 법무사가 아니라는 사실을 밝히지 않은 채 근저당권설정계약서를 작성한 사례

피고인은 자신이 A법무사가 아님을 밝히지 아니한 채 A법무사 행세를 하면서 본인 확인절차를 거친 다음 공소외 5로부터 근저당권설정계약서에 서명날인을 받았는데, 피고인은 자신이 법무사가 아님을 밝힐 계약상 또는 조리상의 법적인 작위의무가 있다고 할 것임에도, 이를 밝히지 아니한 채 A법무사 행세를 하면서 등기위임장 및 근저당권설정계약서를 작성함으로써 자신이 공소외 법무사로 호칭되도록 계속 방치한 것은 작위에 의하여 법무사의 명칭을 사용한 경우와 동등한 형법적 가치가 있는 것으로 볼 수 있다(부작위에 의한 법무사법 제3조 제2항 위반죄 성립). 사시 10 / 경찰승진 11 / 변호사 13 / 사시 14

ⓓ 조리에 의한 작위의무(다수설·판례) : 밀접한 생활관계를 의미하는 조리(사회상규 내지 신의칙)에 의한 작위의무도 부작위범의 성립근거로서 인정된다는 것이 다수설·판례이다.[600] 다만 조리(條理)에 의한 작위의무가 광범위하게 인정되면 부작위범의 성립범위가 지나치게 확장될 것이므로 이는 실질설에 의하여 제한되어야 한다(결합설).

> 예 • 동거하는 고용자에 대한 고용주의 보호의무
> • 관리자의 위험발생방지의무

---

600 한편, 부정설로는 김성천 / 김형준, 202면; 오영근, 294면; 임웅, 475면 참조. 또한 조리의 내용을 어떻게 파악하는가에 따라 내용과 범위가 달라지므로 표면적 학설대립에 의미를 두지 않는 견해로는 박상기, 316면 참조.

- 목적물의 하자에 대한 신의칙상의 고지의무 : 거래의 상대방이 일정한 사정에 관한 고지를 받았더라면 당해 거래에 임하지 않았을 것임이 경험칙상 명백한 경우 그 거래로 인하여 재물을 수취하는 자에게는 신의성실의 원칙상 사전에 상대방에게 그와 같은 사정을 고지할 의무가 있다(대법원 1987.10.13, 86도1912). 경찰간부 11 / 국가9급 12 / 경찰승진 13 / 경찰승진 15 예컨대, ① 임대차계약을 체결하면서 임차인에게 임대목적물이 경매진행 중인 사실을 알리지 않은 임대인이나 법원9급 20 ② 부동산매매목적물에 대해 소송계속 중인 사실을 알리지 않은 부동산매도인, 또한 ③ 부동산매매에 있어서 초과된 매매대금을 매수인이 교부하고 있다는 것을 매도인이 사전에 알면서도 이를 고지해주지 않은 채 수령한 경우(대법원 2004.5.27, 2003도4531) 사시 15 / 경찰채용 16 1차 등에는 신의칙상 목적물의 하자에 대하여 계약상대방에게 고지해야 할 의무가 있고 이를 위반하였으므로 부작위에 의한 사기죄가 성립한다.[601]

🔨 **판례연구** 조리 내지 신의칙에 의하여 작위의무가 인정되는 사례

1. 대법원 1981.8.20, 81도1638
토지를 매도함에 있어서 채무담보를 위한 가등기와 근저당권설정등기가 경료되어 있는 사실을 숨기고 이를 고지하지 아니하여 매수인이 알지 못하고 그 토지를 매수하였다면 사기죄를 구성한다.

2. 대법원 1996.7.30, 96도1081
어떤 물품의 국내의 독점판매계약을 하는 피해자로서는 이미 다른 회사가 같은 제품을 국내에 판매하고 있는 것을 알았다면 독점판매계약을 체결할 리가 없다고 보는 것이 경험칙상 명백하므로 피고인으로서는 피해자와 이 사건 계약을 체결함에 있어서 이를 신의칙상 고지할 의무가 있다.

3. 대법원 1996.9.6, 95도2551
작위의무는 법적인 의무이어야 하므로 단순한 도덕상 또는 종교상의 의무는 포함되지 않으나 작위의무가 법적인 의무인 한, 성문법이건 불문법이건 상관이 없고 또 공법이건 사법이건 불문하므로, 법령·법률행위·선행행위로 인한 경우는 물론이고 기타 신의성실의 원칙이나 사회상규 혹은 조리상 작위의무가 기대되는 경우에도 법적인 작위의무는 있다. 국가7급 07 / 국가9급 08 / 경찰승진 10 / 국가7급 10 / 사시 11 / 경찰승진 12 / 국가9급 12 / 경찰채용 13 1차 / 경찰승진 13 / 경찰승진 14 / 사시 14 / 경찰채용 15 2차 / 경찰승진 16 / 국가9급 16 / 국가7급 16 / 경찰간부 20 / 국가9급 24

4. 대법원 2006.4.28, 2003도4128; 2006.4.28, 2003도80
인터넷 포털사이트 주식회사나 대표이사 또는 오락채널 총괄팀장과 위 오락채널 내 만화사업의 운영 직원인 피고인들에게는 콘텐츠제공업체들이 게재하는 음란만화의 삭제를 요구할 조리상의 의무가 있기 때문에, 이를 이행하지 않은 경우에는 구 전기통신기본법 위반 방조죄가 성립한다. 국가9급 16

㉣ 선행행위에 의한 작위의무 : 자기의 행위로 인하여 위험발생의 원인을 야기한 자는 그 위험발생을 방지해야 한다(제18조). 이 경우의 선행행위(先行行爲; Ingerenz)는 위법할 것을 요한다(통설).[602] 예를 들어, 과실로 불을 낸 실화자(失火者)는 위법한 선행행위를 한 것이므로, 쉽게 불을 끌 수 있었음에도 불구하고 그때부터 방화의 고의를 가져 불을 끄지 않음으로써 건물 전체를 불태운 행위는 '부작위에 의한 고의적 방화죄'가 성립하게 된다. 반면 정당방위에 의하여 침해자의 법익을 훼손한 자는 적법한 선행행위를 한 것이기 때문에 침해자를 구조할 작위의무를 부담하지 않는다. 경찰승진 15 / 경찰승진 16 / 국가7급 16

---

601 자세한 것은 각론, 사기죄의 '부작위에 의한 기망행위'에서 후술한다.
602 적법한 선행행위로도 작위의무가 발생한다는 소수설은 오영근, 292면.

🔨 판례연구 선행행위에 의하여 작위의무가 인정되는 사례

1. 대법원 1992.2.11, 91도2951

선행행위 인정례 Ⅰ : 숙부의 조카 저수지 인도 사례

피해자의 숙부로서 익사의 위험에 대처할 보호능력이 없는 나이 어린 피해자를 익사의 위험이 있는 저수지로 데리고 갔던(선행행위를 한-필자 주) 피고인으로서는 피해자가 물에 빠져 익사할 위험을 방지하고 피해자가 물에 빠지는 경우 그를 구호하여 주어야 할 법적인 작위의무가 있다고 보아야 할 것이고, 피해자가 물에 빠진 후에 피고인이 살해의 범의를 가지고 그를 구호하지 아니한 채 그가 익사하는 것을 용인하고 방관한 행위(부작위)는 살인의 실행행위라고 보아야 한다. 법원9급 05 / 법원행시 05 / 법원행시 09 / 경찰채용 11 2차 / 법원행시 13 / 법원행시 14 / 경찰승진 15

2. 대법원 1982.11.23, 82도2024

선행행위 인정례 Ⅱ : 주교사 이윤상 군 유괴살해 사건

피고인이 미성년자를 유인하여 포박·감금한 후 단지 그 상태를 유지하였을 뿐인 데도 피감금자가 사망에 이르게 된 것이라면 감금치사죄에 해당한다 하겠으나, 나아가서 그 감금상태가 계속된 어느 시점에서 피고인에게 살해의 범의가 생겨 피감금자에 대한 위험발생을 방지함이 없이 포박·감금상태에 있던 피감금자를 그대로 방치함으로써 사망케 하였다면(선행행위에 의한 작위의무를 이행하지 않은-필자 주) 피고인의 부작위는 부작위에 의한 살인죄를 구성한다. 사시 11 / 변호사 14

3. 대법원 1978.9.26, 78도1996

선행행위 인정례 Ⅲ : 이리역 폭파사례

폭약을 호송하는 자가 화차 내에서 촛불을 켜 놓은 채 잠자다가 폭약상자에 불이 붙는 순간 이를 쉽게 진화할 수 있는데도 도주하였다면 부작위에 의한 폭발물파열죄가 성립한다.

ⓑ 기능설 사시 12 : 형식설이 보증인적 지위의 형식은 중시하나 그 내용은 도외시하는 측면이 있기 때문에, 실질적 관점에서 이를 정하려는 새로운 견해가 제시되었는바(Armin Kaufmann),[603] 이를 기능설 또는 실질설이라 한다. 학계의 다수설은 형식설과 실질설을 절충하는 입장이다(후술하는 결합설[604]). 기능설은 작위의무를 -형식적 근거에 얽매이지 않고- 특정한 법익에 대한 보호기능 속에서 성립하는 보증의무인 특정법익에 대한 보호의무(Obhutspflicht)와 특정한 위험원에 대한 감독책임이 있는 경우의 보증의무인 특정한 위험원인에 대한 안전(조치)의무(Sicherungspflicht)로 나눈다. 예컨대, 친권자가 어린 자녀를 외부의 위험으로부터 보호해야 하는 의무는 법익보호의무이고, 어린 자녀가 타인에게 해를 가하지 않도록 감독해야 하는 의무는 위험원 안전조치의무에 해당한다.

㉮ 보호의무가 발생하는 경우는 (ⅰ) 자연적 결합관계, (ⅱ) 밀접한 공동체관계, (ⅲ) 계약 내지 사실상 보호적 지위를 인수하는 경우 등이 있고, ㉯ 안전의무가 발생하는 경우는 (ⅰ) 선행행위로 인한 보증의무, (ⅱ) 감독의무에 의한 보증의무, (ⅲ) 제3자의 위법행위에 대한 보증의무 등의 경우가 있다. 경찰채용 12 2차

ⓒ 결론 - 절충설(결합설) : 형식설과 기능설은 상호보완관계에 있다는 것을 인정하는 태도(절충설)

---

603 Armin Kaufmann, Die Dogmatik der Unterlassungsdelikte, 1959, S. 288ff.
604 한 예를 들자면, 형식설에 의해서는 작위의무의 발생근거를 검토하고, 이렇게 발생한 작위의무의 내용과 한계를 기능설에 의해 검토한 견해로는 이재상, §10-23부터 10-35까지 참조. 그러나 형식설과 실질설을 작위의무의 근거와 내용·한계로 나누는 것에는 방법론적 의문을 제기하면서 기능설(실질설)에 중점을 두되 형식설도 작위의무의 확대를 막기 위해 고려하는 입장은 김일수, 한국형법Ⅱ, 487면 이하 참조.

가 다수설이다. 다수설에 의하면 형식설에 의한 법령, 계약(법률행위), 조리 또는 선행행위의 형식은 실질설의 법익에 대한 보호의무나 위험원에 대한 안전조치의무의 내용과 한계로 심사되어야 한다.[605] 판례도 근래에는 결합설을 취하고 있다.

★ 판례연구 결합설(형식설＋실질설)이 나타난 것으로 보이는 판례

대법원 2005.7.22, 2005도3034
압류된 골프장시설을 보관하는 회사의 대표이사가 골프장을 개장하여 봉인이 훼손된 사례
압류시설의 보관자 지위에 있는 회사로서는 압류시설을 선량한 관리자로서 보관할 주의의무가 있다 할 것이고, 그 대표이사인 피고인은 적절한 조치를 취할 위임계약 혹은 조리상의 작위의무가 존재한다고 보아야 할 것인데 (형식설), 이러한 작위의무의 내용 중에는 적어도 위 압류·봉인에 의하여 사용이 금지된 골프장 시설물에 대하여 위 시설물의 사용 및 그 당연한 귀결로서 봉인의 훼손을 초래하게 될 골프장의 개장 및 그에 따른 압류시설 작동을 제한하거나 그 사용 및 훼손을 방지할 수 있는 적절한 조치를 취할 의무는 존재한다고 보아야 할 것이고 (실질설), 그럼에도 피고인이 그러한 조치 없이 위 개장 및 압류시설 작동을 의도적으로 묵인 내지 방치함으로써 예견된 결과를 유발한 경우에는 부작위에 의한 공무상표시무효죄(제140조 제1항)의 성립을 인정할 수 있다고 보아야 할 것이다. 법원행시 09 / 법원9급 13 / 경찰간부 13

📖 사례연구 세월호 사건 : 대법원 2015.11.12, 2015도6809 전원합의체 국가9급 16 / 경찰승진 16 / 사시 16 / 법원행시 17 / 변호사 18 / 국가7급 18 / 법원행시 18

선박침몰 등과 같은 급박한 상황이 발생한 경우에 선박의 운항을 지배하고 있는 선장 甲이 자신에게 요구되는 개별적·구체적인 구호의무를 이행함으로써 사망의 결과를 쉽게 방지할 수 있음에도 이를 방관하여 승객의 사망을 초래한 경우, 甲은 부작위에 의한 살인죄가 성립하는가?

해결 [1] 선장은 승객 등 선박공동체의 안전에 대한 총책임자로서 선박공동체가 위험에 직면할 경우 그 사실을 당국에 신고하거나 구조세력의 도움을 요청하는 등의 기본적인 조치뿐만 아니라 위기상황의 태양, 구조세력의 지원 가능성과 규모, 시기 등을 종합적으로 고려하여 실현가능한 구체적인 구조계획을 신속히 수립하고 선장의 포괄적이고 절대적인 권한을 적절히 행사하여 선박공동체 전원의 안전이 종국적으로 확보될 때까지 적극적·지속적으로 구조조치를 취할 법률상 의무가 있다. 또한 선장이나 승무원은 수난구호법 제18조 제1항 단서에 의하여 조난된 사람에 대한 구조조치의무를 부담하고, 선박의 해상여객운송사업자와 승객 사이의 여객운송계약에 따라 승객의 안전에 대하여 계약상 보호의무를 부담하므로, 모든 승무원은 선박 위험 시 서로 협력하여 조난된 승객이나 다른 승무원을 적극적으로 구조할 의무가 있다. 따라서 선박침몰 등과 같은 조난사고로 승객이나 다른 승무원들이 스스로 생명에 대한 위협에 대처할 수 없는 급박한 상황이 발생한 경우에는 선박의 운항을 지배하고 있는 선장이나 갑판 또는 선내에서 구체적인 구조행위를 지배하고 있는 선원들은 적극적인 구호활동을 통해 보호능력이 없는 승객이나 다른 승무원의 사망 결과를 방지하여야 할 작위의무가 있으므로, 법익침해의 태양과 정도 등에 따라 요구되는 개별적·구체적인 구호의무를 이행함으로써 사망의 결과를 쉽게 방지할 수 있음에도 그에 이르는 사태의 핵심적 경과를 그대로 방관하여 사망의 결과를 초래하였다면, 부작위는 작위에 의한 살인행위와 동등한 형법적 가치를 가지고, 작위의무를 이행하였다면 결과가 발생하지 않았을 것이라는 관계가 인정될 경우에는 작위를 하지 않은 부작위와 사망의 결과 사이에 인과관계가 있다.

다수의견 (부작위에 의한 살인죄의 죄책은 선장에게는 인정되나 항해사들에게는 인정되지 않음) 항해 중이

---

605 참고 부진정부작위범의 작위의무의 인정범위는 죄형법정주의 원칙을 벗어나지 않는 제한적인 것이어야 하기 때문에, 법감정과 공동체의 기능원리의 차원에서 독일형법 제323c조의 구조불이행죄(Unterlassene Hilfeleistung)와 같은 소위 선한 사마리아인 규정의 신설을 요구하는 입법론으로서는 박상기, 321면 참조. 또한 우리 형법에도 불구조죄 내지 부진정부작위범에 대한 법정감경조항이 신설되어야 한다는 입법론으로서는 손동권, 379면 참조.

던 선박의 선장 피고인 甲, 1등 항해사 피고인 乙, 2등 항해사 피고인 丙이 배가 좌현으로 기울어져 멈춘 후 침몰하고 있는 상황에서 피해자인 승객 등이 안내방송 등을 믿고 대피하지 않은 채 선내에 대기하고 있음에도 아무런 구조조치를 취하지 않고 퇴선함으로써, 배에 남아있던 피해자들을 익사하게 하고, 나머지 피해자들의 사망을 용인하였으나 해경 등에 의해 구조되었다고 하여 살인 및 살인미수로 기소된 경우, 피고인 乙, 丙은 간부 선원이기는 하나 나머지 선원들과 마찬가지로 선박침몰과 같은 비상상황 발생 시 각자 비상임무를 수행할 현장에 투입되어 선장의 퇴선명령이나 퇴선을 위한 유보갑판으로의 대피명령 등에 대비하다가 선장의 실행지휘에 따라 승객들의 이동과 탈출을 도와주는 임무를 수행하는 사람들로서, 임무의 내용이나 중요도가 선장의 지휘 내용이나 구체적인 현장상황에 따라 수시로 변동될 수 있을 뿐 아니라 퇴선유도 등과 같이 경우에 따라서는 승객이나 다른 승무원에 의해서도 비교적 쉽게 대체 가능하고, 따라서 승객 등의 퇴선을 위한 선장의 아무런 지휘·명령이 없는 상태에서 피고인 乙, 丙이 단순히 비상임무 현장에 미리 가서 추가 지시에 대비하지 아니한 채 선장과 함께 조타실에 있었다거나 혹은 기관부 선원들과 함께 3층 선실 복도에서 대기하였다는 사정만으로, 선장과 마찬가지로 선내 대기 중인 승객 등의 사망 결과나 그에 이르는 사태의 핵심적 경과를 계획적으로 조종하거나 저지·촉진하는 등 사태를 지배하는 지위에 있었다고 보기 어려운 점 등 제반 사정을 고려하면, 피고인 乙, 丙이 간부 선원들로서 선장을 보좌하여 승객 등을 구조하여야 할 지위에 있음에도 별다른 구조조치를 취하지 아니한 채 사태를 방관하여 결과적으로 선내 대기 중이던 승객 등이 탈출에 실패하여 사망에 이르게 한 잘못은 있으나(특가법상 유기치사의 죄책은 인정되나), 그러한 부작위를 작위에 의한 살인의 실행행위와 동일하게 평가하기 어렵고, 또한 살인의 미필적 고의로 피고인 甲의 부작위에 의한 살인행위에 공모 가담하였다고 단정하기도 어려우므로, 피고인 乙, 丙에 대해 부작위에 의한 살인의 고의를 인정하기 어렵다.

정답 성립한다.

표정리 작위의무의 발생근거에 관한 실질설(기능설) 정리

보호의무	자연적 결합관계	부부간의 부양의무, 직계혈족 간의 부양의무, 친족간의 부양의무 등 • 어머니가 아버지를 독살하는 순간 아들이 이를 알고 있었음에도 방치하여 아버지를 사망에 이르게 경우, 아들에게는 – 제33조 단서의 책임개별화원칙에 의하여 – 존속살해죄의 방조범이 성립한다(소위 편면적 방조도 가능함). 이 경우 자연적·가족적 결합관계에 의한 보호의무에 의한 보증인지위가 인정되어, '부작위'에 의한 방조범이 성립하는 것이다. • 아내가 자살을 시도하여 생명이 위태로울 때 남편이 구조하지 않는 행위도 우리 형법상 자살방조죄(제252조 제2항)에 해당된다.[606] • 부부가 별거 중인 경우에는 작위의무가 무조건 인정되는 것은 아니다.[607]
	밀접한 공동체관계	등산·탐험·해저잠수 등의 책임자의 경우처럼 신뢰관계를 통하여 발생하는 상호 보호의무 • 단, 모두 위험한 상태에 처한 경우에는 상호 보호의무는 인정할 수 없다.[608] • 동거 중인 남녀와 같이 가족관계와 유사한 경우도 여기에 포함된다. 단, 단순히 공동거주하고 있는 사이에서는 작위의무가 발생하지 않는다.[609]

---

606 김일수, 한국형법Ⅱ, 488면; 이재상, §10-29.
607 별거 중인 부부의 경우에는 작위의무를 인정할 수 없다는 견해는 이재상, §10-29. 반면, 별거기간이나 별거 후의 관계 등을 고려하여 개별적으로 판단해야 한다는 견해는 손동권, 374면; 오영근, 295면.
608 박상기, 317면.
609 김일수, 한국형법Ⅱ, 488면; 박상기, 317면; 손동권, 375면; 임웅, 532면.

보호의무	(계약 내지 사실상) 보호적 지위 인수	환자의 치료를 맡게 된 의료인, 수영교사와 수영학습자, 등산안내자와 등산객, 보모와 유아[610] • 의사가 환자에 대한 진료를 개시함으로써 사실상 보호적 기능을 인수한 경우에는 작위의무가 있다. 이는 다른 의사의 진료를 차단한 데에서 기인한다(BGHSt 26, 39). • 원칙적으로 계약에 의하나, 반드시 계약에만 한정되는 것은 아니다. 가령, 같은 방향으로 출퇴근하기 때문에 소위 카풀로 동승시킨 운전자의 경우에도 위험상황에서는 작위의무가 발생한다.[611]
안전의무	선행행위로 인한 보증의무	운전자의 사고자에 대한 후속구조의무, 과실로 감금한 자의 석방의무 • 선행행위가 위법할 것을 요하는가에 대해서는 위법할 것을 요한다고 보는 것이 대체적 경향이다.[612] 이에 의하면 예를 들어 공격자에 대해 정당방위를 한 자의 행위로 인하여 상해를 입고 쓰러진 공격자를 구조하지 않아 공격자가 사망한 경우라 하더라도, 정당방위자는 부작위범(부작위에 의한 살인죄)이 성립하지 않게 된다(BGHSt 23, 327).
	감독의무에 의한 보증의무	위험원(危險源)의 관리자로서의 보증의무 즉, 위험시설의 소유주가 타인의 법익을 침해하지 않도록 할 의무 • 자동차 · 동물(맹견) · 공작물로부터 발생가능한 위험을 방지할 의무
	제3자의 (위법) 행위에 대한 보증책임	정신병자의 보호자나 미성년 자녀의 부모로서 이들이 타인의 법익을 침해하지 않도록 할 의무[613] 및 부하의 위법행위에 대한 상관의 감독의무 • 심신상실자나 나이어린 미성년자를 데리고 운전하던 운전자가 차를 잠시 떠날 때에 안전조치를 취해둘 의무를 이행하지 않아 책임무능력자가 타인의 법익을 침해한 경우에는 부작위범이 성립한다(이 경우 先行行爲로 인한 보증의무도 동시에 경합하여 인정). 판례 부하직원의 은행에 대한 업무상 배임행위를 방치한 은행 지점장에게 업무상 배임방조죄 인정(대법원 1984.11.27, 84도1906),[614] 법원9급 07(상) / 사시 13 / 경찰승진 16 백화점 입주상인의 모조상표 상품판매사실을 방치한 백화점 직원에게 상표법 · 부정경쟁방지법 위반죄의 방조범 인정(대법원 1997.3.14, 96도1639),[615] 콘텐츠제공업자의 음란만화 업로드를 방치한 인터넷 사이트 회사의 총괄팀장 · 직원에게 구 전기통신기본법위반죄의 방조범 인정(대법원 2006.4.28, 2003도4128)[616]. 법원행시 18

---

610 보호의무의 범위는 현실적으로 인수한 보호기능에 따라 결정되기 때문에, 유아원의 보모는 유아의 생명 · 신체에 대한 보호의무를 가질 뿐이라는 설명은 이재상, 125면.

611 박상기, 318면. 또한 계약이 무효이거나 계약기간 종료 후이더라도 사실상 보호기능이 있을 때에는 보증인적 지위가 있다는 설명은 김일수, 전게서, 488면.

612 예를 들어 김일수, 한국형법Ⅱ, 491면; 박상기, 319면; 배종대, 615면; 손동권, 378면; 신동운, 121면; 이재상, §10−30 등 참조. 또한 독일의 통설이다.

613 이를 형법상 자기책임원칙에 대한 예외라고 보는 견해는 박상기, 320면. 또한 책임무능력자에 대한 감독의무는 법령상 근거가 있는 경우(민법상 친권자 · 후견인과 미성년자 · 금치산자)에 한한다는 설명은 김일수, 한국형법Ⅱ, 493면.

614 이 판례를 제3자의 위법행위에 대한 감독책임과 연결하는 견해로는 박상기, 320면; 손동권, 378면; 이재상, §10−35; 임웅, 534면 등.

615 이 판례를 연결시킨 견해는 손동권, 378면; 이재상, §10−35.

616 참고 이 판례는 ISP의 형사책임에 관한 최초의 대법원 판례로서 의미 있는 판시를 내리고 있으나, 단지 條理에 의해서 ISP에게 작위의무가 인정된다는 식의 논리만 제시하고 있을 뿐 ISP의 형사책임의 근거에 관한 이론적 검토는 미흡한 부분이 있다. 참고로 인터넷사업자는 자신의 인터넷을 통해 심한 음란물이 전파되는 것을 막아야 한다고 하면서 이를 위험원(危險源) 관리자의 작위의무로 이해하는 견해가 있다(오영근, 297면). 또한 인터넷서비스제공자(ISP : Internet Service Provider)는 인터넷상의 危險源을 제공하는 자로서 혹은 위험원을 관리하는 자로서의 작위의무가 있다는 견해도 같은 맥락으로 이해된다(Robert Jofer, "Strafverfolgung im internet", Peter Lang, 127~132면 참조). 그러나 인터넷은 공중파방송과는 달리 '가장 참여적인 시장(the most participatory marketplace)'이자 '표현촉진적 매체(speech− enhancing medium)'라는 점(동지 : 미연방대법원판례로서 Reno v. ACLU 521 U.S. 844. 또한 이 미국판례를 인용한 것으로 보이는 헌법재판소 2002.6.27, 99헌마480 참조)을 고려할 때, "인터넷서비스를 제공하는 것이 危險源을 제공한다"는 식의 논리는 자칫 잘못하면 모든 인터넷서비스제공자(홈페

③ 행위유형의 작위와의 동가치성(상응성)[617]

㉠ 의의 : 원래 부진정부작위범은 조문상 작위범의 구성요건으로 되어 있는데, 이를 부작위에 의해 실현해내어야 구성요건해당성을 인정받게 된다. 따라서 보증인적 지위에 있는 자의 부작위로 인하여 결과가 발생하였는가의 판단뿐만 아니라(이상에서 검토한 구성요건요소들), 해당 부작위가 구성요건에 규정된 작위와 동등한 정도의 행위유형으로 평가받을 수 있어야 한다. 경찰간부 11 / 경찰승진 14 이를 부진정부작위범의 '행위유형의 동가치성(내지 상응성)'이라고 하는 것이다(통설).[618] 판례도 이를 부작위범의 성립요건으로써 요구하고 있다.[619] 국가9급 08 / 국가9급 14

㉡ 적용대상

ⓐ 순수한 결과야기적 결과범 : 살인죄, 상해죄, 손괴죄, 방화죄 등과 같이 사람이 사망하고, 다치고, 재물이 파손되고, 화재가 발생하는 결과가 중시되는 범죄들을 순수한 결과야기적 결과범(Reine Verursachungsdelikte) 내지 단순한 결과범이라고 하는데, 이들 범죄에 있어서는 보증인적 지위 있는 자의 부작위로 인하여 위와 같은 결과가 발생하면 구성요건해당성을 ─비교적 손쉽게 ─ 인정할 수 있게 된다. 따라서 단순한 결과범은 부작위로 인하여 결과가 발생하면 족하고, 추가적인 동가치성은 요구되지 않는다. 사시 12

▶ 동가치성 : 판단 불요

ⓑ 행위의존적 결과범 : 사기죄(제347조), 공갈죄(제350조), 특수폭행죄(제261조)나 특수협박죄(제284조) 등과 같이 특정한 행위방법에 의한 결과발생을 요하는 범죄들과 같은 행위의존적 결과범(내지 형태의존적 결과범; Verhaltensgebundene Delikte)이 있다. 예를 들어, 특수폭행죄는 '단체 또는 다중의 위력을 보이거나 위험한 물건을 휴대하여 사람을 폭행'해야 동죄의 무거운 행위불법을 갖추게 되어 비로소 구성요건에 해당된다. 따라서 부진정부작위범이 성립하기 위해서는 부작위가 이러한 작위범의 행위태양과 상응하는 모습이어야 한다. 사시 12 따라서 특수폭행죄나 특수협박죄 또는 특수강도죄 등의 특수범죄들은 부작위로 인하여 범하기가 상당히 어렵다고 볼 수 밖에 없다.

▶ 동가치성 : 판단 요

이지관리자나 인터넷카페관리자도 포함)에게 형사책임의 근거가 될 수 있는 작위의무를 인정하게 된다는 점에서 동의할 수 없다(동지 : 독일 컴퓨서브사건 판례에 대한 평석으로서 Kühne, NJW 1999, S.188ff). 따라서 불법적 정보가 자신의 인터넷서비스상에 이미 제공되어 있는 것을 알았거나 중과실로 알지 못하는 상태에서 이를 방치하는 '위법한 선행행위'가 있을 때에만 ISP에게 작위의무가 인정된다고 보아야 할 것이다. 拙稿, 사이버범죄에 대한 ISP의 형사책임에 관한 연구, 한국형사정책연구원, 2003, 150면~167면 참조.

617 부진정부작위범의 동치성의 제1요소와 제2요소 부진정부작위범은 부작위에 의해 작위범의 구성요건을 실현하였는가가 문제되는데(동치성; 同置性; Gleichstellung), 그중 첫 번째 요소가 기술한 보증인적 지위(Garantenstellung)이라면 두 번째의 요소는 행위정형의 동가치성(상응성; Entsprechung)이다. 여기서는 행위정형의 동가치성을 다루는 것이다.

618 참고 독일형법 제13조는 상응성조항(相應性條項; Entsprechungsklausel)을 제1항에서는 "부작위는 작위에 의한 법률구성요건의 실현과 相應해야 한다."고 규정하고 있다. 이에 비하여, 우리 형법 제18조에서는 동가치성을 명시적으로 규정하고 있지 않다. 그러나 통설과 판례는 해석론상 이를 부진정부작위범의 구성요건요소로서 인정하고 있다.

619 판례 : 행위정형의 동가치성 인정 형법이 금지하고 있는 법익침해의 결과발생을 방지할 법적인 작위의무를 지고 있는 자가 그 의무를 이행함으로써 결과발생을 쉽게 방지할 수 있었음에도 불구하고 그 결과의 발생을 용인하고 이를 방관한 채 그 의무를 이행하지 아니한 경우, 그 부작위가 작위에 의한 법익침해와 동등한 형법적 가치가 있는 것이어서 그 범죄의 실행행위로 평가될 만한 것이라면 부작위범이 비로소 성립할 수 있다(대법원 1992.2.11, 91도2951; 1997.3.14, 96도1639; 2003.12.12, 2003도5207). 국가9급 07 / 사시 10 / 국가9급 12 / 변호사 12 / 국가9급 14 / 경찰간부 15 / 경찰채용 16 1차

> **✦ 판례연구** 부작위에 의한 업무방해죄 부정 사례
>
> **대법원 2017.12.22, 2017도13211**
> 업무방해죄와 같이 작위를 내용으로 하는 범죄를 부작위에 의하여 범하는 부진정 부작위범이 성립하기 위해서는 부작위를 실행행위로서의 작위와 동일시할 수 있어야 한다. …… 피고인이 일부러 건축자재를 甲의 토지 위에 쌓아 두어 공사현장을 막은 것이 아니라 당초 자신의 공사를 위해 쌓아 두었던 건축자재를 공사 완료 후 치우지 않은 것에 불과하므로, 비록 공사대금을 받을 목적으로 건축자재를 치우지 않았더라도, 피고인이 자신의 공사를 위하여 쌓아 두었던 건축자재를 공사 완료 후에 단순히 치우지 않은 행위는 위력으로써 甲의 추가 공사 업무를 방해하는 업무방해죄의 실행행위로서 甲의 업무에 대하여 하는 적극적인 방해행위와 동등한 형법적 가치를 가진다고 볼 수 없다. 국가9급 22

2. 부작위범의 위법성과 책임

(1) 부작위범의 위법성

의무의 충돌(Pflichtenkollision) 상황에서는 의무자가 방치된 의무보다 고가치 또는 동가치의 의무를 이행한 경우에는 위법성조각적 의무의 충돌로서 부작위의 위법성이 조각된다(정당화적 의무충돌은 부작위범의 위법성조각사유로서, 기술한 위법성론, 긴급피난 중 의무의 충돌 부분 참조).

(2) 부작위범의 책임

부작위범에 있어서 작위의무(보증인적 의무)에 대한 착오는 금지착오(Verbotsirrtum)가 된다.

예 父가 그의 어린 子가 생명의 위험에 처한 것을 인식하지 못했을 경우에는 보증인적 지위에 대한 착오로서 구성요건적 착오가 되지만(보증인지위에 대한 착오는 구성요건착오로서 제13조 적용. ∴ 과실치사죄), 위험에 처한 것을 인식하면서도 작위의 필요성(의무)이 없다고 오인하였던 경우에는 금지착오의 규정에 따라 그 오인에 정당한 이유가 있는 경우에 한하여 면책될 수 있을 뿐이다(보증인의무에 대한 착오는 금지착오로서 제16조 적용. ∴ 살인죄).[620]

---

03 관련문제

1. 부작위범과 과실범

진정부작위범, 부진정부작위범을 가리지 않고 과실범 처벌규정이 있는 경우 과실범의 부작위범은 성립할 수 있다. 다만 현행 형법상 진정부작위범에는 과실범 처벌규정이 없으므로(과실의 진정부작위범 : ×) 문제되는 것은 망각범, 즉 과실의 부진정부작위범뿐이다.

> **✦ 판례연구** 과실의 부진정부작위범 관련 판례
>
> **1. 대법원 1994.8.26, 94도1291**
> 발 옆의 촛불 사례

---

[620] 보충 : 작위의무의 체계적 지위에 관한 이분설의 효과 작위의무의 체계적 지위에 관하여 이분설을 취한다면, 甲이 자신의 아들 乙이 익사의 위험에 처한 상황에서 자신의 아들이 물에 빠졌다는 사실 자체를 모른 것은 각도를 바꾸어보면 자신이 '아버지라는 지위'에 있다는 사실 자체를 인식하지 못한 것으로서 '구성요건'에 대한 착오이므로 고의가 조각되어 과실치사죄의 성립이 문제되게 되며, 동일한 상황에서 甲이 자신의 아들이라 하여도 구조할 의무가 없다고 생각한 것은 '아버지로서 아들을 구해야 하는 의무'를 인식하지 못한 것이므로 '위법성'에 대한 착오이므로 법률의 착오가 되어 그 오인에 정당한 이유가 있는 때에 한하여 책임이 조각될 수 있을 따름인데 대체로 정당한 이유가 인정되기 어렵다는 점에서 고의범인 살인죄의 죄책을 지어야 할 것이다. 착오문제의 논리적 해결은 작위의무의 체계적 지위에 관한 이분설의 효과이다.

피고인들이 자신들과 함께 술을 마시고 만취되어 의식이 없는 피해자를 부축하여 학교선배인 장○○의 자취집에 함께 가서 촛불을 가져오라고 하여 장○○이 가져온 촛불이 켜져 있는 방안에 이불을 덮고 자고 있는 피해자를 혼자 두고 나옴에 있어, 그 촛불이 피해자의 발로부터 불과 약 70 내지 80cm 밖에 떨어져 있지 않은 곳에 마분지로 된 양촛갑 위에 놓여 있음을 잘 알고 있었던 피고인들로서는 피해자를 혼자 방에 두고 나오면서 촛불을 끄거나 양초가 쉽게 넘어지지 않도록 적절하고 안전한 조치를 취하여야 할 주의의무가 있다 할 것인바, 비록 피고인들이 직접 촛불을 켜지 않았다 할지라도 위와 같은 주의의무를 다하지 않은 이상, 피고인들로서는 이 사건 화재발생과 그로 인한 피해자의 사망에 대하여 과실책임을 면할 수는 없다 할 것이다(실화죄와 과실치사죄 성립 – 필자 주). 법원행시 14 / 사시 15 / 경찰채용 20 2차

2. 대법원 2023.3.9, 2022도16120

공동의 과실에 의한 부진정부작위범 사건

甲과 乙은 담배를 피우고 나서 분리수거장 방향으로 담배꽁초를 던져 버리는 한편, 각자 본인 및 상대방이 버린 담배꽁초 불씨가 살아 있는지를 확인하여 이를 완전히 제거하지 않고 현장을 떠나 화재가 발생하였다. 형법이 금지하고 있는 법익침해의 결과발생을 방지할 법적인 작위의무를 지고 있는 자가 그 의무를 이행함으로써 결과발생을 쉽게 방지할 수 있는데도 결과발생을 용인하고 방관한 채 의무를 이행하지 아니한 것이 범죄의 실행행위로 평가될 만한 것이라면 부작위범으로 처벌할 수 있다(대법원 2016.4.15, 2015도15227). 실화죄에 있어서 공동의 과실이 경합되어 화재가 발생한 경우 적어도 각 과실이 화재의 발생에 대하여 하나의 조건이 된 이상은 그 공동적 원인을 제공한 사람들은 각자 실화죄의 책임을 면할 수 없다(대법원 1983.5.10, 82도2279). 피고인들의 행위 모두 이 사건 화재 발생에 공동의 원인이 되었고, 피고인들 각각의 행위와 이 사건 화재 발생 사이에 상당인과관계가 인정되므로, 피고인들 각자의 과실이 경합하여 이 사건 화재를 일으켰다고 보아 피고인 각자에게 실화죄의 죄책이 인정된다. 국가9급 24

2. 부작위범과 미수

(1) 진정부작위범의 미수

진정부작위범에서는 부작위에 의하여 즉시 기수가 되므로 이론적으로 미수범은 성립하지 않는다. 다만, 진정부작위범(**예** 퇴거불응죄, 집합명령위반죄)의 미수범 처벌규정이 존재 경찰간부 11 하므로 논란이 있지만, 사실상 성립할 여지가 거의 없다(다수설).

(2) 부진정부작위범의 미수

대체로 결과범이므로 미수가 인정되고, 법익에 대한 직접적인 위험의 발생시 혹은 위험의 증대시에 실행의 착수가 인정된다(통설 : 주관적 – 개별적 – 객관설).

> **예** 아버지가 살인의 고의로 익사위험에 처한 아들을 구조하지 않음으로써 아들의 생명에 대한 위험이 실질적으로 증대된 시점에서 살인미수가 된다.

3. 부작위범과 공범

(1) 부작위범의 공동정범

다수의 부작위범에게 공통된 의무가 부여되어 있고 그 의무를 공통으로 이행할 수 있을 때에만 성립한다(대법원 2008.3.27, 2008도89).[621] 국가9급 09 / 경찰채용 10 1차 / 경찰채용 10 2차 / 경찰승진 10 / 국가7급 10 / 법원행시 10 / 사시 10 / 경찰채용 11 1차 / 경찰채용 12 2차 / 경찰간부 12 / 국가7급 12 / 사시 12 / 변호사 12 / 경찰채용 13 1차 / 국가7급 13 / 법원9급 13 / 법원행시 13 / 법원행시 14 / 경찰채용 15 3차 / 국가9급 21 / 국가9급 24

---

621 판례 : 부작위에 의한 공동정범의 성립요건 부작위범 사이의 공동정범은 다수의 부작위범에게 공통된 의무가 부여되어 있고 그 의무를 공통으로 이행할 수 있을 때에만 성립한다. 그런데 공중위생영업의 신고의무는 '공중위생영업을 하고자 하는 자'에게 부여되어 있고, 여기서 '영업을 하는 자'란 영업으로 인한 권리의무의 귀속주체가 되는 자를 의미하므로, 영업자의 직원이나 보조자의 경우에는 영업을 하는 자에 포함되지 않는다(대법원 2008.3.27, 2008도89). 사시 10 / 법원행시 14

☆ 판례연구 부작위범의 공동정범 부정 사례

대법원 2021.5.7, 2018도12973
병원장과 병원 소속 전문의의 부작위범의 공동정범 성부

구 정신보건법 제24조 제1항은 "정신의료기관 등의 장은 정신질환자의 보호의무자 2인의 동의(보호의무자가 1인인 경우에는 1인의 동의로 한다)가 있고 정신건강의학과 전문의가 입원 등이 필요하다고 판단한 경우에 한하여 당해 정신질환자를 입원 등을 시킬 수 있으며, 입원 등을 할 때 당해 보호의무자로부터 보건복지부령으로 정하는 입원 등의 동의서 및 보호의무자임을 확인할 수 있는 서류를 받아야 한다."라고 정하고, 제57조 제2호는 제24조 제1항을 위반하여 입원동의서 또는 보호의무자임을 확인할 수 있는 서류를 받지 아니한 자를 처벌한다고 정하고 있다. 그런데 정신병원 소속 봉직의인 피고인들이 보호의무자에 의한 입원 시 보호의무자 확인 서류를 수수하지 않았다. …… 보호의무자 확인 서류 등 수수 의무 위반으로 인한 구 정신보건법 위반죄는 구성요건이 부작위에 의해서만 실현될 수 있는 진정부작위범에 해당한다. 진정부작위범인 위 수수 의무 위반으로 인한 구 정신보건법 위반죄의 공동정범은 그 의무가 수인에게 공통으로 부여되어 있는데도 수인이 공모하여 전원이 그 의무를 이행하지 않았을 때 성립할 수 있다. 그리고 위 규정에 따르면 보호의무자 확인 서류 등의 수수 의무는 '정신의료기관 등의 장'에게만 부여되어 있고, 정신의료기관 등의 장이 아니라 그곳에 근무하고 있을 뿐인 정신건강의학과 전문의는 위 규정에서 정하는 보호의무자 확인 서류 등의 수수 의무를 부담하지 않는다고 보아야 한다. 그렇다면 이 위반행위에 관하여 피고인들은 정신병원의 장과 부작위범의 공동정범이 성립하지 않는다.

(2) 부작위에 의한 공범 국가7급 14

① 부작위에 의한 교사 : 부작위에 의해서는 범행결의 형성이 불가능하므로 부정된다(통설). 경찰간부 13 / 변호사 14

② 부작위에 의한 방조 : 방조자에게 일정한 결과발생방지의무 내지 보증의무가 있는 경우 결과발생을 방치한 경우 방조범이 성립할 수 있다(통설·판례). 법원9급 05 / 경찰채용 11 1차 / 변호사 14

(3) 부작위범에 대한 공범 국가7급 14

① 부작위범에 대한 교사 : 부작위를 하라고 작위에 의하여 교사하는 경우이므로 교사범이 성립하지 못할 이유가 없다. 경찰승진 11 / 경찰간부 11·12·13 / 사시 15 따라서 부작위범에 대한 교사는 당연히 인정된다.

② 부작위범에 대한 방조 : 마찬가지로 역시 방조범 성립이 인정된다. 최근 소위 보라매병원 사례에서 대법원은 처(妻)의 남편에 대한 부작위에 의한 살인범행을 담당의사가 퇴원허용조치행위라는 작위에 의하여 방조하였다고 판시한 바 있다(대법원 2004.6.24, 2002도995). 경찰승진 13 / 변호사 13 / 법원행시 14 / 변호사 14

---

04 부작위범의 처벌

진정부작위범의 경우 각칙상 규정에 의하며, 부진정부작위범의 경우에는 작위범의 규정에 의해 동일하게 처벌된다. 경찰승진 10 입법론으로는 독일 형법처럼 임의적 감경의 조항(독일형법 제13조 제2항)을 두자는 견해도 있다.[622]

---

622 참고 1992년 형법개정법률안 제15조에서는 부진정부작위범의 형을 감경할 수 있다는 임의적 감경 규정을 두고 있었으나, 결국 1995년 개정형법에는 채택되지 못했다.

목 차		난 도	출제율	대표 지문
제1절 죄수론의 일반이론	01 죄수론의 의의	下	–	• 미성년자의제강간죄 또는 미성년자의제강제추행죄는 행위시마다 한 개의 범죄가 성립한다. (○)
	02 죄수결정의 기준	中	★	
제2절 일 죄	01 서 설	下	–	• 법조경합은 한 개의 행위가 외관상 여러 개의 죄의 구성요건에 해당하는 것처럼 보이나 실질적으로 1죄만 구성하는 경우를 말한다. (○) • 향정신성의약품수수의 죄가 성립되는 경우에는 그에 수반되는 향정신성의약품의 소지행위는 수수죄의 불가벌적 수반행위로서 수수죄에 흡수되고 별도로 범죄를 구성하지 않는다. (○) • 범죄단체를 구성하거나 이에 가입한 자가 더 나아가 구성원으로 활동하는 경우, 이는 포괄일죄의 관계에 있다. (○)
	02 법조경합	中	★★	
	03 포괄일죄	中	★★	
제3절 수 죄	01 상상적 경합	中	★★	• 실체적 경합관계에 있는 공도화변조죄와 동행사죄가 수뢰후부정처사죄와 각각 상상적 경합관계에 있다면 종국적으로 3개의 범죄 중에서 가장 무거운 죄에 정한 형으로 처단하면 족하다. (○) • 피고인이 슈퍼마켓사무실에서 식칼을 들고 피해자를 협박한 행위와 식칼을 들고 매장을 돌아다니며 손님을 내쫓아 그의 영업을 방해한 행위는 협박죄와 업무방해죄의 실체적 경합범이다. (○)
	02 경합범(실체적 경합)	中	★★	

📂 최근 6개년 출제경향 분석

구 분	국가7급						국가9급						법원9급						경찰간부					
	18	19	20	21	22	23	19	20	21	22	23	24	18	19	20	21	22	23	18	19	20	21	22	23
제1절 죄수론의 일반이론	1					1												1	1		1			
제2절 일 죄			1						1			1	1	1	1	1			1	1		1		1
제3절 수 죄			1	1				1		1				1		1	1				1		1	
출제빈도수	5/130						4/120						8/150						8/228					

CHAPTER

08

죄수론

08 죄수론

제1절 │ 죄수론의 일반이론

01 죄수론의 의의

　죄수론(罪數論)이라 함은 범죄의 '수(數)'를 정하는 문제를 다루는 이론을 말한다. 죄수론은 이상에서 검토한 범죄론을 통하여 확정된 범죄 성립 여부 및 과실범 및 부작위범과 같은 범죄의 특수한 형태와 미수범 성립 여부 및 정범과 공범의 문제를 바탕으로 하여 '죄의 수를 결정함'으로써 형벌론에서 이에 대한 형을 과하기 위한 전(前) 단계의 역할을 한다. 또한 죄수론은 소송법상으로도 공소제기의 효력, 공소사실의 동일성, 기판력의 범위에 영향을 미치게 된다.

02 죄수결정의 기준

1. 행위표준설

(1) 내용 : 자연적 의미의 행위의 수에 의하여 죄수를 결정하는 견해이다(객관주의). 대법원은 강간과 추행의 죄 중 미성년자의제강간죄, 미성년자의제강제추행죄, 협박에 의한 공갈죄[623]에 대하여 원칙적으로 행위표준설에 입각하여 죄수를 판단하고 있으며, 관세법상 무신고수입죄라든가 허위신고수입죄에 있어서도 무신고행위 내지 허위신고행위마다 하나의 죄를 구성한다고 하고 있다.

> **보충** 이러한 행위표준설의 입장은 대체로 일정한 범죄유형에 대하여 대법원이 엄격하게 대응하려고 하는 경우에 채택된다는 점에서 죄수관계에 대한 법리적 판단과 함께 일정한 형사정책적 관점이 작용된다고 이해한다면 알기 쉽다. 대법원은 대체로 마약류, 향정신성의약품, 대마, 관세법위반의 밀수, 신용카드를 이용한 불법자금융통, 불법적 다단계(피라미드)판매, 무면허운전 등에 대하여 행위표준설을 중요한 죄수판단의 기준으로 고려하고 있다고 여겨진다.

(2) 비판 : 행위표준설에 대해서는, ① 자연적 의미에서의 행위를 기준으로 하는 것은 타당하지 않고,[624] ② '수개의 행위'로 한 개의 범죄를 실현한 경우에도 수죄로 보게 되므로 수개의 행위로 한 개의 구성요건이 이루어져 있는 결합범·연속범·집합범 등 포괄일죄를 모두 수죄로 보게 되며, ③ 실질적으로 수죄로 보아야 할 상상적 경합을 일죄로 보게 된다는 비판이 있다.

---

623 협박행위마다 하나의 공갈죄가 성립한다(실체적 경합)는 판례는 대법원 1958.4.11, 4290형상360 참조.
624 이에 죄수론상의 행위개념에 대해서는 법적 의미에서의 행위, 해석학적 행위, 구성요건적 행위, 사회적·형법적 행위 등의 다양한 행위개념들이 제시되고 있다. 결론 부분에서 후술한다.

★ 판례연구 행위표준설의 판례

1. 대법원 1982.12.14, 82도2442

미성년자의제강간죄 또는 미성년자의제강제추행죄는 행위시마다 1개의 범죄가 성립한다. 법원행시 13

2. 대법원 1982.12.14, 82도2448

간통죄는 성교행위마다 1개의 간통죄가 성립한다. 법원행시 13

▶ 이상 행위표준설은 주로 합의에 의한 성관계로 범죄를 구성하는 경우에 적용(판례)

3. 대법원 1991.2.26, 90도2900

히로뽕 반제품으로 나중에 완제품을 제조한 행위의 죄수

히로뽕 완제품을 제조할 때 함께 만든 액체 히로뽕 반제품을 땅에 묻어 두었다가 약 1년 9월 후에 앞서 제조시의 공범 아닌 자 등의 요구에 따라 그들과 함께 위 반제품으로 그 완제품을 제조한 경우 포괄일죄를 이룬다고 할 수 없으므로 형법 제37조 전단의 경합범으로 의율처단하여야 한다. 사시 13

4. 대법원 1992.9.14, 92도1534

상관으로부터 집총을 하고 군사교육을 받으라는 명령을 수회 받고도 그때마다 이를 거부한 경우에는 그 명령 횟수만큼의 항명죄가 즉시 성립하는 것이지, 집총거부의 의사가 단일하고 계속된 것이며 피해법익이 동일하다고 하여 하나의 항명죄만 성립한다고 할 수는 없다. 경찰간부 12

5. 대법원 1999.4.23, 98도4455

자동차관리법을 위반한 해체행위는 각 해체행위마다 1개의 죄가 성립하는 것이므로, 각 해체행위마다 그 일시·장소·방법을 구체적으로 명백히 하여야만 공소사실이 특정되어 있다고 할 것이다.

6. 대법원 2000.11.10, 99도782

수입물품의 수입신고를 하면서 과세가격 또는 관세율 등을 허위로 신고하여 수입하는 경우에는 그 수입신고시마다 당해 수입물품에 대한 정당한 관세의 확보라는 법익이 침해되어 별도로 구성요건이 충족되는 것이므로 각각의 허위수입신고시마다 1개의 죄가 성립한다. 국가7급 16

유사판례 관세법상 무신고수입죄의 죄수도 마찬가지이다(대법원 2000.5.26, 2000도1338).

2. 법익표준설

(1) 내용 : 법익의 수를 가지고 죄수를 결정하는 견해이다(객관주의). 판례의 원칙적인 죄수판단기준으로 볼 수 있다. 법익 없는 범죄란 있을 수 없기 때문에 침해 또는 위험이 발생된 법익의 수를 가지고 죄의 수를 정하는 것은 불가피한 것이다. 예를 들어, 생명·신체·자유·명예와 같은 일신전속적 법익(Ein höchstpersönliches Gut)의 경우 그 법익주체(피해자)의 수만큼 죄수가 인정된다. 따라서 설사 동일한 장소에서 동일한 방법에 의해 시간적으로 접착된 행위를 하였더라도 수인을 살해한 경우에는 수개의 살인죄가 되는 것이다.

(2) 비판 : 법익표준설에 의할 때에는 상상적 경합이나 경합범은 수죄로 볼 수 있게 되지만, 수개의 법익침해로 인하여 일죄가 구성되는 경우(포괄일죄)에도 수죄로 보게 된다는 비판이 있다.

★ 판례연구 법익표준설의 판례

1. 대법원 1979.7.10, 79도840

위조통화행사죄와 사기죄는 보호법익을 달리하므로 위조통화를 행사하여 재물을 불법영득한 때에는 위조통화행사죄와 사기죄의 양죄는 경합범의 관계에 있다(다수설은 상상적 경합). 법원행시 05 / 법원행시 06 / 국가9급 10 / 사시 10 / 변호사 12 / 법원행시 13 / 사시 13 / 경찰채용 15 2차 / 경찰간부 15

▶ 위 판례와 같이 대법원에서는 ~행사죄와 사기죄, 신용카드부정사용죄와 사기죄·절도죄의 관계에 있어서 법익표준설을 중시하여 실체적 경합으로 판시한 예가 많다.

2. 대법원 1982.6.8, 82도486

흉기로 찔러 죽인다고 해악을 고지하여 협박한 후 다시 주먹과 발로 수회 구타하여 상해를 입힌 경우에는 다른 법익을 침해한 것이므로 위 행위들이 같은 무렵에 같은 장소에서 행해진 것이라 하여도 위 두 행위(협박과 상해)는 별개의 독립된 행위로서 실체적 경합의 관계에 있다.

▶ 원래 상해시의 협박은 상해에 흡수된다는 점에서, 위 판례는 주의해야 한다.

3. 대법원 1994.5.13, 93도3358

아파트의 각 세대를 분양받은 각 피해자에 대하여 소유권이전등기절차를 이행하여 주어야 할 업무상의 임무가 있었다면, 각 피해자의 보호법익은 독립된 것이므로, 피해자별로 독립한 수개의 업무상 배임죄의 관계에 있게 되는 것이다(배임죄의 죄수판단기준은 피해자와의 신임관계의 수).

4. 대법원 1996.7.30, 96도1285

강도가 시간적으로 접착된 상황에서 가족을 이루는 수인에게 폭행·협박을 가하여 집안에 있는 재물을 탈취한 경우 그 재물은 가족의 공동점유 아래 있는 것으로서, 이를 탈취하는 행위는 그 소유자가 누구인지에 불구하고 단일한 강도죄의 죄책을 진다. 법원행시 11 / 법원행시 13 / 법원행시 14

5. 대법원 2001.12.28, 2001도6130

수인의 피해자에 대하여 각별로 기망행위를 하여 각각 재물을 편취한 경우에는 범의가 단일하고 범행방법이 동일하더라도 각 피해자의 피해법익은 독립한 것이므로 이를 포괄일죄로 파악할 수 없고 피해자별로 독립한 사기죄가 성립된다. 법원9급 05

6. 대법원 2007.8.23, 2007도2551

주민등록법위반죄는 사문서위조·동행사죄에 흡수되지 않는다는 사례
주민등록법위반죄는 문서의 진정에 대한 공공의 신용을 그 직접적 보호법익으로 하는 사문서위조죄·동행사죄와 그 보호법익 및 구성요건의 내용을 서로 달리하는 것이므로, 주민등록법의 규정이 형법상 문서죄에 흡수되는 관계라기보다는 각기 독립된 별개의 구성요건이라 할 것이다.

7. 대법원 2008.4.24, 2007도11258

수인의 사업자로부터 재화를 공급받는 자가 각 그 납세의무자와 공모하여 부가가치세를 포탈한 경우에도 조세포탈의 주체는 어디까지나 각 납세의무자이고 재화를 공급받는 자는 각 납세의무자의 조세포탈에 가공한 공범에 불과하므로, 그 죄수는 각 납세의무자별로 각각 1죄가 성립하고 이를 포괄하여 1죄가 성립하는 것은 아니다.

📚 **사례연구** 신용카드부정사용죄와 사기죄의 죄수

甲은 乙의 신용카드를 절취한 직후 약 2시간 20분 동안에 카드가맹점 7곳에서 합계 금 2,008,000원 상당의 물품을 구입하면서 마치 자신이 신용카드의 소유자인 것처럼 행세하여 위 물품의 각 구입대금을 동종의 신용카드로 결제하였다(甲이 신용카드를 훔친 목적은 이를 사용하여 신용카드의 가맹점들에서 물품을 구입하는 데 있었고, 같은 날 신용카드에 대한 도난·분실신고가 될 것을 염려하여 즉시 신속하게 카드가맹점들을 계속 돌아다니며 신용카드를 각 사용한 것이었음). 甲의 형사책임은?

[해결] 甲은 신용카드부정사용죄와 사기죄의 경합범이다. "피고인이 동일한 신용카드를 위와 같이 부정사용한 행위는 포괄일죄에 해당하고, 신용카드를 부정사용한 결과가 사기죄의 구성요건에 해당하고 그 각 사기죄가 실체적 경합관계에 해당한다고 하여도 신용카드부정사용죄와 사기죄는 그 보호법익이나 행위의 태양이 전혀 달라 실체적 경합관계에 있다(대법원 1996.7.12, 96도1181)." 경찰승진 10 / 경찰간부 16

3. 의사표준설

(1) 내용 : 행위자의 범죄의사의 수를 기준으로 죄수를 결정하는 견해이다(주관주의). 즉, 범죄의사가 단일하면 일죄, 별개의 범의라면 수죄로 보자는 것이다. 따라서 단일한 범의의 계속 하에 동종행위를 반복한 때에는 포괄일죄를 구성한다고 보게 되므로, 특히 연속범(連續犯)을 설명할 때 근거가 될 수 있는 입장이다. 대법원은 수뢰, 공갈, 사기, 증권거래법위반, 의료법위반, 약사법위반죄, 불법오락실(게임장)영업, 업무상 횡령, 신용카드부정사용 사례 등에서 연속범·영업범의 법리를 판시하고 있다. 한편, 폭행 후에 강간의 범의가 일어난 경우에는 별개의 독립한 죄를 구성한다는 **판례**(대법원 1983.4.12, 83도304)도 의사표준설에 의한 것이다.

(2) 비판 : 의사표준설에 대해서는, ① 범죄의사에만 의존하여 범죄의 수를 결정하게 되면 결국 범죄의 정형성을 무시하게 되고,[625] ② 하나의 범의로 여러 개의 구성요건에 해당하는 결과를 야기한 경우(상상적 경합)에도 일죄로 보게 된다는 비판이 있다.

★ 판례연구 의사표준설의 판례

1. 대법원 1982.10.26, 81도1409
피고인(공무원)이 약 5개월간 7회에 걸쳐 같은 공동피고인으로부터 등기사건처리명목으로 금원을 교부받았다면, 이는 피고인이 뇌물수수의 단일한 범의의 계속 하에 일정기간 동종행위를 같은 장소에서 반복한 것이 분명하므로 피고인의 수회에 걸친 뇌물수수행위는 포괄일죄를 구성한다.

2. 대법원 1996.7.12, 96도1181
절취한 신용카드로 가맹점들로부터 물품을 구입하겠다는 단일한 범의를 가지고 그 범의가 계속된 가운데 동종의 범행인 신용카드 부정사용행위를 동일한 방법으로 반복하여 행하였고, 또 위 신용카드의 각 부정사용의 피해법익도 모두 위 신용카드를 사용한 거래의 안전 및 이에 대한 공중의 신뢰인 것으로 동일하므로, 피고인의 동일한 신용카드 부정사용 행위는 포괄일죄에 해당한다.

---

4. 구성요건표준설

(1) 내용 : 법률상의 구성요건에 해당하는 횟수를 기준으로 하여 죄수를 결정하는 견해이다(원칙적 기준). 대법원은 예금통장과 인장을 절취한 행위와 예금출금전표를 위조한 행위 또는 조세포탈의 죄수문제에 대해 구성요건표준설에 입각한 판시를 내리고 있다.

(2) 비판 : 구성요건표준설에 대해서는 한 개의 행위로 동일한 구성요건을 수회 충족시킨 경우 일죄인가 수죄인가가 분명하지 않다는 비판이 있다.[626]

★ 판례연구 구성요건표준설의 판례

1. 대법원 1968.12.24, 68도1501
예금통장과 인장을 절취한 행위와 저금환급금수령증을 위조한 행위는 각각 별개의 범죄구성요건을 충족하는 각 독립된 행위라 할 것이므로 경합범이 성립한다.

---

625 예컨대, 이재상, §37-5 등.
626 예컨대, 이재상, §37-6 등.

2. 대법원 2007.2.15, 2005도9546 전원합의체; 2011.9.29, 2009도3355

특가법 제8조 제1항에서 말하는 '연간 포탈세액 등(이 일정액 이상)'은 각 세목의 과세기간에 관계없이 각 연도별(1.1.부터 12.31.까지)로 포탈한 또는 부정 환급받은 모든 세액을 합산한 금액을 의미한다. 따라서 특가법 제8조 제1항을 적용함에 있어 해당 연도분 부가가치세 중 제1기분 부가가치세 포탈범행과 제2기분 부가가치세 포탈범행이 각각 같은 연도에 기수에 이른 경우, 전부를 포괄하여 하나의 죄로 의율하여야 함에도 이를 실체적 경합범으로 처단한 원심판결은 위법하다.

비교판례 **매월분 소득세 미원천징수와 연말정산분 소득세 미원천징수는 실체적 경합**

매월분의 근로소득을 지급할 때 소득세를 원천징수하지 아니한 죄와 연말정산에 따른 소득세를 원천징수하지 아니한 죄는 실체적 경합범의 관계에 있다(대법원 2011.3.24, 2010도13345).

3. 대법원 2009.8.20, 2008도9634

조세범처벌법은 재화·용역을 공급하지 아니하고 매출·매입처별세금계산서합계표를 허위기재하여 정부에 제출한 행위를 처벌하는바, 하나의 매출·매입처별세금계산서합계표에 여러 가지 사항에 관하여 허위의 사실을 기재하였더라도 전체로서 하나의 매출·매입처별세금계산서합계표를 허위로 작성하여 정부에 제출하는 것이므로 하나의 조세범처벌법 위반죄가 성립한다.

5. 결 론

죄수를 정하는 데 있어서는 구성요건표준설이 원칙적으로 고려되어야 한다. 형법상 수죄를 정한 제37조(경합범)나 제40조(상상적 경합)의 '수개의 죄 또는 여러 개의 죄'라는 법문의 표현에서도 잘 나타나듯이, 행위자가 위반한 법조문(구성요건)의 개수를 헤아리는 것은 죄의 수의 출발점인 것이다. 따라서 ① 위반되는 구성요건이 한 개인 경우 그 죄수는 일죄가 된다(자연적 의미의 일죄, 단순일죄). 다만 구성요건표준설에 의하더라도 침해되는 구성요건이 수개(포괄일죄, 상상적 경합, 실체적 경합)인 경우 무조건 수죄가 되는 것은 아니고, 죄수판단의 자료로써 보호법익·행위·범죄의사를 고려하여 ② 이것이 수개일 때에는 수죄가 되지만(상상적 경합 및 실체적 경합) ③ 단일할 때에는 일죄가 될 수도 있다(포괄일죄). 결국 종합적 판단이 불가피한 것이다(통설[627]·판례).

이러한 죄수결정의 기준의 다원성을 고려할 때, **판례**의 죄수판단이 종종 무원칙하게 보이는 것은 어느 정도 이해가 되지만, 만일 피고인에게 불리한 방향의 죄수판단이 자의적으로 이루어지고 있다면 이것은 경계해야 할 문제이다. 구성요건해당성 등 다른 범죄성립조건의 판단과는 달리, 죄수판단에 있어서는 법관의 과도한 재량이 남용되면서 결국 양형에 가서 이를 조정하는 듯한 많은 **판례**들은, 역설적으로 예측가능한 죄수판단의 기준이 필요하다는 것을 웅변으로 보여주고 있다.

---

[627] 참고 구체적으로 죄수결정의 합리적 체계를 세워야 한다는 전제에서 '구성요건충족의 수 → 침해법익의 수 → 행위의 수 → 범죄의사의 수 → 범죄사이의 관계 → 이중평가의 금지'라는 죄수판단의 순서를 제시한 견해는 오영근, 682면 이하 참조. 한편, 구성요건침해의 다수성 및 행위의 단일성과 다수성을 판단하는 전제로서는 '죄수론상 행위개념'을 정해야 하며, 이는 자연적 의미의 행위가 아니라 다른 의미를 가진다는 견해도 있다. 예컨대 자연주의적 행위나 구성요건에 해당하는 행위와는 다른 해석학적 행위개념이라는 주장은 김일수 / 서보학, 671면 이하, 법적 판단 또는 형사정책적 결단에 의해 행위의 내용적 단일성을 판단해야 한다는 견해는 박상기, 481면, 자연적 의미의 행위가 아니라 구성요건적 행위를 의미한다는 견해는 이재상, §37-7, 사회적·형법적 행위로 설명하는 견해는 임웅, 564면 이하 참조. 이러한 접근은 자연적으로는 수개의 행위라 하더라도 형법적으로 1개의 행위로 평가해야 할 경우도 있다는 점에서 필요한 논의이기는 하나, 본서의 특성상 자세한 논의는 생략한다.

표정리 죄수결정의 기준 정리[628]

학 설	표 준	연속범	상상적 경합
행위표준설	의사와 결과를 포함하는 행위	수죄	일죄
법익표준설	침해된 법익	일죄	수죄
의사표준설	단일성이 인정되는 범의의 수	일죄	일죄
구성요건표준설	구성요건	수죄	수죄

표정리 죄수론의 구조 개관

구 분		개 념	행 위	침해되는 구성요건
일죄	단순일죄	1개의 행위로 1개의 죄를 범한 경우	1개	1개
	법조경합	특별·보충·흡수(택일 : ×)	1개 또는 수개	1개
	포괄일죄	결합범, 계속범, 접속범, 연속범, 집합범	수개	1개
수죄	상상적 경합	실질상 수죄, 과형상 일죄	1개	수개
	경합범	실질상 수죄, 과형상 수죄	수개	수개

제2절 | 일 죄

01 서 설

한 개의 행위가 한 개의 구성요건에 해당하는 데에 그치는 경우(자연적 의미의 일죄라고도 함)에는 당연히 일죄(一罪)이다.[629] 이에 비하여 '법조경합'은 외관상 수개의 죄에 해당되는 것처럼 보이지만 구성요건들 간의 일정한 관계 때문에 한 개의 죄만 성립하는 경우를 말한다. 자연적 의미의 일죄와 법조경합을 통틀어 강학상 단순일죄라 부른다.[630] 한편, '포괄일죄'란 수개의 행위가 한 개의 죄에 해당되도록 구성요건이 규정되어 있거나 행위가 파악되는 경우를 말한다. 따라서 일죄의 개념을 설명할 때에는 법조경합과 포괄일죄가 중요한 의미를 가지게 된다.

---

628 주의 **연속범**을 수죄로 이해하는 것이 행위표준설과 구성요건표준설의 단점이고, **상상적 경합**을 일죄로 이해하는 것이 행위표준설과 의사표준설의 단점이다.

629 판례 : 교통사고처리 특례법 제3조 제2항 단서 각 호의 사유가 경합하는 경우 죄수 관계(=일죄) 교통사고로 업무상과실치상죄 또는 중과실치상죄를 범한 운전자에 대하여 피해자의 명시한 의사에 반하여 공소를 제기할 수 있는 교통사고처리 특례법 제3조 제2항 단서 각 호에서 규정한 신호위반 등의 예외사유는 같은 법 제3조 제1항 위반죄의 구성요건요소가 아니라 공소제기의 조건에 관한 사유이므로, 단서 각 호의 사유가 경합하더라도 하나의 교통사고처리 특례법 위반죄가 성립할 뿐 각 호마다 별개의 죄가 성립하는 것은 아니다(대법원 2007.4.12, 2006도4322; 2008.12.11, 2008도9182 등). 따라서 구 교통사고처리 특례법 위반죄가 유죄로 인정되는 이상 공소사실에 기재된 업무상 과실을 이루는 주의의무 위반 유형 중 일부 인정되지 아니하는 유형이 있더라도 이에 대하여 따로 무죄로 판단할 것은 아니다(대법원 2011.7.28, 2011도3630).

630 다만 자연적 의미의 일죄만 단순일죄라고 부를 때도 있고, 포괄일죄까지 포함시켜 단순일죄라고 부를 때도 있다. 실제적으로는 큰 의미가 없다.

02   법조경합

1. 의 의

법조경합(法條競合; Gesetzeskonkurrenz[631])이라 함은 한 개 또는 수개의 행위가 외견상 수개의 구성요건에 해당하는 것처럼 보이지만, 실제로는 수개의 법조 간의 관계상 일죄로 인정되는 경우를 말한다(단순일죄). 경찰채용 10 2차 / 국가9급 11

한편 절도죄와 횡령죄의 관계처럼 비록 타인 소유의 재물이라는 점에서 동일하기는 하지만 해당 재물의 점유자가 타인인가 자기인가에 따라서 절도죄와 횡령죄 중 어느 하나의 죄만 성립하게 되는 택일관계(擇一關係)는 법조경합이라 할 수 없다(통설[632]). 처음부터 외관상 절도와 횡령 모두에 해당되는 것처럼 보이지도 않기 때문이다.

법조경합에는 특별관계, 보충관계 그리고 흡수관계가 있다.

2. 유 형

(1) 특별관계

법조경합의 한 형태인 특별관계(特別關係; Spezialität)란 어느 구성요건이 다른 구성요건의 모든 요소를 포함하는 이외에 다른 특별한 요소를 구비하여야 성립하는 경우로서, 특별관계에 있어서는 특별법의 구성요건을 충족하는 행위는 일반법의 구성요건을 충족하지만 반대로 일반법의 구성요건을 충족하는 행위는 특별법의 구성요건을 충족하지 못한다. 법원행시 09 / 경찰채용 10 2차 / 국가9급 11 / 사시 12 / 변호사 21

즉 특별법은 일반법에 우선된다(특별법우선의 원칙; lex specialis derogat legi generali). 형법상 이중평가는 금지되어야 하기 때문이다. 예컨대, 성폭법상 특수강간죄가 성립할 때에는 형법상 강간죄는 별도로 성립하지 않는 것처럼, 형사특별법과 일반형법은 특별법 대 일반법의 관계에 있다. 다만, 보호법익이 서로 다를 때에는 특별관계가 인정되지 않는다(아래 판례 참조).

표정리 특별관계 주요 예 정리

일반법(×)	특별법(○)
보통살인죄(제250조 제1항)	존속살해죄(제250조 제2항), 국가9급 10 촉탁·승낙살인죄(제252조 제1항)
단순절도죄(제329조)	특수절도죄(제331조)
폭행죄(제260조)	특수폭행죄(제261조)
상해죄(제257조), 과실치사죄(제267조)(부분범죄)	상해치사죄(제259조)(결과적 가중범)
절도죄(제329조)	강도죄(제333조)
배임죄(제355조 제2항)	횡령죄(제355조 제1항)

---

631 또는 Gesetzeseinheit라고도 한다. 이를 번역하면 법조단일(法條單一)이 되는데, 이러한 법조단일이라는 용어를 사용하자는 견해는 이재상, §38−2. 다만, 보편적으로 사용되는 용어는 법조경합이다.
632 택일관계도 법조경합으로 볼 수 있다는 소수설은 오영근, 693면; 임웅, 560면.

🔨 판례연구 특별관계를 인정한 판례 : 법조경합으로서의 1죄

1. 대법원 2005.12.23, 2005도6484
귀금속 등의 수출입 및 통관에 관한 한 외국환거래법은 관세법의 특별법으로 보아야 할 것이므로, 통관에 필요한 절차를 거치지 않고 귀금속 등을 수출입한 행위에 대해서는 외국환거래법상 무허가·신고 수출입죄에 의하여 처벌할 수 있을 뿐 관세법상 무신고 수출입죄는 적용할 수 없다.

2. 대법원 2008.9.11, 2008도3932 ; 2007.7.26, 2007도2032
입찰방해죄와 건설산업기본법상 허위견적제출죄의 관계는 특별관계
건설공사의 입찰에 있어 허위로 견적을 제출한 건설산업기본법위반의 죄는 건설공사의 입찰에 있어 입찰의 공정을 해치는 행위를 하는 건설업자들을 특별히 가중처벌하기 위한 것으로서 입찰방해죄를 규정한 형법 제315조의 특별규정이라 할 것이다.

3. 대법원 2008.11.27, 2008도7311
직무를 집행하는 공무원에 대하여 위험한 물건을 휴대하여 고의로 상해를 가한 경우 특수공무집행방해치상죄만 성립할 뿐, 별도로 폭처법위반(집단·흉기 등 상해)죄를 구성한다고 볼 수 없다. 법원행시 09 / 사시 10 / 경찰간부 11 / 사시 11 / 경찰간부 12 / 법원행시 13 / 변호사 13 / 국가9급 14 / 법원행시 14 / 경찰채용 16 1차 / 경찰채용 18 2차

4. 대법원 2008.12.11, 2008도9182
교특법위반죄(업무상과실치사상)와 특가법상 위험운전치사상죄[633]는 흡수관계(내지 특별관계)[634]
음주로 인한 특정범죄가중처벌 등에 관한 법률 위반(위험운전치사상)죄는 형법 제268조에서 규정하고 있는 업무상과실치사상죄의 특례를 규정하여 가중처벌함으로써 피해자의 생명·신체의 안전이라는 개인적 법익을 보호하기 위한 것이다. 따라서 그 죄가 성립하는 때에는 차의 운전자가 형법 제268조의 죄를 범한 것을 내용으로 하는 교통사고처리특례법 위반죄는 그 죄에 흡수된다. 국가7급 12 / 변호사 21

비교판례 **특가법상 위험운전치사상죄와 도로교통법상 음주운전죄의 죄수**
음주로 인한 특정범죄가중처벌 등에 관한 법률 위반(위험운전치사상)죄와 도로교통법 위반(음주운전)죄는 입법 취지와 보호법익 및 적용영역을 달리하는 별개의 범죄이므로, 양 죄가 모두 성립하는 경우 두 죄는 실체적 경합 관계에 있다(대법원 2008.11.13, 2008도7143). 변호사 12 / 법원행시 13 / 변호사 13 / 법원9급 20

5. 대법원 2010.5.13, 2010도2468
영리목적 무면허의료행위에 의한 보건범죄단속에 관한 특별조치법 위반죄와 의료법 위반죄의 죄수
영리를 목적으로 무면허 의료행위를 업으로 하는 자가 일부 돈을 받지 아니하고 무면허 의료행위를 한 경우에도 보건범죄단속에 관한 특별조치법 위반죄의 1죄만이 성립하고 별개로 의료법 위반죄를 구성하지 않는다고 보아야 한다.[635]

🔨 판례연구 특별관계를 부정한 판례 : 상상적 경합 내지 실체적 경합 인정

1. 대법원 1961.10.12, 4293형상966
1개의 행위로서 본법의 구성요건과 행정적 처벌법규의 구성요건에 각 해당하는 경우에 이 양자 간의 관계는 특별관계 또는 흡수관계 등 법조경합으로 볼 것이 아니라 상상적 경합으로 보아야 할 것이다.

---

633 특가법 제5조의11 (위험운전치사상) 음주 또는 약물의 영향으로 정상적인 운전이 곤란한 상태에서 자동차(원동기장치자전거를 포함한다)를 운전하여 사람을 상해에 이르게 한 자는 1년 이상 15년 이하의 징역 또는 1천만 원 이상 3천만 원 이하의 벌금에 처하고, 사망에 이르게 한 자는 무기 또는 3년 이상의 징역의 유기징역에 처한다.
634 판례에서는 흡수관계라고 표현하고 있으나, 판례의 내용을 보면 특별관계로 보는 것이 타당할 것이다.
635 보충 따라서, 같은 장소에서 같은 방법으로 동일한 범의를 가지고 한 일련의 무면허 의료행위 중 '돈을 받은 행위'와 '돈을 받지 않은 행위'를 구분하여 전자는 보건범죄단속에 관한 특별조치법 위반죄, 후자는 의료법 위반죄를 각 구성한다고 보고 이를 실체적 경합범 관계로 인정한 것은 정당하지 않다(위 판례).

2. 대법원 1983.9.27, 82도671

형법 제189조 제2항의 업무상과실자동차파괴등죄는 교통방해죄의 한 태양으로서 공중교통안전을 그 보호법익으로 하는 공공위험죄에 속하는데 반해 도로교통법 제74조는 차량운행에 수반되는 위험성에 비추어 운전자에게 고도의 주의의무를 강조하고 나아가 차량운행과 직접 관계없는 제3자의 재물을 보호하는 데 있어 그 보호법익을 달리하는 점 등에 비추어 위 양 법규는 일반법과 특별법관계가 아닌 별개의 독립된 구성요건으로 해석함이 상당하다.

3. 대법원 1997.6.27, 97도1085

형법 제238조 제1항의 공기호부정사용죄와 자동차관리법위반죄는 그 보호법익을 달리하고 있는 점 등에 비추어 보면, 자동차관리법 제78조, 제71조가 형법 제238조 제1항 소정의 공기호부정사용죄의 특별법 관계에 있다고는 보이지 아니한다. 법원행시 12

4. 대법원 2003.4.8, 2002도6033

공직선거법과 정당법은 각기 그 입법목적 및 보호법익을 달리하고 있을 뿐만 아니라 구체적인 구성요건에 많은 차이가 있어, 정당법의 구성요건이 공직선거법의 구성요건의 모든 요소를 포함하는 외에 다른 요소를 구비하는 경우에 해당한다고 볼 수 없다(특별관계 ×, 상상적 경합 ○).

5. 대법원 2006.5.26, 2006도1713

정치자금에 관한 법률 위반죄와 형법 제132조의 알선수뢰죄는 그 보호법익을 달리하고 있을 뿐 아니라 구체적인 구성요건에 있어서 많은 차이가 있어, 정치자금에 관한 법률의 규정이 형법 제132조의 규정에 대하여 특별관계에 있다고는 볼 수 없다.

6. 대법원 2006.6.15, 2006도1667

공직선거법의 선거의 자유방해죄와 형법 제314조 제1항의 업무방해죄는 그 보호법익과 구성요건을 서로 달리 그 보호법익과 구성요건을 서로 달리하는 것이므로, 위 양죄의 관계를 위 선거의 자유방해죄가 성립할 경우 업무방해죄가 이에 흡수되는 법조경합관계라고 볼 수는 없다. 법원행시 14

7. 대법원 2008.9.11, 2008도3932

건설산업기본법위반죄(배임수재)는 개인적 법익에 대한 범죄가 아니라 건설업의 부조리를 방지하여 건설산업의 건전한 발전을 도모하고자 하는 사회적 법익을 그 보호법익으로 하는 것으로서, 형법상 배임수재죄와 달리 필요적 몰수·추징에 관한 규정도 두지 않은 점 등을 종합적으로 고려하여 보면, 건설산업기본법위반죄는 형법상 배임수재죄의 특별규정이 아니다.

(2) 보충관계

기본법은 보충법에 우선된다(lex primaria derogat legi subsidiariae). 어떤 구성요건이 다른 구성요건의 적용이 없을 때에만 보충적으로 적용되는 경우로서 기본법 우선의 원칙에 따라 보충법 적용이 배제된다. 보충관계(補充關係; Subsidiarität) 중 명시적 보충관계는 법률의 규정에 의한 것을 말하고, 묵시적 보충관계는 형벌법규의 해석에 의한 것을 말한다.

구체적으로 묵시적 보충관계란, 예를 들어 甲이 살인의 고의로 자신이 보호하는 병든 자녀 乙을 깊은 산 속에 갖다 버려 乙을 살해한 경우를 말하는데, 이 경우 甲에게는 외관상 살인죄(침해범)와 유기죄(위험범)가 성립하는 것처럼 보이지만 실제로는 살인죄만 성립하게 된다. 이처럼 침해범까지 성립하였다면 위험범은 그 전단계의 보충법에 불과하므로 별도로 성립할 필요가 없다. 또한 동일인에 대한 '살인예비＋살인미수＋살인기수 ＝살인기수죄'의 관계가 되어 살인기수죄만 구성되는데(대법원 1965.9.28, 65도695), 살인예비·미수는 경과범죄(經過犯罪; Durchgangsdelikte) 내지 불가벌적 사전행위(不可罰的 事前行爲; straflose Vortat, Mitbestrafte Vortat)라고 하여 묵시적 보충관계로 분류된다.[636] 마찬가지로 살인행위에 선행하여 외견상 성립하는 상해는 경과범죄로

---

636 판례 : 법조경합 중 묵시적 보충관계임에도 포괄일죄로 본 듯한 표현 동일인에 대한 수차의 살인 시도가 그 목적을 달성한 경우 각 행위가 같은 일시 장소에서 행하여졌어도 모두 실행행위의 일부로서 이를 포괄적으로 보고 단순한 한 개의 살인기수죄로 처단할 것이다(대법원 1965.9.28, 65도695).

서 실제는 성립하지 않고 살인죄만 성립하게 된다.[637]

표정리 보충관계 주요 예 정리

구 분	보충법(×)	기본법(○)
명시적 보충관계	일반이적죄(제99조)	외환유치죄(제92조)~간첩죄(제98조)
	일반건조물방화죄(제166조)	현주건조물방화죄(제164조), 공용건조물방화죄(제165조)
묵시적 보충관계	예비	미수·기수
	미수	기수
	추상적 위험범	구체적 위험범
	위험범(유기죄)	침해범(살인죄)
	방조범	교사범·공동정범
	교사범	공동정범
	모욕죄	명예훼손죄
	준사기죄 등(준A죄)	사기죄 등(A죄)

(3) 흡수관계 – 전부법은 부분법을 폐지

① 의의 : 전부법은 부분법을 흡수한다(lex consumens derogat legi consumtae). 전형적으로 어떤 범죄가 무거운 구성요건의 실현 도중에 행해지거나(불가벌적 수반행위) 혹은 그 후에 행해지는 경우(불가벌적 사후행위)를 흡수관계(吸收關係; Konsumtion)라 한다. 이 경우 흡수하는 전부법만 적용되고 흡수되는 부분법은 배제된다.

② 종 류

㉠ 불가벌적 수반행위 : 불가벌적 수반행위(不可罰的 隨伴行爲; straflose Begleittat, mitbestrafte Begleittat)란 주된 범죄를 범하기 위해서 수반되는 경미한 범죄 즉, 수반된 행위의 불법과 책임이 주된 범죄에 비해 현저히 경미하기 때문에 별도로 처벌되지 않고 주된 범죄에 흡수되는 행위를 말한다. 법원행시 14 / 경찰채용 16 2차

예를 들어 ⓐ 부동의낙태에 수반하여 나타나는 임부의 신체에 대한 상해는 낙태에 흡수되며, ⓑ 도주행위를 하기 위하여 사복을 절취하여 도주하는 경우에는 절도는 도주죄에 흡수되고,[638] ⓒ 향정신성의약품수수죄에 수반되는 소지죄는 수수죄에 흡수되며(대법원 1990.1.25, 89도1211),[639] 국가9급 11 ⓓ 사람을 감금하기 위하여 폭행·협박하여 감금하는 경우에는 폭행·협박은 감금죄에 흡수되고,[640] ⓔ 인장위조·동행사는 문서위조·유가증권위조에 흡수되며, 변호사 12 ⓕ 신용카드매출전표에

평석 서로 다른 장소에서 행해진 예비, 미수, 기수는 포괄일죄로 볼 수 있으나, 같은 일시 같은 장소에서 행해진 예비, 미수, 기수는 법조경합 중 보충관계로서 기수죄만 성립한다고 보는 것이 타당하다.

637 살인죄와 유기죄, 살인죄와 상해죄를 보충관계로 보는 견해는 배종대, §165−6; 이재상, §38−9. 반대하는 견해는 오영근, 692면.

638 이재상, §38−12. 반면, 수의를 입고 도주하는 경우 수의에 대한 절도는 불가벌적 수반행위가 아니라 아예 절도죄 자체가 성립하지 않는다는 견해는 오영근, 685면 참조.

639 비교 다만 향정신성의약품수수죄 이후 별개의 법익침해 또는 위험을 일으킨 소지죄는 별개의 죄를 구성하게 되며, 절취한 대마를 흡입할 목적으로 소지하는 죄도 별죄를 구성하는데 이는 후술하는 불가벌적 사후행위 관련 판례 참조.

640 비교 그러나 강간을 하기 위해 감금하는 행위는 강간을 하기 위해 반드시 감금하는 행위가 수반되는 것은 아니라는 점에서 강간죄에 흡수되지 않고 별개의 죄를 구성하여 강간(미수)죄와 감금죄의 상상적 경합이 성립한다는 것이 판례의 입장이다(상상적 경합에서 후술). 법원행시 11 다만 그렇다면 감금을 하기 위해서도 반드시 폭행·협박이 수반될 필요는 없기 때문에, 위

대한 사문서위조·동행사는 신용카드부정사용죄에 흡수되고, 경찰간부 16 ⑧ 휘발유를 소비한 부분에 대한 절도는 자동차불법사용죄에 흡수된다.

표정리 불가벌적 수반행위 주요 예 정리

구 분	부분법(×)	전부법(○)
불가벌적 수반행위	의복손괴 국가9급 10	살인행위
	휘발유 절취	자동차불법사용[641]
	인장위조 및 동행사 변호사 12	문서위조
	사문서위조 및 동행사	신용카드부정사용
	부수적 상해	낙태
	부수적 협박	상해

🔍 **판례연구** 불가벌적 수반행위 인정 판례

1. 대법원 1976.12.14, 76도3375

상해＋협박＝상해(예외도 있음)

같은 시간, 같은 장소에서 상해를 입히고 협박을 한 경우에 특별한 사정이 없는 한 위 협박행위는 상해와 동일 범의 하에서 이루어진 폭언에 불과하여 위 상해죄에 포함되는 행위라고 봄이 타당하다.

비교판례 협박＋상해＝실체적 경합

흉기로 찔러 죽인다고 말하여 협박한 후 주먹과 발로 구타하여 상해를 입힌 경우 협박죄와 상해죄의 실체적 경합이 된다(대법원 1982.6.8, 82도486).

2. 대법원 1977.12.13, 77도1380

마약성분추출죄와 매매목적소지죄는 실체적 경합범 관계에 있으며 마약의 매매행위가 성립하는 경우에는 매매를 목적으로 마약을 일시 소지하는 행위는 위 매매행위에 흡수된다.

3. 대법원 1996.9.24, 96도2151

피고인이 피해자에 대하여 금전채권이 있다고 하더라도, 그 권리행사를 빙자하여 사회통념상 용인되기 어려운 정도를 넘는 협박을 수단으로 사용하였다면, 공갈죄가 성립한다. 국가9급 13

4. 대법원 1997.4.17, 96도3376 전원합의체

반란에 수반하여 행한 지휘관계엄지역수소이탈 및 불법진퇴가 반란죄에 흡수되는지 여부(적극)

지휘관계엄지역수소이탈 및 불법진퇴는 반란의 진행과정에서 수반하여 일어난 것으로서, 반란 자체를 실행하는 전형적인 행위라고 인정되므로, 반란죄에 흡수되어 별죄를 구성하지 아니한다.

5. 대법원 2021.7.8, 2021도2993

아청법상 아동·청소년이용음란물제작·배포죄와 음란물소지죄의 관계

구 아청법 제11조 제5항 위반(음란물소지)죄는 아동·청소년이용음란물임을 알면서 이를 소지하는 행위를 처벌함으로써 아동·청소년이용음란물의 제작을 근원적으로 차단하기 위한 처벌규정이다. 그리고 구 아청법 제11조 제1항 위반(음란물제작·배포등)죄의 법정형이 무기징역 또는 5년 이상의 유기징역인 반면, 음란물소지죄의 법정형이 1년 이하의 징역 또는 2천만 원 이하의 벌금형이고, 아동·청소년이용음란물 제작행위에 아동·청소년이

두 경우의 차이가 무엇인지 궁금해진다.

641 자동차절도에 따르는 휘발유 소비행위도 불가벌적 수반행위로 정리하는 견해(이재상, §38－12)가 있으나, 이는 자동차절도 그 자체의 행위이므로 불가벌적 수반행위로 볼 수 없다고 생각된다. 동지 : 오영근, 685면.

용음란물 소지행위가 수반되는 경우 아동·청소년이용음란물을 제작한 자에 대하여 자신이 제작한 아동·청소년이용음란물을 소지하는 행위를 별도로 처벌하지 않더라도 정의 관념에 현저히 반하거나 해당 규정의 기본취지에 반한다고 보기 어렵다. 따라서 아동·청소년이용음란물을 제작한 자가 그 음란물을 소지하게 되는 경우 음란물소지죄는 음란물제작·배포등죄에 흡수된다고 봄이 타당하다(다만 사회통념상 새로운 소지가 있었다고 평가할 수 있는 별도의 소지행위를 개시하였다면 음란물제작·배포등죄와 별개의 음란물소지죄에 해당함).

6. 대법원 2022.10.27, 2022도10402

거짓신고에 의한 경범죄처벌법위반죄와 위계에 의한 공무집행방해죄의 죄수관계 : 허위 화재신고 사건

경범죄처벌법 제3조 제3항 제2호의 거짓신고로 인한 경범죄처벌법위반죄는 '있지 아니한 범죄나 재해 사실을 공무원에게 거짓으로 신고'하는 경우에 성립하고, 형법 제137조의 위계에 의한 공무집행방해죄는 상대방의 오인, 착각, 부지를 일으키고 이를 이용하는 위계에 의하여 상대방으로 하여금 그릇된 행위나 처분을 하게 함으로써 공무원의 구체적이고 현실적인 직무집행을 방해하는 경우에 성립하는바(대법원 2016.1.28, 2015도17297), 전자는 사회공공의 질서유지를 보호법익으로 하는 반면, 후자는 국가기능으로서의 공무 그 자체를 보호법익으로 하는 등 양 죄는 직접적인 보호법익이나 규율대상 및 구성요건 등을 달리한다. 따라서 경범죄처벌법 제3조 제3항 제2호에서 정한 거짓신고 행위가 원인이 되어 상대방인 공무원이 범죄가 발생한 것으로 오인함으로 인하여 공무원이 그러한 사정을 알았더라면 하지 않았을 대응조치를 취하기에 이르렀다면, 이로써 구체적이고 현실적인 공무집행이 방해되어 위계에 의한 공무집행방해죄가 성립하지만(대법원 2016.10.13, 2016도9958), 이와 같이 경범죄처벌법 제3조 제3항 제2호의 거짓신고가 '위계'의 수단·방법·태양의 하나가 된 경우에는 거짓신고로 인한 경범죄처벌법위반죄가 위계에 의한 공무집행방해죄에 흡수되는 법조경합 관계에 있으므로, 위계에 의한 공무집행방해죄만 성립할 뿐 이와 별도로 거짓신고로 인한 경범죄처벌법위반죄가 성립하지는 않는다.

✦ 판례연구 불가벌적 수반행위 부정 판례

1. 대법원 1980.5.13, 80도716

방카씨(C)유에 저질유를 혼합하거나 감량하는 석유사업법 위반행위나 계량법 위반행위가 타인으로부터 금원을 편취하기 위한 목적이 있었다 하더라도 그 각 위반행위가 사기죄에 당연히 흡수되지 아니하며 위 두 죄는 서로 경합범 관계에 있다.

2. 대법원 1989.8.8, 88도2209

사문서위조·동행사죄가 조세범처벌법 소정의 조세포탈의 수단으로 행해진 경우 : 흡수 ×

사문서위조 및 동행사죄가 조세범처벌법 제9조 제1항 소정의 "사기 기타 부정한 행위로써 조세를 포탈"하기 위한 수단으로 행하여졌다고 하여 그 조세포탈죄에 흡수된다고 볼 수 없다.

3. 대법원 1995.7.28, 95도869

매입한 향정신성의약품을 처분함이 없이 계속 소지하고 있는 경우, 그 소지행위가 매매행위와 불가분의 관계에 있는 것이라거나, 매매행위에 수반되는 필연적 결과로서 일시적으로 행하여진 것에 지나지 않는다고 평가되지 않는 한 그 소지행위는 매매행위에 포괄 흡수되지 아니하고 향정신성의약품의 매매죄와는 별도로 향정신성의약품의 소지죄가 성립한다고 보아야 한다.

4. 대법원 1996.4.12, 96도304

매매할 목적으로 마약을 소지한 자가 그 마약을 매도하거나 매매행위에 착수하였으나 미수에 그친 경우에는, 그 소지행위가 매매실행행위와 불가분의 관계에 있거나 사회통념상 매매실행행위의 일부로 평가되는 것뿐이 아닌 한, 마약법상 마약매매죄(또는 미수죄)와 마약매매목적소지죄가 성립하고, 두 죄는 실체적 경합범의 관계에 있다(마약의 소지행위가 매도행위의 준비의 일환으로 일시적으로 이루어진 것이라고 하더라도, 매매죄와 별도로 소지죄가 성립함).

5. 대법원 1998.10.13, 98도2584

수인이 공모공동하여 향정신성의약품을 매수한 후 그 공범자 사이에 그중 일부를 수수하는 경우에 있어서, 그 수수행위와 매매행위가 불가분의 관계에 있는 것이라거나 매매행위에 수반되는 필연적 결과로서 일시적으로 행하여진 것에 지나지 않는다고 평가되지 아니하는 한, 그 수수행위는 매매행위에 포괄 흡수되지 아니하고 향정신성의약품매매죄와는 별도로 향정신성의약품수수죄가 성립하고, 두 죄는 실체적 경합관계에 있다.

6. 대법원 2007.5.11, 2006도9478

공동재물손괴의 범행은 업무방해의 과정에서 그 소란의 일환으로 저지른 것이기는 하지만, 양 죄는 피해자가 다를 뿐 아니라, 업무방해의 범행은 공동재물손괴의 범행 외에 장시간에 걸쳐 집단적으로 한국철도공사 사업본부 장실을 점거하고 구호를 제창하는 등의 위력을 행사하는 방법으로 저지른 것이어서 행위의 태양이 다르다고 할 것이고, 따라서 양 죄는 실체적 경합범의 관계에 있다.

7. 대법원 2012.10.11, 2012도1895

업무방해죄와 폭행죄는 구성요건과 보호법익을 달리하고 있고, 업무방해죄의 성립에 일반적·전형적으로 사람에 대한 폭행행위를 수반하는 것은 아니며, 폭행행위가 업무방해죄에 비하여 별도로 고려되지 않을 만큼 경미한 것이라고 할 수도 없으므로, 설령 피해자에 대한 폭행행위가 동일한 피해자에 대한 업무방해죄의 수단이 되었다고 하더라도 그러한 폭행행위가 이른바 불가벌적 수반행위에 해당하여 업무방해죄에 대하여 흡수관계에 있다고 볼 수는 없다. 국가9급 13 / 법원승진 13 / 법원행시 14 / 사시 14 / 경찰채용 16 2차 / 경찰간부 16 / 법원9급 18 / 경찰채용 18 3차

    ⓛ 불가벌적 사후행위

        ⓐ 의의 : 불가벌적 사후행위(不可罰的 事後行爲; straflose Nachtat, mitbestrafte Nachtat)라 함은 범죄로 획득한 위법한 이익을 이용하거나 확보하는 행위가 구성요건해당적 행위이지만, 그 침해대상은 선행된 범죄에서 이미 침해된 법익이므로(그 불법은 선행한 범죄에서 이미 평가된 것임을 의미) 따로 범죄를 구성하지 않는 경우를 말한다.

        ⓑ 요건 : 불가벌적 사후행위로서 선행범죄에 흡수되기 위해서는, 사후행위는 ㉮ 일단 독립된 범죄의 구성요건에 해당하여야 하나, ㉯ 선행범죄와 동일한 법익을 침해한 행위로서 선행범죄가 침해한 법익의 양을 초과하지 않아야 하고, ㉰ 특히 제3자의 독자적 법익을 침해해서는 안 된다.

        ㉮ 일정한 범죄의 구성요건에는 해당할 것 : 불가벌적 사후행위가 되기 위해서는 사후행위가 처음부터 범죄 자체가 성립할 수 없는 경우이면 안 되며, 일정한 범죄에는 해당이 되어야 한다. 예를 들어, 절도범이 절취한 도품을 처분한 행위가 횡령죄를 구성하지 않는 것은 불가벌적 사후행위이기 때문이 아니라, 애초에 횡령죄 자체를 구성하지 않기 때문이다. 횡령죄(제355조 제1항)에 해당되기 위해서는 위탁관계에 의하여 타인의 재물을 보관하는 자가 이를 영득해야 하는데, 이러한 경우에는 처음부터 위탁관계에 의한 보관 자체가 인정되지 않는다. 다만, **판례** 중에는 사후행위가 처음부터 범죄에 해당하지 않는 경우에도 불가벌적 사후행위로 판시하는 경우도 있다.[642]

        ㉯ 선행범죄가 침해한 법익의 양을 초과하지 않을 것 : 예컨대, 절도범이 절취한 재물을 다시 원래의 절도의 피해자에게 도품인 사실을 숨기고 돈을 받고 매각한 경우에는 절도죄에서 침해한 법익의 양을 초과한 사기죄(제347조)까지 범한 것이므로 불가벌적 사후행위가 될 수 없는 것이다.

        ㉰ 제3자의 독자적인 법익을 침해하지 않을 것 : 불가벌적 사후행위의 요건 중 가장 중요한 것이다. 예컨대, 절도범이 절취한 도품을 선의의 제3자에게 매각한 행위는 불가벌적 사후행위를 구성할 수 없고 별도의 사기죄를 구성하게 된다(대법원 1980.11.25, 80도2310). 국가9급 11 / 사시 13 왜냐하면 이 경우 선의(善意)의 제3자는 비록 무권리자인 절도범으로부터 도품의 점유를 이전받았으나 민법상 선의취득의 요건(민법 제249조)에 해당하여 소유권은 가지면서도[643], 민법

---

642 판례 : 범죄의 구성요건에 해당하지 않아도 불가벌적 사후행위를 인정한 사례 장물죄는 타인(본범)이 불법하게 영득한 재물의 처분에 관여하는 범죄이므로 자기의 범죄에 의하여 영득한 물건에 대하여는 성립하지 아니하고 이는 **불가벌적 사후행위**에 해당한다(대법원 1986.9.9, 86도1273). 사시 12

643 따라서 소유권 자체가 인정될 수 없다는 일부 교과서나 수험서의 설명은 잘못된 것임을 밝혀둔다.

제250조의 도품·유실물 특례에 의하여 절도의 피해자인 원권리자로부터 2년간 반환청구권의 행사를 당하게 되므로 그만큼 불안정한 점유상태를 유지하게 되기 때문에, 절도범은 선의의 제3자에게 거래상의 신의칙에 반하는 기망행위를 한 것으로 보아야 하기 때문이다. 결국 절도범은 제3자의 독자적 법익을 침해했다고 인정받게 되어 별개의 사기죄의 죄책까지 성립하는 것이다.

ⓒ 성 질

㉮ 제3자에 대한 관계에서는 가벌적 행위라는 성질 : 불가벌적 사후행위 관련문제로서는, 사후행위는 제3자에 대한 관계에서 여전히 가벌적 행위라는 성질을 유지한다는 점을 유의해야 한다. 선행범죄에 가담하지는 않은 자가 불가벌적 사후행위에만 가담한 경우에도 공범 성립이 가능한 이유도 바로 여기에 있다.

㉯ 장물죄의 본범으로서의 성질 : 아무리 불가벌적 사후행위라 하더라도, 장물죄의 본범으로서의 성질도 가지고 있다. '장물'이라 함은 재산범죄로 인하여 취득한 물건 그 자체를 말하므로, 재산범죄를 저지른 이후에 별도의 재산범죄의 구성요건에 해당하는 사후행위가 있었다면 비록 그 행위가 불가벌적 사후행위로서 처벌의 대상이 되지 않는다 할지라도 그 사후행위로 인하여 취득한 물건은 재산범죄로 인하여 취득한 물건으로서 장물이 될 수 있는 것이다(대법원 2004.4.16, 2004도353). 법원행시 06 / 국가7급 07 / 법원행시 11 / 국가9급 13 / 법원행시 14 / 변호사 20

표정리 불가벌적 사후행위 주요 예 정리[644]

	선행범죄(○)	후행범죄(×)
불가벌적 사후행위	재물절취	재물손괴 국가9급 10
	자기앞수표 / 기차승차권 절취	환금 / 환불 법원행시 05 / 법원행시 06
	재물횡령 / 사취	제3자에게 매각
	명의수탁자가 부동산을 제3자에게 매각	매각대금을 임의로 사용
	장물보관	횡령 법원행시 05
	장물취득	운반·보관·알선

사례연구 절도죄의 불가벌적 사후행위 Ⅰ

甲은 절취한 乙의 자기앞수표로 고급 이탈리아식당에서 음식을 주문하여 먹은 후 음식대금 6만 원을 위 자기앞수표로 계산한 후 거스름돈 4만 원을 받고 그 곳을 나왔다. 甲의 형사책임은?

해결 금융기관발행의 자기앞수표는 그 액면금액을 즉시 지급받을 수 있어 현금에 대신하는 기능을 하고 있으므로 절취한 자기앞수표를 환금하거나 현금 대신으로 교부한 행위는 절도행위에 대한 가벌적 평가에 당연히 포함되는 것으로 봄이 상당하다. 따라서 절취한 자기앞수표를 음식대금으로 교부하고 거스름돈을 환불받은 행위는 절도의 불가벌적 사후처분행위로서 사기죄가 되지 아니한다(대법원 1982.7.27, 82도822; 1987.1.20, 86도1728). 법원행시 05 / 법원행시 06 / 법원9급 08 / 경찰승진 10 / 경찰간부 13 / 경찰채용 14 1차

---

644 비교 : 불가벌적 사후행위가 아닌 예 ① 절취·강취한 예금통장으로 예금인출을 하는 행위, ② 절취한 전당표로 전당물을 찾는 행위, ③ 절취한 인장을 부정사용하는 행위, ④ 횡령한 공금을 장부에 허위기재하여 조세포탈까지 한 행위, ⑤ 사문서위조 후 이를 행사하는 행위, ⑥ 절취한 도품을 선의의 제3자에게 매각하는 행위, ⑦ 대마를 매입한 후 이를 소지하는 행위 등. 경찰채용 11 1차

📚 사례연구 절도죄의 불가벌적 사후행위 II

甲은 乙의 집에 주간에 들어가서 乙의 금목걸이를 乙이 낮잠을 자고 있는 틈에 몰래 가지고 나왔다. 그리고 이 금목걸이를 목에 걸고 다니다가 이를 사고 싶어 하는 자신의 친구 丙에게 금 오십만 원을 받고 팔았다. 甲의 형사책임은?

[해결] 甲은 주거침입죄, 절도죄, 사기죄의 경합범이다. 위와 같은 도품은 丙이 2년간 乙에게서부터 반환청구권을 행사당할 수 있기 때문에(민법 제250조 제1항) 재산상의 위험이 존재한다고 볼 수 있어 사기죄의 재산상 손해가 있다고 인정되기 때문이다. 또한 丙은 장물이라는 점에 대한 고의가 없으므로 장물취득죄가 성립하지 않음은 물론이다.

📚 사례연구 절도죄와 장물취득죄 및 불가벌적 사후행위 III

甲은 乙의 지갑에서 현금 삼십만 원을 훔쳐 이를 가지고 인근 옷가게에 가서 이십만 원 어치 옷을 구입하였다. 옷가게 주인 丙은 위 현금으로 자신의 거래처 사장 丁에게 채무를 변제하였다(丙과 丁은 위 돈이 절도로 인하여 취득한 재물임을 모르고 있었음). 甲과 丙과 丁의 형사책임은?

[해결] 甲은 절도죄만 성립한다. 여기에서 甲이 丙에 대하여 사기죄가 성립하지 않는다는 점을 주의하자. 丙은 당해 현금 이십만 원의 소유권을 유효하게 취득하고, 乙에게 그 반환을 청구당하지 않는다. 현금은 도품·유실물 특칙의 적용대상이 아니기 때문이다. 따라서 丙은 장물취득죄도 성립하지 않는다. 이미 적법하게 취득함을 인정한 것이므로 丁의 장물취득죄 여부도 논의할 필요가 없다.

📚 사례연구 독자적인 피해자가 존재하여 사기와 사기의 실체적 경합이 된 사례

甲은 乙을 기망하여 어음을 편취한 후 이를 숨기고 丙으로부터 할인을 받았다. 다만 위 약속어음의 발행인이나 배서인은 어음금을 지급할 의사와 능력이 있었다. 甲의 죄책은?(판례에 의함)

[해결] 甲은 (乙에 대한) 사기죄와 (丙에 대한) 사기죄의 실체적 경합이다. 불가벌적 사후행위가 되려면 제3자의 독자적 법익을 침해해서는 안 되기 때문이다.

[참조판례] 편취한 약속어음을 그와 같은 사실을 모르는 제3자에게 편취사실을 숨기고 할인받는 행위는 당초의 어음 편취와는 별개의 새로운 법익을 침해하는 행위로서 새로운 사기죄를 구성한다(대법원 2005.9.30, 2005도5236). 사시 10 / 경찰승진 11 ▶ 대법원 1983.4.26, 82도3079 판례와는 구별할 것

⚖ 판례연구 법조경합의 흡수관계 인정 : 불가벌적 사후행위를 인정한 예

1. 대법원 1970.11.24, 70도1998
부동산이중매매 관련 불가벌적 사후행위
피고인이 甲과 공동으로 불하받기로 하되 편의상 그 명의로 불하받은 부동산을 乙에게 자의로 매도하여 甲에 대한 배임행위로 처벌받은 후 乙에 대한 소유권이전등기의무를 지닌 채 위 부동산을 두고 이해관계인 간에 민사소송이 제기되어 화해가 성립됨으로써 결국 피고인이 재매도하는 형식이 되었다 하여도 이는 불가벌적 사후행위로서 특별히 죄가 되지 않는다. 경찰승진 12

2. 대법원 1974.10.22, 74도2441
피고인들이 절취한 원목에 관하여 합법적으로 생산된 것인 것처럼 관계당국을 기망하여 산림법 소정의 연고권자로 인정받아 수의계약의 방법으로 이를 매수하였다 하더라도 이는 상태범인 산림절도죄의 성질상 하나의 불가벌적 사후행위로서 별도로 사기죄가 구성되지 않는다.

3. 대법원 1975.8.29, 75도1996
열차승차권은 무기명증권이므로 이를 곧 사용하여 승차하거나 권면가액으로 양도할 수 있고 매입금액의 환불을

받을 수 있는 것으로서 열차승차권을 절취한 자가 환불을 받음에 있어 비록 기망행위가 수반한다 하더라도 절도죄 외에 따로 사기죄가 성립하지 아니한다. 법원행시 05 / 법원9급 07(하) / 사시 14

4. 대법원 1976.11.23, 76도3067; 2004.4.9, 2003도8219

절도범인으로부터 장물보관의뢰를 받은 자가 그 정을 알면서 이를 인도받아 보관하고 있다가 임의처분하였다 하여도 장물보관죄가 성립되는 때에는 이미 그 소유자의 소유물추구권을 침해하였으므로 그 후의 횡령행위는 불가벌적 사후행위에 불과하여 별도로 횡령죄가 성립하지 않는다. 법원행시 05 / 법원행시 06 / 법원9급 07(상) / 법원행시 08 / 법원9급 10 / 사시 10 / 경찰승진 11 / 국가9급 11 / 국가7급 11 / 경찰승진 12 / 법원9급 12 / 법원행시 12 / 경찰간부 13 / 국가7급 13 / 법원9급 14 / 국가7급 20

5. 대법원 1978.11.28, 78도2175

횡령죄는 상태범이므로 횡령행위의 완료 후에 행하여진 횡령물의 처분행위는 그것이 그 횡령행위에 의하여 평가되어 버린 것으로 볼 수 있는 범위 내의 것이라면 소위 불가벌적 사후행위가 된다. 경찰간부 18

6. 대법원 1983.4.26, 82도3079

편취한 약속어음을 사기죄의 피해자에 대한 채권변제에 충당한 사례

피고인이 당초부터 피해자를 기망하여 약속어음을 교부받은 경우에는 그 교부받은 즉시 사기죄가 성립하고 그 후 이를 피해자에 대한 피고인의 채권의 변제에 충당하였다 하더라도 불가벌적 사후행위가 됨에 그칠 뿐 별도로 횡령죄를 구성하지 않는다. 법원행시 05 / 법원행시 06 / 경찰승진 11 / 경찰채용 15 3차

7. 대법원 1993.3.9, 92도2999

미등기건물의 관리를 위임받아 보관하고 있는 자가 임의로 건물에 대하여 자신의 명의로 보존등기를 한 때 이미 횡령죄는 완성되었다 할 것이므로, 횡령행위의 완성 후 근저당권설정등기를 한 행위는 피해자에 대한 새로운 법익의 침해를 수반하지 않는 불가벌적 사후행위에 불과하다. 법원9급 09

8. 대법원 1993.11.23, 93도213

금융기관 발행의 자기앞수표는 그 액면금을 즉시 지급받을 수 있는 점에서 현금에 대신하는 기능을 가지고 있어서 장물인 자기앞수표를 취득한 후 이를 현금 대신 교부한 행위는 장물취득에 대한 가벌적 평가에 당연히 포함되는 불가벌적 사후행위로서 별도의 범죄를 구성하지 아니한다. 법원9급 05 / 법원9급 07(상) / 법원행시 08 / 사시 10 / 법원행시 11

9. 대법원 1997.2.25, 94도3346

특가법 소정의 배임에 의한 국고손실죄의 공동정범인 공무원이 다른 공범으로부터 그 범행에 의하여 취득한 금원의 일부를 받은 경우, 그 금원의 성격은 그 성질이 공동정범들 사이의 내부적 이익분배에 불과한 것이고 별도로 뇌물수수죄(사후수뢰죄)에 해당하지 않는다.

10. 대법원 2006.10.13, 2006도4034

명의신탁받아 보관 중이던 토지를 임의로 매각하여 이를 횡령한 경우에 그 매각대금을 이용하여 다른 토지를 취득하였다가 이를 제3자에게 담보로 제공하였다고 하더라도 이는 횡령한 물건을 처분한 대가로 취득한 물건을 이용한 것에 불과할 뿐이어서 별개의 횡령죄를 구성하지 않는다. 사시 10 / 사시 15

11. 대법원 2008.1.17, 2006도455

무신고 다이아몬드 수입 후 취득·양여한 행위의 불가벌적 사후행위 여부 사례

신고 없이 물품을 수입한 본범이 그 물품에 대한 취득·양여 등의 행위를 하는 경우 밀수입행위에 의하여 이미 침해되어 버린 적정한 통관절차의 이행과 관세수입의 확보라는 보호법익 외에 새로운 법익의 침해를 수반한다고 보기 어려우므로 이는 불가벌적 사후행위에 불과하다.

12. 대법원 2010.2.25, 2010도93

공동상속인 중 1인이 상속재산인 임야를 보관 중 다른 상속인들로부터 매도 후 분배 또는 소유권이전등기를 요구받고도 그 반환을 거부한 경우 이때 이미 횡령죄가 성립하고, 그 후 그 임야에 관하여 다시 제3자 앞으로 근저당권설정등기를 경료해 준 행위는 불가벌적 사후행위이다. 국가7급 12 / 법원행시 12 / 법원9급 14 / 법원행시 15 / 법원9급 18

13. 대법원 2012.11.29, 2012도10980

회사 대표이사가 자신의 채권자에게 회사의 정기예금을 질권 설정한 후 당해 예금을 인출케 한 사례

甲 주식회사 대표이사인 피고인이 자신의 채권자 乙에게 차용금에 대한 담보로 甲 회사 명의 정기예금에 질권을 설정하여 주었는데, 그 후 乙이 차용금과 정기예금의 변제기가 모두 도래한 이후 피고인의 동의하에 정기예금 계좌에 입금되어 있던 甲 회사 자금을 전액 인출한 경우, 민법 제353조에 의하면 질권자는 질권의 목적이 된 채권을 직접 청구할 수 있으므로, 피고인의 예금인출동의행위는 이미 배임행위로써 이루어진 질권설정행위의 사후조처에 불과하여 새로운 법익의 침해를 수반하지 않는 이른바 불가벌적 사후행위에 해당하고, 별도의 횡령죄를 구성하지 아니한다. 경찰채용 13 2차 / 법원승진 13 / 사시 13 / 법원9급 14 / 법원행시 14 / 경찰채용 15 3차 / 법원행시 15 / 법원행시 17

14. 대법원 2015.9.10, 2015도8592

종친회에 대한 사기죄가 성립하였으므로 별도의 횡령죄는 성립하지 않는다는 사례

乙 종친회 회장인 甲이 위조한 종친회 규약 등을 공탁관에게 제출하는 방법으로 乙 종친회를 피공탁자로 하여 공탁된 수용보상금을 출급받아 편취하고, 이를 종친회를 위하여 업무상 보관하던 중 반환을 거부하여 횡령하였다는 내용으로 기소된 경우, 피고인 甲이 공탁관을 기망하여 공탁금을 출급받음으로써 乙 종친회를 피해자로 한 사기죄가 성립하고, 그 후 乙 종친회에 대하여 공탁금 반환을 거부한 행위는 새로운 법익의 침해를 수반하지 않는 불가벌적 사후행위에 해당할 뿐 별도의 횡령죄가 성립하지 않는다.

15. 대법원 2008.3.27, 2007도9328

근저당권 설정 약속을 미끼로 기망하고 나서 부동산 이중저당으로 나아간 사례

근저당권 설정을 약정하는 방법으로 피해자를 기망하여 돈을 편취한 후 그 부동산에 관하여 제3자 명의로 근저당권설정등기를 마쳐준 경우, 사기죄만 성립한다(2019도14340 전원합의체 판결에 의하여 변경됨). 법원행시 08 / 법원9급 09 / 경찰승진 10 / 사시 10 / 경찰승진 11 / 경찰채용 12 2차 / 법원행시 12 / 사시 12 / 경찰간부 13 / 법원9급 14 / 법원행시 15

★ 판례연구 법조경합의 흡수관계 부정 : 불가벌적 사후행위를 부정한 예

1. 대법원 1964.8.27, 64도267

절취한 소를 도축장이나 수육가공장이 아닌 장소에서 도살하거나 해체하는 행위는 불가벌적 사후행위가 아니라 별개의 구 축산물가공처리법위반죄를 구성한다.

2. 대법원 1978.11.28, 78도2175

타인의 재물을 공유하는 자가 공유대지를 임의로 담보에 제공하고 가등기를 경료한 경우 횡령행위는 기수에 이르고 그 후 가등기를 말소했다고 하여 중지미수에 해당하지 않으며 사시 11 / 법원행시 13 가등기말소 후에 다시 새로운 영득의사의 실현행위가 있을 때에는 그 두개의 횡령행위는 경합범 관계에 있다.

3. 대법원 1980.10.14, 80도2155

절취한 전당표를 제3자에게 교부하면서 자기 누님의 것이니 찾아 달라고 거짓말을 하여 이를 믿은 제3자가 전당포에 이르러 그 종업원에게 전당표를 제시하여 기망케 하고 전당물을 교부받게 하여 편취하였다면 이는 사기죄를 구성하는 것이다. 경찰채용 14 1차

4. 대법원 1980.11.25, 80도2310

절도범인이 그 절취한 장물을 자기 것인 양 제3자(선의의 제3자)를 기망하여 금원을 편취한 경우에는 장물에 관하여 소비 또는 손괴하는 경우와는 달리 제3자에 대한 관계에 있어서는 새로운 법익의 침해가 있다고 할 것이므로 절도죄 외에 사기죄의 성립을 인정해야 한다. 국가9급 11 / 사시 13

5. 대법원 1983.7.26, 83도706

문화재를 문화재보호법 소정의 각 규정에 위반하여 취득하고 양도하는 행위는 별개의 구성요건을 충족하는 것으로써 문화재양도행위는 그 취득행위의 불가벌적 사후행위가 아니다.

6. 대법원 1983.11.8, 83도2031

판매목적으로 향정신성의약품(히로뽕)을 제조하여 이를 판매한 경우에 그 제조행위와 제조품의 판매행위는 각각 독립된 가벌적 행위로서 별개의 죄를 구성한다고 봄이 상당하고 판매행위가 판매목적의 제조행위에 흡수되는 불가벌적 사후행위라고 볼 수 없으므로 경합범으로 처단하여야 한다.

7. 대법원 1984.10.23, 84도1945

보건범죄단속에 관한 특별조치법 제3조 제1항 규정의 취지는 무허가의약품의 제조행위와 판매행위를 개별적으로 가중처벌하는 것이라고 보아야 할 것이어서 허가없이 판매의 목적으로 의약품을 제조하여 이를 판매한 경우에도 그 제조행위와 판매행위는 각각 독립된 행위로서 별개의 죄를 구성하고 위 판매행위가 판매목적의 제조행위에 흡수되는 불가벌적 사후행위는 아니다.

8. 대법원 1985.10.22, 85도759

타인의 명의를 참칭하여 그 명의로 여권을 발급받은 행위는 여권법 제13조 제2항 제1호에 해당하고 위와 같이 부정하게 발급받은 여권을 이용하여 출국절차를 밟아 출국하거나 그 출국을 방조한 행위는 각 여권법위반죄와 밀항단속법위반죄를 구성하고 양죄는 실체적 경합관계에 있다.

9. 대법원 1986.9.9, 86도1273

범죄집단의 일원으로부터 장물을 취득한 경우, 장물취득죄가 성립한다는 사례

평소 본범과 공동하여 수차 상습으로 절도 등 범행을 자행함으로써 실질적인 범죄집단을 이루고 있었다 하더라도, 당해 범죄행위의 정범자(공동정범이나 합동범)로 되지 아니한 이상 이를 자기의 범죄라고 할 수 없고 따라서 그 장물의 취득을 불가벌적 사후행위라고 할 수 없다. 법원행시 09 / 변호사 20

10. 대법원 1988.10.11, 88도994

동일인이 법정환율과 취급수수료에 의하지 아니하고 동일한 외국통화를 매입하고 다시 이를 매도하는 경우에 있어서 그 매입·매도 행위는 각각 별개의 외국환관리법 제5조 제4항 위반죄를 구성하고 그 매도행위가 매입행위의 불가벌적 사후행위에 해당한다 할 수 없다.

11. 대법원 1989.10.24, 89도1605

대표이사 등이 회사의 대표기관으로서 피해자들을 기망하여 교부받은 금원은 그 회사에 귀속되는 것인데, 그 후 대표이사 등이 이를 보관하고 있으면서 횡령한 것이라면 이는 위 사기범행과는 침해법익을 달리하므로 횡령죄가 성립되는 것이고, 이를 단순한 불가벌적 사후행위로만 볼 수 없다. 경찰승진 11

유사판례1 **1인 회사의 주주 겸 대표이사가 회사의 사업 진행 중 편취한 자금을 횡령한 사례**

1인 회사의 주주 겸 대표이사가 회사의 상가분양 사업을 수행하면서 수분양자들을 기망하여 편취한 분양대금은 회사의 소유로 귀속되는 것이므로, 대표이사가 그 분양대금을 횡령하는 것은 사기 죄와는 별도로 회사를 피해자로 하는 횡령죄가 성립되는 것이다(대법원 2005.4.29, 2005도741). 경찰채용 11 1차 / 국가7급 12 / 사시 14

유사판례2 **주식회사 대표이사가 기망으로 신주 인수케 한 후 신주인수대금을 횡령한 사례**

주식회사의 주주 겸 대표이사가 장차 신주발행절차에서 자신이 취득하게 될 주식을 타인에게 매도하고자 하면서 다만 양도소득세 등의 부담을 피하기 위해 주식매수인이 회사에 대해 직접 신주를 인수하는 절차를 취한 경우, 회사에 대한 관계에서 신주인수인은 대표이사가 아니라 주식매수인이므로 대표이사가 주식매수인으로부터 받은 주식매매대금은 신주인수대금으로서 이를 보관 중 개인적인 용도로 사용하였다면 횡령죄를 구성한다(대법원 2006.10.27, 2004도6503). 법원행시 09 / 법원행시 10 / 사시 10 / 법원9급 12 / 법원승진 13 / 경찰간부 18 / 법원행시 18 / 경찰채용 24 1차

12. 대법원 1990.7.10, 90도1176; 1974.11.26, 74도2817

강취(또는 절취)한 은행예금통장을 이용하여 은행직원을 기망하여 진실한 명의인이 예금의 환급을 청구하는 것으로 오신케 함으로써 예금의 환급 명목으로 금원을 편취하는 것은 다시 새로운 법익을 침해하는 행위이므로 장물의 단순한 사후처분과는 같지 아니하고 별도의 사기죄를 구성한다. 법원행시 05 / 경찰채용 12 2차

13. 대법원 1990.7.27, 90도543

매입한 대마를 처분함이 없이 계속 소지하고 있는 경우에 있어서 (그 소지행위가 매매행위와 불가분의 관계에 있는 것이라거나, 매매행위에 수반되는 필연적 결과로서 일시적으로 행하여진 것에 지나지 않는다고 평가되지 않는 한) 그 소지행위는 매매행위에 포괄흡수되지 아니하고 대마매매죄와는 달리 대마소지죄가 성립한다(흡연 목적으로 대마를 매입한 후 주머니에 넣고 다닌 경우).

 유사판례 대마취급자가 아닌 자가 절취한 대마를 흡입할 목적으로 소지하는 행위는 절도죄 외에 별개의 죄를 구성한다(절도죄와 무허가대마소지죄는 경합범)(대법원 1999.4.13, 98도3619). 법원9급 06 / 국가9급 08 / 법원행시 10 / 경찰간부 13

14. 대법원 1992.3.10, 92도147

회사 대표자가 회사자금을 인출하여 횡령함에 있어 경비지출을 과다계상하여 장부에 기장하고 나아가 이를 토대로 법인세 등의 조세를 납부한 경우 국가의 조세수입의 감소를 초래하여 조세를 포탈하였다고 할 것이다(횡령죄와 조세포탈죄의 실체적 경합).

15. 대법원 1996.7.12, 96도1181

신용카드를 절취한 후 이를 사용한 경우 신용카드의 부정사용행위는 새로운 법익의 침해로 보아야 하고 그 법익침해가 절도범행보다 대체로 커서 불가벌적 사후행위가 되는 것은 아니다. 법원행시 05 / 법원9급 08 / 경찰승진 10

16. 대법원 1997.7.25, 97도1142; 1984.11.27, 84도2263

사람을 살해한 자가 그 사체를 다른 장소로 옮겨 유기하였을 때에는 별도로 사체유기죄가 성립하고, 이와 같은 사체유기를 불가벌적 사후행위로 볼 수는 없다(페스카마15호 사건). 법원9급 05 / 법원행시 08 / 법원행시 10 / 국가9급 11 / 경찰채용 12 2차 / 변호사 12 / 경찰채용 14 1차 / 법원행시 17

17. 대법원 1998.4.10, 97도3057

위탁자로부터 당좌수표 할인을 의뢰받은 피고인이 제3자를 기망하여 당좌수표를 할인받은 다음 그 할인금을 임의소비한 경우, 제3자에 대한 사기죄와 별도로 위탁자에 대한 횡령죄가 성립한다.

18. 대법원 1999.8.20, 99도1744

향정신성의약품수수죄와는 별도로 향정신성의약품소지죄가 성립한다는 사례

수수한 메스암페타민을 장소를 이동하여 투약하고서 잔량을 은닉하는 방법으로 소지한 행위는 그 소지의 경위나 태양에 비추어 볼 때 당초의 수수행위에 수반되는 필연적 결과로 볼 수는 없고, 사회통념상 수수행위와는 독립한 별개의 행위를 구성한다고 보아야 한다. 경찰채용 16 2차 / 경찰7급 16 / 법원9급 18 / 경찰승진 23

19. 대법원 2001.11.27, 2000도3463

명의수탁자가 신탁 받은 부동산의 일부에 대한 토지수용보상금 중 일부를 소비하고, 이어 수용되지 않은 나머지 부동산 전체에 대한 반환을 거부한 경우, 그 횡령죄가 성립된 이후에 수용되지 않은 나머지 부동산 전체에 대한 반환을 거부한 것은 새로운 법익의 침해가 있는 것으로서 별개의 횡령죄가 성립하는 것이지 불가벌적 사후행위라 할 수 없다. 경찰채용 11 1차 / 국가9급 11 / 변호사 12 / 사시 14

20. 대법원 2004.4.16, 2004도353

컴퓨터등사용사기죄의 범행으로 예금채권을 취득한 다음 자기의 현금카드를 사용하여 현금자동지급기에서 현금을 인출한 경우, 현금자동지급기 관리자의 의사에 반하거나 기망행위·처분행위도 없었으므로 별도로 절도죄나 사기죄의 구성요건에 해당하지 않는다 할 것이고(처음부터 구성요건해당성이 없어 불가벌적 사후행위 ×), 그 결과 그 인출된 현금은 재산범죄에 의하여 취득한 재물이 아니므로 장물이 될 수 없다(불가벌적 사후행위도 없어 장물죄의 본범이 없기 때문임). 법원행시 05 / 국가7급 07 / 법원행시 08 / 법원행시 09 / 법원행시 11 / 법원행시 12 / 국가9급 13

21. 대법원 2004.5.28, 2004도1297

편취하거나 장물로 취득한 해상용 면세 경유를 판매한 행위(부가가치세포탈)는 국가의 조세수입 확보라는 새로운 법익을 침해하는 행위로서 사기·장물취득의 불가벌적 사후행위라고 할 수 없다.

22. 대법원 2005.10.28, 2005도4915

1인 회사의 주주가 자신의 개인채무를 담보하기 위하여 회사 소유의 부동산에 대하여 근저당권설정등기를 마쳐 주어 배임죄가 성립한 이후에 그 부동산에 대하여 새로운 담보권을 설정해 주는 행위는 선순위 근저당권의 담보 가치를 공제한 나머지에 대한 별도의 배임죄가 성립한다. 법원행시 10 / 법원행시 12

23. 대법원 2006.9.8, 2005도9861

피고인이 보석에 의한 석방을 위하여 변호사 비용으로 지출한 회사 자금은 그 전에 구속적부심사에서의 석방을 위한 변호사 비용으로 지출한 회사 자금과는 그 지출 목적 및 금원의 출처가 다르므로, 이의 지출은 회사에 대 하여 새로운 법익의 침해로서 별도의 업무상횡령죄를 구성한다.

24. 대법원 2007.9.6, 2007도4739

자동차를 절취한 후 자동차등록번호판을 떼어내고(자동차관리법위반죄) 이를 다른 차에 부착하고(공기호부정사 용죄) 운행한(부정사용공기호행사죄) 행위는 새로운 법익의 침해로 보아야 하므로 절도범행의 불가벌적 사후행 위가 되는 것이 아니다. 경찰승진 10 / 사시 10 / 변호사 12 / 경찰간부 13 / 사시 15 / 국가7급 20 / 변호사 20

25. 대법원 2008.5.8, 2008도198

채무자가 자신의 부동산에 甲명의로 허위의 금전채권에 기한 담보가등기를 설정하고 이를 乙에게 양도하여 乙명 의의 본등기를 경료하게 한 경우, 甲명의 담보가등기 설정행위로 강제집행면탈죄가 성립해도 그 후 乙명의로 이 루어진 본등기 경료행위가 불가벌적 사후행위가 되는 것은 아니다.

26. 대법원 2008.9.11, 2008도5364

영업비밀에 대한 절도죄와 영업비밀부정사용죄가 별도로 성립한다는 사례

부정한 이익을 얻거나 기업에 손해를 가할 목적으로 그 기업에 유용한 영업비밀이 담겨 있는 타인의 재물을 절 취한 후 그 영업비밀을 사용하는 경우, 영업비밀의 부정사용행위는 새로운 법익의 침해로 보아야 하므로 부정사 용행위가 절도범행의 불가벌적 사후행위가 되는 것은 아니다. 법원행시 09 / 법원행시 10 / 사시 10 / 경찰채용 14 1차 / 경찰 채용 15 3차 / 경찰채용 16 1차 / 법원9급 18 / 법원행시 18

27. 대법원 2011.4.14, 2011도277

회사로 하여금 자신의 채무에 관하여 연대보증채무를 부담하게 한 다음 회사의 자금을 인출 · 사용한 사례

회사에 대한 관계에서 타인의 사무를 처리하는 자가 임무에 위배하여 회사로 하여금 자신의 채무에 관하여 연대 보증채무를 부담하게 한 다음, 회사의 금전을 보관하는 자의 지위에서 회사의 자금을 자기의 소유인 경우와 같 이 임의로 인출한 후 개인채무의 변제에 사용한 행위는, 연대보증채무 부담으로 인한 배임죄와 다른 새로운 보호 법익을 침해하는 것으로서 배임 범행의 불가벌적 사후행위가 되는 것이 아니라 별죄인 횡령죄를 구성한다(횡령 행위로 인출한 자금이 선행 임무위배행위로 인하여 회사가 부담하게 된 연대보증채무의 변제에 사용되어도 결 론은 수죄). 법원9급 12 / 법원행시 14

28. 대법원 2012.9.27, 2010도16946

무역거래자가 외화도피의 목적으로 물품 등의 수입 가격을 조작하는 방법으로 피해은행을 기망하여 피해은행으 로 하여금 신용장을 개설하게 한 후 그 신용장대금을 수령한 경우에, 이러한 외화도피 목적의 수입 가격 조작행 위는 사기범행과는 별도로 대외무역법 위반죄를 구성한다. 법원행시 15

29. 대법원 2013.2.21, 2010도10500 전원합의체

새로운 위험 : 명의신탁받아 보관 중이던 토지에 대하여 근저당권설정등기 경료 후 매도한 사례

후행 처분행위가 선행 처분행위로 예상할 수 없는 새로운 위험을 추가함으로써 법익침해에 대한 위험을 증가시 키거나 선행 처분행위와는 무관한 방법으로 법익침해의 결과를 발생시키는 경우라면, 이는 선행 처분행위에 의 하여 이미 성립된 횡령죄에 의해 평가된 위험의 범위를 벗어나는 것이므로 특별한 사정이 없는 한 별도로 횡령 죄를 구성한다. 따라서 타인으로부터 명의신탁받아 보관 중이던 토지에 대하여 피해자인 명의신탁자의 승낙 없 이 제3자에게 근저당권설정등기를 경료해 주면 그 때에 그 토지에 대한 횡령죄가 성립하고, 그 후 피해자의 승 낙 없이 그 토지를 다른 사람에게 매도하였다면 이는 근저당권으로 인해 예상될 수 있는 범위를 넘어 새로운 위 험을 발생시킨 것이므로 별개의 횡령죄를 구성한다. 법원행시 08 / 법원행시 09 / 법원행시 10 / 경찰채용 11 2차 / 법원행시 12 / 국가7급 14 / 경찰채용 15 3차 / 법원행시 15 / 경찰채용 18 1차

유사판례 위 2010도10500 전원합의체에 의하여 변경된 판례[645]

① 명의신탁받아 보관 중이던 토지를 피해자의 승낙 없이 제3자에게 근저당권설정등기를 경료해 준 뒤 다른 사람에게 근저당권설정등기를 경료해준 사례(대법원 1996.11.29, 96도1755; 1999.4.27, 99도5), ② 명의신탁받은 토지를 승낙 없이 제3자에게 근저당권을 설정한 뒤 다시 타인에게 매도한 사례(대법원 1998.2.24, 97도3282; 1999.11.26, 99도2651), 사시 12 ③ 부동산의 명의수탁자가 근저당권설정등기를 경료했다가 말소하고 소유권이전등기를 경료한 사례(대법원 2000.3.24, 2000도310) 등 법원9급 12

30. 대법원 2023.11.16, 2023도12424

유사수신행위법위반죄와 사기죄의 죄수

「유사수신행위의 규제에 관한 법률」 제6조 제1항, 제3조를 위반한 행위[646]는 그 자체가 사기행위에 해당한다거나 사기행위를 반드시 포함한다고 할 수 없고, 유사수신행위법위반죄가 형법 제347조 제1항의 사기죄와 구성요건을 달리하는 별개의 범죄로서 서로 보호법익이 다른 이상, 유사수신행위를 한 자가 출자자에게 별도의 기망행위를 하여 유사수신행위로 조달받은 자금의 전부 또는 일부를 다시 투자받는 행위는 유사수신행위법위반죄와 다른 새로운 보호법익을 침해하는 것으로서 유사수신행위법위반죄의 불가벌적 사후행위가 되는 것이 아니라 별죄인 사기죄를 구성한다.

---

03 포괄일죄

1. 의 의

(1) 개 념

포괄일죄(包括一罪)라 함은 일반적으로 각기 따로 존재하는 여러 개 행위가 포괄적으로 1개의 구성요건에 해당하여 일죄를 구성하는 경우를 말한다.

(2) 법조경합 및 상상적 경합과의 구별

포괄일죄는 본래 일죄라는 점에서 수죄처럼 보이는 법조경합과 구별될 뿐만 아니라 실질적으로 수죄인 상상적 경합과도 구별된다. 사시 10

2. 유 형

(1) 결합범

결합범(結合犯; zusammengesetztes Delikt)이란 여러 개의 범죄행위가 결합되어 한 개의 구성요건으로 되어

---

645 보충 ① 새로운 위험 판례에 의하여 변경된 판례들은 모두 부동산 명의수탁자의 선행 처분행위에 이은 후행 처분행위가 '새로운 위험'을 낳은 것으로 볼 수 있는 경우들이다. 이에 비해 ② 변경되지 않은 판례들은 행위주체가 부동산명의수탁자가 아니거나, 선행행위가 이미 횡령물 전체에 대한 위험을 발생시켰다고 볼 수 있어 후행행위가 이에 더해 새로운 위험을 발생시킨 것으로 평가할 수 없는 경우들이다. 拙稿, '횡령죄의 새로운 위험 전합판례에 의해 변경된 판례들과 변경되지 않은 판례들', 공무원저널, 2013.6.18.

646 참조조문 유사수신행위의 규제에 관한 법률 제2조(정의) 이 법에서 "유사수신행위"란 다른 법령에 따른 인가 · 허가를 받지 아니하거나 등록 · 신고 등을 하지 아니하고 불특정 다수인으로부터 자금을 조달하는 것을 업(業)으로 하는 행위로서 다음 각 호의 어느 하나에 해당하는 행위를 말한다.
  1. 장래에 출자금의 전액 또는 이를 초과하는 금액을 지급할 것을 약정하고 출자금을 받는 행위
  2. 장래에 원금의 전액 또는 이를 초과하는 금액을 지급할 것을 약정하고 예금 · 적금 · 부금 · 예탁금 등의 명목으로 금전을 받는 행위
  3. 장래에 발행가액(發行價額) 또는 매출가액 이상으로 재매입(再買入)할 것을 약정하고 사채(社債)를 발행하거나 매출하는 행위
  4. 장래의 경제적 손실을 금전이나 유가증권으로 보전(補塡)하여 줄 것을 약정하고 회비 등의 명목으로 금전을 받는 행위

있는 범죄를 말한다.[647]

예 강도살인죄(제338조) = 강도죄(제333조) + 살인죄(제250조), 강도강간죄(제339조) = 강도죄(제333조) + 강간죄(제297조), 야간주거침입절도죄(제330조) = 주거침입죄(제319조) + 절도죄(제329조)

▶ 다만 강도가 과실치사상을 하여 강도치사상죄가 되는 경우에는 '결과적 가중범'이 되는 경우이어서, 이 경우 강도치사상죄와 강도 및 과실치사상죄의 관계는 기술한 법조경합 중 특별관계에 해당된다.

⚖ 판례연구 결합범

1. 대법원 1983.6.28, 83도1210
절취의 범행 중에 죄적을 인멸할 목적으로 사람을 살해한 경우는 강도살인죄(결합범)가 성립한다. 경찰간부 20

2. 대법원 1988.9.9, 88도1240
강도강간죄는 강도라는 신분을 가진 범인이 강간죄를 범하였을 때 성립하는 범죄이다(결합범). ① 강간범이 강간행위 후에 강도의 범의를 일으켜 그 부녀의 재물을 강취하는 경우 강도강간죄가 아니라 강도죄와 강간죄의 경합범이 성립될 수 있을 뿐이나, ② 강간범이 강간행위 종료 전, 즉 그 실행행위의 계속 중에 강도의 행위를 할 경우에는 바로 강도의 신분을 취득하는 것이므로 이후에 그 자리에서 강간행위를 계속하는 때에는 강도가 부녀를 강간한 것이므로 강도강간죄를 구성한다.

---

(2) 계속범

계속범(繼續犯; Dauerdelikt)[648]에 있어서 위법상태의 계속 중에 같은 구성요건을 다시 충족하는 경우에도 별도의 구성요건을 실현하는 것이 아니다.

예 감금 중인 피해자를 잠시 풀어주어 산책시키다가 다시 잡아 가두거나 감금 중 도주한 피해자를 바로 잡아 다시 감금한 행위 ⇨ 두 개의 감금죄가 성립하는 것이 아니라 포괄하여 한 개의 감금죄만 성립한다. 또한 주거침입한 상태에서 퇴거불응하여도 주거침입죄로 포괄된다. 감금죄나 주거침입죄는 기수 이후 위법상태가 계속되는 계속범이기 때문이다.

⚖ 판례연구 계속범을 인정하여 포괄일죄로 처리한 판례

1. 대법원 2007.7.26, 2007도4404
하나의 음주운전죄의 계속범 사례
혈중알콜농도 0.05% 이상의 음주상태로 동일한 차량을 일정기간 계속하여 운전하다가 1회 음주측정을 받았다면 이러한 음주운전행위는 동일 죄명에 해당하는 연속된 행위로서 단일하고 계속된 범의 하에 일정기간 계속하여 행하고 그 피해법익도 동일한 경우이므로 포괄일죄에 해당한다. 따라서 음주상태로 자동차를 운전하다가 제1차 사고를 내고 그대로 진행하여 제2차 사고를 낸 후 음주측정을 받아 도로교통법 위반(음주운전)죄로 약식명령을 받아 확정되었는데, 그 후 제1차 사고 당시의 음주운전으로 기소된 경우에는 위 공소사실이 약식명령이 확정된 음주운전죄와 포괄일죄 관계에 있다고 볼 수 있다.[649] 경찰승진 11 / 경찰간부 14

2. 대법원 2009.4.16, 2007도6703 전원합의체
무허가농지전용죄의 성격 : 즉시범과 계속범
농지법상 '농지의 전용'이 이루어지는 태양은, 농지에 대하여 외부적 형상의 변경을 수반하지 않거나 외부적 형상의 변경을 수반하더라도 사회통념상 원상회복이 어려운 정도에 이르지 않은 상태에서 그 농지를 다른 목적에

---

647 통설은 결합범을 포괄일죄의 유형으로 보고 있으나, 반대하는 소수설은 임웅, 566면 참조.
648 정리 : 계속범의 예와 그렇지 않은 예 체포·감금, 주거침입·퇴거불응, 약취·유인, 직무유기죄, 범인은닉죄는 계속범이다. 한편 판례가 계속범이 아닌 것으로 판시한 형법상 예로는 내란죄, 도주죄, 범죄단체조직죄, 학대죄, 횡령죄 등이 있다. 판례는 위 내란죄 등을 즉시범 내지 상태범으로 보고 있는 것이다.
649 평석 위 판례는 계속범으로 본 것인지 연속범으로 본 것인지가 분명히 나타나 있지는 않다. 이론적으로는 계속범으로 보아야 할 것이다.

사용하는 경우 등이 있을 수 있다.[650] 이렇게 당해 토지를 농업생산 등 외의 다른 목적으로 사용하는 행위를 여전히 농지전용으로 볼 수 있는 때에는 그 토지를 다른 용도로 사용하는 한 가벌적인 위법행위가 계속 반복되고 있는 계속범이라고 보아야 한다.

3. 대법원 2022.10.27, 2022도8806

같은 날 저녁 식사 전·후에 이루어진 제1 무면허운전과 제2 무면허운전의 죄수와 동일성

甲은 저녁 시간에 회사에서 퇴근하면서 무면허인 상태로 차량을 운전하여 인근 식당까지 이동하고(제1 무면허운전 혐의), 약 3시간이 경과 후 식당 인근에서 시동이 켜진 위 차량에서 술에 취해 잠이 든 상태로 발견되어 경찰에 의해 음주측정을 받았다(제2 무면허운전 및 음주운전 혐의). 무면허운전으로 인한 도로교통법 위반죄에 관해서는 어느 날에 운전을 시작하여 다음 날까지 동일한 기회에 일련의 과정에서 계속 운전을 한 경우 등 특별한 경우를 제외하고는 사회통념상 운전한 날을 기준으로 운전한 날마다 1개의 운전행위가 있다고 보는 것이 상당하므로 운전한 날마다 무면허운전으로 인한 도로교통법 위반의 1죄가 성립한다고 보아야 한다(대법원 2002.7.23, 2001도6281). 한편, 같은 날 무면허운전 행위를 여러 차례 반복한 경우라도 그 범의의 단일성 내지 계속성이 인정되지 않거나 범행 방법 등이 동일하지 않은 경우 각 무면허운전 범행은 실체적 경합 관계에 있다고 볼 수 있으나, 그와 같은 특별한 사정이 없다면 각 무면허운전 행위는 동일 죄명에 해당하는 수 개의 동종 행위가 동일한 의사에 의하여 반복되거나 접속·연속하여 행하여진 것으로 봄이 상당하고 그로 인한 피해법익도 동일한 이상, 각 무면허운전 행위를 통틀어 포괄일죄로 처단하여야 한다. 경찰채용 24 1차

> 보충 검사가 공소장변경으로 철회하려는 공소사실(제2 무면허운전 혐의)과 추가하려는 공소사실(제1 무면허운전 혐의)은 시간 및 장소에 있어 일부 차이가 있으나, 같은 날 동일 차량을 무면허로 운전하려는 단일하고 계속된 범의 아래 동종 범행을 같은 방법으로 반복한 것으로 포괄하여 일죄에 해당하고 그 기초가 되는 사회적 사실관계도 기본적인 점에서 동일하여 그 공소사실이 동일하다고 보아, 공소장변경신청은 허가됨이 타당하다.

🔍 **판례연구** 계속범을 부정하여 포괄일죄로 처리하지 않은 판례

1. 대법원 1992.2.25, 91도3192

폭력행위 등 처벌에 관한 법률 소정의 단체 등의 조직죄는 같은 법에 규정된 범죄를 목적으로 한 단체·집단을 구성함으로써 즉시 성립하고 그와 동시에 완성되는 즉시범이지 계속범이 아니다. 국가9급 20

2. 대법원 2008.5.29, 2008도2099

타인의 신용카드 정보를 자신의 메일계정에 보유한 행위에 대해서 여신전문금융업법위반죄로 처벌받은 후 계속하여 위 신용카드 정보를 보유한 경우, 별개의 범죄로서 기판력이 미치지 않는다.

3. 대법원 2011.2.10, 2010도16742

'자신의 집에 메스암페타민을 숨겨두어 소지한 행위(1차 소지행위)'와 그 후 '투약하고 남은 것을 일반 투숙객들의 사용에 제공되는 모텔 화장실 천장에 숨겨두어 소지한 행위(2차 소지행위)' 사례

1차 소지행위와 2차 소지행위가 시간적으로 하나의 계속성을 가지는 소지행위에 포섭되는 것이긴 하지만, 피고인은 2차 소지행위를 통하여 1차 소지행위와는 별개의 실력적 지배관계를 객관적으로 드러냈다고 평가하기에 충분하므로 2차 소지행위는 별개의 독립한 범죄로 보아야 한다.

---

(3) 접속범

접속범(接續犯)이라 함은 동일한 법익에 대하여 수개의 독립적 구성요건에 해당하는 행위가 불가분하게 접속하여 행하여지는 경우를 말한다.

예 방안에서 소유자를 달리하는 두 사람의 물건을 절취하는 경우(대법원 1970.7.21, 70도1133)[651], 법원9급 10 하나의

---

650 위 판례의 또 다른 논점 무허가농지전용죄의 유형은 이외에도 농지에 대하여 절토, 성토 또는 정지를 하거나 농지로서의 사용에 장해가 되는 유형물을 설치하는 등으로 농지의 형질을 외형상으로뿐만 아니라 사실상 변경시켜 원상회복이 어려운 상태로 만드는 경우가 있는데, 이는 즉시범에 해당한다.

651 주의 대법원 1989.8.8, 89도664에서는 "절도범이 甲의 집에 침입하여 그 집의 방안에서 그 소유의 재물을 절취하고 그 무렵

사건에 관하여 한 번 선서한 증인이 같은 기일에 여러 가지 사실에 관하여 기억에 반하는 허위의 진술을 한 경우(대법원 1998.4.14, 97도3340), 법원9급 05 / 법원9급 09 / 법원9급 10 / 법원행시 10 / 경찰간부 11 / 법원행시 11 / 변호사 13 같은 기회에 하나의 행위로 여러 개의 영업비밀을 취득한 행위(대법원 2009.4.9, 2006도9022)[652] 경찰간부 11

🔍 판례연구 접속범이 인정되는 경우

1. 대법원 1970.9.29, 70도1516

피해자를 위협하여 항거불능케 한 후 1회 간음하고 200m쯤 오다가 다시 1회 간음한 경우에 있어 피고인의 의사 및 그 범행 시각과 장소로 보아 두 번째의 간음행위는 처음 한 행위의 계속으로 볼 수 있어 이를 단순일죄로 처단한 것은 정당하다. 법원행시 08 / 법원행시 13 / 국가9급 16

2. 대법원 1979.10.10, 79도2093

특수강도의 소위가 동일한 장소에서 동일한 방법에 의하여 시간적으로 접착된 상황에서 이루어진 경우에는 피해자가 여러 사람이더라도 단순일죄가 성립한다(아래 91도643 판례와 구별).

🔍 판례연구 접속범이 부정되는 경우

1. 대법원 1987.5.12, 87도694

피고인이 피해자(여, 20세)를 강간할 목적으로 도망가는 피해자를 추격하여 머리채를 잡아끌면서 블럭조각으로 피해자의 머리를 수회 때리고 손으로 목을 조르면서 항거불능케 한 후 그녀를 1회 간음하여 강간하고 이로 인하여 그녀로 하여금 요치 28일간의 전두부 타박상을 입게 한 후 약 1시간 후에 그녀를 피고인 집 작은방으로 끌고가 앞서 범행으로 상처를 입고 항거불능상태인 그녀를 다시 1회 간음하여 강간한 경우, 이를 그 범행 시각과 장소를 각 달리하고 있을 뿐만 아니라 각 별개의 범의에서 이루어진 행위로 보아 형법 제37조 전단의 실체적 경합으로 처단한 조치는 옳다. 법원승진 12 / 법원9급 13

2. 대법원 1991.6.25, 91도643

강도가 동일한 장소에서 동일한 방법으로 시간적으로 접착된 상황에서 수인의 재물을 강취하였다고 하더라도, 수인의 피해자들에게 폭행·협박을 가하여 그들로부터 그들이 각기 점유·관리하고 있는 재물을 각각 강취하였다면, 피해자들의 수에 따라 수개의 강도죄를 구성하는 것이고, 다만 강도범인이 피해자들의 반항을 억압하는 수단인 폭행·협박행위가 사실상 공통으로 이루어졌기 때문에, 법률상 1개의 행위로 평가되어 상상적 경합으로 보아야 될 경우가 있는 것은 별문제이다. 법원9급 12 / 경찰승진 13

---

(4) 연속범

① 의의 : 연속범(連續犯; das fortgesetzte Delikt)이란 연속한 수개의 행위가 단일한 범죄의사로 행한 동종의 범죄에 해당하는 경우를 말한다. 상습범 가중처벌규정들이나 누범 가중처벌규정을 별도로 두고 있는 우리 형법의 특성상 연속범은 포괄일죄로 보는 것(다수설·판례)이 타당하다고 생각된다.[653] 경찰채용 11 2차 연속범은 시간적·장소적 근접을 요하지 않는다는 점에서 접속범과는 다르다.

그 집에 세들어 사는 乙의 방에 침입하여 재물을 절취하려다 미수에 그쳤다면 위 두 범죄는 그 범행장소와 물품의 관리자를 달리하고 있어서 별개의 범죄를 구성한다."고 판시하고 있다. 법원행시 06 / 법원행시 10 / 법원9급 13 / 사시 15

652 보충 이러한 경우에는 기업의 영업비밀 보호와 관련된 재산적 가치라는 비전속적 법익이 그 보호법익이므로 상상적 경합이 아니라 일죄가 되는 데 불과하다.

653 연속범의 개념을 인정하고 이를 포괄일죄로 보는 것이 다수설이라고 볼 수 있다. 김성천 / 김형준, 581면; 김일수, 629면 ; 배종대, 639면 ; 손동권, 502면; 손해목, 1135면; 오영근, 783면; 이재상, §38-29; 이형국, 724면 ; 임웅, 563면; 조준현, 349면; 진계호, 584면 등. 한편 연속범을 실체적 경합으로 보아야 한다는 소수설(연속범 부정설)은 박상기, 483면 이하; 신동운, 699면; 안동준, 313면; 이정원, 447면; 김성돈, "연속범의 죄수", 형사정책연구, 제8권 제1호, 1997 / 봄, 187면 이하; 박광민, "연속범 이론의 재검토", 형사법연구, 제13호, 2000 / 6, 144면 참조. 참고로 이러한 연속범 부정설이 독일판례(BGHSt GrS 40, 138)와 독일학계의 영향을 받은 것으로 보는 관점은 오영근, 699면 각주 4); 임웅, 562면 이하 참조. 또한 연속범은 본질상 수죄이나 과형상 일죄로 보는 소수설은 황산덕, 299면 참조.

② 요 건

㉠ 객관적 요건 : ⓐ 침해법익의 동일성(따라서 생명·신체·자유·명예처럼 일신전속적 법익을 침해한 범죄의 피해자가 다수인 경우나 주거침입죄와 절도죄처럼 법익이 서로 다를 때에는 연속범이 인정될 수 없고 실체적 경합이 될 것임),[654] ⓑ 범행방법의 동종성(따라서 범행방법이 서로 전혀 다른 작위범과 부작위범과 같은 경우에는 연속범이 인정될 수 없음[655]), 그리고 ⓒ 시간적 계속성과 장소적 계속성[656](따라서 각 범행마다 시간적 간격이 상당기간 있는 경우나 범행장소가 서로 다른 경우에는 연속범이 인정될 수 없음)이 제시되고 있다.

㉡ 주관적 요건 : 연속범에서 핵심적 요건은 주관적 요건이며, 이에 대해서는 범의의 단일성이 요구된다. 범의의 단일성은 범행을 수행해 나가면서 '이전의 범행과 연속적인 의사의 흐름' 속에서 범행을 하면 충분하다고 보아야 한다는 점에서, 연속범행의 고의로도 충분하다.[657] **판례**도 단일 또는 계속된 범의의 연속이 있으면 범의의 단일성을 인정하는 입장이다(대법원 1984.8.14, 84도1139; 1984.5.15, 84도233 등). 국가7급 10 / 법원9급 15 / 경찰간부 17 다만, 연속범의 주관적 요건을 고려할 때 고의범과 과실범 간에는 연속범이 성립할 수 없다.

③ 연속범에 관한 판례의 정리[658] : 동일 죄명에 해당하는 수개의 행위 또는 연속된 행위를 ㉠ 단일하고 계속된 범의 하에 일정 기간 계속하여 행하고 그 피해법익도 동일한 경우에는 통틀어 포괄일죄로 처단하여야 하지만, 국가9급 12 ㉡ 범의의 단일성과 계속성이 인정되지 아니하거나 범행방법 및 장소가 동일하지 않은 경우에는 각 실체적 경합범에 해당하게 된다. 경찰승진 14

📚 사례연구 수뢰죄의 연속범 사례

공무원 甲은 건축업자 乙로부터 그의 담당업무인 허가와 관련하여 협조를 부탁한다는 청탁과 함께 1980년 12월 10일 한 번, 동년 동월 17일 甲의 자택에서 한 번, 동년 동월 하순(일자불상)경 한 번 금원을 각각 교부받았다. 甲의 형사책임은?

해결 甲은 수뢰죄의 연속범으로서 포괄일죄가 된다(대법원 1983.11.8, 83도711; 1979.8.14, 79도1393)(공무원의 일정기간 동안 17회에 걸친 뇌물수수행위를 포괄일죄로 본 판례는 대법원 1990.9.25, 90도1588)(참고로 수뢰죄는 상습범처벌규정이 없음).

📚 사례연구 가루로 만들어 버리겠다 사례

甲은 같은 학원에 다니면서 알게 된 乙과 부산 등지로 여행하던 중 부산 소재 모여관에서 乙에게 현금카드를 빌려 주지 않으면 부산에 있는 아는 깡패를 동원하여 가루로 만들어 버리겠다고 말하여 이에 겁을 먹은 乙로부터 즉석에서 현금카

---

654 판례 : 구성요건이 다르면 포괄일죄를 구성할 수 없다는 사례 포괄1죄라 함은 각기 따로 존재하는 수개의 행위가 한 개의 구성요건을 한번 충족하는 경우를 말하므로 구성요건을 달리하고 있는 횡령, 배임 등의 행위와 사기의 행위는 포괄1죄를 구성할 수 없다(대법원 1988.2.9, 87도58). 사시 15 / 경찰간부 23

655 다수설이다. 배종대, §166-7; 손동권, 595면; 이재상, §38-33 등 참조. 다만 연속범이 될 수 있다는 소수설은 오영근, 701면 참조.

656 시간적·장소적 밀접성이 결여되어 있더라도 연속범이 성립한다고 보는 입장은 박상기, 482면. 또한 연속범의 성립에 장소적 계속성은 요하지 않는다는 견해는 오영근, 702면; 임웅, 564면.

657 참고 : 범의의 단일성의 의미 범의의 단일성의 의미에 대해서는 **전체고의**(Gesamtvorsatz : BGHSt 1, 315)인지 아니면 **연속범행의 고의**(Fortsetzungsvorsatz)로도 충분한가에 대한 견해가 제시되고 있다. 연속범행의 고의라는 용어는 **계속적 고의** 내지 **반복적 고의**(Wieder holungsvorsatz)라고도 부른다. 연속범의 다양성을 고려할 때, 범의의 단일성을 범행준비단계 또는 착수단계에서 이미 전체범행에 대한 단일한 고의가 있을 것(Gesamtvorsatz)을 요구하는 것은 현실적이지 못하다고 생각된다(대체적인 학설의 입장이다. 다만 전체고의를 요구하는 반대견해는 서보학, "연속범이론에 대한 형법적 고찰", 정성근교수화갑기념논문집, 1997, 613면).

658 정리요령 연속범 내지 영업범으로서 포괄일죄가 되는 대표적인 경우들은 수뢰, 공갈, 사기(1인의 피해자, 자기명의카드), 증권거래법위반(시세조종, 불공정거래), 의료(무면허의료, 의료매개사주), 약사법위반(담합), 오락 / 게임(불법적 오락실·게임장영업), 횡(업무상횡령죄), 신(신용카드부정사용) 등의 경우들이다.

드 1장을 교부받았다. 甲은 그 이후 17회에 걸쳐 현금카드를 이용하여 현금자동지급기에서 도합 7백5십만 원을 인출하였다. 甲의 형사책임은?

[해결] 甲은 공갈죄의 연속범으로서 포괄일죄가 성립한다. 또한 현금카드는 도난 또는 분실된 신용카드가 아니므로 신용카드부정사용죄가 적용되지 않는다는 점을 주의하자. 그리고 갈취한 현금카드로 현금인출을 받은 행위는 절도죄 그 자체를 구성하지 않는다(대법원 1996.9.20, 95도1728).

★ 판례연구 연속범 인정 판례 : 포괄일죄 인정

1. 대법원 1965.9.28, 65도695

살해의 목적으로 동일인에게 일시 장소를 달리하고 수차에 걸쳐 단순한 예비행위를 하거나 또는 공격을 가하였으나 미수에 그치다가 드디어 그 목적을 달성한 경우에 그 예비행위 내지 공격행위가 동일한 의사발동에서 나왔고 그 사이에 범의의 갱신이 없는 한 각 행위가 같은 일시 장소에서 행하여졌거나 또는 다른 장소에서 행하여졌거나를 막론하고[659] 그 살해의 목적을 달성할 때까지의 행위는 모두 실행행위의 일부로서 이를 포괄적으로 보고 단순한 한 개의 살인기수죄로 처단할 것이지 살인예비 내지 미수죄와 동 기수죄의 경합죄로 처단할 수 없는 것이다. 법원행시 09 / 경찰간부 15

2. 대법원 1974.7.26, 74도1477

형법 제98조 제1항의 간첩죄를 범한 자가 그 탐지수집한 기밀을 누설한 경우 또는 국가보안법 제3조 제1호의 국가기밀을 탐지수집한 자가 그 탐지수집한 기밀을 누설한 경우 등에는 포괄하여 1죄를 범한 것으로 보아야 하고 간첩죄와 군사기밀누설죄 또는 국가기밀 탐지수집죄와 국가기밀누설 등 두 가지 죄를 범한 것으로 인정할 수 없다. 법원9급 05

3. 대법원 1983.3.8, 83도122

피고인이 무허가로 소유자를 달리하는 수 필지의 임야를 파헤쳐 도로를 개설함으로써 임야를 훼손하였다 하더라도 피고인의 산림훼손 행위는 단일한 의사로 행하여진 이상 포괄일죄를 구성한다.

4. 대법원 1984.8.14, 84도1139; 2000.1.21, 99도4940

업무상 횡령의 소위는 피해법익이 단일하며, 단일 또는 계속된 범의의 발동에 의하여 이루어진 범행이라면 그 행위가 복수인 경우에도 이를 포괄적으로 파악하여 일죄로 인정할 수 있으므로 업무상 횡령사실이 비록 약 4년 3개월간에 걸친 것이라 하여도 그 기간 내의 횡령범행이 전 기간을 통하여 접속되어 있고 그 횡령사실이 모두 甲은행을 위하여 업무상 보관관리하고 있는 돈을 횡령한 것이라면 그 피해법익이 단일하다 할 것이므로 이를 일죄로 파악한 것은 정당하다.

[유사판례] 1인의 피해자에 대한 여러 번의 사기회사의 대표이사의 회사공금 반복 인출·사용

회사의 대표이사가 재직 중 회사공금을 가지급금 등의 명목으로 반복하여 인출, 사용한 경우에는, 가지급금 명목이든 부외자금 명목이든 피고인의 횡령이 단일하고도 계속된 범의 아래 일정기간 반복하여 저질러졌고 그 피해법익도 동일하므로, 특경법위반(횡령)죄의 포괄일죄에 해당한다(대법원 2009.10.29, 2009도8069; 1960.8.3, 4293형상64).

5. 대법원 1995.9.5, 95도1269

직할시세, 구세, 국세를 계속적으로 업무상 횡령한 경우는 수죄, 같은 피해법익 내에서는 포괄일죄

① 횡령 세금에 직할시세인 취득세, 등록세 등과 구세인 재산세, 종합토지세 등 및 국세인 방위세 또는 교육세가 포함되어 있는 경우, 그 피해법익별로(즉 직할시세, 구세 및 국세별로) 구분하여 별개의 죄가 성립하며, ② 이 경우 같은 직할시세 또는 같은 구세 중에서 구체적인 세목을 달리하거나 수개의 행위 도중에 공범자에 변동이 있고 때로는 단독범인 경우도 있다 하더라도 그것이 단일하고 계속된 범의 하에 행하여진 것이라면 별개의 죄가 되는 것이 아니라 포괄일죄가 된다.

---

659 비판 판례가 같은 일시 장소에서 행해진 일련의 살인범행에 대해서 법조경합 중 보충관계를 적용하지 아니하고 포괄일죄로 보는 것은 타당하지 않다는 점은 기술한 법조경합 중 묵시적 보충관계 참조.

CHAPTER 08 죄수론 **557**

6. 대법원 1996.4.9, 95도2466

대금결제의사·능력 없이 자기 명의 신용카드를 사용하여 현금서비스·물품구입한 경우의 죄수

피고인은 카드사용으로 인한 대금결제의 의사와 능력이 없으면서도 있는 것 같이 가장하여 카드회사를 기망하고(피기망자 : 카드회사), 카드회사는 이에 착오를 일으켜 일정 한도 내에서 카드사용을 허용해 줌으로써 피고인은 기망당한 카드회사의 신용공여라는 하자 있는 의사표시에 편승하여(처분행위자 : 카드회사) 자동지급기를 통한 현금대출도 받고, 가맹점을 통한 물품구입대금 대출도 받아 카드발급회사로 하여금 같은 액수 상당의 피해를 입게 함으로써(피해자 : 카드회사), 카드사용으로 인한 일련의 편취행위가 포괄적으로 이루어진 것이다. 따라서 모두가 피해자인 카드회사의 기망당한 의사표시에 따른 카드발급에 터잡아 이루어지는 사기의 포괄일죄이다. 법원행시 07

> **유사판례** 1인의 피해자를 상대로 여러 번에 걸쳐 기망행위를 하여 재산을 편취한 경우 사기죄의 포괄일죄가 된다(대법원 2002.7.12, 2002도2029).

7. 대법원 2000.4.25, 99도5479

동일한 기회를 이용하여 단일한 의사로 다량의 물품에 대한 밀수입의 예비를 하고 그 물품 중 일부만 양륙에 착수하였거나 일부만 양륙을 완료하였더라도 예비죄, 미수죄, 기수죄의 수죄가 성립하는 것이 아니라 포괄하여 1개의 관세법위반죄가 성립한다고 보아야 한다.

8. 대법원 2002.6.14, 2002도1256

피고인은 단일하고 계속된 범의 하에 일정 기간 동안 대량의 허수매수주문을 내어 주가를 상승시킨 후 매수주식을 고가에 매도하는 등 동일한 방법으로 합계 7,542회에 걸쳐 168개 종목에 관하여 시세조종행위를 하였다면 증권거래법상 시세조종행위금지위반죄의 일죄가 성립한다.

> **유사판례 1** 주식을 대량으로 매집하여 그 시세를 조종하려는 목적으로 불공정거래행위를 반복한 경우 : 증권거래법상 불공정거래행위금지위반죄의 포괄일죄(대법원 2002.7.22, 2002도1696)

> **유사판례 2** 주식시세조종의 목적으로 허위매수주문행위, 고가매수주문행위 및 통정매매행위 등을 반복한 경우 : 증권거래법상 불공정거래행위금지위반죄의 포괄일죄(대법원 2009.4.9, 2009도675; 2002.7.26, 2002도1855; 2011.10.27, 2011도8109[660]). 국가7급 20

9. 대법원 2006.5.11, 2006도1252

유사석유제품의 보관·판매로 인한 석유사업법 위반죄의 포괄일죄 사례

피고인은 2004년 11월 유사휘발유보관·판매로 인한 석유사업법 위반죄로 벌금형이 확정되었는데, 2004년 6~7월에 범한 유사석유제품보관·판매로 공소가 제기된 경우, 이는 단일하고 계속된 범의 하에 동종의 범행을 동일하거나 유사한 방법으로 일정기간 반복적으로 행한 것으로 볼 수 있으므로 결국 위 각 범죄는 포괄일죄의 관계에 있다고 봄이 상당하다(면소판결).

10. 대법원 2007.7.12, 2007도2191

농업협동조합법상의 호별방문죄는 연속적으로 두 집 이상을 방문함으로써 성립하는 범죄로서 선거운동을 위하여 다수의 조합원을 호별로 방문한 때에는 포괄일죄로 보아야 한다.

> **비교판례** 공직선거법상 호별방문죄 판례에서는 호별방문행위의 시간적 간격이 매우 커서 포괄일죄로 볼 수 없다고 판시한 예도 있다(대법원 2007.3.15, 2006도9042). 경찰간부 14

11. 대법원 2009.2.26, 2009도39

17개월 동안 피해자의 휴대전화로 거의 동일한 내용을 담은 문자메시지를 발송함으로써 이루어진 정보통신망법 위반행위(사이버스토킹) 중 일부 기간의 행위에 대하여 먼저 유죄판결이 확정된 후, 판결확정 전의 다른 일부 기간의 행위가 다시 기소된 경우, 이는 판결이 확정된 위 법률 위반죄와 포괄일죄의 관계이므로 확정판결의 기판력이 미친다고 보아야 한다.

---

660 판례 주식시세조종 등의 목적으로 자본시장법 제176조와 제178조에 해당하는 수개의 행위를 단일하고 계속된 범의 아래 일정기간 계속하여 반복한 경우, 자본시장법 제176조와 제178조에서 정한 시세조종행위 및 부정거래행위 금지 위반의 포괄일죄가 성립한다(대법원 2011.10.27, 2011도8109).

12. 대법원 2013.2.28, 2012도15689

공직선거법에서는 선거운동과 관련하여 금품 기타 이익의 제공 또는 그 제공의 의사를 표시하거나 그 제공을 약속하는 행위를 처벌대상으로 하고 있는데, 선거운동과 관련하여 금품제공을 약속한 후 이를 제공한 경우 그 약속은 제공에 흡수되나, 금품제공을 약속한 후 실제로는 그 일부만을 제공한 경우에 있어서는 금품제공약속행위 전부가 금품제공행위에 흡수된다고 볼 수는 없고, 금품제공약속행위 전부와 금품제공행위를 포괄하여 공직선거법위반죄의 1죄가 성립한다고 해야 한다.

13. 대법원 2015.9.10, 2015도7081

범죄단체구성 · 가입죄와 범죄단체구성원활동죄의 죄수

폭처법 제4조 제1항의 범죄단체의 구성이나 가입은 범죄행위의 실행 여부와 관계없이 범죄단체 구성원으로서의 활동을 예정하는 것이고, 범죄단체 구성원으로서의 활동은 범죄단체의 구성이나 가입을 당연히 전제로 하는 것이므로, 양자는 모두 범죄단체의 생성 및 존속 · 유지를 도모하는, 범죄행위에 대한 일련의 예비 · 음모 과정에 해당한다는 점에서 범의의 단일성과 계속성을 인정할 수 있을 뿐만 아니라 피해법익도 다르지 않다. 따라서 범죄단체를 구성하거나 이에 가입한 자가 더 나아가 구성원으로 활동하는 경우, 이는 포괄일죄의 관계에 있다. 경찰간부 17 / 법원행시 18

비교판례 대법원 2022.9.7, 2022도6993

폭처법위반(단체 등의 구성 · 활동)과 범죄집단의 개별적 범행(폭처법 위반 단체 등의 공동강요)의 죄수

범죄집단의 조직원의 범죄집단활동죄와 그 범죄집단에서 활동하면서 저지르는 개별적 범행들은 범행 목적이나 행위 등이 일부 중첩되는 부분이 있더라도 범행의 상대방, 범행 수단 · 방법, 결과, 보호법익, 실체적 경합 관계 등을 고려할 경우 각 공소사실이 동일하다고 볼 수 없어 공소장변경을 허가할 수 없고 그 죄수관계는 실체적 경합관계에 있다.

14. 대법원 2021.2.4, 2020도12103

단일한 범의 하의 수뢰 후 부정처사 이후의 뇌물수수가 포괄일죄를 구성하는가의 사건

수뢰후부정처사죄를 정한 형법 제131조 제1항은 공무원 또는 중재인이 형법 제129조(수뢰, 사전수뢰) 및 제130조(제3자뇌물제공)의 죄를 범하여 부정한 행위를 하는 것을 구성요건으로 하고 있다. 여기에서 '형법 제129조 및 제130조의 죄를 범하여'란 반드시 뇌물수수 등의 행위가 완료된 이후에 부정한 행위가 이루어져야 함을 의미하는 것은 아니고, 결합범 또는 결과적 가중범 등에서의 기본행위와 마찬가지로 뇌물수수 등의 행위를 하는 중에 부정한 행위를 한 경우도 포함하는 것으로 보아야 한다. 따라서 단일하고도 계속된 범의 아래 일정 기간 반복하여 일련의 뇌물수수 행위와 부정한 행위가 행하여졌고 그 뇌물수수 행위와 부정한 행위 사이에 인과관계가 인정되며 피해법익도 동일하다면, 최후의 부정한 행위 이후에 저질러진 뇌물수수 행위도 최후의 부정한 행위 이전의 뇌물수수 행위 및 부정한 행위와 함께 수뢰후부정처사죄의 포괄일죄로 처벌함이 타당하다. …… 공무원 甲이 단일하고도 계속된 범의 하에 뇌물을 여러 차례 수수하면서 일련의 부정한 행위를 저지른 경우, 시간적으로 제일 마지막에 저질러진 부정한 행위 이후의 뇌물수수 행위도 위 부정한 행위 이전의 뇌물수수 행위와 마찬가지로 형법 제131조 제1항에 따른 수뢰후부정처사죄의 포괄일죄를 구성할 수 있다.

15. 대법원 2021.9.9, 2021도2030

국군기무사령관의 온라인 여론조작 활동 지시 사건

직권남용권리행사방해죄는 국가기능의 공정한 행사라는 국가적 법익을 보호하는 데 주된 목적이 있으므로, 공무원이 동일한 사안에 관한 일련의 직무집행 과정에서 단일하고 계속된 범의로 일정 기간 계속하여 저지른 직권남용행위에 대하여는 설령 그 상대방이 여러 명이더라도 포괄일죄가 성립할 수 있다. 다만 개별 사안에서 포괄일죄의 성립 여부는 직무집행 대상의 동일 여부, 범행의 태양과 동기, 각 범행 사이의 시간적 간격, 범의의 단절이나 갱신 여부 등을 세밀하게 살펴 판단하여야 한다(직권남용으로 인한 국가정보원법 위반죄에 관한 대법원 2021.3.11, 2020도12583). 피고인의 관련 행위(온라인 여론조작 활동 지시 또는 불법 신원조회 활동 지시)는 동일한 사안에 관한 일련의 직무집행 과정에서 단일하고 계속된 범의로 일정 기간 계속하여 저지른 직권남용행위에 해당하므로 그 전체 범행에 대하여 포괄하여 하나의 직권남용죄가 성립한다. 따라서 직권남용행위의 상대방별로 별개의 죄가 성립함을 전제로 일부 상대방에 대한 범행에 대하여 별도로 공소시효가 완성되었다고 판단한 원심판결에는 직권남용죄의 죄수에 관한 법리를 오해한 잘못이 있다. 국가9급 24

16. 대법원 2023.10.26, 2022도90

적법하게 개설되지 않은 의료기관의 연속적인 요양급여비용 · 의료급여비용 편취 사건

적법하게 개설되지 아니한 의료기관의 실질 개설·운영자가 적법하게 개설된 의료기관인 것처럼 의료급여비용의 지급을 청구하여 이에 속은 국민건강보험공단으로부터 의료급여비용 명목의 금원을 지급받아 편취한 경우, (개별 지방자치단체가 아니라) 국민건강보험공단을 피해자로 보아야 한다. 따라서 피고인의 요양급여비용 및 의료급여비용 편취 범행 전체는 포괄하여 피해자 국민건강보험공단에 대한 하나의 특경법상 사기죄를 구성한다.[661]

17. 대법원 2015.4.23, 2014도16980; 2023.12.21, 2023도13514

부부를 피해자로 하는 사기죄의 죄수

다수의 피해자에 대하여 각각 기망행위를 하여 각 피해자로부터 재물을 편취한 경우에는 범의가 단일하고 범행방법이 동일하더라도 각 피해자의 피해법익은 독립한 것이므로 이를 포괄일죄로 파악할 수 없고 피해자별로 독립한 사기죄가 성립된다(대법원 1989.6.13, 89도582; 2003.4.8, 2003도382). 다만 피해자들의 피해법익이 동일하다고 볼 수 있는 사정이 있는 경우에는 이들에 대한 사기죄를 포괄하여 일죄로 볼 수 있다. 따라서 부부인 피해자들의 피해법익이 동일한 경우 부부인 피해자에 대하여 단일한 범의, 동일한 방법으로 각 피해자별로 기망행위를 한 경우 사기죄의 죄수는 포괄하여 일죄이다.

비교판례 사기죄 피해자들의 피해 법익이 동일하다고 볼 근거가 없는데도, 위 피해자들이 부부라는 사정만으로 이들에 대한 각 사기 행위가 포괄하여 일죄에 해당한다고 보아 특경법을 적용한 원심판결에는 죄수에 관한 심리미진 또는 법리오해의 위법이 있다(대법원 2011.4.14, 2011도769).

판례연구 연속범 부정 판례 : 실체적 경합

1. 대법원 1958.4.11, 4290형상360

동일인에 대하여 여러 차례에 걸쳐 금전갈취를 위한 협박의 서신이나 전화를 한 경우 포괄일죄가 아니라 1개의 협박행위마다 1개의 공갈미수죄가 성립한다(행위표준설).

2. 대법원 1976.9.28, 76도2143

동일한 사실에 관하여 직무를 유기하고 직무유기의 교사를 한 경우 포괄일죄를 부정한 사례

피고인에 대한 직무유기의 죄는 피고인 본인의 수천만 원대 녹용밀수 사실 등의 수사사무 보고의무 및 수사의무를 유기한 데 대한 죄책이고 직무유기교사죄는 피고인이 위 사실에 관한 제3자의 조사사무 보고의무 및 조사의무를 유기하도록 교사한 행위에 대한 죄책으로서 이를 포괄하여 하나의 죄로서 처벌될 성질의 것은 아니라 할 것이다.

3. 대법원 1982.11.9, 82도2055

반복된 히로뽕 제조행위간에 9개월의 간격이 있고 범행장소가 상이하여 포괄일죄로 보기 어렵다고 한 사례

피고인의 원판시 (가)의 히로뽕 제조행위와 (나)의 히로뽕 제조행위를 서로 비교하여 보면 그 사이에 약 9개월의 간격이 있고 범행장소도 상이하여 범의의 단일성과 계속성을 인정하기 어려우므로 이들 두 죄를 포괄일죄라고 보기는 어려우니 경합가중을 한 원심조치는 정당하다.

4. 대법원 1983.1.18, 82도2823, 82감도611

수차에 걸친 약취·유인 미수와 기수행위 사이에 범의의 갱신이 있으면 포괄일죄에 해당하지 않는다.

---

661 참조조문 특정경제범죄 가중처벌 등에 관한 법률 제3조(특정재산범죄의 가중처벌) ①「형법」제347조(사기), 제347조의2(컴퓨터등 사용사기), 제350조(공갈), 제350조의2(특수공갈), 제351조(제347조, 제347조의2, 제350조 및 제350조의2의 상습범만 해당한다), 제355조(횡령·배임) 또는 제356조(업무상의 횡령과 배임)의 죄를 범한 사람은 그 범죄행위로 인하여 취득하거나 제3자로 하여금 취득하게 한 재물 또는 재산상 이익의 가액(이하 이 조에서 "이득액"이라 한다)이 5억원 이상일 때에는 다음 각 호의 구분에 따라 가중처벌한다.
    1. 이득액이 50억원 이상일 때 : 무기 또는 5년 이상의 징역
    2. 이득액이 5억원 이상 50억원 미만일 때 : 3년 이상의 유기징역

5. 대법원 1989.11.28, 89도1309

동일한 피해자에 대한 3회의 금원편취 행위를 실체적 경합범으로 본 사례

피고인이 동일한 피해자로부터 3회에 걸쳐 돈을 편취함에 있어서 그 시간적 간격이 각 2개월 이상이 되고 그 기망방법에 있어서도 서로 다르며 피고인에게 범의의 단일성과 계속성이 있었다고 보이지 아니하므로 각 범행은 실체적 경합범에 해당한다.

6. 대법원 2000.7.7, 2000도1899; 2003.4.8, 2003도382

의사가 단일하더라도 사기죄의 피해자가 수인인 경우처럼 법익이 다르면 수죄

① 단일한 범의를 가지고 상대방(동일인)을 기망하여 착오에 빠뜨리고 그로부터 동일한 방법에 의하여 여러 번에 걸쳐 재물을 편취하면 포괄일죄로 되지만, ② 수인의 피해자에 대하여 각별로 기망행위를 하여 각각 재물을 편취한 경우에는 범의가 단일하고 범행방법이 동일하더라도 각 피해자의 피해법익은 독립한 것이므로 피해자별로 독립한 사기죄가 성립된다. 국가7급 10 / 국가9급 12

7. 대법원 2004.4.28, 2004도927

수 개의 배임적 대출행위에 있어서 대출의 상대방·일시 등이 상이한 경우 및 초과대출행위의 죄수

① 피고인의 특정법위반(배임)의 범죄사실은 A, B, C에 대한 배임적 대출행위인 반면, 확정된 판결의 경우에는 D에 대한 대출행위로서 대출의 상대방이나 대출의 일시 등이 상이하여 단일한 범의에 기한 일련의 배임행위로서 포괄일죄의 관계에 있다고 보기 어렵다. 또한 ② 상호신용금고가 실질적으로 동일한 채무자에게 동일인 대출한도를 초과하여 대출한 것으로 인정된다면 위 대출행위는 상호신용금고법 규정에 위배되는 행위로서 대출한도를 초과하는 대출시마다 같은 죄가 성립한다 할 것이므로, 각 초과대출행위는 실질적인 경합범에 해당한다고 할 것이다.

8. 대법원 2005.9.15, 2005도1952

수개의 범죄행위를 포괄하여 하나의 죄로 인정하기 위하여는 범의의 단일성 외에도 각 범죄행위 사이에 시간적·장소적 연관성이 있고 범행의 방법 간에도 동일성이 인정되는 등 수개의 범죄행위를 하나의 범죄로 평가할 수 있는 경우에 해당하여야 한다. 따라서 공직선거법상 선전행위 등이 서로 다른 장소에서 별개의 사람들을 대상으로 이루어졌고 그 구체적인 행위 역시 서로 동일성이 인정되기 어려운 다양한 행위들이라면 일죄가 된다고 볼 수 없다.

9. 대법원 2005.9.30, 2005도4051

컴퓨터로 음란 동영상을 제공한 제1범죄행위로 서버컴퓨터가 압수된 이후 다시 장비를 갖추어 동종의 제2범죄행위를 하고 제2범죄행위로 인하여 약식명령을 받아 확정된 경우, 피고인에게 범의의 갱신이 있어 제1범죄행위는 약식명령이 확정된 제2범죄행위와 실체적 경합관계에 있다고 보아야 할 것이기 때문에, 포괄일죄를 구성한다고 판단한 원심판결은 파기해야 한다. 국가7급 08 / 경찰간부 12 / 법원승진 12 / 법원행시 12 / 경찰간부 14

10. 대법원 2005.10.28, 2005도5996

피고인의 각 부당대출 행위(업무상 배임)가 서로 다른 일자에 독립하여 이루어졌고, 담보도 별도로 제공되었다면 이는 포괄일죄가 아니라 실체적 경합범에 해당한다.

11. 대법원 2006.9.8, 2006도3172

위험물인 유사석유제품을 제조한 석유사업법 위반 및 소방법 위반의 범행(제1 범죄행위)으로 경찰에 단속된 후 기소중지되어 1달 이상 범행을 중단하였다가 다시 위험물인 유사석유제품을 제조함으로써 석유 및 석유대체연료 사업법 위반 및 위험물안전관리법 위반의 범행(제2 범죄행위)을 하였다면 제1, 2 범죄행위 사이에 시간적·장소적 접근성을 인정할 수 없고 범의가 갱신되었다는 보아야 하기 때문에 제1, 2 범죄행위가 포괄일죄를 구성한다고 볼 수 없다(기판력 ×).

12. 대법원 2007.2.22, 2006도7834

안전인증을 받지 아니한 채 안전인증대상전기용품을 제조한 전기용품 안전관리법 위반행위와 안전인증의 표시 등이 없는 전기용품을 판매한 같은 법 위반행위는, 벌칙도 따로 규정하고 있을 뿐 아니라 일반적으로 물건의 제조행위와 판매행위는 독립된 행위로서 별죄를 구성한다.

13. 대법원 2008.12.11, 2008도6987

수인으로부터 각각 같은 종류의 부정한 청탁과 함께 금품을 받은 배임수재행위는 포괄일죄 부정

타인의 사무를 처리하는 자가 ① 동일인으로부터 그 직무에 관하여 부정한 청탁을 받고 여러 차례에 걸쳐 금품을 수수한 경우 단일하고 계속된 범의 아래 일정기간 반복하여 이루어진 것이고 그 피해법익도 동일한 때에는 포괄일죄로 보아야 한다. 사시 10 다만, ② 여러 사람으로부터 각각 부정한 청탁을 받고 그들로부터 각각 금품을 수수한 경우에는 비록 그 청탁이 동종의 것이라고 하더라도 단일하고 계속된 범의 아래 이루어진 범행으로 보기 어려워 그 전체를 포괄일죄로 볼 수 없다. 법원9급 09 / 경찰승진 11 / 법원9급 15

14. 대법원 2010.5.27, 2007도10056
'가장거래에 의한 사기죄'와 '분식회계에 의한 사기죄'는 범행 방법이 동일하지 않아 그 피해자가 동일하더라도 포괄일죄가 성립한다고 할 수 없다.

15. 대법원 2011.7.14, 2009도10759
수개의 등록상표에 대하여 상표권침해행위가 계속하여 행하여진 경우에는 각 등록상표 1개마다 포괄하여 1개의 범죄가 성립하므로, 특별한 사정이 없는 한 상표권자가 동일하다는 이유로 등록상표를 달리하는 수개의 상표권 침해 행위를 포괄하여 하나의 죄가 성립하는 것으로 볼 수 없다. 경찰간부 17

16. 대법원 2010.11.11, 2007도8645
피고인이 운영한 게임장이 단속되어 관련 증거물이 압수된 후 영업을 재개할 때마다 범의의 갱신이 있고 별개의 범죄가 성립한다.

17. 대법원 2011.5.26, 2010도6090
약식명령이 확정된 구 성매매알선 등 행위의 처벌에 관한 법률 위반죄의 범죄사실인 '영업으로 성매매에 제공되는 건물을 제공하는 행위'와 위 약식명령 발령 전에 행해진 같은 법 위반의 공소사실인 '영업으로 성매매를 알선한 행위'의 경우, 건물제공행위와 성매매알선행위의 경우 성매매알선행위가 건물제공행위의 필연적 결과라거나 반대로 건물제공행위가 성매매알선행위에 수반되는 필연적 수단이라고도 볼 수 없으므로 서로 독립된 가벌적 행위로서 별개의 죄를 구성한다.

18. 대법원 2011.7.28, 2009도8265
수개의 업무상횡령 행위가 '포괄일죄'로 되지 않는다는 사례
甲 주식회사가 지식경제부 산하 여러 기관들과 각각 다른 시기에 서로 다른 내용의 협약을 체결하여 정부과제사업 9건을 부여받고 각 과제별로 정부출연금을 교부받는데 甲 회사의 대표이사 또는 자금담당 임원으로 정부출연금을 보관하는 지위에 있는 피고인들이 위탁 취지에 반하여 자금을 처분한 경우, 특별한 사정이 없는 한 甲 회사와 위 기관들 사이에는 각 과제별로 별개의 정부출연금 위탁관계가 성립한다고 보는 것이 타당하므로 포괄일죄로 볼 수 없다.

19. 대법원 2018.11.29, 2018도10779
비의료인이 의료기관을 개설하여 운영하는 도중 개설자 명의를 다른 의료인 등으로 변경한 사례
의료기관의 개설자 명의는 의료기관을 특정하고 동일성을 식별하는 데에 중요한 표지가 되는 것이므로, 비의료인이 의료기관을 개설하여 운영하는 도중 개설자 명의를 다른 의료인 등으로 변경한 경우에는 그 범의가 단일하다거나 범행방법이 종전과 동일하다고 보기 어렵다. 따라서 개설자 명의별로 별개의 범죄가 성립하고 각 죄는 실체적 경합범의 관계에 있다고 보아야 한다. 경찰간부 20

(5) 집합범

집합범(集合犯; Kollectivdelikt, Sammelstraftat)[662]이란 구성요건의 성질에서 이미 동종의 행위가 반복될 것으로 당연히 예상되는 범죄를 가리킨다. 구체적으로, 집합범이라 함은 다수의 동종의 행위가 동일한 의사에 의하여 반복되지만 영업성, 직업성 또는 상습성에 의하여 개별 범죄를 하나의 죄로 통일하는 효과가 일어나 일괄하여

---

[662] 용어상의 혼란 집합범이라는 용어는 공범론 중 필요적 공범의 하나로 검토한 바 있는데, 이는 수인이 동일목표와 동일방향을 향하여 함께 범행을 할 것이 필수적으로 요구되는 범죄를 말한다. 이에 비해 지금 논의하는 집합범은 집합적으로 일어나기 때문에 1개의 죄로 보는 죄수론상 개념이다.

일죄로 되는 경우를 말한다[다수설·판례, **예** 의료법상 무면허의료행위와 같은 영업범(營業犯; Gewerbmäßigkeit)[663], 각칙상의 상습폭행죄나 상습절도죄와 같은 상습범(常習犯; Gewohnheitsmäßigkeit)].[664]

따라서 단지 행위자가 동종의 행위를 반복하였다 하더라도 해당 범죄가 영업성이나 상습성에 의하여 동종 행위가 반복될 것으로 예상되는 구성요건의 성질을 갖추지 못한 것이라면 집합범으로 볼 수 없다(대법원 2004.7.22, 2004도2390). 즉 상습범의 경우 그 행위의 반복성이라는 행위 자체의 속성에서 나아가 행위자의 속성으로서 상습성을 내포하는 성질을 가질 것이 요구된다(대법원 2006.9.8, 2006도2860[665]). 다만 행위자가 범죄행위 당시 심신미약 등 정신적 장애상태에 있었다는 사정만으로는 상습성을 부정할 수 없다(대법원 2009.2.12, 2008도11550).[666] 경찰간부 11 / 경찰채용 12 1차

★ **판례연구** 집합범 인정 판례 : 포괄일죄 인정

1. 대법원 1960.5.31, 4293형상170
아편·헤로인 매수·판매 사실을 의당 반복을 예상할 수 있는 직업적 또는 영업적 소위로 간주하고 포괄일죄로 인정하여 경합범 가중을 하지 않은 원심의 조치는 정당하다.

2. 대법원 1966.9.20, 66도928
무면허의료행위는 범죄의 구성요건 성질이 동종행위의 반복을 예상하고 있으므로 반복된 수개의 행위는 포괄적으로 1개의 범죄를 구성한다.

유사판례 위법 양곡도매행위(대법원 1980.8.26, 80도47), 양담배 판매행위(대법원 1984.5.15, 84도233), 무허가 유료직업소개행위(대법원 1993.3.26, 92도3405), 가짜벌꿀 매입행위(대법원 1995.1.12, 93도3213), 불량만화 제작사례(대법원 1996.4.23, 96도417)

3. 대법원 1975.5.27, 75도1184
甲은 1974년 9월 중 약 20일의 기간 동안 특수절도 3회, 특수절도미수 2회, 야간주거침입절도 1회, 절도 1회를 범하였다. 위에서 본 7가지의 사실이 상습적으로 반복된 것으로 볼 수 있다고 하면, 이러한 경우에는 그중 법정형이 가장 중한 상습특수절도의 죄에 나머지의 행위를 포괄시켜 하나의 죄만이 성립된다고 보는 것이 상당하다. 따라서 甲은 상습특수절도죄의 일죄가 된다. 법원9급 05

비교판례 특가법 제5조의4 제5항(누범 절도)와 절도죄와의 관계는 포괄일죄 부정
특가법 제5조의4 제5항은 상습범이 아니므로, 피고인에게 절도의 습벽이 인정되더라도 위 조항으로 처벌받은 확정판결의 기판력은 다른 절도범행에 미치지 않는다(대법원 2008.11.27, 2008도7270).

4. 대법원 1984.12.26, 84도1573 전원합의체
특가법 제5조의4 제1항에 규정된 상습절도죄를 범한 범인이 그 범행의 수단으로 주거침입을 한 경우에, 주거침입행위는 상습절도죄에 흡수되어 별개로 주거침입죄를 구성하지 않는다. 법원행시 09

비교판례 특가법 제5조의4 제5항 위반(누범 절도)죄와 주거침입죄의 관계는 실체적 경합
특가법 제5조의4 제5항은 범죄경력과 누범가중에 해당함을 요건으로 하는 반면 같은 조 제1항은 상습성을 요건으로 하고 있어 그 요건이 서로 다르므로, 절도 범인이 그 범행수단으로 주거침입을 한 경우에 그 주거침입행위

---

663 용어 : 직업범과 영업범 판례는 직업범(職業犯; Geschäftsmäßigkeit)과 영업범을 구별하지 않고 거의 같은 의미의 개념으로 사용하고 있다(대법원 1960.5.31, 4293형상170; 1997.5.30, 97도414).

664 반면 집합범으로서 1죄를 인정하는 것은 행위자에게 부당한 특혜를 주는 것이므로 실체적 경합으로 보아야 한다는 소수설은 박상기, 484면; 안동준, 317면; 이재상, §38-38; 이정원, 480면; 이형국, 연구Ⅱ, 486면 참조.

665 판례 상습사기에 있어서 사기의 전과가 중요한 판단자료가 되나 사기의 전과가 없다고 하더라도 범행의 횟수, 수단과 방법, 동기 등 제반 사정을 참작하여 사기의 습벽이 인정되는 경우에는 상습성을 인정하여야 한다(상당한 자금을 투자하여 성인사이트를 개설하고 직원까지 고용하였음을 고려하여 상습성 인정).

666 판례 "범죄행위 당시 심신미약 등 정신적 장애상태에 있었다는 이유만으로 그 범죄행위가 상습성이 발현된 것이 아니라고 단정할 수 없고, 경우에 따라서는 심신미약 등 정신적 장애상태에 있었다는 점이 다른 사정들과 함께 참작되어 그 행위자의 상습성을 부정하는 자료가 될 수도 있다(대법원 2009.2.12, 2008도11550)." 경찰간부 11

는 절도죄에 흡수되지 아니한다(대법원 2008.11.27, 2008도7820).

5. 대법원 1993.3.26, 92도3405

무허가유료직업소개 행위는 범죄구성요건의 성질상 동종행위의 반복이 예상되는데, 반복된 수개의 행위 상호간에 일시·장소의 근접, 방법의 유사성, 기회의 동일, 범의의 계속 등 밀접한 관계가 있어 전체를 1개의 행위로 평가함이 상당한 경우에는 포괄적으로 한 개의 범죄를 구성한다.

6. 대법원 1998.5.29, 97도1126

의료기관 또는 의료인이 자신에게 환자를 소개·알선 또는 유인한 자에게 법률상 의무 없이 사례비, 수고비, 세탁비, 청소비, 응급치료비 기타 어떠한 명목으로든 돈을 지급하면서 앞으로도 환자를 데리고 오면 돈을 지급하겠다는 태도를 취하였다면, 의료법 제25조 제3항이 금지하고 있는 사주행위(의료매개사주행위)에 해당하고 이는 포괄일죄를 구성한다.

7. 대법원 2001.8.21, 2001도3312

약사법 제35조 제1항은 '약국개설자가 아니면 의약품을 판매하거나 판매의 목적으로 취득할 수 없다.'고 규정하고 있는데, 약국개설자가 아님에도 단일하고 계속된 범의 하에 일정기간 계속하여 의약품을 판매하거나 판매의 목적으로 취득함으로써 약사법 제35조 제1항에 위반된 행위를 한 경우, 이는 모두 포괄하여 약사법위반죄의 일죄를 구성한다.

유사판례 약국개설자가 의료기관개설자와 처방전 알선의 대가로 금원을 제공하기로 공모하고 단일하고 계속된 범의 하에 담합행위를 한 경우 약사법위반죄의 포괄일죄를 구성한다(대법원 2003.12.26, 2003도6288).

8. 대법원 2003.2.28, 2002도7335

직계존속인 피해자를 폭행하고, 상해를 가한 것이 존속에 대한 동일한 폭력습벽의 발현에 의한 것으로 인정되는 경우, 그 중 법정형이 더 중한 상습존속상해죄의 포괄일죄만 성립한다. 법원행시 07 / 경찰채용 10 2차 / 국가7급 10 / 경찰채용 15 2차

9. 대법원 2003.3.28, 2003도665

특가법 제5조의4 제3항에 규정된 상습강도죄를 범한 범인이 그 범행 외에 상습적인 강도의 목적으로 강도예비를 하였다가 강도에 이르지 아니하고 강도예비에 그친 경우에도 그것이 강도상습성의 발현이라고 보여지는 경우에는 흡수되어 상습강도죄와 별개로 강도예비죄를 구성하지 아니한다.[667] 국가7급 09 / 법원행시 09

10. 대법원 2007.3.29, 2007도595

게임장에서 사행성간주게임물인 게임기에 경품으로 문화상품권을 넣은 후 점수에 따라 손님들에게 제공함으로써 문화관광부장관이 고시하는 방법에 의하지 아니하고 경품을 제공하였다는 동일한 공소사실로 두 차례 기소되었다면, 게임장 경품제공영업의 영업범으로서 포괄일죄에 해당한다.

11. 대법원 2008.8.21, 2008도3657

폭처법상 상습상해와 폭처법상 공동공갈의 포괄일죄 사례

폭처법 제2조 제1항에서 말하는 '상습'이란 같은 항 각 호에 열거된 각 범죄행위 상호간의 상습성만을 의미하는 것이 아니라, 같은 항 각 호에 열거된 모든 범죄행위를 포괄한 폭력행위의 습벽을 의미하는 것이라고 해석함이 상당하므로, 위와 같은 습벽을 가진 자가 폭처법 제2조 제1항 각 호에 열거된 형법 각 조 소정의 다른 수종의 죄를 범하였다면 그 각 행위는 그 각 호 중 가장 중한 법정형의 상습폭력범죄의 포괄일죄에 해당한다. 사시 15

12. 대법원 2010.11.25, 2010도1588

동일 죄명에 해당하는 수개의 행위를 단일하고 계속된 범의 아래 일정기간 계속하여 행하고 그 피해법익도 동일한 경우에는 이들 각 행위를 통틀어 포괄일죄로 처단하여야 할 것이고, 국가9급 12 / 경찰승진 14 이는 방조범의 경우에도 마찬가지이다(웹디스크 운영자에게 음란물유포방조죄의 포괄일죄를 인정함).

---

667 평석 위 판례를 법조경합 중 흡수관계로 판시한 것으로 이해하면서, 이 경우에는 법조경합 중 보충관계(경과범죄)로 보아야 한다고 비판하는 견해는 오영근, 692면 각주 1) 참조. 그러나 생각건대, 위 판례는 강도의 피해자가 서로 다르다는 점에서 상습범으로서 포괄일죄로 판시한 것으로 생각된다.

13. 대법원 2010.11.25, 2010도11620

특가법상 상습절도미수에 대한 형법상 미수감경 허용 여부

특가법 제5조의4 제1항에 의한 상습절도죄의 경우 상습절도미수 행위 자체를 범죄의 구성요건으로 정하고 그에 관하여 무기 또는 3년 이상의 징역형을 법정하고 있는 점 등을 고려할 때, 형법 제25조 제2항에 의한 '미수감경'이 허용되지 않는다. 법원행시 12 / 경찰채용 13 2차

⚖ 판례연구 집합범 부정 판례 : 포괄일죄 부정

1. 대법원 1990.9.28, 90도1365

상습강도죄와 강도상해죄의 죄수 : 포괄일죄도 아니고 상상적 경합도 아니라는 사례

형법 제333조, 제334조, 제337조, 제341조, 특가법 제5조의4 제3항, 제5조의5의 각 규정을 살펴보면 강도죄와 강도상해죄는 따로 규정되어 있고 상습강도죄(형법 제341조)에 강도상해죄가 포괄흡수될 수는 없는 것이므로 위 2죄는 상상적 경합범 관계가 아니다.

2. 대법원 2001.11.30, 2001도5657

흉기휴대 폭력행위와 흉기 미휴대 폭력행위는 폭처법 제2조 제1항의 상습폭력죄의 포괄일죄 부정

상습적으로 흉기 또는 위험한 물건을 휴대하여 폭처법 제2조 제1항의 죄를 범한 자에 대하여는 폭처법 제3조 제3항에서 무기 또는 7년 이상의 징역에 처하도록 별도로 규정하고 있으므로, 흉기를 휴대하여 저지른 폭력행위의 각 범행이 흉기 등을 휴대하지 않은 범행들과의 사이에 같은 법 제2조 제1항 소정의 상습폭력죄의 포괄일죄의 관계에 있는 것으로 볼 수는 없다.

3. 대법원 2010.4.29, 2010도1099

강도가 피해자에게 상해를 입혔으나 재물의 강취에는 이르지 못하고 그 자리에서 항거불능 상태에 빠진 피해자를 간음한 경우에는 강도상해죄와 강도강간죄만 성립하고(대법원 1988.6.28, 88도820), 그 실행행위의 일부인 강도미수 행위는 위 각 죄에 흡수되어 별개의 범죄를 구성하지 않는다. 또한, 위 각 죄의 일부로서 그에 흡수된 강도미수 행위만을 따로 떼어 강도 등의 상습범에 관한 위 가중처벌 규정을 적용할 수도 없다.

4. 대법원 2012.5.10, 2011도12131

상습성은 있으나 상습범 처벌규정이 없는 경우의 처리 : 포괄일죄 ×, 경합범 ○

① 상습성이 있는 자가 같은 종류의 죄를 반복하여 저질렀다 하더라도 상습범 처벌규정이 없는 한 각 죄는 원칙적으로 별개의 범죄로서 경합범으로 처단할 것이다(수회에 걸쳐 저작권법위반죄를 상습범이 아니라 경합범으로 처리함). 변호사 14 / 경찰채용 16 1차 / 법원행시 16 또한 ② 저작재산권 침해행위는 저작권자가 같더라도 저작물별로 침해되는 법익이 다르므로, ㉠ 각각의 저작물에 대한 침해행위는 원칙적으로 각 별개의 죄를 구성하므로, 수개의 저작물에 대한 저작재산권 침해행위의 원칙적인 죄수 관계는 경합범 관계에 있다. 변호사 14 다만 ㉡ 단일하고도 계속된 범의 아래 동일한 저작물에 대한 침해행위가 일정기간 반복하여 행하여진 경우에는 포괄하여 하나의 범죄가 성립한다고 볼 수 있다. 경찰채용 12 2차 / 경찰승진 13 / 변호사 14 / 경찰간부 17

5. 대법원 2015.1.15, 2011도14198

당사자와 내용을 달리하는 법률사건에 관한 법률사무를 취급한 행위는 포괄일죄 부정

변호사가 아니면서 금품·향응 또는 그 밖의 이익을 받거나 받을 것을 약속하고 또는 제3자에게 이를 공여하게 하거나 공여하게 할 것을 약속하고 법률사건에 관하여 감정·대리·중재·화해·청탁·법률상담 또는 법률 관계 문서 작성, 그 밖의 법률사무를 취급하거나 이러한 행위를 알선하는 변호사법 제109조 제1호 위반행위에서 당사자와 내용을 달리하는 법률사건에 관한 법률사무 취급은 각기 별개의 행위라고 할 것이므로, 변호사가 아닌 사람이 각기 다른 법률사건에 관한 법률사무를 취급하여 저지르는 위 변호사법위반의 각 범행은 특별한 사정이 없는 한 실체적 경합범이 되는 것이지 포괄일죄가 되는 것이 아니다. 법원행시 16

6. 대법원 2020.5.14, 2020도1355

임대차계약의 방법으로 장소제공의 성매매알선행위를 수회 한 사례

포괄일죄의 관계에 있는 범행 일부에 대하여 판결이 확정된 경우에는 사실심 판결선고 시를 기준으로 그 이전

에 이루어진 범행에 대하여는 확정판결의 기판력이 미쳐 면소의 판결을 선고하여야 할 것인데, 동일 죄명에 해당하는 여러 개의 행위 혹은 연속된 행위를 단일하고 계속된 범의하에 일정 기간 계속하여 행하고 그 피해법익도 동일한 경우에는 이들 각 행위를 통틀어 포괄일죄로 처단하여야 할 것이나, 범의의 단일성과 계속성이 인정되지 아니하거나 범행방법 및 장소가 동일하지 않은 경우에는 각 범행은 실체적 경합범에 해당한다(대법원 2013.5.24, 2011도9549 등). …… 확정된 위 각 약식명령은 '영업이 아닌 단순 성매매장소 제공행위 범행'으로 처벌된 것이고, 이 사건 역시 영업이 아닌 단순 성매매장소 제공행위 범행으로 기소된 것이어서 그 구성요건의 성질상 동종 행위의 반복이 예상되는 경우라고 볼 수 없다. 또한 성매매장소 제공행위와 성매매알선행위의 경우 성매매알선행위가 장소제공행위의 필연적 결과라거나 반대로 장소제공행위가 성매매알선행위에 수반되는 필연적 수단이라고 볼 수도 없다. …… 확정된 위 각 약식명령과 이 사건 범행의 장소제공행위는, 장소를 제공받은 성매매업소 운영주가 성매매알선 등 행위로 단속되어 기소·처벌을 받는 과정에서 함께 처벌을 받게 된 것으로, 피고인은 그때마다 새로운 성매매업소 운영주와 사이에 다시 임대차계약을 체결하여 온 것으로 보인다. 위와 같이 피고인이 수사기관의 단속 등으로 인해 새로운 임대차계약을 체결하여 온 것으로 보이는 이상, 그와 같이 성매매장소를 제공한 수개의 행위가 동일한 범죄사실이라고 쉽게 단정하여 포괄일죄로 인정을 하면, 자칫 범행 중 일부만 발각되어 그 부분만 공소가 제기되어 확정판결을 받게 된 후에는 나중에 발각된 부분을 처벌하지 못하여 그 행위에 합당한 기소와 양형이 불가능하게 될 수 있는 불합리가 나타나 이 사건 처벌규정을 둔 입법취지가 훼손될 여지도 있다(포괄일죄 ×, 기판력 ×)

3. 효 과

(1) 실체법적 효과

포괄일죄는 형법상 일죄가 된다. 또한 포괄일죄 도중에 법률변경이 있는 때에는 법정형의 경중을 따지지 않고 범죄종료시의 법인 신법을 적용한다(형법 제1조 제1항). 법원9급 10 그리고 포괄일죄 도중에 가담한 공동정범자는 자신이 가담한 이후의 부분에 대해서만 죄책을 진다.

(2) 소송법적 효과

① 공소시효 및 공소제기 : 포괄일죄는 형소법적으로도 일죄로 처리해야 되므로, 공소시효는 최종의 범죄행위 종료시로부터 기산되고(대법원 2002.10.11, 2002도2939; 2007.3.29, 2005도7032; 2009.10.29, 2009도8069[668]), 법원9급 10 포괄일죄에 대한 공소제기에 있어서도 개개의 행위에 대해 구체적으로 특정할 필요가 없다(대법원 2002.6.20, 2002도807). 변호사 14 또한 상습범에 있어서 공소제기의 효력은 공소가 제기된 범죄사실과 동일성이 인정되는 범죄사실 전체에 미치고, 또한 공소제기의 효력이 미치는 시적 범위는 사실심리가 가능한 마지막 시점인 판결선고시를 기준으로 삼아야 한다. 따라서 검사가 일단 상습사기죄로 공소를 제기한 후(단순사기죄로 공소를 제기하였다가 상습사기죄로 공소장이 변경된 경우도 포함) 그 공소의 효력이 미치는 위 기준시까지의 사기행위 일부를 별개의 독립된 사기죄로 공소를 제기하는 것은 공소가 제기된 동일사건에 대한 이중기소에 해당되어 허용될 수 없다(대법원 2001.7.24, 2001도2196).

★ **판례연구** 포괄일죄의 공소시효 기산점(=최종의 범죄행위가 종료한 때)

대법원 2015.9.10, 2015도3926
포괄일죄의 공소시효는 최종의 범죄행위가 종료한 때부터 진행하고, 공정거래법 제19조 제1항 제1호에서 정한 가격 결정 등의 합의 및 그에 기한 실행행위가 있었던 경우에 부당한 공동행위가 종료한 날은 그 합의가 있었던 날이 아니라 그 합의에 기한 실행행위가 종료한 날을 의미하므로, 공정거래법 제19조 제1항 제1호에서 정한 가

---

668 판례 뇌물공여죄의 포괄일죄의 경우 공소시효의 기산점은 각 뇌물공여행위가 종료된 때가 아니라 **마지막 뇌물공여행위가 종료된 때로 보아야 한다(위 판례).**

격 결정 등의 합의 및 그에 기한 실행행위로 인한 공정거래법 제66조 제1항 제9호 위반죄의 공소시효는 그 실행행위가 종료한 날부터 진행한다.

② 기판력과 면소판결

    ⊙ 기판력 및 그 효과 : 포괄일죄는 판결의 기판력이 판결 이전의 모든 행위에 미치며 공소가 따로 제기된 경우에는 면소판결을 선고해야 한다(대법원 1967.8.29, 67도703). 따라서 포괄일죄를 실체적 경합범으로 판단한 것은 피고인에게 불리한 법률적용의 오류에 속하므로 파기되어야 한다. 구체적으로, 포괄일죄로 판결이 확정된 경우, 포괄일죄 관계에 있는 그 확정판결 이전(엄밀히는, 사실심판결선고 전)에 범한 죄에 대하여 별도의 공소제기가 있다면 법원은 면소판결을 내리게 되며, 만일 위 확정판결의 최종적 사실심 선고시 이후의 시점에서 발생한 범죄에 대하여는 확정된 포괄일죄와는 경합범 관계에 있다는 점에서 별도의 재판을 해야 한다.

🔨 판례연구 포괄일죄의 기판력 관련판례의 예시

1. 대법원 2014.1.16, 2013도11649

영리목적 무면허의료행위 중 일부에 보건범죄단속법위반죄가 아니라 의료법위반죄로 판결이 확정된 경우

영리를 목적으로 무면허 의료행위를 업으로 하는 자의 여러 개의 무면허 의료행위가 포괄일죄 관계에 있고 법원9급 15 그 중 일부 범행이 보건범죄단속법 제5조 제1호 위반죄가 아니라 단순히 의료법 제27조 제1호 위반으로 기소되어 판결이 확정된 경우에도, 그 확정판결의 기판력은 사실심 판결선고 이전에 범한 보건범죄단속법 제5조 제1호 위반 범행에 미친다. 경찰채용 21 1차

2. 대법원 2015.6.23, 2015도2207

조세범처벌법위반죄의 확정판결의 기판력은 특가법위반죄에는 미치지 아니한다는 사례

앞선 확정판결에서 조세범 처벌법 제10조 제3항 각 호 위반죄로 처벌되었으나, 확정된 사건 자체의 범죄사실이 뒤에 공소가 제기된 사건과 종합하여 특정범죄 가중처벌 등에 관한 법률 제8조의2 제1항 위반의 포괄일죄에 해당하는 경우, 확정판결의 기판력이 미치는 범위는 확정된 사건 자체의 범죄사실과 죄명을 기준으로 정하는 것이 원칙이므로, 그 전의 확정판결에서 조세범 처벌법 제10조 제3항 각 호의 위반죄로 처단되는 데 그친 경우에는, 확정된 사건 자체의 범죄사실이 뒤에 공소가 제기된 사건과 종합하여 특가법 제8조의2 제1항 위반의 포괄일죄에 해당하는 것으로 판단된다 하더라도, 뒤늦게 앞서의 확정판결을 포괄일죄의 일부에 대한 확정판결이라고 보아 기판력이 사실심판결 선고 전의 법률조항 위반 범죄사실에 미친다고 볼 수 없다.

    ⓒ 상습범으로서 기판력이 인정되기 위한 조건 : 전의 확정판결에서 당해 피고인이 상습범으로 기소되어 처단되었을 것을 필요로 하는 것이고, 상습범 아닌 기본 구성요건의 범죄로 처단되는 데 그친 경우에는, 만일 뒤에 기소된 사건에서 비로소 드러났거나 새로 저질러진 범죄사실과 전의 판결에서 이미 유죄로 확정된 범죄사실 등을 종합하여 비로소 그 모두가 상습범으로서의 포괄적 일죄에 해당한다 하더라도 그 기판력이 그 사실심판결 선고 전의 나머지 범죄에 미친다고 보아서는 아니 된다(대법원 2004.9.16, 2001도3206 전원합의체; 2010.2.11, 2009도12627; 2010.5.27, 2010도2182). 법원행시 07 / 법원9급 11 / 경찰채용 12 2차 / 법원승진 12 / 법원행시 12 / 경찰간부 14 / 변호사 14 / 법원행시 15

③ 포괄일죄 도중에 확정판결이 있는 경우

    ⊙ 포괄일죄를 구성하는 '동종범죄'에 대한 확정판결이 있는 경우 : 그 판결확정 전에 범한 포괄일죄 관계의 범죄들에 대하여는 기판력이 발생하고, 그 판결확정 후에 범한 죄에 대해서는 별도로 논해야 한다(대법원 2000.3.10, 99도2744). 법원9급 10 / 변호사 14 예컨대, 공익근무요원 甲은 복무를 이탈하여 병역법 위반으로 기소되었는데, 복무이탈행위 중간에 동종의 범죄에 관한 확정판결이 있었다면, 법

원은 확정판결 전에 범한 복무이탈 부분에 대해서는 면소판결을 선고하고, 나머지 공소사실 부분에 대해서는 범죄로 되지 아니하는 때에 해당한다는 이유로 실체재판을 통해 무죄판결을 선고해야 한다(대법원 2011.3.10, 2010도9317).

ⓛ 포괄일죄와는 '다른 종류'의 범죄에 대한 확정판결이 있는 경우 : 이는 포괄일죄 성립에 영향을 미치지 않는다. 또한 이 경우 다른 종류의 범죄에 대해 금고 이상의 형에 처한 판결이 확정되었다 하더라도 포괄일죄는 위 판결확정 후에 '종료'되어 이 시점에 범한 것이 되므로, 판결이 확정된 죄와 위 포괄일죄와는 제37조 후단의 경합범 관계가 있다고 할 수 없다(대법원 2003.8.22, 2002도5341).[669]

법원행시 06 / 법원9급 07(하) / 사시 10 / 경찰채용 13 1차

⚒ 판례연구 포괄일죄 도중에 다른 종류의 죄에 대한 판결이 확정된 경우의 처리

1. 대법원 2001.8.21, 2001도3312

포괄일죄로 되는 개개의 범죄행위가 다른 종류의 죄의 확정판결의 전후에 걸쳐서 행하여진 경우에는 그 죄는 2죄로 분리되지 않고 확정판결 후인 최종의 범죄행위시에 완성되는 것이다. 법원9급 07(상) / 법원행시 12 / 사시 15 / 변호사 15

2. 대법원 2003.8.22, 2002도5341

외국환관리법 제27조 제1항 제5호, 제8조 제1항의 규정에 따라 처벌되는 무등록 외국환업무행위는 영업범으로서 그 각 외국환업무를 통틀어 포괄일죄로 처단하여야 하고,[670] 그 개개의 범죄행위 중에 다른 종류의 죄에 대한 확정판결이 있더라도 그 죄는 2죄로 분리되지 않고 확정판결 후인 최종의 범죄행위시에 완성된다고 보아야 하므로 형법 제37조 후단 경합범으로 처단할 것은 아니다.

---

④ 포괄일죄의 파기의 범위 : 포괄일죄 중 일부 범죄사실을 유죄로 인정할 수 없는 경우에는 양형의 조건이 되는 사실이 같지 않게 되어 포괄일죄는 전부 파기되어야 한다(대법원 2008.10.9, 2006도1659; 2010.1. 14, 2009도12934).

제3절 | 수 죄

01 상상적 경합

제40조【상상적 경합】 한 개의 행위가 여러 개의 죄에 해당하는 경우에는 가장 무거운 죄에 대하여 정한 형으로 처벌한다. 〈우리말 순화 개정 2020.12.8.〉 법원행시 07 / 법원9급 16

1. 의 의

상상적 경합(想像的 競合; Idealkonkurrenz, Tateinheit)이라 함은 한 개의 행위를 통하여 여러 개의 형벌법규 또는 동일한 형벌법규를 수차 침해하는 경우를 말한다. 관념적 경합이라고도 부른다(제40조). 예를 들어, 甲이

---

669 후술하듯이 제37조 후단의 사후적 경합범은 금고 이상의 형에 처한 판결이 확정된 죄와 '그 판결확정 전'에 범한 죄의 경우를 말한다.
670 유사판례 수개의 무등록 외국환업무를 단일하고 계속된 범의 하에 일정기간 계속하여 행할 경우 그 각 행위는 **포괄일죄**를 구성한다(대법원 2009.10.15, 2008도10912).

乙의 진돗개를 죽이려고 총을 쏘았으나 빗나가 乙이 맞아 죽은 경우(추상적 사실의 착오 중 방법의 착오), -구체적 부합설이나 법정적 부합설에 의하면- 손괴미수죄와 과실치사죄의 상상적 경합이 성립하게 되는데, 과형상은 손괴미수죄의 형이 더욱 무거워서 3년 이하의 징역으로 처벌하게 되는 것이다. 즉 상상적 경합은 과형상(科刑上) 일죄로 처리한다. 즉 여러 개의 행위로 여러 개의 죄를 범한 실체적 경합보다는 가볍게 처리되는 것이다.

참고로, 일본형법상에서는 견련범(牽連犯)을 인정하고 있으나 우리 형법에서는 받아들일 필요가 없는 개념이다.[671]

2. 법적 성질

(1) 일죄설(소수설) : 행위가 한 개이므로 1죄라는 견해이다.[672]

(2) 수죄설(통설·판례)

비록 하나의 행위이지만, 여러 개의 형벌법규를 침해하므로 수죄이다. 그러므로 상상적 경합은 실질(본질)상 수죄, 과형(처분)상 일죄로 파악된다.[673]

3. 요 건

(1) 행위의 단일성과 동일성이 인정될 것

상상적 경합이 인정되려면 행위의 단일성이 요구되는바, 단일한 행위라 함은 '법적 평가를 떠나 사회관념상 행위'[674]가 사물자연의 상태로서 1개로 평가되는 것을 의미한다. 행위의 단일성이 인정되려면 행위(실행)의 완전동일성이 인정되거나 부분적 동일성이 인정되어야 한다. 예컨대, 1발의 총탄으로서 2인을 의도적으로 살해하거나, 자동차 운전자가 다른 차량을 들이받아 그 차량을 손괴하고 동시에 같은 차량에 타고 있던 승객에게 상해를 입힌 경우(대법원 1986.2.11, 85도2658)[675]처럼 행위가 완전히 동일한 경우(완전동일성)와 강간하기 위하여 감금한 행위처럼 부분적으로 동일한 경우(부분적 동일성)가 여기에 해당된다.

(2) 여러 개의 죄에 해당될 것

법조경합이 한 개의 행위가 외관상 수개의 죄의 구성요건에 해당하는 것처럼 보이나 실질적으로 1죄만을 구성하는 경우임에 비하여, 상상적 경합은 한 개의 행위가 실질적으로 여러 개의 구성요건을 충족하는 경우를 말하는바, 실질적으로 1죄인가 또는 수죄인가는 구성요건적 평가와 보호법익의 측면에서 판단하여야 한다(대법원 2002.7.18, 2002도669 전원합의체 등). 경찰채용 10 2차 / 국가9급 11 / 법원행시 12 / 사시 12 / 경찰승진 13 **수개의 구성요건**

---

671 참고 : 견련범 일본 현행형법은 상상적 경합과 함께 견련범을 규정하여 역시 과형상 일죄로 처벌하고 있다(참고로 우리의 구형법도 규정하고 있었다). 견련범이란 예를 들어 절도를 하기 위해 주거침입하는 경우처럼 목적과 수단의 관계에 있는 범죄를 말한다. 이에 대해서는 ① 상상적 경합범설(유기천, 324면), ② 실체적 경합범설(배종대, §167-2; 정영석, 283면), ③ 원칙적으로는 경합범이나 예외적으로 행위의 동일성이 인정되는 경우에는 상상적 경합이 된다는 견해(이재상, §39-4), ④ 형법에 견련범 규정이 없다는 점에서 포괄일죄, 상상적 경합, 경합범이 모두 가능하다는 설(손동권, 600면; 오영근, 716면)이 대립하고 있다. 제4설이 타당하다고 생각된다.

672 황산덕, 300면.

673 다만, 일죄인가 수죄인가는 구조상의 문제에 불과하므로 실제적 차이가 없는 논쟁이라고 보는 것이 역시 통설이다. 김일수, 한국형법Ⅱ, 550면; 박상기, 489면; 배종대, 665면; 안동준, 319면; 손해목, 1142면; 오영근, 716면; 이재상, §39-2; 이형국, 427면; 정성근 / 박광민, 628면 참조.

674 상상적 경합의 단일한 행위의 개념 ① 법적(구성요건적) 의미의 행위를 포함시키는 입장으로는 박상기, 489면; 배종대, 444면; 손동권, 600면; 이재상, §39-6; 임웅, 508면. 다만, 자연적 의미와 법적 의미를 포함한 표준으로 보아야 한다는 점은 박상기, 489면, 사회적·형법적 행위표준설을 주장하는 것은 임웅, 508면 참조. 반면 ② 자연적·사회통념적 의미의 행위라고 하는 견해는 김성돈, "형법 제40조의 한 개의 행위", 이형국교수화갑기념논문집, 1998, 443면; 오영근, 717면; 정성근 / 박광민, 628면; 정영석, 284면. 다만 오영근 교수는 자연적 의미와는 다른 사회통념적 의미라고 한다. ibid. 판례는 "1개의 행위라 함은 **법적 평가를 떠나 사회관념상 행위**가 사물자연의 상태로서 1개로 평가되는 것"으로 보아(대법원 2007.2.23, 2005도10233; 1987.2.24, 86도2731) 제2설을 취하고 있다. 본문에서는 본서의 특성상 판례에 따르고 있다.

675 보충 도로교통법상 과실재물손괴죄와 형법(교특법)상 업무상 과실치상죄의 상상적 경합이 성립한다.

은 異種일 수 있고(이종의 상상적 경합), 同種일 수도 있다(동종의 상상적 경합[676]).

(3) 법조경합의 관계가 아닐 것

상상적 경합이 물이라면 법조경합은 기름이다. 즉 특별관계, 보충관계, 흡수관계 등 법조경합이 되면 일죄만 성립하므로 상상적 경합이 될 수 없다.

4. 구체적 적용 – 범죄태양과 상상적 경합

(1) 고의범과 과실범

고의범과 과실범 간에는 상상적 경합이 충분히 성립할 수 있다. 예컨대, 폭탄을 던져 고의로 재물을 손괴하고 과실로 사람을 살해한 경우에는 행위의 완전동일성이 인정되어 재물손괴죄의 고의범과 과실치사죄의 상상적 경합이 성립한다.

(2) 결과적 가중범

결과적 가중범의 기본범죄가 다른 범죄와 상상적 경합관계에 있는 경우나, 결과적 가중범의 무거운 결과가 고의로 실현된 경우 고의범과 결과적 가중범 사이에 상상적 경합이 성립한다.

예 전자의 경우는, 적법한 직무를 집행하는 공무원에 대한 폭행을 했는데 상해에 이른 경우 공무집행방해죄와 폭행치상죄의 상상적 경합을 생각하면 된다. 후자의 경우는, 방화죄와 관련하여서는 현주건조물방화치사죄(제164조 제2항)의 무거운 결과인 사망에 (미필적) 고의가 있었다면 동죄와 살인죄(제250조) 간의 상상적 경합이 성립한다(통설[677]). 다만, 판례는 —양죄 간에 법조경합을 인정하여— 현주건조물방화치사죄만 인정된다고 본다. 또한 판례는 현주건조물방화치사죄와 강도살인죄는 상상적 경합으로,[678] 또한 현주건조물방화치사죄와 존속살해죄도 상상적 경합관계로 본다.[679]

(3) 작위범과 작위범 및 부작위범과 부작위범

작위범과 작위범 간의 관계에 상상적 경합이 인정되듯이, 부작위범과 부작위범 간에도 행위의 동일성이 인정되기 때문에 상상적 경합이 인정된다. 법원9급 10 **판례**도 인권옹호직무명령불준수죄(진정부작위범)와 직무유기죄(판례에 의하면 부진정부작위범)의 상상적 경합을 인정하고 있다(대법원 2010.10.28, 2008도11999).[680]

(4) 작위범과 부작위범

작위범과 부작위범은 행위의 동일성이 인정되지 않고 오직 시간적 중복만이 가능하므로 상상적 경합관계가 성립하지 않고(통설),[681] 법조경합 중 묵시적 보충관계에 해당한다. 예컨대, 허위공문서작성죄, 위계에 의

---

676 예를 들어 운전자가 업무상 과실로 두 사람을 한꺼번에 치어 사상케 한 경우 2개의 업무상과실치사상죄의 상상적 경합에 해당되는데(대법원 1972.10.31, 72도2001), 이 경우가 동종의 상상적 경합의 예가 된다. 동종의 상상적 경합은 주관설(의사표준설)에 의하면 일죄가 되므로 상상적 경합을 부정해야 한다는 소수설(황산덕, 300면)도 있으나, 상상적 경합으로 인정하는 것이 통설·판례이다.

677 다만 이중평가금지원칙에 의해 부진정결과적 가중범인 현주건조물방화치사죄의 일죄만 성립한다고 하는 견해는 오영근, 719면.

678 참고 : 현주건조물방화치사죄와 강도살인죄의 관계 이에 대해서는 이중평가금지원칙에 근거하여 강도살인과 현주건조물방화죄의 상상적 경합으로 보아야 한다는 비판이 있다(오영근, 719면). 생각건대, 이 문제는 이중평가금지원칙뿐만 아니라 부진정결과적 가중범의 본질을 고려해도 쉽게 논증할 수 있다. 즉 현주건조물방화치사죄는 '부진정'결과적 가중범으로서 고의범과의 형의 불균형이 발생하는 경우에 한하여 제한적으로 인정되어야 한다. 따라서 강도살인죄나 존속살해죄처럼 현주건조물방화치사죄보다 형이 중하거나 같은 죄가 인정된다면 부진정결과적 가중범의 적용은 억제되어야 한다. 따라서 강도살인죄와 현주건조물방화죄의 상상적 경합이나 존속살해죄와 현주건조물방화죄의 상상적 경합으로 보는 것이 타당하다.

679 부진정결과적 가중범과 고의범의 죄수에 대하여 보다 자세한 것은 기술한 범죄의 특수한 출현형태, 결과적 가중범 중 부진정결과적 가중범 참조.

680 판례 형법 제139조에 규정된 인권옹호직무명령불준수죄와 형법 제122조에 규정된 직무유기죄의 각 구성요건과 보호법익 등을 비교하여 볼 때, 인권옹호직무명령불준수죄가 직무유기죄에 대하여 법조경합 중 특별관계에 있다고 보기는 어렵고 양 죄를 상상적 경합관계로 보아야 한다(대법원 2010.10.28, 2008도11999).

681 반대하는 소수설은 오영근, 718면 참조.

한 공무집행방해죄, 범인도피죄, 증거인멸죄 등의 작위범이 성립하는 경우에는 직무유기죄와 같은 부작위범은 '상상적 경합' 관계로는 성립하지 않는다(판례). 법원9급 05 / 법원9급 11 / 법원행시 11

▶ 다만 직무를 유기하고 나서 이와 같은 위법사실을 적극적으로 은폐할 목적이 아닌 다른 목적으로 허위공문서를 작성한 공무원에게 직무유기죄와 허위공문서작성죄의 '실체적 경합'이 된다는 판례는 있다. 또한 소송법적으로 범인도피와 직무유기 중에서 직무유기죄로만 공소제기하는 것은 검사의 소추재량에 의한 것이므로 적법하다는 것이 판례의 입장이다. 법원행시 11

> ★ **판례연구** 작위범과 부작위범은 상상적 경합이 인정되지 않는다는 사례
>
> **1. 대법원 1980.3.25, 79도2831**
> 건축법위반교사 + 직무유기 = 건축법위반교사
> 위법건축물이 발생하지 않도록 예방단속하게 하여야 할 직무상 의무 있는 자가 위법건축을 하도록 타인을 교사한 경우 위 직무위배의 위법상태는 건축법위반 교사행위에 내재하고 있는 것이므로 건축법위반교사죄와 직무유기죄는 실체적 경합범이 되지 아니한다.
>
> **2. 대법원 2008.2.14, 2005도4202**
> 직무유기죄와 허위공문서작성·행사죄의 구성요건 중 하나의 죄로만 공소를 제기할 수 있는지 여부(적극)
> 경찰관이 불법체류자의 신병을 출입국관리사무소에 인계하지 않고 훈방하면서 이들의 인적사항조차 기재해 두지 아니하였다면 직무유기죄가 성립한다. … 하나의 행위가 부작위범인 직무유기죄와 작위범인 허위공문서작성·행사죄의 구성요건을 동시에 충족하는 경우, 공소제기권자는 재량에 의하여 작위범인 허위공문서작성·행사죄로 공소를 제기하지 않고 부작위범인 직무유기죄로만 공소를 제기할 수 있다. 사시 10 / 경찰간부 12 / 변호사 12 / 법원행시 14 / 경찰간부 15

(5) 계속범

① 강간하기 위하여 감금한 경우 : 불법감금 중에 강간의 고의가 생겨 강간한 경우는 실체적 경합이지만, 강간의 목적으로 감금하여 강간한 경우처럼 '즉시범(목적)을 범하기 위해 계속범(수단)을 범한 경우'라면 상상적 경합에 해당될 수 있다(대법원 1983.4.26, 83도323).[682] 국가7급 08 / 법원행시 08 / 국가7급 10 / 경찰승진 12 / 국가9급 13 / 국가7급 13 / 사시 13

② 무면허운전과(무면허운전 중) 업무상 과실치사상죄의 관계 : 이론적으로는 상상적 경합으로 볼 수 있으나,[683] 판례는 실체적 경합이 된다고 본다(대법원 1972.10.31, 72도2001). 국가9급 08 또한 음주운전과 업무상 과실치사상죄의 경우에도 판례는 실체적 경합범설의 입장이다.

---

682 사례 : 강간하기 위해 감금한 경우의 죄수 甲은 밤 11시경 길가에서 택시를 기다리는 乙(여)을 강제로 팔을 잡아당겨 자신의 차에 태운 다음 내려달라는 乙의 요구를 거절한 채 야외로 나가 차안에서 乙에게 "말을 듣지 않으면 가만두지 않겠다."고 하며 간음을 시도하였으나, 乙의 저항으로 인하여 실패하였다. 甲의 형사책임은? 해설 이 사안의 논점은 두 가지이다. ① 협박에 의한 체포·감금의 죄수문제와 ② 강간할 목적으로 감금한 경우의 강간죄와 감금죄의 죄수관계이다. 첫째의 논점에 관하여는 폭행이나 협박을 통해 체포·감금을 하였다면 체포·감금에 흡수된다는 것이 판례이다(대법원 1982.6.22, 82도705). 사시 12 / 국가7급 13 둘째의 논점에 관하여는 학설과 판례의 입장이 대립되어 있다. ㉠ 감금행위는 강간행위의 수단이 될 수 없으므로 실체적 경합이 성립된다는 입장과 ㉡ 감금행위가 강간의 목적을 달성하는 수단이었다면 강간죄에 흡수된다는 법조경합설 및 ㉢ 계속범의 위법상태의 계속이 다른 범죄를 실현하기 위한 수단이 되는 경우에는 상상적 경합이 된다는 입장(다수설)이 그것이다. 판례는 강간할 목적으로 차에 태워 달리다가 강간한 경우를 1개의 행위로 보아 **감금죄와 강간죄의 상상적 경합**이 된다고 보고 있다(대법원 1983.4.26, 83도323). 국가7급 08 / 법원행시 08 / 사시 13
  참고로 실체적 경합이 된다고 본 판례(대법원 1997.1.21, 96도2715) 법원행시 11 / 사시 11 / 국가9급 13 도 있으나 여기서는 상상적 경합설로 정리하도록 한다. 결론적으로, 감금행위가 강간의 목적을 달성하는 필요불가결한 수단이라고 볼 수 없다는 점에서 법조경합설은 타당하지 않고, 강간행위를 수행하는 폭행이나 협박행위를 감금행위가 대체하고 있다고 본다면, 소위 부분적 동일성이 인정되는 행위라고 보아 양자를 상상적 경합이라고 보는 것이 타당하다. 해결 강간미수죄와 감금죄의 상상적 경합.
683 반대견해로서 상상적 경합설은 손동권, 602면(다만 사고야기가 무면허운전과 관련 없는 것이라면 경합범으로 봄); 이재상, §39−13 참조, 법조경합설은 오영근, 719면 참조.

(6) 행위의 부분적 동일성과 관련한 소위 연결효과에 의한 상상적 경합의 가능성

① 의의 : 2개의 독자적 행위가 제3의 행위와 각각 상상적 경합의 관계에 있는 경우 이를 통하여 이들 모든 행위 사이에 상상적 경합관계가 성립하는가의 문제가 소위 연결효과(連結效果; Klammerwirkung)를 통한 상상적 경합의 문제이다. 예컨대, 예비군 중대장 甲이 그 소속 예비군 乙로부터 금원을 받고 乙이 예비군훈련에 불참하였음에도 불구하고 참석한 것처럼 허위내용의 중대 학급편성명부를 작성·행사한 경우, 수뢰 후 부정처사죄(제131조 제1항) 이외에 별도로 허위공문서작성(제227조) 및 동행사죄(제229조)가 성립하고 이들 죄와 제3의 범죄인 수뢰 후 부정처사죄는 각각 상상적 경합관계에 있게 되는데(대법원 1983.7.26, 83도1378), 이때 제3의 범죄와 상상적 경합으로 '연결'되는 것의 '효과'로 허위공문서작성죄와 동행사죄 간에도 상상적 경합으로 인정할 수 있겠는가의 문제이다.

② 학설 · 판례

ㄱ 판례 : 허위공문서작성죄와 동행사죄 간에는 실체적 경합이 성립하지만(성립하는 죄책 : 실체적 경합), 수뢰 후 부정처사죄와 허위공문서작성죄가 상상적 경합으로 연결되고 또한 수뢰 후 부정처사죄와 허위작성공문서행사죄도 상상적 경합으로 연결되기 때문에, 결국 상상적 경합범관계에 있는 수뢰 후 부정처사죄와 대비하여 가장 무거운 형에 정한 형으로 처단하면 족한 것(과형 : 상상적 경합, 이는 처벌에 있어서는 수뢰 후 부정처사죄와 허위공문서작성죄와 허위공문서행사죄를 모두 상상적 경합으로 처리한 것임)이고 따로 경합범가중을 할 필요 없다는 입장이다(대법원 1983.7.26, 83도1378).[684] 법원9급 07(상) / 법원9급 11

ㄴ 부정설 : 경합범으로 처벌해야 할 범죄를 제3의 행위 때문에 상상적 경합으로 처벌해야 하는 것은 정당하다고 할 수 없기 때문에 연결효과는 부정하여 기본적으로 실체적 경합으로 보되, 그것과 상상적 경합관계에 있는 제3의 범죄와 비교하여 그중 무거운 형으로 처벌하면 된다는 입장이다.[685] 즉 제3의 범죄가 없는 경우에는 오히려 실체적 경합이 되어 무겁게 처벌되고, 오히려 제3의 범죄까지 범한 경우 상상적 경합이 된다는 것은 죄를 더 많이 범한 자가 형이 가벼운 혜택을 받는 결과가 된다는 것이다.

ㄷ 긍정설 : 제3의 범죄가 실체적 경합관계에 있는 다른 두 개의 범죄보다 형량이 무겁거나 최소한 동등한 경우에는 제3의 범죄의 연결효과에 의하여 다른 두 개의 범죄도 상상적 경합의 관계가 성립하게 된다는 입장이다.[686] 만일 연결효과에 기한 상상적 경합을 부정하면, 다른 두 개의 범죄가 실체적 경합관계에 있기 때문에, 결국 형이 무거운 제3의 범죄를 두 번 범한 실체적 경합으로 처벌하게 되는 부당한 결론에 이른다는 것이다.[687]

ㄹ 소결 : 제3의 범죄를 별도로 범했다기보다는 제3의 범죄를 범하는 과정에서의 다른 두 개의 범죄로 볼 수 있다는 점과 피고인에게 보다 유리하다는 점을 고려할 때 긍정설이 타당하다고 생각된다.

---

684 유사판례 : 수뢰 후 부정처사죄와 각각 상상적 경합관계에 있는 공도화변조죄 및 동 행사죄의 경합범 가중의 당부 공도화변조죄와 동 행사죄 상호간은 실체적 경합범 관계에 있다고 할지라도 상상적 경합범 관계에 있는 **수뢰 후 부정처사죄와 대비하여 가장 중한 죄에 정한 형으로 처단하면 족한 것**이고 따로 경합범 가중을 할 필요가 없다(대법원 2001.2.9, 2000도1216). 법원9급 07(상) / 법원행시 08 / 법원9급 11 / 국가7급 12

685 박상기, 494면; 손해목, 1145면; 오영근, 811면; 이재상, §39-14. 부정설에서는 판례의 입장이 연결효과에 의한 상상적 경합을 인정하지 않으면서도 처벌에 있어서만 이를 긍정하는 효과를 인정한 것이라거나, 판례가 연결효과이론을 취한 것인지는 확실하지 않다고 평가한다.

686 김일수 / 서보학, 700면; 배종대, 762면 이하; 이형국, 428면; 임웅, 588면; 정성근 / 박광민, 641면. 긍정설에서는 판례의 입장도 결국에는 연결효과에 의한 상상적 경합을 인정하는 것이라고 평가한다.

687 보충 위 판례의 경우, 수뢰후부정처사와 허위공문서작성의 상상적 경합과 수뢰후부정처사와 허위작성공문서행사의 상상적 경합의 '실체적 경합'이 되어, 결국 형이 중한 수뢰후부정처사죄를 두 번 범한 것처럼 된다는 것이다.

판례도 결론에 있어서는 상상적 경합으로 처리하는 입장으로 여겨진다. 즉, 판례는 이 경우 허위공문서작성 및 동행사행위는 결국 (가장 무거운) 수뢰 후 부정처사죄를 범하는 과정에서 일어난 범죄 정도로 보아 그 처벌에 있어서는 수뢰 후 부정처사죄의 형으로만 처벌해야 한다고 판시하고 있는 것이다.

(7) 기타 상상적 경합의 판례 정리

> **판례연구** 기타 상상적 경합을 인정한 판례
>
> **1. 대법원 1961.9.28, 4294형상415**
> 여러 사람이 함께 공무를 집행하는 경우에 이에 대하여 폭행을 하고 공무집행을 방해하는 경우에는 피해자의 수에 따라 여러 죄가 성립하는 것이 아니고 하나의 행위로서 여러 죄명에 해당하는 소위 상상적 경합관계에 있게 되는 것이다. 경찰채용 10 1차 / 법원9급 10 / 경찰채용 15 2차
>
> **2. 대법원 1961.10.12, 4293형상966**
> 1개의 행위로서 본법(형법)의 구성요건과 행정적 처벌법규(농지개혁법)의 구성요건에 각 해당하는 경우에 이 양자 간의 관계는 특별관계 또는 흡수관계 등 법조경합으로 볼 것이 아니라 상상적 경합으로 보아야 할 것이다.
>
> **3. 대법원 1962.1.31, 4294형상106**
> 수출입금지품의 밀수출행위와 관세포탈행위는 상상적 경합관계에 있다.
>
> **4. 대법원 1974.4.9, 73도2334**
> 여권법위반죄와 공정증서원본부실기재죄는 형법 제40조 소정의 상상적 경합범으로 보아야 한다.
>
> **5. 대법원 1977.9.13, 77도2055**
> 법인의 사용인이 관세품을 절취하는 방법으로 인취한 경우에는 관세법위반죄와 절도죄는 상상적 경합범의 관계가 된다.
>
> **6. 대법원 1980.12.9, 80도384**
> 유사휘발유판매행위(석유사업법위반죄)와 사기죄는 상상적 경합의 관계에 있다.
>
> **7. 대법원 1982.12.28, 81도1875**
> 밀수품이 강도행위에 의하여 취득된 경우에는 관세법위반(관세장물취득)죄와 강도죄가 성립하고, 양죄는 상상적 경합범의 관계에 있다 할 것이다.
>
> **8. 대법원 1983.6.14, 83도424**
> 소요죄와 위 포고령위반죄는 형법 제40조의 상상적 경합범의 관계에 있다.
>
> **9. 대법원 1987.2.24, 86도2731**
> 무면허인데다가 술이 취한 상태에서 오토바이를 운전하였다는 것은 분명히 1개의 운전행위라 할 것이고 이 행위에 의하여 도로교통법 제111조 제2호, 제40조와 제109조 제2호, 제41조 제1항의 각 죄에 동시에 해당하는 것이니 두 죄는 형법 제40조의 상상적 경합관계에 있다고 할 것이다. 사시 16
>
> **10. 대법원 1987.7.21, 87도564**
> 수인 명의의 1장의 문서위조 : 문서위조죄의 죄수결정기준은 명의(名義)의 수
> 문서에 2인 이상의 작성명의인이 있을 때에는 각 명의자마다 1개의 문서가 성립되므로 2인 이상의 연명으로 된 문서를 위조한 때에는 작성명의인의 수대로 수개의 문서위조죄가 성립하고 또 그 연명문서를 위조하는 행위는 자연적 관찰이나 사회통념상 하나의 행위라 할 것이어서 수개의 문서위조죄는 형법 제40조가 규정하는 상상적 경합범에 해당한다. 법원행시 06 / 법원행시 09 / 법원행시 11 / 사시 15
>
> **11. 대법원 1987.11.24, 87도558**
> 무인가환전상업무를 행한 외국환관리법위반죄와 기준환율과 취급수수료에 의하지 아니하고 외국통화를 거래한 동법위반죄는 상상적 경합관계에 있다.

12. 대법원 1988.6.28, 88도820

강도가 재물강취의 뜻을 재물의 부재로 이루지 못한 채 미수에 그쳤으나 그 자리에서 항거불능의 상태에 빠진 피해자를 간음할 것을 결의하고 실행에 착수했으나, 역시 미수에 그쳤더라도 반항을 억압하기 위한 폭행으로 피해자에게 상해를 입힌 경우에는 강도강간미수죄와 강도치상죄가 성립되고 이는 1개의 행위가 2개의 죄명에 해당되어 상상적 경합관계가 성립된다. _{법원행시 11 / 사시 12 / 경찰간부 15 / 국가9급 24}

13. 대법원 1990.1.25, 89도252

계주가 단일하고 계속된 범의로 같은 장소에서 반복하여 여러 사람으로부터 계불입금을 편취한 소위는 피해자별로 포괄하여 1개의 사기죄가 성립하고, 포괄일죄 상호간은 상상적 경합이 된다. _{법원행시 06}

14. 대법원 1990.7.27, 89도1829

주차장법과 건축법은 그 보호법익을 달리한다고 볼 것이므로 주차장법의 처벌법규는 건축법상의 처벌법규에 대한 특별법규가 아니라 각기 독립된 별개의 구성요건이라고 보는 것이 상당하고, 따라서 건축물 부설 주차장의 용도를 허가 없이 변경한 행위에 대한 주차장법위반죄와 건축법위반죄는 상상적 경합관계에 있다 할 것이다.

15. 대법원 1991.6.25, 91도643

피고인이 여관에서 종업원을 칼로 찔러 상해를 가하고 객실로 끌고 들어가는 등 폭행·협박을 하고 있던 중, 마침 다른 방에서 나오던 여관의 주인도 같은 방에 밀어 넣은 후, 주인으로부터 금품을 강취하고, 1층 안내실에서 종업원 소유의 현금을 꺼내 갔다면, 여관종업원과 주인에 대한 각 강도행위가 각별로 강도죄를 구성하되 피고인이 피해자인 종업원과 주인을 폭행·협박한 행위는 법률상 1개의 행위로 평가되는 것이 상당하므로 위 2죄는 상상적 경합범 관계에 있다고 할 것이다. _{법원행시 12 / 경찰승진 13 / 법원행시 14}

16. 대법원 1991.12.10, 91도2642

도로공사의 현장소장이 지반붕괴에 대한 위험방지조치를 취하지 아니함으로써 산업안전보건법을 위반하고 업무상과실로 인하여 근로자를 사망에 이르게 한 경우, 위의 산업안전보건법상의 위험방지조치의무와 업무상주의의무가 일치하고 이는 1개의 행위가 2개의 업무상과실치사죄와 산업안전보건법위반죄에 해당하는 경우이다.

17. 대법원 1993.4.13, 92도3035; 2007.11.15, 2007도7140

한국소비자보호원을 비방할 목적으로 18회에 걸쳐서 출판물에 의하여 공연히 허위의 사실을 적시 유포함으로써 한국소비자보호원의 명예를 훼손하고 업무를 방해하였다는 각 죄는 1개의 행위가 2개의 죄에 해당하는 형법 제40조 소정의 상상적 경합의 관계에 있다. _{사시 15}

18. 대법원 1993.5.11, 93도49

차의 운전자가 업무상 주의의무를 게을리하여 사람을 상해에 이르게 함과 아울러 물건을 손괴하고도 피해자를 구호하는 등 도로교통법의 규정에 의한 조치를 취하지 아니한 채 도주한 때에는, 특정범죄가중처벌 등에 관한 법률위반죄와 물건손괴 후 필요한 조치를 취하지 아니함으로 인한 도로교통법 제106조 소정의 죄는 1개의 행위가 수개의 죄에 해당하는 상상적 경합범의 관계에 있다.[688]

19. 대법원 1993.9.14, 93도1790

진료거부로 인한 의료법 위반죄와 응급조치불이행으로 인한 의료법 위반죄는 포괄일죄의 관계에 있는 것이 아니라 상상적 경합관계에 있다.

20. 대법원 1994.8.26, 92도3055

3층을 무단증축한 건축법위반죄와 그로 말미암아 높이제한 규정에 위반하게 된 건축법위반죄는 1개의 행위가 2개의 범죄로 되는 상상적 경합범 관계에 있다.

21. 대법원 1997.11.28, 97도1740

업무상과실로 인하여 교량을 손괴하여 자동차의 교통을 방해하고 그 결과 자동차를 추락시킨 경우에는 업무상과실일반교통방해죄와 업무상과실자동차추락죄의 상상적 경합이 성립한다.

---

[688] 또 다른 논점 다만, 위의 2개의 죄와 같은 법 제113조 제1호 소정의 제44조 위반죄(안전운전의무위반죄)는 주체·행위 등 구성요건이 다른 별개의 범죄이므로 **실체적 경합범**의 관계에 있다(위 판례).

22. 대법원 1998.3.24, 97도2956

명예훼손죄와 공직선거법의 후보자비방죄는 별개의 범죄로서 상상적 경합의 관계에 있다. 법원행시 09 / 법원행시 14

23. 대법원 2002.7.18, 2002도669 전원합의체

사기죄와 업무상 배임죄는 그 구성요건을 달리하는 별개의 범죄이고 형법상으로도 각각 별개의 장에 규정되어 있어, 1개의 행위에 관하여 사기죄와 업무상 배임죄의 각 구성요건이 모두 구비된 때에는 양 죄를 법조경합 관계로 볼 것이 아니라 상상적 경합관계로 봄이 상당하다 할 것이고, 나아가 업무상배임죄가 아닌 단순배임죄라고 하여 양 죄의 관계를 달리 보아야 할 이유도 없다. 법원행시 06 / 법원행시 09 / 국가7급 11 / 법원9급 11 / 법원행시 11 / 사시 11 / 법원행시 12 / 변호사 12 / 사시 13 / 법원행시 14 / 사시 14 / 국가7급 16

24. 대법원 2004.5.13, 2004도1299

당좌수표를 조합 이사장 명의로 발행하여 그 소지인이 지급제시기간 내에 지급제시하였으나 거래정지처분의 사유로 지급되지 아니하게 한 사실(부정수표단속법 위반죄)과 동일한 수표를 발행하여 조합에 대하여 재산상 손해를 가한 사실(업무상 배임죄)은 사회적 사실관계가 기본적인 점에서 동일하다고 할 것이어서 1개의 행위가 수개의 죄에 해당하는 경우로서 상상적 경합관계에 있다. 사시 11 / 국가7급 14 / 법원9급 21

25. 대법원 2004.7.9, 2004도810

신탁회사가 신탁재산으로 불량한 유가증권을 매입한 행위는 신탁회사에 대하여는 업무상배임행위가 됨과 동시에 수익자에 대하여는 증권투자신탁업법의 수익자 외의 자의 이익을 위한 행위가 되고, 위탁회사에 대한 배임행위의 피해자는 위탁회사이지만, 수익자보호의무위반에 의한 증권투자신탁업법위반죄의 피해자는 수익자로서 서로 다르므로, 두 죄는 상상적 경합관계에 있다.

26. 대법원 2004.11.11, 2004도4049

선거운동기간위반죄를 규정하고 있는 공직선거법 제254조는 사전선거운동에 관한 처벌규정으로서 기본적 구성요건에 해당하는 제3항과 사전선거운동 중 특정 유형의 행위에 관한 가중적 구성요건에 해당하는 제2항을 두고 있고, 공직선거법 제254조 제3항에 해당하는 행위가 같은 법 소정의 다른 처벌규정에 해당하는 경우 이는 상상적 경합에 해당한다. 경찰승진 11

27. 대법원 2005.9.28, 2005도3929

특정경제범죄 가중처벌 등에 관한 법률 위반(횡령)죄와 교비회계수입 전출로 인한 사립학교법 위반죄는 보호법익과 구성요건의 내용이 서로 다른 별개의 범죄로서 상상적 경합의 관계에 있다.

28. 대법원 2007.9.20, 2007도5669; 2007.6.29, 2007도3038; 2001.9.28, 2001도4172

학교환경위생정화구역 내에서의 단일한 노래연습장의 무등록 영업행위는 음반·비디오물 및 게임물에 관한 법률(현 영화 및 비디오물의 진흥에 관한 법률)과 학교보건법 소정의 각 범죄구성요건에 해당하는 상상적 경합의 관계에 있다.

29. 대법원 2007.9.12, 2007도4724

선거일 후에 선거구민 등에게 금품 또는 향응을 제공한 행위가 공직선거법 제113조 제1항 소정의 후보자 등의 기부행위제한 위반죄와 같은 법 제118조 소정의 선거일 후 답례금지 위반죄에 동시에 해당할 때 양 죄의 관계는 형법 제40조 소정의 상상적 경합관계라고 보아야 한다.

30. 대법원 2007.12.14, 2006도4662

서울 소공동의 왕복 4차로의 도로 중 편도 3개 차로 쪽에 차량 2, 3대와 간이테이블 수십개를 이용하여 길가쪽 2개 차로를 차지하는 포장마차를 설치하고 영업행위를 한 것은, 비록 행위가 교통량이 상대적으로 적은 야간에 이루어졌다 하더라도 형법 제185조의 일반교통방해죄를 구성한다. … 형법상의 일반교통방해죄와 도로교통법 제109조 제5호 위반죄의 관계는 상상적 경합이다.

31. 대법원 2008.1.24, 2007도9580

공갈죄에 있어서 공갈행위의 수단으로 상해행위가 행하여진 경우에는 공갈죄와 별도로 상해죄가 성립하고, 이들 죄는 상상적 경합관계에 있다고 할 것이다.

32. 대법원 2008.7.24, 2007도9684

게임장운영업자가 같은 일시, 장소에서 손님에게 같은 게임기를 이용하여 게임하게 하고 그 결과에 따라 상품권을 제공한 경우, 이는 모두 피고인이 같은 일시, 장소에서 같은 게임기를 이용하여 게임의 결과에 대하여 상품권을 제공한 1개의 행위에 의하여 실현된 경우로서 게임산업진흥에 관한 법률 위반죄와 사행행위 등 규제 및 처벌 특례법 위반죄의 상상적 경합에 해당한다.

33. 대법원 2009.4.9, 2008도5634

회사 명의의 합의서를 임의로 작성·교부한 행위에 대하여 약식명령이 확정된 사문서위조·동행사죄의 범죄사실과 그로 인하여 회사에 재산상 손해를 가하였다는 업무상 배임의 공소사실은 그 객관적 사실관계가 하나의 행위이므로 상상적 경합관계에 있다.

34. 대법원 2009.4.23, 2009도834

국회의원 선거에서 정당의 공천을 받게 하여 줄 의사나 능력이 없음에도 이를 해 줄 수 있는 것처럼 기망하여 공천과 관련하여 금품을 받은 경우, 공직선거법상 공천관련금품수수죄와 사기죄가 모두 성립하고 양자는 상상적 경합의 관계에 있다. 경찰채용 10 1차 / 법원9급 10 / 법원행시 12 / 경찰채용 16 2차

35. 대법원 2009.5.14, 2008도11040

공직선거법상 매수 및 이해유도죄와 정치자금법상 정치자금부정수수죄는 그 보호법익 및 구성요건의 내용이 서로 다른 별개의 범죄로서 상상적 경합의 관계에 있다.

36. 대법원 2009.12.10, 2009도11151

무허가 카지노영업으로 인한 관광진흥법위반죄와 도박개장죄는 상상적 경합범 관계에 있다.

37. 대법원 2010.1.14, 2009도10845

음주 또는 약물의 영향으로 정상적인 운전이 곤란한 상태에서 자동차를 운전하여 사람을 상해에 이르게 함과 동시에 다른 사람의 재물을 손괴한 때에는 특가법위반(위험운전치사상)죄 외에 업무상과실 재물손괴로 인한 도로교통법 위반죄가 성립하고, 위 두 죄는 1개의 운전행위로 인한 것으로서 상상적 경합관계에 있다.[689] 국가7급 14 / 경찰채용 18 2차 / 경찰승진 23

38. 대법원 2010.3.25, 2009도1530

전자금융거래법 제6조 제3항의 접근매체 양도죄는 각각의 접근매체마다 1개의 죄가 성립하는 것이고, 다만 위와 같이 수개의 접근매체를 한꺼번에 양도한 행위는 하나의 행위로 수개의 전자금융거래법 위반죄를 범한 경우에 해당하여 각 죄는 상상적 경합관계에 있다고 해석함이 상당하다. 법원9급 22

39. 대법원 2011.2.24, 2010도13801 ; 2008.7.10, 2008도3357 ; 2012.6.28, 2012도2087

동일인 한도초과 대출로 상호저축은행에 손해를 가하여 상호저축은행법 위반죄와 업무상 배임죄가 모두 성립한 경우, 두 죄는 형법 제40조에서 정한 상상적 경합관계에 있고, 법원행시 13 / 법원행시 14 형법 제40조의 상상적 경합관계의 경우에는 그중 1죄에 대한 확정판결의 기판력은 다른 죄에 대하여도 미친다.

40. 대법원 2011.8.25, 2008도10960

피고인이 야간옥외집회에 참가하여 교통을 방해한 경우, 집회 및 시위에 관한 법률 위반죄와 그로 인하여 성립하는 일반교통방해죄는 상상적 경합관계에 있다고 보는 것이 타당하므로, 양 죄가 실체적 경합관계에 있다는 전제에서 각 별개의 형을 정한 것은 적법하지 않다.

41. 대법원 2012.3.15, 2012도544, 2012전도12

피고인이 피해자의 주거에 침입하여 강간하려다 미수에 그침과 동시에 자기의 형사사건의 수사 또는 재판과 관련하여 수사단서를 제공하고 진술한 것에 대한 보복 목적으로 그를 폭행한 경우, 특가법위반(보복범죄 등)죄 및 성폭법위반(주거침입강간 등)죄의 상상적 경합이 성립한다. 사시 14

---

[689] 정리요령 특가법상 위험운전치사상 + 도교법상 업무상과실재물손괴죄 : 상상적 경합, 특가법상 위험운전치사상(○) + 교특법상 업무상과실치사상(×) : 1죄, 특가법상 위험운전치사상(○) + 도교법상 음주운전죄(○) : 실체적 경합.

42. 대법원 2012.6.28, 2012도3927

금융회사 등의 임직원의 직무에 속하는 사항에 관하여 알선할 의사와 능력이 없음에도 알선을 한다고 기망하고 금품 등을 수수한 경우, 사기죄와 특경법위반(알선수재)죄가 성립하고, 두 죄의 죄수 관계는 상상적 경합이 인정된다. 경찰간부 13

43. 대법원 2020.11.12, 2019도11688

(하나의 유사상표 사용행위로 수개의 등록상표를 동시에 침해한 경우의 죄수 관계는 상상적 경합) 수개의 등록상표에 대하여 상표법 제230조의 상표권 침해 행위가 계속하여 이루어진 경우에는 등록상표마다 포괄하여 1개의 범죄가 성립한다(대법원 2011.7.14, 2009도10759). 그러나 하나의 유사상표 사용행위로 수개의 등록상표를 동시에 침해하였다면 각각의 상표법 위반죄는 상상적 경합의 관계에 있다.

5. 효과

(1) 실체법적 효과

여러 개의 죄 중에서 가장 무거운 죄에 대하여 정한 형으로 처벌된다(2020.12.8. 우리말 순화 개정법 제40조). 가장 무거운 죄에 대하여 정한 형이란 법정형을 의미한다. 구체적으로, 형의 경중은 형법 제50조에 따르되, 형의 상한과 하한을 모두 대조하여 전체적으로 중한 형으로 각각 결정하여야 한다는 전체적 대조주의(결합주의, Kombinationsprinzip)가 통설·판례이다(대법원 1984.2.28, 83도3160 참조).[690] 즉 상상적 경합관계에 있는 죄들 중 가장 중한 죄 아닌 죄의 하한이 가장 중한 죄의 하한보다 중할 때 이를 '가장 중한 형'의 하한으로 해야 한다. 법원행시 06 / 법원행시 07 / 법원행시 08 / 경찰채용 10 2차

다만 상상적 경합관계에 있으면 가장 무거운 죄에 대하여 정한 형으로 처벌한다고 하여 가장 무거운 죄 아닌 죄에 정한 가벼운 형종(刑種)의 형을 병과할 수 없는 것은 아니다. 따라서 상상적 경합관계에 있는 죄 중 형이 무거운 법조에 정한 형으로 처벌하는 경우 다른 법조에서 정한 벌금형을 병과하는 것은 정당하며(대법원 2008.12.24, 2008도9169),[691] 국가9급 08 마찬가지로 형이 가벼운 죄에 정한 몰수·추징과 같은 부가형도 과할 수 있다(대법원 2006.1.27, 2005도8704).[692]

(2) 소송법적 효과

상상적 경합은 한 개의 행위로 범한 과형상 일죄에 해당하므로 소송법상 1개의 사건으로 취급되므로, 기판력, 공소제기, 상소의 효력은 상상적 경합관계에 있는 죄 전체에 대해 미친다. 법원9급 10 따라서 별도의 공소제기가 있으면 면소판결을 해야 한다(대법원 2007.2.23, 2005도10233).[693] 변호사 12

또한 항소심에서 상상적 경합의 관계에 있는 수죄 전부를 유죄로 인정하였으나 그중 일부가 무죄인 경우, 상고심은 항소심판결 전부를 파기하여야 한다. 상상적 경합범의 관계에 있는 수 죄 중 일부만이 유죄로 인정된 경우와 그 전부가 유죄로 인정된 경우와는 형법 제51조에 규정된 양형의 조건이 달라 선고형을 정함에

---

690 반대하는 소수설로는 오영근, 724면 참조.

691 판례 상상적 경합관계에 있는 업무상 배임죄와 '영업비밀 국외누설로 인한 부정경쟁방지 및 영업비밀보호에 관한 법률 위반죄'에 대하여, 형이 더 무거운 업무상 배임죄에 정한 형으로 처벌하기로 하면서도, '영업비밀 국외누설로 인한 부정경쟁방지 및 영업비밀보호에 관한 법률 위반죄'에 대하여 징역형과 벌금형을 병과할 수 있도록 규정한 구 부정경쟁방지 및 영업비밀보호에 관한 법률 제18조 제4항에 의하여 벌금형을 병과한 조치는 정당하다(대법원 2008.12.24, 2008도9169).

692 판례 상상적 경합의 관계에 있는 사기죄와 변호사법 위반(알선수재)죄에 대하여 형이 더 무거운 사기죄에 정한 형으로 처벌하기로 하면서도, 필요적 몰수·추징에 관한 구 변호사법 제116조, 제111조에 의하여 청탁 명목으로 받은 금품 상당액을 추징한 것은 정당하다(대법원 2006.1.27, 2005도8704). 법원행시 08 / 경찰승진 11 / 경찰승진 12

693 판례 피고인에 대하여 유죄판결이 확정된 폭행죄와 이 사건 공소사실 중 '공동공갈미수 및 공동감금에 의한 각 폭력행위 등 처벌에 관한 법률 위반죄 및 2003.5.23.자 업무방해죄'는 그 기본적 사실관계가 동일하고, 확정판결의 기판력이 미치므로 면소판결을 선고한 것은 정당하다(대법원 2007.2.23, 2005도10233). 변호사 12

있어서 차이가 있을 수 있기 때문이다(따라서 원심판결의 위법은 판결의 결과에 영향을 미친 것임)(대법원 2004.6.25, 2004도1751).

🔨 판례연구 상상적 경합의 소송법적 효과 관련 판례

1. 대법원 1968.3.5, 68도105
상상적 경합범으로 공소가 제기된 죄 중 하나는 친고죄이고 다른 하나는 친고죄가 아닌 경우 피해자로부터 고소가 취소된 경우에는 판결주문에서 고소취소된 죄에 대하여 따로이 공소기각의 판결을 할 것이 아니라 판결이유에서 그 이유만 설시하면 족한 것이다.

2. 대법원 1977.6.7, 77도1069
1개의 행위가 뇌물죄와 사기죄의 각 구성요건에 해당되는 경우 주위적으로 사기죄가 기소되고 예비적으로 뇌물수수죄가 기소된 때에는 사기죄만으로 처단하는 것은 위법이 아니다. 경찰승진 11

3. 대법원 1996.4.12, 95도2312
도로교통법상 손괴 후 미조치 부분은 일반사면으로 면소판결의 대상이 되나 이와 상상적 경합범의 관계에 있는 판시 특가법위반(도주차량)의 공소사실에 대하여 원심이 무죄를 선고하였으므로 이에 관하여는 따로 주문에서 면소의 선고를 하지 아니한다.

4. 대법원 2003.5.30, 2003도1256
상상적 경합관계에 있는 수죄 중 일부에 대한 상고와 상고심의 심판범위
항소심이 유죄로 인정한 부분 중 야간감금의 폭력행위 등 처벌에 관한 법률위반죄 부분은 검사만이 상고한 성폭법위반죄(강간등치상)와 상상적 경합관계에 있어, 피고인이 상고하지 아니한 위 야간감금의 폭력행위 등 처벌에 관한 법률위반죄 부분도 상고심에 이심되어 상고심의 심판대상이 된다. 따라서 항소심판결 중 성폭법법반죄(강간등치상) 부분을 파기하면서 그와 상상적 경합관계에 있는 야간감금의 폭처법위반죄 부분 및 이와 형법 제37조 전단의 경합범관계에 있고 유죄로 인정되어 1개의 형이 선고된 야간상해의 폭처법법위반죄 부분을 함께 파기해야 한다. 경찰채용 18 3차

5. 대법원 2006.12.8, 2006도6356
1개의 행위가 여러 개의 죄에 해당하는 경우 형법 제40조는 이를 과형상 일죄로 처벌한다는 것에 지나지 아니하고, 공소시효를 적용함에 있어서는 각 죄마다 따로 따져야 할 것인바, 공무원이 취급하는 사건에 관하여 청탁 또는 알선을 할 의사와 능력이 없음에도 청탁 또는 알선을 한다고 기망하여 금품을 교부받은 경우에 성립하는 사기죄와 변호사법 위반죄는 상상적 경합의 관계에 있으므로, 국가9급 09 / 국가7급 14 변호사법 위반죄의 공소시효가 완성되었다고 하여 그 죄와 상상적 경합관계에 있는 사기죄의 공소시효까지 완성되는 것은 아니다. 변호사 12

---

02 경합범(실체적 경합)

제37조 【경합범】 판결이 확정되지 아니한 수개의 죄 또는 금고 이상의 형에 처한 판결이 확정된 죄와 그 판결확정 전에 범한 죄를 경합범으로 한다. 법원행시 07 / 법원9급 08 / 법원행시 09 / 법원9급 16

1. 서 설

(1) 의 의

형법상 경합범(競合犯; 실체적 경합(實體的 競合); Realkonkurrenz; Tatmehrheit)이라 함은 한 사람에 의하여 범해진 판결이 확정되지 아니한 수개의 죄 또는 금고 이상의 판결이 확정된 죄와 그 판결확정 전에 범한 죄를 말한다.

원래 수개의 행위로 수개의 죄를 범하였다면 수개의 형이 병과되어야 할 것이지만 특히 자유형을 병과하는 것은 자유형의 누진적 성격에 비추어 타당하지 않기 때문에, 우리 형법에서는 경합범을 원칙적으로 가중주의에 의하여 처리하고 있는 것이다. 즉 경합범은 법관으로 하여금 합리적으로 양형을 시키게 하는 효과를 도모한 개념이자 규정인 것이다.

(2) 종 류

① 동시적 경합범 : 동일인이 수개의 행위를 통해 범한 수죄의 전부에 대해 판결이 확정되지 않아 동시에 판결될 것을 요하는 범죄 간의 관계를 말한다(제37조 전단).

② 사후적 경합범 : 동일인이 범한 수개의 범죄 중에서 어느 일부의 죄에 대하여 먼저 금고 이상의 형에 처하는 판결이 확정된 경우, 그 금고 이상의 판결이 확정된 죄와 그 판결 확정 전에 이미 범한 범죄 (餘罪)와의 사이의 경합관계를 말한다(제37조 후단). 이 경우를 왜 경합범 관계라고 인정하는가 하면, 금고 이상의 판결이 확정되던 그 때에 (판결이 확정될) 그 죄와 (판결확정) 이전에 이미 범한 범죄는 ─수사와 공소제기가 이루어지고 병합심리가 행해졌다면─ 동시적 경합범으로 처리할 수도 있었기 때문이다. 따라서 사후적 경합범은 원래는 동시적 경합범인데, 다만 그중 이미 판결이 확정된 죄가 있고 그 죄에 대하여는 기판력이 발생하여 이 죄에 대하여는 더 이상 손을 댈 수가 없기 때문에 그 판결확정 전에 범한 죄에 대하여만 형을 선고하게 되는 것이다(후술하는 제39조 제1항 참조).

📚 사례연구 경합범의 개념

피고인 A가 범한 甲죄, 乙죄, 丙죄의 범행일시는 모두 피고인의 丁죄 등에 대한 판결(이하 '제1판결'이라 한다) 확정 이후이고, 그중 甲죄와 乙죄의 범행일시는 피고인의 戊죄에 대한 판결(이하 '제2판결'이라 한다) 확정 전인 반면 丙죄의 범행일시는 그 이후인데, 戊죄의 범행일시가 제1판결 확정 전인 경우이다. 그렇다면, 제2판결의 확정을 전후한 甲·乙죄와 丙죄 사이에는 ① 형법 제37조 전단의 경합범의 관계인가, ② 형법 제37조 후단의 경합범의 관계인가, 아니면 ③ 형법 제37조 전단·후단의 어느 경합범 관계도 성립할 수 없는가? (①, ②, ③ 중 택일)

해결 戊죄와 甲죄 및 乙죄는 처음부터 동시에 판결할 수 없었던 경우여서, 경합범 중 판결을 받지 아니한 죄에 대하여 형을 선고할 때는 그 죄와 판결이 확정된 죄를 동시에 판결할 경우와 형평을 고려하도록 한 형법 제39조 제1항은 여기에 적용될 여지가 없으나, 그렇다고 마치 확정된 제2판결이 존재하지 않는 것처럼 甲죄 및 乙죄와 丙죄 사이에 형법 제37조 전단의 경합범 관계가 인정되어 형법 제38조가 적용된다고 볼 수도 없으므로, 확정된 제2판결의 존재로 인하여 이를 전후한 甲죄 및 乙죄와 丙죄 사이에는 형법 제37조 전·후단의 어느 경합범 관계도 성립할 수 없고, 결국 각각의 범죄에 대하여 별도로 형을 정하여 선고할 수밖에 없다 (대법원 2011.6.10, 2011도2351).

정답 ③

---

2. 요 건

(1) 실체법적 요건

① 구성요건침해의 다수성 : 여러 개의 동종 또는 이종의 구성요건이 침해되어 수죄가 성립해야 한다(동종의 경합범과 이종의 경합범).

② 행위의 다수성 : 행위는 수개이어야 한다. 만일 행위가 한 개이면 여러 개의 죄에 해당되더라도 과형상 일죄인 상상적 경합으로 취급된다(2020.12.8. 우리말 순화 개정법 제40조).

(2) 소송법적 요건

① 동시적 경합범의 경우

- ㉠ 전부의 판결미확정 : 동시적 경합범이 성립하기 위해서는 판결이 확정되지 않을 것을 요한다. 따라서 원래 (동시적) 경합범 관계의 수죄 중 검사가 일부 죄만 기소하여 먼저 판결이 확정된 경우에는 형법 제37조 전단의 동시적 경합범이 될 수 없다(대법원 1966.6.7, 66도526). 이는 경합범 중 일부 죄에 대해 파기환송되었으나 다른 죄가 이미 확정된 경우에도 마찬가지이다(대법원 1974.10.8, 74도1301). 사시 10 / 법원9급 18

- ㉡ 병합심리 : 수개의 죄가 동시에 판결될 상태에 있어야 함을 말한다. 따라서 수개의 죄 가운데 일부 범죄가 기소되지 않은 경우에는 동시적 경합범이 될 수 없다. 다만 기소되지 않은 일부에 대해 추가기소가 되어 병합심리가 되는 경우에는 동시적 경합범에 속하게 된다. 병합심리가 항소심에서 이루어져도 동시적 경합범이다(대법원 1972.5.9, 72도597).

② 사후적 경합범의 경우 법원행시 09

- ㉠ 일부의 판결확정 : (금고 이상의 형에 처한) 판결이 확정된 죄와 그 판결확정 전에 범한 죄만이 사후적 경합범이 된다.[694] 그러므로 판결확정 전의 죄와 후의 죄 사이에는 사후적 경합범이 성립할 수 없다.

  > 예 甲이 시간적 순서대로 ABC의 죄를 차례로 범하고 C죄에 대해 금고 이상의 형에 처한 확정판결이 있은 후 DE의 죄를 범한 경우에, AB죄와 C죄는 사후적 경합범이며, A죄와 B죄, D죄와 E죄는 동시적 경합범이다. 그러나 ABC죄와 DE죄는 경합범이 아니다. 따라서 이 경우 두 개의 형이 병과되고 형의 합계도 문제되지 않는다.

- ㉡ 동시에 판결할 수 있었던 죄일 것 : 형법 제37조 후단 경합범 중 아직 판결을 받지 아니한 죄는 이미 판결이 확정된 죄와 동시에 판결할 수 있었던 죄이어야 한다. 예컨대, 유죄의 확정판결을 받은 사람이 그 후 별개의 후행범죄를 저질렀는데 유죄의 확정판결에 대하여 재심이 개시되어 재심판결이 확정된 경우, 아직 판결을 받지 아니한 후행범죄와 재심판결이 확정된 선행범죄 사이에는 형법 제37조 후단에서 정한 경합범 관계가 성립하지 않는다. 따라서 ⓐ 아직 판결을 받지 아니한 죄가 이미 판결이 확정된 죄와 동시에 판결할 수 없었던 경우에는 사후적 경합범의 관계가 성립할 수 없어 형법 제39조 제1항에 따라 동시에 판결할 경우와 형평을 고려하여 형을 선고하거나 형을 감경 또는 면제할 수 없다(대법원 2011.10.27, 2009도9948; 2012.9.27, 2012도9295; 2014.3.27, 2014도469). 법원9급 14 / 경찰간부 16 / 법원9급 16 / 법원행시 16 또한 ⓑ 아직 판결을 받지 아니한 수개의 죄가 판결 확정을 전후하여 저질러지고 판결 확정 전에 범한 죄를 이미 판결이 확정된 죄와 동시에 판결할 수 없었던 경우에도, 마치 확정된 판결이 존재하지 않는 것처럼 그 수개의 죄 사이에 동시적 경합범(형법 제37조 전단 경합범) 관계가 인정된다고 볼 수도 없으므로, 판결확정을 전후한 각각의 범죄에 대하여 별도로 형을 정하여 선고할 수밖에 없다(대법원 2011.6.10, 2011도2351; 2014.3.27, 2014도469). 법원행시 16

> ⚖️ **판례연구** 사후적 경합범에 해당하지 않는다는 사례
>
> **1. 대법원 2019.6.20, 2018도20698 전원합의체**
>
> **다수의견** 유죄의 확정판결을 받은 사람이 그 후 별개의 후행범죄를 저질렀는데 유죄의 확정판결에 대하여 재심이 개시된 경우, 후행범죄가 재심대상판결에 대한 재심판결 확정 전에 범하여졌다 하더라도 아직 판결을 받지 아

---

694 사후적 경합범을 인정한 취지가 동시심판의 가능성이 있었던 사건에 대해 동시적 경합범과 같이 취급하자는 데 있고, 판결의 기판력도 최종의 사실심인 항소심판결선고시를 기준으로 하는 것이므로 입법론상 '항소심판결선고 이전'에 범한 죄로 규정하는 것이 타당하다는 견해는 이재상, §39-37 참조.

니한 후행범죄와 재심판결이 확정된 선행범죄 사이에는 형법 제37조 후단에서 정한 경합범 관계(이하 '후단 경합범'이라 한다)가 성립하지 않는다. 재심판결이 후행범죄 사건에 대한 판결보다 먼저 확정된 경우에 후행범죄에 대해 재심판결을 근거로 후단 경합범이 성립한다고 하려면 재심심판법원이 후행범죄를 동시에 판결할 수 있었어야 한다. 그러나 아직 판결을 받지 아니한 후행범죄는 재심심판절차에서 재심대상이 된 선행범죄와 함께 심리하여 동시에 판결할 수 없었으므로 후행범죄와 재심판결이 확정된 선행범죄 사이에는 후단 경합범이 성립하지 않고, 동시에 판결할 경우와 형평을 고려하여 그 형을 감경 또는 면제할 수 없다. 재심판결이 후행범죄에 대한 판결보다 먼저 확정되는 경우에는 재심판결을 근거로 형식적으로 후행범죄를 판결확정 전에 범한 범죄로 보아 후단 경합범이 성립한다고 하면, 선행범죄에 대한 재심판결과 후행범죄에 대한 판결 중 어떤 판결이 먼저 확정되느냐는 우연한 사정에 따라 후단 경합범 성립이 좌우되는 형평에 반하는 결과가 발생한다.

2. 대법원 2021.10.14, 2021도8719

이미 판결이 확정된 죄가 공직선거법에 따라 분리 선고되어야 하는 공직선거법 위반죄인 경우, 형법 제39조 제1항에 따라 동시에 판결할 경우와 형평을 고려하여 형을 선고하거나 형을 감경·면제할 수 없음

형법 제37조 후단 및 제39조 제1항의 문언, 입법 취지 등에 비추어 보면, 아직 판결을 받지 아니한 죄가 이미 판결이 확정된 죄와 동시에 판결할 수 없었던 경우에는 형법 제39조 제1항에 따라 동시에 판결할 경우와 형평을 고려하여 형을 선고하거나 그 형을 감경 또는 면제할 수 없다(대법원 2011.10.27, 2009도9948; 2012.9.27, 2012도9295; 2014.3.27, 2014도469 등). 한편 공직선거법 제18조 제1항 제3호에서 '선거범'이라 함은 공직선거법 제16장 벌칙에 규정된 죄와 국민투표법 위반의 죄를 범한 자를 말하는데(공직선거법 제18조 제2항), 공직선거법 제18조 제1항 제3호에 규정된 죄와 다른 죄의 경합범에 대하여는 이를 분리 선고하여야 한다(공직선거법 제18조 제3항 전단). 따라서 판결이 확정된 선거범죄와 확정되지 아니한 다른 죄는 동시에 판결할 수 없었던 경우에 해당하므로 형법 제39조 제1항에 따라 동시에 판결할 경우와의 형평을 고려하여 형을 선고하거나 그 형을 감경 또는 면제할 수 없다고 해석함이 타당하다.

3. 대법원 2023.11.16, 2023도10545

재심대상판결 이전 범죄와 재심대상판결 이후 범죄 사이의 관계

재심대상판결 이전 범죄는 재심대상 범죄와 형법 제37조 후단의 경합범 관계에 있지만, 재심대상판결 이후 범죄는 재심대상 범죄와 형법 제37조 후단의 경합범 관계에 있지 아니하므로, 재심대상판결 이전 범죄와 재심대상판결 이후 범죄는 형법 제37조 전단의 경합범 관계로 취급할 수 없어 형법 제38조가 적용될 수 없는 이상 별도로 형을 정하여 선고하여야 한다.[695]

ⓒ 확정판결의 범위 : 금고 이상의 형에 처한 판결이 확정된 죄
  ⓐ '판결이 확정된 죄'에서 '금고 이상의 형에 처한 판결이 확정된 죄'로의 개정 : 확정판결은 반드시 금고 이상의 형에 처하는 것임을 요한다. 이는 2004년 1월 20일 형법 개정에 의한 것이다.[696]
  ⓑ 2004년 형법개정의 취지 : 예컨대, 행위자가 A죄를 범하고 나서 B죄를 범하고 B죄에 대한 '벌금'의 형이 내려지고 이 판결이 확정되고 난 후 C죄를 범한 경우, (구형법에 의하면 B와 A죄 간에는 사후적 경합범이지만 판결확정 전후의 죄인 A죄와 C죄 간에는 경합범관계가 인정되지 않아 A죄와 C죄에 대한 각각 별도의 형이 내려지고 별도로 집행되었던 데 비하여) 2004년 1월 20일자 개정 형법에 의하면

---

[695] 보충 – 또다른 논점 한편, 재심대상판결이 '금고 이상의 형에 처한 판결'이었더라도, 재심판결에서 무죄 또는 금고 미만의 형이 확정된 경우에는, 재심대상판결 이전 범죄가 더 이상 '금고 이상의 형에 처한 판결'의 확정 이전에 범한 죄에 해당하지 않아 선행범죄와 사이에 형법 제37조 후단 경합범에 해당하지 않는다. 이 경우에는 재심대상판결 이전 범죄와 재심대상판결 이후 범죄 중 어느 것도 이미 재심판결이 확정된 선행범죄와 사이에 형법 제37조 후단 경합범 관계에 있지 않아 **형법 제37조 전단의 '판결이 확정되지 아니한 수개의 죄'에 해당하므로, 형법 제38조의 경합범 가중을 거쳐 하나의 형이 선고되어야 한다**(대법원 2023.11.16, 2023도10545).

[696] 2004.1.20. 형법개정의 이유 2004년 개정형법 이전의 형법 제37조 후단에서는 사후적 경합범의 요건으로 '판결이 확정된 죄'라고 규정하면서 그 범위를 제한하지 않고 있어서 이것이 피고인에 대하여 불리하게 작용될 뿐만 아니라 법원의 입장에서도 인력·예산의 낭비를 초래하는 측면이 있었기 때문이다.

제37조 후단의 '판결이 확정된 죄'가 '금고 이상의 형에 처한 판결이 확정된 죄'로 제한됨에 따라 벌금형으로 확정된 B죄에 대한 판결확정 전후의 죄인 A죄와 C죄 간에는 아직 판결이 확정되지 않은 수개의 죄의 관계(동시적 경합범)가 있다고 보게 되어 동시적 경합범으로서 하나의 형으로 합쳐 판결을 내릴 수 있게 된 것이다(대법원 2004.1.27, 2001도3178; 2004.6.25, 2003도7124; 2005.7.14, 2003도1166).[697]

ⓒ '금고 이상의 형에 처한'이라는 문구의 추가로 인한 결과 : 제37조 후단의 '판결이 확정된 죄'에 대하여 벌금형을 선고하는 판결이 확정된 때나 약식명령이 확정된 경우도 포함된다고 보았었던 기존의 **판례**들(대법원 2001.11.30, 2001도5657; 대법원 2001.8.24, 2001도2832; 대법원 1994.12.21, 93도1817)은 모두 폐기된 것이다.

ⓓ 2004년 개정형법 제37조의 소급효 허용 : 종래 경합범 처리를 할 수 없었던 경우를 위와 같이 경합범으로 처리할 수 있게 됨에 따라, 여기에 해당되는 피고인에게는 보다 유리한 변화가 생기게 되었다.[698] 따라서 위 개정법률 제37조를 적용하는 것이 -피고인에게 불리하게 되는 특별한 사정이 없는 한- 형법 제1조 제2항을 유추적용하여 위 개정법률 시행 당시 법원에 계속 중인 사건 중 위 개정법률 전에 벌금형에 처한 판결이 확정된 경우에도 적용되는 것으로 보아야 할 것이다(소급효 인정, 대법원 2004.1.27, 2001도3178; 2004.6.25, 2003도7124; 2005.7.14, 2003도1166).[699]

ⓔ 금고 이상의 '판결이 확정된 죄'의 범위 : 판결이 확정된 죄라 함은 어느 죄에 대하여 확정판결이 있었던 사실 그 자체를 의미하므로 이 판결에 대하여 사면이 있거나 형이 실효되거나 집행유예(집행유예는 징역이나 금고의 형이 선고되는 경우임을 상기할 것 - 제62조 제1항 참조)의 기간이 경과되어 형선고의 효력이 실효되는 등의 여부는 문제되지 않고, 금고 이상의 판결이 확정된 죄가 있다면 그 죄와 그 판결확정 전에 범한 죄 간에는 모두 사후적 경합범이 성립하게 된다(대법원 1984.8.21, 84모1297; 1992. 11.24, 92도1417; 1996.3.8, 95도2114). 법원9급 08 / 사시 10

ⓔ 판결확정 전에 범한 죄 : 판결확정시점에 대해서는 견해의 대립이 있으나[700] '상소 등 통상의 불복절차에 의하여 다툴 수 없게 된 상태'를 말한다고 보아야 한다(대법원 1983.7.12, 83도1200). 판결확정 전에 범한 죄라 함은, 범죄가 판결확정 전에 성립하고 '종료'되어야 하는 것은 분명하다(대법원 2007. 1.25, 2004도45). 따라서 포괄일죄의 도중에 다른 종류의 범죄에 대한 금고 이상의 형에 처한 판결이 확정된 경우, 포괄일죄는 위 도중의 판결이 확정된 후에 '종료'된 것이므로, 판결이 확정된 죄와 위 포괄일죄는 형법 제37조 후단의 사후적 경합범에 해당될 수 없다.[701] 법원행시 06 / 사시 10

---

697 2004.1.20. 개정형법에 대한 평가 사실 ABC의 죄 중에서 B죄에 대하여 그리 무겁지도 않은 자격형이나 벌금형 등이 확정된 것을 이유로 하여 A의 죄와 C의 죄에 대한 별도의 형이 내려져 여기에 해당하는 형기를 모두 집행당한다는 것은 불합리한 것이었다는 점에서 위 형법 개정은 타당한 것으로 평가된다.

698 보충 A죄의 형이 징역 1년 이하이고 C죄의 형이 징역 1년 이하라고 한다면 구형법에 의하면 양죄 간에 경합범관계가 없으므로 이를 따로 집행하게 되므로 길게는 2년까지 징역형의 집행을 받을 수 있었던 데 비하여, 개정 형법에 의하면 양죄는 동시적 경합관계가 인정되므로 제38조 제1항 제2호에 의하여 징역 1년 6개월 이하의 범위에서 형집행을 받게 될 것이다.

699 판례 형법 제37조는 경합범의 처벌에 관하여 형을 가중하는 규정으로서 일반적으로 두 개의 형을 선고하는 것보다는 하나의 형을 선고하는 것이 피고인에게 유리하므로 위 개정법률을 적용하는 것이 오히려 피고인에게 불리하게 되는 등의 특별한 사정이 없는 한 형법 제1조 제2항을 유추적용하여 위 개정법률 시행 당시 법원에 계속 중인 사건 중 위 개정법률 전에 벌금형에 처한 판결이 확정된 경우에도 적용되는 것으로 보아야 할 것이다(대법원 2004.1.27, 2001도3178; 2004.6.25, 2003도7124; 2005.7.14, 2003도1166).

700 사후적 경합범의 판결이 확정된 시점 판결확정시점에 대해서 ① 상소 등 통상의 불복절차에 의하여 다툴 수 없게 된 시점이라는 견해(손해목, 1154면; 신동운, 710면; 오영근, 824면; 이형국, 433면; 임웅, 575면; 정성근, 663면)와 ② 최종의 사실심인 항소심 판결선고시를 의미한다고 보는 견해(김일수 / 서보학, 704면; 배종대, 674면; 진계호, 655면)가 대립하고 있다. 또한 이론적으로는 항소심 판결선고시로 보아야 하지만 해석론상 前說로 보는 것이 불가피하다는 견해도 있다. 이재상, §39-31 참조. 본서에서는 제1설을 따른다.

701 기술한 포괄일죄의 법적 효과 참조.

판례연구 실체적 경합을 인정한 판례

1. 대법원 1969.6.24, 69도692
횡령 교사를 한 후 횡령한 물건을 취득한 때에는 횡령교사죄와 장물취득죄의 경합범이 성립된다. 법원행시 09 / 법원행시 10 / 경찰승진 11 / 경찰승진 12 / 법원승진 14 / 사시 14 / 법원9급 20

2. 대법원 1984.11.27, 84도2263
사람을 살해한 다음 그 범죄의 흔적을 은폐하기 위하여 그 시체를 다른 장소로 옮겨 유기하였을 때에는 살인죄와 사체유기죄의 경합범이 성립하고 사체유기를 불가벌적 사후행위라 할 수 없다. 국가9급 08 / 법원행시 08 / 법원행시 10 / 변호사 12

3. 대법원 1988.12.13, 88도1807, 88감도130
야간에 흉기를 들고 사람의 주거에 침입하여 강간을 한 경우에는 폭력행위 등 처벌에 관한 법률위반(주거침입)죄와 강간죄가 성립하고 이 경우 두 죄는 실체적 경합관계에 있다.

4. 대법원 1989.11.28, 89도1309; 1995.8.22, 95도594; 1996.2.13, 95도2121; 1995.8.22, 95도594; 2000.2.11, 99도4862; 2000.7.7, 2000도1899; 2003.4.8, 2003도382; 2010.4.29, 2010도2810
동일한 피해자 또는 수인의 피해자에 대한 수 개의 사기행위의 죄수
① 사기죄에 있어서 동일한 피해자에 대하여 수회에 걸쳐 기망행위를 하여 금원을 편취한 경우, 범의가 단일하고 범행 방법이 동일하다면 사기죄의 포괄일죄만이 성립하고, 범의의 단일성과 계속성이 인정되지 아니하거나 범행 방법이 동일하지 아니하다면 각 범행은 실체적 경합범에 해당한다(대법원 1989.11.28, 89도1309; 1997.6.27, 97도508). 또한 ② 사기죄에 있어서 수인의 피해자에 대하여 각 피해자별로 기망행위를 하여 각각 재물을 편취한 경우에 그 범의가 단일하고 범행방법이 동일하다고 하더라도 포괄1죄가 성립하는 것이 아니라 피해자별로 1개씩의 죄가 성립하는 것으로 보아야 할 것이다(대법원 1996.2.13, 95도2121; 1995.8.22, 95도594; 1997.6.27, 97도508; 2000.2.11, 99도4862; 2000.7.7, 2000도1899; 2003.4.8, 2003도382). 국가7급 07 / 법원9급 10 / 국가9급 12 / 법원행시 14 따라서 ③ 백화점 식품부 차장이 전날 판매하고 남은 재고품을 재포장하고 가공일자가 재포장일자로 기재된 바코드라벨을 부착하여 마치 신선한 식품인 것처럼 수많은 고객들에게 판매한 경우도 피해자별로 1개씩의 사기죄가 성립하고(대법원 1995.8.22, 95도594), ④ 다수의 계(契)를 조직하여 수인의 계원들을 개별적으로 기망하여 계불입금을 편취한 경우에도, 각 피해자별로 독립하여 사기죄가 성립하고 그 사기죄 상호간은 실체적 경합범 관계에 있다(대법원 2010.4.29, 2010도2810). 경찰간부 12 / 경찰승진 13

5. 대법원 1991.1.29, 90도2445
피고인이 슈퍼마켓사무실에서 식칼을 들고 피해자를 협박한 행위와 식칼을 들고 매장을 돌아다니며 손님을 내쫓아 그의 영업을 방해한 행위는 별개의 행위이다. 국가7급 07 / 경찰채용 20 2차

6. 대법원 1991.9.10, 91도1722
피고인이 예금통장을 강취하고 예금자 명의의 예금청구서를 위조한 다음 이를 은행원에게 제출행사하여 예금인출금 명목의 금원을 교부받았다면 강도, 사문서위조, 동행사, 사기의 각 범죄가 성립하고 이들은 실체적 경합관계에 있다 할 것이다. 법원9급 05 / 경찰채용 15 2차

7. 대법원 1992.11.13, 92도1749
甲은 운전 중 과실로 乙을 치어 상해를 입혔는데, 甲은 아무런 조치도 취하지 않고 현장에서 즉시 도주해버렸고 乙은 사망하였다. 甲에게는 도주차량운전죄(특가법 제5조의3 제1항)와 신고의무위반죄(도로교통법 제50조 제2항)가 성립하며 두 죄는 실체적 경합관계에 해당된다.

8. 대법원 1993.12.24, 92도3334
① 공무원이 직무유기의 위법사실을 적극적으로 은폐할 목적으로 허위공문서를 작성·행사한 경우에는 직무위배의 위법상태는 허위공문서작성 당시부터 그 속에 포함되는 것으로 작위범인 허위공문서작성, 동행사죄만이 성립하고 부작위범인 직무유기죄는 따로 성립하지 아니하나, ② 위 복명서 및 심사의견서를 허위작성한 것이 농지일시전용허가를 신청하자 이를 허가하여 주기 위하여 한 것이라면 직접적으로 농지불법전용 사실을 은폐하기 위하여 한 것은 아니므로 위 허위공문서작성, 동행사죄와 직무유기죄는 실체적 경합범의 관계에 있다.

9. 대법원 2001.3.27, 2000도5318

방문판매 등에 관한 법률상 무등록영업행위와 사실상 금전거래만을 하는 영업행위는 각 그 구성요건이, 등록을 하지 않고 다단계판매업을 하거나(제28조 제1항) 다단계조직을 이용하여 금전거래만을 하는 행위(제45조 제2항 제1호)로서 서로 실체적 경합의 관계에 있다.[702]

10. 대법원 2001.6.12, 2000도3559

여신전문금융업법상 불법자금융통죄(제70조 제2항 제3호)는 신용카드를 이용한 자금융통행위 1회마다 하나의 죄가 성립한다고 할 것이고, 일정기간 다수인을 상대로 동종의 자금융통행위를 계속하였다고 하더라도 그 범의가 단일하다고 할 수 없으므로 포괄일죄가 성립한다고 할 수 없다.

11. 대법원 2002.7.23, 2001도6281

사회통념상 운전한 날을 기준으로 운전한 날마다 1개의 운전행위가 있다고 보는 것이 상당하므로 운전한 날마다 무면허운전으로 인한 도로교통법 위반의 1죄가 성립한다고 보아야 할 것이고, 여러 날에 걸쳐 무면허운전행위를 반복하였다 하더라도 이를 포괄하여 1죄로 볼 수는 없다. 법원9급 06 / 법원9급 07(상) / 법원9급 07(하) / 경찰간부 11 / 경찰승진 11 / 법원행시 11 / 사시 13 / 사시 15 / 경찰채용 16 1차 / 국가9급 16 / 법원행시 18

12. 대법원 2002.7.23, 2000도1094

서로 다른 시기에 수회에 걸쳐 이루어진 수출용원재료에 대한 관세 등 환급에 관한 특례법 시행령 제16조에서 정한 간이정액환급절차에 의한 관세부정환급행위는 그 행위의 태양, 수법, 품목 등이 동일하다 하더라도 원칙적으로 별도로 각 1개의 관세부정환급죄를 구성한다.

13. 대법원 2003.1.10, 2002도4380

감금행위가 단순히 강도상해 범행의 수단이 되는 데 그치지 아니하고 강도상해의 범행이 끝난 뒤에도 계속된 경우에는 1개의 행위가 감금죄와 강도상해죄에 해당하는 경우라고 볼 수 없고, 이 경우 감금죄와 강도상해죄는 형법 제37조의 경합범 관계에 있다. 법원9급 06 / 국가9급 09 / 사시 11 / 법원행시 12 / 사시 12·13 / 경찰승진 14 / 국가9급 15 / 사시 15 / 변호사 18

14. 대법원 2004.1.15, 2001도1429

사기죄와 보건범죄단속에 관한 특별조치법위반죄(무허가의약품제조)는 실체적 경합관계이다.

15. 대법원 2004.6.25, 2004도1751

사기의 수단으로 발행한 수표가 지급거절된 경우 부정수표단속법위반죄와 사기죄는 그 행위의 태양과 보호법익을 달리하므로 실체적 경합범의 관계에 있다. 경찰채용 10 1차 / 법원행시 12 / 경찰간부 13 / 경찰간부 15

16. 대법원 2004.11.12, 2004도5257

주취운전과 음주측정거부는 반드시 동일한 법익을 침해하거나 주취운전의 불법·책임내용이 일반적으로 음주측정거부에 포섭되는 것이라 단정할 수 없으므로, 양 죄는 실체적 경합관계에 있다. 법원9급 05 / 법원행시 06 / 법원행시 09

17. 대법원 2004.12.24, 2004도5494

정치자금법상 정치자금 수수죄, 회계장부 허위기재죄와 허위 회계보고죄는 실체적 경합이다.

18. 대법원 2005.5.13, 2004도8620

근로기준법상 퇴직금미지급죄와 임금미지급죄는 실체적 경합관계에 있다.

19. 대법원 2005.9.30, 2005도4051

컴퓨터로 음란 동영상을 제공한 제1범죄행위로 서버컴퓨터가 압수된 이후 다시 장비를 갖추어 동종의 제2범죄행위를 하고 제2범죄행위로 인하여 약식명령을 받아 확정된 경우, 피고인에게 범의의 갱신이 있어 제1범죄행위는 약식명령이 확정된 제2범죄행위와 실체적 경합관계에 있다. 경찰간부 12 / 법원승진 12 / 법원행시 12 / 경찰간부 14

---

702 판례 : 무등록다단계판매업 영위죄의 죄수 독립된 법인격을 갖춘 여러 법인 명의로 다단계판매업을 영위하려는 자가 다단계판매업 등록을 받기 위해서는 법인별로 법 제13조 제1항의 등록요건과 법 제14조의 자격요건을 갖추어야 하고, **법인별로 다단계판매업 등록을 하지 아니한 채 그 각 법인 명의로 다단계판매조직을 개설·관리 또는 운영하는 행위를 한 경우에는 법인별로 법 제51조 제1항 제1호, 제13조 제1항 위반의 죄가 성립하며 이는 서로 실체적 경합관계에 있다**(대법원 2013.7.26, 2011도1264).

20. 대법원 2007.2.15, 2005도9546 전원합의체

대외무역법 위반죄는 법률이 예정하고 있는 외화획득행위를 하지 않음으로써 처벌되는 것임에 비하여 조세범처벌법 위반죄는 조세의 부과 및 징수를 불가능하게 하거나 현저히 곤란하게 하는 위계 기타 부정한 적극적인 행위를 처벌 대상으로 삼는 것이므로, 양자는 그 직접적인 보호법익, 위반행위의 내용 및 태양, 가벌성의 근거 및 정도 등을 달리하는 별개의 행위로 인한 범죄이다.

21. 대법원 2007.5.11, 2006도9478

공동재물손괴의 범행이 업무방해의 과정에서 저지른 것이기는 하지만, 양 죄는 피해자가 다를 뿐 아니라, 업무방해는 장시간 점거를 통해 위력을 행사하는 방법으로 저지른 것이어서 행위의 태양이 다르다고 할 것이므로 양 죄는 실체적 경합범의 관계에 있다. 국가7급 20

22. 대법원 2007.4.27, 2006도5579

농업협동조합법 제50조 제1항 제3호가 같은 항 제1호에 규정된 금품 등을 제공받는 등의 행위를 따로 금지하고 있는 점에 비추어 보면, 같은 항 제1호에 규정된 금품 등의 제공행위에 의한 농업협동조합법 위반죄는 그 상대방마다 별개의 죄가 성립한다.

23. 대법원 2007.10.26, 2007도5954

부동산등기법상 미등기전매행위와 조세범처벌법상 조세포탈행위는 행위태양 등이 서로 달라 1개의 행위로 범한 것으로 볼 수 없어 상상적 경합이 아니라 실체적 경합관계에 있다고 보아야 한다.

24. 대법원 2008.2.29, 2007도10414

유사수신행위의 규제에 관한 법률 제3조에서 금지하고 있는 유사수신행위 그 자체에는 기망행위가 포함되어 있지 않고, 이러한 위 법률 위반죄와 특경법위반(사기)죄는 각 그 구성요건을 달리하는 별개의 범죄로서, 서로 행위의 태양이나 보호법익을 달리하고 있어 양 죄는 상상적 경합관계가 아니라 실체적 경합관계로 봄이 상당하다.

25. 대법원 2009.4.23, 2008도8527

○○작가협회회원이 타인의 명의를 도용하여 협회 교육원장을 비방하는 내용의 호소문을 작성한 후 이를 협회 회원들에게 우편으로 송달한 경우, 사문서위조죄와 명예훼손죄가 각 성립하고, 이는 실체적 경합관계에 있다. 법원행시 16

26. 대법원 2010.5.13, 2009도13463

회사의 대표이사가 업무상 보관하던 회사 자금을 빼돌려 횡령한 다음 그중 일부를 더 많은 장비 납품 등의 계약을 체결할 수 있도록 해달라는 청탁과 함께 배임증재에 공여한 경우, 위 횡령의 범행과 배임증재의 범행은 서로 범의 및 행위의 태양과 보호법익을 달리하는 별개의 행위이다. 따라서 위 횡령의 점에 대하여 약식명령이 확정되었다고 하더라도 그 기판력은 배임증재의 점에는 미치지 아니한다. 국가9급 12

비교판례 대법원 2008.11.13, 2006도4885

형사소송법 제326조 제1호에 정한 면소사유인 '확정판결이 있는 때'에는 공소가 제기된 공소사실을 확정판결이 있는 종전 사건의 공소사실과 비교해서 그 사실의 기초가 되는 자연적·사회적 사실관계가 기본적인 점에서 동일한 경우도 포함된다. 주식회사의 대표이사가 노조위원장에게 부정한 청탁을 하면서 회사공금을 노조위원장측에게 송금한 행위로 배임증재죄의 확정판결을 받은 후 같은 송금행위에 대하여 업무상횡령으로 기소된 경우, 두 개의 공소사실은 하나의 동일한 송금행위에 의하여 실현된 것으로서 자연적·사회적 사실관계가 기본적인 점에서 동일하여 형사소송법 제326조 제1호의 '확정판결이 있는 때'에 해당할 여지가 있다(업무상횡령을 유죄로 인정한 원심판결을 파기한 사례).

27. 대법원 2010.11.11, 2010도10690; 1987.4.28, 83도1568

본인에 대한 배임행위가 본인 이외의 제3자에 대한 사기죄를 구성한다 하더라도 그로 인하여 본인에게 손해가 생긴 때에는 사기죄와 함께 배임죄가 성립한다. 사시 12 / 변호사 20

28. 대법원 2012.9.27, 2012도6079

범죄수익규제법 제3조 제1항 제1호는 '범죄수익 등의 취득 또는 처분에 관한 사실을 가장하는 행위'를 처벌하고 있는데, 이러한 행위에는 다른 사람 이름으로 된 계좌에 범죄수익 등을 입금하는 행위와 같이 범죄수익 등이 제

3자에게 귀속되는 것처럼 가장하는 행위가 포함될 수 있는데, 이러한 범죄수익규제법위반죄는 특가법위반(뇌물)죄와 실체적 경합범 관계에 있다.

29. 대법원 2023.2.23, 2020도12431
중소기업협동조합법위반죄와 업무상 배임죄의 죄수
피고인이 특정인을 중소기업중앙회장으로 당선되도록 할 목적으로 선거인에게 재산상 이익을 제공하면서 그 비용을 자신이 이사장으로 있었던 협동조합의 법인카드로 결제한 행위는 선거인에 대한 재산상 이익 제공으로 인한 중소기업협동조합법 위반죄와 협동조합에 재산상 손해를 가한 것으로 인한 업무상배임죄의 실체적 경합에 해당한다.

30. 대법원 2023.4.27, 2020도17883
운행정지명령위반으로 인한 자동차관리법위반죄와 의무보험미가입자동차운행으로 인한 자동차손해배상보장법위반죄의 죄수
운행정지명령위반으로 인한 자동차관리법위반죄와 의무보험미가입자동차운행으로 인한 자동차손해배상보장법위반죄는 자동차의 운행이라는 행위가 일부 중첩되기는 하나 법률상 1개의 행위로 평가되는 경우에 해당한다고 보기 어렵고, 또 구성요건을 달리하는 별개의 범죄로서 보호법익을 달리하고 있으므로 상상적 경합관계로 볼 것이 아니라 실체적 경합관계로 봄이 타당하다.

3. 효 과

(1) 동시적 경합범의 처벌

① 흡수주의(吸收主義; Absorptionsprinzip, Einschlußprinzip)

제38조 【경합범과 처벌례】 ① 1. 가장 무거운 죄에 대하여 정한 형이 사형, 무기징역, 무기금고인 경우에는 가장 무거운 죄에 대하여 정한 형으로 처벌한다. 〈우리말 순화 개정 2020.12.8.〉

동시적 경합범 중 어느 하나의 죄에 사형, 무기징역, 무기금고가 규정되어 있는 경우에는 다른 죄의 형을 고려할 필요 없이 가장 무거운 죄의 형으로 흡수된다.[703]

② 가중주의(加重主義; Asperationprinzip, Verschärfungsprinzip)

제38조 【경합범과 처벌례】 ① 2. 각 죄에 대하여 정한 형이 사형, 무기징역, 무기금고 외의 같은 종류의 형 국가9급 08 인 경우에는 가장 무거운 죄에 대하여 정한 형의 장기 또는 다액(多額)에 그 2분의 1까지 가중하되 각 죄에 대하여 정한 형의 장기 또는 다액을 합산한 형기 또는 액수를 초과할 수 없다. 다만, 과료와 과료, 몰수와 몰수는 병과(倂科)할 수 있다. 〈우리말 순화 개정 2020.12.8.〉 법원행시 06 / 법원9급 08 / 법원행시 08 / 법원행시 10 / 법원9급 16
② 제1항 각 호의 경우에 징역과 금고는 같은 종류의 형으로 보아 징역형으로 처벌한다. 〈우리말 순화 개정 2020.12.8.〉

동시적 경합범의 각 죄에 정한 형이 예컨대 유기징역과 유기징역인 경우처럼 같은 종류의 형 국가9급 08인 경우에는 가장 무거운 죄에 대한 정한 형의 장기 또는 다액에 2분의 1을 가중하되 각 죄의 장기 또는 다액을 합산한 형기 또는 액수를 초과할 수 없다. 상상적 경합범의 전체적 대조주의(결합주의)는 여기에도 그대로 적용되어, 가장 중한 죄 아닌 죄에 정한 형의 단기가 가장 중한 죄에 정한 형의 단기보다 중한 때에는 그

---

703 판례1 선고, 확정된 경합범 관계에 있는 무기징역형과 징역 5년형 중 무기징역형이 사후에 징역 20년형으로 감형된 경우, 무기징역형이 사후에 징역 20년형으로 감형되었다 하더라도 그 감형된 형만을 집행할 수 있을 뿐(대법원 1991.8.9, 91모54), 20년형에 징역 5년형을 합산시킬 수는 없다. 평석 이러한 판례의 입장은 형법 제56조의 형의 가중·감경의 순서에 관한 규정의 해석에 있어서 이미 '경합범'을 적용(동조 제5호)한 후에 다시 상습범이나 누범으로 가중하는 것(동조 제1호 및 제3호)은 '피고인에게 불리한 유추해석'이므로 허용되지 않는다는 취지를 내포하고 있다(유추해석금지의 원칙).
판례2 경합범관계에 있는 각 죄에 대하여 각 2년 6월의 징역형과 무기징역형이 별도로 선고·확정된 경우에는 위 무기징역형이 사후에 징역 20년으로 감형되었다고 하더라도 징역 2년 6월의 형 집행으로 복역한 형기를 감형된 징역 20년의 형기에 통산할 수 없다(대법원 2006.5.29, 2006모135).

중한 단기를 하한으로 한다(대법원 1985.4.23, 84도2890). 법원행시 06 / 법원9급 07(상) / 국가9급 08 / 법원행시 08 / 법원행시 10

또한 동시적 경합범에 해당하는 죄에 대하여 동시에 판결할 때에는 단일한 선고형으로 처단해야 하고(대법원 1972.5.9, 72도597) 명문의 규정이 없는 한 분리하여 형을 선고할 수 없다(대법원 2009.1.30, 2008도4986).[704] 반면, 확정판결 전에 저지른 범죄와 그 후에 저지른 범죄는 경합범관계에 있는 것은 아니므로 두 개의 주문으로 각각 따로 처벌해야 한다(대법원 1970.12.22, 70도2271).

또한 금고형과 징역형을 선택하여 경합범 가중을 하는 경우에는 형법 제38조 제2항에 따라 금고형과 징역형을 같은 종류의 형으로 간주하여 징역형으로 처벌하여야 한다(대법원 2013.12.12, 2013도6608).

✦ 판례연구 징역과 금고의 동시적 경합범 처리

대법원 2013.12.12, 2013도6608
금고형과 징역형을 선택하여 경합범 가중을 하는 경우에는 형법 제38조 제2항에 따라 금고형과 징역형을 동종의 형으로 간주하여 징역형으로 처벌하여야 하고, 형기의 변경 없이 금고형을 징역형으로 바꾸어 집행유예를 선고하더라도 불이익변경금지 원칙에 위배되지 않는데도, 제1심판결을 파기하면서 제1심의 위법을 시정하지 아니한 원심판결에는 경합범 가중에 관한 법리오해의 잘못이 있다. 따라서 피고인에게 금고 5월을 선고한 제1심판결에 대해 피고인만이 항소하였는데, 원심이 제1심과 마찬가지로 유죄를 인정하여 甲죄에 대하여는 금고형을, 乙죄와 丙죄에 대하여는 징역형을 선택한 후 각 죄를 형법 제37조 전단 경합범으로 처벌하면서 피고인에게 금고 5월, 집행유예 2년, 보호관찰 및 40시간의 수강명령을 선고한 것은 적법하지 않다.

---

③ 병과주의(併科主義; Kumulationsprinzip, Häufungsprinzip)

제38조【경합범과 처벌례】① 3. 각 죄에 대하여 정한 형이 무기징역, 무기금고 외의 다른 종류의 형인 경우에는 병과한다.〈우리말 순화 개정 2020.12.8.〉 법원행시 07

병과주의는 수죄에 정한 형이 다른 종류인 경우이든, 일죄에 대하여 다른 종류의 형을 병과할 경우이든 적용된다. 또한 다른 종류의 형을 병과할 때 후술하는 형의 일부에 대한 선고유예(제59조 제2항)나 형의 일부에 대한 집행유예(제62조 제2항)가 가능해진다. 다만, 병과주의도 동시적 경합범을 처리하는 방식인 만큼, 수개의 마약류관리법 위반죄의 중간에 확정판결이 존재하여 확정판결 전후의 범죄가 서로 경합범 관계에 있지 않게 된 경우, 1개의 주문으로 징역과 벌금을 병과하여 형을 선고하는 것은 위법하다(대법원 2010.11.25, 2010도10985).[705]

---

704 판례 : 동시적 경합범은 분리 선고가 원칙적 금지됨 판결이 확정되지 아니한 수개의 죄를 동시에 판결할 때에는 형법 제38조가 정하는 처벌례에 따라 처벌하여야 하므로, 경합범으로 공소제기된 수개의 죄에 대하여 형법 제38조의 적용을 배제하고 위 처벌례와 달리 따로 형을 선고하려면 예외를 인정한 명문의 규정이 있어야 한다. 공직선거법 제18조 제3항은 선거범이 아닌 다른 죄와 선거범 사이에 따로 형을 선고하도록 규정하고 있을 뿐, 당선무효사유에 해당하는 선거범과 그 밖의 선거범을 분리하여 형을 선고하도록 규정하고 있지는 않고 달리 그와 같은 규정을 두고 있지도 아니하므로, 그 제265조가 정하는 선거범을 그 밖의 선거범과 분리하여 형을 선고할 수는 없고 다른 경합범과 마찬가지로 형법 제38조가 정하는 처벌례에 따라 형을 선고하여야 한다(대법원 2009.1.30, 2008도4986).

705 보충 수개의 마약류관리에 관한 법률 위반(향정)죄의 중간에 확정판결이 존재하여 확정판결 전후의 범죄가 서로 경합범 관계에 있지 않게 되었으므로, 형법 제39조 제1항에 따라 2개의 주문으로 형을 선고하여야 함에도 징역 및 벌금형이라는 하나의 병과형("피고인을 징역 10월 및 벌금 1,000만 원에 처한다.")을 선고한 원심판결에는 경합범에 관한 법리오해의 위법이 있다(위 판례).

(2) 사후적 경합범의 처벌

① 형의 선고

제39조【판결을 받지 아니한 경합범】 ① 경합범 중 판결을 받지 아니한 죄가 있는 때에는 그 죄와 판결이 확정된 죄를 동시에 판결할 경우와 형평을 고려하여 그 죄에 대하여 형을 선고한다. 이 경우 그 형을 감경 또는 면제할 수 있다. 〈2005.7.29. 개정〉 법원행시 07 / 국가9급 08 / 법원9급 08 / 사시 14 / 법원9급 16

② 제39조 제2항을 삭제한다. 〈2005.7.29. 개정〉

(참고 : 개정 전 형법 제39조 ① 경합범 중 판결을 받지 아니한 죄가 있는 때에는 그 죄에 대하여 형을 선고한다.)

    ㉠ 제39조 제1항 본문 : 개정 전 형법에 있어서는 사후적 경합범이 동시적 경합범보다 피고인을 불리하게 취급할 소지가 있었기 때문에,[706] 2005년 7월 29일 형법 제39조 제1항을 개정하여 "경합범 중 판결을 받지 아니한 죄가 있는 때에는 그 죄와 판결이 확정된 죄를 동시에 판결할 경우와 '형평을 고려하여' 그 죄에 대하여 형을 선고한다"고 규정하게 되었다.[707] 따라서 예컨대, 항소심법원이 유죄판결이 확정된 甲·乙·丙 세 개의 죄와 형법 제37조 후단의 경합범 관계에 있는 丁죄에 대한 형을 선고하면서 판결 이유의 '법령의 적용' 부분에서 乙·丙죄에 대한 전과 기재를 누락하고 전과의 구체적 내용을 심리하지 아니한 것은, 형법 제39조 제1항을 위반하여 위법하다(대법원 2008. 10.23, 2008도209; 2012.1.27, 2011도15914[708]). 경찰간부 14 따라서 이러한 형법의 개정은 일단 피고인에게 유리한 법률의 변경이라고 볼 수 있다(대법원 2005.11.25, 2005도6457).[709]

    ㉡ 제39조 제1항 단서 : 개정 형법 제39조 제1항 단서에서는 "이 경우 그 형을 감경 또는 면제할 수 있다."라고 하여, 본문에서는 형평을 고려하도록 하면서 또 단서에서는 임의적 감면으로 처리하는 혼선을 보여주고 있다. 이렇듯 개정형법 제39조 제1항에 의하여 야기된 혼란 속에서 대법원 판례가

---

[706] 참고 : 2005년 개정형법 이전의 형법 제39조 및 문제점 개정 전 형법 제39조 제1항은 "경합범 중 판결을 받지 아니한 죄가 있는 때에는 그 죄에 대하여 형을 선고한다"고 규정하고 있었다. 이는 경합범 중 이미 확정판결을 받은 죄에 대해서는 '일사부재리의 원칙'상 다시 판결을 내릴 수 없으므로 확정판결 전에 범한 죄에 대해서만 형을 선고하도록 한 것이었다. 개정 전 형법 제39조 제2항에서도 이미 확정된 판결을 존중하여 변경할 수 없도록 한다는 전제 하에서, 다만 형의 '집행'에 있어서만 제38조의 동시적 경합범의 예에 의하도록 규정하고 있었다. 예컨대, 甲이 범한 A죄(법정형 : 10년 이하의 징역)와 B죄(법정형 : 10년 이하의 징역)가 있는데 그중 B죄만 먼저 재판이 되어 징역 10년이 선고되어 그 재판이 확정되었다고 하자. 그 후 A죄가 적발이 되어 이에 대한 재판이 이루어질 때 B죄에 대하여 이미 확정된 형량을 고려하지 않고 A죄에 대해서도 징역 10년을 선고할 수 있게 되는 것이다. 다만 개정 전 형법 제39조 제2항에 의하여 제38조 제1항 제2호(가중주의)의 예에 따라 각 죄를 합산한 형기가 가장 중한 죄의 장기의 2분의 1인 15년을 넘지 않게 그 형을 집행하도록 되어 있었던 것이다.

[707] 참고 : 그동안의 입법론 및 해석론 참고로 독일형법 제55조는 사후적 경합범에 대해서도 독일형법 제53조와 제54조가 적용된다고 규정하여, 사후적 경합범도 동시적 경합범처럼 전체형(全體刑; Gesamtstrafe)을 정하도록 하고 있는데, 종래 위 규정처럼 우리 형법 제39조 제1항도 개정하여 새로운 전체형을 정하도록 하자는 입법론(박상기, 510면; 이재상, § 39−37)이 주장되어 왔다. 또한 개정 전 형법 제39조 제2항의 취지에 비추어 볼 때 판결을 받지 아니한 죄의 책임범위 내에서만 형을 선고해야 한다는 해석론(김일수, 한국형법Ⅱ, 562면; 이형국, 연구Ⅱ, 736면)도 있었다.

[708] 판례 : 상고기각결정 등본의 송달시기를 심리해야 한다는 사례 甲은 별개의 사건에서 징역형의 집행유예 등을 선고받고 상고하였으나 대법원이 결정으로 상고를 기각하였는데, 그 결정일을 전후하여 피고인이 유사석유제품을 판매 및 보관하였다고 하여 석유사업법 위반으로 기소된 경우, 상고기각결정 등본의 송달 시기(판결확정시기) 등에 관하여 심리하지 아니한 채 형법 제37조 후단, 제39조 제1항을 적용함이 없이 형을 정한 것은 위법하다(대법원 2012.1.27, 2011도15914). 경찰간부 14

보충 위 상고기각결정의 등본이 피고인에게 송달되는 등으로 그 결정이 피고인에게 고지된 시기가 피고인의 유사석유제품 판매 및 보관 행위 시 이후이어서 그때 위 판결이 확정되었다면 피고인의 범죄는 '금고 이상의 형에 처한 판결이 확정된 죄'와 '그 판결 확정 전에 범한 죄'의 관계에 있게 되어 형법 제37조 후단에서 정하는 경합범관계에 해당하므로, 그에 대한 형을 정할 때 형법 제39조 제1항에 따라 판결이 확정된 죄를 동시에 판결할 경우와 형평을 고려하여야 하기 때문이다.

[709] 판례 : 개정형법 제39조 제1항의 소급효 허용 제1심판결이 선고된 뒤인 2005년 7월 29일 법률 제7623호로 형법 제39조 제1항이 개정되어 종전의 규정을 적용하는 것이 피고인에게 유리한 경우에 해당하지 않는 이 사건에서 종전 판결의 확정 전에 범한 제1심 판시 제1의 죄에 대하여 개정법률이 적용되므로, 위 법률 개정 후에 판결을 선고하는 원심으로서는 '판결 후에 형의 변경이 있는 때'에 해당한다 하여 형사소송법 제361조의5 제2호, 제364조 제2항에 의하여 직권으로 제1심판결을 파기하고 다시 심리·판단하였어야 한다(대법원 2005.11.25, 2005도6457).

판시되었는 바, **판례**는 사후적 경합범에 대한 형의 감면은 어디까지나 임의적이고, 특별한 경우에만 가능하다는 입장이다. 또한, 법정형에 하한이 설정된 후단 경합범에 관한 감경을 할 때에 형기의 2분의 1 미만으로는 감경할 수 없다.

▶ 판례연구 사후적 경합범의 처리 관련 판례

1. 대법원 2007.10.25, 2007도6868
형법 제39조 제1항을 적용하여 그 형을 감경·면제할 수 있는 여지가 있다고 하더라도 어디까지나 임의적인 것이므로 형법 제39조 제1항을 적용하면서 형을 감경·면제하지 않았다고 하더라도 거기에 어떠한 잘못이 있다고 할 수 없다.

2. 대법원 2008.9.11, 2006도8376
제39조 제1항 본문의 '형평을 고려하여' 형을 선고한다고 정한 취지는 판결을 받지 아니한 죄와 판결이 확정된 죄의 두 죄에 형법 제38조를 적용하여 산출한 처단형의 범위 내에서 전체형을 정한 다음 그 전체형에서 판결이 확정된 죄에 대한 형을 공제한 나머지를 판결을 받지 아니한 죄에 대한 형으로 선고해야 하는 것도 아니고, 두 죄에 대한 선고형의 총합이 두 죄에 대하여 형법 제38조를 적용하여 산출한 처단형의 범위 내에 속하도록 형을 선고하는 방법으로 전체형을 정하거나 처단형의 범위를 제한하는 것은 아니다.[710] 법원9급 14 따라서 무기징역의 판결이 확정된 죄와 형법 제37조 후단 경합범의 관계에 있는 죄[711]에 대하여 공소가 제기된 경우, 법원은 형을 필요적으로 면제하여야 하는 것은 아니며 형을 감면하는 것은 어디까지나 법원의 재량이다. 법원9급 14 / 법원행시 16

3. 대법원 2011.9.29, 2008도9109
제39조 제1항 단서의 '감경' 또는 '면제'는 판결이 확정된 죄의 선고형에 비추어 후단 경합범에 대하여 처단형을 낮추거나 형을 추가로 선고하지 않는 것이 형평을 실현하는 것으로 인정되는 경우에만 적용할 수 있다.[712] 변호사 24

4. 대법원 2019.4.18, 2017도14609 전원합의체
사후적 경합범의 형의 감경 방법
법정형에 하한이 설정된 형법 제37조 후단 경합범(금고 이상의 형에 처한 판결이 확정된 죄의 그 판결 확정 전에 범한 죄)에 대하여 형법 제39조 제1항 후문에 따라 형을 감경할 때에도 법률상 감경에 관한 형법 제55조 제1항이 적용되어 유기징역을 감경할 때에는 그 형기의 2분의 1 미만으로는 감경할 수 없다. 경찰간부 20

ⓒ 판례에 대한 비판 및 입법론 : 위와 같이 제39조 제1항 단서를 중시한 **판례**는 법관의 재량을 극대화시킨 해석론으로서, 피고인에게 불리하며, 개정형법의 취지를 무시한 해석이라고 볼 수밖에 없다. 피고인의 이익을 고려한 법원의 적극적 해석론의 전개를 희망해 본다. 근본적으로는 입법론상 제39조 제1항 단서의 삭제가 요구된다.

② 형의 집행 : 2005년 7월 29일 개정 이전의 형법 제39조 제2항에서는 "전항에 의한 수개의 판결이 있는 때에는 전조의 예에 의하여 집행한다."고 하여, 아직 판결을 받지 아니한 죄에 대하여 다시 형이 선고되면 결과적으로 1개의 경합범에 대해 2개 이상의 판결이 존재하게 되므로 형법 제38조에 의해 형을 집행한다고 규정하고 있었다. 그러나 제39조 제1항의 개정에 의해 제39조 제2항은 불필요한 것

---

710 판결이유 (독일식의 전체형주의를 우리 형법 제39조 제1항의 '형평 고려'의 의미로 수용하게 되면) 이미 판결이 확정된 죄에 대하여 일사부재리 원칙에 반할 수 있고, 먼저 판결을 받은 죄에 대한 형이 확정됨에 따라 뒤에 판결을 선고받는 후단 경합범에 대하여 선고할 수 있는 형의 범위가 지나치게 제한되어 책임에 상응하는 합리적이고 적절한 선고형의 결정이 불가능하거나 현저히 곤란하게 될 우려가 있다.
711 참고로, 동시적 경합범으로 위 두 죄를 처리하면 무기징역형으로 처벌하면 된다. 제38조 제1항 제1호의 흡수주의가 적용된 결과이다.
712 보충 이미 판결이 확정된 '군무이탈죄 등'과 형법 제37조 후단 경합범 관계에 있는 '강도상해죄'에 대하여 형법 제39조 제1항의 법률상 감경을 하고 거듭 정상참작감경을 하여 산출한 처단형 범위 내에서 형을 정하고 그 집행을 유예한 것은 정당하다는 사례이다.

이 되어 삭제된 것이다.[713]

③ 형의 집행과 경합범

제39조【형의 집행과 경합범】 ③ 경합범에 의한 판결의 선고를 받은 자가 경합범 중의 어떤 죄에 대하여 사면 또는 형의 집행이 면제된 때에는 다른 죄에 대하여 다시 형을 정한다. 법원행시 07

④ 전 3항의 형의 집행에 있어서는 이미 집행한 형기를 통산한다.

제39조 제3항의 '다시 형을 정한다'는 것은 그 형의 집행에 대해서만 다시 결정함을 말한다.

(3) 경합범과 관련된 소송법적 효과

판례연구 경합범의 소송법적 효과 관련 판례

1. 대법원 1992.1.21, 91도1402 전원합의체; 2000.2.11, 99도4840; 2010.11.25, 2010도10985
경합범 중 일부에 대하여 무죄, 일부에 대하여 유죄를 선고한 제1심판결에 대하여 검사만이 무죄 부분에 대하여 항소를 한 경우, 피고인과 검사가 항소하지 아니한 유죄판결 부분은 항소기간이 지남으로써 확정되어 항소심에 계속된 사건은 무죄판결 부분에 대한 공소뿐이며, 그에 따라 항소심에서 이를 파기할 때에는 무죄 부분만을 파기하여야 한다.

2. 대법원 2007.4.12, 2006도4322
교통사고처리특례법 제3조 제2항 단서 각 호의 예외사유에 해당하는 신호위반 등의 범칙행위로 교통사고를 일으킨 사람이 통고처분을 받아 범칙금을 납부하였다고 하더라도, 업무상과실치상죄 또는 중과실치상죄에 대하여 같은 법 제3조 제1항 위반죄로 처벌하는 것이 도로교통법 제119조 제3항에서 금지하는 이중처벌에 해당한다고 볼 수 없다.

3. 대법원 2007.6.28, 2005도7473
항소심이 경합범으로 기소된 수개의 범죄사실 중 그 일부에 대하여 유죄, 일부에 대하여 무죄를 각 선고하였고, 그중 유죄 부분에 대하여는 피고인이 상고하고 무죄 부분에 대하여는 검사가 상고한 경우에 있어서는, 항소심판결 전부의 확정이 차단되어 상고심에 이심되는 것이고 유죄 부분에 대한 피고인의 상고가 이유 없더라도 무죄 부분에 대한 검사의 상고가 이유 있는 때에는 피고인에게 하나의 형이 선고되어야 하는 관계로 무죄 부분 뿐 아니라 유죄 부분도 함께 파기된다.

4. 대법원 2008.2.14, 2007도10937
실체적 경합범은 실질상 수죄이므로 각 범죄사실에 관하여 자백에 대한 보강증거가 있어야 한다.

5. 대법원 2009.2.12, 2008도7848
제1심이 실체적 경합범 관계에 있는 공소사실 중 일부에 대하여 재판을 누락한 경우, 항소심으로서는 당사자의 주장이 없더라도 직권으로 제1심의 누락부분을 파기하고 그 부분에 대하여 재판하여야 한다. 다만, 피고인만이 항소한 경우라면 불이익변경금지의 원칙에 따라 제1심의 형보다 중한 형을 선고하지 못한다.

6. 대법원 2010.10.29, 2008재도11 전원합의체
경합범 관계에 있는 수개의 범죄사실을 유죄로 인정하여 1개의 형을 선고한 불가분의 확정판결에서 그중 일부의 범죄사실에 대하여 재심청구(진보당재심사건)의 이유가 있는 것으로 인정된 경우에는 형식적으로는 1개의 형이 선고된 판결에 대한 것이어서 그 판결 전부에 대하여 재심개시의 결정을 하지 않으면 안 된다.

7. 대법원 2014.11.13, 2014도10193
경합범에 대한 불가분의 확정판결 중 일부에 재심사유가 있는 경우의 처리
경합범 관계에 있는 수 개의 범죄사실을 유죄로 인정하여 1개의 형을 선고한 불가분의 확정판결에서 그중 일부의 범죄사실에 대하여만 재심청구의 이유가 있는 것으로 인정되었으나 형식적으로는 1개의 형이 선고된 판결에

---

713 의원입법 제39조에 대한 비판 제39조 제1항 단서에 임의적 감면이라는 피고인에게 불리한 조항을 두었다면, 제39조 제2항이라도 존치해놓아야 피고인에게 불리한 형량이 집행되지 않을 수 있었을 것이다.

대한 것이어서 판결 전부에 대하여 재심개시의 결정을 한 경우, 재심법원은 재심사유가 없는 범죄에 대하여는 새로이 양형을 하여야 하는 것이므로 이를 헌법상 이중처벌금지의 원칙을 위반한 것이라고 할 수 없고, 다만 재심사건에는 불이익변경의 금지 원칙이 적용되어 원판결의 형보다 중한 형을 선고하지 못하는 것이다(형소법 제439조).

백광훈

통합

형법총론

PART

03

형벌론

📁 수험의 핵심포인트

목차		난도	출제율	대표 지문
제1장 형벌의 의의와 종류	01 서 설	下	–	• 헌법재판소의 다수견해에 의하면 생명권 역시 대한민국 헌법 제37조 제2항에 의한 일반적 법률유보의 대상이므로, 사형제도는 예외적인 경우에만 적용되는 한 기본권의 본질적 내용침해금지를 규정한 대한민국 헌법 제37조 제2항 단서에 위반되지 아니한다. (○) • 압수물을 매각한 경우, 그 대가보관금은 몰수할 수 없다. (×)
	02 사 형	下	–	
	03 자유형	下	★	
	04 재산형	中	★★	
	05 명예형	下	★	
제2장 형의 경중	01 형의 경중의 기준	下	★	• 형의 종류가 무거운 순서는 사형−징역−금고−자격상실−자격정지−벌금−구류−과료−몰수 순이다. (○)
	02 처단형·선고형의 경중	下	–	
제3장 형의 양정	01 의 의	下	–	• 형법 제38조 제1항 제3호에 의하여 징역형과 벌금형을 병과하는 경우 징역형에만 정상참작감경을 하고 벌금형에는 정상참작감경을 하지 아니할 수 있다. (○) • 수사기관의 직무상 질문 또는 조사에 응하여 범죄사실을 인정하는 경우 자수에 해당한다. (×)
	02 단 계	下	–	
	03 형의 가중·감경·면제	中	★★	
	04 형의 양정의 예	下	★	
	05 양 형	下	★	
	06 판결선고 전 구금일수의 산입과 판결의 공시	下	★	
제4장 누 범	01 서 설	下	★	• 금고 이상의 형을 받은 자가 특별사면을 받아 형의 집행을 면제받았다 하더라도 그로부터 3년 이내에 금고 이상에 해당하는 죄를 범한 자는 누범으로 처벌한다. (○) • 누범의 형은 그 죄에 정한 법정형의 장기만을 2배로 가중하며 단기까지 가중하는 것은 아니다. (○)
	02 성립요건	中	★★	
	03 효 과	下	★	
	04 판결선고 후의 누범발각	下	★	
제5장 집행유예·선고유예·가석방	01 집행유예	上	★★★	• 집행유예의 선고를 받은 자가 유예기간 중 과실로 범한 죄로 금고이상의 실형을 선고받아 그 판결이 확정된 경우에도 그 집행유예의 선고는 효력을 잃는다. (×) • 집행유예기간 중에 범한 죄에 대하여 공소가 제기된 후 그 재판 도중에 집행유예기간이 경과한 경우에는 그 집행유예기간 중에 범한 죄에 대하여 다시 집행유예를 선고할 수 있다. (○)
	02 선고유예	中	★★	
	03 가석방	中	★★	
제6장 형의 시효·소멸·기간	01 형의 시효	下	–	• 형의 시효가 완성되면 형의 선고는 효력을 잃는다. (×) • 벌금, 과료, 몰수와 추징에 있어서는 강제처분을 개시함으로 인하여 형의 시효가 중단된다. (○)
	02 형의 소멸·실효·복권	下	–	
	03 형의 기간	下	–	
제7장 보안처분	01 의 의	下	–	• 보안처분은 범죄자의 사회적 위험성에 초점을 두고 사회방위와 범죄인의 개선을 주목적으로 한다. (○) • 보안처분은 책임원칙을 그 한계원리로 한다. (×) • 형의 선고를 유예하는 경우 재범방지를 위하여 필요한 때에는 보호관찰을 받을 것을 명할 수 있고 그 기간은 법원이 형법 제51조의 사항을 참작하여 재량으로 정한다. (×)
	02 형벌과의 관계	下	★	
	03 지도원리	下	★	
	04 종 류	下	–	
	05 현행법상 보안처분	下	–	

📁 최근 6개년 출제경향 분석

구 분	국가7급						국가9급						법원9급						경찰간부					
	18	19	20	21	22	23	19	20	21	22	23	24	18	19	20	21	22	23	18	19	20	21	22	23
제1장 형벌의 의의와 종류				1	1	1	1	1				1	1			1	1	1				1		
제2장 형의 경중																								
제3장 형의 양정	1	1					1	1				1	1	1		1	1					1		
제4장 누 범		1		1									1								1			
제5장 집행유예·선고유예· 가석방					1				1	1		1			1	1	1	1	1	1	1	1	1	
제6장 형의 시효·소멸·기간																								1
제7장 보안처분										1														
출제빈도수			8/130						10/120						12/150						8/228			

03

형벌론

경찰채용						법원행시						변호사					
19	20	21	22	23	24	19	20	21	22	23	24	19	20	21	22	23	24
			1		1	1	1	2	1	1	2				1		1
								1			1						
		1	1			1	2	2	1		1						
							1		1	1							
1				1				1			1		1			1	
								1		1							
								1									
6/264						25/240						4/120					

01 형벌의 의의와 종류

제1절 | 서 설

01 형사제재의 의의와 종류

형사제재(刑事制裁; criminal sanction)란 범죄에 대한 법적 효과로서의 형벌(刑罰; Strafe)과 보안처분(保安處分; Maßnahmen)을 총칭한다.

형법이란 '어떠한 행위가 범죄이고 또한 그 범죄에 대한 법률효과로서 어떠한 형사제재, 즉 형벌과 보안처분을 과할 것을 규정한 법규범의 총체'이다. 지금까지 어떠한 행위가 범죄인가에 관한 이론 즉 범죄론을 검토했다면, 이제는 범죄가 성립하였다는 것을 전제로 범죄에 대한 법적 효과로서 어떠한 형사제재(刑事制裁) 즉 형벌과 보안처분을 과할 것인가를 검토해보아야 하며, 이러한 형사제재에 관한 이론을 살펴보아야 한다.

우리나라 형사제재 입법방식의 특징은, 형벌은 형법에서 규정하고, 보안처분은 치료감호법을 비롯한 다른 특별법에 규정하고 있다는 점이다.[714] 우리는 1980년 사회보호법의 제정으로 본격적 의미의 보안처분제도를 도입하였고,[715] 2005년 8월 4일 사회보호법이 폐지되고 치료감호법이 그 대체입법으로 신설되면서 동법상 치료감호와 보호관찰과 같은 보안처분이 그 기능을 하고 있다. 여기에서 우리 법제는 형벌과 보안처분의 관계에 관하여 기본적으로 이원주의의 체제를 가지고 있음을 알 수 있다.

범죄에 대한 형법적 효과인 형벌은 행위자의 책임에 상응해야 하므로, 형벌은 어디까지나 책임주의의 한계 내에서만 인정된다. 또한 형벌의 목적은 본질적으로 특별예방과 일반예방에 있으나, 형벌만으로써 이러한 목적의 달성이 어려운 경우가 있다. 또한 책임을 묻기는 어렵지만 불법(不法)한 행위[716]를 한 행위자에 대해서는 과연 어떠한 제재를 내려야만 사회복귀와 사회방위를 할 수 있는가의 문제도 역시 형사제재를 논하면서 검토해야 할 문제이다.

원칙적인 형사제재로서의 형벌에 대해서, 우리 형법은 제41조부터 제86조에 걸쳐서 '형에 관한 규정'을 마련하고 있다. 그리고 제35와 제36조의 누범규정도 역시 형의 가중에 관한 양형규정이다.[717] 또한 보완적 의미의 형사제재로서의 보안처분에 대해서는 치료감호법을 비롯한 여러 특별법에 규정을 두고 있다. 본서의 제3편 형벌론(刑罰論)[718]에서는 제1장부터 제6장까지에서 형벌을 검토하고, 제7장에서 보안처분을 검토해보

---

714 1995년 개정형법부터 형법에 규정된 집행유예시 보호관찰·사회봉사명령·수강명령, 선고유예시 보호관찰, 가석방시 보호관찰도 보안처분으로 보는 것이 종래의 통설적 설명방식이었다. 그러나 이는 협의의 보안처분과는 약간 성격이 다른 것으로 보아야 하며, 따라서 이 부분에 관한 논란이 있다. 여하튼 형벌은 형법에서, (중요한) 보안처분은 치료감호법 등에서 규정하고 있다고 설명하는 것은 보통이다. 이는 독일형법이나 스위스형법 등이 형법에서 보안처분을 규정하고 있는 것과는 다른 점이다.

715 물론 1958년 제정된 소년법에서도 보호처분을 규정하고 있으며, 보호처분의 법적 성격에 대해서도 보안처분으로 분류하는 것이 종래의 설명방식이다. 다만 이에 대해서도 역시 논쟁이 있다.

716 참고로 보안처분도 구성요건해당성과 위법성을 갖춘 행위가 있을 경우에만 내릴 수 있는 것이다.

717 다만 누범가중규정에 대해서는 죄수론의 문제인가 형벌론의 문제인가에 대하여 견해의 대립이 있다.

718 따라서 제3편의 제목을 형벌론이라고 한 것이 정당한 용어사용인가에 대해서는 확신이 없다. 오히려 형사제재론이라고 하는

기로 하겠다.

02	형벌의 의의

1. 개 념

형벌이란 범죄에 대한 법률상의 효과로서 국가가 범죄자에 대하여 그의 책임을 전제로 하여 과하는 법익의 박탈을 말한다.

2. 보안처분과의 구별

원래 범죄에 대한 법률상의 효과로서 내리는 형사제재에는 형벌과 보안처분 그리고 다른 비형벌적 조치들이 있다. 응보형주의에 의하면 범죄에 대해서는 형벌만이 가능하였던 것인데 비하여, 근대학파의 특별예방주의에서는 형벌만으로는 재사회화가 어렵다는 점을 고려하여 보안처분을 활용하려 하는 것이다.

형벌은 행위자의 책임에 대해 부과하는 데 반해, 보안처분은 재범의 위험성을 기초로 내려진다. 즉, 형벌판단은 과거의 범죄에 대한 것이므로 책임주의의 제한을 받고, 보안처분은 장래의 재범의 위험성에 대한 판단이므로 행위자의 책임에 제한될 수는 없다. 따라서 형벌과는 달리 보안처분은 책임주의의 통제를 받지 않고 재범의 위험성에 비례한다는 비례성(Verhältnismäßigkeit) 원칙의 적용을 받는다(통설).[719]

3. 형벌관과 형벌론의 의의

형벌이론에는 응보형주의, 일반예방주의 그리고 특별예방주의가 있는데, 궁극적으로 결합설(Vereinigungstheorie)이 타당하며, 결합설 중에서도 책임주의의 한계를 중시하면 응보적 결합설이 되고, 특별예방의 관점을 중시하면 예방적 결합설이 된다는 점은 기술한 바 있다.

생각건대, 특별예방의 관점을 최대한 중시해야 한다고 본다. 즉 국가는 모든 범죄인에 대한 개선가능성을 긍정적으로 받아들여야 할 것이며, 범죄의 책임이 범죄인 개인만이 아니라 그가 속하여 있는 사회에도 있다고 보아야 한다면, 범죄인에 대한 개선이라는 형사제재의 목적을 최대한 존중하는 형사제재이론이 중시되어야 한다. 예를 들어 형의 집행 및 수용자의 처우에 관한 법률(이하 '행형법')[720] 제1조도 행형의 목적을 수형자를 격리하여 교정교화하며 건전한 국민사상과 근로정신을 함양하고 기술교육을 실시하여 사회에 복귀하게 하는 것으로 규정하고 있다. 이는 행형의 목표가 수형자의 사회복귀에 있음을 명백히 한 것으로 볼 수 있다.[721]

것이 논리적으로 타당할 것이다. 다만 본서의 특성상 보다 보편적인 명칭이라고 생각되는 형벌론이라는 용어를 그대로 사용하였음을 밝혀둔다.

719 독일형법 제62조에서는 보안처분에 대해 비례성원칙을 규정하고 있으나, 우리 형법이나 치료감호법에서는 명문의 규정은 없다. 다만 통설에서는 헌법 제10조의 인간의 존엄과 가치를 존중하여 보안처분의 지도원리로서 비례성원칙을 요구하고 있다.

720 종래 행형법은 2007년 12월 개정되어 형의 집행 및 수용자의 처우에 관한 법률(법률 제8728호, 2007.12.21, 전부개정, 시행 2008.12.22.)로 바뀌었다.

721 참고 형사제재의 이와 같은 목표를 실현하기 위해서는 각 형벌관의 이론적 타당성을 비판적으로 검토하는 것보다는 구체적인 행형정책과 재사회화 프로그램들에 대한 현실적 검토 및 연구가 필요하다고 하겠다. 형법총론에서 형벌론이 가지는 실천적 의미도 바로 형사제재의 특별예방목표에 대한 이론적 기반을 제공하는 것이라고 보아야 한다. 다만 본서의 특성상 이러한 현실적·구체적 연구는 생략된다.

03 　형벌의 종류

　형벌의 종류는 형법 제41조에서 규정하고 있다(사·징·금·자·자·벌·구·과·몰). 이는 동시에 형의 경중의 순서이기도 하다(형법 제50조 참조). 이를 4개의 범주로 분류해보면 다음과 같다. ① 생명형 : 사형, ② 자유형 : 징역, 금고, 구류, ③ 명예형 : 자격상실, 자격정지, ④ 재산형 : 벌금, 과료, 몰수.[722]

　이외에 추징(제48조 제2항)은 형법상 형벌로 규정되어 있지 않지만(형법 제41조에 없음), 실질적으로 몰수에 갈음하는 사법처분으로서 부가형의 성질을 가진다.

제2절 | 사 형

01 　의 의

　사형(死刑; Todesstrafe, death penalty, capital punishment)이란 수형자의 생명을 박탈하는 것을 내용으로 하는 형벌(생명형; Lebensstrafe)을 말한다. 형법 제41조 제1호는 형의 종류의 하나로서 사형을 규정하고 있고, 사형은 인간존재의 바탕인 생명을 빼앗아 사람의 사회적 존재를 말살하는 형벌이므로 생명의 소멸을 가져온다는 의미에서 생명형이자, 성질상 모든 형벌 중에서 가장 무거운 형벌이라는 의미에서 극형인 궁극의 형벌이다.

　사형은 국가형사정책적인 측면과 인도적인 측면에서 비판이 되어 오기도 하였으나 인류 역사상 가장 오랜 역사를 가진 형벌의 하나로서 범죄에 대한 근원적인 응보방법이며 또한 가장 효과적인 일반예방법으로 인식되어 왔고, 우리나라에서는 고대의 소위 기자 8조금법(箕子 八條禁法)에 "상살자 이사상(相殺者 以死償)"이라고 규정된 이래 현행의 형법 및 특별형법에 이르기까지 계속하여 하나의 형벌로 인정되어 오고 있다(헌법재판소 1996.11.28, 95헌바1 전원재판부).

02 　집행방법

1. 형 법

　교정시설[723] 안에서 교수(絞首)하여 집행한다(2020.12.8. 우리말 순화 개정법 제66조). 즉 형법에서 사형의 집행방법을 명문으로 규정하고 있다.

---

722 보충 : 주형(Hauptstrafe)과 부가형(Nebenstrafe) 이와 주형과 부가형이라는 용어도 사용된다. 주형(主刑)은 다른 형벌과 얽매이지 않고 독자적으로 내리는 형벌이다. 대부분이 주형에 속한다. 그런데 형법에는 몰수처럼 부가형으로서 규정된 것도 있다(제49조 본문). 또한 자격상실도 독자적으로 내리는 형벌이 아니라 사형이나 무기형을 받을 경우 당연히 부가되고 있다(제43조 제1항).

723 형법에는 형무소(刑務所)로 규정되어 있으나, 1962년 개정 행형법에서는 형무소를 교도소(矯導所)로, 소년형무소를 소년교도소(少年矯導所)로, 형무관을 교도관(矯導官)으로 그 명칭을 바꿨다. 이는 특별예방의 관점을 실현하기 위한 용어변경으로 볼 수 있는바, 2020.12.8. 우리말 순화 개정형법에서는 결국 '교정시설'로 바뀐 것이다.

2. 군형법

총살로 집행하도록 되어 있다(군형법 제3조).

---

03   형법상 사형범죄의 범위

1. 절대적 법정형으로 사형만이 규정된 범죄

여적죄(제93조)

2. 상대적 법정형으로 사형과 자유형이 선택적인 범죄

내란죄(제87조), 내란목적살인죄(제88조), 외환유치죄(제92조), 모병이적죄(제94조), 시설제공이적죄(제95조), 시설파괴이적죄(제96조), 간첩죄(제98조), 폭발물사용죄(제119조), 현주건조물방화치사죄(제164조 제2항), 살인죄(제250조), 강간살인죄(제301조의2), 인질살해죄(제324조의4), 강도살인죄(제338조), 해상강도살인·치사·강간죄(제340조)[724]

---

04   사형제도 존폐론

사형제도에 관하여는 폐지론(다수설[725])과 존치론(소수설[726])이 오랫동안 대립해왔는데, 양 설의 논거는 1996년 헌법재판소 판례(헌법재판소 1996.11.28, 95헌바1)에 잘 나와 있다.[727] 국제적으로는 시민적·정치적 권리

---

[724] 보충 ① 1995년 개정 형법에서 사형규정이 신설된 범죄 : 강간살인죄, 인질살해죄, ② 1995년 개정 형법에서 사형이 삭제된 범죄 : 현주건조물 등 일수치사죄(제177조), 교통방해치사상죄(제188조), 먹는물혼독치사죄(제194조), 강도치사죄(제338조) 등. 현주건조물방화치사죄와 해상강도치사죄를 제외한 결과적 가중범의 사형규정을 삭제하였다. 암기요령 살인, 내란·외환, 폭발물사용, 해상강도강간 등에 사형 있음. '치사죄'는 방화와 해상강도에만 사형이 있음을 유의할 것.

[725] 예를 들어 김일수, 733면; 김일수 / 서보학, 729면; 박상기, 507면 이하; 배종대, §169−13; 오영근, 747면 이하; 이정원, 444면; 임웅, 587면; 정봉휘, "사형존폐론의 이론사적 계보", 손해목박사화갑기념논문집, 1993, 506면; 정영일, "사형제도에 대한 형사정책적 음미", 형사정책, 창간호, 1986, 332면; 진계호, 604면; 한인섭, "사형제도의 문제와 개선방향", 형사정책, 제5호, 1990, 41면. 근대 이후의 학자로서는 Beccaria, Montesquieu, J.Howard, Liepmann, E.H.Sutherland 등이 있다.

[726] 예를 들어 손동권, 624면; 유기천, 349면; 이재상, §40−14; 정성근 / 박광민, 645면; 정영석, 302면; 황산덕, 307면. 근대 이후의 학자로서는 Rousseau, Locke, Kant, Hegel, Birkmeyer 등이 있다.

[727] 참고 ① 사형폐지론자의 경우에는, 사형이라고 하여 무기징역형(또는 무기금고형)보다 반드시 위하력이 강하여 범죄발생에 대한 억제효과가 높다고 보아야 할 아무런 합리적 근거를 발견할 수 없고, 사회로부터 범죄인을 영구히 격리한다는 기능에 있어서는 사형과 무기징역형 사이에 별다른 차이도 없으므로, 국가가 사형제도를 통하여 달성하려는 위 두 가지 목적은 사형이 아닌 무기징역의 형을 통하여도 충분히 달성될 수 있을 것이고, 따라서 형벌로서의 사형은 언제나 그 목적달성에 필요한 정도를 넘는 생명권의 제한수단이라고 주장한다. ② 사형존치론자의 경우에는, 사형은 인간의 죽음에 대한 공포본능을 이용한 가장 냉엄한 궁극의 형벌로서 그 위하력이 강한 만큼 이를 통한 일반적 범죄예방효과도 더 클 것이라고 추정되고 또 그렇게 기대하는 것이 논리적으로나 소박한 국민일반의 법감정에 비추어 볼 때 결코 부당하다고 할 수 없으며 사형의 범죄억제효과가 무기징역형의 그것보다 명백히 그리고 현저히 높다고 하는데 대한 합리적·실증적 근거가 박약하다고는 하나 반대로 무기징역형이 사형과 대등한 혹은 오히려 더 높은 범죄억제의 효과를 가지므로 무기징역형만으로도 사형의 일반예방적 효과를 대체할 수 있다는 주장 역시 마찬가지로 현재로서는 가설의 수준을 넘지 못한다고 주장한다(이상 헌법재판소 1996.11.28, 95헌바1). 조언 여기에서 사형존치론의 논거 중 국민의 법감정(내지 여론)이 사형에 동의한다는 부분은 국가시험을 준비하고 있는 독자들도 많이 공감하는 내용일지 모른다. 그러나 사형의 정당성의 당부는 국민의 여론에 따라서 결정될 성질의 문제는 아니라고 보아야 한다. 왜냐하면 사형에 관한 국민의 여론(내지 법감정)은 객관적이고 사려 깊은 사고에 근거하였다기보다는 흥분과 복수심에서 비롯되는 경향이 없다고 할 수 없고 이러한 흥분과 복수심은 인간의 차분한 이성의 기능을 마비시켜 자칫 잘못하면 회복하기 어려운 잘못을 일으킬 수도 있기 때문이다(Arth. Kaufmann, Um die Todesstrafe, S.14.). 물론 그럼에도 불구하고 우리에겐 민주주의의 규칙에 따라 정책을 결정할 수밖에 없는 한계가 있다는 점도 부정할 수 없다.

에 관한 국제협약(제6조 참조), 유럽인권협정인 인권 및 기본적 자유 보장을 위한 협정(제1조 참조)에서 사형제도의 폐지를 강조하고 있다. 그러나 우리 **헌법재판소**와 **대법원**은 사형제도를 합헌(合憲)으로 본다.

★ **판례연구** 사형제도는 합헌이라는 판례

헌법재판소 1996.11.28, 95헌바1

① [1] 생명권 역시 헌법 제37조 제2항에 의한 일반적 법률유보의 대상이 될 수밖에 없는 것이나, 생명권에 대한 제한은 곧 생명권의 완전한 박탈을 의미한다 할 것이므로, 사형이 비례의 원칙에 따라서 최소한 동등한 가치가 있는 다른 생명 또는 그에 못지 아니한 공공의 이익을 보호하기 위한 불가피성이 충족되는 예외적인 경우에만 적용되는 한, 그것이 비록 생명을 빼앗는 형벌이라 하더라도 헌법 제37조 제2항 단서에 위반되는 것으로 볼 수는 없다. 국가7급 12

   [2] 모든 인간의 생명은 자연적 존재로서 동등한 가치를 갖는다고 할 것이나 그 동등한 가치가 서로 충돌하게 되거나 생명의 침해에 못지아니한 중대한 공익을 침해하는 등의 경우에는 국민의 생명·재산 등을 보호할 책임이 있는 국가는 어떠한 생명 또는 법익이 보호되어야 할 것인지 그 규준을 제시할 수 있는 것이다. 인간의 생명을 부정하는 등의 범죄행위에 대한 불법적 효과로서 지극히 한정적인 경우에만 부과되는 사형은 죽음에 대한 인간의 본능적 공포심과 범죄에 대한 응보욕구가 서로 맞물려 고안된 "필요악(必要惡)"으로서 불가피하게 선택된 것이며 지금도 여전히 제 기능을 하고 있다는 점에서 정당화될 수 있다. 따라서 사형은 이러한 측면에서 헌법상의 비례의 원칙에 반하지 아니한다 할 것이고, 적어도 우리의 현행 헌법이 스스로 예상하고 있는 형벌의 한 종류이기도 하므로 아직은 우리의 헌법질서에 반하는 것으로 판단되지 아니한다.

② 형법 제250조 제1항이 규정하고 있는 살인의 죄는 인간생명을 부정하는 범죄행위의 전형이고, 이러한 범죄에는 그 행위의 태양이나 결과의 중대성으로 미루어 보아 반인륜적 범죄라고 규정지을 수 있는 극악한 유형의 것들도 포함되어 있을 수 있는 것이다. 따라서 사형을 형벌의 한 종류로서 합헌이라고 보는 한 그와 같이 타인의 생명을 부정하는 범죄행위에 대하여 행위자의 생명을 부정하는 사형을 그 불법효과의 하나로서 규정한 것은 행위자의 생명과 그 가치가 동일한 하나의 혹은 다수의 생명을 보호하기 위한 불가피한 수단의 선택이라고 볼 수밖에 없으므로 이를 가리켜 비례의 원칙에 반한다고 할 수 없어 헌법에 위반되는 것이 아니다.[728·729]

다만 폐지론자이든 존치론자이든 간에 현행 사형제도가 개선되어야 한다는 점에 대해서는 공감대를 이루고 있다. 사형제도의 개선책에 대해서는, 우선 사형범죄의 대폭적 축소에 대해서는 대체로 시각이 일치하고 있다. 예를 들어, 특별법상의 각종 재산범죄나 과실범 내지 결과적 가중범에 대한 사형은 폐지되어야 한다는

---

[728] 판례 사형은 인간의 생명 자체를 영원히 박탈하는 극형으로서 생명을 존치시킬 수 없는 부득이한 경우에 한하여 적용되어야 할 궁극의 형벌이므로, 사형을 선택함에 있어서는 범행의 동기, 태양, 죄질, 범행의 수단, 잔악성, 결과의 중대성, 피해자의 수, 피해감정, 범인의 연령, 전과, 범행 후의 정황, 범인의 환경, 교육 및 생육과정 등 여러 사정을 참작하여 죄책이 심히 중대하고 죄형의 균형이나 범죄의 일반예방적 견지에서도 극형이 불가피하다고 인정되는 경우에 한하여 허용될 수 있다(대법원 1995.1.13, 94도2662).

[729] 보충 위 판례의 반대의견 ① **재판관 김진우의 반대의견** : 헌법 제10조에 규정된 인간의 존엄성에 대한 존중과 보호의 요청은 형사입법, 형사법의 적용과 집행의 모든 영역에서 지도적 원리로서 작용한다. 그러므로 형사법의 영역에서 입법자가 인간의 존엄성을 유린하는 악법의 제정을 통하여 국민의 생명과 자유를 박탈 내지 제한하는 것이나 잔인하고 비인간적인 형벌제도를 채택하는 것은 헌법 제10조에 반한다. 사형제도는 나아가 양심에 반하여 법규정에 의하여 사형을 언도해야 하는 법관은 물론, 또 그 양심에 반하여 직무상 어쩔 수 없이 사형의 집행에 관여하는 자들의 양심의 자유와 인간으로서의 존엄과 가치를 침해하는 비인간적인 형벌제도이기도 하다. ② **재판관 조승형의 반대의견** : 사형제도는 생명권의 본질적 내용을 침해하는 생명권의 제한이므로 헌법 제37조 제2항 단서에 위반된다. 가사 헌법 제37조 제2항 단서상의 생명권의 본질적 내용이 침해된 것으로 볼 수 없다고 가정하더라도, 형벌의 목적은 응보·범죄의 일반예방·범죄인의 개선에 있음에도 불구하고 형벌로서의 사형은 이와 같은 목적달성에 필요한 정도를 넘어 생명권을 제한하는 것으로 목적의 정당성, 그 수단으로서의 적정성·피해의 최소성 등 제 원칙에 반한다.

것과 정치적 반대자에 대한 탄압의 소지가 있는 국가적·사회적 범죄에 대한 사형규정은 폐지되어야 한다는 것이다.[730]

그리고 사형선고에 법관의 전원일치를 요하는 스위스 군형법(제146조)을 도입하자거나, 1992년 형법개정법률안 제44조 제3항과 같이 "사형의 선고는 특히 신중히 해야 한다."거나, 초범자에 대한 사형선고를 금지하는 등 사형선고기준을 구체적으로 명시하고 사형선고에 대한 재심청구사유를 확대해야 한다거나,[731] 중국의 사형집행유예제도를 도입하여 일정한 기간 동안 사형의 집행을 유예하고 유예기간이 경과하면 무기형으로 전환하자는 주장[732]도 있다.

제3절 | 자유형

01 의 의

자유형(自由刑; Freiheitsstrafe)이란 수형자의 신체적 자유를 박탈하는 것을 내용으로 하는 형벌이다.

02 형법상의 자유형

1. 징 역

제67조 【징 역】 징역은 교정시설에 수용하여 집행하며, 정해진 노역(勞役)에 복무하게 한다. 〈우리말 순화 개정 2020.12. 8.〉
제42조 【징역 또는 금고의 기간】 징역 또는 금고는 무기 또는 유기로 하고 유기는 1개월 이상 30년 이하로 한다. 단, 유기징역 또는 유기금고에 대하여 형을 가중하는 때에는 50년까지로 한다. 〈개정 2010.4.15.〉 법원행시 07 · 09 / 경찰채용 11 1차 / 법원승진 11 / 법원행시 11 / 사시 14 / 법원9급 17

징역(懲役)은 수형자를 교정시설에 수용하여 집행하며, 정해진 노역에 복무하게 하는 것을 내용으로 하는 형벌이다(2020.12.8. 우리말 순화 개정법 제67조). 무기징역은 종신형이며 그 집행 중에 있는 사람이 행상(行狀)이 양호하여 뉘우침이 뚜렷한 때에는 '20년<개정 2010.4.15>'이 경과한 후 가석방을 할 수 있다(2020.12.8. 우리말 순화 개정법 제72조 제1항).[733]

2. 금 고

제68조 【금고와 구류】 금고와 구류는 교정시설에 수용하여 집행한다. 〈우리말 순화 개정 2020.12.8.〉

---

730 예를 들어 김일수, 595면; 박상기, 508면; 손동권, 624면; 오영근, 748면; 이재상, §40-16 등.
731 예를 들어 김일수, 595면; 박상기, 508면; 배종대, 558면 등.
732 중국형법 제48조의 사형집행유예제도(사형집행연기제도)의 도입을 주장하는 견해로는 김일수, 595면; 배종대, 558면; 손동권, 625면; 오영근, 748면; 이재상, §40-15; 정성근 / 박광민, 645면.
733 무기수에게도 일정기간의 형집행을 통하여 재범의 우려가 없게 된다면 필요적 가석방을 보장해주는 독일형법(제57조의a)의 규정을 도입하는 견해는 손동권, 628면 참조.

금고(禁錮)는 수형자를 교정시설에 수용하여 집행하여 자유를 박탈하는 것을 내용으로 하는 형벌이지만 정해진 노역을 과하지 않는 것이다(2020.12.8. 우리말 순화 개정법 제68조). 수형자의 신청이 있으면 작업을 과할 수도 있다(행형법 제67조). 연혁적으로 징역이 파렴치범에 대한 정해진 노역을 수반한 불명예구금의 성격을 가지는 데 비해, 금고는 비파렴치범에 대한 정해진 노역이 없는 명예구금(custodia honesta)의 성격을 지니고 있다. 그런데 행형법상 수형자 본인의 신청이 있으면 정해진 노역에 복무하게 할 수 있다는 점에서 양 형벌의 실질적 차이는 거의 없어졌다고 할 수 있다. 이는 자유형의 단일화문제와 연결되는 근거가 된다.

3. 구 류

제46조 【구 류】 구류는 1일 이상 30일 미만으로 한다. 법원행시 07 / 법원행시 11

구류(拘留)도 금고와 마찬가지로 정해진 노역에 복무하지 않고 교도소에 구치하는 형벌이지만, 역시 금고와 마찬가지로 수형자의 신청에 의하여 작업을 부과할 수 있다(행형법 제67조).

다만 구류는 형기가 대단히 짧은 자유형이라는 점에서 단기자유형을 통한 특별예방보다는 범죄인으로 하여금 다른 수형자들의 하위문화(下位文化; 지하地下문화; 부차副次문화; subculture; Subkultur)를 습득함으로써 재사회화에 반하는 역기능을 가질 수도 있다. 이 점에서 단기자유형을 제한하자는 견해가 통설의 입장을 차지하고 있는 것이다.

현행형법상 구류가 규정된 범죄로는 공연음란죄(제245조), 폭행죄(제260조 제1항), 과실치상죄(제266조), 협박죄(제283조 제1항) 등이 있다. 또한 경범죄처벌법에도 구류처벌규정들이 다수 있다.

참고하기 자유형제도의 개선책으로 제시되는 입법론

1. 자유형의 단일화문제
징역·금고·구류의 3종류의 자유형의 구별을 폐지하고 자유형을 단일화해야 한다는 주장이다. 단일자유형론은 학계의 지배적인 흐름이라고 생각된다. 논거로서는 교도행정정책의 일관성을 유지하기 위하여 단일화가 필요하며, 연혁적으로는 징역은 파렴치범에 대한 불명예구금이고 금고는 비파렴치범에 대한 명예구금이라고 하나 이는 노동천시사상의 유물에 지나지 않으므로 정역을 과하는 것이 명예를 손상하는 것이라고 볼 수 없을 뿐만 아니라, 행형의 실체에 있어서도 금고수형자의 대부분이 신청에 의하여 정역에 종사하고 있다는 점이 제시되고 있다. 참고로 독일형법과 오스트리아형법은 이미 단일자유형(Einheitsfreiheitsstrafe)를 도입하고 있다.

2. 단기자유형의 문제점
6월 이하의 단기의 자유형은 폐지하거나 제한하여야 한다는 주장이다. 논거로서는 형기가 단기이므로 수형자의 개선 및 교화를 위한 효과를 거둘 시간이 부족하여 아무런 사회복귀적 효과를 기대할 수 없을 뿐만 아니라, 혼거구금에 의하여 초범자나 경범죄를 저지른 자가 다른 수형자에게 범죄기술 등의 방법을 교육받는 등 악영향을 받을 소지가 농후하여 특별예방 목적에 반한다는 점이 제시되고 있다. 현행형법상 30일 미만의 구류(拘留)도 바로 여기에 속한다고 볼 수 있다. 따라서 학계에서는 구류의 폐지를 포함하여 단기자유형을 제한하고 벌금형, 선고유예, 집행유예 및 원상회복배상제도 등과 같은 다른 대체방법으로 전환하는 것이 특별예방목적에 부합한다는 점에 대체적인 공감대를 이루고 있다.

보충 다만 최근에는 단기자유형의 필요성을 인정하는 외국의 입법례나 국내의 견해도 있다. 예를 들어, 영미의 충격적 단기구금 후 보호관찰제도(shock probation)과 같은 경우, 재범방지를 위해 단기간 교도소에서의 구금을 통해 형집행을 체험하게 한 후 석방하여 집행유예기간 동안 보호관찰을 받는 것인데, 이것이 범죄인의 재사회화에 도움이 된다는 것이다.

01   의 의

재산형(財産刑; Vermögensstrafe)이란 범인으로부터 일정한 재산을 박탈하는 것을 내용으로 하는 형벌을 말한다. 형법에서는 벌금, 과료, 몰수의 3종류의 재산형을 규정하고 있다.

02   형법상의 재산형

1. 벌 금

제45조【벌 금】벌금은 5만 원 이상으로 한다. 다만, 감경하는 경우에는 5만 원 미만으로 할 수 있다. 법원행시 07 / 법원행시 11

제69조【벌금과 과료】① 벌금과 과료는 판결 확정일로부터 30일 내에 납입하여야 한다. 단, 벌금을 선고할 때에는 동시에 그 금액을 완납할 때까지 노역장에 유치할 것을 명할 수 있다. 국가9급 08 / 국가9급 10 / 국가7급 12 / 법원9급 12

② 벌금을 납입하지 아니한 자는 1일 이상 3년 이하, 과료를 납입하지 아니한 자는 1일 이상 30일 미만의 기간 노역장에 유치하여 작업에 복무하게 한다. 국가9급 10 / 법원행시 11 / 사시 11

제70조【노역장 유치】① 벌금이나 과료를 선고할 때에는 이를 납입하지 아니하는 경우의 노역장 유치기간을 정하여 동시에 선고하여야 한다. 〈우리말 순화 개정 2020.12.8.〉 국가9급 10 / 국가7급 12

② 선고하는 벌금이 1억원 이상 5억원 미만인 경우에는 300일 이상, 5억원 이상 50억원 미만인 경우에는 500일 이상, 50억원 이상인 경우에는 1천일 이상의 노역장 유치기간을 정하여야 한다. 〈신설 2014.5.14, 우리말 순화 개정 2020.12.8.〉

제71조【유치일수의 공제】벌금이나 과료의 선고를 받은 사람이 그 금액의 일부를 납입한 경우에는 벌금 또는 과료액과 노역장 유치기간의 일수(日數)에 비례하여 납입금액에 해당하는 일수를 뺀다. 〈우리말 순화 개정 2020.12.8.〉

(1) 의의 및 형법의 규정

벌금형(罰金刑; Geldstrafe)은 범죄인에 대하여 일정한 금액의 지불의무를 강제적으로 부담하게 하는 것을 내용으로 하는 재산형으로서 5만 원 이상(제45조)인 경우를 말한다. 벌금은 형벌로서 일신전속적 성질을 가지므로 상속의 대상이 되지 않는다. 우리 형법상 벌금형의 상한은 제한이 없으며, 각 처벌규정에 벌금형의 상한을 규정하고 법관은 해당 범위 내에서 양형을 하는 제도를 택하고 있다. 이를 총액벌금형제도(總額罰金刑制度; Gesamtsummensystem; Geldsummensystem)라고 하는데, 국가9급 08 개인의 소득의 격차를 무시한 채 벌금액의 총액을 선고하는 것이므로 실질적 평등에 반할 위험이 있다.

> **참고하기** 벌금형제도의 개선책으로서의 일수벌금형제도
>
> 현행형법의 총액벌금형제도에 의할 때, 동일한 불법과 책임을 가지고 있는 A와 B라는 자에게 동일한 벌금형을 선고하게 되는데, 이 경우 A와 B의 경제력의 차이에 따라 부자인 A는 벌금을 납입하게 되고 빈자인 B는 벌금을 납입하지 못하여 대체자유형인 노역장유치처분으로 환형되게 된다. 이는 개인의 경제능력에 따른 형벌효과의 불평등이 발생하는 것으로 볼 수밖에 없다.
>
> 이에 범행의 경중에 따라 우선 일수(日數; Zahl der Tagessätze)를 정하고 개인의 소득상황에 따라 1일당 액수(일수정액; 日數定額; Höhe eines Tagessatzes)를 정해 이를 일수에 곱하면 차등화가 이루어진 벌금형을 내릴 수 있게 되는데 바로 이를 일수벌금형제도(日數罰金刑制度; Tagessatzsystem, dayfine system)라고 하는 것이다.

일수벌금형제도는 유럽의 핀란드, 스웨덴과 덴마크와 같은 스칸디나비아반도의 국가들이 처음 채택하였고 독일과 오스트리아도 이를 도입하였다.[734] 국가9급 10 일수벌금형제도의 이론적 근거에 대해서는 대체로 공감하는 것이 학계의 경향으로 판단된다.[735] 다만, 개인의 소득상황을 정확히 파악하는 것이 이 제도의 전제조건이라는 이유로 아직 우리나라에는 도입되어 있지 않다.

(2) 소위 황제노역 방지규정의 신설

2014.5.14. 개정 전 형법상 노역장유치 제도는 벌금을 납부하지 않는 경우 1일 이상 3년 이하 기간 동안 노역장에 유치하여 작업에 복무하도록 규정하고 있을 뿐 노역장유치 기간에 대해서는 법관의 재량에 의하여 구체적 사안에 따라 정하도록 하고 있었다. 그런데 고액 벌금형의 경우 피고인이 벌금을 납입하지 않더라도 일부 재판의 경우에는 단기간 동안 노역장에 유치되는 것만으로 벌금액 전액을 면제받게 되는 사례(소위 황제노역의 문제)가 발생해 왔다. 이에 2014.5.14. 개정형법 제70조 제2항에서는 이를 개선하기 위해, 일정 액수 이상의 벌금형을 선고할 경우에는 노역장 유치의 최소 기간을 직접 법률에 다음과 같이 규정하여 고액 벌금형을 단기의 노역장 유치로 무력화하지 못하도록 도모하고 있다(개정이유). 다만, 이러한 노역장유치조항은 당해 규정 제정 이전의 행위에 대해서는 적용될 수 없다.

① 선고하는 벌금이 1억 원 이상 5억 원 미만인 경우 : 300일 이상

② 5억 원 이상 50억 원 미만인 경우 : 500일 이상

③ 50억 원 이상인 경우 : 1천일 이상

판례연구 벌금형의 환형유치기간 관련 판례

1. 대법원 1971.3.30, 71도251; 2016.8.25, 2016도6466
벌금을 납입하지 아니하는 경우의 유치기간으로 3년을 초과하는 기간을 정할 수 없다는 사례
형법 제69조 제2항, 제70조 제1항에 의하면 벌금을 선고할 때에는 납입하지 아니하는 경우의 유치기간을 정하여 동시에 선고하여야 하고, 그 유치기간은 1일 이상 3년 이하의 기간 내로만 정할 수 있으며, 3년을 초과하는 기간을 벌금을 납입하지 아니하는 경우의 유치기간으로 정할 수 없다.

2. 대법원 2014.12.24, 2014오2
소위 황제노역 방지규정에 관한 비상상고 사례
피고인이 특정범죄 가중처벌 등에 관한 법률 위반(허위세금계산서교부등)으로 기소되었는데, 원심이 벌금 24억 원을 병과하면서 800만 원을 1일로 환산한 기간 노역장유치를 명한 경우, 2014.5.14. 법률 제12575호로 개정된 형법 시행 후에 공소가 제기되었으므로 개정 형법 제70조 제2항에 따라 500일 이상의 유치기간을 정하였어야 함에도, 300일의 유치기간만을 정한 것은 심판이 법령에 위반한 경우에 해당한다.

3. 대법원 2018.2.13, 2017도17809
황제노역방지규정은 당해규정 제정 전 행위에 대해서는 적용될 수 없다는 사례
1억 원 이상의 벌금형을 선고하는 경우 노역장유치기간의 하한을 정한 형법 제70조 제2항('노역장유치조항')의 시행 전에 행해진 피고인의 범죄행위에 대하여, 원심이 피고인을 징역 5년 6개월과 벌금 13억 1,250만 원에 처하면서 형법 제70조 제1항, 제2항을 적용하여 '벌금을 납입하지 않는 경우 250만 원을 1일로 환산한 기간 노역장에 유치한다'는 내용의 판결을 선고하였는데(이렇게 되면 노역장유치기간은 525일이 된다. 필자 주), 원심판결 선고 후 헌법재판소가 형법 제70조 제2항을 시행일 이후 최초로 공소 제기되는 경우부터 적용하도록 한 형법 부칙(2014.5.14.) 제2조 제1항이 헌법상 형벌불소급원칙에 위반되어 위헌이라고 판단한 경우, 헌법재판소의 위헌결

---

734 김일수, 602면; 박상기, 512면; 손동권, 635면.
735 예를 들어 김일수, 602면; 박상기, 513면; 손동권, 635면; 송광섭, "현행 형벌제도의 문제점과 그 개선방안", 차용석교수화갑기념논문집, 1994, 24면 이하; 오영근, 757면; 이영란, "벌금형제도소고 : 벌금양형을 중심으로", 형사법연구, 제9호, 1997, 221면 이하; 이재상, §40-31; 임웅, 611면 등 참조.

정 선고로 위 부칙조항은 헌법재판소법 제47조 제3항 본문에 따라 효력을 상실하였으므로, 노역장유치조항을 적용하여 노역장유치기간을 정한 원심판결은 유지될 수 없다.

> **보충 1** 헌법재판소는 원심판결 선고 후인 2017.10.26. 다음과 같은 이유로 1억 원 이상의 벌금형을 선고하는 경우 노역장유치기간의 하한을 정한 형법 제70조 제2항(이하 '노역장유치조항'이라 한다)을 시행일 이후 최초로 공소 제기되는 경우부터 적용하도록 한 형법 부칙 제2조 제1항('이 사건 부칙조항')이 헌법상 형벌불소급원칙에 위반되어 위헌이라고 판단하였다(헌법재판소 2017.10.26. 2015헌바239, 2016헌바177). 이에 2020.10.20. 개정형법에 의하여 위 부칙 조항의 "공소가 제기되는 경우부터"라는 문구는 "저지른 범죄부터"라는 내용으로 개정되었다.

> **보충 2** 노역장유치는 그 실질이 신체의 자유를 박탈하는 것으로서 징역형과 유사한 형벌적 성격을 가지므로 형벌불소급원칙의 적용 대상이 된다. 노역장유치조항은 1억 원 이상의 벌금형을 선고받는 자에 대하여 유치기간의 하한을 중하게 변경시킨 것이므로, 이 조항 시행 전의 범죄행위에 대해서는 범죄행위 당시에 존재하였던 법률을 적용하여야 한다. 경찰간부 20

2. 과 료

제47조【과 료】 과료는 2천원 이상 5만 원 미만으로 한다. 법원행시 07 / 법원행시 11

과료(科料)는 범죄인에게 일정한 금액의 지불의무를 강제적으로 부담하게 한다는 점에서 벌금형과 동일하나, 경미한 범죄에 대하여 부과되며, 그 금액이 적다는 점에서 벌금과 구별되는 재산형으로서, 2천원 이상 5만 원 미만인 경우를 말한다(제47조).[736] 제69조(벌금과 과료), 제70조(노역장 유치), 제71조(유치일수의 공제)는 과료에도 적용된다.

과료는 금액이 현저히 낮은 것으로서 형벌로 규정하지 말고 비범죄화 내지 비형벌화하여 과태료(Bussgeld) 등의 행정벌로 처리해야 한다는 입법론이 많다.[737]

3. 몰수와 추징

제48조【몰수의 대상과 추징】 ① 범인 외의 자의 소유에 속하지 아니하거나 범죄 후 범인 외의 자가 사정을 알면서 취득한 다음 각 호의 물건은 전부 또는 일부를 몰수할 수 있다. 〈우리말 순화 개정 2020.12.8.〉
1. 범죄행위에 제공하였거나 제공하려고 한 물건
2. 범죄행위로 인하여 생겼거나 취득한 물건
3. 제1호 또는 제2호의 대가로 취득한 물건
② 제1항 각 호의 물건을 몰수할 수 없을 때에는 그 가액(價額)을 추징한다. 〈우리말 순화 개정 2020.12.8.〉
③ 문서, 도화(圖畵), 전자기록(電磁記錄) 등 특수매체기록 또는 유가증권의 일부가 몰수의 대상이 된 경우에는 그 부분을 폐기한다. 〈우리말 순화 개정 2020.12.8.〉 법원행시 11

제49조【몰수의 부가성】 몰수는 타형에 부가하여 과한다. 단, 행위자에게 유죄의 재판을 아니할 때에도 몰수의 요건이 있는 때에는 몰수만을 선고할 수 있다. 법원행시 11

(1) 몰수의 의의 · 성질 · 종류

① 의의 : 몰수(沒收; Einziehung)는 범죄의 반복을 방지하거나 범죄로부터 이득을 얻지 못하게 할 목적으로 범죄행위와 관련된 재산을 박탈하여 이를 국고에 귀속시키는 재산형을 말한다. 또한 몰수는 어디까지나 일신전속적 형벌 내지 보안처분이다.

② 법적 성질 – 몰수는 형벌인가, 보안처분인가의 문제

---

[736] 과료 대상 범죄 공연음란죄(제245조), 도박죄(제246조 제1항), 단순폭행죄(제260조 제1항), 복표취득죄(제248조 제3항), 과실치상죄(제266조), 단순협박죄(제283조 제1항), 점유이탈물횡령죄(제360조), 자동차 등 불법사용죄(제331조의2), 편의시설부정이용죄(제348조의2). ❸ 변사체검시방해죄(제163조) ⇨ 과료를 없애고 벌금형으로 개정(1995년). 과료는 이외에 주로 경범죄처벌법상의 형벌로 규정되어 있다.

[737] 예를 들어, 박상기, 514면; 손동권, 637면; 오영근, 759면 등 참조.

㉠ 부가적 형벌설(소수설[738]·판례) : 몰수의 기본적 성격은 재범방지를 위한 처분이라기보다는 범죄인에게 재산적 불이익을 가하는 데 있으므로 몰수는 형벌이라는 입장이다(대법원 1980.12.9, 80도384).

㉡ 대물적 보안처분설 : 스위스형법과 이탈리아형법의 태도이다.

㉢ 형벌과 보안처분의 중간에 위치한 독립한 형사제재라는 설(소수설[739]) : 행위자 또는 공범의 소유에 속하는 물건의 몰수는 재산형의 성질을 가지고, 제3자의 소유에 속하는 물건의 몰수라든지 재범에 사용할 우려가 큰 물건에 대한 몰수는 보안처분으로서의 성질을 가진다는 견해이다.

㉣ 절충설(병합설, 다수설) : 형식적으로는 형법 제41조 제9호에 규정되어 있으므로 분명히 형벌이지만(제48조) 실질적으로는 재범방지를 위하여 내리는 대물적 보안처분의 성격을 가지고 있다는 입장이다.

㉤ 소결 — 형벌이면서 보안처분 : 생각건대, 제3설과 제4설은 모두 몰수의 성격에는 형벌적 성격과 보안처분적 성격이 모두 있다고 보는 데에서 차이가 없는 견해로 판단된다. 넓은 의미의 절충설(제3설과 제4설)에 의하여 몰수의 성격을 파악하는 것이 타당하다고 생각된다.

ⓐ 따라서 몰수는 형벌의 성격을 가지므로 수사상 강제처분인 압수와는 구별되어야 하므로, 몰수는 압수되어 있는 물건에 대해서만 하는 것이 아니고, 심지어 피고인에게 환부된 물건도 몰수할 수 있다(대법원 1977.5.24, 76도4001; 2003.5.30, 2003도705).

ⓑ 또한 몰수는 형벌로서 일신전속적 성질을 가지므로, 범인 외의 제3자의 소유에 속하는 물건에 대하여 몰수를 선고한 판결의 효력은 그 사건에서 재판을 받지 아니한 제3자의 소유권에 영향을 미치지 않는다(대법원 1999.5.11, 99다12161). 법원행시 05 / 법원행시 15

★ 판례연구 몰수의 형벌적 성질에 관련된 사례

1. 대법원 1970.2.10, 69다2051
형사법상 몰수는 제3자의 소유권에 영향을 미치지 아니한다. 법원행시 05

2. 대법원 1970.3.24, 70다245
몰수선고의 효력은 유죄판결을 받은 피고인에 대하여서만 발생하므로 피고인 이외의 제3자는 몰수의 대상이 된 선박의 소유자로서 민사소송으로 국가에 대하여 그 반환을 청구할 수 있다.

3. 대법원 2003.5.30, 2003도705
몰수는 반드시 압수되어 있는 물건에 대하여서만 하는 것이 아니므로, 몰수대상물건이 압수되어 있는가 하는 점 및 적법한 절차에 의하여 압수되었는가 하는 점은 몰수의 요건이 아니다. 따라서 이미 그 집행을 종료함으로써 효력을 상실한 압수·수색영장에 기하여 다시 압수·수색을 실시하면서 몰수대상물건을 압수한 경우, 압수 자체가 위법하게 됨은 별론으로 하더라도 그것이 위 물건의 몰수의 효력에는 영향을 미칠 수 없다. 법원9급 08 / 사시 12 / 법원행시 13 / 사시 14 / 국가9급 15 / 경찰간부 16 / 국가9급 20 / 국가9급 23

---

③ 종 류

㉠ 임의적 몰수 : 형법상 몰수(및 추징)는 원칙적으로 법관의 자유재량에 의해 결정한다(대법원 1971.11.9, 71도1537; 2007.6.14, 2007도2451). 형법 제48조 제1항은 몰수에 관한 일반규정으로서 임의적 몰수를 규정하고 있다. 따라서 특별법에 규정된 필요적 몰수의 요건이 충족되지 아니한 경우에도 형법 제48조의 요건이 충족되면 임의적 몰수가 가능하다(대법원 1974.6.11, 74도352).

---

738 오영근, 760면.
739 김일수 / 서보학, 737면; 손동권, 639면; 이재상, §40−37.

ⓛ 필요적 몰수 : 뇌물죄의 뇌물(2020.12.8. 우리말 순화 개정법 제134조 : 범인 또는 사정을 아는 제3자가 받은 뇌물 또는 뇌물로 제공하려고 한 금품), 경찰승진 11 / 경찰채용 15 3차 / 경찰승진 15 아편에 관한 죄의 아편·몰핀이나 그 화합물, 아편흡식기구(제206조), 경찰승진 11 / 경찰채용 15 3차 / 경찰승진 15 배임수재죄의 재물(제357조 제3항[740]) 경찰승진 11 / 경찰채용 15 3차 / 경찰승진 15 은 반드시 몰수해야 한다. 또한 특별법상 몰수도 필요적 몰수이다. 필요적 몰수의 경우에도, 주형을 선고유예하는 경우 몰수·추징의 부가성에 의해 몰수·추징도 선고유예할 수 있다(대법원 1978.4.25, 76도2262). 사시 14

(2) 몰수의 요건

① 대물적 요건(제48조 제1항 제1호~제3호) : 몰수의 대상은 무언가 범죄행위와 관련된 물건이어야 하므로, 범죄와 관련 없는 물건은 몰수의 대상이 되지 않는다(대법원 1967.2.7, 66오2). 또한 적법한 몰수가 인정되려면 비례의 원칙에 위반되지 않아야 한다. 제48조 제1항 제1호부터 제3호까지 규정된 대물적 요건은 다음과 같다.

㉠ 범죄행위에 제공하였거나 제공하려고 한 물건 : 여기에서 제공한 물건이란 살인에 사용한 흉기처럼 현실적으로 범죄수행에 사용한 물건을 말하며, 다만, 범죄의 실행행위 자체에 사용한 물건에만 한정되는 것이 아니며, 실행행위의 착수 전의 행위 또는 실행행위의 종료 후의 행위에 사용한 물건이더라도 그것이 '범죄행위의 수행에 실질적으로 기여하였다고 인정되는 한' 제공한 물건에 포함된다. 법원9급 07(하) / 법원행시 11

제공하려고 한 물건은 범죄행위에 사용하려고 준비했지만 현실적으로는 사용하지 못한 물건을 의미하는바, 이때 그 물건은 유죄로 인정되는 당해 범죄행위에 제공하려고 한 물건임이 인정되어야 한다. 따라서 체포될 당시에 미처 송금하지 못하고 소지하고 있던 자기앞수표나 현금은 장차 실행하려고 한 외국환거래법 위반의 범행에 제공하려는 물건일 뿐, 그 이전에 범해진 외국환거래법 위반의 '범죄행위에 제공하려고 한 물건'으로는 볼 수 없으므로 몰수할 수 없다(대법원 2008.2.14, 2007도10034). 법원행시 09 / 법원행시 11 / 경찰간부 12 / 경찰승진 12 / 법원승진 12 / 법원행시 13 / 경찰간부 14

그러나 피해자로 하여금 사기도박에 참여하도록 유인하기 위하여 고액의 수표를 제시해 보인 경우, 위 수표가 직접적으로 도박자금에 사용되지 아니하였다 할지라도 이를 몰수할 수 있다(대법원 2002.9.24, 2002도3589). 법원9급 07(하) / 사시 11 / 법원9급 12 / 사시 12 / 국가7급 13 / 경찰간부 16 / 경찰승진 23

🔨 **판례연구** 범죄행위에 제공하였거나 제공하려고 한 물건으로서 몰수의 대상임을 인정한 사례

1. 대법원 2001.12.28, 2001도2572

구 관세법상 무신고수입죄의 미수범이 점유하는 물품이 몰수대상에 해당하는지 여부(적극)

무신고수입죄의 미수범은 구 관세법 제182조 제2항에 의하여 본범에 준하여 처벌되므로 같은 법 제137조의 신고를 하지 아니하고 물품을 국내에 반입하려다가 미수에 그친 것과 같은 미수행위가 있는 때에는 관세범칙물들의 몰수에 관하여 규정한 같은 법 제198조 제2항에서 말하는 '같은 법 제179조 제2항의 경우'에 해당한다.

2. 대법원 2002.9.4, 2000도515

외국환관리법 소정의 허가 없이 수출한 대상물을 형법 제48조에 의하여 몰수할 수 있는지 여부(적극)

피고인이 그 소유의 토지개발채권을 외국환관리법 제19조 소정의 허가 없이 휴대하여 외국으로 출국하려다가 적발되어 미수에 그친 경우, 위 채권은 허가 없는 수출미수행위로 인하여 비로소 취득하게 된 것에 해당한다고 할 수 없으므로 구 외국환관리법 제33조에 따라 이를 몰수하거나 그 가액을 추징할 수 없다고 할 것이나, 다만

---

740 배임수재죄(제357조 제1항)에 의하여 취득한 재물만 필요적 몰수의 대상이고(동조 제3항), 경찰승진 11 / 경찰채용 15 3차 / 경찰승진 15 배임증재에 제공하려고 한 재물은 임의적 몰수만 가능하고(제48조 제1항 제1호) 필요적 몰수의 대상은 아니다.

위 채권은 피고인의 허가 없는 수출미수행위에 제공된 것에는 해당된다고 할 것이고, 따라서 형법 제48조 제1항 제1호, 제2항에 의한 몰수 또는 추징의 대상이 되는 것으로 보아야 한다. 경찰채용 11 1차 / 법원9급 11

3. 대법원 2006.9.14, 2006도4075

대형할인매장에서 수회 상품을 절취하여 자신의 승용차에 싣고 간 경우, 위 승용차는 형법 제48조 제1항 제1호에 정한 범죄행위에 제공한 물건으로 보아 몰수할 수 있다. 법원9급 07(상) / 법원9급 08 / 법원행시 08·09 / 법원9급 12 / 법원승진 12 / 법원행시 13 / 경찰채용 14 1차 / 경찰간부 16 / 국가9급 20

4. 대법원 2006.12.8, 2006도6400

사행성 게임기의 기판뿐만 아니라 본체도 몰수의 대상이 되는지 여부(적극)

사행성 게임기는 기판과 본체가 서로 물리적으로 결합되어야만 비로소 그 기능을 발휘할 수 있는 기계로서, 당국으로부터 적법하게 등급심사를 받은 것이라고 하더라도 본체를 포함한 그 전부가 범죄행위에 제공된 물건으로서 몰수의 대상이 된다. 법원9급 08 / 국가7급 22

5. 대법원 2013.5.23, 2012도11586

성매매알선행위에 제공된 성매매업소 건물을 몰수한 사례

몰수가 비례의 원칙에 위반되는 여부를 판단하기 위해서는, 몰수 대상 물건이 범죄 실행에 사용된 정도와 범위 및 범행에서의 중요성, 물건의 소유자가 범죄 실행에서 차지하는 역할과 책임의 정도, 범죄 실행으로 인한 법익 침해의 정도, 범죄 실행의 동기, 범죄로 얻은 수익, 물건 중 범죄 실행과 관련된 부분의 별도 분리 가능성, 물건의 실질적 가치와 범죄와의 상관성 및 균형성, 물건이 행위자에게 필요불가결한 것인지 여부, 물건이 몰수되지 아니할 경우 행위자가 그 물건을 이용하여 다시 동종 범죄를 실행할 위험성 유무 및 그 정도 등 제반 사정이 고려되어야 할 것이다.

6. 대법원 2020.10.15, 2020도960

성매매 알선 영업에 사용한 오피스텔의 임대차보증금반환채권에 대한 몰수 사건

피고인들이 각자 역할을 분담하여 성매매 알선 영업을 하고 전체 업소 수익금을 나누어 가지기로 한 다음 2018. 12.경부터 2019.7.25.경까지 오피스텔 호실 여러 개를 임차한 후 여성 종업원을 고용하여 영업으로 성매매를 알선하였다는 공소사실 등으로 기소된 경우, 검사는 피고인들의 행위를 성매매처벌법 제2조 제1항 제2호 (가)목에 해당하는 행위(성매매를 알선하는 행위)로 기소하였지만 피고인들의 행위가 성매매처벌법 제2조 제1항 제2호 (다)목의 행위(성매매에 제공되는 사실을 알면서 자금을 제공하는 행위)로도 인정되는 이상 이 부분 공소사실은 범죄수익은닉규제법에 따른 몰수의 대상이 되는 성매매처벌법 제2조 제1항 제2호 (다)목의 행위와 관련성이 인정되므로, 이 사건 임대차보증금반환채권은 범죄수익은닉규제법 제2조 제2호 (나)목 1)에서 범죄수익으로 정한 '성매매에 제공되는 사실을 알면서 자금을 제공하는 행위에 관계된 자금 또는 재산'으로 범죄수익은닉규제법 제8조 제1항 제1호에 따라 범죄수익으로 몰수될 수 있다.

⚖ **판례연구** 범죄행위에 제공하였거나 제공하려고 한 물건이 아니어서 몰수의 대상이 아니라고 본 사례

1. 대법원 1974.6.11, 74도352

관세법 제188조 제1호의 소정 허위신고죄에 있어서 대상물을 형법 제48조에 의하여 몰수할 수 있는가 여부

관세법 제188조 제1호 소정의 물품에 대한 수입신고를 함에 있어서 주요사항을 허위로 신고한 경우에 위 물건은 신고의 대상물에 지나지 않아 신고로서 이루어지는 허위신고죄의 범죄행위 자체에 제공되는 물건이라고 할 수 없으므로 형법 제48조 제1항의 몰수요건에 해당한다고 볼 수 없다.[741]

---

741 사실관계 甲은 일제 오토바이 등(시가 542,200원 상당)을 몰래 수입하기 위하여 세관에 乙의 이사화물이라고 허위신고하였다. 만약 위 甲의 행위가 허위신고수입죄(관세법 제188조 제1호)에 해당된다면 형법 제48조 제1항의 총칙상 임의적 몰수규정에 의하여 몰수할 수 있는가? → 몰수할 수 없다.

2. 대법원 1992.7.28, 92도700

공소사실이 인정되지 않는 경우, 몰수나 추징만을 선고할 수 없다는 사례

몰수나 추징을 선고하기 위하여서는 몰수나 추징의 요건이 공소가 제기된 공소사실과 관련되어 있어야 한다. 법원
행시 08 / 법원승진 11 / 법원승진 12 / 법원행시 12 / 경찰간부 13 / 법원행시 14

3. 대법원 2024.1.4, 2021도5723

휴대전화 몰수가 비례의 원칙에 위반된다고 본 사례

(제1심 법원은 피고인이 대마 관련 범행 시 문자메시지를 몇 차례 주고받고 필로폰 관련 범행 시 통화를 1회 할 때 사용한 휴대전화를 '범죄행위에 제공된 물건'에 해당된다고 보아 몰수를 명하였는데, 이러한 몰수는 적법하지 않다는 사례) 구 형법 제48조 제1항 제1호의 '범죄행위에 제공한 물건'은 범죄의 실행행위 자체에 사용한 물건만 의미하는 것이 아니라 실행행위 착수 전 또는 실행행위 종료 후 행위에 사용한 물건 중 범죄행위의 수행에 실질적으로 기여하였다고 인정되는 물건까지도 포함한다(대법원 2006.9.14, 2006도4075 등). …… 전자기록은 일정한 저장매체에 전자방식이나 자기방식에 의하여 저장된 기록으로서 저장매체를 매개로 존재하는 물건이므로 위 조항에 정한 사유가 있는 때에는 이를 몰수할 수 있는바, 가령 휴대전화의 동영상 촬영기능을 이용하여 피해자를 촬영한 행위 자체가 범죄에 해당하는 경우, 휴대전화는 '범죄행위에 제공된 물건', 촬영되어 저장된 동영상은 휴대전화에 저장된 전자기록으로서 '범죄행위로 인하여 생긴 물건'에 각각 해당하고 이러한 경우 법원이 휴대전화를 몰수하지 않고 동영상만을 몰수하는 것도 가능하다(대법원 2017.10.23, 2017도5905). …… 마약 등의 수수 및 흡연(투약)을 본질로 하는 이 사건 범죄의 실행행위 자체 또는 범행의 직접적 도구로 사용된 것은 아닌 점, 이 사건 범행으로 체포되기까지 약 1년 6개월 동안 이 사건 휴대전화를 일상적인 생활도구로 사용하던 중 이 사건 범죄사실과 관련하여 상대방과의 연락 수단으로 일시적으로 이용한 것일 뿐 이 사건 범행의 직접적이고 실질적인 목적·수단·도구로 사용하기 위하여 또는 그 과정에서 범행·신분 등을 은폐하기 위한 부정한 목적으로 타인 명의로 개통하여 사용한 것으로 보이지는 않는 등 이 사건 범죄와의 상관성은 매우 낮은 편이어서 …… 이 사건 휴대전화는 비록 최초 압수 당시에는 몰수 요건에 형식적으로 해당한다고 볼 수 있었다 하더라도 몰수로 인하여 피고인에게 미치는 불이익의 정도가 지나치게 큰 편이라는 점에서 비례의 원칙상 몰수가 제한되는 경우에 해당한다고 볼 여지가 많다.

ⓛ 범죄행위로 인하여 생겼거나 취득한 물건 : 생긴 물건(producta sceleris, 참고로 2020.12.8. 우리말 순화 개정형법 전 구형법에서는 '生한 물건')이란 통화위조행위로 만들어낸 위조통화, 문서위조행위로 작성한 위조문서처럼 범죄행위 이전에는 없었지만 범죄행위로 인하여 비로소 생겨난 물건을 말한다. 취득한 물건이란 범죄행위로 인하여 취득한 물건으로서, 절취한 장물이나 도박행위로 인하여 취득한 금품처럼 범행 당시 이미 존재했던 것을 범죄행위를 수단(instrumenta sceleris)으로 하여 범인이 취득한 것을 말한다. 여기서 '취득'이란 해당 범죄행위로 인하여 결과적으로 이를 취득한 때를 말한다고 제한적으로 해석함이 타당하다(대법원 1979.9.25, 79도1309; 2021.7.21, 2020도10970).

★ 판례연구 범죄행위로 인하여 취득한 물건으로서 몰수의 대상임을 인정한 사례

1. 대법원 1967.2.7, 66오2

구 부정임산물단속에 관한 법률에 위반하여 취득한 임산물은 몰수할 수 있다.

2. 대법원 1969.5.27, 69도551

불법벌채한 목재는 범죄행위로 인하여 취득한 물건이므로 몰수할 수 있다.

3. 대법원 1976.9.28, 75도3607

몰수의 대상인 물건은 유체물에 한하지 않고 권리 또는 이익도 포함된다.

4. 대법원 1995.5.23, 93도1750

통일부장관의 반입승인 없이 북한으로부터 수입한 물건이 항만에 도착하자 이를 인수, 취득하여 보세장치에 장치하였다면, 그 물건은 남북교류협력에 관한 법률 제27조 제1항 제2호 위반의 미수에 그친 범죄행위로 인하여 취득한 것으로 형법 제48조 제1항 제2호의 몰수의 대상이 된다.

5. 대법원 1996.11.12, 96도2477

관세법 제198조 제2항에 따라 몰수하여야 할 압수물이 멸실, 파손 또는 부패의 염려가 있거나 보관하기에 불편하여 이를 형사소송법 제132조의 규정에 따라 매각하여 그 대가를 보관하는 경우에는, 몰수와의 관계에서는 그 대가보관금을 몰수 대상인 압수물과 동일시할 수 있다. 법원9급 12

6. 대법원 2001.12.28, 2001도5158

향정신성의약품을 타인에게 매도한 경우에 있어 매도의 대가로 받은 대금 등은 마약류관리에 관한 법률 제67조에 규정된 범죄행위로 인한 수익금으로서 필요적으로 몰수하여야 하고 몰수가 불가능할 때에는 그 가액을 추징하여야 한다. 법원9급 10 / 법원9급13

7. 대법원 2018.5.30, 2018도3619

비트코인 몰수 사건

범죄수익은닉규제법에 정한 중대범죄에 해당하는 범죄행위에 의하여 취득한 것으로 재산적 가치가 인정되는 무형재산도 몰수할 수 있다. 피고인이 음란물유포 인터넷사이트를 운영하면서 정보통신망 이용촉진 및 정보보호 등에 관한 법률 위반(음란물유포)죄와 도박개장방조죄에 의하여 비트코인(Bitcoin)을 취득한 경우, 피고인의 정보통신망 이용촉진 및 정보보호 등에 관한 법률 위반(음란물유포)죄와 도박개장방조죄는 범죄수익은닉의 규제 및 처벌 등에 관한 법률에 정한 중대범죄에 해당하며, 비트코인은 재산적 가치가 있는 무형의 재산이라고 보아야 하고, 몰수의 대상인 비트코인이 특정되어 있으므로, 피고인이 취득한 비트코인은 몰수할 수 있다.

🔨 판례연구 범죄행위로 인하여 취득한 물건이 아니어서 몰수의 대상이 아니라고 본 사례

1. 대법원 1979.8.31, 79도1509

외국환을 수출하는 행위의 외국환

외국환관리법 제36조의2에서 몰수 또는 추징의 대상으로 삼는 것은 "범인이 당해 행위로 인하여 취득한" 외국환 기타 지급수단이므로 외국환을 수출하는 행위에 있어서는 그 행위 자체로 인하여는 취득한 외국환이 있을 수 없으므로 몰수나 추징은 부당하다.

2. 대법원 1982.3.9, 81도2930

외국환관리법에 의해 등록하지 않은 미화는 몰수할 수 없다.

美貨를 구 외국환관리법 제18조 규정에 따라 등록하지 않은 경우에 있어서도 미등록행위 자체에 의하여 취득하지 않았으며, 범죄에 제공되거나 제공하려 한 물건도 아니므로 몰수할 수 없다.

3. 대법원 1998.12.22, 98도2460

외국환관리법의 몰수·추징 대상이 되는 대외지급수단으로 인정되려면 현실적으로 대외거래에서 채권·채무의 결제 등을 위한 지급수단으로 사용할 수 있으며 또한 그 사용이 보편성을 가지고 있어야 한다. 따라서 카지노에서 사용되는 '칩'은 그것에 표시된 금액 상당을 카지노에서 보관하고 있다는 증표에 지나지 않기 때문에, 외국환관리법 소정의 대외지급수단에 해당하지 않는다.

4. 대법원 2006.12.8, 2006도6410

부패방지법에 의한 필요적 몰수 또는 추징은, 범인 또는 그 정을 아는 제3자가 취득한 재물 또는 재산상 이익을 그들로부터 박탈하여 범인 또는 그 정을 아는 제3자로 하여금 부정한 이익을 보유하지 못하게 함에 그 목적이 있는 점에 비추어 볼 때, 범인이라 하더라도 범행으로 취득한 당해 재물 또는 재산상 이익을 보유하지 아니한 자라면 그로부터 이를 몰수·추징할 수는 없다.

5. 대법원 2001.5.29, 2001도1570

변호사법상 필요적 몰수 또는 추징의 대상(=차용금에 대한 금융이익 상당액)

변호사법에 의한 필요적 몰수 또는 추징은 받은 이익을 박탈하여 부정한 이익을 보유하지 못하게 함에 그 목적이 있는 것이고, 같은 법 제90조 제2호에 규정한 죄를 범하고 이자 및 반환에 관한 약정을 하지 아니하고 금원을 차용하였다면 범인이 받은 실질적 이익은 이자 없는 차용금에 대한 금융이익 상당액이므로 이 경우 위 법조에서 규정한 몰수 또는 추징의 대상이 되는 것은 차용한 금원 그 자체가 아니라 위 금융이익 상당액이다.

유사판례 정치자금법의 필요적 몰수·추징은 같은 법을 위반한 자에게 제공된 금품 기타 재산상 이익을 박탈하여 그들로 하여금 부정한 이익을 보유하지 못하게 함에 그 목적이 있고, 금품의 무상대여를 통하여 위법한 정치자금을 기부받은 경우 범인이 받은 부정한 이익은 무상 대여금에 대한 금융이익 상당액이라 할 것이므로, 여기서 몰수 또는 추징의 대상이 되는 것은 무상으로 대여받은 금품 그 자체가 아니라 위 금융이익 상당액이다(대법원 2007.3.30, 2006도7241). 법원행시 09 / 사시 10 / 경찰간부 12 / 법원행시 12 / 경찰간부 17

6. 대법원 2007.12.14, 2007도7353

부동산 미등기 전매계약에 의하여 제3자로부터 받은 대금을 몰수·추징할 수 있는지 여부(소극)

부동산의 소유권을 이전받을 것을 내용으로 하는 계약(1차 계약)을 체결한 자가 그 부동산에 대하여 다시 제3자와 소유권이전을 내용으로 하는 계약(전매계약)을 체결한 것이 부동산등기 특별조치법 제8조 제1호 위반행위에 해당하는 경우, 전매계약에 의하여 제3자로부터 받은 대금은 위 조항의 처벌대상인 '1차 계약에 따른 소유권이전등기를 하지 않은 행위'로 취득한 것이 아니므로 형법 제48조에 의한 몰수나 추징의 대상이 될 수 없다.

7. 대법원 2022.5.26, 2022도2570

외화차용행위로 인하여 취득한 카지노 칩은 외국환거래법상 몰수·추징의 대상이 아니라는 사례

외국환거래법상의 대외지급수단으로 인정되기 위해서는 현실적으로 대외거래에서 채권·채무의 결제 등을 위한 지급수단으로 사용할 수 있고 그 사용이 보편성을 가지고 있어야 할 것인데 피고인이 미국 호텔 카지노에서 외화차용행위로 인하여 취득한 '칩'에는 미화로 표시된 금액과 호텔의 로고가 기재되어 있을 뿐 지급받을 수 있는 내용이 표시된 문구는 전혀 기재되어 있지 않으므로, 이는 단순히 '칩'에 표시된 금액 상당을 카지노에서 보관하고 있다는 증표에 지나지 않는다, 따라서 이 사건 '칩'은 외국환거래법상의 몰수·추징의 대상이 되는 대외지급수단으로 볼 수 없다(외국환거래 신고 없이 미국 호텔 카지노 운영진으로부터 미화 100만 달러 상당의 칩을 대여받아 신고의무를 위반한 경우 칩 대금 상당액을 외국환거래법에 따라 추징할 수 없다는 사례).

ⓒ 제1호 또는 제2호의 대가로 취득한 물건 : 제1호 또는 제2호에는 해당되지 않지만 그 물건의 대가, 즉 범죄에 의한 부정한 이득을 말한다. 예를 들어, "장물을 매각하여 얻은 금전"은 몰수의 대물적 요건에 해당되므로 몰수할 수 있다. 다만 장물을 매각하여 그 대가로 얻은 금전이지만 "피해자에게 반환하여야 할 압수물"은 —몰수의 대인적 요건에 위반되므로— 몰수할 수 없고 피해자에게 교부해야 한다 경찰간부 14 (대법원 1969.1.21, 68도1672 : 장물을 처분하여 그 대가로 취득한 압수물은 몰수할 것이 아니라 피해자에게 교부하여야 할 것이다). 사시 12

② 대인적 요건(2020.12.8. 우리말 순화 개정법 제48조 제1항 본문)

ⓐ 범인 외의 자의 소유에 속하지 아니할 것 : 범인의 소유에 속하는 물건과 같이 범인 외의 자의 소유에 속하지 않으면 몰수할 수 있다. 여기서의 누구의 소유에 속하는가의 판단은 공부상의 명의 여하에 따르지 않고 권리의 실질적인 귀속관계에 따라서 판단하여야 한다(대법원 1999.12.10, 99도3478). 사시 12 예컨대, 형법 제48조 제1항의 '범인'에 해당하는 공범자는 반드시 유죄의 죄책을 지는 자에 국한된다고 볼 수 없고 공범에 해당하는 행위를 한 자이면 족하다고 할 것이어서, 국가7급 14 이러한 자의 소유물도 형법 제48조 제1항의 '범인 외의 자의 소유에 속하지 아니하는 물건'으로서 이를 피고인으로부터 몰수할 수 있다(대법원 2006.11.23, 2006도5586) 법원9급 07(하) / 법원9급 08 / 법원행시 08 / 사시 11 / 사시 12 / 경찰간부 14 / 국가9급 23

정리해보면, ⓐ 범인 외의 자가 소유하지 않는 물건을 몰수할 수 있으므로, 공범자의 소유에 속하는 물건(대법원 2000.5.12, 2000도745 ; 대법원 1984.5.29, 83도2680), _{법원행시 08} 무주물 내지 소유자 불명인 물건(대법원 1952.6.26, 4285형상74; 1955.8.26, 4288형상216), 법률상 누구의 소유에도 속할 수 없는 금제품(禁制品)(예 아편흡식기)(대법원 1960.3.16, 4292형상858) 등은 몰수할 수 있다. 또한 불법원인급여에 해당되어 소유자에게 반환청구권이 없는 물건이나 소유자가 반환청구권을 포기한 물건도 몰수할 수 있다. 그러나 ⓑ 피해자 소유, _{법원행시 05} 다른 사람으로부터 차용한 물건, 국고수표 및 범행 후 판결선고 전에 범인의 사망에 의하여 그 물건의 소유권이 상속인에게 이전되었을 경우에는 몰수할 수 없다.

ⓛ 범죄 후 범인 외의 자가 사정을 알면서 취득한 물건 : 범인 외의 자의 소유에 속하기는 하나, 그 자가 '범죄행위에 제공된 물건 등과 같은 제48조 제1항 각 호에 해당한다는 점을 알고' 취득한 물건이라면 몰수할 수 있다.

🔨 판례연구 몰수의 대인적 요건에 해당된다고 본 사례

1. 대법원 1984.5.29, 83도2680
기소중지된 공범자의 소유물이 몰수의 대상이 되는지 여부(적극)
형법 제48조 제1항의 "범인" 속에는 "공범자"도 포함되므로 범인 자신의 소유물은 물론 공범자의 소유물도 그 공범자의 소추 여부를 불문하고 몰수할 수 있다고 할 것이다. _{법원행시 09 / 경찰채용 10 1차 / 법원9급 10 / 경찰채용 11 1차 / 법원9급 11 / 법원행시 14 / 국가9급 15 / 국가9급 20}

2. 대법원 1984.5.29, 82도2609; 1994.2.8, 93도1483
① 외국환관리법에 위반하여 외화를 비거주자에게 증여한 경우에는 증여한 범인의 입장에서는 몰수대상인 외국환 등의 취득이 없어 그 가액에 해당하는 추징을 할 수 없다. ② 피고인이 공소외 회사의 기관으로서 외환을 차용하고 몰수대상물인 외국환 등을 수수하였다면 그 차용금에 관한 권리는 위 회사에 귀속한다 하더라도 피고인으로부터 위 외국환 등을 몰수 또는 추징할 수 있다.

3. 대법원 2004.3.26, 2003도8014
관세법상 몰수는 범인 점유 물품이면 소유자 또는 소유자의 선의 · 악의를 불문하고 몰수한다는 사례
관세법 제282조 제2항에서 정한 몰수는 형법총칙의 몰수에 대한 특별규정으로서 필요적인 몰수에 관한 규정이라 할 것이고, 같은 조항이 같은 법 제269조 제2항 및 제3항, 제274조 제1항 제1호의 경우에는 '범인이 소유 또는 점유하는 그 물품을 몰수한다'고 규정한 이상 범인이 점유하는 물품은 누구의 소유에 속함을 불구하고 소유자가 선의였든가 악의였든가를 가리지 않고 그 사실에 관하여 재판을 받는 범인에 대한 관계에서 이를 몰수하여야 한다고 해석할 것이다.

4. 대법원 2017.9.29, 2017모236
제3자의 소유에 속하더라도 필요적 몰수의 대상이 된다는 사례
관세법 제269조 제3항 제2호는 '수출의 신고를 하였으나 해당 수출물품과 다른 물품으로 신고하여 수출한 자 등은 3년 이하의 징역 등에 처한다'고 규정하고 있고, 제282조 제2항은 '제269조 제3항 등의 경우에는 범인이 소유하거나 점유하는 그 물품을 몰수한다'고 규정하고 있다. 따라서 범인이 직접 또는 간접으로 점유하던 밀수출 대상 물품을 압수한 경우에는 그 물품이 제3자의 소유에 속하더라도 필요적 몰수의 대상이 된다. …… 또한, 피고인 이외의 제3자의 소유에 속하는 물건의 경우, 몰수를 선고한 판결의 효력은 원칙적으로 몰수의 원인이 된 사실에 관하여 유죄의 판결을 받은 피고인에 대한 관계에서 그 물건을 소지하지 못하게 하는 데 그치고, 그 사건에서 재판을 받지 아니한 제3자의 소유권에 어떤 영향을 미치는 것은 아니다.

🔨 판례연구 몰수의 대인적 요건에 해당되지 않는다고 본 사례

1. 대법원 1957.8.2, 4290형상190; 1959.6.30, 4292형상177; 1961.2.24, 4293형상759

부실기재된 등기부, 허위신고에 의하여 작성된 가호적부, 국고에 환부해야 할 국고수표는 몰수할 수 없다.

2. 대법원 1982.9.28, 82도1669

피고인이 다른 공동 피고인들에게 도박자금으로 금원을 대여하였다면 그 금원은 그 때부터 피고인의 소유가 아니라 동 공동 피고인들의 소유에 귀속하게 되므로 그것을 동 공동 피고인들로부터 몰수함은 모르되 피고인으로부터 몰수할 성질의 것은 아니다.

3. 대법원 1983.6.14, 83도808

군 피.엑스(P.X)에서 공무원인 군인이 그 권한에 의하여 작성한 월간판매실적보고서의 내용에 일부 허위기재된 부분이 있더라도 이는 공무소인 소관 육군부대의 소유에 속하는 것이므로 이를 허위공문서 작성의 범행으로 인하여 생긴 물건으로 누구의 소유도 불허하는 것이라 하여 형법 제48조 제1항 제1호를 적용, 몰수하였음은 부당하다. 법원9급 10 / 법원9급 12 / 사시 12

유사판례 재산범죄로 인하여 군부에서 부정유출된 소위 장물에 해당한다고 인정한 이상 이는 몰수할 수 없는 것이고 피해자에게 환수하여야 할 것이다(대법원 1960.12.21, 4293비상1).

4. 대법원 1990.10.10, 90도1904

강도상해의 범행에 사용된 자동차에 관하여 피고인은 원심법정에서 피고인의 처 소유라고 진술하고 있고 실제로도 처 명의로 등록되어 있는데도 원심이 그 의미가 분명하지 아니한 '제 소유 자동차'라는 피고인이 경찰에서 범행방법에 관한 진술시에 한 표현을 근거로 위 자동차가 피고인 이외의 자에 속하지 아니하는 것으로 단정하여 이를 몰수한 것은 위법하다.

(3) 추 징

① 의의 · 성질 : 추징(追徵)은 몰수할 수 없을 때(몰수가 불가능할 때) 그 가액의 납부를 명하는 것으로서, 형법상 형벌로는 규정되어 있지 않지만 실질적으로는 몰수에 갈음하여 명하는 부가형(附加刑)의 성격을 고스란히 가지고 있는 사법처분이다(2020.12.8. 우리말 순화 개정법 제48조 제2항). 경찰간부 11 이렇듯 추징도 형벌적 성격을 가진 처분이라는 점에서, 1심에서 행하지 않은 추징을 2심에서 하는 것은 불이익변경금지원칙에 위반된다(대법원 1961.11.9, 4294형상572).

② 요 건

  ㉠ 대상수익의 특정 : 몰수와 추징의 대전제는 대상물의 특정(特定)이다. 따라서 대상되는 범죄수익이 특정될 수 없는 경우에는 추징이 허용되지 않는다(대법원 2007.6.14, 2007도2451 : 범죄수익은닉법에 의한 추징 대상이 되는 범죄수익을 특정할 수 없는 경우). 법원9급 13 / 경찰간부 17

  ㉡ 몰수가 불가능한 경우 : 추징은 몰수가 불가능한 경우에 한하여 행하는 것이다. 여기서 몰수가 불가능하다는 것은 법률상 · 사실상 몰수할 수 없는 경우를 총칭하므로 몰수한 물건을 소비 · 분실 · 양도하는 등 그 원인은 따지지 않는다. 따라서 몰수가 된 경우 그에 대해서 다른 공범에게 추징하는 것은, 몰수가 안 되는 경우에만 추징한다는 요건에 위배되어, 위법이다(대법원 1980.8.26, 80도620).

③ 종 류

  ㉠ 범죄수익박탈적 추징 : 형법 · 변호사법 그리고 범죄수익은닉의 규제 및 처벌 등에 관한 법률상의 몰수 · 추징 등은 범죄로 인하여 거둔 이익을 박탈하자는 데 그 취지가 있다. 따라서 범죄수익이 없는 때에는 추징도 불가하며, 이것이 원칙적인 추징이다. 이러한 의미에서 공동피고인에 대한 추징은 개별추징이 원칙이고, 법원9급 11 만일 개별액을 알 수 없을 때에는 불가피하게 평등분할액을 추징하는 것이므로(대법원 1977.3.8, 76도1982), 경찰간부 13 분배율이 명확하지 않을 때 공범자 중 1인에게

PART 03 형벌론

전액 추징하는 것은 위법이다. 법원9급 07(하) 또한, 증뢰자가 교부한 당좌수표가 부도나자 부도된 당좌수표를 반환받고 그 수표에 대체하여 수표의 액면가액에 상응하는 현금이나 유가증권을 수뢰자에게 다시 교부하고 수뢰자가 이를 수수하였다면, 형법 제134조의 규정취지가 수뢰자로 하여금 불법한 이득을 보유시키지 않으려는 데에 있는 점에 비추어 볼 때, 이 현금이나 유가증권이 몰수·추징의 대상이 된다(대법원 1992.12.8, 92도1995).

ⓛ 징벌적 추징 : 관세법 · (마약 등)향정신성의약품관리법 · (구)외국환관리법 · 밀항단속법 · 재산국외도피죄(특경법)에 대한 몰수 · 추징은 징벌적이므로 형벌과 다름없는 성격을 가지게 되어, 그 범행으로 인하여 이득을 취한 바 없다 하더라도 가액의 추징을 명하고, 소유 · 점유나 이익 취득 여부와 관계 없이 취급한 자들에 대하여 그 취급한 범위 내에서 가격 전부의 추징을 명하여야 한다(공동연대추징). 법원9급 05 / 경찰채용 11 1차 / 법원9급 15 다만 히로뽕을 수수하여 그중 일부를 직접 투약한 경우에는 수수한 히로뽕의 가액만을 추징할 수 있고 직접 투약한 부분에 대한 가액을 별도로 추징할 수는 없다(대법원 2000.9.8, 2000도546). 경찰채용 11 1차 / 경찰채용 15 3차

④ 가액산정의 기준 : 몰수할 수 없는 때 추징하여야 할 가액은 범인이 그 물건을 보유하고 있다가 몰수의 선고를 받았더라면 잃었을 이득상당액을 의미한다고 보아야 하므로 그 가액산정은 재판선고시의 가격을 기준으로 한다(판결선고시설 : 다수설[742] · 판례[743]). 법원행시 08 / 경찰채용 12 2차 / 경찰승진 12 / 법원9급 13 / 법원행시 14 / 경찰채용 15 3차 / 법원9급 15 따라서 추징하여야 할 가액도 몰수의 선고를 받았더라면 잃게 될 이득상당액을 초과하여서는 아니 된다.

단, 특경법상 금융기관 임 · 직원이 직무관련 이익을 주식으로 취득한 경우, 판결선고시 주가를 알 수 없으면 주식의 시가가 가장 낮을 때를 기준으로 한다(대법원 2005.7.15, 2003도4293). 경찰간부 11 몰수 · 추징의 대상이 되는지 여부나 추징액의 인정은 엄격한 증명을 필요로 하지 아니한다(대법원 1993.6.22, 91도3346). 법원9급 06

⑤ 방 법

㉠ 금품 중의 일부를 받은 취지에 따라 타인에게 전달한 경우 : 공무원의 직무에 속한 사항의 알선에 관하여 금품을 받고 그 금품 중의 일부를 받은 취지에 따라 청탁과 관련하여 관계 공무원에게 뇌물로 공여하거나 다른 알선행위자에게 청탁의 명목으로 교부한 경우에는 그 부분의 이익은 실질적으로 범인에게 귀속된 것이 아니어서 이를 제외한 나머지 금품만을 몰수하거나 그 가액을 추징하여야 한다(대법원 1982.7.27, 82도1310; 1993.12.28, 93도1569; 1994.2.25, 93도3064; 2002.6.14, 2002도1283). 법원9급 06 / 법원행시 06 / 법원행시 09 / 경찰채용 11 1차

㉡ 받은 금품의 세부적 사용이 범인의 독자적 판단에 속한 경우 : 범인이 취득한 재물 · 이익을 증재자의 이익을 위하여 사용한 경우라도 이를 처음부터 예정되어 있던 취지에 따라 타인에게 그대로 전달한 것이 아니라 그 세부적인 사용이 범인의 독자적 권한에 속해 있던 것을 사용한 경우에는 범인이 받은 금액 전부를 추징해야 할 것이다(대법원 1999.6.25, 99도1900; 2000.5.26, 2000도440; 2008.3.13, 2006도3615[744]).

---

742 반대견해로서 범행시설을 취하는 소수설은 정영석, 307면; 진계호, 448면.
743 대법원 1991.5.28, 91도352.
744 보충 대학교수가 예정되어 있던 취지에 따라 학위취득자들로부터 송금받은 금원(대학교수 : 배임수재) 중 일정 금원을 실험대행자에게 교부하고, 실험대행자가 이를 독자적인 판단에 따라 실험비용 등에 사용한 사안에서(실험대행자 : 배임수재방조), 실험대행자에게 교부된 금원은 실질적으로 실험대행자에게 귀속하고 실험비용 등으로의 지출은 그 금원을 소비하는 방법의 하나에 지나지 않으므로 실험대행자가 수령한 금원의 가액 전부를 위 대학교수가 아닌 실험대행자로부터 추징한 것은 정당하다는 사례이다.

⑥ **이익취득비용의 공제 여부** : 범죄수익의 추징에 있어서 범죄수익을 얻기 위해 범인이 지출한 비용은 그것이 범죄수익으로부터 지출되었다고 하더라도 이는 범죄수익을 소비하는 방법에 지나지 않아 추징할 범죄수익에서 공제할 것은 아니다(대법원 2006.6.29, 2005도7146; 2006.11.23, 2005도3255[745]; 2007.11.15, 2007도6775). 법원9급 06 / 법원행시 06 / 국가7급 14 / 국가9급 15 / 경찰간부 17

따라서 ㉠ 공무원이 뇌물을 받음에 있어서 그 취득을 위하여 상대방에게 뇌물의 가액에 상당하는 금원의 일부를 비용의 명목으로 출연하거나 그 밖에 경제적 이익을 제공하였다 하더라도, 그 뇌물이나 변호사법위반으로 취득한 금품의 가액에서 위와 같은 지출을 공제한 나머지 가액에 상당한 이익만을 몰수·추징할 것은 아니다(대법원 1999.10.8, 99도1638; 2008.10.9, 2008도6944). 경찰간부 13 / 경찰채용 14 1차 마찬가지로 ㉡ 범인이 범행을 하는 과정에서 지출한 세금, 임대료 등의 필요비용은 그 범행으로 취득한 금품을 자신의 독자적 판단에 따라 소비한 것에 지나지 않으므로 추징액에서 공제하지 않는다(대법원 2009.5.14, 2009도2223; 2010.3.25, 2009도11660).

⑦ **외국에서 몰수선고가 된 경우** : 국내에 밀수입하여 관세포탈을 기도하다가 외국에서 적발되어 압수된 물품이 그 후 몰수되지 아니하고 피고인의 소유 또는 점유로 환원되었으나 몰수할 수 없게 되었다면 관세법 제198조에 의하여 ㉠ 범칙 당시의 국내 도매가격에 상당한 금액을 추징하여야 할 것이나, ㉡ 동 물품이 외국에서 몰수되어 이미 그 소유가 박탈됨으로써 몰수할 수 없게 된 경우에는 추징할 수 없다(대법원 1979.4.10, 78도831).

🔨 **판례연구** 추징할 수 있다는 사례

1. 대법원 1983.4.12, 82도812
피해변상 혹은 고소의 취소가 있는 경우 추징의 당부
범인이 피해자로부터 받은 금품을 소비하고 나서 그에 상당한 금품을 반환하였을 경우나 상호합의에 이르러 고소를 취소한 경우에도 이를 범인으로부터 추징하여야 한다. 경찰간부 11

2. 대법원 1996.5.14, 96모14
징역형의 집행유예와 추징 선고를 받은 사람에 대하여 징역형 선고의 효력을 상실케 하는 동시에 복권하는 특별사면이 있는 경우에 추징에 대하여도 형 선고의 효력이 상실된다고 볼 수는 없다. 경찰승진 12 / 국가7급 14

3. 대법원 1996.11.29, 96도2490; 2016.11.25, 2016도11514
변호사법상 필요적 몰수·추징은 (형법과 마찬가지로) 범죄수익만 박탈하는 몰수·추징임
변호사법에 의한 필요적 몰수·추징은 같은 법을 위반한 자 또는 그 정을 아는 제3자가 받은 금품 기타 이익을 그들로부터 박탈하여 그들로 하여금 부정한 이익을 보유하지 못하게 함에 그 목적이 있는 것이므로(범죄수익박탈적 추징), 수인이 공동하여 공무원이 취급하는 사건 또는 사무에 관하여 청탁을 한다는 명목으로 받은 금품을 분배한 경우에는 각자가 실제로 분배받은 금품만을 개별적으로 몰수하거나 그 가액을 추징하여야 한다(몰수·추징의 범위 : 피고인이 실질적으로 취득하거나 그에게 귀속된 이익에 한정됨). 법원행시 06 / 법원행시 12

4. 대법원 2009.5.14, 2009도2223
범행에 지출된 세금, 임대료 등 필요경비는 추징액에서 공제할 수 없다는 사례
성매매알선처벌법에 의한 추징의 범위는 범인이 실제로 취득한 이익에 한정되고(범죄수익박탈적 추징), 다만 범인이 성매매알선 등 행위를 하는 과정에서 지출한 세금 등의 비용은 성매매알선의 대가로 취득한 금품을 소비하

---

745 판례 : 변호사법상 판사 교제 명목 금품 수수죄 사례 변호사법 제110조 제1호에서는 변호사가 "판사·검사 기타 재판·수사기관의 공무원에게 제공하거나 그 공무원과 교제한다는 명목으로 금품 기타 이익을 받거나 받기로 한 행위"를 처벌하고 있는바, … 변호사가 형사사건 피고인으로부터 담당 판사에 대한 교제 명목으로 받은 돈의 일부를 공동 변호 명목으로 다른 변호사에게 지급한 경우, 이는 변호사법 위반으로 취득한 재물의 소비방법에 불과하므로 위 돈을 추징에서 제외할 수 없다(대법원 2006.11.23, 2005도3255). 법원행시 09

거나 자신의 행위를 정당화시키기 위한 방법의 하나에 지나지 않아 추징액에서 이를 공제할 것은 아니므로, 그 업소건물의 임대료도 이 사건 범행에 소요된 필요경비에 해당하고 따라서 이를 추징액에서 공제할 수 없다.

유사판례 특가법상 알선 대가로 수수한 금품에 관하여 소득신고를 하고 법인세 등 세금을 납부하였다고 하더라도 이를 추징에서 제외할 것은 아니다(대법원 2010.3.25, 2009도11660).[746]

비교판례 특가법·특경법상 알선수재한 급여에서 원천징수된 근로소득세 등과 추징액
특가법·특경법상 알선수재죄에서 공무원·금융기관임직원의 직무에 속한 사항에 관한 알선의 대가를 형식적으로 체결한 고용계약에 터 잡아 급여의 형식으로 지급한 경우, 알선수재자가 수수한 알선수재액은 명목상 급여액이 아니라 원천징수된 근로소득세 등을 제외하고 알선수재자가 실제 지급받은 금액으로 보아야 하고, 위 금액만 몰수·추징해야 한다(대법원 2012.6.14, 2012도534). 법원행시 13 / 법원행시 18

비교판례 관세법상 밀수입죄 추징금액인 국내도매가격에 부가가치세 제외되지 않음
관세법 제282조 제3항은 관세법상 밀수입죄의 경우 추징금액을 '국내도매가격'으로 정하고 있고, 여기서 국내도매가격이란 '물품의 도착원가에 관세 등의 제세금과 통관절차비용, 기업의 적정이윤까지 포함한 국내도매물가 시세인 가격'을 의미하므로(대법원 1993.3.23, 93도164 등), 특별한 사정이 없는 한 이러한 국내도매가격에 부가가치세가 제외된다고 볼 수 없다(대법원 2016.1.28, 2015도13591).

5. 대법원 2015.1.15, 2012도7571
추징의 상대방 및 대상
甲 주식회사 대표이사인 피고인이 금융기관에 청탁하여 乙 주식회사가 대출을 받을 수 있도록 알선행위를 하고 그 대가로 용역대금 명목의 수수료를 甲 회사 계좌를 통해 송금받아 특정경제범죄 가중처벌 등에 관한 법률 위반(알선수재)죄가 인정된 경우, 피고인이 甲 회사의 대표이사로서 같은 법 제7조에 해당하는 행위를 하고 당해 행위로 인한 대가로 수수료를 받았다면, 수수료에 대한 권리가 甲 회사에 귀속된다 하더라도 행위자인 피고인으로부터 수수료로 받은 금품을 몰수 또는 그 가액을 추징할 수 있으므로, 피고인이 개인적으로 실제 사용한 금품이 없더라도 마찬가지라고 본 원심판단은 정당하다. 또한 뇌물수수나 알선수재에 이용된 공급계약이 실제 공급이 없는 형식적 계약에 불과하여 부가가치세 과세대상이 아니라면 그에 관한 납세의무가 없으므로, 설령 부가가치세 명목의 금전을 포함한 대가를 받았다고 하더라도 그 일부를 부가가치세로 거래 징수하였다고 할 수 없어 수수한 금액 전부가 범죄로 얻은 이익에 해당하여 추징대상이 되며, 그 후에 이를 부가가치세로 신고·납부하였다고 하더라도 달리 볼 수 없다. 사시 16 / 경찰간부 17 / 법원행시 18

6. 대법원 2017.9.21, 2017도8611
추징가액이 몰수선고 시 잃게 될 이득상당액을 초과할 수 없다는 사례
몰수의 취지가 범죄에 의한 이득의 박탈을 목적으로 하는 것이고 추징도 이러한 몰수의 취지를 관철하기 위한 것이라는 점을 고려하면 몰수하기 불능한 때에 추징하여야 할 가액은 범인이 그 물건을 보유하고 있다가 몰수의 선고를 받았더라면 잃게 될 이득상당액을 의미하므로, 추징하여야 할 가액이 몰수의 선고를 받았더라면 잃게 될 이득상당액을 초과하여서는 아니 된다. 국가9급 23

7. 대법원 2018.2.8, 2014도10051
죄수가 실체적 경합이어도 전액 추징을 명한 사례
피고인이 마사지를 제외한 유사성교행위의 요금을 따로 정하지 아니하고 마사지가 포함된 전체 요금만을 정해두고 영업을 한 점 등에 비추어 볼 때, 피고인 운영의 안마시술업소에서 행한 마사지와 유사성교행위가 의료법 위반죄와 성매매알선 등 행위의 처벌에 관한 법률 위반죄의 실체적 경합관계에 있더라도 손님으로부터 지급받는 서비스대금은 그 전부가 마사지 대가이면서 동시에 유사성교행위의 대가이므로 유사성교행위가 포함된 서비스대금 전액의 추징을 명한 것은 정당하다.

8. 대법원 2022.9.7, 2022도7911
수인이 공동으로 의료법상 불법 리베이트를 수수하여 이익을 얻은 사안에서 개별적 이득액을 확정할 수 없는 경우, 추징액의 산정방법

---

[746] 위 판례의 또 다른 논점 알선수재의 방법으로 용역계약을 체결하고 그에 따른 용역대금 및 부가가치세 상당액을 교부받은 경우 위 부가가치세 상당액도 수재금액에 포함된다.

구 의료법 제88조 제2호의 규정에 의한 추징은 구 의료법 제23조의3에서 금지한 불법 리베이트 수수 행위의 근절을 위하여 그 범죄행위로 인한 부정한 이익을 필요적으로 박탈하여 이를 보유하지 못하게 하는 데 목적이 있는 것이므로, 수인이 공동으로 불법 리베이트를 수수하여 이익을 얻은 경우 그 범죄로 얻은 금품 그 밖의 경제적 이익을 몰수할 수 없을 때에는 공범자 각자가 실제로 얻은 이익의 가액, 즉 실질적으로 귀속된 이익만을 개별적으로 추징하여야 한다. 만일 개별적 이득액을 확정할 수 없다면 전체 이득액을 평등하게 분할하여 추징하여야 한다(대법원 2001.3.9, 2000도794; 2018.7.26, 2018도8657).

⚖ 판례연구 추징할 수 없다는 사례

1. 대법원 2007.10.12, 2007도6019
형법상 도박개장죄에 의하여 생긴 재산은 범죄수익은닉법에 의한 추징 대상이고, 이는 부정한 이익을 박탈하여 이를 보유하지 못하게 하는 데 그 목적이 있으므로, 수인이 공모하여 도박개장을 하여 이익을 얻은 경우 실질적으로 귀속된 이익이 없는 피고인에 대하여는 추징을 할 수 없다.

2. 대법원 2021.4.29, 2020도16369
방조범이 정범과 공동으로 취득하였다고 평가할 수 없는 경우 방조범에 대한 추징의 범위
마약거래방지법 제6조를 위반하여 마약류를 수출입·제조·매매하는 행위 등을 업으로 하는 범죄행위의 정범이 그 범죄행위로 얻은 수익은 마약거래방지법 제13조부터 제16조까지의 규정에 따라 몰수·추징의 대상이 된다. 그러나 위 정범으로부터 대가를 받고 판매할 마약을 공급하는 방법으로 위 범행을 용이하게 한 방조범은 정범의 위 범죄행위로 인한 수익을 정범과 공동으로 취득하였다고 평가할 수 없다면 위 몰수·추징 규정에 의하여 정범과 같이 추징할 수는 없고, 그 방조범으로부터는 방조행위로 얻은 재산 등에 한하여 몰수, 추징할 수 있다고 보아야 한다.

3. 대법원 2021.10.14, 2021도7168
범죄행위에 이용한 웹사이트 매각대금을 형법 제48조 제1항 제2호, 제2항에 따라 추징할 수 없음
형법 제48조 제1항은 '범죄행위로 인하여 생(生)하였거나 이로 인하여 취득한 물건'으로서 범인 이외의 자의 소유에 속하지 아니하거나 범죄 후 범인 이외의 자가 정을 알면서 취득한 물건의 전부 또는 일부를 몰수할 수 있다고 규정하면서(제2호), 제2항에서는 제1항에 기재한 물건을 몰수하기 불능한 때에는 그 가액을 추징하도록 규정하고 있다. 이와 같이 형법 제48조는 몰수의 대상을 '물건'으로 한정하고 있다. 이는 범죄행위에 의하여 생긴 재산 및 범죄행위의 보수로 얻은 재산을 범죄수익으로 몰수할 수 있도록 한 「범죄수익은닉의 규제 및 처벌 등에 관한 법률」이나 범죄행위로 취득한 재산상 이익의 가액을 추징할 수 있도록 한 형법 제357조 등의 규정과는 구별된다. 민법 제98조는 물건에 관하여 '유체물 및 전기 기타 관리할 수 있는 자연력'을 의미한다고 정의하는데, 형법이 민법이 정의한 '물건'과 다른 내용으로 '물건'의 개념을 정의하고 있다고 볼 만한 사정도 존재하지 아니한다. …… 피고인이 범죄행위에 이용한 웹사이트는 형법 제48조 제1항 제2호에서 몰수의 대상으로 정한 '범죄행위로 인하여 생(生)하였거나 이로 인하여 취득한 물건'에 해당하지 않으므로, 그 웹사이트 매각을 통해 취득한 대가는 형법 제48조 제1항 제2호, 제2항이 규정한 추징의 대상에 해당하지 않는다.

⚖ 판례연구 징벌적 추징 사례 : 마·국·관·외·밀 → 징

대법원 1995.3.10, 94도1075
소유·점유·이익취득한 바 없어도 가액 전부 추징
피고인에 대한 추징은 특경법에 의한 것으로서 형법상의 몰수·추징과는 달리 범죄로 인한 이득의 박탈을 목적으로 한 것이라기보다는 재산국외도피사범에 대한 징벌의 도를 강화하여 범행대상인 재산을 필요적으로 몰수하고 그 몰수가 불능인 때에는 그 가액을 납부하게 하는 징벌적 성질의 처분이라고 봄이 상당하므로 그 도피재산이 피고인들이 아닌 회사의 소유라거나 피고인들이 이를 점유하고 그로 인하여 이득을 취한 바가 없다고 하더라도 피고인들 모두에 대하여 그 도피재산의 가액 전부의 추징을 명하여야 한다. 경찰채용 18 2차

유사판례 외국환관리법상의 몰수와 추징은 징벌적 제재의 성격을 띠므로, 여러 사람이 공모하여 범칙행위를 한

경우 몰수대상인 외국환 등을 몰수할 수 없을 때에는 각 범칙자 전원에 대하여 그 취득한 외국환 등의 가액 전부의 추징을 명하여야 하고, 그중 한 사람이 추징금 전액을 납부하였을 때에는 다른 사람은 추징의 집행을 면할 것이나, 그 일부라도 납부되지 아니하였을 때에는 그 범위 내에서 각 범칙자는 추징의 집행을 면할 수 없다(대법원 1998.5.21, 95도2002).

> **유사판례** 마약류관리법상 몰수·추징(대법원 2001.12.28, 2001도5158 : 향정신성의약품). 법원9급 05 / 법원승진 12
>
> **유사판례** 관세법상 몰수·추징(대법원 2007.12.28, 2007도8401; 1976.6.22, 73도2625 전원합의체). 법원9급 05 / 경찰간부 12
>
> **유사판례** 밀항단속법상의 몰수·추징(대법원 2008.10.9, 2008도7034).[747] 경찰채용 12 2차 / 법원9급 15

🔨 판례연구 몰수·추징에 대한 상소의 효과

대법원 2008.11.20, 2008도5596 전원합의체
몰수 또는 추징에 관한 부분만을 불복대상으로 삼아 상소가 제기된 경우의 처리
피고사건의 재판 가운데 몰수 또는 추징에 관한 부분만을 불복대상으로 삼아 상소가 제기되었다 하더라도, 상소심으로서는 이를 적법한 상소제기로 다루어야 하는 것이지 몰수 또는 추징에 관한 부분만을 불복대상으로 삼았다는 이유로 그 상소의 제기가 부적법하다고 보아서는 아니 되고, 그 부분에 대한 상소의 효력은 그 부분과 불가분의 관계에 있는 본안에 관한 판단 부분에까지 미쳐 그 전부가 상소심으로 이심되는 것이다(상소불가분의 원칙 적용 — 필자 주).[748]

(4) 폐 기

형법 제48조 제3항은 문서 등의 일부가 몰수대상인 경우를 규정하고 있는 바, 이 경우에는 해당 문서의 부분을 폐기한다. 법원행시 05

(5) 몰수·추징의 부가성과 그 예외

① 부가성(제49조 본문 : 몰수는 타형에 부가하여 과한다)

ㄱ 부가성의 원칙 : 몰수와 추징에는 부가성(附加性)이 있다. 즉 몰수·추징만을 위한 형사재판은 있을 수 없으며, 범죄에 대한 주형(主刑)을 내릴 때 어디까지나 부가적으로 내릴 수 있는 형벌일 뿐이다. 이러한 몰수·추징의 부가형적 성질은 관세법위반죄와 같은 필요적 몰수·추징의 경우에도 그대로 유지되므로, 주형에 대하여 선고유예를 내릴 때, 설사 몰수·추징이 '필요적 몰수·추징'이라 하여도 몰수·추징에 대해서도 선고유예가 가능하게 된다(대법원 1980.3.11, 77도2027; 1978.4.25, 76도2262). 법원9급 06 / 국가7급 13 / 사시 14

ㄴ 몰수의 부가성과 공소제기 및 면소판결의 경우 : 공소의 제기 없이 별도로 몰수·추징만을 선고할 수 있는 제도는 없으므로, 공소가 제기되지 아니한 범죄사실을 법원이 인정하여 그에 관하여 몰수·추징을 선고하는 것은 불가능하다(대법원 2008.11.13, 2006도4885). 뿐만 아니라 몰수·추징이 공소사실과 관련이 있다 하더라도 그 공소사실에 관하여 이미 공소시효가 완성되어 유죄의 선고를 할 수 없는 경우에는 몰수·추징도 할 수 없으므로(대법원 1992.7.28, 92도700), 법원행시 08 / 법원행시 12 / 경찰채용 14

---

[747] 징벌적 추징 관련 판례는 이외에도 대법원 1989.12.8, 89도1920; 1999.7.9, 99도1695; 2005.4.29, 2002도7262; 2010.8.26, 2010도7251 등 참조.

[748] 보충 불가분의 관계에 있는 재판의 일부만을 불복대상으로 삼은 경우 그 상소의 효력은 상소불가분의 원칙(형소법 제342조 제2항)상 피고사건 전부에 미쳐 그 전부가 상소심에 이심되는 것이다. 여기에는 일부 상소가 피고사건의 주위적 주문과 불가분적 관계에 있는 주문에 대한 것, 일죄의 일부에 대한 것, 경합범에 대하여 1개의 형이 선고된 경우 경합범의 일부 죄에 대한 것 등에 해당하는 경우를 들 수 있다(위 판례).

1차 / 법원행시 14 / 사시 14 / 경찰채용 15 3차 공소사실을 인정하는 경우가 아닌 면소판결을 내리는 경우에는 몰수도 할 수 없다(대법원 2007.7.26, 2007도4556). 경찰간부 12

✎ 판례연구 범죄가 성립하지 않으면 몰수·추징도 없다는 사례

1. 대법원 2016.12.15, 2016도16170

마약류 관리에 관한 법률 제67조의 몰수나 추징을 선고하기 위해서는 몰수나 추징의 요건이 공소가 제기된 범죄사실과 관련되어 있어야 하므로, 법원으로서는 범죄사실에서 인정되지 아니한 사실에 관하여는 몰수나 추징을 선고할 수 없다. 법원행시 18 / 경찰채용 18 3차

2. 대법원 2022.12.29, 2022도8592

도박공간을 개설한 자가 도박에 참가하여 얻은 수익을 도박공간개설로 얻은 범죄수익으로 몰수하거나 추징할 수 없다는 사례

형법 제49조 단서는 '행위자에게 유죄의 재판을 하지 아니할 때에도 몰수의 요건이 있는 때에는 몰수만을 선고할 수 있다.'고 규정하고 있으므로, 몰수는 물론 이에 갈음하는 추징도 위 규정에 근거하여 선고할 수 있으나, 우리 법제상 공소제기 없이 별도로 몰수·추징만을 선고할 수 있는 제도가 마련되어 있지 아니하므로, 위 규정에 근거하여 몰수·추징을 선고하려면 몰수·추징의 요건이 공소가 제기된 공소사실과 관련되어 있어야 하고, 공소가 제기되지 아니한 별개의 범죄사실을 법원이 인정하여 그에 관하여 몰수·추징을 선고하는 것은 불고불리의 원칙에 위배되어 허용되지 않는다. 이러한 법리는 형법 제48조의 몰수·추징 규정에 대한 특별규정인 범죄수익은닉의 규제 및 처벌 등에 관한 법률 제8조 내지 제10조의 규정에 따른 몰수·추징의 경우에도 마찬가지로 적용된다(대법원 2022.11.17, 2022도8662). …… 형법 제247조의 도박개장죄는 영리의 목적으로 스스로 주재자가 되어 그 지배 아래 도박장소를 개설함으로써 성립하는 범죄로서 도박죄와 별개의 독립된 범죄이고, 도박공간을 개설한 자가 도박에 참가하여 얻은 수익은 도박공간개설을 통하여 간접적으로 얻은 이익에 당연히 포함된다고 보기도 어려워 도박공간을 개설한 자가 도박에 참가하여 얻은 수익을 도박공간개설로 얻은 범죄수익으로 몰수하거나 추징할 수 없다.

ⓒ 몰수의 부가성과 상소불가분원칙 및 전부파기원칙 : 몰수·추징은 부가형이므로 주형 등에 부가하여 한 번에 선고되고 이와 일체를 이루어 동시에 확정되어야 하고 본안에 관한 주형 등과 분리되어 이심되어서는 안 된다(대법원 2008.11.20, 2008도5596 전원합의체 : 상소불가분원칙). 따라서 상소심에서 원심의 주형 부분을 파기하는 경우 부가형인 몰수·추징 부분도 함께 파기하여야 하고, 몰수·추징을 제외한 나머지 주형 부분만을 파기할 수는 없다(대법원 2009.6.25, 2009도2807 : 전부상소·전부파기).

ⓔ 부가성이 구비된 경우 : 몰수의 요건이 있는 경우 법원은 직권으로 몰수할 수 있다(대법원 1989.2.14, 88도2211). 사시 14 / 경찰간부 16 따라서 검사가 추징을 구하는 의견을 진술하여야 선고할 수 있는 것이 아니라 법원이 독자적으로 판단하여 몰수할 수 있다.

② 부가성의 예외(제49조 단서 : 단, … 의 때에는 몰수만을 선고할 수 있다)

ⓐ 부가성의 예외의 의미 : 형법 제49조 단서는 주형에 대하여 유죄의 재판을 아니할 때(예를 들어 형사미성년자가 죄를 범한 경우)라고 하더라도 몰수할 수 있는 요건에 해당되는 때에는 무죄판결을 내림에도 불구하고, 범행에 제공된 도구 등에 대하여 몰수·추징을 할 수 있다는 의미이다. 이것이 바로 부가성의 예외(例外)이다. 부가성의 예외는 추징에도 적용된다(대법원 1992.7.28, 92도700).

ⓑ 부가성의 예외와 선고유예의 경우 : **판례**는 유죄의 재판을 하지 않으면서도 몰수·추징의 가능성이 있는 경우로는 선고유예의 경우를 예로 든다(대법원 1973.12.11, 73도1133).[749] 법원9급 18 즉, ⓐ 주형에

---

[749] 참고 선고유예는 유죄판결의 일종이어서 제49조 本文에 의하여 당연히 몰수·추징이 되는 것이지 동조 단서에 의하여 예외적으로 몰수·추징이 허용되는 것은 아니라는 점에서 판례의 입장에는 의문이 있다.

대하여 선고유예를 하는 경우에도 몰수의 요건이 있는 때에는 몰수나 추징만을 선고할 수 있다는 것이다(제49조 단서). 법원행시 06·08 / 법원9급 11 / 법원행시 12

또한, 형법 제59조(선고유예의 요건)에 의하더라도 몰수는 선고유예의 대상으로 규정되어 있지 아니하고 다만 몰수·추징은 부가형적 성질을 띠고 있어, ⓑ 그 주형에 대하여 선고를 유예하는 경우에는 그 부가할 몰수·추징에 대하여도 선고를 유예할 수 있으나, ⓒ 그 주형에 대하여 선고를 유예하지 아니하면서 이에 부가할 몰수·추징에 대하여서만 선고를 유예할 수는 없다(대법원 1979.4.10, 78도3098). 법원행시 06 따라서 주형에 대하여 그 징역형의 실형 또는 집행유예를 선고하면서 각 그 추징에 대하여서만 그 선고를 유예하는 것은 허용될 수 없다(대법원 1988.6.21, 88도551). 사시 11 / 경찰승진 12 / 사시 12 / 법원행시 15 / 법원9급 18 / 경찰채용 18 1차 몰수·추징의 부가성에 반하기 때문이다.[750]

제5절 | 명예형

01 의 의

명예형(名譽刑; Ehrenstrafe)이란 범인의 명예 또는 자격을 박탈하거나 제한하는 것을 내용으로 하는 형벌을 말한다. 자격형(資格刑)이라고도 한다. 형법상 명예형에는 자격상실과 자격정지가 있다.

02 자격상실

제43조 【형의 선고와 자격상실】 ① 사형, 무기징역 또는 무기금고의 판결을 받은 자는 다음에 기재한 자격을 상실한다.
  1. 공무원이 되는 자격
  2. 공법상의 선거권과 피선거권 법원행시 14
  3. 법률로 요건을 정한 공법상의 업무에 관한 자격
  4. 법인의 이사, 감사 또는 지배인 기타 법인의 업무에 관한 검사역이나 재산관리인이 되는 자격

자격상실(資格喪失)은 사형·무기징역·무기금고의 판결을 받은 경우의 위에서 규정된 자격을 당연히 상실시키는 형벌이다.

현행형법상의 자격상실제도에 그 가혹함을 이유로 이를 폐지하고 자유형 집행 중의 자에게 자격정지로 규정하자는 의견이 많다. 참고로 과거 1992년 형법개정법률안에서도 자격상실은 형선고의 부수효과(Nebenfolgen)로 규정하고 형벌의 종류에서는 삭제한 바 있었다.

---

750 주의 이는 후술하는 형을 병과할 경우에는 형의 일부에 대하여 선고유예가 가능하다(제59조 제2항)는 것과 혼동해서는 안 된다.

03 자격정지

제43조 【자격정지】 ② 유기징역 또는 유기금고의 판결을 받은 자는 그 형의 집행이 종료하거나 면제될 때까지 전항 제1호 내지 제3호에 기재된 자격이 정지된다. 다만 다른 법률에 특별한 규정이 있는 경우에는 그 법률에 따른다. 〈개정 2016.1.6.〉

제44조 【자격정지】 ① 전조에 기재한 자격의 전부 또는 일부에 대한 정지는 1년 이상 15년 이하로 한다. 법원행시 11 / 법원행시 14

② 유기징역 또는 유기금고에 자격정지를 병과한 때에는 징역 또는 금고의 집행을 종료하거나 면제된 날로부터 정지기간을 기산한다. 국가7급 12 / 법원행시 14

형법상 자격정지(資格停止)에는 두 가지 종류가 있다. 우선, 형법 제43조 제2항의 경우를 자격의 당연정지라고 한다. 이에 비하여 형법 제44조의 경우는 판결의 선고에 의한 자격정지라고 한다. 형법각칙상에는 자격정지가 선택형 또는 병과형의 일종으로서 규정되어 있는데, 자격정지가 병과되는 경우 중에서 낙태죄와 같은 경우가 필요적으로 자격정지가 병과되는 경우이며(제270조 제4항), 나머지 범죄에 법정형으로서 규정된 자격정지는 모두 임의적 병과의 경우이다.[751]

그런데, 헌법재판소에서는 제43조 제2항 중 유기징역 또는 유기금고의 판결을 받아 그 형의 집행유예기간 중인 자의 '공법상의 선거권'에 관한 부분은 헌법에 위반되고(단순위헌), 제43조 제2항 중 유기징역 또는 유기금고의 판결을 받아 그 형의 집행이 종료되지 아니한 자의 '공법상의 선거권'에 관한 부분도 헌법에 합치되지 않으므로, 위 법률조항 부분은 2015.12.31.을 시한으로 입법자가 개정할 때까지만 적용된다고 결정하였다(헌법불합치)(헌법재판소 2014.1.28, 2012헌마409·510, 2013헌마167-병합-). 이에 2016.1.6. 개정형법에서는, 제43조 제2항에 대하여 다른 법률에 특별한 규정[752]이 있는 경우에는 그 법률에 따르도록 하는 단서를 신설하였다 (2016.1.6. 개정, 법률 제13719호).

> **참고하기** 자격정지제도의 개선책
>
> 선거권을 정지시키는 것에 대해서는 헌법상 참정권을 부당하게 제한한다는 관점에서, 법원이 선고한 경우(독일형법 제45조 제2항과 제5항)로 제한하도록 해야 한다는 입법론도 있다.[753] 또한 이 견해에 의하면, 독일형법 제44조는 자동차운행 또는 운행과 관련하여서 또는 운전자로서의 의무위반이 있을 때 부가형으로서 운전금지 (Fahrverbot)를 규정하고 있는데, 현재 우리나라의 운전면허정지나 운전면허취소와 같은 행정처분들은 자동차 관련 범죄의 증가양상에 비추어볼 때 형법상 자격형의 내용으로 흡수시키는 것이 타당하다고 주장하고 있다.[754]

---

751 오영근, 755면.

752 참고 위 헌재결정에 의하여 개정된 공직선거법에서는, 1년 이상의 징역 또는 금고의 형의 선고를 받고 그 집행이 종료되지 아니하거나 그 집행을 받지 아니하기로 확정되지 아니한 사람의 선거권을 제한하되, 그 형의 집행유예를 선고받고 유예기간 중에 있는 사람은 제외하고 있다(공직선거법 제18조 제1항).

753 박상기, 519면.

754 이 견해는 일정기간 동안 직업적 활동을 중단시키는 독일형법 제70조의 직업금지(Berufsverbot)제도도 자격정지의 개선책으로서 도입하는 것을 고려할 것을 주장한다. ibid.

표정리 형벌의 종류 중 자유형·명예형·재산형 핵심정리

징역·금고	무 기	종신
	유 기	1개월 이상 30년 이하(가중시 50년까지)
구 류		1일 이상 30일 미만(수형자 신청이 있으면 정해진 노역 가능=금고)
자격정지	당연정지	형집행 종료 또는 면제시까지
	선고에 의한 정지	1년 이상 15년 이하 (선택형 - 판결확정시부터 / ※ 병과형 - 형집행 종료·면제된 날부터)
벌 금		5만 원 이상(총액벌금형제도 : 30일 이내 미납시 1일-3년의 노역장유치) ※ 단, 감경하는 경우 5만 원 미만도 가능 ※ 1억 원 이상의 벌금 선고시 노역장유치 최소기간은 법정됨
과 료		2천원 이상 5만 원 미만(미납시 1일-30일 미만의 노역장유치)

CHAPTER
02 형의 경중

제1절 | 형의 경중의 기준

01 제50조 제1항

제50조【형의 경중】① 형의 경중은 제41조 각 호의 순서에 따른다. 다만, 무기금고와 유기징역은 무기금고를 무거운 것으로 하고 유기금고의 장기가 유기징역의 장기를 초과하는 때에는 유기금고를 무거운 것으로 한다. 〈우리말 순화 개정 2020.12.8.〉 국가9급 07 / 경찰승진 10

제41조【형의 종류】형의 종류는 다음과 같다. 국가9급 07 / 경찰승진 10 / 경찰채용 11 1차

  1. 사형   2. 징역   3. 금고   4. 자격상실   5. 자격정지   6. 벌금
  7. 구류   8. 과료   9. 몰수

추징은 제41조에 규정되어 있지 않으나 실질적으로 몰수에 대신하는 형벌의 성질을 가진다.

02 제50조 제2항

제50조【형의 경중】② 같은 종류의 형은 장기가 긴 것과 다액이 많은 것을 무거운 것으로 하고 장기 또는 다액이 같은 경우에는 단기가 긴 것과 소액이 많은 것을 무거운 것으로 한다. 〈우리말 순화 개정 2020.12.8.〉

▶ 법정형이 병과형 또는 선택형으로 정해진 경우에는 가장 중한 형을 기준으로 경중을 가린다(판례).

03 제50조 제3항

제50조【형의 경중】③ 제1항 및 제2항을 제외하고는 죄질과 범정(犯情)을 고려하여 경중을 정한다. 〈우리말 순화 개정 2020.12.8.〉

1. 죄 질
구성요건의 유형적 본질을 말한다.

2. 범 정
책임요소에 해당하는 행위자의 내면적인 심정반가치를 말한다.

제2절 │ 처단형·선고형의 경중

01 기 준

형법 제50조의 취지에 따라 판단한다. 형의 경중의 판단은 형사소송법상 불이익변경금지원칙을 적용할 때 실질적으로 나타난다. 불이익변경금지의 원칙을 적용함에 있어서는 주문을 개별적·형식적으로 고찰할 것이 아니라 전체적·실질적으로 고찰하여 그 형의 경중을 판단하여야 할 것이다(대법원 1977.3.22, 77도67; 1990.4.10, 90도16; 1994.1.11, 93도2894 등).

02 구체적인 경중의 비교(판례)

1. 형의 집행유예와 집행면제

집행면제가 더 무겁다.

2. 징역형의 선고유예와 벌금형

① 벌금형이 더 무겁다. 선고유예는 형선고를 하지 않은 것이기 때문이다. 그러나 ② 징역형의 선고유예와 벌금형의 선고유예 중에서는 징역형의 선고유예가 무겁다(대법원 1998.3.26, 97도1716 전원합의체).[755]

3. 징역과 집행유예 있는 징역

(1) 형기의 변경이 있는 경우

① 징역형의 형기가 보다 장기인 형이 더 무겁다. 다만 ② 1심에서 집행유예 있는 징역이 내려져 피고인만 항소한 경우 2심에서 징역형은 1심보다 경하게 하였으나 집행유예를 부과하지 않은 것은 불이익변경금지원칙에 위반된다.

(2) 형기의 변경 없이 집행유예가 선고된 경우

① 과거의 판례는 제1심이 피고인에게 금고 6월을 선고한 데 대하여 피고인만이 항소하였음에도 불구하고 원심이 제1심판결을 파기하고 피고인에 대하여 징역 6월에 집행유예 1년을 선고한 것은 피고인에게 불이익하게 변경되었다고 보아야 한다고 판시한 바 있으나(대법원 1976.1.27, 75도1543), ② 이는 형기의 변경 없이 집행유예가 선고된 사정을 전체적·실질적으로 고찰하지 않았다는 점에서 위법한 것이다(대법원 2013.12.12, 2013도6608).[756] 따라서 형기의 변경 없이 집행유예가 선고된 것은 ─설사 금고가 징역으로 변경되었다 하더라도 ─ 불이익변경금지원칙에 반하지 아니한다.[757]

---

[755] 따라서, 징역 1년형의 선고유예와 벌금 4천만 원 및 추징 1천 6백만 원에 대한 선고유예 중에서는 징역 1년형의 선고유예가 더 무겁다.

[756] 판례 이는 형기의 변경 없이 집행유예가 선고된 사정을 전체적·실질적으로 고찰하지 않았다는 점에서 대법원 1998.3.26, 97도 1716 전원합의체 판결의 취지에 반하는 것임이 분명하므로, 이미 위 전원합의체 판결에 의해서 대법원 1967.11.21, 67도1185 판결과 대법원 1993.12.10, 93도2711 판결 등이 폐기될 때 함께 폐기된 것으로 봄이 상당하다(대법원 2013.12.12, 2013도6608).

[757] 사례 : 징역과 금고의 경합범 처리와 불이익변경금지원칙 피고인에게 금고 5월을 선고한 제1심판결에 대해 피고인만이 항소하였는데, 원심이 제1심과 마찬가지로 유죄를 인정하여 甲죄에 대하여는 금고형을, 乙죄와 丙죄에 대하여는 징역형을 선택한 후 각 죄를 형법 제37조 전단 경합범으로 처벌하면서 피고인에게 금고 5월, 집행유예 2년, 보호관찰 및 40시간의 수강명령을 선고한 것은 적법한가? 판례 금고형과 징역형을 선택하여 경합범 가중을 하는 경우에는 형법 제38조 제2항에 따라 금고형과 징역

(3) 1심의 실형을 항소심에서 집행유예하면서 벌금형을 추가한 경우

불이익변경금지원칙에 위반된다(대법원 2013.12.12, 2012도7198).

> **판례연구** 1심의 실형을 항소심에서 집행유예하면서 벌금형 추가시 불이익변경금지원칙 위반 여부
>
> **대법원 2013.12.12, 2012도7198**
> 제1심에서 징역 1년 6월을 선고하였는데 피고인만 항소한 항소심에서 징역 1년 6월에 집행유예 3년에 벌금 5천만 원을 병과한 것은 불이익변경금지원칙에 위반되는가에 관하여, 불이익변경금지의 원칙을 적용함에 있어서는 주문을 개별적·형식적으로 고찰할 것이 아니라 전체적·실질적으로 고찰하여 그 경중을 판단하여야 하는바, 선고된 형이 피고인에게 불이익하게 변경되었는지의 여부는 일단 형법상 형의 경중을 기준으로 하되, 한 걸음 더 나아가 병과형이나 부가형, 집행유예, 노역장 유치기간 등 주문 전체를 고려하여 피고인에게 실질적으로 불이익한가의 여부에 의하여 판단하여야 한다(대법원 1998.3.26, 97도1716 전원합의체). 제1심이 선고한 '징역 1년 6월'의 형과 원심이 선고한 '징역 1년 6월에 집행유예 3년'의 형만을 놓고 본다면 제1심판결보다 원심판결이 가볍다 할 수 있으나, 원심은 제1심이 선고하지 아니한 벌금 50,000,000원(1일 50,000원으로 환산한 기간 노역장 유치)을 병과하였는바, 집행유예의 실효나 취소가능성, 벌금 미납시의 노역장 유치 가능성 및 그 기간 등을 전체적·실질적으로 고찰하면 원심이 선고한 형은 제1심이 선고한 형보다 무거워 피고인에게 불이익하다고 할 것이다.

4. 부정기형과 정기형

제1심판결 시 소년에 해당하여 부정기형을 선고받은 피고인만 항소한 항소심에서 피고인이 성년에 이르러 항소심이 제1심판결을 파기하고 정기형을 선고하여야 하는 경우, 항소심은 불이익변경금지 원칙에 따라 제1심에서 선고한 부정기형보다 중한 정기형을 선고할 수 없는데, 이때 항소심이 선고할 수 있는 정기형의 상한은 ① 부정기형의 (최)단기형인가, ② 부정기형의 장기와 단기의 중간형인가에 관하여, 종래의 판례는 부정기형 중 최단기형과 정기형을 비교하여야 한다는 (최)단기형 기준설을 취했으나(대법원 2006.4.14, 2006도734), 최근 판례는 그 입장을 변경하여 중간형 기준설의 입장을 채택하였다(대법원 2020.10.22, 2020도4140 전원합의체).

> **판례연구** 부정기형과 정기형의 형의 경중의 비교
>
> **대법원 2020.10.22, 2020도4140 전원합의체**
> 부정기형은 장기와 단기라는 폭의 형태를 가지는 양형인 반면 정기형은 점의 형태를 가지는 양형이므로 불이익변경금지 원칙의 적용과 관련하여 양자 사이의 형의 경중을 단순히 비교할 수 없는 특수한 상황이 발생한다. 결국 피고인이 항소심 선고 이전에 19세에 도달하여 부정기형을 정기형으로 변경해야 할 경우 불이익변경금지 원칙에 반하지 않는 정기형을 정하는 것은 부정기형과 실질적으로 동등하다고 평가될 수 있는 정기형이 부정기형의 장기와 단기 사이의 어느 지점에 존재하는지를 특정하는 문제로 귀결된다. 형벌은 책임에 기초하고 그 책임에 비례하여야 한다는 책임주의 원칙과 상소심에서 실질적으로 불이익한 형을 선고받을 수 있다는 우려로 인하여 상소권의 행사가 위축되는 것을 방지하기 위해 채택된 불이익변경금지 원칙은 형사법의 대원칙이다. 이 사건 쟁점은 부정기형의 단기부터 장기에 이르는 수많은 형 중 어느 정도의 형이 책임주의 원칙과 불이익변경금지 원칙의 제도적 취지 사이에서 조화를 이룰 수 있는 적절한 기준이 될 수 있는지, 즉 항소심법원이 더 이상 소년법을 적용받을 수 없게 된 피고인에 대하여 책임주의 원칙에 따라 적절한 양형재량권을 행사하는 것을 과도하게 제한함으로써 피고인에게 부당한 이익을 부여하게 되는 결과를 방지하면서도, 피고인만이 항소한 사건에서 제1심법원이 선고한 부정기형보다 중한 형이 선고될 위험으로 인해 상소권의 행사가 위축되는 것을 방지할 수

형을 동종의 형으로 간주하여 징역형으로 처벌하여야 하고, 형기의 변경 없이 금고형을 징역형으로 바꾸어 집행유예를 선고하더라도 불이익변경금지 원칙에 위배되지 않는데도, 제1심판결을 파기하면서 제1심의 위법을 시정하지 아니한 원심판결에는 경합범 가중에 관한 법리오해의 잘못이 있다(대법원 2013.12.12, 2013도6608). 해결 적법하지 않다.

있는 기준이 될 수 있는지를 정하는 '정도'의 문제이지, 부정기형의 장기와 단기 중 어느 하나를 택일적으로 선택하여 이를 정기형의 상한으로 정하는 문제가 아니다. 부정기형을 정기형으로 변경할 때 불이익변경금지 원칙의 위반 여부는 부정기형의 장기와 단기의 중간형을 기준으로 삼는 것이 부정기형의 장기 또는 단기를 기준으로 삼는 것보다 상대적으로 우월한 기준으로 평가될 수 있음은 분명하다고 볼 수 있다.

> **보충** 살인죄 및 사체유기죄를 범한 피고인에 대한 제1심판결은 징역 장기 15년, 단기 7년의 부정기형 선고, 피고인만 항소, 항소심은 최단기형 기준설에 의해 징역 7년 선고, 대법원은 판례를 변경하여 중간형 기준설 채택하여 징역 11년(= 장기 15년 + 단기 7년 / 2)까지를 선고할 수 있었다는 이유로 원심에 불이익변경금지 원칙에 대한 법리를 오해하여 판결에 영향을 미친 잘못이 있다고 판단하여 파기환송.

5. 몰수와 추징

항소심에서 추징을 몰수로 변경하는 것은 형의 불이익변경에 해당되지 않는다(대법원 2005.10.28, 2005도5822).[758] 국가7급 18

6. 피고인만 상고하여 원심이 파기된 경우 환송 전 원심판결과의 관계

피고인의 상고에 의하여 상고심에서 원심판결을 파기하고, 사건을 항소심에 환송한 경우에는 환송 전 원심판결과의 관계에서도 불이익변경금지의 원칙이 적용되어 그 파기된 항소심판결보다 무거운 형을 선고할 수 없다 할 것이다(대법원 1964.9.17, 64도298 전원합의체; 1980.3.25, 79도2105; 1992.12.8, 92도2020; 2006.5.26, 2005도8607[759] 등 참조).

7. 성폭력치료프로그램의 병과

피고인만 상소한 상소심에서 원심의 형과 동일한 형을 선고하면서 성폭력치료프로그램 이수명령을 새롭게 병과한 것은 불이익변경금지원칙에 위반된다(대법원 2014.8.20, 2014도3390; 2015.9.15, 2015도11362).

---

758 판례 항소심이 몰수의 가능성에 관하여 제1심과 견해를 달리하여 추징을 몰수로 변경하더라도, 그것만으로 피고인의 이해관계에 실질적 변동이 생겼다고 볼 수는 없으며, 따라서 이를 두고 형이 불이익하게 변경되는 것이라고 보아서는 안 된다(대법원 2005.10.28, 2005도5822).
759 사실관계 두 개의 벌금형을 선고한 환송 전 원심판결에 대하여 피고인만이 상고하여 파기 환송되었는데, 환송 후 원심이 징역형의 집행유예와 사회봉사명령을 선고한 것은 불이익변경금지의 원칙에 위배되는가? → 위배된다.

03 형의 양정

제1절 | 의 의

형의 양정(量定) 또는 양형(量刑; Strafzumessung, sentencing)이라 함은 유죄에 대한 인정이 있고 난 후 법정형에 법률상의 가중·감경 또는 정상참작감경을 하여 얻어진 처단형의 범위 내에서 범인과 범행 등에 관련된 제반정황을 고려하여 구체적으로 선고할 형의 종류와 양을 정하는 것을 말한다. 입법자가 정해놓은 범죄에 대한 법정형을 그대로 선고할 수 없는 것은 자명하기 때문에, 양형이 가지는 의미는 범죄성립을 검토하는 것만큼 중요하다. 즉 법관의 양형절차는 유죄판결에 뒤따르는 부수적 절차가 아니라 독자적인 의미를 갖는 절차라고 보아야 한다.

양형은 책임주의의 한계 내에서 정해지는 형벌의 상한과 하한 내에서(독자들은 이 범위가 상당히 넓을 수 있다는 점을 고려할 것) 형벌의 목적인 특별예방(해당 범죄자의 사회복귀)과 적극적 일반예방(일반인의 규범의식 강화)과 소극적 일반예방(잠재적 범죄인의 심리억제)을 고려하여 형벌을 구체화한다는 점에서 매우 중요한 의미를 가지게 된다. 그럼에도 불구하고 합리적으로 납득될 수 없는 양형현실이 분명히 존재한다는 점을 고려한다면, 애써 범죄의 성부를 따지고 책임의 상한과 하한을 설정했던 형법의 사전작업은 유감스러운 결말을 낳을 수 있게 된다. 바로 여기에 형의 양정 즉 양형을 검토하는 의의가 있다.

제2절 | 단 계

01 법정형

법정형(法定刑; gesetzliche Strafdrohung)이라 함은 입법자가 각 구성요건의 전형적인 불법을 일반적으로 평가한 형벌의 범위(Strafrahmen)로서, 형법 각칙상의 개개의 구성요건에 규정되어 있는 형벌이다. 법정형은 양형의 출발점이다.[760]

---

760 보충 : 상대적 법정형의 원칙과 절대적 법정형의 예외 현대적 입법형식은 일정한 범죄에 과하여질 형의 종류와 형량에 관하여 법률상 일정한 범위를 정하고 그 범위 내에서 형의 적용을 법관의 재량에 맡기는 상대적 법정형(relativ bestimmte Strafdro-hungen)의 형식이다. 우리 형법도 상대적 법정형의 입법방식을 채택하고 있는데, 예외적 규정으로 여적죄(제93조)는 사형만이 절대적 법정형(absolut unbestimmte Strafdrohungen)으로 규정되어 있다. 변호사 16

02   처단형

형법 각칙에 규정된 법정형을 구체적 범죄사실에 적용함에 있어서 법정형이 형종의 선택을 인정하는 형태로 되어 있는 경우에는 먼저 적용할 형종을 선택하고, 이 선택한 형에 다시 법률상 가중·감경·면제 또는 재판상 감경을 행한 처단의 범위가 바로 처단형(處斷刑)이다. 즉 처단형은 구체화된 형벌범위라고 할 수 있다.

03   선고형

선고형(宣告刑)은 법원이 처단형의 범위 내에서 구체적으로 형을 양정하여 당해 피고인에게 선고하는 형이다. 선고형으로서 전혀 형기를 정하지 않은 절대적 부정기형은 죄형법정주의의 원칙에 어긋나지만, 소년법상 상대적 부정기형은 인정되고 있다(소년법 제60조 제1항). 형법은 정기형을 원칙으로 한다. 다만 장차 성인에 대하여도 특별예방의 목적을 위하여 상대적 부정기형을 도입하는 것은 고려해 볼 수 있다.

제3절 │ 형의 가중·감경·면제

01   형의 가중 – 법률상 가중

1. 서 설

형의 가중은 법률상의 가중만 인정되고, 재판상의 가중은 인정되지 아니한다(죄형법정주의의 법률주의). 또한 법률상의 가중이라 하여도 필요적 가중만 인정되고, 임의적 가중은 인정되지 않는다.

2. 일반적 가중사유 변호사 16

모든 범죄에 대하여 일반적으로 형을 가중하는 총칙상 가중사유를 말한다.

> 예 • 경합범 가중(제38조 제1항 제2호, 제2항)
> • 누범 가중(제35조 제2항)
> • 특수교사·방조(제34조 제2항)와 같은 가중사유

3. 특수적 가중사유

형법 각칙의 특별구성요건에 의한 가중사유를 말한다. 상습범 가중의 경우와 특수범죄의 가중의 경우가 있다. 전자는 아편에 관한 죄(제203조), 상해와 폭행의 죄(제264조), 체포와 감금의 죄(제279조), 협박의 죄(제285조), 강간과 추행의 죄(제305조의2), 절도와 강도의 죄(제332조), 사기와 공갈의 죄(제351조) 등에 규정되어 있고, 후자는 특수공무방해죄(제144조), 특수체포·감금죄(제278조) 등의 경우가 그 예이다.

구 분	행위태양	범죄례
합동범이 아닌 특수범죄	단체 또는 다중의 위력을 보이거나 위험한 물건을 휴대하여	• 특수공무방해죄(제144조) 법원행시 07 • 특수상해죄(제258조의2) • 특수폭행죄(제261조) 법원행시 07 • 특수체포 · 감금죄(제278조) 법원행시 08 • 특수협박죄(제284조) 법원행시 08 • 특수주거침입죄(제320조) 법원행시 07 / 법원행시 08 • 특수강요죄(제324조 제2항) • 특수공갈죄(제350조의2) • 특수손괴죄(제369조) 법원행시 07 / 법원행시 08
합동범	야간에(손괴하고 : 특수절도죄) 침입하거나, 흉기를 휴대하거나, 2인 이상이 합동하여	• 특수절도죄(제331조) • 특수강도죄(제334조)
	수용설비 또는 기구를 손괴하거나, 폭행 또는 협박을 가하거나, 2인 이상이 합동하여	• 특수도주죄(제146조) 법원행시 07
	흉기 기타 위험한 물건을 휴대하거나, 2인 이상이 합동하여	• 특수강간죄(성폭력특별법 제6조 제1항) • 특수강제추행죄(성폭력특별법 제6조 제2항)

▶ 합동범인 특수범죄와 그렇지 않은 특수범죄를 구별하여 정리한다.

표정리 상습범 처벌규정 및 그 형의 정리

구 분		각 조에 정한 형의 2분의 1까지 가중한 경우	가중형을 별도로 규정한 경우 법원행시 07 / 법원행시 15
개인적 법익에 대한 죄	생명 · 신체	• 상해 · 존속상해죄(제257조) • 중상해 · 존속중상해죄(제258조) • 폭행 · 존속폭행죄(제260조) • 특수폭행죄(제261조)	없 음
	자유	• 체포 · 감금, 존속체포 · 감금죄(제276조) • 중체포 · 감금, 존속 중 체포 · 감금죄(제277조) • 협박 · 존속협박죄(제283조) • 특수협박죄(제284조) 법원행시 07 • 강간죄 등(제297~300, 302, 303, 305조)[761]	없 음
	재산	• 절도죄(제329조) 법원행시 06 / 법원행시 07 • 야간주거침입절도죄(제330조) • 특수절도죄(제331조) • 자동차 등 불법사용죄(제331조의2) • 사기죄(제347조) 법원행시 07 • 컴퓨터 등 사용사기죄(제347조의2) • 준사기죄(제348조) • 편의시설부정이용죄(제348조의2) • 부당이득죄(제349조) 법원행시 07 • 공갈죄(제350조) 법원행시 07	• 강도죄(제333조) • 특수강도죄(제334조) • 인질강도죄(제336조) • 해상강도죄(제340조 제1항) • 장물취득 · 알선 등 죄(제362조)

사회적 법익에 대한 죄	• 아편 등 제조 등 죄(제198조) • 아편흡식기제조 등 죄(제199조) • 세관공무원의 아편 등 수입죄(제200조) • 아편흡식 및 동 장소제공죄(제201조)	도박죄(제246조) 법원행시 07

▶ 약취 · 유인죄(2013.4.5. 폐지) 및 국가적 법익에 대한 죄는 상습범 처벌규정이 없음

02 형의 감경

1. 법률상의 감경

(1) 의 의

법률의 특별규정에 의하여 형이 감경되는 경우를 말한다.

(2) 종 류

표정리 형의 감면사유 정리 국가7급 08

구 분		필요적		임의적
감경	총 칙	청각 및 언어 장애인, 법원행시 05 / 법원행시 08 / 법원행시 11 / 변호사 16 **종범** 법원행시 08 / 변호사 16		심신미약자, 장애미수 법원행시 08 / 경찰승진 10 / 사시 16
	각 칙	—		범죄단체의 조직 인질강요의 석방 약취유인자 석방 사시 16
감면	총 칙	외국에서 받은 형의 집행 법원행시 07 / 법원행시 08 / 법원행시 11 중지범(제26조) 법원행시 08 / 변호사 16		과잉방위 법원행시 05 / 국가7급 08 / 법원행시 08 / 변호사 16 과잉피난 법원행시 05 / 변호사 16 과잉자구행위 법원행시 06 / 사시 14 불능미수 법원행시 05 / 법원행시 07 / 법원행시 08 / 경찰승진(경감) 10 / 경찰간부 16 / 법원행시 16 / 변호사 16 사후적 경합범 법원행시 08 / 법원행시 11 / 경찰간부 16 자수 · 자복 법원행시 07 / 경찰간부 16 / 변호사 16
	각 칙	실행착수 전 자수	내란죄, 법원행시 11 / 사시 16 외환죄, 외국에 대한 사전죄, 폭발물사용죄, 방화죄, 통화위조죄의 예비죄	없 음
		재판 · 징계처분 확정 전 자수 · 자백	위증 · 모해위증죄, 법원행시 07 / 법원행시 08 / 법원행시 11 / 사시 16 허위감정 · 통역 · 번역죄, 무고죄의 기수범 법원행시 06 / 사시 16	

761 2010년 4월 15일 개정형법에 의하여 신설된 조항이다.

		친족상도례	장물죄를 범한 자와 본범 간에 제328조 제1항의 신분관계가 있는 때 사시 16	
면제	친족간 특례	① 범인은닉죄(제151조 제2항) : 친족, 동거의 가족 법원행시 08 ② 증거인멸죄(제155조 제4항) : 친족, 동거의 가족 ※ 다만, 위 ①·②는 책임조각사유라는 것이 현재의 다수설		–
	친족 상도례	권리행사방해죄, 법원행시 06 절도죄, 사시 16 사기·공갈죄, 횡령·배임죄, 장물죄(재산죄 중 강도, 손괴, 강제집행면탈은 제외)		–

2. 재판상의 감경 – 정상참작감경

(1) 의 의

법률상의 특별한 감경사유가 없는 경우에도 법원이 정상(情狀)에 특히 참작할 만한 사유(제51조의 양형의 조건)가 있는 경우에 재량으로 그 형을 감경하는 것(정상참작감경, 2020.12.8. 우리말 순화 개정형법 제53조, 참고로 구법에서는 '작량감경')을 말한다. 정상참작감경은 법률상 감경을 다하고도 그 처단형의 범위를 완화하여 그보다 낮은 형을 선고하고자 할 때에 하는 것이 옳다(대법원 1991.6.11, 91도985). 법원9급 09 / 경찰채용 10 1차

(2) 내 용

① 법률상 형을 가중감경한 후에도 제55조의 범위 내에서 정상참작감경을 할 수 있다. 법원행시 06 / 법원행시 10 / 변호사 16 예를 들어 미수범의 임의적 감경사유는 적용하지 않으면서도 정상참작감경은 할 수 있다 (대법원 1959.4.24, 4292형상72).

② 형의 정상참작감경은 법률상 감경에 관한 형법 제55조의 범위 내에서만 허용된다(대법원 1964.10.28, 64도454). 정상참작감경사유가 수개 있다고 하여 거듭 감경할 수는 없다(제55조 제2항의 법률상 감경과의 비교. 대법원 1964.4.7, 63도410). 법원행시 11 / 법원승진 14 / 변호사 16

③ (하나의 죄에 대하여) 징역형과 벌금형을 병과하며 정상참작감경하는 경우 특별한 규정이 없는 한 어느 한 형만을 감경하는 것은 위법하다(대법원 1997.8.26, 96도3466; 2008.7.10, 2008도3258; 2011.5.26, 2011도3161). 국가7급 09 다만 형법 제38조 제1항 제3호에 의하여 징역형과 벌금형을 병과하는 경우에는 –각 형에 대한 범죄의 정상에 차이가 있을 수 있으므로– 징역형에만 정상참작감경을 하고 벌금형에는 정상참작감경을 하지 않을 수 있다(대법원 2006.3.23, 2006도1076). 법원행시 08 / 법원9급 09 / 법원행시 09 / 법원행시 11 / 법원행시 13 / 법원승진 14 / 경찰채용 16 2차 / 경찰채용 21 2차

④ 무기징역을 선택하여 정상참작감경하는 경우에는 경합범가중사유나 누범가중사유가 있다고 하여도 이를 적용할 수 없다. 왜냐하면 정상참작감경을 하고 나서 누범가중이나 경합범가중을 하는 것은 제56조의 순서를 무시하고 피고인에게 불리하게끔 이를 유추적용하는 것이 되기 때문이다(유추해석금지원칙. 대법원 1982.10.12, 81도2621).[762] 법원행시 06

---

762 참고 다만 위 판례의 의미는 많이 축소되었다. 왜냐하면 2010년 4월 15일 개정형법에 의하여 제55조 제1항 제2호가 개정되어 무기징역을 감경할 때에는 10년 이상 50년 이하의 유기징역으로 되기 때문에, 굳이 경합범이나 누범 가중사유를 고려할 필요가 없게 되었기 때문이다.

⑤ 정상참작감경을 하고도 정상참작감경 하기 전 처단형의 범위 내에서 형을 선고한 경우는 판결경정사유에 해당되므로 위 정상참작감경의 법령적용을 삭제하도록 판결을 경정해야 한다(대법원 2010.10.28, 2010도10960).

03 **형의 면제**

1. 의 의

범죄가 성립하여 형벌권은 발생하였으나, 일정한 사유로 인하여 형만을 과하지 아니하는 경우(법률상의 면제에 한하며, 재판상의 면제 불인정)를 말한다.

2. 형집행의 면제와의 구별

(1) 형의 면제

재판확정 전의 사유로 인하여 형을 면제하는 경우이다.

예 친족상도례(제328조 제1항) 등의 인적 처벌조각사유

(2) 형집행의 면제

재판확정 후의 사유로 인하여 형집행을 면제하는 것이다.

예 재판확정 후의 법률변경(제1조 제3항), 특별사면, 복권, 형의 시효의 완성

판례연구 형면제의 선고를 위하여 법률의 규정에 근거하여야 하며, 법관의 재량에 의하여 이를 선고할 수는 없다

대법원 1994.10.14, 94오1
형사재판에서 형면제를 선고하려면 적용법률에 형면제를 선고할 근거가 있거나 형법이 인정하는 자수, 자복 등 형면제사유가 있어야 할 것이다.

---

04 **자수와 자복**

제52조 【자수, 자복】 ① 죄를 지은 후 수사기관에 자수한 경우에는 형을 감경하거나 면제할 수 있다. 〈우리말 순화 개정 2020.12.8.〉 법원9급 06 / 경찰채용 10 1차 / 법원행시 11 / 법원9급 12
② 피해자의 의사에 반하여 처벌할 수 없는 범죄의 경우에는 피해자에게 죄를 자복(自服)하였을 때에도 형을 감경하거나 면제할 수 있다. 〈우리말 순화 개정 2020.12.8.〉 법원9급 06 / 법원행시 08 / 사시 14

1. 자 수

(1) 자수의 의의

자수(自首)라 함은 범인이 스스로 자기의 범죄사실을 수사기관에 신고하여 소추를 구하는 의사표시를 말한다. 자수를 형의 임의적 감면사유 법원승진 14 로 삼고 있는 취지는 범인이 그 죄를 뉘우치고 있다는 점에 있으므로 범죄사실을 부인하거나 죄의 뉘우침이 없는 자수는 그 외형은 자수일지라도 법률상 형의 감경사유가 되는

진정한 자수라고는 할 수 없다(대법원 1994.10.14, 94도2130; 2011.12.22, 2011도12041[763]). 경찰간부 12 / 법원행시 12 / 법원행시 13

(2) 자수의 요건

자발성은 자수의 핵심요건이므로, 법원행시 05 수사기관의 직무상의 질문·조사에 응하여 범죄사실을 진술하는 것은 자백(自白)일 뿐 자수가 될 수 없다(대법원 2006.9.22, 2006도4883; 2011.12.22, 2011도12041[764]). 법원행시 06 / 경찰승진 11 / 국가9급 11 / 경찰간부 12 따라서 경찰관의 여죄 추궁 끝에 범죄사실을 자백한 경우 자수라고 할 수 없다.[765] 법원행시 11

또한 자수는 범인이 수사기관에 의사표시를 함으로써 성립하는 것이므로 내심적 의사만으로는 부족하고 외부로 표시되어야 이를 인정할 수 있으며, 나아가 수사기관에 대한 범인 스스로의 의사표시일 것을 요하므로, 수사기관 아닌 자에게 자수의 의사를 전한 것만으로는 자수라고 할 수 없으며(대법원 1954.12.21, 4287형상164), 제3자에게 자수의사를 전달하여 달라고 한 것도 자수가 될 수 없다(대리에 의한 자수 : ×, 대법원 1967.1.24, 66도1662). 국가7급 09 / 국가9급 09 / 법원행시 10 / 법원행시 12 / 법원승진 14 / 경찰간부 14

참고하기 자수의 요건

1. 수사기관에 할 것 : 수사기관 아닌 자에게 자수의 의사를 전한 것(×)
2. 자발성 : 수사관의 신문이나 세관검색원의 추궁에 의한 범행시인(×) 법원9급 06 / 경찰승진 11
3. 죄를 지은 후이면 가능 : 공직선거법상 자수의 시기를 범행발각 전으로 제한한 것(×) 경찰채용 16 2차
4. 뉘우침이 있을 것 : 범행을 부인하는 의사표시(×)

---

(3) 법인의 자수

법인의 직원·사용인이 위반행위를 하여 양벌규정에 의하여 법인이 처벌받는 경우, 법인에게 자수감경의 규정을 적용하기 위해서는 법인의 이사 기타 대표자가 자수해야 하며, 그 위반행위를 한 직원·사용인이 자수한 것만으로는 형을 감면할 수 없다. 법원행시 07 / 국가9급 09 / 국가7급 09 / 법원행시 10 / 법원행시 12 / 경찰간부 14 / 법원승진 14

(4) 자수의 방법

자수의 신고방법에는 제한이 없으므로 반드시 범인 스스로 출두해야 함을 요하지는 않고, 범인이 제3자에게 부탁하여 수사기관에 자수하는 것도 자수로서 인정된다. 소위 사자(使者)에 의한 자수는 인정됨(대법원 1964.8.31, 64도252). 법원행시 05 / 법원행시 06

(5) 자수 성립 이후의 효력

일부 사실에 약간 차이가 있어도 자수로서의 효력은 인정되고, 일단 자수로서 성립한 후에는 수사기관이나 법정에서 이를 번복해도 자수로서의 효력은 인정된다. 법원9급 06 / 법원행시 07 / 국가7급 08 / 법원행시 10 / 경찰승진 11 / 법원행시 12 / 법원행시 13

따라서 법정에서 수수한 뇌물의 직무연관성에 관하여 자백과 차이가 나는 진술을 하거나 이를 일부 부인하는 경우에도 자수로서의 효력은 인정된다(대법원 2005.4.29, 2002도7262). 법원행시 06 / 국가9급 11

---

763 보충 피고인이 수사기관에 자진 출석하여 처음 조사를 받으면서는 돈을 차용하였을 뿐이라며 범죄사실을 부인하다가 제2회 조사를 받으면서 비로소 업무와 관련하여 돈을 수수하였다고 자백한 행위를 자수라고 할 수 없다는 사례이다.
764 판례 : 자발성이 없는 진술은 자수가 아님 피고인이 금융기관 직원인 자신의 업무와 관련하여 금품을 수수하였다고 하여 특정 경제범죄 가중처벌 등에 관한 법률 위반(수재)죄로 기소된 경우, 피고인이 수사기관에 두 번째 출석하여 조사를 받으면서 비로소 범행을 자백한 행위를 '자수'라고 할 수 없다(대법원 2011.12.22, 2011도12041). 법원9급 13 / 경찰채용 16 2차
765 보충 : 자수와 자백의 구별 자수와 자백은 ① 자발성의 유무, ② 시기에 있어서 자수는 체포 전이요 자백은 재판 중에서도 가능하다는 점, ③ 효과에 있어서 자수는 임의적 감면사유인 데 자백은 양형상 참작사유에 불과하다는 점에서 차이가 있다.

(6) 자수 · 자복과 법원의 재량

유효한 자수 · 자복이 있었더라도 임의적 감면사유에 불과하므로 형을 감경 또는 면제하는가는 법원의 재량에 의한다(대법원 2001.4.24, 2001도872). 국가7급 08 / 국가9급 11

2. 자 복

자복(自服)은 피해자 의사에 반해 처벌할 수 없는 범죄(반의사불벌죄 : 해제조건부 범죄)에서 피해자에게 자기의 범죄사실을 고백하는 것을 말한다. 따라서 해제조건부 범죄가 아닌 범죄에 대하여 피해자를 찾아가서 사죄하는 것은 자복이라고 할 수 없다(대법원 1968.3.5, 68도105).

표정리 자수와 자복의 비교

구 분	자 수	자 복
개 념	범인 스스로 자기의 범죄사실을 수사기관에 신고하여 그 처분을 구하는 의사표시	반의사불벌죄에서 피해자에게 자기의 범죄사실을 고지하는 것
주 체	범인 또는 제3자도 가능	자수와 동일
시 기	소송 이전 단계이면 범죄사실의 발각 전후를 불문 법원행시 05 / 법원행시 06 / 법원행시 13	
효 과	임의적 감면(각칙상 필요적 감면766인 경우 있음) 국가7급 08 / 경찰승진 11 / 경찰간부 14	임의적 감면 경찰승진 11 / 경찰채용 16 2차

제4절 | 형의 양정의 예

01 의 의

형의 가중 · 감경의 정도 · 방법 및 순서에 관한 준칙을 말한다.

02 형의 가중 · 감경의 순서

1. 형종의 선택

> 제54조 【선택형과 정상참작감경】 한 개의 죄에 정한 형이 여러 종류인 때에는 먼저 적용할 형을 정하고 그 형을 감경한다. 〈우리말 순화 개정 2020.12.8.〉 법원행시 09

---

766 전술하였듯이, 내란죄 등의 예비 · 음모 단계에서의 자수(내 / 외 / 외 / 방 / 폭 / 통), 위증죄 등에서의 **자백 · 자수**(위 / 허 / 무), 장물범과 본범 간에 직계혈족 등의 신분관계(직 / 배 / 동 / 동 / 배)가 있는 경우가 필요적 감면사유이다. 법원행시 06 이에 비해 **자복**은 반의사불벌죄만 그 대상으로 삼고 있어 이러한 규정이 없다.

2. 가중 · 감경하는 사유가 경합하는 경우 _{경찰승진 11}

제56조【가중 · 감경의 순서】형을 가중 · 감경할 사유가 경합하는 경우에는 다음 각 호의 순서에 따른다. 〈우리말 순화

개정 2020.12.8.〉 법원행시 06 / 법원행시 07 / 법원행시 08 / 법원행시 09 / 법원9급 10 / 법원행시 10 / 법원행시 11 / 사시 14 / 경찰간부 15

  1. 각칙 조문에 따른 가중   2. 제34조 제2항(특수교사 · 방조)에 따른 가중
  3. 누범 가중   4. 법률상 감경
  5. 경합범 가중   6. 정상참작감경

  형법 제56조에 의해 법률상 감경사유가 있을 때에는 정상참작감경보다 우선하여 행해야 한다. 따라서 심신
미약자의 범행이라 할지라도 경합범에 해당하는 경우에는 경합가중을 해야 하므로 법률상 감경 후 경합가중
을 해야 한다(대법원 1969.12.30, 69도2013).

03   형의 가중 · 감경의 정도 및 방법

1. 형의 가중정도

(1) 유기징역 · 유기금고를 가중하는 경우에는 50년까지 가능하다(제42조 단서).

(2) 누범 · 경합범 · 특수교사 · 방조의 가중은 별도로 규정되어 있다(제35조, 제38조, 제34조 ②).

2. 형의 감경정도와 방법[767]

(1) 법률상의 감경

  제55조【법률상의 감경】① 법률상의 감경은 다음과 같다.
    1. 사형을 감경할 때에는 무기 또는 20년 이상 50년 이하의 징역 또는 금고로 한다. 〈2010.4.15. 개정〉

---

767 보충 : 양형의 예시 필자는, 형의 양정 즉, 양형에 대해 정리가 안 되는 독자들이 혹시 있지 않을까 걱정된다. 따라서 아래에서
  는 어떠한 죄책(형사책임)이 정해진 경우, 형의 양정의 예를 한 가지 예시해보기로 하겠다. 가령 A는 甲이 이미 乙을 살해할
  마음이 있다는 것을 알고 칼을 빌려주었다. 그런데 甲이 乙을 살해할 고의로 칼로 수차례 찔렀음에도 乙이 살아났다. A는
  자신의 범행을 후회하고 수사기관에 자수하였다. A의 형의 양을 한번 정해보라.
    A에게 인정되는 죄책은 살인미수죄의 방조범이다. 적용되는 법조문은 제250조 제1항, 제254조, 제29조, 제25조, 제32조이다.
  그리고 A는 자수하였으므로 제52조 제1항도 적용될 수 있다. 이제 양형을 하면 된다. 우선 **법정형**은 제250조 제1항에 사형,
  무기징역, 5년 이상의 징역 중에서 선택할 수 있다. 형을 감경하기 전에 형종선택을 먼저 한다(제54조). 가령 무기징역을 선택
  하였다고 하자. 이상에서 검토한 형의 가중 · 감경 · 면제사유들을 제56조의 순서에 따라 적용가능한 사유를 생각해본다(각칙본
  조에 의한 가중, 특수교사 · 방조의 가중, 누범가중, 법률상 감경, 경합범가중, 정상참작감경). 형의 가중사유는 사안에 제시된
  것이 없고, 형의 감경 또는 면제사유는 종범감경(제32조 제2항), 미수범감경(제25조 제2항), 자수감면(제52조 제1항) 그리고
  정상참작감경(제53조)이 있다. 형면제는 법률상 면제만 가능한데 위 사안에는 해당사유가 없다.
    그렇다면 무기징역에서 우선 방조감경(필요적 감경)은 해야 한다. 제55조 제1항 제2호에 의할 때 10년 이상 50년 이하의 유기
  징역이 된다. 여기에서 미수감경이나 자수감면은 임의적 사유이므로 적용할 수도 있고 하지 않을 수도 있다. 법관의 기속재량
  (판례는 자유재량으로 봄)에 따라 미수감경을 선택하여 감경하면 5년 이상 25년 이하의 유기징역이 된다(제55조 제1항 제3호
  적용). 그러나 자수감면은 적용하지 않았다고 하자. 그럼에도 법관은 정상참작감경을 하였다고 해보자(판례는 자수감면을 적
  용하지 않고 정상참작감경을 하는 것도 위법이 아니라고 봄). 그렇게 되면 결국 2년 6개월 이상 12년 6개월 이하의 유기징역이
  된다. 이것이 **처단형**이 되는 것이다.
    이러한 처단형에서 법관이 징역 3년을 선고하였다고 하면 이것이 **선고형**이 된다. 이렇게 선고형이 정해지게 되면 다양한 효과
  가 발생하게 된다. 간단히 요약해보겠다. 징역 3년의 형은 그 집행을 받음이 없이 10년을 경과하면 형의 시효가 완성되어 그
  형집행이 면제되며(제78조 제5호 참조), 징역 3년의 선고형에 대해서는 선고유예가 안되고(제59조 제1항 참조) 집행유예는
  가능하며(제62조 제1항 참조) 가석방은 1년은 복역해야 받을 수 있고(제72조 제1항 참조), 형집행 중에는 제43조 제1항 제1호
  부터 제3호까지의 자격이 당연히 정지되며(제43조 제2항 참조), 징역 3년의 형을 선고받은 경력 때문에 앞으로 범한 죄에
  대해 선고유예가 불가능하게 되고(제59조 제1항 단서 참조) 형집행종료 · 면제 후 3년까지 기간에 범한 죄에 대해서는 집행유
  예가 불가능하게 된다(제62조 제1항 단서 참조).

2. 무기징역 또는 무기금고를 감경할 때에는 10년 이상 50년 이하의 징역 또는 금고로 한다. 〈2010.4.15. 개정〉
법원행시 06 / 법원행시 09

3. 유기징역 또는 유기금고를 감경할 때에는 그 형기의 2분의 1로 한다. 법원행시 06 / 법원행시 07 / 법원행시 09 / 법원행시 10

4. 자격상실을 감경할 때에는 7년 이상의 자격정지로 한다.

5. 자격정지를 감경할 때에는 그 형기의 2분의 1로 한다.

6. 벌금을 감경할 때에는 그 다액의 2분의 1로 한다. 법원행시 09

7. 구류를 감경할 때에는 그 장기의 2분의 1로 한다.

8. 과료를 감경할 때에는 그 다액의 2분의 1로 한다.

② 법률상 감경할 사유가 수개 있는 때에는 거듭 감경할 수 있다.

제1항 제3호의 '그 형기의 2분의 1'로 한다는 것은 상한과 하한 모두 2분의 1로 하는 것을 말한다. 또한 동조 제1항 제6호의 '다액'은 다액 및 소액 모두를 의미한다(대법원 1978.4.25, 78도246 전원합의체). 법원행시 09 / 사시 12 / 법원행시 18

🔨 판례연구 임의적 감경에 관한 현재 실무 및 대법원 판례의 유지

대법원 2021.1.21, 2018도5475 전원합의체
형의 양정은 법정형 확인, 처단형 확정, 선고형 결정 등 단계로 구분된다. 법관은 형의 양정을 할 때 법정형에서 형의 가중·감경 등을 거쳐 형성된 처단형의 범위 내에서만 양형의 조건을 참작하여 선고형을 결정해야 한다(대법원 2008.9.11, 2006도8376 등). 형법 제25조는 범죄의 실행에 착수하여 행위를 종료하지 못하였거나 결과가 발생하지 아니한 때에는 미수범으로 처벌하고(제1항), 미수범의 형은 기수범보다 감경할 수 있다(제2항)고 규정하고 있다. 형법 제25조 제2항에 따른 형의 감경은 법률상 감경의 일종으로서 재판상 감경인 작량감경(형법 제53조)과 구별된다. 법률상 감경에 관하여 형법 제55조 제1항은 형벌의 종류에 따른 감경의 방법을 규정하고 있다. 법률상 감경사유가 무엇인지와 그 사유가 인정될 때 반드시 감경을 하여야 하는지는 형법과 특별법에 개별적이고 구체적으로 규정되어 있다. 이와 같은 감경 규정들은 법문상 형을 '감경한다'라거나 형을 '감경할 수 있다'라고 표현되어 있는데, '감경한다'라고 표현된 경우를 필요적 감경, '감경할 수 있다'라고 표현된 경우를 임의적 감경이라 한다. 형법 제25조 제2항에 따른 형의 감경은 임의적 감경에 해당한다. 필요적 감경의 경우에는 감경사유의 존재가 인정되면 반드시 형법 제55조 제1항에 따른 법률상 감경을 하여야 함에 반해, 임의적 감경의 경우에는 감경사유의 존재가 인정되더라도 법관이 형법 제55조 제1항에 따른 법률상 감경을 할 수도 있고 하지 않을 수도 있다. 나아가 임의적 감경사유의 존재가 인정되고 법관이 그에 따라 징역형에 대해 법률상 감경을 하는 이상 형법 제55조 제1항 제3호에 따라 상한과 하한을 모두 2분의 1로 감경한다. 이러한 현재 판례와 실무의 해석은 여전히 타당하다. 변호사 24

---

(2) 정상참작감경

제53조 【정상참작감경】 범죄의 정상(情狀)에 참작할 만한 사유가 있는 경우에는 작량하여 그 형을 감경할 수 있다. 〈우리 말 순화 개정 2020.12.8.〉

🔨 판례연구 기타 양형 관련 판례

1. 대법원 2000.12.22, 2000도4267; 2010.4.29, 2009도14993; 2011.2.24, 2010도7404
법정형에 징역형과 벌금형을 병과할 수 있도록 규정되어 있는 경우, 법원의 재량으로 벌금형의 병과 여부
법정형에 징역형과 벌금형을 병과할 수 있도록 규정되어 있는 경우, 법원은 공소장에 기재된 적용법조나 검사의 구형과 관계없이 재량으로 벌금형의 병과 여부를 정할 수 있다.

2. 대법원 2009.12.10, 2009도11448

대법원 양형위원회의 양형기준의 소급적용

법원조직법에 의하여 마련된 대법원 양형위원회의 양형기준은 법관이 합리적인 양형을 정하는 데 참고할 수 있는 구체적이고 객관적인 기준으로 마련된 것으로서, 법적 구속력을 가지지 아니하고(같은 법 제81조의7 제1항 단서), 법관의 양형에 있어서 그 존중이 요구되는 것일 뿐이다. 따라서 '양형기준'이 발효하기 전에 공소가 제기된 범죄에 대하여 위 '양형기준'을 참고하여 형을 양정한 경우에도, 피고인에게 불리한 법률을 소급하여 적용한 위법이 있다고 할 수 없다.[768] 경찰채용 11 1차 / 법원행시 11 / 변호사 12 / 경찰채용 14 2차 / 경찰승진 14 / 국가7급 14 / 경찰채용 16 1차 / 경찰채용 22 1차

제5절 | 양 형

01   의의 및 책임주의

1. 양형의 의의

양형(量刑; Strafzumessung)이란 법정형에 법률상의 가중·감경 또는 정상참작감경을 하여 처단형의 범위 내에서 법원의 재량으로 구체적으로 선고할 형을 정하는 것을 말한다. 이러한 양형의 기초는 책임(責任)이므로, 형벌은 책임의 범위를 넘을 수 없다(책임의 형벌제한적 기능). 다만 분명한 것은 책임주의(責任主義)는 어디까지나 양형의 한계이지 양형의 목적은 아니므로, 양형의 정당함은 형벌의 한계 내에서 형벌의 목적을 얼마나 실현했는가에 의하여 평가할 수밖에 없으며, 형벌의 목적은 바로 특별예방에 있지만 일반예방도 고려해야 한다.[769]

즉 양형의 정당함도 되도록 엄밀한 기준에 의하여 평가받아야 하는 것은 당연하며, 따라서 판례가 양형은 법관의 자유재량[770]에 의한다고 하는 것에는 동의할 수 없고, 양형재량도 어디까지나 합리적으로 판단해야 할 재량이라는

---

768 판례 : 양형기준 관련 판례 법원은 약식절차 또는 즉결심판절차에 의하여 심판하는 경우가 아닌 한, 대법원 양형위원회의 양형기준을 벗어난 판결을 함에 따라 판결서에 양형의 이유를 기재하여야 하는 경우에는 위와 같은 양형기준의 의의, 효력 등을 감안하여 당해 양형을 하게 된 사유를 합리적이고 설득력 있게 표현하는 방식으로 그 이유를 기재하여야 한다. … 다만 항소법원은 항소이유에 포함된 사유에 관하여 심판하여야 하므로(형사소송법 제364조 제1항), 양형부당을 이유로 항소된 경우 항소심 판결서에 제1심 양형의 이유가 부당한지 여부에 관한 판단을 구체적으로 설시하였다면, 항소심이 제1심판결을 파기하고 양형기준을 벗어난 판결을 하면서 같은 내용의 양형의 이유를 중복하여 설시하지 않았다고 하여 위법하다고 할 수 없다(대법원 2010.12.9, 2010도7410, 2010전도44).

769 참고 : 책임과 양형책임 양형책임(量刑責任; Strafzumessungsschuld)은 범죄성립조건 중 책임(責任)과는 다른 개념으로 이해하는 것이 보편적이다. 즉 책임은 행위책임의 성격을 가지는 비난가능성으로서 가벌성의 기초이자 가벌성의 정도를 결정짓는다. 여기에서 형법각칙의 법정형(法定刑)이 정해지는 것이다. 그러나 법정형을 그대로 선고(宣告)하는 것은 상상하기 어렵기 때문에, 법정형의 범위 내에서 다시 형의 양을 정해야 한다. 이때 필요한 개념이 양형책임이다. 양형책임은 인적 불법요소로서의 행위불법과 법익침해의 정도인 결과불법으로서 행위요소와 결과요소를 모두 고려해야 하며 나아가 행위불법요소로 평가되지 않는 범행의 잔인성이나 용의주도함 또는 그 반대로 원상회복의 노력이나 법정에서의 불손한 태도 등 공판정에서의 행태들과 같은 범행 전후의 행위자의 태도도 그 행위요소로서 참작해야 한다(구성요건해당성으로 귀속되지 않는 범죄피해자의 자살·자상의 결과도 결과불법요소로서 양형책임의 요소로 고려된다는 견해로는 김일수, 형법학원론, 1176면 참조). 다만 피고인의 진술거부권 행사 내지 범행의 부인과 같은 헌법적·형사소송법적 권리의 행사로 인정되는 것은 양형에 불리한 사유로 참작되어서는 안 된다.

770 참고 형사소송법의 입법자의 태도도 양형에 관한 한 자유재량의 범주에 있다고 본 것으로 생각된다. 현행 형사소송법 제323조 제1항은 유죄판결에 명시될 판결이유로서 범죄될 사실, 증거의 요지, 법령의 적용을 들고 있고, 또한 제2항은 범죄의 성립을 조각하는 이유, 형의 가중 및 감면의 이유되는 사실의 진술에 관해서만 규정하고 있다. 따라서 협의의 양형의 핵심이 되는

점에서 기속재량(羈束裁量)으로 보아야 한다(통설).[771] 법관의 형의 양정이 부당하다고 인정할 사유가 있는 때 항소이유가 된다(형사소송법 제361조의5).

2. 양형의 기준 – 양형에 있어서의 책임과 예방의 관계

형벌의 기초가 되는 책임이 양형에 대하여 어떻게 작용하는가의 문제는 결국 책임원칙과 예방목적이 어떻게 양형에 반영되는가의 문제이다. 형법상 이를 정한 명시적 규정은 없다. 1992년 형법개정법률안에서는 "형을 정함에 있어서는 범인의 책임을 기초로 한다(제44조 제1항)"고 규정한 바 있었으나, 1995년 개정형법에는 반영되지 못했다.[772]

현행형법에서는 이에 관하여 단지 양형의 조건(제51조)만을 규정하고 있을 뿐, 양형의 원칙에 대해서는 명문의 규정이 없으므로 이는 전적으로 학설과 판례에 위임되어 있다. 그런데 양형을 함에 있어서 책임과 예방의 관계에 대해서 대법원 판례가 구체적으로 판시한 예는 거의 없고, 학설에서는 유일형이론, 단계이론 그리고 책임범위이론과 같은 독일의 이론들을 중심으로 논의되고 있으며, 이 중 책임범위이론이 학계의 다수입장을 차지하고 있다.

(1) 유일점형이론

유일점형이론 내지 유일형이론(唯一點刑理論; 唯一刑理論; Theorie der Punktstrafe od. Punkttheorie)이란 책임은 정확히 고정된 하나의 점(點)의 크기를 가지므로 정당한 형벌은 하나이어야 한다는 이론이다.[773] 이는 책임에 대한 정당한 응보로서의 형벌에 의하여 책임을 상쇄시켜야 한다는 전제에서, 책임에 상응하는 형벌의 양은 유일한 어떤 점이 되어야 한다고 보는 것이다. 유일점형이론에 대해서는, 책임과 부합되는 정확한 형벌을 정하는 것은 사실상 불가능하다는 비판이 있다.

(2) 단계이론

단계이론(段階理論; Stufentheorie)은 형량은 불법과 책임에 의해 결정하고 형벌의 종류와 집행 여부는 예방을 고려하여 단계별로 결정한다는 입장이다. 위가이론(位價理論; Stellenwerttheorie)이라도 한다. 단계이론은 책임범위이론보다 예방의 목적을 제한적으로만 고려하고 있다. 이러한 단계이론에 대해서는, 형량을 결정하는 것도 양형인데 여기에서 형벌의 예방목적이 무시되는 것은 타당하지 않다는 비판이 있다.

(3) 책임범위이론

책임범위이론(責任範圍理論; Spielraumtheorie)이란 책임에 적합한 형벌에는 일정한 범위가 있다는 이론이다(범위이론 또는 재량여지이론이라고도 함). 즉 형벌의 하한과 상한을 책임의 범위(範圍)에 적합하게 정하고 이 범위 내에서 일반예방과 특별예방을 고려해서 형을 정한다고 보고 있다(다수설).[774] 이에 의하면 공판절차의

양형사실들, 즉 정상에 관한 사실은 이미 법적으로 판결이유에 명시될 것을 요하고 있지 않다. 이 점을 적절히 지적한 견해로는 김영환, "양형의 법적 성격과 양형의 합리화", 형사정책연구, 17권1호(25호), 1996, 178면 참조.

771 참고 미국 연방양형위원회가 작성한 양형기준(Sentencing Guidelines)이 구속적 양형지침으로 작용하고 있는 데 비해, 우리나라에서 양형기준제가 도입된다면 참고자료에 그쳐야 한다는 것이 대다수 법관의 의견이었다. 오영근·최석윤, "양형의 합리화에 관한 연구", 한국형사정책연구원, 1993, 102면 이하.

772 참고 독일형법 제46조와 오스트리아형법 제32조가 양형의 기초와 한계는 행위자의 책임임을 규정하고 있는 것과의 차이이다. 예컨대, 독일형법 제46조 제1항은 양형은 행위자의 책임을 기초로 하며, 행위자의 장래의 사회생활을 위해 기대될 수 있는 효과가 고려되어야 한다는 점을 규정하고 있다.

773 Arth. Kaufmann, Das Schuldprinzip, S.261. 다만 유일점형이론을 주장하는 이 견해도, 책임이 구체적인 실제적 대상(Wirklichkeitsgehalt)이 되려면 역시 예방(豫防)의 목적에 의해야 하며, 형법상 의미 있는 책임은 범죄인의 재사회화를 내용으로 하는 특별예방(Spezialpravention)이라는 형벌목적(예방)이 양형과 형집행 단계에서 고려될 수 있음을 인정하고 있다. ders, Das Schuldprinzip, S.276. 또한 유일점형이론의 이러한 점을 지적한 견해로는 박상기, 530면 이하; 이상윤, "형법상 책임과 형벌목적의 관계", 형사법연구, 제14호, 2000, 188면 참조.

774 박상기, 530면 이하; 손동권, 666면; 안동준, 347면; 오영근, 771면; 이재상, §41 – 27; 이형국, 441면과 463면; 임웅, 610면;

제1단계에서는 법정형으로부터 양형을 책임판단범위(상한과 하한)까지 확정하고, 이어 제2단계에서는 특별예방의 목적을 고려하여 위 범위 내에서 형벌을 정하게 된다. 다수설은 책임범위이론이다.[775]

02 이중평가금지의 원칙 변호사 16

양형의 조건을 참작하여 양형을 함에 있어서는 이미 법적 구성요건요소가 되어 있는 사유를 고려해서는 안 된다(예컨대 독일 형법 제46조 제3항). 이를 이중평가금지(二重評價禁止; Verbot der Doppelverwertung)의 원칙이라고 한다. 이 원칙은 입법자의 법정형 선택과는 분업화된 법관의 양형업무를 통해서 적정한 양형이 실현되어야 한다는 데 그 근거를 두고 있다.

우리 형법에서는 이중평가금지원칙을 명문으로 규정하지는 않았으나, 이를 고려해야 한다는 것이 보편적인 견해이다. 그 이유는 입법자가 이미 불법유형의 구성요건적 기술과 불법과 책임을 가중·감경하는 사유를 규정하고 이에 상응하는 법정형을 선택함으로써 형량을 평가(評價)했기 때문이다. 예를 들어 특수강간죄에서 행위불법요소로 고려한 흉기휴대 내지 2인 이상의 합동실행의 요소는 이미 특수강간죄의 법정형 가중을 통하여 반영되어 있기 때문에, 법관의 양형에 또다시 참작할 사유가 되어서는 안 되며, 누범전과는 이미 누범가중처벌규정을 통해 입법에 반영되어 있기 때문에 법관의 양형에 있어서 또다시 가중사유로 작용되어서는 안 된다.

정성근, 692면; 진계호, 689면 등. 논문으로는 김영환·최석윤, "양형의 형벌이론적 기초 및 개별적 양형단계에 관한 고찰", 한국형사정책연구원, 1996. 103면 이하; 이상윤, 전계논문, 186면 이하 참조. 독일의 판례도 범위이론을 판시하고 있다. "형벌은 그 자체를 위한 책임을 보상하는 작용만을 하는 것이 아니라 동시에 형법의 예방적 보호목적을 수행하기 위한 필요한 수단이라는 점이 명백한 경우에 비로소 정당성을 가지고, 구체적인 형벌은 책임에 이미 상응하는 형벌(die schon schuldangemessene Strafe)에 의해 그 하한이 제한되고 책임에 아직 상응하는 형벌(die noch schuldangemessene Strafe)에 의해 그 상한이 제한되는 '재량(裁量)의 여지(餘地)'(Spielraum) 내에서 법관이 1차적으로 특별예방을, 2차적으로 일반예방을 고려하여 정한다(BGHSt 7. 28ff. 등 다수의 판례)."

775 참고 : 범위이론의 한계 책임범위이론이 원칙적으로 타당한 견해이나 여전히 의문이 남는다. 즉, 과연 근본적으로 책임과 예방의 관계에 대한 설정이 용이한 문제인가, 책임과 예방의 관계에 관하여 책임범위이론이 원칙적으로 타당하지만 그렇다고 하여 다른 이론들이 배제되는 것인가, 책임범위이론에 의하여 합리적으로 획득할 수 있는 양형의 기준은 무엇인가, 책임범위이론을 양형을 담당한 법관에게 얼마나 실질적인 지침을 제공하는가, 나아가 책임범위이론을 취한다 하더라도 형벌의 하한에 있어서 책임의 범위가 현실적으로 엄격하게 준수될 수 있는가의 문제 등에 대해서 학계의 여러 유력한 견해들이 제시되어 오고 있다. 본서의 특성상 상세한 소개는 피하기로 하고, 세 분 학자의 견해만 간단히 소개하기로 한다.
① 책임과 예방개념을 단지 형벌의 제한적인 측면에서만 파악하려고 들자마자, 책임과 예방개념 자체가 이중적인 성격을 갖게 되며 그것을 통해서 점차 확정된 평가척도를 제시할 수 없는 순수한 규범적인 개념으로 공허화되어 버린다. … 요컨대 오늘날 "책임과 예방"에 관한 논쟁이 지니는 특성은 "책임"과 "예방"을 서로 다른 내용을 지니는 대립적인 것으로 파악하지 않고, 오히려 예방을 책임개념 안에, 또한 책임의 내용은 예방의 관점 안에 포섭한다는 점이다 김영환, "책임원칙(das Schuldprinzip)의 의문성과 필연성 – '책임과 예방(Schuld und Prävention '에 관한 최근의 논쟁을 중심으로 –", 형사법연구, 창간호, 1988, 103–104면, 물론 이 견해는 이러한 전제에 기초하여, 형벌근거와 형벌제한의 상호관련성, 책임과 책임원칙의 두 가지 관계를 통해 책임원칙의 재구성을 시도하고 있다).
② 유일형의 경우에도 책임과 일치하는 정확한 형량산정이 불가능하며 현실적으로 적당한 (유일한) 형량은 발견되어지는 것이 아니고 형의 양정을 통하여 비로소 산정되는 것이기 때문에 유일형이론과 범위이론은 실질적인 차이가 없다(박상기, 532면).
③ 책임범위이론도 어디부터 어디까지가 범위 혹은 폭인지와 이 폭 안에서 어떻게 일반예방과 특별예방을 고려해야 하는지 구체적 방법을 제시하지 못하므로, 양형을 계량화하거나 일정한 절차를 거치고 양형의 이유를 제시하는 것과 같은 양형의 개선방안이 제시되어야 한다(오영근, 772면).
생각건대, 행위자에 대한 특별예방목적을 고려함으로써 책임범위의 하한 미만의 선고형이 내려질 수 있는 가능성을 배제할 수 없다면 과연 책임범위이론이 정당한가의 논의는 아직 완결되지 않은 것으로 보인다. 이는 책임범위이론을 취하면서도 그 가능성을 인정하는 견해들이 있다는 사실에서 증명되고 있다. 또한 책임범위이론을 취한다고 하여 법관에 대하여 법적으로 기속되는 재량의 기준이 명확하게 부여되는 것은 아니라고 보아야 한다. 따라서 양형에 있어서 책임과 예방과의 관계에 관한 위 이론들은 아직 완결된 것이 아니라 계속 발전 중에 있는 것이며, 양형의 합리적 기준을 제시하기 위한 노력은 끊임없이 계속되어야 할 것으로 생각된다.

03 양형의 조건

제51조 【양형의 조건】 형을 정함에 있어서는 다음 사항을 참작하여야 한다.
1. 범인의 연령 · 성행 · 지능과 환경
2. 피해자에 대한 관계
3. 범행의 동기 · 수단과 결과
4. 범행 후의 정황

형법에 규정된 위와 같은 양형의 조건은 양형책임(Strafzumessungsschuld)과 예방목적을 모두 함유하고 있는 것이다. 예를 들어 '피해자에 대한 관계'에 대해서는 피고인이 행위자와 긴밀한 가족적 결합관계나 신뢰관계를 가지고 있으면서도 이를 배반하여 범죄를 범하였다면 양형책임이 가중되어 형을 가중하게 될 것이다. 또한 '범행 후의 정황'과 관련해서는, 피고인이 법정에서 범죄에 대해 전혀 뉘우치지 않고 오히려 불손한 언동을 보이는 것도 형을 가중하는 요소로 고려될 수 있을 것이다.[776]

위 사항들은 양형시 반드시 참작하여야 할 요인이지만 예시적인 성격을 가진다. 다만 이상의 양형의 조건으로 형을 가중할 때에도 책임주의(責任主義)가 한계가 된다는 점에서, 책임은 예방의 한계로 작용된다.

제6절 | 판결선고 전 구금일수의 산입과 판결의 공시

01 판결선고 전 구금일수의 산입

제57조 【판결선고 전 구금일수의 통산】 ① 판결선고 전의 구금일수는 그 전부를 유기징역, 유기금고, 벌금이나 과료에 관한 유치 또는 구류에 산입한다. 〈개정 2014.12.30.〉
② 전항의 경우에는 구금일수의 1일은 징역, 금고, 벌금이나 과료에 관한 유치 또는 구류의 기간의 1일로 계산한다.
단순위헌, 2007헌바25, 2009.6.25. 형법 제57조 제1항 중 "또는 일부" 부분은 헌법에 위반된다.

1. 미결구금일수 산입제도의 의의

판결선고 전 구금(判決宣告 前 拘禁 또는 미결구금－未決拘禁－; Untersuchungshaft)이란 피의자나 피고인을 재판확정 전까지 구금하는 것을 말하며, 이를 형사소송법에서는 구속(拘束)이라고 한다. 그러나 이러한 미결구금은 공소의 목적을 달성하기 위하여 어쩔 수 없이 피고인 또는 피의자를 구금하는 강제처분이어서, 비록 형의 집행은 아니지만 자유를 박탈하는 점이 자유형과 유사하기 때문에 나중에 선고되는 자유형인 본형의 형기에 산입되어야 한다.

형법 제57조는 바로 이러한 판결 선고 전의 구금일수가 어떻게 본형에 산입되는가를 정한 규정이다. 종래에는 미결구금일수의 산입의 정도가 법원의 재량이었다는 점(대법원 1987.6.9, 87도691)에서 본 규정을 재정산입(裁定算入; 재정통산－裁定通算－) 규정이라 하였다(이에 비하여 형사소송법 제482조는 상소 제기 이후의 미결구금일

---

776 주의 제51조에 규정된 양형의 조건이 아닌 것을 묻는 문제가 출제되기도 하는데, 범인의 전과, 성별, 피해자의 지능 등이 규정되어 있지 않다는 점을 주의해야 한다.

수에 관한 규정으로서 법정산입 – 법정통산 – 규정이라 함). 그러나 아래에서 설명하듯이 **헌법재판소**에 의하여 이러한 법원의 재량에 의한 재정산입은 헌법에 위반된다는 결정이 내려졌다.

2. 재정산입 등에 대한 헌법재판소의 위헌결정

(1) 형법 제57조 제1항의 판결선고 전 미결구금일수의 일부 산입에 대한 위헌결정

헌법재판소는 구 형법 제57조 제1항 중 "또는 일부" 부분에 대하여, "미결구금은 신체의 자유를 침해받는 피의자 또는 피고인의 입장에서 보면 실질적으로 자유형의 집행과 다를 바 없으므로, 인권보호 및 공평의 원칙상 형기에 전부 산입되어야 한다."고 하면서 "형법 제57조 제1항 부분은 미결구금의 이러한 본질을 충실히 고려하지 못하고 법관으로 하여금 미결구금일수 중 일부를 형기에 산입하지 않을 수 있게 허용하였는바, 이는 헌법상 무죄추정의 원칙 및 적법절차의 원칙 등을 위배하여 합리성과 정당성 없이 신체의 자유를 지나치게 제한함으로써 헌법에 위반된다."는 위헌결정을 내렸다(헌법재판소 2009.6.25, 2007헌바25). 이 위헌결정으로 인해 위 조항은 이날부터 효력을 상실하게 되었다.[777] 이에 따라 2014년 12월 개정형법에서는 판결선고 전 구금일수가 형기에 전부 산입됨을 명백히 하였다(2014.12.30. 개정, 법률 제12898호). 따라서 현행형법 제57조 제1항은 판결 선고 전의 미결구금일수 전부가 본형에 산입된다는 법정통산의 근거조항으로 되었으며, 결국 모든 판결 선고 전의 구금일수는 그 전부가 본형에 산입되어야 한다.[778] 국가7급 12

(2) 구 형소법 제482조에서 상소제기 후 상소취하시까지의 미결구금일수를 형기에 전부 산입하도록 규정하지 않는 부분에 대한 위헌결정

상소제기 후 상소취하시까지의 미결구금을 형기에 산입하지 아니하는 것은 헌법상 무죄추정의 원칙 및 적법절차의 원칙, 평등원칙 등을 위배하여 합리성과 정당성 없이 신체의 자유를 지나치게 제한하는 것이므로 '상소제기 후 미결구금일수의 산입'에 관하여 규정하고 있는 구 형사소송법 제482조 제1항 및 제2항은 헌법에 합치되지 아니한다(헌법재판소 2009.12.29, 2008헌가13 : 헌법불합치결정). 따라서 '상소제기 후 상소취하한 때까지의 구금일수'에 관하여는 형소법 제482조 제2항을 유추적용하여 그 '전부'를 본형에 산입하여야 한다고 봄이 상당하다(대법원 2010.4.16, 2010모179).[779] 결국 2015.7.31. 개정형사소송법 제482조에서는, 판결 선고 후 판결확정 전 구금일수(판결선고 당일의 구금일수를 포함한다)는 전부를 본형에 산입함을 명시하였으며(동 제1항), 더불어 상소기각 결정시에도 송달기간이나 즉시항고기간 중의 미결구금일수는 전부를 본형에 산입함을 규정하였다(동 제2항).

---

777 참고 위 헌법재판소의 위헌결정 이전의 대법원 판례 중에는 "형법 제57조 제1항은 판결선고 전의 구금일수는 그 전부 또는 일부를 유기징역, 유기금고, 벌금이나 과료에 관한 유치 또는 구류에 산입한다고 규정하고 있는바, 미결구금기간이 확정된 징역 또는 금고의 본형기간을 초과한다고 하여 위법하다고 할 수는 없고, … 미결구금이 곧 형의 집행인 것은 아니므로, 형법 제57조에 의하여 산입된 미결구금기간이 징역 또는 금고의 본형기간을 초과한다고 하여도 형법 제62조의 규정에 따라 그 본형의 '집행'을 유예하는 데에는 아무런 지장이 없다고 할 것(대법원 2008.2.29, 2007도9137)"이라는 판례도 있었으나, 향후에 이러한 판례의 입장에도 변화가 오지 않을까 예측된다.

778 향후에는 법정산입을 원칙으로 하면서, 재정산입이 가능한 경우를 예외로 규정할 입법의 가능성도 있다.

779 판례 피고인이 상소를 제기하였다가 그 상소를 취하한 경우에는, 상소심의 판결 선고가 없었다는 점에서 형소법 제482조 제1항 또는 형법 제57조가 적용될 수 없고, 상소제기 전의 상소제기기간 중의 구금일수가 아니라는 점에서 형소법 제482조 제2항이 적용될 수 없으며, 달리 이를 직접 규율하는 규정은 없다. 그러나 '상소제기 후 상소취하한 때까지의 구금' 또한 피고인의 신체의 자유를 박탈하고 있다는 점에서 실질적으로 자유형의 집행과 다를 바 없으므로 '상소제기기간 중의 판결확정 전 구금'과 구별하여 취급할 아무런 이유가 없고, 따라서 '상소제기 후 상소취하한 때까지의 구금일수'에 관하여는 형사소송법 제482조 제2항을 유추적용하여 그 '전부'를 본형에 산입하여야 한다고 봄이 상당하다(대법원 2010.4.16, 2010모179).

3. 미결구금일수 산입의 대상형벌 · 기간과 방법 및 위반시 효과

(1) 대상형벌 · 기간

판결선고 전의 구금일수는 그 전부를 유기징역, 유기금고, 벌금이나 과료에 관한 유치 또는 구류에 산입한다. 따라서 사형 · 무기형(대법원 1966.1.25, 65도384) · 자격형은 미결구금일수 산입의 대상이 되지 않는다. 다만무기형에 대하여는 미결구금일수를 산입할 수 없지만, 항소심에서 무기징역형을 선고한 1심판결을 파기하고유기징역형을 선고할 경우에는 1심판결선고 전의 구금일수의 전부를 산입하여야 한다(대법원 1966.1.25, 65도384 : 1971.9.28, 71도1289). 그러나 ① 형법 제57조에서 정한 것은 미결구금일수의 산입이므로, 비록 정식재판청구권회복결정에 의하여 사건을 공판절차에 의하여 심리하는 경우라 하더라도 법원은 노역장 유치기간을 미결구금일수로 보아 이를 본형에 산입할 수는 없고, 그 유치기간은 나중에 본형의 집행단계에서 그에 상응하는벌금형이 집행된 것으로 간주될 뿐이다(대법원 2007.5.10, 2007도2517).[780] 또한 ② '대한민국 정부와 미합중국정부 간의 범죄인인도조약'에 따라 체포된 후 인도절차를 밟기 위한 기간도 형법 제57조에 의하여 본형에산입될 미결구금일수에 해당하지 않는다(대법원 2009.5.28, 2009도1446).

(2) 방법 및 위반시 효과

미결구금일수를 전혀 산입하지 않거나(대법원 2007.4.13, 2007도943; 1994.7.29, 94도1354)[781] 구금일수보다 많은 일수를 산입하는 것(대법원 1994.2.8, 93도2563)도 여전히 위법이다. 따라서 실제 구금일수를 초과하여 산입한판결이 확정된 경우에도 그 초과 부분이 본형에 산입되는 효력이 생기는 것은 아니다(대법원 2007.7.13, 2007도3448).[782]

🔨 **판례연구** 미결구금일수 산입 관련 사례

1. 대법원 1996.5.10, 96도800
법원이 판결선고 전의 구금일수를 구속영장이 발부되지 아니한 다른 범죄사실에 관한 죄의 형에 산입할 수 있다.

보충 구속영장의 효력은 원칙적으로 사건단위설에 의하나, 미결구금일수의 산입에 있어서는 예외적으로 인단위설을 고려한 판례이다.

2. 대법원 1999.4.15, 99도357 전원합의체
판결선고 전 구금일수 전부를 본형에 산입하면서 판결에서 그 산입일수를 명시하지 않고 단지 그 전부를 산입한다고 표시하는 것이 위법하지 않다.

보충 소송기록을 대조하여 살펴보면 알 수 있기 때문이라고 한다.

3. 대법원 2002.6.20, 2002도807 전원합의체
경합범 관계에 있는 공소사실 중 일부에 대하여 유죄, 일부에 대하여 무죄의 각 판결이 선고되어 유죄 부분에대하여는 피고인이, 무죄 부분에 대하여는 검사가 각 상고를 제기한 경우, 쌍방의 상고를 모두 기각하는 때의상고제기 후의 미결구금일수는 전부 산입한다(법정통산).

---

780 판결이유 정식재판청구기간을 도과한 약식명령에 기하여 피고인을 노역장에 유치하는 것은 형의 집행이므로 그 유치기간은형법 제57조가 규정한 미결구금일수에 해당하지 아니한다. 따라서 정식재판청구권회복 및 형집행정지결정 이전에 피고인이노역장에 유치된 기간을 판결선고 전의 구금일수에 산입하지 않는다.
781 유사판례 피고인이 수사기관에 의해 체포되었다가 당일 석방된 경우, 피고인에 대하여 벌금형을 선고하면서 위 미결구금일수를노역장유치기간에 산입하지 아니한 것은 위법하다(대법원 2007.2.9, 2006도7837).
782 위 판례의 또 다른 논점 따라서 불구속된 피고인에 대하여 판결을 선고하면서 판결 선고 전의 미결구금일수가 실제 없음에도형법 제57조를 적용하여 이를 산입한 예외적인 경우에는 재판서에 오기(誤記)와 유사한 오류가 있음이 명백하여 판결서의 경정으로 이를 시정할 수 있다. 이 경우 판결을 선고한 법원에서 당해 판결서의 명백한 오류에 대하여 판결서의 경정을 통하여 그오류를 시정하는 것은 피고인에게 유리 또는 불리한 결과를 발생시키거나 피고인의 상소권 행사에 영향을 미치는 것이 아니므로,여기에 불이익변경금지원칙이 적용될 여지는 없다(대법원 2007.7.13, 2007도3448).

4. 대법원 2009.12.10, 2009도11448

판결선고 전 미결구금일수 산입에 관한 판단 요부

형법 제57조 제1항 중 '또는 일부' 부분은 헌법재판소 2009.6.25, 2007헌바25 위헌결정으로 효력이 상실되었으므로, 판결선고 전 미결구금일수는 그 전부가 법률상 당연히 본형에 산입하게 되었으므로, 판결에서 별도로 미결구금일수 산입에 관한 사항을 판단할 필요가 없다고 할 것이다.

5. 대법원 2010.9.9, 2010도6924; 2010.1.28, 2008도11726; 1996.1.26, 95도2263

병과형 또는 수 개의 형이 선고된 경우 판결선고 전의 구금일수를 어느 형에 산입하는지 명시 불요

헌법재판소는 형법 제57조 제1항 중 '또는 일부' 부분은 헌법에 위반된다고 선언하였는바(헌법재판소 2009.6.25, 2007헌바25), 이로써 판결 선고 전의 구금일수는 그 전부가 유기징역, 유기금고, 벌금이나 과료에 관한 유치기간 또는 구류에 당연히 산입되어야 하게 되었고, 병과형 또는 수 개의 형으로 선고된 경우 어느 형에 미결구금일수를 산입하여 집행하느냐는 형집행 단계에서 형집행기관이 할 일이며(대법원 1989.11.10, 89도808), 법원이 주문에서 이에 관하여 선고하였더라도 이는 마찬가지라 할 것이므로 그와 같은 사유만으로 원심판결을 파기할 수는 없다 할 것이다.[783] 법원행시 11

---

02   판결의 공시

제58조 【판결의 공시】 ① 피해자의 이익을 위하여 필요하다고 인정할 때에는 피해자의 청구가 있는 경우에 한하여 피고인의 부담으로 판결공시의 취지를 선고할 수 있다. 법원9급 07(상)

② 피고사건에 대하여 무죄의 판결을 선고하는 경우에는 무죄판결공시의 취지를 선고하여야 한다. 법원9급 07(상) 다만, 무죄판결을 받은 피고인이 무죄판결공시 취지의 선고에 동의하지 아니하거나 피고인의 동의를 받을 수 없는 경우에는 그러하지 아니하다. 〈개정 2014.12.30.〉

③ 피고사건에 대하여 면소의 판결을 선고하는 경우에는 면소판결공시의 취지를 선고할 수 있다. 〈신설 2014.12.30.〉
사시 16

판결의 공시(公示; öffentiche Bekanntmachung des Urteils)란 피해자의 이익이나 피고인의 훼손된 명예의 회복을 위해 판결의 선고와 함께 판결의 내용을 널리 알리는 제도이다.

제1항의 경우는, 피해자의 이익을 위한 공시이므로 피해자의 청구가 있을 것을 요하며 피고인의 부담으로 한다.

반면 제2항과 제3항의 경우는 피고인의 이익을 위한 공시이므로 피고인의 청구가 있을 것을 요하지 않는다. 특히 최근 2014년 12월 개정형법에서는 무죄판결을 선고받은 피고인의 명예회복을 위하여 원칙적으로 무죄판결 공시 취지의 선고를 의무화하였고(제58조 제2항 본문), 다만 피고인이 동의하지 아니하거나 피고인의 동의를 받을 수 없는 경우는 예외로 하였다(동항 단서). 또한 면소판결을 선고하는 경우에는 법원의 판단에 의하여 판결공시의 취지를 선고할 수 있다(동조 제3항). 여하튼 제2항의 판결공시는 실체판단이 이루어진 무죄 또는 면소의 경우에 한하므로 공소기각 판결시에는 판결공시를 할 수 없다.

---

783 보충 이 판례에 의하여 종래에 어느 형에 산입하는가를 정하지 않은 원심판결은 위법하다고 본 대법원 1995.7.11, 95도1084; 2006.10.13, 2006도4891 판례는 사실상 폐기된 것으로 볼 수 있다. 명확성원칙 및 적극적 일반예방의 견지에서 전원합의체 판결이 필요하지 않았나 생각된다.

CHAPTER

04 누범

제35조 【누 범】 ① 금고(禁錮) 이상의 형을 선고받아 그 집행이 종료되거나 면제된 후 3년 내에 금고 이상에 해당하는 죄를 지은 사람은 누범(累犯)으로 처벌한다. 〈우리말 순화 개정 2020.12.8.〉 법원행시 06 / 법원행시 10 / 법원행시 11

② 누범의 형은 그 죄에 대하여 정한 형의 장기(長期)의 2배까지 가중한다. 〈우리말 순화 개정 2020.12.8.〉 법원행시 06 / 법원행시 07 / 법원행시 08 / 법원행시 09 / 경찰채용 10 1차 / 법원행시 10 / 법원행시 11

01 의의 및 성격

누범(累犯; Rückfall)이라 함은 금고 이상의 형을 선고받아 그 집행이 종료되거나 면제된 후 3년 내에 금고 이상에 해당하는 죄를 지은 경우의 後犯 또는 그 범인(2020.12.8. 우리말 순화 개정법 제35조 제1항)을 말한다. 누범의 형은 장기의 2배까지 가중한다(제35조 제2항). 누범에 대하여 형을 가중하는 근거는 전범(前犯)에 대한 형벌의 경고기능을 무시하고 다시 범죄를 저지름으로써 범죄추진력이 새로이 강화되었기 때문에 그 행위책임(行爲責任)이 가중된다는 점에 있다.[784]

누범에 대해서는 ① 이를 수죄의 경우로 보아 죄수론으로 취급하는 견해[785]와 ② 양형에 관한 법률상 가중사유로 이해하는 견해[786]의 대립이 있다. 판례는 양형규정(Strafzumessungsregel)으로 보고 있다.[787] 생각건대, 누범은 이전의 죄와의 관계를 고려하기는 하지만 범죄가 몇 개 성립하였는가를 따지거나 범죄가 수개 성립한 경우의 처리 문제를 다룬 것은 아니고, 전범(前犯)의 형집행종료·면제 후 근접한 시점에서 일어난 −분명히 일죄인− 재범의 형을 양정함에 있어서 가중사유로서 고려할 문제라고 생각된다.[788] 따라서 여기서는 누범을 형벌론상 양형에 관한 법률상 가중사유로 취급하기로 한다.

---

784 다만 누범이 행위책임인가 행위자책임인가에 대해서는 후술하듯이 견해가 대립한다.
785 손해목, 1157면; 오영근, 706면; 정성근, 653면; 정영석, 290면; 진계호, 430면. 무엇보다도 이 견해의 논거는 형법전에서 누범의 규정인 제35조와 제36조를 범죄론 내에 규정하고 있다는 점을 들고 있다. 다만, 누범을 죄수의 규정으로 보는 학설 중에서도 "누범을 수죄로 파악하는 것 역시 부당하다. 누범은 하나의 범죄를 이전의 범죄와 관련하여 파악하는 것이므로 그 자체로는 일죄라고 해야 하고, 다만 형벌을 정하는 경우에만 전범과 재범을 동시에 파악하는 것이므로 과형상 수죄라고 할 수 있다"는 설명도 있다. 오영근, ibid.
786 다수설로 생각된다. 김일수 / 서보학, 767면; 박상기, 532면; 손동권, 659면; 안동준, 350면; 유기천, 359면; 이재상, §42−4; 황산덕, 314면.
787 판례 전범이 있다는 사실은 단지 하나의 정상으로서 법관의 양형에 있어 불리하게 작용하는 요소일 뿐, 전범 자체가 심판의 대상으로 되어 다시 처벌받기 때문에 형이 가중되는 것은 아니라 할 것이다(헌법재판소 1995.2.23, 93헌바43).
788 예컨대, 누범은 실체법상 일죄, 과형상 수죄라 할 수 있으므로 일죄로 다루어야 한다는 설명은 오영근, 686면 참조.

학계에서는 누범가중의 위헌성 또는 정당성 여부에 대해 견해가 대립하나, 판례는 누범가중규정을 합헌(合憲)으로 보고 있다.[789]

참고하기 누범가중의 위헌성 및 정당성에 관한 논쟁

1. 누범가중의 근거는 행위자책임인가 행위책임인가, 나아가 책임주의 위반인가?

   금고 이상의 형을 받아 교도소에서 형집행을 마친 자가 자신의 죄를 반성하지 않고 다시 범죄를 저질렀다는 점에서 행위자의 반사회적 위험성이 커지기 때문에 누범은 가중된다고 파악하는 행위자책임설(行爲者責任說)과 前 판결에서 재범을 금지하도록 충격을 가했음에도 불구하고 강화된 범죄에너지로써 이를 무시하고 다시 재범을 했다는 점에서 누범은 가중된다고 이해하는 행위책임설(行爲責任說,[790] 다수설·판례 대법원[791]·헌법재판소[792])이 대립하고 있다.

   이론적으로 보면, 행위자책임설에 의할 때에는 책임주의에 반할 위험이 있게 되고, 행위책임설에 의할 때에는 책임주의 위반이 아니라고 보게 될 것이다.

2. 누범가중규정은 평등의 원칙을 위반한 것인가?

   누범전과가 있다는 이유 때문에 형이 가중되는 것이 불합리한 차별이 아닌가의 문제에 대해서 기술하였듯이 판례는 평등원칙을 위반한 것이 아니라고 보고 있다. 학설로는 평등원칙을 위반하였다는 입장[793]과 평등원칙 위반은 아니라는 입장(통설)이 대립하고 있다. 통설은 특별예방과 일반예방 및 행위자의 책임 그리고 반사회적 위험성 및 이에 대한 사회방위 등을 이유로 누범가중규정은 불합리한 차별은 아니라고 보고 있다.

3. 누범가중규정은 일사부재리원칙을 위반한 것인가?

   누범가중규정이 헌법 제13조 제1항 후문의 일사부재리원칙을 위반하였다고 보는 견해[794]가 있으나, 누범의 처벌의 대상은 어디까지나 후범이며 또한 전범은 후범의 가중처벌에 대한 하나의 근거에 불과하기 때문에 일사부재리의 원칙에 위배되지는 않는다고 보는 것이 다수설이다.

4. 현행 누범가중규정은 입법론상 문제가 없는가?

   누범가중규정이 위헌이라고 주장하면서 근거로 아예 삭제해야 한다는 입법론[795]도 있다. 그러나 대체로 학계에서는 누범가중처벌규정이 위헌은 아니라는 입장이다. 다만 동시에 현행 누범가중처벌규정이 아무런 문제가 없다는 견해도 드물다. 이에 여러 입법론들이 제시되고 있다.

   예를 들어, 형사정책적 측면에서 누범가중이 누범예방에 효과가 없기 때문에 누범가중규정을 폐지해야 한다는 견해,[796] 누범의 발생 자체가 이전의 형벌이 효과가 없었다는 것을 증명한다는 점에서 상습누범에 대해서

---

789 불합리한 차별이 아니므로 평등원칙에 반하지 않는다는 판례는 대법원 1983.4.12, 83도420와 헌법재판소 1995.2.23, 93헌바43 전원재판부 참조. 일사부재리원칙에 반하지 않는다는 판례는 대법원 1990.8.24, 90초71; 1990.1.23, 89도2227 참조.

790 박상기, 531면; 손동권, "상습범 및 누범에 대한 형벌가중의 문제점", 형사판례연구(4), 112면 이하; 신동운, 759면; 이재상, §42-11; 임웅, 617면; 정성근 / 박광민, 668면; 정영석, 291면; 황산덕, 315면. 이렇게 행위책임에 근거를 두면 누범가중은 책임주의에 위배되지는 않는다고 보게 된다.

791 판례 상습범과 누범은 서로 다른 개념으로서 누범에 해당한다고 하여 반드시 상습범이 되는 것이 아니며, 반대로 상습범에 해당한다고 하여 반드시 누범이 되는 것도 아니다. 또한, 행위자책임에 형벌가중의 본질이 있는 상습범과 행위책임에 형벌가중의 본질이 있는 누범을 단지 평면적으로 비교하여 그 경중을 가릴 수는 없다(대법원 2007.8.23, 2007도4913). 법원행시 11 / 법원행시 15 / 법원9급 18

792 판례 누범을 가중처벌하는 취지는 범인이 전범에 대한 형벌에 의하여 주어진 기왕의 경고에 따르지 아니하고 다시 범죄를 저질렀다는 잘못된 범인의 생활태도 때문에 책임이 가중되어야 하고, 범인이 전범에 대한 형벌의 경고기능을 무시하고 다시 범죄를 저지름으로써 범죄추진력이 새로이 강화되었기 때문에 행위책임이 가중되어야 한다는 데 있으며 또한 재범예방이라는 형사정책이 배려된 바 있을 것이다(헌법재판소 1995.2.23, 93헌바43). 행위자책임에 형벌가중의 본질이 있는 상습범과 행위책임에 형벌가중의 본질이 있는 누범을 단지 평면적으로 비교하여 그 경중을 가릴 수도 없다(헌법재판소 2002.10.31, 2001헌바68).

793 오영근, 712면.

794 배종대, 716면; 오영근, 712면.

795 배종대, 716면; 오영근, 712면.

796 손해목, 1160면; 진계호, 432면.

는 누범가중규정은 폐지하고 부정기형이나 보안처분에 의해야 한다는 입장,[797] 누범가중이 정당화되기 위해서는 누범의 비난가능성이 높아진 때이어야 하므로 "前 판결의 경고를 따르지 않은 것을 비난할 수 있을 때"라는 행위책임의 요소를 누범성립요건으로 규정함으로써 보다 '실질적' 누범조항이 되도록 규정하자는 입장,[798] 형벌의 목적은 궁극적으로 책임주의의 관철이 아니라 효과적인 범죄예방에 있다는 점에서 누범가중규정은 보다 탄력적인 방법으로 바뀌어야 하며 누범자에 대한 형사정책적 대응이 형벌적 대응보다 선행되어야 한다는 입장,[799] 판결의 경고기능을 무시한 자라는 누범성립의 요건을 갖춘 경우에도 독일 구형법과 같이 그 단기를 제한하는 규정을 두자는 견해[800] 등이 그렇다.

5. 소 결

이상의 논의를 정리하면서 생각건대, 누범가중처벌규정은 행위책임이 나타난 것이므로 책임주의에 위반되지 않고, 평등의 원칙을 위반한 것이 아니며, 일사부재리의 원칙도 위반하지 않았다고 생각한다. 그러나 현행형법 제35조 제1항의 누범의 요건을 고려할 때 제35조 제2항의 누범가중규정은 입법론적 재검토가 필요하다고 생각된다. 이에 위에서 제시한 여러 입법론이 반영된 누범성립요건규정의 개선이 이루어져야 한다는 데 찬성한다.[801]

03 상습범과의 구별 [802]

누범과 상습범이 중첩되는 일이 많기는 하나,[803] 양자의 개념은 서로 다른 것이다. 누범이 법규정상의 개념으로서 범죄를 누적적으로 반복하여 범하는 것을 말하는 데 비하여,[804] 상습범은 범죄학상의 개념으로서 일정한 범죄를 반복하여 행하는 특정한 범죄적 성향을 가진 범죄인을 말한다. 즉, 상습범은 행위자책임이 나타난 것이고, 누범은 행위책임에 근거를 두고 있다.

따라서 누범전과가 없더라도 상습범은 인정될 수 있고, 상습범이라 하여 반드시 누범이 되는 것이 아니고 누범이라고 하여 반드시 상습범이 되는 것이 아니다. 형법에서도 누범은 총칙 제35조에서, 상습범은 각칙상 개별범죄에서 규정하고 있는 것은 양자의 개념을 달리 보는 근거가 될 수 있다. 판례도 특가법 제5조의4 제1항 위반죄(상습절도)가 성립되는 경우에도 형법 제35조 소정의 누범요건을 충족하는 때에는 누범가중을 하여야

---

797 정영석, 291면; 정성근, 654면.

798 예를 들어 손동권, 663면; 이재상, §42-14 이하 등 참조.

799 예를 들어 박상기, 531면 등 참조.

800 예를 들어 손동권, 664면 참조.

801 참고 다만 대안적 제도 없이 누범가중처벌규정 자체를 폐지하자는 견해에는 동의할 수 없다. 또한 보안처분으로 대체하자는 견해는 범죄에 대한 주된 법률효과인 형벌의 목적을 전적으로 포기한다는 점에서 동의하기 어렵다. 오히려 누범에 대해서 가중처벌의 정도를 개선하면서 필요적 보안처분제도를 신설하는 방향으로 나아가야 할 것이다. 특히 초범자에 대하여 경우에 따라 과도하게 관대한 우리 법원의 양형을 고려할 때 더욱 그렇다. 폐지론 중에서는 누범의 형의 가중은 전근대적 위하형(威嚇刑)사상에 입각한 것이고 누범자의 사회복귀를 포기하는 것이라는 비판(오영근, 713면)도 있으나, 초범으로서의 금고 이상의 형을 마치고 사회에 나와 생활하는 자가 가지게 될지 모르는 '이전의 판결의 경고(警告)'(이는 우리 사회의 경고일 것이다)를 무시하고 싶은 재범의 욕구 내지 위험성을 억제함으로써 특별예방과 사회방위에 기여하는 누범가중처벌규정의 순기능도 간과할 수 없는 부분이라고 생각된다.

802 여기에서는 상습범가중처벌규정의 위헌성(違憲性)의 문제는 논외로 하여, 실정법상 상습범가중처벌규정이 있음을 전제로 설명하기로 한다. 또한 사회보호법상 보호감호제도가 2005년 8월 4일 폐지됨으로써, 상습성이 있는 누범에 대한 대응책으로서 아래의 판례에서 예로 들고 있는 특정범죄 가중처벌 등에 관한 법률과 폭력행위 등 처벌에 관한 법률에 규정된 누범가중처벌규정이 또 다시 가중되었는데, 이에 대한 입법론적 문제점도 논외로 하기로 한다.

803 판례 누범은 상습범죄자들이 항용 빠지기 쉬운 형사정책적 제재영역이고, 누범자는 보통 범죄의 습벽을 가진 자들임이 경험적으로 입증되고 있다. 따라서 누범과 상습범은 실제상 중첩되는 경우가 허다하고, 서로 밀접한 관련을 맺고 있어 일상 속에 도사리고 있는 같은 종류의 사회악으로 평가할 수 있는 것이다(헌법재판소 2002.10.31, 2001헌바68).

804 판례 : 누범은 형식적 개념 형법 제35조가 누범에 해당하는 전과사실과 새로이 범한 범죄 사이에 일정한 상관관계가 있다고 인정되는 경우에 한하여 적용되는 것으로 제한하여 해석하여야 할 아무런 이유나 근거가 없고, 위 규정이 헌법상의 평등원칙 등에 위배되는 것도 아니다(대법원 2008.12.24, 2006도1427). 국가9급 13 / 국가7급 16

하는 것이라고 판시한 바 있다(대법원 1985.7.9, 85도1000; 1981.11.24, 81도2564).[805] 법원행시 08 / 법원행시 12

표정리 누범과 상습범의 비교

구 분	누 범	상습범
의 미	반복된 처벌	반복된 범죄에 징표된 범죄적 경향
판단기준	범죄의 수	상습적 습벽
전과의 존재	전과를 요건으로 함	전과를 요건으로 하지 않음
죄 명	전과의 존재로 족함	동일죄명 또는 동일죄질의 반복요구
죄질의 동일성	不要	要
가중의 근거	행위책임(다수설·판례)	행위자책임
양자의 경합	양자의 요건이 경합하는 경우 양자의 병과 적용 可(상습범에도 누범가중 可)	

제2절 | 성립요건

01 전범에 관한 요건

1. 금고 이상의 형의 선고

(1) 전 범

금고 이상의 형을 받아야 한다.

(2) 금고 이상의 형

선고형을 의미한다. 경찰간부 11 / 사시 14 금고 이상의 형이란 유기징역·유기금고를 의미한다. 여기에는 사형 또는 무기형을 선고받은 자가 감형으로 인하여 유기징역·유기금고로 되거나, 특별사면 또는 형의 시효의 완성으로 인하여 형집행이 면제된 경우도 포함되고(대법원 1986.11.11, 86도2004), 법원9급 10 / 경찰간부 11 / 사시 11 / 국가9급 13 / 사시 15 특가법상 누범절도와 관련해서는 소년범으로서 징역형을 받은 전과도 포함된다(대법원 2010.4.29, 2010도973).[806] 그러므로 금고보다 가벼운 형인 자격상실·자격정지·벌금·구류·과료·몰수는 누범 전과에서 제외된다.

---

805 유사판례1 : 폭처법상 누범과 형법상 누범의 중복적용 폭처법 제3조 제4항의 누범에 해당하여 처벌하는 경우에도 형법 제35조의 누범가중 규정의 적용은 면할 수 없으므로, 형법 제35조를 적용한다고 하더라도 위헌이 아니다(대법원 2007.8.23, 2007도4913).
사시 15
유사판례2 : 특가법 제5조의4 제5항 위반죄의 누범가중 특가법 제5조의4 제5항의 규정 취지는 같은 법조 제1항, 제3항 또는 제4항에 규정된 죄 또는 그 미수죄로 3회 이상 징역형을 받은 자로서 다시 이를 범하여 누범으로 처벌할 경우에는 상습성이 인정되지 않은 경우에도 상습범에 관한 제1항 내지 제4항 소정의 법정형에 의하여 처벌한다는 뜻이라고 새겨지므로, 제1항 내지 제4항에 정한 형에 다시 누범가중한 형기범위 내에서 처단형을 정하는 것이 타당하다(대법원 1994.9.27, 94도1391).
806 판례 : 소년범으로 처벌받은 징역형과 특가법상 누범절도의 과거 전과 소년법 제67조는 "소년이었을 때 범한 죄에 의하여 형을 선고받은 자가 그 집행을 종료하거나 면제받은 경우 자격에 관한 법령을 적용할 때에는 장래에 향하여 형의 선고를 받지 아니한 것으로 본다"라고 규정하고 있는바, 위 규정은 「사람의 자격」에 관한 법령의 적용에 있어 장래에 향하여 형의 선고를 받지 아니한 것으로 본다는 취지에 불과할 뿐 전과까지 소멸한다는 것은 아니다. 따라서 특가법 제5조의4 제5항을 적용하기 위한 요건으로서 요구되는 과거 전과로서의 징역형에는 '소년으로서 처벌받은 징역형'도 포함된다(대법원 2010.4.29, 2010도973).

(3) 전범의 성질

고의범·과실범을 불문하며,[807] 형법 위반인지 특별법 위반인지 불문한다.

(4) 형선고의 유효성

① 일반사면·집행유예기간의 경과 : 형선고의 효력이 상실되므로 누범전과가 아니다.[808] 경찰간부 11 / 사시 16

② 선고유예기간의 경과 : 면소판결로 간주되므로 누범전과가 될 수 없다.

③ 복권 : 형선고의 효력이 상실되지 아니하는 자격회복에 불과하므로 누범전과가 된다.

④ 재심판결의 확정 : 재심판결이 확정되면 원판결은 그 효력을 잃는다. 따라서 누범전과에서 제외된다.

> **🔎 판례연구** 재심판결의 확정과 누범전과의 제외
>
> **대법원 2017.9.21, 2017도4019**
> 재심판결이 확정되면 종전의 확정판결은 누범전과에 해당하지 않는다는 사례
> 유죄의 확정판결에 대하여 재심개시결정이 확정되어 법원이 그 사건에 대하여 다시 심판을 한 후 재심의 판결을 선고하고 그 재심판결이 확정된 때에는 종전의 확정판결은 당연히 효력을 상실한다(대법원 2005.9.28,자 2004모453 결정 등 참조). 피고인이 폭력행위 등 처벌에 관한 법률 위반(집단·흉기 등 재물손괴 등)죄 등으로 징역 8월을 선고받아 판결이 확정되었는데(이하 '확정판결'이라고 한다), 그 집행을 종료한 후 3년 내에 상해죄 등을 범하였다는 이유로 제1심 및 원심에서 누범으로 가중처벌된 경우, 피고인이 누범전과인 확정판결에 대해 재심을 청구하여, 재심개시절차에서 재심대상판결 중 헌법재판소가 위헌결정을 선고하여 효력을 상실한 구 폭력행위 등 처벌에 관한 법률(2014.12.30. 법률 제12896호로 개정된 것) 제3조 제1항, 제2조 제1항 제1호, 형법 제366조를 적용한 부분에 헌법재판소법 제47조 제4항의 재심사유가 있다는 이유로 재심대상판결 전부에 대하여 재심개시결정이 이루어졌고, 상해죄 등 범행 이후 진행된 재심심판절차에서 징역 8월을 선고한 재심판결이 확정됨으로써 확정판결은 당연히 효력을 상실하였으므로, 더 이상 상해죄 등 범행이 확정판결에 의한 형의 집행이 끝난 후 3년 내에 이루어진 것이 아니라고 하여야 한다. 경찰간부 20

---

2. 형의 집행종료 또는 집행면제

(1) 집행종료

형기가 만료된 경우이다(예 형기만료, 가석방기간 종료).

(2) 집행면제

형의 시효완성(제77조), 특별사면(사면법 제5조),[809] 법원행시 08 / 법원행시 09 / 법원행시 10 / 법원행시 12 재판이 확정된 후 법률이 변경되어 그 행위가 범죄를 구성하지 아니하게 된 경우(2020.12.8. 우리말 순화 개정법 제1조 제3항), 복권 등의 경우를 말한다. 이상과 같은 금고 이상의 형에 대한 형집행종료·형집행면제를 누범전과(累犯前科)라 한다.[810]

---

807 이에 대한 입법론적 비판은 아래의 후범(後犯) 부분에서 설명함.
808 일반사면 후의 범죄는 누범이 아니라는 판례는 대법원 1965.11.30, 65도910; 1964.4.28, 64도138 참조. 경찰간부 11
809 특별사면을 받아 형집행이 면제된 것도 누범전과라는 판례로는 대법원 1986.11.11, 86도2004 참조. 경찰간부 11 / 국가9급 13
810 참고판례 특가법 제5조의4 제6항은 "제1항 또는 제2항의 죄로 두 번 이상 실형을 선고받고 그 집행이 끝나거나 면제된 후 3년 이내에 다시 제1항 또는 제2항의 죄를 범한 경우에는 그 죄에 대하여 정한 형의 단기의 2배까지 가중한다."고 규정하고 있다. 위 규정의 문언에 비추어, 형의 집행유예를 선고받은 후 집행유예가 실효되거나 취소된 경우가 특가법 제5조의4 제6항에서 정한 '실형을 선고받은 경우'에 포함된다고 볼 수 없다(대법원 2011.5.26, 2011도2749).

1. 금고 이상에 해당하는 죄

(1) 후 범

후범(後犯)도 금고 이상에 해당하는 죄이어야 한다.

(2) 금고 이상의 형

선고형(宣告刑)을 의미한다(통설·판례). 사시 14 따라서 법정형 중 벌금형을 선택한 경우에는 누범가중을 할 수 없다(대법원 1982.7.27, 82도1018). 법원행시 10 / 사시 15 / 국가7급 16

(3) 후범의 성질

실정법 해석론상 고의범·과실범을 불문한다고 해석하는 것은 불가피하며,[811] 같은 죄명이거나 죄질을 같이하는 동종의 범죄일 것을 요구하지 않는다.

2. 전범의 형집행종료 또는 면제 후 3년 이내에 범한 죄

(1) 누범시효 이내에 범할 것

전범의 형의 집행을 종료하거나 면제를 받은 후 3년(누범시효; 累犯時效; Rückfallver jährung) 이내에 후범(後犯)이 행하여질 것을 요한다. 후범은 3년 이내에 실행에 착수만 하면 누범에 해당되고 범죄가 기수에 이르거나 종료할 것을 요하는 것이 아니다(통설·판례 : 대법원 2006.4.7, 2005도9858). 법원9급 07(상) / 법원행시 08 / 법원행시 09 / 법원행시 11 / 법원행시 12 / 사시 15 / 국가7급 16

예비·음모를 처벌하는 범죄에 있어서는 예비·음모의 성립시기가 그 기준이 될 것이다. 또한 포괄일죄의 경우에도 일부 행위가 누범기간 내에 이루어진 이상 나머지 행위가 누범기간 경과 후에 행하여져도 행위 전부가 누범관계에 있게 된다(대법원 1982.5.25, 82도600; 1976.1.13, 75도3397; 2012.3.29, 2011도14135). 법원행시 11 / 국가9급 13 / 경찰간부 15 / 사시 15 / 국가7급 16 / 법원9급 18 다만 실체적 경합관계에 있는 여러 범죄의 경우에는 누범시효 이내의 범죄만 누범가중을 받는다. 또한 3년 경과 후 범한 죄는 당연히 누범이 되지 못한다(대법원 1975.5.14, 74도956).

(2) 전형의 집행 전 및 집행 중의 범죄

누범이 될 수 없다. 따라서 선고유예기간 중의 범죄, 집행유예기간 중의 범죄(대법원 1983.8.23, 83도1600), 법원행시 09 / 법원9급 10 / 법원행시 10 / 법원행시 11 / 법원9급 18 형집행 중의 범죄, 형집행정지 중의 범죄, 가석방기간 중의 재범(대법원 1976.9.14, 76도2071) 법원행시 08 / 법원행시 09 / 경찰간부 11 은 누범이 될 수 없다.

---

811 참고 : 입법론 형법상 누범은 과실범간의 또는 과실범과 고의범간의 누범까지도 인정할 수 있게끔 규정되어 있다. 그러나 이는 의문이다(전형적인 형벌만능의 중형주의적 사고의 소산이라고 하는 비판은 박상기, 533면; 독일 구형법 제48조처럼 전범과 후범 모두 고의범으로 제한해야 한다는 비판은 이재상, §42-18; 임웅, 620면). 참고로 1992년 형법개정법률안 제51조는 재범을 고의범으로 제한하고 있었다. 헌법재판소도 폭처법 제3조 제4항의 누범가중처벌규정의 위헌 여부에 대하여 판시하면서 형법상 누범가중규정에 관한 학계의 이러한 문제의식에 공감하고 있다. "형법상의 누범요건과는 달리 전범과 후범이 모두 고의범으로서 폭력범죄라는 관련성을 가질 것과 폭력범죄로 인한 2회의 징역형을 요구하고 있는 점에서 형법상의 그것에 비하여 보다 엄격히 그 요건을 정하고 있고, 누범에 대한 책임가중의 근거를 누범의 요건으로 명시함으로써 책임원칙에 더욱 부합하도록 하고 있다(헌법재판소 2002.10.31, 2001헌바68)."

제3절 | 효 과

01 실체법적 효과 : 가중처벌

누범은 그 죄에 정한 형의 장기의 2배까지 가중한다(단기는 불가 법원행시 08 / 법원행시 09 / 법원행시 10 / 법원행시 11 / 경찰간부 15 −대법원 1969.8.19, 69도1129−, 제42조 단서에 의하여 장기는 50년 초과 불가). 법원9급 10 **판례**는 누범의 이와 같은 가중처벌규정을 합헌으로 보고 있다(헌법재판소 1995.2.23, 93헌바43).[812] 입법론적 문제점에 대해서는 기술하였다.

누범이 경합범인 경우에는 제56조의 순서에 비추어 각 죄를 먼저 누범가중하고 그 다음 경합범으로 처벌하도록 한다. 경찰간부 15 마찬가지로 상상적 경합인 경우도 경합범에 준하여, 각 죄에 대하여 먼저 누범가중을 한 후에 상상적 경합규정에 의해 가장 무거운 죄에 정한 형으로 처벌한다.[813] 법률상 감경이나 재판상 감경은 누범에 대하여도 가능하다.

02 소송법적 효과

누범전과는 형벌권의 범위에 관한 중요사실이라는 점에서 엄격한 증명을 요하므로, 누범의 시기는 유죄판결에 명시해야 한다(대법원 1946.4.26, 4279형상13). 다만 누범가중의 이유가 되는 전과사실을 유죄판결에 명시해야 하는가에 대해서는 견해의 대립이 있으나,[814] 명시해야 할 것이다. 다만 누범전과는 범죄사실이 아니므로 불고불리원칙이 적용되지 않으므로 공소장에 기재될 것을 요하지 않는다(대법원 1971.12.21, 71도2004). 더불어 누범가중의 이유가 되는 전과사실은 보강증거가 없어도 피고인의 자백만으로도 인정될 수 있다(대법원 1981.6.9, 81도1353). 법원행시 08 / 법원행시 09 / 법원행시 12

---

812 판례 : 특가법으로 단기 가중 후 형법상 누범가중 특가법상 상습강도·절도 등으로 2회 이상의 실형을 받은 전과가 있는 누범은 '단기'의 2배까지 가중하는데(특가법 제5조의4 제6항), 위 특가법상 누범규정에 의하여 형을 가중한 후 다시 형법 제35조에 의하여 누범가중을 한다(대법원 2006.12.8, 2006도6886).
813 손동권, 661면; 이재상, §42−27.
814 참고 : 누범가중의 이유가 되는 범죄사실을 유죄판결에 명시해야 하는가? 아예 범죄사실이라고 해석하는 견해(강구진, 형사소송법원론, 519면)도 있으나, 누범전과 자체가 범죄사실이라고 볼 수는 없다(기술한 누범의 성격에 관한 양형사유설의 입장). 또한 누범가중의 이유가 되는 전과사실은 형벌을 가중하는 근거가 되는 중요사실로서 판결이유에서 명시될 사항이므로, 진술에 대한 판단만 명시하면 된다는 견해(백형구, 형사소송법강의, 2001, 756면)도 타당하다고 할 수 없다. 따라서 누범전과는 범죄사실은 아니므로 공소장에 기재할 필요는 없지만, 형벌가중의 근거사유로서 판결이유에서 설시될 사항에 속하므로 엄격한 증명을 요한다고 보아 유죄판결에 명시해야 할 것이다. 손동권, 661면; 이재상, §42−28.

제**4**절 | 판결선고 후의 누범발각

제36조 【판결선고 후의 누범발각】 판결선고 후 누범인 것이 발각된 때에는 그 선고한 형을 통산하여 다시 형을 정할 수 있다. 단, 선고한 형의 집행을 종료하거나 그 집행이 면제된 후에는 예외로 한다. 법원9급 07(상) / 법원행시 10 · 11 · 12 / 법원9급 13

제36조 본문이 이미 확정판결이 있는 경우임에도 불구하고 다시 형을 정한다고 하는 것은 피고인의 진술거부권을 침해하고 일사부재리의 원칙에 반한다는 비판이 다수설이다.[815]

815 김일수, 779면; 박상기, 533면; 배종대, 718면; 손동권, 662면; 손해목, 1165면; 안동준, 354면; 오영근, 710면; 이재상, §42-31; 임웅, 623면. 반면 일사부재리원칙에 반하지 않는다는 소수설은 정성근 / 박광민, 672면; 정영석, 294면. 다만 소수설도 입법론상으로는 역시 비판적이다.

CHAPTER

05 집행유예 · 선고유예 · 가석방

제1절 | 집행유예

제62조【집행유예의 요건】① 3년 이하의 징역이나 금고 또는 500만 원 이하의 벌금의 형을 선고할 경우에 제51조의 사항을 참작하여 그 정상에 참작할 만한 사유가 있는 때에는 1년 이상 5년 이하의 기간 형의 집행을 유예할 수 있다. 다만, 금고 이상의 형을 선고한 판결이 확정된 때부터 그 집행을 종료하거나 면제된 후 3년까지의 기간에 범한 죄에 대하여 형을 선고하는 경우에는 그러하지 아니하다. 〈개정 2005.7.29, 2016.1.6.〉 법원행시 06 / 국가9급 07 / 법원행시 07 / 법원9급 08 / 법원행시 11 / 법원9급 14 / 법원9급 16

② 형을 병과할 경우에는 그 형의 일부에 대하여 집행을 유예할 수 있다. 법원행시 11 / 경찰간부 13

01 의의 및 성격

집행유예(執行猶豫; Strafaussetzung zur Bewährung, probation)라 함은 일단 유죄를 인정하여 형을 선고하되 일정한 요건 아래 일정한 기간 동안 그 형의 집행을 유예하고 그것이 취소·실효됨이 없이 유예기간을 경과하면 형의 선고의 효력을 상실하게 하는 제도이다(제62조).

집행유예제도는 단기자유형이 가져올 수 있는 부작용을 피하고 형벌을 집행시키지 않고 범죄인을 사회에 복귀시킴으로써 재사회화를 도모한다는 점에서 특별예방주의의 대표적 제도라고 볼 수 있다. 또 다른 한편 집행유예는 일단 징역·금고의 형선고를 내린다는 점에서 선고유예와는 달리 형벌의 경고적 기능도 동시에 수행하고 있음을 잊어서는 안 된다.

> **참고하기** 집행유예의 법적 성격
>
> 집행유예의 법적 성격에 대하여는 ㉠ 사회 내 처우의 장점과 형사판결의 경고기능 및 보호관찰 등과의 결합가능성을 가진 제재라는 점에서 형집행의 전환수단(diversion)이라는 견해,[816] ㉡ 집행유예라 함은 독립적인 형벌도 아니고 보호관찰이 집행유예의 필요적 부과조건이 아님을 고려할 때 이를 보안처분으로 보기도 어렵다는 점에서 '형집행의 변형(Modifikation der Strafvoll-streckung)'이라는 견해,[817] ㉢ 단순한 집행유예는 형집행의 변형이지만, 보호관찰 등이 부과된 집행유예는 형벌과 보안처분의 성격을 모두 가진 독자적(Rechtsfolge besonderer Art) 혹은 제3의 형사제재(dritte Spur im Strafrecht)라는 견해[818]가 제시되고 있다. 제3설이 집행유예의 본질을 가장 적절하게 설명하고 있다고 생각된다.

---

816 임웅, 624면.
817 다수설로 생각된다. 안동준, 357면 ; 이재상, §43-2 ; 이형국, 479면 ; 정성근, 707면 ; 진계호, 702면
818 김일수, 758면; 박상기, 538면; 오영근, 790면.

1. 3년 이하의 징역 또는 금고(또는 500만 원 이하의 벌금)의 형을 선고한 경우일 것

3년 이하의 징역 또는 금고의 형을 선고할 때에만 집행유예가 가능하며[819] 법원행시 11 이때의 형은 선고형(宣告刑)을 말한다. 국가9급 14 한편 2016.1.6. 개정형법에 의하여 500만 원 이하의 벌금형에 대해서도 집행유예를 내릴 수 있도록 하였다.[820]

또한 형을 병과하는 경우(제62조 제2항)를 제외하고는, 형의 일부에 대한 집행유예는 불가능하다는 것이 통설·판례이다.[821] 따라서 하나의 자유형 중 일부에 대해서는 실형을, 나머지에 대해서는 집행유예를 선고하는 것은 허용되지 않는다(대법원 2007.2.22, 2006도8555). 법원9급 07(하) / 경찰채용 10 1차 / 법원9급 12 / 법원행시 13 / 국가9급 14 / 법원행시 14 / 경찰채용 15 1차

2. 정상에 참작할 만한 사유가 있을 것

판결선고시를 기준으로, 피고인에게 형을 선고하되 즉시 집행하지 않고 유예기간을 주어도 재범을 하지 않을 것으로 인정되는 경우일 것을 말한다.[822] 이 경우 형법 제51조의 양형조건은 동시에 집행유예를 위한 정상참작사유가 된다.

3. 금고 이상의 형을 선고한 판결이 확정된 때부터 그 형집행종료·형집행면제 후 3년까지의 기간에 범한 죄에 대하여 형을 선고하는 경우가 아닐 것(2005.7.29. 개정) 국가7급 11

(1) 2005년 형법개정 전 형법의 문제점

개정 전 형법은 제62조 제1항 단서에 의하여 '범죄의 종류 및 죄를 범한 시기와 관계없이' 단지 '금고 이상의 형의 선고'가 있다는 이유로 5년 이내에는 집행유예를 허용하지 아니하였는데,[823] 이는 특별예방을 목표로 하는 집행유예제도의 본질에 비추어 볼 때 지나치게 제한적인 것이다. '금고 이상의 형의 선고'를 받은 이후 이러한 형벌의 경고를 무시하고 다시 재범으로 나아간 자에게 집행유예를 할 수 없다고 보아야지, 이러한 '금고 이상의 형의 선고' 이전에 이미 범해놓은 죄에 대해서까지 집행유예를 할 수 없다는 것은 집행유예제도의 본질을 무시하고 법원의 재량을 과도하게 제약하는 것으로 보이기 때문이다. 또한 동 규정의 '5년'이라는 기간도 지나치게 긴 것이다.

---

[819] 독일형법처럼 2년 이하의 자유형을 선고할 때에만 집행유예를 인정해야 한다는 입법론은 손동권, 677면.

[820] 보충 2016.1.6. 개정형법에서는, 징역형에 대해 인정되는 집행유예가 징역형보다 상대적으로 가벼운 형벌인 벌금형에는 인정되지 않는 불합리뿐만 아니라, 벌금 납부능력이 부족한 서민의 경우 벌금형을 선고받아 벌금을 납부하지 못할 시 노역장 유치되는 것을 우려하여 징역형의 집행유예 판결을 구하는 사례 등을 고려하여 형벌의 부조화 현상을 방지하고 서민의 경제적 어려움을 덜어주기 위해 벌금형에 대한 집행유예를 도입할 필요가 있음을 인정하되, 고액 벌금형의 집행유예를 인정하는 것에 대한 비판적인 법감정이 있는 점 등을 고려하여 500만 원 이하의 벌금형을 선고하는 경우에만 집행유예를 선고할 수 있도록 제62조 제1항을 개정하였다. 다만 벌금형의 집행유예 규정은 공포 후 2년이 경과한 날로부터 시행된다(2018.1.7. 시행).

[821] 해석론으로서 반대견해는 박상기, 541면. 또한 입법론으로서 충격적 보호관찰(shock probation)을 도입하는 차원에서 형의 일부에 대한 집행유예도 가능하도록 해야 한다는 견해로는 오영근, 793면 참조.

[822] 정상에 참작할 만한 사유가 있는 경우라는 요건을 "재범위험성이 없다고 판단될 때"로 개정하자는 입법론은 오영근, 791면 참조.

[823] 참고 원래 개정 전 형법 제62조 제1항 단서에서는 "다만, 금고 이상의 형의 선고를 받아 집행을 종료한 후 또는 집행이 면제된 후로부터 5년을 경과하지 아니한 자에 대하여는 예외로 한다."고 하고 있었다. 이에 의하면, 금고 이상의 형을 선고한 판결이 확정 전에 범한 죄인지 후에 범한 죄인지를 불문하고 이에 대해서는 집행유예를 할 수 없었다. 예컨대, 피고인 甲이 A죄로 금고 이상의 형을 선고받은 전과(여기 제62조 제1항 단서의 '금고 이상의 형'에는 '집행유예'의 판결도 포함된다는 것이 대법원의 입장)가 있는 경우, 그 집행종료·면제 후 5년을 경과하지 못한 시점에서는 甲이 범한 B죄에 대해서 —그 B죄가 위 A죄에 대한 판결확정 전에 범한 죄이든 후에 범한 죄이든 간에— 원칙적으로 그 형의 집행을 유예할 수 없게끔 되어 있었던 것이다.

(2) 집행유예 기간 중의 집행유예는 가능한가의 문제에 관한 89년 전원합의체 판례

① 원칙 : 판례에 의하면, A죄에 대하여 집행유예의 판결이 내려진 경우(예를 들어 '징역 1년에 집행유예 2년' 이 선고되었다고 하자)에도, A죄에 대한 집행유예기간 중에 B죄에 대한 재판이 열린다면 개정 전 형법 제62조 제1항 단서에 의하여 −B죄가 설령 A죄에 대한 재판이 확정되기 전에 범한 죄라 하여도− 원칙적으로 집행유예를 선고할 수 없다고 보고 있었다.

② 예외 : 집행유예 기간 중의 집행유예가 불가하다는 입장을 예외 없이 고수하게 되면, "형법 제37조의 경합범 관계에 있는 수죄가 전후에 기소되어 각각 별개의 절차에서 재판을 받게 된 결과 어느 하나의 사건에서 먼저 집행유예가 선고되어 그 형이 확정되었을 경우, 동시에 같은 절차에서 재판을 받아 한꺼번에 집행유예를 선고할 수 있었던 경우와 비교하여 현저히 균형을 잃게 되므로, 이러한 불합리 가 생기는 경우에 한하여 형의 집행유예를 선고받은 경우를 제62조 제1항 단서의 금고 이상의 형을 선고받은 경우에 포함하지 않는 것으로 보아 재차의 집행유예가 허용되어야 한다." 이를 인정한 것이 1989년 전원합의체 **판례**이다(대법원 1989.9.12, 87도2365 전원합의체). 법원행시 10

이 판례의 입장을 보통 여죄설(餘罪說)로 부르고 있는데, 정리하자면 "집행유예기간 중의 집행유예는 원칙적으로 허용되지 않지만, 예외적으로 여죄의 경우에는 가능하다."는 것이다.

③ 학설 : ㉠ 판례의 입장처럼 집행유예기간 중 범한 죄에 대해서 원칙적으로 집행유예가 허용될 수 없다 는 부정설(소수설[824])과 ㉡ 집행유예기간 중이라 하더라도 법원의 판단에 의해 얼마든지 재차 집행유 예를 선고할 수 있다고 보는 긍정설(다수설)이 대립하고 있다.

그림정리 집행유예기간 중의 집행유예는 가능한가(餘罪說 : 판례)

집행유예기간 중의 집행유예 ─┌ 원 칙 − 불가
　　　　　　　　　　　　　　└ 예 외 − 경합범 관계에 있으면 가능(판례)

• 여죄설에 의한 집행유예기간 중 재차 집행유예가 가능하기 위한 요건
　① A죄(이미 집행유예 받은 죄)와 B죄가 경합범 관계에 있을 것
　② 병합심리하였더라면 A죄와 B죄의 전체에 대하여 집행유예의 선고가 가능하였을 것

---

(3) 2005년 7월 29일 개정 형법 제62조 제1항 단서의 내용 및 해석론

① 2005년 7월 29일 개정 형법의 내용 : 위와 같은 개정 전 형법의 문제점을 시정하고 전원합의체 판례 를 반영하기 위해 2005년 7월 29일 형법 제62조 제1항 단서가 다음과 같이 개정되었다. "다만, 금고 이상의 형을 선고한 판결이 확정된 때부터 그 집행을 종료하거나 면제된 후 3년까지의 기간에 범한 죄에 대하여 형을 선고하는 경우에는 그러하지 아니하다." 따라서 금고 이상의 형을 선고한 판결이 확정된 때부터 그 집행을 종료·면제한 후 3년까지의 '기간 중에 범한 죄'에 대해서만 집행유예를 할 수 없는 것이며, 판결확정 '전'에 범한 죄에 대해서는 얼마든지 집행유예가 가능하게 되었다. 이는 여죄설을 입법에서 수용한 것이다. 또한 기간도 종전의 '5년'에서 '3년'으로 단축되었다.

다만, 구 형법을 적용하면 집행유예 결격사유에 해당하지 않지만 현행 형법을 적용하면 집행유예 결 격사유에 해당하는 경우도 있을 수 있으며, 이러한 경우에는 종전 형법을 적용하여 집행유예를 내려 주어야 한다(대법원 2008.3.27, 2007도7874).[825] 법원승진 11 / 사시 14

---

824 반면 집행유예기간 중 범한 죄에 대해서 원칙적으로 집행유예가 허용될 수 없다는 소수설로는 손해목, 1200면; 이재상, §43−13; 이형국, 479면; 정성근, 778면 등. 판례는 여죄설로서 소수설을 취하고 있다.
825 판례 : 구 형법을 적용하는 것이 유리한 경우 구 형법 시행 면제된 범죄에 대하여 형을 선고함에 있어, 종전의 형법을 적용하면

② 개정형법에 의할 때 집행유예 기간 중의 집행유예는 가능한가의 문제 법원행시 06

　　㉠ 학설·판례 : 개정 전 형법 하의 **판례**의 입장인 여죄설은 여전히 유지되고 있으며 소수설이 이를 지지하는 데 비해, 다수설은 적극설을 계속 취하고 있다.

　　㉡ 집행유예 기간 중 범한 죄에 대하여 집행유예가 가능한 경우 : 집행유예기간 중에 범한 범죄에 대하여 공소가 제기된 후 그 범죄에 대한 재판 도중에 집행유예기간이 경과한 경우에는 —제62조 제1항 단서가 적용되지 않는다고 보아— 집행유예의 선고가 가능하다는 **판례**가 내려졌다(대법원 2007.2.8, 2006도6196).[826] 법원9급 07(하) / 국가9급 08 / 법원행시 10 / 사시 10 / 국가7급 11 / 법원승진 11 / 법원행시 11 / 법원승진 12 / 국가9급 14 / 법원9급 14 / 법원행시 14 / 국가7급 17 이 **판례**는, 집행유예기간 중의 재범이라 하여도 전자의 집행유예기간을 경과하면 집행유예를 선고할 수 있는 예외적 경우를 인정한 판례로서 중요한 의미를 가진다.

📚 **사례연구** 집행유예기간 중의 집행유예 : 판례는 원칙적 소극, 예외적으로 기간 경과 후에는 가능

다음은 대법원 2007.7.27, 2007도768 판례를 문제로 만든 것이다. 잘 읽고 물음에 답하시오.

피고인은 폭처법위반(야간·공동폭행)죄로 2003.9.24. 징역 1년 6월에 집행유예 3년의 판결을 선고받아 같은 해 10.2. 위 판결이 확정된 전력이 있는 자로서, 그 집행유예기간 중인 2004.8.26. 및 같은 해 11.16.에 이 사건 각 범죄를 저질렀다. 그런데 위 집행유예기간이 경과하기 전이자 이 사건 제1심판결 선고 전인 2006.4.18. 보호관찰준수사항 위반 등의 이유로 위 집행유예의 취소결정이 확정된 상태였다.

제1문 형의 집행유예를 선고받고 그 유예기간이 경과하지 않은 경우가 구 형법 제62조 제1항 단서에서 정한 집행유예 결격사유에 원칙적으로 해당하는가?

［해결］ 구 형법 제62조 제1항 단서에서 규정한 '금고 이상의 형의 선고를 받아 집행을 종료한 후 또는 집행이 면제된 후로부터 5년을 경과하지 아니한 자'라는 의미는 실형선고를 받고 집행종료나 집행면제 후 5년을 경과하지 않은 경우만을 가리키는 것이 아니라, 형의 집행유예를 선고받고 그 유예기간이 경과하지 않은 경우도 특별한 사정(여죄설의 경우)이 없는 한 여기에 포함된다. 국가7급 09

［정답］ 원칙적으로 해당한다.

제2문 현행 형법 제62조의 해석상 집행유예기간 중에 범한 죄에 대하여 공소가 제기된 후 그 재판 도중에 집행유예기간이 경과한 경우, 다시 집행유예를 선고할 수 있는가?

［해결］ ① 원칙적으로 금고 이상의 형의 선고를 받은 전력이 있는 경우에는 집행유예를 선고할 수 없는 것으로 하되, 다만 ② 금고 이상의 형의 선고를 받은 전력이 있더라도, 그 전력이 형의 집행유예를 선고받은 것으로서 그 집행유예가 실효·취소됨이 없이 그 유예기간을 이미 경과한 경우에는 다시 집행유예를 선고할 수 있는 것으로 해석함이 상당하다. 법원행시 10·11 / 법원9급 14

［정답］ 다시 집행유예를 선고할 수 있다.

형의 집행을 종료한 후 이미 5년이 경과되어 집행유예 결격사유에 해당하지 아니하지만, 현행 형법을 적용하면 형의 집행을 종료한 후 3년까지의 기간 중에 범한 죄이어서 집행유예 결격사유에 해당하는 경우 피고인에게는 종전 형법을 적용하는 것이 유리하므로 그 법률을 적용하여야 한다(대법원 2008.3.27, 2007도7874). 법원승진 11 / 사시 14

826 판례 : 집유기간 중 범한 죄에 대해 집유가 가능한 경우 집행유예 기간 중에 범한 죄에 대하여 형을 선고할 때에, 집행유예의 결격사유를 정하는 형법 제62조 제1항 단서 소정의 요건에 해당하는 경우란, 이미 집행유예가 실효 또는 취소된 경우와 그 선고 시점에 미처 유예기간이 경과하지 아니하여 형 선고의 효력이 실효되지 아니한 채로 남아 있는 경우로 국한되고, 집행유예가 실효 또는 취소됨이 없이 유예기간을 경과한 때에는, 형의 선고가 이미 그 효력을 잃게 되어 '금고 이상의 형을 선고'한 경우에 해당한다고 보기 어려울 뿐 아니라, 집행의 가능성이 더 이상 존재하지 아니하여 집행종료·집행면제의 개념도 상정하기 어려우므로 위 단서 소정의 요건에 해당하지 않는다고 할 것이므로, 집행유예 기간 중에 범한 범죄라고 할지라도 집행유예가 실효·취소됨이 없이 그 유예기간이 경과한 경우에는 이에 대해 다시 집행유예의 선고가 가능하다(대법원 2007.2.8, 2006도6196). 법원행시 10 / 사시 10 / 법원행시 11 / 국가9급 14 / 법원행시 14

제3문 위 사안에서 피고인이 집행유예기간 중에 범한 범죄에 대해서는 집행유예가 가능한가?

> [해결] 구 형법 시행 중 범한 범죄에 대하여 형을 선고함에 있어, 범죄 당시 집행유예기간 중이었고 그 유예기간 경과 전에 집행유예 취소결정이 확정되었다면 구 형법 제62조의 규정에 의하든 현행 형법 제62조에 의하든 모두 집행유예의 결격사유에 해당한다. 법원승진 12
>
> > [정답] 집행유예가 가능하지 않다.

✦ **판례연구** 제37조 후단 경합범 관계에 있는 두 개의 범죄에 대하여 하나의 판결을 내리는 경우에는 제62조 제1항 단서에 해당되지 않는 경우이므로 각 실형과 집행유예 선고가 가능하다는 사례

대법원 2001.10.12, 2001도3579
형법 제37조 후단의 경합범 관계에 있는 두 개의 범죄에 대하여 하나의 판결로 두 개의 자유형을 선고하는 경우, 그 두 개의 자유형은 각각 별개의 형이므로 형법 제62조 제1항에서 정한 집행유예의 요건에 해당하면 그 각 자유형에 대하여 각각 집행유예를 선고할 수 있는 것이고, 또 그 두 개의 징역형 중 하나의 징역형에 대하여는 실형을 선고하면서 다른 징역형에 대하여 집행유예를 선고하는 것도 우리 형법상 이러한 조치를 금하는 명문의 규정이 없는 이상(제62조 제1항 단서에 위반되지 않는다-필자 주) 허용되는 것으로 보아야 할 것이다. 법원9급 08 / 법원행시 10 / 법원9급 12 / 사시 11 · 14 / 변호사 14 / 법원9급 16

---

03 효 과

1. 형 선고의 효력 상실(제65조)

> **제65조【집행유예의 효과】** 집행유예의 선고를 받은 후 그 선고의 실효 또는 취소됨이 없이 유예기간을 경과한 때에는 형의 선고는 효력을 잃는다. 국가9급 07 / 법원9급 08 / 경찰간부 13

(1) 집행유예의 시기

우리 형법상 집행유예는 즉시 석방의 의미를 가지기 때문에, 형법 제37조 후단의 경합범 관계에 있는 죄에 대해 두 개의 징역형을 선고하면서 하나의 징역형에 대하여만 집행유예를 선고하고 그 집행유예기간의 *始期*를 다른 하나의 징역형의 집행종료일로 한 것은 위법하다(대법원 2002.2.26, 2000도4637). 법원행시 12 / 국가9급 14 / 사시 14 / 법원9급 16 / 법원행시 18

(2) 형 선고의 효력 상실

집행유예 기간이 무사히 경과하면 형 선고의 법률적 효과가 없어진다(따라서 형집행은 불가능).[827] 국가9급 09 이는 형실효법에 의한 형의 실효와 같이 형의 선고에 의한 법적 효과가 장래에 향하여 소멸한다는 취지이다.

---

827 판례 : 집행유예 기간 경과의 효과 ① 형법 제65조에서 '형의 선고가 효력을 잃는다'는 의미는 구 형의 실효 등에 관한 법률에 의한 형의 실효와 같이 형의 선고에 의한 법적 효과가 장래에 향하여 소멸한다는 취지이다. 따라서 위 규정에 따라 형의 선고가 효력을 잃는 경우에도 그 전과는 특가법 제5조의4 제5항에서 정한 '징역형을 받은 경우'로 볼 수 없다(대법원 2010.9.9, 2010도8021). ② 재심대상판결에서 징역 2년에 집행유예 3년을 선고받은 후 선고의 실효 또는 취소됨이 없이 유예기간이 경과하였으므로 재심대상판결에 적용된 구 특정범죄가중법 제5조의4 제1항 중 형법 제329조에 관한 위헌결정의 취지를 반영하여 이 사건 재심판결에서 다시 징역 2년에 집행유예 3년을 선고받고 유예기간이 경과하지 않았더라도, 이는 특정범죄가중법 제5조의4 제5항(세 번 이상 징역형을 받은 사람이 다시 절도죄 등을 범하여 누범으로 처벌하는 규정)의 "징역형을 받은 경우" 해당하지 않는다(대법원 2022.7.28, 2020도13705).
보충 형의 집행유예기간이 경과한 때에는 수형인명표를 폐기하고 수형인명부의 해당란을 삭제한다(형의 실효 등에 관한 법률 제8조 제1항).

따라서 형의 선고가 효력을 잃는 경우에도 그 전과는 특가법 제5조의4 제5항에서 정한 '징역형을 받은 경우'로 볼 수 없다(대법원 2010.9.9, 2010도8021). 법원9급 17

(3) 형 선고의 사실은 존재

형 선고가 있었다는 기왕의 사실까지 없어지는 것은 아니다. 국가7급 08 따라서 집행유예기간이 경과한 이후 범한 죄에 대해서는 선고유예가 불가능하다. 법원행시 08 / 법원승진 11 / 법원행시 11

2. (95년 개정형법에서) 신설된 규정 – 보호관찰·사회봉사명령·수강명령(제62조의2) 법원행시 06

> 제62조의2【보호관찰, 사회봉사·수강명령】① 형의 집행을 유예하는 경우에는 보호관찰을 받을 것을 명하거나 사회봉사 또는 수강을 명할 수 있다.
> ② 제1항의 규정에 의한 보호관찰의 기간은 집행을 유예한 기간으로 한다. 다만, 법원은 유예기간의 범위 내에서 보호관찰기간을 정할 수 있다.
> ③ 사회봉사명령 또는 수강명령은 집행유예기간 내에 이를 집행한다. 경찰채용 15 1차

(1) 보호관찰(保護觀察; Bewährungshilfe, probation)

① 의의 : 판례에 의하면 보호관찰은 형벌이 아닌 보안처분의 성격을 갖는 것으로서 장래의 위험성으로부터 행위자를 보호하고 사회를 방위하기 위한 합목적적인 조치이다(대법원 2010.9.30, 2010도6403). 다만 법치주의와 기본권 보장의 원칙 아래에서 보호관찰 역시 자의적·무제한적으로 허용될 수 없음은 물론이다. 보호관찰은 법무부장관에게 소속된 보호관찰소가 실시하고 보호관찰소에는 보호관찰관을 둔다. 보호관찰은 필요하고도 적절한 한도 내에서 이루어져야 하며, 가장 적합한 방법으로 실시되어야 하므로(보호관찰 등에 관한 법률 제4조 참조), 대상자가 준수할 수 있고 그 자유를 부당하게 제한하지 아니하는 범위 내에서 구체적으로 부과되어야 한다(동법 시행령 제19조 제8호).

② 기간 : 법원은 유예기간 내에서 보호관찰기간을 정할 수 있다(제62조의2 제2항). 법원행시 06 / 국가9급 08 / 사시 14

③ 특별준수사항 : 보호관찰에 특별준수사항을 붙일 수 있으므로, 예컨대 근로기준법을 위반한 피고인에 대하여 형의 집행을 유예함과 동시에 집행유예기간 동안 보호관찰을 받을 것을 명하면서 '보호관찰기간 중 선거에 개입하지 말 것'이라는 내용의 특별준수사항을 부과하는 것도 경우에 따라 정당하다(대법원 2010.9.30, 2010도6403).

④ '특정 범죄자에 대한 위치추적 전자장치 부착 등에 관한 법률'(이하 '전자장치부착법')상 형의 집행을 유예하는 경우 위치추적 전자장치 부착의 요건 : 법원은 형의 집행을 유예하면서 보호관찰을 받을 것을 명하는 때에만 위치추적 전자장치 부착을 명할 수 있다. 따라서 형의 집행을 유예하면서 보호관찰을 받을 것을 명하지 않은 채 전자장치 부착을 명한 제1심판결에 대해서는 비상상고가 허용된다(대법원 2011.2.24, 2010오1, 2010전오1).

(2) 사회봉사명령(社會奉仕命令; Gemeinnützige Arbeit, community service order)

① 금지되는 사회봉사명령 : 일정한 금원의 출연을 내용으로 하는 사회봉사명령은 집행유예에 부가되는 명하는 처분이라는 점에서 허용되지 않으며(대법원 2008.4.24, 2007도8116; 2008.4.11, 2007도8373), 변호사 14 피고인에게 자신의 범죄행위와 관련하여 어떠한 말이나 글을 공개적으로 발표하도록 명하는 내용의 사회봉사명령도 양심의 자유나 명예 및 인격에 대한 심각하고 중대한 침해에 해당되므로 허용되지 않는다(대법원 2008.4.11, 2007도8373). 사시 11 / 경찰승진 12 / 국가7급 17 / 법원행시 18

② 사회봉사명령이 위법한 경우 : 형법은 사회봉사명령을 집행유예에 수반되는 부수처분으로 설정하여 사회봉사명령을 집행유예기간 내에 집행하도록 하고 그 명령위반의 정도가 무거운 경우를 집행유예

취소의 요건으로 삼고 있는 점에 비추어, 사회봉사명령이 위법한 경우 형의 집행유예 부분에 위법이 없더라도 그 부분까지 '전부 파기'하는 것이 타당하다(대법원 2008.4.24, 2007도8116).

③ 특별준수사항 : 사회봉사명령이나 수강명령에도 특별준수사항을 붙일 수 있다. 다만, 보호관찰명령이 보호관찰기간 동안 바른 생활을 영위할 것을 요구하는 추상적 조건의 부과이거나 악행을 하지 말 것을 요구하는 소극적인 부작위조건의 부과인 반면, 사회봉사명령·수강명령은 특정시간 동안의 적극적인 작위의무를 부과하는 데 그 특징이 있다는 점 등에 비추어 보면, 사회봉사명령·수강명령 대상자에 대한 특별준수사항은 보호관찰 대상자에 대한 것과 같을 수 없고, 따라서 보호관찰 대상자에 대한 특별준수사항을 사회봉사명령·수강명령 대상자에게 그대로 적용하는 것은 적합하지 않다(대법원 2009. 3.30, 2008모1116).

판례연구 사회봉사명령의 특별준수사항의 범위

대법원 2020.11.5, 2017도18291
(사회봉사명령의 특별준수사항으로 "2017년 말까지 이 사건 개발제한행위 위반에 따른 건축물 등을 모두 원상복구할 것"을 부과할 수 없다는 사례) 보호관찰 등에 관한 법률(이하 '보호관찰법') 제59조 제1항 등의 규정을 종합하면, 법원이 형의 집행을 유예하는 경우 명할 수 있는 사회봉사는 다른 법률에 특별한 규정이 없는 한 500시간 내에서 시간 단위로 부과될 수 있는 일 또는 근로활동을 의미하는 것으로 해석된다(대법원 2008.4.11, 2007도8373; 2008.4.24, 2007도8116 등). …… (한편) 보호관찰법 제32조 제3항이 보호관찰 대상자에게 과할 수 있는 특별준수사항으로 정한 "범죄행위로 인한 손해를 회복하기 위하여 노력할 것(제4호)" 등 같은 항 제1호부터 제9호까지의 사항은 보호관찰 대상자에 한해 부과할 수 있을 뿐, 사회봉사명령·수강명령 대상자에 대해서는 부과할 수 없다. 한편 보호관찰법 제32조 제3항 제4호는 보호관찰 대상자에게 과할 수 있는 특별준수사항으로 '범죄행위로 인한 손해를 회복하기 위해 노력할 것'을 정하고 있는데, 이 사건 특별준수사항은 범죄행위로 인한 손해를 회복하기 위하여 노력할 것을 넘어 일정 기간 내에 원상회복할 것을 명하는 것으로서 보호관찰법 제32조 제3항 제4호를 비롯하여 같은 항 제1호부터 제9호까지 정한 보호관찰의 특별준수사항으로도 허용될 수 없음을 밝혀 둔다.

보충 대법원은 사회봉사명령의 특별준수사항으로 위와 같은 내용을 부과할 수 없다고 보아 파기환송한 것이다. 나아가 대법원은 보호관찰의 특별준수사항으로도 위와 같은 내용을 부과할 수 없음도 밝히고 있다.

---

(3) 보호관찰명령 없이 사회봉사명령·수강명령(受講命令)만 선고하는 경우

보호관찰대상자에 대한 특별준수사항을 사회봉사명령·수강명령대상자에게 그대로 적용할 수 없으므로, 보호관찰명령 없이 수강명령만 선고한 경우 특별준수사항 위반을 이유로 집행유예를 취소하는 것도 적법하지 않다(대법원 2009.3.30, 2008모1116).

(4) 보호관찰·사회봉사명령·수강명령의 동시 선고

가능하다는 것이 판례의 입장이다(대법원 1998.4.24, 98도98).[828] 국가9급 07 / 국가7급 09 / 법원행시 11 / 경찰채용 12 1차 / 경찰간부 13 / 사시 15 / 경찰간부 18 / 법원행시 18

---

828 다만 피고인에게 사실상 불리한 효과를 가져오기 때문에 입법적으로 분명한 규정이 필요하다는 반대견해로는 박상기, 543면 참조.

1. 집행유예의 실효

> 제63조【집행유예의 실효】집행유예의 선고를 받은 자가 유예기간 중 고의로 범한 죄로 금고 이상의 실형을 선고받아 그 판결이 확정된 때에는 집행유예의 선고는 효력을 잃는다. 〈2005.7.29. 개정〉 국가9급 07 / 법원9급 08 / 법원행시 08 / 사시 10 / 법원행시 11 / 사시 11 / 경찰간부 13 / 국가7급 13 / 법원승진 13 / 법원9급 14 / 사시 14 / 경찰채용 15 1차

구형법 제63조가 가지고 있던 문제점[829]을 시정하기 위해 2005년 7월 29일 형법이 개정되어, 이제 집행유예의 실효는 ① 고의범[830]으로서 국가9급 08 / 법원승진 12 ② 집행유예 기간 중에 범한 범죄이고 ③ 이에 대해 집행유예가 아닌 금고 이상의 실형의 선고가 내려져 확정되는 경우에만 가능하다.

2. 집행유예의 취소

> 제64조【집행유예의 취소】① 집행유예의 선고를 받은 후 제62조 단행의 사유가 발각된 때에는 집행유예의 선고를 취소한다. 법원행시 08 · 10 · 11
> ② 제62조의2의 규정에 의하여 보호관찰이나 사회봉사 또는 수강을 명한 집행유예를 받은 자가 준수사항이나 명령을 위반하고 그 정도가 무거운 때에는 집행유예를 취소할 수 있다. 법원행시 12 / 법원9급 15

(1) 제1항의 필요적 취소

① 요건 : 집행유예의 선고를 받은 후 제62조 단행의 사유가 발각된 때에는 집행유예를 취소한다(제64조 제1항). 제62조 단행의 사유란 금고 이상의 형(刑)을 선고한 판결이 확정된 때부터 그 형집행 종료·면제 후 3년까지의 기간에 범한 죄임에도 이를 간과한 채 집행유예를 내린 경우를 말한다. 여기서 금고 이상의 형(刑)에는 실형뿐만 아니라 집행유예가 선고되었던 경우도 포함된다는 것이 **판례**이다(대법원 1983.2.5, 83모1).[831]

② 판결확정 전 결격사유가 이미 발각된 경우 : 집행유예 취소는 집행유예 선고의 판결이 확정된 후 위 사유가 발각된 경우로 한정되고, 그 판결확정 전에 결격사유가 발각된 경우에는 이를 취소할 수 없으며, 법원행시 10 이때 판결확정 전에 발각되었다고 함은 검사가 명확하게 그 결격사유를 안 경우만을 말하는 것이 아니라 당연히 그 결격사유를 알 수 있는 객관적 상황이 존재함에도 부주의로 알지 못한 경우도 포함된다(대법원 2001.6.27, 2001모135).

③ 집행유예기간 경과 후 발각된 경우 : 집행유예기간이 경과함으로써 형의 선고가 효력을 잃은 후에는 형법 제62조 단행의 사유가 발각되었다 하더라도 그와 같은 이유로 집행유예를 취소할 수 없고 그대로 유예기간 경과의 효과가 발생한다(대법원 1999.1.12, 98모151). 법원9급 14 / 경찰채용 23 1차

---

829 참고 : 구 형법 제63조의 문제점 구 형법 제63조는 "집행유예의 선고를 받은 자가 유예기간 중 금고 이상의 형의 선고를 받아 그 판결이 확정된 때에는 집행유예의 선고는 효력을 잃는다."라고 하여 집행유예의 실효사유로 집행유예 기간 중에 죄를 범한 것을 요건으로 하지 아니하고 단지 집행유예 기간 중에 금고 이상의 형을 선고 받은 판결(집행유예도 포함된다는 것이 판례)이 확정되면 충분히 실효사유가 된다고 규정하고 있었다. 그러나 ① 개정 전 형법 제63조의 집행유예의 실효사유가 단지 금고 이상의 형이 선고되어 확정되면 충분하다고 하여, 그 죄의 종류를 불문하고 있었는데 이는 '과실범은 제외하고 고의범으로 제한'하는 것이 마땅하다. 또한 ② 그 죄를 범한 시기를 고려하지 않고 집행유예 기간 중 금고 이상의 형의 선고를 받아 그 판결만 확정되면 실효사유로 인정하고 있었던 것도 문제이다. 집행유예의 실효란 어디까지나 집행유예를 받았음에도 이를 무시한 채 재범으로 나아간 자에 대해 제재를 내리는 것으로 보아야 하기 때문이다. 따라서 실효사유는 '집행유예 기간 중에 범한 범죄로 제한'하는 것이 마땅하다. 그리고 ③ 실형뿐만 아니라 집행유예가 확정되는 경우에도 이미 내려진 집행유예에 대한 실효사유가 된다는 것(대법원 1979.9.14, 79모30)도 문제이다. '실형선고를 받은 경우로 제한'하는 것이 마땅하다.
830 정리 실효사유는 집행유예와 가석방은 고의범일 것을 요하고, 선고유예의 경우에는 아직도 고의범·과실범을 불문한다.
831 참고 다만 여기에서도 집행유예기간 중의 집행유예가 원칙적으로 허용되어야 한다는 학계의 적극설(다수설)에 의하면 금고 이상의 형은 실형만을 의미하고 집행유예는 제외된다고 해석될 것이다.

★ **판례연구** 집행유예기간의 경과와 집행유예의 취소의 가능 여부

대법원 2023.6.29, 2023모1007
검사는 보호관찰이나 사회봉사 또는 수강을 명한 집행유예를 받은 자가 준수사항이나 명령을 위반하고 그 정도가 무거운 경우 보호관찰소장의 신청을 받아 집행유예의 선고 취소청구를 할 수 있는데(보호관찰 등에 관한 법률 제47조 제1항, 형법 제64조 제2항), 그 심리 도중 집행유예 기간이 경과하면 형의 선고는 효력을 잃기 때문에 더 이상 집행유예의 선고를 취소할 수 없고 취소청구를 기각할 수밖에 없다. 집행유예의 선고 취소결정에 대한 즉시항고 또는 재항고 상태에서 집행유예 기간이 경과한 때에도 같다(대법원 2005.8.23, 2005모444; 2016.6.9, 2016모1567). 이처럼 집행유예의 선고 취소는 '집행유예 기간 중'에만 가능하다는 시간적 한계가 있다.[832]

(2) 제2항의 임의적 취소

① 보호관찰 준수사항 위반에 대한 형사절차와 집행유예 취소의 병행 : 제2항의 임의적 취소와 관련해서는, 형법 제62조의 2의 규정에 의하여 보호관찰이나 사회봉사 또는 수강을 명한 집행유예를 받은 자가 준수사항이나 명령을 위반한 경우에 그 위반사실이 동시에 범죄행위로 되더라도 형사절차와는 별도로 법원이 형법 제64조 제2항에 규정된 집행유예 취소의 요건에 해당하는가를 심리하여 준수사항이나 명령 위반사실이 인정되고 위반의 정도가 무거운 때에는 집행유예를 취소할 수 있다(대법원 1999. 3.10, 99모33). 경찰채용 23 1차

② 사회봉사·수강명령의 이행 여부와 보호관찰자 준수사항 위반 평가의 관계 : 법원이 보호관찰 등에 관한 법률에 의한 검사의 청구에 의하여 형법 제64조 제2항에 규정된 집행유예취소의 요건에 해당하는가를 심리함에 있어, 보호관찰기간 중의 재범에 대하여 따로 처벌받는 것과는 별도로 보호관찰자 준수사항 위반 여부 및 그 정도를 평가하여야 하고, 보호관찰이나 사회봉사 또는 수강명령은 각각 병과되는 것이므로 사회봉사 또는 수강명령의 이행 여부는 보호관찰자 준수사항 위반 여부나 그 정도를 평가하는 결정적인 요소가 될 수 없다(대법원 2010.5.27, 2010모446).[833]

(3) 즉시항고

이상의 집행유예 취소결정에 대해서는 피고인은 즉시항고를 제기할 수 있다(형사소송법 제335조).

---

832 **보충** 법원은 집행유예 취소 청구서 부본을 지체없이 집행유예를 받은 자에게 송달하여야 하고(형사소송규칙 제149조의3 제2항), 원칙적으로 집행유예를 받은 자 또는 그 대리인의 의견을 물은 후에 결정을 하여야 한다(형사소송법 제335조 제2항). 항고법원은 항고인이 그의 항고에 관하여 이미 의견진술을 한 경우 등이 아니라면 원칙적으로 항고인에게 소송기록접수통지서를 발송하고 그 송달보고서를 통해 송달을 확인한 다음 항고에 관한 결정을 하여야 한다(대법원 1993.12.15, 93모73; 2003.6.23, 2003모172; 2006.7.25, 2006모389). 이와 같이 집행유예 선고 취소 결정이 가능한 시적 한계와 더불어 제1심과 항고심 법원은 각기 당사자에게 의견 진술 및 증거제출 기회를 실질적으로 보장하여야 한다는 원칙이 적용되는 결과, 법원은 관련 절차를 신속히 진행함으로써 당사자의 절차권 보장과 집행유예 판결을 통한 사회 내 처우의 실효성 확보 및 적정한 형벌권 행사를 조화롭게 달성하도록 유의할 필요가 있다(위 판례).

833 **보충** 이미 수차례 음주 및 무면허운전으로 처벌받은 전력이 있는 피고인이 같은 범행으로 집행유예 선고와 함께 보호관찰 등을 명받았음에도 보호관찰관의 지도·감독에 불응하여 집행유예취소 청구가 되어 유치되기까지 하였음에도, 위 집행유예취소 청구가 기각된 후에 종전과 같이 보호관찰관의 지도·감독에 불응하며 동종의 무면허운전을 한 경우에는, 보호관찰 대상자로서의 준수사항을 심각하게 위반하였다고 할 것임에도, 피고인에 대한 집행유예취소 청구를 기각한 원심결정에 법리오해 및 심리미진의 위법이 있다고 해야 한다(대법원 2010.5.27, 2010모446).

제59조【선고유예의 요건】① 1년 이하의 징역이나 금고, 자격정지 또는 벌금의 형을 선고할 경우에 제51조의 사항을 고려하여 뉘우치는 정상이 뚜렷할 때에는 그 형의 선고를 유예할 수 있다. 다만, 자격정지 이상의 형을 받은 전과가 있는 사람에 대하여는 예외로 한다. 〈우리말 순화 개정 2020.12.8.〉 법원행시 07 · 11

② 형을 병과할 경우에도 형의 전부 또는 일부에 대하여 선고를 유예할 수 있다. 〈우리말 순화 개정 2020.12.8.〉 법원행시 08

01   의의 및 성격

선고유예(宣告猶豫; Verwarnung mit Strafvorbehalt)란 범정이 경미한 범죄인에 대하여 일정한 기간 동안 형의 선고를 유예하고, 그 유예기간을 경과한 때에는 면소된 것으로 간주하는 제도이다(제59조). 집행유예와 비교해볼 때 선고유예제도는 특히 경미한 범죄를 저지른 자에 대하여 자유형의 집행을 막고 형의 선고 자체를 유예함으로써 피고인이 형사처벌을 받지 않았다는 점을 부각시켜 피고인의 사회복귀를 돕는 데 그 취지가 있다.[834] 형의 선고유예의 판결은 유죄판결의 일종이다(형소법 제321 · 322조).

02   요 건

1. 1년 이하의 징역 · 금고 · 자격정지 국가9급 09 / 법원행시 12 · 벌금의 형을 선고할 경우일 것

법원9급 07(상)

구류에 대해서는 선고유예를 할 수 없음은 당연하다(대법원 1993.6.22, 93오1). 법원행시 07 / 법원9급 12 · 14 또한 주형을 선고유예하는 경우에는 몰수나 추징에 대해서도 선고유예할 수 있다(대법원 1980.3.11, 77도2027). 이러한 법리는 몰수 · 추징이 필요적인 경우에도 적용된다. 그러나 주형에 대해 선고유예를 하지 않으면서 부가형에 대하여만 선고유예는 할 수 없다(대법원 1979.4.10, 78도3098). 이는 몰수 · 추징의 부가성에 위반되기 때문이다. 또한 회사 대표자의 위반행위에 대하여 징역형의 형량을 정상참작감경하고 병과하는 벌금형에 대하여 선고유예를 하는 경우, 양벌규정에 따라 그 회사를 처벌함에 있어서는 형을 선고해도 되고 반드시 선고유예할 필요는 없다(대법원 1995.12.12, 95도1893).

형을 병과할 경우에는 일부에 대한 선고유예도 가능하다(제59조 제2항). 법원9급 05 따라서 징역형과 벌금형을 병과하는 경우 징역형에 대해서는 집행을 유예하고 벌금형의 선고만 유예하는 것도 가능하다(대법원 1976.6.8, 74도1266). 국가7급 09 / 법원9급 11 / 사시 11 / 법원승진 12 / 국가7급 13 / 법원승진 13

---

834 참고 : 선고유예의 법적 성격 선고유예의 법적 성격에 관하여는 ㉠ 형벌도 보안처분도 아닌 독자적인 제3의 형사제재수단이라는 견해(김일수, 791면; 손해목, 1202면; 이형국, 476면)와 형집행의 변형이라는 성격을 가지는 집행유예와는 다르다는 점과 보안처분도 아니라는 점에서 형법이 규정하고 있는 고유한 종류의 제재라는 견해(손동권, 670면; 이재상, §43−17; 진계호, 708면), 그리고 특별예방목적을 달성하기 위하여 고안된 광의의 전환수단(diversion)이라는 견해(임웅, 630면)는 모두 선고유예가 형벌도 아니고 보안처분도 아니라는 점에서 공감대를 보이는 반면, ㉡ 단순한 선고유예는 변형된 형태의 형벌이지만 보호관찰부 선고유예제도는 형벌과 보안처분과는 다른 독자적 형태의 형사제재라는 견해(오영근, 786면)는 일단 형벌적 성격을 인정한다는 점에서 다소 견해의 대립이 있다. 생각건대, 범죄의 성립은 인정하나(선고유예는 유죄판결임) 형벌을 선고하지 않음으로써 행위자의 사회복귀를 도모한다는 점을 중시할 때, 선고유예를 변형된 형태의 형벌로 인정하는 제2설에 동의하기는 어렵고, 제1설이 타당하다고 생각된다.

2. 뉘우치는 정상이 뚜렷할 것

재범의 위험성이 없어야 함을 말한다(2020.12.8. 우리말 순화 개정형법 전 구형법에서는 '개전의 정상이 현저한 때'). 이는 형법 제51조의 사항을 종합하여 판결선고시를 기준으로 판단한다. 따라서 피고인이 범죄사실을 자백하지 않고 이를 부인하는 때에도 뉘우치는 정상이 뚜렷할 수 있는 경우에서 배제되지 않는다고 하여 선고유예를 할 수 있다(대법원 2003.2.20, 2001도6138 전원합의체 : 다수설에 따른 판례의 변화된 입장임). 법원9급 05 / 법원행시 08 / 사시 10 / 법원9급 11 / 국가7급 13 / 법원승진 13 · 14 / 변호사 14 / 국가9급 16 / 경찰채용 18 1차 / 법원행시 18

3. 자격정지 이상의 형을 받은 전과가 없을 것

재범의 위험성이 더욱 적은 초범자에 대하여만 선고유예할 수 있다는 취지이다.

(1) 집행유예기간이 경과한 경우

제59조 제1항 단서의 자격정지 이상의 형을 받은 '전과'라 함은 '형을 선고받은 범죄경력 그 자체'를 말하므로, 집행유예를 받아 그 기간이 경과한 자에 대해서는 선고유예를 내릴 수 없다는 것이 **판례이다**(대법원 2008.1.18, 2007도9405).[835] 법원9급 05 / 법원9급 07(하) / 국가9급 08 / 법원행시 08 · 10 / 법원9급 11 / 법원승진 11 / 경찰승진 12 / 법원승진 13 / 법원행시 14 / 경찰채용 15 1차

형의 집행유예를 선고받은 자는 형법 제65조에 의하여 그 선고가 실효 또는 취소됨이 없이 정해진 유예기간을 무사히 경과하여 형의 선고가 효력을 잃게 되었다고 하더라도 형의 선고의 법률적 효과가 없어진다는 것일 뿐, 형의 선고가 있었다는 기왕의 사실 자체까지 없어지는 것은 아니기 때문이다(대법원 2003.12.26, 2003도3768 등). 사시 10 · 11 / 경찰간부 14 / 변호사 14 / 경찰간부 20

(2) 사후적 경합범에 대한 형을 선고하는 경우

형법 제37조 후단 경합범 중 판결을 받지 아니한 죄에 대하여 형을 선고하는 경우, 제37조 후단에 규정된 '금고 이상의 형에 처한 판결이 확정된 죄'의 형도 형법 제59조 제1항 단서에서 정한 선고유예의 예외사유인 '자격정지 이상의 형을 받은 전과'에 포함되므로 선고유예를 할 수 없다(대법원 2010.7.8, 2010도931). 법원행시 12 / 법원승진 13 / 경찰간부 14 / 법원9급 14 / 변호사 14

> **판례연구** 형법 제37조 후단의 '금고 이상의 형에 처한 판결이 확정된 죄'의 형도 선고유예의 결격사유에 포함 ○
>
> **대법원 2010.7.8, 2010도931**
> 형법 제39조 제1항은 경합범 중 판결을 받지 아니한 죄가 있는 때에는 그 죄와 판결이 확정된 죄를 동시에 판결할 경우와 형평을 고려하여 그 죄에 대하여 형을 선고하여야 하는데 이미 판결이 확정된 죄에 대하여 금고 이상의 형이 선고되었다면 나머지 죄가 위 판결이 확정된 죄와 동시에 판결되었다고 하더라도 선고유예가 선고되었을 수 없을 것인데 나중에 별도로 판결이 선고된다는 이유만으로 선고유예가 가능하다고 하는 것은 불합리한 점 등을 종합하여 보면, 형법 제39조 제1항에 의하여 형법 제37조 후단 경합범 중 판결을 받지 아니한 죄에 대하여 형을 선고하는 경우에 있어서 형법 제37조 후단에 규정된 금고 이상의 형에 처한 판결이 확정된 죄의 형도 형법 제59조 제1항 단서에서 정한 '자격정지 이상의 형을 받은 전과'에 포함된다고 봄이 상당하다. 국가7급 11 / 경찰간부 14 / 법원9급 14 / 변호사 14

---

835 다만 현행제도는 너무 엄격하므로, 과거 3년 이내의 기간 동안 전과가 없어야 한다는 것(독일형법 제59조 제2항)과 같이 요건을 완화하자는 입법론은 손동권, 672면 참조.

1. 선고유예의 선고

(1) 선고 여부

형의 선고유예의 판결은 유죄판결이고 형선고를 유예할 것인가는 법원의 재량이지만, 유예기간은 언제나 2년으로서 단축이 허용되지 않는다.

(2) 선고 방법

범죄사실과 선고할 형을 정해서 선고한다. 즉 선고유예의 판결에서도, 선고하려 했었던 형벌의 종류와 양은 판결이유에서 정해놓아야 한다. 또한 벌금형을 선고유예하는 경우에는 동시에 ―선고유예가 실효되어 벌금형이 선고되고 이를 납입하지 않는 경우의 노역장유치처분에 대비하여― 환형유치처분까지 해두어야 한다(대법원 1993. 6.11, 92도3437; 1988.1.19, 86도2654). 법원9급 13 / 사시 13 / 법원행시 15 / 국가9급 16

(3) 보호관찰

선고유예시에는 보호관찰을 할 수 있다(임의적 보호관찰. 제59조의 2). 법원9급 05 · 15 / 법원행시 15 이 경우 보호관찰기간은 1년이다.

2. 선고유예기간 경과의 효과

제60조【선고유예의 효과】형의 선고유예를 받은 날로부터 2년을 경과한 때에는 면소된 것으로 간주한다. 국가9급 09 / 사시 13 · 14 / 국가9급 16 .

면소(免訴)된 것이라 함은 형사소송법 제326조에서 규정하고 있다시피 선고유예기간의 경과로 더 이상 소송추행의 의미가 없다는 것으로서 일종의 형식재판을 의미한다. 다만 면소판결에는 기판력이 있다.

★ 판례연구 성폭법상 등록대상 성범죄에 대한 신상정보 제출의무

대법원 2014.11.13, 2014도3564; 2014.12.24, 2014도13529
성폭법 제16조 제2항, 제42조 제1항, 제2항, 제43조 제1항, 제3항, 제4항, 제45조 제1항의 내용 및 형식, 그 취지와 아울러 선고유예 판결의 법적 성격 등에 비추어 보면, ① 등록대상자의 신상정보 제출의무는 법원이 별도로 부과하는 것이 아니라 등록대상 성범죄로 유죄판결이 확정되면 성폭력 특례법의 규정에 따라 당연히 발생하는 것이고, 위 유죄판결에서 선고유예 판결이 제외된다고 볼 수 없다. 따라서 등록대상 성범죄에 대하여 선고유예 판결이 있는 경우에도 선고유예 판결이 확정됨으로써 곧바로 등록대상자로 되어 신상정보를 제출할 의무를 지게 되며, 다만 ② 선고유예 판결 확정 후 2년이 경과하여 면소된 것으로 간주되면 등록대상자로서 신상정보를 제출할 의무를 면한다고 해석된다. 법원행시 15 ③ 그리고 이와 같이 등록대상자의 신상정보 제출의무는 법원이 별도로 부과하는 것이 아니므로, 유죄판결을 선고하는 법원이 하는 신상정보 제출의무 등의 고지는 등록대상자에게 신상정보 제출의무가 있음을 알려 주는 것에 의미가 있을 뿐이다. 따라서 설령 법원이 유죄판결을 선고하면서 고지를 누락하거나 고지한 신상정보 제출의무 대상이나 내용 등에 잘못이 있더라도, 그 법원은 적법한 내용으로 수정하여 다시 신상정보 제출의무를 고지할 수 있고, 상급심 법원도 그 사유로 판결을 파기할 필요 없이 적법한 내용의 신상정보 제출의무 등을 새로 고지함으로써 잘못을 바로잡을 수 있으므로, 제1심 또는 원심의 신상정보 제출의무 고지와 관련하여 그 대상, 내용 및 절차 등에 관한 잘못을 다투는 취지의 상고이유는 판결에 영향을 미치지 않는 사항에 관한 것으로서 적법한 상고이유가 되지 못한다.

제61조【선고유예의 실효】① 형의 선고유예를 받은 자가 유예기간 중 자격정지 이상의 형에 처한 판결이 확정되거나 자격정지 이상의 형에 처한 전과가 발견된 때에는 유예한 형을 선고한다. 법원9급 11 · 16
　② 제59조의2의 규정에 의하여 보호관찰을 명한 선고유예를 받은 자가 보호관찰기간 중에 준수사항을 위반하고 그 정도가 무거운 때에는 유예한 형을 선고할 수 있다.

　제1항의 필요적 실효의 경우 '자격정지 이상의 형에 처한 전과가 발견된 때'라 함은, 형의 선고유예의 판결이 확정된 후에 비로소 위와 같은 전과가 발견된 경우를 말하고, 그 판결확정 전에 이러한 전과가 발견된 경우에는 이를 취소할 수 없으며, 이때 판결확정 전에 발견된 경우라 함은 검사가 명확하게 그 결격사유를 알았거나 당연히 그 결격사유를 알 수 있는 객관적 상황이 존재함에도 부주의로 알지 못한 경우를 말한다(대법원 2008.2.14, 2007모845). 법원행시 15 / 국가9급 16 / 국가7급 17 / 경찰채용 18 1차 또한 선고유예 실효결정에 대한 상소심 진행 중에 선고유예기간인 2년이 경과한 경우에는 —면소된 것으로 간주되므로— 선고유예 실효결정을 할 수 없다(대법원 2007.6.28, 2007모348).
　선고유예 실효결정에 대해서 피고인은 즉시항고를 제기할 수 있다(형사소송법 제335조 제4항). 선고유예가 실효되면 법원은 유예된 형을 선고한다(제61조). 이 경우 유예한 형의 선고는 검사의 청구에 의하여 그 범죄사실에 대한 최종판결을 한 법원이 한다(형사소송법 제336조).

제3절 │ 가석방

제72조【가석방의 요건】① 징역이나 금고의 집행 중에 있는 사람이 행상(行狀)이 양호하여 뉘우침이 뚜렷한 때에는 무기형은 20년, 유기형은 형기의 3분의 1이 지난 후 행정처분으로 가석방을 할 수 있다. 〈우리말 순화 개정 2020.12.8.〉
법원9급 05 / 법원9급 07(상) / 법원행시 11 / 경찰간부 20
　② 제1항의 경우에 벌금이나 과료가 병과되어 있는 때에는 그 금액을 완납하여야 한다. 〈우리말 순화 개정 2020.12.8.〉
법원9급 07(상)

01   의의 및 성격

　가석방(假釋放; Aussetzung des Strafrestes, bedingte Entlassung, parole)은 자유형을 집행받고 있는 사람이 행상이 양호하여 뉘우침이 뚜렷하다고 인정되는 때에 형기만료 전에 조건부로 수형자를 석방하고 일정한 기간을 경과한 때에는 형의 집행을 종료한 것으로 간주하는 제도로서(2020.12.8. 우리말 순화 개정법 제72조 제1항), 집행유예나 선고유예와 마찬가지로 특별예방주의의 표현이다.[836] 이러한 가석방은 법관이 결정하는 사법처분이 아니라 가석방심사위원회의 신청에 의해 법무부장관이 결정하는 행정처분이다(제72조 제1항, 행형법 제122조 제1항). 법원행시 11 가석방의 법적 성격에 대해서는, 가석방은 실질적으로 형집행유예제도와 특별예방적 목적을

---

836 보충 가석방제도는 수형자들로 하여금 자발적으로 갱생(更生)의 의욕을 가지게 하고, 무조건적으로 형기만료일까지 형을 집행하는 정기형제도의 단점을 보완하여 형집행의 구체적 타당성을 도모하자는 데 그 목적이 있다(오영근, 796면; 유기천, 372면; 이재상, §43-25; 임웅, 635면; 정영석, 327면).

같이 하면서도 행정처분에 의하여 수형자를 석방한다고 하는 점에서, 특별예방목적을 위한 형집행의 변형의 성격을 가진다는 것이 통설의 입장이다.[837]

02 요 건

1. 징역 · 금고 집행 중의 자가 무기형은 20년, 유기형은 3분의 1을 지난 후일 것

형 집행 중에 있는 자이어야 한다. 무기징역 · 금고에 있어서는 20년(2010.4.15. 개정), 유기징역 · 금고에 있어서는 형기의 3분의 1을 경과하여야 한다.[838] 이때 형기에 산입된 판결선고 전 구금일수는 집행한 기간에 산입시킨다(2020.12.8. 우리말 순화 개정법 제73조 제1항).

그리고 무기징역 · 금고나 유기징역 · 금고를 받은 자가 사면 등에 의해 감형(減刑)된 경우에는 감형된 형이 기준이 되어 각 20년과 3분의 1을 경과하였는지 판단하면 된다. 그러나 사형(死刑)을 선고받은 자가 사면법에 의하여 특별감형(사면법 제5조 제1항 제4호, 제2항)되어 무기징역으로 된 경우, 사형집행대기기간을 처음부터 무기징역을 받은 경우와 동일하게 가석방요건 중의 하나인 형의 집행기간에 다시 산입할 수는 없다는 것이 판례의 입장이다(대법원 1991.3.4, 90모59). 국가7급 09 / 사시 15 / 사시 16

수개의 자유형이 선고된 경우 각 형을 기준으로 기간 경과 여부를 계산할 것인가 아니면 전체를 합산한 전체형을 기준으로 합산할 것인가에 대해서는 수형자에게 유리하도록 전체형을 기준으로 기간을 계산한다는 것이 통설[839]이며 타당하다.

2. 행상이 양호하여 뉘우침이 뚜렷할 것

수형자에게 잔형을 집행하지 않아도 재범의 위험성이 없는 경우를 말한다(통설[840]).

3. 벌금이나 과료가 병과되어 있는 때에는 그 금액을 완납할 것

벌금 · 과료가 있으면 완납해야 가석방이 가능하다.[841] 벌금이나 과료에 관한 노역장 유치기간에 산입된 판결선고 전 구금일수는 그에 해당하는 금액이 납입된 것으로 본다(2020.12.8. 우리말 순화 개정법 제73조 제2항).

4. 행정처분으로 할 것 국가7급 09

가석방을 하려면 먼저 교도소장이 법무부장관 소속하에 설치된 가석방심사위원회에 가석방심사를 신청하여야 한다(행형법 제121조 제1항). 가석방심사위원회가 가석방적격결정을 한 때에는 5일 이내에 법무부장관에게 가석방허가를 신청하여야 하고(동법 제122조 제1항), 신청을 받은 법무부장관은 동위원회의 가석방신청이 정당하다고 인정되는 때에는 이를 허가할 수 있다(동 제2항).

▶ 집행유예와 선고유예와는 달리 가석방은 행정처분으로써 하는데, 이때 법원의 결정을 거쳐야 하지 않는가라는 입법론적 문제는 제기될 수 있다.

---

837 김일수, 796면; 이재상, §43−26, 오영근, 797면; 임웅, 636면; 정성근 / 박광민, 687면; 진계호, 715면.
838 참고 소년범에 대한 부정기형에 있어서는 단기를 기준으로 형기의 3분의 1이 경과되었는지를 판단한다(소년법 제65조 제3호).
　　참고 : 벌금형의 환형처분으로서 노역장유치(勞役場留置)에 대해서도 가석방이 인정될 수 있는가 노역장유치가 대체자유형(代替自由刑; Ersatzfreiheitsstrafe)이라는 점에서 자유형과 크게 다르지 않고 벌금이라는 경한 형벌을 받은 자를 불리하게 취급할 이유가 없다는 점에서 역시 가석방을 인정해주어야 한다는 것이 다수설이다. 김일수, 797면; 박상기, 545면; 배종대, 837면; 손동권, 686면; 오영근, 798면; 이재상, §43−29; 임웅, 636면; 정성근 / 박광민, 704면; 진계호 / 이존걸, 761면.
839 김일수 / 서보학, 796면; 배종대, 837면; 손동권, 686면; 오영근, 798면; 이재상, §43−30; 임웅, 637면; 정성근 / 박광민, 705면; 진계호 / 이존걸, 762면.
840 통설에 반대하면서 아예 입법의 개정이 필요하다고 주장하는 소수설은 오영근, 799면 참조.
841 입법론상 재검토를 요한다는 견해는 오영근, ibid.

03 효 과

1. 가석방의 처분

제73조의2【가석방의 기간 및 보호관찰】① 가석방의 기간은 무기형에 있어서는 10년으로 하고, 유기형에 있어서는 남은 형기로 하되, 그 기간은 10년을 초과할 수 없다.
② 가석방된 자는 가석방기간 중 보호관찰을 받는다. 다만, 가석방을 허가한 행정관청이 필요가 없다고 인정한 때에는 그러하지 아니하다.

(1) 가석방의 처분·기간

가석방심사위원회의 신청에 의하여 법무부장관이 할 수 있다(제72조, 행형법 제122조).[842] 단 보호관찰부 가석방의 경우에는 보호관찰심사위원회의 신청에 의하여 법무부장관이 할 수 있다.[843] 가석방의 기간은 무기형은 10년, 유기형은 남은 형기로 하되 10년을 초과할 수 없다(제73조의2 제1항). 법원9급 07(상) / 국가7급 09

(2) 필요적 보호관찰 부과

가석방된 자는 가석방 기간 중 보호관찰을 받는다. 다만 가석방을 허가한 행정관청이 필요가 없다고 인정한 때에는 예외적으로 보호관찰을 부과하지 않을 수 있다(제73조의2 제2항, 1995년 개정형법에 의한 신설). 법원9급 07(상) 집행유예나 선고유예의 경우와 마찬가지로 가석방시 보호관찰도 보호관찰 등에 관한 법률에 의해 보호관찰소에서 담당한다. 다만 집행유예시 보호관찰과는 달리 가석방시 보호관찰에는 기간 단축 규정이 없다.

2. 잔형기 경과의 효과

제76조【가석방의 효과】① 가석방의 처분을 받은 후 그 처분이 실효 또는 취소되지 아니하고 가석방기간을 경과한 때에는 형의 집행을 종료한 것으로 본다. 법원9급 05 / 법원9급 07(상) / 국가9급 09
② 전 2조의 경우에는 가석방 중의 일수는 형기에 산입하지 아니한다.

가석방기간이 경과되면 형집행종료의 효과가 발생한다. 따라서 형의 선고나 유죄판결 자체의 효력에는 영향이 없다. 또한 가석방기간종료는 형집행종료의 효과를 가진다는 점에서 이는 누범전과(제35조 제1항)이자 형의 소멸원인이 된다. 따라서 아직 가석방기간 중에 금고 이상에 해당하는 죄를 범하더라도 누범은 성립하지 않는다 (대법원 1976.9.14, 76도2058). 법원9급 06 잔형기간 경과 전인 가석방기간 중에 범행을 저질렀다면 이를 형법 35조에서 말하는 형집행종료 후에 죄를 범한 경우에 해당한다고 볼 수 없기 때문이다(대법원 1976.9.14, 76도2071).

04 실효와 취소

1. 가석방의 실효

제74조【가석방의 실효】가석방 기간 중 고의로 지은 죄로 금고 이상의 형을 선고받아 그 판결이 확정된 경우에 가석방 처분은 효력을 잃는다. 〈우리말 순화 개정 2020.12.8.〉 법원9급 07(상) / 국가7급 09 / 국가9급 10

---

842 가석방심사위원회가 가석방적격결정을 한 때에는 5일 이내에 법무부장관에게 가석방허가를 신청해야 한다.
843 보호관찰 등에 관한 법률 제24조(성인수형자에 대한 보호관찰의 심사와 결정) ① 심사위원회는 행형법 제122조의 규정에 의하여 가석방되는 자에 대하여 보호관찰의 필요성 여부를 심사하여 결정한다.

가석방 실효사유는 고의범에 한하며 과실범은 제외된다 _{국가9급 10 / 법원9급 13}(집행유예와 유사, 선고유예와 다름).

2. 가석방의 취소

제75조【가석방의 취소】가석방의 처분을 받은 자가 감시에 관한 규칙에 위배하거나, 보호관찰의 준수사항을 위반하고 그 정도가 무거운 때에는 가석방처분을 취소할 수 있다.

가석방을 받은 자가 감시에 관한 규칙을 위반하거나 보호관할의 준수사항을 위반하고 그 정도가 무거운 때에는 가석방심사위원회·보호관찰심사위원회에서 심사하여 법무부장관이 가석방을 취소할 수 있다(임의적 취소).

3. 가석방의 실효·취소의 효과

가석방 중의 일수는 형기에 산입하지 아니한다(제76조 제2항). _{법원9급 05} 따라서 가석방을 받던 당시의 남아있던 잔형기의 형을 모두 집행한다.

[표정리] 집행유예·선고유예·가석방 주요사항 비교

구 분	집행유예 (제62조~제65조)	선고유예 (제59조~제61조)	가석방 (제72조~제76조)
요 건	① 선고형이 3년 이하의 징역, 금고, 500만원 이하의 벌금 ② 정상에 참작할 만한 사유가 있을 것 ③ 금고 이상의 형을 선고받아 그 판결이 확정된 때부터 형집행종료·형집행면제 후 3년까지의 기간에 범한 죄가 아닐 것	① 선고형이 1년 이하의 징역, 금고, 자격정지, 벌금 ② 뉘우치는 정상이 뚜렷할 것 ③ 자격정지 이상의 형을 받은 전과가 없을 것	① 무기형 20년, 유기형 3분의 1을 경과 ② 행상이 양호하여 뉘우침이 뚜렷할 것 ③ 벌금이나 과료가 병과되어 있는 때에는 그 금액을 완납할 것
기 간	1년 이상, 5년 이하	2년	무기형은 10년, 유기형은 10년 한도 내의 잔형기
결 정	법원의 판결	법원의 판결	행정처분(법무부)
효 과	형 선고의 효력상실	면소된 것으로 간주	형 집행이 종료한 것으로 간주
보호관찰 등	• 임의적 처분(제62조의2 제1항) • 사회봉사, 수강명령도 가능 • 집행유예기간(단축 可)	• 임의적 처분(제59조의2) • 1년(단축 불가)	• 필요적 처분(제73조의2 제2항) • 가석방기간(단축 불가)
실 효	유예기간 중 고의로 범한 죄로 금고 이상의 실형을 선고받아 그 판결이 확정된 때	• 유예기간 중 자격정지 이상의 형에 처한 판결이 확정된 때(필요적, 고의·과실 불문) • 자격정지 이상의 형에 처한 전과가 발견된 때(필요적) • 보호관찰 준수사항의 무거운 위반(임의적)	가석방 중 금고 이상의 형의 선고를 받아 그 판결이 확정된 때(다만 과실범은 제외)
취 소	• **필요적 취소**(제64조 제1항) : ③의 요건이 발각된 경우 • **임의적 취소**(제64조 제2항) : 보호관찰 등 준수사항·명령의 무거운 위반		• 감시에 관한 규칙의 위반(임의적) • 보호관찰 준수사항의 무거운 위반(임의적)

CHAPTER

06 형의 시효·소멸·기간

제1절 | 형의 시효

01 의 의

1. 개 념

형의 선고를 받은 자가 재판이 확정된 후 그 형의 집행을 받지 아니하고 일정한 기간을 경과하면 형의 집행이 면제되는 것이다(형벌집행권의 발동기간).

2. 공소시효와의 구별

형의 시효는 확정된 형벌권을 소멸시키는 제도임에 비하여, 공소시효는 미확정의 형벌권인 공소권을 소멸시키는 제도이다(소위 형벌청구권 내지 형사재판청구권의 발동기간).

02 시효기간

제78조 【형의 시효의 기간】 시효는 형을 선고하는 재판이 확정된 후 그 집행을 받지 아니하고 다음 각 호의 구분에 따른 기간이 지나면 완성된다. 〈개정 2017.12.12., 2023.8.8.〉 법원행시 05
1. 삭제 〈2023. 8. 8.〉
2. 무기의 징역 또는 금고 : 20년
3. 10년 이상의 징역 또는 금고 : 15년
4. 3년 이상의 징역이나 금고 또는 10년 이상의 자격정지 : 10년 법원9급 06
5. 3년 미만의 징역이나 금고 또는 5년 이상의 자격정지 : 7년
6. 5년 미만의 자격정지, 벌금, 몰수 또는 추징 : 5년
7. 구류 또는 과료 : 1년

구 형법상 사형의 형의 시효는 30년으로 규정되어 있었다. 이에 대해서 2023년 8월 개정형법에서는 형의 시효가 완성되면 집행이 면제되는 형에서 사형을 제외하여 형 집행의 공백을 방지하였다. 또한 구 형법에서는 벌금·몰수·추징의 형의 시효가 3년으로 규정되어 있었다. 이는 벌금형의 공소시효가 5년으로 되어 있는 것(형사소송법 제249조 제1항 제5호)보다 단기로 되어 있어 균형에 맞지 않는 등 그 문제가 지적되어 왔다. 이에 2017년 12월 개정형법에서는 5년 미만의 자격정지, 벌금·몰수·추징의 형의 시효를 3년에서 '5년'으로 연장하고, 이에 따라 3년 미만의 징역·금고, 5년 이상의 자격정지의 형의 시효도 5년에서 '7년'으로 연장하게 된 것이다.

제77조 【형의 시효의 효과】 형(사형은 제외한다)을 선고받은 자에 대해서는 시효가 완성되면 그 집행이 면제된다. 〈개정 2023.8.8.〉 법원행시 05 / 법원9급 06 / 경찰채용 10 1차

당연히 집행면제의 효과가 발생하며, 별도의 재판은 요하지 않는다.

1. 시효의 정지

제79조 【형의 시효의 정지】 ① 시효는 형의 집행의 유예나 정지 또는 가석방 기타 집행할 수 없는 기간은 진행되지 아니한다. 〈개정 2014.5.14.〉 법원9급 06 / 법원행시 13
② 시효는 형이 확정된 후 그 형의 집행을 받지 아니한 사람이 형의 집행을 면할 목적으로 국외에 있는 기간 동안은 진행되지 아니한다. 〈신설 2014.5.14.〉 법원행시 13

제1항의 '기타 집행할 수 없는 기간'이란 천재지변 기타 사변으로 인하여 집행할 수 없는 기간을 말하며, 국내에 있는 도주나 소재불명의 기간은 이에 포함되지 않는다. 정지사유가 소멸하면 잔여 시효기간이 진행한다.
다만, 형이 확정된 이후에 형의 시효가 진행하는 동안 국외에서 형의 집행을 피하여 결과적으로 죄에 합당한 처벌이 이루어지지 아니하는 경우가 발생해 왔다. 이에 2014.5.14. 개정형법 제79조 제2항에서는 형의 집행을 면할 목적으로 국외에 체류하는 동안에는 시효가 진행되지 아니하도록 하는 규정을 신설하고 있다(국외도피기간 형의 시효 정지 규정).

2. 시효의 중단

(1) 사 유

제80조 【형의 시효의 중단】 시효는 징역, 금고 및 구류의 경우에는 수형자를 체포한 때, 벌금, 과료, 몰수 및 추징의 경우에는 강제처분을 개시한 때에 중단된다. 〈전문개정 2023.8.8.〉 법원행시 05 / 법원9급 13

벌금에 있어서의 시효는 강제처분을 개시함으로 인하여 중단되고, 여기서 채권에 대한 강제집행의 방법으로 벌금형을 집행하는 경우에는 검사의 징수명령서에 기하여 '법원에 채권압류명령을 신청하는 때'에 강제처분인 집행행위의 개시가 있는 것으로 보아 특별한 사정이 없는 한 그때 시효중단의 효력이 발생한다(대법원 2009.6.25, 2008모1396). 이때 그 시효중단의 효력이 발생하기 위하여 집행행위가 종료되거나 성공하였음을 요하지 아니하고, 수형자에게 집행행위의 개시사실을 통지할 것도 요하지 아니한다.

> ♠ **판례연구** 형의 시효의 중단 관련 판례
>
> **1. 대법원 1979.3.29, 78도8**
> 강제처분 개시는 형의 시효의 중단사유
> 검사의 명령에 의해 집행관이 벌금형의 집행에 임했으나 압류대상 물건의 평가액이 집행비용에도 미달되어 집행불능이 된 경우도 강제처분을 개시한 것으로 해석되므로, 벌금형의 시효중단이 된다.[844]

---

844 이러한 이유로 벌금형의 미납자에 대해 형사소송법 제492조에 의해 노역장유치의 집행을 할 수 있다는 판례는 대법원 1992. 12.28, 92모39 참조.

2. 대법원 2001.8.23, 2001모91

수형자 아닌 제3자가 수형자의 의사와는 무관하게 벌금 일부를 납부한 경우 형의 시효의 중단 여부(소극)

벌금의 일부를 납부한 경우에는 이로써 집행행위가 개시된 것으로 보아 그 벌금형의 시효가 중단되고, 이 경우 벌금의 일부 납부란 벌금의 일부를 수형자 본인 또는 그 대리인이나 사자가 수형자 본인의 의사에 따라 이를 납부한 경우를 말하는 것이고, 수형자 본인의 의사와는 무관하게 제3자가 이를 납부한 경우는 포함되지 아니한다.

사시 12 / 법원행시 14

3. 대법원 2006.1.17, 2004모524

유체동산 경매의 방법으로 추징형을 집행하는 경우 시효중단의 시점

형법 제80조에서 추징에 있어서의 시효는 강제처분을 개시함으로 인하여 중단된다고 규정하고 있는바, 여기에서 유체동산 경매의 방법으로 추징형을 집행하는 경우에는 검찰징수사무규칙 제17조에 의한 검사의 징수명령서를 집행관이 수령하는 때에 강제처분의 개시가 있는 것으로 보아야 하고, 다만 집행관이 그 후에 집행에 착수하지 못하면 시효중단의 효력이 없어진다(집행관이 추징의 시효 만료 전에 징수명령서를 수령하고, 그 후 상당한 기간이 경과되기 전에 징수명령이 집행되었다면 추징의 시효가 완성된 후의 집행이 아니라고 한 사례).

4. 대법원 2009.6.25, 2008모1396

압류신청을 하였으나 집행불능이 된 경우 이미 발생한 시효중단의 효력이 소멸하지 않는다는 사례

일응 수형자의 재산이라고 추정되는 채권에 대하여 압류신청을 한 이상 피압류채권이 존재하지 아니하거나 압류채권을 환가하여도 집행비용 외에 잉여가 없다는 이유로 집행불능이 되었다고 하더라도 이미 발생한 시효중단의 효력이 소멸하지는 않는다.

5. 대법원 2023.2.23, 2021모3227

검사가 추징형의 집행을 위하여 예금채권에 대하여 채권압류 · 추심명령을 받았다면 압류금지채권이라 하더라도 추징형의 시효는 중단된다는 사례

추징형의 시효는 강제처분을 개시함으로써 중단되는데(형법 제80조), 추징형은 검사의 명령에 의하여 민사집행법을 준용하여 집행하거나 국세징수법에 따른 국세체납처분의 예에 따라 집행한다(형사소송법 제477조). 추징형의 집행을 채권에 대한 강제집행의 방법으로 하는 경우에는 검사가 집행명령서에 기하여 법원에 채권압류명령을 신청하는 때에 강제처분인 집행행위의 개시가 있는 것이므로 특별한 사정이 없는 한 그때 시효중단의 효력이 발생한다. 시효중단의 효력이 발생하기 위하여 집행행위가 종료하거나 성공할 필요는 없으므로 수형자의 재산이라고 추정되는 채권에 대하여 압류신청을 한 이상 피압류채권이 존재하지 않거나 압류채권을 환가하여도 집행비용 외에 잉여가 없다는 이유로 집행불능이 되었다고 하더라도 이미 발생한 시효중단의 효력이 소멸하지 않는다(대법원 2009.6.25, 2008모1396). 또한 채권압류가 집행된 후 해당 채권에 대한 압류가 취소되더라도 이미 발생한 시효중단의 효력이 소멸하지 않는다(대법원 2001.7.27, 2001두3365; 2017.7.12, 2017모648). 채권에 대한 압류의 효력은 압류채권자가 압류명령의 신청을 취하하거나 압류명령이 즉시항고에 의하여 취소되는 경우 또는 채권압류의 목적인 현금화절차가 종료할 때(추심채권자가 추심을 완료한 때 등)까지 존속한다. 이처럼 채권압류의 집행으로 압류의 효력이 유지되고 있는 동안에는 특별한 사정이 없는 한 추징형의 집행이 계속되고 있는 것으로 보아야 한다(대법원 2017.7.12, 2017모648). 한편 피압류채권이 법률상 압류금지채권에 해당하더라도 재판으로서 압류명령이 당연무효는 아니므로 즉시항고에 의하여 취소되기 전까지는 역시 추징형의 집행이 계속되고 있는 것으로 보아야 한다.

(2) 중단사유 소멸의 효과

다시 새롭게 시효의 전 기간이 경과되어야 시효가 완성된다.

제2절 | 형의 소멸·실효·복권

01 형의 소멸

1. 의 의

유죄판결의 확정에 의하여 발생한 형의 집행권을 소멸시키는 제도를 말한다. 이는 형벌청구권의 소멸인 공소권의 소멸과는 구별된다.

2. 원 인

형의 집행의 종료, 형의 집행의 면제, 형의 선고유예·집행유예기간의 경과, 가석방기간의 만료, 형의 시효의 완성, 범인의 사망, 사면 등이 형의 소멸의 원인이다. 사면에 대하여는 일반사면과 특별사면으로 나누어 볼 수 있다.

(1) **일반사면**(사면법 제3조, 제8조) : 죄를 범한 자에 대하여 미리 죄 또는 형의 종류를 정하여 대통령령으로 행하는 사면을 말한다. 일반사면을 받으면 형의 언도의 효력이 상실된다.[845]

(2) **특별사면** : 형 선고를 받은 특정인에 대하여 대통령이 하는 사면이다(사면법 제3조 제2호, 제9조). 원칙적으로 형 집행이 면제되지만, 특별한 사정이 있을 때에는 형의 언도의 효력이 상실된다(사면법 제5조 제1항 제2호). 단, 형 선고의 기성의 효과는 사면으로 인하여 변경되지 아니한다(사면법 제5조 제2항). ➔ 누범의 전범에 해당되는 이유

02 형의 실효 및 복권

1. 형의 실효

(1) 의 의

형이 소멸되더라도 형 선고의 효과가 소멸하는 것은 아니어서 전과사실은 남게 되므로, 전과사실을 말소시켜 수형자의 사회복귀를 용이하게 하는 제도이다.

(2) 종 류

① 재판상의 실효

제81조 【형의 실효】 징역 또는 금고의 집행을 종료하거나 집행이 면제된 자가 피해자의 손해를 보상하고 자격정지 이상의 형을 받음이 없이 7년을 경과한 때에는 본인 또는 검사의 신청에 의하여 그 재판의 실효를 선고할 수 있다.

---

845 참고 사면법 제5조 제1항 제1호에는 다음과 같이 규정되어 있다. ㉠ 형의 언도를 받은 자는 언도의 효력 상실, ㉡ 형의 언도를 받지 아니한 자는 공소권 상실.

> ★ 판례연구 집행유예판결을 선고받은 경우 형의 재판상 실효 여부(소극)
>
> 대법원 1983.4.2, 83모8
> 형의 집행종료 후 7년 이내에 집행유예의 판결(따라서 징역 또는 금고의 형선고가 있었음 - 필자 주)을 받고 그 기간을 무사히 경과하여 7년을 채우더라도 형법 제81조의 '(자격정지 이상의 - 필자 주) 형을 받음이 없이 7년을 경과'하는 때에 해당하지 아니하여 형의 실효를 선고할 수 없다.[846] 법원행시 13

　② 당연실효 : 수형자가 자격정지 이상의 형을 받음이 없이(대법원 2010.3.25, 2009도14793) '형의 집행을 종료하거나 그 집행이 면제된 날'[847]로부터 ㉠ 3년을 초과하는 징역 또는 금고는 10년, 법원행시 13 ㉡ 3년 이하의 징역·금고는 5년, ㉢ 벌금은 2년의 기간이 경과된 때에는 그 형은 실효된다(형의 실효 등에 관한 법률 제7조).

(3) 효 력

　형의 실효의 재판이 있으면 징역 및 금고를 선고했던 재판의 효력이 상실된다(제81조). 이 경우 형 선고의 법적 효과는 장래에 향하여 소멸되고, 특가법·폭처법상 누범전과에서도 삭제되는 효과가 발생한다(대법원 1974.5.14, 74누2; 2002.10.22, 2002감도39; 2010.3.25, 2010도8; 2010.9.9, 2010도8021[848]; 2016.6.23, 2016도5032).[849]

2. 복 권

> 제82조 【복 권】 자격정지의 선고를 받은 자가 피해자의 손해를 보상하고 자격정지 이상의 형을 받음이 없이 정지기간의 2분의 1을 경과한 때에는 본인 또는 검사의 신청에 의하여 자격의 회복을 선고할 수 있다. 법원행시 14

(1) 의 의

　자격정지의 선고를 받은 자에게 그 기간이 만료되지 않은 경우에 있어서도 일정한 조건하에 자격을 회복시켜 줌으로써 사회복귀를 용이하게 하는 제도이다.

(2) 효 력

　정지된 자격의 회복이 있게 된다. 그러나 형 선고의 효력은 소멸되지 않으므로 전과사실은 누범가중사유에 해당하게 된다(대법원 1981.4.14, 81도543).[850] 법원행시 13 또한 징역형의 집행유예와 추징의 선고를 받은 자에 대

---

846 유사판례 피고인이 징역 8월에 집행유예 1년을 선고받은 후 그 집행유예의 선고가 실효 또는 취소됨이 없이 유예기간을 경과함으로써 위 형의 선고가 효력을 잃은 경우에는 형실효법 제7조 제1항에 의하여 위 형이 실효될 여지는 없는 것이고, 가사 형실효법 제7조 제1항에 의하여 위 형이 실효되었다고 하더라도 그 형의 선고가 있었다는 기왕의 사실 자체까지 소멸하는 것은 아니다(대법원 2007.5.11, 2005도5756).
847 판례 : 형의 실효기간의 산정 형의 실효 등에 관한 법률의 입법 취지에 비추어 보아, 과거 2번 이상의 징역형을 받은 자가 자격정지 이상의 형을 받음이 없이 마지막 형의 집행을 종료한 날부터 위 법에서 정한 기간을 경과한 때에는 그 마지막 형 이전의 형도 모두 실효되는 것으로 보아야 할 것이다(대법원 1983.9.13, 83도1840, 83감도339; 2010.3.25, 2010도8).
848 판례 : 형이 실효된 경우의 그 전과와 특가법 제5조의4 제5항 누범절도의 '징역형을 받은 경우' 형의 실효 등에 관한 법률 제7조 제1항에 따라 형이 실효된 경우에는 형의 선고에 의한 법적 효과가 장래에 향하여 소멸되므로, 그 전과를 특가법 제5조의4 제5항에서 정한 '징역형을 받은 경우'로 볼 수 없다(대법원).
849 참고 : 형의 실효에 의한 전과기록 말소 형법 제81조 및 형의 실효 등에 관한 법률 제7조에 의하여 형이 실효된 때에는 수형인명표를 폐기하고 수형인명부의 해당란을 삭제하는 방법으로 전과기록을 말소하게 된다(형의 실효 등에 관한 법률 제8조 제1항 제1호). 수형인명표란 자격정지 이상의 형을 받은 수형인을 기재한 명표로서 수형인의 본적지 시·구·읍·면사무소에서 관리하는 것을 말하고(동법 제2조 제3호), 수형인명부란 자격정지 이상의 형을 받은 수형인을 기재한 명부로서 검찰청 및 군검찰부에서 관리하는 것을 말한다(동법 동조 제2호).
850 판례 : 복권은 누범가중사유 복권은 사면의 경우와 같이 형 언도의 효력을 상실시키는 것이 아니고, 다만 형 언도의 효력으로 인하여 상실 또는 정지된 자격을 회복시킴에 지나지 아니하는 것이므로 복권이 있었다고 하더라도 그 전과사실은 누범가중사유

하여 징역형의 특별사면 및 복권이 있는 경우라 하더라도 추징에 대해서는 형선고의 효력이 상실되지 않는다 (대법원 1997.10.13, 96모33). 사시 11

제3절 │ 형의 기간

01 기간의 계산

제83조【기간의 계산】 연(年) 또는 월(月)로 정한 기간은 연 또는 월 단위로 계산한다. 〈우리말 순화 개정 2020.12.8.〉
법원9급 12

02 형기의 기산

제84조【형기의 기산】① 형기는 판결이 확정된 날로부터 기산한다. 법원9급 12
　② 징역, 금고, 구류와 유치에 있어서는 구속되지 아니한 일수는 형기에 산입되지 아니한다.
제85조【형의 집행과 시효기간의 초일】형의 집행과 시효기간의 초일은 시간을 계산함이 없이 1일로 산정한다. 법원9급 12
제86조【석방일】석방은 형기종료일에 하여야 한다. 법원9급 12

표정리 형의 종류에 따른 형기, 법률상 감경의 정도

종류(9종)		형 기	법률상 감경
사 형		없 음	무기 또는 20년 이상 50년 이하
징 역	무 기	없 음	10년 이상 50년 이하의 징역
	유 기	1개월 이상 30년 이하(가중시 50년까지)	그 형기의 2분의 1
금 고	무 기	없 음	10년 이상 50년 이하의 금고
	유 기	1개월 이상 30년 이하(가중시 50년까지) 법원9급 14	그 형기의 2분의 1
자격상실		사형·무기징역·무기금고의 판결을 받으면 당연히 상실	7년 이상의 자격정지
자격정지		1년 이상 15년 이하 법원9급 14	그 형기의 2분의 1
벌 금		5만 원 이상 (미납시 1일 이상 3년 이하 노역장 유치, 법원9급 07(상) 단 1억 원 이상시 법정)	그 액수의 2분의 1
구 류		1일 이상 30일 미만	그 장기의 2분의 1
과 료		2천원 이상 5만 원 미만(납입하지 않으면 1일 이상 30일 미만 노역장에 유치) 법원9급 14	그 다액의 2분의 1
몰 수		없 음	없 음

에 해당한다는 사례이다.

CHAPTER 07 보안처분

제1절 | 의 의

보안처분(保安處分; Maßregeln der Besserung und Sicherung[851])이라 함은 형벌로는 행위자의 사회복귀와 범죄의 예방이 불가능하거나 행위자의 특수한 위험성으로 인하여 형벌의 목적을 달성할 수 없는 경우에 재범방지와 사회방위를 위해 형벌을 대체하거나 보완하기 위한 예방적 성질의 목적적 조치를 말한다. 법원행시 07

우리 헌법은 "누구든지 법률과 적법한 절차에 의하지 아니하고는 … 보안처분을 받지 아니한다"(제12조제1항)고 규정하여 보안처분의 법적 근거를 제공하고 있고, 이에 종래의 사회보호법과 2005년 대체입법으로 신설된 치료감호법에서는 대표적인 보안처분인 치료감호와 보호관찰을 규정하는 등 여러 법률에서 이를 법제화 하고 있다.

> **참고하기** 보안처분제도의 도입 및 사회보호법의 폐지와 치료감호법의 제정
>
> 오늘날의 형태를 갖춘 보안처분은 1893년 스위스의 예비 형법초안을 작성한 쉬토스(Karl Stooß)에 의해 도입되었다. 쉬토스는 책임주의의 통제를 받아야 하는 형벌만으로는 재범방지에 충분하지 않다고 보고, 사회방위수단으로서 보안처분제도를 도입한 것이다. 따라서 당시의 스위스 형법초안을 쉬토스초안이라고 하는 것이다. 이후 이에 영향을 받은 1933년 독일형법은 형법전에 보안처분을 규정하기 시작하게 된다.
>
> 우리나라에도 보안처분이 본격적으로 도입된 것은 1980년의 사회보호법에 의한 것이었고 여기에는 보호감호, 치료감호, 보호관찰과 같은 보안처분이 규정되어 있었다.[852] 또한 1995년 개정형법에서는 집행유예시에 보호관찰, 사회봉사명령, 수강명령을 부과할 수 있도록 하였고 선고유예시 임의적 보호관찰과 가석방시 필요적 보호관찰을 규정하고 있다.[853]
>
> 그러나 총칙상 누범가중규정을 두고 있는 우리 형법상 상습범에 대하여 형을 가중하면서 보호감호까지 부과하는 것은, 경우에 따라 한 사람의 피고인에 대해 상습범가중과 누범가중과 보호감호까지 한꺼번에 받게 될 수도 있는 등 여러 문제가 발생하였다. 이에 대해 자유박탈적 보안처분(예컨대 보호감호)은 그 집행기관뿐만 아니라 집행의 성격도 형벌의 집행과 밀접하게 결합되어 보안처분이란 너울을 쓴 형벌이며, 따라서 '간판사칭 또는 명의 도용'(Etikettenschwindel)에 불과하다는 비난도 제기된 바 있다.[854] 이에 사회보호법은 2005년 8월 4일 폐지되었고 특히 보호감호제도가 삭제되었다. 그러나 심신장애자나 마약류중독자 및 정신성적 장애 성폭력범죄자에 대한 치료감호 및 이와 관련된 보호관찰은 그 필요성이 인정되어 치료감호법의 제정을 통해 유지되고 있다.

---

851 보안처분은 사회방위를 주된 목적으로 하는 협의의 보안처분과 교육·개선·치료를 주된 목적으로 하는 개선처분으로 구별할 수 있다. 독일에서는 이 양자의 개념을 합쳐 '개선 및 보안을 위한 처분'(Maßregeln der Besserung und Sicherung)이라 하고 있다.

852 1953년 제정된 형법에는 보안처분을 규정하지 않았다. 이후 1958년 소년법에 보호처분을, 1975년 사회안전법에서 보호관찰, 주거제한, 보안감호 등의 보안처분을 규정하였으나, 사회안전법은 1989년 보안관찰법으로 바뀌었으며 현재에는 동법에 보안관찰만 규정하고 있다. 오영근, 807면 참조.

853 대법원은 보호관찰 등을 보안처분으로 파악하고 있다(대법원 1997.6.13, 97도703). 따라서 보호관찰은 형벌과는 달리 소급효금지원칙의 적용을 받지 않는다는 것이다. 국가9급 07 / 경찰승진 13 기술한 죄형법정주의, 소급효금지원칙의 적용범위 참조.

854 예를 들어 김일수, 800면.

제2절 | 형벌과의 관계

01 이원주의

이원주의(二元主義; Zweispurigkeit)란 형벌과 보안처분은 본질적으로 다르다는 입장이다(원래는 고전학파 및 도의적 책임론에서 주장됨 법원행시 07). 이원주의에 의하면 형벌과 보안처분을 동시에 선고하되, 형벌을 집행하고 나서 보안처분을 다시 집행하게 된다. 우리 입법자는 형벌에 대해서는 형법에 규정하고, 치료감호나 보호관찰과 같은 보안처분에 대해서는 치료감호법 등의 특별법에 규정하고 있는데 이는 이원주의의 표현이라 할 수 있다.[855 · 856] 다만 이에 대해서는 이중처벌로서 지나치게 가혹하다는 비판이 제기된다.[857]

그러나 이원주의에 의한다고 하여 반드시 형벌을 집행하고 나서 보안처분을 집행해야 하는 법은 없다. 이원주의라는 것은 형벌과 보안처분의 성질이 다름을 인정하는 것일 뿐, 양자를 어떻게 집행할 것인가의 문제까지 강제하는 것은 아니기 때문이다. 이에 이원주의적 집행방법의 단점을 보완하는 대체주의가 등장하게 된다.

02 일원주의

일원주의(一元主義; Einspurigkeit)란 형벌 또는 보안처분은 결국 동일한 성질을 가진다는 입장이다(원래는 근대학파 및 사회적 책임론에서 주장됨). 일원주의에 의하면 형벌을 집행하면 보안처분을 집행할 수 없게 되고, 보안처분을 집행하게 되면 형벌을 집행할 수 없게 된다.

일원주의에 대해서는, 형벌과 보안처분이 동일하다는 일원주의는 행위책임과 행위자책임의 구분 자체가 모호하게 되며, 이는 결국 책임원칙을 배제 내지 약화시킨다는 비판이 제기된다. 일원주의가 우리 법제에 반영된 곳은 없다.

03 대체주의

대체주의(代替主義; das vikariierendes System)란 형벌은 책임의 정도에 따라 언제나 선고되며, 다만 그 집행 단계에서 보안처분의 집행에 의하여 형벌이 대체되어야 한다는 입장이다. 이러한 대체주의는 원칙적으로 형벌과 보안처분이 이원적이라는 점을 인정하면서도[858] 이중처벌의 위험성을 감소시키고자 한다는 점에서 타

---

855 또한 다소 독특하게도 형벌의 실현을 위한 절차는 형사소송법에 규정하고 있으며, 치료감호 · 보호관찰 등의 보안처분의 심사 · 결정 절차에 대해서는 치료감호법 등의 특별법에 규정하고 있다. 이는 절차법적으로도 이원주의에 입각한 입법을 행한 것으로 보인다. 동지 : 신동운, 766면.

856 참고 특정 성폭력범죄자에 대한 위치추적 전자장치 부착에 관한 법률에 의한 **전자감시제도**가 신설되었는데, 판례는 전자감시에 대하여 징역형을 종료한 이후에도 성폭력범죄를 다시 범할 위험성이 있다고 인정되는 자에 대하여 일정한 요건 아래 검사의 청구에 의해 성폭력범죄사건의 판결과 동시에 10년의 범위 내에서 부착기간을 정하여 선고되는 법원의 부착명령에 의해 이루어지는 점에서 일종의 보안처분(대법원 2009.5.14, 2009도1947, 2009전도5)으로 파악하고 있는바, 이는 이원주의를 긍정하는 것이다.

857 참고 2005년 8월 4일 사회보호법이 폐지되어 보호감호제도가 없어지게 된 근본적 이유도 바로 여기에 있다. 다만 보호감호제도의 필요성에 대해서는 견해가 대립하고 있으나, 자세한 논의는 생략한다.

858 판례 판례도 형벌과 치료감호처분은 신체의 자유를 박탈하는 수용처분이라는 점에서 유사하기는 하나 그 본질과 목적 및 기능

당한 태도로 볼 수 있다.

우리의 치료감호법상 치료감호와 독일형법 제67조 제1항에서는, 보안처분을 형벌보다 먼저 집행하고 보안처분기간은 형집행기간에 산입하도록 하고 있는데, 이는 대체주의의 제도적 구현이라 할 수 있다.

04   소 결

이원주의는 이중처벌의 문제점을 지니고 있고, 일원주의는 책임주의를 포기할 위험이 있다는 점에서, 특별예방목적을 존중하면서도 행위책임론과 사회방위사상을 조화시키는 대체주의가 타당하다고 생각된다.

제3절 │ 지도원리

01   비례성의 원칙

비례성(Verhältnismäßigkeit)의 원칙은 보안처분은 행위자의 범행, 예기되는 범행의 의미와 그 발생위험의 정도 등을 종합적으로 고려하여 꼭 필요한 정도에 제한되어야 한다는 원칙이다. 형벌이 책임주의의 적용을 받는데 비하여 보안처분은 비례성원칙의 적용을 받는 것이다.[859] 법원행시 07

02   사법적 통제와 인권보장

1. 선고기관

보안처분은 법익의 박탈·제한을 내용으로 한다는 점에서 형벌과 동질적이므로, 법원에 의해서 행해질 것이 요구된다(일원주의, 대체주의).

2. 보안처분법정주의

죄형법정주의의 원칙은 보안처분에서도 존중되어야 한다(헌법 제12조 제1항).

에 있어서 서로 다른 독자적 의의를 가진 제도인바, 명시적인 배제 조항 등이 없는 이상 어느 한 쪽의 적용 대상이라는 이유로 다른 쪽의 적용 배제를 주장할 수 없는 것이다. 특정범죄 가중처벌 등에 관한 법률 제5조의4 제6항이 2005.8.4. 사회보호법상 보호감호제도 폐지를 즈음하여 마련되었다고 하여 달리 볼 것은 아니다. 원심이 같은 취지에서, 피고인의 이 사건 각 절도범행은 특정범죄 가중처벌 등에 관한 법률 제5조의4 제6항과 치료감호법상 치료감호처분 요건을 모두 충족한다고 보아 이를 모두 적용한 것은 정당하다(대법원 2007.8.23, 2007도3820, 2007감도8).

859 참고로 독일형법 제62조는 비례성원칙을 규정하고 있다. 비례성의 원칙의 판단에는 ① 행위자가 행한 범죄행위의 의미, ② 장래에 기대되는 범죄행위의 의미, ③ 행위자에 의하여 발생할 위험의 정도와 같은 점들이 고려되어야 한다. Schönke / Schröder, Strafgesetzbuch. Kommentar, 25. Aufl, C.H.Beck, § 62 Rdnr.2.

01 대인적 보안처분

대인적 보안처분(persönliche sichernde Maßnahmen)에는 자유박탈보안처분과 자유제한보안처분이 있다.

1. 자유박탈보안처분

자유박탈보안처분(自由剝奪保安處分; freiheitsentziehende Maßregeln)에는 치료감호처분(치료감호법 제2조), 상습범죄자에 대한 보호감호, 노동시설수용처분 등이 있다.

2. 자유제한보안처분

자유제한보안처분(自由制限保安處分; freitsbeschränkende Maßregeln)에는 보호관찰(치료감호법상 보호관찰, 형법상 보호관찰, 보호관찰 등에 관한 법률상 보호관찰, 소년법상 보호관찰, 성폭법상 보호관찰 등), 선행보증,[860] 거주제한(구 사회안전법 제5조), 직업금지, 단종, 화학적 거세(성충동약물치료법)[861] 등 거세, 국외추방(출입국관리법 제45조), 음주점 출입금지처분, 운전면허박탈처분 등이 있다.

🔨 판례연구 성폭력범죄를 저지른 정신성적 장애자에 대하여 치료감호와 치료명령이 함께 청구된 경우, 치료감호와 함께 치료명령을 선고하기 위한 요건

대법원 2014.12.11, 2014도6930
치료감호법 제2조 제1항 제3호는 성폭력범죄를 저지른 성적 성벽이 있는 정신성적 장애자를 치료감호대상자로 규정하고 있는데, 성폭력범죄자의 성충동 약물치료에 관한 법률(성충동약물치료법) 제2조 제1호, 제4조 제1항은 치료감호법 제2조 제1항 제3호의 정신성적 장애자를 약물치료명령의 대상이 되는 성도착증 환자의 한 유형으로 규정하고 있다. 따라서 성폭력범죄를 저지른 정신성적 장애자에 대하여는 치료감호와 치료명령이 함께 청구될 수도 있는데, 피청구자의 동의 없이 강제적으로 이루어지는 치료명령 자체가 피청구자의 신체의 자유와 자기결정권에 대한 중대한 제한이 되는 점, 치료감호는 치료감호법에 규정된 수용기간을 한도로 피치료감호자가 치유되어 치료감호를 받을 필요가 없을 때 종료되는 것이 원칙인 점, 치료감호와 치료명령이 함께 선고된 경우에는 성충동약물치료법 제14조에 따라 치료감호의 종료·가종료 또는 치료위탁으로 석방되기 전 2개월 이내에 치료명령이 집행되는 점 등을 감안하면, 치료감호와 치료명령이 함께 청구된 경우에는, 치료감호를 통한 치료에도 불구하고 치료명령의 집행시점에도 여전히 약물치료가 필요할 만큼 피청구자에게 성폭력범죄를 다시 범할 위험성이 있고 피청구자의 동의를 대체할 수 있을 정도의 상당한 필요성이 인정되는 경우에 한하여 치료감호와 함께 치료명령을 선고할 수 있다고 보아야 한다.

---

860 선행보증(善行保證)을 대물적 보안처분으로 보는 견해(이재상, §45−9)도 있으나, 대인적 보안처분으로 분류해야 한다(다수설).
861 보충 2010년 7월 23일에는 "16세 미만의 사람에 대하여 성폭력범죄를 저지른 성도착증 환자로서 성폭력범죄를 다시 범할 위험성이 있다고 인정되는 사람에 대하여 성충동 약물치료를 실시하여 성폭력범죄의 재범을 방지하고 사회복귀를 촉진하는 것을 목적"으로 하는 **성폭력범죄자의 성충동 약물치료에 관한 법률**이 제정되었다(2011년 7월 24일 시행). 소위 화학적 거세법이라 불리는 동법에 의해, 검사는 16세 미만의 사람에 대하여 성폭력범죄를 저지른 성도착증 환자로서 성폭력범죄를 다시 범할 위험성이 있다고 인정되는 19세 이상의 사람에 대하여 약물치료명령을 법원에 청구할 수 있고(동법 제4조 제1항), 법원은 치료명령 청구가 이유 있다고 인정하는 때에는 15년의 범위에서 치료기간을 정하여 판결로 치료명령을 선고하여야 한다(동법 제8조 제1항).

02 대물적 보안처분

대물적 보안처분(sachliche sichernde Maßnahmen)에는 몰수, 영업소 폐쇄, 법인의 해산 등이 있다.

참고로, 이상의 분류에 의할 때 현행 치료감호법에는 대인적 보안처분만 규정되어 있다.

제5절 | 현행법상 보안처분

형법상의 보안처분으로서는 집행유예시의 보호관찰(제62조의2 제1항)을 들 수 있다. 이외에도 형법에는 집행유예시 사회봉사·수강명령(제62조의2), 선고유예시의 보호관찰(제59조의2), 가석방시의 보호관찰(제73조의2 제2항)이 있다. 그런데 형법 이외에도 치료감호법을 비롯한 다른 여러 법률들에는 다수의 보안처분 규정들이 존재하고 있다.

또한 그동안 본격적 의미의 보안처분인 보호감호나 치료감호를 규정하였던 사회보호법이 2005년 8월 폐지되었고, 그 대체입법으로서 치료감호법이 신설되어 동법상 보안처분으로서 치료감호와 보호관찰이 시행 중에 있다. 따라서 아래에서는 이러한 치료감호법의 치료감호와 보호관찰을 중심으로 하여 소년법상의 보호처분과 보안관찰법상 보안관찰 그리고 보호관찰 등에 관한 법률상 보호관찰, 특정 성폭력범죄자에 대한 위치추적 전자장치 부착에 관한 법률에 의한 위치추적 전자장치 부착명령까지 검토해보기로 하겠다.[862]

01 소년법상 보호처분

1. 보호처분의 의의

소년법상 보호처분이란 반사회성이 있는 19세 미만의 소년(동법 제2조)의 환경 조정과 품행 교정(矯正)을 위한 처분을 말한다. 소년법은 소년이 건전하게 성장하도록 돕는 것을 그 목적으로 한다(동법 제1조).

2. 보호처분의 종류

소년법 제32조에 의하면 소년부 판사는 심리 결과 보호처분을 할 필요가 있다고 인정하면 결정으로써 소년 (10세 이상 19세 미만)에 대하여 다음 각 호의 어느 하나에 해당하는 처분을 하여야 한다(동법 제32조) : (i) 보호자 또는 보호자를 대신하여 소년을 보호할 수 있는 자에게 감호 위탁, (ii) 수강명령, (iii) 사회봉사명령, (iv) 보호관찰관의 단기(短期) 보호관찰, (v) 보호관찰관의 장기(長期) 보호관찰, (vi) 「아동복지법」에 따른 아동복지시설이나 그 밖의 소년보호시설에 감호 위탁, (vii) 병원, 요양소 또는 보호소년 등의 처우에 관한 법률에 따른 의료재활소년원에 위탁, (viii) 1개월 이내의 소년원 송치, (ix) 단기 소년원 송치, (x) 장기 소년원 송치

---

862 수험을 위한 조언 이하의 내용은 자주 출제되는 곳이 아니다. 치료감호 및 그에 따른 보호관찰과 위치추적 전자장치 부착명령에 대해 몇몇 중요한 점만 관리하면 되는 곳이다.

3. 보호처분의 대상 및 기간

보호처분 중 사회봉사명령은 14세 이상의 소년에게만 할 수 있다(제32조 제3항). 또한 수강명령과 장기 소년원 송치는 12세 이상의 소년에게만 할 수 있다.

위 제1호, 제6호, 제7호의 위탁기간은 6개월로 하되, 소년부 판사는 결정으로써 6개월의 범위에서 한 번에 한하여 그 기간을 연장할 수 있다(제33조 제1항). 단기 보호관찰기간은 1년으로 하고, 장기 보호관찰기간은 2년으로 한다(동조 제2항). 다만, 장기보호관찰의 경우 소년부 판사는 보호관찰관의 신청에 따라 결정으로써 1년의 범위에서 한 번에 한하여 그 기간을 연장할 수 있다(동조 제3항).

또한 제32조 제1항 제2호의 수강명령은 100시간을, 사회봉사명령은 200시간을 초과할 수 없다(동조 제4항). 그리고 단기로 소년원에 송치된 소년의 보호기간은 6개월을 초과하지 못하며(동조 제5항), 장기 소년원 송치된 소년의 보호기간은 2년을 초과하지 못한다(동조 제6항).

02 　보안관찰법상 보안관찰

1. 보안관찰의 의의 및 위헌성

보안관찰(保安觀察)은 이른바 사상범이라고 불리는 보안관찰법(일부개정 2007.5.17. 법률 제8435호) 제2조의 범죄(보안관찰대상범죄)를 범한 죄에 대하여 재범의 위험성을 예방하고 건전한 사회복귀를 촉진하기 위하여 내리는 — 통설에 의하면 — 보안처분이다.

보안관찰처분은 보안관찰처분대상자 중 보안관찰해당범죄를 다시 범할 위험성이 있다고 인정할 충분한 이유가 있어 재범의 방지를 위한 관찰이 필요한 자에 대하여(동법 제4조 제1항), 검사의 청구(동법 제7조)에 의하여 보안관찰처분심의위원회의 의결을 거쳐 법무부장관이 행하는 행정처분이다(동법 제14조). 이는 치료감호를 법관이 결정하는 점과 비교되는 부분이다. 보안관찰처분의 합목적적·행정적 성격이 드러난 것이라고 설명할 수도 있을 것이다.

다만 보안관찰을 회피하는 행위를 하는 경우에는 형사처벌할 수 있다.[863] 따라서 보안관찰법은 행정'형법'의 성격을 가지고 있는 것이고, 그렇다면 죄형법정주의원칙의 한계를 벗어나서는 안 된다. —비록 보안관찰이 협의의 보안처분과 구별된다고 하더라도— 이를 행정기관이 결정하도록 하는 것은 적법절차원칙에 위배될 소지가 있다는 학계의 비판은 타당하다고 생각된다.

2. 보안관찰해당범죄와 보안관찰대상자

보안관찰해당범죄는 ① 형법상 내란의 죄로서 형법 제88조, 제89조(제87조의 미수범 제외), 제90조(제87조 제외), 외환의 죄로서 제92조 내지 제98조, 제100조(제99조의 미수범 제외) 및 제101조(제99조 제외), ② 군형법상 반란의 죄로서 군형법 제5조 내지 제8조, 제9조 제2항 및 제11조 내지 제16조의3, ③ 국가보안법 제4조(목적수행), 제5조(자진지원·금품수수, 제1항 중 제4조 제1항 제6호 제외), 제6조(잠입·탈출), 제9조(편의제공) 제1항·제3항(제2항의 미수범 제외)·제4항의 죄이다(동법 제2조).

또한 보안관찰처분대상자는 보안관찰해당범죄 또는 이와 경합된 범죄로 금고 이상의 형의 선고를 받고 그 형기합계가 3년 이상인 자로서 형의 전부 또는 일부의 집행을 받은 사실이 있는 자를 말한다(동법 제3조).

---

863 예를 들어, 보안관찰법 제27조 제1항에서는 "보안관찰처분대상자 또는 피보안관찰자가 보안관찰처분 또는 보안관찰을 면탈할 목적으로 은신 또는 도주한 때에는 3년 이하의 징역에 처한다."고 규정하고 있다.

보안관찰처분 면제대상자의 요건은 동법 제11조에서 다음과 같이 규정되어 있다.

> **보안관찰법 제11조【보안관찰처분의 면제】** ① 법무부장관은 보안관찰처분대상자 중 다음 각 호의 요건을 갖춘 자에 대하여는 보안관찰처분을 하지 아니하는 결정(이하 '면제결정'이라 한다)을 할 수 있다 : (i) 준법정신 이 확립되어 있을 것, (ii) 일정한 주거와 생업이 있을 것, (iii) 대통령령이 정하는 신원보증이 있을 것

> 생각건대, 제1호의 준법정신 확립은 "보안관찰처분대상범죄를 다시 범할 위험성이 없을 것" 정도로 개정하는 것 이 바람직할 것이다.

3. 보안관찰의 기간 및 내용

보안관찰처분의 기간은 2년으로 하는데(동법 제5조 제1항), 법무부장관은 검사의 청구가 있는 때에는 보안관 찰처분심의위원회의 의결을 거쳐 그 기간을 갱신할 수 있다(동조 제2항).[864]

보안관찰처분을 받은 자(피보안관찰자)는 보안관찰처분결정고지를 받은 날부터 7일 이내에 다음 각 호의 사항을 주거지를 관할하는 지구대 또는 파출소의 장을 거쳐 관할경찰서장에게 신고하여야 한다(동법 제18조 제1항) : (i) 등록기준지, 주거(실제로 생활하는 거처), 성명, 생년월일, 성별, 주민등록번호, (ii) 가족 및 동거 인 상황과 교우관계, (iii) 직업, 월수, 본인 및 가족의 재산상황, (iv) 학력, 경력, (v) 종교 및 가입한 단체, (vi) 직장의 소재지 및 연락처, (vii) 보안관찰처분대상자 신고를 행한 관할경찰서 및 신고일자, (viii) 기타 대통령령이 정하는 사항

또한 피보안관찰자는 보안관찰처분결정고지를 받은 날이 속한 달부터 매 3월이 되는 달의 말일까지 다음 각호의 사항을 지구대·파출소장을 거쳐 관할경찰서장에게 신고하여야 한다(동조 제2항) : (i) 3월간의 주요 활동사항, (ii) 통신·회합한 다른 보안관찰처분대상자의 인적사항과 그 일시, 장소 및 내용, (iii) 3월간에 행한 여행에 관한 사항(신고를 마치고 중지한 여행에 관한 사항을 포함한다), (iv) 관할경찰서장이 보안관찰과 관 련하여 신고하도록 지시한 사항

03 | 보호관찰 등에 관한 법률상 보호관찰

1. 보호관찰의 의의

보호관찰(保護觀察)이란 죄를 범한 자로서 재범방지를 위하여 보호관찰, 사회봉사·수강명령 및 갱생보호 등 체계적인 사회 내 처우가 필요하다고 인정되는 자에 대하여 지도·원호를 함으로써 건전한 사회복귀를 촉진하기 위한 처분을 말한다.

보호관찰 등에 관한 법률 (일부개정 2007.12.21. 법률 제8728호) 이하 보호관찰법 은 효율적인 범죄예방활동을 전개함으로써 개인 및 공공의 복지를 증진함과 아울러 사회를 보호함을 목적으로 한다(동법 제1조). 보호관찰 법은 형법, 소년법, 성폭법 등에 산재된 보호관찰규정을 통합하여 규정하고 있다.

2. 보호관찰 대상자

보호관찰 대상자는 형법 제59조의2에 따라 보호관찰을 조건으로 형의 선고유예를 받은 사람, 형법 제62조의2에 따라

---

864 갱신횟수에 제한이 없어 종신토록 할 수 있는 점은 인권침해의 소지가 있어 개선되어야 한다는 유력한 비판은 박상기, 562면 참조.

보호관찰을 조건으로 형의 집행유예를 선고받은 사람, 형법 제73조의2 또는 이 법 제25조에 따라 보호관찰을 조건으로 가석방되거나 임시퇴원된 사람, 소년법 제32조 제1항 제4호 및 제5호의 보호처분을 받은 사람, 다른 법률에서 이 법에 따른 보호관찰을 받도록 규정된 사람이다(동법 제3조 제1항).

3. 보호관찰 심사위원회

법무부장관 소속 하에 보호관찰심사위원회를 두어(동법 제5조) 가석방과 그 취소에 관한 사항, 임시퇴원과 그 취소 및 보호소년 등의 처우에 관한 법률 제43조 제3항에 따른 보호소년의 퇴원에 관한 사항, 보호관찰의 임시해제와 그 취소에 관한 사항, 보호관찰의 정지와 그 취소에 관한 사항, 가석방 중인 자의 부정기형의 종료에 관한 사항 등을 심사하도록 한다(동법 제6조).

4. 보호관찰의 내용

보호관찰은 법원의 판결이나 결정이 확정된 때 또는 가석방·임시퇴원된 때부터 시작되고, 보호관찰 대상자는 대통령령으로 정하는 바에 따라 주거, 직업, 생활계획, 그 밖에 필요한 사항을 관할 보호관찰소의 장에게 신고하여야 한다(동법 제29조).

보호관찰기간은 보호관찰을 조건으로 형의 선고유예를 받은 사람은 1년, 보호관찰을 조건으로 형의 집행유예를 선고받은 사람은 그 유예기간으로 하되, 법원이 보호관찰기간을 따로 정한 경우에는 그 기간 동안, 가석방자는 형법 제73조의2 또는 소년법 제66조에 규정된 기간 동안 보호관찰 대상자의 주거지를 관할하는 보호관찰소 소속 보호관찰관에 의하여(동법 제31조) 일정한 준수사항[865]에 의하여 보호관찰을 받는다(동법 제30조).

5. 보호관찰의 위반에 대한 절차

보호관찰소의 장은 보호관찰 대상자가 제32조의 준수사항을 위반하거나 위반할 위험성이 있다고 인정할 상당한 이유가 있는 경우에는 준수사항의 이행을 촉구하고 형의 집행 등 불이익한 처분을 받을 수 있음을

---

[865] 동법 제32조(보호관찰 대상자의 준수사항) ① 보호관찰 대상자는 보호관찰관의 지도·감독을 받으며 준수사항을 지키고 스스로 건전한 사회인이 되도록 노력하여야 한다.
② 보호관찰 대상자는 다음 각 호의 사항을 지켜야 한다.
   1. 주거지에 상주(常住)하고 생업에 종사할 것
   2. 범죄로 이어지기 쉬운 나쁜 습관을 버리고 선행(善行)을 하며 범죄를 저지를 염려가 있는 사람들과 교제하거나 어울리지 말 것
   3. 보호관찰관의 지도·감독에 따르고 방문하면 응대할 것
   4. 주거를 이전(移轉)하거나 1개월 이상 국내외 여행을 할 때에는 미리 보호관찰관에게 신고할 것
③ 법원 및 심사위원회는 판결의 선고 또는 결정의 고지를 할 때에는 제2항의 준수사항 외에 범죄의 내용과 종류 및 본인의 특성 등을 고려하여 필요하면 보호관찰 기간의 범위에서 기간을 정하여 다음 각 호의 사항을 특별히 지켜야 할 사항으로 따로 과(科)할 수 있다.
   1. 야간 등 재범의 기회나 충동을 줄 수 있는 특정 시간대의 외출 제한
   2. 재범의 기회나 충동을 줄 수 있는 특정 지역·장소의 출입 금지
   3. 피해자 등 재범의 대상이 될 우려가 있는 특정인에 대한 접근 금지
   4. 범죄행위로 인한 손해를 회복하기 위하여 노력할 것
   5. 일정한 주거가 없는 자에 대한 거주장소 제한
   6. 사행행위에 빠지지 아니할 것
   7. 일정량 이상의 음주를 하지 말 것
   8. 마약 등 중독성 있는 물질을 사용하지 아니할 것
   9. 「마약류관리에 관한 법률」 상의 마약류 투약, 흡연, 섭취 여부에 관한 검사에 따를 것
   10. 그 밖에 보호관찰 대상자의 재범 방지를 위하여 필요하다고 인정되어 대통령령으로 정하는 사항
④ 보호관찰 대상자가 제2항 또는 제3항의 준수사항을 위반하거나 사정변경의 상당한 이유가 있는 경우에는 법원은 보호관찰소의 장의 신청 또는 검사의 청구에 따라, 심사위원회는 보호관찰소의 장의 신청에 따라 각각 준수사항의 전부 또는 일부를 추가, 변경하거나 삭제할 수 있다. <개정 2019.4.16.>
⑤ 제2항부터 제4항까지의 준수사항은 서면으로 고지하여야 한다.

경고할 수 있다(동법 제38조).

보호관찰소의 장은 보호관찰 대상자가 제32조의 준수사항을 위반하였거나 위반하였다고 의심할 상당한 이유가 있고, 일정한 주거가 없는 경우, 동법 제37조 제1항에 따른 소환에 따르지 아니한 경우 또는 도망하거나 도망할 염려가 있는 경우에는 관할 지방검찰청의 검사에게 신청하여 검사의 청구로 관할 지방법원 판사의 구인장을 발부받아 보호관찰 대상자를 구인할 수 있으며(동법 제39조 제1항), 구인장은 검사의 지휘에 따라 보호관찰관이 집행한다. 다만, 보호관찰관이 집행하기 곤란한 경우에는 사법경찰관리에게 집행하게 할 수 있다(동법 제39조 제2항). 이외에 긴급구인하는 경우도 있다(동법 제40조).

검사는 보호관찰소의 장으로부터 동법 제42조 제1항 제1호의 신청을 받고 그 이유가 타당하다고 인정되면 48시간 이내에 관할 지방법원에 보호관찰을 조건으로 한 형의 선고유예의 실효 또는 집행유예의 취소를 청구하여야 한다(동법 제42조).

04 치료감호법상 치료감호와 보호관찰

1. 치료감호

(1) 의의 및 성격

2005년 8월 4일 신설되어 2008년 6월 13일 개정[866]된 치료감호법상 치료감호(治療監護)라 함은 심신장애 또는 마약류·알코올 그 밖에 약물중독 상태, 정신성적(精神性的) 장애가 있는 상태 등에서 범죄행위를 한 자로서 재범의 위험성이 있고 특수한 교육·개선 및 치료가 필요하다고 인정되는 자에 대하여 적절한 보호와 치료를 함으로써 재범을 방지하고 사회복귀를 촉진하는 것을 목적으로 하는 보안처분으로서(동법 제1조), 심신장애자와 마약류·알코올중독자 및 정신성적 장애 성폭력범죄자를 치료감호시설에 수용하여 치료하는 보안처분이다(동법 제2조 및 제16조). 치료감호는 치료감호시설에 수용한다는 점에서 자유박탈적 보안처분이다.

(2) 치료감호제도 개정의 의의

2005년 신설된 치료감호법상 치료감호는, 종래의 사회보호법상 치료감호에 비하여 치료감호의 요건으로서 치료의 필요성을 요구함으로써 그 요건을 강화하였고, 치료감호청구시 정신과 등 전문의의 진단·감정을 의무화하였으며, 심신장애자에 대한 치료감호와 중독자에 대한 치료감호시설 수용기간을 제한하였다는 점에서 종래 사회보호법상 치료감호와는 차이가 있다.[867] 특히 치료감호의 필요성 요건을 새로 규정하였고, 종래 사회보호법상 치료감호기간이 더 이상 치료의 필요가 없을 때까지 행할 수 있는 절대적 부정기적 처분이었다는 점을 치료감호기간 상한규정의 신설을 통해 제한함으로써 '죄형법정주의의 명확성원칙 위반의 소지를 제거'할 수 있게 되었다. 이는 종전의 치료감호제도에 대한 위헌론을 2005년 입법에서 반영한 것이다.[868]

(3) 입법론

우리나라의 치료감호는 심신장애자와 약물중독자를 하나의 국립법무병원(치료감호소)에 수용하도록 되어 있는데, 이에 대해서는 독일 형법의 제도[869]를 수용하여 정신병원에의 수용과 중독치료시설에의 수용으로 나

---

866 2008년 6월 13일 개정된 치료감호법에 의해 정신성적 장애 성폭력범죄자도 치료감호 대상자로 추가되었고 이러한 개정 치료감호법은 2008년 12월 14일부터 시행되고 있다.

867 이재상, §45−22.

868 다만 심각한 정신장애로 인하여 재범의 위험성이 강력하게 존재하는 피치료감호자에 대하여 치료감호기간의 상한 제한이 타당한가의 문제는 여전히 계속되고 있는 학계의 논쟁 중 하나이다.

869 참고 : 독일제도와의 비교 종래 사회보호법상 치료감호와 2005년 신설된 치료감호법의 모델이 된 것으로 보이는 독일형법상

누어 수용하도록 해야 한다는 批判이 있다.[870] 우리 치료감호법 제19조에서는 -동일 시설에서- 심신장애자와 중독자를 원칙적으로 구분·수용하도록 하고 있으나, 차제에 구체적인 구분·수용의 기준을 제시하지 않은 것은 문제라고 생각된다. 치료감호제도의 문제점을 부단히 개선해나가는 노력이 절실함은 두말할 필요가 없다.

(4) 치료감호 대상자의 요건

① 심신장애자(心神障碍者) : 형법 제10조 제1항에 따라 벌하지 아니하거나 같은 조 제2항에 따라 형을 감경할 수 있는 심신장애인으로서 금고 이상의 형(법정형을 의미함)에 해당하는 죄를 범하고, 치료감호시설에서의 치료가 필요하고 재범의 위험성이 있는 자를 말한다(동법 제2조 제1항 제1호). 국가9급 15 / 경찰채용 21 1차 위 금고 이상의 죄는 그 심신장애의 원인이 되는 병적 심신상태로 인하여 저질러져야 하고, 심신장애와 관계없이 죄를 범하였을 때에는 치료감호를 과할 수 없다(대법원 1986.2.25, 85감도419). 또한 범행 당시에는 물론 재판시까지도 정신분열병으로 인한 심신미약 상태에 있어 치료감호시설에서의 치료가 필요하고, 적절한 정신과적 치료를 받지 아니하는 경우 다시 강제추행이나 상해 등의 범행을 저지를 (상당한) 개연성(蓋然性; Bestimmte Wahrscheinlichkeit)이 높다면 재범의 위험성이 있다고 하지 않을 수 없다(대법원 2005.9.30, 2005도4208, 2005감도16). 그리고 치료감호의 요건에 해당하는가 여부는 범죄 행위시가 아니라 판결 선고시를 기준으로 하여 판단하여야 한다(대법원 1996.4.23, 96감도21).

🔨 **판례연구** 재범의 위험성의 판단기준

대법원 2003.4.11, 2003감도8
사회보호법 제8조 제1항 제2호 소정의 '재범의 위험성'이라 함은 피감호청구인이 장차 그 물질 등의 주입 등 습벽 또는 중독증세의 발현에 따라 다시 범죄를 저지를 것이라는 상당한 개연성이 있는 경우를 말한다.

보충 피감호청구인에게 메스암페타민에 대한 습벽 및 재범의 위험성이 충분히 있다고 보아 치료감호청구를 기각한 원심판결을 파기한 사례이다.

---

② 중독자(中毒者) : 마약·향정신성의약품·대마 그 밖에 남용되거나 해독작용을 일으킬 우려가 있는 물질이나 알코올을 식음·섭취·흡입·흡연 또는 주입받는 습벽이 있거나 그에 중독된 자로서 금고 이상의 형에 해당하는 죄를 범하고, 치료감호시설에서의 치료가 필요하고 재범의 위험성이 있는 자를 말한다(동법 제2조 제1항 제2호).

③ 정신성적(精神性的) 장애 성폭력범죄자 : 소아성기호증(小兒性嗜好症), 성적가학증(性的加虐症) 등 성적 성벽(性癖)이 있는 정신성적 장애자로서 금고 이상의 형에 해당하는 성폭력범죄[871]를 범하고, 치료감

정신병원수용제도(Unterbringung in einem psychiatrischen Krankenhaus)와 금단시설수용제도(Unterbringung in einem Entziehungsanstalt)를 간단히 소개해보자면 다음과 같다. 독일형법 제63조에서는 "정신병원수용"을 규정하고 있다. 즉, 책임무능력 또는 한정책임능력의 상태에서 위법한 행위를 한 자, 또는 책임무능력 또는 한정책임능력 상태로 인하여 장래에 범죄행위가 예상되는 경우 그리고 그로 인하여 그가 공공에 대하여 위험하다는 것이 판명된 경우에는 법원은 정신병원수용처분을 명한다. 또한 동법 제67조에 의하면, 책임무능력자에 대하여는 정신병원수용처분만 선고하지만, 한정책임능력자의 경우에는 -범죄가 성립하기 때문에- 형벌과 함께 선고한다. 이 경우 정신병원수용처분을 형집행보다 먼저 집행하는 것이 원칙이며, 그 집행기간은 형기에 산입한다(대체주의). 다만 형집행을 통하여 정신병원수용처분의 목적을 용이하게 이룰 수 있다면 법원은 형을 먼저 집행하도록 한다. 독일형법 제64조에서는 중독자에 대한 보안처분으로서 '금단시설수용'을 규정하고 있다. 즉, ① 알코올 기타 중독성 물질을 과잉복용하는 습벽이 있는 자, ② 명정상태에서 또는 위 습벽으로 인하여 위법한 행위로 유죄판결을 받거나 책임무능력을 이유로 무죄판결을 받은 경우, ③ 위 습벽으로 인하여 중대한 위법행위를 행할 위험이 있는 경우, ④ 치료가 가능한 경우에는 법원은 금단시설수용을 명한다. 형벌과 금단시설수용처분이 선고된 때에는 수용처분을 先집행하며, 제67조의d에 의해 수용치료기간은 2년까지로 제한한다. 제67조의e에 의해 금단시설수용처분의 나머지 집행방법은 위 정신병원수용의 그것에 준한다.

870 손동권, 701면.
871 여기서의 성폭력범죄에 대해서는 개정 치료감호법 제2조의2에서 정하고 있다. 동조에서 정하고 있는 성폭력범죄라 함은, (ⅰ)

호시설에서 치료를 받을 필요가 있고 재범의 위험성이 있는 자를 말한다(동법 제2조 제1항 제3호).

(5) 치료감호의 절차

검사는 치료감호대상자가 치료감호를 받을 필요가 있는 경우 관할 법원에 치료감호를 청구할 수 있다(동법 제4조 제1항). 이 경우 정신건강의학과 등의 전문의의 진단이나 감정을 참고하여야 한다(동법 제4조 제2항 본문). 다만, 정신성적 장애 성폭력범죄에 따른 치료감호대상자에 대하여는 정신건강의학과 등의 전문의의 진단이나 감정을 받은 후 치료감호를 청구하여야 한다(동법 동조 동항 단서). 이는 2008년 6월 13일 개정 치료감호법에 의하여 신설된 정신성적 장애 성폭력범죄자에 대한 치료감호가 남용될 위험성을 방지하기 위한 필수적 절차로 해석되어야 한다. 검사는 공소제기한 사건의 −1심판결선고시가 아니라 − 항소심 변론종결시까지 치료감호의 청구를 할 수 있다(동법 제4조 제5항). 법원은 공소제기된 사건의 심리결과 치료감호에 처함이 상당하다고 인정할 때에는 검사에게 치료감호청구를 요구할 수 있다(동법 제4조 제7항). 또한 검사는 다음 각 호의 어느 하나에 해당하는 경우에는 공소를 제기하지 아니하고 치료감호만을 청구할 수 있다(동법 제7조의 독립청구) : (ⅰ) 피의자가 형법 제10조 제1항의 규정에 해당하여 벌할 수 없는 경우, (ⅱ) 고소·고발이 있어야 논할 수 있는 죄에서 그 고소·고발이 없거나 취소된 경우 또는 피해자의 명시적인 의사에 반하여 논할 수 없는 죄에서 피해자가 처벌을 원하지 아니한다는 의사표시를 하거나 처벌을 원한다는 의사표시를 철회한 경우, (ⅲ) 피의자에 대하여 형사소송법 제247조에 따라 공소를 제기하지 아니하는 결정을 한 때

🔨 **판례연구** 치료감호 관련 판례

1. 대법원 1998.4.10, 98도549
법원으로서는 감정의견을 참작하여 객관적으로 판단한 결과 정신질환이 계속되어 피고인을 치료감호에 처함이 상당하다고 인정될 때에는 치료 후의 사회복귀와 사회안전을 도모하기 위하여 별도로 보호처분이 실시될 수 있도록 검사에게 치료감호청구를 요구할 수 있다.

2. 대법원 1999.8.24, 99도1194
사회보호법 제15조 제1호는 검사가 당초부터 피의자에 대하여 공소를 제기하지 아니하는 결정을 하는 경우에만 감호의 독립청구를 할 수 있는 것으로 제한하여 해석할 것이 아니라 공소가 제기된 피고사건에 관하여 심신상실을 이유로 한 무죄판결이 확정되어 다시 공소를 제기할 수 없는 경우를 포함하는 것으로 해석함이 상당하므로, 피고인에 대한 치료감호처분이 반드시 필요하다고 인정되는 경우 검사는 사회보호법 제15조 제1호의 규정에 따라 치료감호를 독립하여 청구할 수 있다. 국가7급 07

3. 대법원 2006.9.14, 2006도4211; 2007.4.26, 2007도2119
법원은 공소제기된 사건의 심리결과 치료감호에 처함이 상당하다고 인정할 때에는 검사에게 치료감호청구를 요구할 수 있는바, 이러한 치료감호법 제4조 제7항이 법원에 대하여 치료감호청구 요구에 관한 의무를 부과하고 있는 것으로 볼 수 없다.

4. 대법원 2007.7.27, 2007감도11
하급심법원의 재판이 피치료감호청구인에게 불이익하지 아니하면 이에 대하여 피치료감호청구인은 상소권을 가질 수 없는 것이다(치료감호법 제14조 제1항, 대법원 2005.9.15, 2005도4866 등 참조). 항소심법원에서 피고사건에 대하여 유죄판결을 선고하면서 치료감호청구 부분에 대한 검사의 항소를 항소이유 미기재를 이유로 기각한 경우, 피치료감호청구인은 항소심판결 중 치료감호청구 부분에 대한 상고권이 없다.

형법상 강간과 추행의 죄 중 제304조를 제외한 모든 범죄와 강도강간죄, (ⅱ) 성폭력범죄의 처벌 등에 관한 특례법 제3조(특수강도강간 등)부터 제6조(장애인에 대한 강간·강제추행 등)까지, 제7조(13세 미만의 미성년자에 대한 강간, 강제추행등) 및 제8조(강간 등 상해·치상)부터 제15조(미수범)까지의 죄, (ⅲ) 청소년의 성보호에 관한 법률 제7조(청소년에 대한 강간·강제추행 등)의 죄, (ⅳ) 위에 해당하는 죄로서 다른 법률에 따라 가중 처벌되는 죄를 말한다.

(6) 치료감호의 내용

① 치료감호의 기간 : 치료감호의 선고를 받은 자(피치료감호자)에 대하여는 치료감호시설에 수용하여 치료를 위한 조치를 한다(동법 제16조 제1항). 심신장애자 및 정신성적 장애 성폭력범죄자인 피치료감호자에 대한 치료감호시설에의 수용은 15년을 초과할 수 없으며, 중독자로서 피치료감호자에 대한 수용은 2년을 초과할 수 없다(동법 제16조 제2항). 다만 살인범죄를 저지른 자로서 살인의 재범의 위험성이 있는 자에 대해서는 기간을 연장할 수 있다(동법 제16조 제3항).[872] 중독자에 대해서 2년으로 제한한 것은 심신장애자 및 정신성적 장애 성폭력범죄자에 비하여 치료감호에 요하는 기간이 단기임을 고려한 것이다.

② 치료감호의 집행 : 치료감호의 집행은 검사가 지휘한다(동법 제17조 제1항). 치료감호와 형이 병과된 경우에는 치료감호를 먼저 집행한다. 이 경우 치료감호의 집행기간은 형기에 산입한다(동법 제18조 : 대체주의). 또한 심신장애자와 중독자 및 정신성적 장애 성폭력범죄자는 특별한 사정이 없는 한 구분·수용하여야 한다(동법 제19조의 분리수용).[873 · 874]

(7) 치료위탁과 치료감호의 집행정지

치료감호심의위원회(동법 제37조)는 치료감호만을 선고받은 피치료감호자가 그 집행개시 후 1년을 경과한 때에는 상당한 기간을 정하여 그의 법정대리인, 배우자, 직계친족, 형제자매에게 치료감호시설 외에서의 치료를 위탁할 수 있다(동법 제23조 제1항). 또한 치료감호와 형이 병과되어 형기 상당의 치료감호를 집행받은 자에 대하여는 상당한 기간을 정하여 그 법정대리인 등에게 치료감호시설 외에서의 치료를 위탁할 수 있다(동법 제23조 제2항).

피치료감호자에 대하여 형사소송법 제471조 제1항 각 호의 어느 하나에 해당하는 사유가 있는 때에는 동조의 규정에 따라 검사는 치료감호의 집행을 정지할 수 있다. 이 경우 치료감호의 집행이 정지된 자에 대한 관찰은 형집행정지자에 대한 관찰의 예에 따른다(동법 제24조).

(8) 치료감호 집행의 종료 및 가종료

치료감호심의위원회는 피치료감호자에 대하여 그 집행개시 후 매 6월 종료 또는 가종료 여부를, 가종료 또는 치료위탁된 피치료감호자에 대하여는 가종료 또는 치료위탁 후 매 6월 종료 여부를 심사·결정한다(동법 제22조). 또한 치료감호에 있어서 제32조 제1항 제1호 또는 제2호에 해당하는 경우에는 보호관찰기간이 끝나면 피보호관찰자에 대한 치료감호도 종료된다(동법 제35조 제1항).

---

872 참고 동법 제16조 제3항 : 전자장치 부착 등에 관한 법률 제2조 제3호의2에 따른 살인범죄를 저질러 치료감호를 선고받은 피치료감호자가 살인범죄를 다시 범할 위험성이 있고 계속 치료가 필요하다고 인정되는 경우에는 법원은 치료감호시설의 장의 신청에 따른 검사의 청구로 3회까지 매회 2년의 범위에서 제2항 각 호의 기간을 연장하는 결정을 할 수 있다. <신설 2013.7.30.>

873 보충 이는 독일의 제도와는 다른 점인데, 확실한 분리가 필요하다는 점에서 추후 보완이 필요한 부분이라고 생각된다.

874 보충 치료감호시설의 장은 피치료감호자의 건강한 생활이 보장될 수 있도록 쾌적하고 위생적인 시설을 갖추고 의류, 침구 그 밖에 처우에 필요한 물품을 제공하여야 하며, 피치료감호자에 대한 의료적 처우는 정신병원에 준하여 의사의 조치에 따르도록 하고, 치료감호시설의 장은 피치료감호자의 사회복귀에 도움이 될 수 있도록 치료와 개선 정도에 따라 점진적으로 개방적이고 완화된 처우를 하여야 한다(동법 제25조 제1항, 제2항, 제3항). 또한 치료감호시설의 장은 수용질서를 유지하거나 치료를 위하여 필요한 경우를 제외하고는 피치료감호자등의 면회, 편지의 수신·발신, 전화통화 등을 보장하여야 한다(동법 제26조). 또한 치료감호시설의 장은 피치료감호자등이 치료감호시설에서 치료하기 곤란한 질병에 걸린 때에는 외부의료기관에서 치료를 받게 할 수 있으며, 이 경우 치료감호시설의 장은 본인이나 보호자 등이 스스로의 부담으로 치료받기를 원하는 때에는 이를 허가할 수 있다(동법 제28조 제1항, 제2항). 피치료감호자등이나 법정대리인등은 법무부장관에게 피치료감호자등의 처우개선에 관한 청원을 할 수 있다(동법 제30조 제1항).

(9) 가종료 취소와 치료감호의 재집행

치료감호심의위원회는 피보호관찰자(제32조 제1항 제3호에 따라 치료감호기간 만료 후 피보호관찰자가 된 사람은 제외한다)가 (ⅰ) 금고 이상의 형에 해당하는 죄를 범한 때(과실범 제외), (ⅱ) 제33조의 준수사항 그 밖에 보호관찰에 관한 지시·감독을 위반한 때, (ⅲ) 제32조 제1항 제1호에 따라 피보호관찰자가 된 사람이 증상이 악화되어 치료감호가 필요하다고 인정되는 때에는, 결정으로 가종료등을 취소하고 다시 치료감호를 집행할 수 있다(동법 제36조).

(10) 치료감호의 시효

치료감호의 선고를 받은 자로서 그 판결이 확정된 후 집행을 받음이 없이 심신장애자 및 정신성적 장애 성폭력범죄자의 경우에는 10년, 중독자의 경우에는 7년이 경과하면 시효가 완성되어 그 집행이 면제된다(동법 제46조 제1항).

2. 보호관찰

(1) 의 의

치료감호법상 보호관찰(保護觀察)이라 함은 치료감호가 가종료되거나 치료위탁된 피치료감호자를 감호시설 외에서의 치료를 위하여 법정대리인 등에게 치료를 위탁하는 때 그를 지도 감독하는 보안처분이다. 이는 상당한 기간 동안 사회와 격리되어 감호시설 내에서 치료감호를 받던 자를 사회에 복귀시킴에 있어서 원활한 사회적응을 위하여 부과하는 자유제한적 보안처분이다.

(2) 보호관찰의 요건

치료감호법상 보호관찰은 (ⅰ) 피치료감호자에 대한 치료감호가 가종료된 때, (ⅱ) 피치료감호자가 치료감호시설 외에서의 치료를 위하여 법정대리인등에게 위탁된 때, (ⅲ) 제16조 제2항 각 호에 따른 기간 또는 같은 조 제3항에 따라 연장된 기간이 만료되는 피치료감호자에 대하여 제37조에 따른 치료감호심의위원회가 심사하여 보호관찰이 필요하다고 결정한 경우에는 치료감호기간이 만료된 때 개시된다.

(3) 보호관찰의 내용

피보호관찰자는 보호관찰 등에 관한 법률 제32조 제2항의 규정에 따른 준수사항을 성실히 이행하여야 하며, 치료감호심의위원회는 피보호관찰자의 특성을 고려하여 제1항의 규정에 따른 준수사항 외에 치료 그 밖에 특별히 준수하여야 할 사항을 과할 수 있다(동법 제33조 제1항, 제2항). 피보호관찰자 또는 그 법정대리인 등은 대통령령이 정하는 바에 따라 출소 후의 거주예정지 그 밖에 필요한 사항을 미리 치료감호시설의 장에게 신고하여야 하고, 피보호관찰자 또는 그 법정대리인 등은 출소 후 10일 이내에 주거, 직업, 치료를 받는 병원, 피보호관찰자가 등록한 정신건강증진 및 정신질환자 복지서비스 지원에 관한 법률 제3조 제3호에 따른 정신건강복지센터, 그 밖에 필요한 사항을 보호관찰관에게 서면으로 신고하여야 한다(동법 제34조 제1항, 제2항).

(4) 보호관찰의 기간 및 종료

보호관찰의 기간은 3년으로 한다(동법 제32조 제2항). 보호관찰이 종료되는 경우는 (ⅰ) 보호관찰기간이 끝났을 때 (ⅱ) 보호관찰기간이 끝나기 전이라도 치료감호심의위원회의 치료감호의 종료결정이 있을 때, (ⅲ) 보호관찰기간이 끝나기 전이라도 피보호관찰자가 다시 치료감호의 집행을 받게 되어 재수용되었을 때이다. 그리고 제32조 제1항 제1호 또는 제2호에 해당하는 경우에는 보호관찰기간이 끝나면 피보호관찰자에 대하여 치료감호가 종료된다(동법 제35조 제1항). 또한 치료감호심의위원회는 피보호관찰자의 관찰성적 및 치료경과가 양호한 때에는 보호관찰기간 만료 전에 보호관찰의 종료를 결정할 수 있다(동법 제35조 제2항).

(5) 가종료 취소와 치료감호의 재집행

기술한 바와 같이 동법 제36조에 의한다.

| 05 | 전자장치부착법상 위치추적 전자장치 부착명령 |

1. 의의 · 성격

전자장치부착법(정식명칭 : '전자장치 부착 등에 관한 법률')상 위치추적 전자장치 부착명령은 특정 성폭력범죄자의 행적을 추적하여 위치를 확인할 수 있는 전자장치를 신체에 부착하게 하는 부가적인 조치이다. 이는 성폭력범죄자의 재범 방지와 성행교정을 통한 재사회화를 위하여, 징역형을 종료한 이후에도 성폭력범죄를 다시 범할 위험성이 있다고 인정되는 자에 대하여, 일정한 요건 아래 검사의 청구에 의해 성폭력범죄사건의 판결과 동시에, 10년의 범위 내에서 부착기간을 정하여 선고되는 법원의 부착명령에 의해 이루어지는 보안처분으로서 형벌과 구별되며 그 본질을 달리한다는 것이 **판례**의 입장이다(대법원 2009.9.10, 2009도6061, 2009전도13; 2011.4.14, 2010도16939, 2010전도159). 따라서 형벌에 관한 일사부재리의 원칙이 그대로 적용되지 않으므로, 위 법률이 형 집행의 종료 후에 부착명령을 집행하도록 규정하고 있다 하더라도 그것이 일사부재리의 원칙에 반한다고 볼 수 없다(대법원 2009.9.10, 2009도6061, 2009전도13).

2. 양형과의 관계

전자장치부착법 제9조 제5항에 의하면 "부착명령의 선고는 특정범죄사건의 양형에 유리하게 참작되어서는 아니 된다." 이에 대해 **판례**는 과잉금지의 원칙, 일사부재리의 원칙 등에 위배된다고 볼 수는 없다고 판시하고 있다(대법원 2009.5.14, 2009도1947, 2009전도5).

3. 주요 요건

(1) 2회 이상 범한 성폭력범죄 및 재범의 위험성

① 의의 : 전자장치부착법 제5조 제1항 제3호는 "검사는 성폭력범죄를 2회 이상 범하여 그 습벽이 인정된 때에 해당하고, 성폭력범죄를 다시 범할 위험성이 있다고 인정되는 자에 대하여 전자장치를 부착하도록 하는 명령을 법원에 청구할 수 있다."고 규정하고 있는바, 위 조항에서 말하는 '성폭력범죄를 2회 이상 범하여'에는 유죄의 확정판결을 받은 경우를 포함한다고 봄이 상당하다(대법원 2010.4.29, 2010도1374, 2010전도2).

② 면소 또는 공소기각 판결이 선고된 경우 : 2회 이상의 성폭력범죄사실로 공소가 제기된 성폭력범죄사건에서 일부 범죄사실에 대하여 면소 또는 공소기각의 재판이 선고되는 경우, 그러한 일부 범죄사실에 대하여는 부착명령청구사건에서 실체적 심리 · 판단이 허용되지 않는다고 보아야 한다. 따라서 그 일부 범죄사실은 전자장치부착법상 2회 이상 범한 성폭력범죄에 포함된다고 볼 수 없다(대법원 2009.10.29, 2009도7282, 2009전도21).

③ 재범의 위험성 : 재범할 가능성만으로는 부족하고 피부착명령청구자가 장래에 다시 살인범죄를 범하여 법적 평온을 깨뜨릴 상당한 개연성이 있음을 의미하고, 이러한 판단은 장래에 대한 가정적 판단이므로 판결시를 기준으로 하여야 한다. 법원이 치료감호와 부착명령을 함께 선고할 경우에는 치료감호의 요건으로서 재범의 위험성과는 별도로, 치료감호를 통한 치료 경과에도 불구하고 부착명령의 요건으로서 재범의 위험성이 인정되는지를 따져보아야 하고, 치료감호를 위한 재범의 위험성이 인정된다

하여 부착명령을 위한 재범의 위험성도 인정된다고 섣불리 단정하여서는 안 된다(대법원 2012.5.10, 2012도2289, 2012감도5, 2012전도51).

(2) 19세 미만의 인식 요부

성폭력범죄를 다시 범할 위험성이 있는 사람에 대한 전자장치 부착명령 청구 요건의 하나로 전자장치부착법 제5조 제1항 제4호에서 규정한 '19세 미만의 사람에 대하여 성폭력범죄를 저지른 때'란 피부착명령청구자가 저지른 성폭력범죄의 피해자가 19세 미만의 사람인 것을 말하고, 나아가 피부착명령청구자가 자신이 저지른 성폭력범죄의 피해자가 19세 미만이라는 점까지 인식하여야 하는 것은 아니다(대법원 2011.7.28, 2011도5813, 2011전도99). 이는 전자감시제도가 형벌과는 다른 보안처분임을 고려한 것이다.

4. 결 정

전자장치의 부착을 명할지 여부 및 그 기간 등에 대한 판단은, 관련 법령에서 정하고 있는 요건에 위반한 것이 아닌 한, 법원의 재량에 속한다(대법원 2012.8.30, 2011도14257, 2011전도233).

5. 부가성

전자장치 부착명령은 성폭력범죄의 유죄판결에 부가해서 내리는 조치라는 점에서 몰수·추징과 유사하게 부가성을 가진다. 따라서 아동·청소년 대상 성폭력범죄의 피고인이 위치추적 전자장치의 부착명령에 관해서는 상고를 제기하지 아니하고 피고사건에 관하여만 상고를 제기한 경우에도, 원심의 피고사건에 대한 판단이 위법하여 파기되는 경우에는 부착명령청구사건 역시 파기하여야 한다(대법원 2011.4.14, 2011도453, 2011전도12).

6. 상 소

(1) 부착명령에 대한 일부상소

보호관찰부 집행유예의 경우, 보호관찰명령 부분만에 대한 일부상소는 허용되지 않는 점 등에 비추어 볼 때, 전자장치부착명령은 보호관찰부 집행유예와 서로 불가분의 관계에 있는 것으로서 독립하여 상소의 대상이 될 수 없다(대법원 2012.8.30, 2011도14257, 2011전도233).

(2) 불이익변경금지의 원칙

피고인만이 항소한 경우라도 법원이 항소심에서 처음 청구된 검사의 부착명령 청구에 기하여 부착명령을 선고하는 것이 불이익변경금지의 원칙에 저촉되지 아니한다(대법원 2010.11.25, 2010도9013, 2010전도60).[875]

🔨 **판례연구** 전자장치 부착명령의 청구의 시기(=공소 제기된 특정범죄사건의 항소심 변론종결 시까지)

대법원 2016.6.23, 2016도3508
전자장치부착법에 의하면 제5조 제1항부터 제4항까지의 규정에 따른 전자장치 부착명령의 청구는 공소가 제기된 특정범죄사건의 항소심 변론종결 시까지 하여야 하며(제5조 제5항), 부착명령청구사건의 관할은 부착명령청구사건과 동시에 심리하는 특정범죄사건의 관할에 따른다(제7조). 그리고 부착명령청구사건의 청구원인사실은 특정범죄사건의 범죄사실과 일치하여야 하며, 전자장치부착법 제5조 제1항 및 제8조에 따라 부착명령청구서에 기재하여야 하는 부착명령청구원인사실에는 피고사건의 공소장에 기재된 공소사실뿐만 아니라 재범의 위험성에 관한 사실도 포함된다.

---

875 유사판례 아동·청소년 대상 성폭력범죄의 피고인에게 '징역 15년 및 5년 동안의 위치추적 전자장치 부착명령'을 선고한 제1심 판결을 파기한 후 '징역 9년, 5년 동안의 공개명령 및 6년 동안의 위치추적 전자장치 부착명령'을 선고한 원심의 조치는 불이익변경금지원칙에 위배되지 않는다(대법원 2011.4.14, 2010도16939, 2010전도159).

참고하기 치료감호법상 치료감호 등을 제외한 나머지 (형사)제재들의 법적 성격

치료감호법상 치료감호와 보호관찰이 보안처분임에 대해서는 견해의 대립이 없다. 다만 이외에 형법상의 보호관찰·사회봉사명령·수강명령, 보안관찰법상의 보안관찰, 소년법상 보호처분 등 현행법상의 여러 처분들을 보안처분으로 보아야 하는가에 대해서는 견해의 대립이 있다.

통설은 모두 보안처분으로 보는 입장이다. 이는 범죄자의 개선을 통해 사회방위를 도모하는 모든 제재를 폭넓게 보안처분으로 이해하는 입장이다. 판례도 통설과 비슷한 입장으로 생각된다. 법원행시 07 다만 이에 대해서는 위 처분들은 형벌을 보완하는 사회방위적 기능을 하는 협의의 보안처분과는 다른 제재라는 견해가 유력한 비판이 제기되고 있다.[876]

이러한 비판(소수설)에 의하면, ㉠ 형법상 집행유예나 선고유예 및 가석방시에 내리는 보호관찰이나 집행유예시 내리는 사회봉사명령과 수강명령 그리고 소년법상 보호관찰 및 성폭법상 보호관찰은 행위자를 시설 내에 감호하지 않는 석방상태에 뒤따르는 형법 나름의 제재수단(형벌도 아니고 보안처분도 아닌 제3의 형사제재)이라고 파악해야 하며 보안처분으로 보아서는 안 된다고 주장한다.[877] 생각건대, 보안처분(保安處分)이라 함은 형벌이 가지는 책임주의의 한계 때문에 재범방지 내지 사회복귀기능이 미흡할 때에 반사회적 위험성을 가진 범죄자에 대하여 내리는 예방적 성질의 조치라는 점에서 위와 같은 비판이 타당하다고 생각된다.

또한 ㉡ 보안관찰법상의 보안관찰에 대해서도 이는 범죄에 대한 법률효과로서의 형사제재인 보안처분과는 다른 것이라는 견해(소수설)가 있다.[878] 생각건대, 이는 범죄에 대하여 사법기관이 내리는 형사제재가 아니라 범죄가 없어도 행정기관에 의하여 조치하는 행정작용의 일종이라는 점에서 보안처분으로 보는 것은 어렵다고 해야 한다.

㉢ 소년법상 보호처분도 전체적으로 보안처분으로 분류하는 것이 통설이다. 이에 대해서도 소수설은, 소년법상 보호처분은 소년보호주의(少年保護主義)에 입각하여 소년범죄를 비범죄화·비형벌화하려는 특수한 처분으로 이해해야 하며 협의의 보안처분과는 구별해야 한다고 주장한다.[879] 생각건대, 소년법상 보호처분은 '소년을 범죄자로 취급하여 형벌을 받았다고 낙인찍는 것'을 피하고 '소년은 가르치고 계도하려는 의도'에서 마련된 소년법 나름의 제재수단이라는 점에서 형벌로는 사회복귀가 어려울 때 이를 보충하는 협의의 보안처분과는 여러모로 다르다고 생각된다.

㉣ 소 결

전체적으로 위와 같은 소수설의 비판에 공감이 간다.

다만, 본서의 수험대비서로서의 기능을 고려할 때 통설의 분류방식에 따라 위에서 논의한 여러 제재조치들을 모두 보안처분으로 분류하는 방식으로 설명하기로 한다.

---

876 예를 들어 손동권, 699면 이하. 이 견해는 형사제재로서의 협의의 보안처분은 구성요건에 해당하고 위법한 범죄행위를 한 자를 대상으로 그의 재범의 위험성에 대한 법관의 사법심사를 통하여 부과된다고 한다. ibid. 또한 오영근, 811면. 이 견해는 형집행유예·선고유예와 결합된 보호관찰·사회봉사명령·수강명령은 순수한 보안처분이 아니라고 보고 있다. 이 점에서 형법전이 보안처분을 정식으로 받아들였다고 할 수 없고, 보안처분은 치료감호법 등에 규정되어 있기 때문에 우리 법률은 형벌과 보안처분의 관계를 이원론(二元論)의 입장에서 보고 있다는 것이다.

877 손동권, 705면. 또한 신동운, 769면. 이 견해는 구 사회보호법(현 치료감호법)의 보호관찰이 재범의 위험성이 있다는 비관적 전망에 기초한 것이라면, 형법상 선고유예·집행유예와 관련된 보호관찰은 정상에 참작할 만한 사유가 있다는 점에서 낙관적 전망에 기초한 것이라 하여 양자의 성질은 다르다고 보고 있다.

878 손동권, 700면; 이재상, §45-6.

879 손동권, 706면. 또한 신동운, 770면. 이 견해는 재범의 위험성이 있는 범죄인으로부터 사회를 보호하겠다는 방어적 구상에 입각하여 마련된 보안처분과, 소년의 인격형성에 대한 낙관적 전망에 기초하고 있는 보호처분은 서로 성질을 달리한다고 보고 있다.

표정리 형법상 중요한 기간 · 기한 · 액수 · 연령 등의 숫자 정리

형법규정	중요한 숫자
형사미성년자(제9조)	14세 미만
소년법의 소년(소년법 제2조)	19세 미만 10세 이상 소년 : 보호처분 12세 이상 소년 : 장기소년원송치, 수강명령 14세 이상 소년 : 사회봉사명령
사형 · 무기형에 처할 수 없으며 벌금형의 환형유치처분도 못 내리는 연령	18세 미만(사형 · 무기형 ⇨ 15년)
아동혹사죄의 아동(제274조)	자기의 보호 · 감독을 받는 16세 미만
미성년자의제강간죄의 객체(제305조)	13세 미만, 13세 이상 16세 미만
미성년자 위계 · 위력 간음죄(제302조)	16세(원칙) 이상 19세 미만
특수교사의 가중(제34조 제2항)	정범의 형의 장기 · 다액의 2분의 1까지
특수방조의 가중(제34조 제2항)	정범의 형
경합범 가중(사형 · 무기형 외의 같은 종류의 형인 A형과 B형)(제38조 제1항 제2호)	① A+{A(장기 · 다액) × 2분의 1}=X ② X≦(A+B) ③ X≦45년
유기징역 · 금고의 가중(제42조 단서)	50년까지
누범의 성립요건(제35조 제1항)	금고 이상 형집행 종료 · 면제 후 3년 이내
누범의 형(제35조 제2항)	장기의 2배까지
사형의 집행기한(형사소송법 제465조)	판결확정 후 6월 이내 집행
유기징역의 기간(제42조)	1개월 이상 30년 이하(가중시 50년까지)
구류의 기간(제46조)	1일 이상 30일 미만
벌금의 액수(제45조)	5만 원 이상(감경시에는 5만 원 미만도 가능)
벌금 · 과료의 납입기한(제69조)	판결확정일로부터 30일 이내
벌금 미납입시(제69조 제2항)	1일 이상 3년 이하 노역장유치 1억 원 이상 : 최소기간 법정
과료 미납입시(제69조 제2항)	1일 이상 30일 미만 노역장유치
노역장 유치기간(제70조 제2항)	1억원 이상 5억원 미만 : 300일 이상 5억원 이상 50억원 미만 : 500일 이상 50억원 이상 : 1천일 이상
과료의 액수(제47조)	2천원 이상 5만 원 미만
자격정지의 기간(제44조 제1항)	1년 이상 15년 이하

부록

사항색인

APPENDIX

판례색인

1982.7.27, 82도1310	614
1982.7.27, 82도822	545
1982.9.14, 80도2566	447
1982.9.14, 82도1439	134
1982.9.14, 82도1679	254
1982.9.28, 82도1669	613
1982.10.12, 81도2621	631
1982.10.12, 82도1865,82감도383	82
1982.10.26, 81도1409	535
1982.11.9, 82도2055	560
1982.11.23, 82도144	509
1982.11.23, 82도2024	167, 410, 453, 522
1982.11.23, 82도2346	472
1982.11.23, 82도4446	506
1982.12.14, 82도2357	259
1982.12.14, 82도2442	533
1982.12.14, 82도2448	533
1982.12.28, 81도1875	573
1982.12.28, 82도2525	155
1983.1.18, 82도2341	503
1983.1.18, 82도2823,82감도611	560
1983.2.5, 83모1	659
1983.2.8, 81도2344	421
1983.2.8, 82도2486	224
1983.2.8, 82도2889	277
1983.2.8, 82도357	259
1983.2.22, 81도2763	303, 304, 310
1983.2.22, 82도3103,82감도666	403, 433
1983.3.8, 82도2873	320, 453, 516
1983.3.8, 82도2944	343
1983.3.8, 82도3248	246, 258, 418
1983.3.8, 83도122	557
1983.3.22, 81도2545	129, 132
1983.4.2, 83모8	672
1983.4.12, 82도2433	438
1983.4.12, 82도43	447
1983.4.12, 82도812	615
1983.4.12, 83도304	535
1983.4.12, 83도420	645
1983.4.26, 82도3079	547
1983.4.26, 83도323	340, 571
1983.4.26, 83도629	496
1983.5.10, 82도2279	528
1983.5.24, 82도289	484
1983.5.24, 83도200	393
1983.6.14, 82도1925	484
1983.6.14, 83도424	573
1983.6.14, 83도515	391, 392, 394
1983.6.14, 83도808	613

1983.6.28, 83도1210	553
1983.7.12, 82도180	403, 460
1983.7.12, 82도2114	367
1983.7.12, 83도1200	582
1983.7.26, 83도1239	279
1983.7.26, 83도1378	572
1983.7.26, 83도706	548
1983.8.23, 82도3222	158
1983.8.23, 83도1288	491
1983.8.23, 83도1328	485, 519
1983.8.23, 83도1600	649
1983.9.13, 83도1467	199
1983.9.13, 83도1537	491
1983.9.13, 83도1762	174
1983.9.13, 83도1840,83감도339	672
1983.9.13, 83도1927	298
1983.9.27, 82도671	540
1983.9.27, 83도1787	404
1983.10.11, 83도1897	279
1983.10.25, 83도2323	277
1983.10.25, 83도2432	341
1983.11.8, 83도2031	549
1983.11.8, 83도2499	88
1983.11.8, 83도711	556
1983.11.22, 83도2590	343
1983.12.13, 83도1458	461
1983.12.13, 83도2276	318, 319
1983.12.13, 83도2467	475
1983.12.13, 83도2543	320
1983.12.27, 83도2629	356
1984.1.24, 81도615	473
1984.1.24, 83도1873	199
1984.1.24, 83도2813	177
1984.1.31, 83도2941	359, 415, 416
1984.2.14, 83도2967	365
1984.2.14, 83도2982	485
1984.2.14, 83도3120	424
1984.2.24, 83도2967	359
1984.2.28, 83도3007	272, 282, 478
1984.2.28, 83도3160	577
1984.2.28, 83도3162	427
1984.2.28, 83도3321	426
1984.2.28, 83도3331	366
1984.3.13, 82도3136	412
1984.3.13, 83도1859	496
1984.4.10, 83도3365	158
1984.4.10, 84도79	496
1984.4.24, 84도195	463
1984.4.24, 84도372	429, 430
1984.5.15, 84도233	556, 563
1984.5.15, 84도418	437

1984.5.15, 84도488	429, 430
1984.5.22, 84도39	101
1984.5.22, 84도545	280
1984.5.29, 82도2609	612
1984.5.29, 83도2680	612
1984.5.29, 84도483	491
1984.5.29, 84도520	491
1984.6.12, 84도683	196
1984.6.12, 84도780	416, 426
1984.6.12, 84도799	253
1984.6.26, 83도3090	199
1984.6.26, 84도603	253
1984.6.26, 84도831	507
1984.7.10, 84도687	485
1984.7.10, 84도813	156, 492
1984.7.24, 84도832	341
1984.8.14, 84도1139	556, 557
1984.8.21, 84도781	449
1984.8.21, 84도1297	582
1984.9.11, 84도1381	339, 340, 353
1984.9.11, 84도1440	200
1984.9.25, 84도1611	198
1984.9.25, 84도1695	492
1984.10.10, 82도2595 전원합의체	128
1984.10.10, 84도1793	362
1984.10.10, 84도1868	485
1984.10.10, 84도1887	424
1984.10.23, 84도1945	549
1984.11.27, 84도1906	450, 525
1984.11.27, 84도2263	550, 583
1984.12.11, 84도2002	164
1984.12.11, 84도2183	507
1984.12.11, 84도2347	507
1984.12.11, 84도2524	341
1984.12.26, 82도1373	406
1984.12.26, 84도1573 전원합의체	563
1984.12.26, 84도2433	341
1984.12.26, 84도2582	217
1985.1.15, 84도2397	507
1985.1.22, 84도1493	492
1985.2.26, 84도2987	456
1985.3.12, 84도2747	382
1985.3.12, 84도2929	251
1985.3.12, 84도3031	492
1985.3.26, 84도2956	414
1985.3.26, 85도206	362
1985.4.9, 85도25	295
1985.4.23, 84도2890	587
1985.4.23, 85도303	510
1985.4.23, 85도464	344
1985.5.14, 84도2118	403, 404, 429

APPENDIX

1990.3.27, 90도292	248	
1990.4.10, 90도16	624	
1990.4.27, 89도1467	248	
1990.5.8, 90도670	502	
1990.5.22, 90도579	479	
1990.5.22, 90도580	156	
1990.5.25, 90도607	344	
1990.6.22, 90도767	402, 508	
1990.6.26, 90도765	424, 425	
1990.6.26, 90도887	277	
1990.7.10, 90도1176	549	
1990.7.24, 90도1149	366	
1990.7.27, 89도1829	574	
1990.7.27, 90도543	550	
1990.8.10, 90도1211	221	
1990.8.14, 90도1328	280	
1990.8.14, 90도870	208, 260	
1990.8.24, 90초71	645	
1990.8.28, 90도1217	344	
1990.9.25, 90도1482	486	
1990.9.25, 90도1588	556	
1990.9.25, 90도1596	510	
1990.9.28, 90도1365	565	
1990.9.28, 90도602	238	
1990.10.10, 90도1904	613	
1990.10.16, 90도1604	305, 312	
1990.10.16, 90도1786	508	
1990.10.23, 90도2083	277	
1990.10.30, 90도1456	252	
1990.10.30, 90도1798	317	
1990.10.30, 90도1912	388	
1990.10.30, 90도2022	435	
1990.11.13, 90도1987	479	
1990.11.23, 90도1864	255	
1990.11.27, 90도2225	277	
1990.11.27, 90도2262	425	
1990.12.11, 90도694	158	
1990.12.13, 90도2106	156	
1990.12.26, 89도2589	479	
1991.1.8, 90도2485	91	
1991.1.15, 89도2239	250	
1991.1.15, 90도2257	381	
1991.1.25, 90도2560	91	
1991.1.29, 90도2445	583	
1991.1.29, 90도2852	235	
1991.2.12, 90도2547	156	
1991.2.26, 90도2856	158, 162	
1991.2.26, 90도2900	533	
1991.2.26, 91도37	86	
1991.3.4, 90모59	665	
1991.3.8, 90도2826	277	

1991.4.9, 91도288	341	
1991.4.9, 91도357	277	
1991.4.9, 91도415	486	
1991.4.23, 90도2961	238	
1991.4.23, 91도476	341	
1991.5.10, 91도346	255	
1991.5.14, 91도513	253	
1991.5.14, 91도542	436, 437, 439	
1991.5.28, 91도30	202	
1991.5.28, 91도352	614	
1991.5.28, 91도636	279	
1991.5.28, 91도840	479	
1991.6.11, 91도383	238, 239	
1991.6.11, 91도985	631	
1991.6.25, 91도643	555, 574	
1991.8.9, 91모54	586	
1991.8.27, 91도1523	305	
1991.9.10, 91도1722	583	
1991.9.10, 91도1746	487	
1991.9.10, 91도376	255	
1991.9.24, 91도1824	255	
1991.10.11, 91도1566	295	
1991.10.11, 91도1755	421	
1991.10.25, 91도2085	505, 508	
1991.11.12, 91도2156	425	
1991.11.22, 91도2296	344	
1991.11.26, 91도2267	425	
1991.12.10, 91도2044	487	
1991.12.10, 91도2642	574	
1991.12.13, 91도2127	255	
1991.12.27, 91도1169	260	
1992.1.17, 91도2837	460	
1992.1.21, 91도1402 전원합의체	590	
1992.2.11, 91도2951	519, 522, 526	
1992.2.25, 91도3192	119, 554	
1992.3.10, 91도3172	473	
1992.3.10, 92도147	550	
1992.3.10, 92도37	249	
1992.3.27, 91도2831	250	
1992.3.31, 90도2033 전원합의체		
	122, 329	
1992.3.31, 91도3279	421	
1992.4.10, 91도3044	239	
1992.4.24, 92도245	295	
1992.4.28, 91도1346	487	
1992.4.28, 92도56	487	
1992.5.8, 91도2825	87, 137, 310	
1992.5.26, 91도894	307, 312	
1992.7.14, 91다43800	236	
1992.7.26, 92도1137	493	
1992.7.28, 92도700	609, 618, 619	

1992.7.28, 92도917	344, 353	
1992.7.28, 92도999	288	
1992.8.14, 91도3191	460	
1992.8.14, 92도1246	317	
1992.8.18, 92도1140	296	
1992.8.18, 92도1244	420	
1992.8.18, 92도1395	136	
1992.8.18, 92도1425	281, 282	
1992.9.14, 92도1534	533	
1992.9.22, 92도1855	237	
1992.9.25, 92도1520	187, 258	
1992.11.10, 92도2034	131	
1992.11.10, 92도2342	389	
1992.11.13, 92도1749	583	
1992.11.13, 92도2194	88, 89	
1992.11.13, 92도610	487	
1992.11.24, 92도1417	582	
1992.12.8, 92도1645	237	
1992.12.8, 92도1995	614	
1992.12.8, 92도2020	626	
1992.12.8, 92도407	85	
1992.12.22, 92도2540	190, 194, 195	
1992.12.24, 92도2346	460	
1992.12.28, 92모39	669	
1993.1.15, 92도2579	158, 161	
1993.1.29, 90도450	235	
1993.2.23, 92도2077	493	
1993.2.23, 92도3126	66	
1993.3.9, 92도2999	547	
1993.3.9, 92도3101	230	
1993.3.23, 93도164	616	
1993.3.26, 92도3405	563, 564	
1993.4.13, 92도3035	574	
1993.4.13, 93도347	352	
1993.4.27, 92도3229	510	
1993.5.11, 93도49	574	
1993.6.8, 93도766	189	
1993.6.11, 92도3437	663	
1993.6.22, 91도3346	614	
1993.6.22, 92도3160	301	
1993.6.22, 93오1	661	
1993.7.27, 92도2345	224, 245	
1993.8.24, 92도1329	200	
1993.8.24, 93도1674	426	
1993.9.10, 93도196	473	
1993.9.14, 92도1560	310	
1993.9.14, 93도1790	574	
1993.9.14, 93도915	342	
1993.10.8, 93도1873	443	
1993.10.8, 93도1951	331	
1993.10.12, 93도1851	352	

1993.10.12, 93도1888 311	1995.1.12, 94도2781 208	1996.4.26, 96도485 504
1993.10.12, 93도875 232	1995.1.13, 94도2662 600	1996.5.10, 96도529 508
1993.11.23, 93도213 547	1995.1.20, 94도2842 504	1996.5.10, 96도620 306
1993.11.23, 93도604 347	1995.1.24, 94도2787 92	1996.5.10, 96도800 642
1993.12.10, 93도2711 624	1995.3.10, 94도1075 617	1996.5.14, 96모14 615
1993.12.15, 93모73 660	1995.3.17, 93도923 256	1996.5.28, 95도1200 498
1993.12.24, 92도3334 583	1995.4.7, 94도1325 305	1996.5.28, 96도979 250
1993.12.28, 93도1569 614	1995.5.12, 95도425 508	1996.6.11, 96도1049 480, 487
1994.1.11, 93도2894 624	1995.5.23, 93도1750 610	1996.6.11, 96도857 287
1994.1.14, 93도2579 43, 87	1995.5.26, 95도230 132, 133	1996.7.9, 96도1198 487
1994.1.14, 93도2914 169	1995.6.16, 94도1793 306	1996.7.12, 96도1142 508
1994.2.8, 93도1483 128, 612	1995.6.16, 94도2413 42, 43	1996.7.12, 96도1181 534, 535, 550
1994.2.8, 93도2563 642	1995.6.30, 94도1017 298	1996.7.26, 96도1158 89
1994.2.22, 93도613 237	1995.7.11, 94도1814 311	1996.7.30, 95도2408 241
1994.2.25, 93도3064 614	1995.7.11, 95도1084 643	1996.7.30, 96도1081 521
1994.3.8, 93도3154 406	1995.7.28, 94도3325 49, 128	1996.7.30, 96도1285 534
1994.3.11, 93도2305 406	1995.7.28, 95도1081 306	1996.8.23, 96도1231 412
1994.3.11, 93도3001 473	1995.7.28, 95도702 304, 306	1996.9.6, 95도2551 450, 452, 521
1994.3.22, 93도3612 156	1995.7.28, 95도869 543	1996.9.6, 95도2945 199
1994.4.12, 93도2535 439	1995.8.22, 95도594 583	1996.9.20, 95도1728 557
1994.4.12, 94도128 435	1995.8.22, 95도936 250	1996.9.24, 95도245 156
1994.4.26, 92도3283 479, 480	1995.8.25, 95도717 311	1996.9.24, 96도2151 542
1994.4.26, 93도1731 515	1995.9.5, 95도1269 407, 557	1996.11.8, 95도2710 158, 477
1994.4.26, 94도548 493	1995.9.5, 95도577 406, 407, 448	1996.11.12, 96도2477 610
1994.5.10, 94도963 83	1995.9.15, 94도2561 342	1996.11.29, 96도1755 552
1994.5.13, 93도3358 534	1995.9.15, 95도906 156	1996.11.29, 96도2490 615
1994.5.13, 94도581 281	1995.9.29, 95도456 448	1996.12.10, 96도2529 421
1994.5.24, 94도660 411	1995.9.29, 95도803 417	1996.12.20, 96도2030 157
1994.6.28, 94도995 493	1995.11.10, 95도2088 306	1996.12.23, 96도2745 201
1994.7.29, 94도1354 642	1995.11.21, 94도1598 167	1997.1.21, 96도2715 571
1994.8.23, 94도1484 417	1995.12.12, 94도3348 390	1997.1.24, 95도2125 487
1994.8.26, 92도3055 574	1995.12.12, 95도1891 296	1997.1.24, 96도2427 448
1994.8.26, 94도1291 124, 527	1995.12.12, 95도1893 661	1997.1.24, 96도524 128
1994.8.26, 94도780 305	1995.12.26, 95도2188 306	1997.1.24, 96도776 157
1994.9.9, 94도1134 296	1995.12.26, 95도715 480	1997.2.14, 96도1959 407, 408
1994.9.27, 94도1391 647	1996.1.26, 94도2654 414	1997.2.25, 94도3346 547
1994.9.27, 94도1629 487	1996.1.26, 95도2263 482, 643	1997.3.14, 96도1639 451, 519, 520,
1994.10.14, 94도2130 633	1996.1.26, 95도2461 404	525, 526
1994.10.14, 94도2165 480	1996.2.13, 95도2121 583	1997.3.20, 96도1167 48, 50
1994.10.14, 94오1 632	1996.2.13, 95도2843 89	1997.4.8, 96도3082 487
1994.11.4, 94도2361 172	1996.2.27, 95도2970 240	1997.4.17, 96도3376 전원합의체 187,
1994.11.8, 94도1657 255	1996.3.8, 95도2114 582	387, 394, 542
1994.12.2, 94도2510 408	1996.3.12, 94도2423 139	1997.4.22, 95도748 461
1994.12.9, 93도2524 480	1996.3.22, 96도313 432	1997.4.22, 97도538 472
1994.12.20, 94모32 전원합의체 48, 69	1996.3.26, 95도3073 49	1997.4.25, 96도3409 306
1994.12.21, 93도1817 582	1996.4.9, 95도2466 558	1997.5.24, 76도3460 188
1994.12.22, 93도3030 480	1996.4.9, 96도241 194	1997.5.30, 97도414 563
1994.12.22, 94도2511 167	1996.4.12, 95도2312 578	1997.6.2, 97도163 409
1994.12.23, 93도1002 121, 458, 463	1996.4.12, 96도304 543	1997.6.13, 96도3266 498
1994.12.27, 94도2513 481	1996.4.23, 96감도21 683	1997.6.13, 96도346 462
1995.1.12, 93도3213 563	1996.4.23, 96도417 563	1997.6.13, 97도703 38, 674

1997.6.13, 97도957　353
1997.6.24, 97도1075　443, 513
1997.6.27, 95도1964　307
1997.6.27, 97도1085　540
1997.6.27, 97도163　409
1997.6.27, 97도508　583
1997.7.11, 97도1180　393
1997.7.25, 97도1142　550
1997.8.26, 96도3466　631
1997.9.5, 97도1294　304
1997.9.12, 97도1706　421
1997.9.30, 97도1940　402, 403, 404
1997.10.10, 97도1678　477, 488
1997.10.10, 97도1720　406
1997.10.13, 96모33　673
1997.11.28, 97도1740　412, 574
1997.11.28, 97도1741　229, 230
1997.12.26, 97도2609　168
1998.1.20, 97도588　236
1998.2.13, 97도2877　248
1998.2.24, 97도183　84
1998.2.24, 97도3282　552
1998.2.27, 97도2812　495
1998.3.24, 97도2956　575
1998.3.26, 97도1716 전원합의체　624, 625
1998.4.10, 97도3057　550
1998.4.10, 97도3392　50
1998.4.10, 98도297　488
1998.4.10, 98도549　684
1998.4.14, 97도3340　555
1998.4.14, 98도356　425
1998.4.24, 98도98　658
1998.4.28, 98다5135　491
1998.5.8, 98도631　116
1998.5.21, 95도2002 전원합의체　69, 618
1998.5.21, 98도321 전원합의체　432, 434
1998.5.29, 97도1126　564
1998.6.9, 97도856　317
1998.6.9, 98도980　168
1998.6.18, 97도2231　32, 42
1998.6.23, 97도1189　307
1998.7.28, 98도1395　421
1998.9.4, 98도2061　456
1998.9.8, 98도1949　170
1998.9.22, 98도1832　405
1998.9.22, 98도1854　159
1998.10.13, 98도2584　543
1998.10.15, 98도1759 전원합의체　33

1998.11.27, 98도2734　97
1998.12.8, 98도3626　503
1998.12.22, 98도2460　610
1999.1.12, 98모151　659
1999.1.15, 98도2605　480
1999.1.26, 98도3029　234
1999.2.11, 98도2816 전원합의체 32, 33
1999.2.23, 98도1869　187, 260
1999.3.10, 99모33　660
1999.3.26, 97도1769　50
1999.4.9, 98도667　171
1999.4.9, 99도424　331, 332
1999.4.13, 98도3619　550
1999.4.13, 99도640　353
1999.4.15, 99도357 전원합의체　642
1999.4.23, 98도4455　533
1999.4.23, 99도636　233, 320
1999.4.27, 99도5　552
1999.4.27, 99도693,99감도17　282
1999.4.27, 99도883　463, 464
1999.5.11, 99다12161　606
1999.5.11, 99도499　296
1999.5.25, 99도983　260
1999.6.11, 99도943　201
1999.6.25, 99도1900　614
1999.7.9, 98도1719　50
1999.7.9, 99도1695　618
1999.7.15, 95도2870 전원합의체　41, 129, 133
1999.8.20, 99도1744　550
1999.8.24, 99도1194　684
1999.9.17, 97도3349　41
1999.9.17, 99도2889　403, 405
1999.10.8, 99도1638　615
1999.10.12, 99도3335　260
1999.10.12, 99도3377　200
1999.10.22, 99도2971　257
1999.11.12, 98다30834　65
1999.11.12, 99도3801　330
1999.11.26, 99도2651　552
1999.12.10, 99도3478　611
1999.12.10, 99도3711　488
1999.12.18, 98도138　192
1999.12.24, 99도3003　87
1999.12.24, 99도3354　100
2000.1.14, 99도3621　488
2000.1.14, 99도5187　342
2000.1.18, 99도4748　249
2000.1.21, 99도4940　557
2000.2.11, 99도4840　590
2000.2.11, 99도4862　583

2000.2.25, 99도1252　436
2000.3.10, 99도2744　567
2000.3.10, 99도4273　187, 250
2000.3.24, 2000도20　382, 441
2000.3.24, 2000도310　552
2000.3.24, 99도5275　441
2000.3.28, 2000도228　200
2000.4.7, 2000도576　405
2000.4.21, 99도3403　97
2000.4.21, 99도5563　307
2000.4.25, 98도2389　187, 257
2000.4.25, 99도5479　558
2000.5.12, 2000도745　426, 612
2000.5.26, 2000도1338　533
2000.5.26, 2000도440　614
2000.5.26, 99도2781　262
2000.5.26, 99도4836　237
2000.6.27, 2000도1155　159
2000.7.7, 2000도1899　561, 583
2000.7.28, 2000도2466　430
2000.8.18, 2000도1914　448
2000.8.18, 2000도2231　168
2000.8.18, 2000도2943　307
2000.9.5, 2000도2671　491
2000.9.8, 2000도546　614
2000.9.29, 2000도3051　295
2000.10.27, 2000도1007　43
2000.10.27, 2000도3570　131
2000.10.27, 2000도4187　33
2000.11.10, 99도782　533
2000.11.28, 2000도1089　170
2000.12.22, 2000도4267　636
2000.12.22, 2000도4372　124
2001.2.9, 2000도1216　572
2001.2.23, 2000도4415　243, 248, 255
2001.2.23, 2001도204　316
2001.3.9, 2000도5590　168
2001.3.9, 2000도794　617
2001.3.9, 2000도938　387
2001.3.27, 2000도5318　584
2001.4.24, 2001도872　634
2001.4.24, 99도4893　236
2001.5.15, 2001도1089　198
2001.5.29, 2001도1570　611
2001.6.1, 99도5086　157
2001.6.12, 2000도3559　584
2001.6.12, 2001도1012　239
2001.6.15, 2001도1809　116
2001.6.26, 2000도2871　237
2001.6.27, 2001모135　659
2001.6.29, 99도5026　296

2001.7.24, 2001도2196 566
2001.7.27, 2000도4298 342
2001.7.27, 2001두336 670
2001.8.21, 2001도3312 564, 568
2001.8.23, 2001모91 670
2001.8.24, 2001도2832 582
2001.9.25, 2001도3990 92
2001.9.25, 99도3337 98
2001.9.28, 2001도4172 575
2001.10.9, 2001도4069 170
2001.10.12, 2001도3579 656
2001.10.25, 99도4837 전원합의체 237
2001.11.9, 2001도4792 401
2001.11.27, 2000도3463 550
2001.11.30, 2001도5657 565, 582
2001.12.11, 2001도5005 156, 480
2001.12.28, 2001도2572 607
2001.12.28, 2001도5158 383, 610, 618
2001.12.28, 2001도6130 534
2002.1.25, 2000도1696 248, 260
2002.2.5, 2001초632 81
2002.2.8, 2001도5410 50
2002.2.8, 2001도6425 168
2002.2.8, 2001도6468 252
2002.2.8, 2001도6669 367
2002.2.21, 2001도2819 전원합의체 48, 49, 69
2002.2.25, 99도4305 255
2002.2.26, 2000도4637 656
2002.2.26, 99도5380 235, 236
2002.3.15, 2002도158 90
2002.3.26, 2001도6503 50
2002.3.26, 2001도6641 339, 342
2002.4.9, 2001도6601 488
2002.4.12, 2000도3295 482
2002.4.12, 2000도3350 85
2002.4.12, 2000도3485 424
2002.5.10, 2000도2807 307
2002.5.10, 2001도300 192
2002.5.17, 2001도4077 311
2002.5.24, 2000도1731 519
2002.5.24, 2002도1541 280, 282
2002.6.14, 2000두3450 242
2002.6.14, 2002도1256 558
2002.6.14, 2002도1283 614
2002.6.14, 99도3658 405
2002.6.20, 2002도807 전원합의체 566, 642
2002.6.28, 2002도2425 169
2002.7.12, 2002도2029 558
2002.7.18, 2002도669 전원합의체 569, 575

2002.7.22, 2002도1696 383, 558
2002.7.23, 2000도1094 584
2002.7.23, 2001도6281 554, 584
2002.7.26, 2002도1855 558
2002.8.23, 2002도2800 481
2002.8.27, 2001도513 415
2002.9.4, 2000도515 607
2002.9.24, 2002도2243 238
2002.9.24, 2002도3589 607
2002.10.11, 2002도2939 566
2002.10.22, 2002감도39 672
2002.10.22, 2002도4260 309
2002.10.25, 2002도4089 443
2002.11.8, 2002도4597 86
2002.11.8, 2002도5109 280
2002.11.26, 2002도4929 99
2002.12.27, 2002도2539 48, 50
2003.1.10, 2001도3292 494, 495
2003.1.10, 2002도2363 47, 49
2003.1.10, 2002도4380 584
2003.2.20, 2001도6138 전원합의체 564, 662
2003.2.28, 2002도7335 564
2003.3.28, 2002도7477 405
2003.3.28, 2003도665 564
2003.4.8, 2002도6033 540
2003.4.8, 2003도382 560, 561, 583
2003.4.11, 2003감도8 683
2003.4.11, 2003도451 41, 43
2003.4.25, 2002도1722 43
2003.4.25, 2003도348 485
2003.5.13, 2003도939 307
2003.5.30, 2003도1256 221, 578
2003.5.30, 2003도705 606
2003.6.10, 2001도2573 130
2003.6.23, 2003모172 660
2003.6.24, 2003도1985 342
2003.7.8, 2001도1335 69
2003.7.22, 2003도2297 50
2003.8.19, 2001도3667 479, 488
2003.8.22, 2002도5341 568
2003.8.22, 2003도1697 257
2003.9.2, 2003도3073 130
2003.9.26, 2002도3924 347
2003.9.26, 2003도3000 260
2003.10.23, 2003도3529 494
2003.10.24, 2003도4027 460
2003.10.24, 2003도4417 342
2003.10.30, 2003도4382 408
2003.11.13, 2003도3606 196
2003.11.13, 2003도687 236

2003.11.28, 2003도5931 242
2003.12.12, 2003도4533 49, 50
2003.12.12, 2003도5207 519, 526
2003.12.26, 2001도3380 236
2003.12.26, 2001도6484 317
2003.12.26, 2003도3768 662
2003.12.26, 2003도5980 43
2004.1.15, 2001도1429 584
2004.1.27, 2001도3178 89, 582
2004.1.27, 2003도5114 441
2004.2.13, 2003도3090 82
2004.2.27, 2003도6535 51
2004.3.25, 2003도3842 241
2004.3.26, 2003도8014 612
2004.4.9, 2003도6351 257
2004.4.9, 2003도8219 547
2004.4.9, 2004도606 51
2004.4.16, 2004도353 545, 550
2004.4.23, 2002도2518 98, 241
2004.4.23, 2003도8039 169
2004.4.27, 2002도315 261
2004.4.28, 2004도927 561
2004.5.13, 2004도1299 575
2004.5.14, 2003도3487 51
2004.5.14, 2004도1066 438
2004.5.14, 2004도74 170
2004.5.27, 2003도4531 521
2004.5.28, 2004도1297 550
2004.6.10, 2001도5380 233, 234, 253
2004.6.11, 2001도6177 461
2004.6.24, 2002도995 401, 451, 452, 514, 529
2004.6.25, 2003도7124 582
2004.6.25, 2004도1751 578, 584
2004.7.9, 2004도810 575
2004.7.15, 2004도2965 전원합의체 315
2004.7.22, 2003도8193 262
2004.7.22, 2004도2390 563
2004.8.20, 2004도2870 433
2004.9.16, 2001도3206 전원합의체 567
2004.9.24, 2004도3532 88
2004.9.24, 2004도4066 139
2004.10.15, 2004도4467 238
2004.10.28, 2004도3405 261
2004.10.28, 2004도3994 383, 385
2004.11.11, 2004도4049 49, 575
2004.11.12, 2004도5257 584
2004.11.25, 2004도6408 261
2004.12.10, 2004도6480 170
2004.12.23, 2004도6184 196
2004.12.24, 2004도5494 584

2007.3.29, 2007도595 564
2007.3.30, 2006도7241 611
2007.4.12, 2006도4322 537, 590
2007.4.13, 2007도943 642
2007.4.26, 2005도9259 53
2007.4.26, 2006도9216 493
2007.4.26, 2007도1794 196
2007.4.26, 2007도2119 684
2007.4.26, 2007도309 462
2007.4.26, 2007도428 419
2007.4.27, 2006도5579 585
2007.4.27, 2007도1038 34
2007.5.10, 2006도6178 488
2007.5.10, 2007도2517 642
2007.5.11, 2005도5756 672
2007.5.11, 2005도6360 390
2007.5.11, 2006도1993 296
2007.5.11, 2006도4328 217
2007.5.11, 2006도9478 544, 585
2007.5.11, 2007도1373 320
2007.5.31, 2005다5867 489
2007.5.31, 2006도3493 471
2007.5.31, 2007도1903 438
2007.6.14, 2007도2162 47, 49, 70
2007.6.14, 2007도2451 606, 613
2007.6.28, 2005도7473 590
2007.6.28, 2005도8317 262
2007.6.28, 2006도4356 417
2007.6.28, 2006도6389 262
2007.6.28, 2007도873 53
2007.6.28, 2007모348 664
2007.6.29, 2006도4582 48, 53
2007.6.29, 2007도3038 575
2007.7.12, 2006도2339 438
2007.7.12, 2006도5993 407
2007.7.12, 2007도2191 558
2007.7.13, 2007도3448 642
2007.7.26, 2006도379 132
2007.7.26, 2007도2032 539
2007.7.26, 2007도2919 413
2007.7.26, 2007도3687 366
2007.7.26, 2007도4404 553
2007.7.26, 2007도4556 619
2007.7.27, 2007감도11 684
2007.7.27, 2007도768 655
2007.8.23, 2005도4401 53
2007.8.23, 2005도4471 131
2007.8.23, 2007도2551 534
2007.8.23, 2007도3787 130, 131
2007.8.23, 2007도3820,2007감도8 676
2007.8.23, 2007도4171 168

2007.8.23, 2007도4818 81
2007.8.23, 2007도4913 645, 647
2007.9.6, 2006도3591 393
2007.9.6, 2007도3405 116
2007.9.6, 2007도4739 551
2007.9.12, 2007도4724 575
2007.9.20, 2006도294 477, 489
2007.9.20, 2006도9157 308
2007.9.20, 2007도5207 257
2007.9.20, 2007도5669 575
2007.9.21, 2006도6949 481
2007.9.28, 2007도606 전원합의체 117
2007.10.11, 2007도1738 519
2007.10.12, 2007도6019 617
2007.10.12, 2007도6519 53
2007.10.25, 2007도4069 58, 461
2007.10.25, 2007도6712 384
2007.10.25, 2007도6868 589
2007.10.26, 2005도8822 159, 431
2007.10.26, 2007도4702 448
2007.10.26, 2007도5954 585
2007.11.15, 2007도6775 615
2007.11.15, 2007도7140 574
2007.11.16, 2005도1796 481
2007.11.16, 2007도7205 262, 308
2007.11.16, 2007도7770 169
2007.11.29, 2006도119 448
2007.11.29, 2007도7062 462
2007.11.29, 2007도7920 136
2007.11.29, 2007도8050 455
2007.11.30, 2007도4812 225
2007.11.30, 2007도6556 34
2007.12.14, 2005도872 448
2007.12.14, 2006도2074 301
2007.12.14, 2006도4662 575
2007.12.14, 2007도7353 611
2007.12.28, 2007도5204 237, 238
2007.12.28, 2007도8401 129, 618
2008.1.17, 2006도455 547
2008.1.18, 2007도1557 237
2008.1.18, 2007도9405 662
2008.1.24, 2007도9580 575
2008.1.31, 2007도9220 86
2008.2.1, 2007도8286 70
2008.2.14, 2005도4202 571
2008.2.14, 2007도10034 607
2008.2.14, 2007도10937 590
2008.2.14, 2007도3952 520
2008.2.14, 2007모845 664
2008.2.28, 2007도9354 520
2008.2.29, 2007도10120 508

2008.2.29, 2007도10414 585
2008.2.29, 2007도9137 641
2008.3.13, 2006도3615 614
2008.3.13, 2007도10804 381, 438
2008.3.13, 2007도9507 462
2008.3.27, 2006도3504 405
2008.3.27, 2007도7561 53
2008.3.27, 2007도7874 654, 655
2008.3.27, 2007도7933 232
2008.3.27, 2007도9328 548
2008.3.27, 2008도89 515, 528
2008.3.27, 2008도917 345
2008.4.10, 2007도9689 170
2008.4.10, 2007도9987 230
2008.4.10, 2008도1274 415
2008.4.10, 2008도1464 345
2008.4.11, 2007도8373 657, 658
2008.4.17, 2003도758 70
2008.4.17, 2004도4899 전원합의체 53, 100
2008.4.24, 2006도8644 70
2008.4.24, 2007도10058 512
2008.4.24, 2007도11258 534
2008.4.24, 2007도8116 657, 658
2008.5.8, 2008도198 551
2008.5.8, 2008도533 53
2008.5.29, 2008도1857 44
2008.5.29, 2008도2099 554
2008.5.29, 2008도2392 345
2008.6.12, 2007도5389 489
2008.6.19, 2006도4876 전원합의체 260
2008.6.26, 2007도6188 81, 420
2008.6.26, 2008도3014 54
2008.7.10, 2008도3258 631
2008.7.10, 2008도3357 576
2008.7.24, 2007도9684 576
2008.7.24, 2008도3211 54
2008.7.24, 2008도4085 100
2008.7.24, 2008도4658 116
2008.7.24, 2008어4 38
2008.8.11, 2008도3090 489
2008.8.21, 2008도2695 262
2008.8.21, 2008도3657 564
2008.8.21, 2008도3975 70
2008.9.11, 2004도746 236, 238
2008.9.11, 2006도8376 589, 636
2008.9.11, 2007도7204 393, 396
2008.9.11, 2008도3932 539, 540
2008.9.11, 2008도5364 551
2008.9.25, 2008도5618 171
2008.9.25, 2008도7007 70

APPENDIX

memo

memo